불멸의 증거 2

鐵證如山

불멸의 증거

鐵證如山

2

길림성서류관이 소장한 중국침략일본군 우정검열월보특집 ①

인화이尹懷 주필

이범수李范洙 번역

學古房

吉林出版集团股份有限公司

서언

길림성서류관은 근래에 와서 본관이 소장하고 있던 일본의 중국침략서류를 정리, 연구하는 작업에 주력하고 있다. 2014년 4월에는 그 첫 성과물로 『불멸의 증거-길림성에서 새로 발굴한 일본의 침략서류연구』라는 책을 출판하여 세간에 선보였다. 이번에는 그 후속작업으로 『불멸의 증거』제2권과 제3권을 육속 출판하였는바 『불멸의 증거-길림성서류관이 소장한 중국침략 일본군 우정검열월보특집』이 바로 그것이다. 『불멸의 증거』의 출판은 아주 중요한 현실적의미를 갖는다. 그것은 이 책에 수록된 서류의 내용이 일본의 중국침략전쟁이 저지른 각종 만행과 일본침략군이 자행한 "위안부" 강제징집 등 방면에서 일본침략군이 자체작성한 부정할 수 없는 진실한 자료로써 스스로 그 죄행을 심각하게 폭로하였기 때문이다. 이는 일본의 우익세력이 침략을 극력 부정하는 반역사적인 언행을 비판하고 일부 일본정객이 선동하는 "역사뒤집기"를 비판하는데 유력한 증거를 제공하고 있다. 또한 일본민중이 정확한 역사관을 가지고 시비판단을 하여 일본평화헌법을 수호하도록 하는데 유익한 교과서를 제공하고 있다. 뿐만 아니라 이는 목전 중일관계의 발전을 위해 적극적인 대응을 한 것이 되며 중국민중이 일본침략자들의 잔혹한 본질을 인식하고 견결한 반침략투쟁을 통해 평화를 수호해야 할 필요성의 인식에 깊은 영향을 주게 된다. 그리고 중일 양국사이의 역사인식문제에서의 갈등이 앞으로 일본이 나가야 할 방향 및 동북아의 평화와 발전 그리고 번영에 직결된다는 점을 국제사회가 이해하도록 도와줄 것이다. 아울러 이 서류들은 일본군국주의문제의 연구와 일본의 중국침략사연구에서도 빼놓을 수 없는 이론적 연구가치와 학술적 연구가치를 가지고 있다.

"우정검열서류"는 일본침략군 관동헌병대가 자체로 작성한 역사서류이다. 검열 및 처리를 진행한 서한의 발신자와 수신자의 성명과 주소지는 모두 검증이 가능하다. 서한의 내용은 아주 생동한바 일본의 중국침략 시기 일본군의 전쟁죄행과 군사행위 및 심층적인 사회상황을 구체적으로 반영하고 있다. 이는 참다운 학술연구에서는 반드시 필요한 원시자료라고 할 수 있다.

본 특집이 수록한 450건의 "우정검열서류"에는 서한 4.5만여 통을 다루고 있다. 이는 일본침략군 헌병대가 검열 과정에 일본국 정부와 군대의 이미지에 손상이 갈 염려가 있다고 판단하여 그 유출을 막고자 했던 역사사실들에 대한 기록이다. 중요한 것은 이 서류들이 모두 일본침략역사를 직접 겪은 목격자들의 손에서 나온 것으로 일본이 "9 · 18사변" 이후 중국 동북지역을 병참기지로 삼아 대규모 침략을 진행하면서 저지른 무수한 살인, 약탈, 강간 등 만행을 기록했다는 점이다. 이는 일본군국주의 및 그 식민통치가 저지른 죄행을 여실히 보여주는 불멸의 증거들이다.

『불멸의 증거-길림성서류관이 소장한 중국침략일본군 우정검열월보특집』은 다음과 같은 여덟 개 방면의 내용을 다루고 있다.

1. 일본침략군이 중국에서 저지른 살인, 방화, 강간, 약탈을 기록한 서류

이 부류의 서류는 검열서한에서 가장 많은 비중을 차지하며 일본침략군이 자신들의 이미지실추를 막기 위하여 극력 덮어 감추려했던 부분이다. 그러므로 신문, 잡지, 서한 등에서 이에 상관된 내용을 다룰 경우 일본침략군 관동헌병대를 주축으로 하는 각 부서들이 검열하는 과정에 삭제, 압류, 몰수하였다.

(1) 일본침략군 永田부대 본부 村中榮이 일본 室蘭시 祝津艾德莫소학교에 보내는 편지에는 피비린 장면이 담겨져 있다. "(전략) 그들을 연못가에 둘러서게 한 후 사살하였다. 시체는 연못에 던져 넣었는데 연못이 빨갛게 물들었다. 시체 사이를 헤엄치는 잉어가 수면에 허연 배를 뒤집어 내보일 지경이었다. 26일(중략)에는 내가 한 사람의 손을 뒤로 결박하여 강가에 끌고 갔다. 잠시 후 소대장이 또 세 사람을 끌고 왔다. 나는 총검으로 그 사람의 배를 푹 찔렀고 총검을 뽑은 뒤 또 한 번 찔렀다. 옷 위로 선혈이 주르륵 흘러나왔다.
그 중국인은 끄응 하는 소리와 함께 앞으로 쓰러졌다. 나는 가슴팍을 한 번 더 찌른 뒤 시체를 강물에 차 넣었다. 시체가 물속에서 오르락내리락하면서 떠내려가는 모습을 보니 마음이 몹시 즐거웠다. 땅은 시뻘겋게 피로 물들었다. 나는 또 한 사람을 끌고 왔고 그날 모두 세 사람을 죽였다.

(2) 일본침략군 山下부대 小林부대 堅山대 佐佐木國雄이 일본침략군 大分縣 臼杵町의 佐佐木芳信에게 보낸 편지에는 다음과 같은 내용을 적고 있다. “당지 주민들은 허리 아래, 발 부위, 흉부 등에 엄중한 화상을 입었다. 제일 혹독한 것은 일부 사람들의 머리에 휘발유를 부어 산채로 태워 죽였다는 사실이다.”

(3) 하얼빈 독립헌병대의 한 일본침략군 군인이 중국인 한명을 폭행한 사실을 적고 있다. 그는 친구에게 보내는 편지에서 만주인 한둘쯤 없애는 것은 일도 아니기에 적당한 기회를 보아 비상수단을 사용할 계획이라고 밝혔다.

(4) 천진 프랑스조계지 교회당 앞 大利里 5번지에 사는 徐景田이 봉천 浪速通37 豊양복점의 藩福良에게 보내는 편지가 몰수당하였다. 편지는 다음과 같이 적고 있다. “천진에 세맡은 집이 불행하게 일본군에 점령당하여 병영으로 되었다. 그들은 내가 집안의 가구들을 옮겨가지 못하도록 하였다. 별수 없어 나는 옷가지들만 챙긴 채 이사하게 되었다. 나는 일본군이 그렇게 협박할 줄은 꿈에도 생각하지 못하였기에 몹시 울적하였다.”

(5) 봉천 중국은행의 중국인 吳蔭秋에게 보내는 편지가 압류 당하였다. 편지는 이렇게 쓰고 있다. “요즘 일본군이 병사들의 군기를 잡고 있기에 어느 정도 안정되었다. 하지만 밤에는 의연히 약탈사건이 발생하고 있다. 南川門 姜懋廣店 劉二兄의 虹橋西에 있는 주택 두 곳이 말끔히 털렸다. 光願家의 주인도 체포되었다. 일본군은 그에게 물고문을 들이댔고 불고문도 자행하였다. (일본인)들은 입으로만 종일 구국을 외치지만 그 행실은 그야말로 소름이 끼친다.”

(6) 산동성 平度 劉方庄 吳陳氏가 길림 西大街 官馬夫胡同 天和棧 劉錫山에게 보낸 편지가 길림헌병대의 검열에서 삭제처리되었다. 그녀는 편지에서 고향에 흉작이 들었지만 일

본군과 만주군이 겨끔내기로 식량을 약탈하기에 자살하고 싶은 지경이라고 하소연하고 있다.

(7) 목단강시 光化街의 湯原이 鳥取縣 日野郡 溝口町의 淸水寬一에게 보낸 편지가 검열 후 압류되었다. 편지에서는 일본침략군이 부녀자를 희롱하는 추태를 적고 있다. "토요일과 일요일이 되면 거리는 병사들로 넘쳐난다. 저녁만 되면 만취한 군인들이 일본도를 어깨에 메고 거리를 휩쓸고 다닌다. 그중에는 특히 尉官들이 많다. 처녀가 홀로 길을 가면 그들은 그녀의 손을 덥석 잡거나 아예 와락 그러안고 놀라게 한다. 나는 불안한 마음으로 이런 생각이 들었다. 세계적으로 유명한 일본군인이 이 모양 이 꼴이란 말인가? 일본 내지에서는 이런 모습들을 전혀 볼 수가 없는데 말이야. 15일부터 20일까지 방공연습기간이라 군대가 출동할 것이다. 나는 밤에 한발작도 밖으로 나가지 않기로 하였다."

(8) 길림시 岔路鄕의 張善如가 新京의 僞만주국 경제부 韓逢時에게 보낸 편지에는 이렇게 적고 있다. "근년에 와서 우리 고향에 들어온 일본군의 포악함이 이루다 말할 수 없을 지경이다. 향민들은 뿔뿔이 흩어졌고 편한 날이 없다. 그밖에 곡가가 치솟아 어떤 이들은 연 며칠 동안 세끼만 먹은 경우도 있다. 게다가 거액의 세금을 강제로 징수하고 있는데 반항하기만 하면 죽임을 당하였다. 우리도 어쩔 도리가 없다." 이 편지는 삭제처리되었고 발신자를 감시한다는 비고가 적혀있다.

(9) 東安시 永樂街 滿拓社宅34번지에 거주하는 足立百合子가 岐阜縣 不破郡 賓代村 小川和子에게 보낸 편지가 삭제처리 되었다. "난 인구가 얼마인지는 모르겠지만 군대의 숫자가 평민보다 2,3배 많은 것은 틀림없는 것 같다. 주변의 산속에는 군대건축물이 대량 설치되어 있고 군인의 엄밀한 감시 하에 있다. 만약 들놀이를 나갔다가 길을 잘못 들어서면 가차없이 사살된다. 또 가옥 밖에서는 촬영이 일절 금지되어 있다."

우정검열 과정에 일본침략군 헌병대는 일본침략군의 폭행을 객관적으로 보도하거나 서술한 중외 신문잡지 및 종교기구의 홍보물을 모두 압류 혹은 몰수하는 조치를 취하였다.

(10) 아르헨티나 부에노스아이레스 194번지의 엘리타 발토스(인명 음역)가 營口의 啓東회사에 근무하는 엠즈 토리니(인명 음역)에게 보낸 러시아 신문 『루스키 · 우 · 아르킨키니』가 압류되었다. 신문은 이렇게 기재하고 있다. "전선에서 보내온 보도에 따르면 일본군대의 저항이 뚜렷이 감소하였다. 남경의 군사거점이 단시기 내에 중국부대의 수중으로 돌아올 것으로 보인다. 장제스의 선두부대가 이미 남경의 교외에 진주하였고 패퇴하는 일본군대와 전투를 벌이고 있다. 마지막으로 퇴각한 일본부대는 시가지를 포기하고 건축물들에 불을 질렀다."

(11) 미국 내츄리시 종교지 『월드 마리크』가 하얼빈 데린스카야13번지 겔리라 · 비치에게 보낸 영문서한이 사실을 객관적으로 적고 있어 검열에서 몰수되었다. 편지에는 이렇게 적고 있다. "선교사 트로이(인명 음역)여사는 徐州전장을 둘러본 이야기를 발표하였다. 그 내용은 다음과 같다. 나는 일본군의 습격을 받은 徐州를 시찰하고 돌아왔다. 지나의 평민백성은 물론 우리의 교회도 커다란 손해를 입었다. 그 참담한 정도는 이루다 말로 다 표현할 수가 없다. 교회의 서적, 가구 그리고 기타 재산은 모두 일본군에 의해 말끔히 약탈당하였다. 눈뜨고 볼 수 없는 참경이다. 우리는 일본군 당국에 몇 차례 항의를 제기했으나 그들은 우리의 요구를 묵살하고 아무런 조치도 취하지 않았다."

(12) 미국 잡지가 「마취제는 일본의 신식무기」라는 제목으로 글을 발표하여 일본침략군이 중국의 항전을 무력화하고자 아편, 모르핀, 헤로인 등 유해물질을 무기로 사용하고 있다고 폭로하였다.

(13) 몰수된 아르헨티나 『E바루트스』잡지는 일본의 중국침략전쟁을 평론하면서 다음과 같이 쓰고 있다. "일본은 중국에서 전쟁을 계속하고 있다." "중국인민들은 일본인들에 의해 고통의 심연 속에서 허덕이고 있다."

(14) 『신보(申報)』는 미국 국무장관 헐의 다음과 같은 성명을 등재하고 있다. "미국은 극동정책을 개변하지 않을 것이다. 만약 일본의 태도가 개선되지 않는다면 운송금지의 범위는

진일보 확대될 것이다.” 이 신문은 검열 후 137부가 압류되었다.

(15) 상해에서 발행하는 영문 주간지 『중국평론주간(中國評論週刊)』에서 하얼빈사서함 232호에 보낸 『만주경제평론』에 「우리의 적 汪精衛」라는 문장이 실려 있어 몰수당하였다. 그 내용을 보면 다음과 같다. “汪精衛와 일본은 비밀협약을 체결하였는데 그에 따르면 지나는 일본의 식민지로 된다. 汪精衛는 일본과의 지속적인 항전을 두려워하기 때문이다. 협약이 체결되면 지나인은 현재의 대만인과 조선인처럼 노예로 전락하게 된다.”

(16) 상해 廣學會에서 山城鎮기독교회에 보낸 잡지 『명등(明燈)』19부가 몰수당하였다. 잡지는 이런 글을 기재하였다. “친애하는 청년 벗들, 우리나라는 지금 옛날의 이스라엘민족처럼 망국멸족의 위기에 직면해 있다. 현재 우리의 국난은 몹시 심각한바 국토가 침략당하고 동포가 학살당하고 있다. 우리는 전례 없는 대재난을 겪고 있다. 국가존망의 이 위급한 관두에 눈앞의 재난을 극복하기 위하여 우리는 필히 구국의 정도를 찾아나서야……”

2. 일본군이 저지른 전략적 폭격의 죄증을 보여주는 서류

일본침략군은 1938년부터 중국의 임시수도 중경 및 기타 지역에 5년여의 시간동안 대규모적인 전략폭격을 감행하였다. 그 목적은 중국군민의 항일의지를 좌절시키고 와해하기 위함이었다. 수년간 이어진 무차별폭격은 중국 각지에 수많은 폐허를 만들었고 주검이 도처에 널리게 하였다. 특히 중경대폭격에서는 폭격에 의한 직접적 인명피해 외에 校場口방공호 및 기타 지점에 피신한 수많은 평민이 질식사하여 세계를 놀라게 한 대참사를 빚어냈다. 일본침략군의 천인공노할 죄행은 당시 국제여론의 질타를 받았다.

(1) 상해불문상해일보사에서 발행한 『불문상해일보』는 다음과 같이 보도하였다. “일본은 침략해 들어온 2년여 사이 결정적인 승리를 취득하지 못하였다. 일본은 현재 그다지 중요하

지 않은 도시를 폭격하여 인민들의 평화로운 생활을 파괴하고 있다. 목전 중경은 비록 지나의 수도라고는 하지만 무장형(武裝型)도시는 아니며 군사방위형도시도 아니다. 일본 폭격기는 쩍하면 이러한 비전투인원 밀집지역에 폭탄을 투하하여 무수한 화재를 일으켰다. 투하한 폭탄은 1000매가 넘으며 인민들은 참혹하게 학살당하고 있다."

(2) 중경 叢林溝6번지 史美□가 후버이성 黃梅縣 孔壟鎭 모씨에게 보낸 편지가 헌병대의 검열 이후 유해통신으로 분류되었다. 내용을 보면 "일본비행기의 맹렬한 폭격으로 중경 시내는 기본상 풍비박산이 났다. 최근의 중경 전부□□□, 하지만 적기는 의연히 연일 폭격□□□."

(3) 중경 南岸 彈子石大灣의 薛連寶가 常熟 東興沙西苑鎭의 薛石良에게 보낸 편지에서는 검열 후 여덟 개의 "유해사항"을 발췌해냈다. "적기가 미친 듯이 폭격하여 수많은 사상자를 냈고 파괴된 가옥은 그 수를 헤아리기 어렵다. 폭격소리가 수백의 우레가 동시에 울듯이 천지를 진감하고 있다. □□공포와 피로가 몰려와 죽음을 앞둔 심경□□, 길가에는 시체가 이리저리 너부러져 있고 부녀자와 아동□□□ 재로 화하였다."

(4) 西安 尙仁路 北平大旅社의 叔錫이 하북성 密雲縣 古北口 河西東 轉角 對西門의 馬成發에게 전달하는 편지내용이 삭제되었다. "여기는 쩍하면 적기가 날아와 폭격하기에 사람들은 모두 여러 물건들을 챙겨 농촌으로 피란을 갔다. 지금도 매일처럼 적기의 폭격이 계속되고 있다. 그곳 상황은 어떠냐? 누이동생도 폭격 때문에 등교할 수가 없구나. 이곳 사람들은 극도의 곤란에 직면해 있다."

(5) 浙江성 揚州 靑田縣의 徐錫俊이 봉천시 興森洋行에 보낸 편지가 헌병에 압류되었다. 편지에는 "적기의 무차별 폭격 때문에 여기 양민들이 시름 놓고 살 수가 없다"는 내용이 적혀있었다.

일본침략군이 임시수도 중경 및 기타 지역을 상대로 진행한 전략적 폭격에 의한 평민의 희생과 그 참상은 중국근대전쟁사에서 지울 수 없는 민족적 트라우마로 남았다. 우정검열월보서류는 일본침략군의 중국멸망이라는 전략적 기도를 증명하였으며 일본군국주의가 저지른 덮어 감출 수 없는 죄증으로 된다.

3. 일본침략군이 백계 러시아인[1]을 비밀리에 이용하여 극동지역을 침략한 죄증에 관한 서류

러시아 "10월 혁명"이 승리한 후 일본은 차르의 전제제도가 무너진 기회를 타서 적극적으로 세를 확장하였다. 일본은 소련 국내 계급모순을 확대시킴과 아울러 10월 혁명 이후 중국 동북경내에 망명한 백계 러시아인을 규합 및 이용하여 극동 내지는 동아시아 대륙을 제패하려는 야심찬 음모를 획책하였다. 우정검열월보서류는 부정할 수 없는 증거들로 백계 러시아인이 일본과 위만주국의 통치하에 힘들게 삶을 영위하는 실태를 고발하고 있으며 일본침략군이 백계 러시아인을 이용하여 소련을 견제하고 저들의 극동제패전략을 실현하려는 음모궤계를 까발려놓고 있다.

(1) 하얼빈주재 프랑스 영사가 프랑스정부 및 기타 4곳에 보낸 편지의 원문은 다음과 같다. "목전 만주국 내에 거주하는 백계 러시아 아동은 4500명 정도이다. 일본은 그들에 대해 아주 냉담하다. 멀지 않아 그들을 다른 나라에 전입시킬 것이다. 일본은 장래 연해주를 침범하려는 계획을 세우고 있으며 그들을 자신들의 하수인으로 키우려 하고 있다. 목전 일본은 당지에 2개의 하사관양성소를 설립하여 러시아청소년들을 키우고 있다."

(2) 샌프란시스코의 러시아 교민 이바차리아가 하얼빈 이만스카야街 西의 아쇼프러애 등 세 사람에게 보낸 편지는 다음과 같이 쓰고 있다. "하얼빈주재 러시아사무국은 일본의 대리

---

1) "백계 러시아"는 당시 중국에서 러시아 10월 혁명 이후의 "적색 러시아" 소비에트정권에 대항하는 러시아인을 지칭하여 만들어낸 명사이다. 일본어에서는 백계 러시아인을 "白系俄人"이라 칭하였다.

기관에 불과하다. 기타 러시아단체들은 모두 해산되고 협화회로 재조직되었다. 집회라도 가지면 전원이 신경의 만주국황제에게 경배를 드려야 한다. 참 웃기는 노릇이 아닐 수 없다." "백계 러시아 아동의 과목은 일본어학습을 목표로 하고 있다. 그들은 각종 수단을 동원하여 러시아인이 자고로 지켜온 민족의식을 짓밟고 말살하려 시도한다. 다수의 러시아 상급학교는 핍박에 의해 폐교하였다. 청소년들은 전부 학업을 중단하고 힘든 노동에 종사하고 있다. 만약 사직을 제기하면 곧바로 일본헌병대에 끌려가 훈계를 듣는다."

(3) 하얼빈에 거주하는 외국인 모씨가 상해 루카스리아트街25번지의 아야스베크에게 보낸 러시아문 편지가 몰수되었다. 편지에는 이렇게 말하고 있다. "하얼빈에서 생필품을 얻는다는 것은 아주 힘든 일이다. 우리의 식량공급도로가 막힌 것도 마찬가지이다. 일본당국은 배급을 실시한다고 했지만 이미 꼬박 삼년을 기다렸다. 철도와 같은 곳에는 생필품이 많이 비축되어 있지만 백계 러시아인에게는 발급하지 않고 있다. 그것은 누구의 식량인지 당신이 조사해 주기를 바란다. 하얼빈은 더 이상 우리가 생활할 수 있는 곳이 아니다......"

(4) 하얼빈 藥鋪街93번지의 데 · 에스크노노브가 상해 루트와르겐街89번지의 에 · 베오를로브에게 보낸 편지는 비록 정상적으로 발송되었지만 헌병은 월보에 "차후의 행적을 조사할 필요가 있다"는 비고를 남기고 있다. 그 내용을 보면 다음과 같다. "하얼빈의 생활은 아주 비참하다. 물가가 치솟고 식량배급이 안되어 있다. 정신적으로나 물질적으로나 참담한 지경이다. 만약 소련으로 돌아갈 수 있다는 허가를 받으면 하얼빈에 있는 7%정도의 백계 러시아인이 미친 듯이 기뻐하며 돌아갈 것이다."

(5) 미국의 푸드난시가 하얼빈사서함29호 이카에브 · 레메브에게 보낸 러시아문 편지가 몰수당하였다. 주요내용을 보면 이렇다. "1. 극동지역의 백계 러시아인이 받은 것은 브루펠이 거느리는 홍군부대의 압제가 아니라 일본제국주의의 압제이다. 2.백계 러시아와 상관되는 간행물들이 거의 다 정간되었다. 간신히 살아남은 아동교육을 위한 읽을거리도 일본의 압제를 받고 있다. 3. 三河사건은 카자크의 습격□□□ 일본이 백계 러시아인을 배척하기

위한 책동의 하나이다. 4. 일본이 공산정부와 전쟁을 하지 않는다는 것 자체가 백계 러시아인을 유린하는 또 다른 증거로 된다. 5. 만주에 거주하는 백계 러시아인은 일본의 관제시위에 강제로 동원되었다. 일장기를 흔들고 일본제국 만세를 외치는 것은 참으로 우둔한 짓이 아닐 수 없다."

4. 일본침략군이 비밀군사시설 축조에 인부를 노역한 죄증에 관한 서류

일본은 줄곧 동북을 그의 생명선으로 간주하였다. 관동군은 극동에서의 이익을 보장하기 위해 1934년부터 1945년 투항하기까지 소련의 침공을 막기 위한 군사시설을 대량 축조하였다. 그들은 할당, 납치 및 포로비법사역 등 파시즘적인 수단으로 인부를 충당하여 중 · 소 · 몽 국경선에 몇 천리나 되는 군사시설을 축조하였다. 관동군의 진압과 엄혹한 관리 하에 수십만 중국인부가 이러한 군사시설을 축조하는 과정에 죽어 백골이 되었다. 검열을 받은 편지 중에는 관동군의 지시를 받은 일본 시공사가 인부의 목숨을 초개로 여긴 반인륜적인 죄행을 기록하고 있다.

(1) 위만주국 교통부 동녕토목건설사무소 高井安一이 동경시 品川區 大井 金子町 志村關造에게 보낸 편지에는 중소국경에 비밀군사시설을 축조한 사실을 묘사하고 있다. 편지는 동녕헌병대에 의해 압류처리되었다. "군용도로는 하루에 6킬로미터 정도 닦을 수 있다. 신축시설은 三岔口 바로 아래쪽에 있는데 러시아 쪽을 똑똑히 볼 수 있다. 요새는 군용도로와 지하도의 ○○까지 파놓았다. 탄약고는 산의 ○○에 있다. 공중에서는 보이지 않는다. 당지 민중도 안쪽에 도로가 있다는 것을 전혀 눈치 채지 못하고 있다."

(2) 동녕 藤田組 大肚川 공사현장의 小山水平이 오사카시 港區 千代見町 三丁目 水盛線店 小山德太郎에게 보낸 편지가 몰수되었다. "...... 목전 대두천 지역에 장티푸스가 돌고

있다. 大肚川의 쿨리(인부)가 20일까지 24명이 죽었다. 기타 부대의 쿨리 중 매일 한둘이 죽어나간다. 만약 이런 곳에서 죽으면 남의 웃음거리가 될 것이다. 그래서 쿨리가 사는 오두막에는 절대 가지 않는다. 몸을 아껴야 하니까. 개나 쿨리가 병에 걸리면 약도 주지 않고 병원은 더구나 데려가지 않는다. 가봤자 의사들이 치료를 해주지 않으므로 당연히 죽어나가게 된다……"

(3) 琿春탄광회사의 田中操三이 長野縣 北佐久郡 輕井澤町 半田彦七에게 보낸 편지는 헌병에 의해 대소련 비밀군사시설에 관한 내용이 삭제처리 되었다. "내지와 달리 만주에서는 한 곳에 배치된 연대가 없다. 전부 분산되었다. 국경선 각처의 산등성이에는 숙영지와 비행장이 축조되어 경비를 책임지고 있다. 張鼓峰에서 동녕에 이르는 국경선 지하에는 마지노선에 짝지지 않는 지하요새가 수축되어 있다."

(4) 영문잡지 『뉴욕월간아시아호』(1월호)가 하얼빈에 있는 외국인 4명에게 보낸 편지가 몰수당하였다. 주요내용은 다음과 같다. 하나, 일본이 만주도 장악하지 못하였기에 절대 중국을 장악하지 못한다. 둘, 만주국내의 산업이 일본에 독점되어 외국인은 거의 경영이 불가능하다. 셋, 일본이 만주에서 중국 쿨리를 노역하는 것은 소련과의 작전을 위해서이다. 넷, 만주국 내 대량의 일본청년들이 실업하고 있는데 당국은 속수무책이다.

5. 일본침략군이 화학무기와 세균무기를 사용한 반인륜적인 죄행에 관한 서류

일본은 중국을 침략하는 과정에 가장 적은 대가로 중국을 훼멸하고자 국제공약을 공공연히 짓밟고 비밀부대를 창설하여 세균무기와 화학무기를 연구 제조하였으며 그것을 실전에 투입하였다. 이는 하늘에 사무치는 반인륜적인 죄행이 아닐 수 없다. 비록 세균부대와 화학부대가 죄악적인 활동을 저지르는 과정에 방첩을 목표로 상관정보의 유출을 엄격히 통제하였지만 검열 받은 일본침략군 군인의 편지에서 그 단서를 노출하고 있다.

(1) 일본침략군 하얼빈 石井부대의 正崎爲志가 일본 千葉縣 匝瑳郡 八日市場町 石原市太郎에게 보낸 편지는 다음과 같은 사실을 기록하고 있다. "豊儀는 6월 22일 저녁 갑작스런 명령을 받고 전선으로 출동 중에 있다. 우리 石井부대가 특수비밀부대이기 때문에 더 묻지 말아 달라."

(2) 일본침략군 군인 藤原恒雄이 상해 吳淞路257번지 中方우정국을 통해 尾道生魚회사의 藤原已之助에게 보낸 편지는 검열 후 군사기밀을 노출할 우려가 있는 유해사항으로 분류되었다.

이 월보자료는 일본침략군이 철수할 때 소각하여 파손되었기에 발췌가 불완전하다. 하지만 띄엄띄엄 이어지는 문자 속에서도 일본군이 전쟁에 생화학무기를 사용하려는 의도를 충분히 읽어낼 수 있다.

"□□□□를 시작으로 □□□과 함께 아침저녁으로 전쟁□□□틀림없다. 장비는 전부 □□□ 【중국】을 대상으로 □□□아니기 때문에 화학전일 것으로 추측한다. (綱)부대는 土련대, 綱部부대□四十一연대□□□."

(3) 목단강성 溫春北川부대 秋山隊의 秋元重光이 神奈川縣 橫濱市 港區 新羽町의 秋元留吉에게 보낸 편지는 말소되었다. 편지는 이렇게 쓰고 있다. "과학무기를 지닌 항공부대는 방첩방면의 규정이 특히 엄격하기에 飛行第二十八戰隊라는 나의 고유부대명칭을 발설치 말도록 해주세요."

6. 일본침략군 군인의 전쟁혐오정서를 보여준 서류

1939년 5월부터 9월까지 관동군은 만몽국경의 노몬한지역에서 사단을 일으켜 소련 · 몽골연합군과 접전하였다. 소련 · 몽골연합군은 지상과 공중의 입체전술로 일본침략군에 심각한 타격을 주었고 관동군은 큰 대가를 지불하였다.

“우정검열서류”에는 일본군인이 기록한 노몬한전역의 참패상황이 편지의 형식으로 대량 포함되어 있다. 일본침략군은 침략전쟁을 목적으로 군인의 사기를 고무하고자 군인이 전패 상황을 말하거나 상관정보를 전송하는 것을 엄금하였기에 이에 관련된 편지는 전부 헌병대에 의해 압류되거나 소각되었다.

(1) 길림성 東安街 田中要부대 中藤一이 愛知현 尾田幸에게 보낸 편지에서 향수와 전쟁혐오의 정서를 토로하였기에 편지가 몰수당하였다. “전쟁이든 사변이든 모두 고통스런 일이다. 축 늘어진 몸과 골수에 사무친 피곤을 이끌고 행군과 전투를 강행하고 있다. 돗자리에 누워 추위 속에서 졸면서 꿈을 꾸었다. 그 외로움은 이루다 말할 수 없다. 하사관으로서 일년 넘게 집에 갈 수 없다는 사실에 깊은 애수와 풀리지 않는 권태를 가득 담아 허공에 주먹질해본다......”

(2) 일본침략군 山下부대 小林부대 山內隊 杉本重義가 大阪府 下堺市 住吉橋通1-22번지 松本敏江에게 보낸 편지의 내용을 보자. “우리는 3월이 돼야 제대하게 된다. 편지도 마음대로 쓸 수 없다. 무기점검을 해야지만 모두 귀찮다. (중략) 아, 고향으로 돌아가고 싶구나! 집에 가고 싶어! 하루하루가 고역이다.”

(3) 다음의 내용은 노몬한전역에 참가한 일본침략군 군인이 쓴 편지에서 보여준 독가스 무기사용의 실황과 강렬한 전쟁혐오정서이다.

○ 더 이상 전선에 나가고 싶지 않다.

○ 120°F내지 130°F되는 폭염 속에서 방독면을 쓴 “가스”병사를 보내 작업하게 한다. 그 고통은 차라리 사람을 죽고 싶게 만든다. 군대는 참말로 불타는 지옥이다.

○ 중형유탄발사기로 하늘을 찢을 듯이 □□를 발사한다. 명령이 떨어져도 누구하나 머리를 드는 자가 없다.

○ 민간인들은 입만 벌리면 군인이 어떻고 하지만 마음속으로는 군인을 제일 미워한다.

인생의 절반 시간을 군대에서 보내야 하니 참 유감스럽다.

○ 쩍하면 "군인", "멸사봉공, 호국의 영혼이 되자"와 같은 말을 입에 달고 사는 사람일수록 목숨을 아끼고 있다. 이는 그들의 이성적인 지혜를 보여주는 것이다. 靖國神社든 護國神社든 살아 있을 때의 위안일 뿐이다.

(4) 佳木斯 小川부대 高木대의 小中利雄이 중화항공회사의 桐山義雄에게 보낸 편지가 몰수당하였다. 내용은 다음과 같다. "아무튼 오랜 부대생활을 한 사람은 바보로 변하기 십상이다......특히 초년병이 바보가 아닌 이상 절대 이런 바보스런 짓을 저지를 리 없다. 부대의 神은 제일 좋다.....부질없는 짓거리에 괴로움을 당하였다. 뒤에서 가만히 비웃었기 때문이었다. 부대 생활이란 그냥 이런 것이다."

일본군국주의자들은 천황에 충성한다는 미명 하에 청년들의 참군을 선동하였고 그들을 광열적인 침략전쟁으로 내몰았다. 하지만 비정의적인 침략전쟁은 점차 일본군인들과 민중을 각성시켰고 그들을 전쟁혐오로부터 전쟁반대로 나가게 하였다.

(5) 미국 보스턴시의 영문일간신문사의 크리스틴 · 산에스 · 몽테르가 하얼빈사서함269번지에 보낸 신문 3부가 몰수당하였다. "동경제국대학교를 졸업한 사회주의자 鍛治渡는 몇 번씩이나 체포되어 수감되었다. 하지만 최근 그는 일본을 벗어나 지나에 갔고 그곳에서 같은 사회주의자인 池田雪이라는 여자와 결혼하였다. 그는 현재 중경정부에서 라디오로 지나 각지에서 참전중인 일본군 장병들을 향해 반전 선전을 하고 있다. (鍛治渡의 사진을 실었다.)

7. 일본의 이민침략죄증을 보여준 서류

9 · 18사변 이후 일본제국주의는 중국 동북지역에 20년 동안 백 만 가구를 이민시킨다는 침략국책을 추진하였다. 그 목적은 중국 동북에서 일본의 실력을 증강하고 그로써 당지의 "치안"을 안정시키며 "대륙정책"을 위한 거점을 고착하기 위한 것이었다. 나아가서는 소련을

방어 혹은 진공하고 중국 전역 및 극동지역을 삼키기 위한 모략이었다.

일본의 이민침략국책은 중국인민에게 심각한 재난을 갖다 주었다. 동시에 일본이민들에게 커다란 고통을 안겨주었다. 중국농민들은 일본이민의 침입으로 말미암아 유리걸식하였고 일본이민은 동북에 온 후 정부의 선전과는 전혀 다른 생활을 하게 되었다. 동북지역의 추운 날씨보다 더 가슴 시린 것은 일본군국주의정부의 야만적인 사기극이었다.

(1) 密山에서 廣島市 八丁堀幟町 소학교의 井本里子에게 보낸 편지는 이민국책에 대한 강렬한 불만을 표시하고 있어 아주 대표적이다.

편지는 이렇게 적고 있다. “희망으로 가득 찬 설레는 가슴을 안고 동경해마지 않던 만주에 왔다. 우리 이민단은 목적지에 도착한 며칠 후에야 모든 것을 알아챘다. 꿈이 파멸되는 느낌이었다. 모든 진실을 알아버린 후 우리 일행은 노기충천하여 전부 귀국을 요구하였다. 비록 단장의 설명을 듣고 잠시 누그러들었지만 모두들 국내에서 듣던 내용과 당지의 실상이 현격한 차이가 나는 것에 놀라지 않을 수 없었다. 국내의 신문과 잡지들은 모두 만주이민의 좋은 점에 관해 필묵을 아끼지 않았다. 그래서 당지의 실상을 목도하지 못한 일본인들은 유토피아의 꿈을 꾸었지만 만주에 도착하고 보니 가는 곳마다 쓸쓸한 정경이었다. 꿈은 이미 깨졌다.”

이민국책이 보다 온당하고 장구하게 실행되도록 하기 위해 近衛내각의 비준 하에 설립된 “만몽개척청소년의용군”도 일본정부의 선전유혹에 넘어가 이른바 “大和魂”을 실현하고자 부푼 꿈을 안고 중국 동북지역에 들어왔다.

추운 날씨와 수토불복 그리고 조금만 소홀히 해도 혹독한 징벌이 내려지는 군사훈련 때문에 젖내가 채 가시지 않은 이들 청소년들은 벗어날 수 없는 가혹한 현실 앞에서 절망하였다. 애당초 의용군에 적극적으로 입대하여 “만주개척사업”에 헌신하려던 결심은 점차 흔들리기 시작하였다.

(2) 목단강시 銀座大街 檜垣문방구점의 村田八郎이 京都府 興謝郡 宮津町川向 大江康夫에게 보낸 편지에서는 이민정책에 대한 회의를 보여주고 있다. "□□□개척청소년을 말하며□□□, 그러한 일은 여기에 전혀 없다. 이곳 지도자의 말에 따르면 국내에서 만주에 도착하자마자 인적이 드문 심산으로 데려간다고 한다. 월급은 1원에서 1원 50전 정도이다. 일이 너무 힘들어 슬그머니 도망치는 자들이 있는데 발각되면 즉시 사살한다. 참으로 무지막지한 짓이다. 이러한 현실은 근본적으로 국가의 문제이기에 다른 사람과 담론하지 말라."

(3) 大黑河의 일본인 三井豊이 일본 山梨縣 中巨摩郡 稻積村의 杉野玄三郎에게 보낸 편지가 삭제처리 되었다. 삭제된 부분은 다음과 같다. "고향을 떠날 때 정부관원의 감언이설을 듣고 나는 커다란 희망을 품었었다. 하지만 이곳에 와서 만주의 현황을 요해한 후 그 희망은 철저히 부서졌다. 현금은 한 푼도 주지 않고 매달 2원어치 되는 주보구매권(酒保購買券)만 발급한다."

(4) 北安성 鐵驪縣 鐵山包驛 소학교교무원배양소의 出川久二가 길림시 外哈達灣 인조석유회사 광부훈련소의 小池敏郎에게 보낸 편지가 삭제처리 되었다. "이로써 의용군이라는 흙구덩이에서 철저히 해방되었다. 들개처럼 살던 생활에서 완전히 벗어나 새로운 인생을 살기 위해……"

8. 전시경제통제에 대한 민중의 불만을 보여준 서류

7·7사변 이후 일본과 위만주국 당국은 침략전쟁에 집중적으로 물자공급을 하기 위하여 중요한 생산과 생활물자를 군수품으로 지목하여 공제하였으며 전시경제통제정책을 전면적으로 실시하였다. 고압적인 배급경제체제 하에 일본과 위만주국 당국은 경제경찰을 설치하여 파시즘통치를 가강하였다. "오족협화"라는 거짓말은 철저하게 부서졌으며 민족기시가 공공연하게 자행되었다. 동북민중 특히는 중국인에 대한 압박과 착취는 절정에 다달았다.

(1) 新潟현 水原町 下原의 加藤又衛가 목단강시 小島부대 田中대 소속 阿部益雄에게 보낸 편지는 검열에서 몰수되었다. "지금의 상황은 그야말로 난세가 따로 없다. 백성들은 자신이 거둔 곡식조차 팔 수 없게 되었다. 정월에 쌀 한가마니를 팔았더니 경찰서에 두주일 동안 갇히고 말았다. 만약 이 상황이 지속된다면 상인과 백성들은 더 이상 살 길이 없다."

(2) 大連시 山城町 칠번지-1 滿鐵修養所의 平田宗正이 水芬河 大直街 47-1번지의 平田濟에게 보낸 편지는 다음과 같이 쓰고 있다. "대련에 온 뒤로 많은 것을 들었고 많은 것을 보았다. 내가 상상했던 것과는 전혀 다른 상황이다. 나는 직장을 바꾸지 말았으면 좋겠다는 생각이 들었다. 물가가 치솟고 물자가 결핍하고 지어 식량과 부식품의 구매도 아주 힘든 상황이다. 사람들은 붐비는 전차를 타고 먼 곳에 가서 물건을 산다. 그 줄이 엄청 길다. 아이를 가진 사람들은 물건 사러 갈 엄두조차 내지 못한다. (중략) 듣건대 며칠 전 물건을 사려고 줄을 섰다가 인파에 이리저리 떠밀려 머리가 맞힌 어린 아이가 죽은 사건이 있었다고 한다. 대련에 사는 사람들은 절대 아이를 데리고 물건 사러 가지 말아야 할 것이다. 운운"

(3) 하얼빈 세리유니바살十道街 바블류치쿠가 西백계러시아 빈스카야縣의 바블류치쿠에게 보낸 편지는 물가가 폭등하는 현실을 썼기에 하이라얼헌병대의 검열에 걸려 몰수당하였다. "현재 본 지역의 모든 물품은 기겁할 정도로 값이 올랐다. 여자들이 신는 긴목장화마저 옛날에는 5,6원 하던 것이 지금은 45,46원 정도로 값이 올랐다. 이밖에 버터 1파운드에 2원 50전, 빵 한 근에 15전, 우유 한 병에 20전 등등… 모든 물가가 몹시 비싸다."

(4) 營口시 協和街 15번지의 赤尾徹生이 천진시 일본조계지 松島街 12번지의 青木一夫에게 보낸 편지도 몰수당하였다. 내용은 다음과 같다. "'금방 준 밀가루배급표를 좀 봐!' '위정자들인 일본인들은 대체 뭘 하려는 거야?'.....한 쿨리가 두덜거렸다. '일본이 욕하던 張정권......이미 몰락한 옛 군벌은 물론 혹독했지만 적어도 먹는 쌀은 제대로 줬잖아.'......'전쟁은 일본이 하는데 쌀은 만주국의 것을 먹다니. 결국 우리에게 배급식품을 안주고 일본인에게만 주잖아. 이게 대체 웬 영문이야? 왜 만주인이 고생을 해야 하는데?'......"

(5) 下關市 田中町 常盤通23번지에 사는 西方正美가 水芬河 大直街231-2번지 井上富子에게 보낸 편지가 몰수처리 되었다. 편지에서는 일본 국내에서 실행하는 배급제에 대한 불만과 무가내가 표출되고 있다.

"어머님의 편지에서 당지의 어려움과 불편함이 상상됩니다. 일본 내지의 사람들도 물자부족으로 눈물을 흘리고 있네요. 전쟁시기의 황민은 원망도 말아야 하고 마음껏 사실도 얘기할 수 없군요......며칠 전 물고기 분배 과정에 비극이 발생했어요. 한 젊은 부인이 출산한지 얼마 되지 않는 아기를 업고 줄을 서고 있었어요. 드디어 오토바이가 물고기를 싣고 오자 사람들은 우르르 몰려갔지요. 그 부인은 인파에 밀려 물고기 한 마리도 갖지 못했어요. 겨우 오토바이 앞에 섰을 때엔 이미 등에 업은 아기가 죽어 있었던 거예요. 이런 일이 비일비재에요. 전쟁이 하루 빨리 끝나 평화가 왔으면 좋겠어요."

......

일본이 중국침략전쟁 기간에 작성한 우정검열서류는 전란 속에서 가까스로 남겨진 소중한 사료로서 보다 적극적인 복원정리작업을 진행하지 않으면 영원히 역사의 뒤안길로 사라지게 될 것이다. 일본이 투항 할 때 죄증을 거의 전부 소각했으므로 현재까지 남은 일본군의 죄행을 증명할 수 있는 사료가 많지 않은 상황에서 이 검열서류는 더욱 값진 것이 된다. 이 서류들을 정리하고 연구하여 출판하는 것은 서류관련 종사자들의 소임이 아닐 수 없다. 하지만 시간의 촉박함과 수준의 미흡함으로 말미암아 이 책에 오류가 많을 것으로 사료되며 광범위한 독자들의 질정을 부탁드리는 바이다.

엮은이

2014년 6월 26일

출판설명

『불멸의 증거-길림성서류관이 소장한 중국침략일본군 우정검열월보특집』총서는 길림출판그룹유한책임회사가 출판하여 육속 세상에 선보이게 된다. 이 총서는 길림성서류관의 전문인원이 다년간의 발굴, 정리, 연구를 거쳐 전문테마의 형식으로 공개한 중국침략일본군의 서류사료이다.

특집은 먼저 두 권을 내놓게 되는데 대체적으로 다음과 같은 여덟 개 부분으로 나뉜다. 1. 일본군이 중국에서 저지른 살인, 방화, 강간, 약탈을 기록한 서류. 2. 일본군이 저지른 전략적 폭격의 죄증을 보여주는 서류. 3. 일본군이 백계 러시아인을 비밀리에 이용하여 극동지역을 침략한 죄증에 관한 서류. 4. 일본군이 비밀군사시설 축조에 인부를 노역한 죄증에 관한 서류. 5. 일본군이 화학무기와 세균무기를 사용한 반인륜적인 죄행에 관한 서류. 6. 일본군인의 전쟁혐오정서를 보여준 서류. 7. 일본의 이민침략죄증을 보여준 서류. 8. 전시경제통제에 대한 민중의 불만을 보여준 서류.

시간간격이 크고 검열내용이 번잡하므로 본 특집은 "機構時間분류법"을 따라 편집하였고 따라서 그 맥락이 일목요연하게 되었다. 독자들이 보다 쉽게 이 총서를 활용하도록 하기 위하여 우선 책의 내용구성, 구조배치, 편차순서, 참고역문 등에 관한 설명을 곁들인다.

특집은 스캔서류와 참고역문 두 개 부분으로 구성되었다. 스캔서류는 주로 발굴, 정리한 역사문헌서류를 영인한 것으로 역사성, 객관성, 진실성 및 문헌가치를 보장하고 있다. 참고역문은 주로 스캔서류와 대응되는 중문번역문으로 독자들이 보다 쉽게 원시서류를 열람하고 이해하는데 도움을 주고자 했다.

특히 부언할 것은 다음과 같다. 첫째, 원본자료의 보관시일이 길었기에 필적이 흐려져 명확치 못한 부분들이 있었다. 연구자들은 정리과정 중 이 부분을 "참고역문"에서 □로 표시하였다. 역문에 있는 ○는 원 역사서류에 이미 있는 것으로 번역 시 그대로 표기하였다. 비록 문구의 딱딱함과 열독의 어려움이 예상되나 역사서류로서의 원시상태와 진실성을 보장하기 위한 막부득이한 조치였음을 밝힌다. 둘째, "참고역문"의 일부 문자와 단락이 순서가 불분명하고 순번이 바뀐 것은 편찬자들이 역사자료의 원시성을 존중하는 입장에서 비롯된 것이다. 다시 말해서 원시서류의 모습 그대로 재현했다는 뜻이 된다. 셋째, 연구원들이 번역 할 때 이해에 지장이 되지 않고 다의성이 걱정되지 않는 한 일본한자어휘를 그대로 차용하였다. 예하면 삭제, 정첩(偵諜), 내사, 몰수, 발송 등 어휘가 바로 그것이다. 일부 일본어 가다카나로 적은 외국인명, 지명, 단체명, 출판물명 등은 음역을 하였다. 넷째, "참고역문"의 "발견시간 및 지점" "處置" 등 항목 아래에 서류내용이 완전하지 못한 경우가 있는데 그것은 원시서류의 파손 때문에 빚어진 결과이다. 연구원들은 역사서류를 존중하는 번역원칙을 지켰다. 하지만 원 역사서류에 나타난 분명한 오류는 역자가 정확한 글자와 단어에 괄호를 쳐서 그 뒤에 시정해 두었다.

『불멸의 증거-길림성서류관이 소장한 중국침략일본군 우정검열월보특집』총서는 "국가사회과학기금특별위탁대형프로젝트"인바 근년에 와서 길림성서류관이 일본군국주의의 중국침략사료에 관한 발굴 및 연구에서 거둔 최신성과로 되며 일본군국주의가 중국을 침략하고 중국인민의 생명과 인권을 짓밟은 천인공노할 죄행의 인멸할 수 없는 증거들이다. 이 서류들은 중요한 사료적 가치와 학술연구의 가치를 지니고 있을뿐더러 세계기억유산으로서 그 기억에 대한 완전성 및 보존과 계승의 측면에서 보편적인 의미를 가진다. 따라서 중국인민 내지는 세계인민이 반드시 영원히 함께 간직해야 할 역사의 기억이다.

출판자

2014년 6월 28일

목차

1

1939년

(이 부분은 29~30페이지의 참고역문임)

1939년 6월 27일
中検第一一四号

관동헌병대사령부
중앙검열부

통 신 검 열 월 보

(오월)

발송 : □□□□□
복사송달 : □□□□□지헌사
□□□□□부(분대)

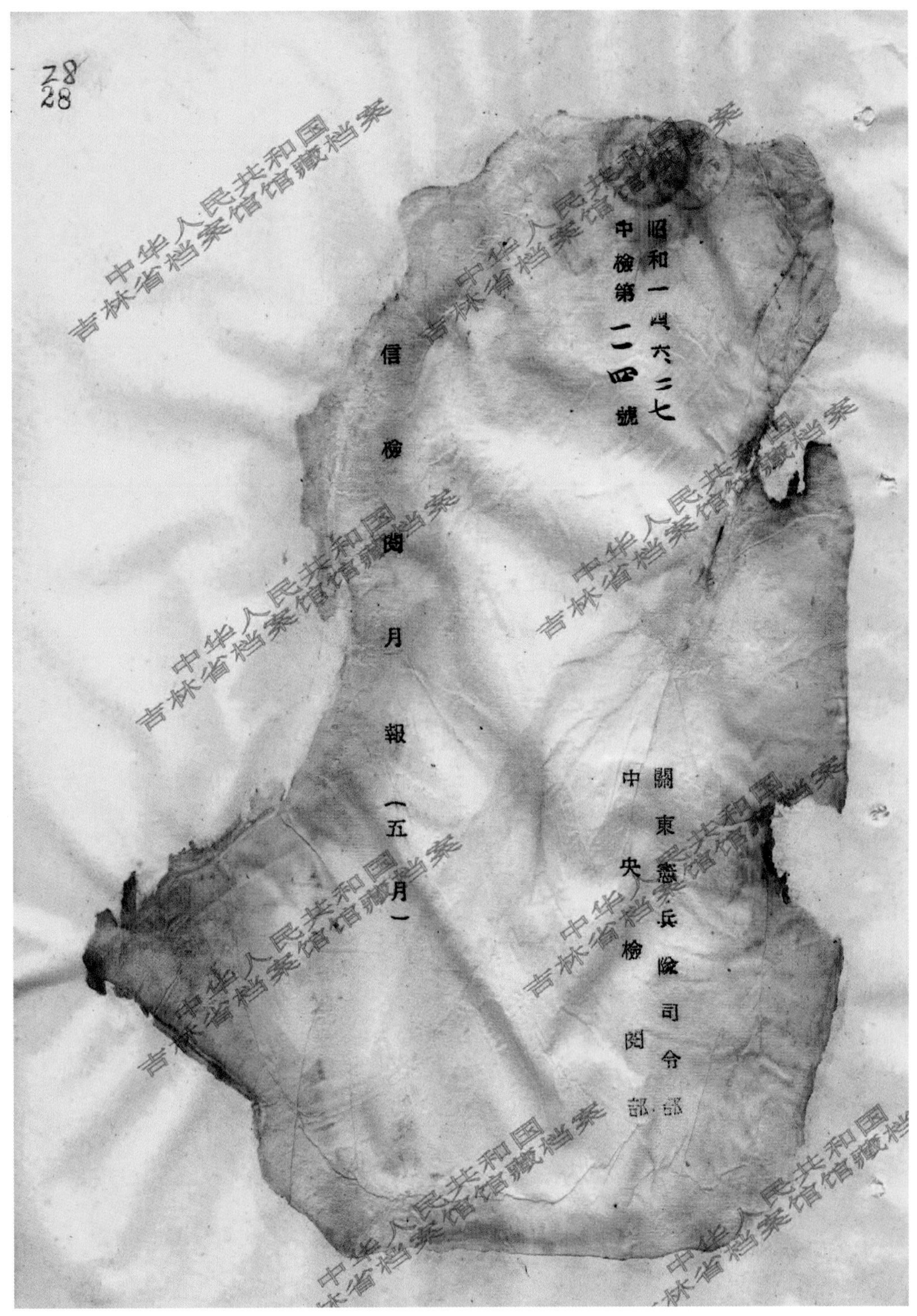

28
28

昭和一四、六、二七
中檢第一二四號

關東憲兵隊司令部
中央檢閲部

信檢閲月報（五月）

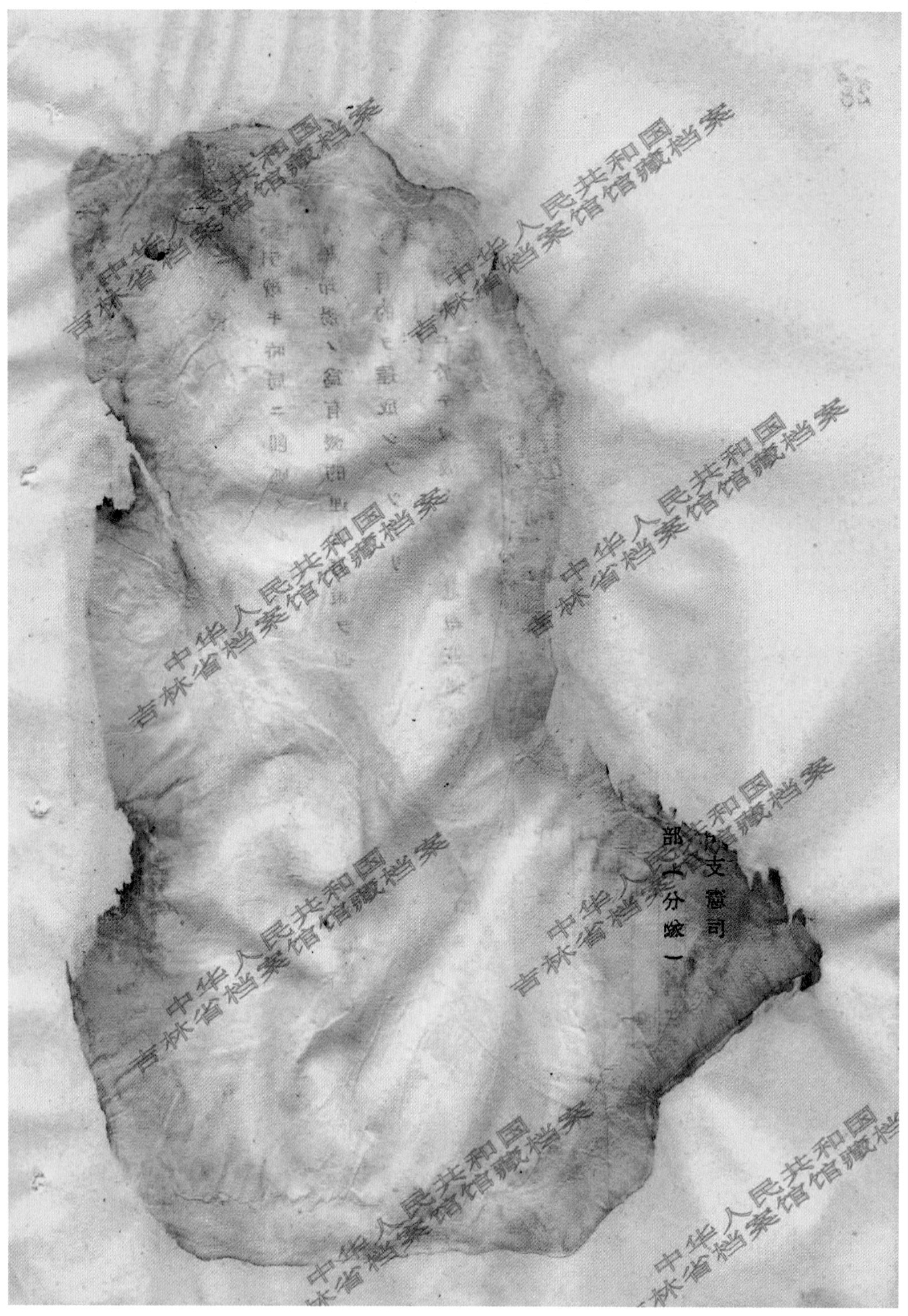
支憲司
部（分隊一

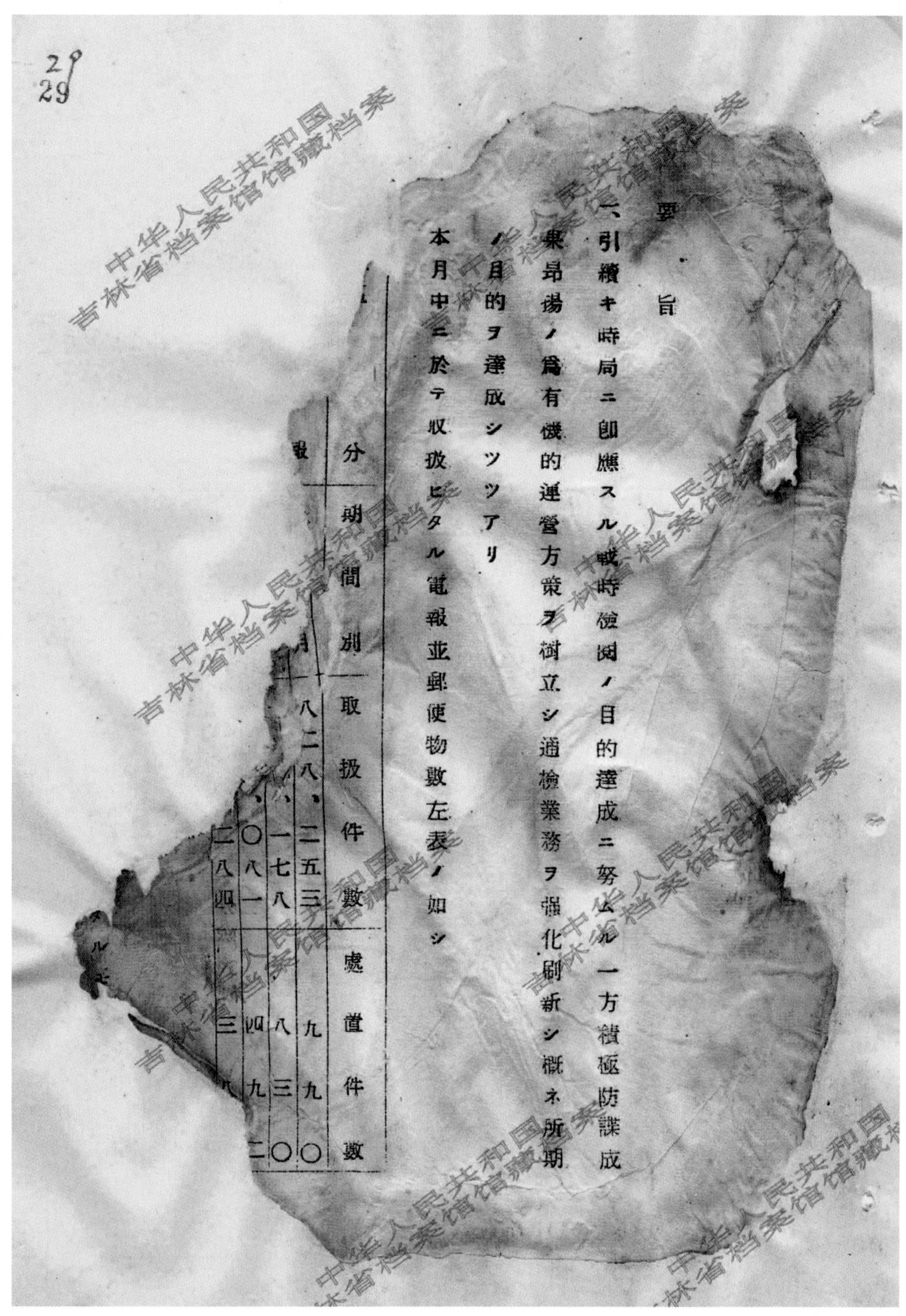

要旨

一、引續キ時局ニ即應スル戰時検閲ノ目的達成ニ努ムル一方積極防諜成果昂揚ノ爲有機的運營方策ヲ樹立シ通検業務ヲ強化刷新シ概ネ所期ノ目的ヲ達成シツツアリ

本月中ニ於テ取扱ヒタル電報並郵便物數左表ノ如シ

分	期間別	取扱件數	處置件數
[illegible]	[illegible]	八二八、二五三	九九〇
[illegible]	[illegible]	[illegible]八、一七八	八三〇
[illegible]	[illegible]	[illegible]、〇八一	四九二
[illegible]	[illegible]	[illegible]二八四	三[illegible]

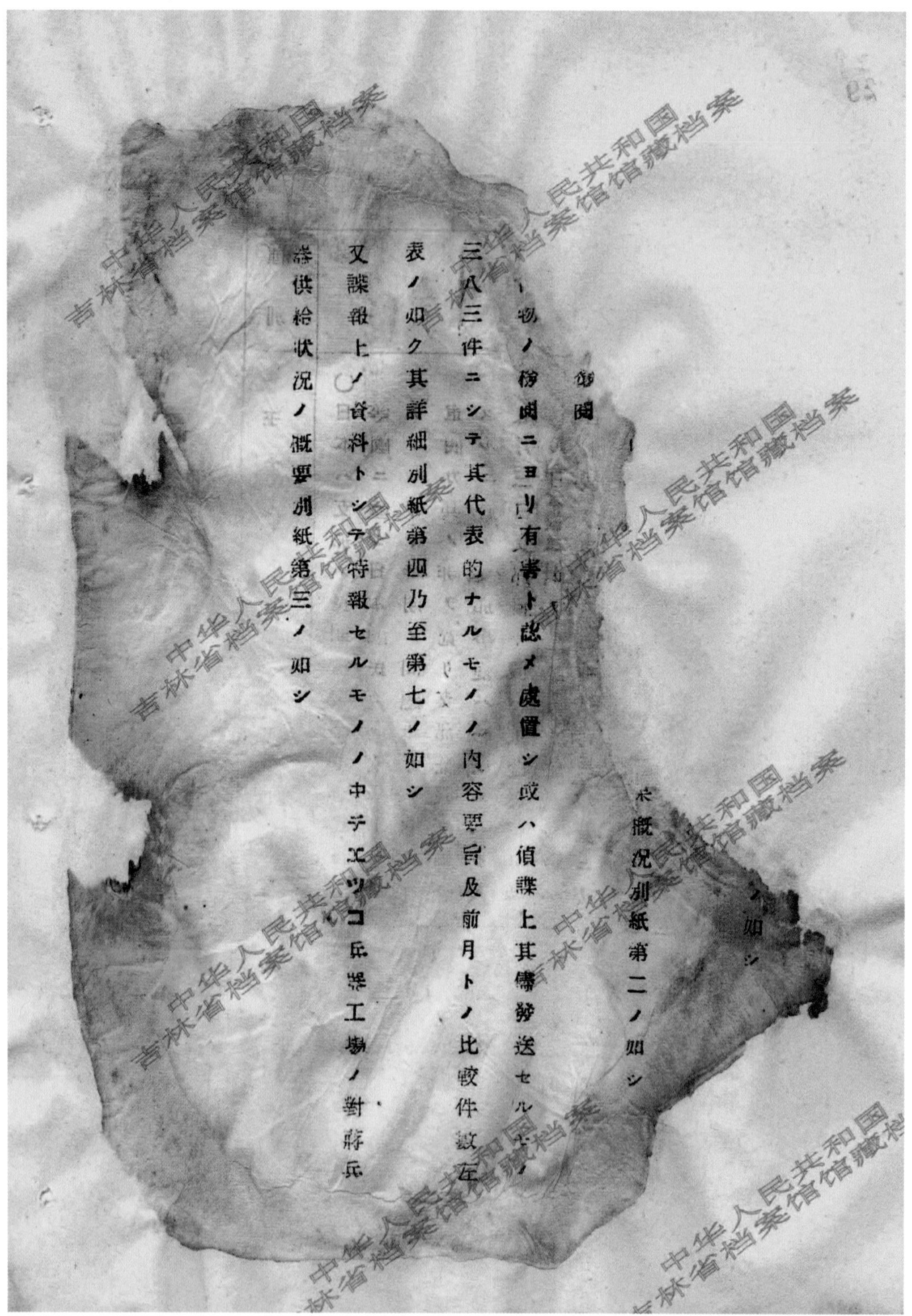
ノ如シ
概況別紙第二ノ如シ
閲
物ノ檢閲ニヨリ有害ト認メ處置シ或ハ偵諜上其儘發送セルモノ
三八三件ニシテ其代表的ナルモノノ内容要旨及前月トノ比較件數左
表ノ如ク其詳細別紙第四乃至第七ノ如シ
又諜報上ノ資料トシテ特報セルモノノ中チエツコ兵器工場ノ對蔣兵
器供給狀況ノ概要別紙第三ノ如シ

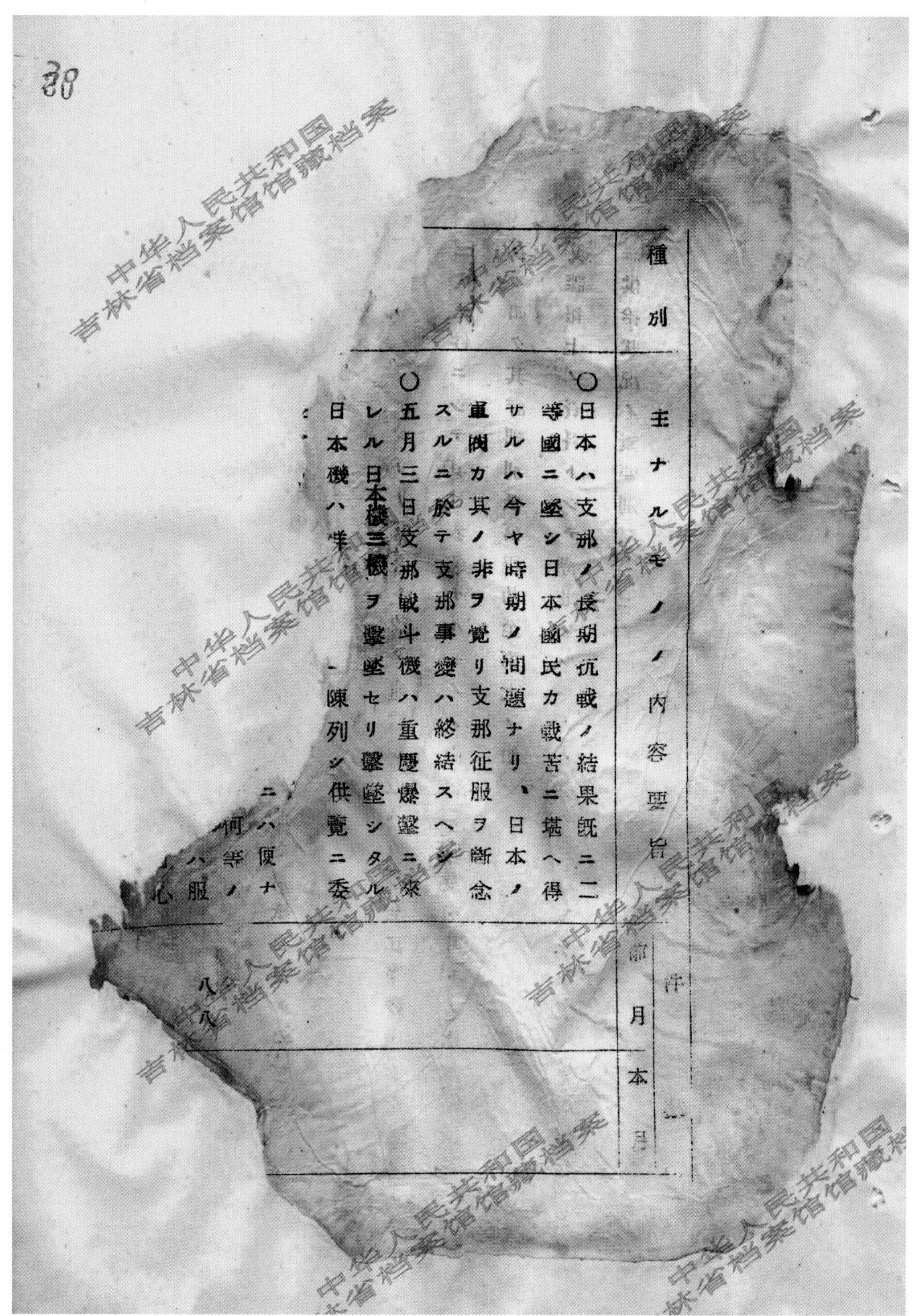
28

種別

主ナルモノノ内容要旨

○日本ハ支那ノ長期抗戰ノ結果既ニ二等國ニ墜シ日本國民カ戰苦ニ堪ヘ得サルハ今ヤ時期ノ問題ナリ、日本ノ軍閥カ其ノ非ヲ覚リ支那征服ヲ断念スルニ於テ支那事變ハ終結スヘシ

○五月三日支那戰斗機ハ重慶爆撃ニ來レル日本機三機ヲ撃墜セリ撃墜シタル日本機ハ唯一陳列シ供覧ニ委

ニハ便ナ

何等ノ

ハ服

心

八八

許

月

本

月

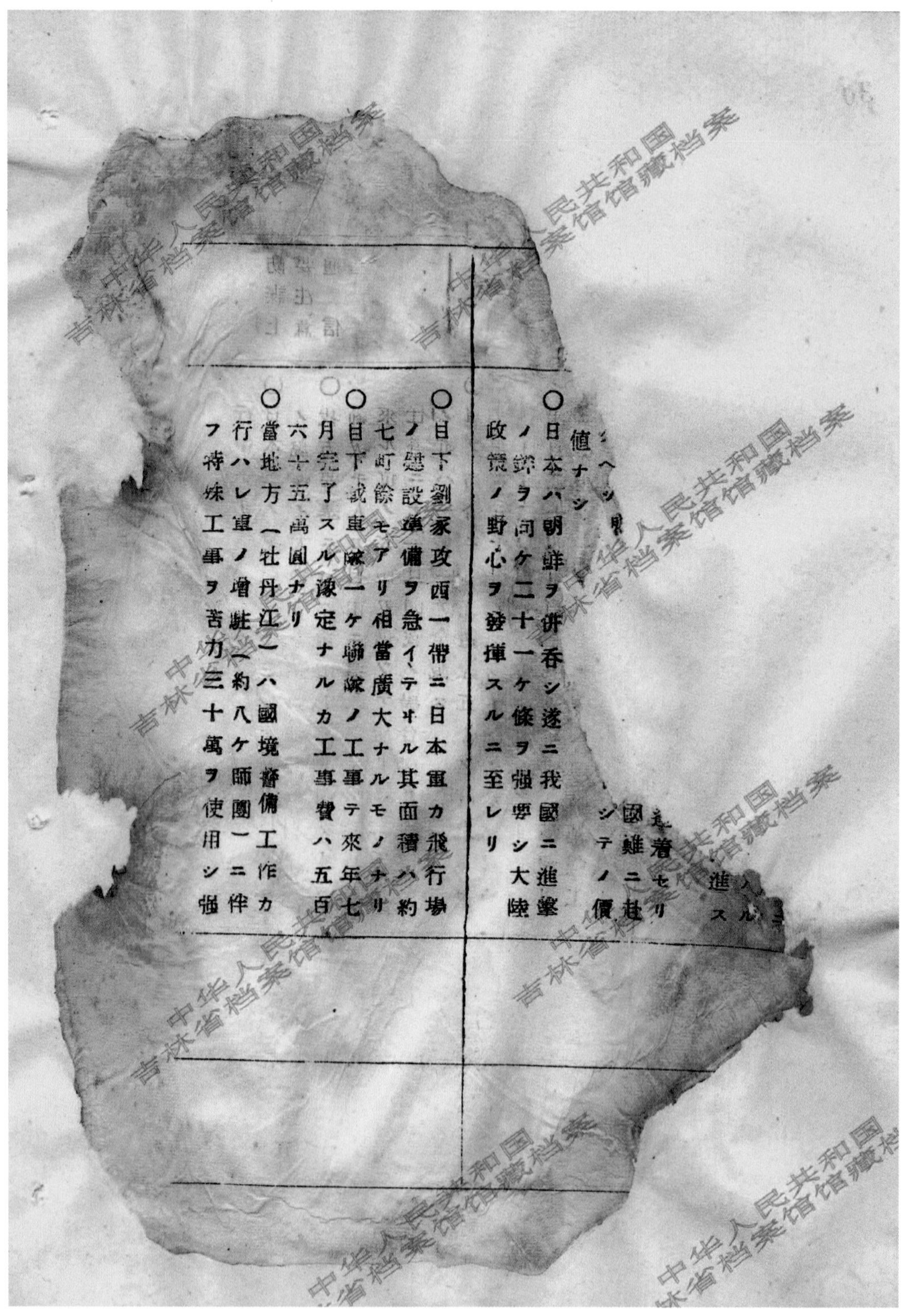
値ナシ

○日本ハ朝鮮ヲ併呑シ遂ニ我國ニ進擊
ノ鉾ヲ向ケ二十一ケ條ヲ強要シ大陸
政策ノ野心ヲ發揮スルニ至レリ

國難ニ赴…
シテノ價
…着セリ
進…
スル…

○日下劉家攻西一帶ニ日本軍カ飛行場
ノ建設準備ヲ急イテヰル其面積ハ約
七町餘モアリ相當廣大ナルモノナリ
○目下輜重隊一ケ聯隊ノ工事テ來年七
月完了スル豫定ナルカ工事費ハ五百
六十五萬圓ナリ
○當地方（牡丹江）ハ國境警備工作カ
行ハレ軍ノ增駐（約八ケ師團）ニ伴
フ特殊工事ヲ苦力三十萬ヲ使用シ強

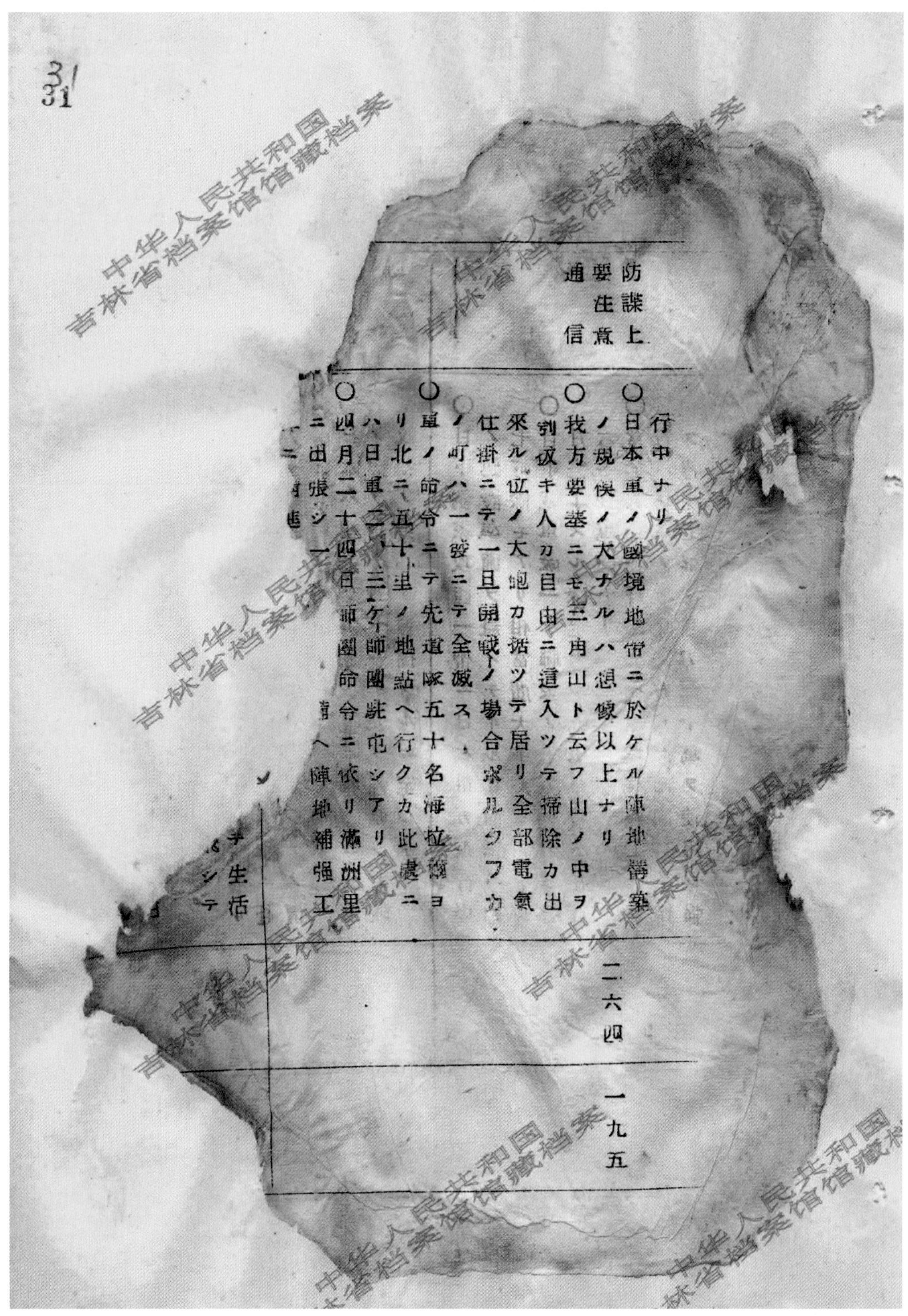
31/31

防諜上要注意通信

行中ナリ
○日本軍ノ國境地帶ニ於ケル陣地構築ノ規模ノ大ナルハ想像以上ナリ
○我方要塞ニモ三角山ト云フ山ノ中ヲ刳抜キ人カ自由ニ這入ツテ掃除カ出來ル位ノ大砲カ据ツテ居リ全部電氣仕掛ニテ一旦開戰ノ場合ポルタフカノ町ハ一發ニテ全滅ス、
○軍ノ命令ニテ先道隊五十名海拉爾ヨリ北ニ五十里ノ地點へ行クカ此處ニハ日軍二、三ケ師團駐屯シアリ
○四月二十四日師團命令ニ依リ滿洲里ニ出張シ一 [illegible] 育ヘ陣地補强工

[illegible]

テ生活
シテ

二六四

一九五

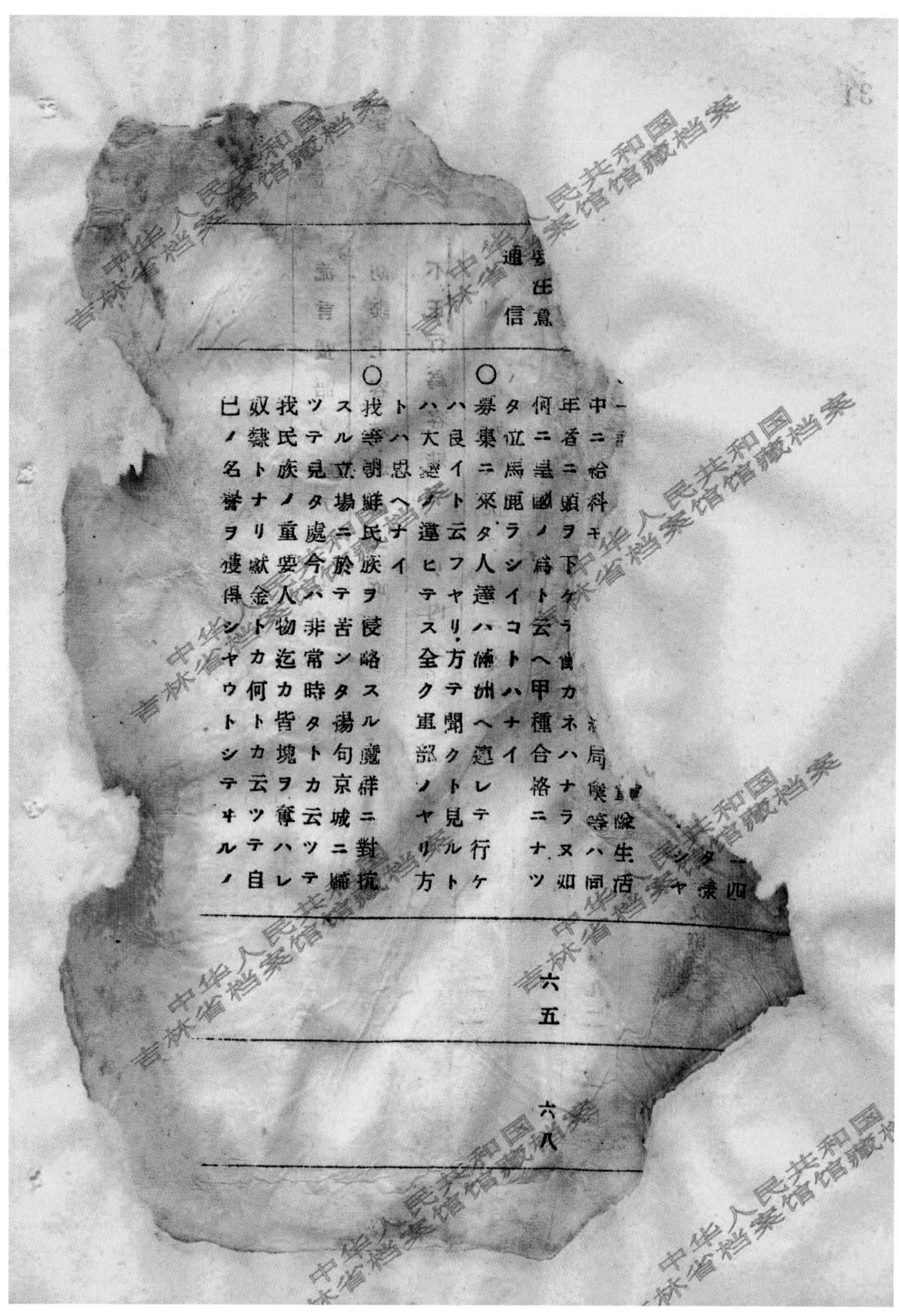
要注意
通信

中ニ給料キ……局員等ハ同
年者ニ頭ヲ下ケラ儀カネハナラヌ如
何ニ毫國ノ爲ト云ヘ甲種合格ニナツ
タ立馬毘ラシイコトハナイ
○暴巣ニ來タ人達ハ滿洲ヘ逃レテ行ケ
ハ良イト云フヤリ方テ聞クト見ルト
ハ大達ノ運ヒテス全ク軍部ノヤリ方
トハ忠ヘナイ
○我等朝鮮民族ヲ侵略スル魔群ニ對抗
スル立場ニ於テ苦ンタ湯句京城ニ嫌
ツテ見タ處今ハ非常時タトカ云ツテ
我民族ノ重要人物迄カ皆塊ヲ奪ハレ
奴隸トナリ献金トカ何トカ云ツテ自
已ノ名誉ヲ獲得シヤウトシテオルノ

六五

六八

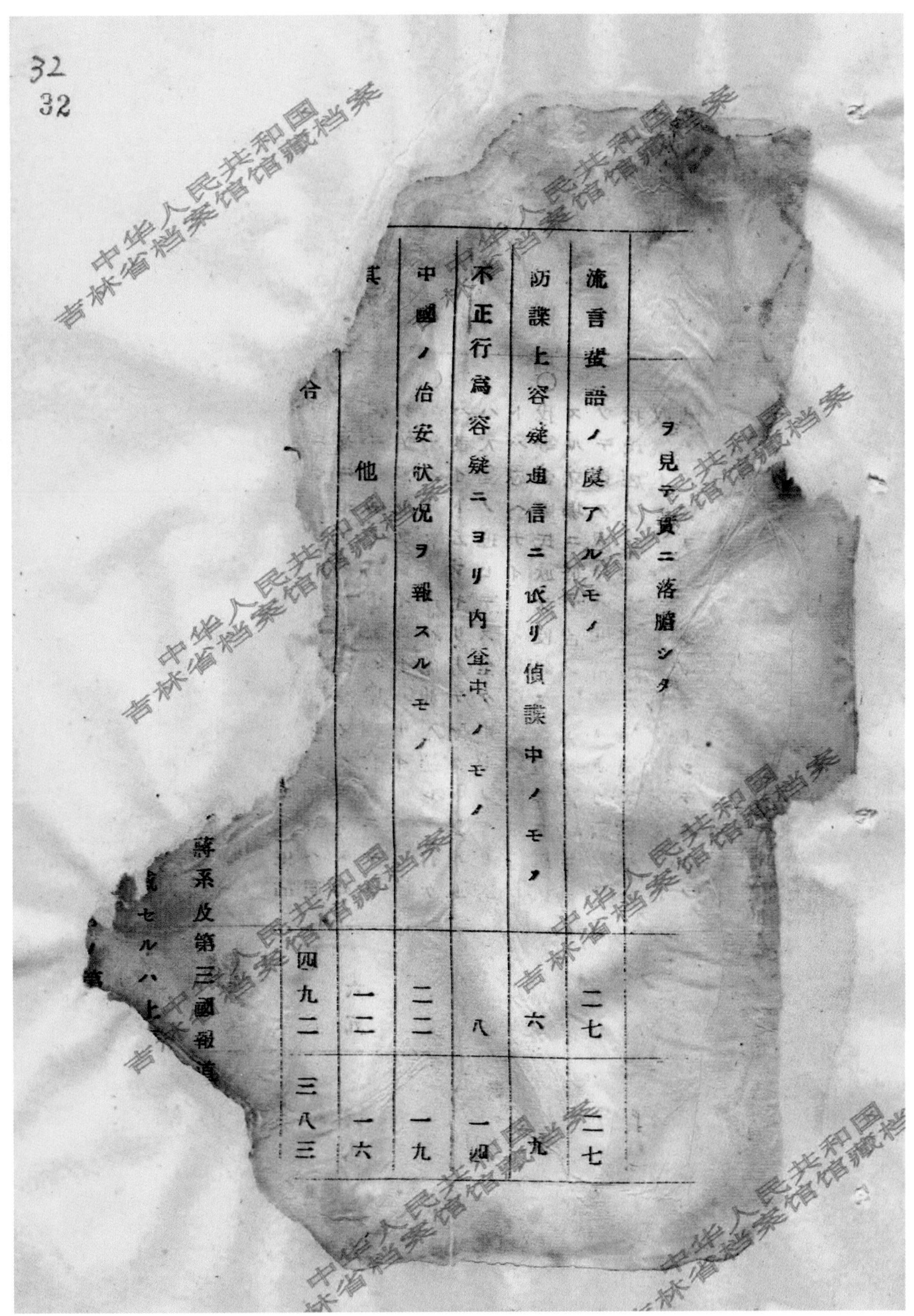

32
32

ヲ見テ貴ニ落膽シタ		
流言蜚語ノ虞アルモノ	二七	二七
防諜上容疑通信ニ依リ偵諜中ノモノ	六	九
不正行爲容疑ニヨリ内査中ノモノ	八	一四
中國ノ治安狀況ヲ報スルモノ	二二	一九
其他	一二	一六
合	四九二	三八三

…蔣系及第三國報道…
…セルハ上…

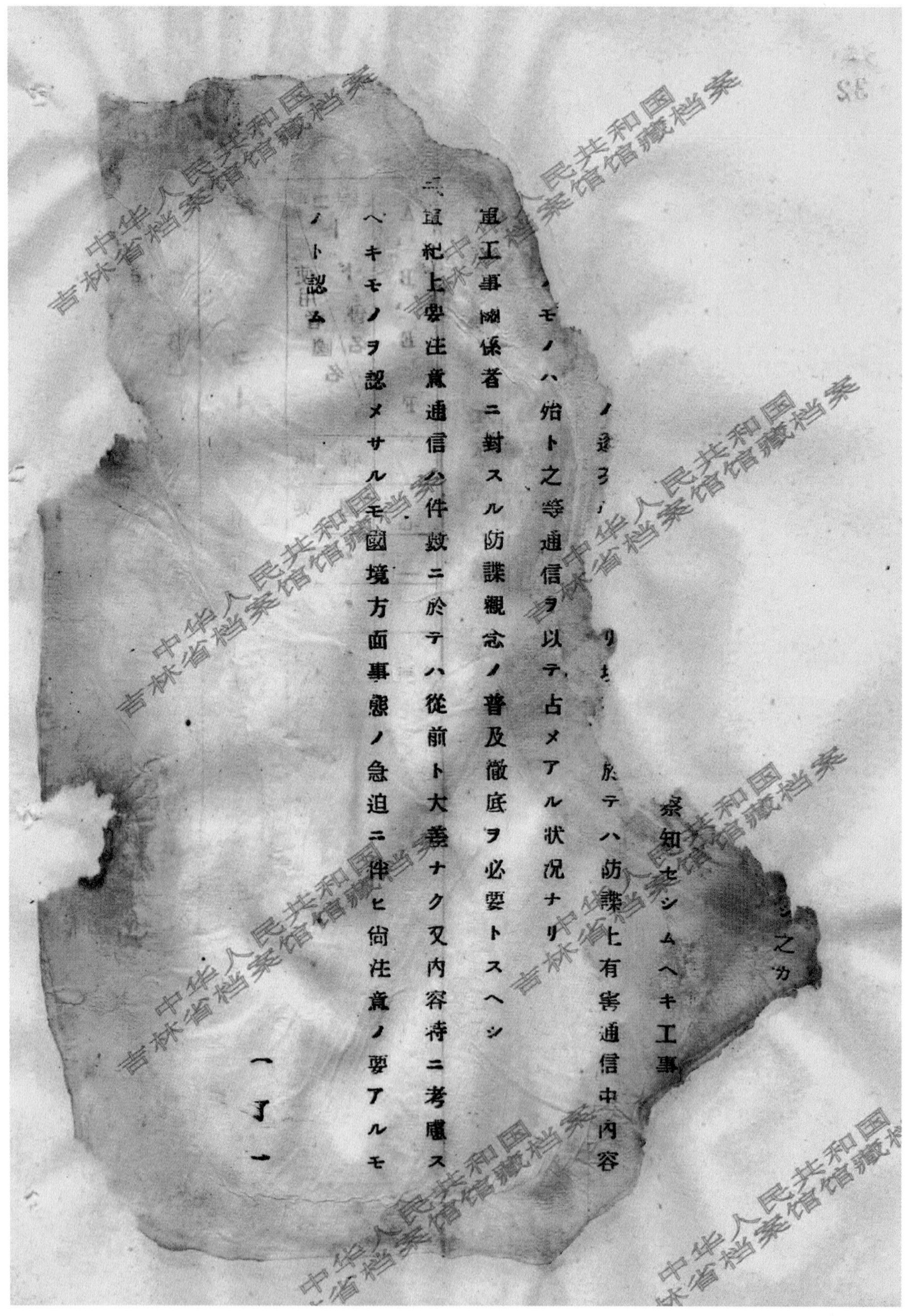

32

……之カ

察知セシムヘキ工事

ノ途ヲ……リ……於テハ防諜上有害通信中内容

ノモノハ殆ト之等通信ヲ以テ占メアル状況ナリ

軍工事關係者ニ對スル防諜觀念ノ普及徹底ヲ必要トスヘシ

三、軍紀上要注意通信ハ件數ニ於テハ從前ト大差ナク又内容特ニ考慮ス

ヘキモノヲ認メサルモ國境方面事態ノ急迫ニ伴ヒ尚注意ノ要アルモ

ノト認ム

一了一

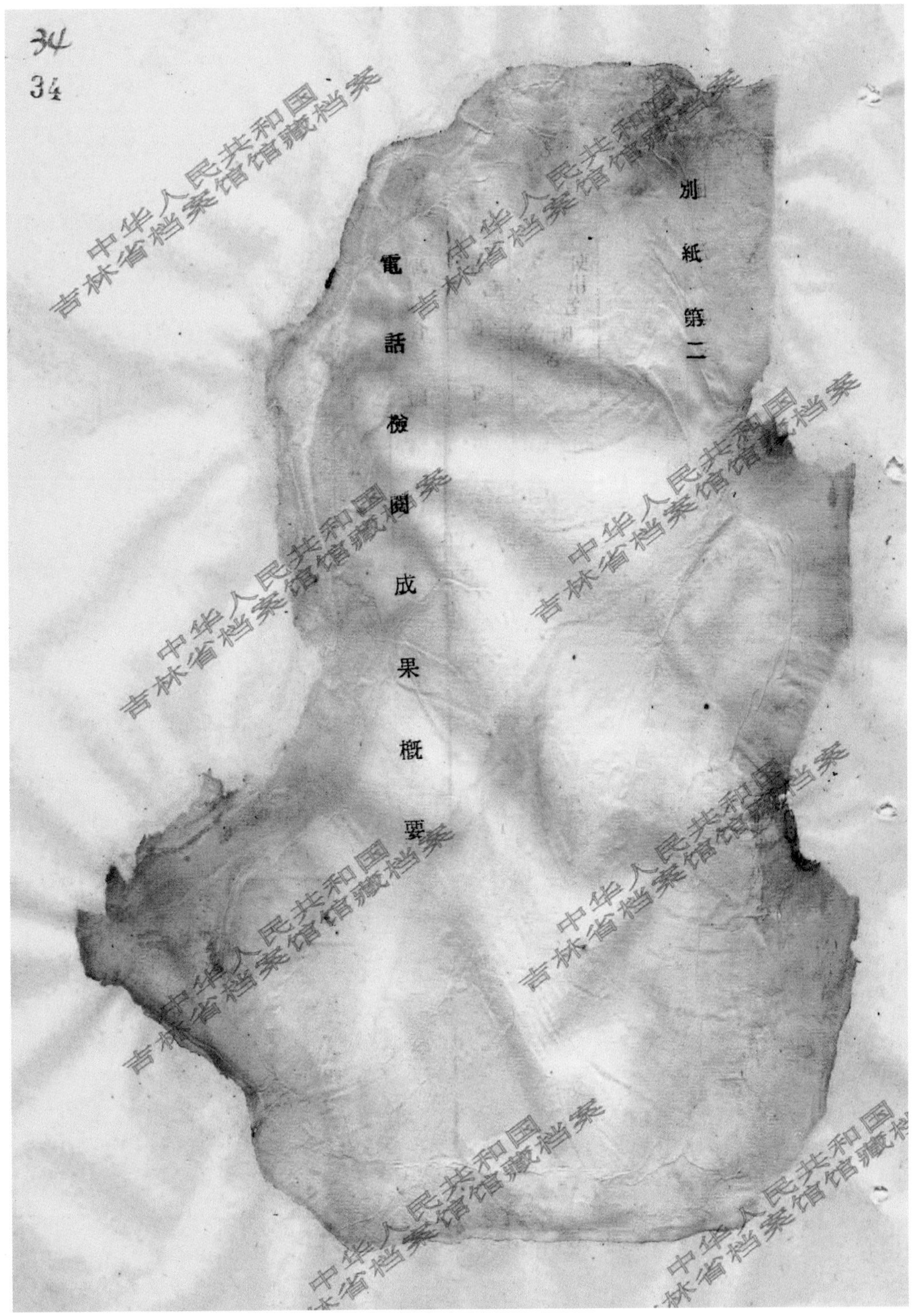
34
34

別紙第二

電話檢閲成果概要

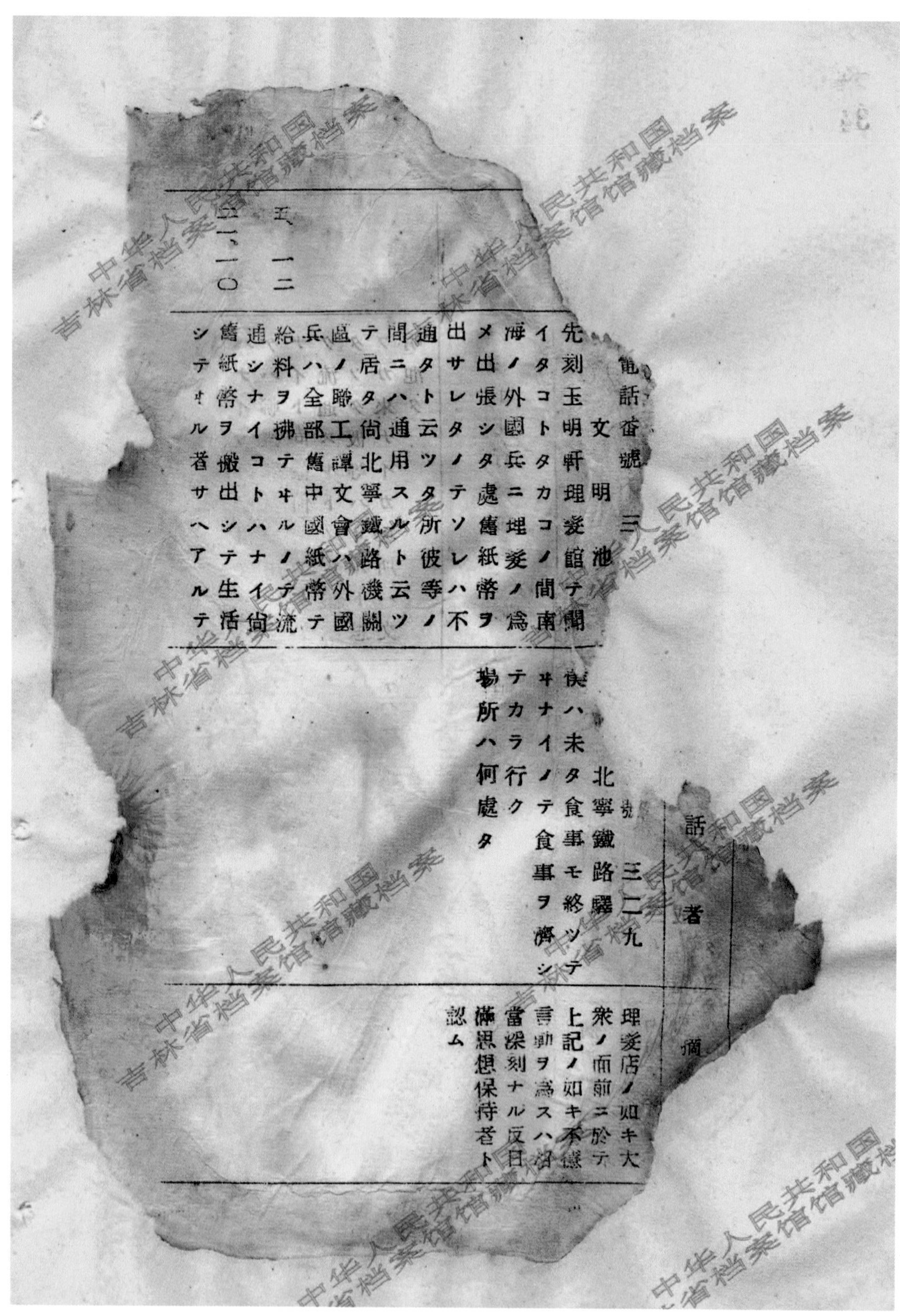

電話番號 三

文 明池

先刻玉明軒理髮館テ聞イタコトタカコノ間南海ノ外國兵ニ理髮ノ為メ出張シタ處僞紙幣ヲ出サレタノテソレハ不通タト云ツタ所彼等ノ間ニハ通用スルト云ツテ居タ尚北寧鐵路機關區ノ職工譚文會ハ外國兵ハ全部僞中國紙幣テ給料ヲ拂テヰルノテ流通シナイコトハナイ尚僞紙幣ヲ撒出シテ生活シテヰル者サヘアルテ

五、一二

四一、一〇

北寧鐵路驛 號 三二九

僕ハ未タ食事モ終ツテヰナイノテ食事ヲ濟シテカラ行ク場所ハ何處タ

話者

摘

理髮店ノ如キ大衆ノ面前ニ於テ上記ノ如キ不穩言動ヲ為スハ相當深刻ナル反日滿思想保持者ト認ム

35

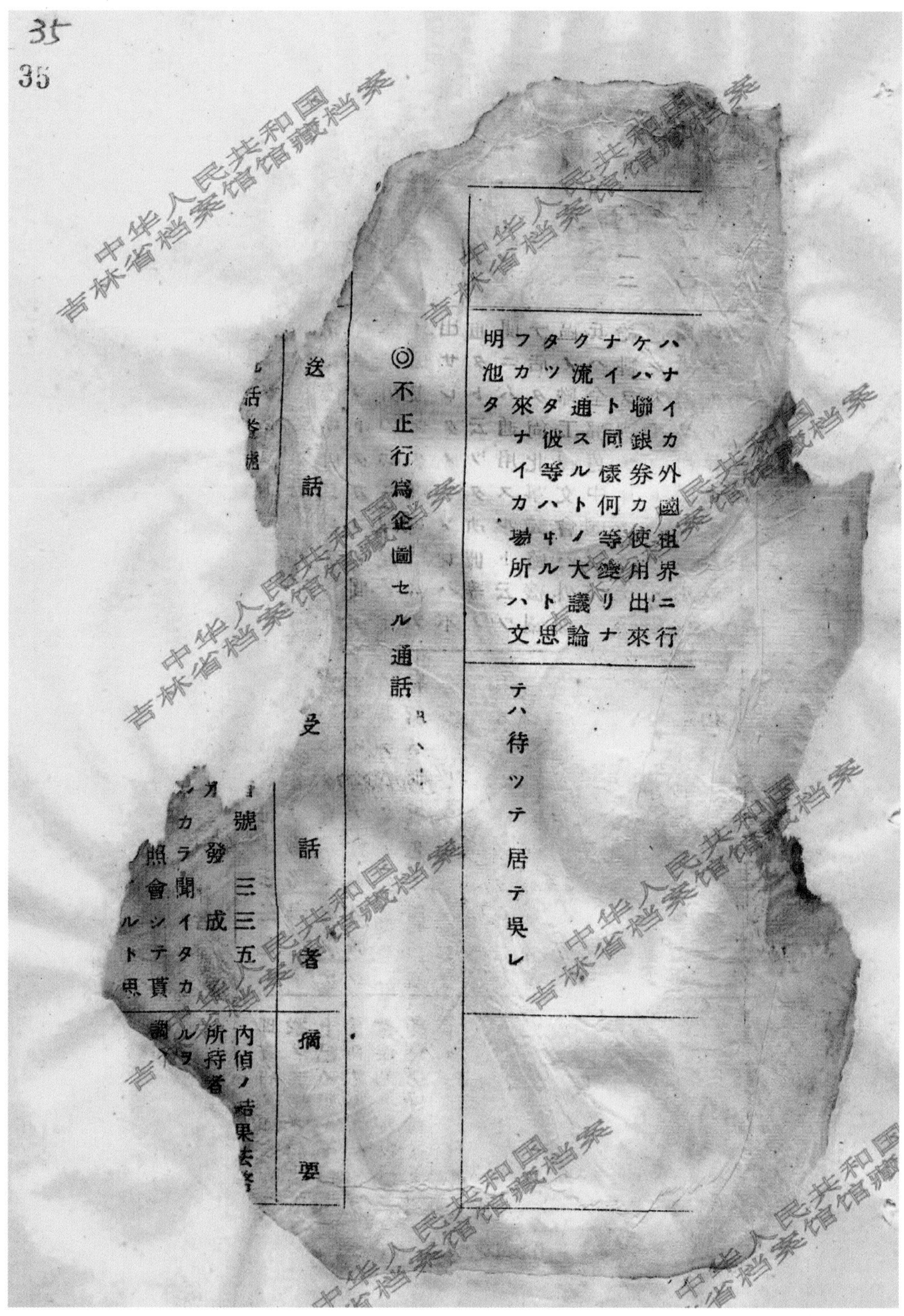

二

ハナイカ外國租界ニ行ケハ聯銀券カ使用出來ナイト同樣何等變リナク流通スルトノ大議論タツタ彼等ハ斗ルト思フカ來ナイカ場所ハ文明池タ

テハ待ツテ居テ呉レ

◎不正行爲企圖セル通話

送話受話者	摘要
號 三三五 發 成	内偵ノ結果老 所持者
カラ聞イタカ 照會シテ貰 ルト思	ルヲ 讀

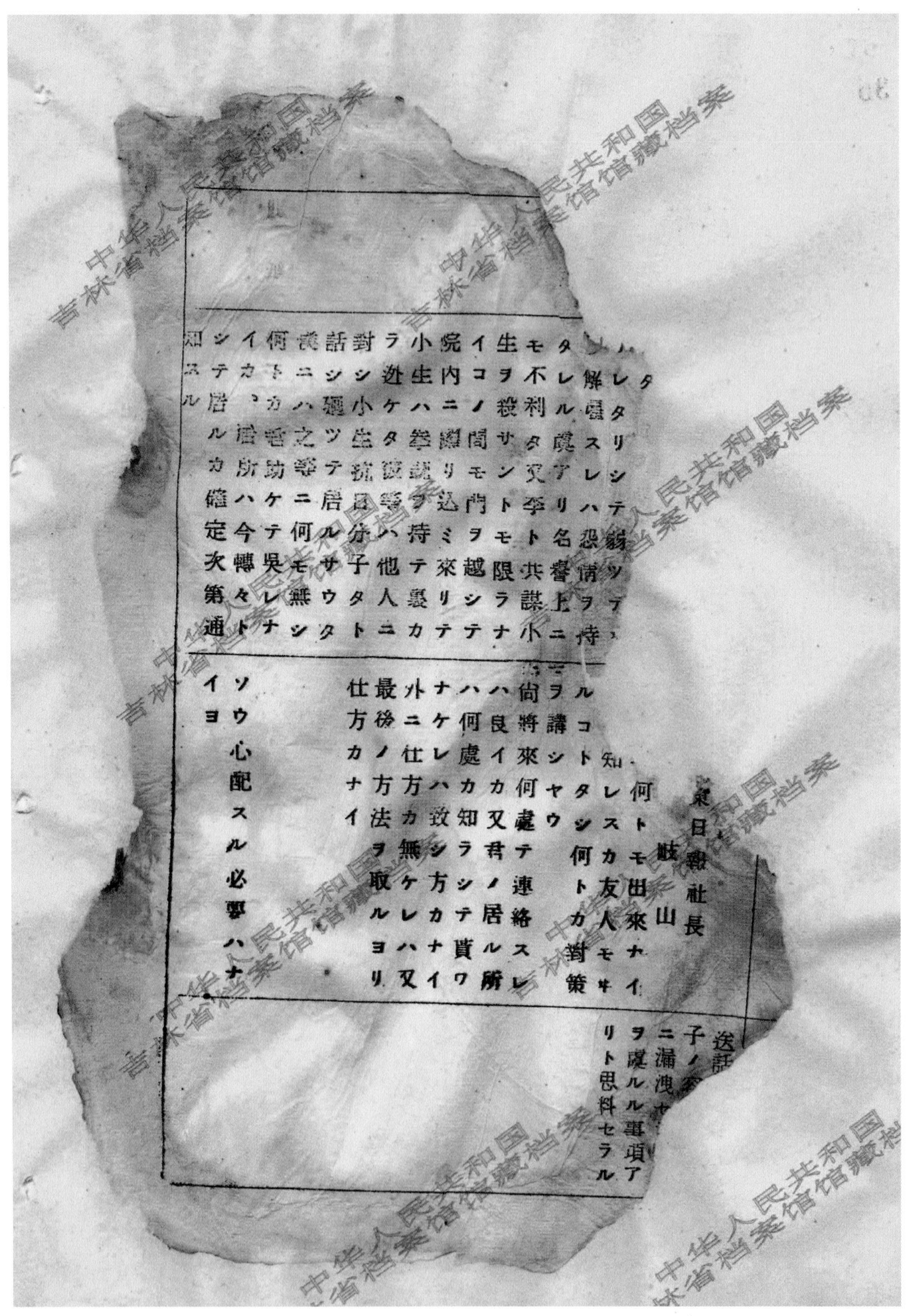

タ
ハレタリシテ綴ツテゞ
解疊スレハ恐情ヲ持
タレル處アリ名譽上ニ
モ不利タ又李ト共謀小
生ヲ殺サントモ限ラナ
イコノ間モ門ヲ越シテ
院内ニ闖リ込ミ來リテ
小生ハ拳銃ヲ持テ裏カ
ラ迯ケタ鐵等ハ他人ニ
對シ小生銃目分子タト
話シ聽ツテ居ルサウタ
義ニハ之等ニ何モ無シ
何トカ宅訪ケテ呉レナ
イカ、居所ハ今轉々ト
シテ居ルカ確定次第通
知スル

東日報社長
岐山
何トモ出來ナイ
知レスカ友人モヰ
ルコトタシ何トカ對策
ヲ講シヤウ
尚將來何處テ連絡スレ
ハ良イカ又君ノ居ル所
ハ何處カ知ラシテ貰ワ
ナケレハ致シ方カナイ
外ニ仕方カ無ケレハ又
最後ノ方法ヲ取ルヨリ
仕方カナイ
ソウ心配スル必要ハナ
イヨ

送話
子ノ家
ニ漏洩セ
ヲ虞ルル事項ア
リト思料セラル

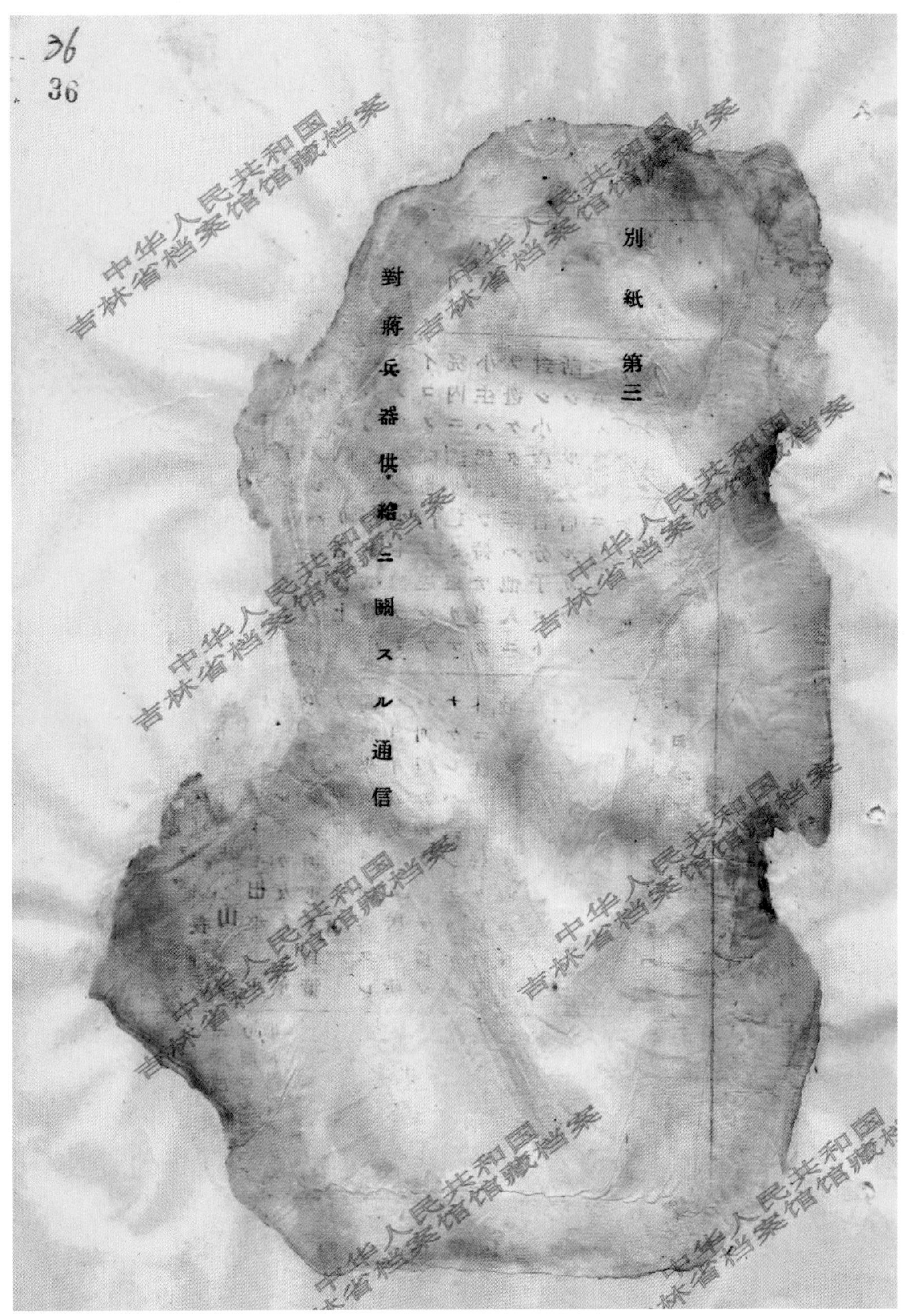
36
36

別紙第三

對蔣兵器供給ニ關スル通信

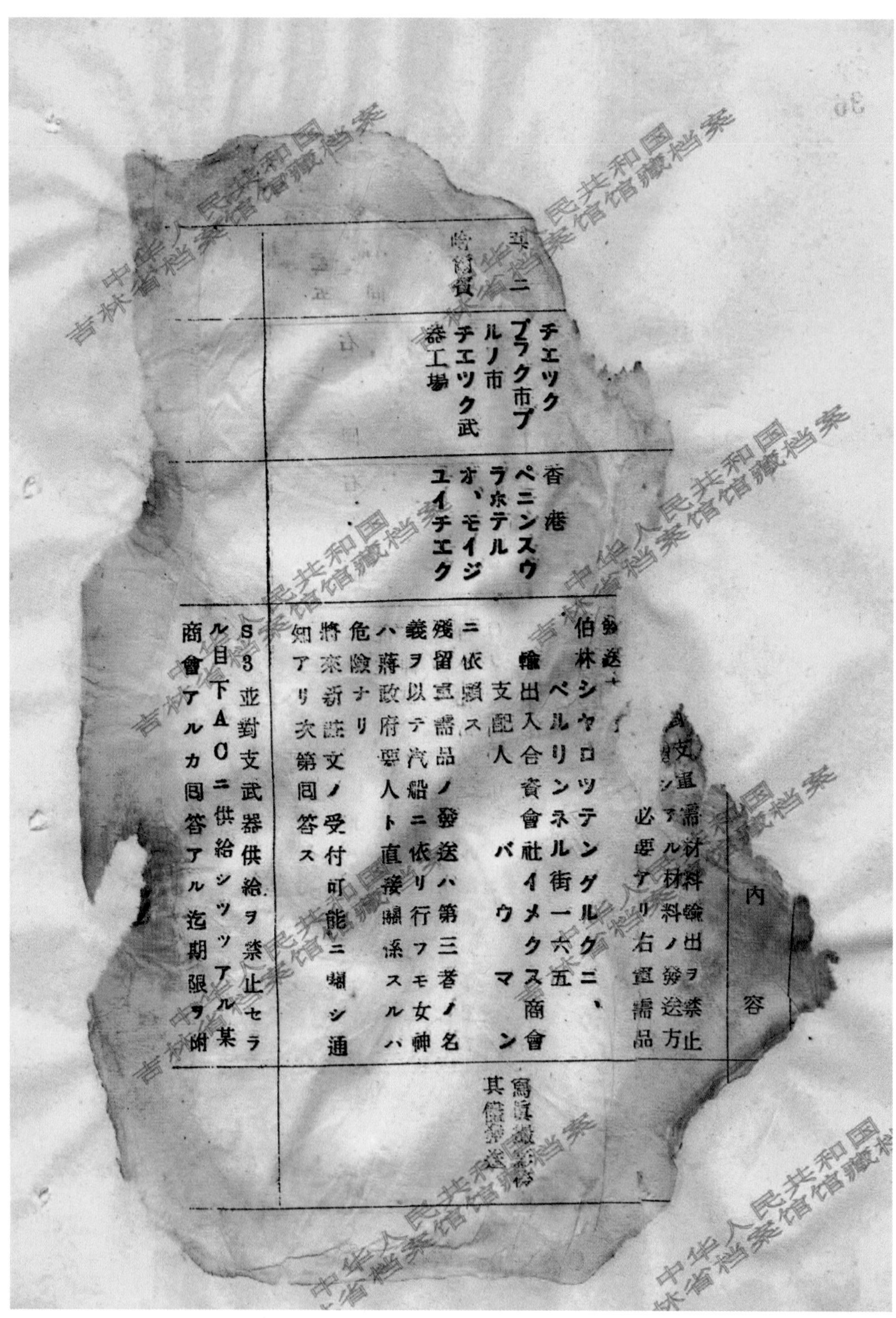

内容

支直需材料輸出ヲ禁止
ンアル材料ノ發送方
必要アリ右直需品

發送ナ
伯林シャロッテングルグニ、
ペルリンネル街一六五
輸出入合資會社イメクス商會
支配人バウマン
ニ依頼ス
殘留直需品ノ發送ハ第三者ノ名
義ヲ以テ汽船ニ依リ行フモ女神
ハ薄政府要人ト直接關係スルハ
危險ナリ
將來新註文ノ受付可能ニ關シ通
知アリ次第回答ス

S3並對支武器供給ヲ禁止セラ
ル目下ACニ供給シツツアル某
商會アルカ回答アル迄期限ヲ附

寫眞撮
其儀發送

香港
ペニンスウラホテル
オ、モイジ
ユイチエク

チエック
ブラク市ブルノ市
チエック武器工場

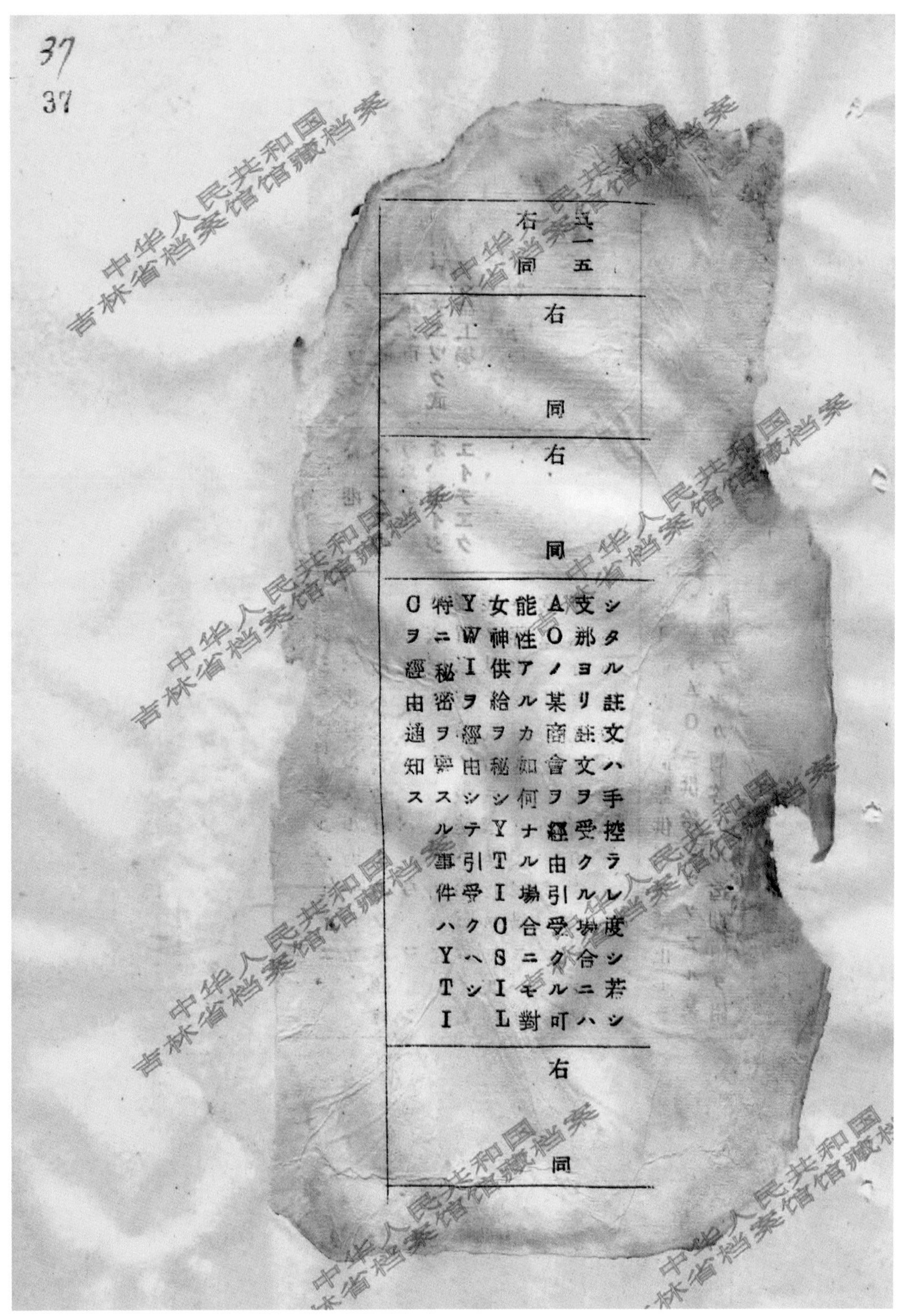

五一五 右同

右同

右同

シタル註文ハ手控ラレ度シ若シ支那ヨリ註文ヲ受クル場合ニハAOノ某商會ヲ經由引受クル可能性アルカ如何ナル場合ニモ對女神供給ヲ秘シYTIOSILYWIヲ經由シテ引受クヘシ特ニ秘密ヲ要スル事件ハYTICヲ經由通知ス

右同

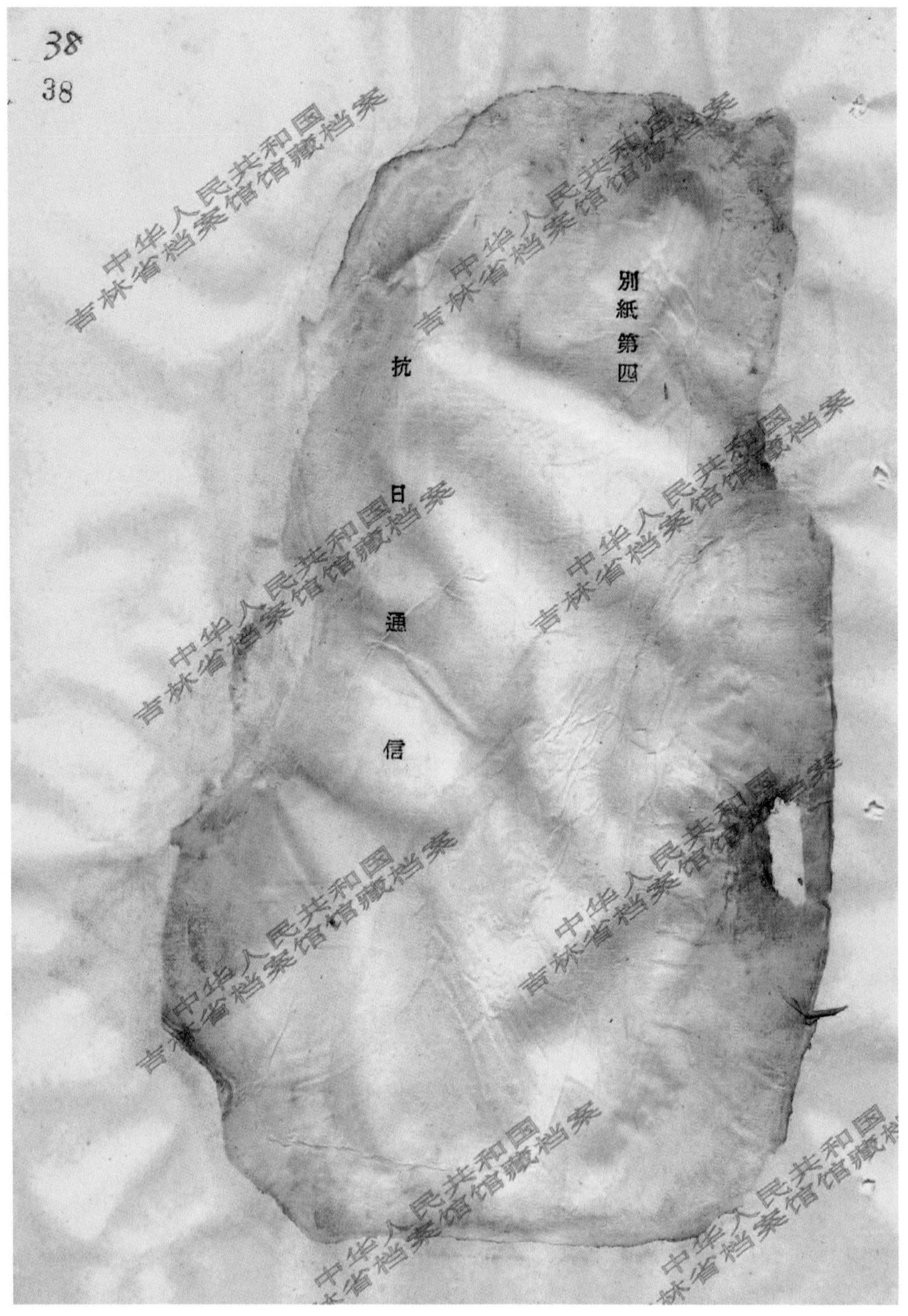
38
38
別紙第四
抗日通信

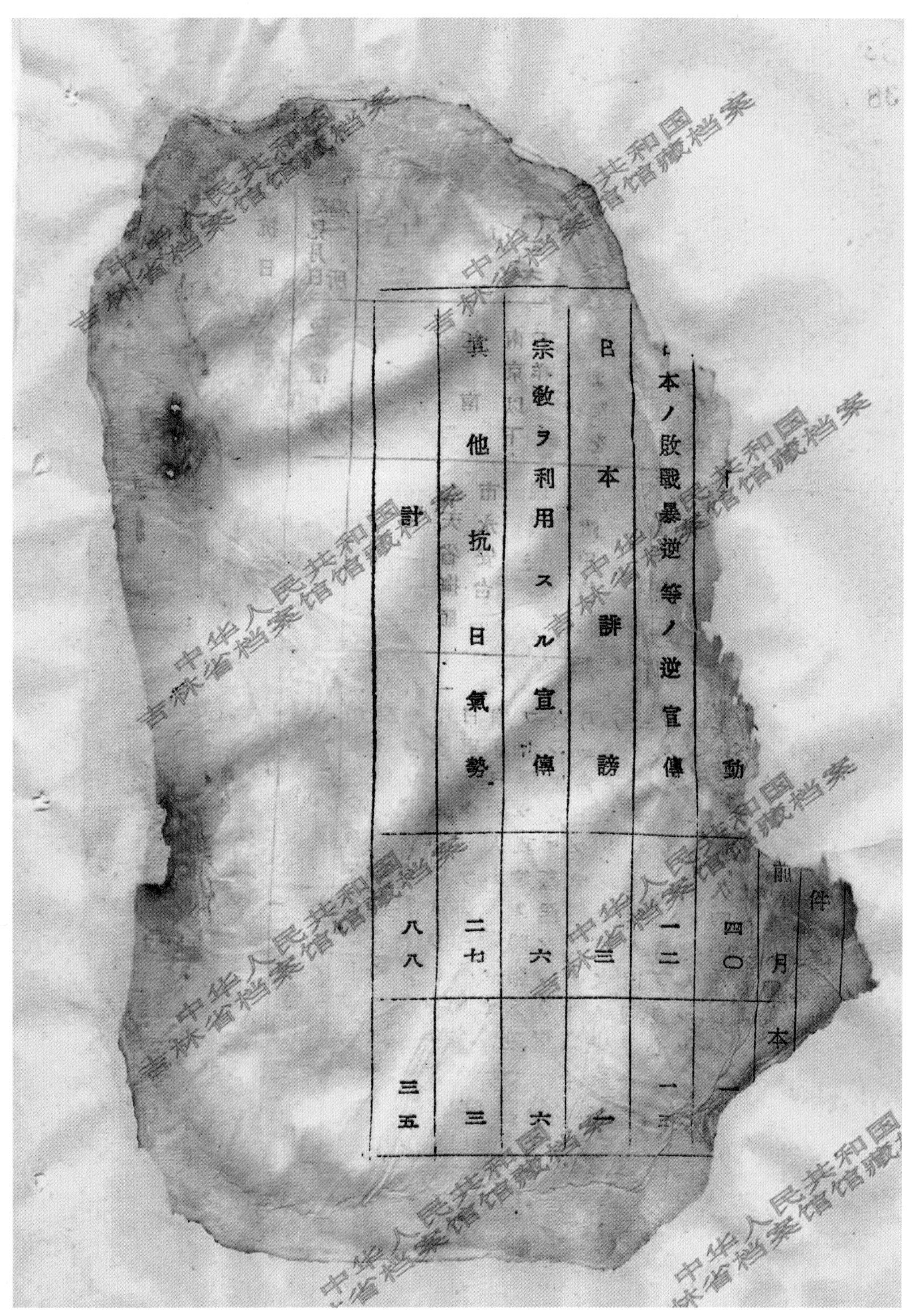

	件 前月	本月
…動	四〇	一
日本ノ敗戰暴逆等ノ逆宣傳	一二	一三
日本誹謗	三	一
宗教ヲ利用スル宣傳	六	六
其ノ他抗日氣勢	二七	三
計	八八	三五

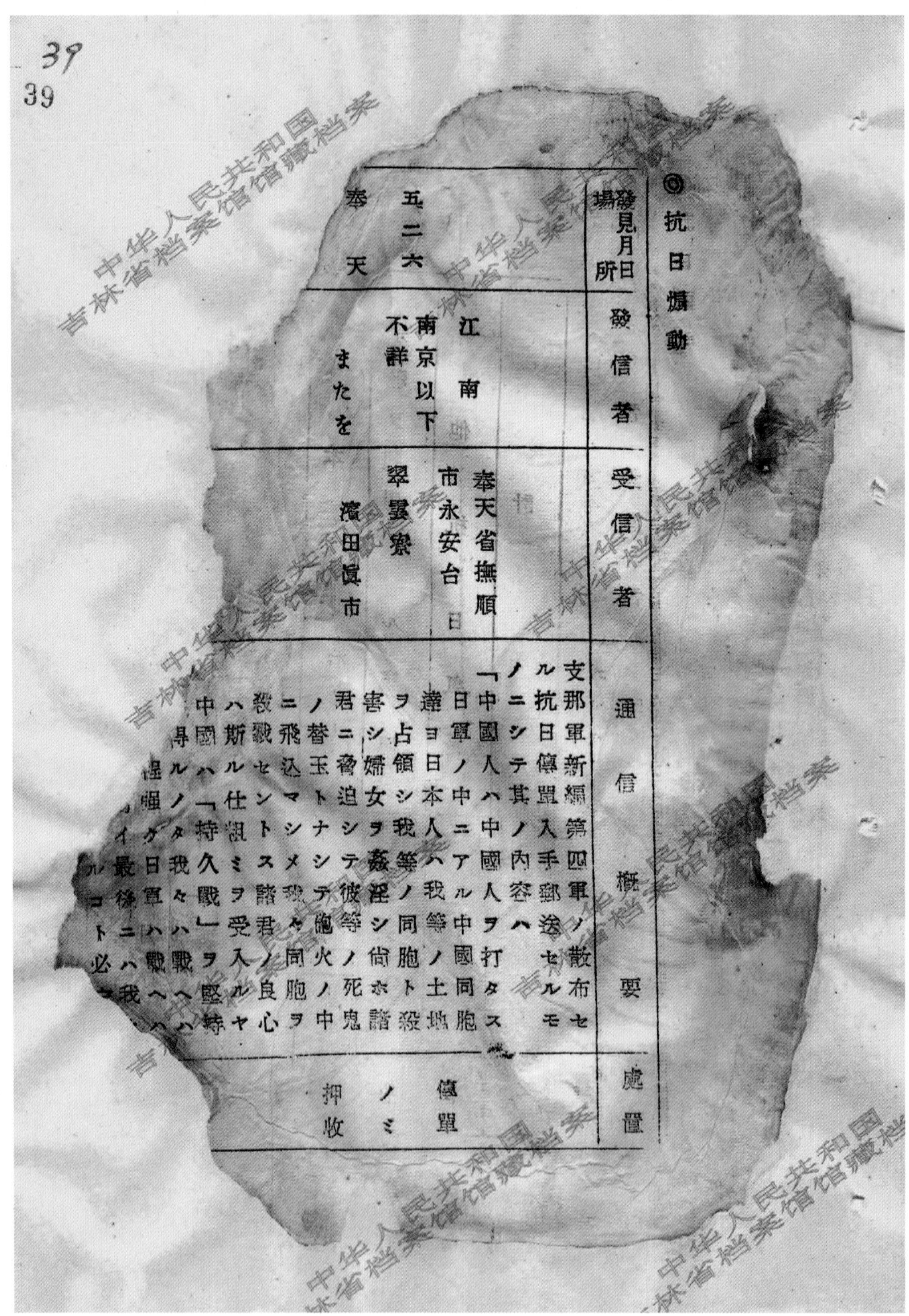

39
39

◎抗日煽動

發見月日場所	發信者	受信者	通信概要	處置
五 二六 奉天	江南 南京以下 不詳 またを	奉天省撫順市永安台 日 翠雲寮 濱田眞市	支那軍新編第四軍ノ散布セル抗日傳單入手郵送セルモノニシテ其ノ内容ハ「中國人ハ中國人ヲ打タス日軍ノ中ニアル中國同胞達ヨ日本人ハ我等ノ土地ヲ占領シ我等ノ同胞ト殺害シ婦女ヲ姦淫シ尚ホ諸君ニ脅迫シテ彼等ノ死鬼ノ替玉トナシテ砲火ノ中ニ飛込マシメ我々同胞ヲ殺戮セシメントス諸君ノ良心ハ斯ル仕組ミヲ受入ルヤ中國ハ「持久戰」ヲ堅持得ルノタ我々ハ戰ヘハ惺强ノケ日軍ハ戰ヘハ□イ最後ニハ我ルコト必ニ	傳單ノミ押收

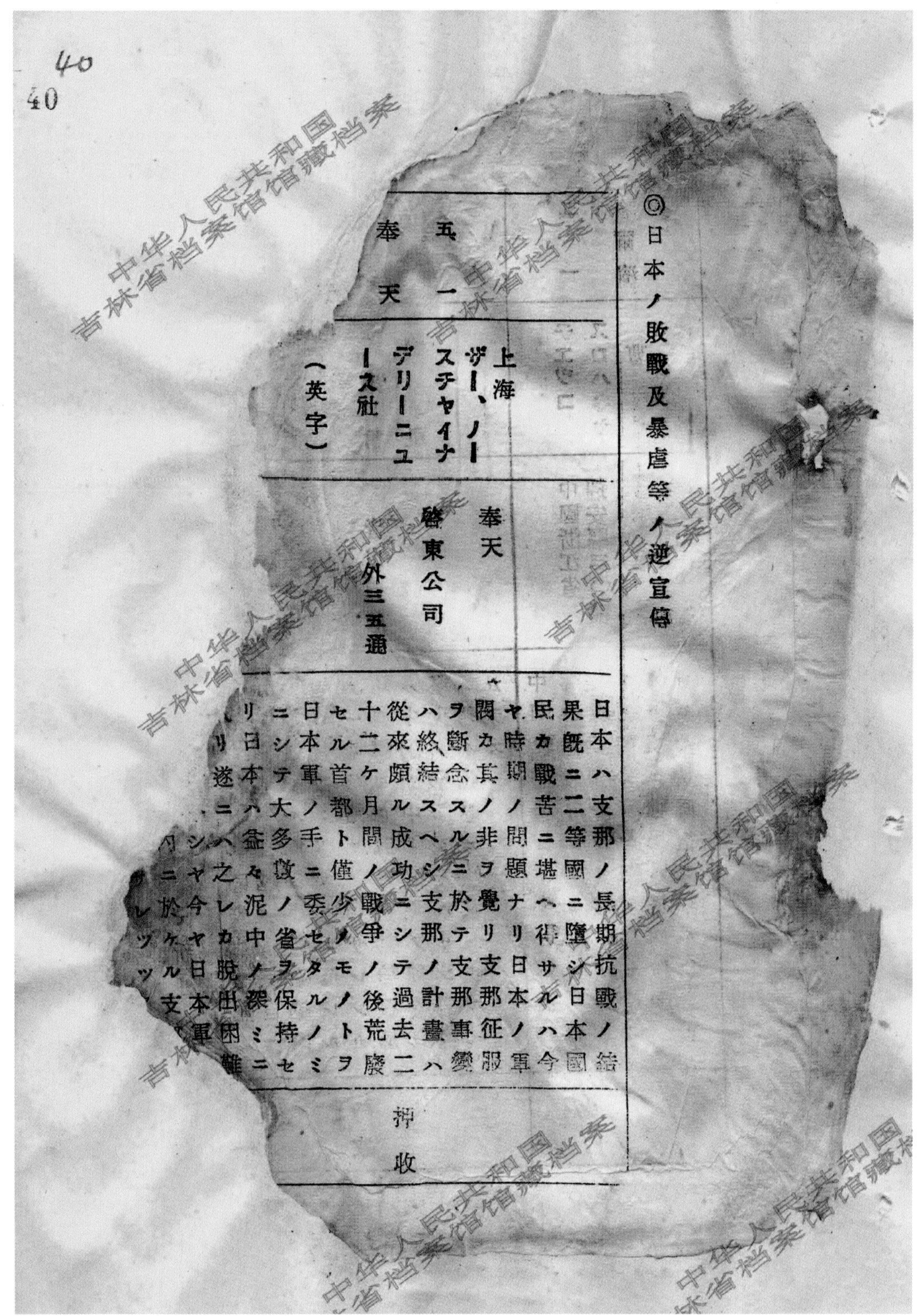

40

◎日本ノ敗戰及暴虐等ノ逆宣傳

五一

奉天

上海
ザー、ノーステャイナデリーニュース社（英字）

奉天
啓東公司
外三五通

日本ハ支那ノ長期抗戰ノ結果既ニ二等國ニ墮シ日本國民カ戰苦ニ堪ヘ得サルハ今ヤ時期ノ問題ナリ日本ノ軍閥カ其ノ非ヲ覺リ支那征服ヲ斷念スルニ於テ支那事變ハ終結スヘシ支那ノ計畫ハ從來頗ル成功ニシテ過去ニ十二ケ月間ノ戰爭ノ後荒廢セル首都ト僅少ノモノトヲ日本軍ノ手ニ委セタルノミニシテ大多數ノ省ヲ保持セリ日本ハ益々泥中ノ深ミニ
リ遂ニハ之レカ脫出困難
シヤ今ヤ日本軍
ニ於ケル支
レツツ

押收

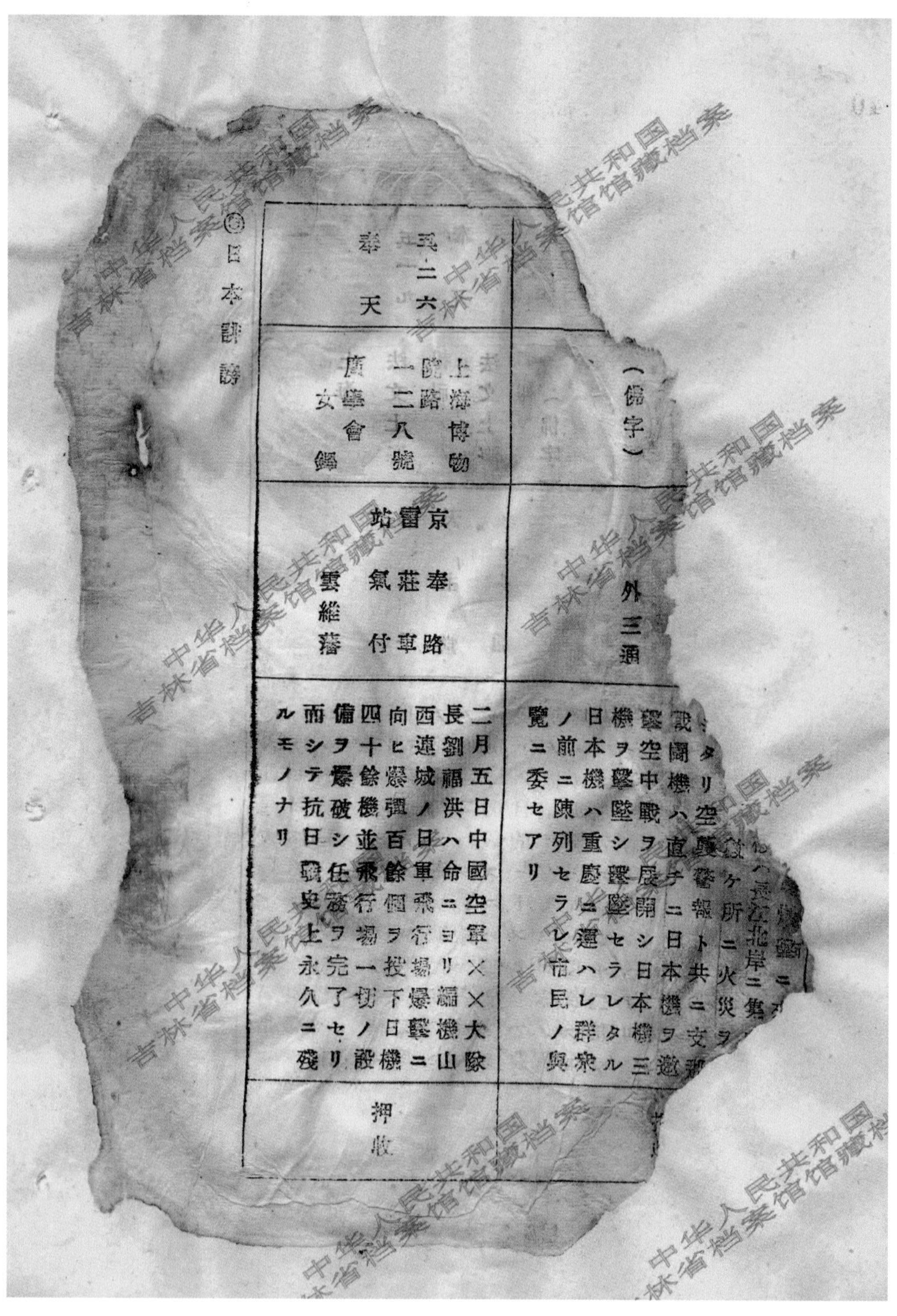
㊀日本謀略

（偽字）	民二六 奉天
	上海博物院路一二八號 廣學會 女……鍔
外三通	京奉路雷莊車站氣付 雲維藩
……ニ……ハ長江北岸ニ集……ケ所ニ火災ヲ……タリ空襲警報ト共ニ支那我闘機ハ直チニ日本機ヲ邀擊空中戰ヲ展開シ日本機三機ヲ擊墜シ擊墜セラレタル日本機ハ重慶ニ運ハレ群衆ノ前ニ陳列セラレ市民ノ與覽ニ委セアリ	二月五日中國空軍××大隊長劉福洪ハ命ニヨリ編機山西運城ノ日軍飛行場爆擊ニ向ヒ爆彈百餘個ヲ投下日機四十餘機並飛行場一切ノ設備ヲ爆破シ任務ヲ完了セリ而シテ抗日戰史上永久ニ殘ルモノナリ
	押收

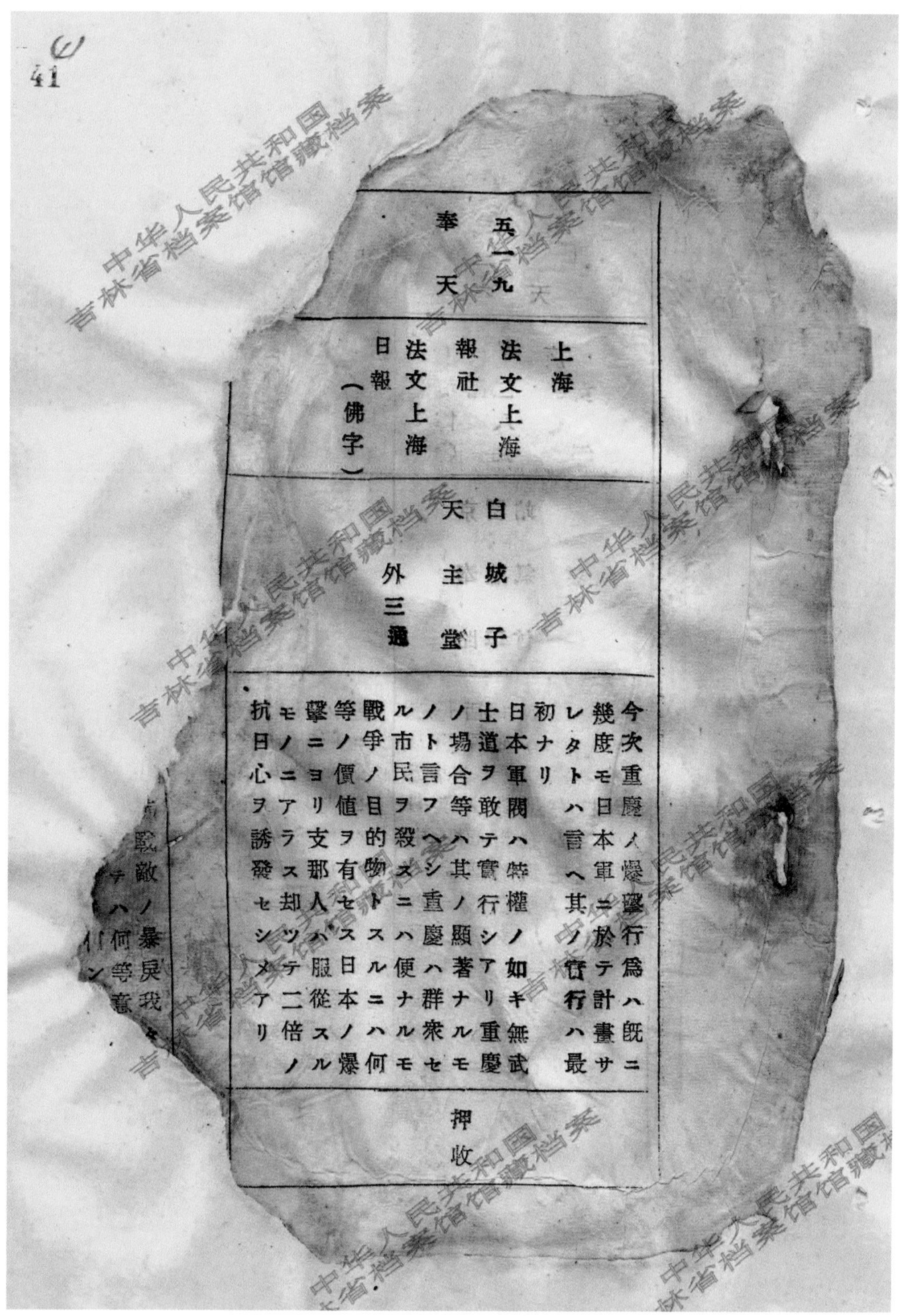

41

五一九

奉天

上海法文上海報社

法文上海日報（佛字）

白城子

天主堂

外三通

今次重慶ノ爆擊行為ハ既ニ幾度モ日本軍ニ於テ計畫サレタトハ言ヘ其ノ實行ハ最初ナリ
日本軍閥ハ特權ノ如キ無武士道ヲ敢テ實行シアリ重慶ノ場合等ハ其ノ顯著ナルモノト言フヘシ重慶ハ群衆セル市民ヲ殺スニハ便ナルモ戰爭ノ目的物トスルニハ何等ノ價値ヲ有セス日本ノ爆擊ニヨリ支那人ハ服從スルモノニアラス却ツテ二倍ノ抗日心ヲ誘發セシメアリ

戰敵ノ暴戾我

テハ何等意

ハン

押收

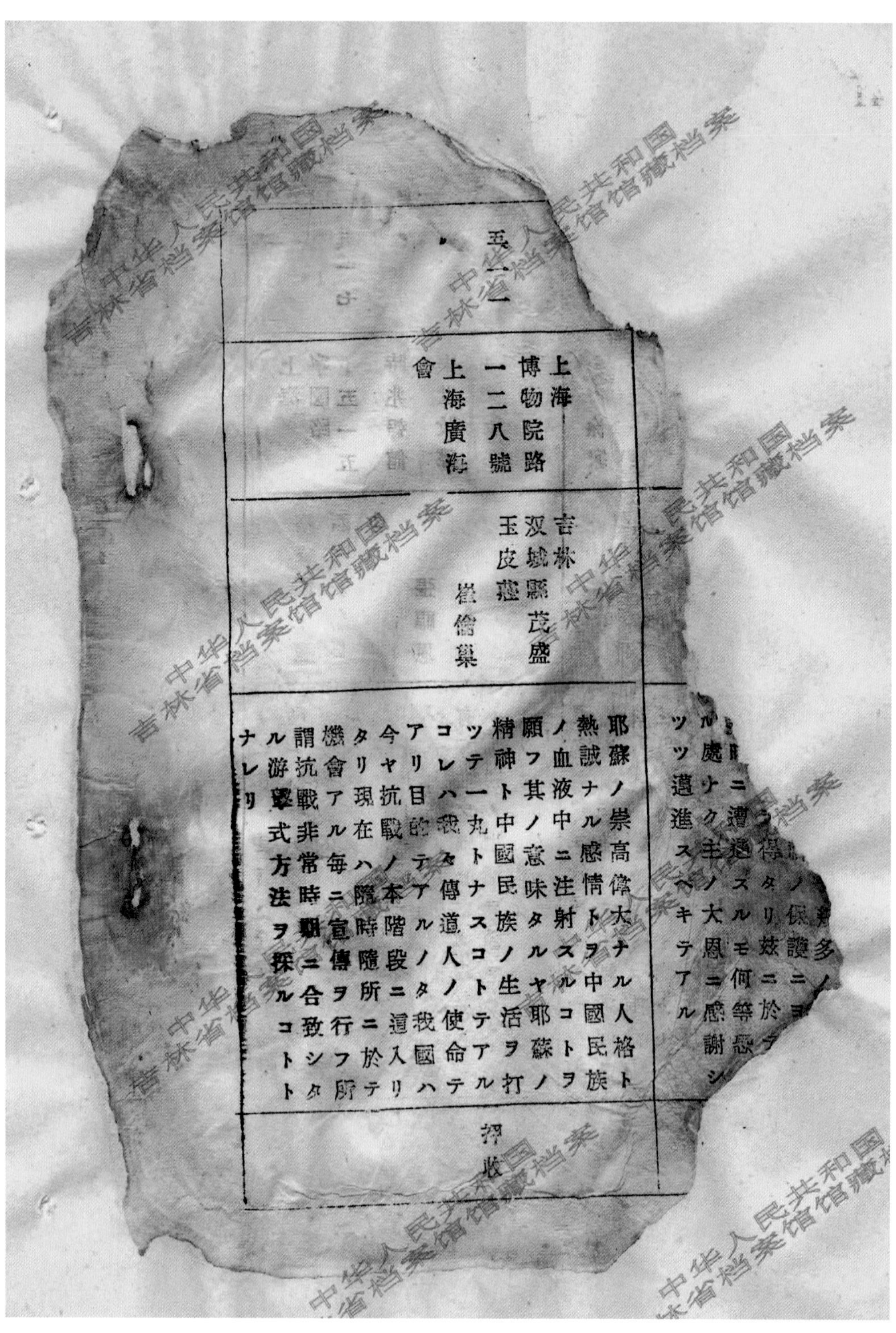

五一一

上海
博物院路
一二八號
上海廣學會

吉林
汲城縣 茂盛
玉皮癋 崔偷集

耶蘇ノ崇高偉大ナル人格ト熱誠ナル感情トヲ中國民族ノ血液中ニ注射スルコトヲ願フ其ノ意味タルヤ耶蘇ノ精神ト中國民族ノ生活ヲ打ツテ一丸トナスコトテアルコレハ我々傳道人ノ使命テアリ目的テアルノタ我國ハ今ヤ抗戰ノ本階段ニ還入リタリ現在ハ隨時隨所ニ於テ機會アル毎ニ宣傳ヲ行フ所謂抗戰非常時期ニ合致シタル游擊式方法ヲ探ルコトトナレリ

多ノヨ
ノ保護ニヨ
得タリ茲ニ於テ
ニ遭遇スルモ何等恐
ル處ナク主ノ大恩ニ感謝シ
ツツ邁進スヘキテアル

捋收

42

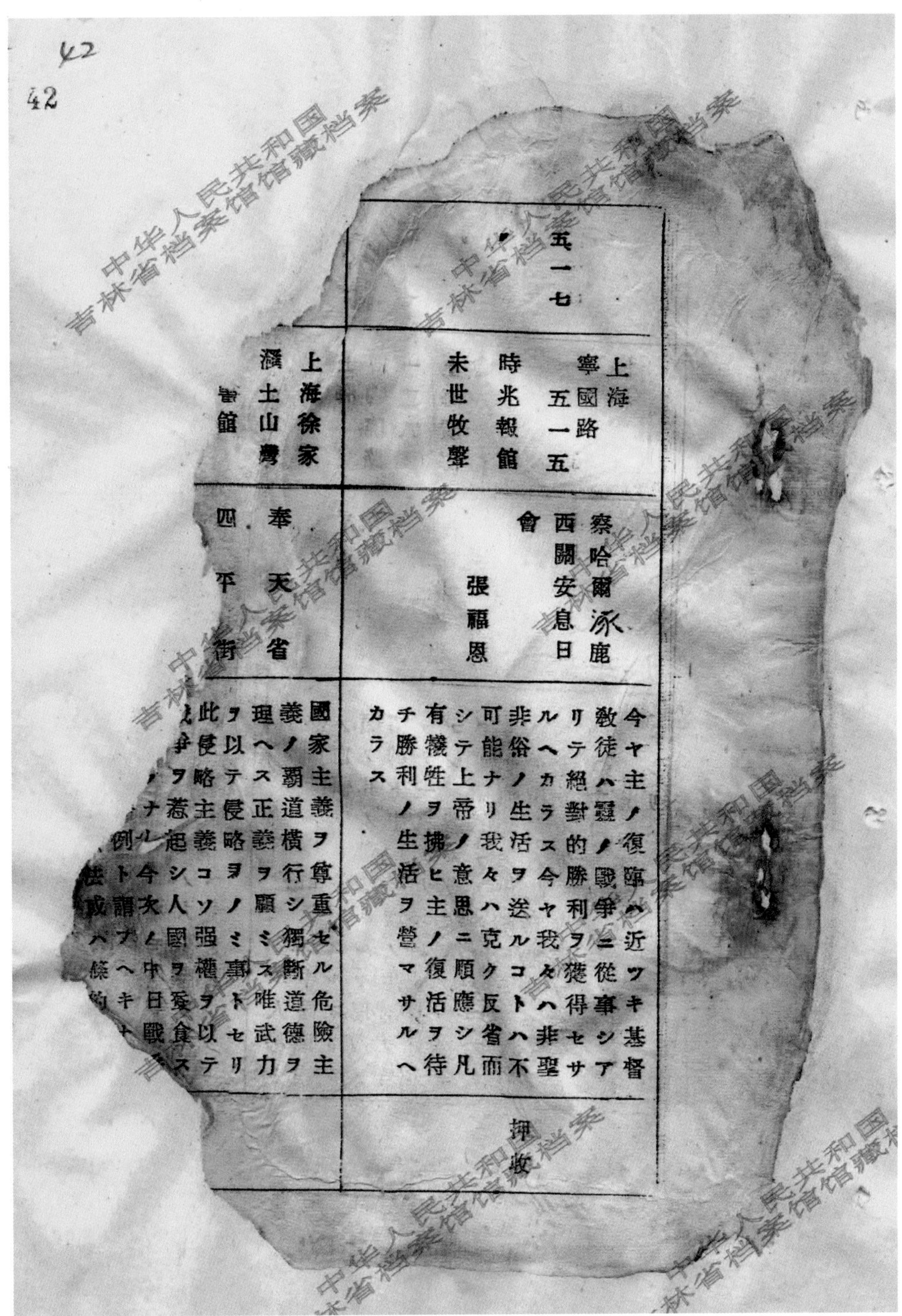

番號	發信者	受信者	内容	處置
五一七	上海寧國路五一五 時兆報館 未世牧聲	察哈爾涿鹿西關安息日會 張福恩	今ヤ主ノ復臨ハ近ツキ基督教徒ハ靈ノ戰爭ニ從事シアリテ絕對的勝利ヲ獲得セサルヘカラス今ヤ我々ハ非聖非俗ノ生活ヲ送ルコトハ不可能ナリ我々ハ克ク反省而シテ上帝ノ意思ニ順應シ凡有犧牲ヲ拂ヒ主ノ復活ヲ待チ勝利ノ生活ヲ營マサルヘカラス	押收
	上海徐家滙土山灣書館	奉天省四平街	國家主義ヲ尊重セル危險主義ノ覇道橫行シ獨斷道德ヲ理ヘス正義ヲ顧ミス唯武力ヲ以テ侵略ヲノミ事トセリ此侵略主義コソ强權ヲ以テ戰爭ヲ惹起シ人國ヲ蠶食ス[illegible]ナル今次ノ中日戰[illegible]例ト謂フヘキ[illegible]	

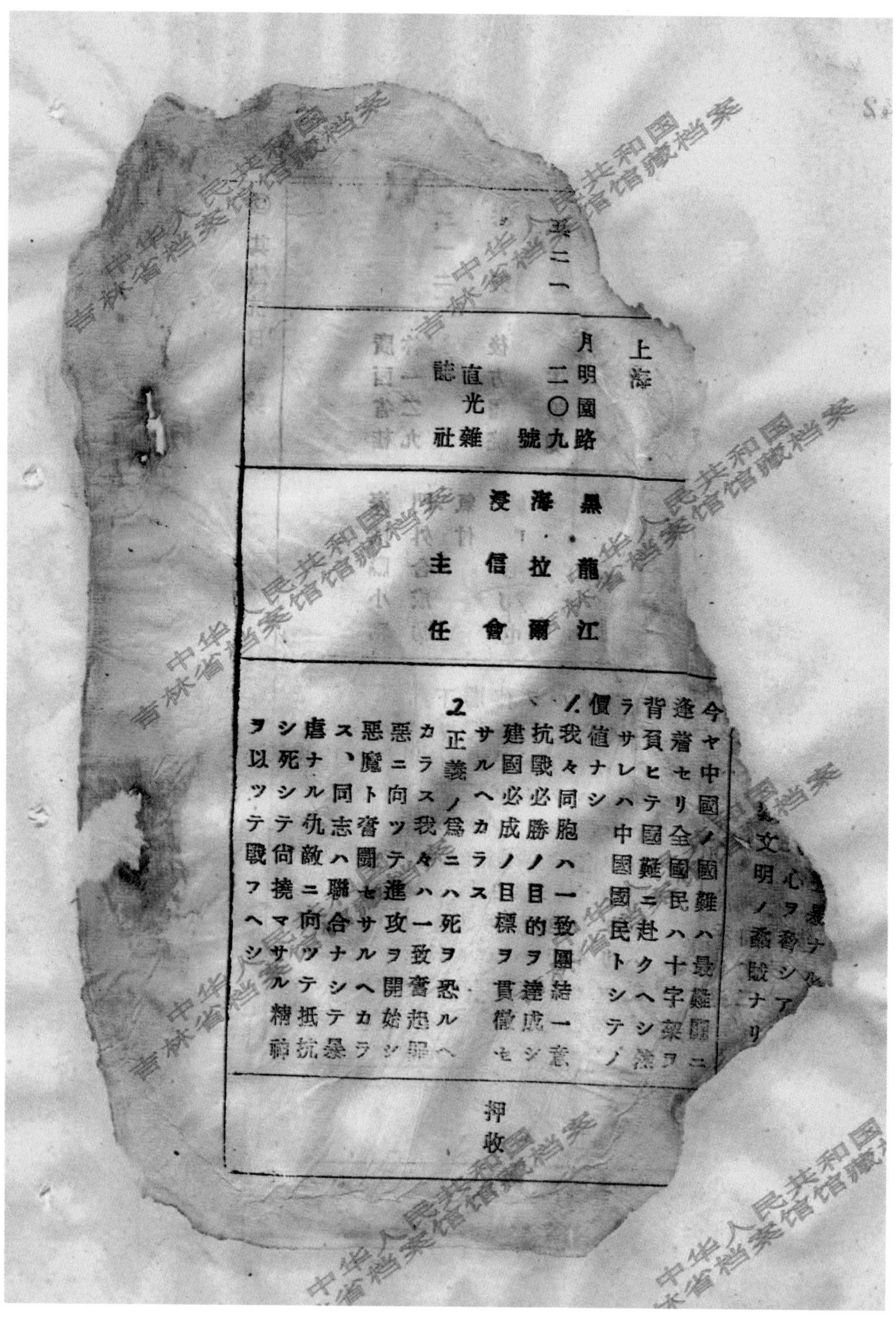

第二一

上海
月明國路
二〇九號
直光雜誌社

黒龍江
海拉爾
浸信會
主任

暴ナル
心ヲ脅シア
文明ノ蟊賊ナリ

今ヤ中國ノ國難ハ最難關ニ逢着セリ全國民ハ十字架ヲ背負ヒテ國難ニ赴クヘシ然ラサレハ中國國民トシテノ價値ナシ

ノ我々同胞ハ一致團結一意、抗戰必勝ノ目的ヲ達成シ建國必成ノ目標ヲ貫徹セサルヘカラス

2 正義ノ爲ニハ死ヲ恐ルヘカラス我々ハ一致奮起シ歸惡ニ向ツテ進攻ヲ開始シ惡魔ト奮闘セサルヘカラス、同志ハ聯合ナシテ暴虐ナル仇敵ニ向ツテ抵抗シ死シテ尚挽マサル精神ヲ以ツテ戰フヘシ

押收

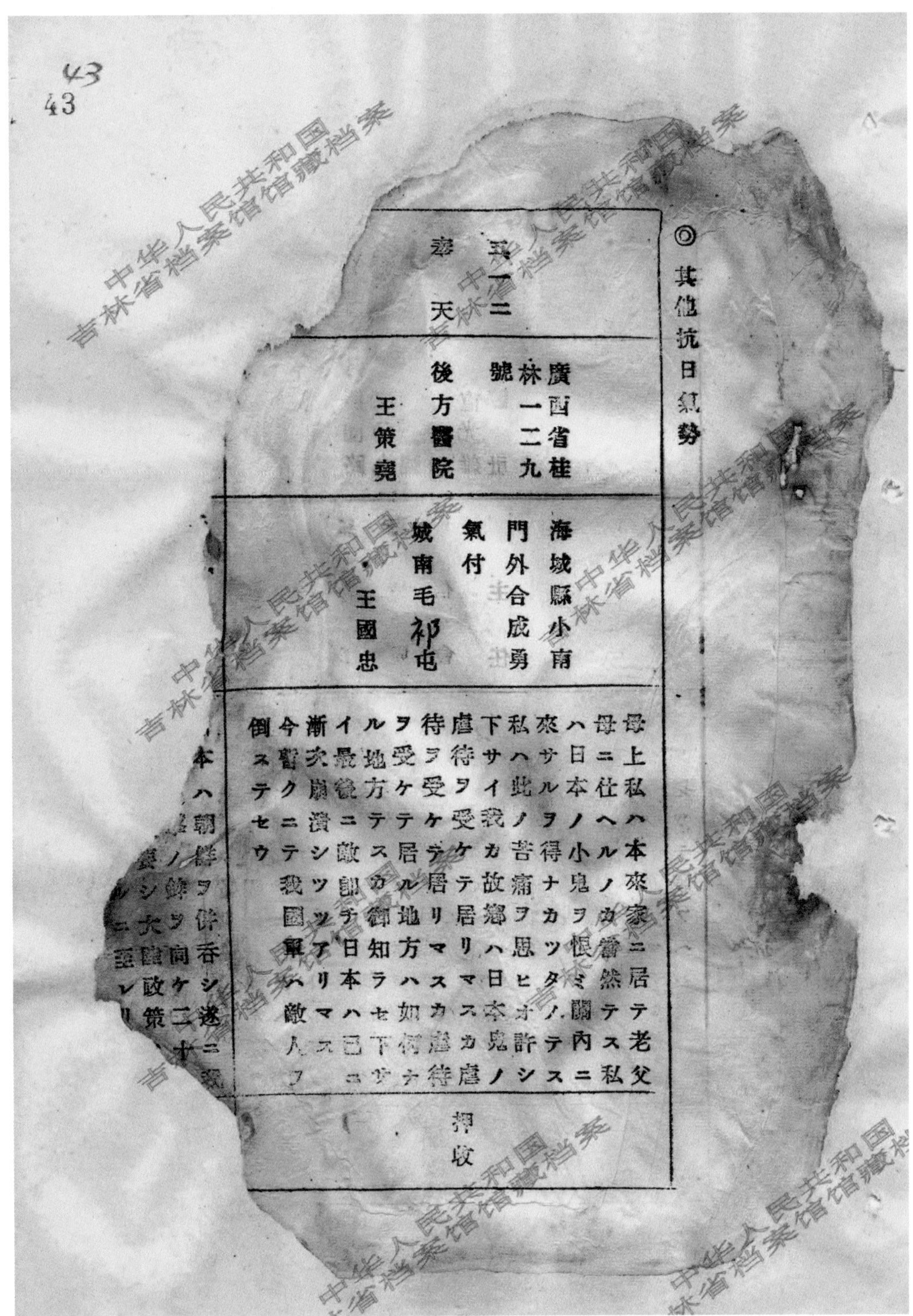

43

◎其他抗日氣勢

第一二 孝　天	
廣西省桂林一二九號 後方醫院 王策堯	
海城縣小南門外合成勇氣付 城南毛祁屯 王國忠	
母上私ハ本來家ニ居テ老父母ニ仕ヘルノカ當然テス私ハ日本ノ小鬼ヲ恨ミ關內ニ來サルヲ得ナカツタノテス私ハ此ノ苦痛ヲ忍ヒオ許シ下サイ我カ故鄕ハ日本鬼ノ虐待ヲ受ケテ居リマスカ虐待ヲ受ケテ居リマスカ虐待ヲ受ケテ居ル地方ハ如何ナル地方テスカ御知ラセ下サイ最後ニ敵部テ日本ハ已ニ漸次崩潰シツツアリマス今暫クニテ我國軍ハ敵人フ倒ステセウ	
押收	

本ハ朝鮮ヲ併呑シ遂ニ殺
ノ鮮ッ向ケ二十
シ大陸政策
ニ至レリ

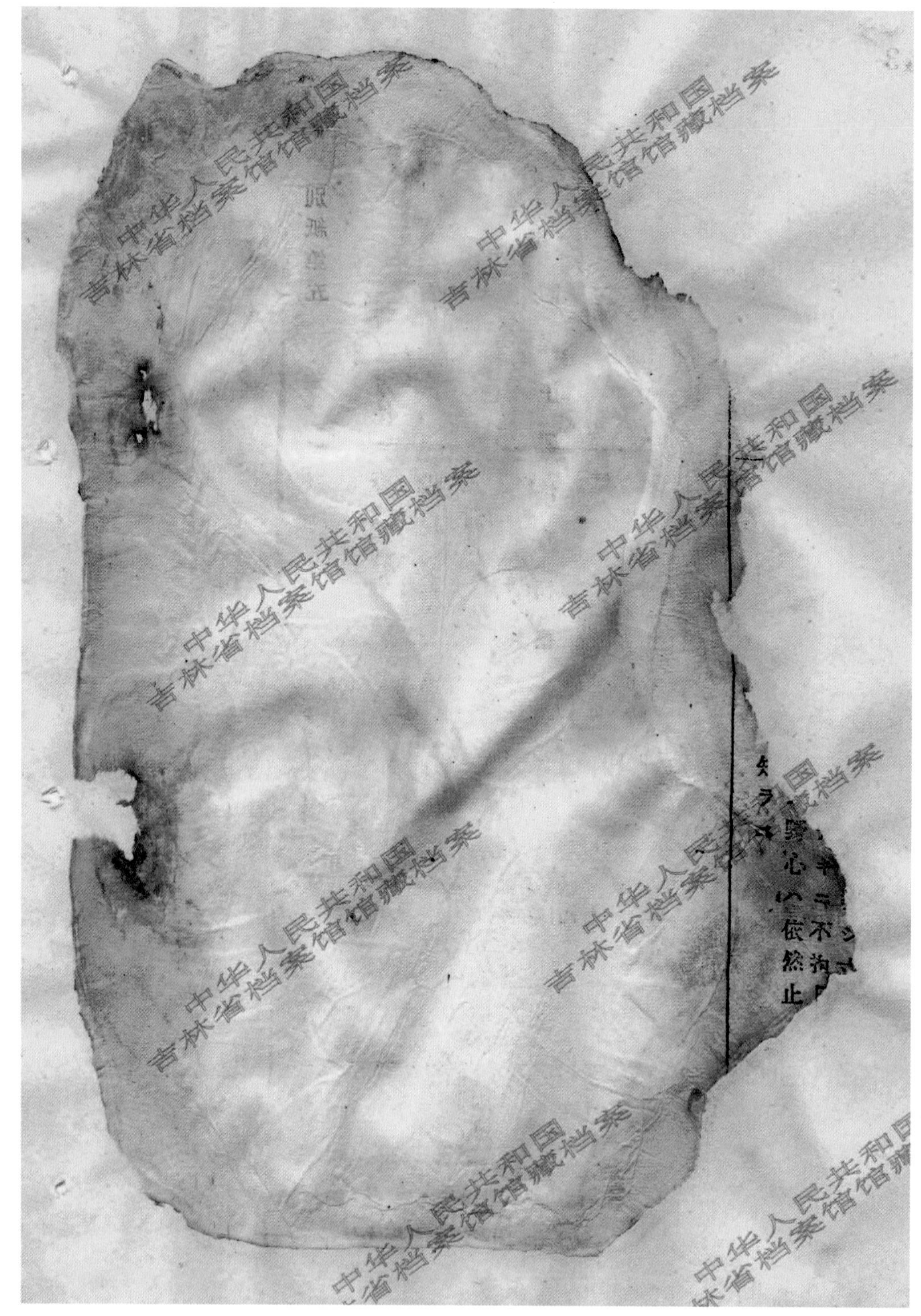

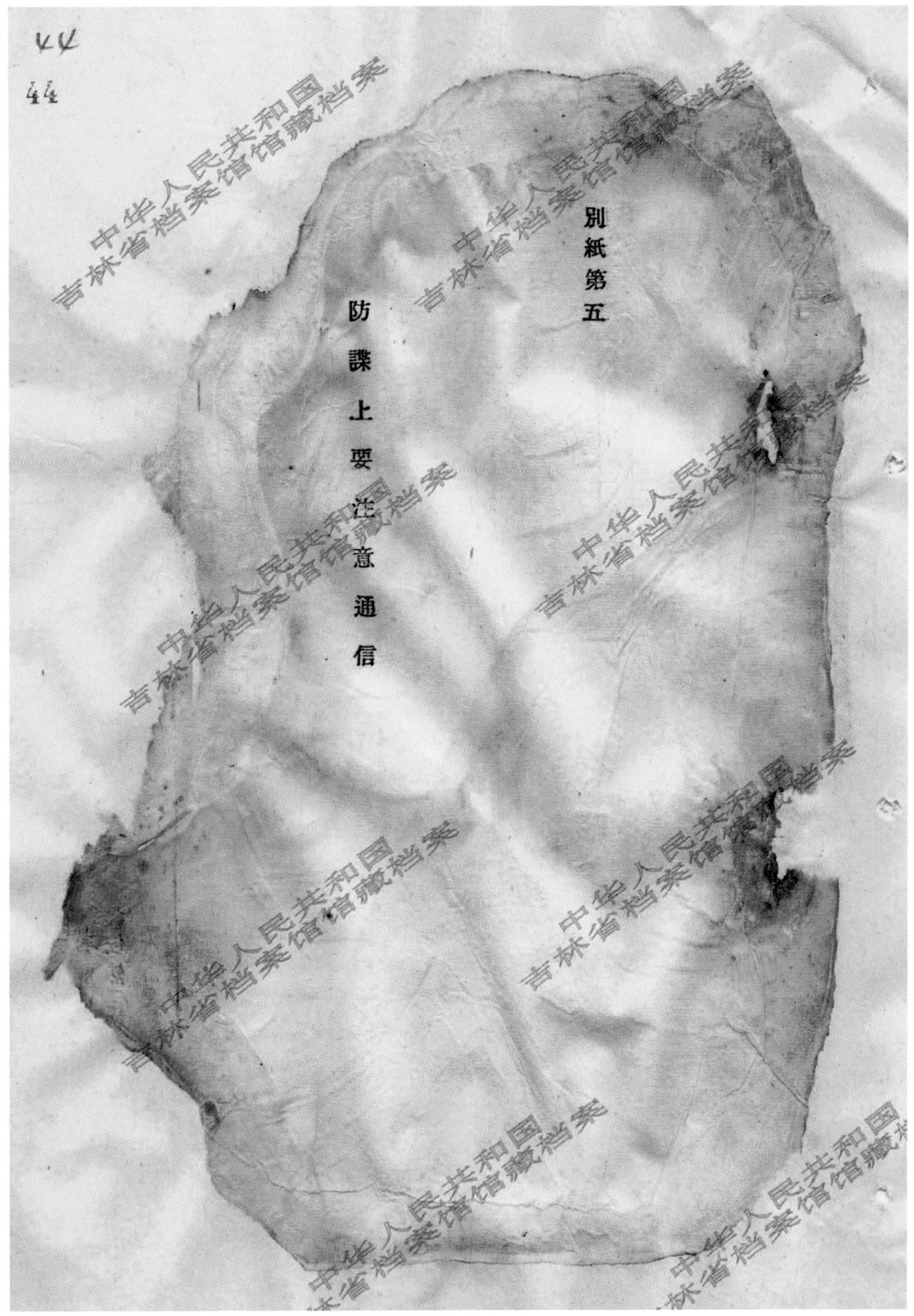

別紙第五

防諜上要注意通信

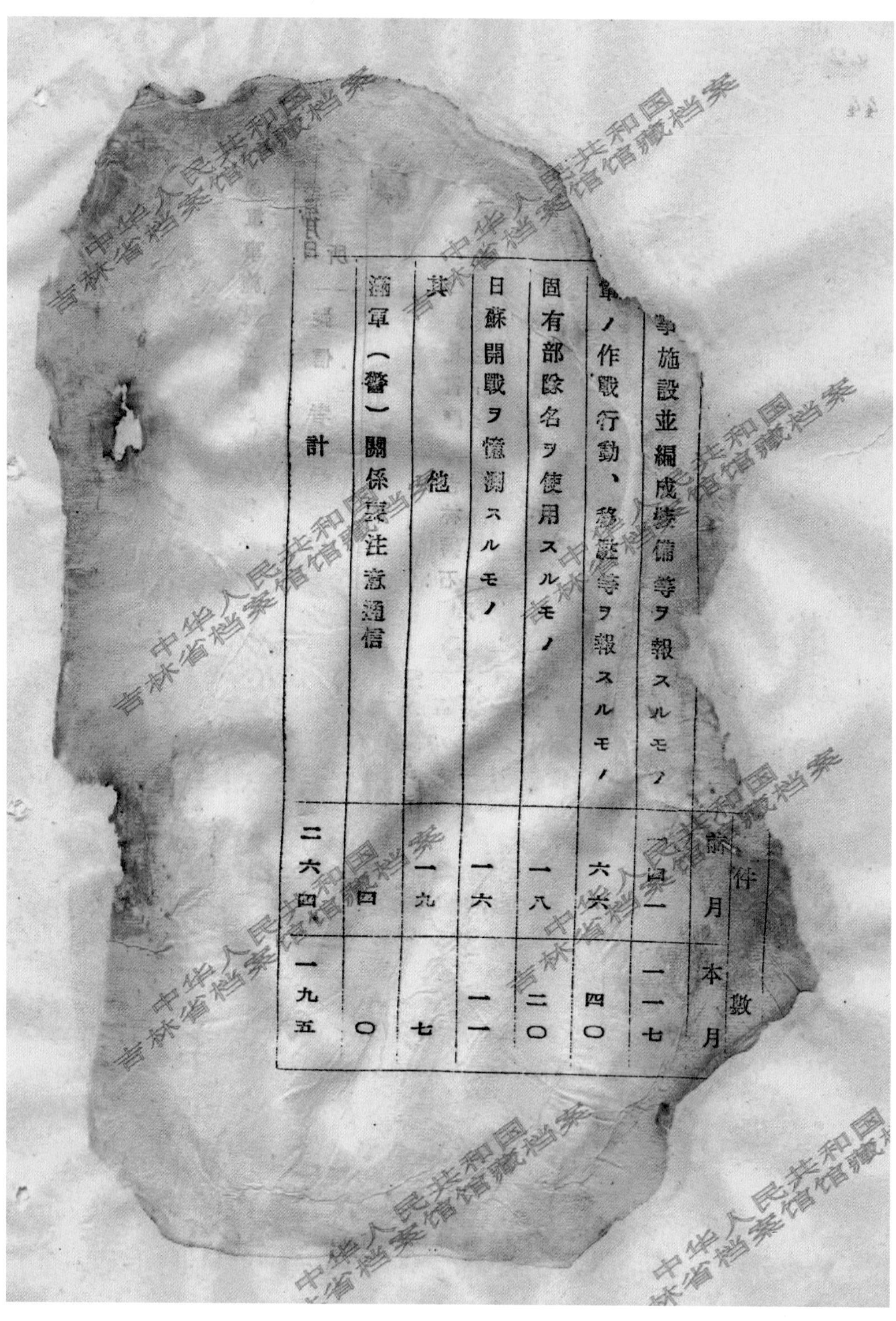

	件數 前月	件數 本月
軍事施設並編成裝備等ヲ報スルモノ	一四一	一一七
軍ノ作戰行動、移駐等ヲ報スルモノ	六六	四〇
固有部隊名ヲ使用スルモノ	一八	二〇
日蘇開戰ヲ懷疑スルモノ	一六	一一
其ノ他	一九	七
滿軍（警）關係要注意通信	四	〇
計	二六四	一九五

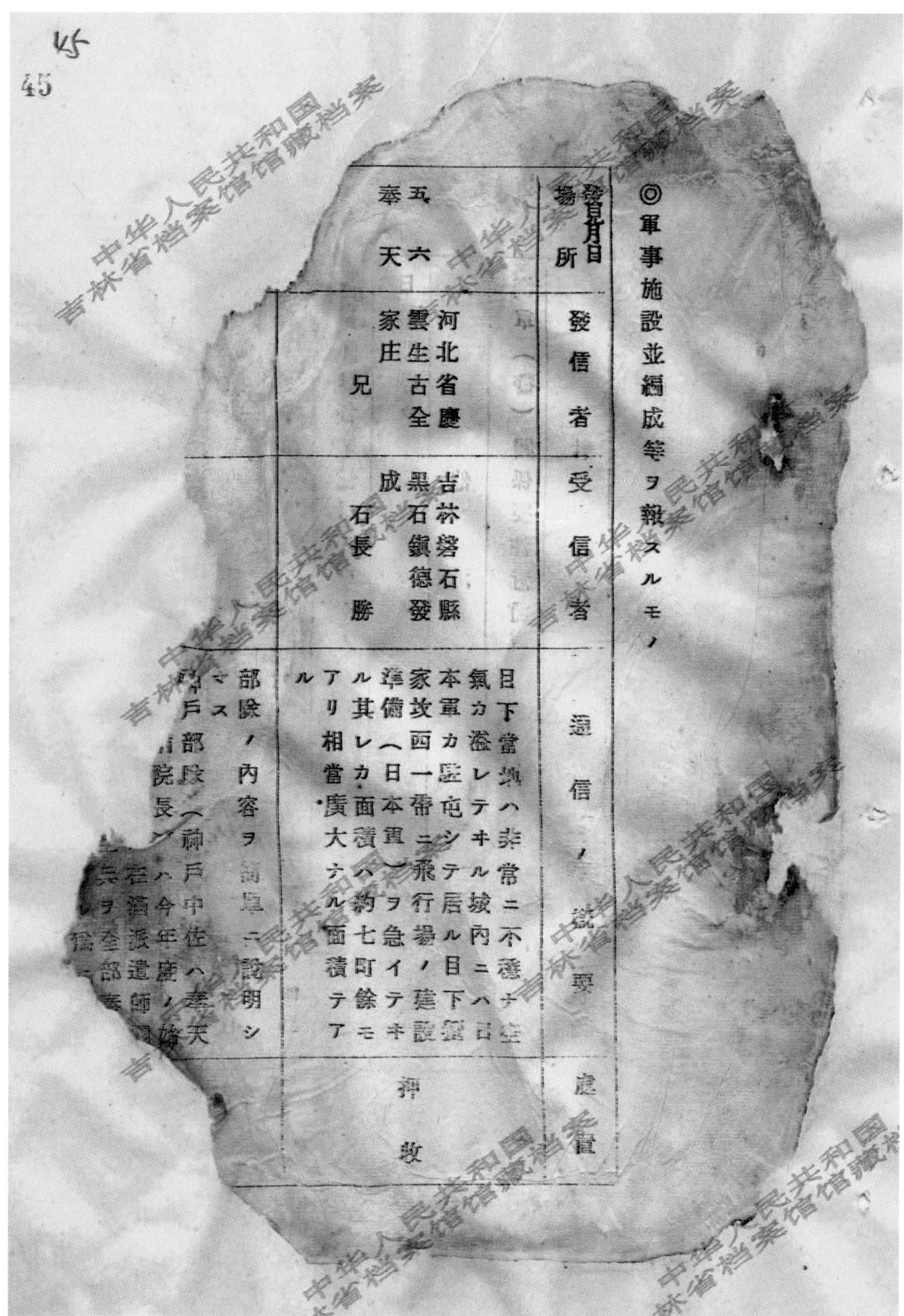

45

◎軍事施設並編成等ヲ報スルモノ

發信月日場所	發信者	受信者	通信ノ要旨	處置
五、六 奉天	河北省慶雲生古全家庄兄	吉林磐石縣黒石鎮德發成 石長勝	目下當地ハ非常ニ不穏ナ空氣カ溢レテヰル城内ニハ日本軍カ駐屯シテ居ル目下國家坟西一帯ニ飛行場ノ建設準備(日本軍)ヲ急イテヰル其レカ面積ハ約七町餘モアリ相當廣大ナル面積テアル	押收

部隊ノ内容ヲ詳細ニ説明シマス
神戸部隊(神戸中佐ハ奉天[illegible]病院長)ハ今年度ノ始[illegible]在滿派遣師[illegible][illegible]兵ヲ全部奉[illegible][illegible]備ニ[illegible]

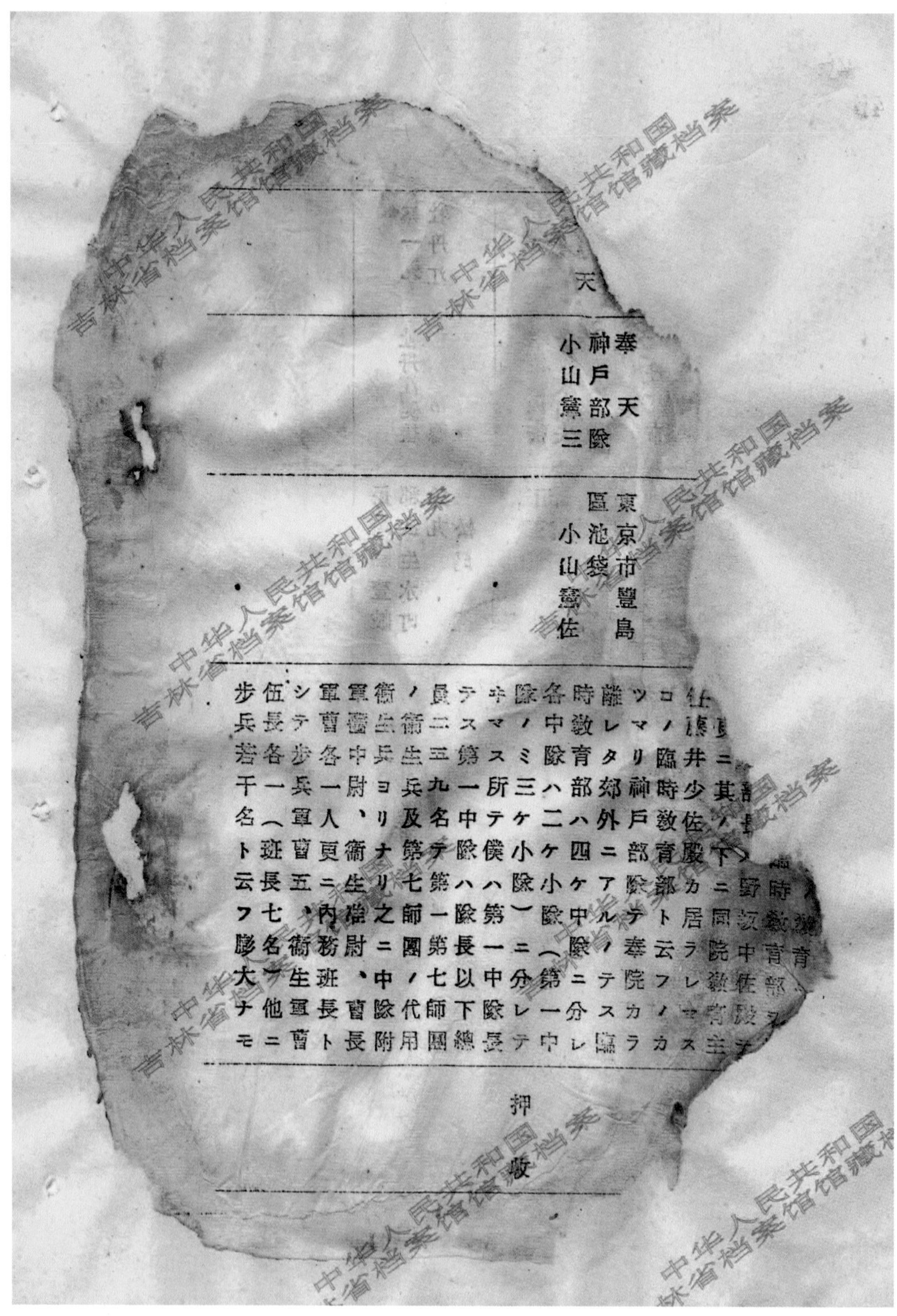

天

奉天
神戸部隊
小山篤三

東京市豊島
區池袋
小山篤佐

從青
時敎育部ヲ
部長ノ野[illegible]中佐殿テ
貴ニ其ノ下ニ同院敎育主
仕隷井少佐殿カ居ラレヰス
ロノ臨時敎育部ト云フノカ
ツマリ神戸部隊テ奉院カラ
離レタ郊外ニアルノテス臨
時敎育部ハ四ケ中隊ニ分レ
各中隊ハ二ケ小隊（第一中
隊ノミ三ケ小隊）ニ分レテ
ヰマス所テ僕ハ第一中隊長
テス第一中隊ハ隊長以下總
員ノ一九名テ第一第七師團
ノ衛出兵及第七師團ノ代用
衛出兵ヨリナリ之ニ中隊附
軍醫中尉、衛生准尉、曹長
軍曹各一人員ニ内務班長ト
シテ歩兵軍曹五、衛生軍曹
伍長各一（班長七名）他ニ
歩兵若干名ト云フ膨大ナモ

押收

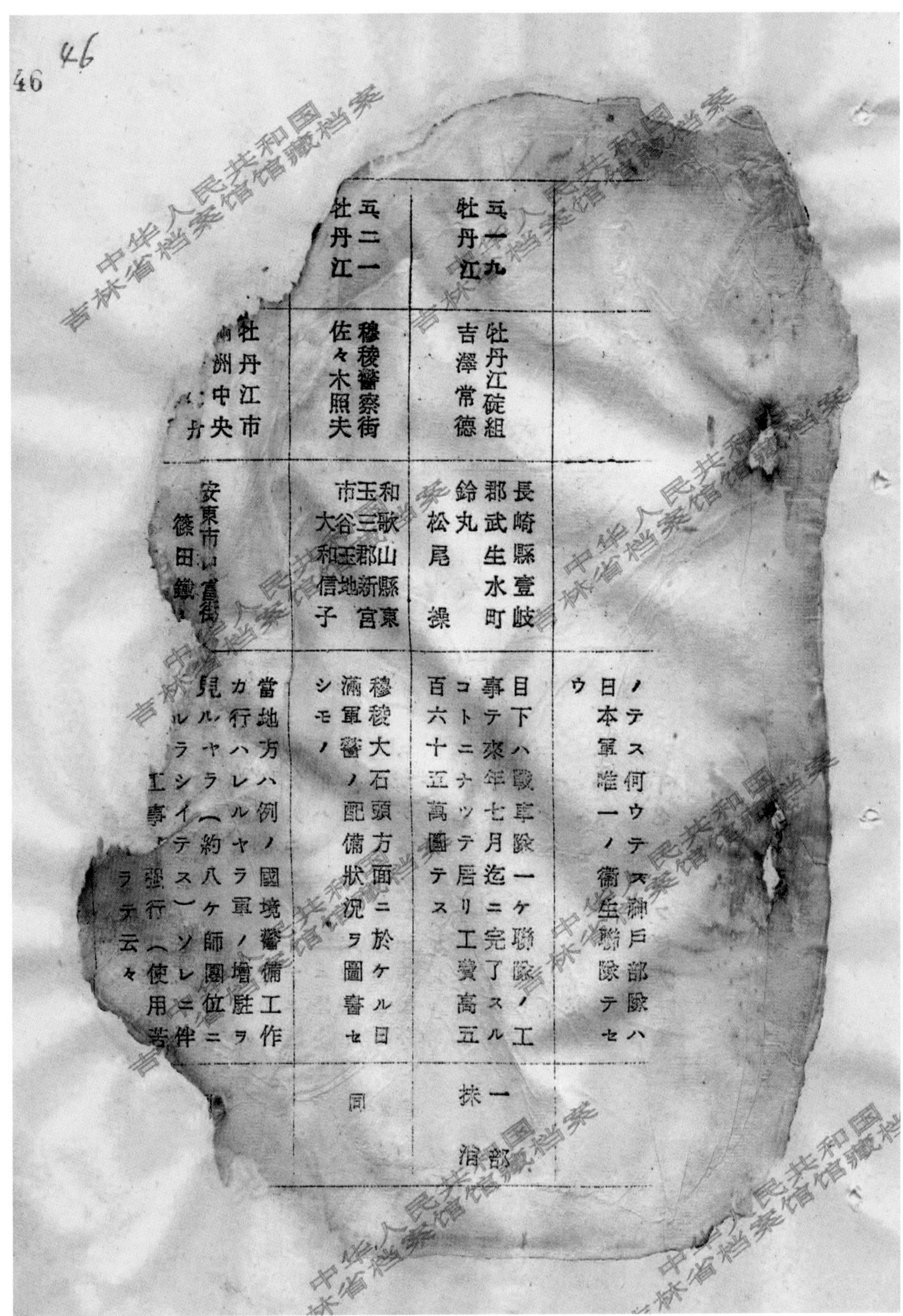

46 46

			ノテス何ウテス神戸部隊ハ日本軍唯一ノ衛生聯隊テセウ	
五一九 牡丹江	牡丹江碇組 吉澤常德	長崎縣壹岐郡武生水町 鈴丸松尾操	目下ハ戰車隊一ケ聯隊ノ工事テ來年七月迄ニ完了スルコトニナッテ居リ工費高五百六十五萬圓テス	一部抹消
五二一 牡丹江	穆稜警察街 佐々木照夫	和歌山縣東玉三郡新宮市谷玉地 大和信子	穆稜大石頭方面ニ於ケル日滿軍警ノ配備状況ヲ圖書セシモノ	同
	牡丹江市 滿洲中央[illegible]	安東市山富街 篠田鐵[illegible]	當地方ハ例ノ國境警備工作カ行ハレルヤラ軍ノ增駐ヲ見ルヤラ(約八ケ師團位ニ[illegible]ルラシイテス)ソレニ伴[illegible]工事ト强行(使用苦[illegible]ラテ云々	[illegible]

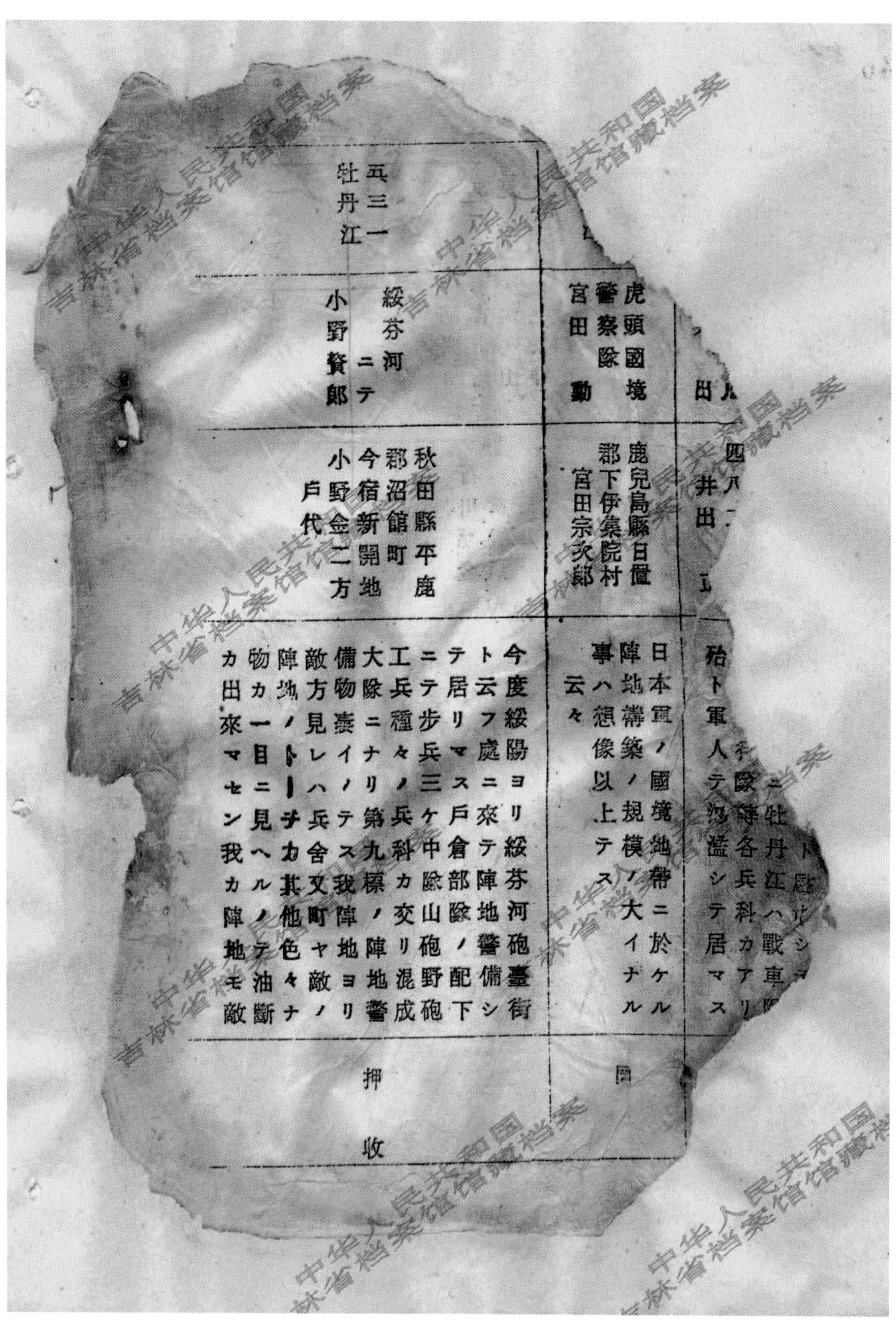

五三一
牡丹江

綏芬河ニテ
小野賚郎

秋田縣平鹿郡沼舘町今宿新開地
小野金二
小戸代方

今度綏陽ヨリ綏芬河砲臺街ト云フ處ニ來テ陣地警備シテ居リマス戸倉部隊ノ配下ニテ歩兵三ケ中隊山砲野砲工兵種々ノ兵科カ交リ混成大隊ニナリ第九標ノ陣地警備物凄イナノテス我陣地ヨリ敵方見レハ兵舍又町ヤ敵ノ陣地ノトーチカ其他色々ナ物カ一目ニ見ヘルノテ油斷カ出來マセン我カ陣地モ敵

押收

虎頭國境警察隊
宮田勳

鹿兒島縣日置郡下伊集院村
宮田宗次郎

日本軍ノ國境地帶ニ於ケル陣地構築ノ規模ノ大イナル事ハ想像以上テス云々

同

殆ト軍人テ汎濫シテ居マス
牡丹江ハ戰車隊
各兵科カアリ

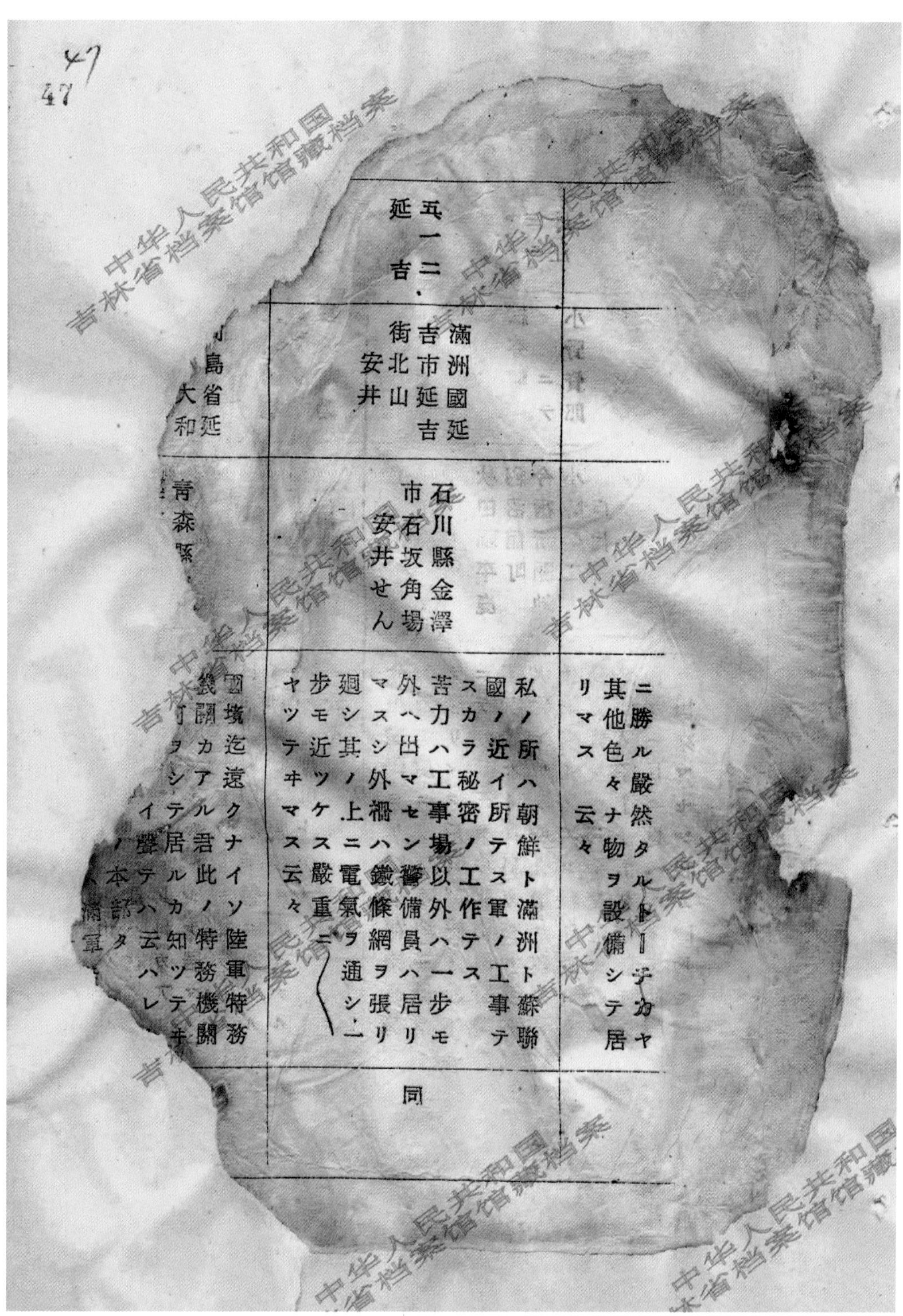

47

五一二、延吉

滿洲國延吉市延吉街北山安井

石川縣金澤市石坂角場安井せん

ニ勝ル嚴然タルトーチカヤ
其他色々ナ物ヲ設備シテ居
リマス云々

私ノ所ハ朝鮮ト滿洲ト蘇聯
國ノ近イ所テス軍ノ工事テ
スカラ秘密ノ工作テス工事
苦力ハ工事場以外ハ一歩モ
外ヘ出マセン警備員ハ居リ
マスシ外柵ハ鐵條網ヲ張リ
廻シ其ノ上ニ電氣ヲ通シ一
歩モ近ツケス嚴重ニ
ヤツテヰマス云々

同

間島省延
大和

青森縣

國境迄遠クナイソ陸軍特務
機關カアル君此ノ特務機關
打ヲシテ居ルカ知ツテヰ
イ聲テハ云ハレ
ノ本部タ
滿軍

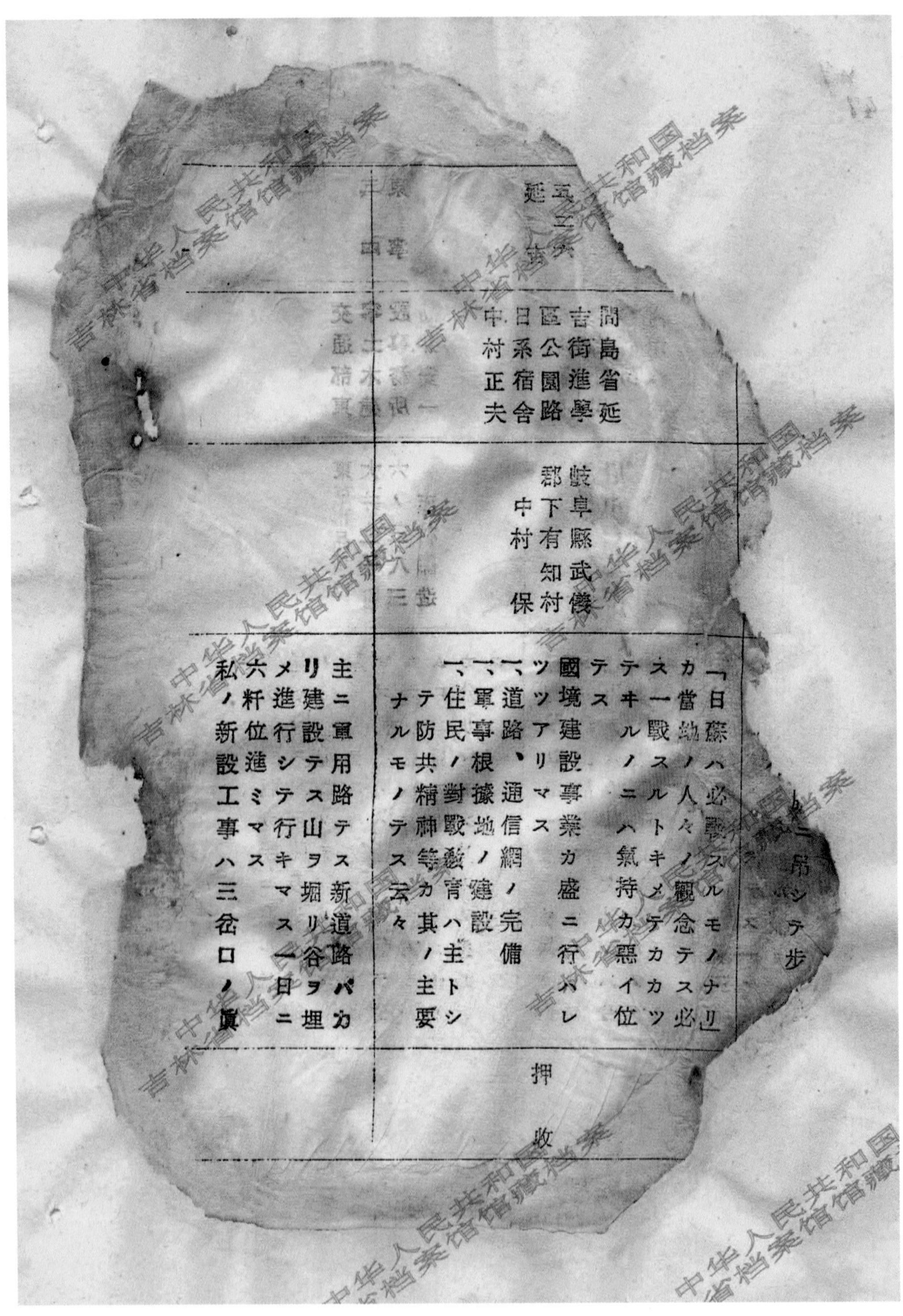
延 五三六

間島省延吉街進學區公園路日系宿舍
中村正夫

岐阜縣武儀郡下有知村
中村保

…ニ吊シテ歩

「日蘇ハ必戰スルモノナリ」カ當局ノ人々ノ觀念テス必ス一戰スルトキメテカカツテキルノニハ氣持カ悪イ位テス
國境建設事業カ盛ニ行ハレツツアリマス
一、道路、通信網ノ完備
一、軍事根據地ノ建設
一、住民ノ對戰教育ハ主トシテ防共精神等カ其ノ主要ナルモノテス云々

主ニ軍用路テス新道路バカリ建設テス山ヲ堀リ谷ヲ埋メ進行シテス行キマス一日ニ六粁位進ミマス
私ノ新設工事ハ三岔口ノ眞

押收

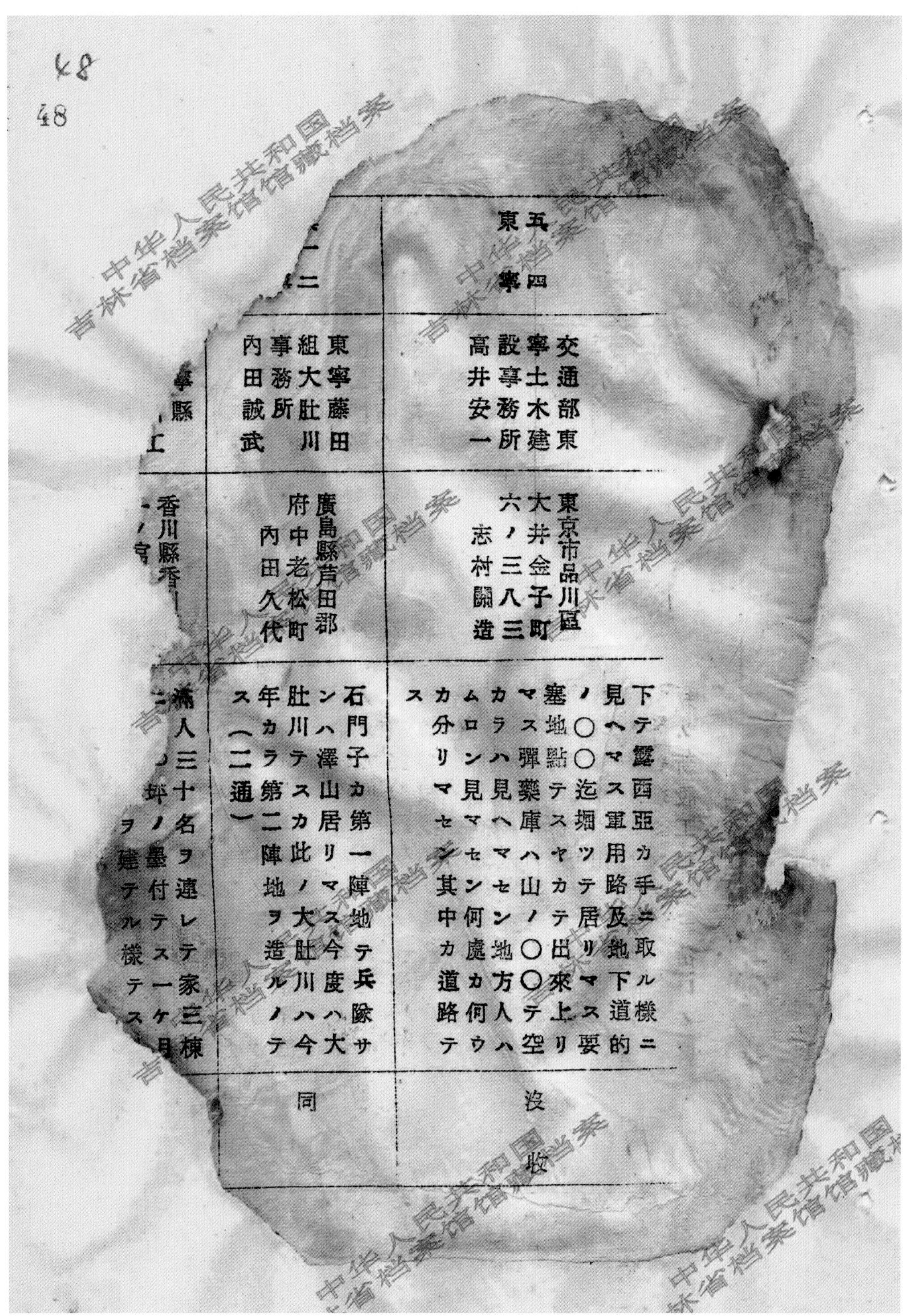

48

48

五四 東寧	交通部東寧土木建設事務所 高井安一	東京市品川區大井金子町六ノ三八三 志村關造	下テ露西亞カ手ニ取ル様ニ見ヘマス軍用路及地下道的ノ○○迄掘ツテ居リマス要塞地點テスヤカテ出來上リマス彈藥庫ハ山ノ○○テ空カラハ見ヘマセン地方人ハムロン見マセン何處カ何ウカ分リマセン其中カ道路テスカ	沒收
[illegible]一 [illegible]二	東寧藤田組大肚川事務所 內田誠武	廣島縣芦田郡府中老松町 內田久代	石門子カ第一陣地テ兵隊サンハ澤山居リマス今度大肚川テスカ此ノ大肚川ハ今年カラ第二陣地ヲ造ルノテス（二通）	同
	[illegible]寧 [illegible]縣 [illegible]工	香川縣香[illegible] [illegible]ノ宮	[illegible]滿人三十名ヲ連レテ家三棟 [illegible]坪ノ墨付テス一ケ月 [illegible]ヲ建テル樣テス	

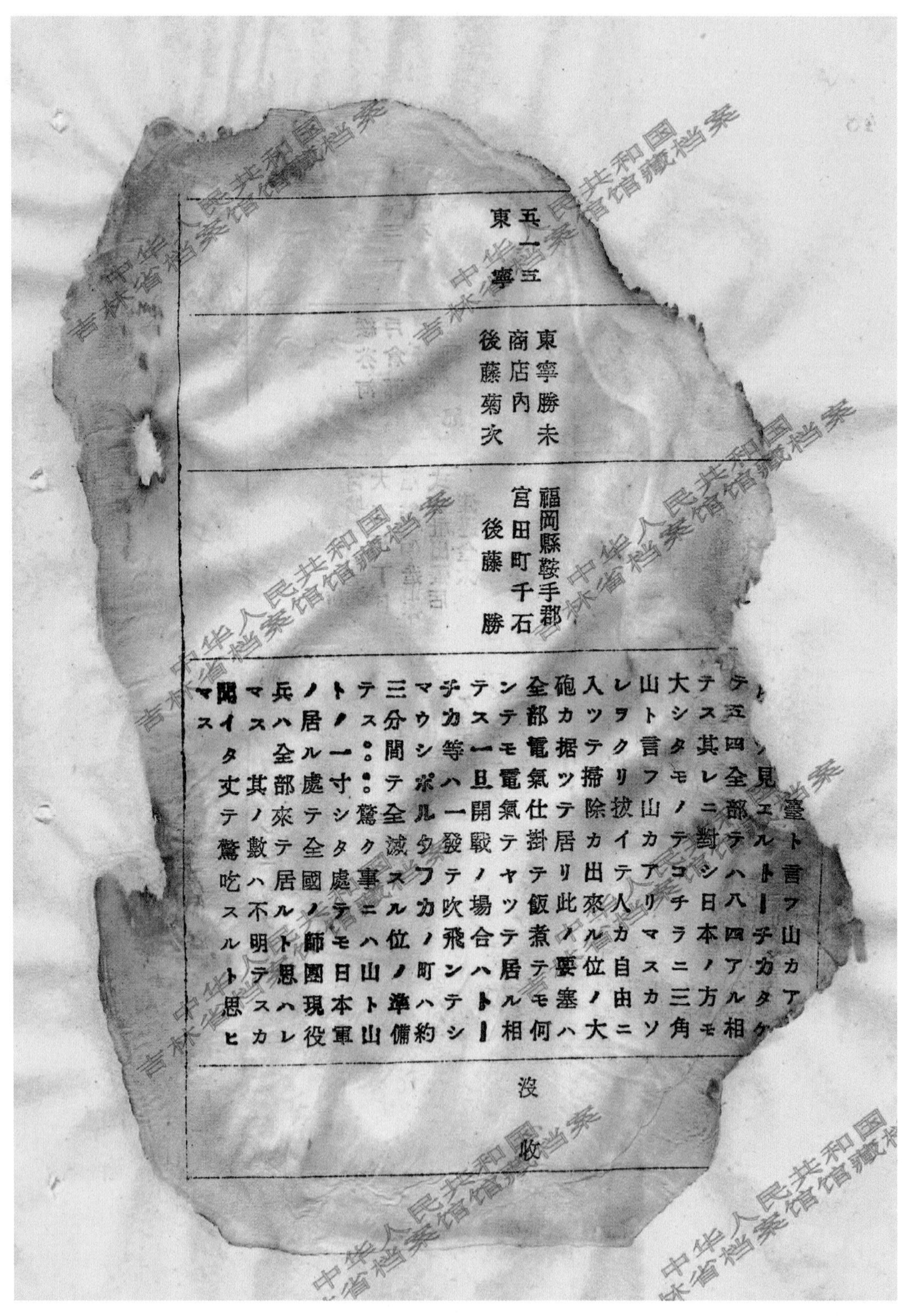

兵一三
東寧

東寧勝未
商店內
後藤菊次

福岡縣鞍手郡
宮田町千石
後藤勝

臺ト言フ山カア
トソ見エルトーチカタケ
テ五四全部テハ八四アル相
テス其レニ對シ日本ノ方モ
大シタモノテコチラニ三角
山ト言フ山カアリマスカソ
レヲクリ拔イテ人カ自由ニ
入ツテ掃除カ出來ル位ノ大
砲カ据ツテ居リ此ノ要塞ハ
全部電氣仕掛テ飯煮テモ何
ンテモ電氣テヤツテ居ル相
テス一旦開戰ノ場合ハトー
チカ等ハ一發テ吹飛ンテシ
マウシポルタフカノ町ハ約
三分間テ全滅スル位ノ準備
テス。。驚ク事ニハ山ト山
トノ一寸シタ處テモ日本軍
ノ居ル處テ全國ノ師團現役
兵ハ全部來テ居ルト思ハレ
マス其ノ數ハ不明テスカ
聞イタ丈テ驚吃スルト思ヒ
マス

沒收

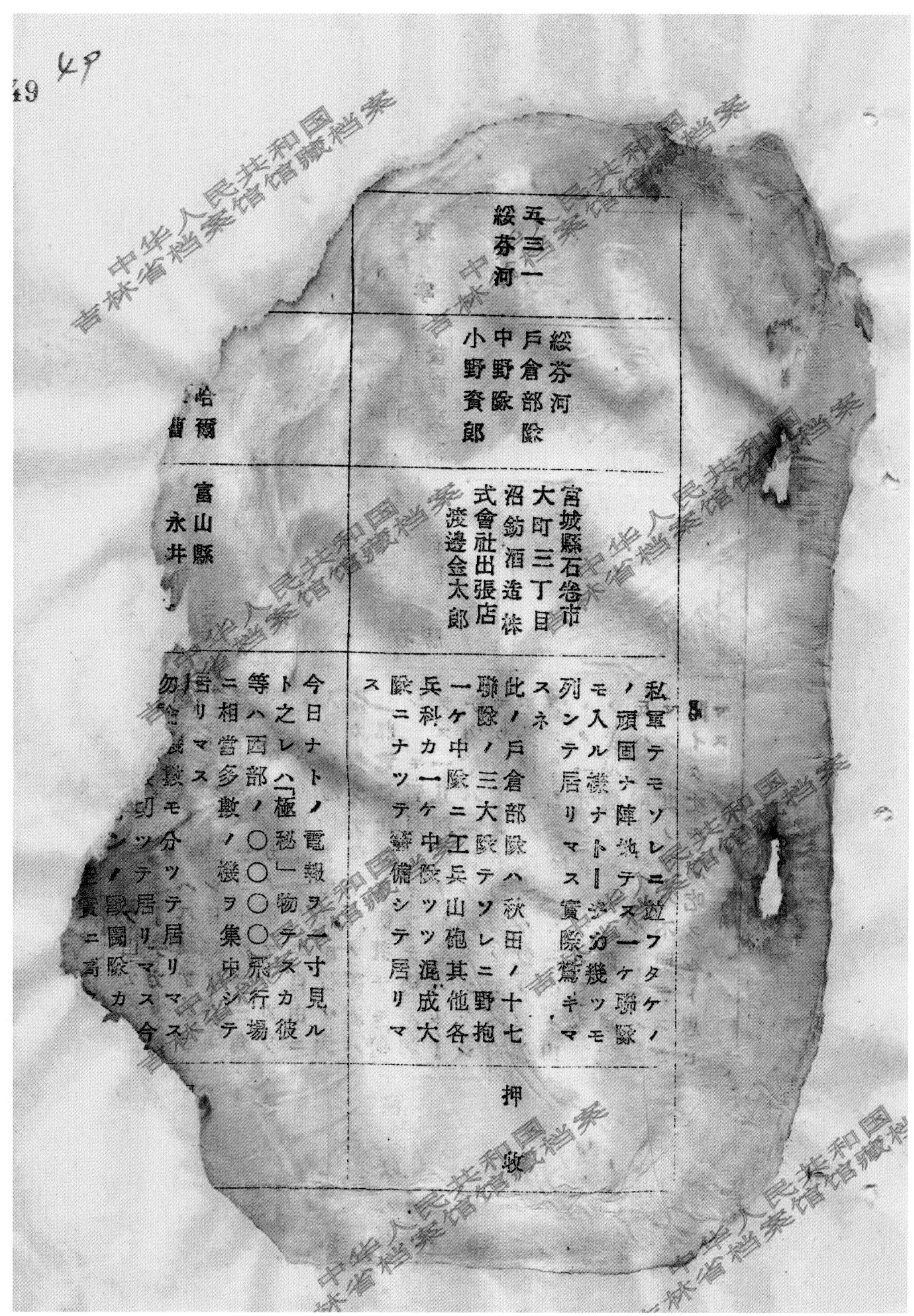

49 4P

五三一	綏芬河
綏芬河 戸倉部隊 中野隊 小野資郎	哈爾 [illegible]
宮城縣石巻市大町三丁目 沼錫酒造株式會社出張店 渡邊金太郎	富山縣 永井

私軍テモソレニ近フタケノノ頑固ナ陣地テス一ケ聯隊モ入ル様ナトーチカ幾ツモ列ンテ居リマス實際驚キマスネ

此ノ戸倉部隊ハ秋田ノ十七聯隊ノ三大隊テソレニ野砲一ケ中隊ニ工兵山砲其他各兵科カ一ケ中隊ツツ混成大隊ニナツテ警備シテ居リマス

今日ナトノ電報ヲ一寸見ルト之レハ「極秘」物テスカ彼等ハ西部ノ○○○○飛行場ニ相當多數ノ機ヲ集中シテ居リマス

勿論機數モ分ツテ居リマス[illegible]切ツテ居リマス今[illegible]ンノ戰鬪隊カ[illegible]實ニ高[illegible]

押收

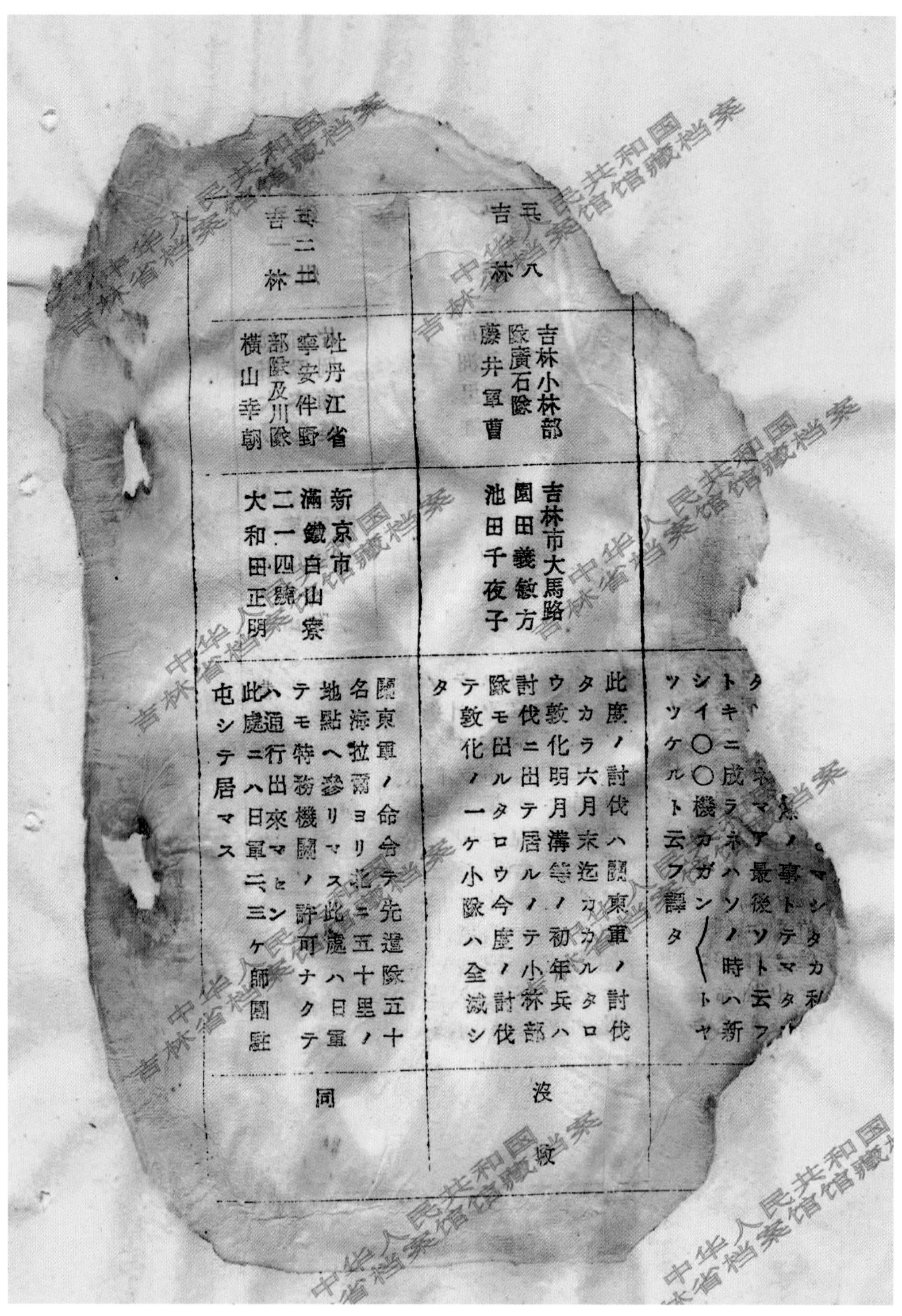

			[illegible]マシタカ利[illegible] [illegible]熱ノ事トテマタ[illegible] タ[illegible]ネマア最後ソト云フ トキニ成ラネハソノ時ハ新 シイ○○機カガン—トヤ ツツケルト云フ譯タ	
五、八 吉林	吉林小林部隊廣石隊 藤井軍曹	吉林市大馬路園田義敏方 池田千夜子	此處ノ討伐ハ關東軍ノ討伐タカラ六月末迄カカルタロウ教化明月溝等ノ初年兵ハ討伐ニ出テ居ルノテ小林部隊モ出ルタロウ今度ノ討伐テ教化ノ一ケ小隊ハ全滅シタ	没
五、二廿 吉林	牡丹江省寧安佟野部隊及川隊 横山幸朝	新京市滿鐵白山寮二一四號 大和田正明	關東軍ノ命令テ先遣隊五十名海拉爾ヨリ北ニ五十里ノ地點ヘ參リマス此處ハ日軍ノ人テモ特務機關ノ許可ナクテハ通行出來マセン此處ニハ日軍ニ三ケ師團駐屯シテ居マス	同

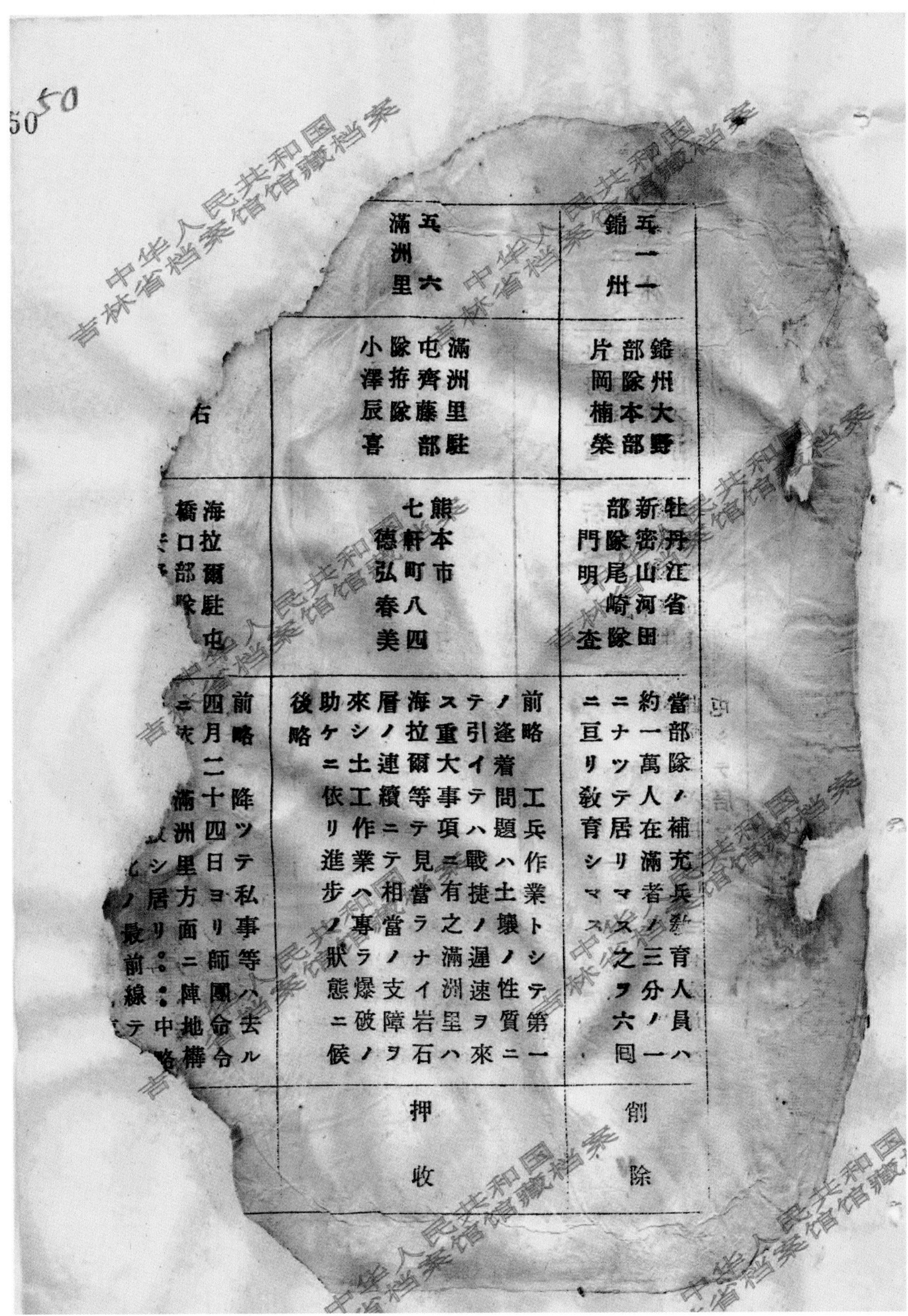

五一一 錦州	錦州大野部隊本部 片岡楠榮	牡丹江省新密山河田部隊尾崎隊 門明査	當部隊ノ補充兵教育人員ハ約一萬人在滿者ノ三分ノ一ニナッテ居リマス之ヲ六回ニ亘リ教育シマス	削除
五一六 滿洲里	滿洲里駐屯齊藤部隊拵隊 小澤辰喜	熊本市七軒町八四 德弘春美	前略工兵作業トシテ第一ノ逢着問題ハ土壤ノ性質ニテ引イテハ戰捷ノ遲速ヲ來ス重大事項ニ有之滿洲里ハ海拉爾等テ見當ラナイ岩石層ノ連續ニテ相當ノ支障ヲ來シ土工作業ハ專ラ爆破ノ助ケニ依リ進歩ノ狀態ニ候 後略	押收
[illegible]	右	海拉爾駐屯橋口部隊 [illegible]	前略降ツテ私事等ハ去ル四月二十四日ヨリ師團命令ニ依[illegible]滿洲里方面ニ陣地構[illegible]シ居リ……中[illegible]ノ最前線テ[illegible]	[illegible]

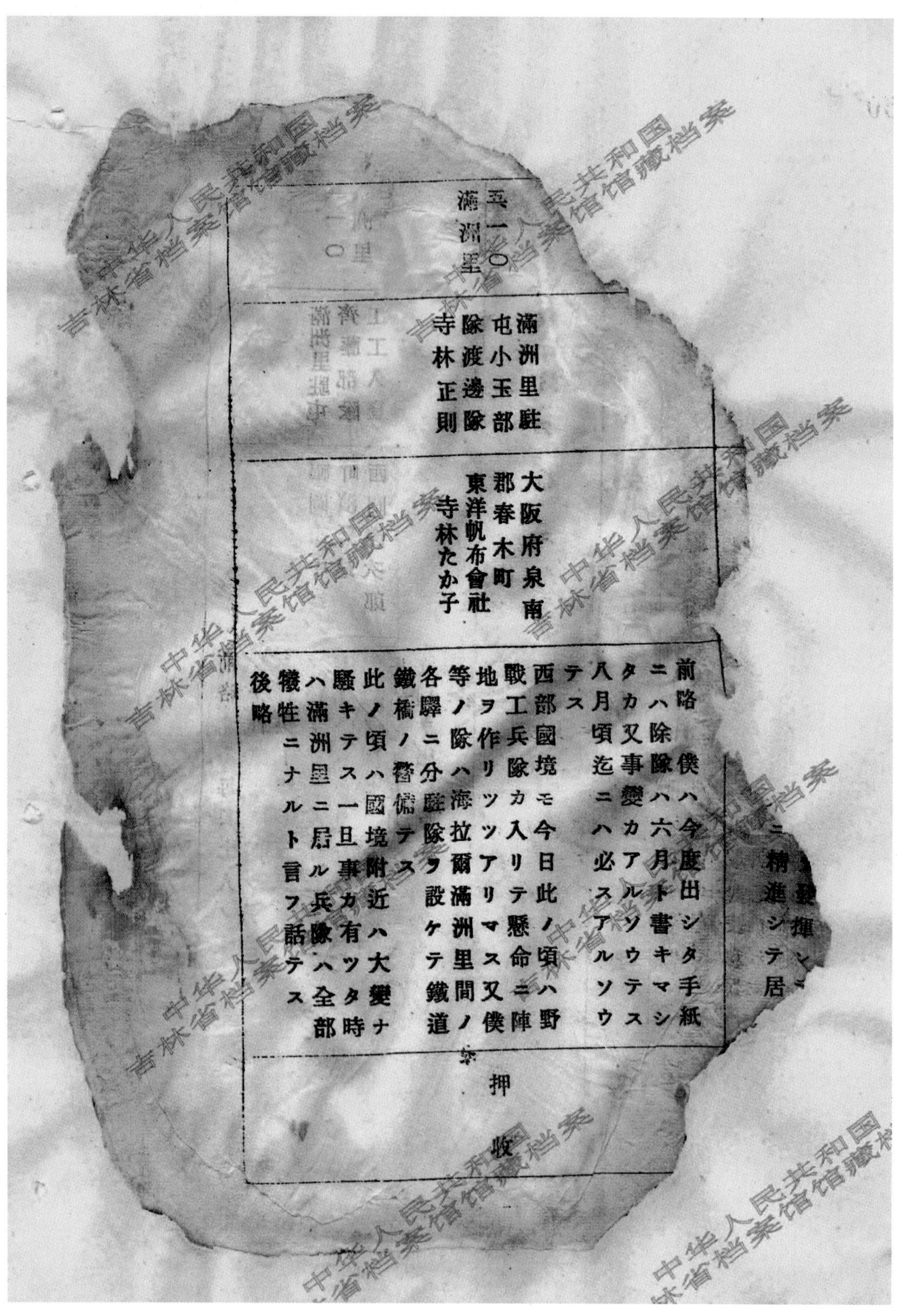

五一〇
滿洲里

滿洲里駐屯小玉部隊渡邊部隊
寺林正則

大阪府泉南郡春木町
東洋帆布會社
寺林たか子

前略僕ハ今度出シタ手紙ニハ除隊ハ六月ト書キマシタカ又事變カアルソウテス八月頃迄ニハ必スアルソウテス
西部國境モ今日此ノ頃ハ野戰工兵隊カ入リテ懸命ニ陣地ヲ作リツツアリマス又僕等ノ隊ハ海拉爾滿洲里間ノ各驛ニ分駐隊ヲ設ケテ鐵道鐵橋ノ警備テス
此ノ頃ハ國境附近ハ大變ナ騒キテス一旦事カ有ツタ時ハ滿洲里ニ居ル兵隊ハ全部犠牲ニナルト言フ話テス
後略

押收

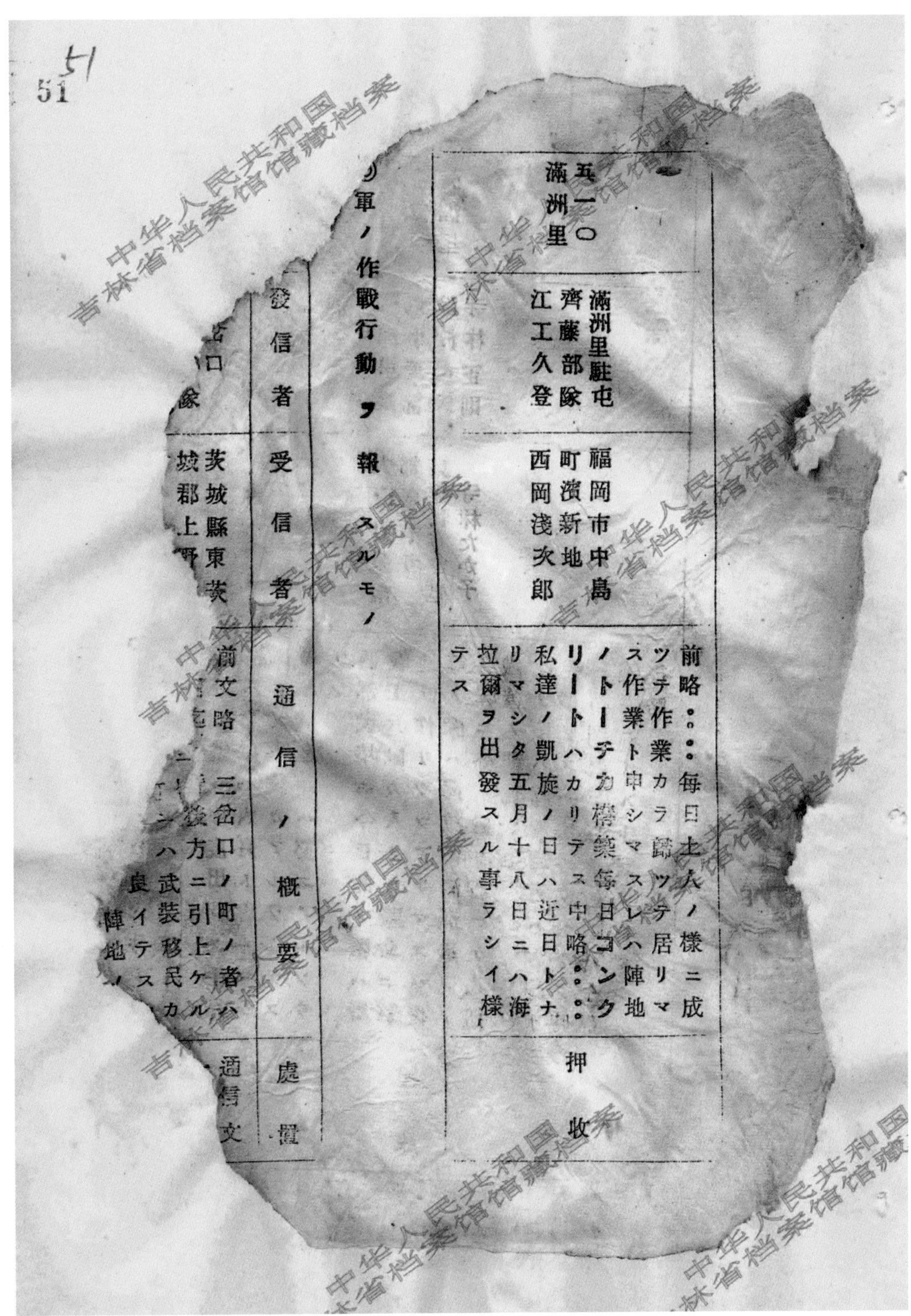

51

五一〇 滿洲里		
發信者	受信者	通信ノ概要	處置

	發信者	受信者	通信ノ概要	處置
五一〇 滿洲里	滿洲里駐屯 齊藤部隊 江工久登	福岡市中島町濱新地 西岡淺次郎	前略。。每日土人ノ樣ニ成ツテ作業カラ歸ツテ居リマス作業ト申シマスレハ陣地ノトーチカ構築每日コンクリートトーチカハカリテス中略。。私達ノ凱旋ノ日ハ近日トナリマシタ五月十八日ニハ海拉爾ヲ出發スル事ラシイ樣テス	押收

軍ノ作戰行動ヲ報スルモノ

發信者	受信者	通信ノ概要	處置
[illegible]口 [illegible]隊	茨城縣東茨城郡上野[illegible]	前文略 三岔口ノ町ノ者ハ[illegible]發方ニ引上ケル[illegible]ハ武装移民カ[illegible]良イテス陣地ノ[illegible]	通信文[illegible]

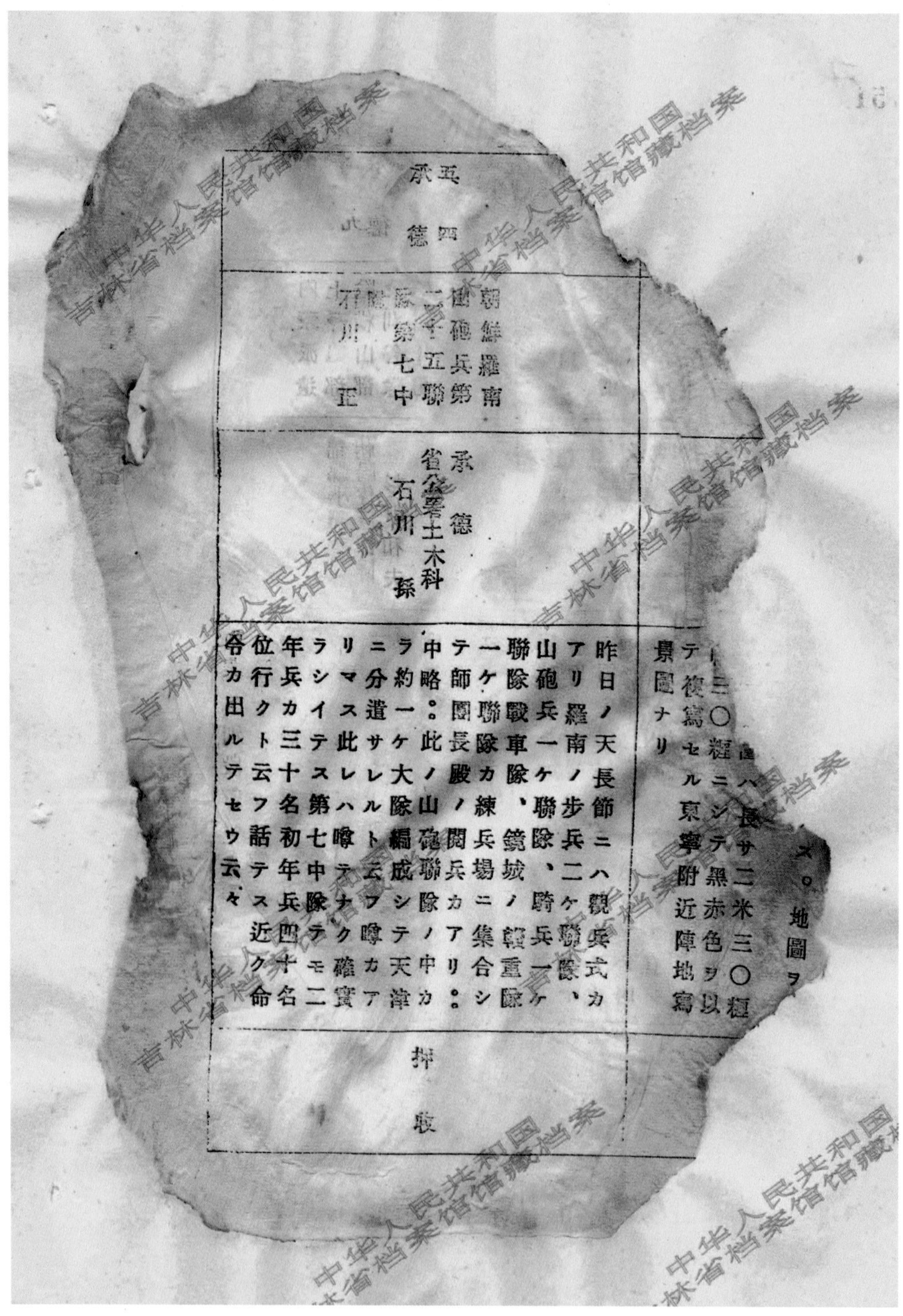

五 承 四 德

朝鮮羅南
山砲兵第
二十五聯
隊第七中
隊 石川 正

承德
省公署土木科
石川 孫

昨日ノ天長節ニハ観兵式カ
アリ羅南ノ歩兵二ケ聯隊、
山砲兵一ケ聯隊、騎兵一ケ
聯隊戦車隊、鏡城ノ輜重隊
一ケ聯隊カ練兵場ニ集合シ
テ師団長殿ノ閲兵カアリ。
中略。此ノ山砲聯隊ノ中カ
ラ約一ケ大隊編成シテ天津
ニ分遣サレルト云フ噂カア
リマス此レハ噂テナク確實
ラシイテス第七中隊テモ二
年兵カ三十名初年兵四十名
位行クト云フ話テス近ク命
合カ出ルテセウ云々

ス。地圖ヲ
[illegible]ハ長サ二米三〇糎
三〇糎ニシテ黒赤色ヲ以
テ複寫セル東寧附近陣地寫
景圖ナリ

拝 啓

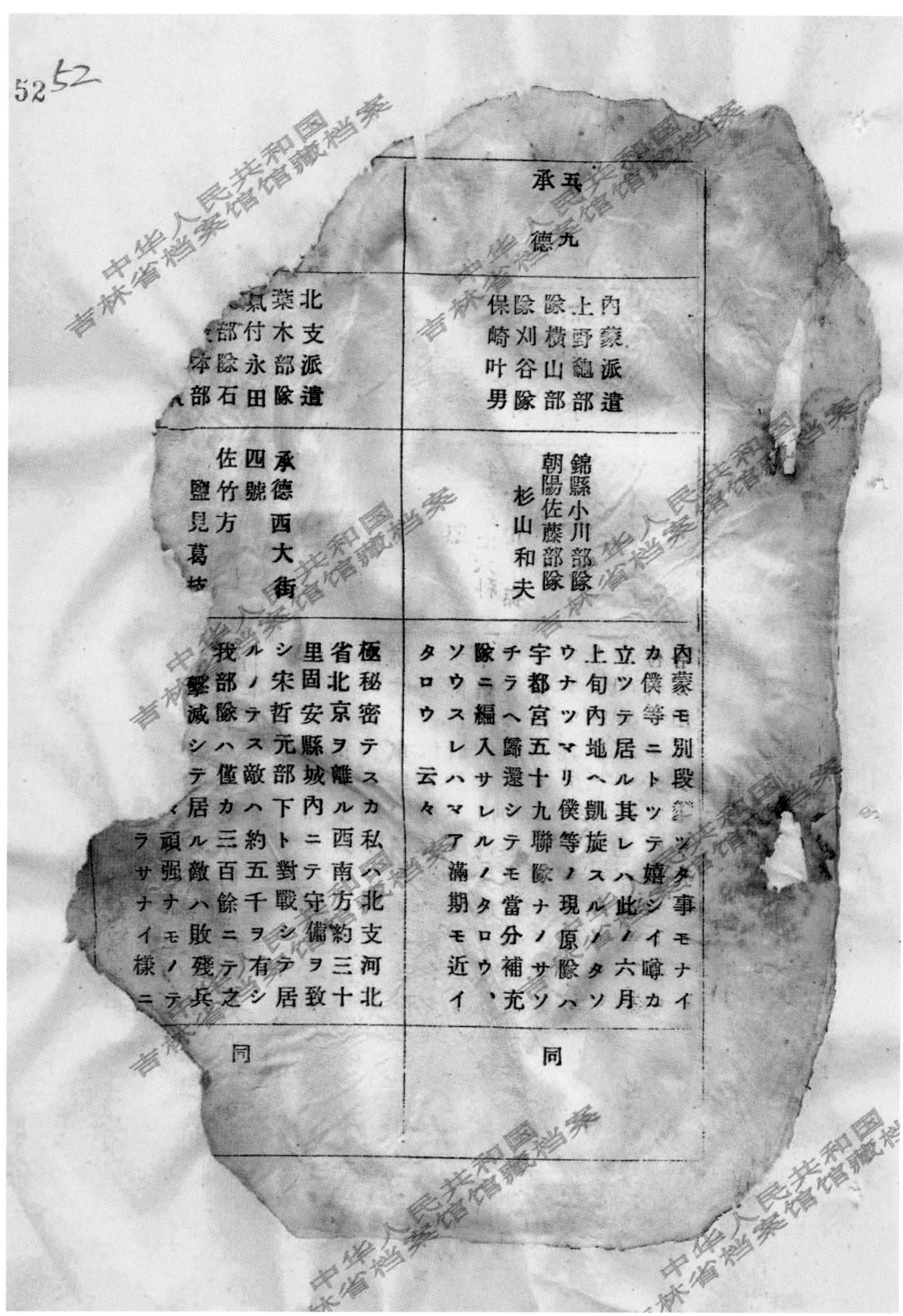

52 52

[illegible]	五九 承德
北支派遣 葉木部隊 [illegible]付永田 [illegible]部隊石 [illegible]体部	內蒙派遣 上野龜部 隊横山部 隊刈谷隊 保崎叶男
承德西大街 四號 佐竹方 鹽見葛[illegible]	錦縣小川部隊 朝陽佐藤部隊 杉山和夫
極秘密テスカ私ハ北支河北省北京ヲ離ル西南方約三十里固安縣城内ニテ守備ヲ致シ宋哲元部下ト對戰シテ居ルノテス敵ハ約五千ヲ有シ我部隊ハ僅カ三百餘ニテ之擊滅シテ居ル敵ハ敗殘兵々頑強ナモノテラサナイ樣ニ	內蒙モ別段變ツタ事モナイカ僕等ニトツテ嬉シイ噂カ立ツテ居ル其レハ此ノ六月上旬内地ヘ凱旋スルノタソウナツマリ僕等ノ現原隊ハ宇都宮五十九聯隊ナノサソチラヘ歸還シテモ當分補充隊ニ編入サレルノタロウ、ソウスレハマア滿期モ近イタロウ云々
同	同

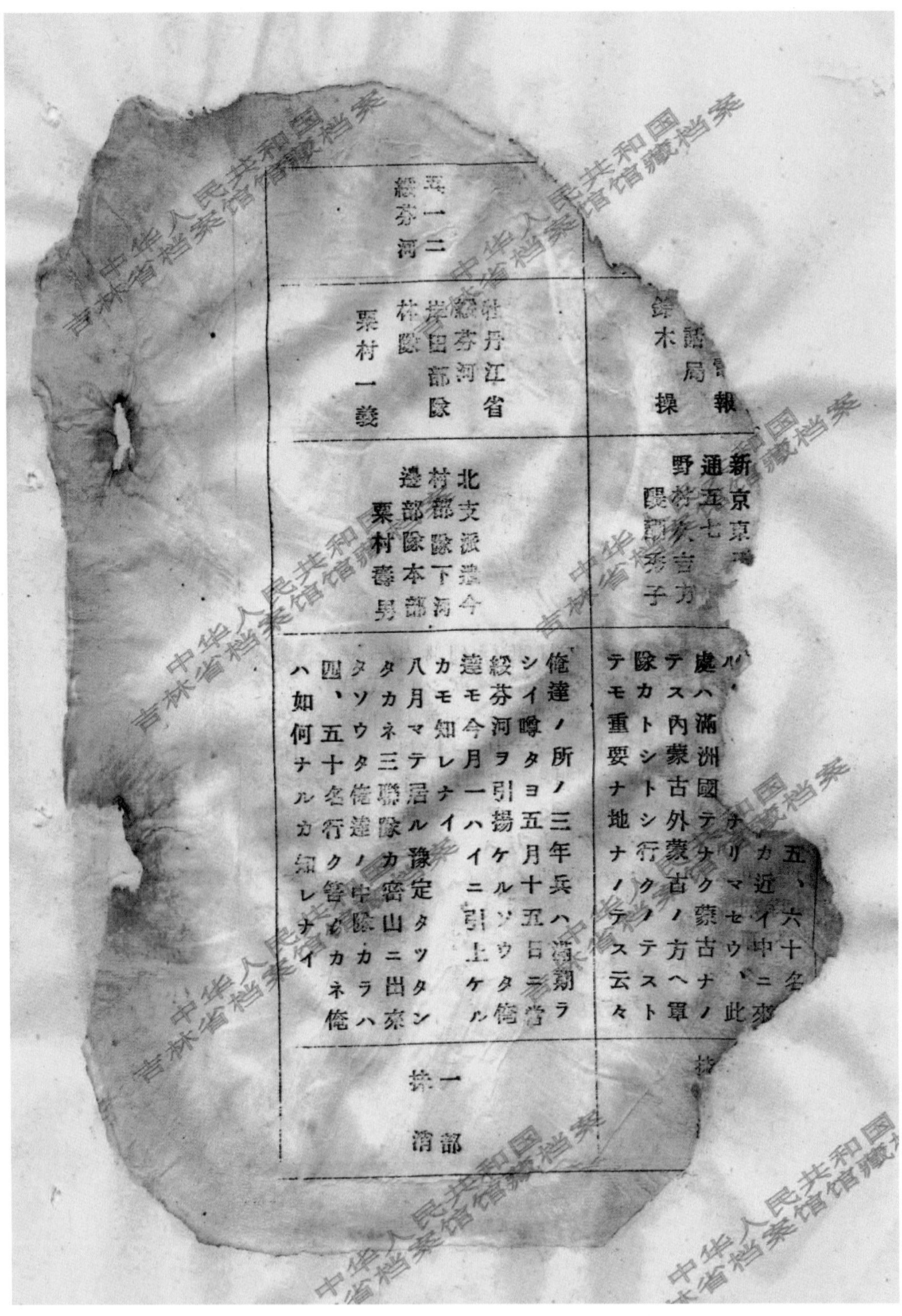

五一二
綏芬河

電報
話局
鈴木　操

牡丹江省
綏芬河
岸田部隊
林隊
栗村一義

新京京
通五七
野村友吉方
隈部秀子

北支派遣今
村部隊下河
邊部隊本部
栗村壽男

五、六十名
カ近イ中ニ來
バ　ナリマセウ、此
處ハ滿洲國テナク蒙古ナノ
テス内蒙古外蒙古ノ方ヘ軍
隊カトシトシ行クノテスト
テモ重要ナ地ナノテス云々

俺達ノ所ノ三年兵ハ滿期ラ
シイ噂タヨ五月十五日ニ皆
綏芬河ヲ引揚ケルソウタ俺
達モ今月一ハイニ引上ケル
カモ知レナイ
八月マテ居ル豫定タツタン
タカネマ三聯隊カ密山ニ出來
タソウタ俺達ノ中隊カラハ
四、五十名行ク筈タカネ俺
ハ如何ナルカ知レナイ

一部
抹消

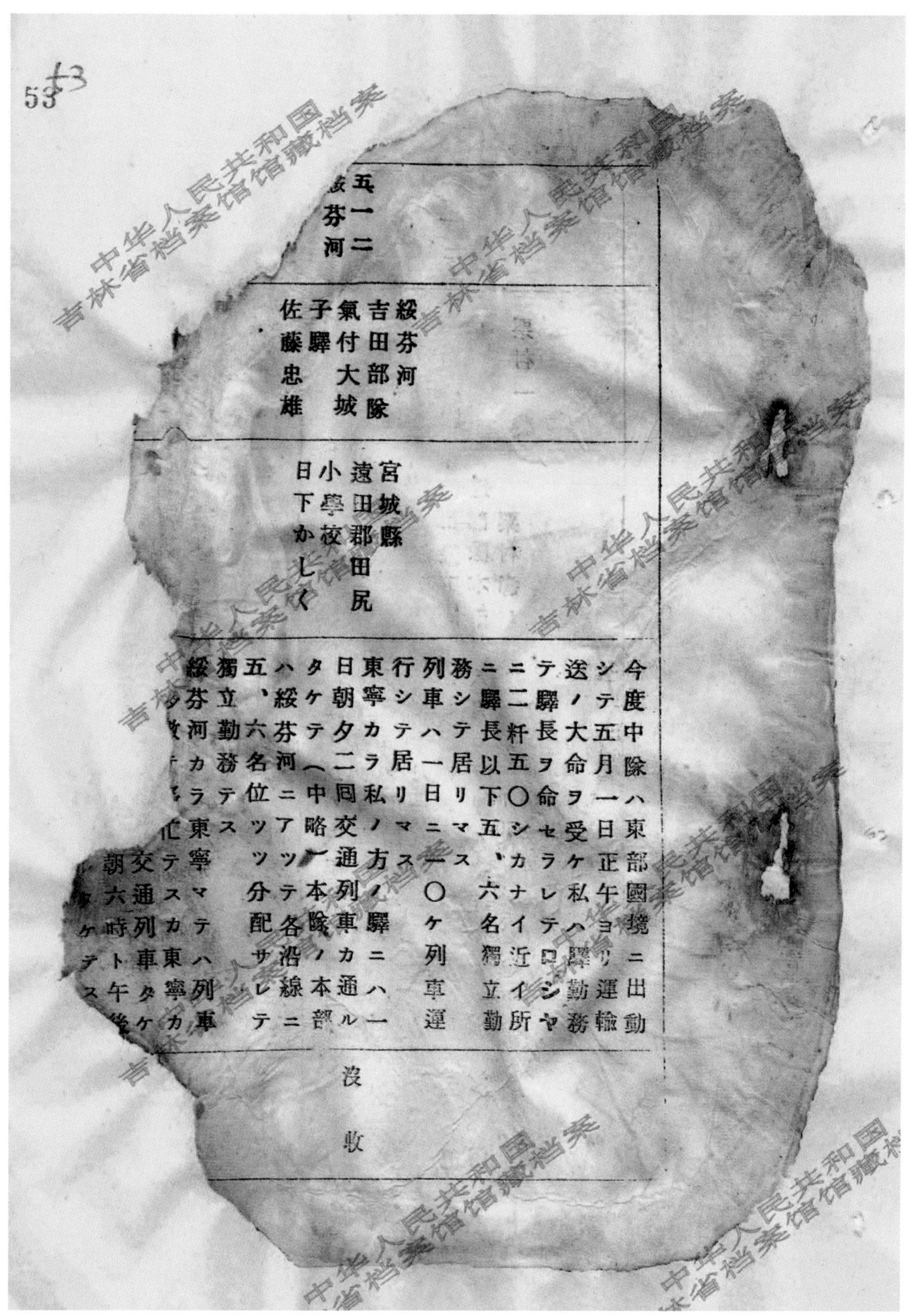
53 43

五一二

綏芬河

綏芬河吉田部隊
氣付大城子驛
佐藤忠雄

宮城縣遠田郡田尻
小學校
日下かしく

今度中隊ハ東部國境ニ出動シテ五月一日正午ヨリ運輸送ノ大命ヲ受ケ私ハ驛勤務テ驛長ヲ命セラレテロシヤニ二粁五○シカナイ近イ所ニ驛長以下五、六名獨立勤務シテ居リマス列車ハ一日ニ一○ケ列車運行シテ居リマス東寧カラ私ノ方ノ驛ニハ一日朝夕二回交通列車カ通ルタケテ（中略）本隊ノ本部ハ綏芬河ニアッテ各沿線ニ五、六名位ツツ分配サレテ獨立勤務テス綏芬河カラ東寧マテハ列車[illegible]テスカ東寧カ[illegible]交通列車タケ[illegible]朝六時ト午後[illegible]ケテス

沒收

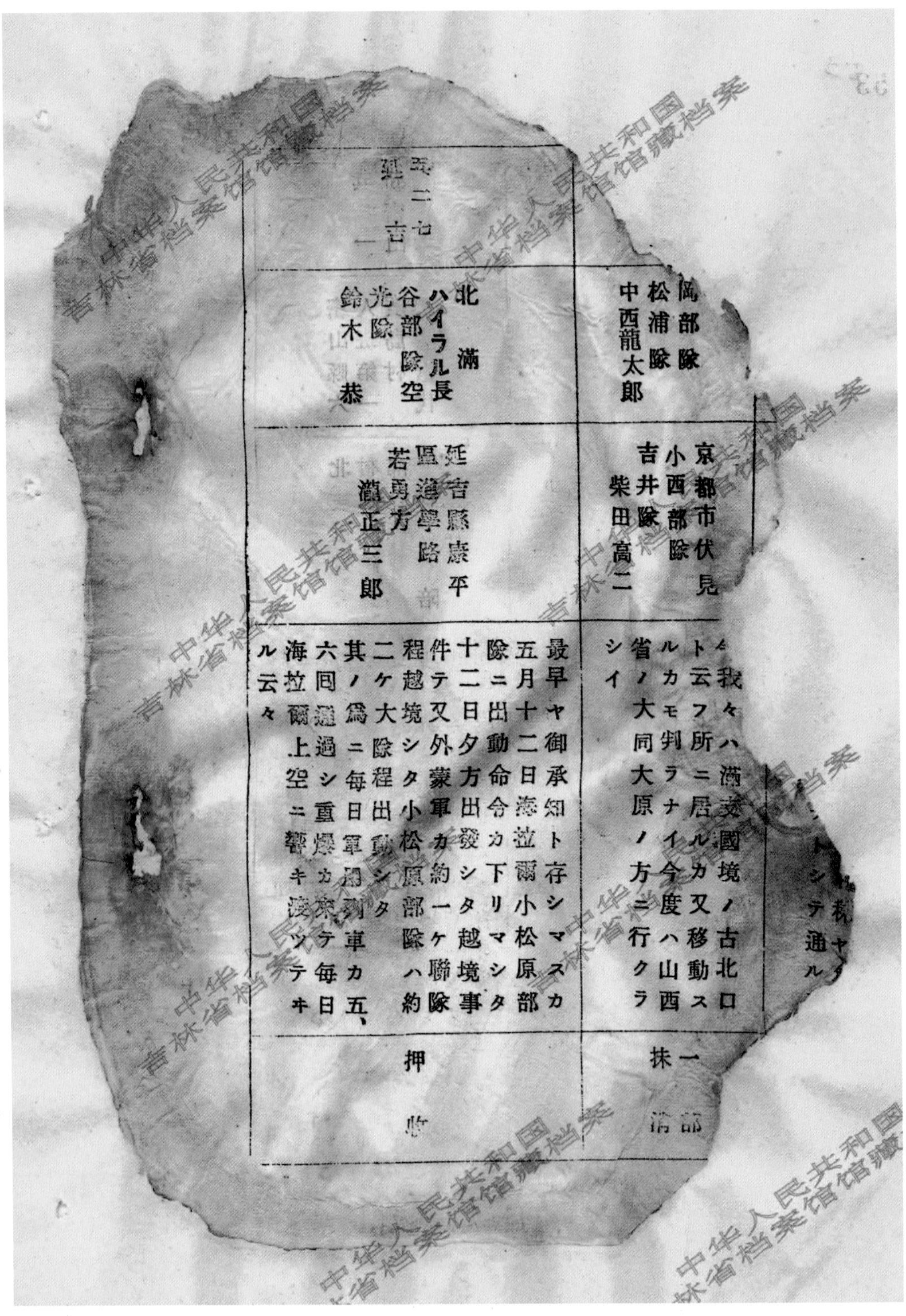
既二七
延吉一

岡部隊
松浦隊
中西龍太郎

北満
ハイラル長
谷部隊空
光隊
鈴木恭

京都市伏見
小西部隊
吉井隊
柴田高二

延吉縣康平
區道學路
若勇方
瀧正三郎

我々ハ満支國境ノ古北口
ト云フ所ニ居ルカ又移動ス
ルカモ判ラナイ今度ハ山西
省ノ大同大原ノ方ニ行クラ
シイ

最早ヤ御承知ト存シマスカ
五月十二日海拉爾小松原部
隊ニ出動命令カ下リマシタ
十二日夕方出發シタ越境事
件テ又外蒙軍カ約一ケ聯隊
程越境シタ小松原部隊ハ約
二ケ大隊程出動シタ
其ノ為ニ毎日軍用列車カ五、
六回通過シ重爆カ來テ毎日
海拉爾上空ニ響キ渡ッテヰ
ル云々

トシテ通ル

一部抹消

押收

54

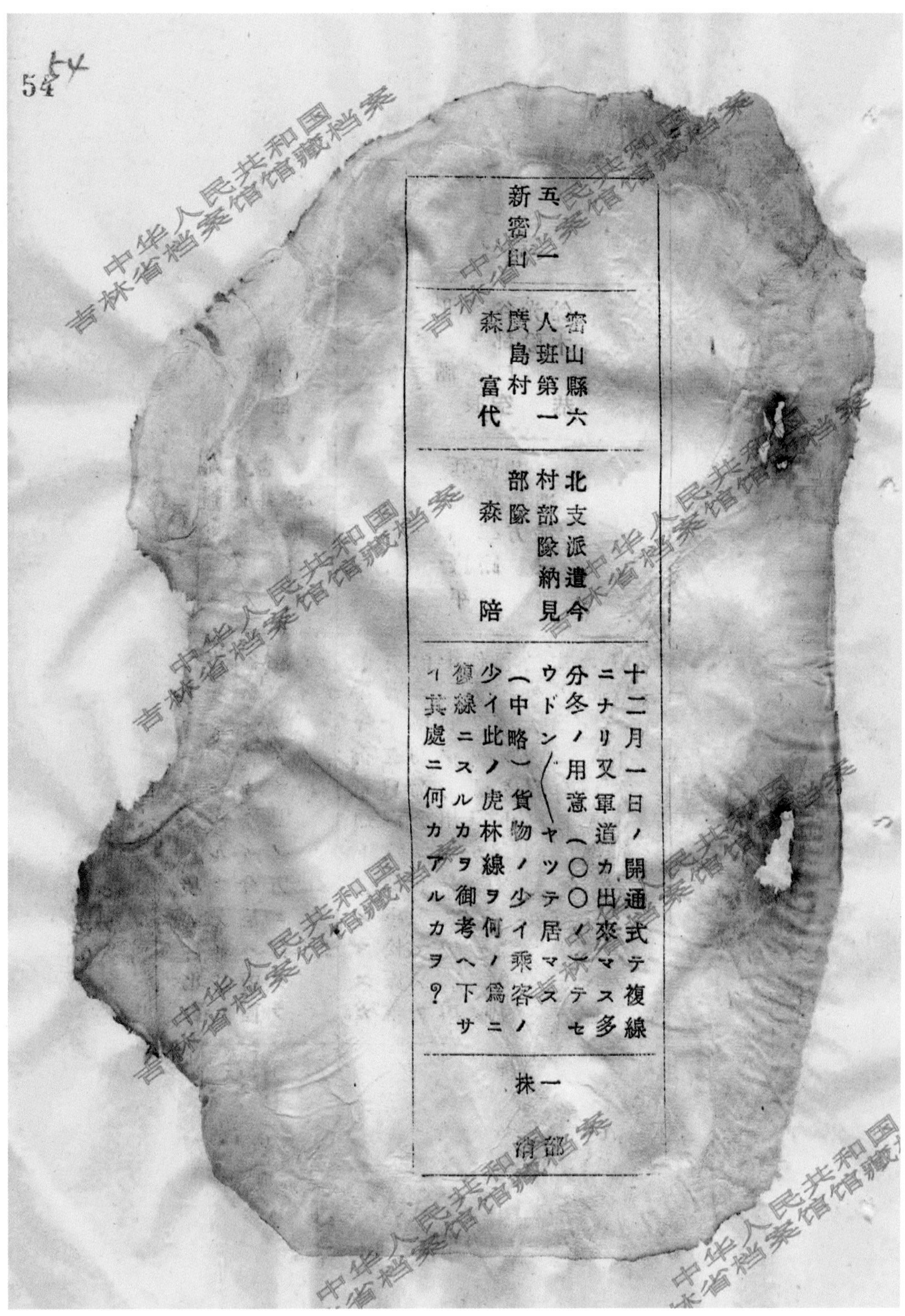

五一
新甯口

甯山縣六
人班第一
廣島村
森富代

北支派遣今
村部隊納見
部隊
森 陪

十二月一日ノ開通式テ複線ニナリ又軍道カ出來マス多分冬ノ用意（〇〇ノ一テセウドン〳〵ヤツテ居マス（中略）貨物ノ少イ乘客ノ少イ此ノ虎林線ヲ何ノ爲ニ複線ニスルカヲ御考ヘ下サイ其處ニ何カアルカヲ？

一部
抹消

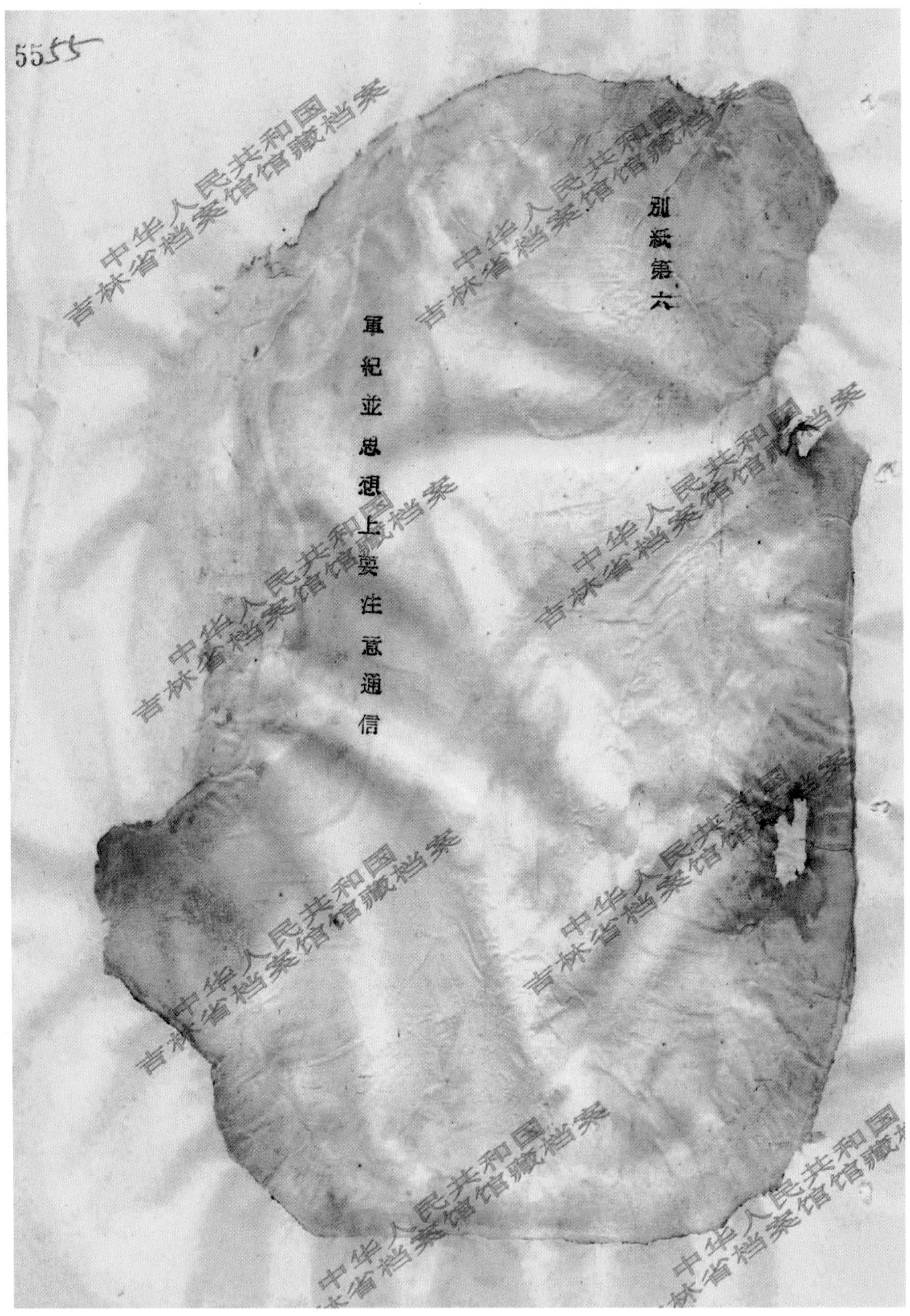
5555

別紙第六

軍紀並思想上要注意通信

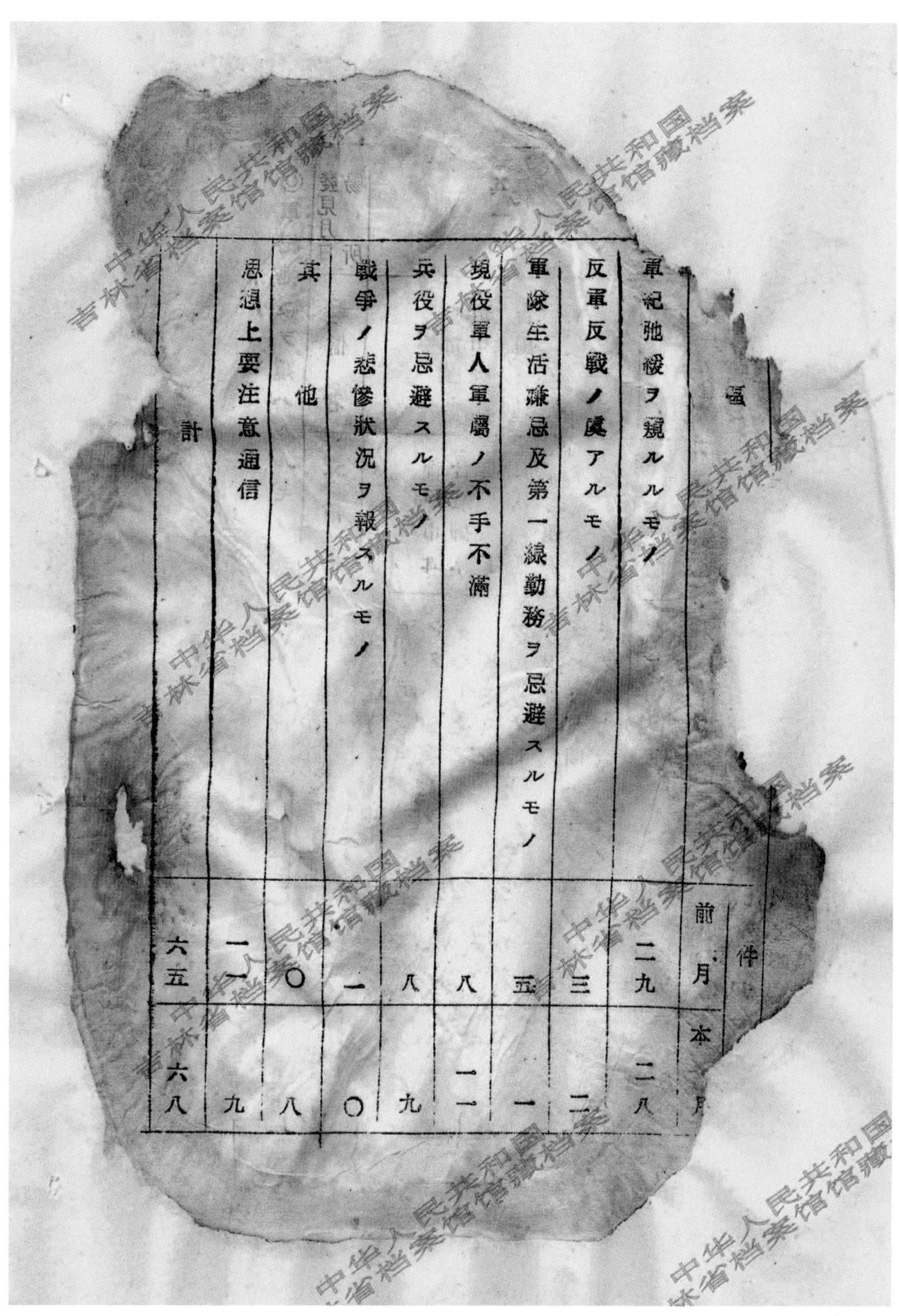

區分	件数 前月	件数 本月
軍紀弛緩ヲ窺ルルモノ	二九	二八
反軍反戰ノ虞アルモノ	三	二
軍隊生活嫌忌及第一線勤務ヲ忌避スルモノ	五	一
現役軍人軍屬ノ不手不滿	八	一一
兵役ヲ忌避スルモノ	八	九
戰爭ノ悲慘狀況ヲ報スルモノ	一	〇
其他	〇	八
思想上要注意通信	一一	九
計	六五	六八

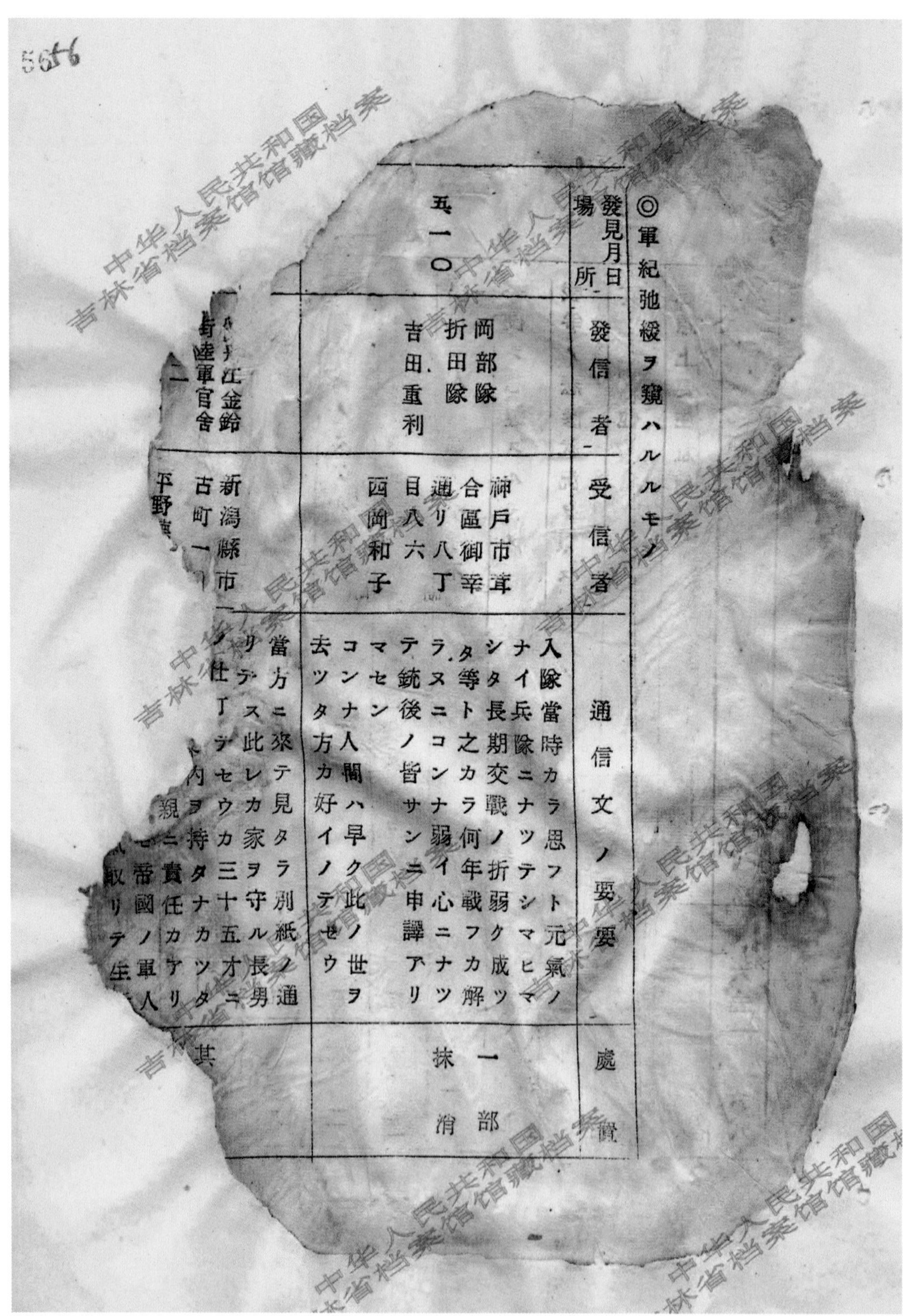

5656

◎軍紀弛緩ヲ窺ハルルモノ

發見月日場所	發信者	受信者	通信文ノ要旨	處置
五、一〇	岡部隊折田隊 吉田重利	神戸市葺合區御幸通リ八丁目八六 西岡和子	入隊當時カラ恐フト元氣ノナイ兵隊ニナッテシマヒマシタ長期交戰ノ折弱ク成ッタ等ト之カラ何年戰フカ解ラヌニコンナ弱イ心ニナッテ銃後ノ皆サンニ申譯アリマセンコンナ人間ハ早ク此ノ世ヲ去ッタ方カ好イノデセウ	一部抹消
[illegible]	[illegible]江金鈴 [illegible]街[illegible]達軍官舍 二[illegible]	新潟縣市[illegible] 古町一[illegible] 平野[illegible]	當方ニ來テ見タラ別紙ノ通リデス此レカ家ヲ守ル長男ノ仕丁デセウカ三十五才ニ[illegible]ヲ持タナカッタ[illegible]内親ニ責任カアリ[illegible]セ帝國ノ軍人[illegible]取リテ生[illegible]	其[illegible]

57

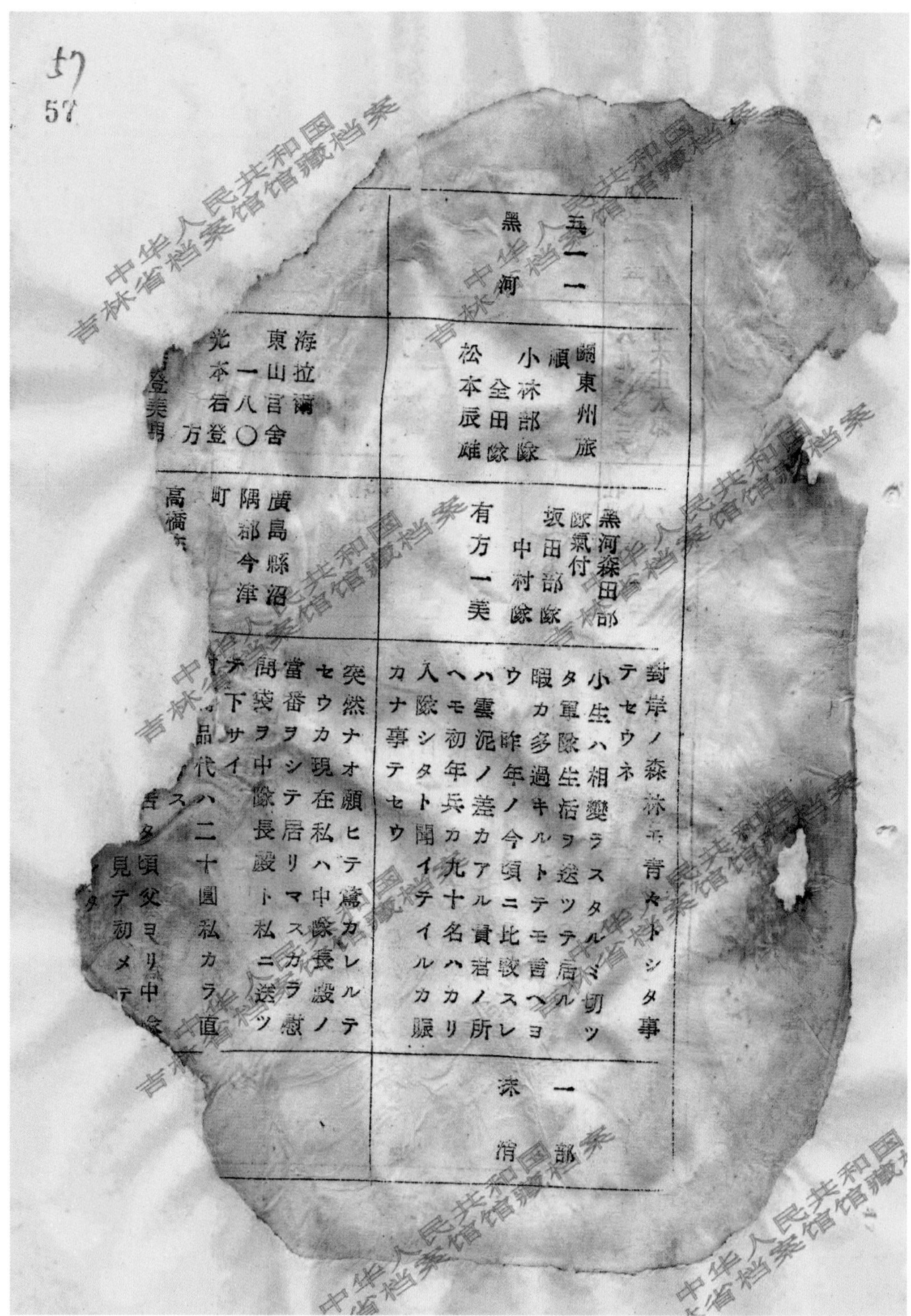

五一一 黒河	關東州旅順 小林部隊 松本全田部隊 松本辰雄	黒河森田部 隊氣付 坂田部隊 中村部隊 有方一美	對岸ノ森林モ青々トシタ事 テセウネ 小生ハ相變ラスタルミ切ッ タ軍隊生活ヲ送ッテ居ル 暇カ多過キルトテモ言ヘヨ ウ 昨年ノ今頃ニ比較スレ ハ雲泥ノ差カアル貴君ノ所 ヘモ初年兵カ九十名ハカリ 入隊シタト聞イテイル カナ事テセウ	一部 抹消
	海拉爾 東山宮舎 一八〇 光本岩登方 [illegible]登美男	廣島縣沼 隅郡今津 町 高橋[illegible]	突然ナオ願ヒテ驚カレルテ セウカ現在私ハ中隊長殿ノ 當番ヲシテ居リマスカラ慰 問袋ヲ中隊長殿ト私ニ送ッ テ下サイ [illegible]品代ハ二十圓私カラ直 [illegible]ス [illegible]タ頃父ヨリ中[illegible] 見テ初メテ [illegible]タ	

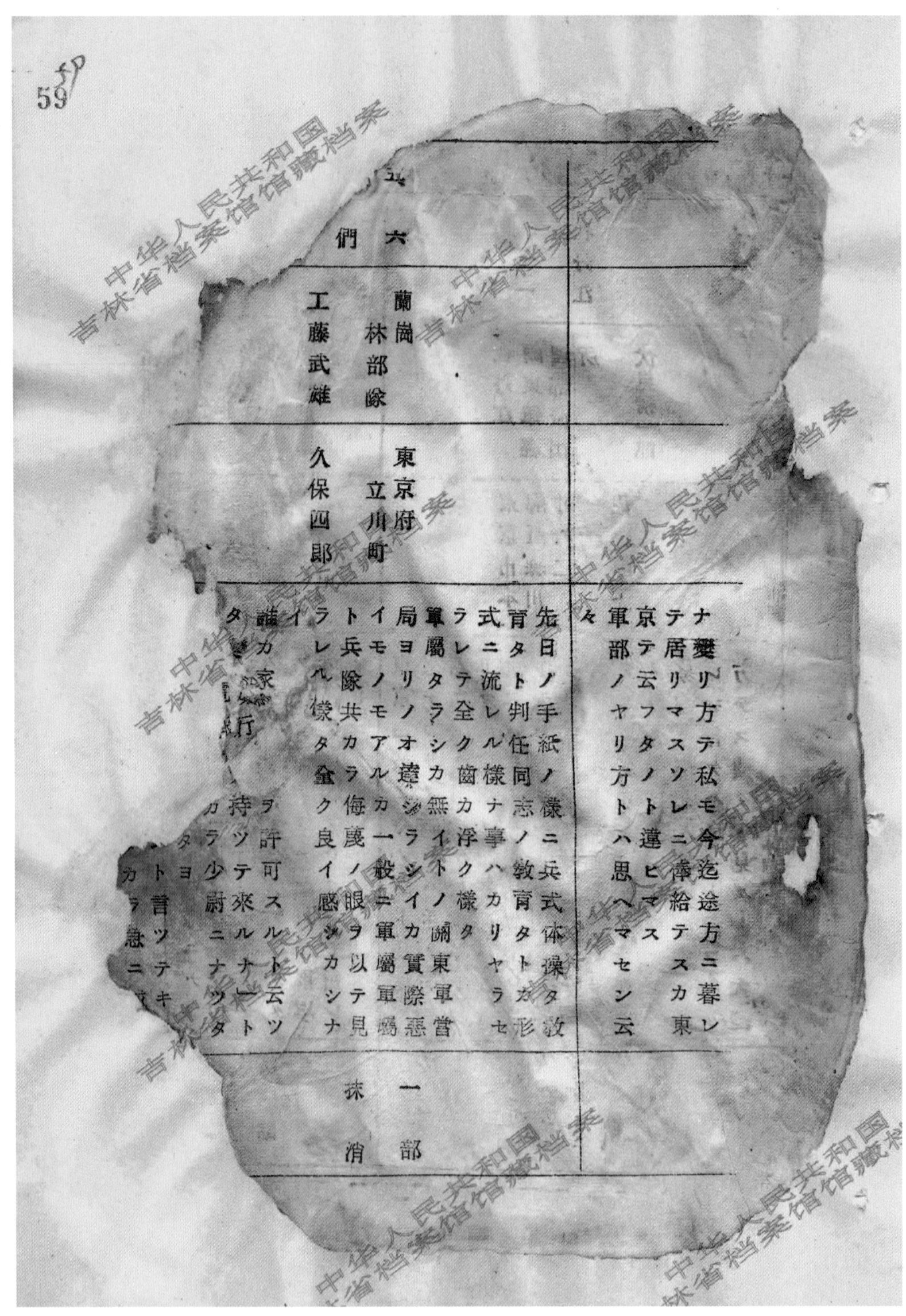

59

六

們

蘭尚
林部隊
工藤武雄

東京府
立川町
久保四郎

ナ變リ方テ私モ今迄迄方ニ暮レ
テ居リマスソレニ俸給テスカ東
京テ云フタノト違ヒマス
軍部ノヤリ方トハ思ヘマセン云
々

先日ノ手紙ノ様ニ兵式体操タ敎
育タト判任同志ノ教育タトカ形
式ニ流レル様ナ事ハカリヤラセ
ラレテ全ク齒カ浮ク様タ
單屬タラシカ無イトノ關東軍當
局ヨリノオ達シラシイカ實際惡
イモノモアルカ一般ニ軍屬軍屬
ト兵隊共カラ侮蔑ノ眼ヲ以テ見
ラレル様タ全ク良イ感シカシナ
イ[illegible]
誰カ家[illegible]行ヲ許可スルト云ツ
タ[illegible]持ツテ來ルナ一ト
カラ少尉ニナツタ
タヨ
ト言ツテキ
カラ急ニ[illegible]

一部
抹消

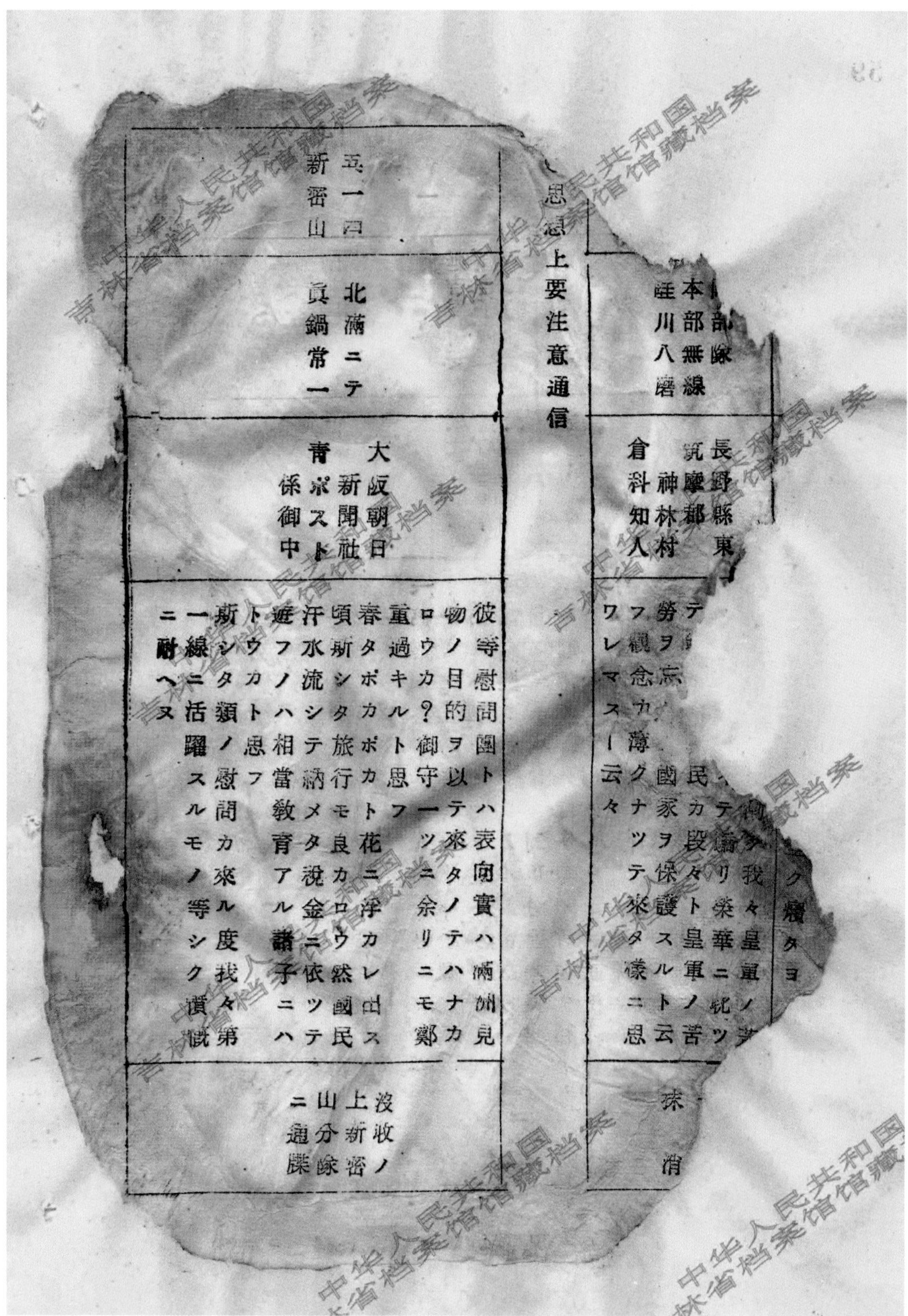

五一四 新密山	北滿ニテ 貝鍋常一	大阪朝日新聞社 青ポスト係御中	彼等慰問團トハ表向實ハ滿洲見物ノ目的ヲ以テ來タノテハナカロウカ？御守一ツニ余リニモ鄭重過キルト思フ春タボカボカト花ニ浮カレ出ス頃新シタ旅行モ良カロウ然國民汗水流シテ納メタ税金ニ依ツテ遊フノハ相當教育アル諸子ニハトウカト思フ斯シタ類ノ慰問カ來ル度我々第一線ニ活躍スルモノ等シク憤慨ニ耐ヘヌ	沒收ノ上新密山分餘ニ通牒

思想上要注意通信

部隊本部無線 荏川八磨	長野縣東筑摩郡神林村 倉科知人	ク續タヨ [illegible] 我々皇軍ノ苦 [illegible] テ論リ榮華ニ就ツ テ [illegible] 民カ段々ト皇軍ノ苦 勞ヲ忘 [illegible] 國家ヲ保護スルト云フ觀念カ薄クナツテ來タ樣ニ思ワレマス－云々	抹消

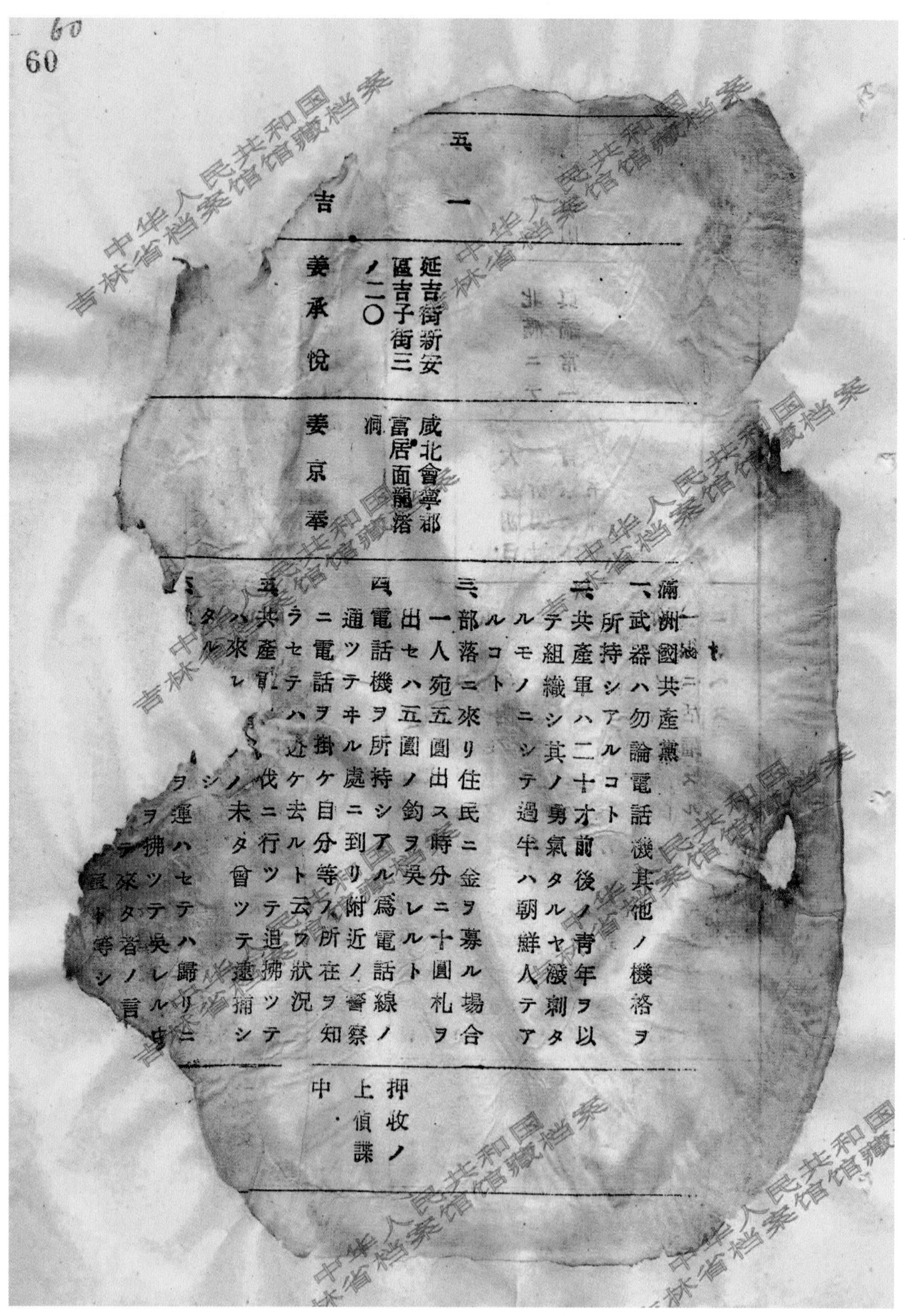
60

60

五一

吉

延吉街新安區吉子街三ノ二〇

姜承悦

咸北會寧郡富居面龍落洞

姜京奉

滿洲國共産黨

一、武器ハ勿論電話機其他ノ機落ヲ所持シアルコト

二、共産軍ハ二十才前後ノ青年ヲ以テ組織シ其ノ勇氣タルヤ潑剌タルモノニシテ過半ハ朝鮮人テアルコト

三、部落ニ來リ住民ニ金ヲ募ル場合一人宛五圓出ス時分ニ十圓札ヲ出セハ五圓ノ釣ヲ吳レルト

四、電話機ヲ所持シアル爲電話線ノ通ツテヰル處ニ到リ附近ノ警察ニ電話ヲ掛ケ自分等ノ所在ヲ知ラセテハ迯ケ去ルト云フ状況

五、共産軍[illegible]伐ニ行ツテ追拂ツテハ來レ[illegible]ノ未タ會ツテ逮捕シタル[illegible]シ

六、[illegible]ヲ運ハセテハ歸リニ[illegible]ヲ拂ツテ吳レル[illegible]テ來タ者ノ言[illegible]等シ

押收ノ上偵諜中

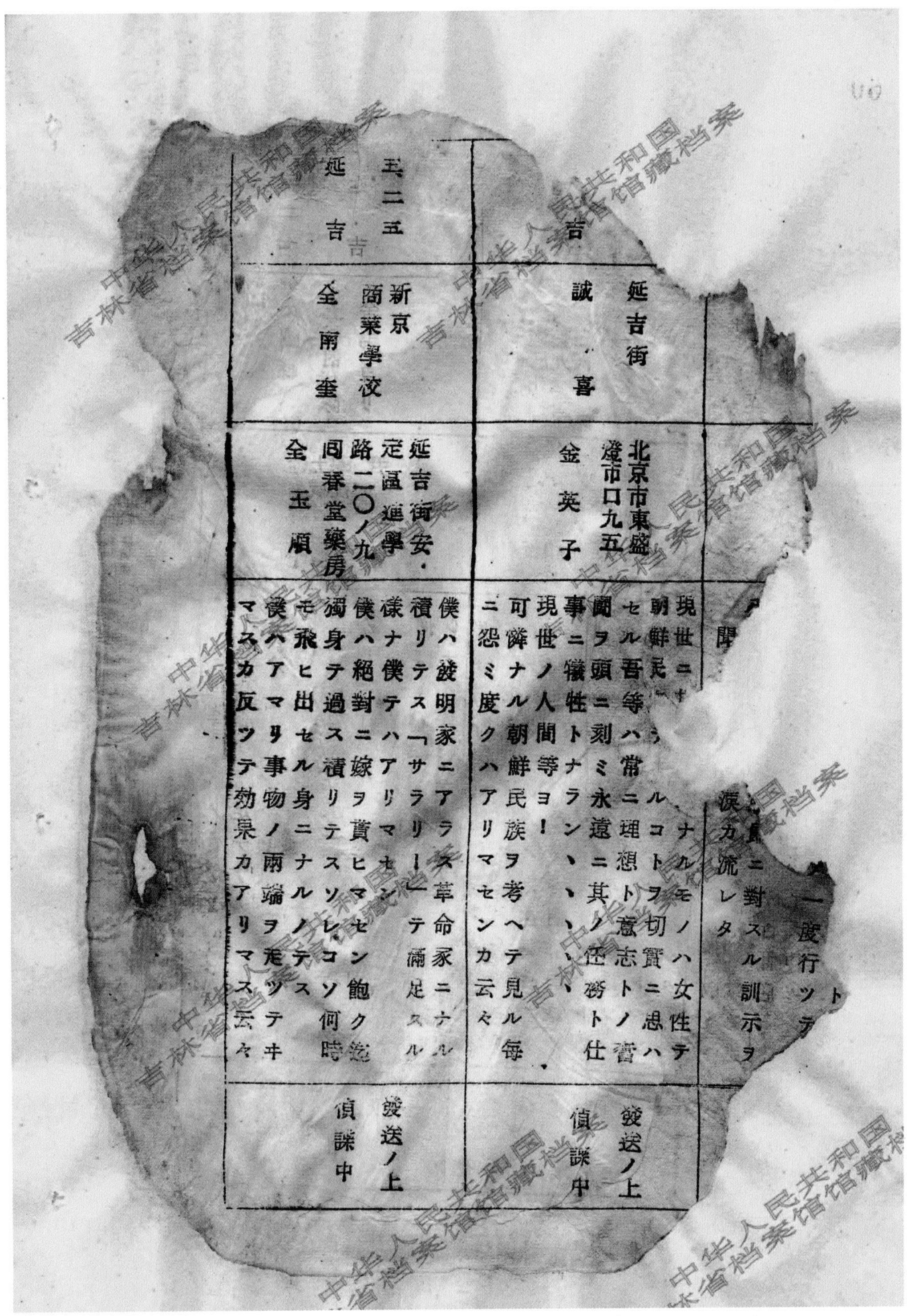

ト
一度行ツテ
ニ對スル訓示ヲ
聞 涙カ流レタ

吉	五二五 延吉
延吉街 誠喜	新京商業學校 全南奎
北京市東盛燈市口九五 金英子	延吉街安定區延學路二〇ノ九 同春堂藥房 全玉順
現世ニ　ナルモノハ女性テ 朝鮮民　ルコトヲ切實ニ思ハ セル吾等ハ常ニ理想ト意志トノ奮 闘ヲ頭ニ刻ミ永遠ニ其ノ任務ト仕 事ニ犠牲トナラン、、、、 現世ノ人間等ヨ！ 可憐ナル朝鮮民族ヲ考ヘテ見ル毎 ニ恐ミ度クハアリマセンカ云々	僕ハ發明家ニアラス革命家ニナル 積リテス「サラリー」テ滿足スル 様ナ僕テハアリマセン 僕ハ絶對ニ嫁ヲ貰ヒマセン飽ク迄 獨身テ過ス積リテスソレコソ何時 モ飛ヒ出セル身ニナルノテス 僕ハアマリ事物ノ兩端ヲ走ツテキ マスカ反ツテ効果カアリマス云々
發送ノ上 偵諜中	發送ノ上 偵諜中

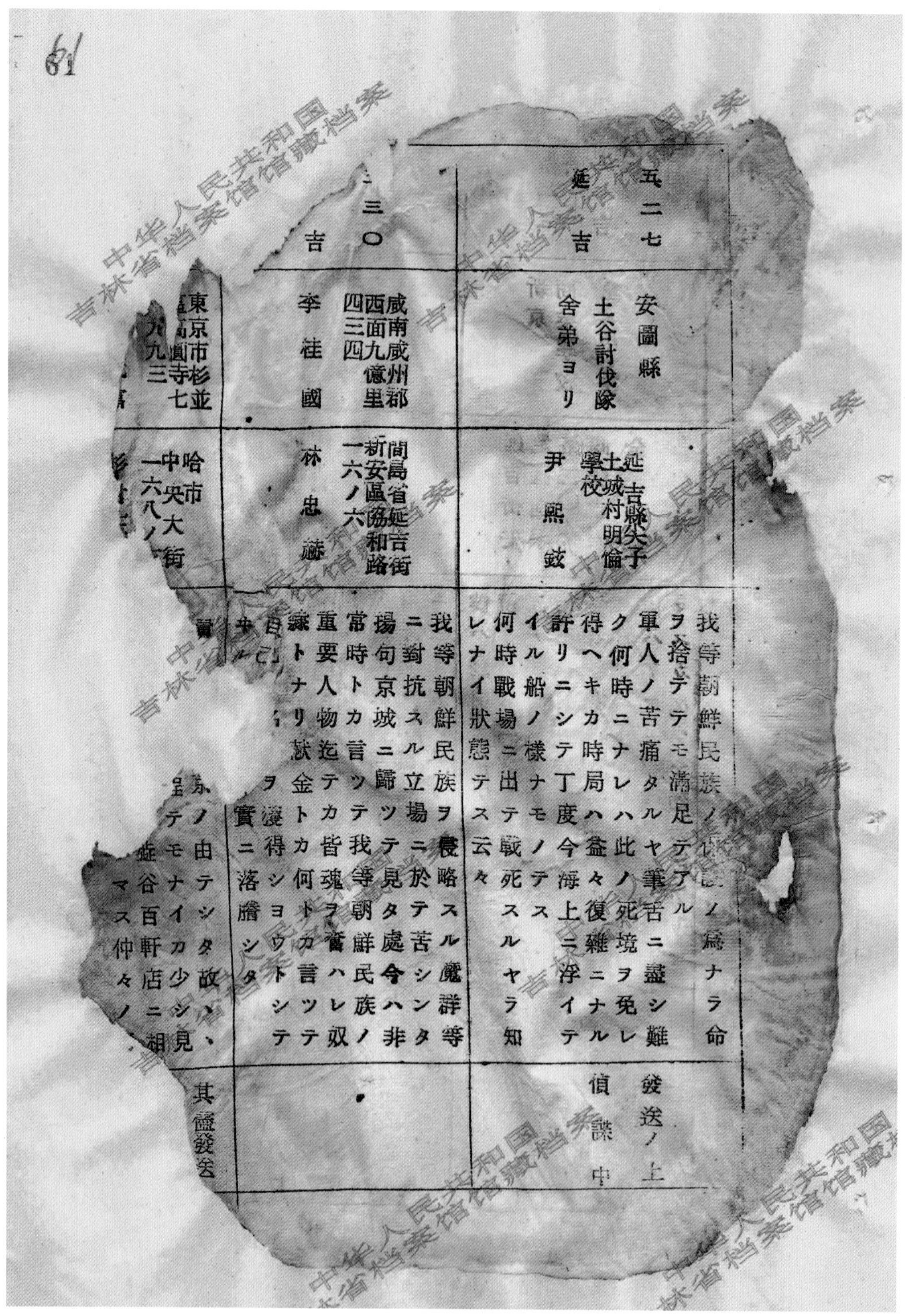

61

五二七 延吉	安圖縣 土谷討伐隊 舍弟ヨリ	延吉縣大子 土城村明倫學校 尹熙鉉	我等朝鮮民族ノ[illegible]ノ爲ナラ命ヲ捨テテモ滿足テアル 軍人ノ苦痛タルヤ筆舌ニ盡シ難ク何時ナレハ此ノ死境ヲ免レ得ヘキカ時局ハ益々復雜ニナル許リニシテ丁度今海上ニ浮イテイル船ノ樣ナモノテス 何時戰場ニ出テ戰死スルヤラ知レナイ狀態テス云々	發送ノ上 偵諜中
三〇 吉	咸南咸州郡 西面九億里 四三四 李桂國	間島省延吉街 新安區協和路 一六ノ六 林忠赫	我等朝鮮民族ヲ侵略スル魔群等ニ對抗スル立場ニ於テ苦シンタ揚句京城ニ歸ツテ見タ處今ハ非常時トカ言ツテ我等朝鮮民族ノ重要人物迄テカ皆魂ヲ奪ハレ奴隷トナリ獻金トカ何トカ言ツテ自己[illegible]ヲ凌得シヨウトシテ中ル[illegible]實ニ落膽シタ	
[illegible]	東京市杉並 區高圓寺七 九九三 [illegible]	哈市 中央大街 一六八ノ[illegible]	[illegible]系ノ由テシタ故、 [illegible]テモナイカ少シ見 [illegible]谷百軒店ニ相 [illegible]マス仲々ノ	其儘發送

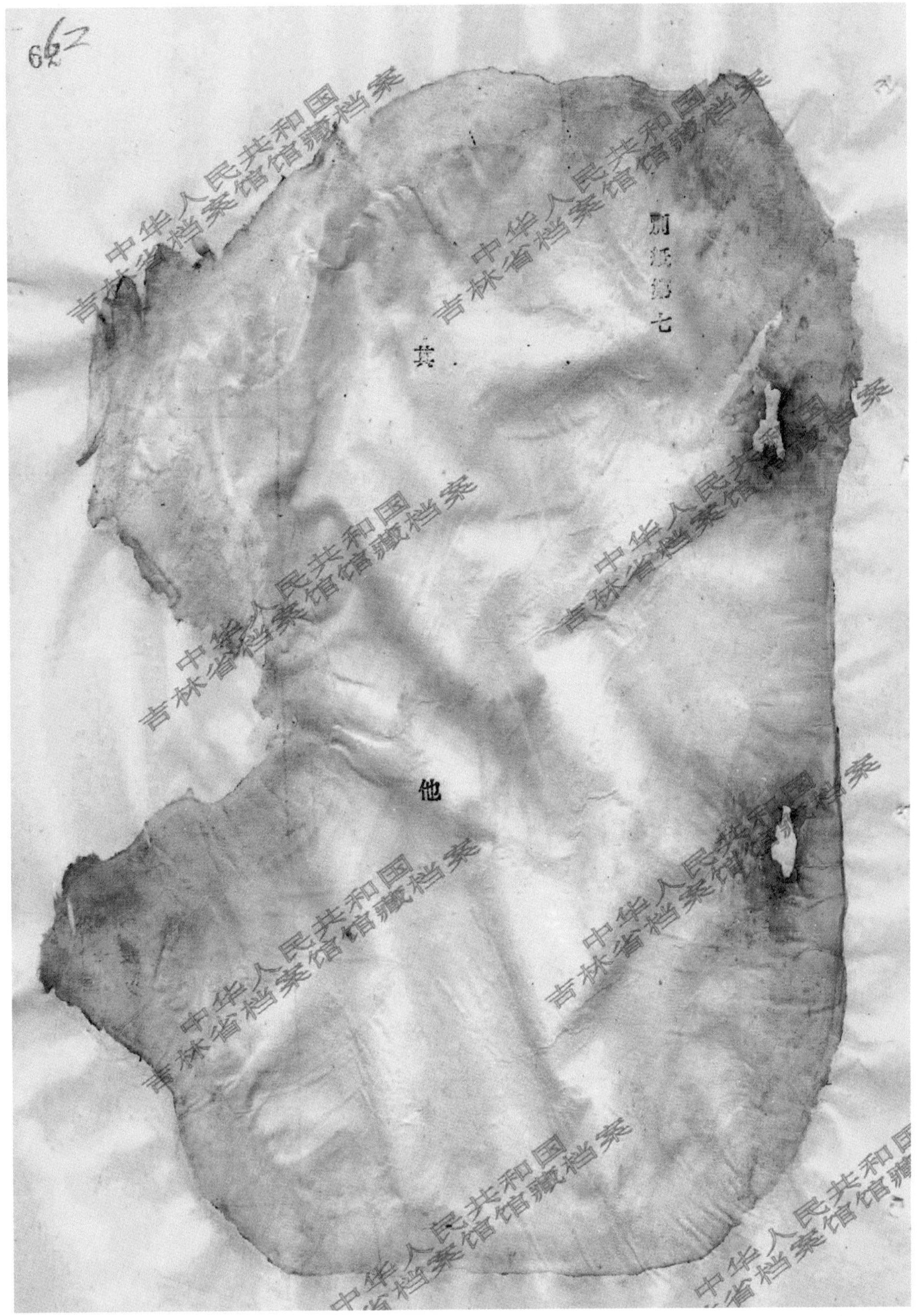

別紙第七

其他

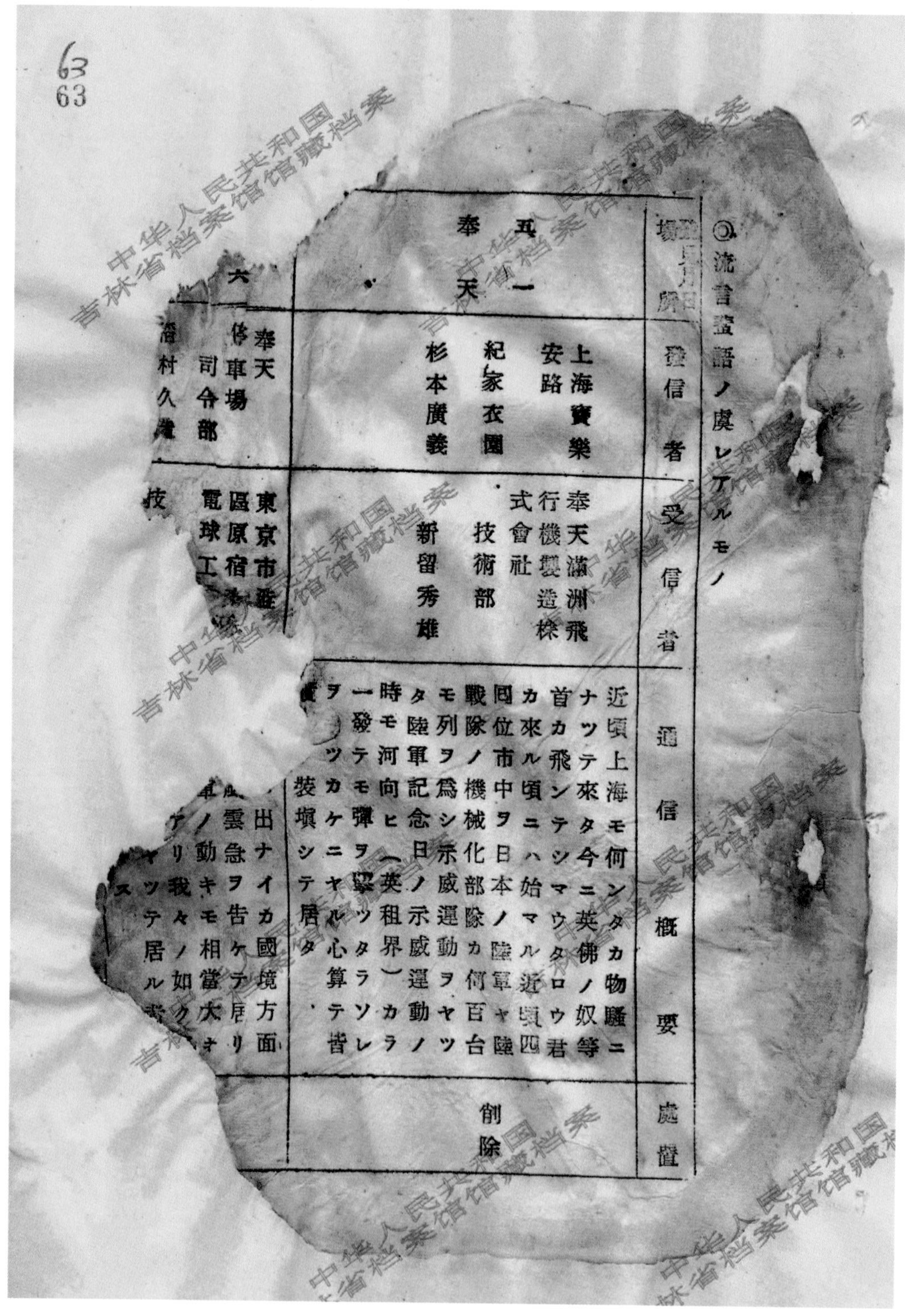

63

◎流言蜚語ノ虞レアルモノ

發信月日場所	發信者	受信者	通信概要	處置
五、一 奉天	上海寶樂安路 紀家衣園 杉本廣義	奉天滿洲飛行機製造株式會社 技術部 新留秀雄	近頃上海モ何ンタカ物騒ニナッテ來タ今ニ英佛ノ奴等首カ飛ンテシマウタロウ君カ來ル頃ニハ始マル近頃四同位市中ヲ日本ノ陸軍ヤ陸戰隊ノ機械化部隊カ何百台モ列ヲ為シ示威運動ヲヤツタ陸軍記念日ノ示威運動ノ時モ河向ヒ（英租界）カラ一發テモ彈ヲ撃ッタラソレヲ[illegible]ツカケニヤル心算テ皆[illegible]装填シテ居タ	削除
六[illegible]	奉天[illegible]停車場司令部 潘村久雄	東京市澁谷區原宿[illegible] 電球工[illegible]技	[illegible]出ナイカ國境方面[illegible]雲急ヲ告ケテ居リ[illegible]ノ動キモ相當大[illegible]アリ我々ノ如ク[illegible]ヤッテ居ル[illegible]	

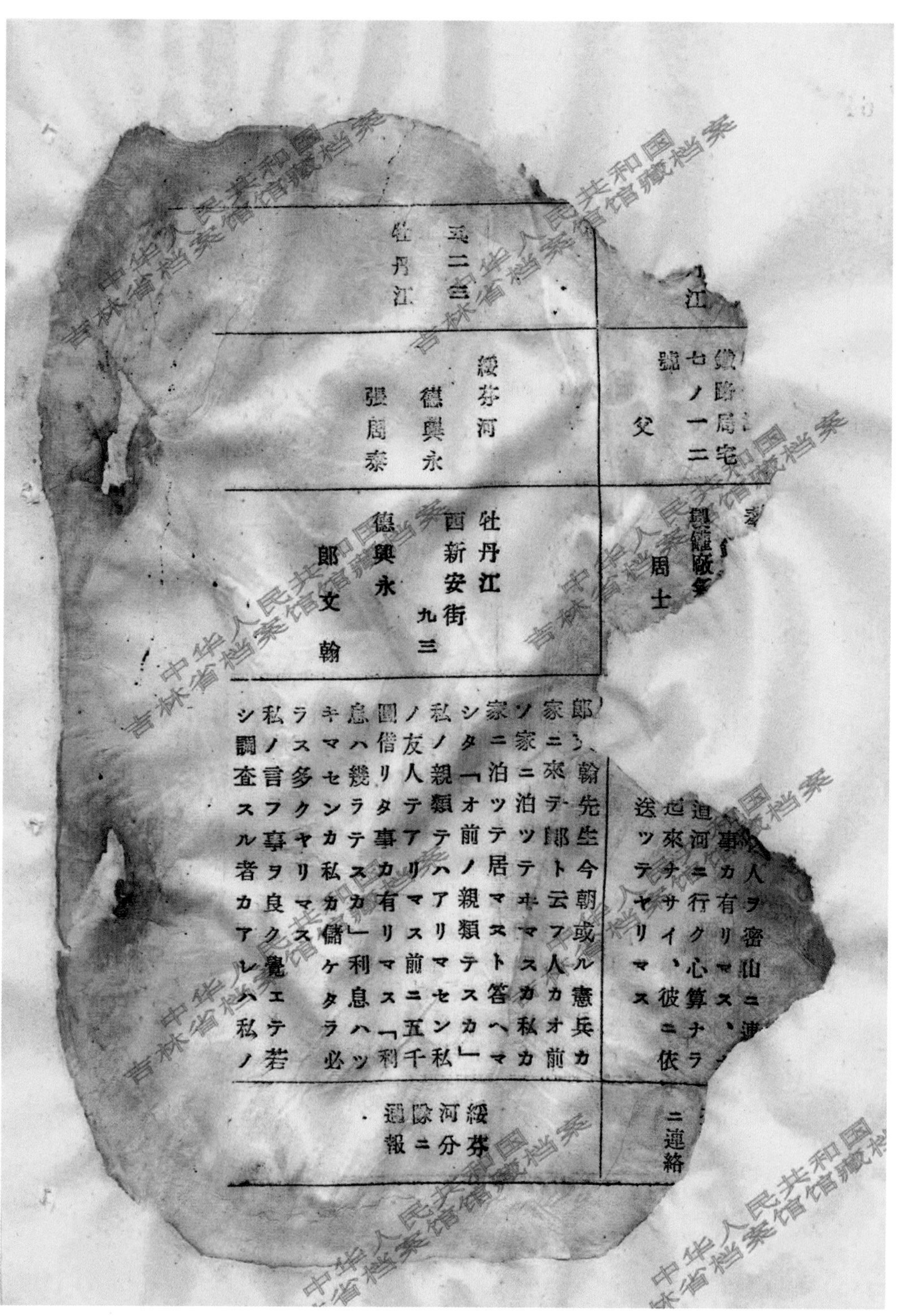

江	第二三 牡丹江
鐵路局宅 七ノ一二 號 父	綏芬河 德興永 張周泰
興健敏 周士	牡丹江 西新安街九三 德興永 郎文翰
人ヲ密山ニ連 事カ有リマス、 追河ニ行ク心算ナラ 迫來ナサイ、彼ニ依 送ッテヤリマス	郎ン、翰先生今朝或ル憲兵カ家ニ來テ郎ト云フ人カオ前ノ家ニ泊ツテヰマスカ私カ家ニ泊ツテ居マスト答ヘマシタ「オ前ノ親類テスカ」私ノ親類テハアリマセン私ノ友人テアリマス前ニ五千圓借リタ事カ有リマス「利息ハ幾ラテスカ」利息ハッキマセンカ私カ儲ケタラ必ラス多クヤリマス私ノ言フ事ヲ良ク覺エテ若シ調査スル者カアレハ私ノ
ニ連絡	綏芬河分隊ニ・通報

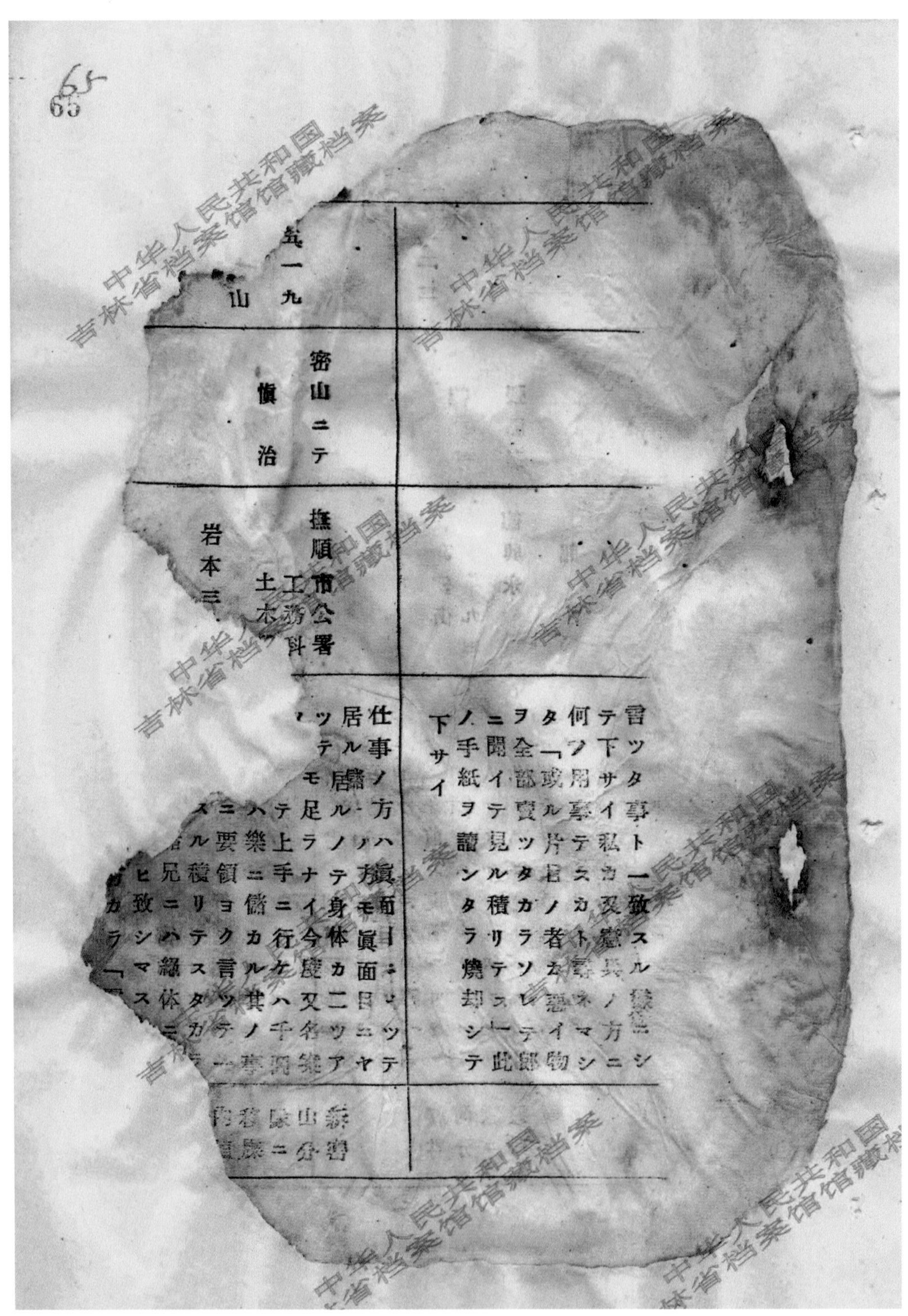

65

	気一九 山
	窑山ニテ 愼治
	撫順市公署 工務科 土木 岩本三
言ッタ事ト一致スル様ニシ テ下サイ私カ又憲兵ノ方ニ 何ノ用事テスカト尋ネマシ タ「或ル片君ノ者ハ悪イ物 ヲ全部賣ッタカラソレテー郎 ニ關イテ見ル積リテスー此 ノ手紙ヲ讀ンタラ燒却シテ 下サイ	仕事ノ方ハ眞面目ニヤッテ 居ル居ルノ方モ眞面目ニヤ ッテモルノテ身体カ二ッア ッ…足ラナイ今度又名雑 テ上手ニ行ケハ千圓 ハ樂ニ儲カル其ノ事 ニ要領ヨク言ッテー スル積リテスタカラ …兄ニハ總体ニ ヒ致シマス カラ「…
	[illegible]

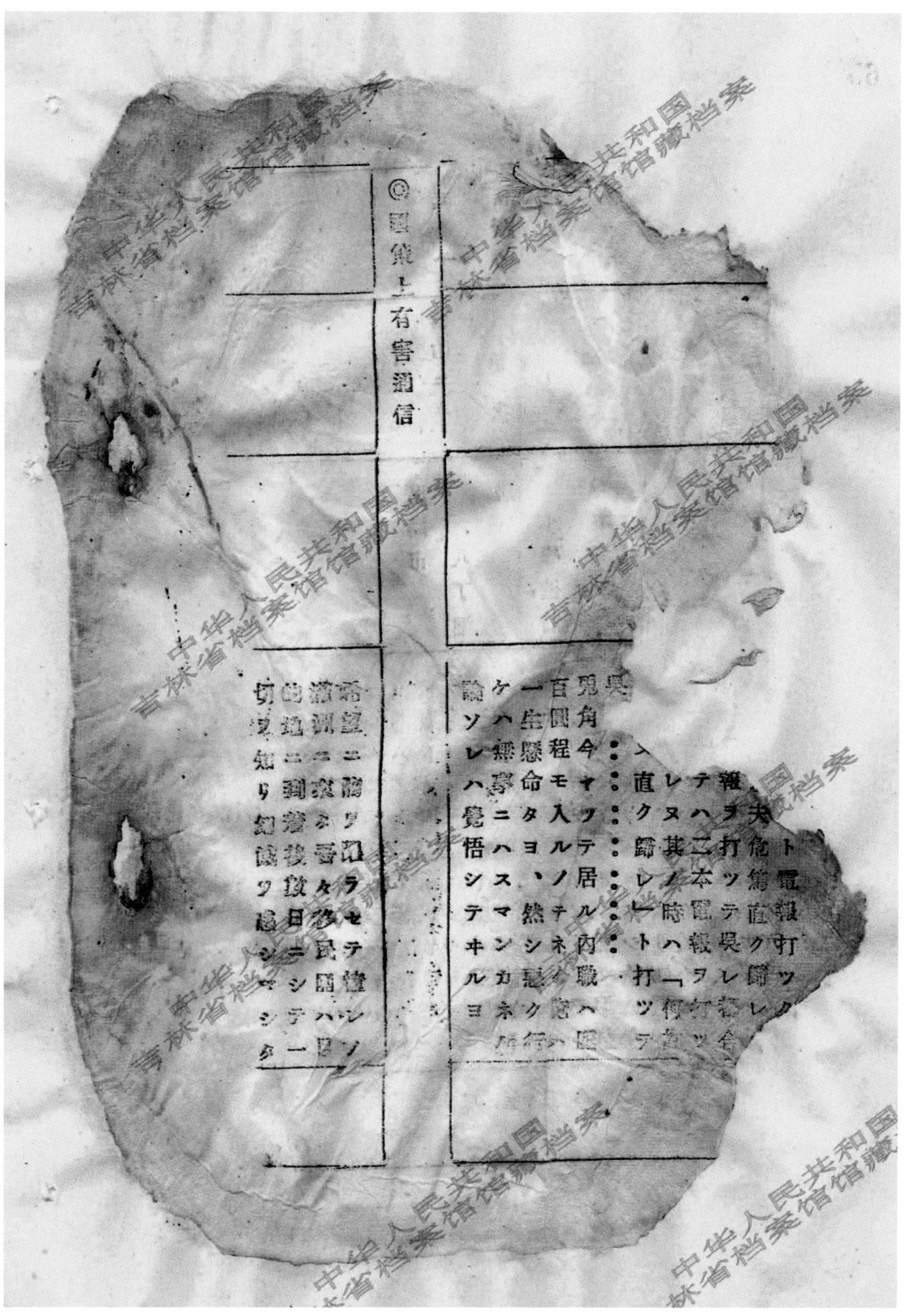

◎國策上有害通信

[illegible]報ヲ打ツテ呉レ[illegible]
夫危篤直ク歸レ[illegible]
ト電報打ツク
テハ二本電報ヲ[illegible]
レヌ其ノ時ハ「何[illegible]
直ク歸レ一ト打ツテ

與[illegible]
兎角今ャッテ居ル内職ハ國[illegible]
百圓程モ入ルノテネ[illegible]ク行[illegible]
一生懸命タヨ、然シ[illegible]ク[illegible]
ヶハ無[illegible]ニハスマンカネ[illegible]
論ソレハ覺悟シテヰルヨ

希望ニ[illegible]ラセテ[illegible]ソ
[illegible]ニ[illegible]タ[illegible]民[illegible]ハ一
[illegible]ニ[illegible]日ニシテ一
切[illegible]知リ[illegible]ツ[illegible]シタ

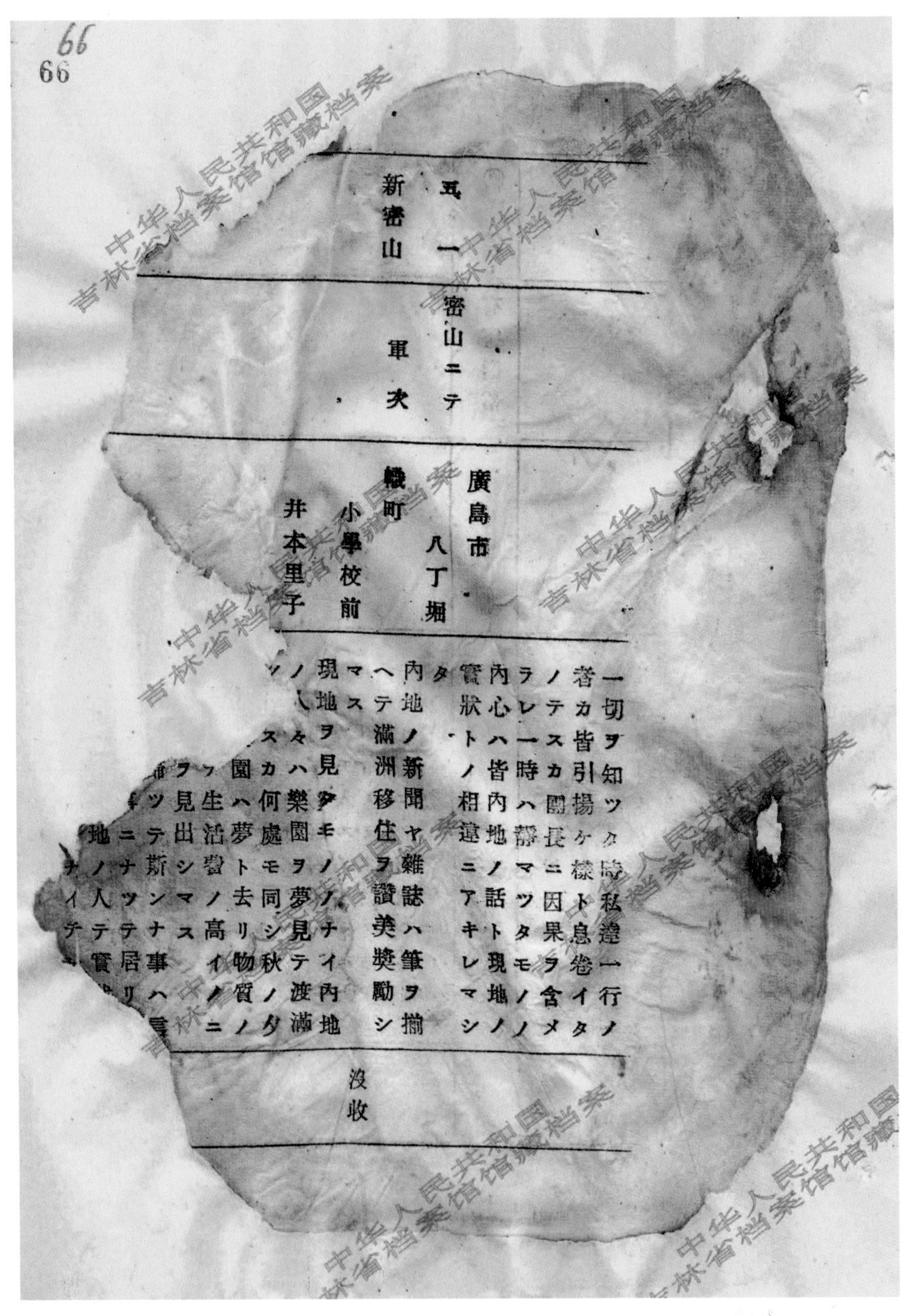

66

五一
新密山

密山ニテ
軍夫

廣島市八丁堀
幟町
小學校前
井本里子

一切ヲ知ツタ時私達一行ノ
者ガ皆引揚ゲ樣ト息巻イタ
ノデスガ團長ニ因果ヲ含メ
ラレ一時ハ靜マツタモノノ
内心ハ皆内地ノ話ト現地ノ
實狀トノ相違ニアキレマシ
タ
内地ノ新聞ヤ雜誌ハ筆ヲ揃
ヘテ滿洲移住ヲ讚美奬勵シ
マス
現地ヲ見タモノノナイ内地
ノ人々ハ樂園ヲ夢見テ渡滿
シ[illegible]スカ何處モ同シ秋ノ夕
[illegible]園ハ夢ト去リ物質ノ
ッ生活費ノ高イノニ
ヲ見出シマス
痛ツテ斯ンナ事ハ言
[illegible]ニナツテ居リ
地ノ人テ實[illegible]
[illegible]ナイチ[illegible]

沒收

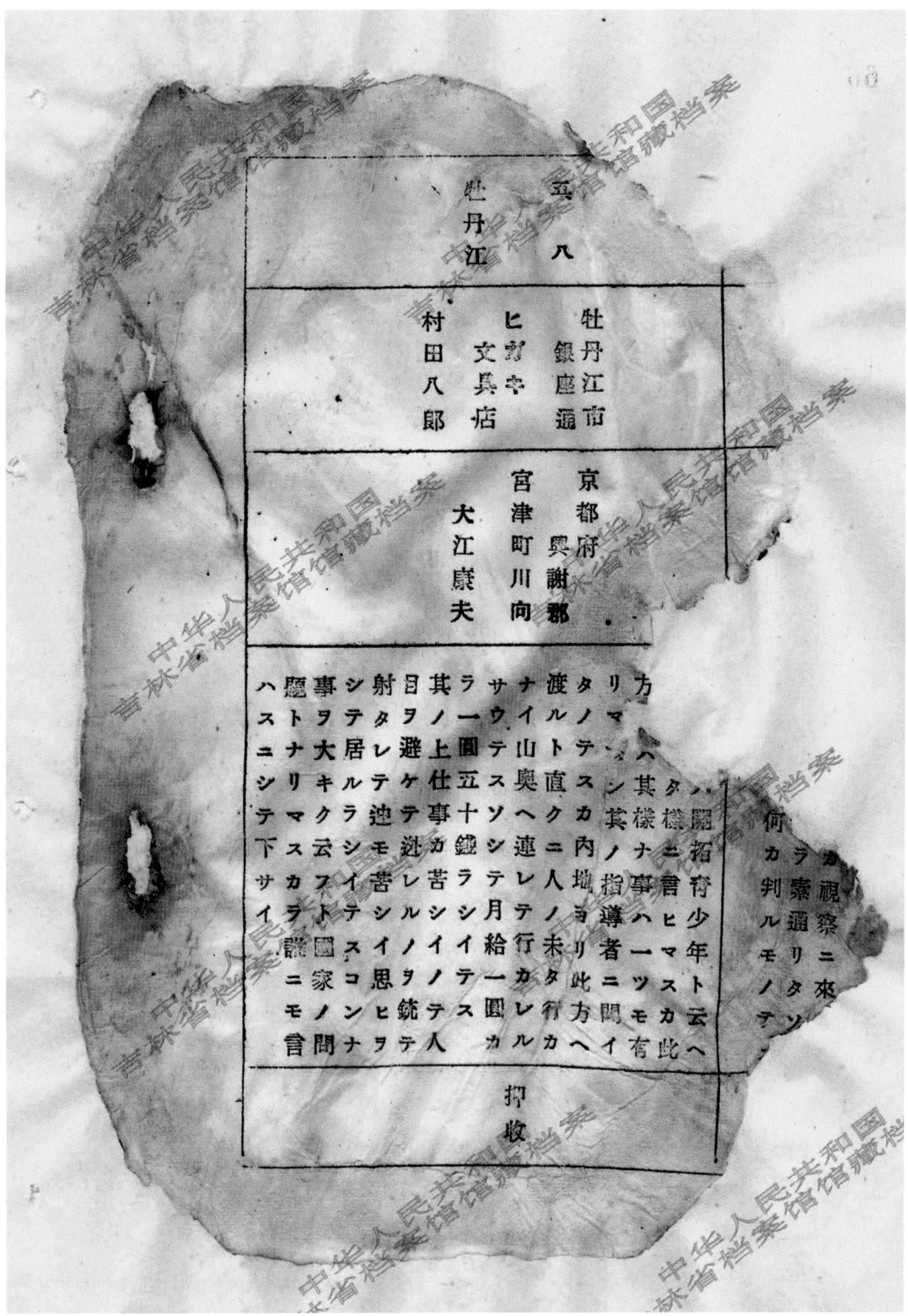

五八
牡丹江

牡丹江市銀座通
ヒガキ文具店
村田八郎

京都府與謝郡
宮津町川向
大江康夫

方[illegible]ハ其樣ナ事ハ一ツモ有リマ〻ン其ノ指導者ニ聞イタノテスカ内地ヨリ此方ヘ渡ルト直クニ人ノ未タ行カナイ山奥ヘ連レテ行カレルサウテスソシテ月給一圓カラ一圓五十錢ラシイノテス其ノ上仕事カ苦シイノテ人目ヲ避ケテ逃レルノヲ銃テ射タレテ迯モ苦シイ思ヒヲシテ居ルラシイトスコンナ事ヲ大キク云フト國家ノ問題トナリマスカラ誰ニモ言ハスニシテ下サイ

タ樣ニ言ヒマスカ此
ノ開拓青少年ト云ヘ
カ視察ニ來
ラ素通リタソ
何カ判ルモノテ

押收

참고역문

개요

1. 지속적으로 시국에 순응하여 전시검열목적에 도달토록 진력함. 한편으로 방첩효과를 극대화하고자 유기적인 운영방침을 확립하였고 통신검열업무를 가강하여 소기의 목적에 기본적으로 도달하였음.

이달에 처리한 전보 및 우편물의 건수는 아래 도표와 같음.

유형	시간	취급건수	처리건수
□□□	□□□	828 253	990
□□□	□□□	□□□178	830
□□□	□□□	□□□081	492
□□□	□□□	□□□284	38□

□□□□□성과에 관한 개황은 별지제2의 □□□□□검열을 참조바람.

□□의 검열을 통하여 유해하다고 판단되어 처리한 통신 혹은 조사 후 원상태로 발송한 우편물은 383건임. 그중 대표적인 내용의 개요와 지난달과 비교한 건수는 아래와 같음. 상세한 내용은 별지제4~별지제7을 참조바람.

특별보도한 첩보자료 중 체코병기공장에서 쟝제스에게 제공한 무기에 관한 상황개요는 별지제3을 참조바람.

유형 : □□□□□

주요내용개요 :

○ 일본은 지나의 장기항전 때문에 이등국가로 전락하였다. 일본국민이 전쟁의 고달픔을 이겨내지 못하는 것은 시간문제이다. 일본군벌은 저들의 착오를 깨닫고 지나정복을 포기하여 지나사변을 결속지어야 한다.

○ 5월 3일, 지나전투기가 중경폭격을 목적으로 침범해온 일본비행기 3대를 격추하였다. 일본비행기□□□는 □□□□□진열

○ 일본은 조선을 병탄하고 진공의 최종목표를 우리나라로 정하고 있다. 따라서 우리나라를 협박하여 21조를 체결하고 이를 계기로 저들의 대륙정책의 야심을 펼치고

자 한다.

건수 : 지난달 88건, 이번 달 □□

유형 : 방첩 상 요주의 통신

주요내용개요 :

○ 목전 일본군대는 劉家墳 서쪽 일대에서 비행장을 서둘러 건설하려 하고 있다. 그 면적은 엄청 큰데 대략 7町정도에 이른다.

○ 목전 한 개 탱크연대가 시공을 진행하고 있는데 명년 7월에 완공될 전망이다. 시공비용은 565만원이다.

○ 해당 지역(목단강)에서 국경경비를 가강하고자 군대를 증파(약 8개 사단)하여 국경선 일대에 주둔하고 있다. 그에 따라 징집한 30만 쿨리들이 특수시설시공을 강행 중이다.

○ 일본군대는 국경지대에 진지를 구축하고 있는데 그 규모가 어마어마하다.

○ 우리 측 요새는 三角山을 관통하고 있는데 요새에는 사람이 어렵잖게 들어가 청소를 할 수 있을 만큼 큰 대포가 포진되어 있고 요새 내부는 전부 전기로 제어하고 있다. 일단 전쟁이 시작되면 포탄 한발로 보르타프카(ボルタフカ, 지명음역)를 궤멸할 수 있다.

○ 군대의 명령에 따라 선견부대 대원 50명이 하이라얼(海拉爾) 이북 200킬로 되는 지점까지 행군하였으며 일본군 두 세 개 사단이 그곳에 주둔하고 있다.

○ 4월 24일, 사단의 명령에 따라 滿州里에 출장하여 □□□진지보강공□□□□□

건수 : 지난 달 264건, 이번 달 195건

유형 : □□□요시찰 통신

주요내용개요:

□□□□□

○ 듣건대 모집에 응한 자들은 만주리로 데려간다고 한다. 듣던 바와 실제 상황은 전혀 다르다. 내가 보건대 이건 군부답지 못한 일이다.

○ 우리는 조선민족을 침범한 마귀와 싸우는 입장에서 고난과 역경을 이겨내고 있다. 하지만 경성에 가 보니 어떤자들은 지금은 비상시기니 뭐니 지껄이고 있다. 우리 조선민족의 가장 중요한 인물들도 영혼을 빼앗기고 노예로 전락하고 말았다. 그들은 헌금을 하는 등 자신의 명예를 확보하기 위해 안달이 나 있다. 이런 현상을

보면서 크게 실망하고 말았다.
건수 : 지난 달 65건, 이번 달 68건

유형 : 유언비어의 우려가 있는 편지
건수 : 지난 달 27건, 이번 달 27건

유형 : 방첩 상 혐의가 있는, 조사 중인 편지
건수 : 지난 달 6건, 이번 달 9건

유형 : 불법행위혐의가 있어 현재 비밀조사를 진행 중인 편지
건수 : 지난 달 8건, 이번 달 14건

유형 : 중국치안상황내용에 유관된 편지
건수 : 지난 달 22건, 이번 달 19건

유형 : 기타
건수 : 지난 달 12건, 이번 달 16건

합계 : 지난 달 492건, 이번 달 383건

□□□□□군사시설 관계인원에 대해 철저한 방첩의식을 보급할 필요가 있음.

3. 군기에 따른 요시찰의 통신 건수는 지난번과 큰 차이가 없음. 내용에 특별히 고려할 부분이 없음. 하지만 국경 방면의 사태의 긴박성에 따라 의연히 주의가 요망.

별지제2

전화검열성과개요

□□□: 5월 12일 21시 10분

□□□: 전화번호 3□□□文明池. 금방 玉明軒이발소에서 들은 이야기이다. 며칠 전 그가 南海에 가서 외국병사에게 이발을 해 주었는데 그 병사가 옛 지폐를 지급

하였다 한다. 그가 옛 지폐는 유통되지 않는다고 하자 그 외국병사는 자기네 사이에서는 유통된다고 하였다. 北寧철도기관구의 직원 譚文會는 공개적으로 외국병사들은 모두 중국의 옛 지폐로 임금을 지불하기에 유통하지 않을 수 없으며 지금도 옛 지폐를 사용하여 생활하는 사람이 있지 않느냐고 하였다. 또 이는 외국조계지에서 연은권(聯銀券)을 사용하지 않는 것과 마찬가지로 옛 지폐는 유통한다고 하였다. 그들이 다시 올 줄 알았는데 오지 않았다고 한다. 지점은 文明池이다.

□電人: 전화번호 329. 北寧철도역. 난 아직 밥을 안 먹었어요. 밥을 먹고 곧 갈게요. 장소가 어느 곳이죠? 알았어요. 기다리고 있어요.

摘□: 이발소와 같이 사람이 많은 곳에서 상술 불안정요소가 넘치는 언행이 있었다는 사실은 그가 깊은 반일·반만의식을 갖고 있음을 보여줌.

◎ 부당행위를 시도한 통화

전화를 한 자: □□□□

전화를 받은 자: □□호335□□보낸 □□□□□에서 □□□□□에서 들은 □□□□ 탐문□□□□

적요: 비밀조사 결과 □□□소유자□□□

전화를 한 자: □□□□몹시 미약□□□, 전 지금 해고하면 원망을 살까 걱정이에요. 불명예스럽잖아요. 게다가 그도 이씨와 공모하여 날 죽이려는 건 아닐 거예요. 며칠 전 그들이 담을 넘어 마당에 들어오니까 전 총을 들고 뒷문으로 도망쳤거든요. 듣자니 그들은 가는 곳마다 제가 항일분자라고 했대요. 전 항일과는 전혀 상관이 없거든요. 제발 절 도와주세요. 전 지금 거처가 마땅치 않아요. 자리가 정해지면 다시 연락드릴게요.

전화를 받은 자: □□일보 사장 □□岐山□□□비록 도움을 줄 수는 없어도 제가 아는 친구들이 있으니까 대책을 강구해 볼게요. 다음번에는 어디서 연락할까요? 당신의 주소를 알려주세요. 그렇잖으면 연락할 도리가 없으니까요. 만약 정 방법이 없다면 최후의 수단을 사용해야죠. 너무 걱정 말아요.

적요: □□□는 □□□을 누설한 혐의가 있는 내용임.

별지제3

장제스에게 무기를 제공한 내용에 관한 통신

발견 시간 및 지점: 5월 2일 하얼빈

발신자: 체코 프라하시 브루노시 체코병기공장

수신자: 홍콩 페닝스라호텔(ベニンスウラ, 음역) 오・모이지유이치에구(オ・モイジュイチエク, 인명음역)

통신개요: □□□중국군에 대한 수출재료 □□□□□재료의 발송방□□□필요가 있음. 이상 군수품은 다음과 같은 주소에 보내주기 바람. 베를린 샤로뎅크루크니(シヤロツテングルクニ, 지명음역) 베를린 네루(ネル, 지명음역)街165번지, 수출입합자회사 이메크스(イメクス)상회, 경리 마우먼(バウマン, 인명음역). 남은 군수품은 제3자의 명의로 윤선에 실어 운송해주기 바람. 하지만 여신(암호명)은 직접 장제스정부의 요인들과 연락을 취하지 말 것. 아니면 몹시 위험할 수 있음.

앞으로 새 주문을 받을지는 통지를 받은 후 다시 회답할 것임.

처리: 촬영 후 원상발송

발견 시간 및 지점: 5월 15일 위와 같음

발신자: 위와 같음

수신자: 위와 같음

통신개요: S3과 지나에 대한 무기공급이 금지되었음. 목전 모 상회가 AO에 무기를 제공 하고 있음. 회답을 받기 전에는 시한부적인 주문접수를 잠시 멈출 것. 지나로부터 주문서를 받을 때 AO를 통한 모 상회가 받을 것임. 하지만 그 어떠한 상황이든지 여신에게 무기를 제공할 때 비밀리에 진행할 것. 반드시 YTICSILYWI를 통해 받을 것. 특별한 기밀사항은 YTIC를 통해 통지를 할 것.

처리: 위와 같음

별지제4

항일통신

□ □	건수	
	지난 달	이번 달
□□□動	40	10
일본의 패전과 난폭함 등 부정선전	12	15
일본에 대한 비방	3	1
종교를 이용한 선전	6	6
기타 항일여론	27	3
합 계	88	35

◎ 항일선동

발견 시간 및 지점 : 5월 26일 봉천

발신자 : 江南南京 이하 불명 摩多雄

수신자 : 奉天省 撫順市 永安臺 翠雲宿舍 濱田眞市

통신개요 : 지나 신편제4군이 살포한 항일선전삐라를 얻었고 우편으로 발송함. 그 내용은 아래와 같음.

중국인은 중국인을 치지 않는다! 일본군대에 있는 중국동포들이여, 왜놈들은 우리의 영토를 점령하고 우리의 동포들을 학살하고 부녀자들을 간음하고 있다. 그리고 그대들을 저들의 희생양으로 총알받이로 삼아 우리 동포들을 죽이도록 협박하고 있다. 그대들의 양심은 이를 받아들일 수 있는가? 중국은 "지구전(持久戰)"을 견지하고 있으며 싸울수록 용감해진다. 일본군은 싸울수록 □□□, 우리는 최후□□□반드시□□□

처리 : 삐라만 압류

◎ 일본의 패전과 난폭함 등 부정선전

발견 시간 및 지점 : 5월 1일 봉천

발신자 : 상해 北華捷신문사(영문)

수신자 : 봉천啓東회사 이밖에 35통이 더 있음.

통신개요: 일본은 지나의 장기항전 때문에 이등국가로 전락하였다. 일본국민이 전쟁의 고달픔을 이겨내지 못하는 것은 시간문제이다. 일본군벌은 저들의 착오를 깨닫고 지나정복을 포기하며 지나사변을 결속지어야 한다. 지나의 계획은 줄곧 비교적 성공적이었다. 지난 22개월 동안의 전쟁을 겪고 나서 황폐해진 수도와 아주 적은 양의 물품만이 일본군 손에 들어갔을 뿐이다. 지나는 대다수의 도시를 보존하고 있으나 일본군은 점점 수렁에 깊이 빠져 들어가 몸을 빼기 힘들어진다. □□□□현재 일본군은 □□□□부터 □□내에 지나□□□□□

처리: 압류

발견 시간 및 지점: □월 □일 □□

발신자: □□□ (프랑스어)

수신자: □□□ 이밖에 3통 더 있음.

통신개요: □□□□□폭격□□□□□ 양즈강 북안에 집중되어 있음. □□□□□많은 곳에 화재가 발생, 공습경보가 울린 후 중국전투기가 즉시 일본비행기를 요격, 공중전을 벌여 일본비행기 3대를 격추함. 추락한 비행기는 중경에 운반하여 대중 앞에 전시함.

처리: 압류

발견 시간 및 지점: 5월26일 봉천

발신자: 상해 博物院路128번지 廣學會 女鐸

수신자: 봉천로 雷庄역 轉 雲維藩

통신개요: 2월 5일 중국공군 ××대대장 劉福洪이 명령을 받고 비행대를 인솔하여 山西 連城의 일본군비행장에 백 여 매의 폭탄을 투하하였다. 이번 폭격에서 40여대의 일본군비행기와 비행장의 모든 시설을 파괴하고 임무를 완성하였다. 그 전공은 항일전쟁사에 길이 남을 것이다.

처리: 압류

◎ 일본에 대한 비방

발견 시간 및 지점: 5월 19일 봉천

발신자: 상해 불문상해보사 불문상해일보(프랑스어)

수신자: 白城子 천주당 이밖에 3통 더 있음

통신개요: 이번 중경폭격은 일본군이 사전에 수차 계획한 행위로 오늘 폭격은 그 첫 번째 실행이다.

일본군벌은 저들의 특권이나 다를 바 없는 非사무라이정신을 실천하였다. 중경폭격은 그 非사무라이정신의 뚜렷한 표현에 다름 아니다. 비록 중경폭격이 시민의 살해에는 좋았을지 모르나 전쟁의 목표로 미루어 볼 때에는 아무런 가치도 없다. 지나인은 일본의 폭격에 굴하지 않을 것이요, 오히려 그 항일의지가 배로 격앙될 것이다.

처리: 압류

□□□□□
□□□□□

발견 시간 및 지점: 5월 11일 위와 같음

발신자: 상해 博物院路128번지 상해廣海(學)會

수신자: 길림 双城縣 茂盛玉皮庄 崔倫巢

통신개요: 예수님의 숭고하고 위대한 인격과 뜨거운 사랑이 중화민족의 혈액 속에 스며들기를 기원합니다. 뜻인즉 예수님의 정신과 중화민족의 생활이 하나로 어울려지기를 바란다는 말씀입니다. 이는 우리 전도사의 사명일뿐더러 목적입니다. 우리나라는 현재 항전의 중요한 단계에 진입했습니다. 일단 기회만 되면 선전을 벌여 항전의 비상시기에 알맞은 게릴라작전을 펼쳐야 합니다.

처리: 압류

발견 시간 및 지점: 5월 17일 위와 같음

발신자: 상해 寧國路515 時兆報館 末世牧聲

수신자: 차하얼 涿鹿西關 안식일회 張福恩

통신개요: 현재 주님의 강림이 다가오나니 기독교인은 영혼의 전쟁을 치러 절대적인 승리를 얻어야 한다. 우리는 현재 비성비속의 삶을 살아서는 아니 된다. 우리는 깊이 반성하여 하나님의 뜻을 받들어 모든 것을 희생하고 주님의 부활을 기다려 승리의 삶을 살아야 한다.

처리: 압류

발견 시간 및 지점 : □□□□ □□□
발신자 : 상해 徐家滙 土山灣 □書館
수신자 : 봉천성 四平街 □□□
통신개요 : 국가주의를 숭상하는 위험주의가 횡행하고 있다. 도덕을 짓밟고 정의를 외면한 채 무력만 신봉하면서 침략에 골몰하고 있다. 바로 이러한 침략주의가 강권을 동원하여 전쟁을 일으키고 다른 나라를 잠식□□□□□ 이번 중일전쟁□□□□□하나의 사례□□□□□법 혹은 조약□□□□□행패□□□□위협□□□□□문명의 盜賊이다.
처리 : □□

발견 시간 및 지점 : 5월 21일 위와 같음
발신자 : 상해 月明園209 直光잡지사
수신자 : 흑룡강 하이라얼 浸信會 주임
통신개요 : 지금이 바로 중국의 국난이 가장 긴박한 관두이다. 중국인민은 모두 십자가를 짊어지고 국난의 현장에 달려 나가야 한다. 그렇지 않으면 중국국민으로서의 가치를 상실하게 될 것이다.
1. 우리 동포는 반드시 일치단결하여 한마음 한뜻으로 항전을 진행하며 필승의 목적에 도달하여 建國必成의 목표를 관철하여야 한다.
2. 정의를 위해서는 죽음을 두려워 말라. 우리는 반드시 함께 분투하여 죄악을 무찌르고 악마와 전투를 벌여야 한다. 동지들이여, 모두가 손잡고 극악한 원수에 저항하여 필사의 정신으로 전투를 진행하자.
처리 : 압류

◎ 기타 항일여론

발견 시간 및 지점 : 5월 12일 봉천
발신자 : 廣西성 桂林1129번지 후방병원 王策堯
수신자 : 海城縣 小南門外 合成勇 轉 城南 毛祁屯 王國忠
통신개요 : 어머니, 이 아들은 워낙 집에서 부모님을 모셔야 하겠지만 왜놈이 사무치게 미워 關內로 들어왔어요. 지난 일을 생각하면 가슴이 아픕니다. 용서해주세요. 저의 고향도 왜놈의 유린 속에 신음하고 있겠지요. 어떤 곳이 왜놈의 괴롭힘을

당하고 있는지 알려주세요. 적국 일본은 멸망의 길로 나가고 있어요. 아군은 멀지 않아 적들을 몰아낼 것입니다.

처리 : 압류

별지제5

방첩 상 주의해야 할 통신

유 형	건 수	
	지난 달	이번 달
군사시설 및 장비편성 등 상황에 관한 통신	141	117
군대의 작전, 전이 및 주둔 등 상황에 관한 통신	66	40
고유부대명칭을 사용한 통신	18	20
일소전쟁을 억측한 통신	16	11
기타	19	7
만주군(경)에 관한 요주의 통신	4	0
합 계	264	195

◎ 군사시설 및 장비편성 등 상황에 관한 통신

발견 시간 및 지점 : 5월 6일 봉천

발신자 : 하북성 慶雲生古全家庄 兄

수신자 : 길림 磐石縣 黑石鎭 德發成 石長勝

통신개요 : 목전 당지의 분위기는 몹시 팽팽하다. 일본군대가 성 내에 주둔하고 있다. 현재 劉家墳 서쪽 일대에서 비행장 건설을 급촉하게 다그치고 있다. (일본군) 면적은 대략 7町 남짓한데 아주 크다.

처리 : 압류

발견 시간 및 지점 : □□□□ □천

발신자 : 봉천 神戶부대 小山憲三

수신자 : 東京시 豊島구 池袋 小山憲佐

통신개요 : 부대의 내용을 간단히 설명 드리겠습니다. 神戶부대(神戶中佐는 봉천 □□□

원장임)는 올해의 □□□□□재만파견사단□□□□전부의 사병들에게 □□□□□교육□□□□임시교육부□□□□□부장은 野坂中佐각하입니다. 그 아래에 교육주임 藤井少佐각하가 있습니다. 이 이른바 임시교육부는 곧 神戶부대로 奉院에 멀리 떨어진 교외에 위치해 있습니다. 임시교육부는 4개 중대로 나뉘는데 매개 중대에 2개 소대가 있습니다. (제1중대에만 3개 소대가 있습니다.) 저는 제1중대장으로 중대장 이하 259명이 있습니다. 중대는 제1사단과 제7사단의 위생병과 제7사단의 임시위생병으로 구성되었어요. 중대에는 군의중위, 위생준위, 曹長 1명과 軍曹 1명이 있고 그밖에 보병군조 5명, 위생군조 1명이 있으며 伍長 1명이 내무반장을 맡고 있습니다.(반장은 7명). 그 밖에 약간의 보병이 있는데 그 구성이 아주 방대합니다. 아무튼 神戶부대는 일본군 중 유일한 위생연대일 것입니다.

처리: 압류

발견 시간 및 지점: 5월 19일 목단강

발신자: 목단강 碇組 吉澤常德

수신자: 長崎縣 壹岐郡 武生水町 鈴丸 松尾操

통신개요: 목전 한 개 탱크연대가 시공 중. 명년 7월에 완공될 것으로 보임. 시공비용은 565만원에 달함.

처리: 일부 말소

발견 시간 및 지점: 5월 21일 목단강

발신자: 穆棱警察街 佐佐木照夫

수신자: 和歌山縣 東玉三郡 新宮市 谷玉地 大和信子

통신개요: 이것은 목릉 大石頭 방면의 일만 군경 배치상황에 관한 통신임.

처리: 위와 같음

발견 시간 및 지점: □□□□ □□□

발신자: 목단강시 만주중앙□□□ □□□

수신자: 안동시 中富街 筱田鐵□

통신개요: 해당 지역(목단강)에서는 국경경비를 가강하기 위해 끊임없이 군대를 증파(약 8개 사단)하여 국경선에 주둔하고 있음. 동시에 □□□를 강제징집하여 쿨리

□□□□□

처리: 위와 같음

발견 시간 및 지점: □월 □일 □□□

발신자: 虎頭國境警察隊 宮田勳

수신자: 鹿兒島縣日置郡下伊集院村 宮田宗次郎

통신개요: 일본군이 국경지대에 수축한 진지는 그 규모가 어마어마하여 상상을 초월한다.

처리: 위와 같음

발견 시간 및 지점: 5월 31일 목단강

발신자: 수분하 小野賢郎

수신자: 秋田縣 平鹿郡 沼館町 今宿新開地 小野金二 轉 戶代

통신개요: 이번 綏陽에서 수분하의 炮台街라는 곳에 와서 진지경비를 책임지게 되었다. 戶倉부대는 3개 보병중대가 있는데 그중 산포병, 야포병 및 공병 등 여러 병종이 포함되어 있는 혼성대대이다. 제9표의 진지경비능력은 아주 강하다. 아군 진지에서 적 측을 바라보면 병영, 마을, 적진지의 토치카 및 기타 사물들이 똑똑히 보인다. 따라서 절대 방심해서는 안 된다. 아군 진지에도 적의 것보다 더 월등한 토치카 및 기타 여러 장비들이 있다. 운운.

처리: 압류

발견 시간 및 지점: 5월 12일 延吉

발신자: 만주국 연길시 연길가 북산 安井

수신자: 石川縣 金澤시 石坂角場 安井泉

통신개요: 여기는 조선, 만주, 소련과 모두 가깝다. 군사시공이기에 모두 비밀작업을 진행하고 있다. 쿨리들은 한 발짝도 현장을 떠날 수 없다. 경비원이 지키고 있을뿐더러 바깥의 울타리에 철조망도 쳐놓았다. 철조망에는 전기가 통하기에 절대 접근해서는 안 된다. 관리가 엄격하다. 운운.

처리: 위와 같음

발견 시간 및 지점: □월 □일 □□□

발신자: 間島省 延□□大和□□ □□□

수신자: 青森縣□□□ □□□

통신개요: 국경하고 가깝기에 육군특무기관이 있습니다. 특무기관이 무엇을 하는지 아세요? □□□는 말에 따르면 □□□□□의 본부□□□는 만주군□□□□□ 걸고 있는 □□□□□

처리: □□

발견 시간 및 지점: 5월 26일 연길

발신자: 간도성 연길가 進學區 公園路 日系宿舍 中村正夫

수신자: 岐阜縣 武儀郡 下有知村 中村保

통신개요: 현지인들은 "일본과 소련이 꼭 전쟁을 한다."고 믿고 있다. 이런 말에 나는 마음이 적잖이 울적하다.

국경건설사업이 성황리에 진행되고 있다.

一. 도로, 통신망의 완비.

一. 군사근거지의 건설.

一. 주민의 대전교육을 위주로 반공정신도 중요한 내용이다. 운운.

처리: 압류

발견 시간 및 지점: 5월 4일 동녕

발신자: 교통부 동녕토목건설사무소 高井安一

수신자: 東京市 品川區 大井 金子町 志村關造

통신개요: 주로 군용도로인데 매일 산을 허물고 골짜기를 메우면서 하루에 6킬로미터 정도 닦을 수 있다. 신축시설은 三岔口 바로 아래쪽에 있는데 러시아 쪽을 똑똑히 볼 수 있다. 요새는 군용도로와 지하도의 ○○까지 파놓았다. 탄약고는 산의 ○○에 있다. 공중에서는 보이지 않는다. 당지 백성도 안쪽에 도로가 있다는 것을 전혀 눈치 채지 못하고 있다.

처리: 몰수

발견 시간 및 지점: □월 12일 □□□

발신자: 동녕 藤田組 大肚川사무소 內田誠武

수신자: 廣島縣蘆田郡府中老松町 內田久代

통신개요: 石門子는 제1진지로 많은 부대가 집결해 있다. 다음 대두천에는 올해부터 제2

진지를 구축할 것이다. (二通)
처리: 위와 같음

발견 시간 및 지점: 5월 15일 동녕
발신자: 동녕 勝末商店 內 后藤菊次
수신자: 福岡縣 鞍手郡 宮田町 千石 后藤 勝
통신개요: □□□에 □□臺라 부르는 산이 있다. □□□에서 본 토치카는 고작 54개인데 전부 합치면 84개쯤 되는 것 같다. 이와 상대해 일본 측도 막강한바 충분한 준비를 하였다. 여기에 三角山이라는 산이 있는데 일본 측에서 이 산에 굴을 파서 사람이 어렵잖게 들어가 청소를 할 수 있는 대포가 포진되어 있고 요새 내부는 전부 전기로 제어하고 있다. 취사와 같은 모든 일은 전기로 할 수 있다. 일단 전쟁이 시작되면 포탄 한발로 토치카와 같은 군사방어시설을 날려 보낼 수 있고 삼분 안에 보르타프카(ボルタフカ, 지명음역)를 철저히 궤멸시킬 수 있다......더욱 놀라운 것은 산과 산 사이에 설마 한 치라도 자리가 있으면 일본군이 주둔하고 있다는 점이다. 혹시 전국의 사단 현역 병력이 전부 여기에 집결하지 않았는지 의심이 들 지경이다. 그 인수는 알 수 없지만 듣기만 해도 놀라울 지경이다.
처리: 몰수

발견 시간 및 지점: 5월 31일 수분하
발신자: 수분하 戶倉부대 中野대 小野資郎
수신자: 宮城縣 石巻市 大町 三丁目 沼鈁酒造주식회사 출장점 渡辺金太郎
통신개요: 아군의 진지는 아주 든든하게 구축되어 있다. 한 개 연대를 수용할 수 있는 토치카 여러 개를 병렬해 지었는데 깜짝 놀랄 지경이다.
이 부대는 秋田의 17연대의 3대대인데 야전포 한 개 중대, 공병산포와 기타 각 병종이 각각 한 개 중대로 혼성대대를 이루어 경비를 책임지고 있다.
처리: 압류

발견 시간 및 지점: □월□일 □□□
발신자: □□하얼□□ □□□
수신자: 富山縣 永井□□

통신개요: 오늘과 같은 전보는 얼핏 보기만 해도 "극비"인 것을 알 것 같다. 그들은 서쪽의 ○○○○비행장에 대량의 비행기를 집결시켰다.
물론 비행기수량□□□중단, 현재□□□□□의 전투대오□□□□□ 실로 □□□□□ 우리□□□□□폭격, 그밖에 □□□□□, 하지만 최후의 시각에 성공하지 못하면 새 ○○기가 그들을 죽도록 혼내 줄 것이다.
처리: □□

발견 시간 및 지점: 5월 8일 길림
발신자: 길림 小林부대 光石대 藤井군조
수신자: 길림시 大馬路 園田義敏 轉 池田千夜子
통신개요: 이번 토벌은 관동군이 진행한 것으로 보아 6월말까지 지속될 것이다. 敦化 明月溝 등지의 신병들도 토벌에 참가하였다. 그러므로 小林부대도 갈 것이다. 이번 토벌에서 敦化의 한 개 소대를 섬멸하였다.
처리: 몰수

발견 시간 및 지점: 5월 22일 길림
발신자: 목단강성 녕안 伴野부대 及川隊 橫山幸朝
수신자: 新京시 滿鐵 白山기숙사214호 大和田正明
통신개요: 관동군의 명령에 따라 50여명의 선견대 대원들이 하이라얼 북쪽 200킬로 되는 지점에 출동하게 된다. 그곳은 설사 일본군이라 하더라도 특무기관의 허가 없이는 통행이 금지된 지역이다. 두 세 개 일본군 사단이 주둔하고 있다.
처리: 위와 같음

발견 시간 및 지점: 5월 11일 錦州
발신자: 금주 大野부대 본부 片岡楠榮
수신자: 목단강성 新密山 河田부대 尾崎대 門明査
통신개요: 이 부대의 보충병 교육인원은 약 1만 명으로 在滿者의 1/3이다. 그들에 대하여 6차의 교육을 진행하게 된다.
처리: 삭제

발견 시간 및 지점: 5월 6일 滿洲里

발신자:　만주리주둔 齊藤부대 搖隊　小澤辰喜

수신자:　熊本市 七軒町84　德弘春美

통신개요: 전략. 공병작업이 맞닥뜨린 첫 난제는 토질문제이다. 이는 전투승리의 속도에 영향 주는 심각한 문제이다. 만주리에는 하이라얼 등지에서 보이지 않는 암석층이 길게 뻗어있는데 이는 시공에 아주 불리한 장애로 되고 있다. 토목작업은 기본상 폭파에 의거하고 있다.

처리:　압류

발견 시간 및 지점: 5월 10일　滿洲里

발신자:　만주리주둔 小玉부대 渡辺대　寺林正則

수신자:　大阪府 泉南郡 春木町 동양帆布회사　寺林高子

통신개요: 전략. 지난번에 보낸 편지에서 6월에 제대한다고 했지만 상황이 돌변하였다. 아마 8월쯤에 제대할 것 같다.

요즘 야전공병대가 서쪽 국경에 들어가 진지를 구축하는데 진력하고 있다. 우리부대는 하이라얼과 만주리 사이의 각 역전에 분주대를 설립하고 철로와 철교의 경비를 책임지고 있다.

근자에 국경 부근이 태평스럽지 못하다. 일단 상황이 발생하면 만주리에 주둔하고 있는 부대가 모두 희생될 가능성도 있다. 후략.

처리:　압류

발견 시간 및 지점: 5월 10일　滿洲里

발신자:　만주리 주둔 齊藤부대　江工久登

수신자:　福岡市 中島町 濱新地 西岡淺次郎

통신개요: 전략......매일 작업이 끝나 돌아오면 흙사람이 되고 만다. 작업이라 하지만 사실 진지의 토치카를 수축하는 일이기에 매일 콘크리트와 씨름한다. 중략......우리는 멀지 않아 개선하게 될 것이다. 5월 18일면 하이라얼에서 출발한다고 한다.

처리:　압류

◎ 군대작전에 관한 통신

발견 시간 및 지점: □월 □일　□□□

발신자: □岔口□□□隊 □□□

수신자: 茨城縣 東茨城郡上野□□ □□□

통신개요: 전략. 三岔溝城의 사람□□□□□후방을 향해 철수□□□□□는 무장이민 □□□□□□좋고□□□□□진지□□□□□길이는 230센티미터이고 □□30센티미터이며, 암홍색으로 복사한 동녕 부근의 진지全景圖를 사용.

처리: 통신문□□□

발견 시간 및 지점: 5월 4일 承德

발신자: 조선 羅南 산포병제25연대 제7중대 石川正

수신자: 承德省 公署 土木科 石川孫

통신개요: 천장절인 어제 열병식을 거행하였다. 나남의 두 개 보병연대, 한 개 산포병연대, 한 개 기병연대 그리고 전차부대 및 경성의 치중연대가 연병장에 집결하여 사단장각하의 사열을 받았다......중략......소문에 의하면 이 산포연대에서 일부 병사를 차출하여 한 개 대대를 편성한 후 天津에 파견한다고 한다. 하지만 이것은 소문이 아니라 사실인 듯싶다. 제7중대에서도 30명의 2년병과 40명의 신병이 뽑히게 된다고 한다. 요즘 명령이 하달될 것 같다. 운운.

처리: 압류

발견 시간 및 지점: 5월 9일 승덕

발신자: 內蒙파견 上野龜부대 横山부대 刈谷隊 保崎葉男

수신자: 錦縣 小川부대 朝陽 佐藤부대 杉山和夫

통신개요: 내몽골에 특별한 변화는 없다. 우리에게 있어 좋은 소문이 떠돌고 있다. 6월 상순이면 승리하여 귀국할 수 있다고 하는 소문이다. 그러니까 우리 現原隊는 宇都宮59연대로서 설사 그곳에 돌아가더라도 잠시 보충대에 편입될 것이다. 그러면 기일이 인차 만기될 것이다. 운운.

처리: 위와 같음

발견 시간 및 지점: □월 □일 □□□

발신자: 華北파견 葉木부대 轉 永田□부대 石□□본부 □□□

수신자: 승덕 西大街 4번지 佐竹 轉 塩見葛枝

통신개요: 중요한 비밀이다. 나는 하북성 북경 서남방향 약 30리(1리≈3.927km, 역자

주) 되는 지점의 固安현 경내를 수비하고 있다. 작전상대는 宋哲元의 부하들이다. 적은 약 5000명 정도이고 우리 부대는 겨우 300명 정도이다. 이□에 섬멸한 적은 패잔병□□□완강하게□□□□□

처리: 위와 같음

발견 시간 및 지점: □월 □일 □□□

발신자: □□□보□□화국 鈴木操

수신자: 신경 東□□□大街57 野村久吉 轉 醍醐秀子

통신개요: □□□오육십 명□□□□□만주국이 아니라 몽골이다. 군대는 육속 내몽골과 외몽골 방향으로 전진하고 있다. 그곳은 아주 중요한 곳이다. 운운

처리: 말소

발견 시간 및 지점: 5월 12일 수분하

발신자: 목단강성 수분하 岸田부대 林대 粟村一義

수신자: 화북파견 今村부대 下河辺부대 본부 粟村壽男

통신개요: 소문에 의하면 우리 3년병들은 만기되어 5월 15일에 수분하에서 철수한다고 한다. 아마 이 달에 철수할 것이다.

원래 8월까지 주둔하려던 계획이었지만 밀산에서 또 3연대를 편성하기에 우리 중대에서 사오십명을 선발하여 밀산에 보낸다고 한다. 어떻게 될지 나는 아직 모르겠다.

처리: 일부 말소

발견 시간 및 지점: 5월 12일 수분하

발신자: 수분하 吉田부대 轉 大城子역 佐藤忠雄

수신자: 宮城縣 遠田郡 田尻소학교 日下賢

통신개요: 이번에 중대에서 동부국경으로 출동한다. 명령에 의하면 우리는 5월 1일 점심부터 운송을 시작하여야 한다. 나는 역장으로 임명되어 기차역의 사무를 책임을 맡게 되었다. 우리는 러시아에서 2050미터 떨어진 곳에서 역장이하 대여섯 명이 독립근무를 하게 된다.

열차는 하루에 10번 운행한다. 동녕에서 내가 소속된 역까지는 매일 아침과 저녁으로 두번만 교통열차가 운행되고 있다. (중략) 본대의 본부는 수분하에 있

고 각 연선에 5,6명씩 배치하여 독립근무를 하고 있다.
수분하에서 동녕까지 운행하는 열차□□□□□분주하다. 동녕□□□□□오직 교통열자□□□□□아침 여섯시와 오후□□□□□

처리: 몰수

발견 시간 및 지점: □월 □일 □□□

발신자: 岡부대 松浦대 中西龍太郎

수신자: 京都市 伏見小西부대 吉井대 柴田高二

통신개요: 나는 현재 만중국경의 古北口라고 부르는 곳에 주둔하고 있다. 아마 또 한번 이동할 것이다. 듣건대 다음에는 山西省의 大同 大(太)原으로 이동한다고 한다.

처리: 일부 말소

발견 시간 및 지점: 5월 27일 연길

발신자: 북만 하이라얼 長谷부대 空光대 鈴木 恭

수신자: 연길현 康平區 進學路 若勇 轉 瀧正三郎

통신개요: 당신은 이미 아실 것입니다. 우리에게는 5월 12일 하이라얼 小松原부대로 출동하라는 명령이 하달되었습니다. 따라서 우리는 12일 저녁 무렵에 출발하였습니다. 외몽골군대 한 개 연대가 국경을 넘어 사단을 일으켰고 이에 대처하여 小松原부대는 약 두 개 대대의 병력을 출동시켰습니다.
이를 위해 군용열차가 매일 5,6차 운행하고 있으며 중형폭격기가 매일 하이라얼 상공을 굉음을 울리며 선회하고 있습니다. 운운

처리: 압류

발견 시간 및 지점: 5월 1일 新密山

발신자: 밀산현 六人班 第一廣島村 森 富代

수신자: 화북파견 今村부대 納見부대 森 陪

통신개요: 12월 1일의 개통식에서 複線으로 변하였어요. 그밖에 군용도로를 닦아야 하는데 아마 겨울을 위해 준비(○○의)하는 것이겠지요. 목전 공사는 활발히 진행 중에 있고 (중략) 虎林線에는 화물도 적고 승객도 적은데 왜 복선으로 고친 것일까요? 당신께서 고려해 보시길 바랍니다. 그중에는 무슨 의도가 있는 것이 아닐까요?

처리: 일부 말소

별지제6

군기 및 사상 상 요주의 통신

유 형	건 수	
	지난 달	이번 달
군기해이에 관한 통신	29	28
반군반전의 우려가 있는 통신	3	2
군대생활 혐오 및 일선근무기피에 관한 통신	5	1
현역군인 및 군무원의 불만정서에 관한 통신	8	11
병역기피에 관한 통신	8	9
전쟁의 비참함을 묘사한 통신	1	0
기타	0	8
사상적으로 주목해야 할 통신	11	9
합 계	65	68

◎ 군기해이에 관한 통신

발견 시간 및 지점: 5월 10일

발신자: 岡부대 折田隊 吉田重利

수신자: 神戶市 葺合區 御幸大街 八丁目86 西岡和子

통신개요: 입대할 때를 회억하면 지금은 시들해진 병사가 되었다. 장기간의 교전 중에서 연약해진 것이다. 이제 몇 년 더 전투를 해야 할지 모르겠다. 마음이 이렇게 나약해지니 후방의 여러분들에게 참으로 미안하다.

나 같은 놈은 일찌감치 이 세상을 떠나는 것이 좋을 것이다.

처리: 일부 말소

발견 시간 및 지점: 5월 11일 흑하

발신자: 關東州 旅順 小林부대 全田대 松本辰雄

수신자: 흑하 森田부대 轉 坂田부대 中村대 有方一美

통신개요: 대안의 수림도 이미 파랗게 물들었겠지.

나는 늘 그랬듯이 해이한 군대생활을 하고 있다. 너무 한가하다고 말할 지경이다. 작년 이맘때와 비하면 참 하늘과 땅 차이이다. 그쪽에 또 90명의 신병이 왔다고 들었다. 아마 몹시 흥성흥성하겠지?

처리: 일부 말소

발견 시간 및 지점: □월 □일 □□□

발신자: 하이라얼 東山官舍180 光本岩登 轉 □登美男

수신자: 廣島縣 沼隅郡 今津町 高橋□□

통신개요: 갑작스런 부탁에 놀랄 것입니다. 저는 현재 중대장각하의 당번을 서고 있습니다. 그래서 중대장각하와 저에게 위문주머니를 부쳐 주시□□□□□□

처리: □□

발견 시간 및 지점: 5월 6일 □們

발신자: 蘭崗 林부대 工藤武雄

수신자: 東京府 立川町 久保四郎

통신개요: 지난번 편지에서 이미 말씀드렸듯이 종일 군대식체조며 교육이며 판임동지 사이의 교육 따위 형식적인 것만 하니까 신물이 나네요.

군무원배속이 부족한 관동군 당국에서는 명령을 하달하여 우리 군무원들이 한심하다고 질책하였어요. 그런 자격미달의 군무원이 있는 것은 사실이지만 다들 "너희 군무원, 너희 군무원…"하면서 우리를 우습게 아니까 기분이 나쁘네요.

처리: 일부 말소

발견 시간 및 지점: □월 □일 □□□

발신자: □부대 본부 無線 畦川八磨

수신자: 長野縣 東築摩郡 神林村 倉科知人

통신개요: □□□□우리 황군의 □□□, □□□은 □□□으로 하여 자랑을 느끼면서 영화□□□□에 빠져 있어요. 느낀 바로는 □□□민들은 점점 황군의 노고를 잊고 있으니 우국충정의 관념이 점점 옅어지고 있는 것이지요. 운운

처리: 일부 말소

◎ 사상적으로 주목해야 할 통신

발견 시간 및 지점: 5월 14일 신밀산

발신자: 북만 眞鍋常一
수신자: 大阪 朝日신문사 녹색우편함 주관 앞
통신개요: 그들은 겉보기엔 위문단이지만 실제로는 만주에 놀러온 것이 아닌가요? 그들의 호신부가 너무 분에 넘치는 것이 아닌가요?
양춘가절에 이런 여행을 다니니 기분이 좋겠지요. 하지만 국민의 혈세로 여행을 다니는 이른바 상당한 교육을 받았다는 그대들은 어떻게 생각하는지요?
매번 이러한 위문단이 오면 일선에서 분투하는 우리들은 몹시 분노하고 있답니다.
처리: 몰수 후 신밀산분대에 통보

발견 시간 및 지점: 5월 1일 연길
발신자: 연길가 新安區 吉子街3-20 姜承悅
수신자: 함북 회령군 富居면 龍渚동 姜京奉
통신개요: 만주국 공산당
一. 무기는 물론 전화와 같은 기타 설비를 소지하고 있다.
二. 공산군은 20대의 청년들로 구성되어 용기는 물론 발칙함으로 차 넘치고 있다. 절반 이상이 조선인이다.
三. 마을에 와서 주민들로부터 모금을 하는데 일인당 5원씩 거둔다. 가끔 10원을 내놓으면 5원을 거슬러 준다.
四. 전화기를 소지하고 있기에 전화선이 있는 곳에서 부근의 경찰에 전화를 하여 자신의 소재를 알려준 뒤 잽싸게 도망치는 상황이 존재한다.
五. □□□□□
처리: 압류 및 정찰 중

발견 시간 및 지점: □월 □일 □吉
발신자: 연길가 誠喜
수신자: 북경시 東盛燈市口95 김영자
통신개요: 지금 세상은 변하는 것이 □□□□□는 것은 여성이다. 조선민□□□□□을 생각게 한다. 우리는 늘 이상과 의지의 분투를 뇌리에 각인시키고 있다. 수시로 임무와 일을 위해 희생할 수 있다……
이 세상 사람들이여!
불쌍한 조선민족을 생각할 때마다 커다란 아쉬움을 느낀다. 운운
처리: 발송 및 정찰 중

발견 시간 및 지점 : 5월 25일 연길
발신자 : 신경상업학교 全南奎
수신자 : 연길가 安定區 進學路20-9 回春堂약방 全玉順
통신개요 : 나는 발명가가 아니라 혁명가가 되고 싶다. 결코 월급으로 만족할 수는 없다. 나는 절대 결혼하지 않고 한평생 홀몸으로 살 계획이다. 그래야만 수시로 뛰쳐나갈 수 있기 때문이다. 비록 사물의 극단을 달리고 있지만 그 효과는 퍽 괜찮은 편이다. 운운
처리 : 발송 및 정찰 중

발견 시간 및 지점 : 5월 27일 □길
발신자 : 安圖縣 土谷토벌대 동생
수신자 : 연길현 尖子土城촌 明倫학교 尹熙鉉
통신개요 : 만약 우리 조선민족을 보호하기 위해서라면 나는 목숨을 바쳐도 아깝지 않다. 군인의 고통은 말로 다 표현할 수 없다. 어느 때 가서야 사경에서 벗어날 수 있을까? 시국은 점점 더 복잡해지고 있다. 나는 마치 바다에서 표류하는 쪽배와 같은 신세이다.
언제 전투에서 죽을지 모를 일이다. 운운
처리 : 발송 및 정찰 중

발견 시간 및 지점 : □월 30일 연길
발신자 : 함남 함주군 西면 九亿里 434번지 李桂國
수신자 : 간도성 연길가 新安區 협화로 16-6번지 林忠赫
통신개요 : 우리 조선민족을 침략한 악마와 싸우는 입장에 서서 모진 고난을 이겨내고 끝내 경성에 돌아갔습니다. 하지만 이 비상시기에 조선민족의 중요한 인물들도 얼빠져서 노예가 되고 모금이니 뭐니 하면서 자신의 □□□□□ 챙기려고 하니 참으로 실망스럽습니다.
처리 : 발송 및 정찰 중

□□□□□□
□□□□□□

별지제7

기타

◎ 유언비어의 우려가 있는 통신

발견 시간 및 지점: 5월 1일 봉천

발신자: 상해 寶樂安路紀家衣園 杉本廣義

수신자: 봉천 만주비행기제조주식회사 기술부 新留秀雄

통신개요: 최근 상해도 불안에 떨고 있다. 영국과 프랑스 놈들도 다 해고당했겠지. 자네가 올 때부터 금방 시작했지만 최근 수백 대의 일본육군 및 육전대의 기계화 부대가 4차례 출동하여 대열을 지어 퍼레이드를 벌였다. 육군기념일의 퍼레이드에 강 건너에서(영국, 프랑스 조계지) 포탄 한발을 발사하면 그것을 계기로 우리는 공격을 발동 할 계획이다. 실제는 □□□□를 가득 채운 것이다.

처리: 삭제

발견 시간 및 지점: 5월 23일 목단강

발신자: 수분하 德興永 張周泰

수신자: 목단강 西 新安街93 郎文翰

통신개요: 랑문한선생, 오늘 아침 헌병이 우리 집에 찾아와 집에 성이 랑씨인 사람이 묵고 있느냐 묻더군요. 저는 있다고 했죠. "댁의 친척인가요?" "아니요, 제 친구입니다. 제 돈을 오천 원 꾼 적이 있어요." "이자는 얼맙니까?" "이자는 없습니다만 제가 저축하면 아마 많겠지요."

저의 말을 잘 기억해두세요. 만약 누가 찾아와 조사하면 저와 입을 맞추어야 합니다. 제가 헌병에게 무슨 일이냐고 물었어요. "웬 애꾸눈이 나쁜 물건을 잔뜩 사갔기에 랑선생에게서 좀 조사하려고 그래요." 이 편지는 읽은 뒤 그냥 태워버리세요.

처리: 수분하분대에 통보

발견 시간 및 지점: 5월 19일 □山

발신자: 밀산 愼治

수신자: 撫順市 公署 工務科 토목□□ 岩本三□

통신개요: 일도 열심히 하고 돈도 열심히 벌어야겠기에 몸이 두 개라도 모자랄 지경이다.

이번에 좋은 아이디어가 생겼다. □□□잘만 하면 1000원□□□쉽게 벌 수 있다. □□□□□아무튼 이번의 副業을 하면 400원은 벌 수 있다. □□□죽기내기로 한다. 하지만 만약 잘 못하면 사고 치기 십상이기에 나는 단단히 각오하고 있다.

처리: 신밀산분대□□에 이송

◎ 국책에 불리한 통신

발견 시간 및 지점: 5월 1일 신밀산

발신자: 밀산 軍次

수신자: 廣島市 八丁堀幟町 소학교 앞 井本里子

통신개요: 희망으로 가득 찬 설레는 가슴을 안고 동경해마지 않던 만주에 왔다. 우리 이민단은 목적지에 도착한 며칠 후에야 모든 것을 알아챘다. 꿈이 파멸되는 느낌이었다. 모든 진실을 알아버린 후 우리 일행은 노기충천하여 전부 귀국을 요구하였다. 비록 단장의 설명을 듣고 잠시 누그러들었지만 모두들 국내에서 듣던 내용과 당지의 실상이 현격한 차이가 나는 것에 놀라지 않을 수 없었다.

국내의 신문과 잡지들은 모두 만주이민의 좋은 점에 관해 필묵을 아끼지 않았다. 그래서 당지의 실상을 목도하지 못한 일본인들은 유토피아의 꿈을 꾸었지만 만주에 도착하고 □□□□□가는 곳마다 쓸쓸한 정경이었다. 꿈은 이미 깨졌다. 물질적 □□□□□생활비가 엄청 높아□□□□□

처리: 몰수

발견 시간 및 지점: 5월 8일 목단강

발신자: 목단강시 銀座大街 檜垣문방구점 村田八郎

수신자: 京都府 輿謝郡 宮津町川向 大江康夫

통신개요: □□□개척청소년을 말하며□□□, 그러한 일은 여기에 전혀 없다. 이곳 지도자의 말에 따르면 국내에서 만주에 도착하자마자 인적이 드문 심산으로 데려간다고 한다. 월급은 1원에서 1원 50전 정도이다.

일이 너무 힘들어 슬그머니 도망치는 자들이 있는데 발각되면 즉시 사살한다. 참으로 무지막지한 짓이다. 이러한 현실은 근본적으로 국가적 문제이기에 다른 사람과 발설치 말라.

처리: 압류

2

1939년

(이 부분은 121~122페이지의 참고역문임)

1939년 8월 4일
中檢第一三八號

관동헌병대사령부
중앙검열부

통 신 검 열 월 보
(유월)

발송 : 軍司(三)
복사송달 : 憲司, 朝憲司, 支憲司, 中支憲司
각 지방 검열부, 상관부대 본부 분대
牡, 延, 北, 海, 特, 각 부대 본부

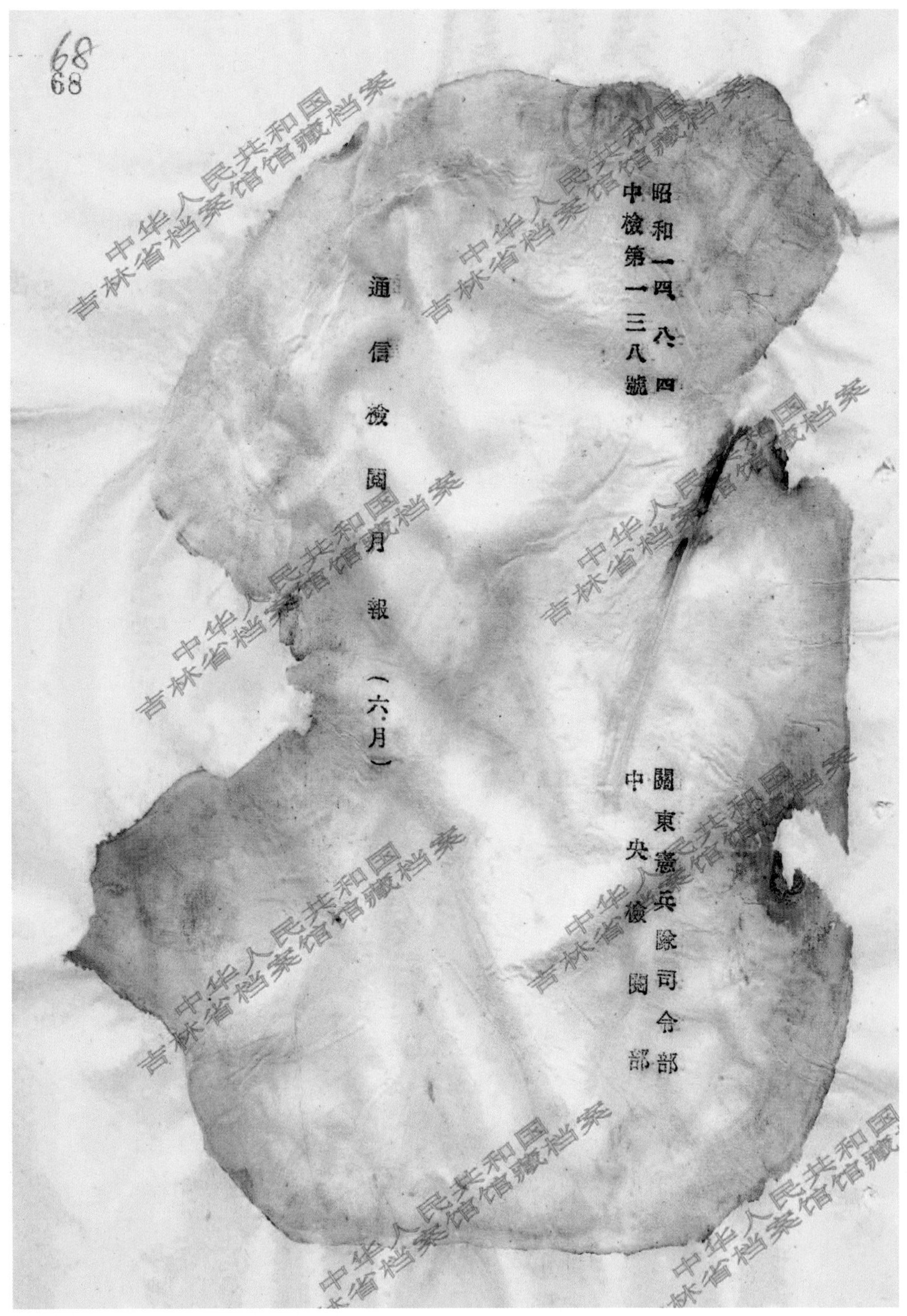

68

昭和一四、八、四
中檢第一三八號

通信檢閱月報（六月）

關東憲兵隊司令部
中央檢閱部

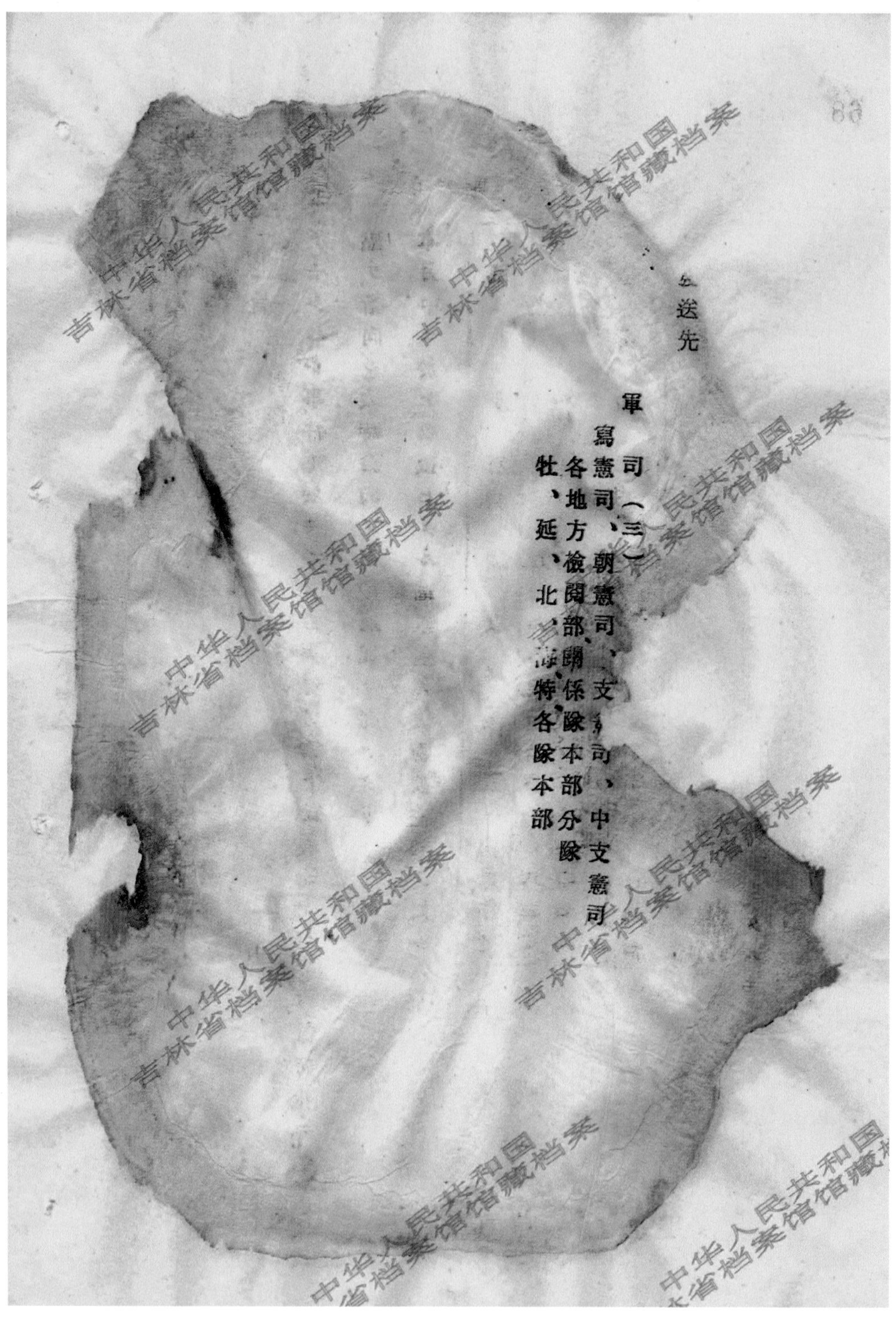

送先

軍司（三）

寫憲司、朝憲司、支[illegible]司、中支憲司

各地方檢閲部關係隊本部分隊

牡、延、北、海、特各隊本部

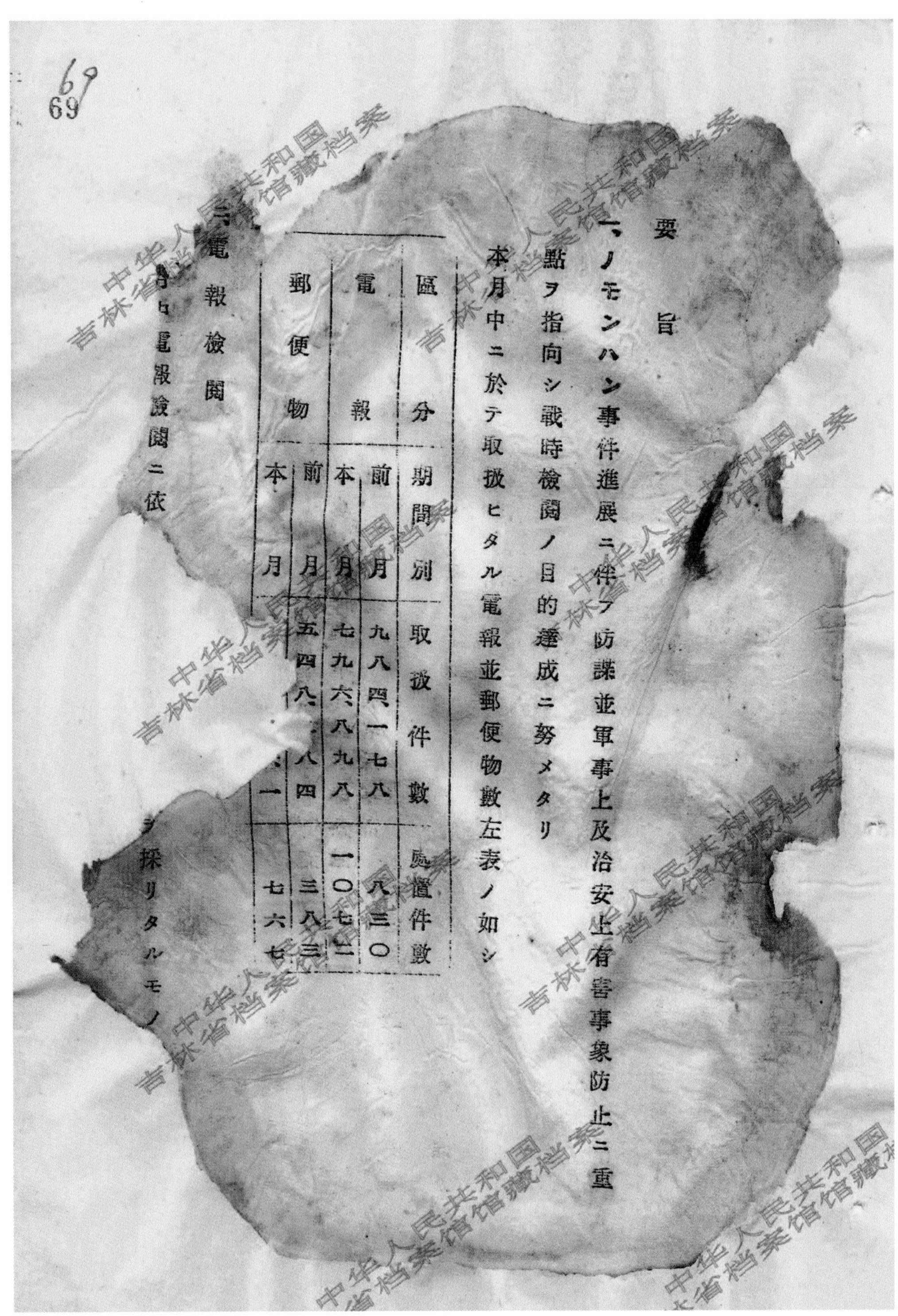

69

要旨

一、ノモンハン事件進展ニ伴フ防諜並軍事上及治安上有害事象防止ニ重點ヲ指向シ戰時検閲ノ目的達成ニ努メタリ

本月中ニ於テ取扱ヒタル電報並郵便物數左表ノ如シ

區分	期間別	取扱件數	處置件數
電報	前月	九八四一七八	八三〇
	本月	七九六八九八	一〇七二
郵便物	前月	五四八[illegible]八四	三八三
	本月	[illegible]一	七六七

二、電報検閲

[illegible]電報検閲ニ依[illegible]ヲ採リタルモノ

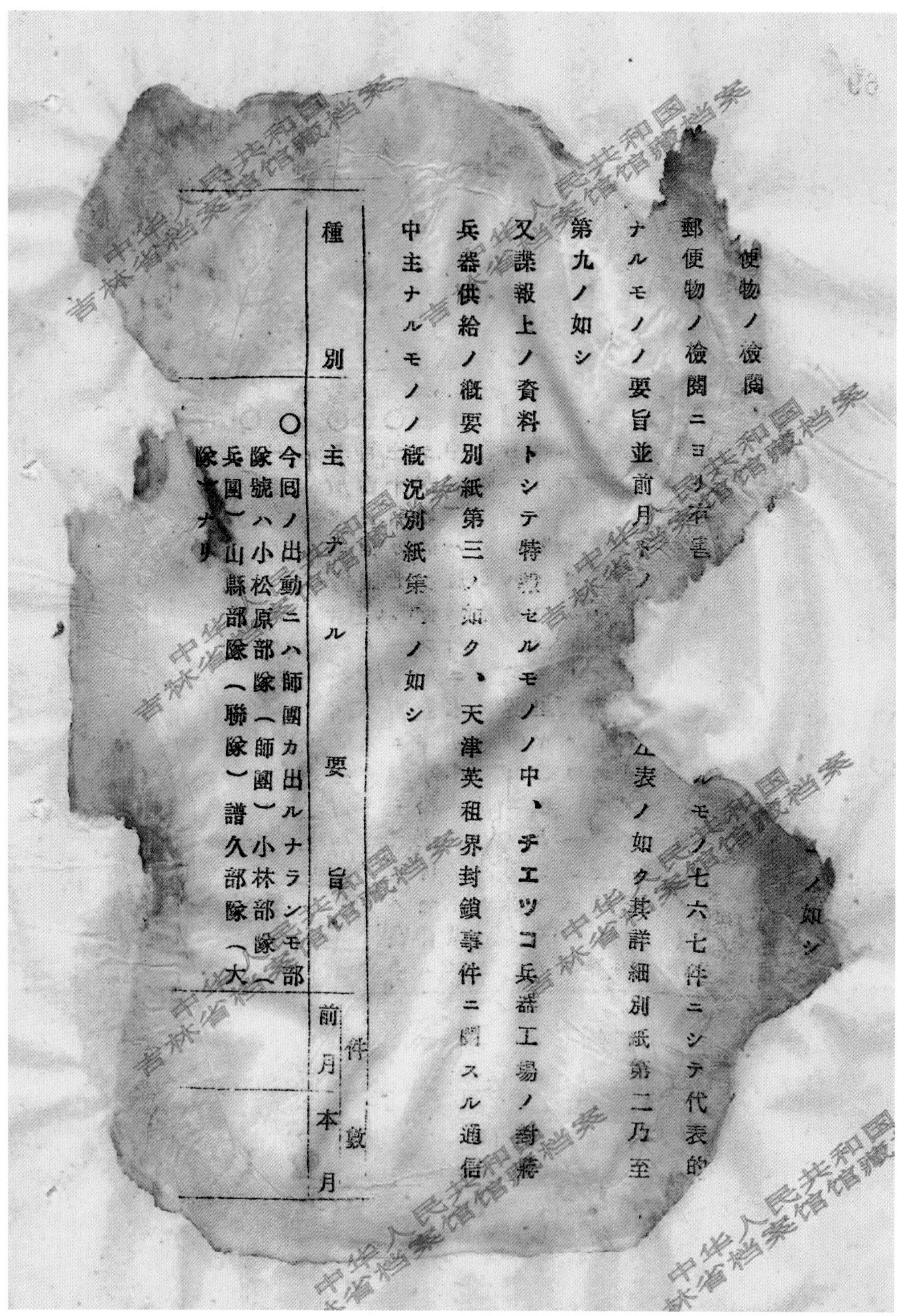

……ノ如シ

使物ノ檢閲

郵便物ノ檢閲ニヨリ有害……ルモノ七六七件ニシテ代表的
ナルモノノ要旨並前月ト……左表ノ如ク其詳細別紙第二乃至
第九ノ如シ
又諜報上ノ資料トシテ特報セルモノノ中、チエツコ兵器工場ノ對將
兵器供給ノ概要別紙第三ノ如ク、天津英租界封鎖事件ニ關スル通信
中主ナルモノノ概況別紙第四ノ如シ

種別	主ナル要旨	件數 前月	件數 本月
	○今回ノ出動ニハ師團カ出ルナランモ部隊號ハ小松原部隊（師團）小林部隊（兵團）山縣部隊（聯隊）譜久部隊（大隊）ナリ		

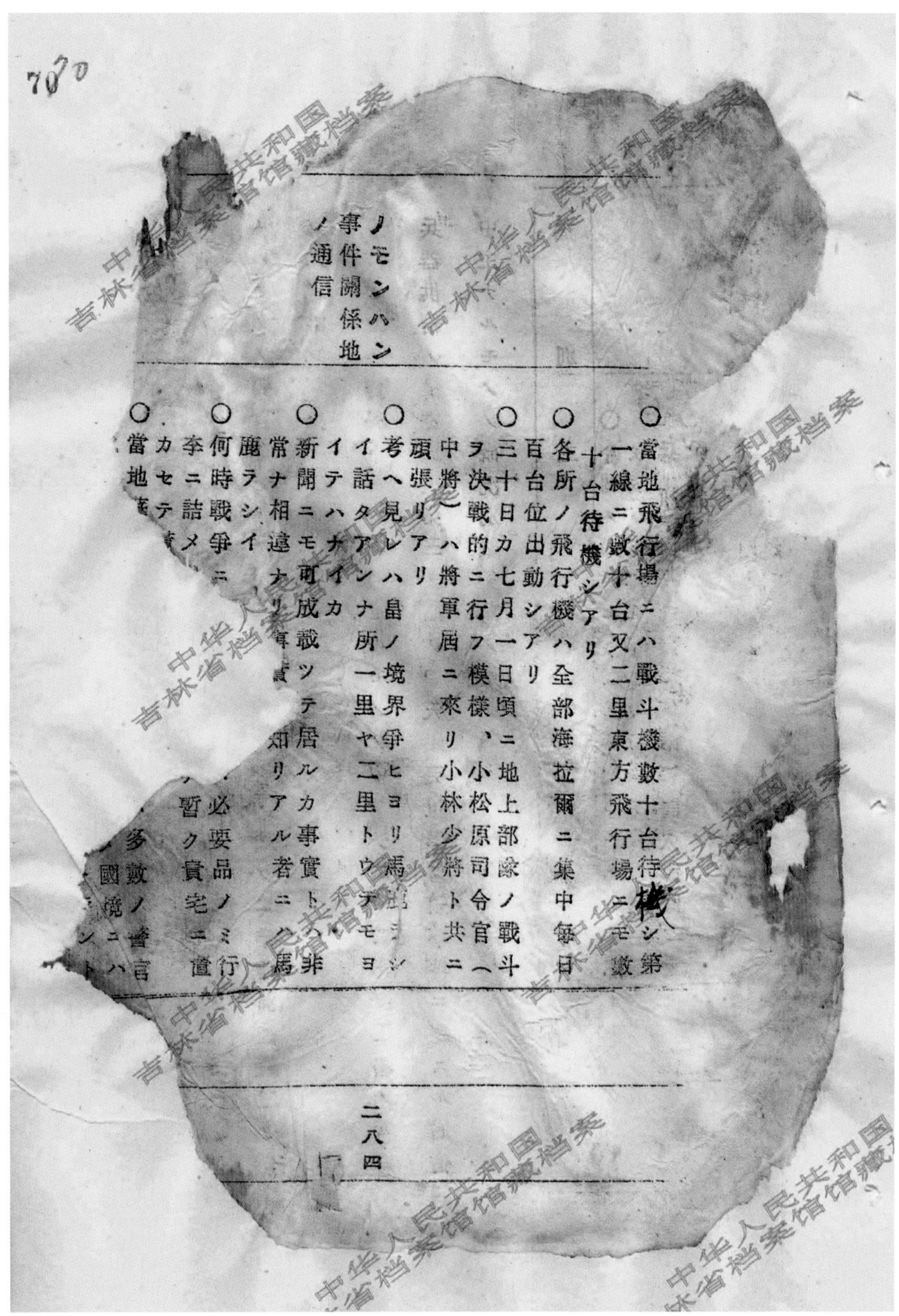

ノモンハン事件關係地ノ通信

○當地飛行場ニハ戰斗機數十台待機シ第一線ニ數十台又二里東方飛行場ニモ數十台待機シアリ

○各所ノ飛行機ハ全部海拉爾ニ集中毎日百台位出動シアリ

○三十日カ七月一日頃ニ地上部隊ノ戰斗ヲ決戰的ニ行フ模樣、小松原司令官（中將）ハ將軍廟ニ來リ小林少將ト共ニ頑張リアリ

○考ヘ見レハ畠ノ境界爭ヒヨリ馬[illegible][illegible]イ話タアインナ所一里ヤ二里トウテモヨイテハナイカ

○新聞ニモ可成識ツテ居ルカ事實トハ非常ナ相違ナリ[illegible][illegible]知リアル者ニハ馬鹿ラシイ[illegible]

○何時戰爭ニ[illegible]・必要品ノミ行李ニ詰メ[illegible]ノ暫ク貴宅ニ置カセテ貰[illegible]

○當地[illegible]・多數ノ普言[illegible]國境ニハ[illegible]ント

二八四

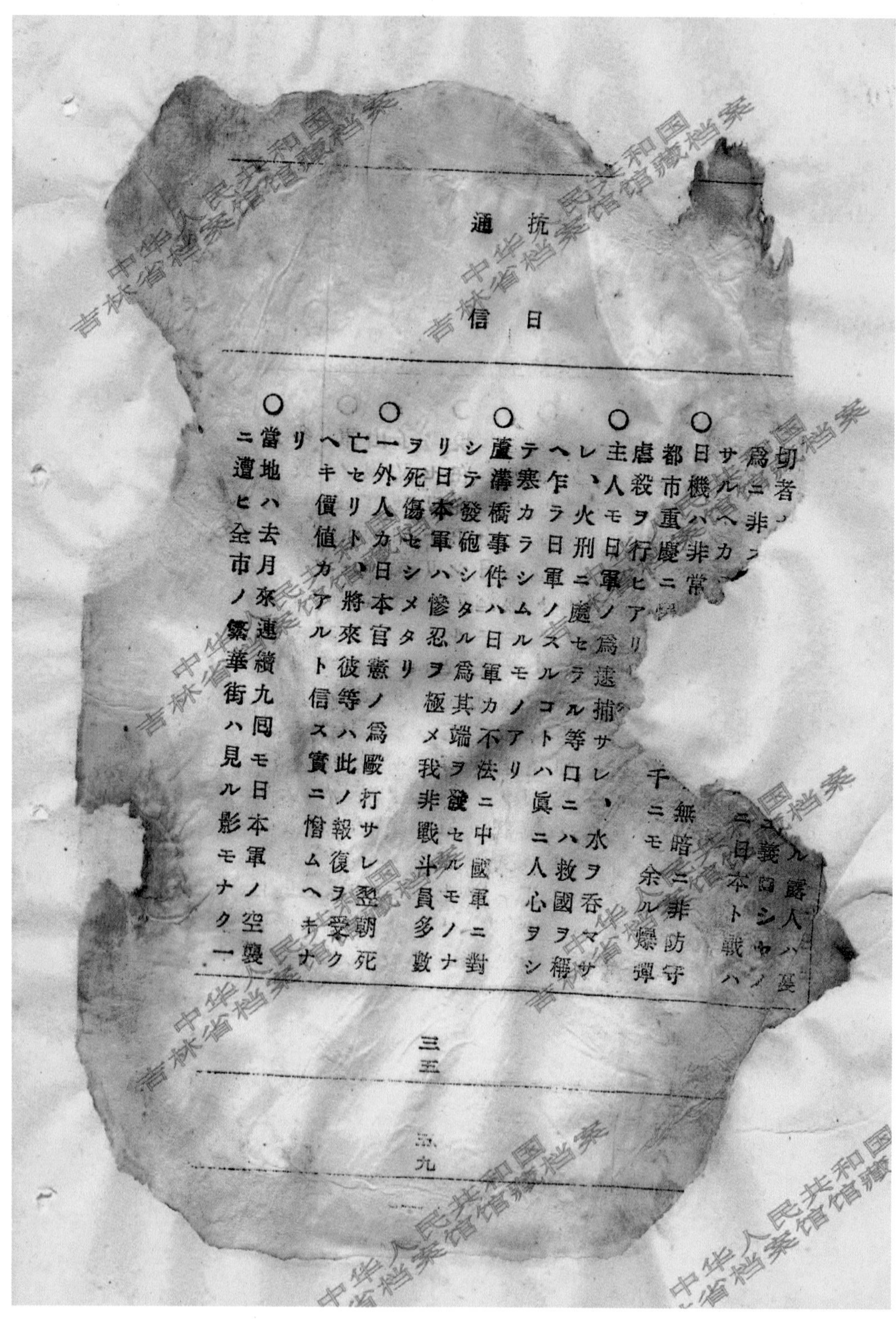

抗日通信

切者[illegible]ル露人ハ要
為ニ非ズ[illegible]義[illegible]シヤノ
サルヘカ[illegible]ニ日本ト戰ハ
○日機ハ非常[illegible]
都市重慶ニ[illegible]無暗ニ非防守
虐殺ヲ行ヒアリ[illegible]千ニモ余ル爆彈
○主人モ日軍ノ為逮捕サレ、水ヲ呑マサ
レ、火刑ニ處セラル等口ニハ救國ヲ稱
ヘ乍ラ日軍ノスルコトハ眞ニ人心ヲシ
テ寒カラシムルモノアリ
○蘆溝橋事件ハ日軍カ不法ニ中國軍ニ對
シテ發砲シタル為其端ヲ發セルモノナ
リ日本軍ハ慘忍ヲ極メ我非戰斗員多數
ヲ死傷セシメタリ
○一外人カ日本官憲ノ為毆打サレ翌朝死
亡セリト、將來彼等ハ此ノ報復ヲ受ク
ヘキ價値カアルト信ス實ニ憎ムヘキナ
リ
○當地ハ去月來連續九回モ日本軍ノ空襲
ニ遭ヒ全市ノ繁華街ハ見ル影モナク一

三五

[illegible]九

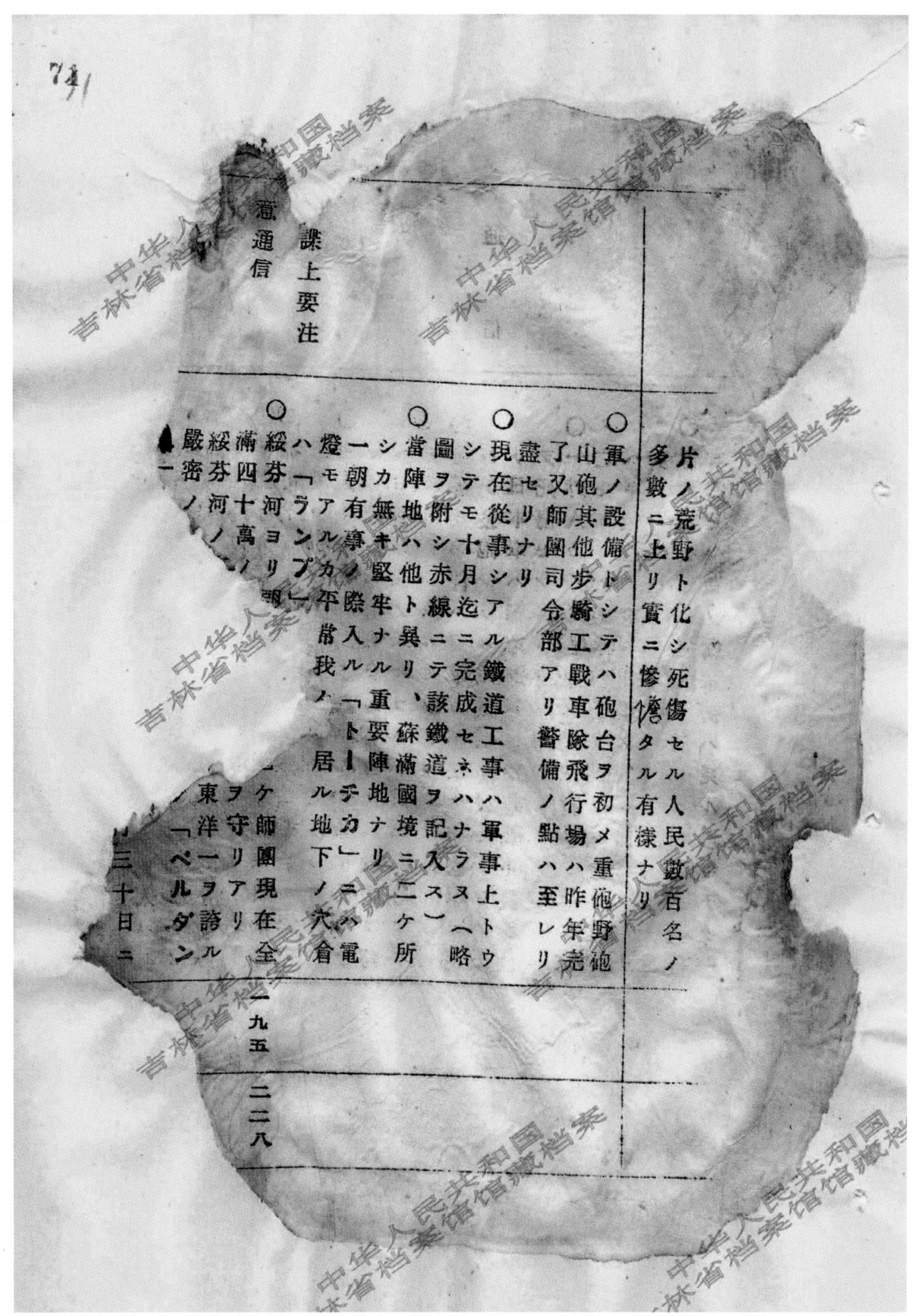

片ノ荒野ト化シ死傷セル人民數百名ノ
多數ニ上リ實ニ慘憺タル有様ナリ

○軍ノ設備トシテハ砲台ヲ初メ重砲野砲
山砲其他歩騎工戰車隊飛行場ハ昨年完
了又師團司令部アリ警備ノ點ハ至レリ
盡セリナリ
○現在從事シアル鐵道工事ハ軍事上トウ
シテモ十月迄ニ完成セネハナラヌ（略
○圖ヲ附シ赤線ニテ該鐵道ヲ記入ス）
○當陣地ハ他ト異リ、蘇滿國境ニ二ケ所
シカ無キ堅牢ナル重要陣地ナリ
一朝有事ノ際入ル「トーチカ」ニハ電
燈モアルカ平常我々[illegible]居ル地下ノ穴倉
ハ「ランプ」[illegible]
○綏芬河ヨリ明[illegible]ケ師團現在全
滿四十萬ノ[illegible]ヲ守リアリ
綏芬河ノ[illegible]東洋一ヲ誇ル
嚴密ノ[illegible]ノ「ベルダン」
一[illegible]三十日ニ

諜上要注
[illegible]通信

一九五
二二八

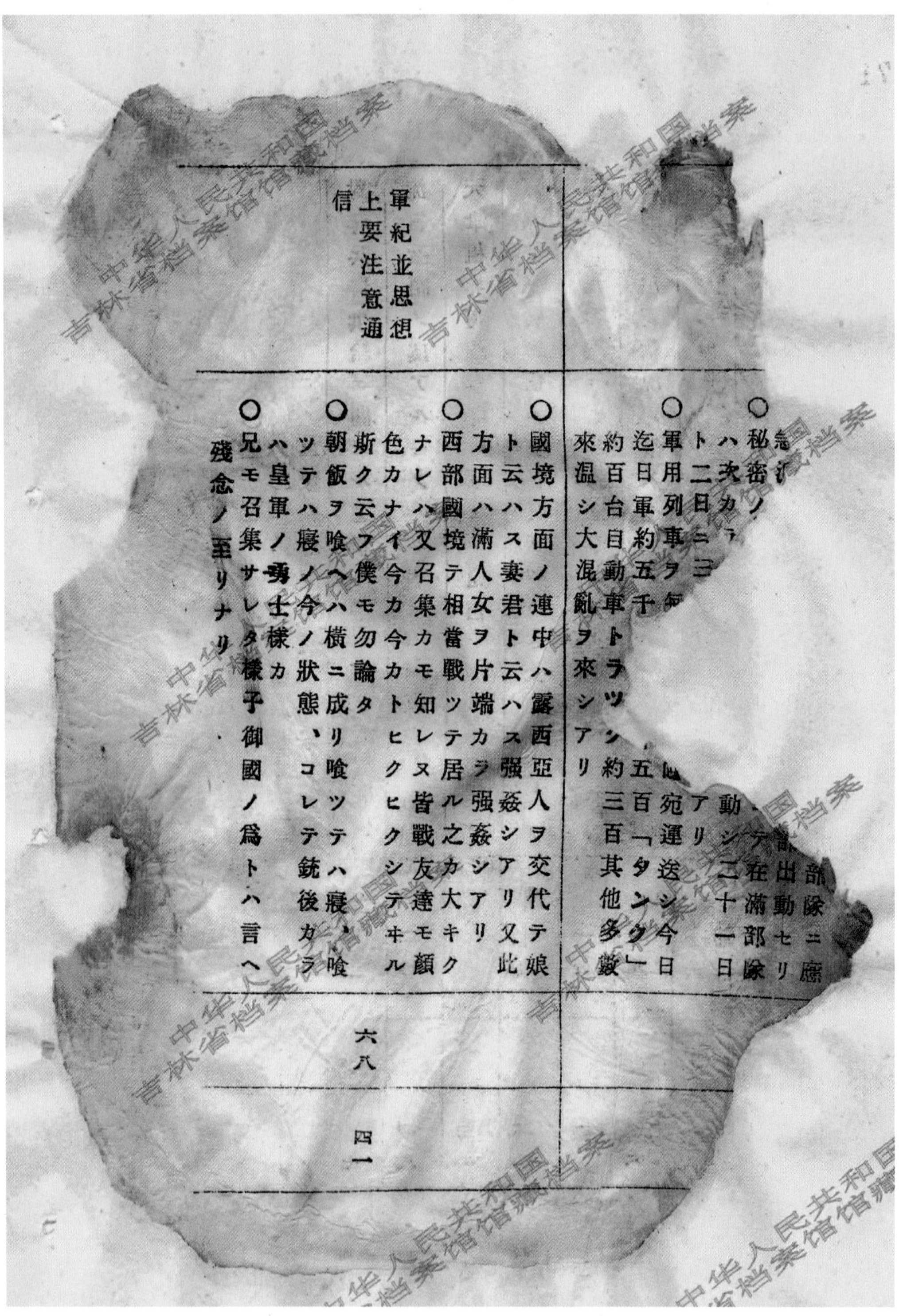

軍紀並思想上要注意通信

[illegible]部隊ニ應

○秘密ノ[illegible]部出動セリ

ハ次カラ[illegible]テ在滿部隊

ト二日ニ三[illegible]動シ二十一日

[illegible]アリ

○軍用列車ヲ[illegible]宛運送シ今日

迄日軍約五千[illegible]五百「タンク」

約百台自動車トラツク約三百其他多數

來混シ大混亂ヲ來シアリ

○國境方面ノ連中ハ露西亞人ヲ交代テ娘ト云ハス妻君ト云ハス強姦シアリ又此方面ハ滿人女ヲ片端カラ強姦シアリ

○西部國境テ相當戰ツテ居ル之カ大キクナレハ又召集カモ知レヌ皆戰友達モ顏色カナイ今カ今カトヒクヒクシテヰル

斯ク云フ僕モ勿論タ

○朝飯ヲ喰ヘハ横ニ成リ喰ツテハ寢、喰ツテハ寢ノ今ノ狀態、コレテ銃後カラハ皇軍ノ勇士樣カ

○兄モ召集サレタ樣子御國ノ爲トハ言ヘ殘念ノ至リナリ・

六八

四一

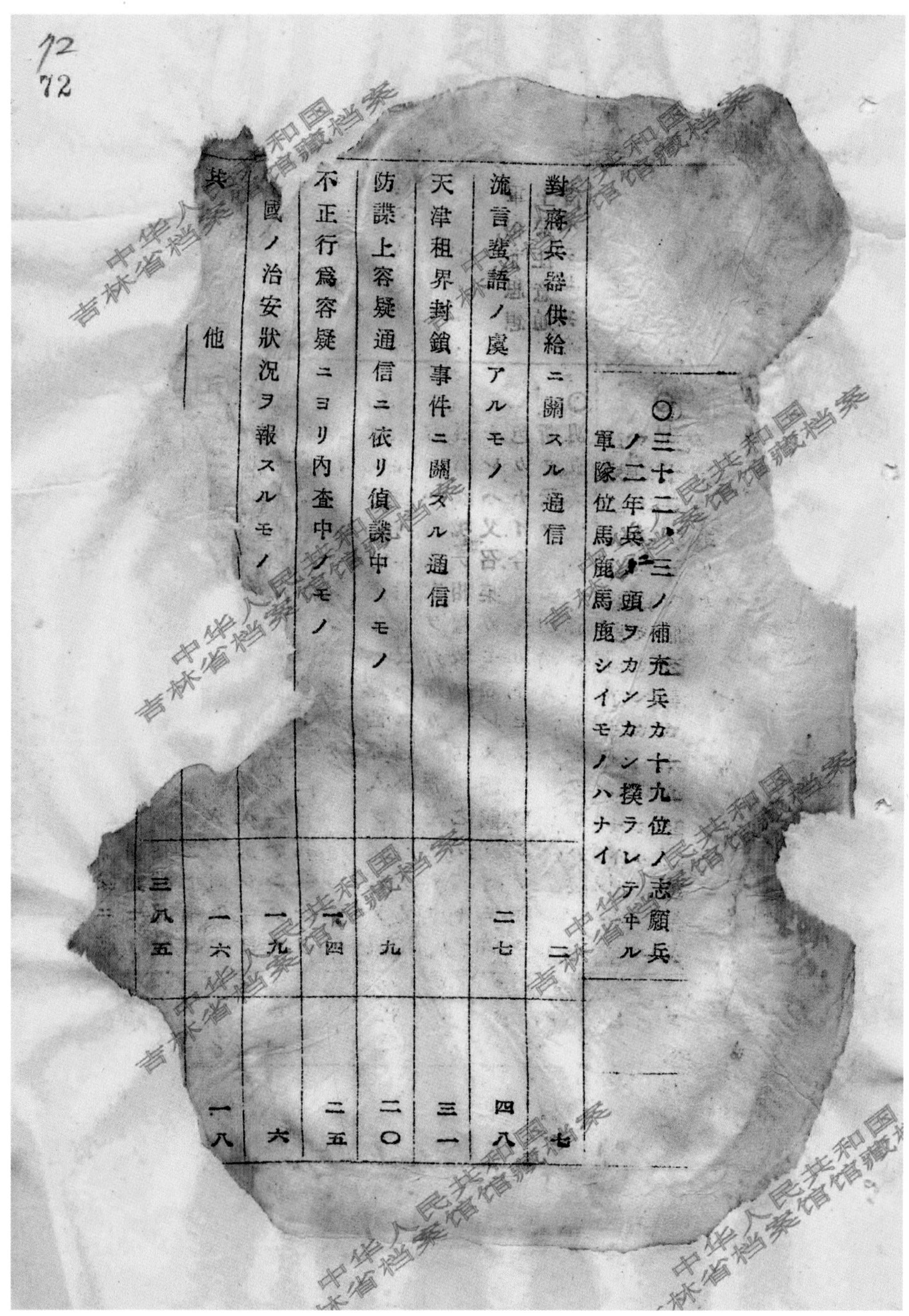

72

○三十二、三ノ補充兵カ十九位ノ志願兵ノ二年兵ノ頭ヲカンカン撲ラレテヰル
軍隊位馬鹿馬鹿シイモノハナイ

對蔣兵器供給ニ關スル通信	二	四七
流言蜚語ノ虞アルモノ	二七	四八
天津租界封鎖事件ニ關スル通信		三一
防諜上容疑通信ニ依リ偵諜中ノモノ	九	二〇
不正行爲容疑ニヨリ内査中ノモノ	一四	二五
國ノ治安狀況ヲ報スルモノ	一九	六
其他	一六	一八
[illegible]	三八五	

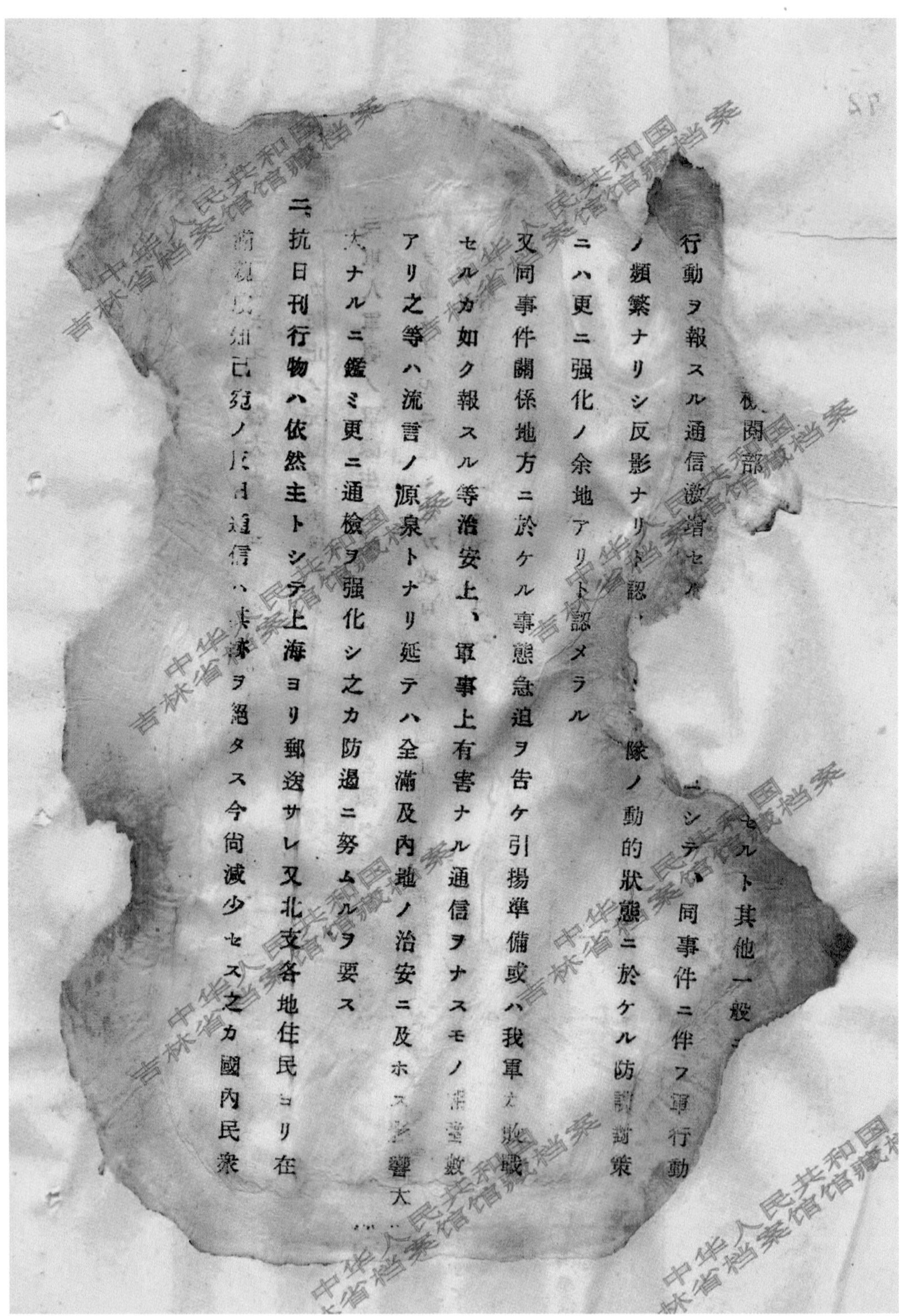

機關部 セルト其他一般ニ
行動ヲ報スル通信激增セル ニシテ同事件ニ伴フ軍行動
ノ頻繁ナリシ反影ナリト認 隊ノ動的狀態ニ於ケル防諜對策
ニハ更ニ强化ノ余地アリト認メラル
又同事件關係地方ニ於ケル事態急迫ヲ告ケ引揚準備或ハ我軍ノ敗戰
セルカ如ク報スル等治安上、軍事上有害ナル通信ヲナスモノ相當數
アリ之等ハ流言ノ源泉トナリ延テハ全滿及內地ノ治安ニ及ホス影響太
大ナルニ鑑ミ更ニ通檢ヲ强化シ之カ防遏ニ努ムルヲ要ス
二、抗日刊行物ハ依然主トシテ上海ヨリ郵送サレ又北支各地住民ヨリ在
滿親戚知己宛ノ反日通信ハ其跡ヲ絕タス今尚減少セス之カ國內民衆

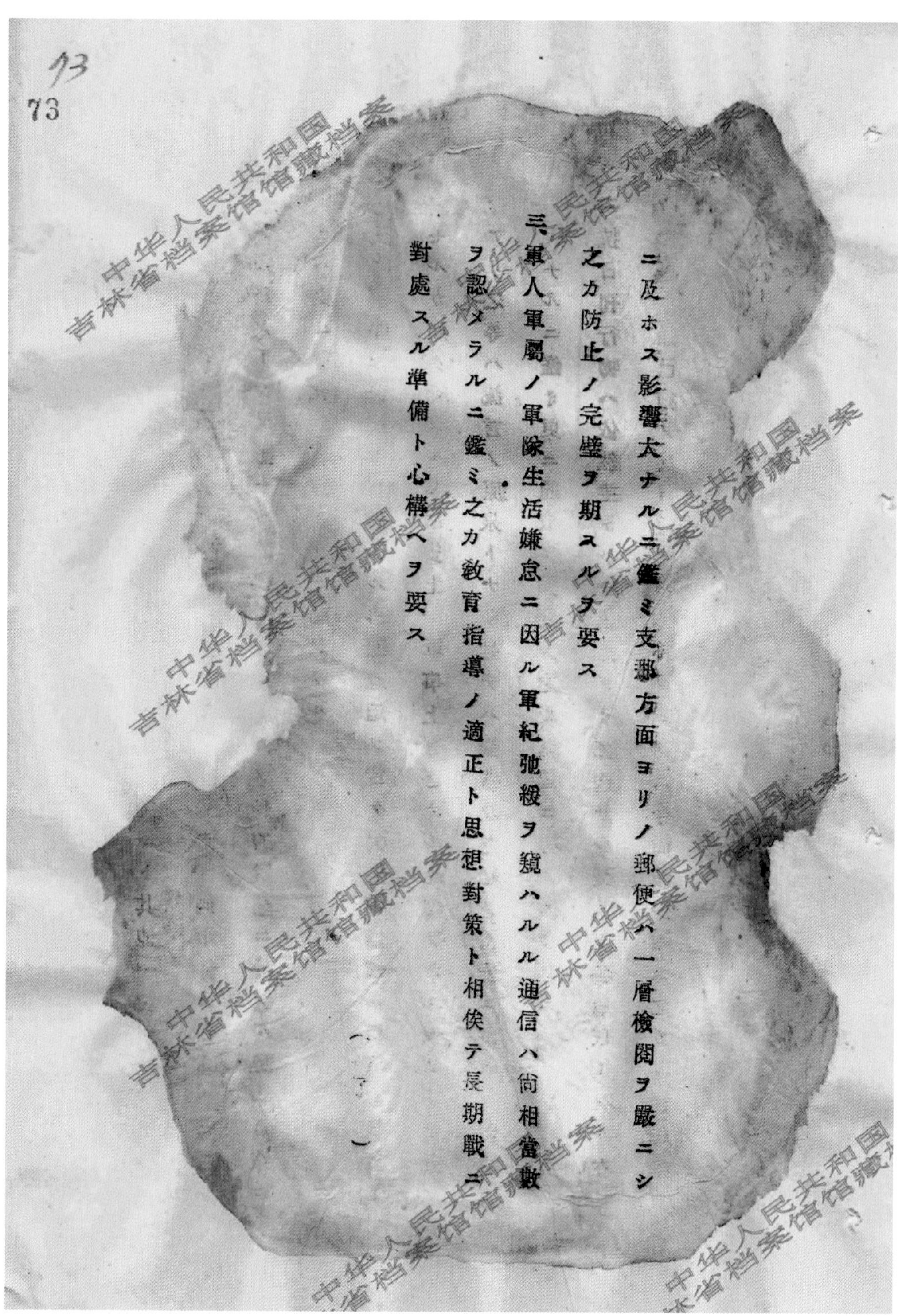

ニ及ホス影響大ナルニ鑑ミ支那方面ヨリノ郵便ハ一層檢閲ヲ嚴ニシ
之カ防止ノ完璧ヲ期スルヲ要ス

三、軍人軍屬ノ軍隊生活嫌忌ニ因ル軍紀弛緩ヲ窺ハルル通信ハ尚相當數ヲ認メラルルニ鑑ミ之カ敎育指導ノ適正ト思想對策ト相俟テ長期戰ニ對處スル準備ト心構ヘヲ要ス

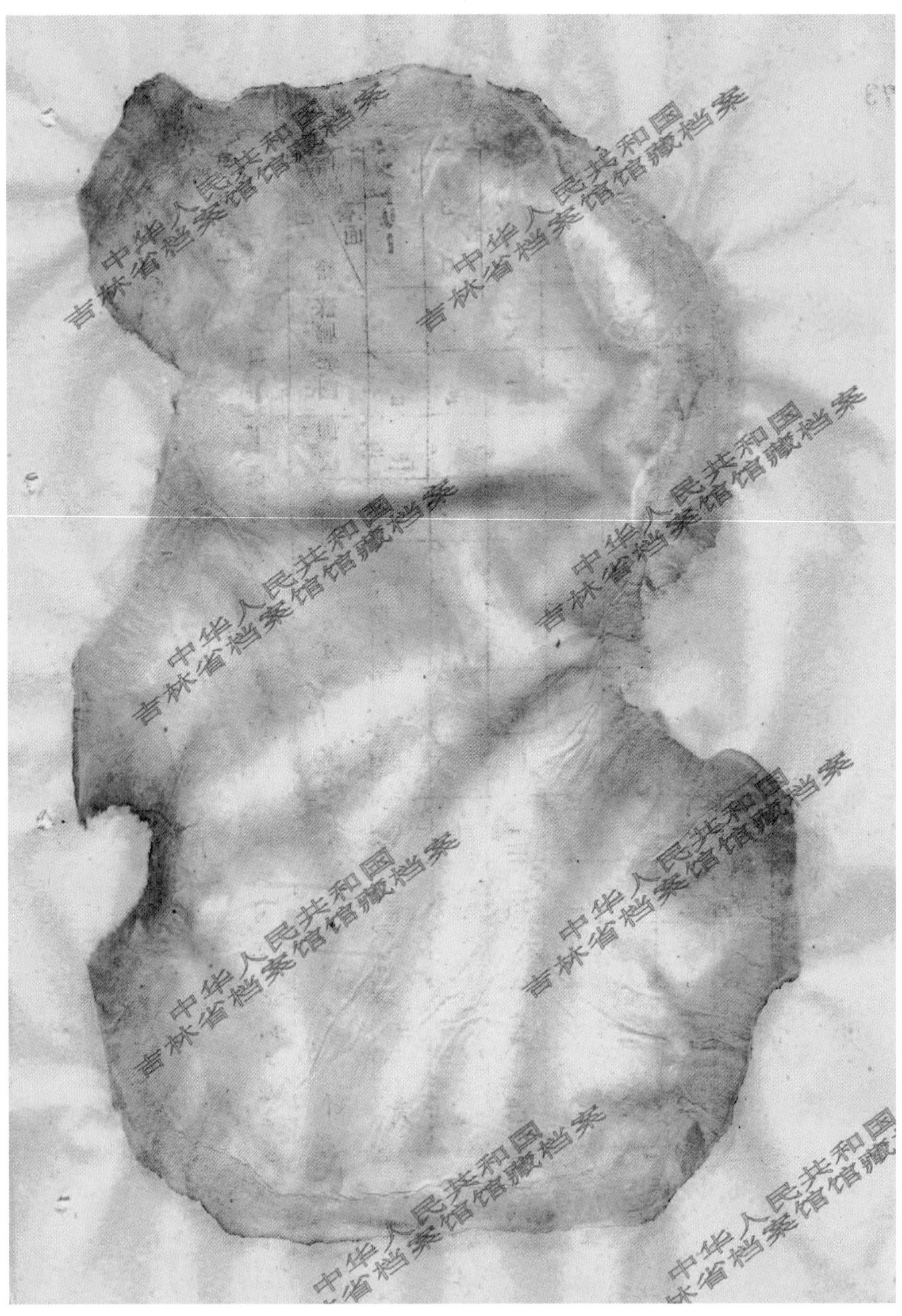

中华人民共和国
吉林省档案馆馆藏档案

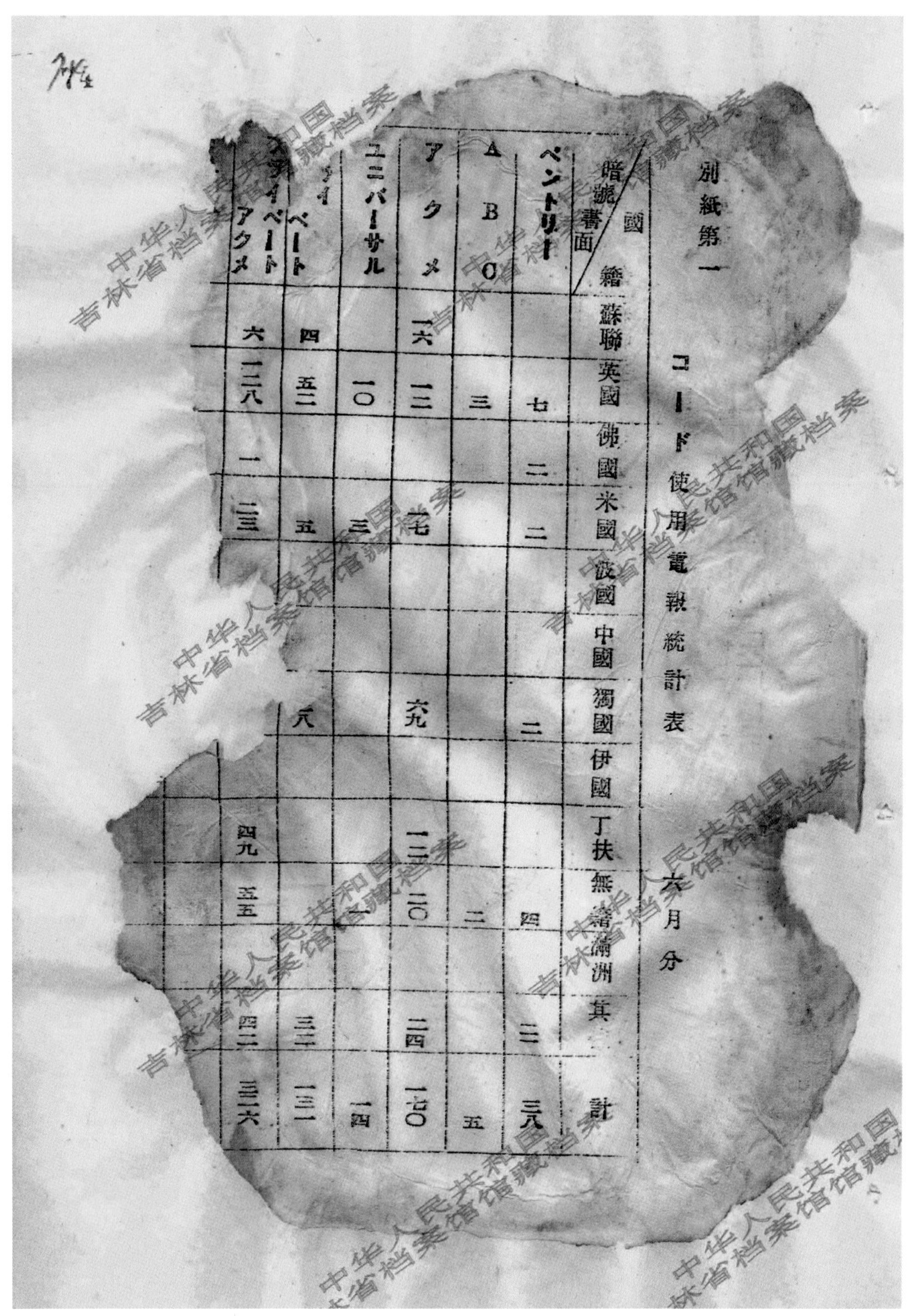

別紙第一

コード使用電報統計表　六月分

國籍＼暗號書面	ペントリー	ABC	アクメ	ユニバーサル	[illegible]ライベート	[illegible]ライベートアクメ
蘇聯			一六		四	六
英國	七	三	一三	一〇	五二	一二八
佛國	二					一
米國	二		一七	三	五	二三
波國						
中國						
獨國	二		六九		一八	
伊國						
丁抹			一三			四九
無籍	四	二	二〇	一		五五
滿洲						
其他	三		二四		三十	四二
計	三八	五	一七〇	一四	一三一	三二六

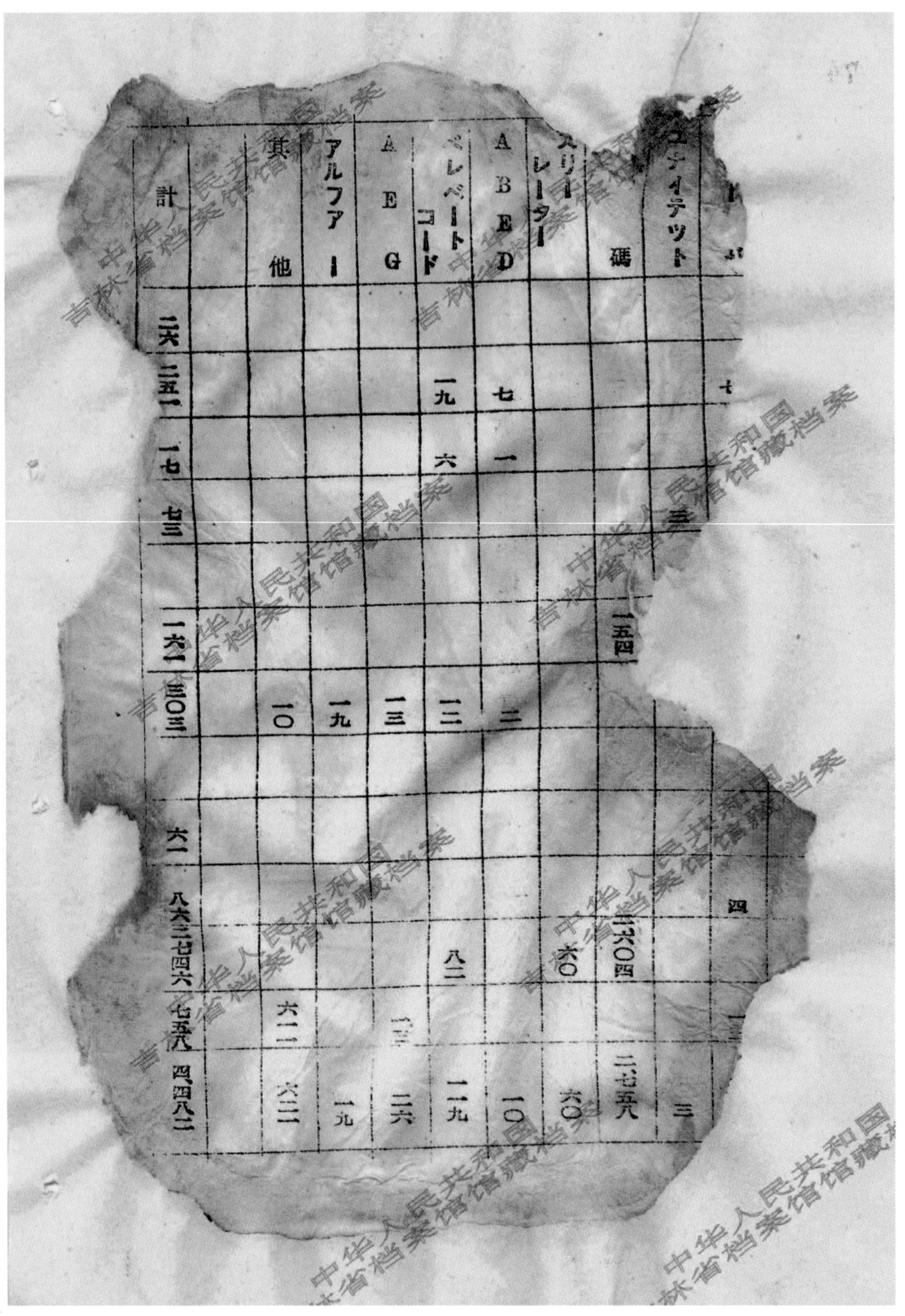

[illegible]	ユナイテツト	碼	スリーレター	ABED	ベレベートコード	AEG	アルファー	其他		計
										二六
七				七	一九					二五一
				一	六					一七
	三									七三
		一五四								一六一
				二	一二	一三	一九	一〇		三〇三
										六一
四										八六
		二六〇四	六〇		八二					二、七四六
一三						一三		六二二		七五八
	三	二、七五八	六〇	一〇	一一九	二六	一九	六三二		四、四八二

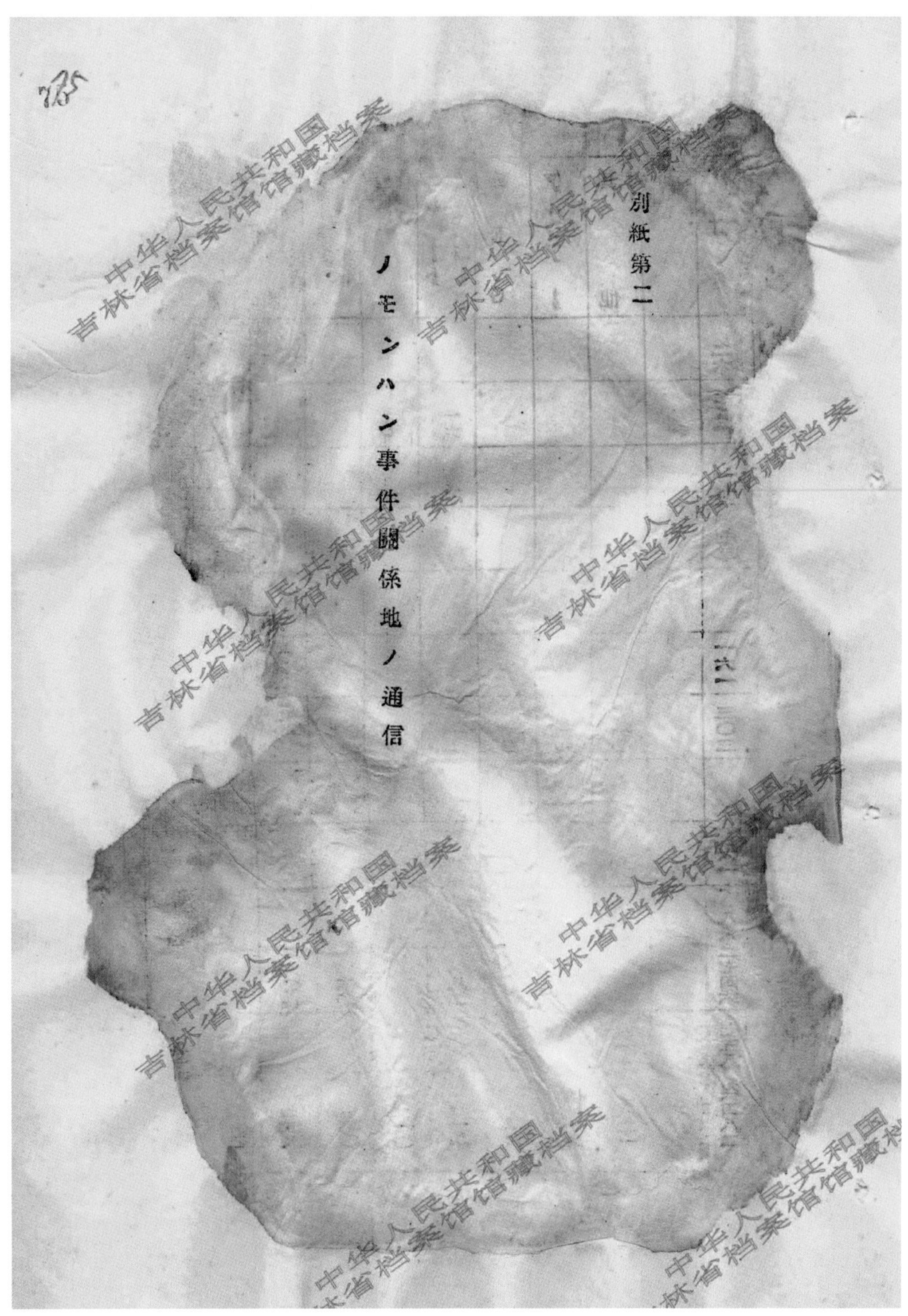

235

別紙第二

ノモンハン事件關係地ノ通信

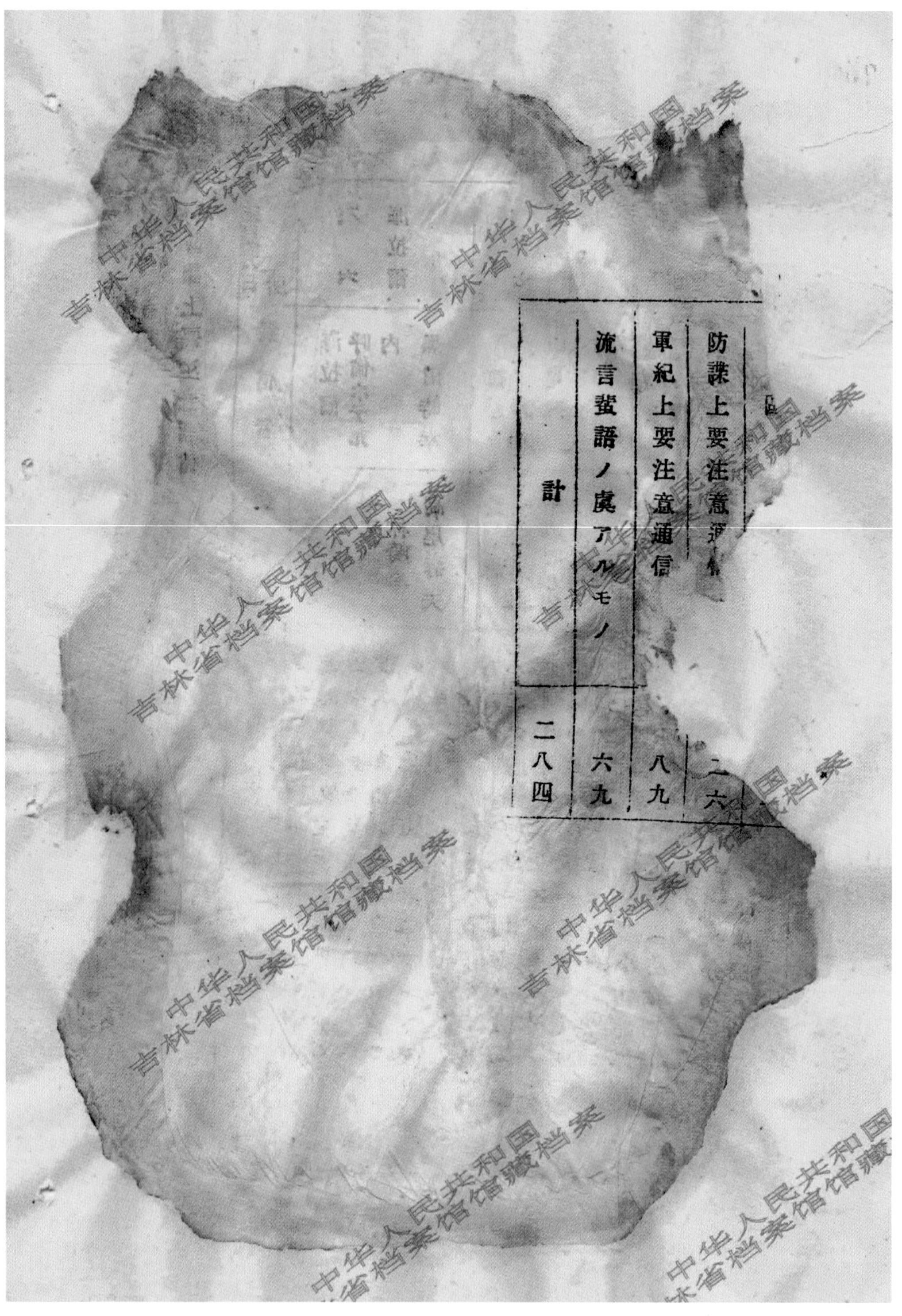

項目	件数
防諜上要注意通信	二六
軍紀上要注意通信	八九
流言蜚語ノ虞アルモノ	六九
計	二八四

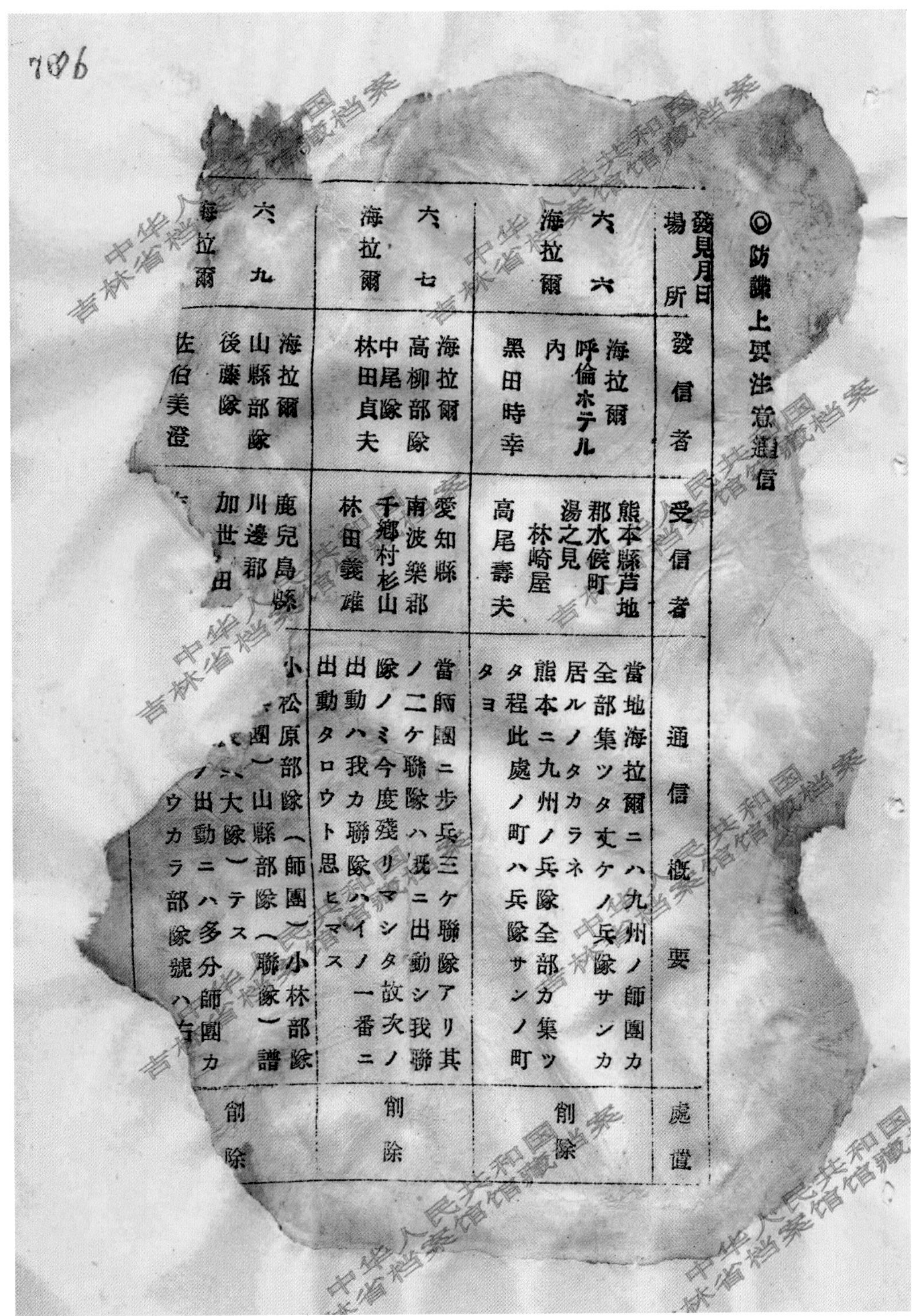

786

◎防諜上要注意通信

發見月日場所	發信者	受信者	通信概要	處置
六、六 海拉爾	海拉爾 呼倫ホテル内 黒田時幸	熊本縣芦地郡水俣町湯之見 林崎屋 高尾壽夫	當地海拉爾ニハ九州ノ師團カ全部集ツタ丈ケノ兵隊サンカ居ルノタカラネ熊本ニ九州ノ兵隊全部カ集ツタ程此處ノ町ハ兵隊サンノ町タヨ	削除
六、七 海拉爾	海拉爾 高柳部隊 中尾隊 林田貞夫	愛知縣南波樂郡千鄕村杉山 林田義雄	當師團ニ歩兵三ケ聯隊アリ其ノ二ケ聯隊ハ既ニ出動シ我聯隊ノミ今度殘リマシタ故次ノ出動ハ我カ聯隊ハイノ一番ニ出動タロウト思ヒマス	削除
六、九 海拉爾	海拉爾 山縣部隊 後藤隊 佐伯美澄	鹿児島縣川邊郡加世田 [illegible]	小松原部隊（師團）小林部隊 [illegible]團）山縣部隊（聯隊）譜 [illegible]大隊）テス [illegible]ノ出動ニハ多分師團カ [illegible]ウカラ部隊號ハ[illegible]	削除

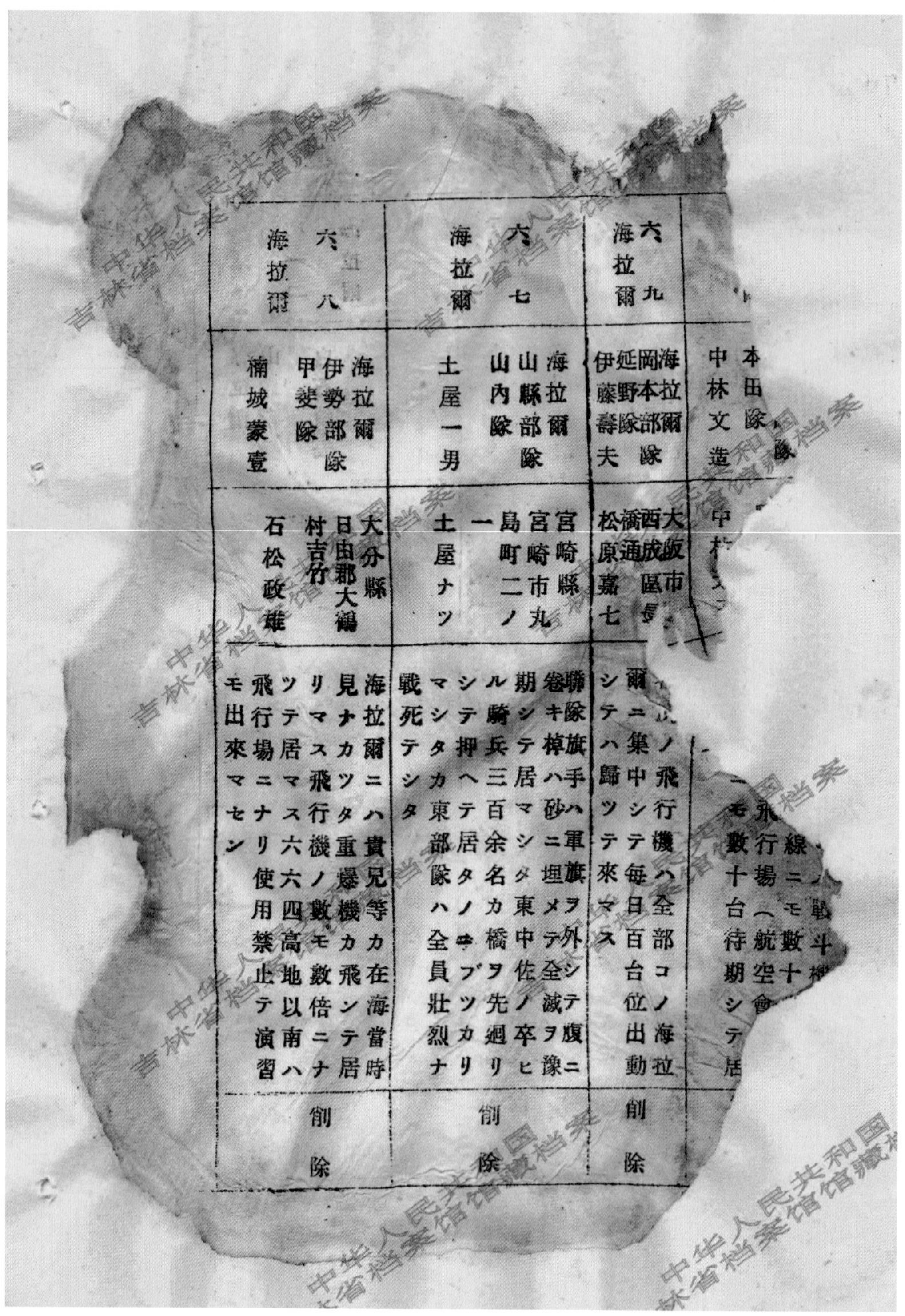

[illegible]	本田隊 [illegible]隊 中林文造	中村[illegible]	[illegible]戰斗機 線ニモ數十會[illegible] 飛行場一航空[illegible] 一モ數十台待期シテ居	
六九 海拉爾	海拉爾岡本部隊延野隊 伊藤壽夫	大阪市西成區長橋通 松原嘉七	[illegible]ノ飛行機ハ全部コノ海拉爾ニ集中シテ毎日百台位出動シテハ歸ツテ來マス	削除
六七 海拉爾	海拉爾山縣部隊山內隊 土屋一男	宮崎縣宮崎市丸島町二ノ一 土屋ナツ	聯隊旗手ハ軍旗ヲ外シテ腹ニ巻キ棹ハ砂ニ埋メテ全滅ヲ豫期シテ居マシタ東中佐ノ卒ヒル騎兵三百余名カ橋ヲ先廻リシテ押ヘテ居タノニブツカリマシタカ東部隊ハ全員壯烈ナ戰死テシタ	削除
六八 海拉爾	海拉爾伊勢部隊甲斐隊 楠城蒙壹	大分縣日田郡大鶴村吉竹 石松政雄	海拉爾ニハ貴兄等カ在海當時見ナカツタ重爆機カ飛ンテ居リマス飛行機ノ數モ數倍ニナツテ居マス六六四高地以南ハ飛行場ニナリ使用禁止テ演習モ出來マセン	削除

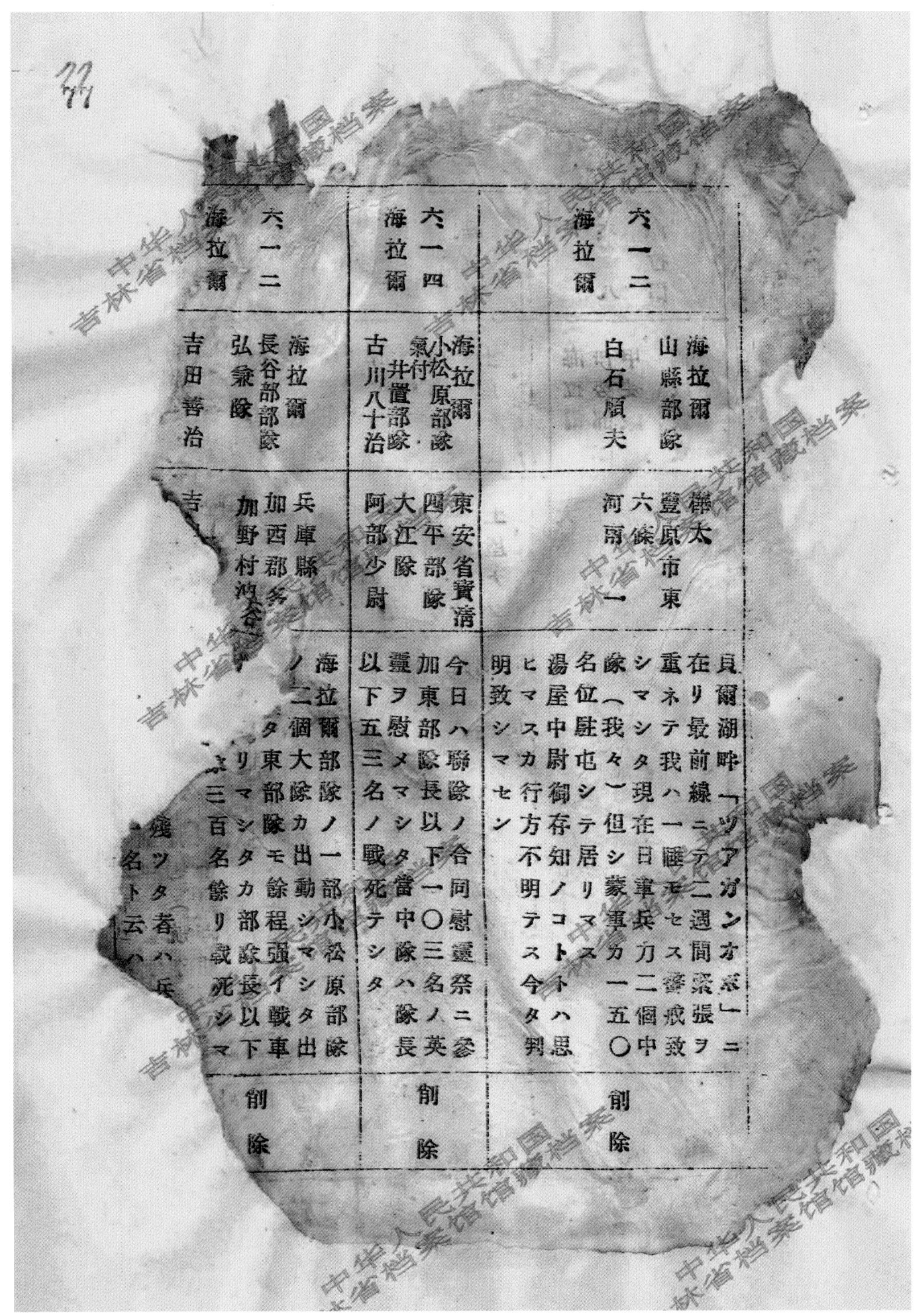

六一二	海拉爾	海拉爾山縣部隊 白石願夫	樺太豐原市東六條一 河雨	貝爾湖畔「ツアガンオボ」ニ在リ最前線ニテ二週間緊張ヲ重ネテ我ハ一睡モセス奮戰致シマシタ現在日軍兵力二個中隊（我々）但シ蒙軍カ一五〇名位駐屯シテ居リマス湯屋中尉御存知ノコトト思ヒマスカ行方不明テス今タ判明致シマセン	削除
六一四	海拉爾	海拉爾小松原部隊氣付井置部隊 古川八十治	東安省寶清四平部隊大江隊 阿部少尉	今日ハ聯隊ノ合同慰靈祭ニ參加東部隊長以下一〇三名ノ英靈ヲ慰メマシタ當中隊ハ隊長以下五三名ノ戰死テシタ	削除
六一二	海拉爾	海拉爾長谷部部隊弘參隊 吉田善治	兵庫縣加西郡多加野村鴻谷 吉	海拉爾部隊ノ一部小松原部隊ノ二個大隊カ出動シマシタ出タ東部隊モ餘程強イ戰車カ…リマシタカ部隊長以下…三百名餘リ戰死シマ…殘ツタ者ハ兵…名ト云ハ	削除

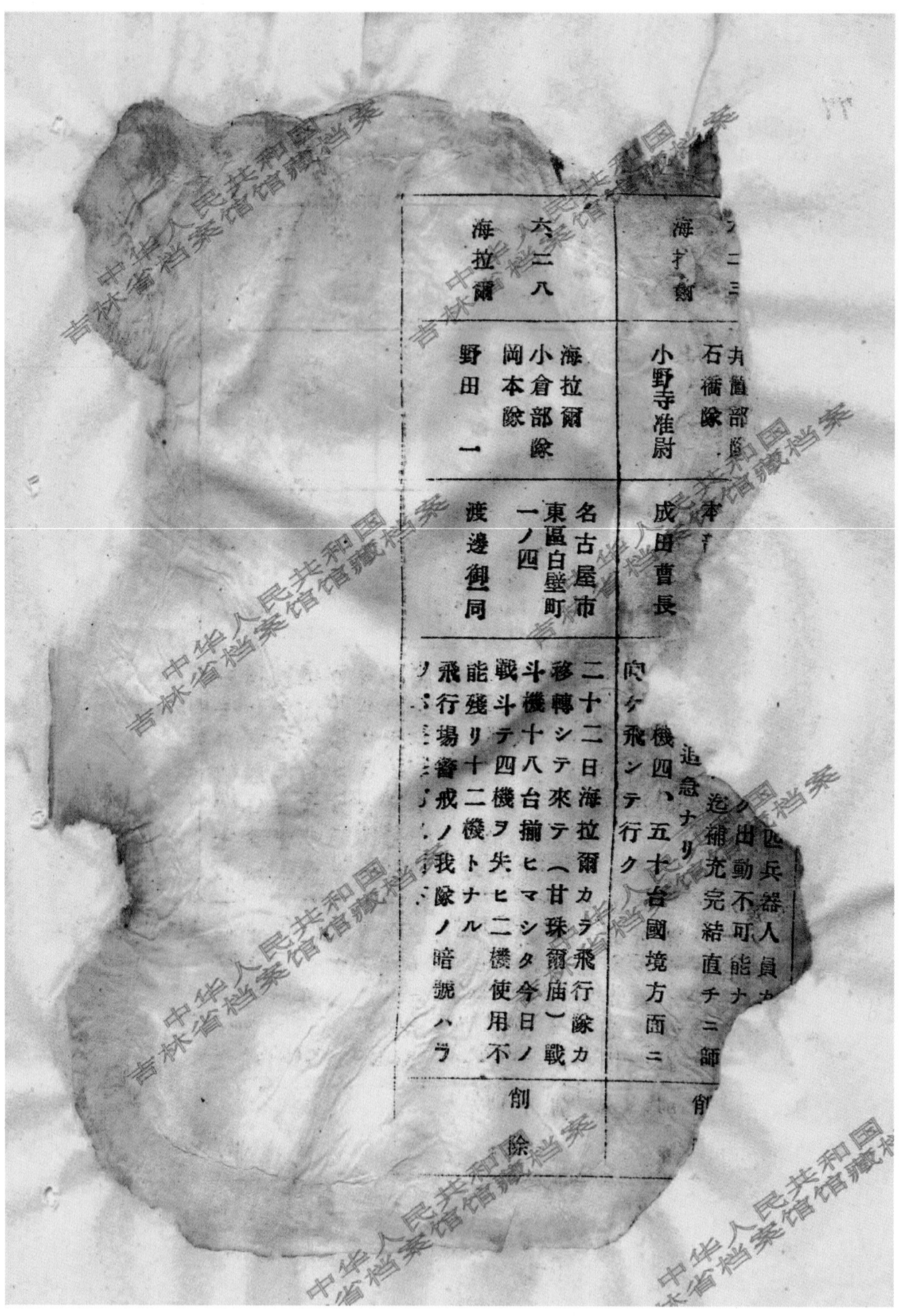

月日・發信地	發信者	受信者	通信內容	處置
六、二三 海才爾	弁髄部隊 石橋隊 小野寺准尉	成田曹長 本…	…兵器人員カ…ク出動不可能ナ…迄補充完結直チニ師…追急ナリ…機四、五十台國境方面ニ向ケ飛ンテ行ク	削…
六、二八 海拉爾	海拉爾 小倉部隊 岡本隊 野田一	名古屋市東區白壁町一ノ四 渡邊御一同	二十二日海拉爾カラ飛行隊カ移轉シテ來テ（甘珠爾廟）戰斗機十八台揃ヒマシタ今日ノ戰斗テ四機ヲ失ヒ二機使用不能殘リ十二機トナル飛行場警戒ノ我隊ノ暗號ハラ…	削除

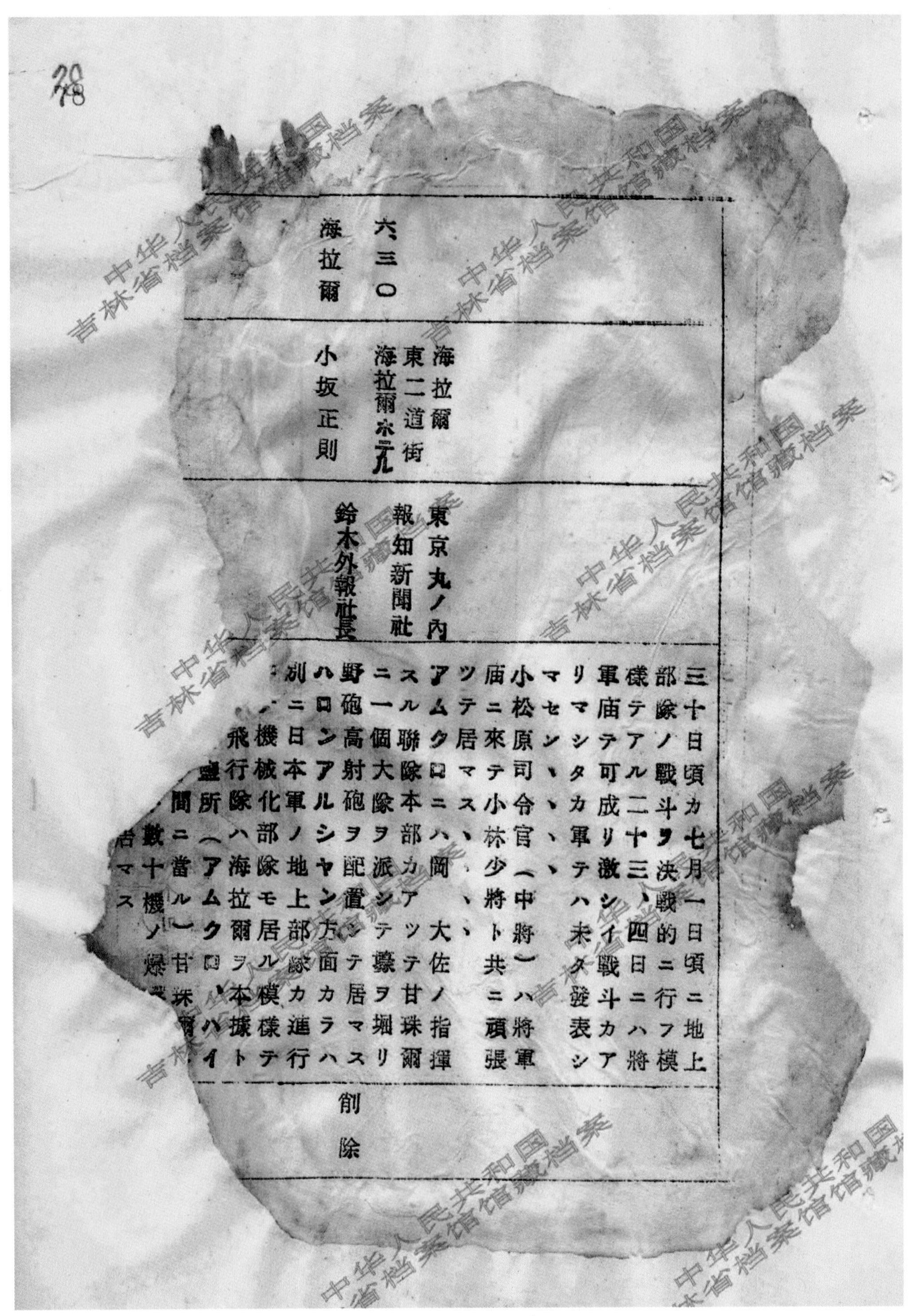

28

| 六三〇
海拉爾 | 海拉爾
東二道街
海拉爾ホテル
小坂正則 | 東京丸ノ內
報知新聞社
鈴木外報社長 | 三十日頃カ七月一日頃ニ地上部隊ノ戰斗ヲ決戰的ニ行フ模樣テアル二十三、四日ニハ將軍廟テテ可成リ激シイ戰斗カアリマシタカ軍テハ未タ發表シマセン、、、、、、小松原司令官（中將）ハ將軍廟ニ來テ小林少將ト共ニ頑張ツテ居マス、、、、アムタロニハ岡　大佐ノ指揮スル聯隊本部カアッテ甘珠爾ニ一個大隊ヲ派シテ壕ヲ堀リ野砲高射砲ヲ配置シテ居マスハロンアルシヤン方面カラハ別ニ日本軍ノ地上部隊カ進行[illegible]ノ機械化部隊モ居ル模樣テ飛行隊ハ海拉爾ヲ本據ト盛所（アムクロ）、ハイ間ニ當ル「甘珠爾數十機ノ爆擊居マス | 削除 |

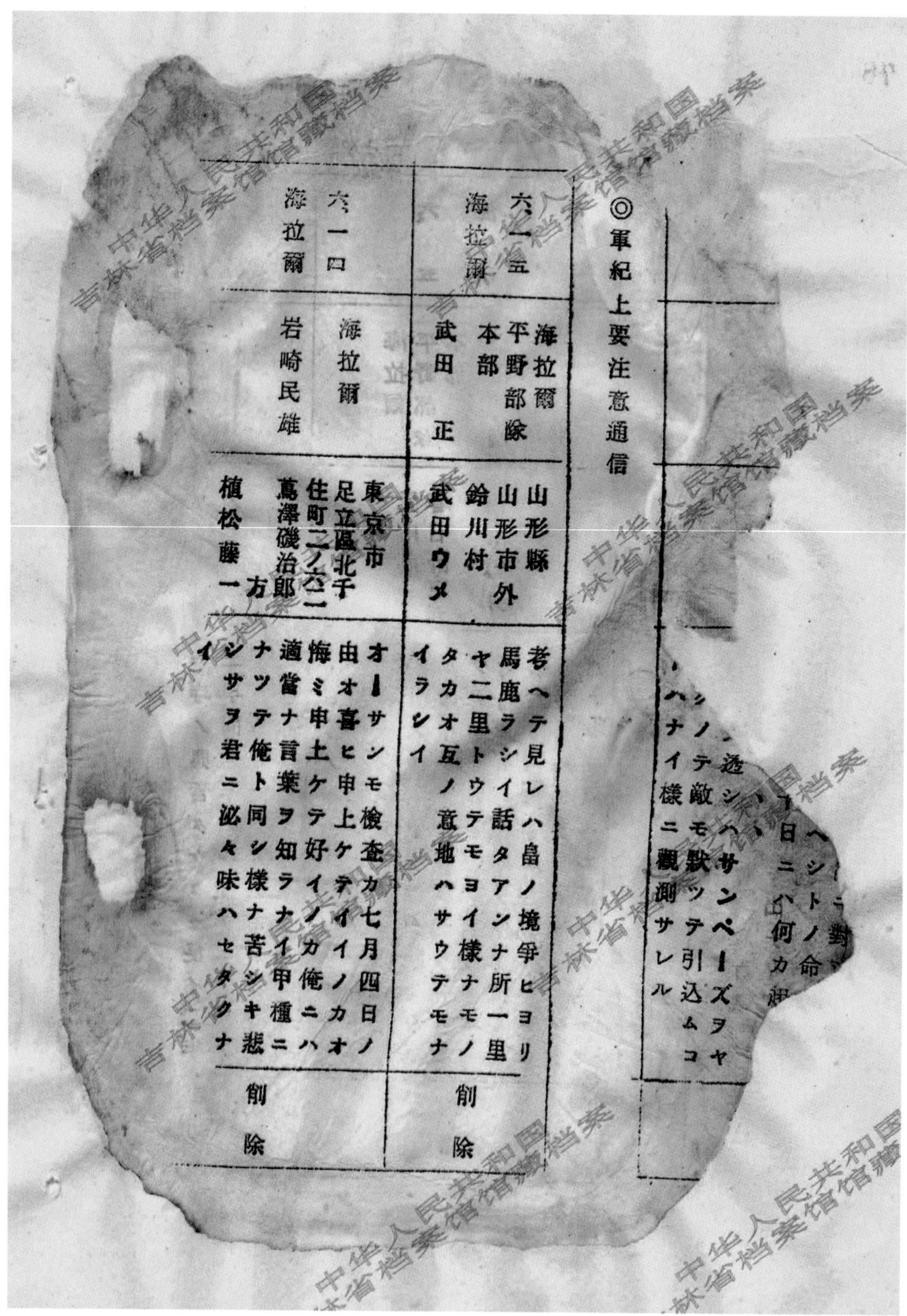

ニ對
ヘシトノ命
一日ニハ何カ起
透シハ、サンペーズヲヤ
シノテ敵モ默ッテ引込ムコ
ハナイ様ニ觀測サレル

◎軍紀上要注意通信

六、一五	海拉爾	海拉爾平野部隊本部 武田正	山形縣山形市外鈴川村 武田ウメ	老ヘテ見レハ畠ノ境爭ヒヨリ馬鹿ラシイ話タアンナ所一里ヤ二里トウテモヨイ様ナモノタカオ互ノ意地ハサウテモナイラシイ	削除
六、一四	海拉爾	海拉爾 岩崎民雄	東京市足立區北千住町二ノ六二一 蔦澤磯治郎方 植松藤一	オーサンモ檢査カ七月四日ノ由オ喜ヒ申上ケテイイノカオ悔ミ申上ケテ好イノカ俺ニハ適當ナ言葉ヲ知ライナイ甲種ニナッテ俺ト同シ様ナ苦シキ悲シサヲ君ニ泌々味ハセタクナイイ	削除

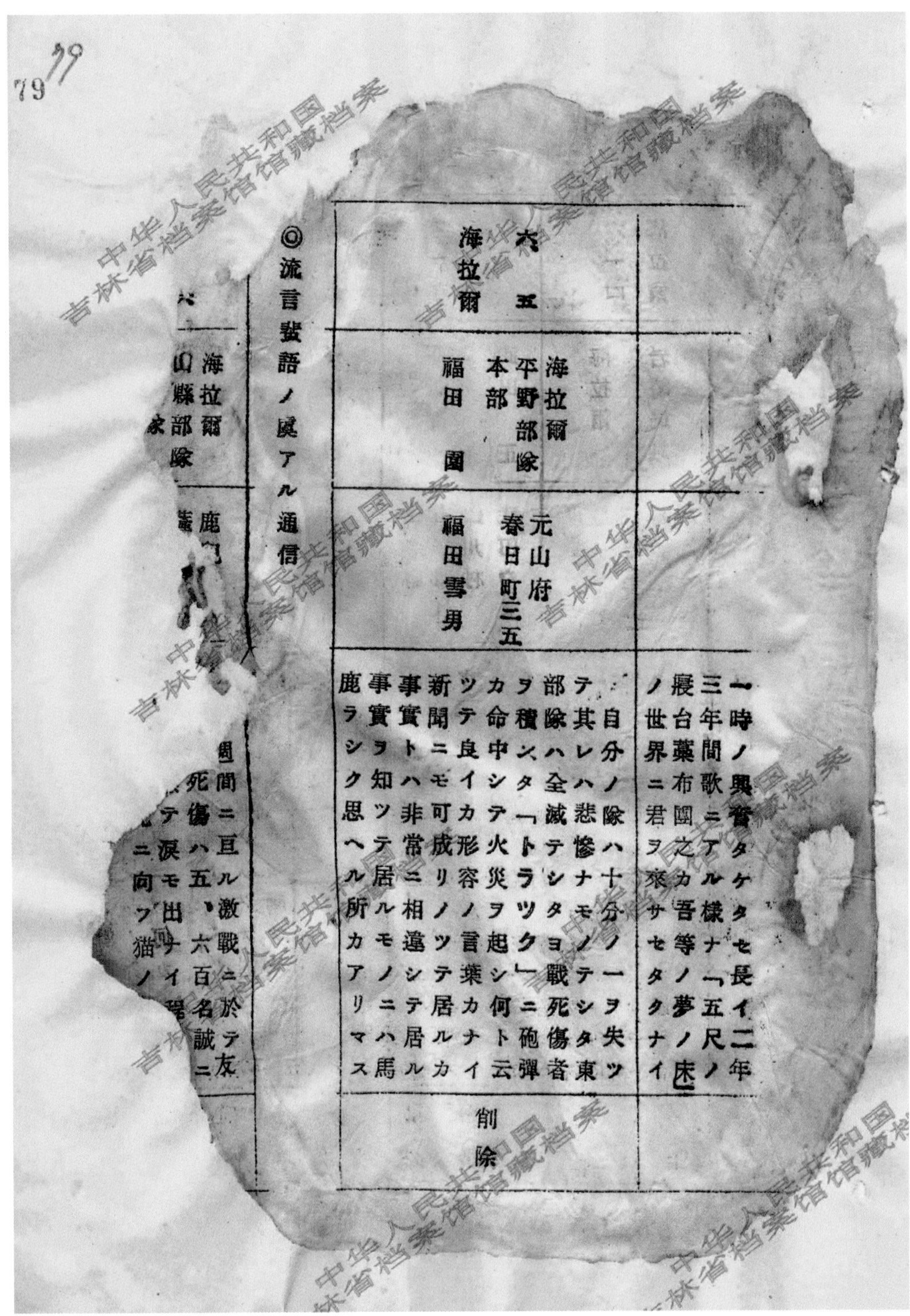

六五 海拉爾	海拉爾 平野部隊 本部 福田園	元山府 春日町三五 福田雪男	一時ノ興奮タケタセ長イ二年三年間歌ニアル樣ナ「五尺ノ床」履台藥布團之カ吾等ノ夢ノ世界ニ君ヲ來サセタクナイ 自分ノ除ハ十分ノ一ヲ失ツテ其レハ悲慘ナモノテシタ東部除ハ全滅テシタヨ戰死傷者ヲ積メタ「トラツク」ニ砲彈カ命中シテ火災ヲ起シ何ト云ツテ良イカ形容ノ言葉カナイ新聞ニモ可成リノツテ居ルカ事實トハ非常ニ相違シテ居ル事實ヲ知ツテ居ルモノニハ馬鹿ラシク思ヘル所カアリマス	削除

◎流言蜚語ノ虞アル通信

六[illegible]	海拉爾 山縣部隊	鹿[illegible]	[illegible]間ニ亘ル激戰ニ於テ友[illegible]死傷ハ五、六百名誠ニ[illegible]テ涙モ出ナイ程[illegible]ニ向フ猫ノ[illegible]

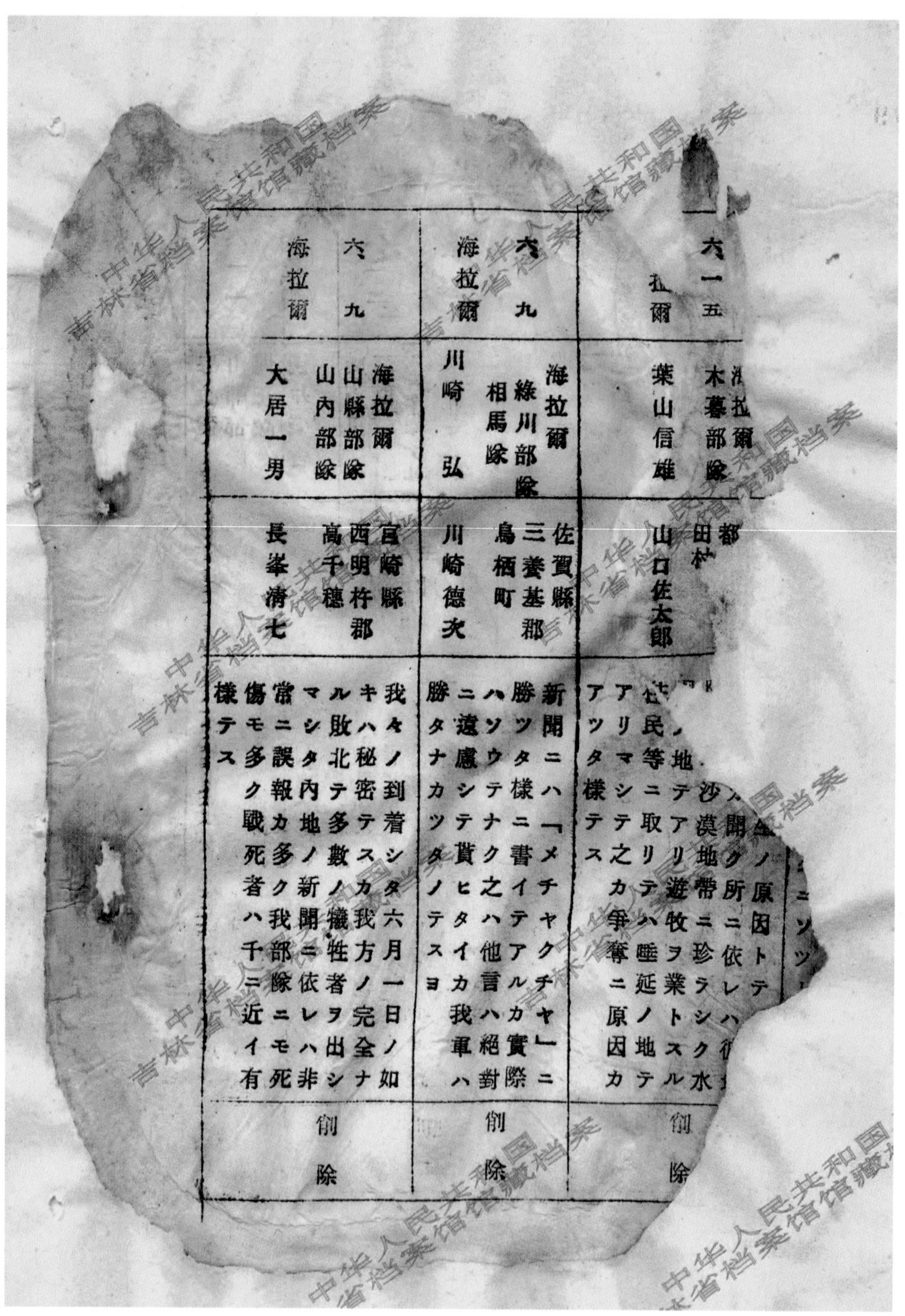

六一五 [illegible]拉爾	六九 海拉爾	六九 海拉爾
海拉爾 木暮部隊 葉山信雄	海拉爾 綠川部隊 相馬隊 川崎 弘	海拉爾 山縣部隊 山内部隊 大居一男
[illegible]都 田村 山口佐太郎	佐賀縣 三養基郡 鳥栖町 川崎徳次	宮崎縣 西明杵郡 高千穂 長峯清七
[illegible]ニソツ[illegible]全ノ原因トテ[illegible]メ開ク所ニ依レハ往[illegible]沙漠地帯ニ珍ラシク水[illegible]地テアリ遊牧ヲ業トスル住民等ニ取リテハ唾延ノ地テアリマシテ之カ争奪ニ原因カアツタ様テス	新聞ニハ「メチヤクチヤ」ニ勝ツタ様ニ書イテアルカ實際ニハソウテナク之ハ他言ハ絶對ニ遠慮シテ貰ヒタイカ我軍ハ勝タナカツタノテスヨ	我々ノ到着シタ六月一日ノ如キハ秘密テスカ我方ノ完全ナル敗北テ多數ノ犠牲者ヲ出シマシタ内地ノ新聞ニ依レハ非常ニ誤報カ多ク我部隊ニモ死傷モ多ク戰死者ハ千ニ近イ有様テス
削除	削除	削除

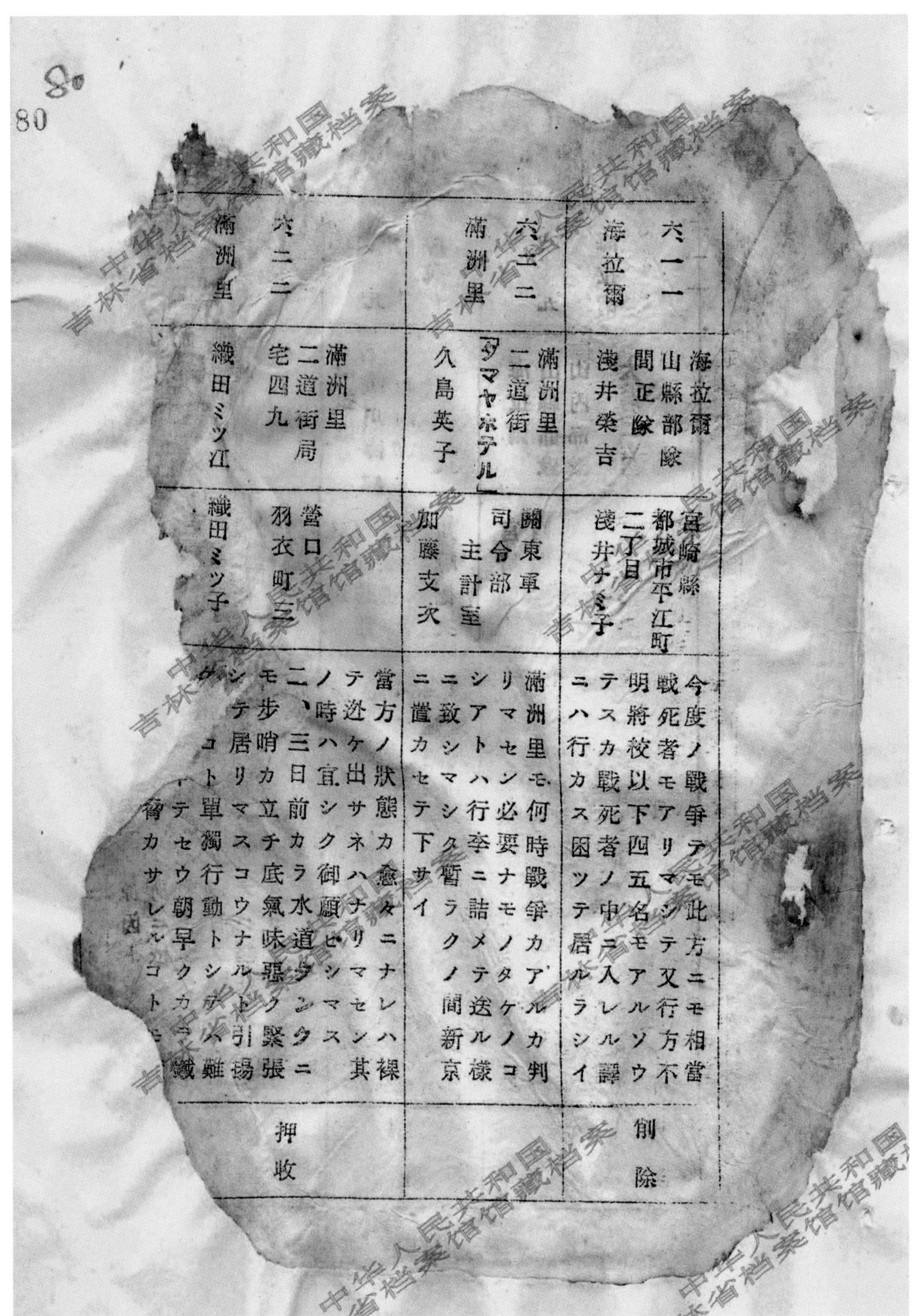

80

六一一 海拉爾	海拉爾山縣部隊 間正餘 淺井榮吉	宮崎縣都城市平江町二丁目 淺井ナミ子	今度ノ戰爭デモ此方ニモ相當戰死者モアリマシテ又行方不明將校以下四五名モアルソウテスカ戰死者ノ中ニ入レル譯ニハ行カス困ツテ居ルラシイ	削除
六一二 滿洲里	滿洲里二道街「タマヤホテル」久島英子	關東軍司令部主計室 加藤文次	滿洲里モ何時戰爭カアルカ判リマセン必要ナモノタケノコシアトハ行李ニ詰メテ送ル樣ニ致シマシタ暫ラクノ間新京ニ置カセテ下サイ	
六一二 滿洲里	滿洲里二道街局宅四九 織田ミツ江	營口羽衣町三 織田ミツ子	當方ノ狀態カ愈々ニナレハ裸テ逃ケ出サネハナリマセン其ノ時ハ宜シク御願ヒシマス二、三日前カラ水道タンクニモ步哨カ立チ底氣味惡ク緊張シテ居リマスコウナルト引揚ゲ[illegible]コト單獨行動トシテハ難[illegible]テセウ朝早クカラ[illegible]織脅カサレルコト[illegible]	押收

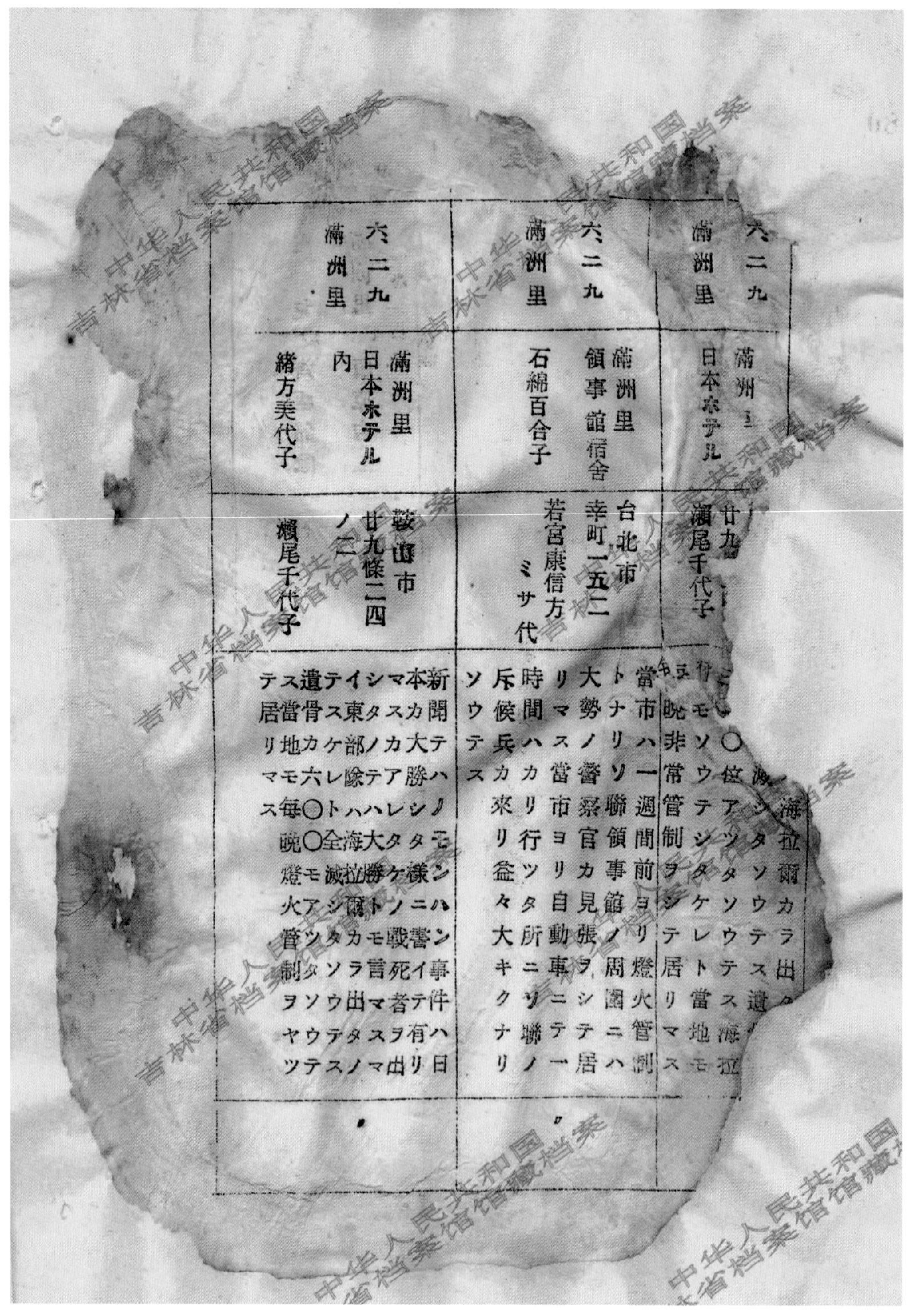

六二九	六二九	六二九
滿洲里	滿洲里	滿洲里
滿洲[illegible] 日本ホテル	滿洲里 領事館宿舍 石綿百合子	滿洲里 日本ホテル 內 緒方美代子
廿九[illegible] 瀨尾千代子	台北市 幸町一五二 若宮康信方 ミサ代	鞍山市 廿九條二ノ二四 瀨尾千代子
[illegible]海拉爾カラ出タ [illegible]シタソウテス遺 [illegible]〇位アツタソウテス海拉 [illegible]モソウテシタケレト當地モ [illegible]晩非常管制ヲシテ居リマス	當市ハ一週間前ヨリ燈火管制 トナリソ聯領事館ノ周圍ニハ 大勢ノ警察官カ見張ヲシテ居 リマス當市ヨリ自動車ニテ一 時間ハカリ行ツタ所ニソ聯ノ 斥候兵カ來リ益々大キクナリ ソウテス	新聞テハノモンハン事件ハ日 本カ大勝シタ様ニ書イテ有リ マスカアレタケノ戰死者ヲ出 シタノテハ大勝トモ言マスマ イ東部除ハ海拉爾カラ出タノ テスケレト全滅シタソウテス 遺骨カ六〇〇モアツタソウテ ス當地モ毎晩燈火管制ヲヤツ テ居リマス

81

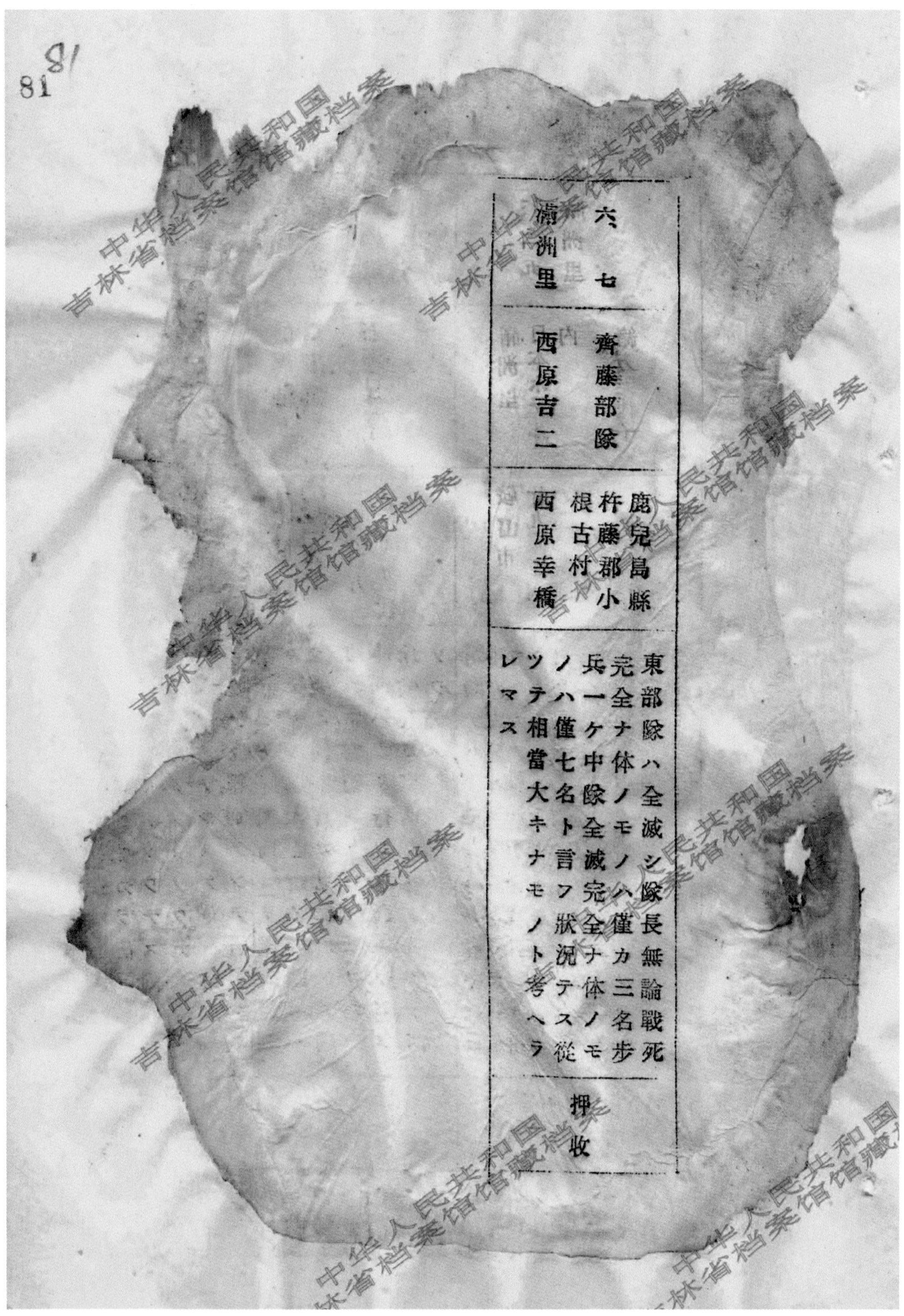

六、七 満洲里	齋藤部隊 西原吉二	鹿児島縣杵藤郡小根古村 西原幸橋	東部隊ハ全滅シ隊長無論戦死完全ナ体ノモノハ僅カ三名歩兵一ケ中隊全滅完全ナ体ノモノハ僅七名ト言フ状況テス従ツテ相當大キナモノト考ヘラレマス	押収

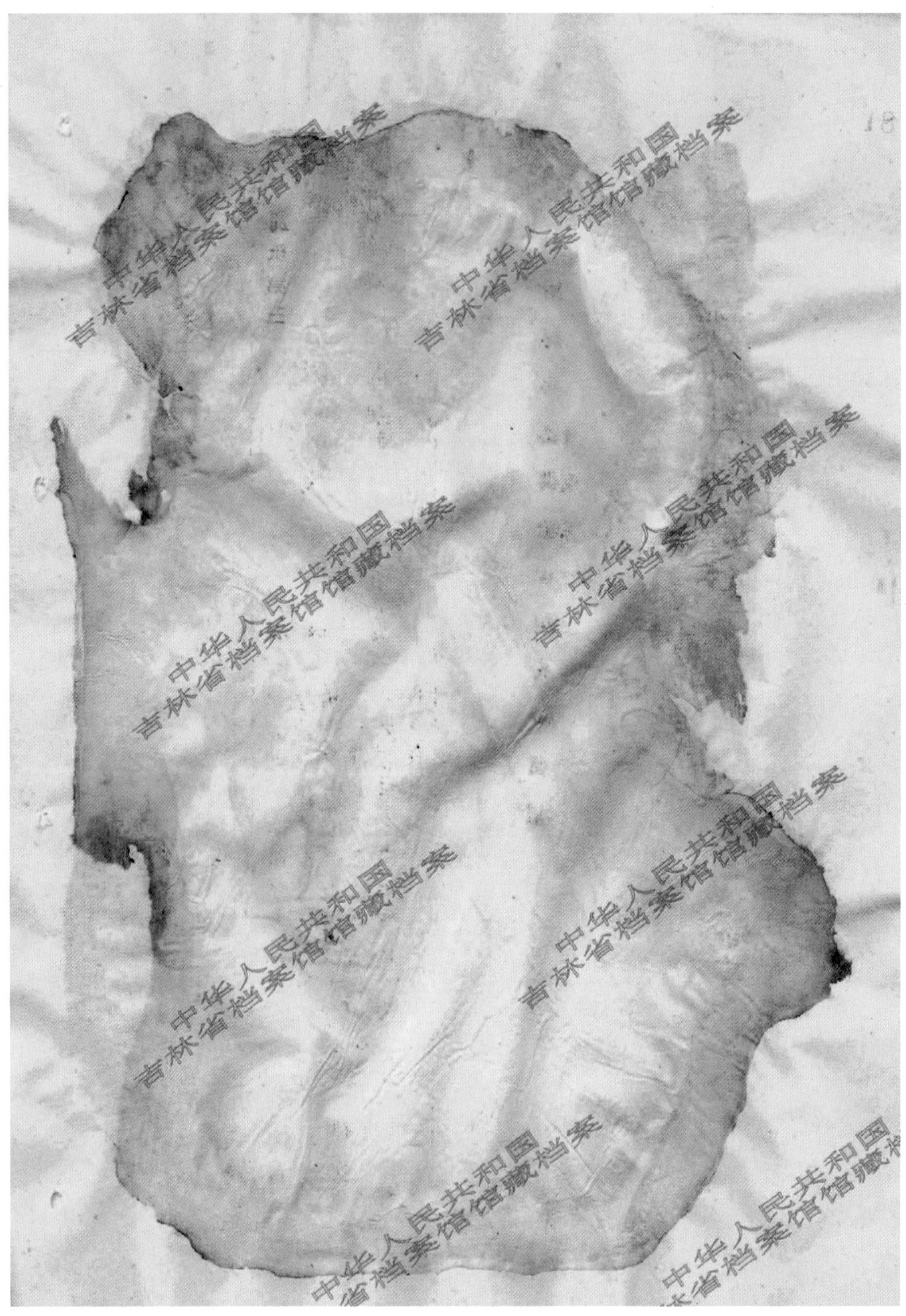

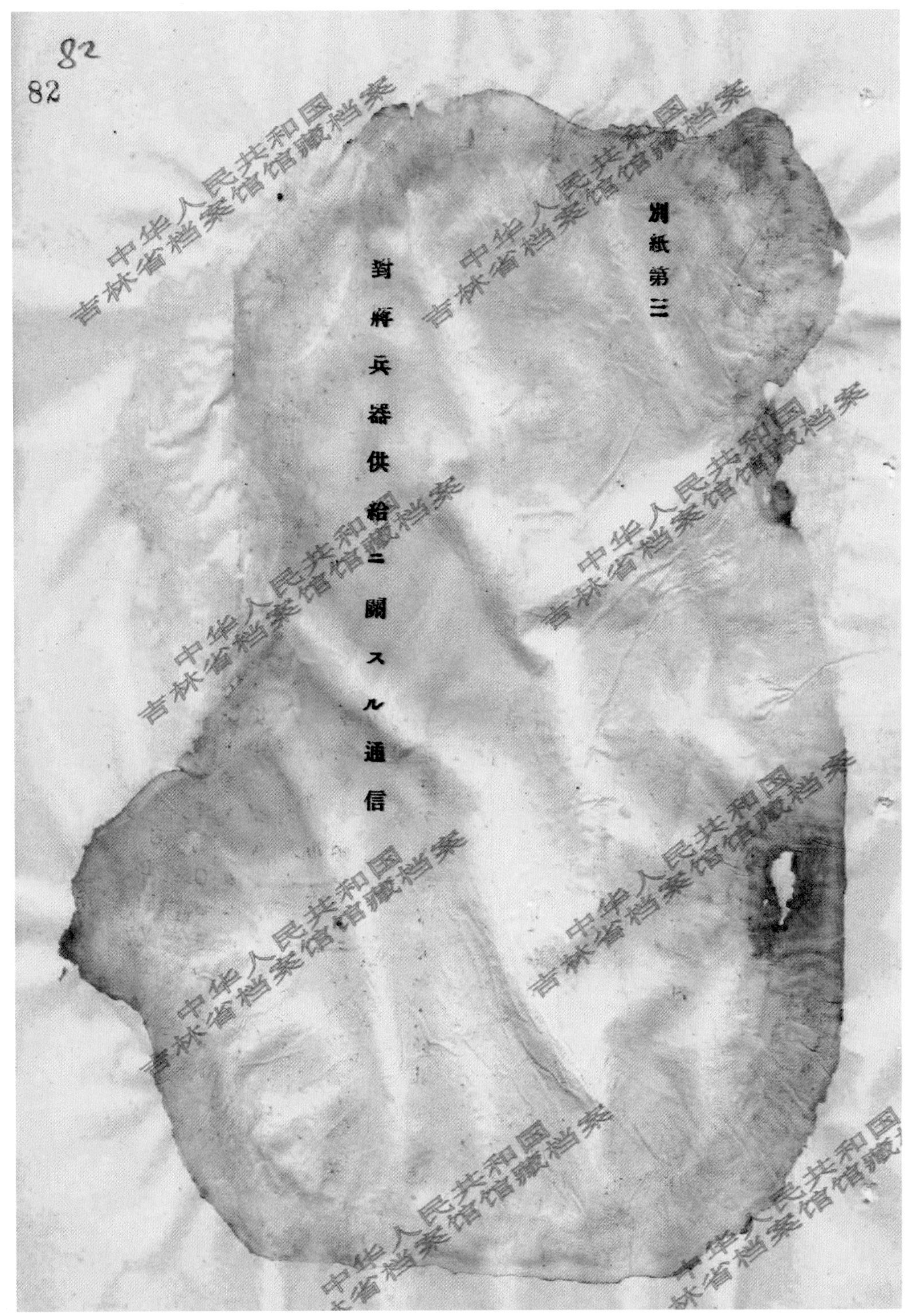
82
82

別紙第三

對蔣兵器供給ニ關スル通信

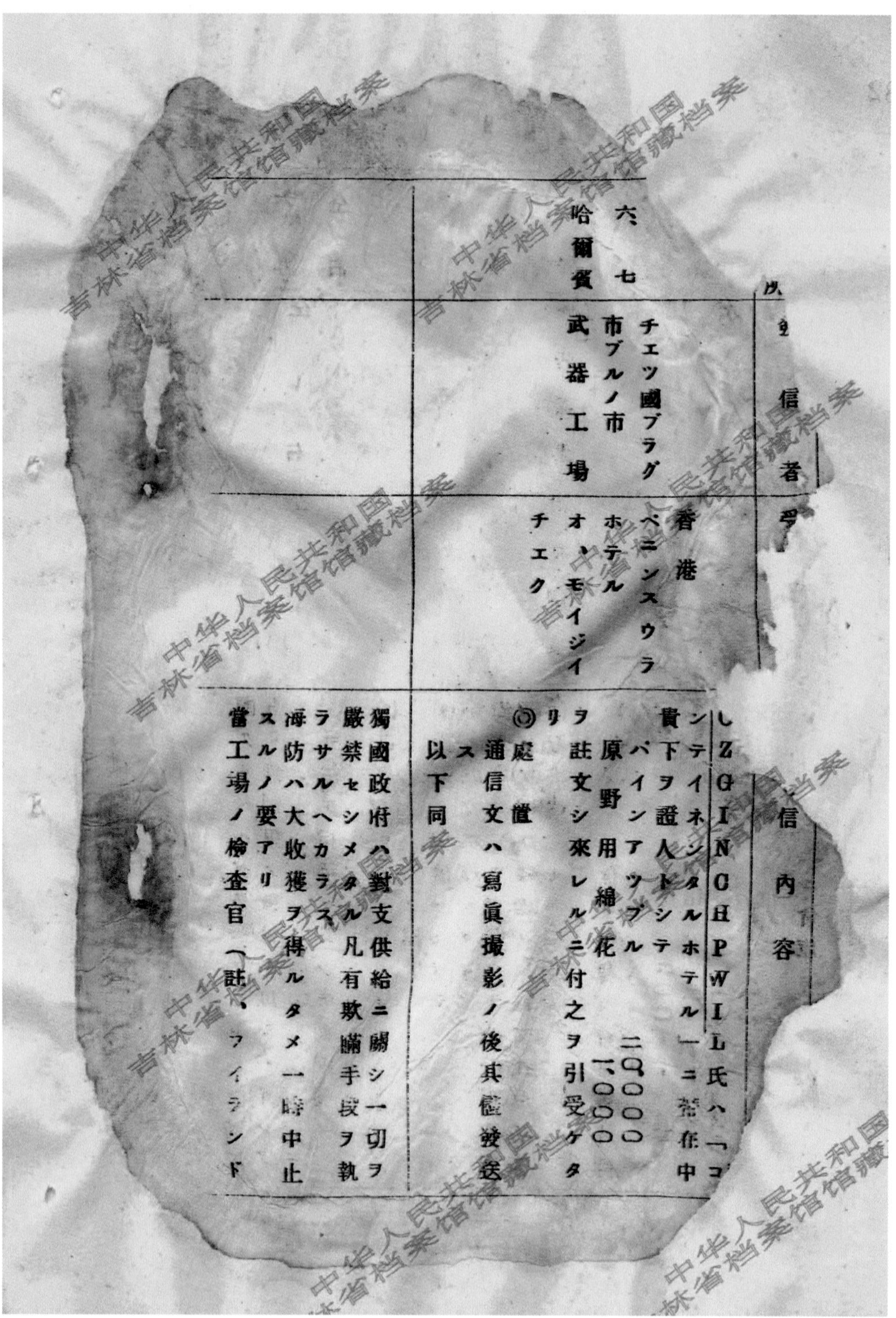

發信者番号			通信内容
六七 哈爾賓	チエツ國プラグ市ブルノ市 武器工場	香港 ペニンスウラホテル オ・モイジイ チエク	LZGINCHPWIL氏ハ「コンテイネンタルホテル」ニ滯在中貴下ヲ證人トシテ パインアップル　二〇、〇〇〇 原野用綿花　一、〇〇〇 ヲ註文シ來レルニ付之ヲ引受ケタリ ◎處置　通信文ハ寫眞撮影ノ後其儘發送ス 以下同
			獨國政府ハ對支供給ニ關シ一切ヲ嚴禁セシメタル凡有欺瞞手段ヲ執ラサルヘカラス、海防ハ大收獲ヲ得ルタメ一時中止スルノ要アリ 當工場ノ檢查官（註、フィランド

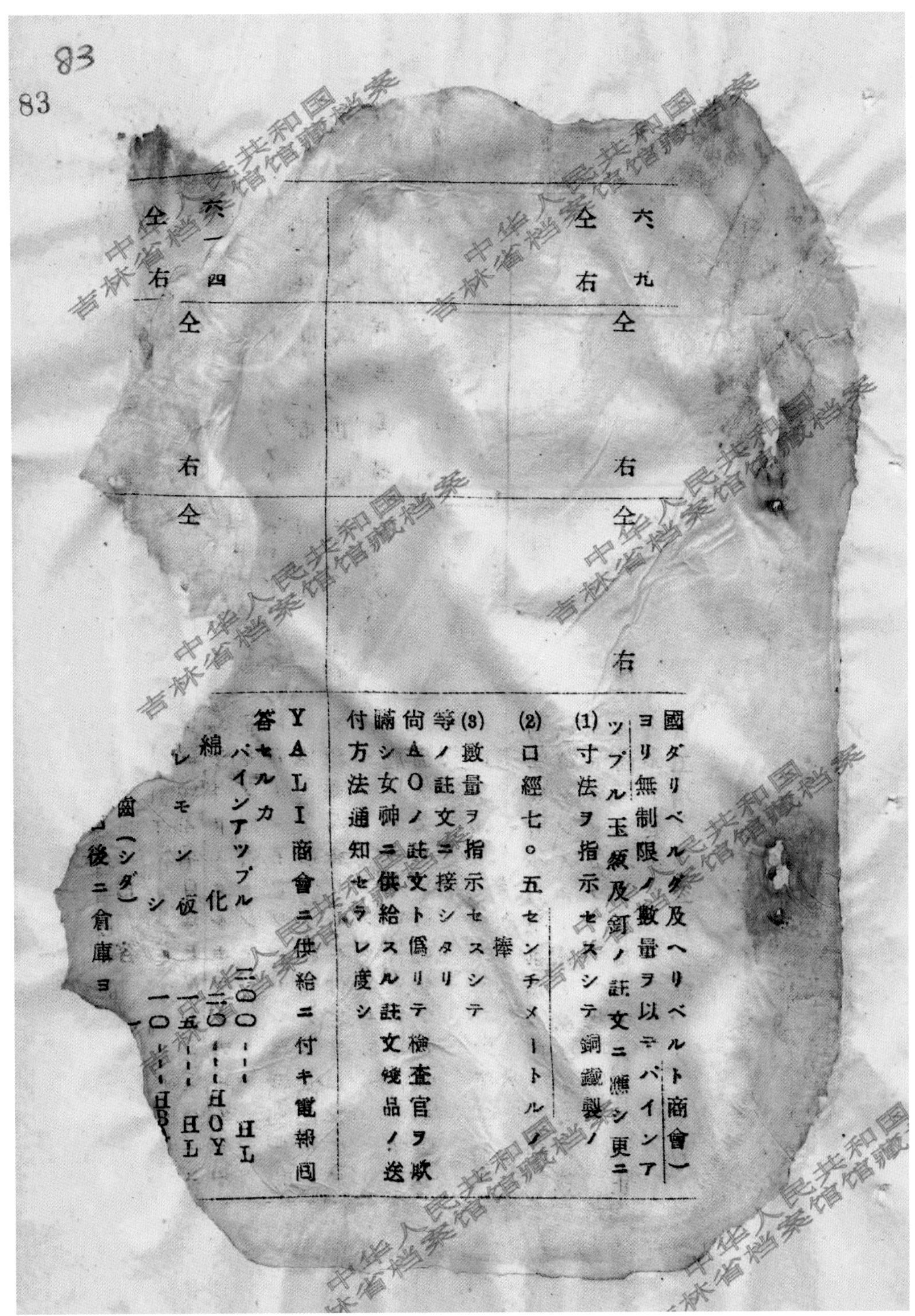

83

83

六九 仝右
仝右
仝右

六一四 仝右
仝右
仝

國ダリベルダ及ヘリベルト商會一
ヨリ無制限ノ數量ヲ以テパインア
ップル玉級及釘ノ註文ニ應シ更ニ
(1)寸法ヲ指示セスシテ鋼鐵製ノ
(2)口經七〇五センチメートルノ棒
(3)數量ヲ指示セスシテ
等ノ註文ニ接シタリ
尚AOノ註文ト僞リテ檢査官ヲ欺
瞞シ女神ニ供給スル註文幾品ノ送
付方法通知セラレ度シ

YALI商會ニ供給ニ付キ電報問
答セルカ
パインアップル 二〇〇―HL
綿化 二〇〇―HOY
レモン仮 一五―HL
シ 一〇―HB
齒(シダ)
後ニ倉庫ヨ

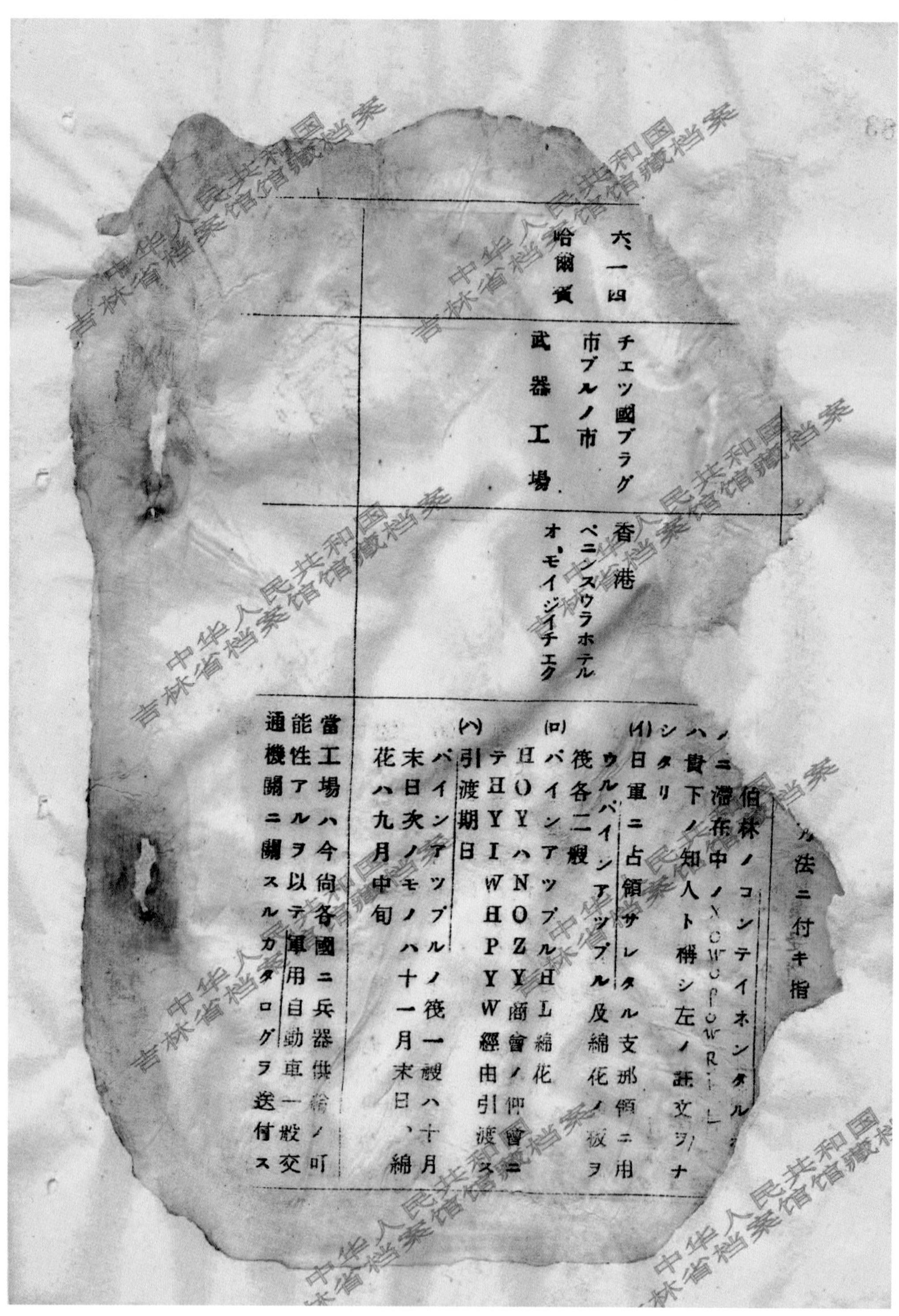
六、一四
哈爾賓

チェッ國プラグ
市ブルノ市
武器工場

香港
ペニンスウラホテル
オ、モイジイチエク

…方法ニ付キ指

伯林ノコンテイネンタルホ
ノニ滯在中ノXOWOPOWR-L
ハ貴下ノ知人ト稱シ左ノ註文ヲナ
シタリ
(イ)日軍ニ占領サレタル支那領ニ用
ウルバインアップル及綿花ノ板ヲ
後各二艘
(ロ)バインアップル日L綿花
日OYハNOZY商會ノ仲會ニ
テ日YIWHPYW經由引渡ス
(ハ)引渡期日
バインアップルノ後一艘ハ十月
末日次ノモノハ十一月末日、綿
花ハ九月中旬

當工場ハ今尚各國ニ兵器供給ノ可
能性アルヲ以テ軍用自動車一般交
通機關ニ關スルカタログヲ送付ス

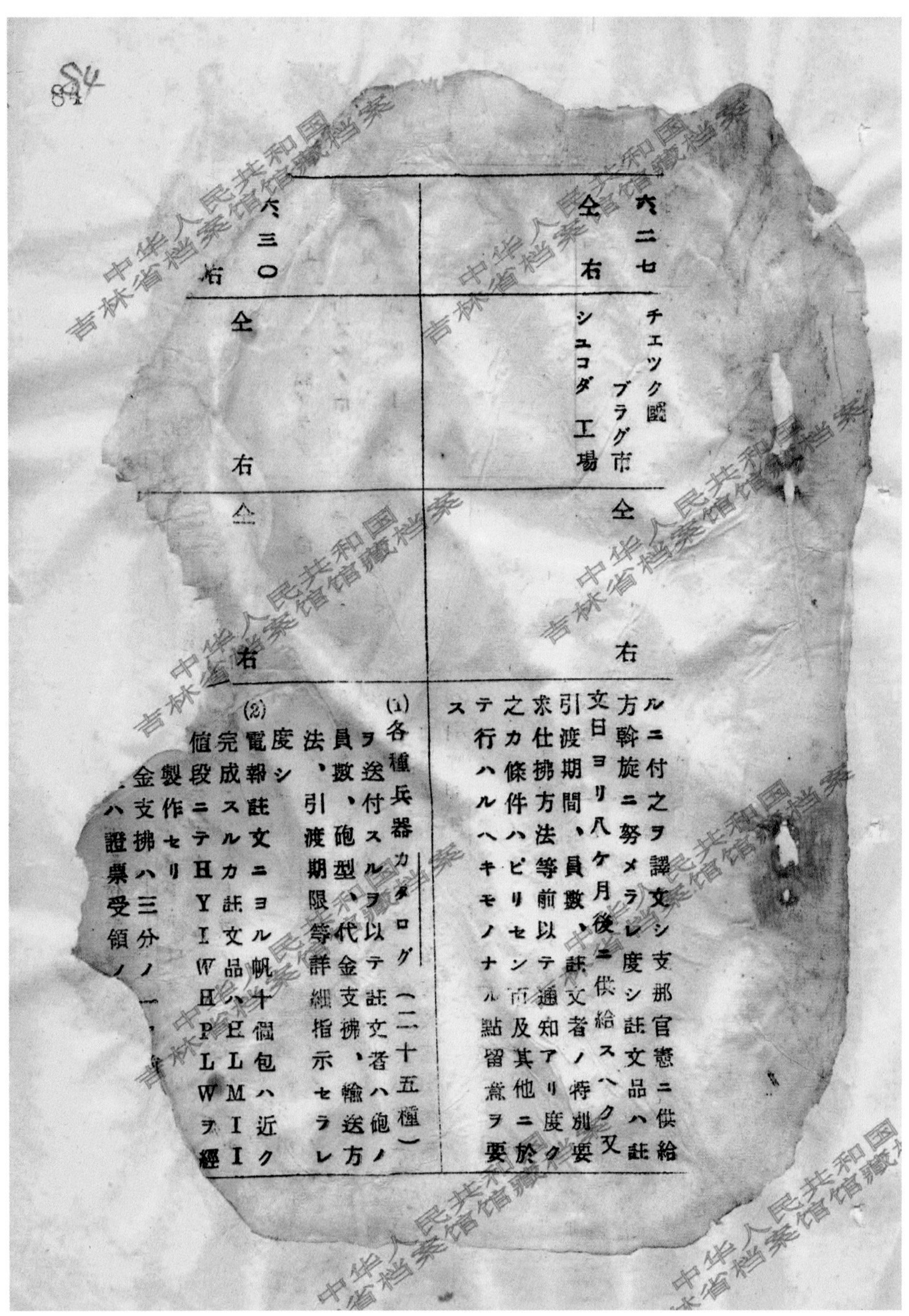

六二七

仝右

チエツク國
プラグ市
シユコダ工場

仝

右

六三〇

右

仝

右

仝

右

ルニ付之ヲ譯文シ支那官憲ニ供給
方斡旋ニ努メラレ度シ註文品ハ註
文日ヨリ八ケ月後ニ供給スヘク又
引渡期間、員數、註文者ノ特別要
求仕拂方法等前以テ通知アリ度ク
之カ條件ハピリセン市及其他ニ於
テ行ハルヘキモノナル點留意ヲ要
ス

(1)各種兵器カタログ(二十五種)
ヲ送付スルヲ以テ註文者ハ砲ノ
員數、砲型、代金支拂、輸送方
法、引渡期限等詳細指示セラレ
度シ

(2)
電報註文ニヨル帆十個包ハ近ク
完成スルカ註文品ハ、ELMII
値段ニテHYIWHPLWヲ經
製作セリ
金支拂ハ三分ノ一、…
…ハ證票受領ノ…

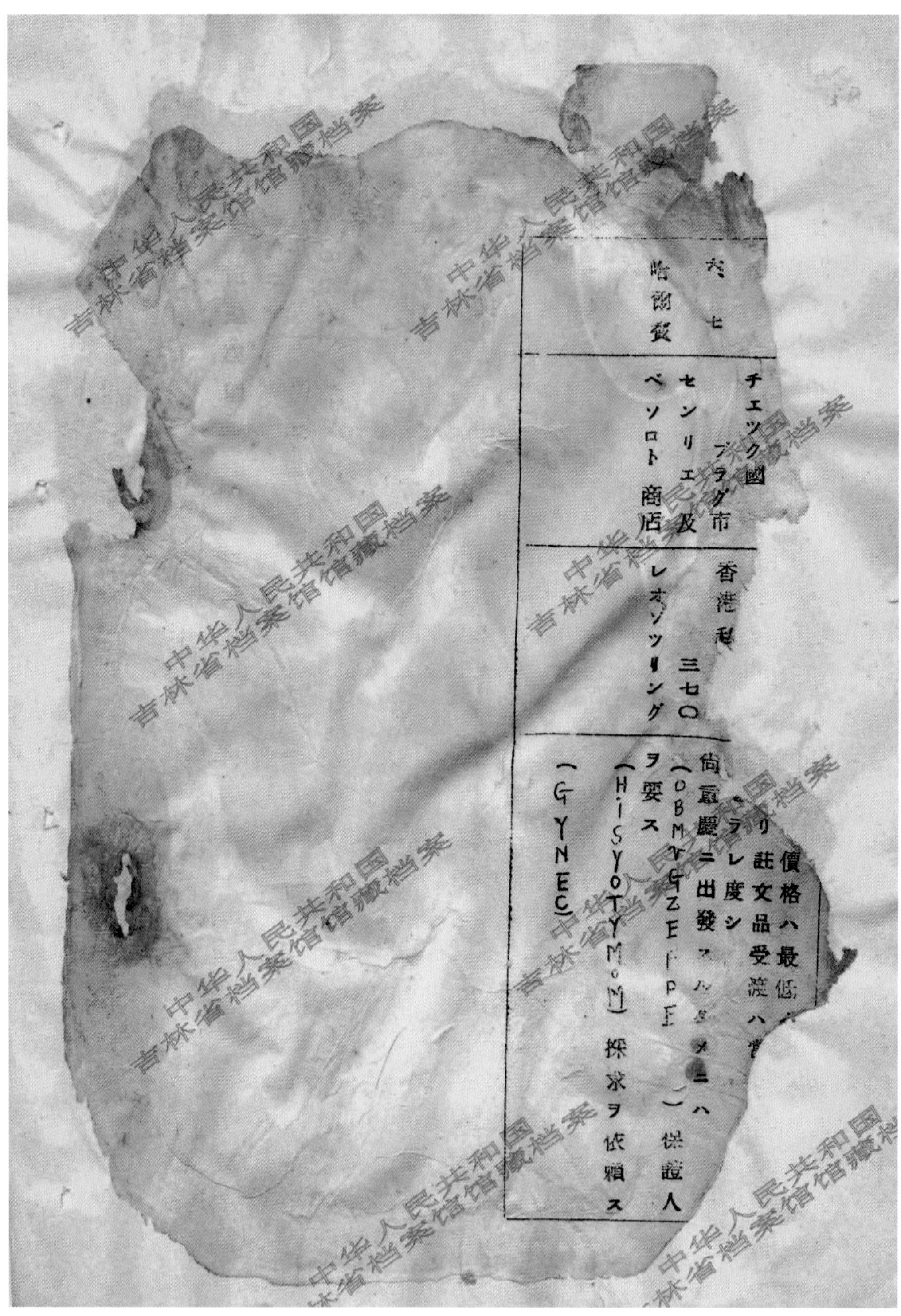

六七 哈爾濱	チェック國 プラグ市 センリエ及 ベソロト商店	香港私 三七〇 レオソツリング	價格ハ最低ナ リ註文品受渡ハ當 ラレ度シ 尚最麗ニ出發スルタメニハ (OBMVGZEFPE)保證人 ヲ要ス (HISYOTYMOM)採求ヲ依賴ス (GYNEC)

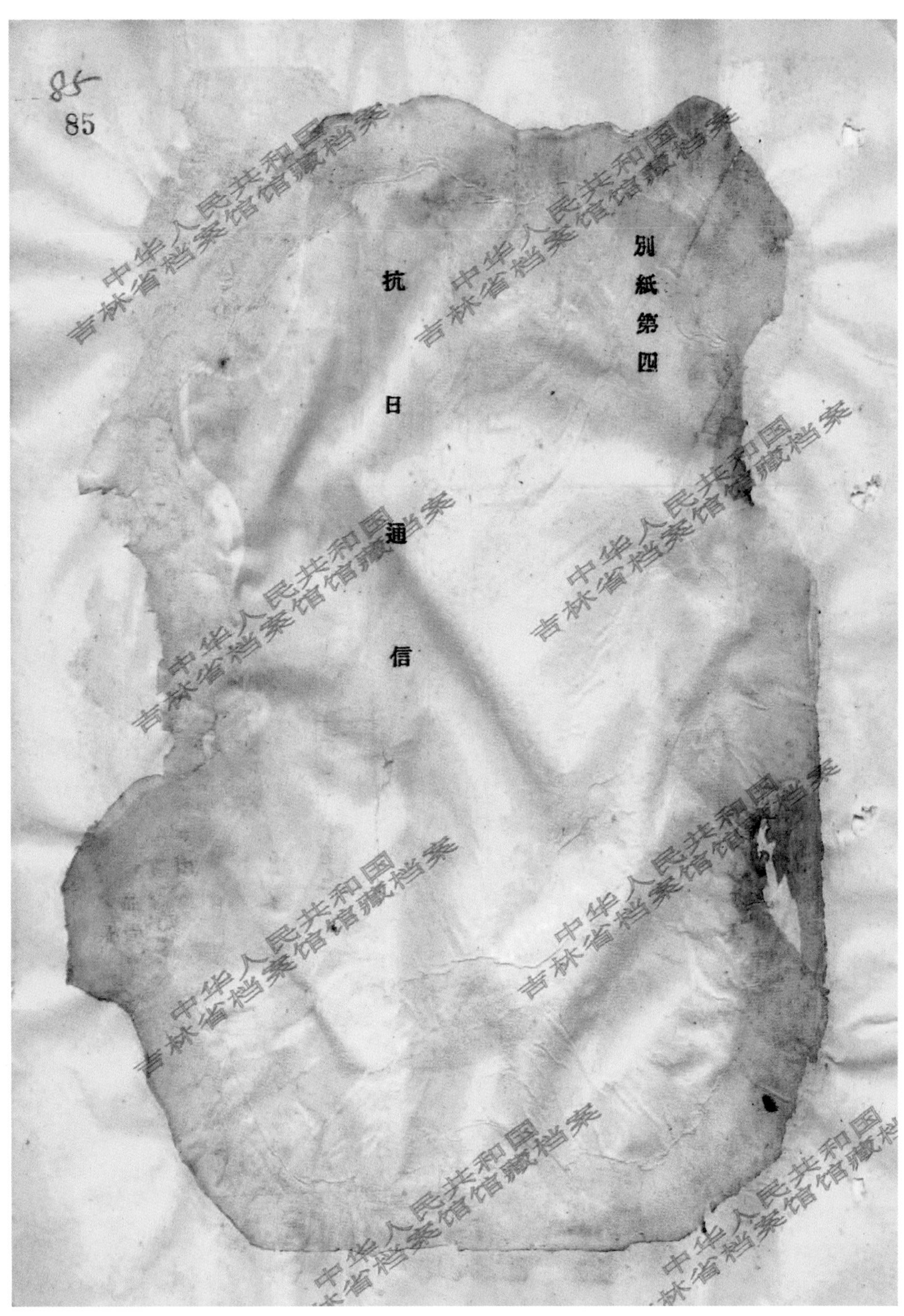
85

別紙第四

抗日通信

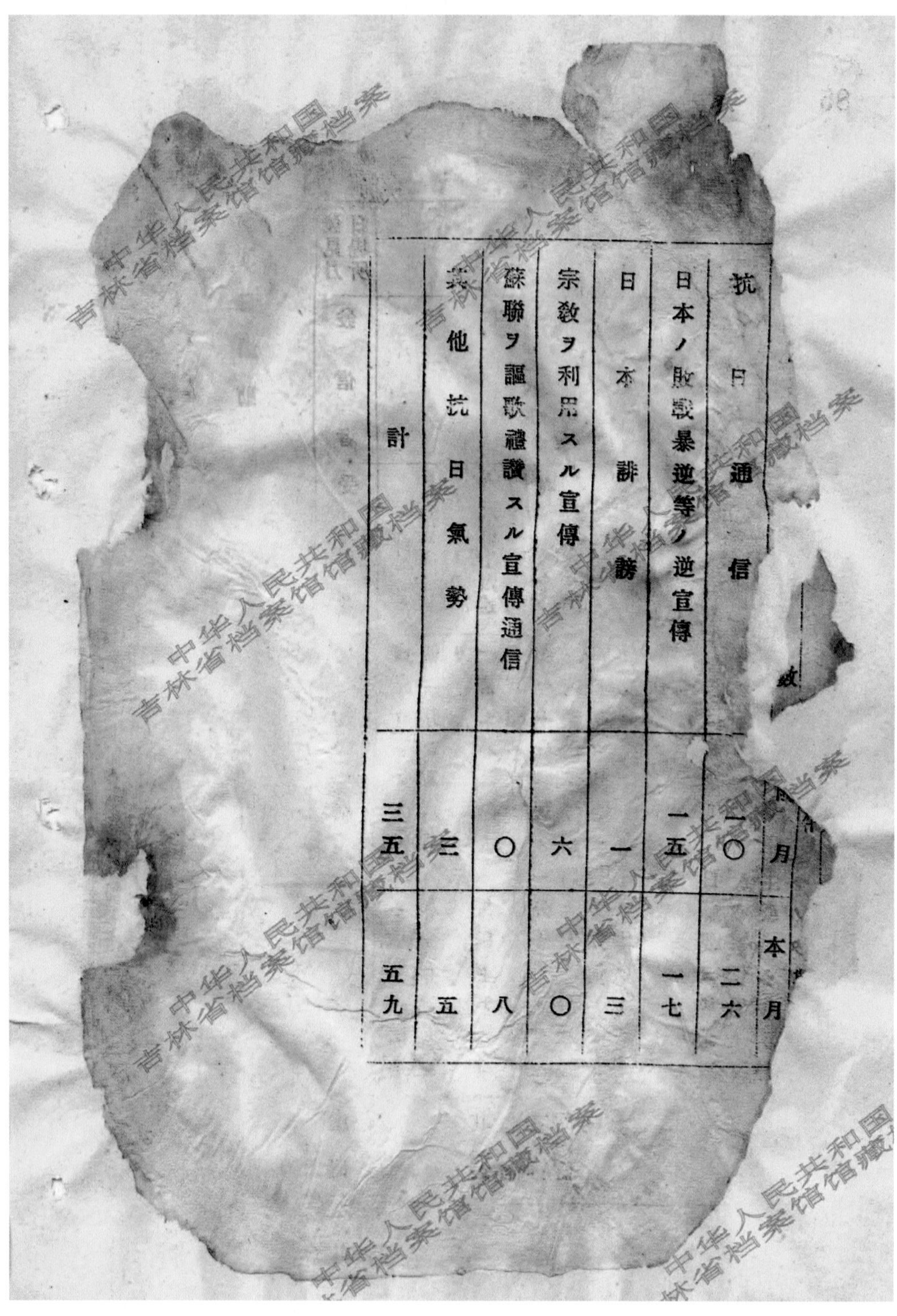

數	月	本月
抗日通信	一〇	二六
日本ノ敗戰暴逆等ノ逆宣傳	一五	一七
日本誹謗	一	三
宗教ヲ利用スル宣傳	六	〇
蘇聯ヲ謳歌禮讃スル宣傳通信	〇	八
其他抗日氣勢	三	五
計	三五	五九

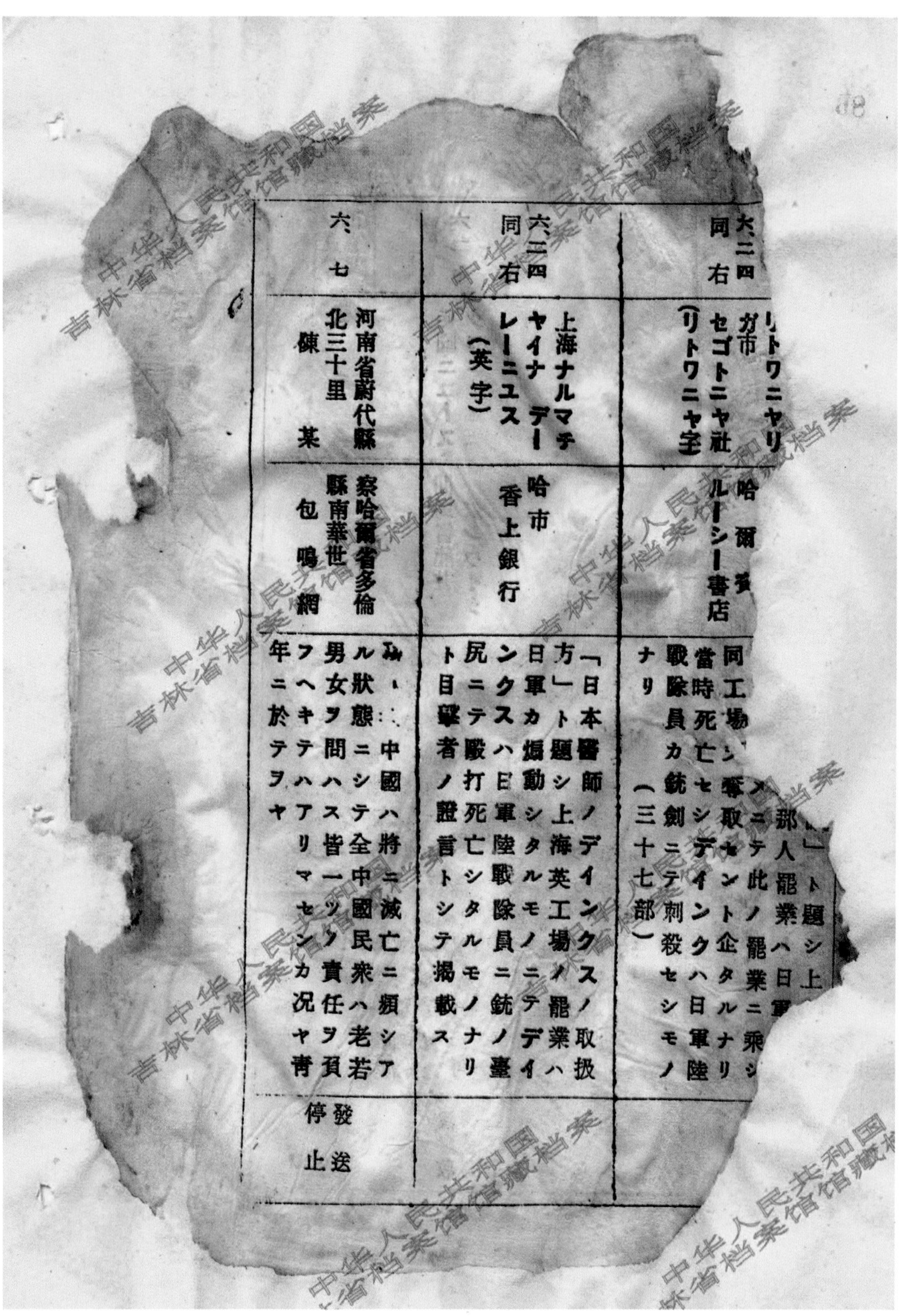

六、二四 同右	リトワニヤリガ市 セゴトニヤ社 (リトワニヤ字)	哈爾濱 ルーシー書店	[illegible]」ト題シ上 部人罷業ハ日軍 [illegible]メニテ此ノ罷業ニ乗シ 同工場ヲ奪取セント企タルナリ當時死亡セシデインクハ日軍陸戰隊員カ銃劍ニテ刺殺セシモノナリ（三十七部）	
六、二四 同右	上海ナルマチヤイナデーレーニユス（英字）	哈市 香上銀行	「日本醫師ノデインクスノ取扱方」ト題シ上海英工場ノ罷業ハ日軍カ煽動シタルモノニテデインクスハ日軍陸戰隊員ニ銃ノ臺尻ニテ毆打死亡シタルモノナリト目擊者ノ證言トシテ掲載ス	
六、七	河南省尉代縣北三十里 傈 某	察哈爾省多倫縣南華世 包鳴網	み、、、中國ハ將ニ滅亡ニ瀕シアル狀態ニシテ全中國民衆ハ老若男女ヲ問ハス皆一ツノ責任ヲ負フヘキテハアリマセンカ況ヤ青年ニ於テヲヤ	發送停止

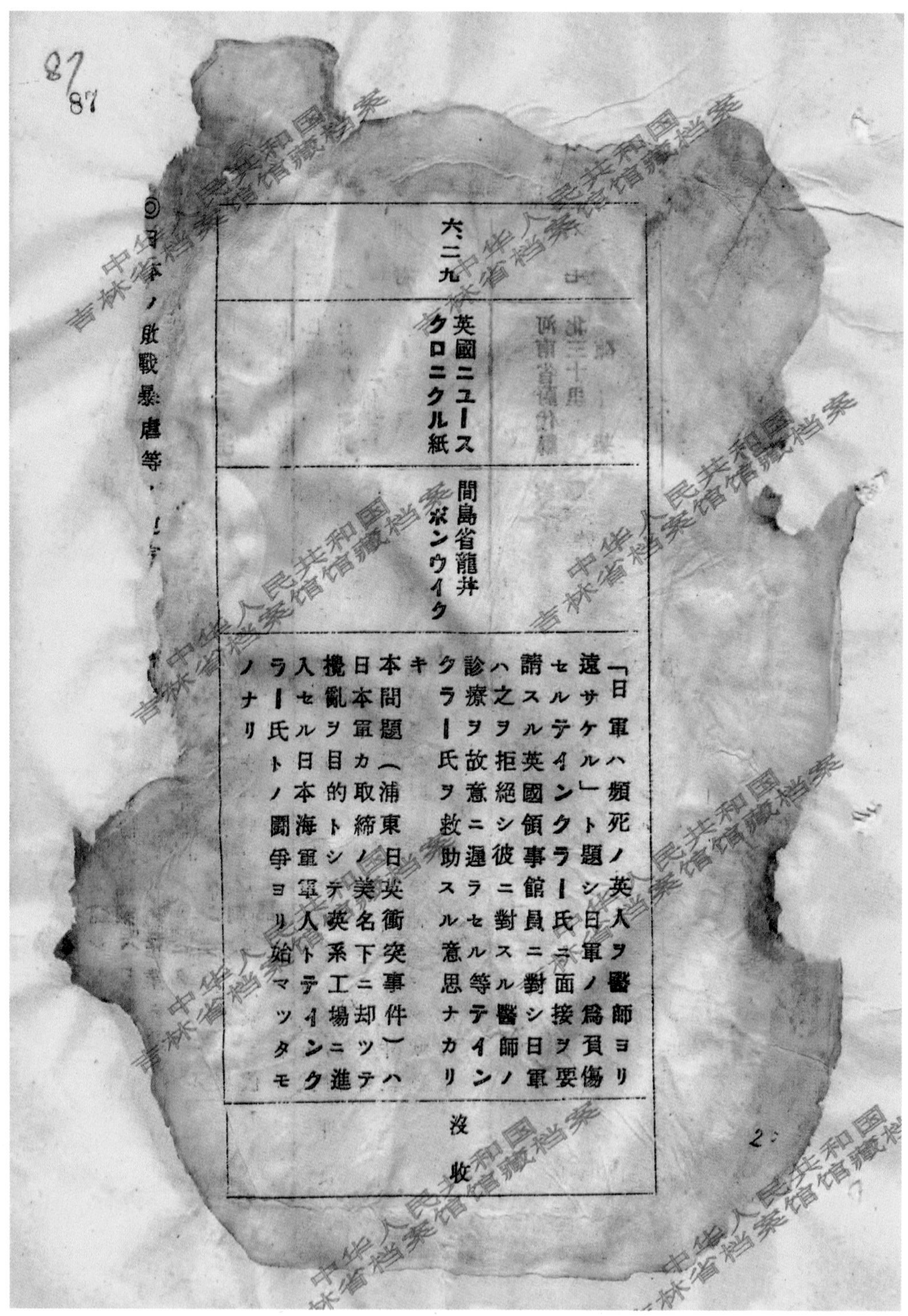
87
87

◎日本ノ敗戰暴虐等

六、二九

英國ニユースクロニクル紙

間島省龍井 ボンウイク

「日軍ハ瀕死ノ英人ヲ醫師ヨリ遠ザケル」ト題シ日軍ノ爲負傷セルテイングラー氏ニ面接ヲ要請スル英國領事館員ニ對シ日軍ハ之ヲ拒絶シ彼ニ對スル醫師ノ診療ヲ故意ニ遲ラセル等テイングラー氏ヲ救助スル意思ナカリキ

本問題（浦東日英衝突事件）ハ日本軍カ取締ノ美名下ニ却ツテ攪亂ヲ目的トシテ英系工場ニ進入セル日本海軍軍人トテイングラー氏トノ鬪爭ヨリ始マツタモノナリ」

沒收

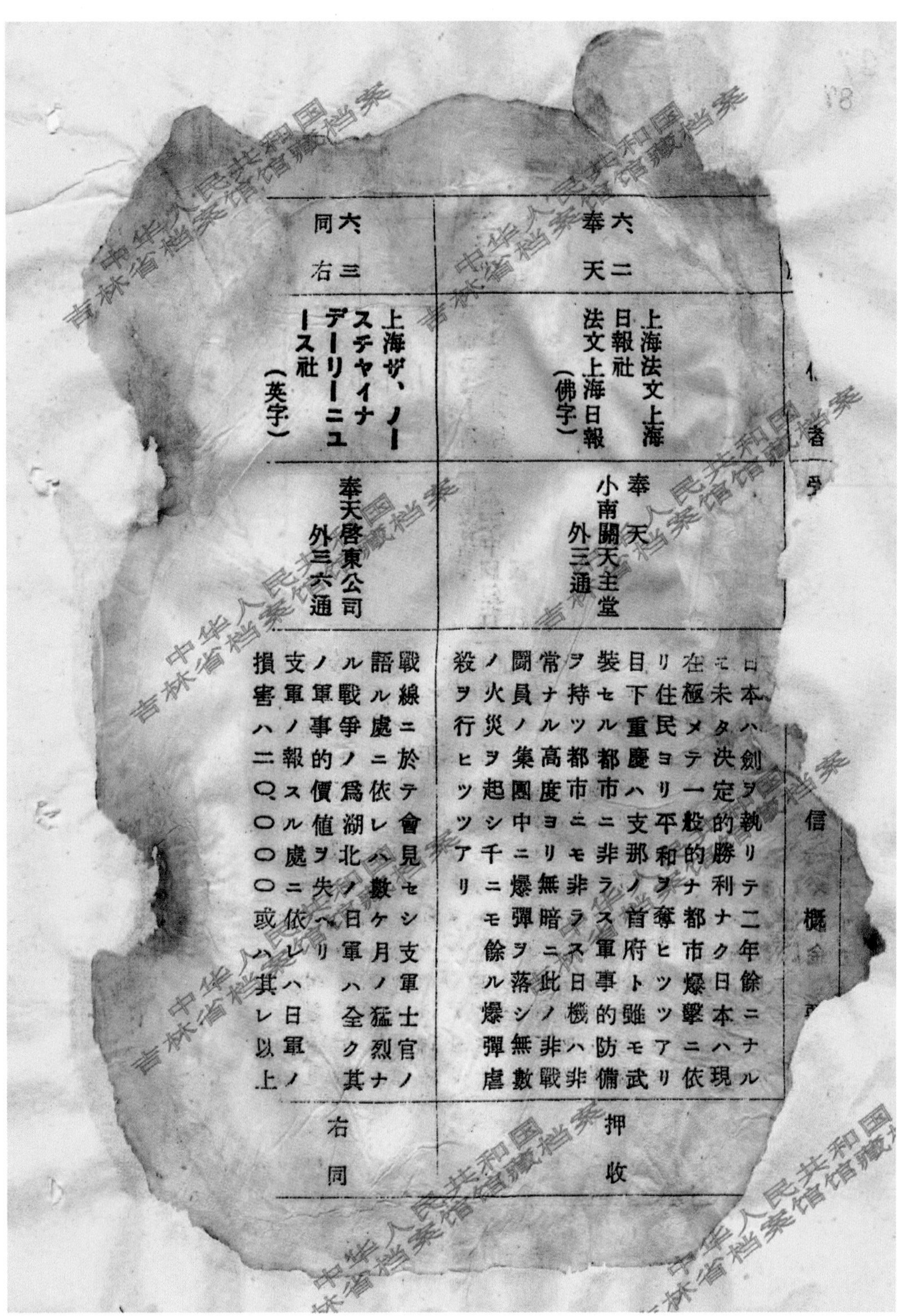

六、二 奉天	上海法文上海日報社 法文上海日報 (佛字)	奉天 小南關天主堂 外三通	日本ハ剣ヲ執リテ二年餘ニナルモ未タ決定的勝利ナク日本ハ現在極メテ一般的ナ都市爆撃ニ依リ住民ヨリ平和ヲ奪ヒツツアリ目下重慶ハ支那ノ首府ト雖モ武装セル都市ニ非ラス軍事的防備ヲ持ツ都市ニモ非ラス日機ハ非常ナル高度ヨリ無暗ニ此ノ非戰鬪員ノ集團中ニ爆彈ヲ落シ無數ノ火災ヲ起シ千ニモ餘ル爆彈虐殺ヲ行ヒツツアリ	押收
六、三 同右	上海ザ、ノースチャイナデーリーニュース社 (英字)	奉天啓東公司 外三六通	戰線ニ於テ會見セシ支軍士官ノ語ル處ニ依レハ數ケ月ノ猛烈ナル戰爭ノ爲湖北ノ日軍ハ全ク其ノ軍事的價値ヲ失ヘリ 支軍ノ報スル處ニ依レハ日軍ノ損害ハ二〇〇〇〇或ハ其レ以上	右同

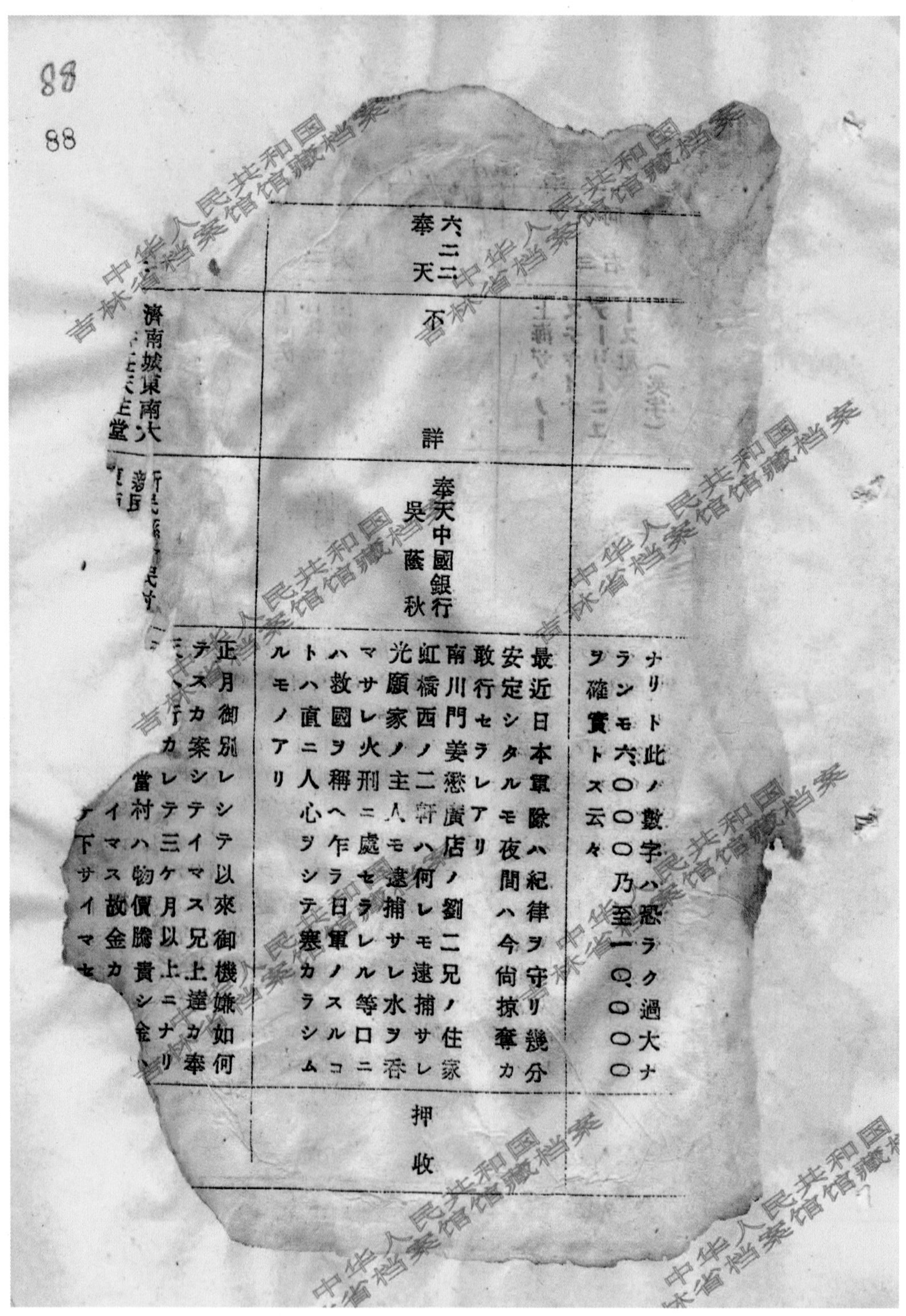
88

六、二二 奉天

不詳

奉天中國銀行 呉蔭秋

ナリト此ノ數字ハ恐ラク過大ナ
ランモ六〇〇〇乃至一〇、〇〇〇
ヲ確實トス云々
最近日本軍隊ハ紀律ヲ守リ幾分
安定シタルモ夜間ハ今尚掠奪カ
敢行セラレアリ
南川門姜懋廣店ノ劉二兄ノ住家
虹橋西ノ二軒ハ何レモ逮捕サレ
光願家ノ主人モ逮捕サレ水ヲ呑
マサレ火刑ニ處セラレル等口ニ
ハ救國ヲ稱ヘ乍ラ日軍ノスルコ
トハ直ニ人心ヲシテ寒カラシム
ルモノアリ

押收

濟南城東南大……上堂

正月御別レシテ以來御機嫌如何
テスカ案シテイマス兄上達カ奉
……カレテ三ケ月以上ニナリ
當村ハ物價騰貴シ……
……イマス故金カ
……下サイマセ

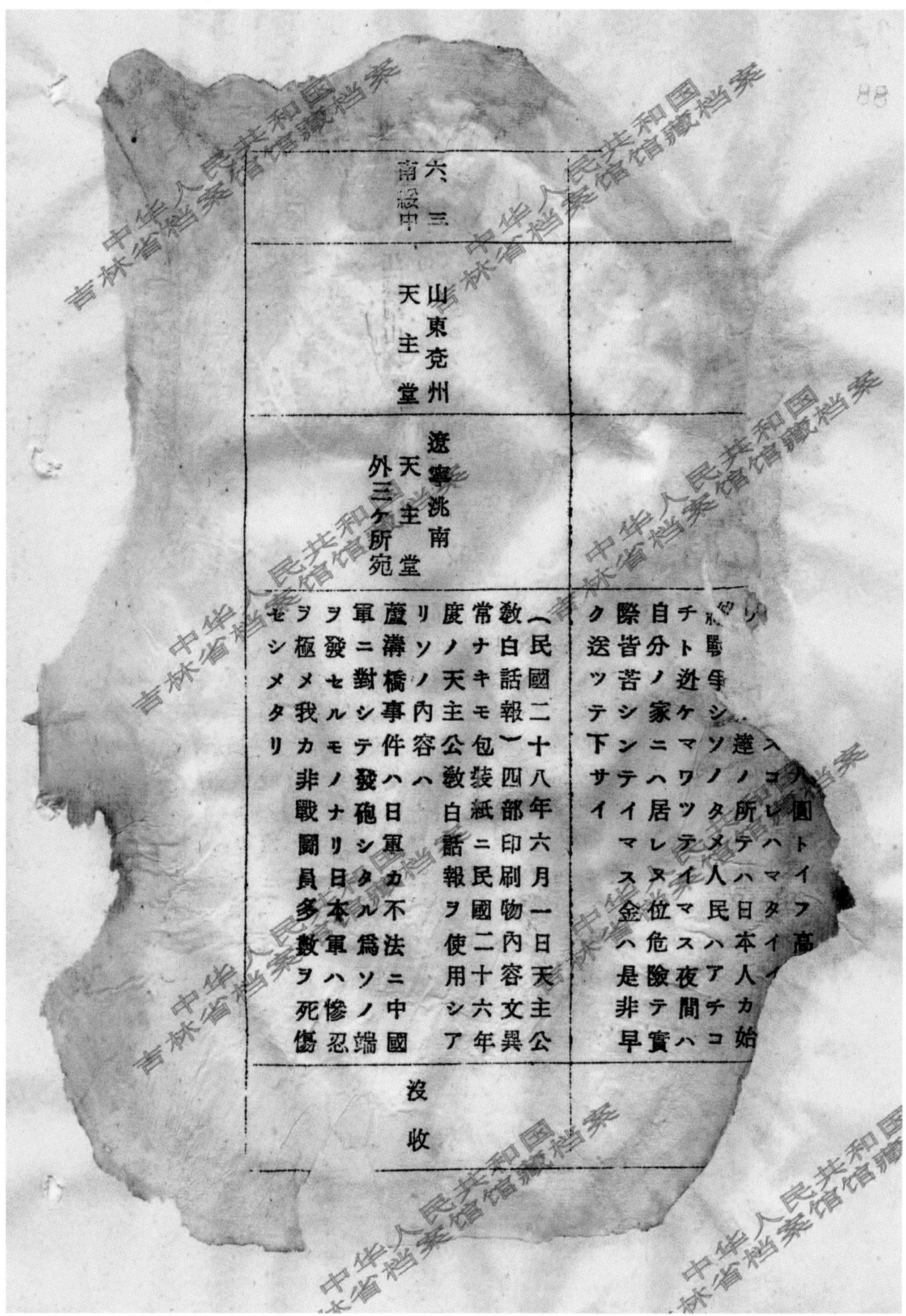

88

六、三
南嶺中

山東兗州
天主堂

遼寧洮南
天主堂
外三ケ所宛

（民國二十八年六月一日天主公
教白話報）四部印刷物內容文異
常ナキモ包裝紙ニ民國二十六年
度ノ天主公教白話報ヲ使用シア
リソノ內容ハ
蘆溝橋事件ハ日軍カ不法ニ中國
軍ニ對シテ發砲シタル爲ソノ端
ヲ發セルモノナリ日本軍ハ慘忍
ヲ極メ我カ非戰鬪員多數ヲ死傷
セシメタリ

沒收

[illegible]國トイフ高イ
リ[illegible]スコレハマタイイ
[illegible]達ノ所テハ日本人カ始
[illegible]戰爭シソノタメ人民ハアチコ
チト逃ケマワツテイマス夜間ハ
自分ノ家ニハ居レヌ位危險テ實
際皆苦シンテイマス金ハ是非早
ク送ツテ下サイ

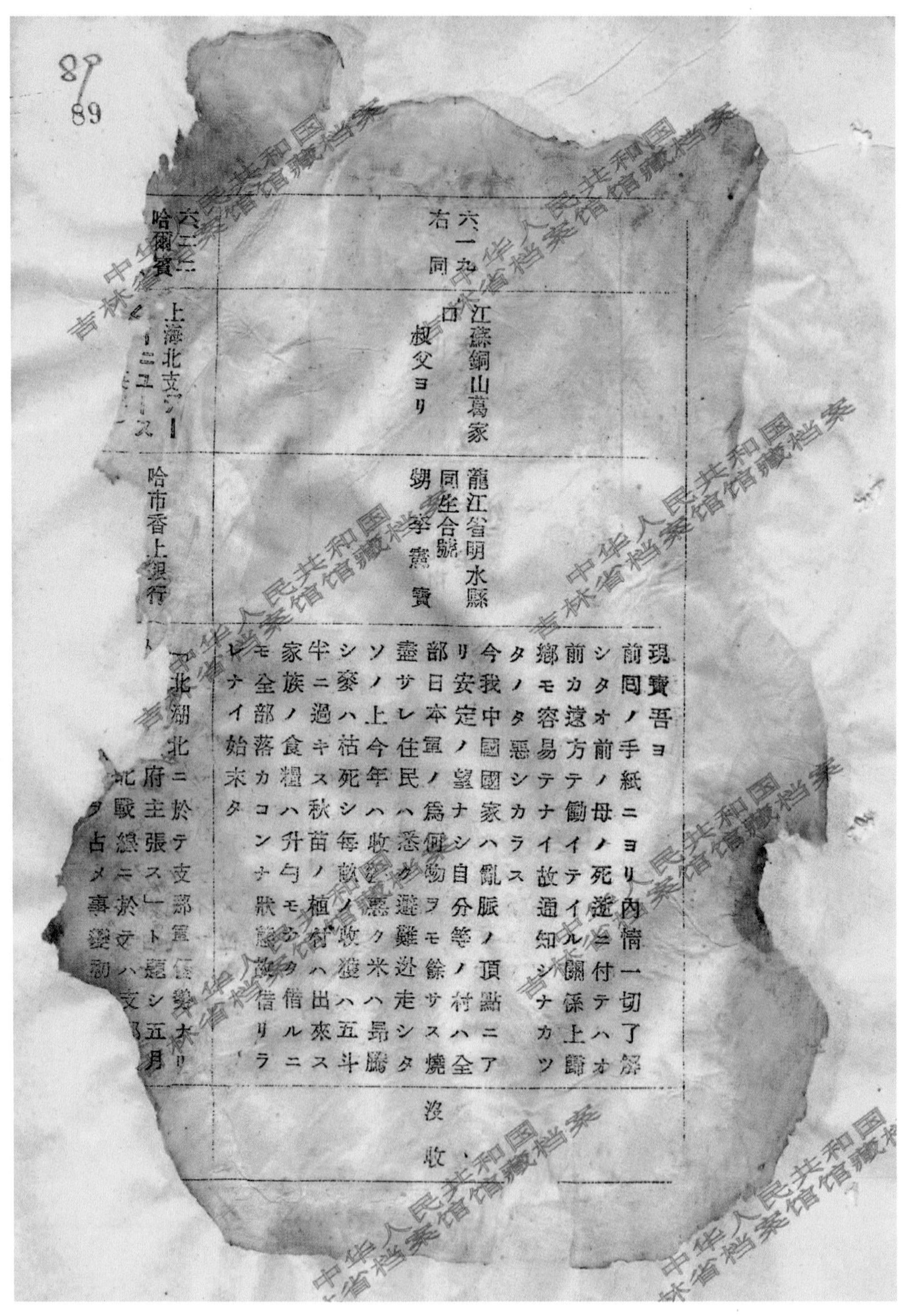

六、一九 右同	江蘇銅山蔦家口 叔父ヨリ	龍江省明水縣 同生合號 甥 李慶寶

現寶吾ヨ
前同ノ手紙ニヨリ内情一切了解
シタオ前ノ母ノ死逝ニ付テハオ
前カ遠方テ働イテイル關係上歸
鄉モ容易テナイ故通知シナカツ
タノタ惡シカラス
今我中國國家ハ亂脈ノ頂點ニア
リ安定ノ望ナシ自分等ノ村ハ全
部日本軍ノ爲何物ヲモ餘サス燒
盡サレ住民ハ悉ク避難逃走シタ
ソノ上今年ハ收穫惡ク米ハ昂騰
シ麥ハ枯死シ毎畝ノ收穫ハ五斗
半ニ過キス秋苗ノ植付ハ出來ス
家族ノ食糧ハ升勺モ借ルニ
モ全部落カコンナ状態テ借リラ
レナイ始末タ

沒收

六二二 哈爾賓	上海北支ジ…ニユース	哈市香上銀行

…北湖北ニ於テ支那軍優勢ナリ
…府主張ス」ト題シ五月
…駁總ニ於テハ支那
…タ占メ事變初…

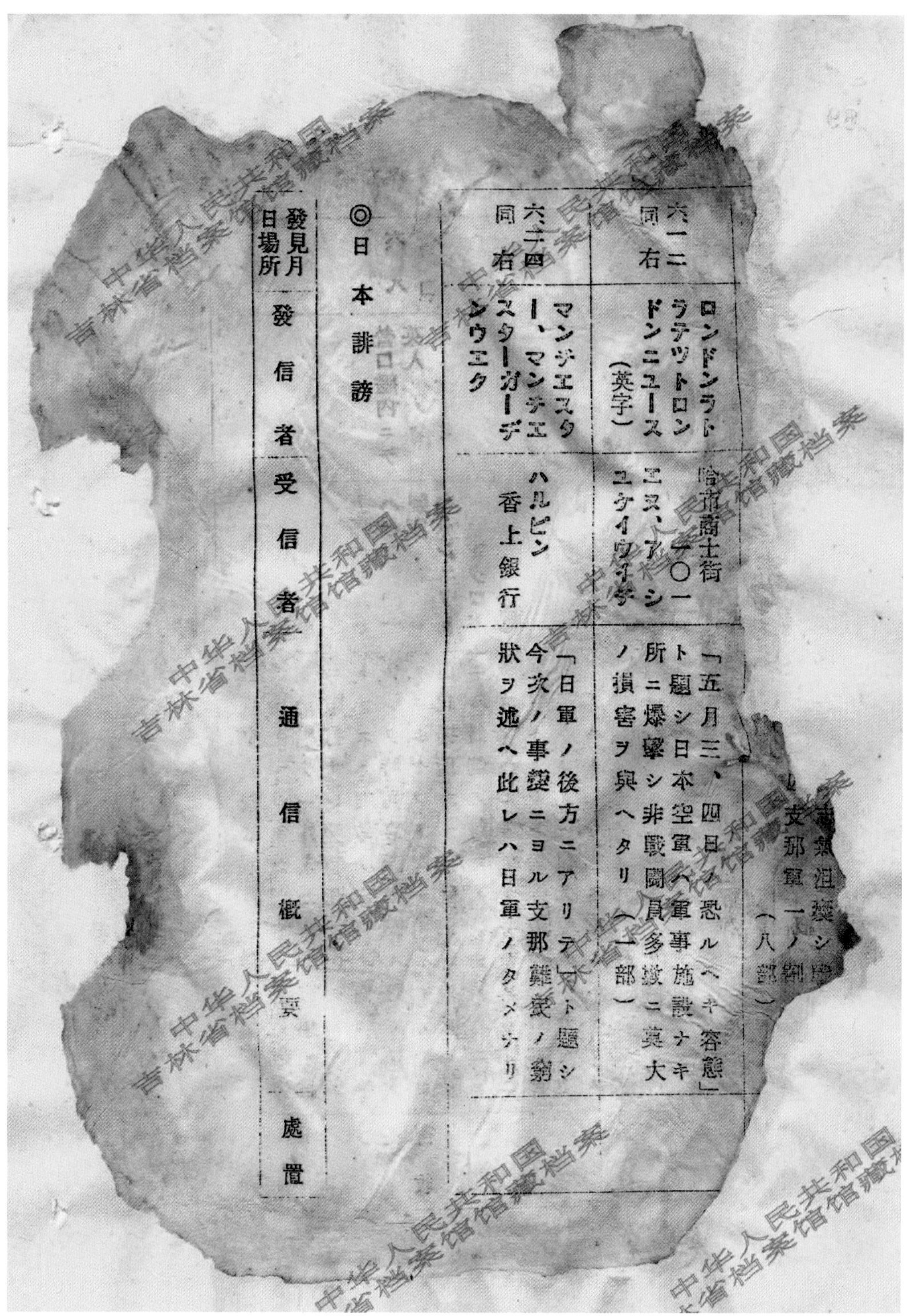

…沮喪シ…
…支那軍ノ…（八部）

發見月日場所	發信者	受信者	通信概要
六一二 同右	ロンドンラトラテツトロンドンニユース（英字）	哈市商士街一〇一 エヌ、アシユケイウイチ	「五月三、四日ノ恐ルヘキ容態」ト題シ日本空軍ハ軍事施設ナキ所ニ爆撃シ非戰闘員多數ニ莫大ノ損害ヲ與ヘタリ（一部）
六、二四 同右	マンチエスター、マンチエスターガーヂンウエク	ハルピン 香上銀行	「日軍ノ後方ニアリテ」ト題シ今次ノ事變ニヨル支那難民ノ窮狀ヲ述ヘ此レハ日軍ノタメナリ

◎日本誹謗

發見月日場所	發信者	受信者	通信概要	處置

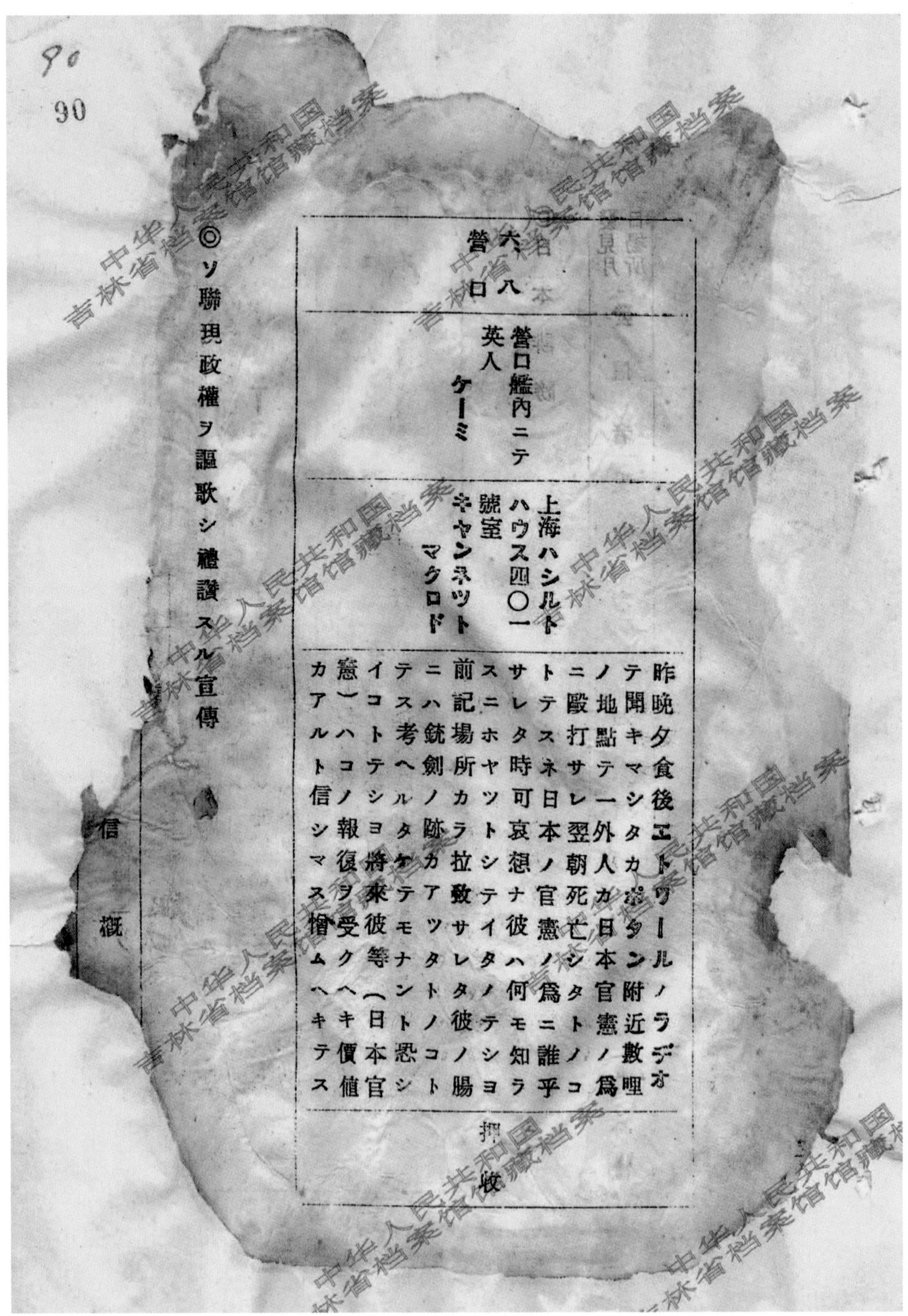
90

90

六、八 營口	營口艦内ニテ 英人 ケーミ	上海ハシルトハウス四〇一號室 キャンネット マクロド	昨晩夕食後エドワールノラヂオテ聞キマシタカ蘇タン附近數哩ノ地點テ一外人カ日本官憲ノ爲ニ毆打サレ翌朝死亡シタトノコトテスネ日本ノ官憲ノ爲ニ誰乎サレタ時可哀想ナ彼ハ何モ知ラスニホヤツトシテイタノテシヨ前記場所カラ拉致サレタ彼ノ腸ニハ銃劍ノ跡カアツタトノコトテス考ヘルタケテモナントト恐シイコトテシヨ將來彼等（日本官憲）ハコノ報復ヲ受クヘキ價値カアルト信シマス憎ムヘキテス	押收

◎ソ聯現政權ヲ謳歌シ禮讃スル宣傳

信

概

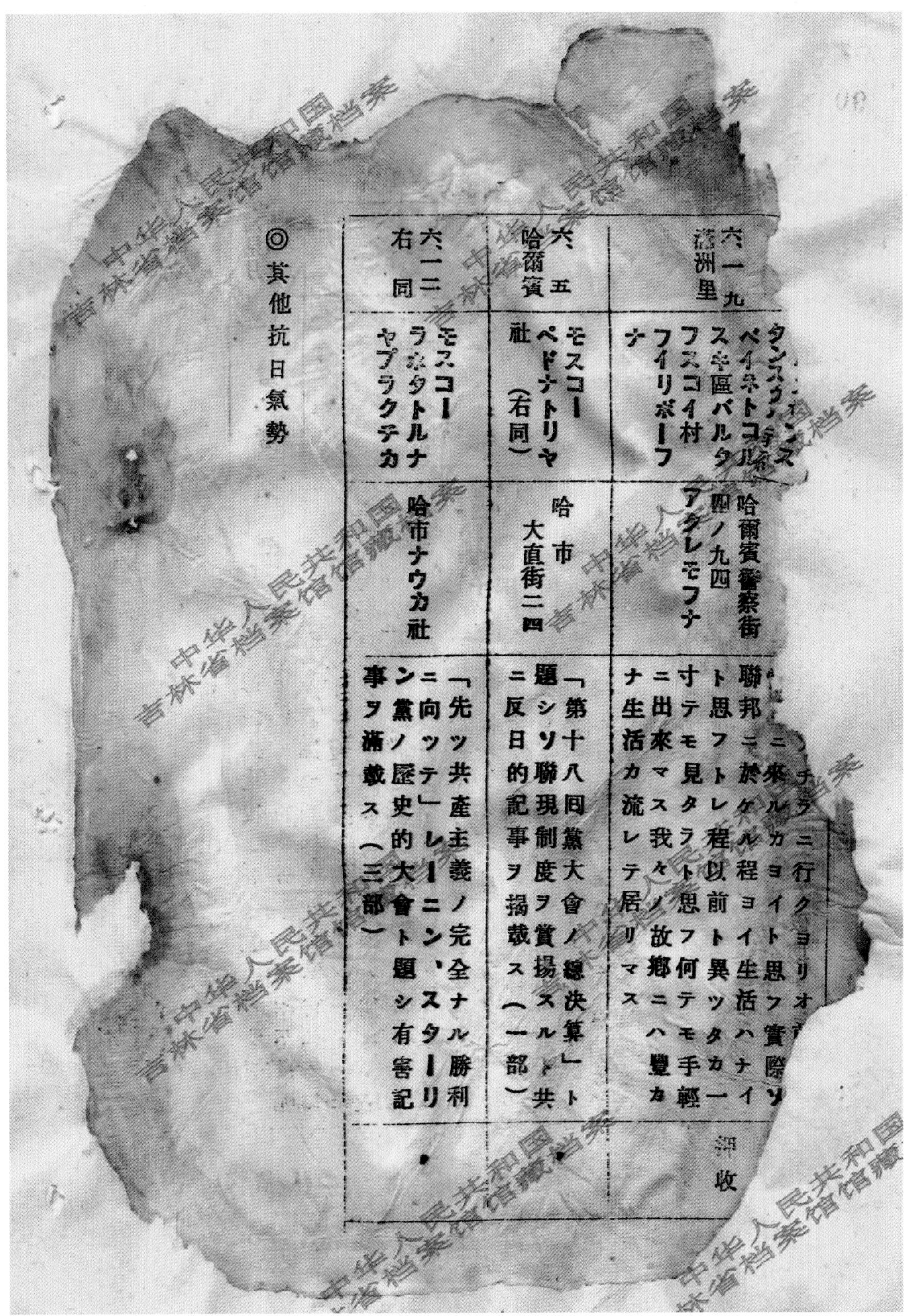

六、一九 滿洲里	タンスカノ…ンス ベイネトコルホ… スキ區バルタ フスコイ村 フイリボーフナ	哈爾賓警察街四ノ九四 アグレモフナ	…ソチラニ行クヨリオ前ニ來ルカヨイト思フ實際ソ聯邦ニ於ケル程ヨイ生活ハナイト思フトレ程以前ト異ッタカ一寸テモ見タラト思フ何テモ手輕ニ出來マス我々ノ故郷ニハ豊カナ生活カ流レテ居リマス	沒收
六、一五 哈爾賓	モスコー ペドナトリヤ社（右同）	哈市大直街二四	「第十八回黨大會ノ總決算」ト題シソ聯現制度ヲ賞揚スルト共ニ反日的記事ヲ掲載ス（一部）	
六、一二 右同	モスコー ラボタトルナヤプラクチカ	哈市ナウカ社	「先ツ共産主義ノ完全ナル勝利ニ向ッテ」レーニン、スターリン黨ノ歴史的大會ト題シ有害記事ヲ滿載ス（三部）	

◎其他抗日氣勢

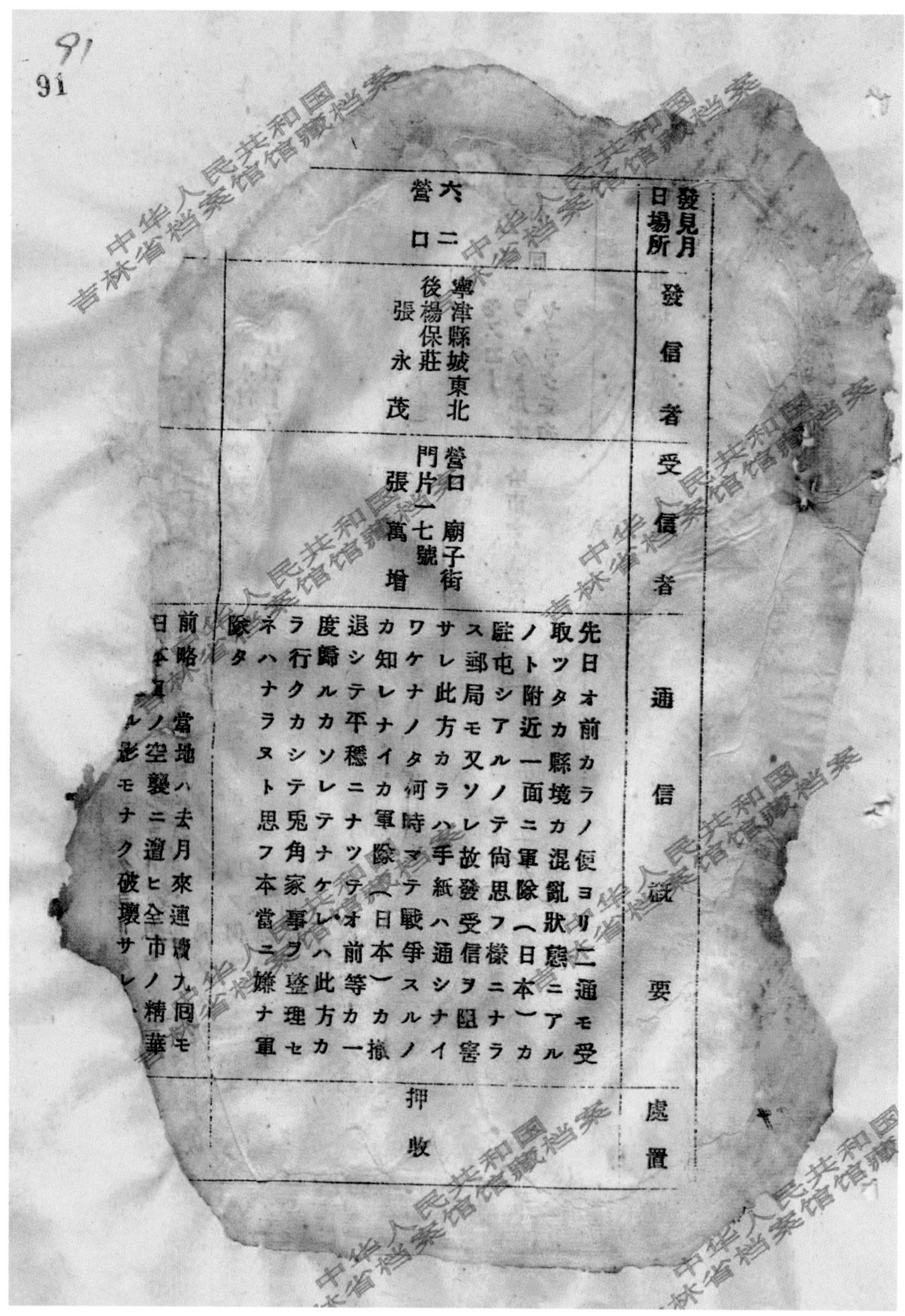

91

發見月日場所	發信者	受信者	通信要旨	處置
六二 營口	寧津縣城東北後楊保莊 張永茂	營口廟子街門片一七號 張萬增	先日オ前カラノ便ヨリ一通モ受取ッタカ縣境カ混亂狀態ニアルノト附近一面ニ軍隊(日本)カ駐屯シアルノテ倘思フ樣ニナラス郵局モ又ソレ故發受信ヲ阻害サレ此方カラハ手紙ハ通シナイワケナノタ河時マテ戰爭スルノカ知レナイカ軍隊(日本)カ撤退シテ平穩ニナツテオ前等カ一度歸ルカソレテナケレハ此方カラ行クカシテ兎角家事ヲ整理セネハナラヌト思フ本當ニ嫌ナ軍隊タ 前略當地ハ去月來連續ナ同モ日本軍ノ空襲ニ遭ヒ全市ノ精華[illegible]ル影モナク破壞サレ、	押收

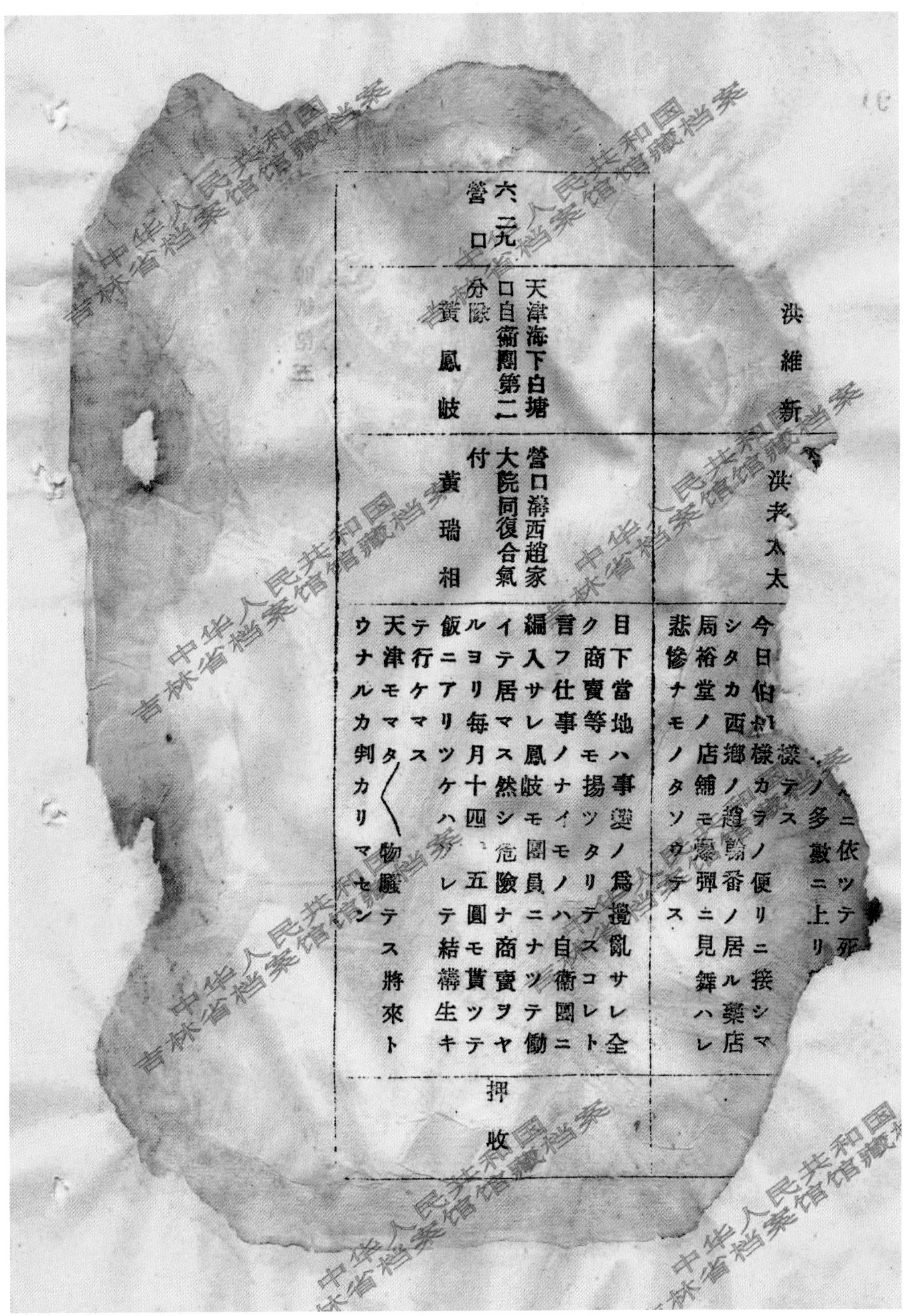

……ニ依ツテ死……ノ多数ニ上リ……様テス今日伯叔様カラノ便リニ接シマシタカ西郷ノ趙輸番ノ居ル薬店周裕堂ノ店舗モ爆弾ニ見舞ハレ悲惨ナモノタソウテス

洪維新

洪老太太

六、二九 營口	天津海下白塘口自衛團第二分隊 黃鳳岐	營口滿西趙家大院同復合氣付 黃瑞相	目下當地ハ事變ノ爲攪亂サレ全ク商賣等モ揚ツタリテスコレト言フ仕事ノナイモノハ自衛團ニ編入サレ鳳岐モ團員ニナツテ働イテ居マス然シ危險ナ商賣ヲヤルヨリ毎月十四、五圓モ貰ツテ飯ニアリツケハレテ結構生キテ行ケマス天津モマタ〱物騷テス將來トウナルカ判カリマセン	押收

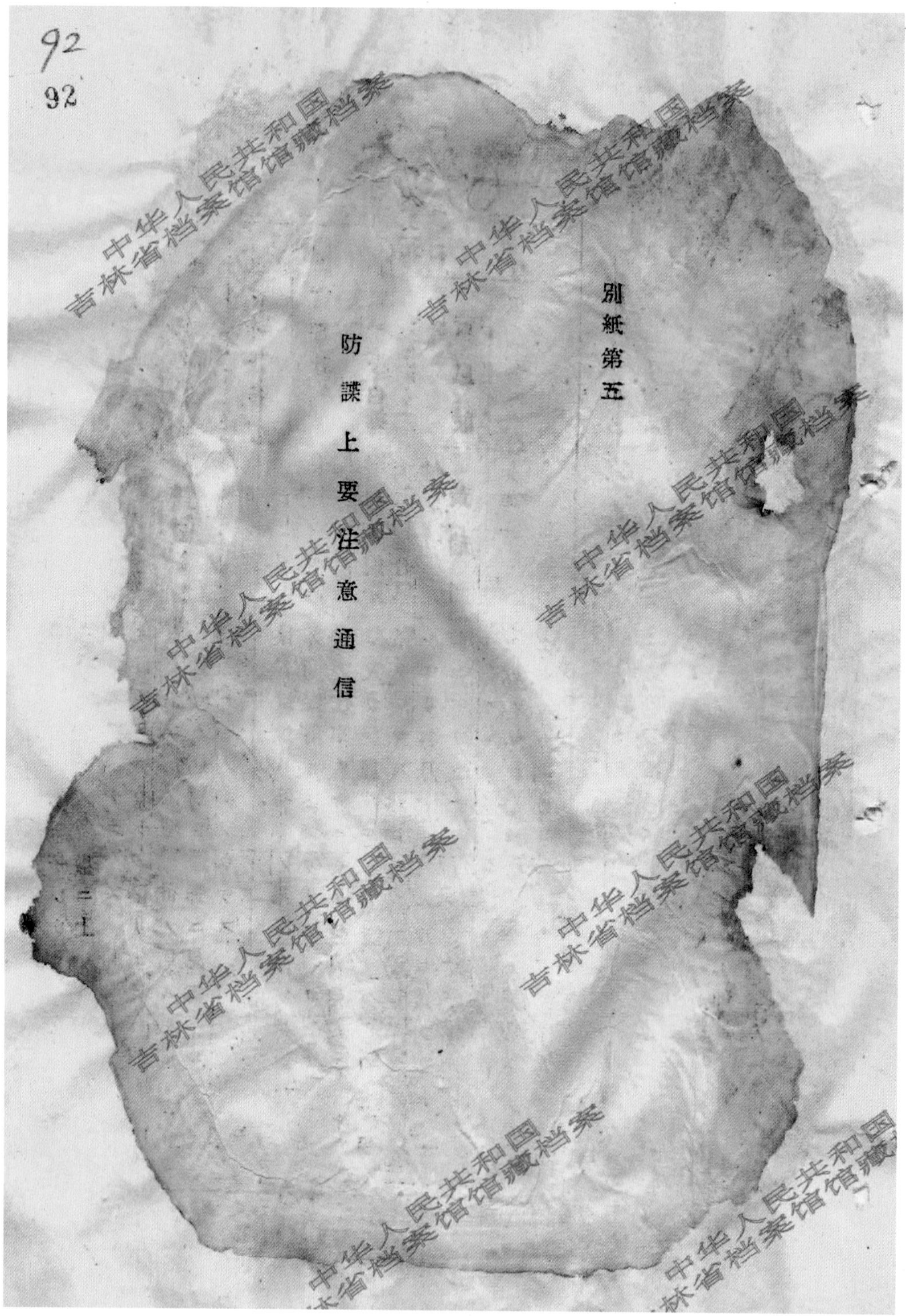
92

92

別紙第五

防諜上要注意通信

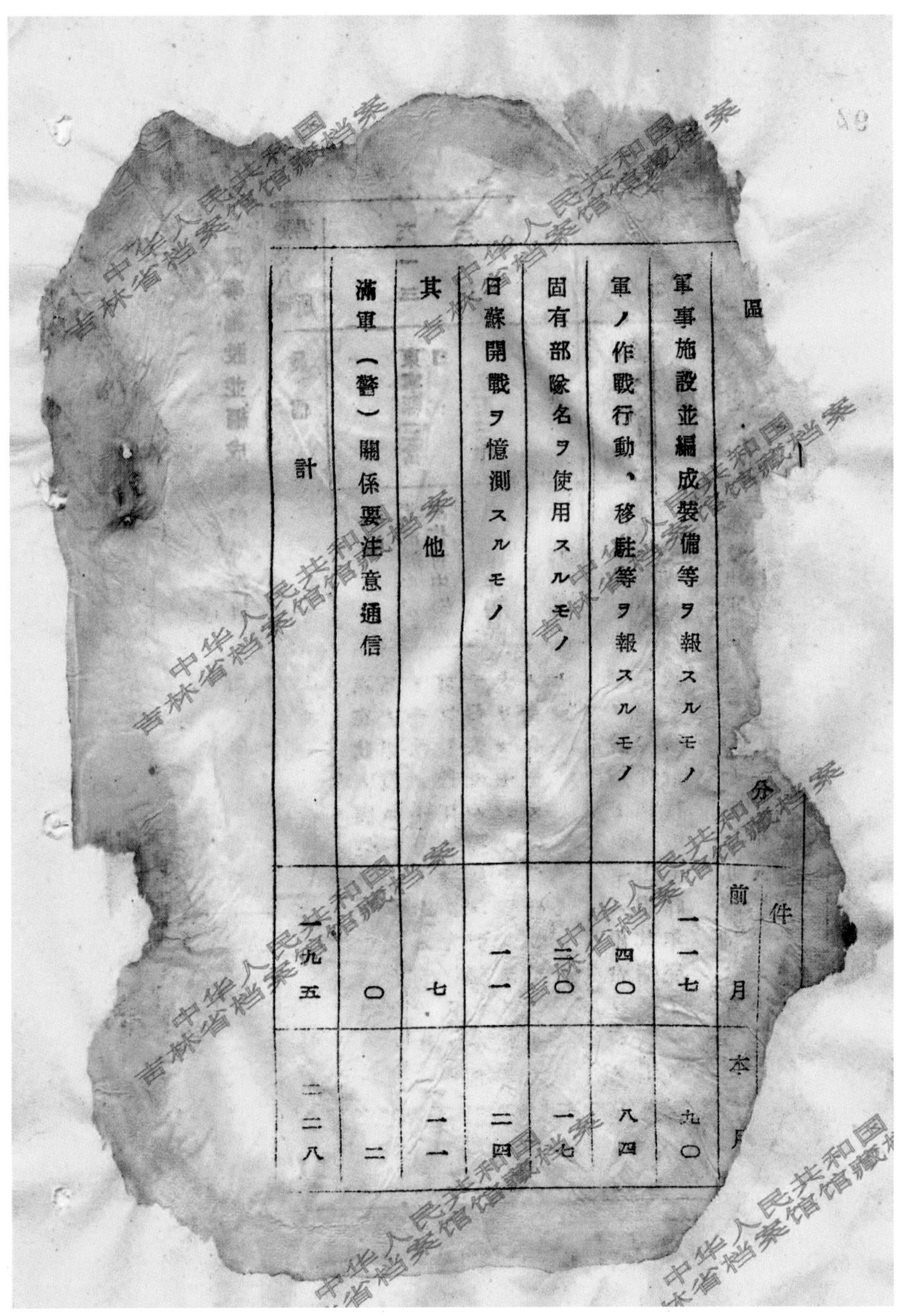

區分	件	
	前月	本月
軍事施設並編成裝備等ヲ報スルモノ	一一七	九〇
軍ノ作戰行動、移駐等ヲ報スルモノ	四〇	八四
固有部隊名ヲ使用スルモノ	二〇	一七
日蘇開戰ヲ憶測スルモノ	一一	二四
其他	七	一一
滿軍（警）關係要注意通信	〇	二
計	一九五	二二八

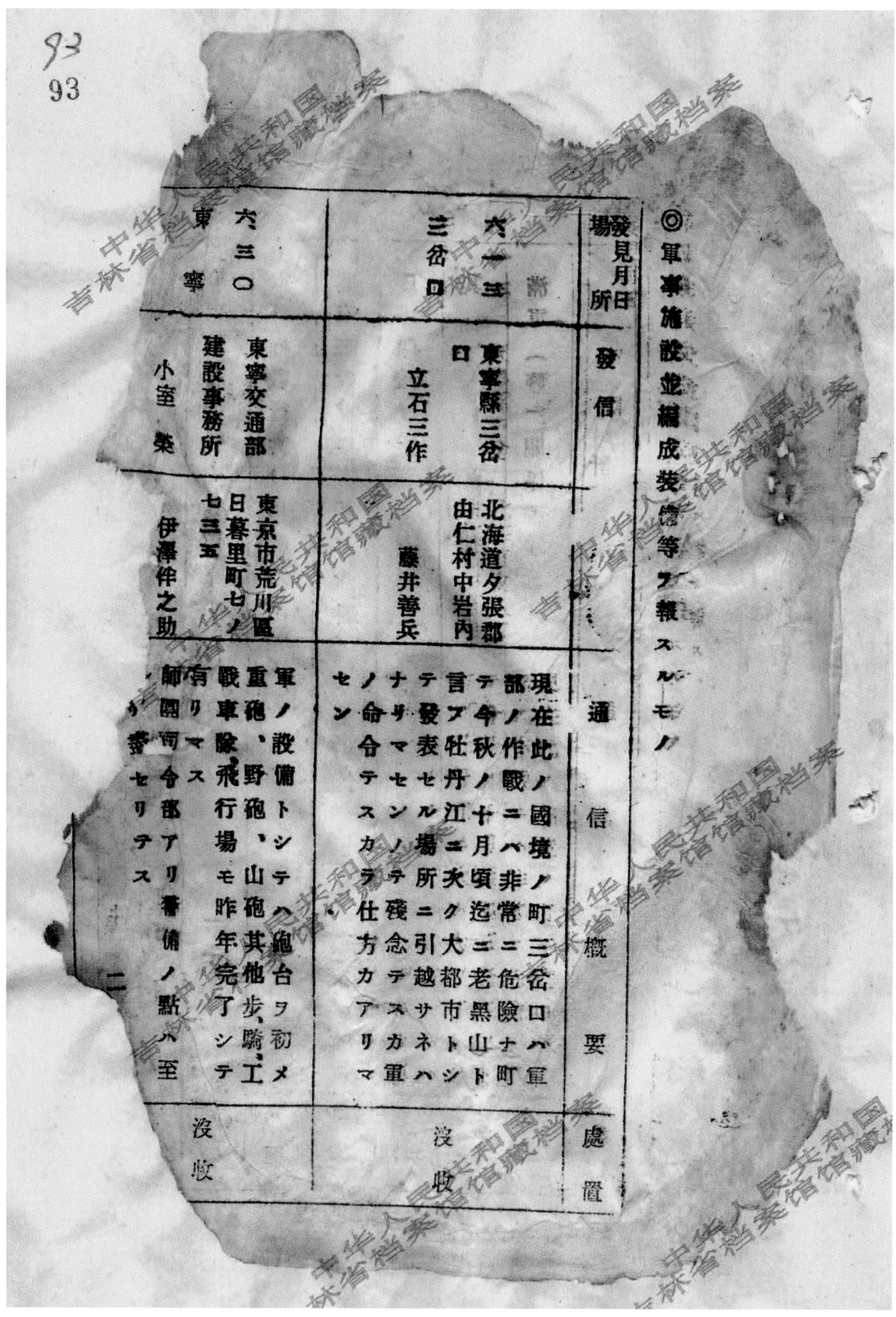

93

◎軍事施設並編成裝備等ヲ報スルモノ

發見月日場所	發信	受信	通信概要	處置
六一三 三岔口	東寧縣三岔口 立石三作	北海道夕張郡由仁村中岩内 藤井善兵	現在此ノ國境ノ町三岔口ハ軍部ノ作戰ニハ非常ニ危險ナ町テ今秋ノ十月頃迄ニ老黑山ト言フ牡丹江ニ次ク大都市トシテ發表セル場所ニ引越サネハナリマセンノテ殘念テスカ軍ノ命令テスカラ仕方カアリマセン	沒收
六三〇 東寧	東寧交通部建設事務所 小室榮	東京市荒川區日暮里町七ノ七三五 伊澤伴之助	軍ノ設備トシテハ砲台ヲ初メ重砲、野砲、山砲其他歩、騎、工戰車隊、飛行場モ昨年完了シテ有リマス師團司令部アリ警備ノ點ハ至リ盡セリテス	沒收

二

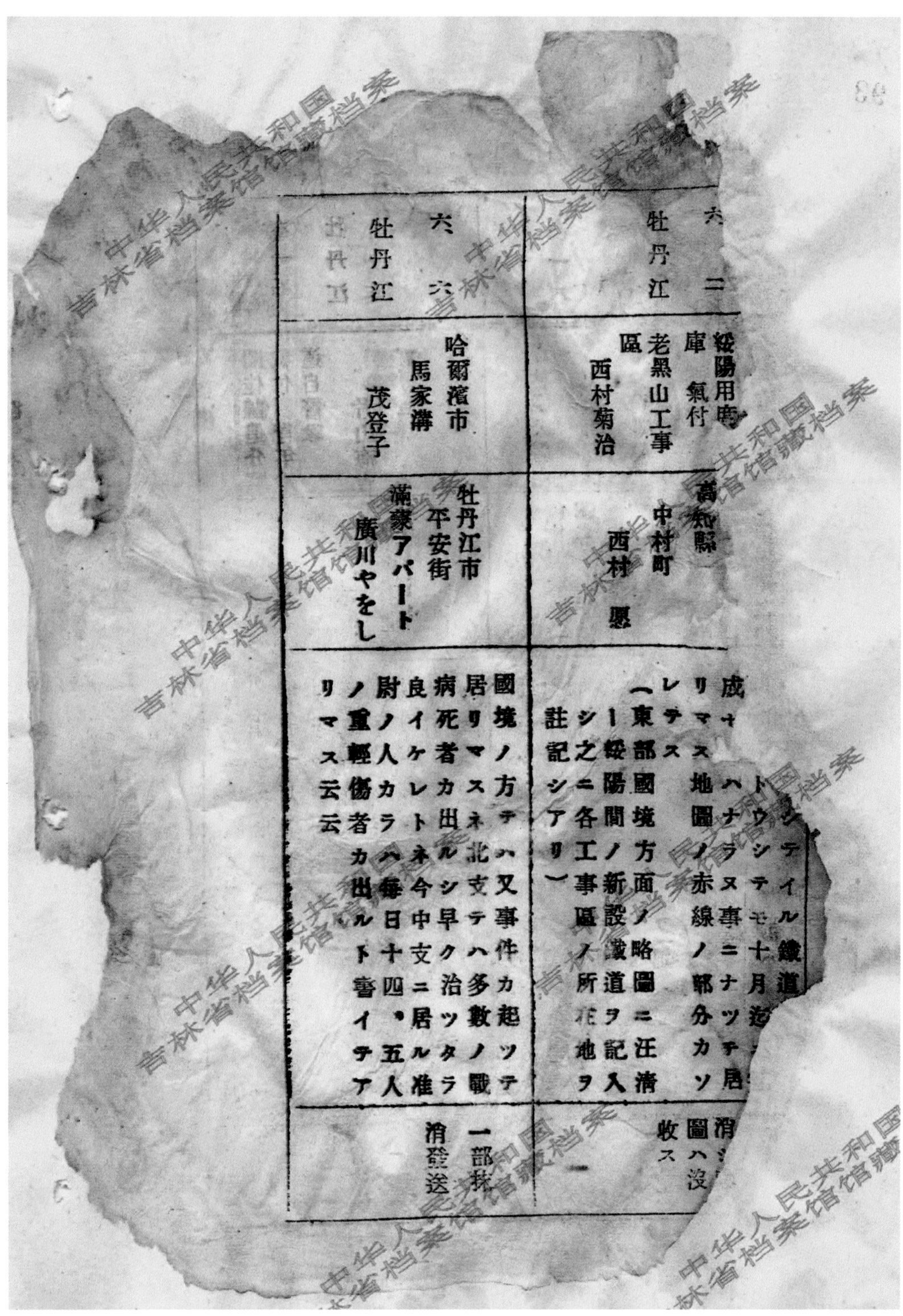

六二	牡丹江	綏陽用… 庫 氣付 老黑山工事區 西村菊治	高知縣 中村町 西村 愿	……テイル鐵道……トウシテモ十月迄ニ……成ナ……ハナラヌ事ニナッテ居リマス地圖ノ赤線ノ部分カソレテス（東部國境方面ノ略圖ニ汪清ー綏陽間ノ新設鐵道ヲ記入シ之ニ各工事區ノ所在地ヲ註記シアリ）	消[illegible] 圖ハ沒收ス 一
六六	牡丹江	哈爾濱市 馬家溝 茂登子	牡丹江市 平安街 滿蒙アパート 廣川やをし	國境ノ方テハ又事件カ起ッテ居リマスネ北支テハ多數ノ戰病死者カ出ルシ早ク治ッタラ良イケレトネ今中支ニ居ル准尉ノ人カラハ毎日十四・五人ノ重輕傷者カ出ルト書イテアリマス云云	一部抹消發送

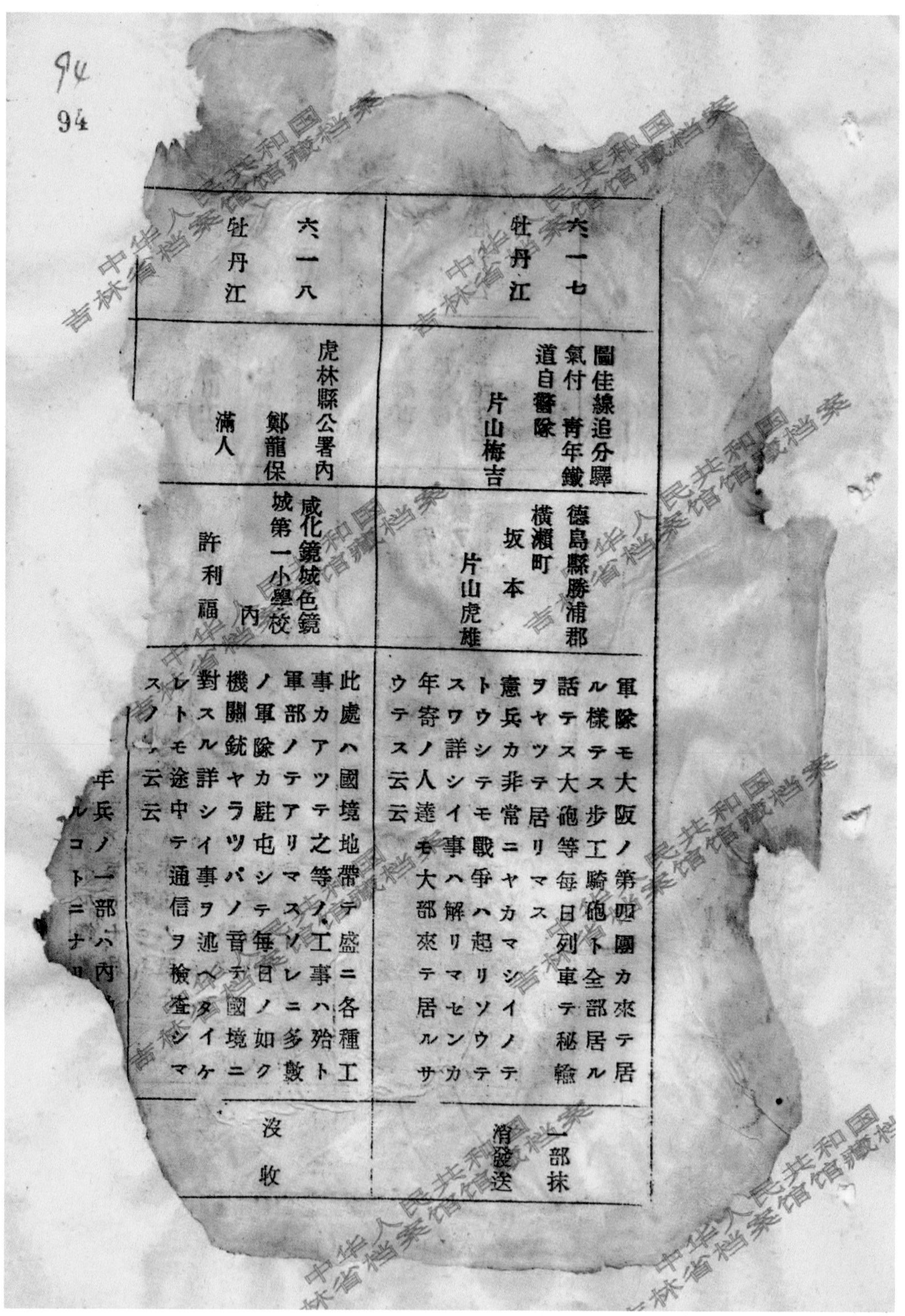

94

六一七 牡丹江	圖佳線追分驛氣付 青年鐵道自警隊 片山梅吉	徳島縣勝浦郡横瀬町 坂本 片山虎雄	軍隊モ大阪ノ第四團カ來テ居ル様テス歩工騎砲ト全部居ル話テス大砲等毎日列車テ秘輸ヲヤツテ居リマス憲兵カ非常ニヤカマシイノテトウシテモ戰爭ハ起リソウテスワ詳シイ事ハ解リマセンカ年寄ノ人達モ大部來テ居ルサウテス云云	一部抹消發送
六一八 牡丹江	虎林縣公署內 鄭龍保 滿人	咸北鏡城色鏡城第一小學校內 許利福	此處ハ國境地帶テ盛ニ各種工事カアツテ之等ノ工事ハ殆ト軍部ノテアリマスソレニ多數ノ軍隊カ駐屯シテ毎日ノ如ク機關銃ヤラツパノ音テ國境ニ對スル詳シイ事ヲ述ヘタイケレトモ途中テ通信ヲ檢査シマスノテ云云	沒收

年兵ノ一部ハ內
ルコトニナリ

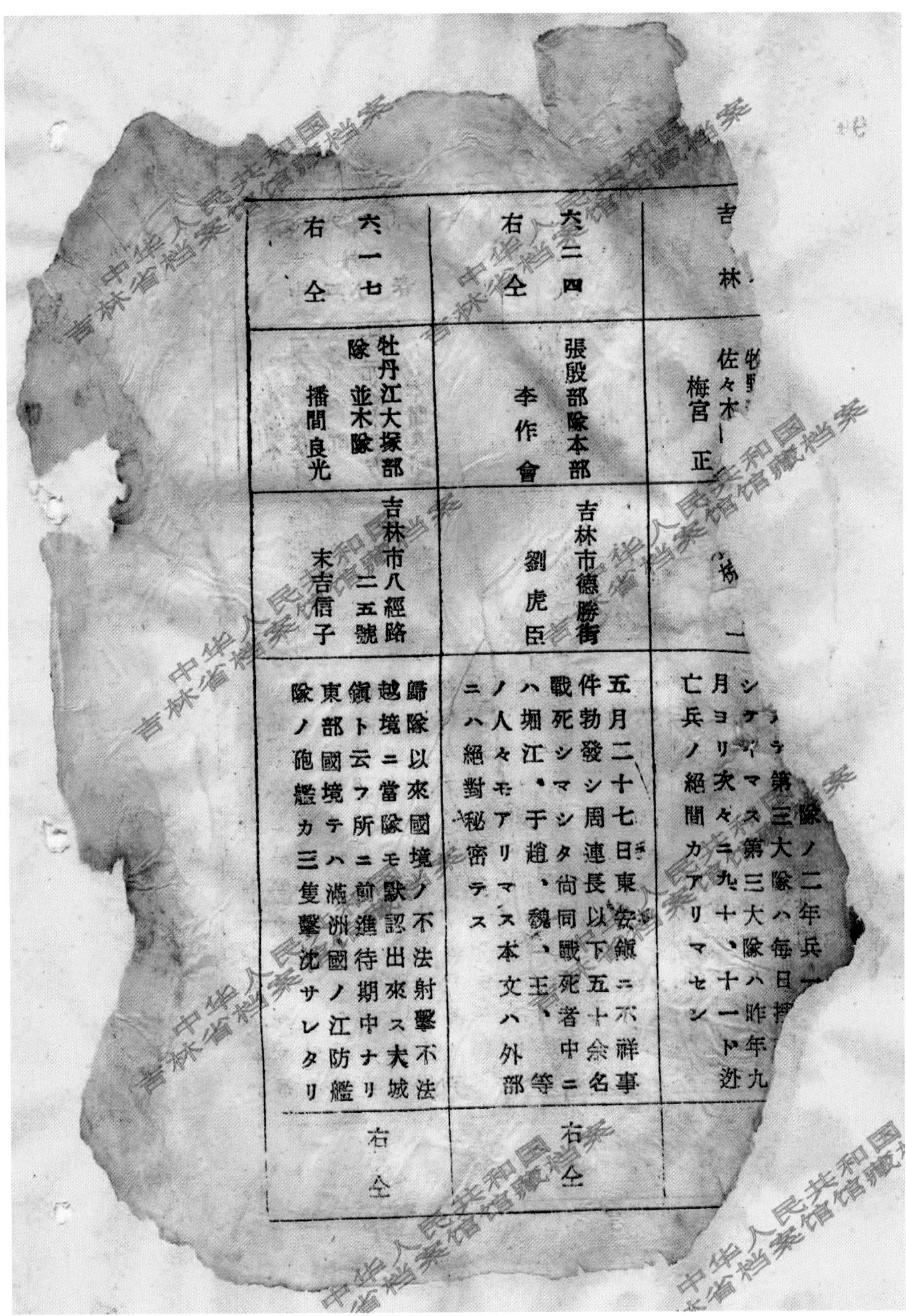

吉林	牧野… 佐々木一… 梅宮 正	…八… 一…	…隊ノ二年兵一… …ラ第三大隊ハ毎日拷… シテイマス第三大隊ハ昨年九月ヨリ次々ニ九、十、十一ト逃亡兵ノ絶間カアリマセン	
六二四 右仝	張殿部隊本部 李作會	吉林市德勝街 劉虎臣	五月二十七日東安鎭ニ不祥事件勃發シ周連長以下五十余名戰死シマシタ尚同戰死者中ニハ堀江・于趙、魏、王、等ノ人々モアリマス本文ハ外部ニハ絶對秘密テス	右仝
六一七 右仝	牡丹江大塚部隊 並木隊 播間良光	吉林市八經路二五號 末吉信子	歸隊以來國境ノ不法射擊不法越境ニ當隊モ默認出來ス夫城嶺ト云フ所ニ前進待期中ナリ東部國境テハ滿洲國ノ江防艦隊ノ砲艦カ三隻擊沈サレタリ	右仝

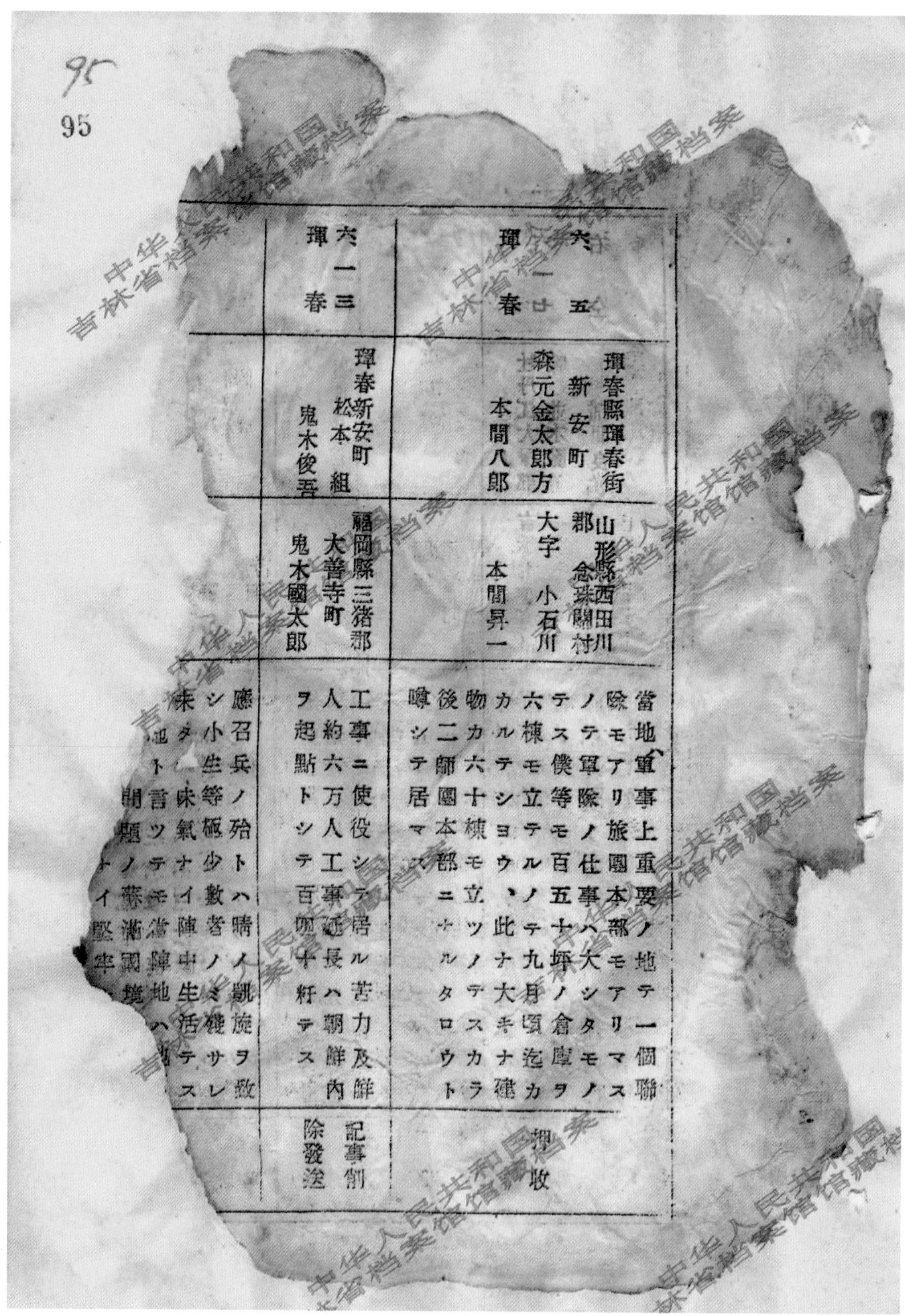

95

六一五 琿春	琿春縣琿春街 新安町 森元金太郎方 本間八郎	山形縣西田川郡念珠關村 大字小石川 本間昇一	當地軍事上重要ノ地テ一個聯隊モアリ旅團本部モアリマスノテ軍隊ノ仕事ハ大シタモノテス僕等モ百五十坪ノ倉庫ヲ六棟モ立テルノテ九月頃迄カカルテショウ、此ナ大キナ建物カ六十棟モ立ツノテスカラ後ニ師團本部ニナルタロウト噂シテ居マス	押收
六一三 琿春	琿春新安町 松本組 鬼木俊吾	福岡縣三猪郡 大善寺町 鬼木國太郎	工事ニ使役シテ居ル苦力及鮮人約六万人工事延長ハ朝鮮内ヲ起點トシテ百四十粁テス 應召兵ノ殆トハ晴ノ凱旋ヲ歡シ小生等極少數者ノミ殘サレ未タ〻味氣ナイ陣中生活テス [illegible]地ト言ツテモ當陣地ハ[illegible] [illegible]問題ノ蘇滿國境[illegible] [illegible]ナイ堅牢[illegible]	記事削除發送

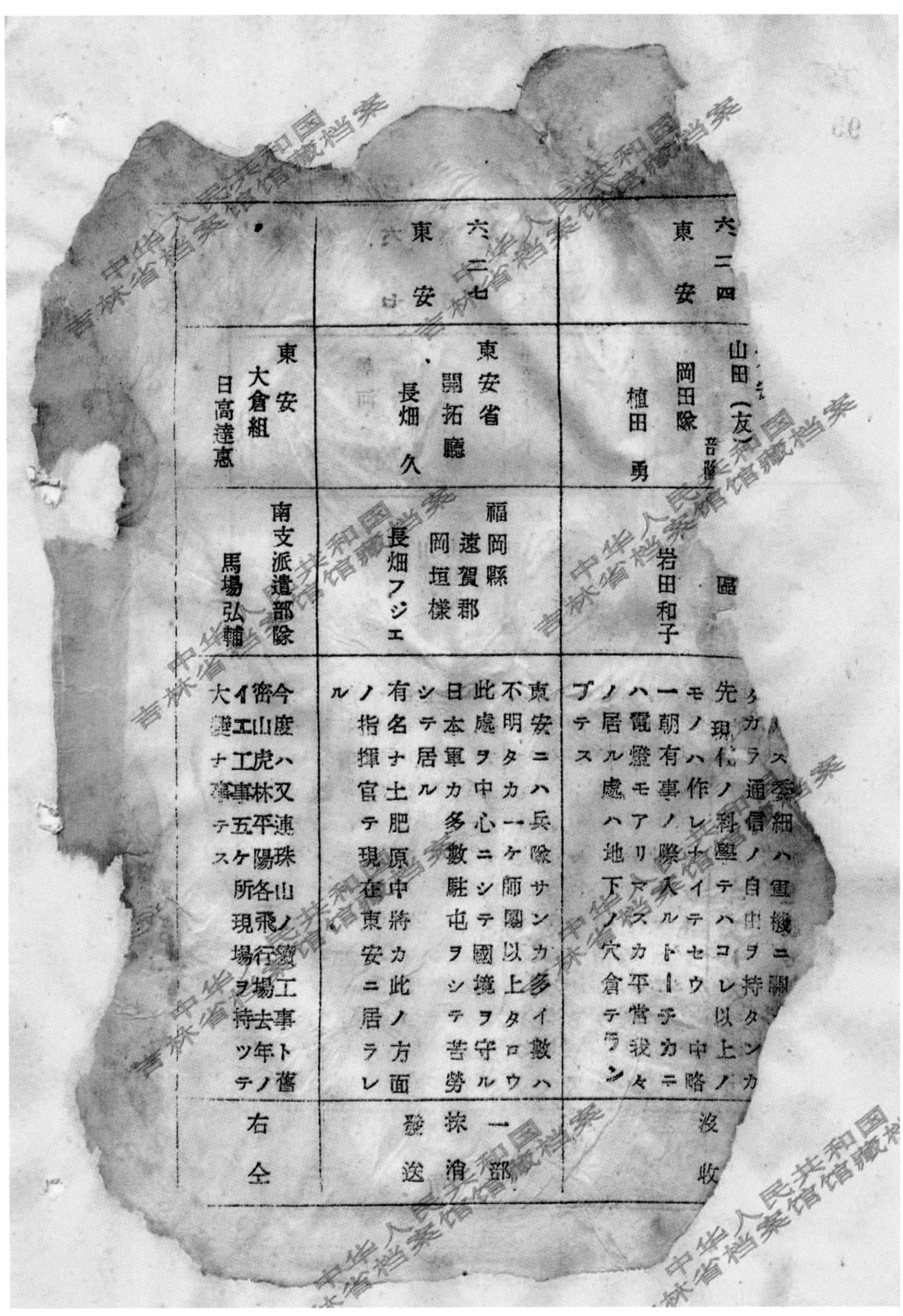

六二四	東安	山田(友)部隊 岡田隊 植田勇	圖… 岩田和子	…ス委細ハ軍機ニ關…タカラ通信ノ自由ヲ持タンカ先現在ノ科學テハコレ以上ノモノハ作レナイテセウ中略一朝有事ノ際入ルトーチカニハ電燈モアリマスカ平常我々ノ居ル處ハ地下ノ穴倉テランプテス	沒收
六二七	東安	東安省開拓廳 長畑久	福岡縣遠賀郡岡垣樣 長畑フジエ	東安ニハ兵隊サンカ多イ數ハ不明タカ一ケ師團以上タロウ此處ヲ中心ニシテ國境ヲ守ル日本軍カ多數駐屯ヲシテ苦勞シテ居ル有名ナ土肥原中將カ此ノ方面ノ指揮官テ現在東安ニ居ラレル	一部抹消發送
	東安	大倉組 日高達憲	南支派遣部隊 馬場弘輔	今度ハ又速珠山ノ鐵工事ト舊密山虎林平陽各飛行場去年ノイ工工事五ケ所現場ヲ持ツテ大變ナ事テス	右仝

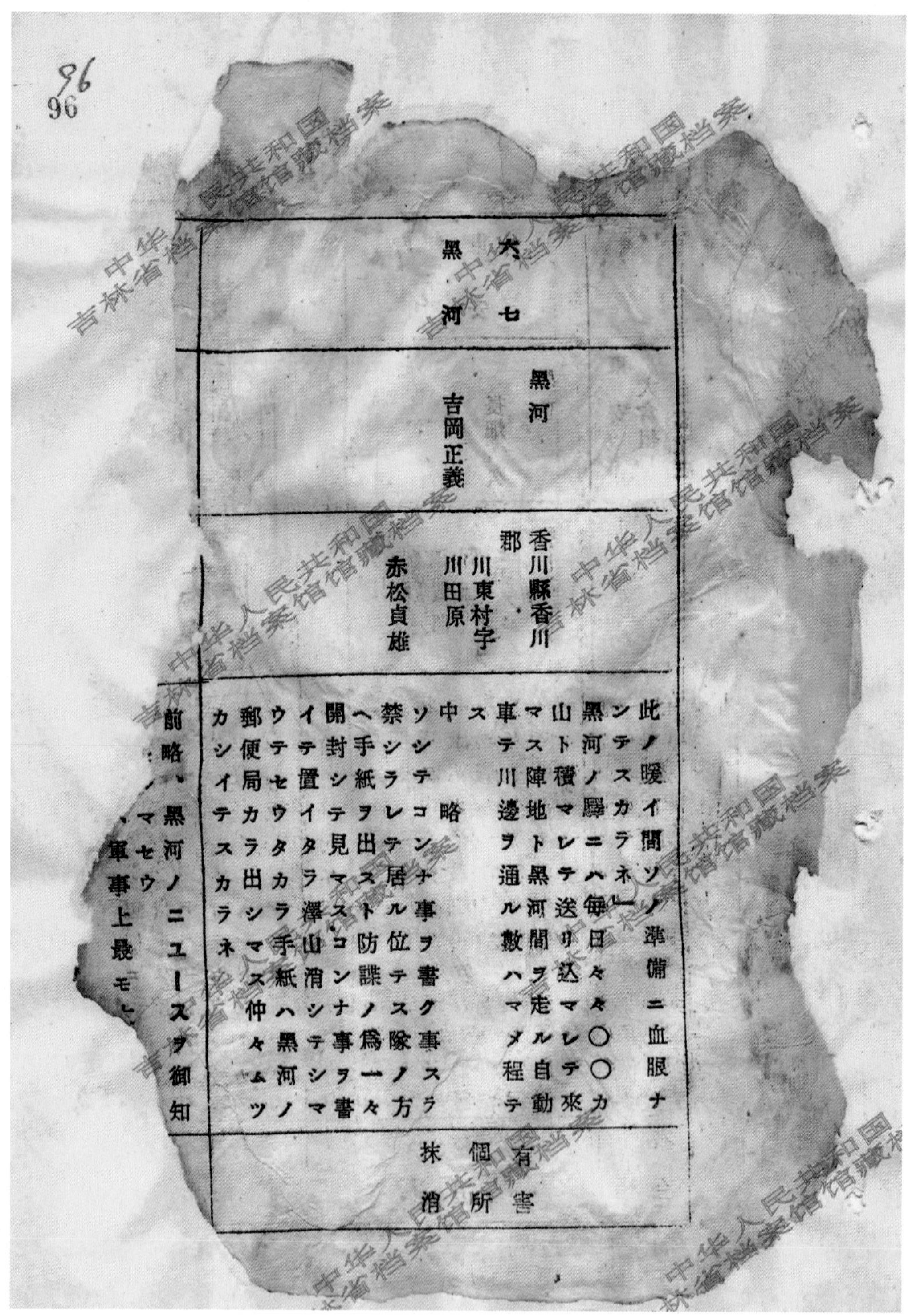
96

六七

黒河

黒河

吉岡正義

香川縣香川郡川東村字川田原

赤松貞雄

此ノ暖イ間ソノ準備ニ血眼ナンテスカラネー黒河ノ驛ニハ毎日々々〇〇カ山ト積マレテ送リ込マレテ來マスト陣地ト黒河間ヲ走ル自動車テ川邊ヲ通ル數ハマメ程テス

中略

ソシテコンナ事ヲ書ク事スラ禁シラレテ居ル位テス隊ノ方ヘ手紙ヲ出スト防諜ノ爲一々開封シテ見マスコンナ事ヲ書イテ置イタラ澤山消シテシマウテセウタカラ手紙ハ黒河ノ郵便局カラ出シマス仲々ムツカシイテスカラネ

前略、黒河ノニユースヲ御知ラ…マセウ、軍事上最モヒ…

有害

個所

抹消

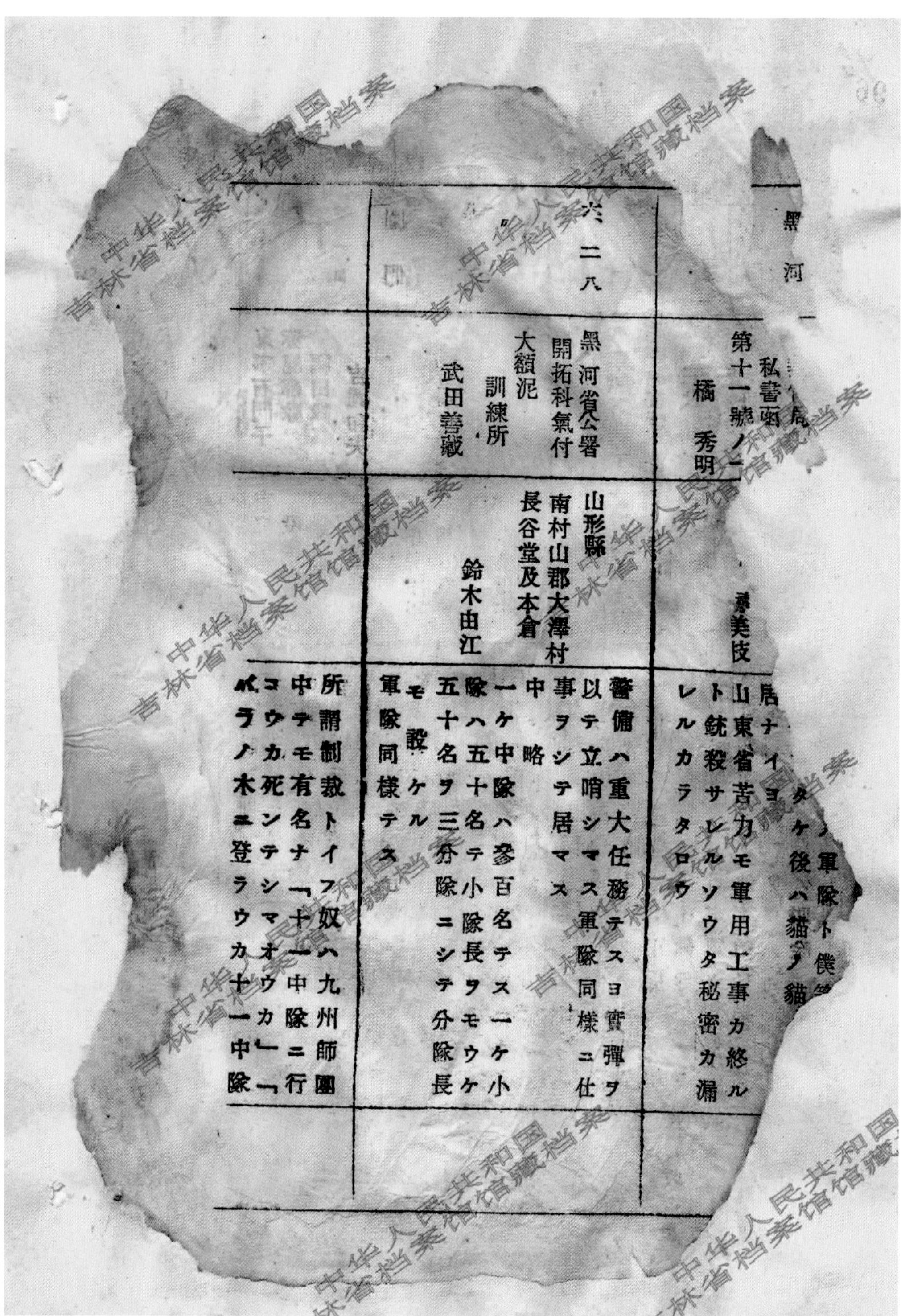

熱河
第十一號ノ二
私書函
橘　秀明
美技
居ナイヨタケ後ハ猫ノ猫
ノ軍隊ト俄
山東省苦力モ軍用工事カ終ル
ト銃殺サレルソウタ秘密カ漏
レルカラタロウ

六二八
熱河省公署
開拓科氣付
大額泥
訓練所
武田善藏
山形縣
南村山郡大澤村
長谷堂及本倉
鈴木由江
警備ハ重大任務テスヨ實彈ヲ
以テ立哨シマス軍隊同様ニ仕
事ヲシテ居マス
中略
一ケ中隊ハ參百名テス一ケ小
隊ハ五十名テ小隊長ヲモウケ
五十名ヲ三分隊ニシテ分隊長
モ設ケル
軍隊同様テス

所謂制裁トイフ奴ハ九州師團
中テモ有名ナ「十一中隊ニ行
コウカ死ンテシマオウカ」「
ハラノ木ニ登ラシウカ十一中隊

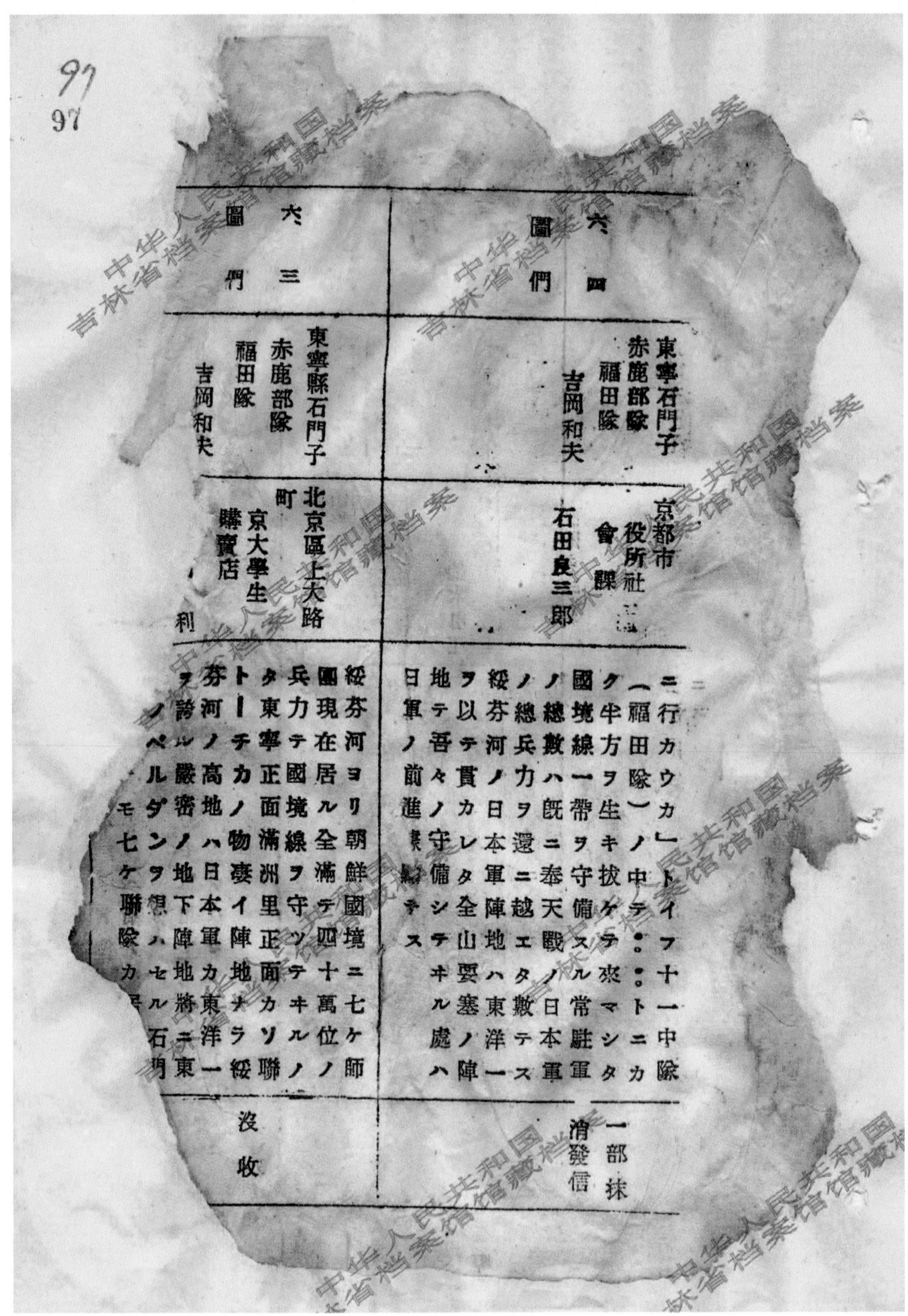

97

六四 圖們	東寧石門子 赤鹿部隊 福田隊 吉岡和夫	京都市役所社會課 石田良三郎	ニ行カウカ」トイフ十一中隊（福田隊）ノ中テ：：トニカク半方ヲ生キ抜ケテ來マシタ國境線一帶ヲ守備スル常駐軍ノ總數ハ既ニ奉天戰ノ日本軍ノ總兵力ヲ還ニ越エタ數テス綏芬河ノ日本軍陣地ハ東洋一ヲ以テ貫カレタ全山要塞ノ障地テ吾々ノ守備シテヰル處ハ日軍ノ前進[illegible]ス	一部抹消發信
六三 圖們	東寧縣石門子 赤鹿部隊 福田隊 吉岡和夫	北京區上大路町 京大學生 購賣店 [illegible]利	綏芬河ヨリ朝鮮國境ニ七ケ師團現在居ル全滿テ四十萬位ノ兵力テ國境線ヲ守ツテヰルノタ東寧正面滿洲里正面カソ聯トーチカノ物凄イ陣地ナラ綏芬河ノ高地ハ日本軍カ東洋一ヲ誇ル嚴密ノ地下陣地將ニ東ノペルダンヲ想ハセル石門[illegible]モ七ケ聯隊カ[illegible]	沒收

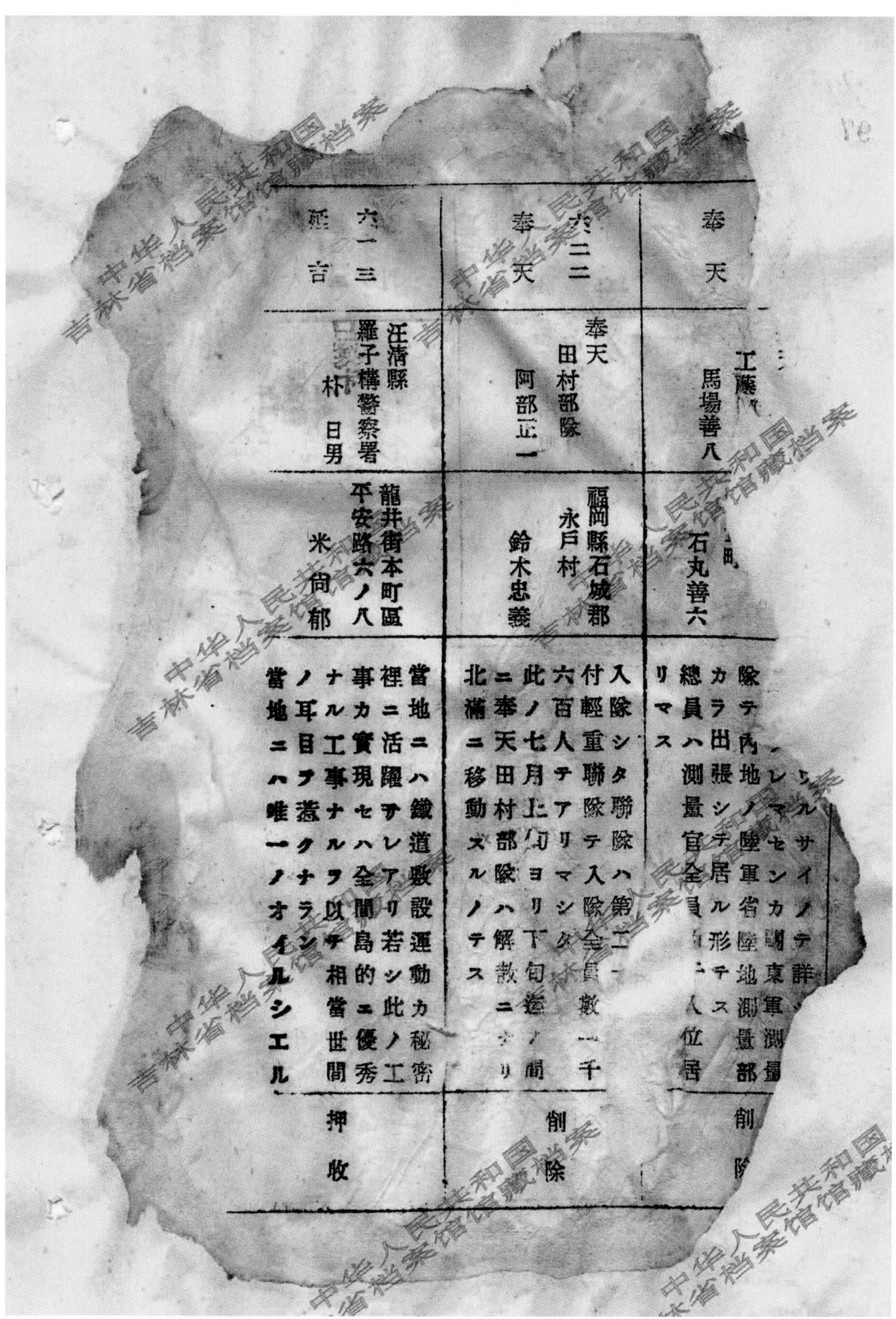

奉天	工藤… 馬場善八	…町 石丸善六	…ルサイノテ詳…レマセンカ関東軍測量除テ内地ノ陸軍省陸地測量部カラ出張シテ居ル形テス總員ハ測量官全員[illegible]ニ入位居リマス	削除
六二二 奉天	奉天 田村部隊 阿部正一	福岡縣石城郡永戸村 鈴木忠義	入隊シタ聯隊ハ第二一付輕重聯隊テ入隊全員數一千六百人テアリマシタ此ノ七月上旬ヨリ下旬迄ノ間ニ奉天田村部隊ハ解散ニナリ北滿ニ移動スルノテス	削除
六一三 延吉	汪清縣羅子溝警察署 朴日男	龍井街本町區平安路六ノ八 米向郁	當地ニハ鐵道敷設運動カ秘密裡ニ活躍サレアリ若シ此ノ工事カ實現セハ全間島的ニ優秀ナル工事ナルヲ以テ相當世間ノ耳目ヲ惹クナランイン當地ニハ唯一ノオイルシエル	押收

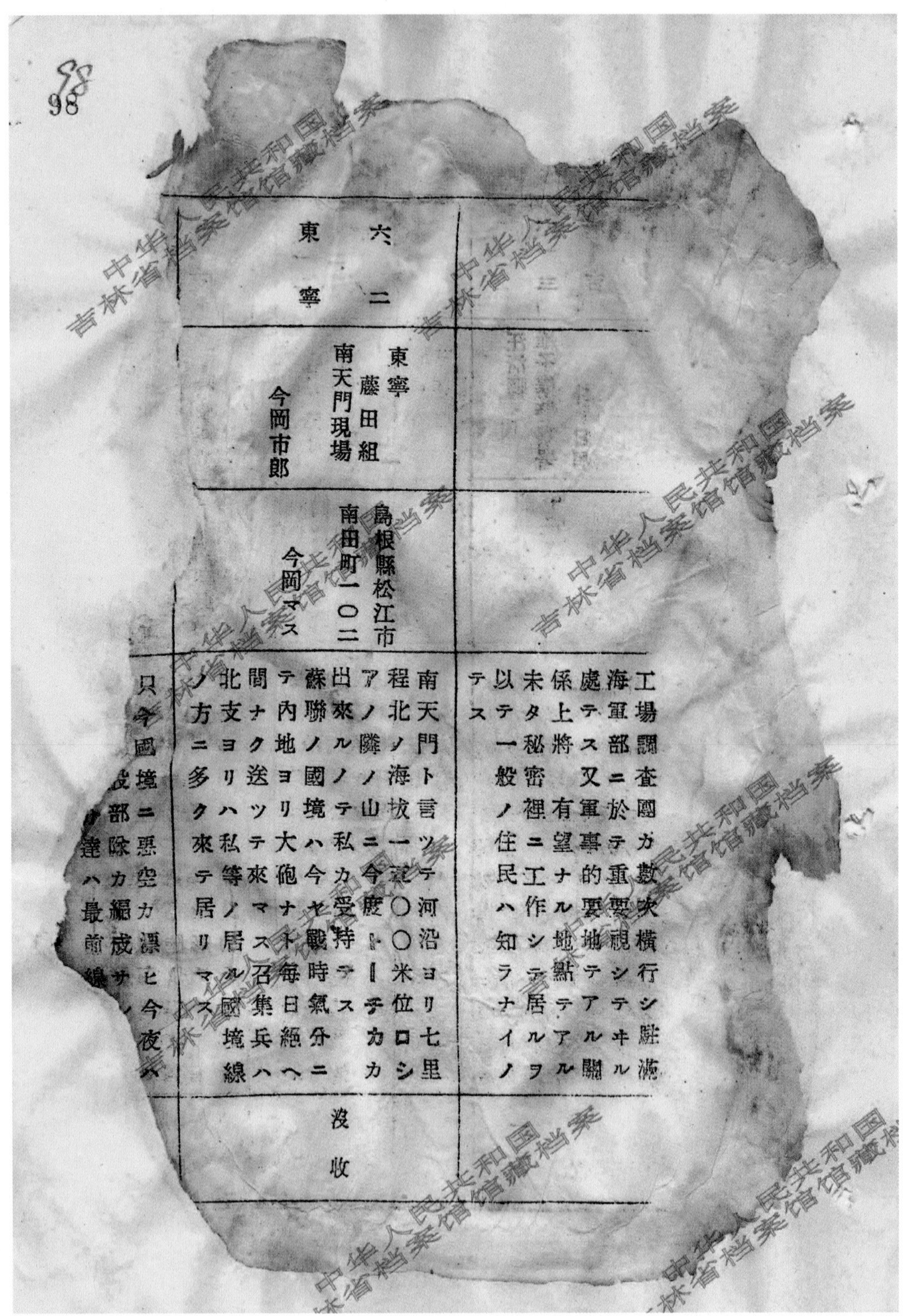
98

工場調査國カ數次横行シ駐滿海軍部ニ於テ重要視シテヰル處テス又軍事的要地テアル關係上將有望ナル地點テアル未タ秘密裡ニ工作シテ居ルヲ以テ一般ノ住民ハ知ラナイノテス

六二 東寧	東寧 藤田組 南天門現場 今岡市郎	島根縣松江市 南田町一〇二 今岡マス	南天門ト言ツテ河沿ヨリ七里程北ノ海抜一〇〇〇米位ロシアノ隣ノ山ニ今度ドーチカカ出來ルノテ私カ受持テス蘇聯ノ國境ハ今ヤ戰時氣分ニテ内地ヨリ大砲ナト毎日絶ヘ間ナク送ツテ來マス召集兵ハ北支ヨリハ私等ノ居ル國境線ノ方ニ多ク來テ居リマス	沒收

只今國境ニ悪空カ漂ヒ今夜ハ[?]部除カ編成サ達ハ最前線

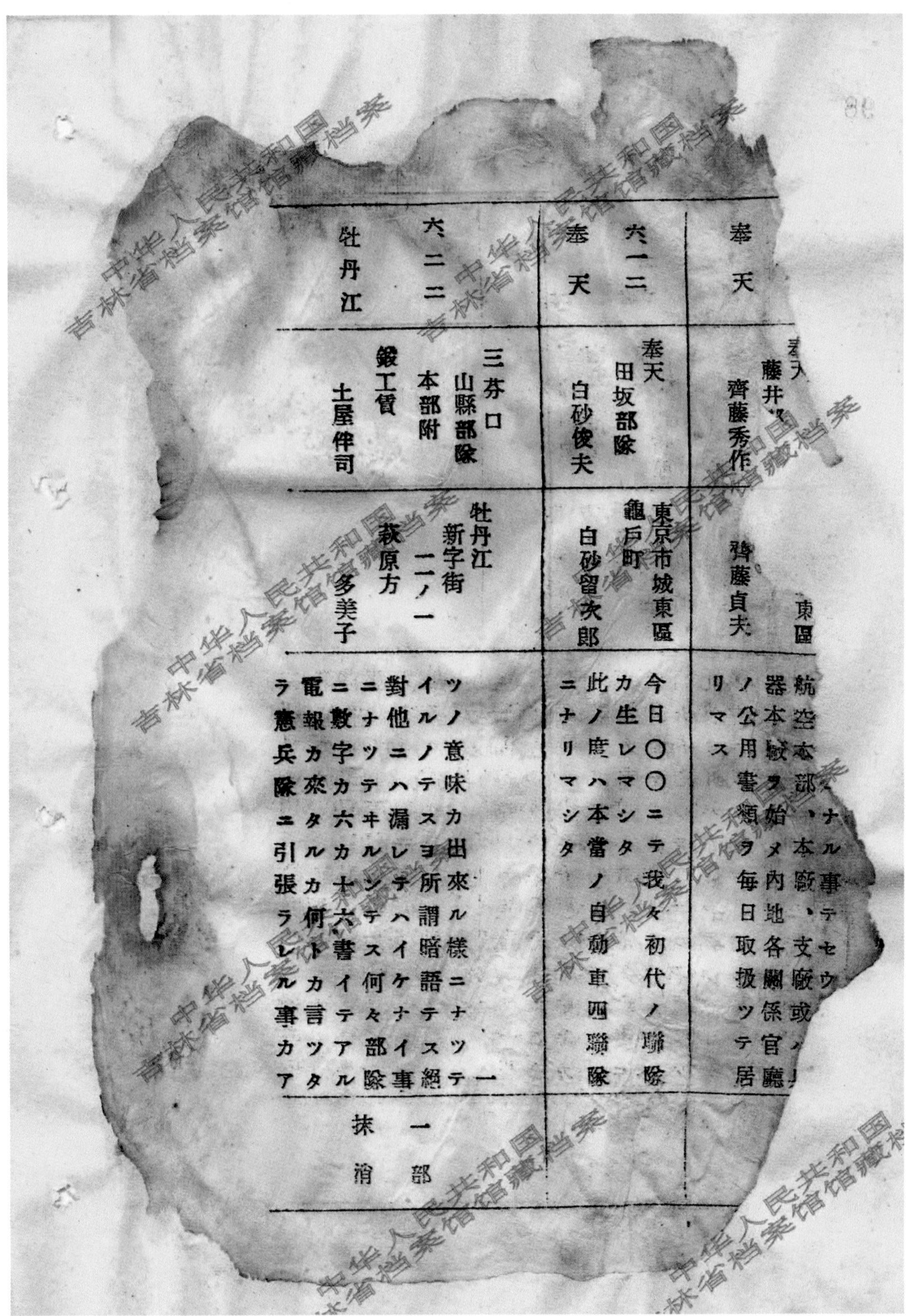

奉天	六一二 奉天	六二二 牡丹江
奉天 藤井… 齊藤秀作	奉天 田坂部隊 白砂俊夫	三岔口 山縣部隊 本部附 鍛工質 土屋伴司
東… 東區 齊藤貞夫	東京市城東區 龜戸町 白砂留次郎	牡丹江 新字街 一一ノ一 荻原方 多美子
…ナル事テセウ 航空本部、本廠、支廠或ハ…器本廠ヲ始メ内地各關係官廳ノ公用書類ヲ毎日取扱ツテ居リマス	今日〇〇ニテ我々初代ノ聯隊カ生レマシタ此ノ度ハ本當ノ自動車四聯隊ニナリマシタ	ツノ意味カ出來ル樣ニナツテ一イルノテスヨ所謂暗語テ絶對他ニハ漏レテハイケナイ事ニナツテキルンテス何々部隊ニ數字カ六カ十六書イテアル電報カ來タルカ何トカ言ツタラ憲兵隊ニ引張ラレル事カアタ
		一部抹消

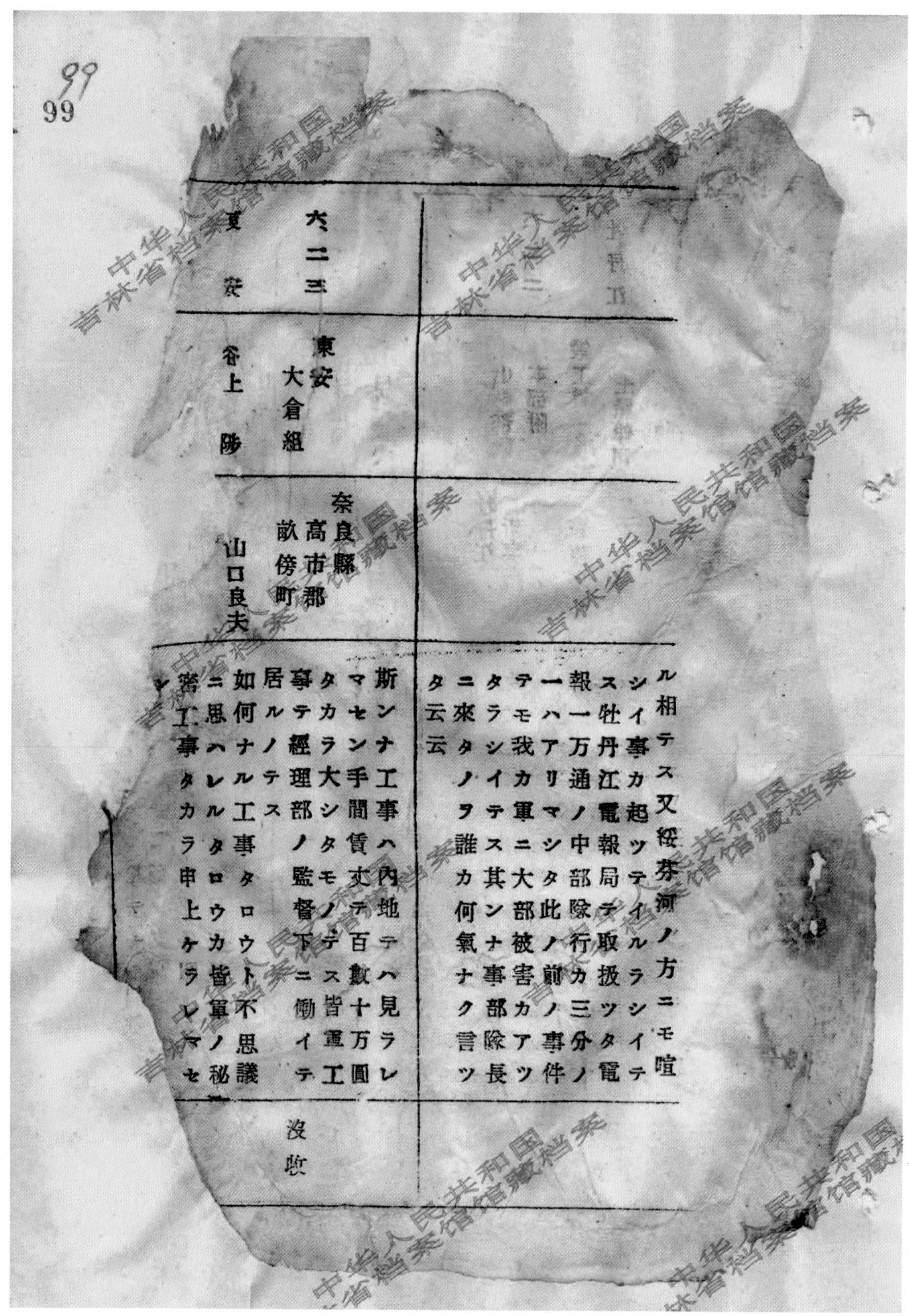
99

六、二三
受 發

東安
大倉組
谷上 陟

奈良縣
高市郡
畝傍町
山口良夫

ル相テス又綏芬河ノ方ニモ喧
シイ事カ起ツテイルラシイテ
ス牡丹江電報局テ取扱ツタ電
報一万通ノ中部隊行カ三分ノ
一ハアリマシタ此ノ前ノ事件
テモ我カ軍ニ大部被害カアツ
タラシイテス其ンナ事部隊長
ニ來タノヲ誰カ何氣ナク言ツ
タ云云

斯ンナ工事ハ内地テハ見ラレ
マセン手間賃丈テ百數十万圓
タカラ大シタモノテス皆運工
尋テ經理部ノ監督下ニ働イテ
居ルノテス
如何ナル工事タロウト不思議
ニ思ハレルタロウカ皆軍ノ秘
密工事タカラ申上ケラレマセ
ン

沒收

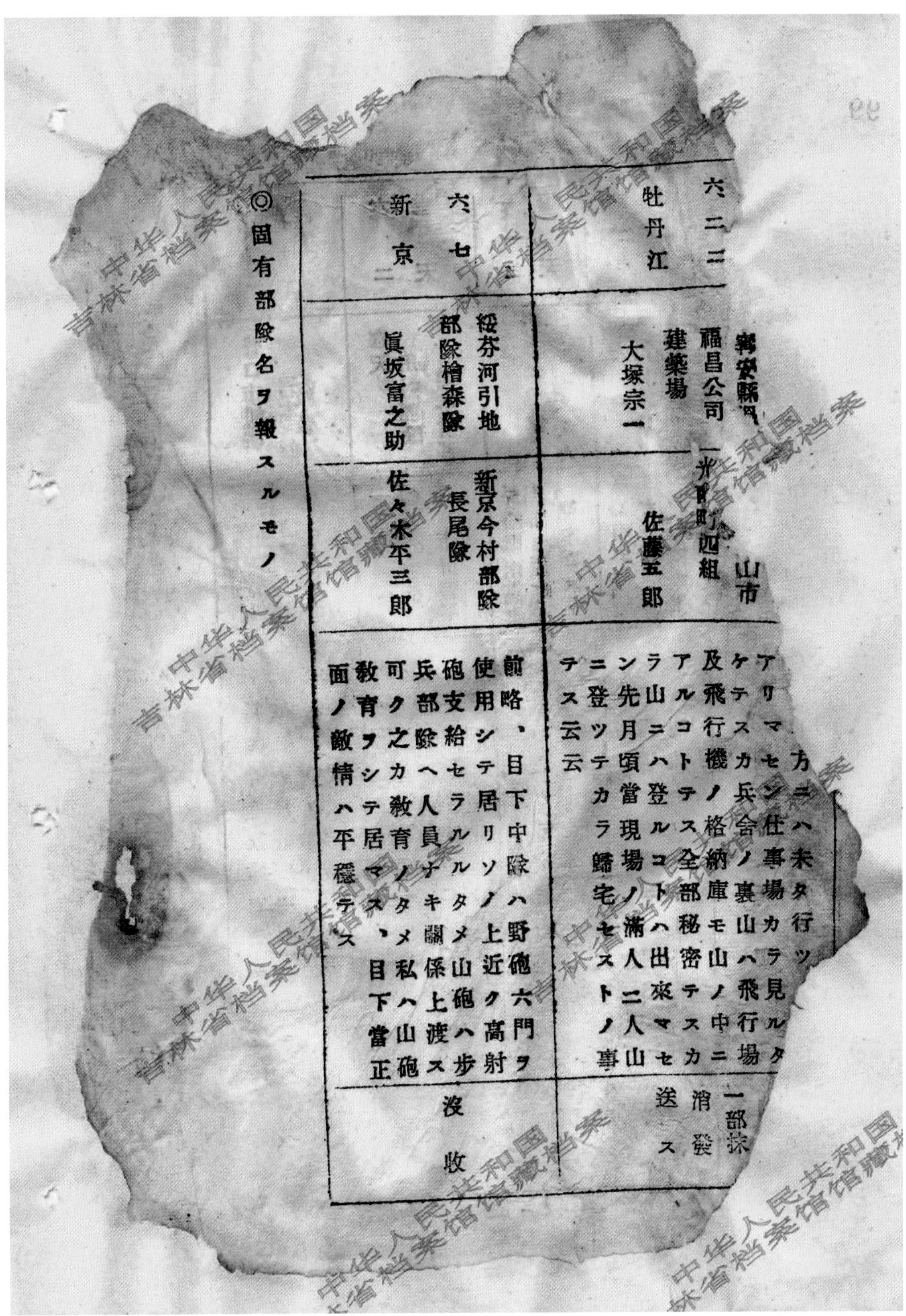

六二二	牡丹江	寧安縣[illegible]福昌公司建築場 大塚宗一	[illegible]山市一光[illegible]町四組 佐藤五郎	方ニハ未タ行ツアリマセン仕事場カラ見ルタケテスカ兵舎ノ裏山ハ飛行場及飛行機ノ格納庫モ山ノ中ニアルコトテス全部秘密テスカラ山ニハ登ルコトハ出來マセン先月頃當現場ノ滿人ニ人山ニ登ツテカラ歸宅セストノ事テス云云	一部抹消發送ス
六七三	新京	綏芬河引地部隊檜森隊 眞坂富之助	新京今村部隊長尾隊 佐々木平三郎	前略、目下中隊ハ野砲六門ヲ使用シテ居リソノ上近ク高射砲支給セラルルタメ山砲ハ歩兵部隊ヘ人員ナキ關係上渡ス可ク之カ教育ノタメ私ハ山砲教育ヲシテ居マス、目下當正面ノ敵情ハ平穏テス	沒收

◎固有部隊名ヲ報スルモノ

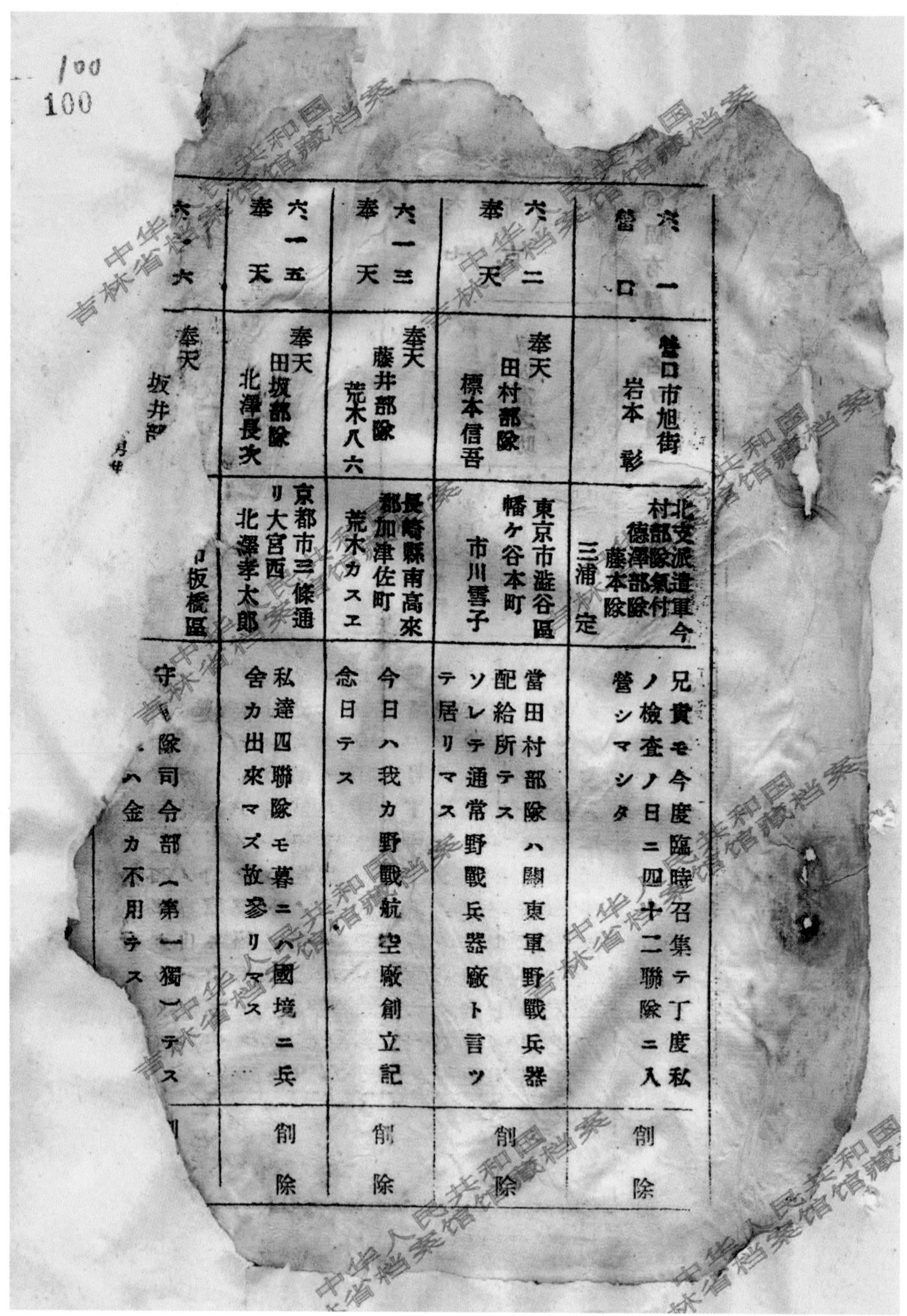

100

100

六・一 營口	營口市旭街 岩本 彰	北支派遣軍今村部隊氣付 德澤部隊 藤本隊 三浦 定	兄貴モ今度臨時召集テ丁度私ノ檢査ノ日ニ四十二聯隊ニ入營シマシタ	削除
六・二 奉天	奉天 田村部隊 標本信吾	東京市澁谷區幡ケ谷本町 市川雪子	當田村部隊ハ關東軍野戰兵器配給所テス ソレテ通常野戰兵器廠ト言ッテ居リマス	削除
六・一三 奉天	奉天 藤井部隊 荒木八六	長崎縣南高來郡加津佐町 荒木カスヱ	今日ハ我カ野戰航空廠創立記念日テス	削除
六・一五 奉天	奉天 田坂部隊 北澤長次	京都市三條通リ大宮西 北澤孝太郎	私達四聯隊モ暮ニハ國境ニ兵舍カ出來マス故參リマス	削除
六・六	奉天 坂井部	市板橋區	守備隊司令部（第一獨立）テス ……ハ金カ不用テス	削

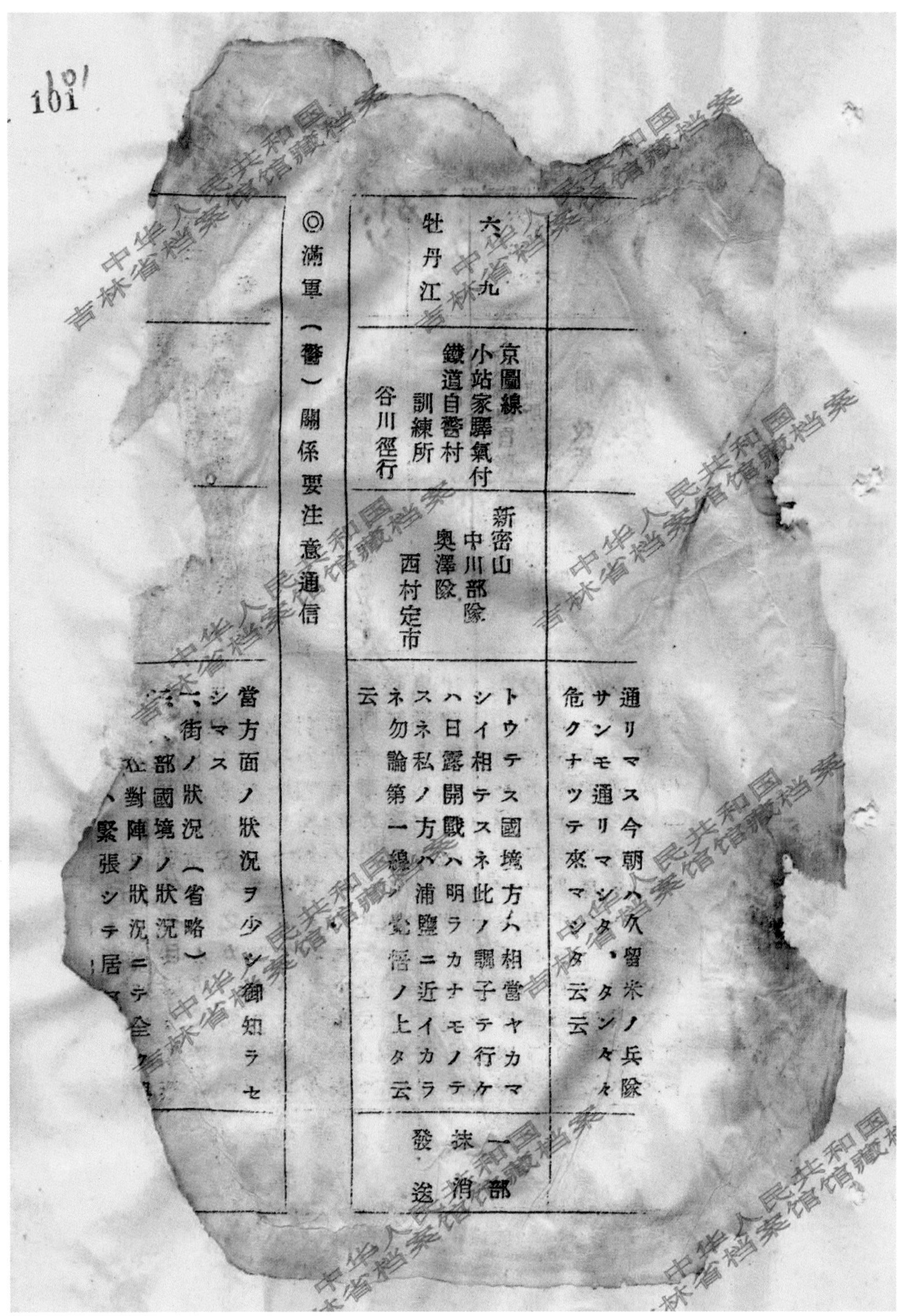

101

通リマス今朝ハ久留米ノ兵隊サンモ通リマシタ、タンタン危クナッテ來マシタ云云

六、九
牡丹江

京圖線小站家驛氣付
鐵道自警村訓練所
谷川徑行

新密山
中川部隊
奥澤隊
西村定市

トウテス國境方ハ相當ヤカマシイ相テスネ此ノ調子テ行ケハ日露開戰ハ明ラカナモノテスネ私ノ方ハ浦鹽ニ近イカラ勿論第一線ノ覺悟ノ上タ云云

一部抹消
發送

◎滿軍（警）關係要注意通信

當方面ノ狀況ヲ少シ御知ラセシマス
一、街ノ狀況（省略）
二、[illegible]部國境ノ狀況[illegible]
三、[illegible]對陣ノ狀況ニテ全[illegible]
[illegible]、緊張シテ居マ[illegible]

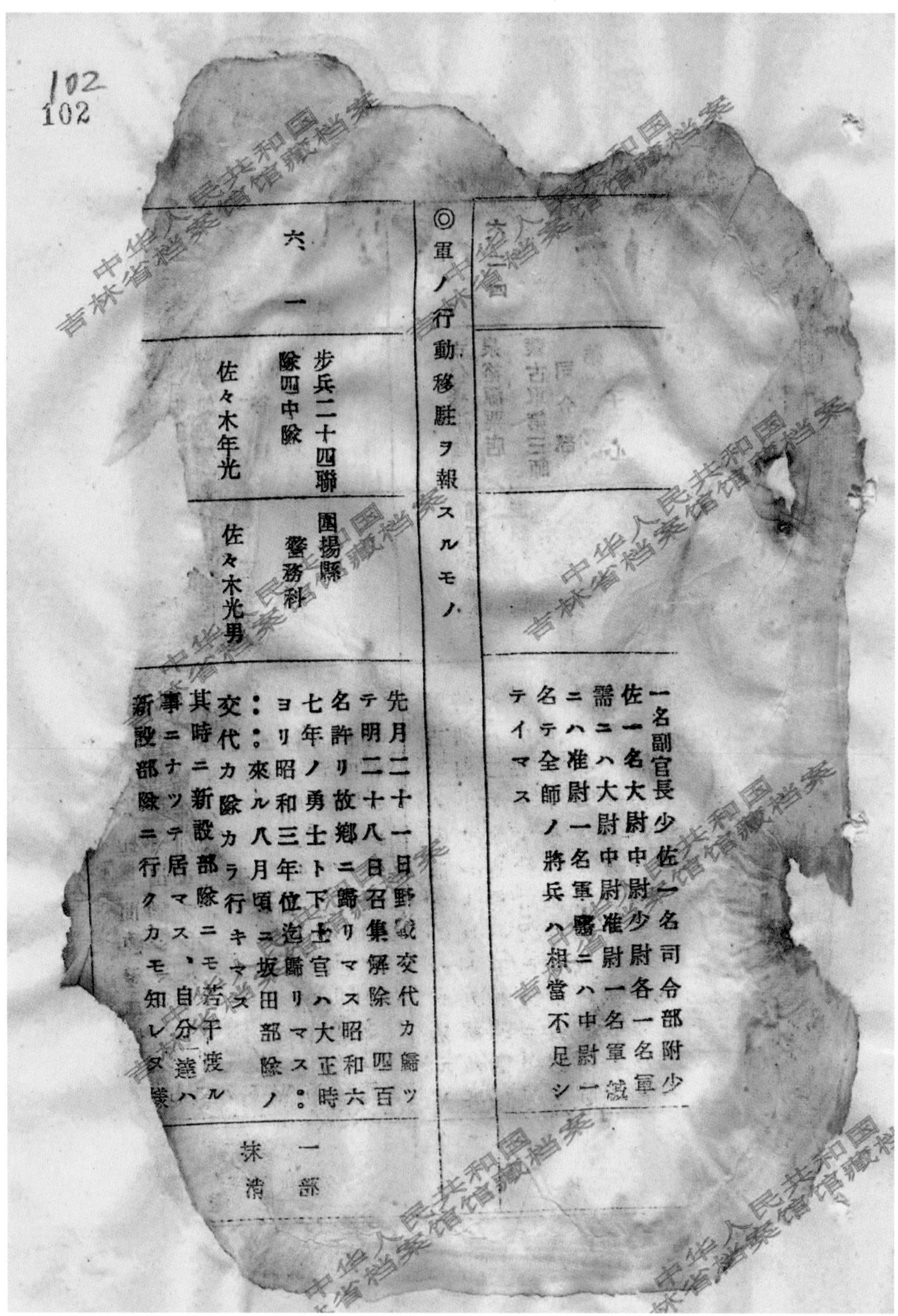
102
102

六、二四

◎軍ノ行動移駐ヲ報スルモノ

一名副官長少佐一名司令部附少佐一名大尉中尉少尉各一名軍需ニハ大尉中尉准尉一名軍械ニハ准尉一名軍醫ニハ中尉一名テ全師ノ將兵ハ相當不足シテイマス

六、一

步兵二十四聯隊四中隊
佐々木年光

圍場縣警務科
佐々木光男

先月二十一日野戰交代カ歸ツテ明二二十八日召集解除四百名許リ故鄕ニ歸リマス昭和六七年ノ勇士ト下士官ハ大正時ヨリ昭和三年位迄ニ歸リマス：：ヨリ來ル八月頃ニ坂田部隊ノ交代カ隊カラ行キマス
其時ニ新設部隊ニモ若干渡ル事ニナツテ居マス、自分達ハ新設部隊ニ行クカモ知レタ樣

一部
抹消

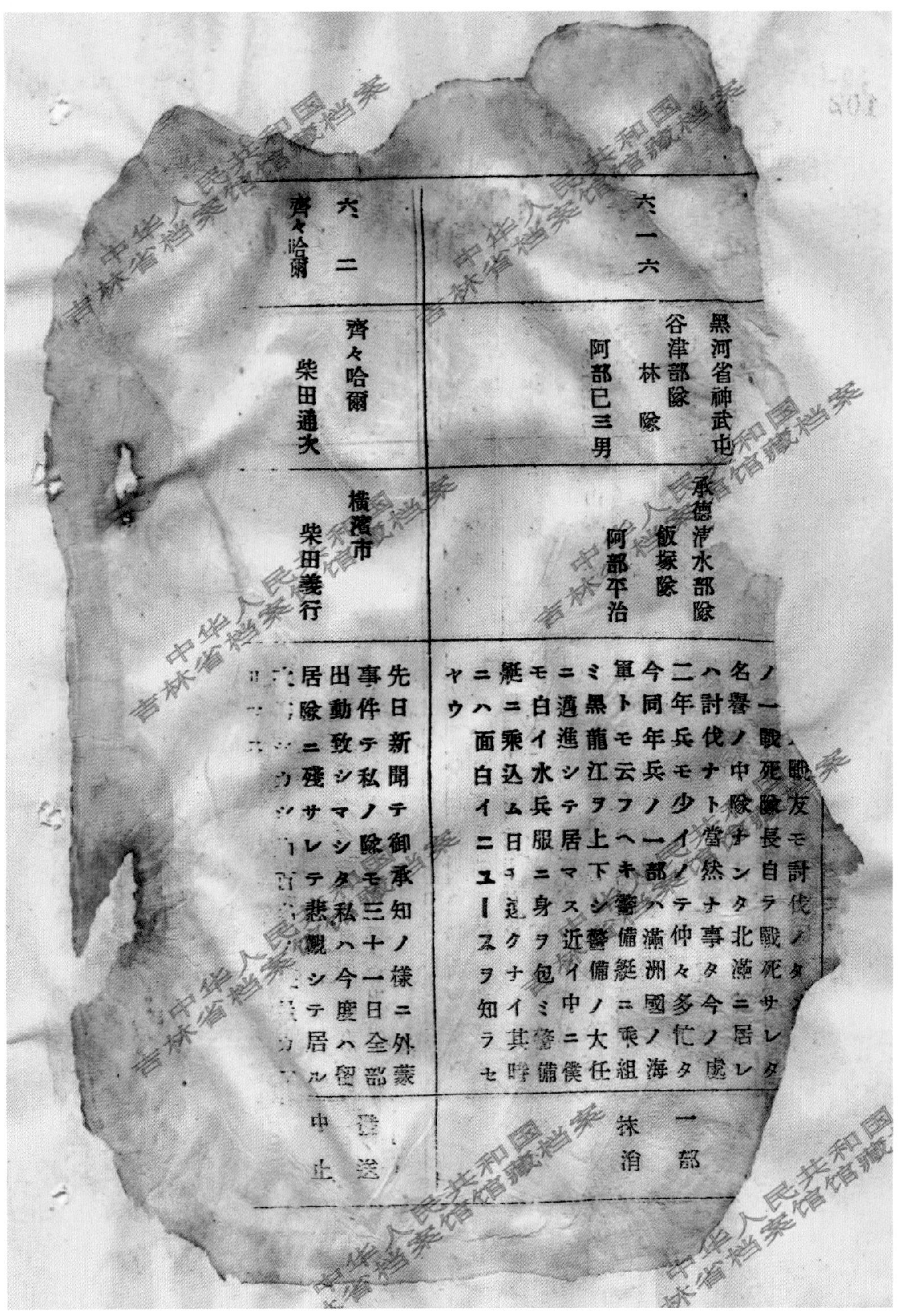

六一六	黒河省神武屯 谷津部隊 林隊 阿部巳三男	承德津水部隊 飯塚隊 阿部平治	[illegible]戰友モ討伐ノタ[illegible] ノ一戰死隊長自ラ戰死サレタ名譽ノ中隊ナンタ北滿ニ居レハ討伐ナト當然ナ事タ今ノ處二年兵モ少イノテ仲々多忙タ今同年兵ノ一部ハ滿洲國ノ海軍ト云フヘキ警備艇ニ乘組ミ黒龍江ヲ上下シ警備ノ大任ニ邁進シテ居マス近イ中ニ僕モ白イ水兵服ニ身ヲ包ミ警備艇ニ乘込ム日モ遠クナイ其時ニハ面白イニユースヲ知ラセヤウ	一部抹消
六、二 齊々哈爾	齊々哈爾 柴田通次	横濱市 柴田義行	先日新聞テ御承知ノ様ニ外蒙事件テ私ノ隊モ三十一日全部出動致シマシタ私ハ今度ハ留居隊ニ殘サレテ悲觀シテ居ル[illegible]	發送中止

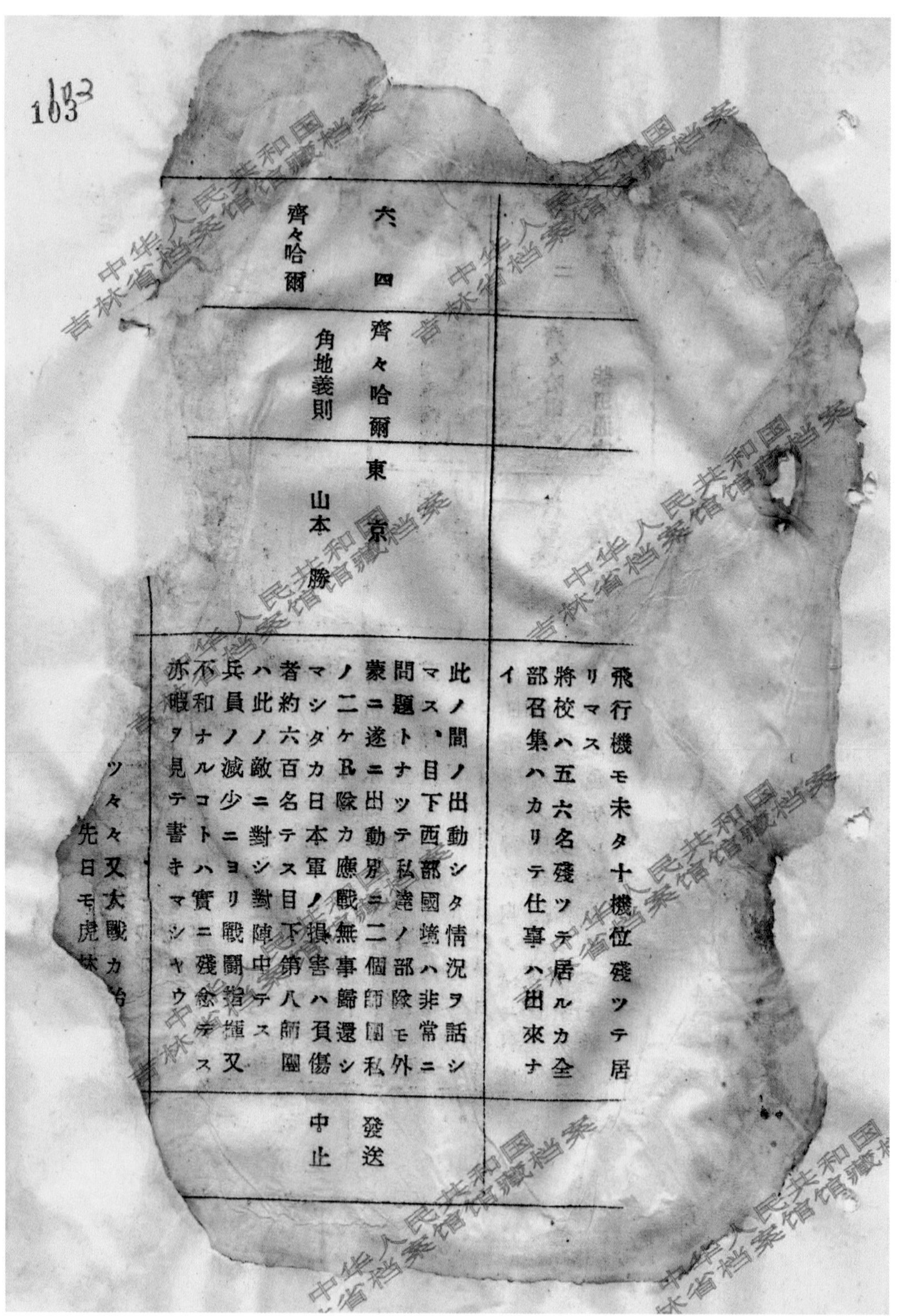
103

	六四	齊々哈爾	
	齊々哈爾	角地義則	
	東京	山本勝	
飛行機モ未タ十機位殘ッテ居リマス將校ハ五六名殘ッテ居ルカ全部召集ハカリテ仕事ハ出來ナイ	此ノ間ノ出動シタ情況ヲ話シマス、目下西部國境ハ非常ニ問題トナッテ私達ノ部隊モ外蒙ニ遂ニ出動シ二個師團私ノ二ケR除カ應戰無事歸還シマシタカ日本軍ノ損害ハ負傷者約六百名テス目下第八師團ハ此ノ敵ニ對シ對陣中テス兵員ノ減少ニヨリ戰鬪指揮又不和ナルコトハ實ニ殘念テス亦暇ヲ見テ書キマシヤウ		ツ々々又太戰カ始 先日モ虎林
	發送中止		

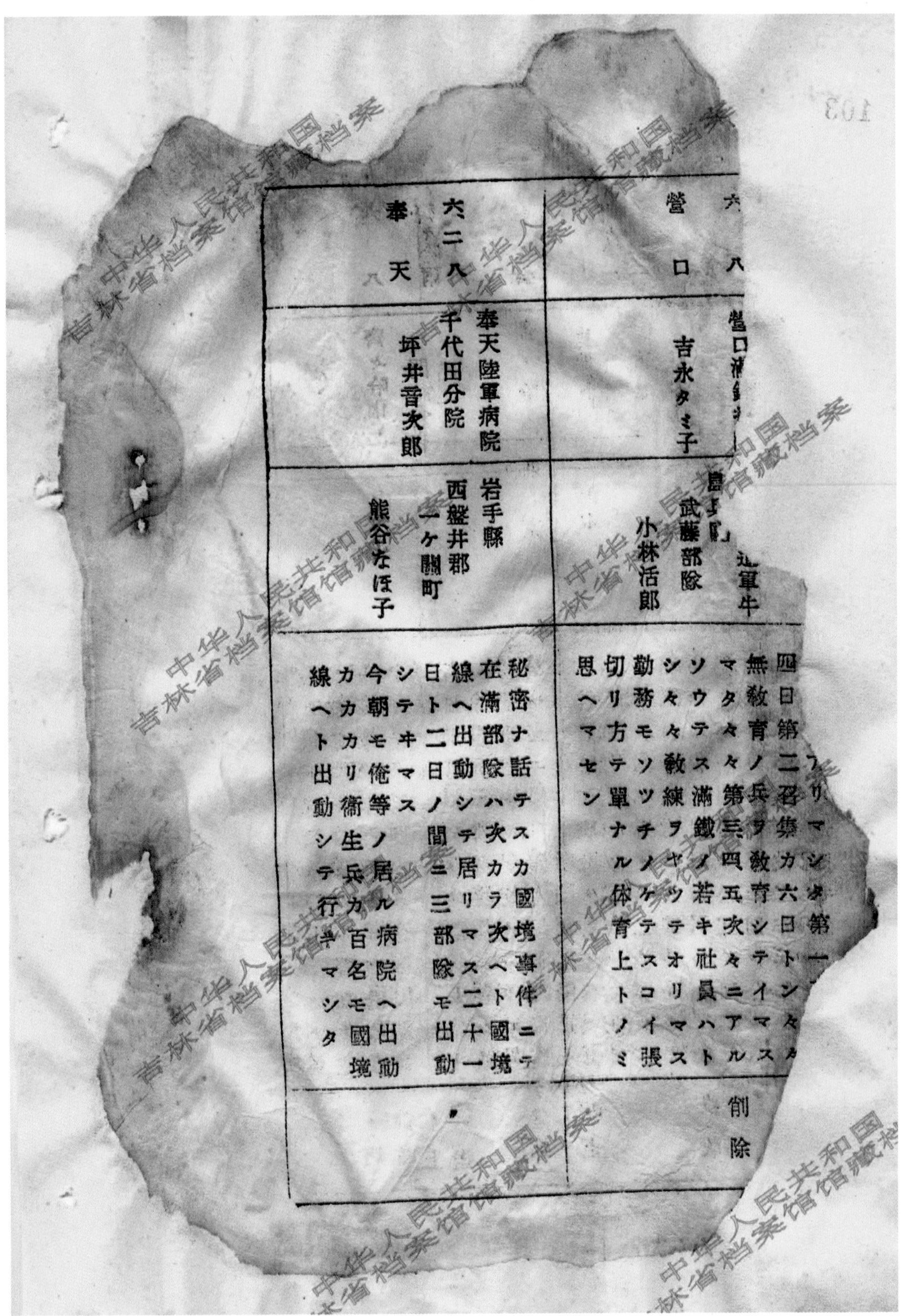

六八 營口	營口滿鐵[illegible] 吉永タミ子	[illegible] 武藤部隊 小林活郎	[illegible]軍牛	フリマシタ第一[illegible] 四日第二召集カ六日トインマス 無教育ノ兵ヲ教育シテイマス マタタタタ第三四五次々ニアル ソウテス滿鐵ノ若キ社員ハト シタタ教練ヲヤツテオリマス 勤務モソツチノケテスコイ張 切リ方テ單ナル体育上トノミ 思ヘマセン	削除
六二八 奉天	奉天陸軍病院 千代田分院 坪井晋次郎	岩手縣 西磐井郡 一ケ關町 熊谷なほ子		秘密ナ話テスカ國境事件ニテ 在滿部隊ハ次カラ次ヘト國境 線ヘ出動シテ居リマス二十一 日ト二日ノ間ニ三部隊モ出動 シテキマス 今朝モ俺等ノ居ル病院ヘ出動 カカカリ衛生兵カ百名モ國境 線ヘト出動シテ行キマシタ	

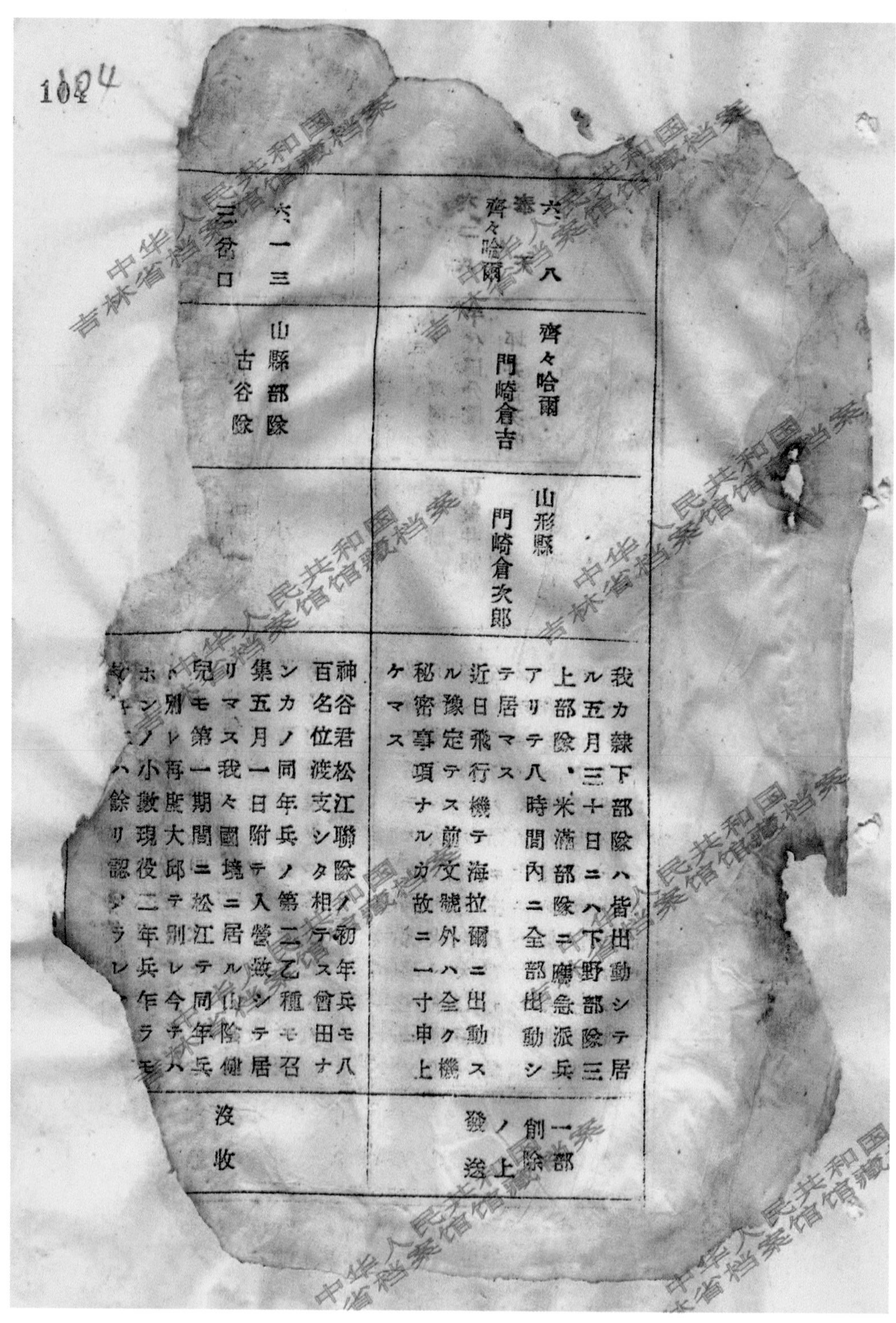

1024

六・八 奉天 齊々哈爾	齊々哈爾 門崎倉吉	山形縣 門崎倉次郎	我カ隷下部隊ハ皆出動シテ居ル五月三十日ニハ下野部隊三上部隊・米滿部隊ニ應急派兵アリテ八時間內ニ全部出動シテ居マス近日飛行機テ海拉爾ニ出動スル豫定テス前文號外ハ全ク機秘密事項ナルカ故ニ一寸申上ケマス	一部削除ノ上發送
六・一三 三岔口	山縣部隊 古谷隊		神谷君松江聯隊ノ初年兵モ八百名位渡支シタ相テス會田ナンカノ同年兵ノ第二乙種モ召集五月一日附テ入營シテ居リマス我々國境ニ居ル山陰健兒モ第一期間ニ松江テ同年兵ト別レ再度大郎テ別レ今テハホンノ小數現役二年兵午ラモ[illegible]キン[illegible]ハ餘リ認[illegible]ラレ[illegible]	沒收

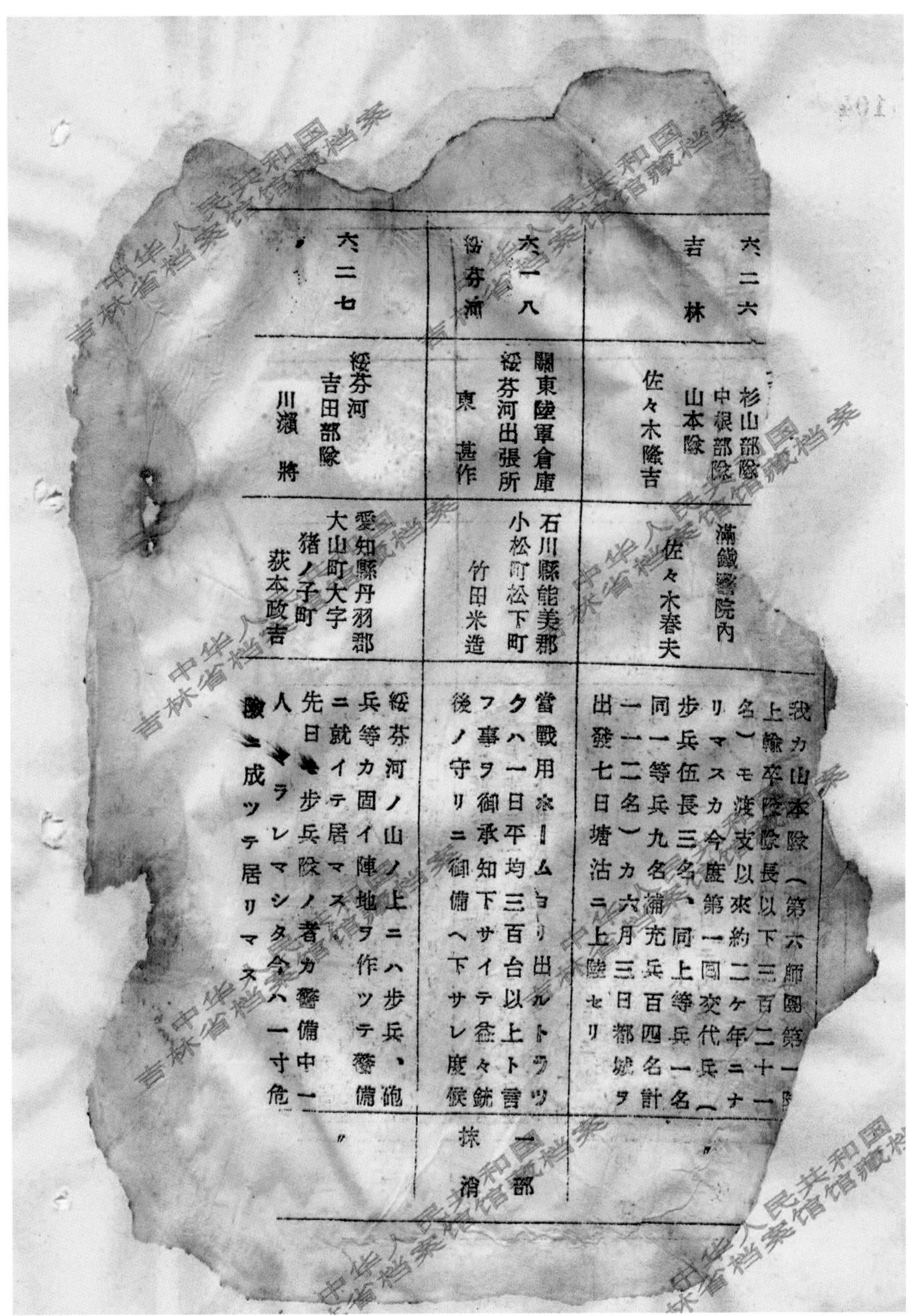

六二六 吉林	杉山部隊 中根部隊 山本隊 佐々木隆吉	滿鐵醫院內 佐々木春夫	我カ山本隊（第六師團第一一［聯］上輸卒隊長以下三百二十一名）モ渡支以來約二ケ年ニナリマスカ今度第一回交代兵（步兵伍長三名、同上等兵一名、同一等兵九名補充兵百四名計一一二名）カ六月三日都城ヲ出發七日塘沽ニ上陸セリ	〃
六一八 綏芬河	關東陸軍倉庫綏芬河出張所 東 邁作	石川縣能美郡小松町松下町 竹田米造	當戰用ホームヨリ出ルトラツクハ一日平均三百台以上ト言フ事ヲ御承知下サイテ益々銃後ノ守リニ御備ヘ下サレ度候	一部抹消
六二七	綏芬河 吉田部隊 川瀨 將	愛知縣丹羽郡大山町大字猪ノ子町 荻本政吉	綏芬河ノ山ノ上ニハ步兵、砲兵等カ固イ陣地ヲ作ツテ警備ニ就イテ居マス、先日●步兵隊ノ者カ警備中一人●ラレマシタ今ハ一寸危險ニ成ツテ居リマス	〃

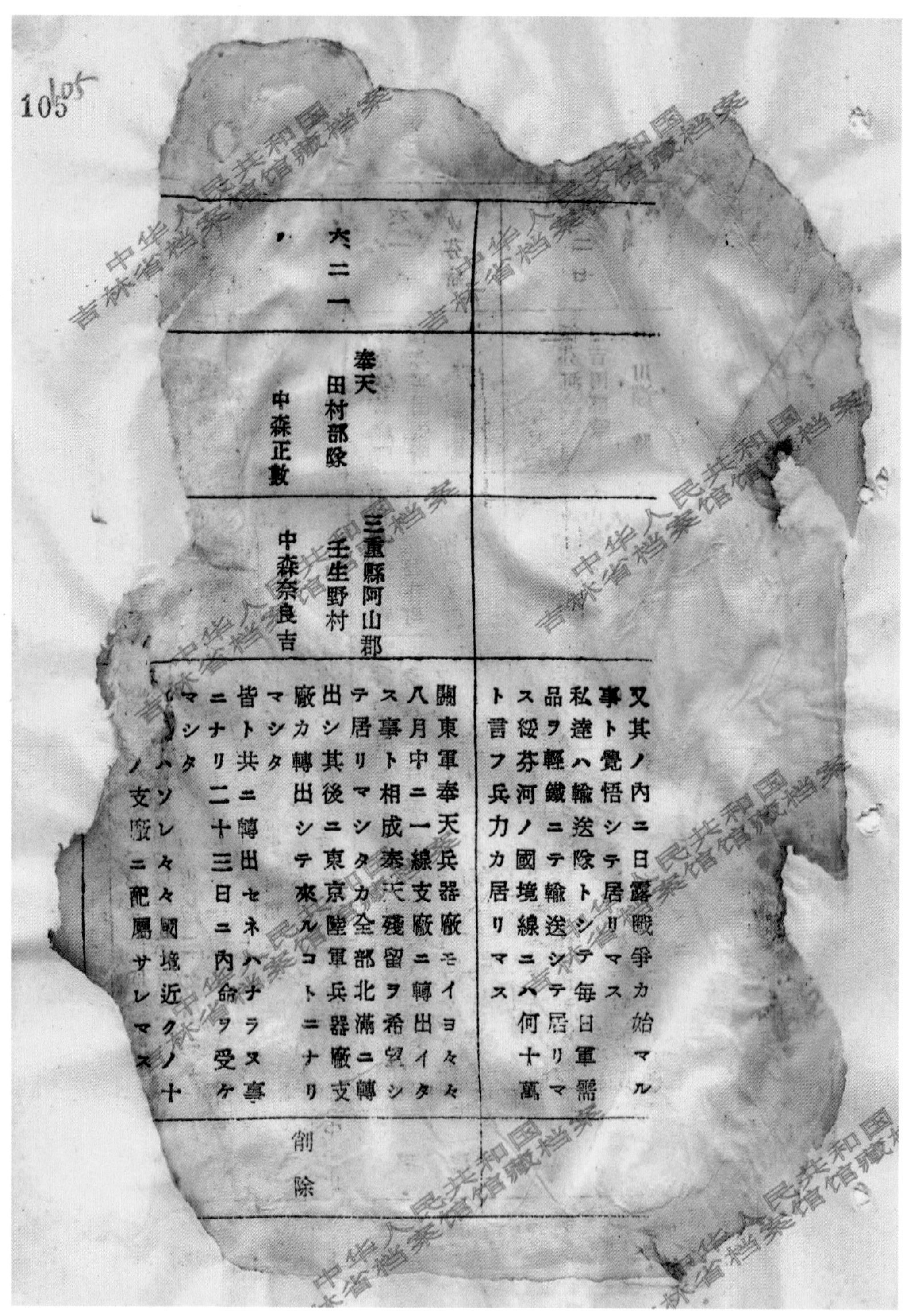

105

六二一	奉天 田村部隊 中森正數	三重縣阿山郡壬生野村 中森奈良吉	又其ノ内ニ日露戰爭カ始マル事ト覺悟シテ居リマス私達ハ輸送隊トシテ毎日軍需品ヲ輕鐵ニテ輸送シテ居リマス綏芬河ノ國境線ニハ何十萬ト言フ兵力カ居リマス 關東軍奉天兵器廠モイヨ々々八月中ニ一線支廠ニ轉出イタシス事ト相成奉天殘留ヲ希望シテ居リマシタカ全部北滿ニ轉出シ其後ニ東京陸軍兵器廠支廠カ轉出シテ來ルコトニナリマシタ皆ト共ニ轉出セネハナラヌ事ニナリ二十三日ニ内命ヲ受ケマシタ[illegible]シハソレ々々國境近クノ十[illegible]ノ支廠ニ配屬サレマス	削除

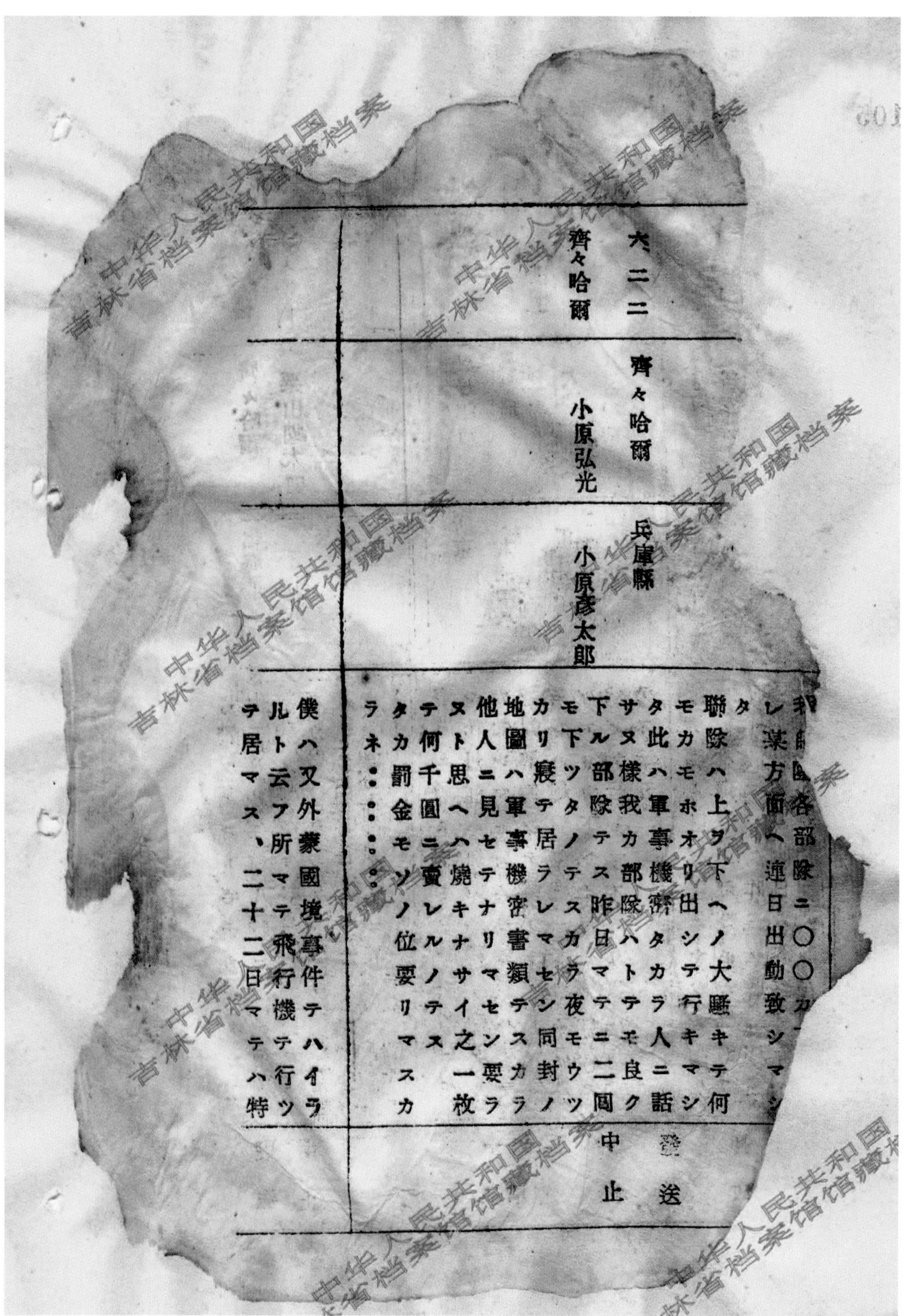

六、二二
齊々哈爾

齊々哈爾
小原弘光

兵庫縣
小原彦太郎

我師團各部隊ニ○○カ
レ某方面ヘ連日出動致シマシ
タ
聯隊ハ上ヲ下ヘノ大騷キテ何
モカモホオリ出シテ行キマシ
タ此ハ軍事機密タカラ人ニ話
サヌ樣我カ部隊ハトテモ良ク
下ル部隊テス昨日マテニ二個
モ下ツタノテスカラ夜モウツ
カリ寢テ居ラレマセン同封ノ
地圖ハ軍事機密書類テスカラ
他人ニ見セテナリマセン要ラ
ヌト思ヘハ燒キナサイ之一枚
テ何千圓ニ賣レルノテス
タカ罰金モソノ位要リマスカ
ラネ……

僕ハ又外蒙國境事件テハイラ
ルト云フ所マテ飛行機テ行ツ
テ居マス、二十二日マテハ特

發送
中止

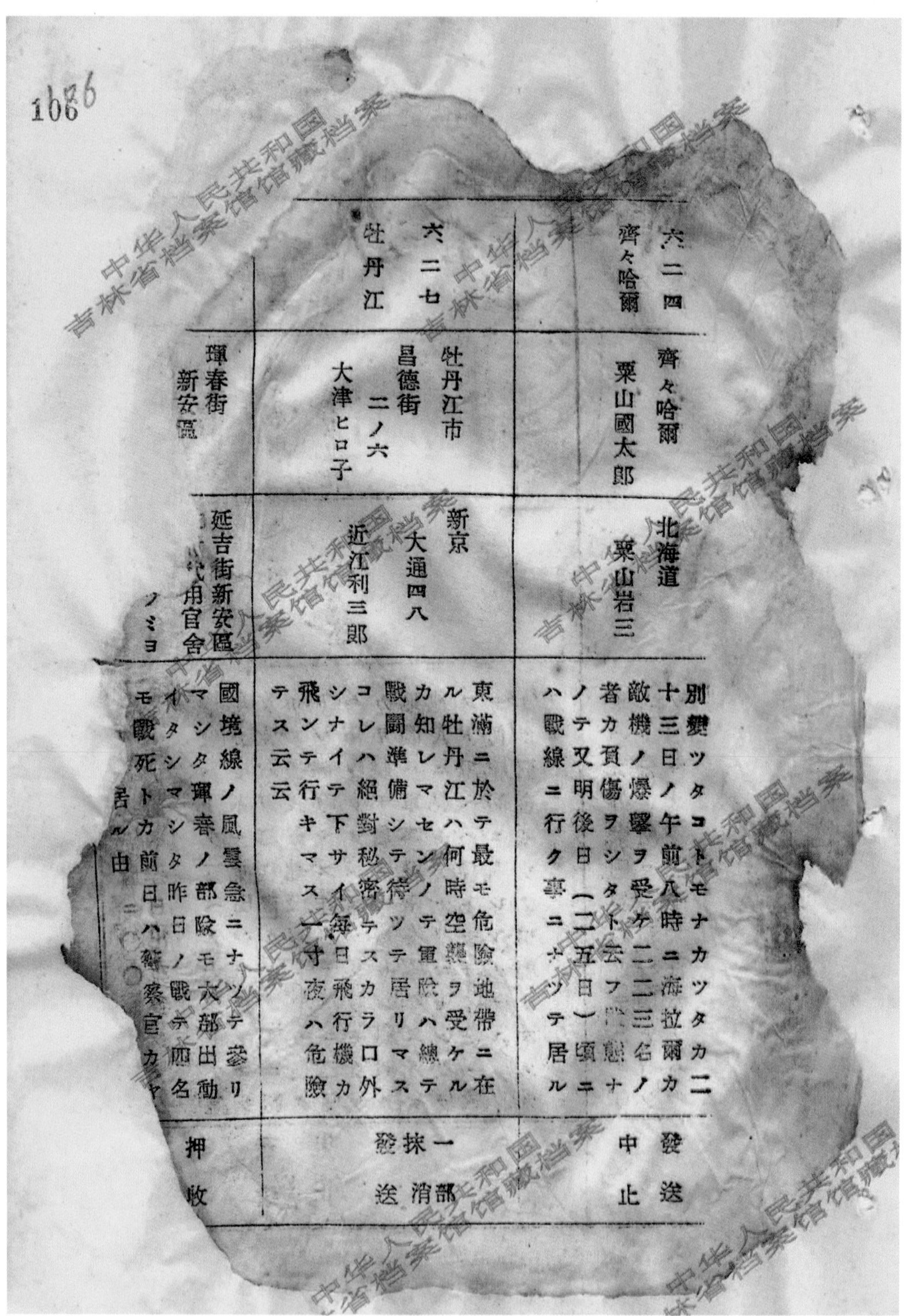

1686

六二四 齊々哈爾	六二七 牡丹江	
齊々哈爾 栗山國太郎	牡丹江市 昌德街 二ノ六 大津ヒロ子	琿春街 新安區
北海道 栗山岩三	新京 大通四八 近江利三郎	延吉街新安區 [illegible]代用官舍 [illegible]ノミヨ
別變ツタコトモナカツタカ二十三日ノ午前八時ニ海拉爾カ敵機ノ爆撃ヲ受ケ二二三名ノ者カ負傷ヲシタト云フ[illegible]態ナノテ又明後日（二五日）頃ニハ戰線ニ行ク事ニナツテ居ル	東滿ニ於テ最モ危險地帶ニ在ル牡丹江ハ何時空襲ヲ受ケルカ知レマセンノテ冒險ハ總テ戰闘準備シテ待ツテ居リマスコレハ絕對秘密テスカラ口外シナイテ下サイ毎日飛行機カ飛ンテ行キマス一寸夜ハ危險テス云云	國境線ノ風雲急ニナツテ參リマシタ琿春ノ部隊モ大部出動イタシマシタ昨日ノ戰テ四名モ戰死トカ前日ハ警察官カヤ居ル由
發送中止	一部抹消發送	押收

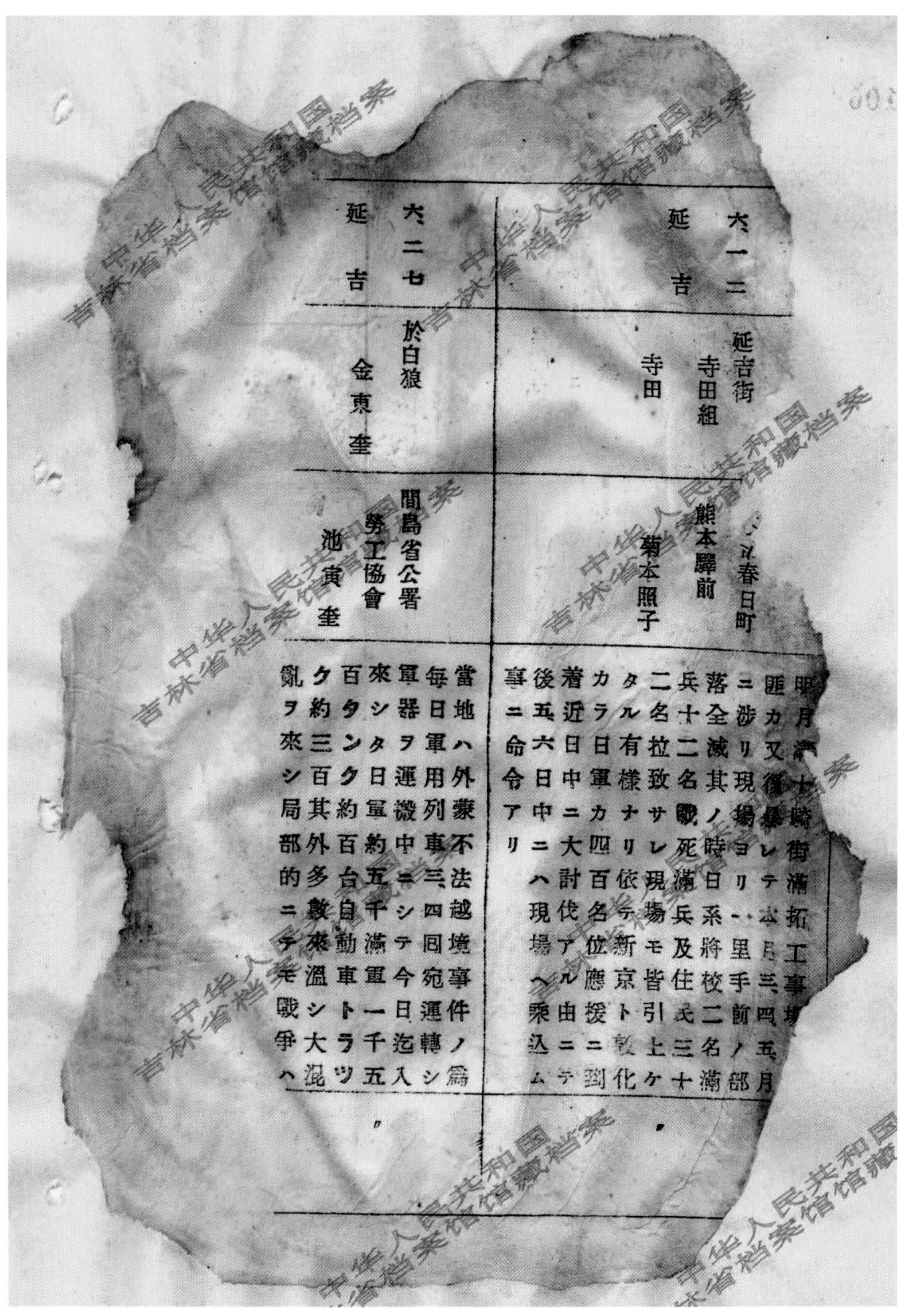

日付・地	發信人	受信人	內容
六、一二 延吉	延吉街 寺田組 寺田	春日町 熊本驛前 菊本照子	明月溝士崎街滿拓工事場匪カ又復襲レテ本月三四五月ニ渉リ現場ヨリ一里手前ノ部落全滅其ノ時日系將校二名滿兵十二名戰死滿兵及住民三十二名拉致サレ現場モ皆引上ケタル有樣ナリ依テ新京ト敦化カラ日日軍カ四百名位應援ニ到着近日中ニ大討伐アル由ニテ後五六日中ニハ現場ヘ乘込ム事ニ命令アリ
六、二七 延吉	於白狼 金東奎	間島省公署 勞工協會 池寅奎	當地ハ外蒙不法越境事件ノ爲毎日軍用列車三、四回宛運轉シ軍器ヲ運搬中ニシテ今日迄入來シタ日軍約五千滿軍一千五百タンク約百台自動車トラツク約三百其外多數來溫シ大混亂ヲ來シ局部的ニテモ戰爭ハ

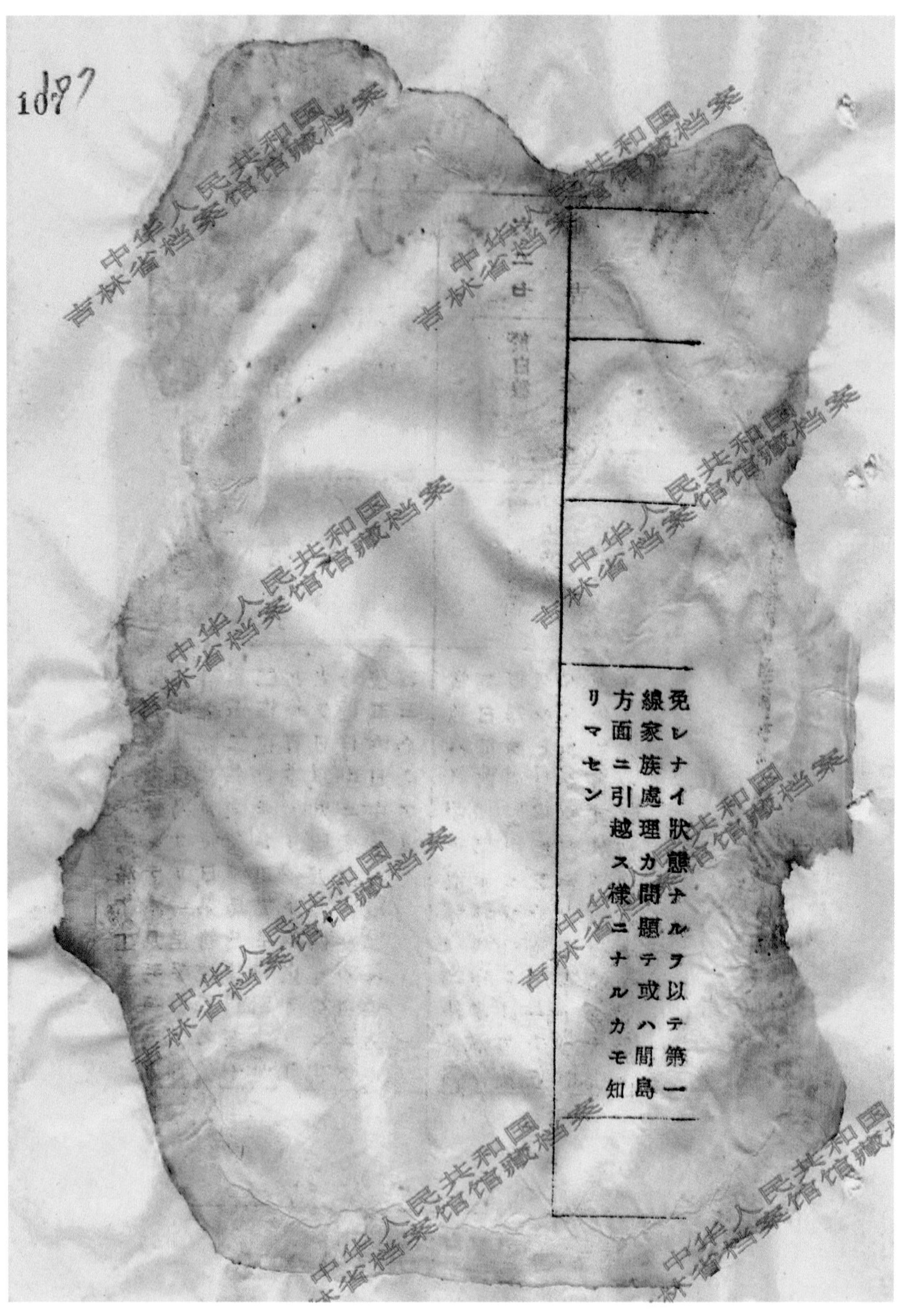

1087

免レナイ狀態ナルヲ以テ第一線家族處理カ問題テ或ハ間島方面ニ引越ス様ニナルカモ知リマセン

中华人民共和国
吉林省档案馆馆藏档案

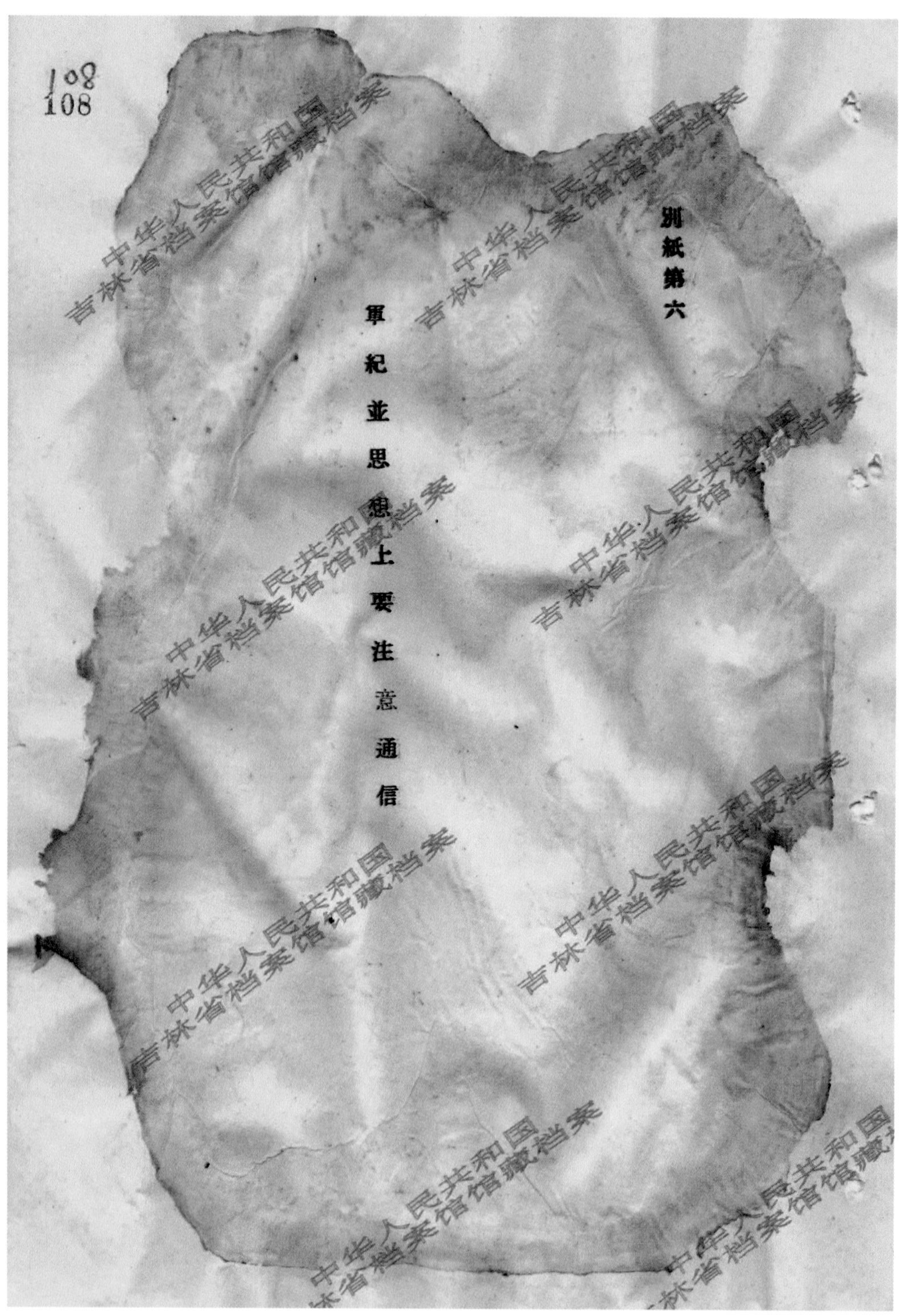
108
108

別紙第六

軍紀並思想上要注意通信

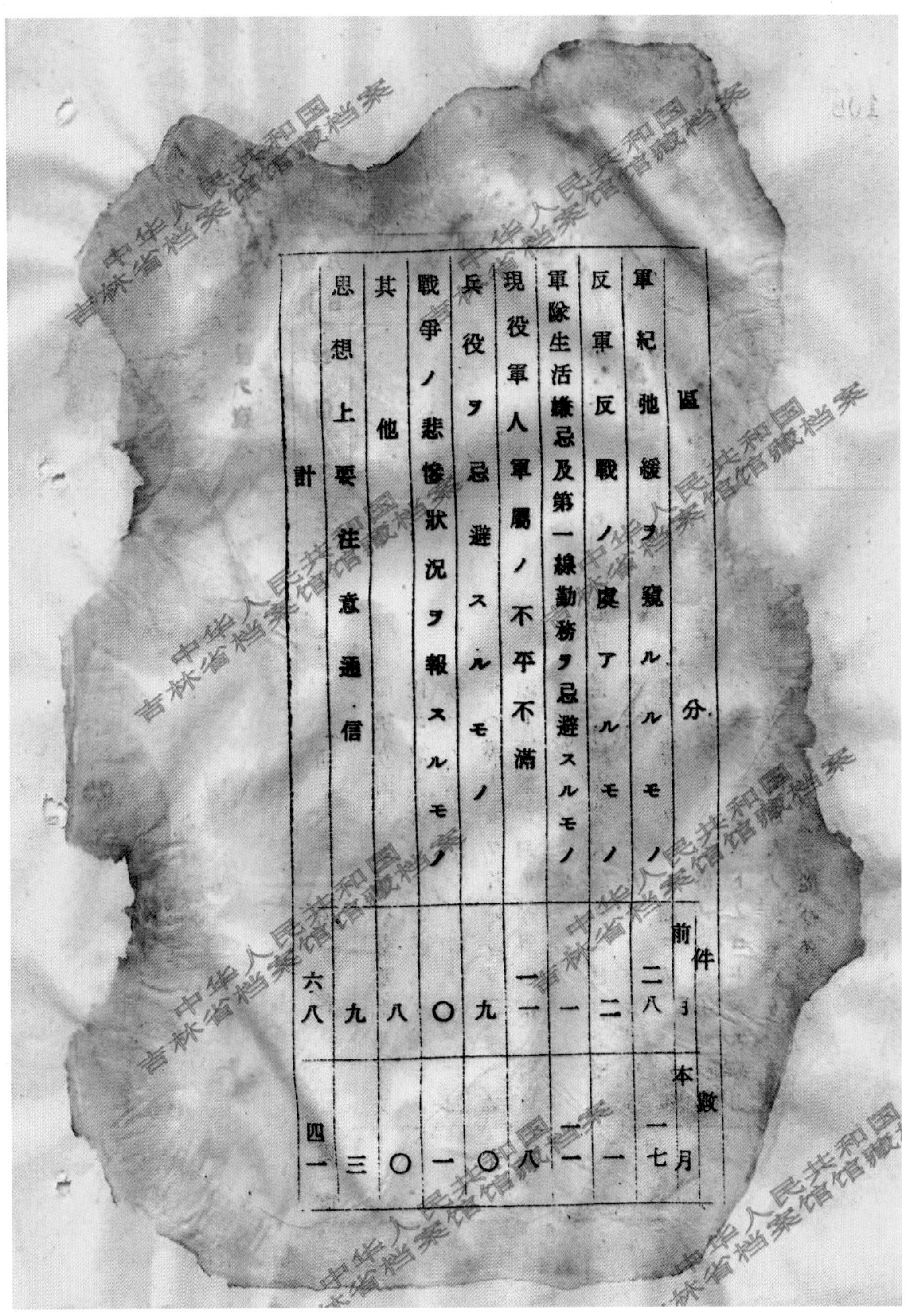

區分	件數 前月	件數 本月
軍紀弛緩ヲ窺ルルモノ	二八	一七
反軍反戰ノ虞アルモノ	二	一
軍隊生活嫌忌及第一線勤務ヲ忌避スルモノ	一	一一
現役軍人軍属ノ不平不満	一一	八
兵役ヲ忌避スルモノ	九	〇
戰爭ノ悲惨狀況ヲ報スルモノ	〇	一
其他	八	〇
思想上要注意通信	九	三
計	六八	四一

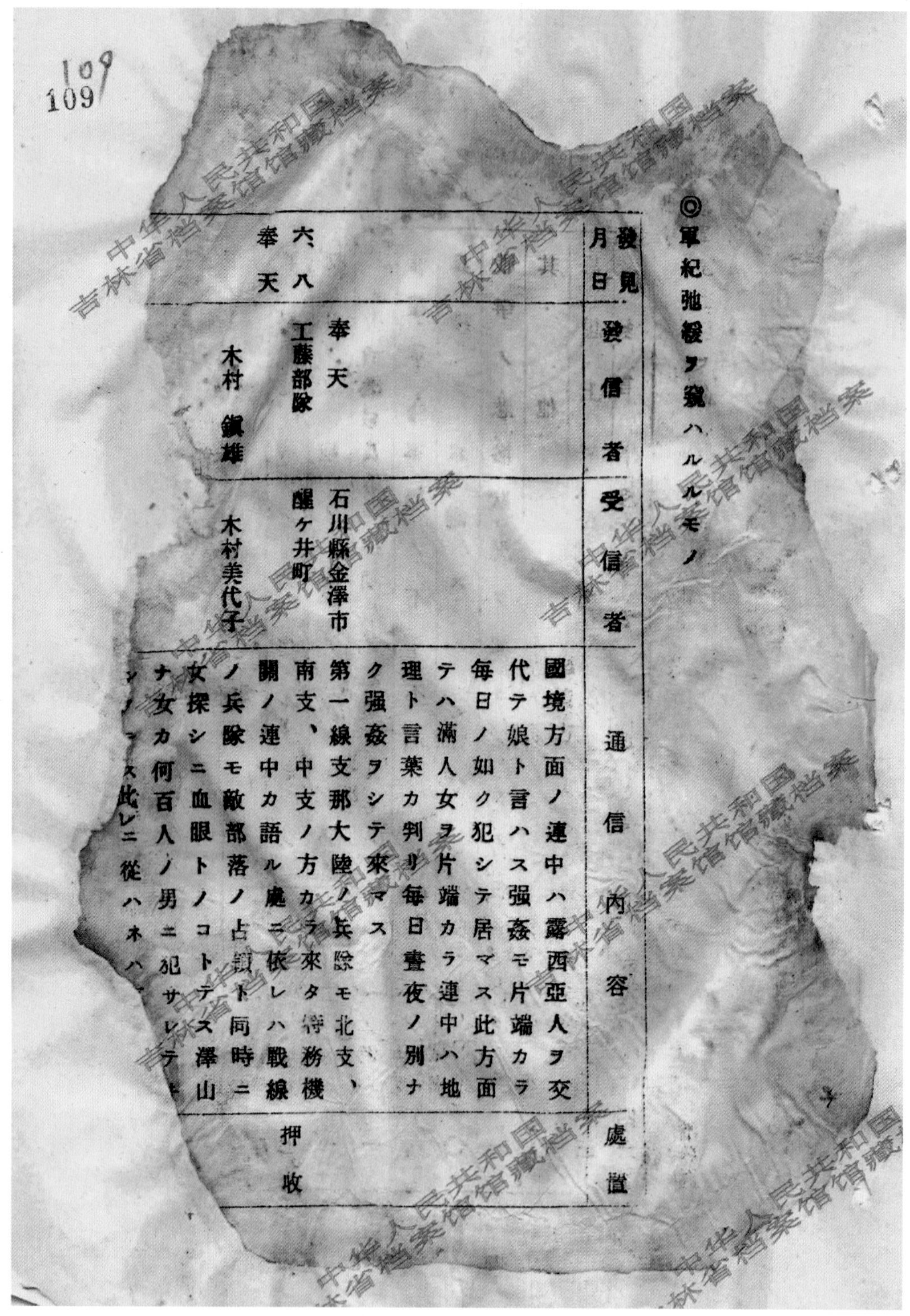

109

◎軍紀弛緩ヲ窺ハルルモノ

發見月日	發信者	受信者	通信内容	處置
六、八 奉天	奉天 工藤部隊 木村 鎮雄	石川縣金澤市 醒ケ井町 木村美代子	國境方面ノ連中ハ露西亞人ヲ交代テ娘ト言ハス強姦モ片端カラ毎日ノ如ク犯シテ居マス此方面テハ滿人女ヲ片端カラ連中ハ地理ト言葉カ判リ毎日晝夜ノ別ナク強姦ヲシテ來マス 第一線支那大陸ノ兵隊モ北支、南支、中支ノ方カラ來タ特務機關ノ連中カ語ル處ニ依レハ戰線ノ兵隊モ敵部落ノ占領ト同時ニ女探シニ血眼トノコトテス澤山ナ女カ何百人ノ男ニ犯サレテキ[illegible]ス此レニ從ハネハ[illegible]	押收

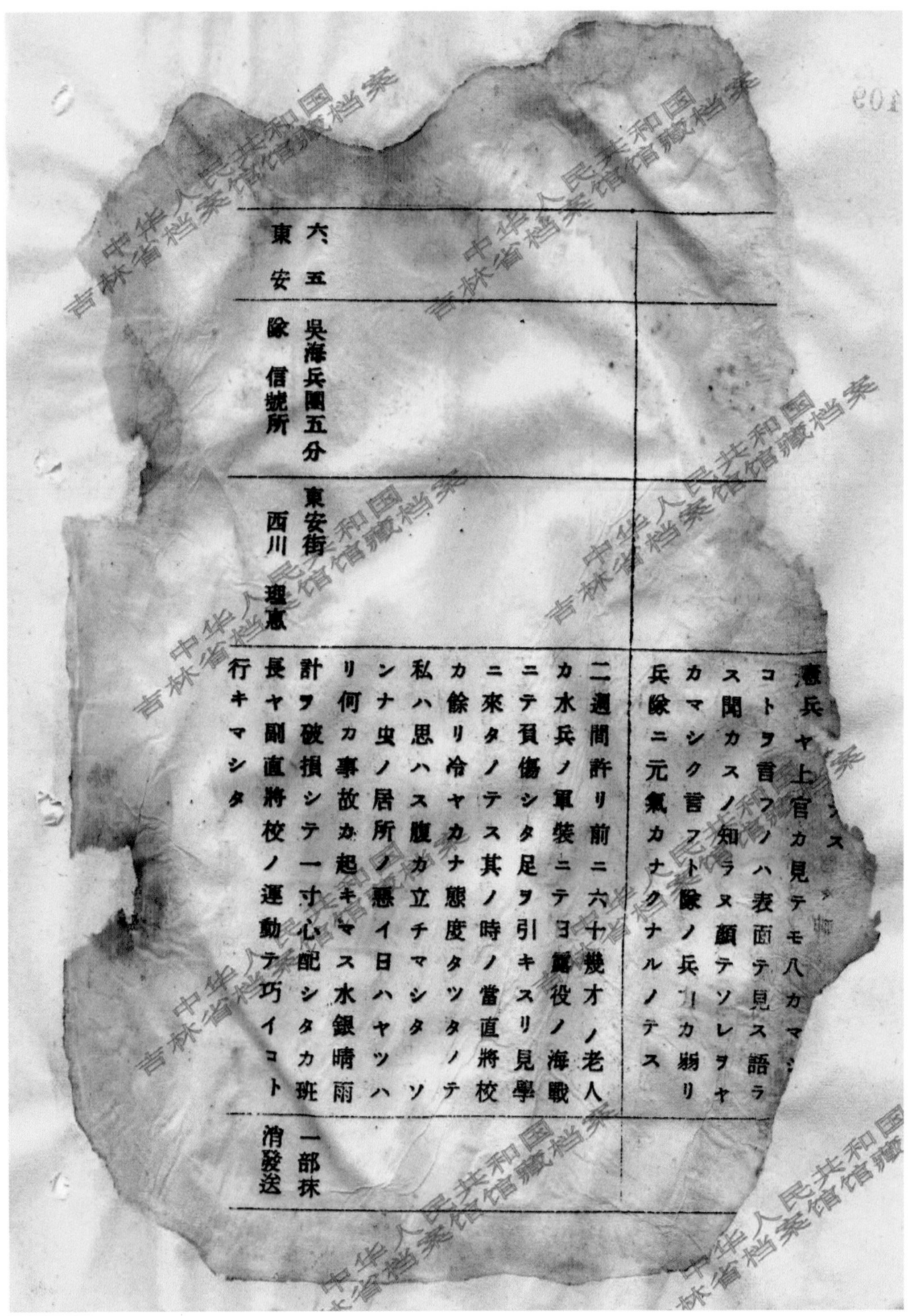

六、五 東安	吳海兵團五分隊信號所	東安街 西川理惠	憲兵ヤ上官カ見テモ八カマシコトヲ言フノハ表面テ見ス語ラス聞カスノ知ラヌ顔テソレヲヤカマシク言フト隊ノ兵[illegible]カ弱リ兵隊ニ元氣カナクナルノテス 二週間許リ前ニ六十幾才ノ老人カ水兵ノ軍裝ニテヨ露役ノ海戰ニテ負傷シタ足ヲ引キスリ見學ニ來タノテス其ノ時ノ當直將校カ餘リ冷ヤカナ態度タツタノテ私ハ思ハス腹カ立チマシタソンナ虫ノ居所ノ惡イ日ハヤツハリ何カ事故カ起キマス水銀晴雨計ヲ破損シテ一寸心配シタカ班長ヤ副直將校ノ運動テ巧イコト行キマシタ	一部抹消發送

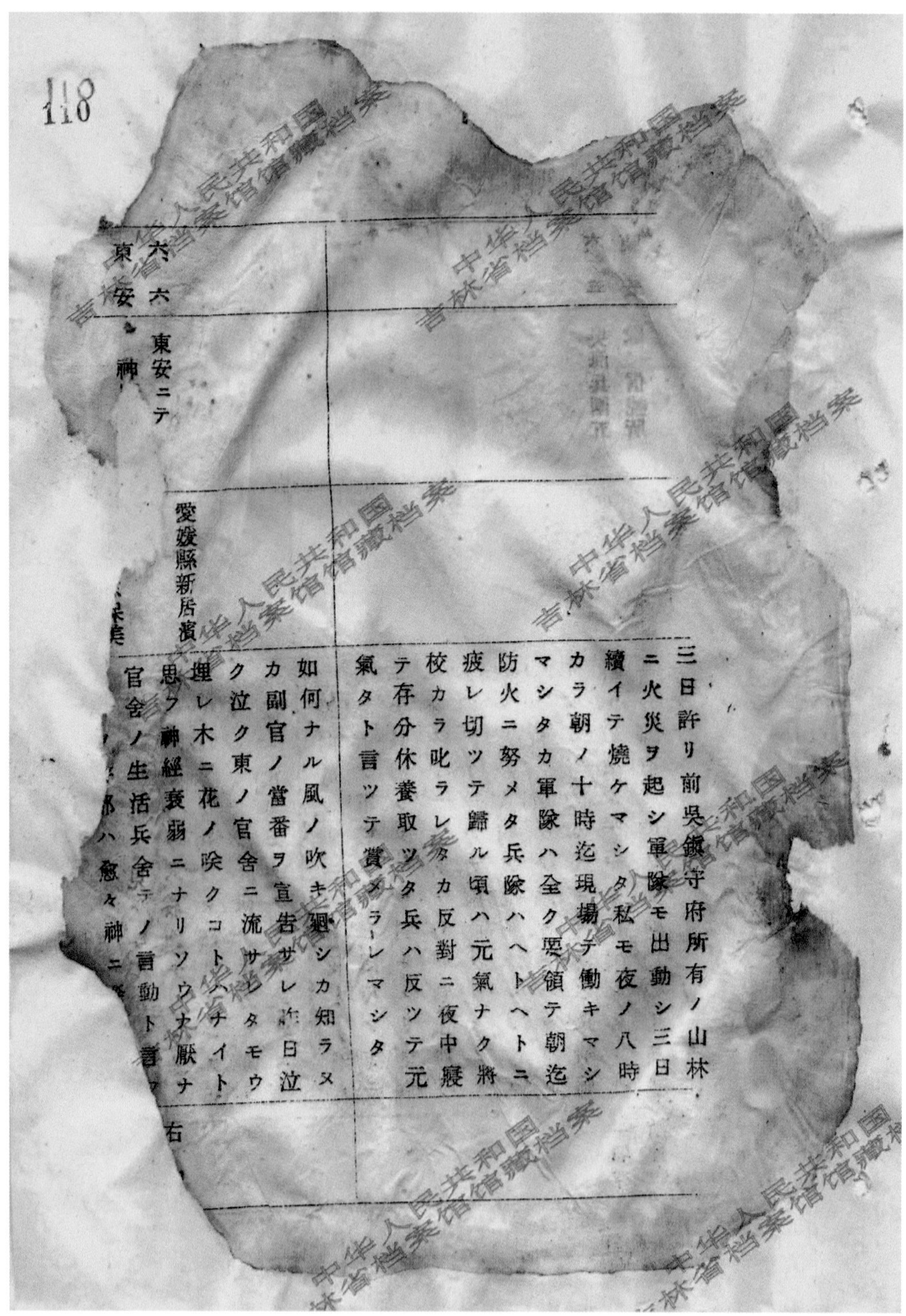

118

六六 東安

東安ニテ

愛媛縣新居濱

三日許リ前呉鎭守府所有ノ山林ニ火災ヲ起シ軍隊モ出動シ三日續イテ燒ケマシタ私モ夜ノ八時カラ朝ノ十時迄現場テ働キマシマシタカ軍隊ハ全ク要領テ朝迄防火ニ努メタ兵隊ハヘトヘトニ疲レ切ツテ歸ル頃ハ元氣ナク將校カラ叱ラレタカ反對ニ夜中寢テ存分休養取ツタ兵ハ反ツテ元氣タト言ツテ賞メラレマシタ

如何ナル風ノ吹キ廻シカ知ラヌカ副官ノ當番ヲ宣告サレ泣日泣ク泣ク東ノ官舎ニ流サレタモウ埋レ木ニ花ノ咲クコトハナイト思フ神經衰弱ニナリソウナ厭ナ官舎ノ生活兵舎テノ言動ト言

右

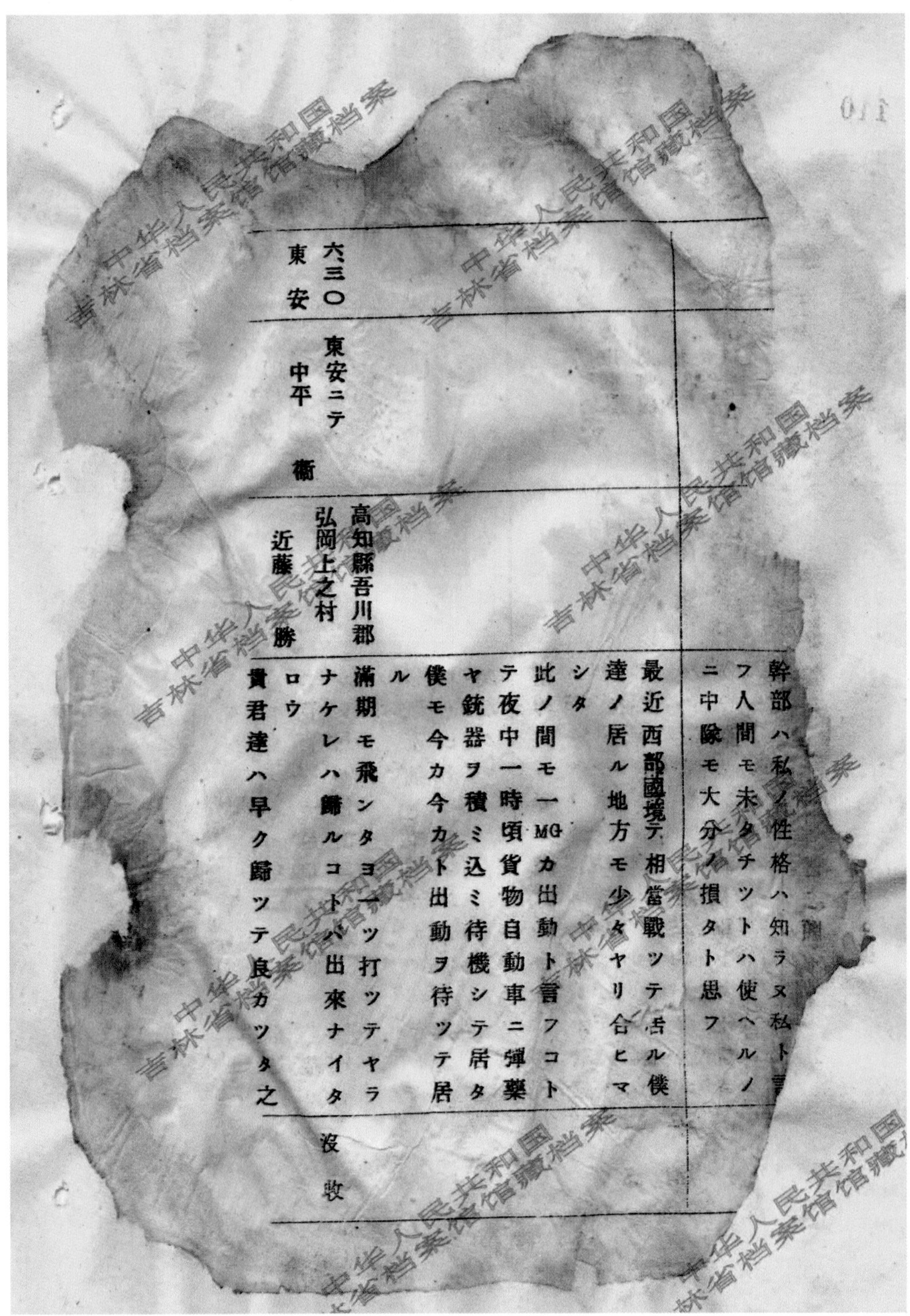

六三〇
東安

東安ニテ
中平 衞

高知縣吾川郡
弘岡上之村
近藤 勝

幹部ハ私ノ性格ハ知ラヌ私ト言
フ人間モ未タチットハ使ヘルノ
ニ中隊モ大分ノ損タト思フ
最近西部國境テ相當戰ツテ居ル僕
達ノ居ル地方モ少々ヤリ合ヒマ
シタ
此ノ間モ一MGカ出動ト言フコト
テ夜中一時頃貨物自動車ニ彈藥
ヤ銃器ヲ積ミ込ミ待機シテ居タ
僕モ今カ今カト出動ヲ待ツテ居
ル
滿期モ飛ンタヨ一ツ打ツテヤラ
ナケレハ歸ルコトハ出來ナイタ
ロウ
貴君達ハ早ク歸ツテ良カツタ之

沒收

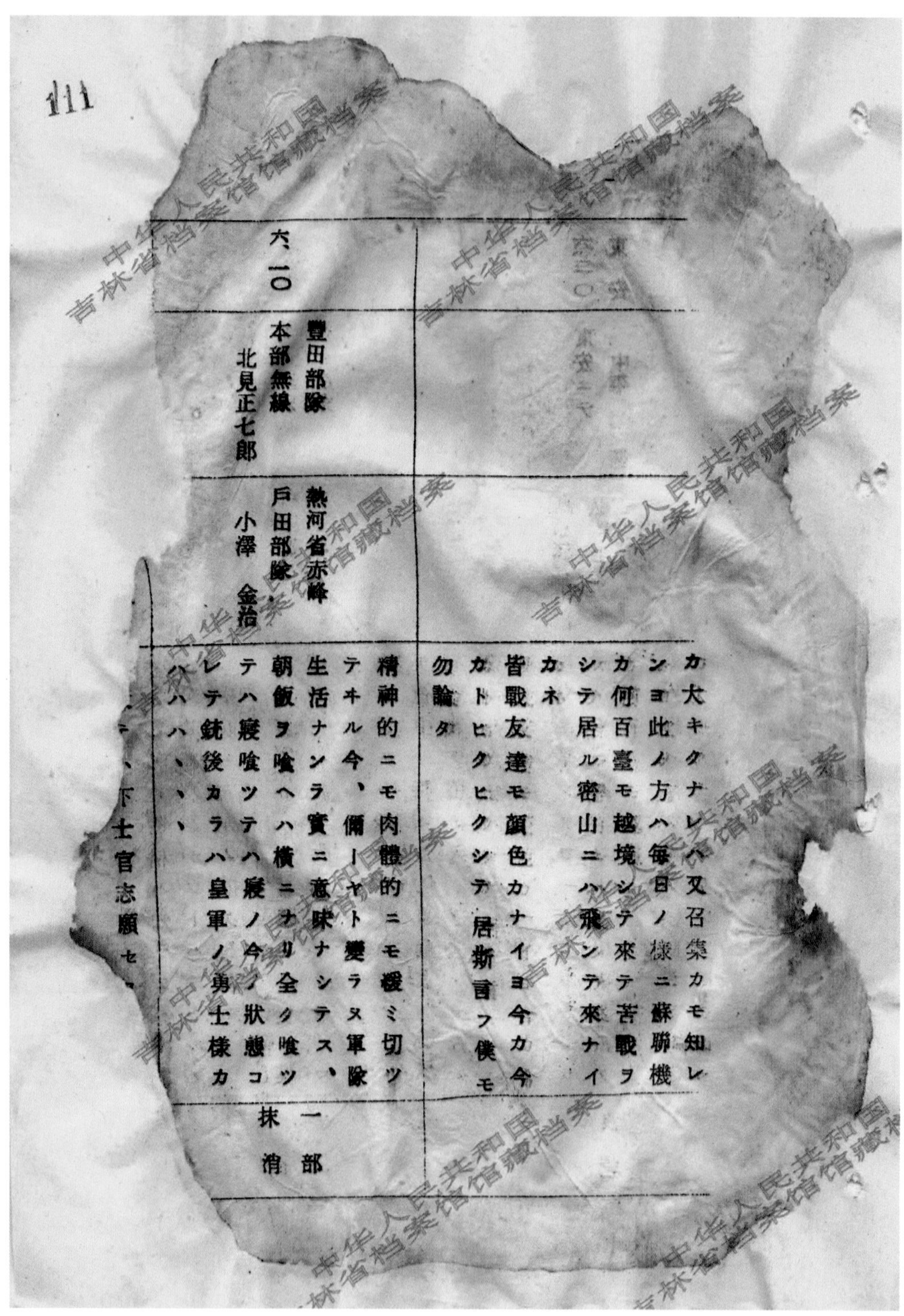

111

六、一〇

豊田部隊
本部無線
北見正七郎

熱河省赤峰
戸田部隊
小澤 金治

カ大キクナレハ又召集カモ知レ
ンヨ此ノ方ハ毎日ノ様ニ蘇聯機
カ何百臺モ越境シテ來テ苦戰ヲ
シテ居ル密山ニハ飛ンテ來ナイ
カネ
皆戰友達モ顔色カナイヨ今カ今
カトヒクヒクシテ居斯言フ僕モ
勿論タ

精神的ニモ肉體的ニモ倦ミ切ツ
テヰル今、備ーヤト變ラヌ軍隊
生活ナンラ實ニ意味ナシテス、
朝飯ヲ喰ヘハ横ニナリ全ク喰ツ
テハ寢喰ツテハ寢ノ今ノ状態コ
レテ銃後カラハ皇軍ノ勇士様カ
ハハハ、、、

一部
抹消

…テ、下士官志願セ

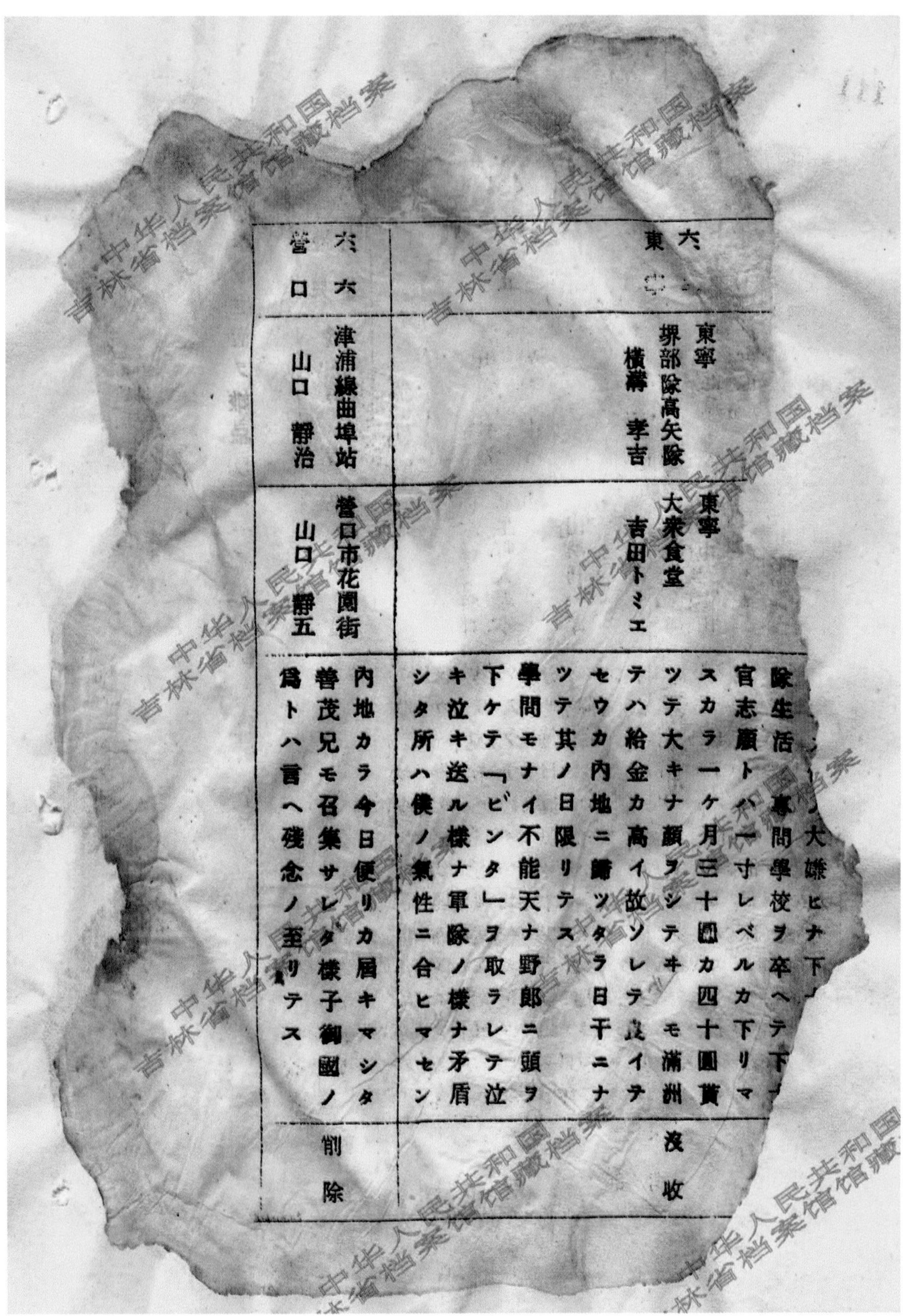

六、[illegible] 東	東寧 堺部隊高矢隊 横溝 孝吉	東寧 大衆食堂 吉田トミエ	[illegible]ノ大嫌ヒナ下」隊生活[illegible]專問學校ヲ卒ヘテ下士官志願トハ一寸レベルカ下リマスカラ一ケ月三十圓カ四十圓貰ッテ大キナ顔ヲシテキモ滿洲テハ給金カ高イ故ソレテ良イテセウカ内地ニ歸ツタラ日干ニナツテ其ノ日限リテス學問モナイ不能天ナ野郎ニ頭ヲ下ケテ「ビンタ」ヲ取ラレテ泣キ泣キ送ル様ナ軍隊ノ様ナ矛盾シタ所ハ僕ノ氣性ニ合ヒマセン	沒收
六、六 營口	津浦線曲阜站 山口 靜治	營口市花園街 山口 靜五	內地カラ今日便リカ届キマシタ善茂兄モ召集サレタ様子御國ノ爲トハ言ヘ殘念ノ至リテス	削除

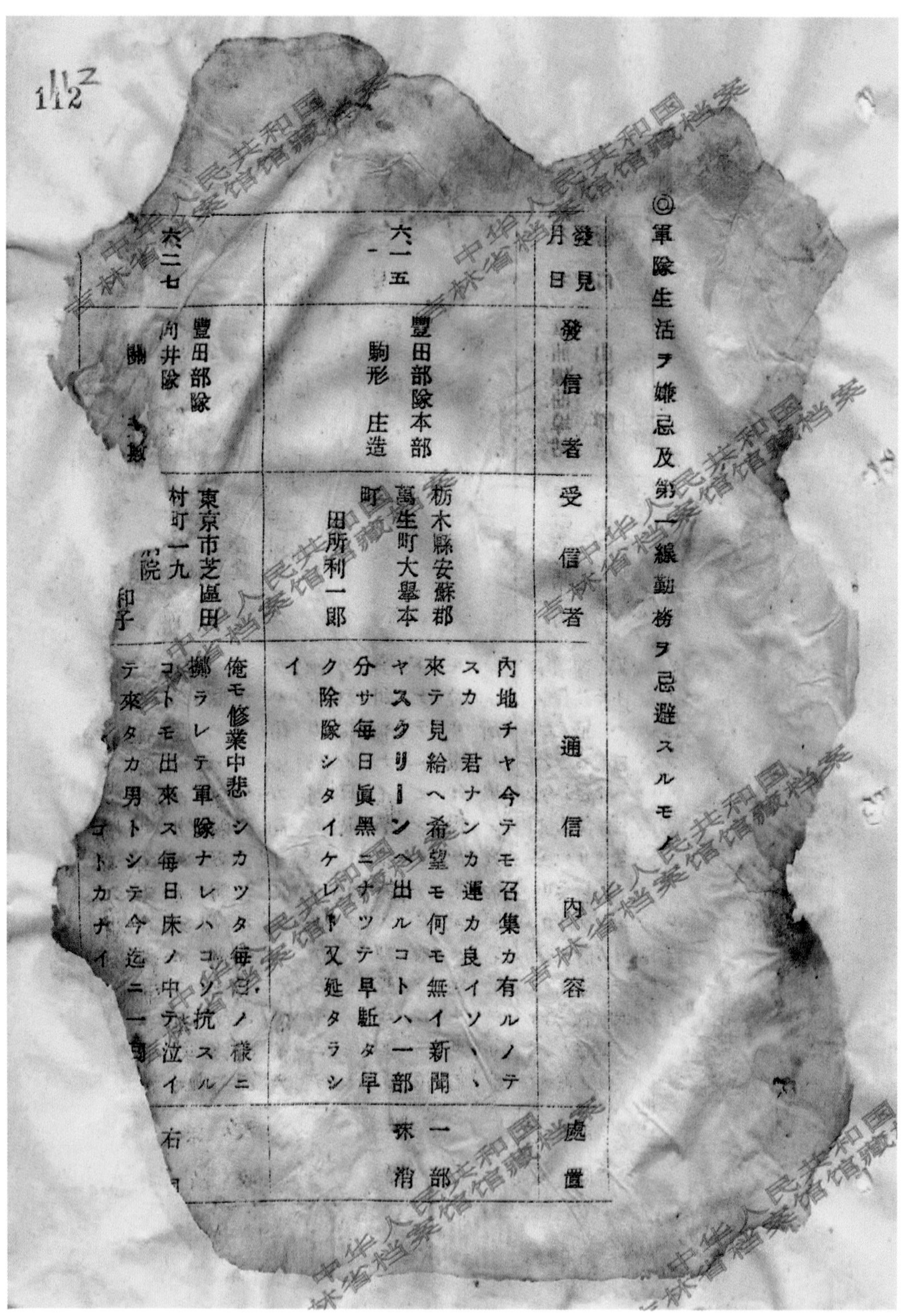

◎軍隊生活ヲ嫌忌及第一線勤務ヲ忌避スルモノ

發見月日	發信者	受信者	通信内容	處置
六、一五	豊田部隊本部 駒形 庄造	栃木縣安蘇郡葛生町大字本町 田所利一郎	内地チヤ今テモ召集カ有ルノテスカ 君ナンカ運カ良イソ、來テ見給ヘ希望モ何モ無イ新聞ヤスクリーンヘ出ルコトハ一部分サ毎日眞黒ニナツテ早駈ダ早ク除隊シタイケレト又延タラシイ	一部抹消
六、二七	豊田部隊 向井隊 [illegible]	東京市芝區田村町一九 [illegible]院 [illegible]和子	俺モ修業中悲シカツタ毎日ノ様ニ擲ラレテ軍隊ナレハコソ抗スルコトモ出來ス毎日床ノ中テ泣イテ來タカ男トシテ今迄ニ一度[illegible]コトカナイ	右同

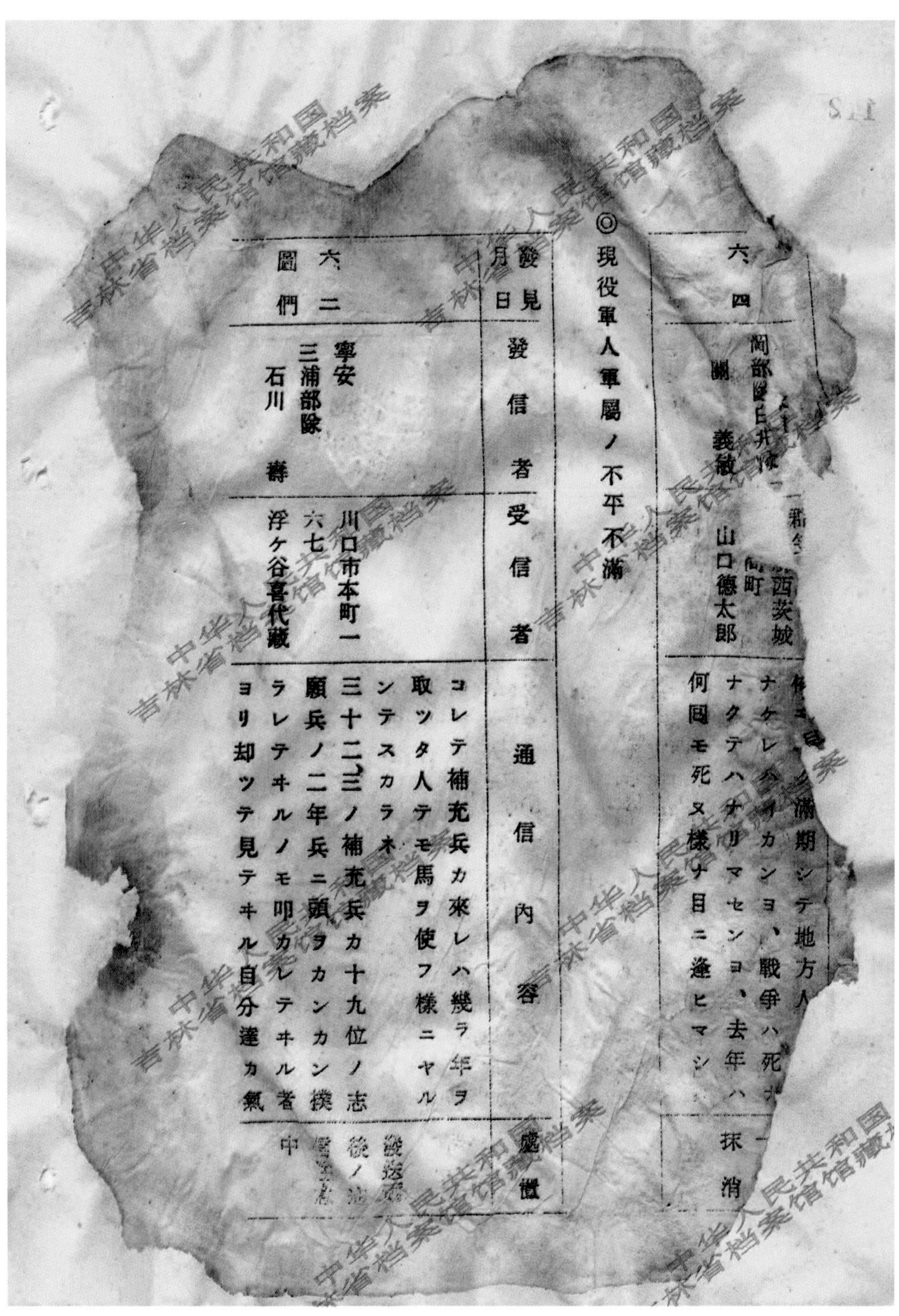

發見月日	發信者	受信者	通信內容	處置
六、四	關 [illegible]部隊臼井隊[illegible] 義[illegible]	[illegible]西荻城 [illegible]町 山口德太郎	[illegible]滿期シテ地方人[illegible]ナケレハ[illegible]カンヨ、戰爭ハ死[illegible]ナクテハナリマセンヨ、去年ハ何回モ死ヌ樣ナ目ニ逢ヒマシ[illegible]	抹消

◎現役軍人軍屬ノ不平不滿

發見月日	發信者	受信者	通信內容	處置
六、二 圖們	寧安 三浦部隊 石川壽	川口市本町一 六七 浮ケ谷喜代藏	コレテ補充兵カ來レハ幾ラ年ヲ取ツタ人テモ馬ヲ使フ樣ニヤルンテスカラネ三十二、三ノ補充兵カ十九位ノ志願兵ノ二年兵ニ頭ヲカンカン撲ラレテヰルノモ叩カレテヰル者中ヨリ却ツテ見テヰル自分達カ氣	發送[illegible]後ノ[illegible][illegible]中

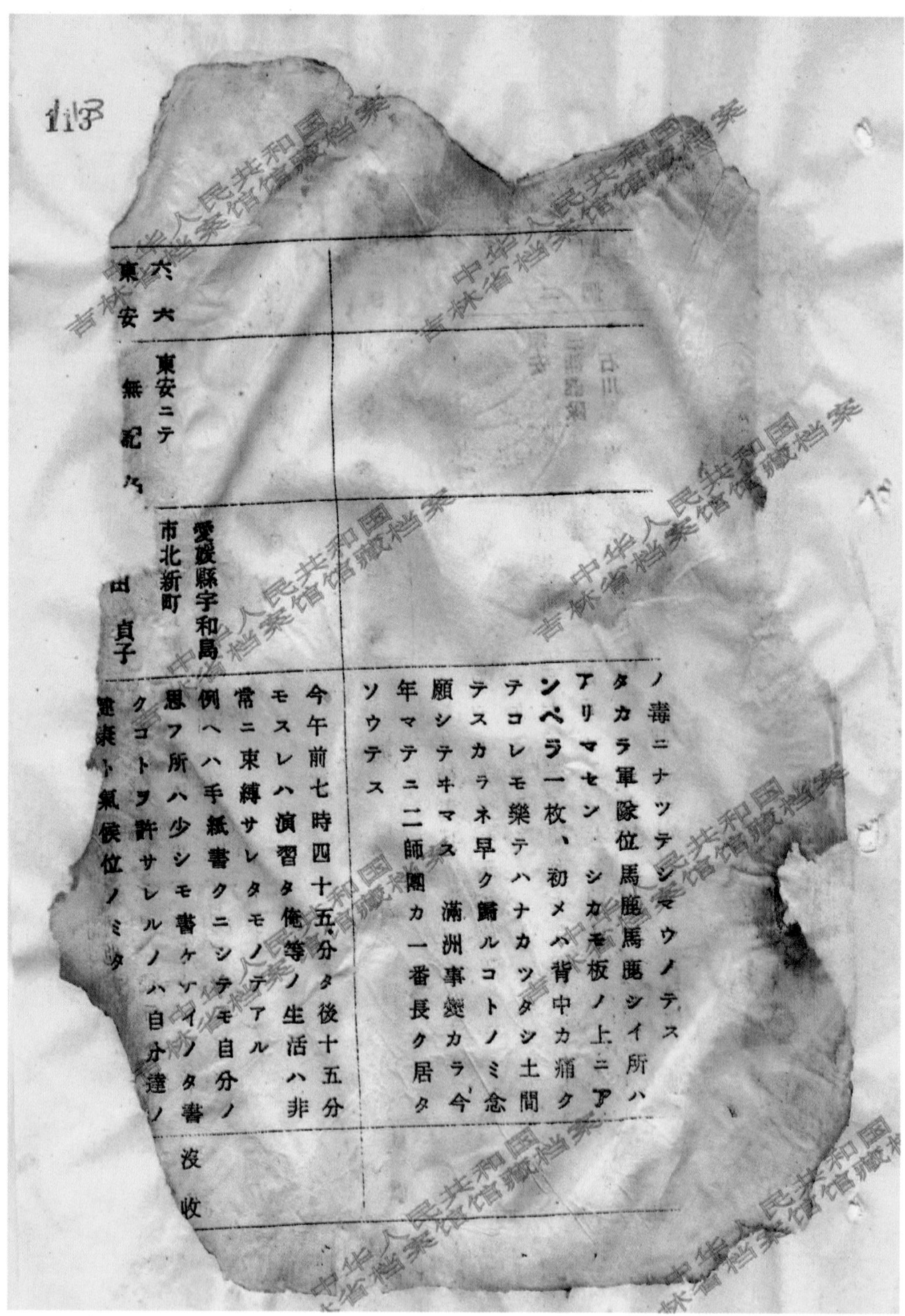
113

六六
東安

東安ニテ
無記名

愛媛縣宇和島市北新町
…田貞子

ノ毒ニナッテシマウノテス
タカラ軍隊位馬鹿馬鹿シイ所ハ
アリマセン シカモ板ノ上ニア
ンペラ一枚、初メハ背中カ痛ク
テコレモ樂テハナカッタシ土間
テスカラネ早ク歸ルコトノミ念
願シテヰマス 滿洲事變カラ今
年マテニ二師團カ一番長ク居タ
ソウテス

今午前七時四十五分タ後十五分
モスレハ演習タ俺等ノ生活ハ非
常ニ束縛サレタモノテアル
例ヘハ手紙書クニシテモ自分ノ
思フ所ハ少シモ書ケナイノタ書
クコトヲ許サレルノハ自分達ノ
健康ト氣候位ノミタ

沒收

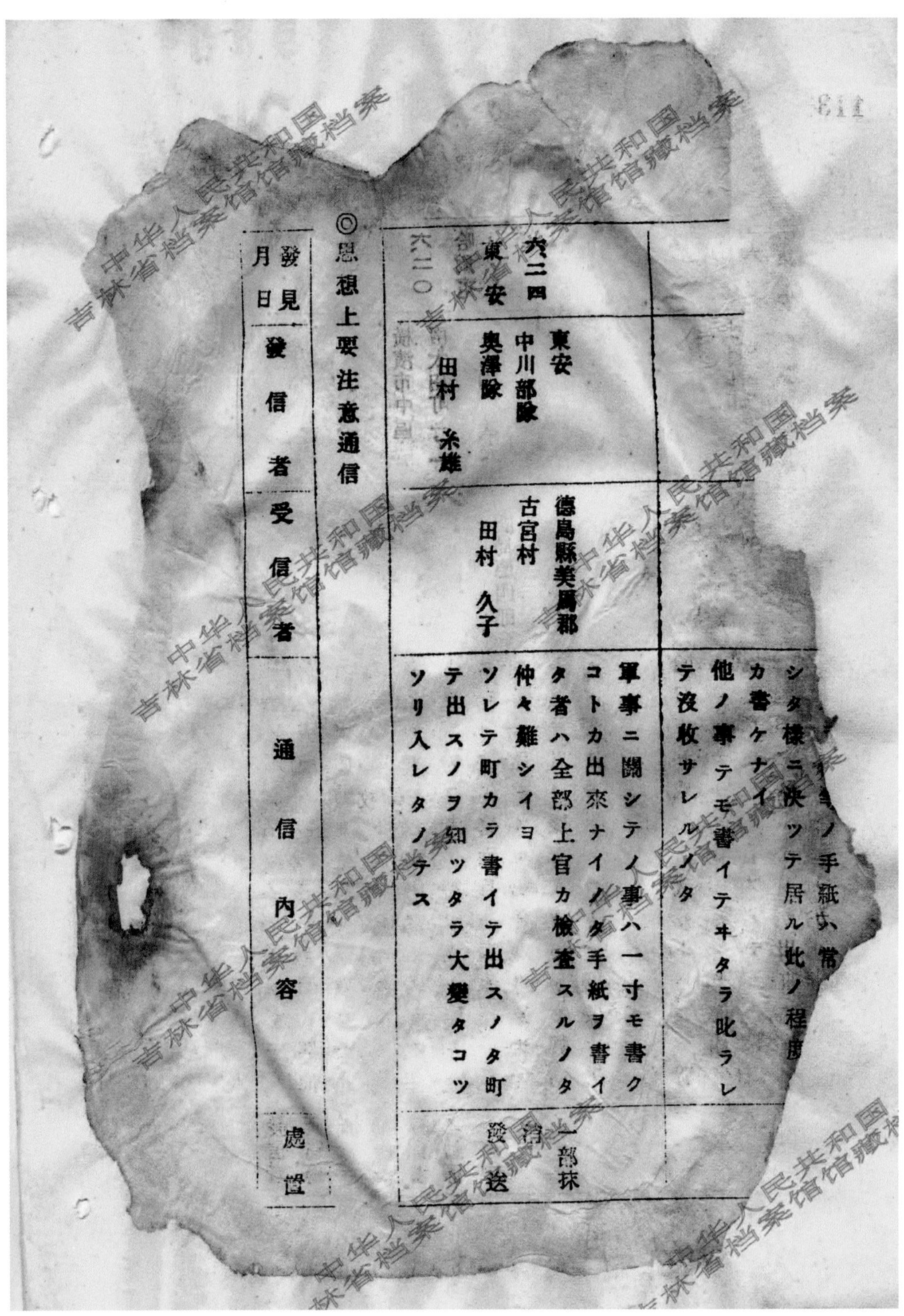

◎思想上要注意通信

發見月日	發信者	受信者	通信內容	處置
六二四 東安	東安 中川部隊 奥澤隊 田村糸雄	德島縣美馬郡古宮村 田村久子	軍事ニ關シテノ事ハ一寸モ書クコトカ出來ナイノタ手紙ヲ書イタ者ハ全部上官カ檢査スルノタ仲々難シイヨソレテ町カラ書イテ出スノタ町テ出スノヲ知ッタラ大變タコッソリ入レタノテス	一部抹消 發送

[illegible]ノ手紙ハ常シタ様ニ決ッテ居ル此ノ程度カ書ケナイ他ノ事テモ書イテキタラ叱ラレテ沒收サレルノタ

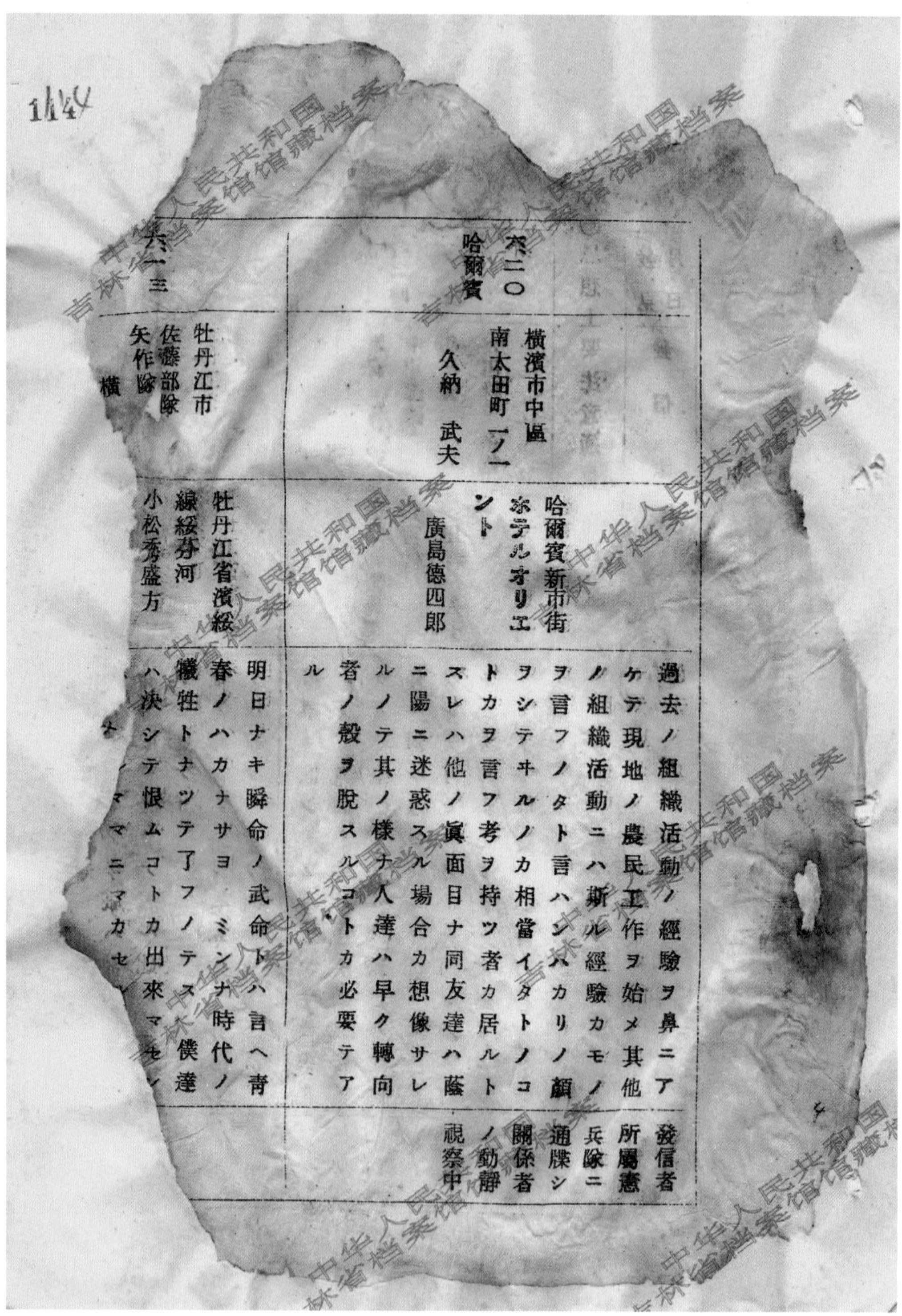

1144

六二〇 哈爾賓	六一三
横濱市中區 南太田町一ノ一 久納 武夫	牡丹江市 佐藤部隊 矢作隊 横
哈爾賓新市街 ホテルオリエント 廣島德四郎	牡丹江省濱綏 線綏芬河 小松秀盛方
過去ノ組織活動ノ經驗ヲ鼻ニアケテ現地ノ農民工作ヲ始メ其他ノ組織活動ニハ斯ル經驗カモノヲ言フノダト言ハンバカリノ顔ヲシテヰルノカ相當イタトノコトカヲ言フ考ヲ持ツ者カ居ルトスレハ他ノ眞面目ナ同友達ハ蔭ニ陽ニ迷惑スル場合カ想像サレルノテ其ノ様ナ人達ハ早ク轉向者ノ殼ヲ脱スルコトカ必要テアル	明日ナキ瞬命ノ武命トハ言ヘ青春ノハカナサヨミンナ時代ノ犠牲トナツテ了フノテス僕達ハ決シテ恨ムコトカ出來マセン [illegible]ママニマカセ[illegible]
發信者所屬憲兵隊ニ通牒シ關係者ノ動靜視察中	

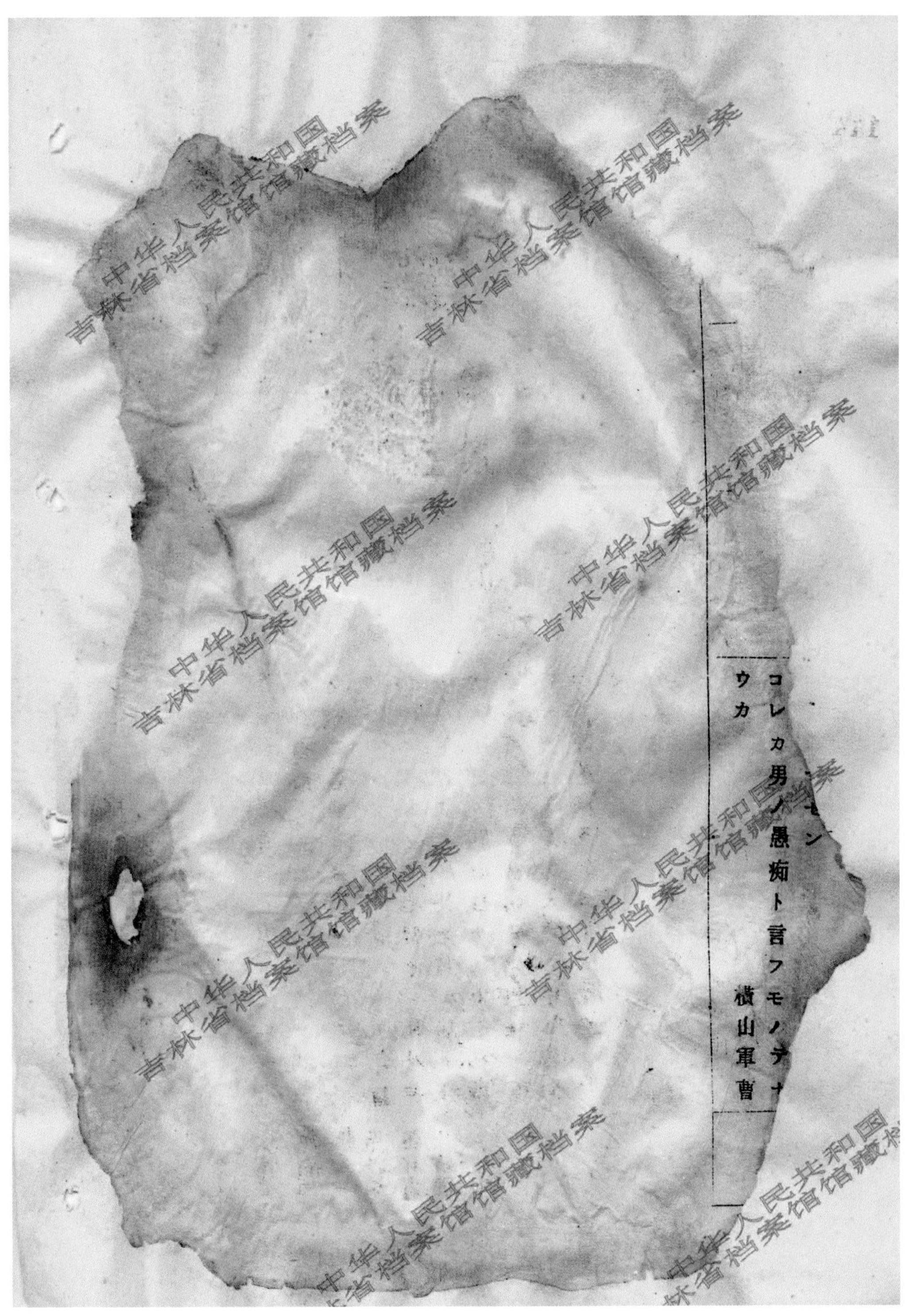
セン
コレカ男ノ愚痴ト言フモノデナ
ウカ　　横山軍曹

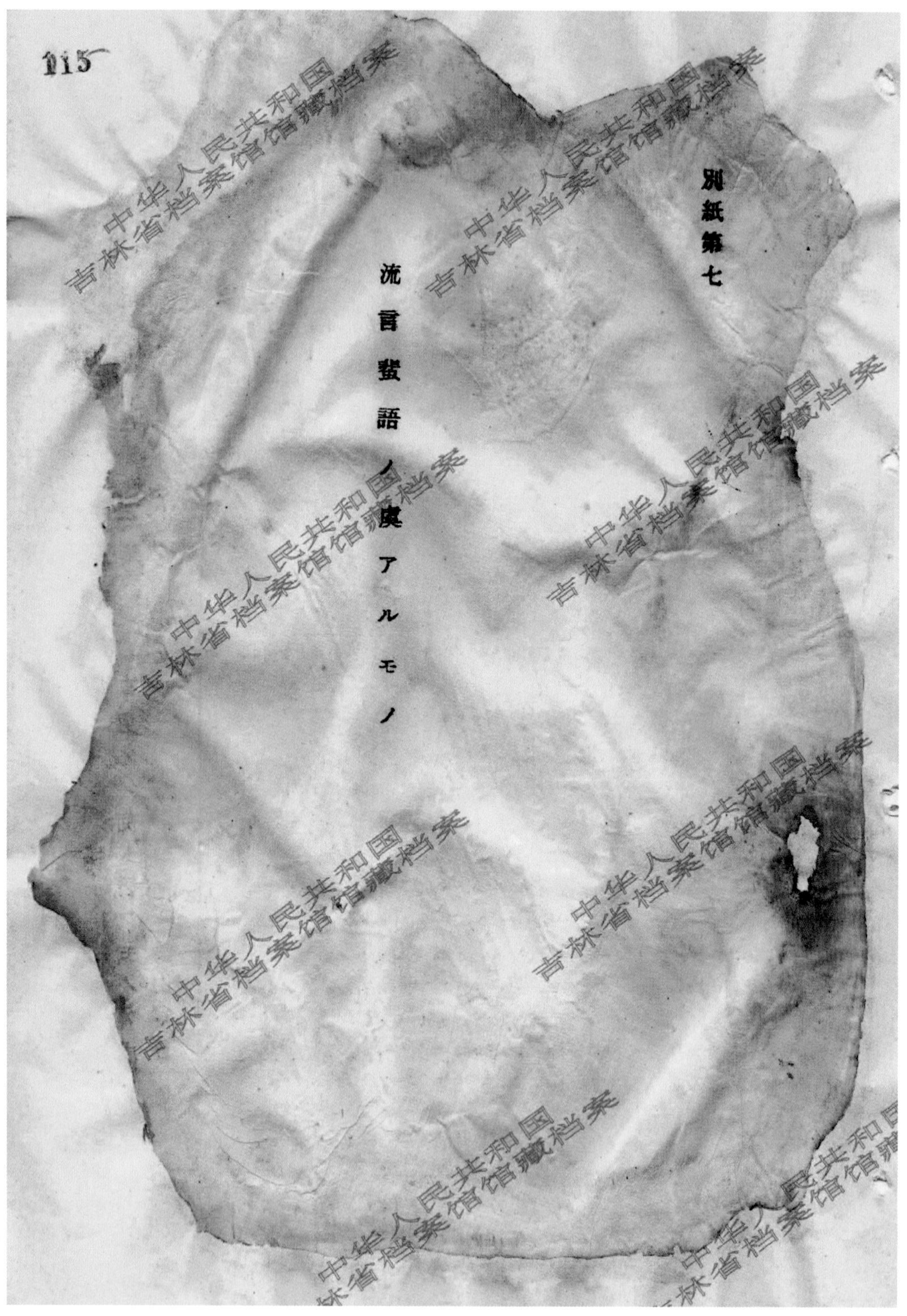

115

別紙第七

流言蜚語ノ虞アルモノ

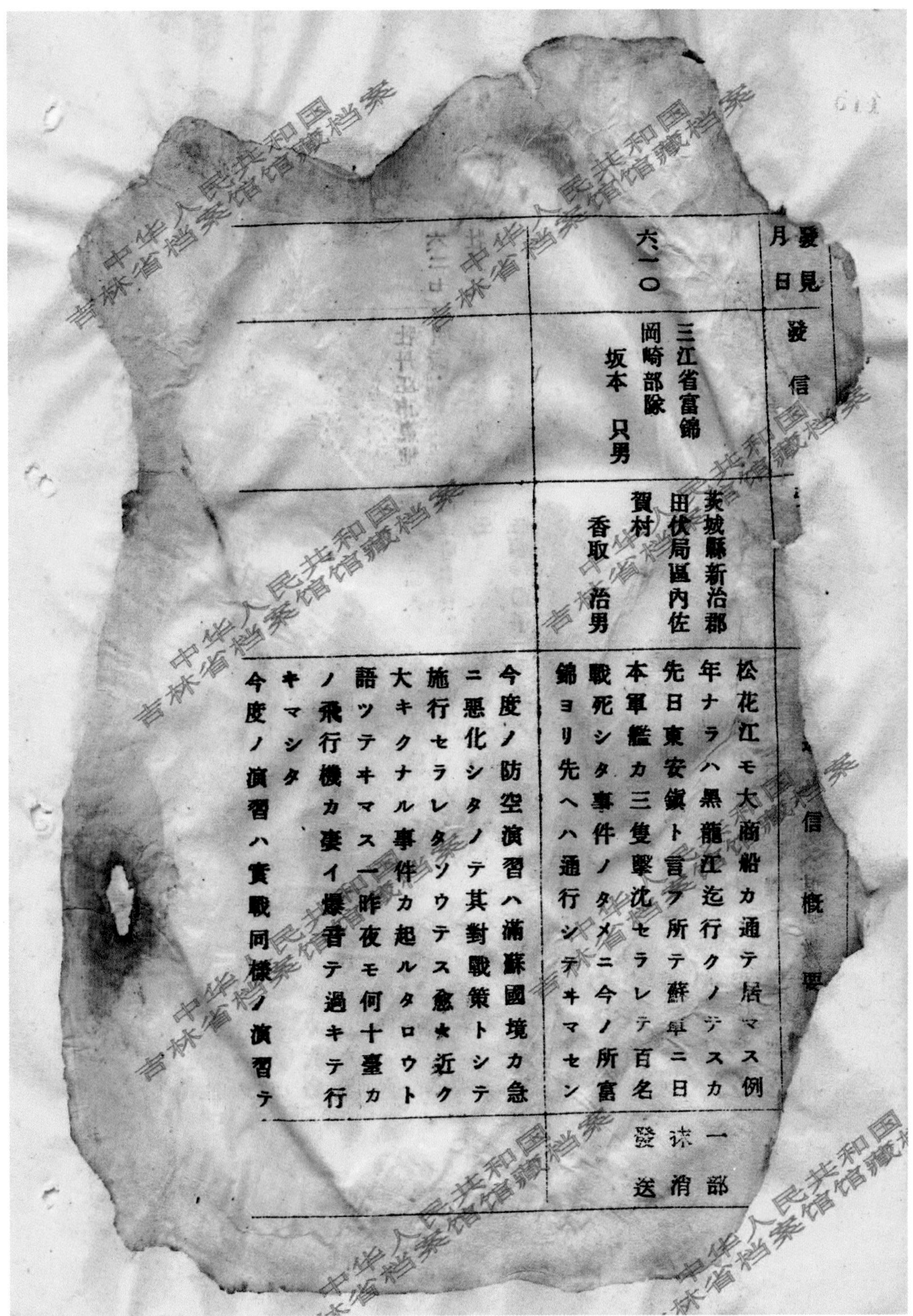

發見月日	發信	受信	通信概要	處置
六、一〇	三江省富錦 岡崎部隊 坂本 只男	茨城縣新治郡田伏局區內佐賀村 香取 治男	松花江モ大商船カ通テ居マス例年ナラハ黒龍江迄行クノデスカ先日東安鎮ト言フ所テ蘇軍ニ日本軍艦カ三隻撃沈セラレテ百名戰死シタ事件ノタメニ今ノ所富錦ヨリ先ヘハ通行シテ井マセン 今度ノ防空演習ハ滿蘇國境カ急ニ惡化シタノテ其對戰策トシテ施行セラレタソウテス愈々近ク大キクナル事件カ起ルタロウト語ッテ井マス一昨夜モ何十臺カノ飛行機カ凄イ爆音テ過キテ行キマシタ 今度ノ演習ハ實戰同樣ノ演習テ	一部抹消發送

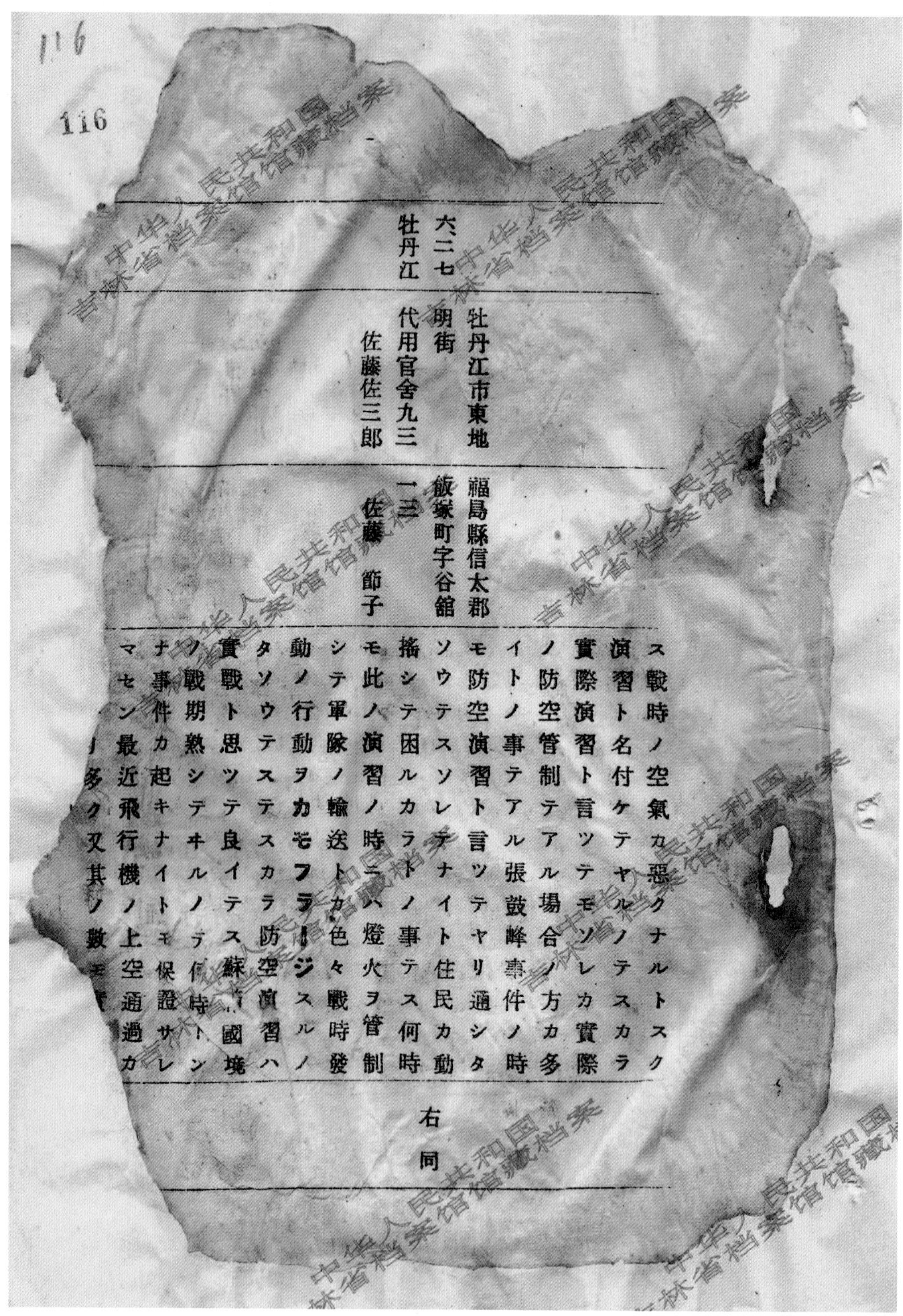

六、二七 牡丹江	牡丹江市東地明街代用官舍九三 佐藤佐三郎	福島縣信太郡飯塚町字谷舘一三 佐藤節子

ス戦時ノ空氣カ悪クナルトスク演習ト名付ケテヤルノテスカラ實際演習ト言ツテモソレカ實際ノ防空管制テアル場合ノ方カ多イトノ事テアル張鼓峰事件ノ時モ防空演習ト言ツテヤリ通シタソウテスソレテナイト住民カ動搖シテ困ルカラトノ事テス何時モ此ハ演習ノ時ニハ燈火ヲ管制シテ軍隊ノ輸送トカ色々戦時發動ノ行動ヲカモフラージスルノタソウテステスカラ防空演習ハ實戦ト思ツテ良イテス蘇滿國境ノ戦期熟シテヰルノテ何時トンナ事件カ起キナイトモ保證サレマセン最近飛行機ノ上空通過カ[illegible]リ多ク又其ノ數モ實[illegible]

右同

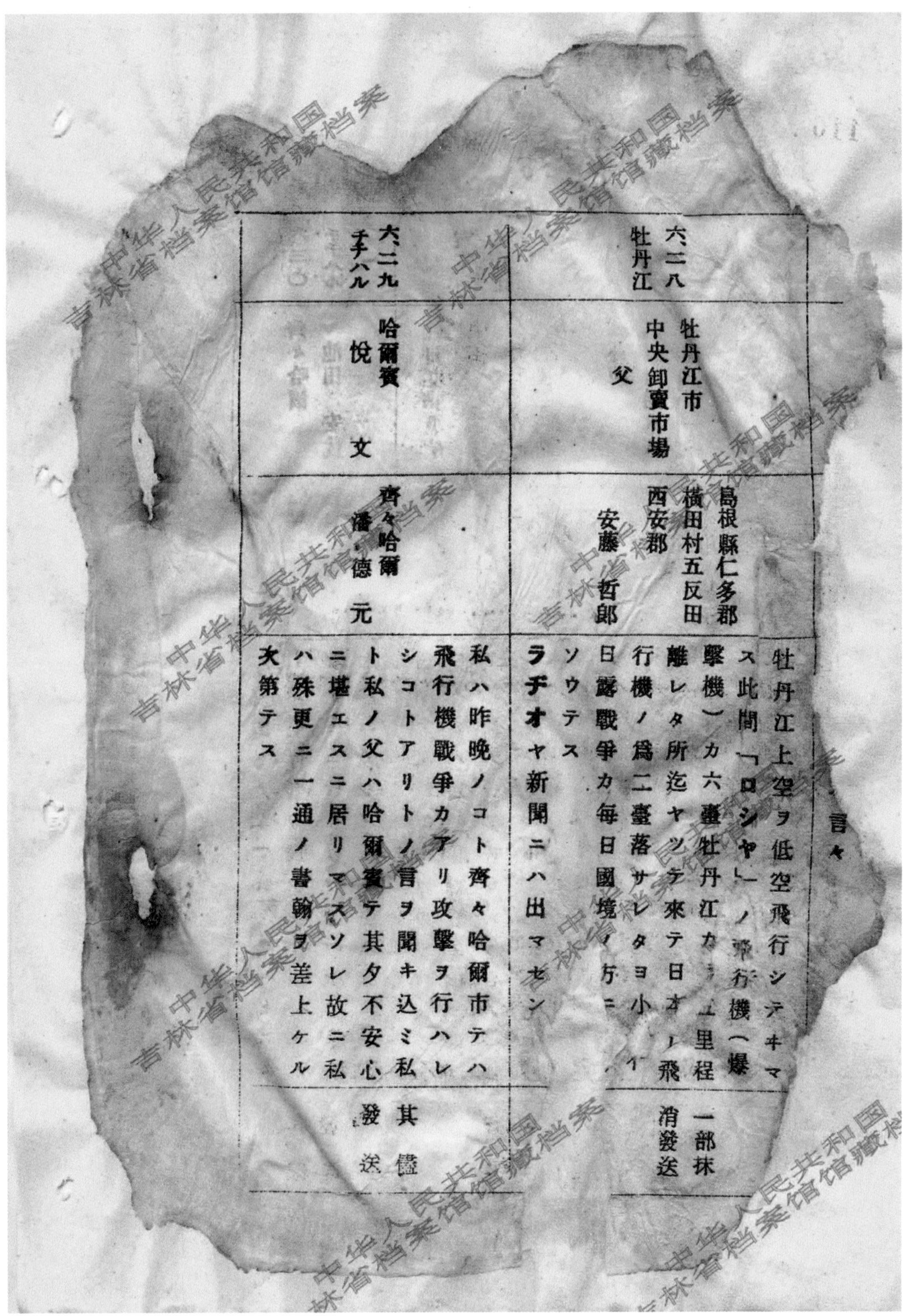

月日 · 發信地	發信者	受信者	通信要旨	處置
六、二八 牡丹江	牡丹江市中央卸賣市場 父	島根縣仁多郡横田村五反田西安郡 安藤哲郎	牡丹江上空ヲ低空飛行シテキマス此間「ロシヤ」ノ飛行機（爆擊機）カ六臺牡丹江カラ五里程離レタ所迄ヤツテ來テ日本ノ飛行機ノ為ニ二臺落サレタヨ小イ日露戰爭カ毎日國境ノ方ニソウテス ラヂオヤ新聞ニハ出マセン 言々	一部抹消發送
六、二九 チチハル	哈爾賓 悅文	齊々哈爾 潘德元	私ハ昨晩ノコト齊々哈爾市テハ飛行機戰爭カアリ攻擊ヲ行ハレシコトアリトノ言ヲ聞キ込ミ私ト私ノ父ハ哈爾賓テ其夕不安心ニ堪エスニ居リマスソレ故ニ私ハ殊更ニ一通ノ書翰ヲ差上ケル次第テス	其儘發送

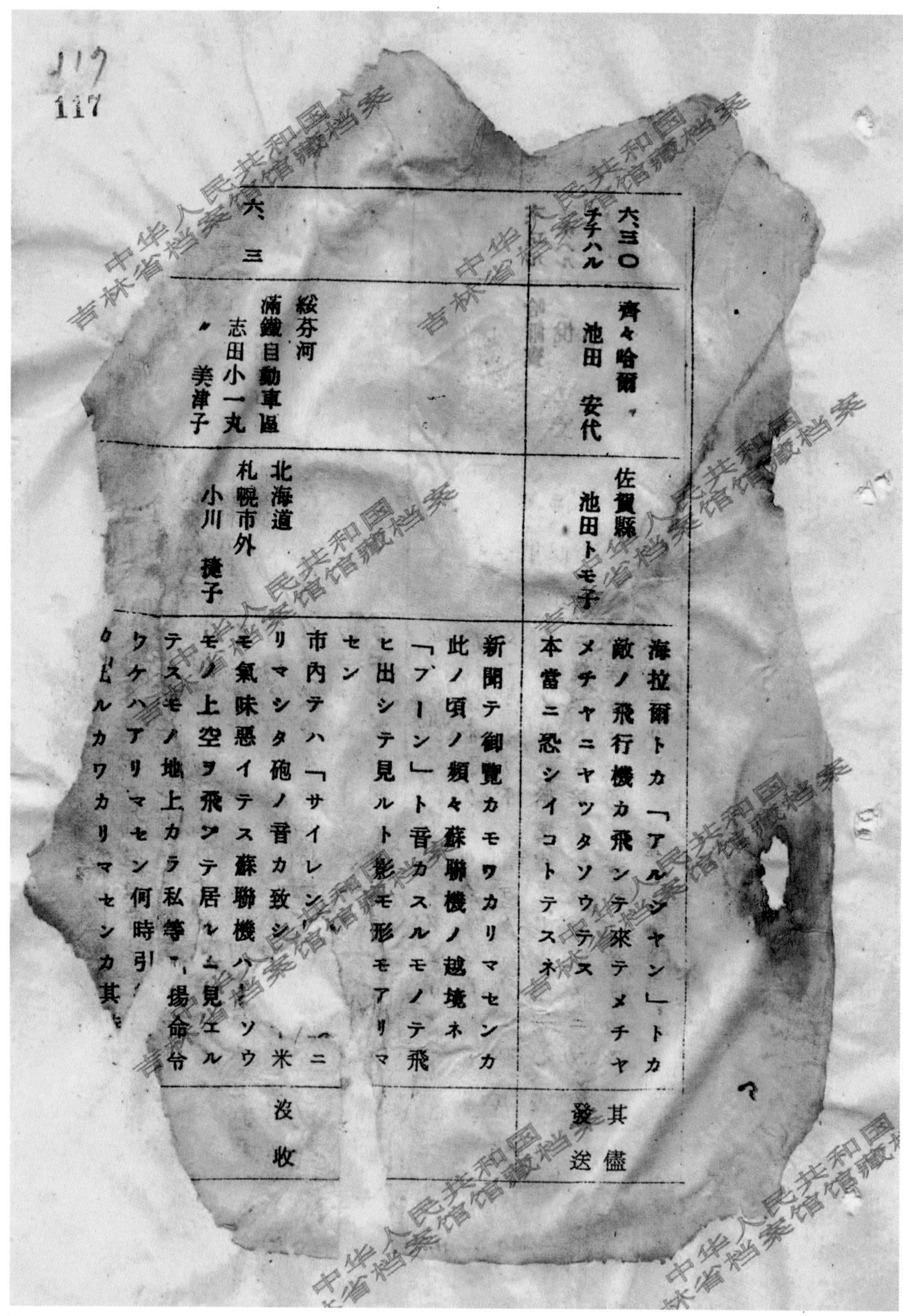

117
117

六、三〇 チチハル	齊々哈爾 池田　安代	佐賀縣 池田トモ子	海拉爾トカ「アルシャン」トカ 敵ノ飛行機カ飛ンテ來テメチャ メチャニヤツタソウテス 本當ニ恐シイコトテスネ	其儘 發送
六、三	綏芬河 滿鐵自動車區 志田小一丸 〃　美津子	北海道 札幌市外 小川　捷子	新聞テ御覽カモワカリマセンカ 此ノ頃ノ頻々蘇聯機ノ越境ネ 「ブーン」ト音カスルモノテ飛 ヒ出シテ見ルト影モ形モアリマ セン 市内テハ「サイレン」ニ リマシタ砲ノ音カ致シ[illegible]米 モ氣味悪イテス蘇聯機ハ[illegible]ソウ モノ上空ヲ飛ンテ居ルニ見エル テスモノ地上カラ私等ニ[illegible]揚命令 リケハアリマセン何時引[illegible] カ出ルカワカリマセンカ其[illegible]	沒收

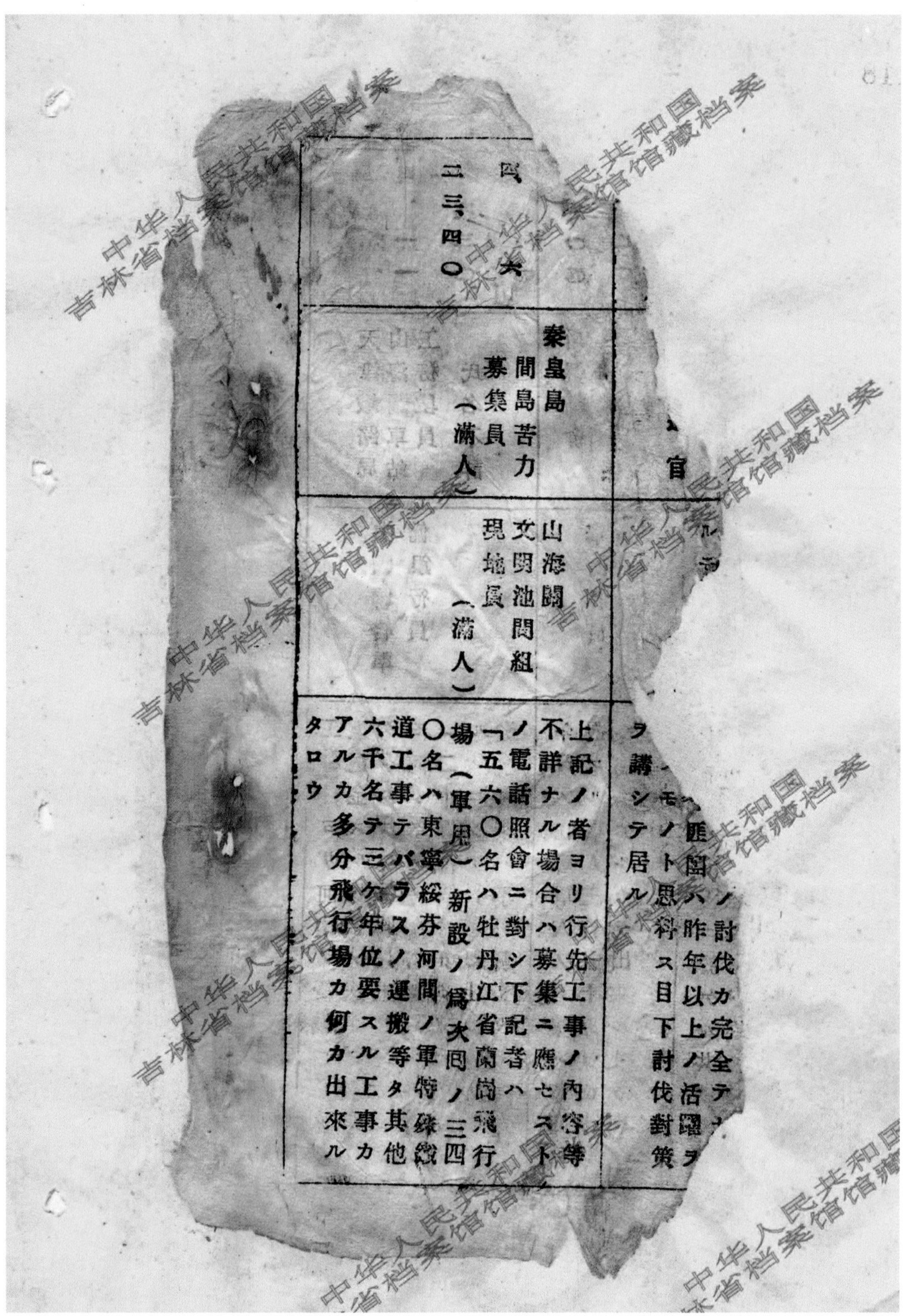

官

四、六
二三、四〇

秦皇島
間島苦力
募集員（滿人）

山海關
文閔池問組
現地員（滿人）

ノ討伐カ完全テ
匪團ハ昨年以上ノ活躍ヲ
モノト思料ス目下討伐對策
ヲ講シテ居ル

上記ノ者ヨリ行先工事ノ内容等
不詳ナル場合ハ募集ニ應セスト
ノ電話照會ニ對シ下記者ハ
「五六〇名ハ牡丹江省蘭崗飛行
場（軍用）新設ノ爲次同ノ三四
〇名ハ東寧綏芬河間ノ軍特殊鐵
道工事テパラスノ運搬等タ其他
六千名テ三ケ年位要スル工事カ
アルカ多分飛行場カ何カ出來ル
タロウ

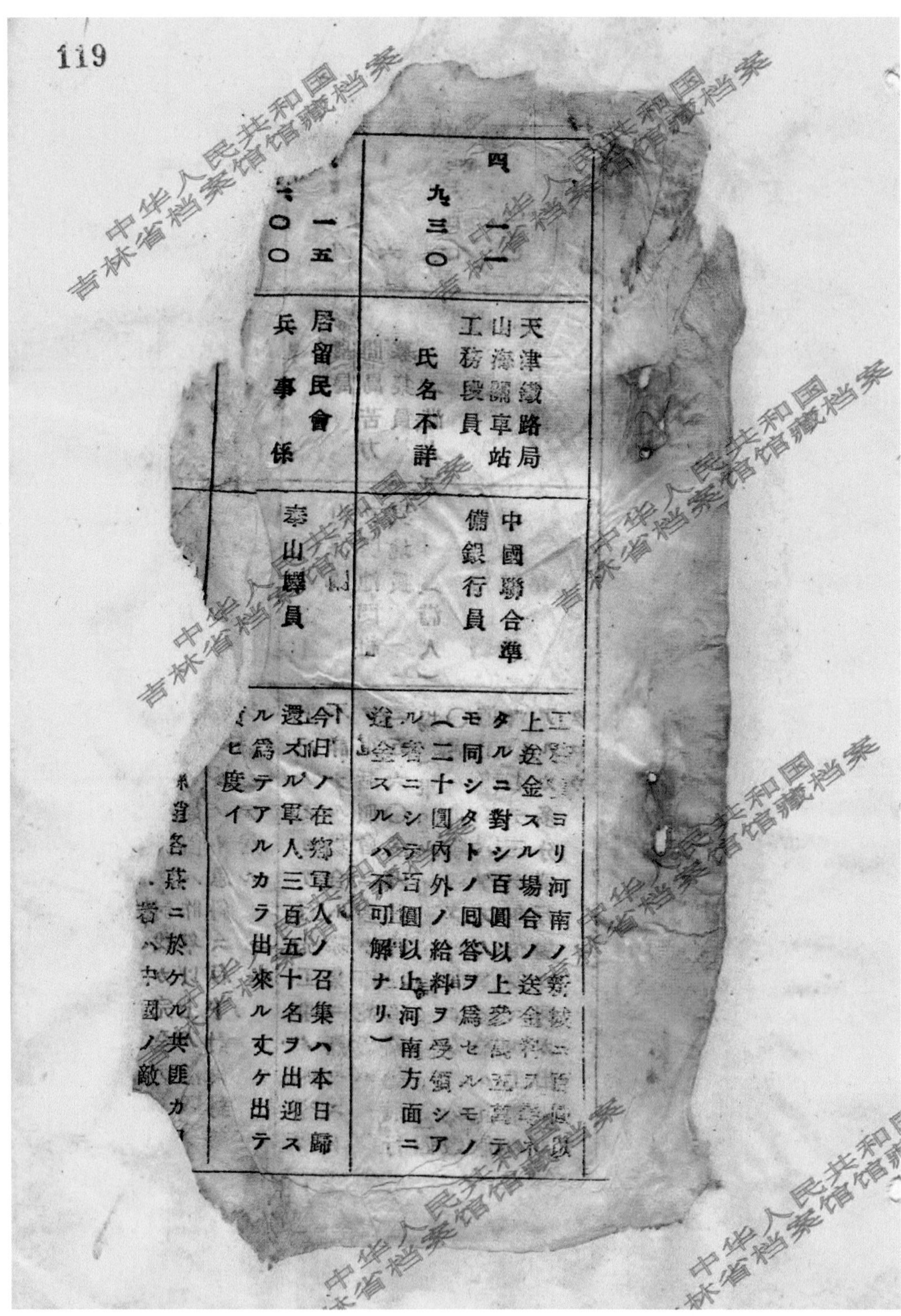
119

四 一一 九三〇	天津鐵路局山海關車站工務段員 氏名不詳	中國聯合準備銀行員	[illegible]ヨリ河南ノ親戚ニ[illegible] 上送金スル場合ノ送金料[illegible] タルニ對シ百圓以上參[illegible]テ モ同シタトノ回答ヲ爲セルモノ 一二十圓内外ノ給料ヲ受領シア ル者ニシテ百圓以上河南方面ニ 送金スルハ不可解ナリ」
[illegible]一五 [illegible]〇〇	居留民會兵事係	泰山驛員	「今日ノ在鄕軍人ノ召集ハ本日歸 還スル軍人三百五十名ヲ出迎ス ル爲テアルカラ出來ル丈ケ出テ 貰ヒ度イ」 [illegible]各[illegible]ニ於ケル共匪カ[illegible] [illegible]者ハ中國ノ敵

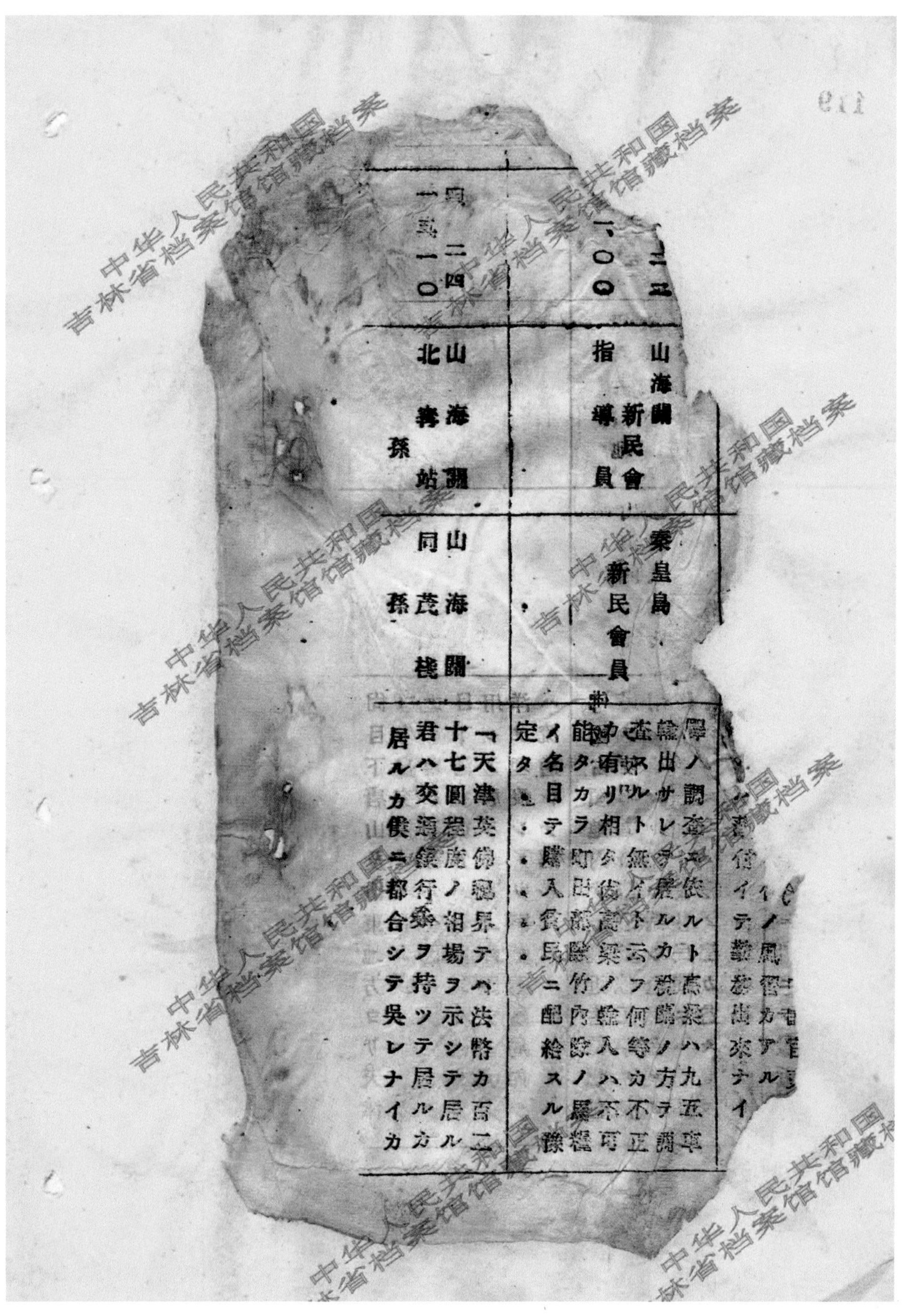

119

二五 一、〇〇	一四 二一〇
山海關新民會指導員	山海關北寧站 孫
秦皇島新民會員	山海關同 孫茂桃
學ノ調査ニ依ルト高粱ハ九五[illegible] 輸出サレテ居ルカ[illegible]ノ方ヲ調 査ヲ要ルト無イト云フ何等カ不正 カ有リ相タ後高粱ノ輸入ハ不可 能タカラ[illegible]部隊竹内部隊ノ軍糧 イ名目テ購入食民ニ配給スル譯 定タ	「天津英佛租界テハ法幣カ百二 十七圓程度ノ相場ヲ示シテ居ルカ 君ハ交通銀行券ヲ持ッテ居ルカ 居ルカ僕ニ都合シテ呉レナイカ

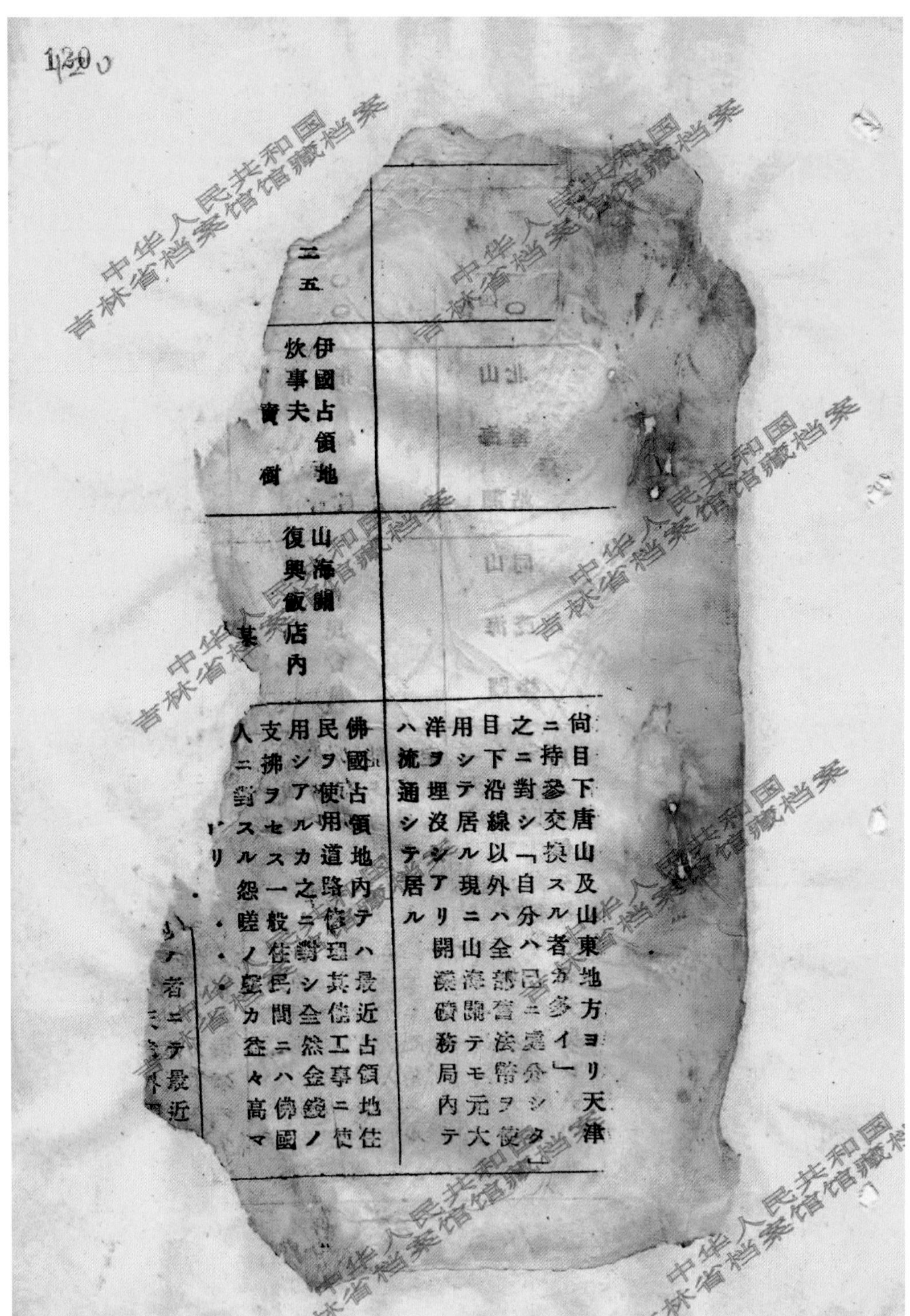
1120

二五

伊國占領地
炊事夫
賣 衛

山海關
復興飯店內
某

尙目下唐山及山東地方ヨリ天津
ニ持參交換スル者ガ多イ「一リ
之ニ對シ「自分ハ已ニ處分シタ」
目下沿線以外ハ全部舊法幣ヲ使
用シテ居ル現ニ山海關テモ元大
洋ヲ埋沒シアリ闇藥磺務局內テ
ハ流通シテ居ル

佛國占領地內テハ最近占領地住
民ヲ使用道路修理其他工事ニ使
用シアルカ之ニ對シ全然金錢ノ
支拂ヲセス一般住民間ニハ佛國
人ニ對スル怨嗟ノ聲カ益々高マ
リ
…ノ者ニテ最近

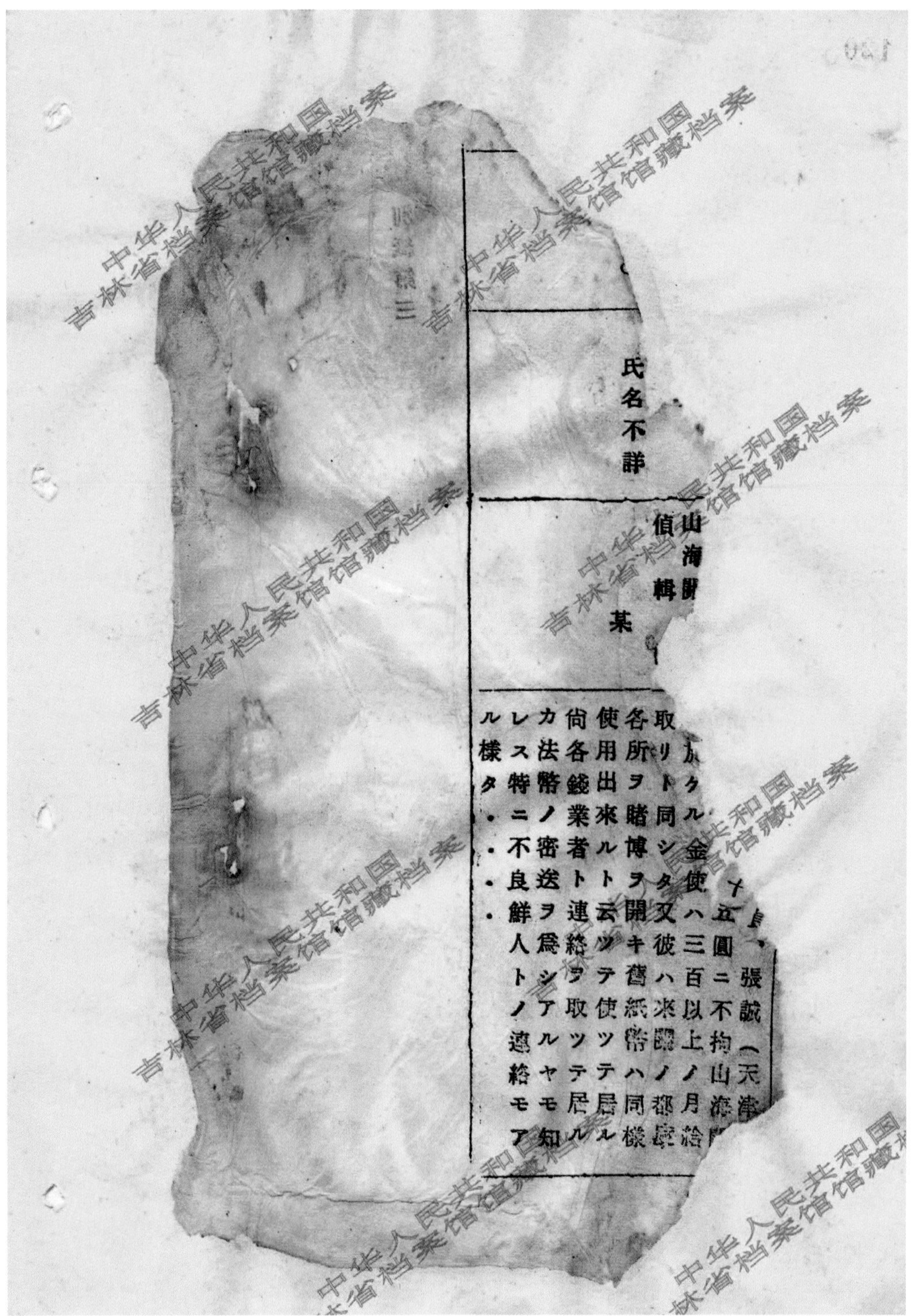

附錄三

氏名不詳

山海關
偵緝　某

貞・張誠（天津
メ五圓ニ不拘山海關
旅クル金使ハ三百以上ノ月給
取リト同シタ又彼ハ來關ノ都度
各所ヲ賭博ヲ開キ舊紙幣ハ同樣
使用出來ルト云ッテ使ッテ居ル
尚各錢業者ト連絡ヲ取ッテ居ル
カ法幣ノ密送ヲ爲シアルヤモ知
レス特ニ不良鮮人トノ連絡モア
ル樣タ・・・・

참고역문

개요

1. 노몬한사건의 추이에 따라 중점을 방첩 및 군사, 치안에 유해한 현상의 발생을 방지하는데 돌려야 함. 이로써 전시검열의 목적도달을 위해 진력 함.
이달 사이 취급한 전보 및 우편물 수량은 다음 표와 같음.

유 형	시 간	취급건수	처리건수
전보	지난 달	984 178	830
	이번 달	796 898	1072
우편물	지난 달	548 □84	383
	이번 달	□□□□61	767

2. 전보검열
□□중 전보검열에 근거하여 □□□□□
□□□□□은 별지1을 참조.

3. 우편물검열
우편물검열에 근거하면 □□□□□한 건수는 767건으로 대표적인 우편물의 개요 및 지난달과의 □□□□□은 아래 도표를 참조. 그 상세한 상황은 별지2부터 별지9까지를 참조 바람.
이밖에 첩보자료로 특히 통보할 것은 체코병기공장이 장제스에게 제공한 무기는 별지3을 참조, 천진 영국 조계지 봉쇄사건의 주요통신상황은 별지5를 참조 바람.

유별	개요	건수	
		지난 달	이번 달
노몬한사건 상관 지역의 통신	○ 이번에 출동한 사단의 부대번호는 아래와 같다. 小松原부대(師團), 小林부대(兵團), 山縣부대(聯隊), 譜久부대(大隊) ○ 당지 비행장에는 수십 대의 전투기가 명령대기 중, 전선에는 수십 대가 있으며 동쪽으로 2리 되는 비행장에 수십 대가 명령대기 중이다. ○ 각지의 비행기가 전부 하이라얼에 집결하였다. 매일 100대 정도 출동한다. ○ 30일 혹은 7월 1일 쯤에 지면부대의 전투가 결전에 들어간다. 小松原사령관(中將)이 將軍廟에 도착하여 小林소장과 함께 전투를 지휘한다. ○ 이는 땅빼앗기보다 더 바보짓 같다. 그런 곳은 1, 2리(1리≈3.927km, 역자 주)쯤은 큰 의미가 없다. ○ 신문에 많이 실렸겠지만 사실은 그와 차이가 크다. 사실을 잘 아는 사람으로서 (신문내용이) 바보 같다. ○ 언제 전쟁이□□□□□필수품만 행리에 넣어 □□□ 댁에 보관하도록 해주십시오. ○ 당지 □□□□□다수의 경찰□□□□□변경지역에서 □□□□		284
항일통신	○ 러시아인 □□□□□ 배신한 자□□□□□주의, 러시아를 위하여 □□□□□일본과 싸우지 않는다. ○ 일본비행기는 아주□□□□□간단없이 무방비도시인 중경을 폭격한다. □□천여 매의 폭탄을 투하하여 민중을 투하하여 민중을 학살한다. ○ 남편은 일본군에 체포되어 물고문과 불고문을 당하면서도 입으로 구국을 외쳤다. 일본군의 행위에 가슴이 서늘하다. ○ 盧溝橋사변 때 일본군은 불법적으로 중국군대를 포격하여 사단을 일으켰다. 일본군의 잔혹함은 극에 달하였고 우리 측의 수많은 비전투인원이 사상하였다. ○ 한 외국인이 일본관헌에 의해 구타당하고 이튿날 아침 죽었다. 그들은 반드시 대가를 지불할 것이라 믿어마지 않는다. 그들의 행위는 참으로 가증스럽다. ○ 그곳은 지난달부터 연속 9차나 일본군의 공습을 당하였다. 거리는 지난 날의 모습을 찾기 힘들게 황폐화되었다. 죽고 다친 사람이 수백 명이나 되어 처참하기 이를 데 없다.	35	59

<table>
<tr><th rowspan="2">유별</th><th rowspan="2">개요</th><th colspan="2">건 수</th></tr>
<tr><th>지난 달</th><th>이번 달</th></tr>
<tr><td>방첩 상 요주의 통신</td><td>○ 군대의 장비는 포대를 핵심으로 중포, 야포, 산포 및 기타 보병, 기병, 공병, 전차부대가 비치되었고 비행장도 작년에 완공되었다. 이밖에 사단사령부와 경비부대가 완비되었다.
○ 현재 작업하고 있는 철도시공은 군사수요이기에 반드시 10월 말에 완공해야 한다.(약도를 부착, 붉은 연필로 해당 철도를 표기)
○ 이 진지는 기타 진지와 달리 소만국경에서 단 두 곳 뿐인 견고한 진지이다.
긴급상황 시 우리는 전등이 켜져 있는 토치카에 들어간다. 평소에 우리가 있는 땅굴에는 남포등을 켜놓고 있다.
○ 수분하에서 아침□□□□□사단이 현재 방어 중 전 만주 40만□□□□□
수분하의 □□□□□는 동양에서 제일 빈틈없는 □□□□□베르됭□□□□□
□□□□□□ □월 30일에 □□에 대하여 부대가 급히 □□□□□ 출동
○ 비밀적인 □□□□□재만부대는 그다음 □□□□동 □21일과 22일 이틀 시간 3□□□□□
○ 매□□□ □□에 □□을 운송하는 군용열차□□□□□이르는 □□□□□오늘까지 일본군 약 5000명□□□□□500, 탱크 백대가량, 자동차와 트럭 약 300대가 몰려 대단히 혼잡스럽다.</td><td>195</td><td>228</td></tr>
<tr><td>군기 및 사상적으로 주의를 요하는 통신</td><td>○ 국경지역의 녀석들이 수많은 러시아여인들을 강간하였다. 미혼이든 기혼이든 닥치는 대로 강간하였다. 뿐더러 당지에서 많은 만주인 부녀자를 강간하였다.
○ 서부 국경의 전투는 상당히 치열했다. 전쟁규모가 확대되면 소집될지 모른다. 전우들은 당금이라도 전투에 투입될까 두려워 안절부절 못하였다. 나도 물론 마찬가지다.
○ 조반을 먹고는 누워 잤다. 먹고 자고, 자고 먹고......이것이 지금의 현실이고 후방의 일본군용사들의 모습이다.
○ 형님은 이제 곧 징집될 것이다. 그것이 비록 국가를 위한 것이라지만 아주 유감스럽다.
○ 서른 두세 살 먹은 보충병이 열아홉 살 정도 되는 2년차 지원병에게 머리를 몹시 얻어맞았다. 군대는 참 너무한다.</td><td>68</td><td>41</td></tr>
</table>

유별	개요	건 수	
		지난 달	이번 달
장제스에게 무기를 공급한 상황에 관한 통신		2	7
유언비어로 의심되는 통신		27	48
천진조계지봉쇄사건에 관한 통신			31
방첩 상 요주의 통신과 그 정찰 중에 있는 통신		9	20
부정행위로 의심되어 내사중인 통신		14	25
□국의 치안상황에 관한 통신		19	6
기타		16	18
□□		385	□□

□□□□□검열부□□□□□기타 일반 □□□□□ 움직임을 누설한 통신이 급증□□□□□이번 사건에 대한 군사행동이 빈번화된 반영이라고 보여지며 □□□□□ □□대의 동태에 간하여 방첩대책 상 진일보 가강할 여지가 있다.

이밖에 이번 사건과 관련한 지역의 사태가 심각하다. 철수준비 혹은 아군의 패전상황 등 치안과 군사 방면의 유해통신을 누설한 사례가 급증하고 있다. 이 모든 것들은 유언비어의 원천으로 그 만연을 방임하면 전체 만주 내지는 일본의 치안에 큰 영향을 줄 것이다. 따라서 통신검열을 가강하여 방지 및 억제에 진력해야 한다.

二. 항일간행물은 의연히 상해 혹은 북지나 각 지역의 주민들이 만주에 있는 친지들에게 우송한 반일통신이 위주로 그 수량이 감소되지 않고 있어 국내 민중들에게 아주 나쁜 영향을 주고 있다. 그러므로 지나 방면에서 발송한 우편물에 대한 좀 더 엄격한 검열을 통해 절대방지를 기해야 한다.

三. 군인과 군무원이 군대생활에 대한 혐오로부터 엿볼 수 있다시피 군기해이에 관한 통신이 아직도 많다. 상당한 양의 통신내용으로 미루어 보아 군인과 군무원이 군대생활을 혐오하여 군기가 해이해진 것이다. 그러므로 적당한 교육과 지도가 필요하며 상응한 사상대책을 실시하여 장기전을 대처하기 위한 준비와 마음을 다져야 한다.

별지제1

코드전보사용통계표 6월분

코드(음역) \ 국적	소련	영국	프랑스	미국	폴란드	중국	독일	이태리	덴마크	무국적	만주	기타	합계
펜도리		7	2	2			2			4		21	38
ABC		3								2			5
아쿠메	16	12		17			69		12	20		24	170
유니버셜		10		3						1			14
후라이 베토	4	52		5			□8					32	131
후라이 베토 아구메	6	128	1	23					49	55		42	326
□□□													
□□□													
□□□													
□□□		7								4		13	
유나이텐도				3									3
□碼						154					2604		2758
스리레다											60		60
ABED		7	1				2						10
페루페토 코드		19	6				12				82		119
AEG							13					13	26
알파							19						19
기타							10					611	621
합 계	26	251	17	73		161	303		61	86	2746	758	4482

별지제2

노몬한사건 상관지역의 통신

유 형	건 수
방첩 상 요주의 통신	26
군기 상 요주의 통신	89
유언비어로 의심되는 통신	69
합 계	284

◎ 방첩 상 요주의 통신

발견 시간 및 지점 : 6월 6일 하이라얼
발신자 : 하이라얼 후룬(呼倫)호텔 내 黑田時幸
수신자 : 熊本縣 蘆地郡 水候町 湯之見林崎屋 高尾壽夫
통신개요 : 하이라얼 당지에 九州에서 집결 할 수 있는 모든 사단이 주둔하고 있습니다. 마치 熊本에 규슈의 모든 부대가 집결 한 것 같습니다. 이 도시는 군대의 도시가 되었습니다.
처리 : 삭제

발견 시간 및 지점 : 6월 7일 하이라얼
발신자 : 하이라얼 高柳부대 中尾대 林田貞夫
수신자 : 愛知縣 南波樂郡 千鄕村 杉山 林田義雄
통신개요 : 우리 사단의 보병은 3개 연대로 나누었는데 그중 2개 연대는 이미 출동했습니다. 이번엔 제가 소속된 연대가 남아 수비합니다. 아마 다음번에는 우리 연대가 제일 먼저 출동할 것 같습니다.
처리 : 삭제

발견 시간 및 지점 : 6월 9일 하이라얼
발신자 : 하이라얼 山縣부대 后藤隊 佐伯美澄
수신자 : 鹿兒島현 川邊郡 加世田 □□□□
통신개요 : 小松原부대(師團), 小林부대(兵團), 山縣부대(聯隊), 譜久부대(大隊)가 있다.

□□□□□많은 사단이 출동□□□□□그러므로 부대번호는 위와 같다.

처리: 삭제

발견 시간 및 지점: □□월 □□일 □□□

발신자: □□□隊 本田隊 中林文造

수신자: □□□ 中林□□□

통신개요: □□□□□전투기 □□있는 □□선에도 수십□□□□□비행장(항공회□□□□□에□□에도 수십 대가 대기 중)

처리: □□

발견 시간 및 지점: 6월 9일 하이라얼

발신자: 하이라얼 岡本부대 延野대 伊藤壽夫

수신자: 大阪市 西成區 長橋通 松原嘉七

통신개요: □□의 비행기는 모두 하이라얼에 집결하였다. 매일 백여 차 정도가 출동하였다가 귀항한다.

처리: 삭제

발견 시간 및 지점: 6월 7일 하이라얼

발신자: 하이라얼 山縣부대 山內대 土屋一男

수신자: 宮崎縣 宮崎시 丸島町 2-1 土屋 夏

통신개요: 연대의 旗手는 군기를 벗겨내 복부에 감고 깃대는 흙속에 꽂은 채 전멸될 각오를 하였다. 東중좌는 기병 300여명을 이끌고 다리를 우선 점령하였다. 하지만 전투 중 東부대는 전원이 장렬히 전사하였다.

처리: 삭제

발견 시간 및 지점: 6월 8일 하이라얼

발신자: 하이라얼 伊勢부대 甲斐대 楠城蒙壹

수신자: 大分현 日由군 大鶴촌 吉竹 石松政雄

통신개요: 하이라얼 상공에는 당신이 예전에 이곳에서 보지 못했던 대형폭격기가 날고 있습니다. 비행기의 수량은 이미 수배로 늘었습니다. 664고지 이남은 비행장으로 쓰이기에 다른 용도로 사용금지 중입니다. 그래서 연습도 진행할 수 없습니다.

처리 : 삭제

발견 시간 및 지점 : 6월 12일 하이라얼
발신자 : 하이라얼 山縣부대 白石順夫
수신자 : 樺太 豊原市東 六條 河南 一
통신개요 : 베이얼호숫가의 "차간어워"는 최전선으로 긴장국세는 이미 두주동안 지속되고 있다. 나는 한숨도 못자고 경계를 유지하고 있다. 나는 베이얼호숫가의 "차간어워"에 있다. 이미 최전선에서 긴장한 두 주일을 보냈다. 현재 일본군 병력은 두 개 중대지만 몽골군은 150명이나 주둔하고 있다.
그대가 알고 있는 湯屋중위는 현재 행방불명이다. 아직까지 찾아내지 못하고 있다.
처리 : 삭제

발견 시간 및 지점 : 6월 14일 하이라얼
발신자 : 하이라얼 小松原부대 전 井置부대 古川八十治
수신자 : 안동성 寶淸 四平부대 大江대 阿部소위
통신개요 : 오늘 연대의 합동위령제에 참가하여 東부대장 이하 103명의 영령을 기리였다.
우리 중대는 중대장 이하 53명이 전사하였다.
처리 : 삭제

발견 시간 및 지점 : 6월 12일 하이라얼
발신자 : 하이라얼 長谷部부대 弘兼대 吉田善治
수신자 : 兵庫현 加西군 多加野촌 油谷 吉田□□
통신개요 : 하이라얼부대 소속 小松原부대의 2개 대대가 출동하였다. 출동한 東부대에는 강력한 탱크도 있었지만 부대장 이하 □□300여명이 전사하였다.
잔존병력은 □□□□□
처리 : 삭제

발견 시간 및 지점 : 6월 23일 하이라얼
발신자 : □□□井置부대 石橋대 小野寺준위
수신자 : □□□본부 成田曹長

통신개요: □□□匹병기인원□□□출동 불가능□□□에 이르러□□□보충완료 후 직접 師□□□추격하였다.
□□기는 4,50대가 국경을 비행하고 있다.
처리: 삭제

발견 시간 및 지점: 6월 28일 하이라얼
발신자: 하이라얼 小倉부대 岡本대 野田一
수신자: 名古屋시 東區 白壁町1-4 渡邊 및 일동
통신개요: 22일 비행대는 하이라얼에서 전이해 왔다. (甘珠爾廟) 10대가 집결하였다. 오늘 전투에서 4대를 손실 보고 2대가 파손되었으며 12대가 남았다.
비행장 경비를 책임진 우리 부대의 암호는 □□□□□
처리: 삭제

발견 시간 및 지점: 6월 30일 하이라얼
발신자: 하이라얼 東二道街 하이라얼호텔 小坂正則
수신자: 東京丸之內 報知신문사 鈴木外報社長
통신개요: 30일 혹은 7월 1일 지면부대의 전투는 결전에 들어가게 된다. 23일과 24일에 장군묘에서 격전이 있었다. 하지만 군대는 전황을 공개하지 않고......
小松原사령관(중장)이 장군묘에 와서 小林소장과 함께 싸우게 된다......
아무구로(음역)에는 岡□대좌가 지휘하는 연대본부가 주둔하고 甘珠爾에 1개 대대를 파견하여 전호를 파고 야포와 고사포를 비치하였다.□□□□
하룬아얼산(음역) 방면에는 일본군 지면부대가 행진 □□□기계화부대도 있는 것 같고 □□□비행대는 하이라얼을 거점으로 □□□鹽田(아무구로와 □□□사이) 甘珠爾□□□수십대 폭격기□□□□□
□□□□□에는 응당 □□□□□日 무슨 일이 발생□□□□□
□□□를 통해 □□□桑貝子□□□적군도 아무 동정이 없고 침범하지 않는다.
처리: 삭제

◎ 군기 상 요주의 통신

발견 시간 및 지점: 6월 15일 하이라얼

발신자: 하이라얼 平野부대 本部 武田正

수신자: 山形현 山形시 外 鈴川촌 武田梅

통신개요: 땅빼앗기는 바보짓 같다. 그런 곳의 1, 2리(1리≈3.927km, 역자 주)쯤은 큰 의미가 없다. 그런데 이렇게 옥신각신 하다니.

처리: 삭제

발견 시간 및 지점: 6월 14일 하이라얼

발신자: 하이라얼 岩崎民雄

수신자: 東京시 足立구 北千住町2-62 蔦澤磯治郎 轉 植松藤一

통신개요: 너도 7월 4일 검사를 받아야 한다고 들었다. 축하해야 하나 아니면 슬퍼해야 하나? 무슨 말을 했으면 좋을지 모르겠구나. 나처럼 고통과 슬픔을 맛보게 될 것을 생각하면 난 네가 甲種으로 평가받지 말았으면 좋겠다.

일시적인 흥분으로 인해 앞으로 기나긴 이삼년 동안 노랫말처럼 "오척의 침대와 거적, 이것은 우리의 꿈의 침대"와 같은 세계로 들어오지 말기를 나는 바랄 뿐이다.

처리: 삭제

발견 시간 및 지점: 6월 5일 하이라얼

발신자: 하이라얼 平野부대 본부 福田園

수신자: 元山府 春日町35 福田雪男

통신개요: 내가 소속된 부대는 십분의 일을 손실 보았다. 상황이 몹시 비참하다. 東부대는 전멸하였다. 전투의 사상자들을 실은 트럭도 포탄에 맞아 불이 붙었다. 당시의 참상은 말로 다 표현할 수가 없다. 신문에 많이 실렸겠지만 사실은 그와 차이가 크다. 사실을 잘 아는 사람으로서 (신문내용이) 바보 같다.

처리: 삭제

◎ 유언비어로 의심되는 통신

발견 시간 및 지점: □월 □일 □□□

발신자: 하이라얼 山縣부대 □□대 □□□

수신자: 鹿□□□□□

통신개요: □주간 지속된 격전에서 아군은 오 육 백 명의 사상자가 발생하였다. 마치□□□□□울음조차 나오지 않고□□□향해 □□□고양이의 □□□□□

처리: □□

발견 시간 및 지점: 6월 15일 하이라얼

발신자: 하이라얼 木暮부대 葉山信雄

수신자: □□□都□□□田村□□ 山口佐太郎

통신개요: □□□의 원인으로 □□□근거하여 □□□들은 소식□□□사막지대에 소중한 물□□□지가 있다. 이는 유목민에게 있어 아주 탐나는 지역이다. 아마 이것이 쟁탈이 일어난 원인일 것이다.

처리: 삭제

발견 시간 및 지점: 6월 9일 하이라얼

발신자: 하이라얼 綠川부대 相馬대 川崎 弘

수신자: 佐賀縣 三養基郡 鳥栖町 川崎德次

통신개요: 신문은 헛소리 하고 있어요. 우리가 "대승"을 거두었다는데 사실은 그렇지 않아요. 다른 사람에게는 말치 말아요. 우리는 승리한 것이 아니에요.

처리: 삭제

발견 시간 및 지점: 6월 9일 하이라얼

발신자: 하이라얼 山縣부대 山內부대 大居一男

수신자: 宮崎縣 西明杵郡 高千穗 長峰淸七

통신개요: 우리는 응당 6월 1일에 도달하여야 한다. 마치 우리가 6월 1일에 도착한 것이 비밀이듯이 사실 아군은 철저하게 패배하였다. 희생자가 엄청 많다. 일본의 신문은 많은 오보를 내고 있다. 아군은 수많은 사상자를 내였고 전사자만 천명쯤 된다.

처리: 삭제

발견 시간 및 지점: 6월 11일 하이라얼

발신자: 하이라얼 山縣부대 間正대 淺井榮吉

수신자: 宮崎縣 都城市 平江町 二丁目 淺井波子

통신개요: 이번 전투에서 아군은 상당한 전사자를 내었다. 그리고 장교 이하 네댓 명이

행방불명인 것 같다. 그들을 전사자로 구분하자니 몹시 고민스럽다.

처리: 삭제

발견 시간 및 지점: 6월 22일 만주리

발신자: 만주리 二道街 玉屋호텔 久島英子

수신자: 관동군 사령부 主計室 加藤支次

통신개요: 만주리에서 언제 전투가 벌어질지 모르니까 저는 필요한 물건만 남기고 나머지들은 다 짐에 넣어 부쳤어요. 잠시 新京에 보관하도록 해주세요.

처리:

발견 시간 및 지점: 6월 22일 만주리

발신자: 만주리 二道街局宅49 織田三江

수신자: 營口 羽衣町3 織田三子

통신개요: 당지 분위기가 점점 험악해지면 홀로 도망칠 수밖에 없어요. 그때 되면 잘 돌봐주세요.

이틀 사흘 전부터 수도탱크에도 보초를 세웠더군요. 그곳은 분위기가 험악해요. 아마 홀로 철수하기 힘들 것 같아요. □□□아침 일찍 鐵□□□위협 받은 일도□□□

처리: 압류

발견 시간 및 지점: 6월 29일 만주리

발신자: 만주□ 일본호텔

수신자: □□□29□□□ 瀨尾千代子

통신개요: □□□하이라얼에서 출발□□□아마□□□滅□□遣□□□대략 □□좌우이다. 하이라얼도 이와 같다. 현지에서도 비상관제를 실시하고 있다.

처리: □□

발견 시간 및 지점: 6월 29일 만주리

발신자: 만주리 영사관 숙사 石綿百合子

수신자: 台北市 幸町152 若宮康信 轉 三佐代

통신개요: 이 곳은 한주일 전부터 등화관제를 실시하고 있다. 소련영사관의 주위에는 많

은 경찰들이 감시하고 있다. 이곳에서 자동차로 한 시간 거리에 소련정찰병이 출몰한 적이 있다고 한다. 사태가 점점 확대되고 있다.

처리: 위와 같음

발견 시간 및 지점: 6월 29일 만주리

발신자: 만주리 일본호텔 내 緒方美代子

수신자: 鞍山市 廿九條24-2 瀨尾千代子

통신개요: 신문에서는 노몬한사건에서 일본이 대승을 거두었다고 하지만 그렇게 많은 전사자가 발생했다는 것은 승리라고 할 수 없다는 얘기가 된다. 東부대는 하이라얼에서 출발하였지만 전멸하였다고 한다. 유체가 600구가 넘다고 한다. 이곳은 매일 밤 등화관제를 실시한다.

처리: 위와 같음

발견 시간 및 지점: 6월 7일 만주리

발신자: 齊藤부대 西原吉二

수신자: 鹿兒島縣 杵藤郡 小根古村 西原幸橋

통신개요: 東부대는 전멸하고 대장이 전사하였다. 생존자는 보병 3명뿐이라 한다. 모 중대도 전멸되었는데 생존자가 고작 7명이라고 한다. 이로보터 미루어 보아 사태가 아주 심각하다.

처리: 압류

별지제3

장제스에게 무기를 공급한 상황에 관한 통신

발견 시간 및 지점: 6월 7일 하얼빈

발신자: 체코 프라하시 브루노시 무기공장

수신자: 홍콩 페닌스우라(ペニンスウラ, 음역)호텔 오·모이지이체코(オ・モイジイチェク, 음역)

통신개요: CZGINCHPWIL선생께서 대륙호텔에 머무는 기간 당신을 증인으로 파인애플 2만개와 야외용 면화 1000묶을 주문 받았습니다.

처리 : 사진촬영 후 원상 발송. 아래도 같음.

발견 시간 및 지점 : 6월 9일 위와 같음
발신자 : 위와 같음
수신자 : 위와 같음
통신개요 : 독일정부는 모든 대 지나 물자공급을 엄금하고 있습니다. 그래서 모든 기만수단을 동원하여야 합니다.
큰 수확을 거두기 위하여 해안방비를 잠시 중지해야겠습니다.
본 공장의 검사관 【주 : 핀란드 다리베루구(ダリペルグ, 음역) 및 애리페루트 상회(ヘリペルト 음역)】 를 통해 수량무제한의 파인애플, 양파, 대갈못의 주문을 받았습니다. 또 (1) 규격미확정, 銅鐵制 (2) 구경 7.5센티미터 (3)수량 미확정의 주문도 받았습니다.
AO주문명세표로 위장하여 검사관을 속인 후 여신에게 공급하는 나머지 주문물품의 송부방식을 확인해 주십시오.
처리 :

발견 시간 및 지점 : 6월 14일 위와 같음
발신자 : 위와 같음
수신자 : 위와 같음
통신개요 : YALI상회의 공급명세에 관해서는 전보로 회답 바람.
파인애플 200--HL
면화 20--HOY
레몬板 15--HL
□□□ 10--HB□□
羊齒 □□□
□□□후, 창고□□□□□
□□□방법에 관하여 □□□
처리 :

발견 시간 및 지점 : 6월 14일 하얼빈
발신자 : 체코 프라하시 브루노시 무기공장

수신자: 홍콩 페닌스우라(ペニンスウラ, 음역)호텔 오・모이지이체코(オ・モイジイチェク, 음역)

통신내용: □□베를린의 대륙호텔에 머무는 동안 XOWOPOWR□□가 당신의 지인으로 자칭하며 다음과 같은 물자를 주문하였습니다.

(1) 일본군 점령하의 중국영토를 이용하여 파인애플 및 면화를 각각 2척 운송하여 일본군 점령하의 중국영토에서 사용.

(2) 파인애플HL, 면화HOY는 NOZY상회의 仲會가 HYIWHPYW를 통해 교부.

(3) 교부날짜: 파인애플 한척은 10월 말 교부, 나머지 한척은 11월 말 교부, 면화는 9월 중순 교부.

처리:

발견 시간 및 지점: 6월 27일 위와 같음

발신자: 체코 프라하시 슈크다공장(シュコダ, 음역)

수신자: 위와 같음

통신내용: 본 공장에서는 현재 각 나라에 무기를 공급할 수 있음. 군용자동차와 같은 일반 교통수단의 상품목록을 발송할 때 역문을 첨부하여 지나관헌이 공급측과 유관사항을 알선토록 함. 주문품은 주문 8개월 이후 출하함. 그밖에 교부기한, 수량, 구매자의 특별요구, 지불방법 등은 사전에 통지 바람. 이 조항은 피리센시 및 기타 지역에 적용됨.

처리:

발견 시간 및 지점: 6월 30일 위와 같음

발신자: 위와 같음

수신자: 위와 같음

통신내용: (1) 목록을 교부하려고 함(25종), 대포의 수량, 모델, 대금지불, 운송방식, 교부기한 등에 관한 주문자의 상세한 지시를 바람.

(2) 전보주문명세표에 근거하여 범포 10개는 곧 완성됨. 주문품은 HLMII의 가격으로 HYIWHPLW가 제작하였음.

(3) 대금지불의 1/3□□□□□수령증표의□□□□□

처리:

발견 시간 및 지점 : 6월 7일　하얼빈

발신자 :　체코 프라하시 센리에(センリエ, 음역) 및 베솔로트상점 (ベソロト, 음역)

수신자 :　홍콩 私□□□370　레오 · 소트린그(レオ, ソツリング, 음역)

통신내용 : □□□가격은 최저□□□□□주문품을 교부□□□□□

이밖에 중경으로 향발 시 (OBMVGZEFPE) 보증인이 필요함.

(HISYOTYMOM)에 위탁하여 (GYNEC) 採求를 의뢰.

처리 :

별지제4

항일통신

유 형	건 수	
	지난 달	이번 달
항일통신	10	26
일본의 전패와 폭행에 관한 반동선전	15	17
일본비방	1	3
종교를 이용한 선전	6	0
소련을 구가하고 예찬한 선전통신	0	8
기타 항일기세	3	5
합 계	35	59

발견 시간 및 지점 : 6월 24일　위와같음

발신자 :　라트비아 리가시 세코트니아(セゴトニャ, 신문사, 음역) (라트비아문)

수신자 :　□□ 하얼빈　루시서점

통신개요 : "□□□"를 구호로 □나인인 파업을 하였다. 일본군□□□□□은 이번 파업을 계기로 해당 공장을 빼앗으려다 당장에서 죽었다. 딩크는 일본 육전대 대원의 총검에 찔려 죽었다. (37부)

처리　:

발견 시간 및 지점 : 6월 24일　위와 같음

발신자 :　상해 나루마(ナルマ, 음역) 중국 매일신문 (チャイナ　レニュース, 신문명

칭) (영문)

수신자: 哈市 香上은행

통신개요: 신문사는 목격자의 증언을 토대로 "일본의사가 딩크스(ディンクス, 음역)에 대한 처치방법"의 제목 하에 보도를 진행. 주요내용은 "일본군은 상해 영국공장의 노동자들을 선동하여 파업을 진행, 딩크스는 일본군 육전대원의 개머리판에 맞아 죽음."

처리:

발견 시간 및 지점: 6월 7일

발신자: 河南성 蔚代현 北三十里 陳某

수신자: 察哈爾성 多倫현 南華世 包鳴網

통신개요: 중국은 멸망의 변두리에 이르렀다. 중국국민은 남녀노소 할 것 없이 단결하여 나라를 지키는 책임을 함께 짊어짐이 마땅하지 않겠는가? 청년은 특히 그러하다.

처리: 발송정지

발견 시간 및 지점: 6월 29일

발신자: 영국신문 기사보(ニュース クロニクル, 신문명 음역)국

수신자: 간도성 용정 보와이크(ボンウイク, 지명음역)

통신개요: 제목은 "일본군이 거의 죽어가는 영국인에 대한 치료를 질질 끌었다." 내용은 "영국영사관 직원은 일본인한테 맞아 부상 입은 딩크라(ディンクラー, 음역)와 만날 것을 요구했지만 일본군은 이를 거절, 고의로 의사의 치료를 지연시켰으며 아예 목숨을 구할 뜻이 없었다고 한다."
이 문제(浦東 日英충돌사건)는 일본해군 군인이 관리감독을 구실로 소란을 피우기 위해 영국공장에 들어갔다가 딩크라(ディンクラー, 음역)와 싸움이 벌어진 것이다.

처리: 몰수

◎ 일본의 전패와 폭행에 관한 반동선전

발견 시간 및 지점: 6월 2일 봉천

발신자: 상해 불문 상해일보사 불문 상해일보(불문)

수신자: 봉천 小南關천주당外三通

통신개요: 일본은 침략해 들어온 2년여 사이 결정적인 승리를 취득하지 못하였다. 일본은 현재 그다지 중요하지 않은 도시를 폭격하여 인민들의 평화로운 생활을 파괴하고 있다. 목전 중경은 비록 지나의 수도라고는 하지만 武裝型도시는 아니며 군사방위형도시도 아니니다. 하지만 일본 폭격기는 쩍하면 이러한 비전투인원 밀집지역에 폭탄을 투하하여 무수한 화재를 일으켰다. 1000매가 넘는 폭탄을 투하하여 인민들을 학살하고 있다.

처리: 압류

발견 시간 및 지점: 6월 3일 위와 같음

발신자: 상해 字林西報(ザ, ノースチャイナデーリーニュース, 신문명) (영문)

수신자: 봉천 계동회사 外三六通

통신개요: 전선에서 만났다. 전선에서 만난 지나군 사관의 말에 따르면 수개월의 격전을 거쳐 湖北에 주둔한 일본군은 그 전부의 군사적 가치를 상실하였다.
중국군대의 보도내용을 보면 일본군의 손실이 2만 내지 그 이상이라고 하는데 조금 과대평가겠지만 육천 내지 만 명 정도라면 확실한 듯하다.

처리: 위와 같음

발견 시간 및 지점: 6월 22일 봉천

발신자: 不詳

수신자: 봉천 중국은행 吳蔭秋

통신개요: 요즘 일본군이 병사들의 군기를 잡고 있기에 어느 정도 안정되었다. 하지만 밤에는 의연히 약탈사건이 발생하고 있다. 南川門 姜懋廣店의 劉二兄이 虹橋西에 있는 주택 두 곳의 어른 아이 할 것 없이 모두 체포되었다. 光願家의 주인도 체포되었다. 일본군은 그에게 물고문을 들이댔고 불고문도 자행하였다. 입으로만 종일 구국을 외치지만 그 행실은 그야말로 소름이 끼친다."

처리: 압류

발견 시간 및 지점: □□

발신자: 濟南城東南大□□천주당

수신자: 新民현□□民촌□□

통신개요: 정월에 작별한 후 강녕하신지요? 형님들께서 봉천에 오신지도 어언 3개월이 지났군요. □□□물가가 치솟고□□□□□일본인이 끊임없이 전쟁을 일으키니 인민들이 유리걸식할 수밖에 없게 되었네요. 너무 위험하여 사람들은 밤에 혼자 집에 있기 무서워하고 있어요. 아주 고통스럽습니다. 돈을 빨리 부쳐주었으면 고맙겠습니다.

처리: □□

발견 시간 및 지점: 6월 3일 南綏中

발신자: 산동 兗州 천주당

수신자: 遼寧 洮南 천주당外三所

통신개요: 【민국28년 6월 1일(1939년 6월 1일), 天主公教 白話文報】 인쇄물 4부의 내용은 이상 없음. 포장지는 민국 26년도(1937년도) 천주공교 백화문보를 사용하였음. 내용은 "노구교사변은 일본군이 불법으로 중국군대를 향해 포격을 함으로써 빚어진 것이다. 일본군대는 극악무도하여 우리 측의 수많은 비전투인원이 죽거나 부상 입었다."

처리: 몰수

발견 시간 및 지점: 6월 19일 위와 같음

발신자: 江蘇 銅山 葛家口 외삼촌

수신자: 龍江省 明水縣 同生合號 외조카 李憲寶

통신개요: 憲寶:

지난 편지를 읽고 모든 상황을 알게 되었다. 너의 어머님이 돌아가실 때 네가 외지에서 출근하면서 고향에 한번 돌아오기 쉽지 않기에 너에게 알리지 않았다. 용서해다오.

지금 우리 중국은 나라가 혼란에 빠져 안정을 기대하기가 쉽지 않구나. 우리 마을은 일본군에 의해 잿더미로 변했단다. 아무것도 남지 않았다. 마을사람들은 모두 피란을 떠났다. 농사도 흉작이여서 쌀값이 폭등하였다. 밀이 말라죽어 무당 닷 말 반만 거두었단다. 가을파종을 할 수가 없구나. 집에는 쌀이 한톨도 남지 않았다. 다른 집도 다 마찬가지란다. 쌀을 꿀 데가 없다.

처리: 몰수

발견 시간 및 지점: 6월 22일 하얼빈
발신자: 상해 北지나매일신문 □□□
수신자: 哈市 香上은행 □□□
통신개요: 제목하여 "호북 이북의 중국군대가 우세를 점하고 있다. □□□를 주장." 5월 □□호북 이북 전장의 중국□□□점거□□사변이 시작□□□ 사기가 저락하□□□, 전□□□□□지나군의 십분의 일□□□□□ (8부)
처리: □□

발견 시간 및 지점: 6월 12일 위와 같음
발신자: 런던 라토라데토(ラトラテット, 지명음역) 런던신문(영문)
수신자: 哈市 商士街101 N、A 시유케우이치(ユケウイチ, 음역)
통신개요: 제목하여 "5월 3일과 4일의 공포사태". 일본 공군은 군사시설이 없는 곳을 폭격하여 수많은 비전투인원들이 커다란 피해를 입었다.
처리:

발견 시간 및 지점: 6월 24일 위와 같음
발신자: 맨체스터 맨체스터카챤周報(ガーヂン, 신문명 음역)
수신자: 하얼빈 香上은행
통신개요: "일본군 후방에서" 내용서술: 이번 사변으로 인해 지나 피란민들이 극도로 되는 곤경에 빠지는 상황이 나타났다. 이는 일본군이 저지른 것이다.
처리:

◎ 일본비방

발견 시간 및 지점: 6월 8일 營口
발신자: 營口艦內 영국인 케미(ケーミ, 인명음역)
수신자: 상해 하시루트(ハシルト, 거리명 음역) 주택구401번지 캔네트 마그리트(キャンネットマクロド, 인명음역)
통신개요: 엊저녁 식후 에토와루(Etoile)라디오에서 들은데 의하면 포단(ポタン, 지명음역) 부근 수 천 미터 되는 곳에서 한 외국인이 일본관헌에 얻어맞아 이튿날 아침 숨졌다고 한다. 일본관헌이 그를 불러 세웠을 때 아마 그는 무슨 영문인지

도 몰랐을 것이다. 그는 일본관헌에 의해 상기 장소에서 끌려갔는데 창자에는 총검에 찔린 흔적도 있었다고 한다. 상상만 해도 끔찍한 일이 아닐 수 없다. 나는 그들(일본헌병)이 어느 날인가는 꼭 그 대가를 지불할 것이라 믿는다. 그야말로 가증스러운 놈들이다.

처리: 압류

◎ 소련 현정권을 찬송한 선전통신

발견 시간 및 지점: 6월 19일 만주리

발신자: 탕스□□□베네트크루스키區(タンスタ□□□ベイネトコルスキ, 지명음역) 바루크와스코이촌(バルクフスコイ, 지명음역) 프리보푸나(フイリボ—フナ, 인명음역)

수신자: 하얼빈 경찰가4-94 아크레모푸나(アクレモフナ, 인명음역)

통신개요: □□□, 저는 □□오면 된다고 생각합니다. 사실 저는 소련보다 더 좋은 생활이 없다고 생각합니다. 예전과 무엇이 다른지 당신이 직접 보면 아실 것입니다. 무엇을 하든 어렵잖게 할 수가 있어요. 우리 고향은 넉넉하고 부유한 생활을 하고 있습니다.

처리: 압류

발견 시간 및 지점: 6월 5일 하얼빈

발신자: 모스크바 페도나토리아신문사 (ペドナトリャ, 신문사명 음역)

수신자: 哈市 大直街24

통신개요: "제18차당대표대회의 총화", 이 보도는 소련의 현행제도에 대한 찬사와 반일에 관한 기사를 실었다. (1부)

처리: 압류

발견 시간 및 지점: 6월 12일 위와 같음

발신자: 모스크바 라헤타르나야브라크치크(ラホタトルナヤプラクチカ, 음역)

수신자: 哈市 나우카신문사(ナウカ, 신문사명 음역)

통신개요: "하루빨리 공산주의의 완전한 승리를 향하여." 이 보도는 "레닌, 스탈린당의 역사적 대회"를 제목으로 전편이 유해기사로 도배되었다

처리 : 압류

◎ 기타 항일형세

발견 시간 및 지점 : 6월 2일 영구

발신자 : 寧津縣城東北後楊保庄 張永茂

수신자 : 營口 廟子街 門片17號 張萬增

통신개요 : 며칠 전 네가 보낸 편지를 받았다. 현재 현의 변경은 혼란상태에 처해 있고 부근에 (일본)군대가 주둔해 있다. 그래서 많은 일들을 마음대로 할 수 없고 우편국에서 편지를 부치는 일도 힘들다. 전쟁이 언제까지 지속 될지는 모르겠지만 (일본)군대가 철수하고 시국이 안정되면 너희들도 돌아오너라. 만약 일본군이 철수하지 않아 시국이 안정되지 않으면 내가 너희들 쪽으로 갈 것이니라. 우선 집의 일부터 정리를 하고나서 말이다. 참 밉살스런 군대로구나.

처리 : 압류

발견 시간 및 지점 : □□

발신자 : □□ 洪維新

수신자 : □□ 洪老太太

통신개요 : 전략. 지난 달 이래 이곳은 선후로 9차나 일본군의 공습을 받았다. 전반 도시의 알짜□□ 엉망이 되었다. 심각하게 파괴되었다.
오늘 큰어머니의 편지를 받았다. 西響의 趙翰番이 다니는 약방과 周裕堂의 점포도 폭격을 맞아 몹시 비참하게 되었다고 한다.

처리 : □□

발견 시간 및 지점 : 6월 29일 영구

발신자 : 천진 海下 白塘口 자위단 제2분대 黃鳳岐

수신자 : 영구溝西趙家大院同復合 轉 黃瑞相

통신개요 : 목전 당지는 사변의 영향으로 말미암아 혼란한 상태이다. 모든 상업이 정체되고 변변한 일자리가 없는 사람들은 자위단에 편입되었다. 나도 자위단의 일원이 되어 일하게 되었다. 위험한 장사에 비하면 이 일은 매달 14,5원 되는 노임을 받을 수 있어 먹고 사는 데는 걱정이 없다.

천진은 아직도 몹시 혼란스럽다. 앞으로 어떻게 될지는 판단할 수가 없다.

처리: 압류

별지제5

방첩 상 요주의 통신

유 형	건 수	
	지난 달	이번 달
군사시설 및 편성장비 등에 관한 통신	117	90
군대의 작전행동 및 이동 등에 관한 통신	40	84
고유부대명칭을 사용한 통신	20	17
일소전쟁을 억측한 통신	11	24
기타	7	11
만주군(경)에 관한 요주의 통신	0	2
합 계	195	228

◎ 군사시설 및 편성장비 등에 관한 통신

발견 시간 및 지점: 6월 13일 삼차구

발신자: 동녕현 삼차구 立石三作

수신자: 北海道 夕張郡 由仁村 中岩内 藤井善兵

통신개요: 현재 이 국경도시 삼차구는 군부 작전에 있어 아주 위험한 도시입니다. 올 가을 10월경까지 목단강에 버금가는 큰 도시인 老黑山이라는 곳으로 이동해야 합니다. 이는 큰 유감이 아닐 수 없습니다만 군대의 명령이니까 어쩔 수 없군요.

처리: 몰수

발견 시간 및 지점: 6월 30일 동녕

발신자: 동녕 교통부 건설사무소 小室榮

수신자: 東京市 荒川區 日暮里町7-735 伊澤伴之助

통신개요: 군대시설은 포대를 위주로 중형포, 야전포, 산포 및 기타 보병, 기병, 공병, 전

차 등 부대와 비행장이 작년에 완성되었습니다.
그밖에 사단사령부가 있어 경비력이 완비되었습니다.
처리: 몰수

발견 시간 및 지점: 6월 2일 목단강
발신자: 綏陽用□庫 轉 로흑산工事區 西村菊治
수신자: 高知縣中村町 西村愿
통신개요: □□□철로□□어떻게 해서든 10월 말 전에 완성해야 한다. 지도에 붉은 줄로 표시한 곳이다.
(동부국경에 관한 약도에 汪淸-綏陽 간의 신설철도를 표시하였다. 동시에 각 시공구역의 소재위치도 표시하였다.)
처리: 삭제 및 지도를 몰수

발견 시간 및 지점: 6월 6일 목단강
발신자: 하얼빈시 馬家溝 茂登子
수신자: 목단강시 平安街 滿蒙아파트 廣川八忍
통신개요: 국경에 또 전투가 벌어졌지요? 북부지나에는 수많은 전사자와 병사자가 나타났습니다. 그들이 좀 더 일찍 치료를 받았으면 좋겠네요. 중부지나에 있는 준위의 말을 들어보니 그곳에서는 매일 열 네댓 명이 중상 혹은 경상을 입는다더군요.
처리: 일부 말소 후 발송

발견 시간 및 지점: 6월 17일 목단강
발신자: 圖佳線 追分站 轉 青年鐵道自警隊 片山梅吉
수신자: 德島縣 勝浦郡 横瀨町坂本 片山虎雄
통신개요: 오사카의 제4단이 올 것 같네요. 보병, 공병, 기병, 포병이 전두 온다더군요. 매일 기차로 비밀리에 대포 등 장비를 운송하고 있습니다.
헌병이 시끄럽게 떠드는 걸 봐서는 전쟁이 곧 터질 것 같네요. 상세한 정황은 아직 잘 모르겠지만 나이 먹은 사람도 많이 왔더군요.
처리: 일부 말소 후 발송

발견 시간 및 지점: 6월 18일 목단강
발신자: 虎林縣公署內 鄭龍保 滿人
수신자: 咸化(北) 鏡城色(邑) 鏡城第一小學內 許利福
통신개요: 이곳은 국경지대여서 각종 공사가 시공 중에 있다. 그중 대부분은 군사시공이다. 또한 많은 군인들이 이곳에 주둔하고 있다. 거의 매일 기관총소리와 나팔소리를 들을 수 있다. 국경에 관한 얘기는 좀 더 상세히 하고 싶지만 도중에 통신검열이 있기에…운운.
처리: 몰수

발견 시간 및 지점: □월 □일 길림
발신자: 牧野□□佐佐木□□ 梅宮正
수신자: □□□
통신개요: □□대의 이년병 □□제3대대가 매일 수색 중이다. 제3대대에는 작년 9월부터 10월, 11월에 이르기까지 끊임없이 탈영병이 발생한다.
처리: □□

발견 시간 및 지점: 6월 24일 위와 같음
발신자: 張殷부대본부 李作會
수신자: 길림시 德勝街 劉虎臣
통신개요: 5월 27일 동안진에서 불행한 사건이 발생했다. 周連長을 포함한 50여명이 전부 전사하였다. 전사자 중에는 堀江, 于趙, 魏, 王 등 사람도 포함한다. 이 편지는 절대 비밀에 부쳐라.
처리: 위와 같음

발견 시간 및 지점: 6월 17일 위와 같음
발신자: 목단강 大塚부대 並木대 播間良光
수신자: 길림시 八經路 25號 末吉信子
통신개요: 귀대 이래 국경의 불법사격과 불법월경에 대하여 우리 부대는 묵인하고 있다. 大城鎭이라는 곳을 향해 전진 대기 중이다. 동부국경에 있는 만주국 江防함대의 포함 세척이 격침당하였다.
처리: 위와 같음

발견 시간 및 지점: 6월 5일 琿春
발신자: 琿春縣 琿春街 新安町 森元金太郎 轉 本間八郎
수신자: 山形縣 西田川郡 念珠關村 大字小石川 本間昇一
통신개요: 이곳은 군사적으로 아주 중요한 지역이다. 그래서 한 개 연대가 주둔하고 있으며 지어 여단본부도 설치되어 있다. 따라서 군대의 작업량이 아주 많다. 우리는 150坪 되는 창고를 모두 6개나 지어야 한다. 앞으로 9월쯤까지 계속될 것이다. 이런 큰 건축물을 모두 60개 지어야 한다고 하니 어떤 사람들은 앞으로 2사단의 본부가 될 것이라고 지레 짐작하고 있다.
처리: 압류

발견 시간 및 지점: 6월 13일 琿春
발신자: 琿春新安町 松本組 鬼木俊吾
수신자: 福岡현 三猪郡 大善寺町 鬼木國太郎
통신개요: 공사 시공 중에 사역한 쿨리 및 조선인은 대략 6만 명 정도이다. 공사는 조선경내를 기점으로 140킬로미터 된다.
처리: 기사를 삭제 후 발송

발견 시간 및 지점: □□□□□□
발신자: □□□□
수신자: □□□□
통신개요: 대부분 應召兵은 이미 개선하였지만 우리 몇몇은 남아서 무료한 전쟁터생활을 계속해야 해요. 비록□□□□우리 진지□□□□문제의 소만국경□□□□견고□□□□
처리: □□□□

발견 시간 및 지점: 6월 24일 東安
발신자: 東安 山田(友) □□부대 岡田대 植田 勇
수신자: □□□區 岩田和子
통신개요: □□□□□상세한 정황은 군기에 연관되기에 통신자유권이 없다. 현재 과학의 발전수준에 비하면 이것보다 더 선진적인 것은 없을 것이다. 중략. 일단 유사시에는 토치카 속으로 들어간다. 안에는 전등이 켜져 있다. 평소 우리가 있

는 곳은 지하실이다. 남포등을 켜고 있다.
처리: 몰수

발견 시간 및 지점: 6월 27일 동안
발신자: 동안성 개척청 長畑久
수신자: 福岡현 遠賀군 岡垣선생 長畑富士江
통신개요: 동안에 많은 병사들이 있다. 그 구체적 인수는 모르겠지만 아마 한 개 사단 이상 될 것이다. 이곳을 중심으로 국경을 수비하는 일본군은 대부분 동안에 주둔하고 있다. 몹시 고생스럽다.
유명한 土肥原중장이 이곳 지휘관으로 현재 동안에 있다.
처리: 일부 말소 후 발송

발견 시간 및 지점: 6월 27일 동안
발신자: 동안 大倉組 日高達惠
수신자: 南支파견부대 馬場弘輔
통신개요: 이번에 또 連珠山의 후속시공이 있다. 舊밀산, 호림, 平陽 각 비행장 및 작년의 건축물시공 다섯 개 시공현장이 있다. 참으로 바쁘다.
처리: 위와 같음

발견 시간 및 지점: 6월 7일 흑하
발신자: 흑하 吉岡正義
수신자: 香川縣 香川郡 川東촌 字川田原 赤松貞雄
통신개요: 요즘 날씨가 따뜻한 기회를 잡아 우리는 죽기 살기로 그 일에 매진하고 있다. 흑하의 기차역에는 매일 산처럼 쌓인 ○○을 실어오고 있다. 흑하와 진지 사이를 오가는 자동차가 강가를 달리고 있는데 그 수량이 어마어마하다.
중략
이러한 사실을 묘사하는 것은 금지되어 있다. 부대에 편지를 하면 방첩의 수요로 그 편지들을 일일이 뜯어서 검열을 한다. 만약 상술한 일들을 적으면 필연코 많은 내용을 삭제 할 것이다. 그래서 나는 흑하의 우편국에 와서 이 편지를 부친다. 참 힘들구나.
처리: 유해내용 말소

발견 시간 및 지점 : □월 □일　흑하
발신자 :　우편국 사서함11호-1　橘秀明
수신자 :　□□□美枝
통신개요 : 전문생략. 너도 흑하에 관한 기사를 보았겠지. □□□군사적으로 제일□□□□□군대와 우리 □□□□□그다음 猫□□□□□
산동성의 쿨리들도 군용시설의 시공이 끝나면 즉시 총살당한다고 한다. 이는 비밀누설을 방지하기 위함이다.
처리 :　□□

발견 시간 및 지점 : 6월 28일　흑하
발신자 :　黑河省公署 開拓科　轉　大額泥훈련소　武田善藏
수신자 :　山形縣 南村山郡 大澤村 長谷堂及本倉　鈴木由江
통신개요 : 경비는 아주 중요한 임무이다. 보초 설 때 모두 실탄을 장착하고 있다. 우리는 군대와 꼭 같은 일을 하고 있다.
중략
한 개 중대에 300명이 있고 한 개 소대에 50명이 있다. 매개 소대에는 소대장을 두고 50명의 소대를 세 개 분대로 나누어 각 분대에 분대장을 둔다.
이는 군대와 꼭 같다.
처리 :

발견 시간 및 지점 : 6월 4일　圖們
발신자 :　동녕 石門子 赤鹿부대 福田隊　吉岡和夫
수신자 :　京都市政府社會科　石田良三郎
통신개요 : 소위 "제재"는 곧 九州사단에서도 이름난 11중대(福田隊)에 간다는 뜻이다. 소문에 "11중대에 갈 것이냐 아니면 죽을 것이냐", "가시밭길을 갈 것이냐, 아니면 11중대에 갈 것이냐"는 말이 있다. 아무튼 나는 살아서 돌아왔다. 국경선 일대에 장기간 주둔하고 있는 수비군의 수는 아무래도 봉천전역의 일본군 총병력보다 많다. 수분하의 일본군진지는 동양 제1요새로 일컫고 있다. 우리가 수비하고 있는 곳은 일본군이 전진하는 거점이다.
처리 :　일부 말소 후 발송

발견 시간 및 지점: 6월 3일 도문
발신자: 동녕현 석문자 赤鹿부대 福田隊 吉岡和夫
수신자: 北京區上大路町 京大學生購買店 □□□
통신개요: 수분하부터 조선의 국경까지 7개 사단이 주둔하고 있다. 만주 전역의 40만 병력을 동원하여 국경선을 수비하고 있다. 만약 동녕 정면과 만주리 정면이 소련 토치카의 빈틈없는 진지라면 수분하의 고지는 일본군에 의해 동양제1로 불리는 든든한 지하진지이다. 동□□의 베르뎅을 떠올리게 하는 石門□□일곱 개 연대가 있□□□□□
처리: 몰수

발견 시간 및 지점: □월 □일 봉천
발신자: □□工藤□□ 馬場善八
수신자: □□町 石丸善六
통신개요: □□□□관동군 측량대는 내지의 육군성 육지측량부에서 이곳에 출장 온 것이다. 측량관 전원 □□인이다.
처리: 삭제

발견 시간 및 지점: 6월 22일 봉천
발신자: 봉천 田村부대 阿部正一
수신자: 福岡縣 石城郡 永戶村 鈴木忠義
통신개요: 입대한 연대는 제2□□□□□ 경중연대의 형식으로 입대하여 전원 1600명이다. 이번 7월 상순과 하순 사이에 봉천 田村부대는 해산하여 북만으로 이동하였다.
처리: 삭제

발견 시간 및 지점: 6월 13일 연길
발신자: 汪淸縣 羅子構 경찰서 朴日男
수신자: 龍井街 本町區 平安路6-8 米尙郁
통신개요: 당지에서는 철도부설운동이 비밀리에 활발하게 진행되고 있다. 만약 이 공사가 준공되면 전 간도의 우수공사로 되어 세간의 주목을 받게 될 것이다.
당지의 유일한 유모혈암공장 조사단이 여러 번 행패를 부리여 만주주둔해군부

가 중요시하고 있다. 이밖에 군사요지로 지목된 것으로 보아 앞으로 발전성이 큰 곳이 될 것이다. 지금은 의연히 비밀리에 공작이 진행되고 있어 일반주민은 모르고 있다.

처리: 압류

발견 시간 및 지점: 6월 2일 동녕

발신자: 동녕 藤田組 南天門현장 今岡市郎

수신자: 島根縣松江市南田町102 今岡增

통신개요: 남천문이라고 불리는 산이 있는데 강기슭에서 7리(1리≈3.927km, 역자 주)가량 떨어져 있다. 소련과 인접해 있고 해발 1500미터 좌우이다. 이 산 위에 토치카를 새로 짓게 되는데 내가 책임을 맡고 있다.

소련의 국경은 전시단계에 진입하고 있다. 매일 내지로부터 대포를 육속 끌어오고 있다. 북지나에서 소집된 병사들이 우리가 소재한 국경선 부근에 왔다.

처리: 몰수

발견 시간 및 지점: □월 □일 봉천

발신자: 봉천 藤井□□ 齊藤秀作

수신자: □□□東區 齊藤貞夫

통신개요: 현재 이곳 국경지대는 살벌한 분위기이다. 오늘 밤 □□□부대는 □□로 편성, 우리는 최전선□□□□□. 항공본부, 본공장, 분공장 혹은 □기본공장을 위수로 매일 내지의 각 상관 관청의 공문서를 처리하고 있다.

처리: □□

발견 시간 및 지점: 6월 12일 봉천

발신자: 봉천 田坂부대 白砂俊夫

수신자: 東京시 城東구 龜戶町 白砂留次郎

통신개요: 오늘 ○○여기서 우리의 초대 연대가 성립되었다

이번은 진정한 자동차4연대이다.

처리:

발견 시간 및 지점: 6월 22일 목단강

발신자: 삼차구 山縣부대 본부 附鍛工賃 土屋伴司

수신자: 목단강 新字街11-1 萩原 轉 多美子

통신개요: 이렇게 완전한 뜻이 형성 되는군요. 그러니까 암호지요. 절대 타인에게 발설치 말아주세요. 한번은 모모부대라고 적힌 편지를 받았어요. 수자가 아마 6 아니면 16인 전보였었는데 뭐라고 말했는지 헌병대에 끌려갔어요. 그리고 현재 수분하에 무슨 사건이 발생한 것 같아요. 목단강 전보국에서 받은 전보가 만 통이 넘는대요. 그중 부대로 보내는 전보만 삼분의 일을 차지한대요. 지난번 사건에서 아군이 큰 피해를 입은 것 같았어요. 누군가 부대장에게 이러한 사실을 알려준 것 같군요.

처리: 일부 말소

발견 시간 및 지점: 6월 23일 동안

발신자: 동안 大倉組 谷上陟

수신자: 奈良縣 高市郡 畝傍町 山口良夫

통신개요: 이런 공사는 국내에서 보기 드문 것입니다. 인건비만 백 수십 만 원이 넘게 든답니다. 깜짝 놀랄 액수죠. 전부 군용시설입니다. 다들 경리부의 감독 하에 일을 합니다.

무슨 공사인지 궁금하시죠? 하지만 이는 군사기밀이기에 말할 수가 없네요.

처리: 몰수

발견 시간 및 지점: 6월 22일 목단강

발신자: 甯安縣□福昌회사 건축장 大塚宗一

수신자: □□□市光□町四組 佐藤五郎

통신개요: 전 아직 □□□에 가보지 못했어요. 다만 작업하는 곳만 보았어요. 병영의 뒷산은 비행장과 격납고인데 모두 산속에 있어요. 이것은 기밀이기에 산에 올라가면 안돼요. 들은 바에 의하면 그곳 현장에서 두 만주인이 산에 올라갔다가 다시는 내려오지 못했대요.

처리: 일부 말소 후 발송

발견 시간 및 지점: 6월 7일 新京

발신자: 수분하 引地부대 檜森대 眞坂富之助

수신자: 신경 今村부대 長尾대 佐佐木平三郎

통신개요: 전략. 목전 중대는 야전포 6문을 사용 중이고 최근 고사포를 지급하기에 인원이 부족해서 산포는 보병부대에 주었어요. 그들이 산포를 사용하도록 하기 위하여 제가 그들을 가르치고 있어요. 현재 마주한 적정은 비교적 안정된 편이에요.

처리: 몰수

◎ 고유부대명칭을 사용한 통신

발견 시간 및 지점: 6월 1일 영구

발신자: 영구시 旭街 岩本 彰

수신자: 북지파견군 今村부대 轉 德澤부대 藤本대 三浦 定

통신개요: 형님도 이번 임시징집에서 나와 함께 검사한 날 42연대에 편입되었습니다.

처리: 삭제

발견 시간 및 지점: 6월 2일 봉천

발신자: 봉천 田村부대 標本信吾

수신자: 東京市 澁谷區 幡谷本町 市川雪子

통신개요: 田村부대는 관동군 야전무기배급소입니다. 그래서 일반적으로 야전병기공장으로 불리기도 합니다.

처리: 삭제

발견 시간 및 지점: 6월 13일 봉천

발신자: 봉천 등정부대 황목팔육

수신자: 長崎縣南高來郡加津佐町 荒木和江

통신개요: 오늘은 우리 야전항공공장의 창립기념일입니다.

처리: 삭제

발견 시간 및 지점: 6월 15일 봉천

발신자: 봉천 田坂부대 北澤長次

수신자: 京都市 三條路 大宮西 北澤孝太郎

통신개요: 우리 4연대도 연말이면 국경지대에 병영이 축조되기에 온 것입니다.
처리: 삭제

발견 시간 및 지점: 6월 16일 □□
발신자: 봉천 坂井부대 □□
수신자: □□□板橋區 □□□□
통신개요: 수비대사령부 (第一獨) □□□재물이 필요 없다.
처리: □□

발견 시간 및 지점: 6월 9일 목단강
발신자: 京圖線小站家站 轉 鐵道自警村訓練所 谷川徑行
수신자: 신밀산 中川부대 奧澤대 西村定市
통신개요: 국경지대가 아주 험악한 분위기 같다. 이대로라면 일소전쟁은 코앞에 닥쳐온 것이다. 내가 있는 이곳은 浦鹽과 좀 더 가깝다. 물론 나는 제1선에서 싸울 마음의 준비가 되어 있다.
처리: 일부 말소 후 발송

◎ 만군(경)관계에 관한 요주의 통신

발견 시간 및 지점: □□□
발신자: □□□
수신자: □□□
통신개요: 당신께 이곳의 상황을 보고 드립니다.
1. 거리의 상황(생략)
2. □부 국경의 상황
□□□국세가 긴장□□□
처리: □□

발견 시간 및 지점: □□□□
발신자: □□□□□
수신자: □□□□□

통신개요: □□□□□대위 1명, 부관장 소좌 1명, 사령부 附소좌 1명, 대위, 중위, 소위 각 1명; 군수방면에는 대위, 중위, 준위 각1명; 軍緘방면에는 준위 1명, 군의관 중위 1명. 전체 사단의 장병이 몹시 부족함.

처리:

◎ 군대의 행동과 이주에 관한 통신

발견 시간 및 지점: 6월 1일

발신자: 보병 24연대 4중대 佐佐木年光

수신자: 圍揚縣 경무과 佐佐木光男

통신개요: 지난 달 21일 교대할 부대가 돌아가고 28일 소집을 해제하였습니다. 불과 400명만 고향으로 돌아갑니다. 昭和 6,7년(1931년, 1932년)의 용사와 하사관들이 大正시대로부터 昭和3년(1928년)사이에 고향으로 돌아갑니다....... 8월쯤이면 坂田부대의 교대는 우리 부대가 가서 합니다. 우리부대부터 시작하지요.

그때면 약간 명의 사람들이 신설부대에 가야 합니다. 우리도 신설부대에 갈지 몰라요.

처리: 일부 말소

발견 시간 및 지점: 6월 16일

발신자: 흑하성 神武屯 谷津부대 林隊 阿部巳三男

수신자: 승덕 淸水부대 飯冢대 阿部平治

통신개요: □□□전우 한 명도 전사하였고 토벌을 위□□□대장이 친히 작전을 진행하다가 희생된 영광스런 중대입니다. 만약 만주에 있다면 토벌은 당연한 것입니다. 지금 2년병은 극히 적어 아주 바쁘게 보냅니다. 현재 일부 동년병들은 만주국 해군의 경비정에 올라 흑룡강을 순라하면서 중요한 경비임무를 수행하고 있습니다. 저도 흰 수병복을 입고 경비정에 올라탈 시일이 멀지 않았습니다. 그때면 재미있는 일들을 얘기해 드릴게요.

처리: 일부 말소

발견 시간 및 지점: 6월 2일 치치할

발신자: 치치할 柴田通次

수신자: 橫濱市 柴田義行

통신개요: 며칠 전의 신문을 통해 알고 계시겠지요. 외몽골사건 때문에 우리 부대도 31일 전부 출동했습니다. 이번에 주둔부대에 남아 있게 되어 아주 슬프□□□□□ 비행기도 10대 가량 남았습니다.

장교 대여섯 명이 남았지만 전부 소집되어 온 자들이기에 일을 할 수 없습니다.

처리: 발송정지

발견 시간 및 지점: 6월 4일 치치할

발신자: 치치할 角地義則

수신자: 동경 山本 勝

통신개요: 최근의 출동상황을 설명해 드릴게요. 목전 서부변경지구에 사태가 심각합니다. 우리 부대도 드디어 외몽골로 출동했습니다. 그밖에 2개 사단이 있습니다. 제가 소속된 2개 R대는 전투에 참가 한 후 무사히 귀환하였습니다. 하지만 아군의 부상자는 약 600명 됩니다. 목전 제8사단은 적군과 대치중입니다.

병력이 감소하여 전투지휘에 또 불화가 발생하였습니다. 큰 유감입니다.

시간이 있으면 다시 편지를 드리겠습니다.

처리: 발송정지

발견 시간 및 지점: 6월 8일 영구

발신자: 영구 滿鐵□□□ 吉永民子

수신자: □□□軍牛島兵團 武藤부대 小林活郎

통신개요: □□□□□ 4일 처음 소집되어 6일 제2차 소집이 있어 연속 무교육의 병사들에게 교육을 진행하고 있습니다. 앞으로 제3차, 4차, 5차까지 있을 것 같군요. 만철의 젊은 사원들은 근무를 잠시 제쳐두고 육속 교련을 받고 있습니다. 제가 보기엔 모두들 열성껏 훈련에 임하고 있어 단순한 체육훈련을 받는 것 같지 않습니다.

처리: 삭제

발견 시간 및 지점: 6월 28일 봉천

발신자: 봉천 육군병원 千代田分院 坪井音次郎

수신자: 岩手縣西盤井郡一關町 熊谷南保子

통신개요: 비밀을 알려드릴게요. 국경사건때문에 재만부대는 육속 국경선을 향해 출동하고 있어요. 21일부터 22일 사이 이미 세 갈래 부대가 출동했어요.

처리: 삭제

발견 시간 및 지점: 6월 8일 치치할

발신자: 치치할 門崎倉吉

수신자: 山形縣 門崎倉次郎

통신개요: 우리 예속 부대는 전부 출동하였습니다. 5월 30일 下野부대, 三上부대, 米滿부대도 급파되어 8시간 내에 전부 출동합니다.

최근 비행기를 탑승하고 하이라얼로 출동하기로 예정되어 있습니다. 위에 언급한 부대번호 외에는 전부 군사기밀이기에 당신에게만 알려드립니다.

처리: 일부 말소 후 발송

발견 시간 및 지점: 6월 13일 삼차구

발신자: 山縣부대 古谷隊

수신자:

통신개요: 듣건대 이미 神谷君 松江연대의 신병 800여명이 중국에 도착하였다고 합니다. 그리고 이미 曾田부대의 第二乙種 동년병을 소집하여 5월 1일 쯤에 입영한다고 합니다. 우리국경지역의 山陰건아들은 제1기간에 松江에서 동년병들과 갈라진 후 다시 大邱에서 갈라져 소수의 현역 2년병 □□□□□

처리: 몰수

발견 시간 및 지점: 6월 26일 길림

발신자: □□□杉山부대 中根부대 山本대 佐佐木隆吉

수신자: □□□만철병원내 佐佐木春夫

통신개요: 우리 山本부대(제6사단 제1육상운병대 대장 이하 321명)가 지나에 온지 이미 2년이 되었습니다. 이제 제1차교대부대(보병오장 3명, 보병상등병 1명, 보병일등병9명, 보충병 104명, 합계112명 사병)가 6월 3일 都城에서 출발하여 7일 塘沽에 상륙한다고 합니다.

처리: 몰수

발견 시간 및 지점 : 6월 18일 수분하
발신자 : 관동육군창고 수분하판사처 東甚作
수신자 : 石川縣 能美郡 小松町 松下町 竹田米造
통신개요 : 우리 부대가 사용하기 위해 역에서 출발한 트럭은 매일 평균 300대 이상입니다. 잘 숙지하신 후 후방의 방어를 꾸준히 준비하세요.
처리 : 일부 말소

발견 시간 및 지점 : 6월 27일 수분하
발신자 : 수분하 吉田부대 川瀨 將
수신자 : 愛知縣 丹羽郡 大山町 大字猪之子町 萩本政吉
통신개요 : 보병과 포병 등이 수분하의 산 위에 견고한 진지를 구축하고 경비를 책임지고 있습니다. 며칠 전 보병대의 병사가 경비 중 피살되었습니다. 현재 사태가 심각합니다. 모두들 곧 닥쳐올 일소전쟁을 치룰 결심을 굳히고 있습니다.
우리 수송대는 매일 輕鐵로 군수품을 운송하고 있습니다. 듣자하니 수분하의 국경선 일대에 몇 십 만 병력을 주둔시켰다고 합니다.
처리 : 일부 말소

발견 시간 및 지점 : 6월 21일 수분하
발신자 : 봉천 田村부대 中森正數
수신자 : 三重縣 阿山郡 壬生野村 中森奈良吉
통신개요 : 관동군 봉천병기공장이 드디어 일선분공장에 전출되었습니다. 비록 봉천에 남고 싶지만 8월 내로 전부 북만으로 전출하여야만 합니다. 금후 도쿄의 병기공장 분공장도 전출되어 온다고 합니다.
모두 반드시 함께 전출하여야 하며 23일에 밀령을 받았습니다.
□□□각각 국경부군의 □□□분공장에 분배되었습니다.
처리 : 삭제

발견 시간 및 지점 : 6월 22일 치치할
발신자 : 치치할 小原弘光
수신자 : 兵庫縣 小原彦太郎
통신개요 : 우리 사단 각 부대는 ○○로부터 □□□방면으로 연일 출동하였습니다.

연대 상하가 일대 난리가 일어나 모든 것을 버렸습니다. 이는 군사기밀이기에 누구에게도 발설치 마십시오. 우리 부대는 자주 출동합니다. 어제까지 이미 두 번이나 출동하였습니다. 밤에 잠도 편히 잘 수가 없군요. 편지봉투 속의 지도는 군사기밀서류이기에 누구에게도 보이지 마세요. 만약 쓸모가 없다고 여겨지면 태워버리세요. 이런 지도는 한 장에 몇 천 원씩 팔립니다. 물론 벌금도 그만큼 물어야 할 것입니다……

처리: 발송정지

발견 시간 및 지점: 6월 24일 치치할

발신자: 치치할 粟山國太郞

수신자: 北海道 粟山岩三

통신개요: 외몽골국경사건으로 말미암아 저는 또 비행기를 타고 하이라얼이라는 곳으로 갔습니다. 별다른 일은 발생하지 않았어요. 하지만 23일 오전 8시에 하이라얼이 적기의 폭격을 당하여 223명이 부상을 입었다고 합니다. 그래서 모레(25일) 즘에 또 전선으로 나가야 합니다.

처리: 발송정지

발견 시간 및 지점: 6월 27일 목단강

발신자: 목단강시 昌德街2-6 大津廣子

수신자: 新京大通48 近江利三郞

통신개요: 동만에서 제일 위험한 지역으로 꼽히는 목단강은 언제 폭격을 당할지 모릅니다. 그래서 부대는 시시각각으로 전투태세를 취하고 있습니다. 이 일은 절대 비밀로 해주세요. 매일 비행기가 날고 밤에도 아주 위험합니다.

처리: 일부 말소 후 발송

발견 시간 및 지점: □□월 □□일 □□□

발신자: 琿春街 新安區 □□□

수신자: 延吉街 新安區 □□□代用官舍 □□文代

통신개요: 국경의 국세가 긴장합니다. 훈춘의 부대는 이미 대부분 출동했습니다. 듣자니 어제 전투에서 4명이 전사하였다고 합니다. 원인은 전날 경찰관□□□□□

처리: 압류

발견 시간 및 지점 : 6월 12일　연길

발신자 :　연길가 寺田組　寺田

수신자 :　□□□春日町熊本역전　菊本照子

통신개요 : 明月溝 十騎街 만척공사장□□□비적이 다시 폭동을 일으켰습니다. 이번 달과 3, 4, 5월 현장에서 4킬로 정도 떨어진 촌락이 전멸되었습니다. 당시 일본군관 2명과 만주병사 12명이 전사하였고 만주병사와 주민 32명이 납치당하여 모두 현장에서 철수하였습니다. 일본군은 신경과 돈화에서 400명 정도의 병력을 파견하여 지원하였습니다. 최근 대토벌을 진행하기에 앞으로 5, 6일 동안은 명령을 받고 현장에 나가야 합니다.

처리 :　압류

발견 시간 및 지점 : 6월 27일　연길

발신자 :　白狼　金東奎

수신자 :　間島省公署 勞工協會　池寅奎

통신개요 : 당지에서는 외몽골 불법월경사건 때문에 매일 군용열차가 3, 4차 운행하고 있습니다. 무기를 운송하는 과정에 오늘까지 일본군 5000여 명, 만주군 1500 여명, 전차 100여 대, 자동차와 트럭 300여 대가 진주하였습니다. 그밖에 많은 병력이 들어와 아주 혼잡합니다. 국지전이 불가피하기에 일선의 가족들을 어떻게 할지가 문제로 나섰습니다. 아마 간도 쪽으로 이전할 것입니다.

처리 :　압류

별지제6

군기 및 사상적으로 요주의 통신

유 형	건 수	
	지난 달	이번 달
군기해이에 관한 통신	28	17
반군반전의 우려가 있는 통신	2	1
군대생활 혐오 및 일선근무기피에 관한 통신	1	11
현역군인 및 군무원의 불만정서에 관한 통신	11	8
병역기피에 관한 통신	9	0
전쟁의 비참함을 묘사한 통신	0	1
기타	8	0
사상적으로 주목해야 할 통신	9	3
합 계	68	41

◎ 군기해이에 관한 통신

발견 시간: 6월 8일 봉천

발신자: 봉천 工藤부대 木村鎭雄

수신자: 石川縣 金澤市 醒ヶ井町 木村美代子

통신개요: 국경지대의 여인들은 러시아인에 의해 무차별 윤간을 당하고 있다. 노소를 막론하고 매일 그렇다. 그밖에 지리와 말투를 통해 상대가 만주인이라고 판단되면 불철주야 그를 강간한다.

전선의 지나병사도 북지나, 남지나, 중지나에서 온 자들이다. 특무기관의 말에 따르면 전선의 병사들은 적의 부락을 점령하면 미친 듯이 여자를 찾아 헤맨다고 한다. 수많은 여인들이 한사람이 몇 백 명 병사들에게 성폭행 당했다. 만약 순종하지 않으면 □□□□

헌병과 상관들은 이러한 현상을 발견하면 입으로 엄격한 요구를 하지만 사실 못 본 척, 못들은 척, 모르는 척 하고 있다. 만약 호되게 질책하면 부대의 사기가 떨어져 병사들이 정신을 차리지 못한다.

처리: 압류

발견 시간 : 6월 5일 동안
발신자 : 吳海兵團 5분대 信號所
수신자 : 東安街 西川理惠
통신개요 : 두주 전, 예순이 넘은 노인이 해병군복을 입고 일러해전 당시 부상 입은 다리를 이끌고 절뚝거리면서 참관하러 왔다. 당시 장교들은 아주 냉랭한 태도로 그를 대했는데 난 그것을 보고 몹시 분노했다.
이렇듯 기분 잡친 날에는 늘 사고가 나기 마련이다. 나는 수은청우계를 망가뜨렸다. 몹시 걱정하고 있었지만 반장과 부직장교의 수완으로 순리롭게 덮어 감추었다.
사흘 전, 吳鎭守府所의 관할구역에 산불이 나 사흘 동안 타올랐다. 군대도 출동하였다. 나는 밤 8시부터 아침 10시까지 현장에서 일했다. 군대는 요령 있게 아침까지 불끄기를 하였다. 병사들은 아주 피곤하여 돌아 올 때는 비실비실하였다. 장교들은 그들을 욕하지 않았을 뿐더러 밤에 충분히 휴식을 취한 후 정신상태가 좋다고 칭찬을 하였다.
처리 : 일부 말소 후 발송

발견 시간 : 6월 6일 동안
발신자 : 동안 神□□
수신자 : 愛媛縣 新居濱 □□保美
통신개요 : 무슨 바람이 불었는지 부관이 나더러 당번을 서라고 선포하였다. 어제까지 눈물을 쥐어짜며 동쪽관사로 가더니. 참 제 버릇 개 못준다고 했던가. 당금이라도 신경쇠약에 걸릴 것 같다. 이 신물 나는 관사생활과 병영의 언행□□□□□간부들은 나의 성격을 알 리 없다. 나와 같은 사람도 쓸모가 있을 텐데. 내가 보기엔 이는 중대의 큰 손실일 것이다.
처리 : 위와 같음

발견 시간 : 6월 30일 동안
발신자 : 동안 中平 衛
수신자 : 高知縣 吾川郡 弘岡上之村 近藤勝
통신개요 : 최근 서부국경에서 벌어진 전쟁은 특히 치열하다. 내가 있는 곳도 약간 전쟁이 있다.

요즘 듣자하니 기관총을 출동시킨다고 한다. 새벽 한 시 경에 탄약과 총기를 만재한 트럭이 명령대기 중이다. 나도 이제나 저제나 출발명령을 기다리고 있다. 만기제대는 물 건너 간 듯싶다. 전투에 한 번도 참가하지 않고는 돌아갈 수 없다. 자네들은 일찍 돌아갈 수 있어서 참 좋겠다. 하지만 전쟁이 확대되면 다시 소집되어 올지도 모른다. 여기는 매일 소련비행기 몇 백 대가 국경을 넘어 날아와서 치열한 전투를 벌인다. 그들이 밀산까지 날아오지는 않겠지.

전우들은 모두 안절부절 못하고 있다. 곧 전쟁터로 불리워 갈 것이 두려운 것이다.

처리 : 몰수

발견 시간 : 6월 10일

발신자 : 豊田부대 본부 無線 北見正七郎

수신자 : 열하성 赤峰 戶田부대 小澤 金治

통신개요 : 정신적으로나 육체적으로나 해이해진 지금 변화란 전혀 없는 부대생활이 참 따분하다. 아침밥을 먹고 누우면 잠이 온다. 자고 먹고, 먹고 자고, 이것이 후방의 황군용사들이다. 하하하……

처리 : 일부 말소

발견 시간 : 6월 3일 동녕

발신자 : 동녕 堺부대 高矢대 横溝 孝吉

수신자 : 동녕 대중식당 吉田富江

통신개요 : □□□아주 지겨운 下□□□□□隊 생활이다. 전문학교를 졸업하고 하사관으로 지원하는 것은 약간 격이 떨어지긴 하지만 한 달에 30원 내지 40원을 받고 또 체면이 서는 일이다. 만주에서는 임금이 높고 생활이 풍족하지만 일본에 돌아가면 누가 나를 거들떠보기나 하겠는가.

머리가 텅 빈 경박스런 녀석들에게 허리를 굽혀 귀빰을 맞으면서 눈물도 흘린다. 군대의 이런 모순적인 생활은 나의 성격에 맞지 않는다.

처리 : 몰수

발견 시간 : 6월 6일 영구

발신자 : 津浦線 曲埠站 山口 靜治

수신자 : 영구시 花園街 山口 靜五

통신개요: 오늘 일본에서 온 편지를 받았다. 善茂형도 소집되어 왔다고 한다. 비록 국가를 위한 일이기는 하나 유감스럽기 그지없다.

처리: 삭제

◎ 군대생활 혐오 및 일선근무기피에 관한 통신

발견 시간: 6월 15일

발신자: 豊田부대 본부 駒形庄造

수신자: 栃木縣 安蘇郡 萬生町 大攀本町 田所利一郎

통신개요: 내지에도 소집이 있느냐? 넌 운이 좋은 것 같구나. 여기 한 번 와보렴. 아무런 희망도 보이지 않는다. 신문과 영화는 생활의 작은 부분이고 매일 앞날이 보이지 않는다. 제발 하루빨리 제대했으면 좋겠다. 그런데 또 연기된 것 같다.

처리: 일부 말소

발견 시간: 6월 27일

발신자: 豊田부대 向井대 關□數

수신자: 東京시 芝區田村町19□□□院 □□和子

통신개요: 나도 수업중인데 아주 슬프다. 매일 얻어맞지만 부대인지라 반항조차 못한다. 매일 침대에 누워 울고 있다. 사내로 태어나 지금까지 한번도 □□□□□

처리: 위와 같음

발견 시간: 6월 4일

발신자: 岡부대 白井대 關 義敏

수신자: □□□西茨城□□間町 山口德太郎

통신개요: 나도 하루빨리 만기되어 □□□민간인이 되고 싶다. 전쟁 중에는 누군가 꼭 죽기 마련이다. 작년에도 여러 번 죽을 뻔했다.

처리: 일부 말소

◎ 현역군인 및 군무원의 불만정서에 관한 통신

발견 시간: 6월 2일 도문

발신자: 녕안 三浦부대 石川 壽

수신자: 川口市 本町167 浮谷喜代藏

통신개요: 만약 보충병이 오면 나이가 많은 사람도 우마처럼 부려먹는다.

19살쯤 되는 이년지원병이 모질게 서른 두 세 살 먹은 보충병의 뒤통수를 후려치는 모습을 자주 보아왔다. 맞은 이보다 우리처럼 그것을 지켜보는 사람이 더 측은해났다.

그래서 군대보다 더 무지막지한 곳이 없다고 생각된다. 땅 위에 거적 한 장을 깔고 자는데 처음엔 잔등이 너무 아팠다. 방바닥은 그냥 흙이고 마루를 깔지 않았기 때문이다. 하루빨리 집에 돌아가고 싶다. 듣자니 만주사변 이후부터 지금까지 2사단이 제일 오래 있었다고 한다.

처리: 발송 후 면밀히 관찰하는 중

발견 시간: 6월 6일 동안

발신자: 동안 무기명

수신자: 愛媛縣 宇和島市 北新町 □田貞子

통신개요: 지금은 오전 7시 45분이다. 이제 15분만 있으면 연습이 시작된다. 우리의 생활은 몹시 제한을 받는다.

예하면 편지를 쓸 때 자기가 쓰고 싶은 것을 마음대로 쓸 수 없다. 단지 자신의 건강이라든가 날씨 따위를 쓸 수 있을 뿐이다.

나의 편지는 늘□□□ 절대 이런 내용의 편지를 쓰면 안 된다.

만약 다른 내용을 쓰면 욕을 먹고 몰수당한다.

처리: 몰수

발견 시간: 6월 24일

발신자: 동안 中川부대 奧澤대 田村系雄

수신자: 德島縣 美馬郡 古宮村 田村久子

통신개요: 나는 군사에 관한 내용을 절대 쓸 수 없다. 편지는 모두 상관에게 검열 당한다. 아주 힘들다.

그래서 나는 시내에 나갔다가 이 편지를 써서 보낸다. 만약 시내에서 편지를 보낸 사실을 들키면 큰일이다. 그래서 남몰래 보내는 것이다.

처리: 일부 말소 후 발송

◎ 사상적으로 요주의 통신

발견 시간: 6월 20일 하얼빈
발신자: 横濱市 中區南太田町1-1 久納武夫
수신자: 하얼빈시 新市街 동방호텔 廣島德四郎
통신개요: 과거 조직활동을 해본 경력을 믿고 그런 경험이 현지 농민공작을 위시로 한 기타 조직활동에서도 큰 역할을 할 것이라는 자세로 뽐내는 자들이 아주 많다. 그런 생각을 가진 자의 진지한 동료들은 음으로 양으로 귀찮을 것이라는 상상이 든다. 그런 자들은 하루빨리 전향자의 허울을 벗어버리는 것이 좋다.
처리: 발신자 소속헌병대에 통첩을 보내 관계자의 동정을 관찰

발견 시간: 6월 13일
발신자: 목단강시 佐藤부대 矢作대 横□□□
수신자: 목단강성 濱綏線 수분하 小松秀盛方
통신개요: 비록 무인의 운명이 짧다지만 그래도 청춘의 무상함을 개탄하게 된다. 모든 사람들이 시대의 희생자가 되었다. 우리는 절대 원망하지 않는다□□□□□ 이것이 남자의 바보스런 모습이다.

横山軍曹

처리: □□

별지제7

유언비어의 우려가 있는 통신

발견 시간: 6월 10일
발신자: 三江省 富錦 岡崎부대 坂本只男
수신자: 茨城縣 新治郡 田伏局區內佐賀村 香取治男
통신개요: 송화강에도 대형 상선이 왕래하고 있다. 왕년 같으면 쭉 흑룡강까지 갔을 것이다. 며칠 전 東安鎮이라고 하는 곳에서 일본군함 세척이 소련군에 의해 격침당하였다. 병사 100명이 전사하였다. 이 사건으로 하여 富錦지역 밖으로 통행이 불가능하다.
처리: 일부 말소 후 발송

발견 시간: 6월 27일 목단강
발신자: 목단강시東地明街 代用관사93 佐藤佐三郎
수신자: 福島현 信太郡 飯塚町 字谷館13 佐藤節子
통신개요: 이번 방공연습은 만소국경지대의 상황이 갑자기 악화되었기 때문에 그에 대응하여 실행한 책략이다. 모두들 머잖아 부근에서 큰일이 날 것이라고 수군거렸다. 그저께 밤에 비행기 수 십 대가 요란한 엔진소리를 내며 이곳을 날아지나갔다.

이번 연습은 실제 전쟁과 마찬가지이다. 전시 형세가 악화되면 연습이라는 이름을 붙이기 일쑤이다. 그러므로 이런 연습은 실제로 대부분이 방공관제를 실시한다. 장고봉사건 때도 방공연습이라고 어물어물해서 넘어갔다. 그렇지 않으면 주민들이 동요하여 골치 아프기 때문이다. 듣자하니 이번 연습에는 수시로 등화관제를 실시하였다. 또한 병력운송 등 전시행동도 모두 은밀하게 진행되었다. 그러므로 이번 방공연습을 실제 전투로 보면 된다. 현재 만소국경에서 작전을 실시할 시기가 성숙되었기에 언제 무슨 일이 터질지는 누구도 장담할 수가 없다. 최근에 수많은 비행기가 상공을 날아 지났고 그 수량도□□□□
처리: 위와 같음

발견 시간: 6월 28일 목단강
발신자: 목단강시 中央卸賣市場 父
수신자: 島根縣 仁多郡 横田村 五反田西安郡 安藤哲郎
통신개요: 비행기는 목단강 상공을 저공비행하고 있다. 며칠 전 소련 폭격기 6대가 목단강에서 5리 쯤 되는 곳에 날아왔다가 일본비행기에 의해 두 대 격추되고□□□일소전쟁은 매일 국경방향으로□□□
처리: 일부 말소 후 발송

발견 시간: 6월 29일 치치할
발신자: 하얼빈 悅文
수신자: 치치할 潘德元
통신개요: 듣자하니 어제 밤 치치할에서 비행기전투가 벌어졌다고 한다. 적의 공격을 당했다고 한다. 아버지와 나는 하얼빈에서 몹시 불안하다. 그래서 이 편지를 쓴다.
처리: 원상 발송

발견 시간: 6월 30일　치치할
발신자:　치치할 池田安代
수신자:　佐賀현　池田友子
통신개요: 듣자하니 하이라얼과 압록강 일대에 적기가 날아와 혼란상태에 빠졌다고 한다. 참 무섭다.
처리:　원상 발송

발견 시간: 6월 3일
발신자:　수분하 滿鐵自動車區　志田小一丸　志田美津子
수신자:　北海道 札幌市外　小川捷子
통신개요: 아마 신문에서 이 소식을 들었으리라 생각합니다. 최근 소련 비행기가 자주 국경을 침범하네요.
비행기 엔진소리에 달려 나가 보면 이미 가뭇없이 사라졌더군요.
시내에서 경적□□□포성이 들리고□□□, □□□도 불안합니다. 소련비행기가 상공을 비행하여도 지상의 우리는 철수명령을 받지 못했어요. 언제 철수할지 모릅니다. □□□□
처리:　몰수

발견 시간: 4월 6일　二三, 四〇
발신자:　秦皇島　간도쿨리모집원(滿人)
수신자:　山海關 文明池問組 現地員(滿人)
통신개요: 앞에서 언급한 사람이 전화로 문의하면서 목적지 시공내용의 세절을 모르는 상황에서 모집에 응할 수 없다고 했다. 이에 관해 다음 사람은 이렇게 대답하였다. "560명이 목단강성에 가서 蘭崗비행장(군용)을 건설하고 다음 340명은 동녕 수분하에 가서 군용특수철도공사의 자갈을 운반하는 일을 하게 된다. 기타 6000명은 3년 정도 시일이 걸리는 공사에 참가하게 된다. 아마 비행장을 시공하게 될 것이다."

발견 시간: 4월 11일　九, 三〇
발신자:　天津鐵路局山海關車站工務段員　성명미상
수신자:　중국연합준비은행원

통신개요: 시공현장에서 일하는 사람이 찾아와 河南의 新城에 100원 이상 송금하면 수수료가 얼마 드느냐고 문의하였다. 나는 100원 이상이면 3만이든 5만이든 다 같다고 하였다. (한 달에 20원 정도의 임금을 받는 사람이 하남으로 100원 이상 송금하다니, 참 이해하기 힘들다.)

발견 시간: □월 15일 □, ○○
발신자: 居留民會 兵事係
수신자: 奉山驛員
통신개요: 오늘 재향군인을 소집하는 것은 오늘 귀환하는 350명 병사를 마중하기 위해서이니 될수록 출석해주기를 바람.

발견 시간: □월 22일 一, ○○
발신자: 산해관 신민회 지도원
수신자: 진황도 신민회원
통신개요: 역에서 조사한데 따르면 분명 高粱을 95차량 수출하였지만 세관조사에서는 발견하지 못하였다. 여기에 어떤 비리가 숨어있는 것 같다. 고량은 수입이 불가능하기에 町田부대 竹內대의 마량 명목으로 매입하여 빈민들에게 배급할 예정이었다.

발견 시간: 4월 24일 一五一○
발신자: 산해관 北寗站 孫
수신자: 산해관 同茂棧 孫
통신개요: "천진의 영국프랑스조계지에서 법폐의 환율은 127원정도이다. 넌 지금 손에 교통은행권을 갖고 있나? 있다면 나에게 양도해줘. 지금 많은 사람들이 그것을 당산 및 산동지역에서 천진으로 가져다가 교환하고 있거든."
이에 관한 대답: "난 이미 그것을 처분했다."
목전 연선 이외의 지역에서는 모두 구법폐를 사용하고 있다. 산해관에서 예전에 자주 보던 大洋도 보이지 않고 開灤광무국 내에서만 유통한다.

발견 시간: □월 25일 □□□
발신자: 이태리점령지취사부 寶樹

수신자: 산해관 復興飯店內 某

통신개요: 최근 프랑스 점령지 내에서 현지 주민들을 도로보수 등 시공에 동원하고 노임을 지불하지 않는 현상이 있다. 때문에 현지 주민들은 프랑스에 불만의 목소리가 커지고 있다.□□□......

발견 시간: □□□□ □□□

발신자: □□ 성명미상

수신자: 산해관 偵輯□□ 某

통신개요: □□□張誠(천진□□□ 십오원□□□불구하고 산해관□□□□□□□는 매달 300원 이상의 임금을 받는 것과 마찬가지이다. 또한 그는 매번 산해관에 올 때면 각 지방에서 쓰던 옛지폐를 갖고 도박을 한다. 말로는 옛지폐도 무난하게 사용할 수 있다고 한다. 그는 환전꾼들과 왕래가 있는 것 같다. 아마 비밀리에 법폐를 운송하는 일을 하는 것 같다. 특히 불령선인들과 연락을 취하는 듯하다.

3

1939년

(이 부분은 273~274페이지의 참고역문임)

1939년 8월 26일
中檢第一四九號

관동헌병대사령부
중앙검열부

통 신 검 열 월 보
(칠월)

발송 : 軍司(三)
복사송달 : 憲司, 朝憲司, 支憲司, 中支憲司
각 지방 검열부, 상관 隊所
牡, 延, 北, 海, 동녕 각대 본부

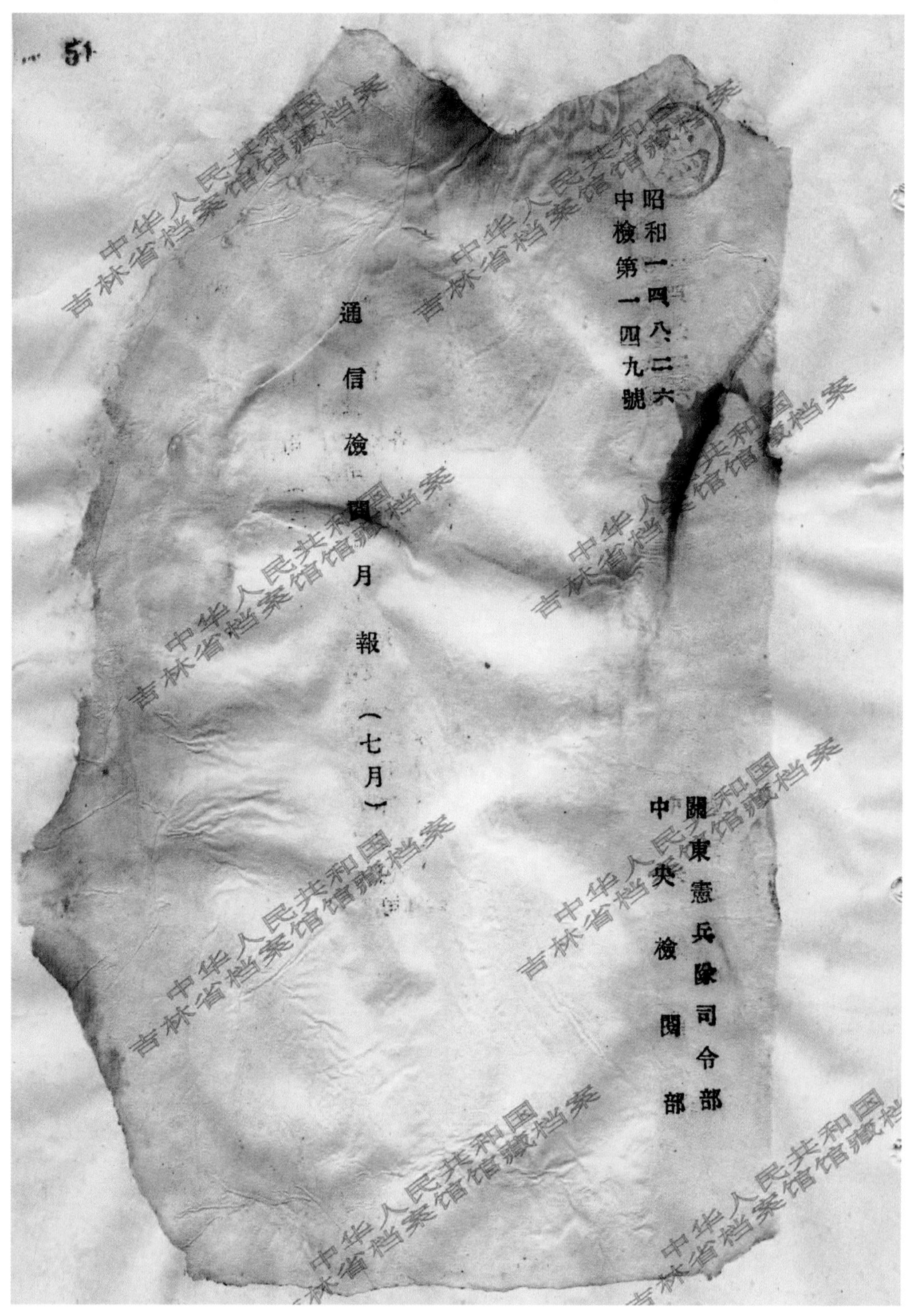
51

昭和一四、八、二六
中檢第一四九號

通信檢閲月報（七月）

關東憲兵隊司令部
中央檢閲部

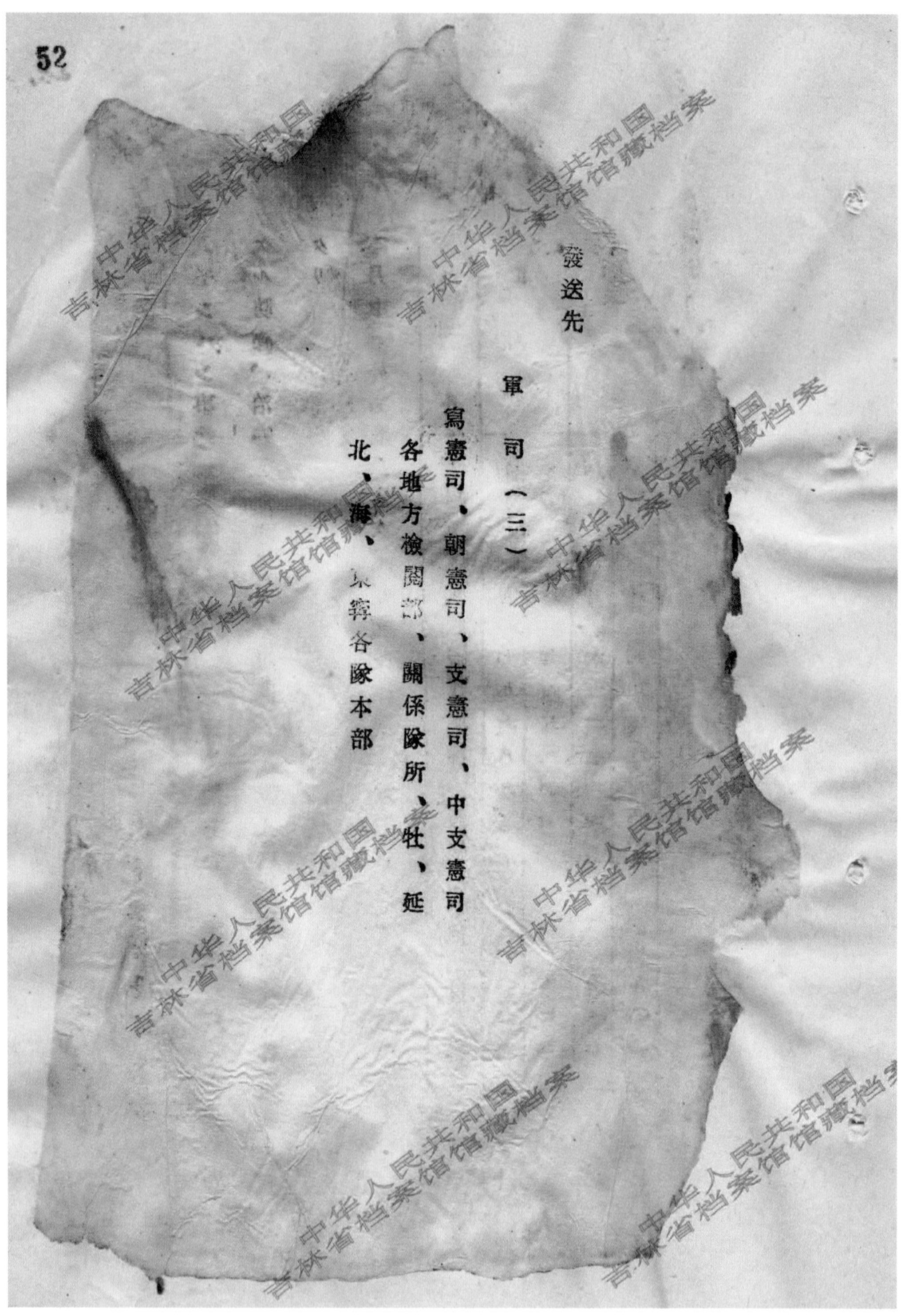

52

發送先

軍司（三）

寫憲司、朝憲司、支憲司、中支憲司

各地方檢閲部、關係隊所、牡、延

北、海、東寧各隊本部

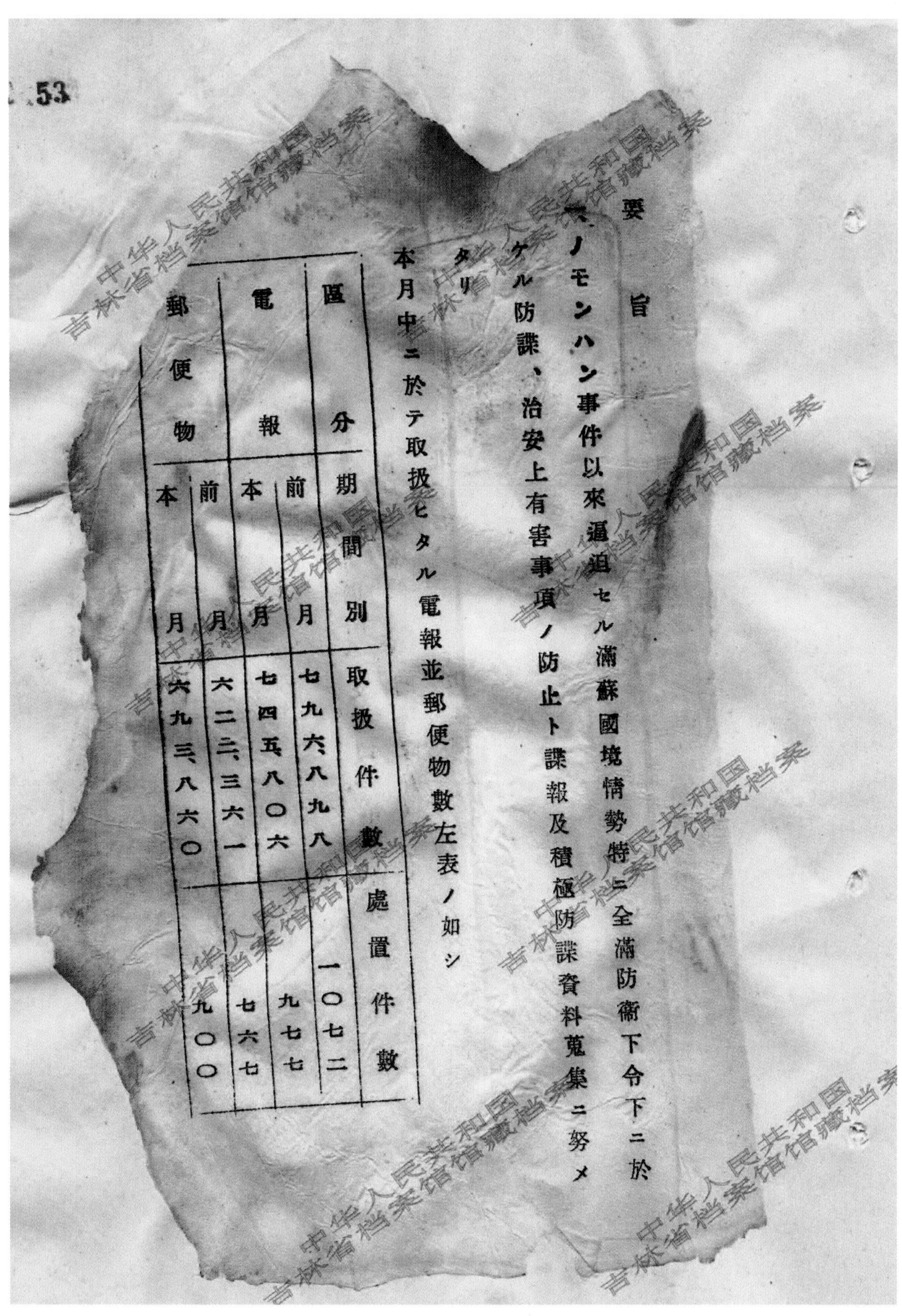
53

要旨

一、ノモンハン事件以來逼迫セル滿蘇國境情勢特ニ全滿防衛下令下ニ於ケル防諜、治安上有害事項ノ防止ト諜報及積極防諜資料蒐集ニ努メタリ

本月中ニ於テ取扱ヒタル電報並郵便物數左表ノ如シ

區分	期間別	取扱件數	處置件數
電報	前月	七九六、八九八	一〇七二
	本月	七四五、八〇六	九七七
郵便物	前月	六二三、三六一	七六七
	本月	六九三、八六〇	九〇〇

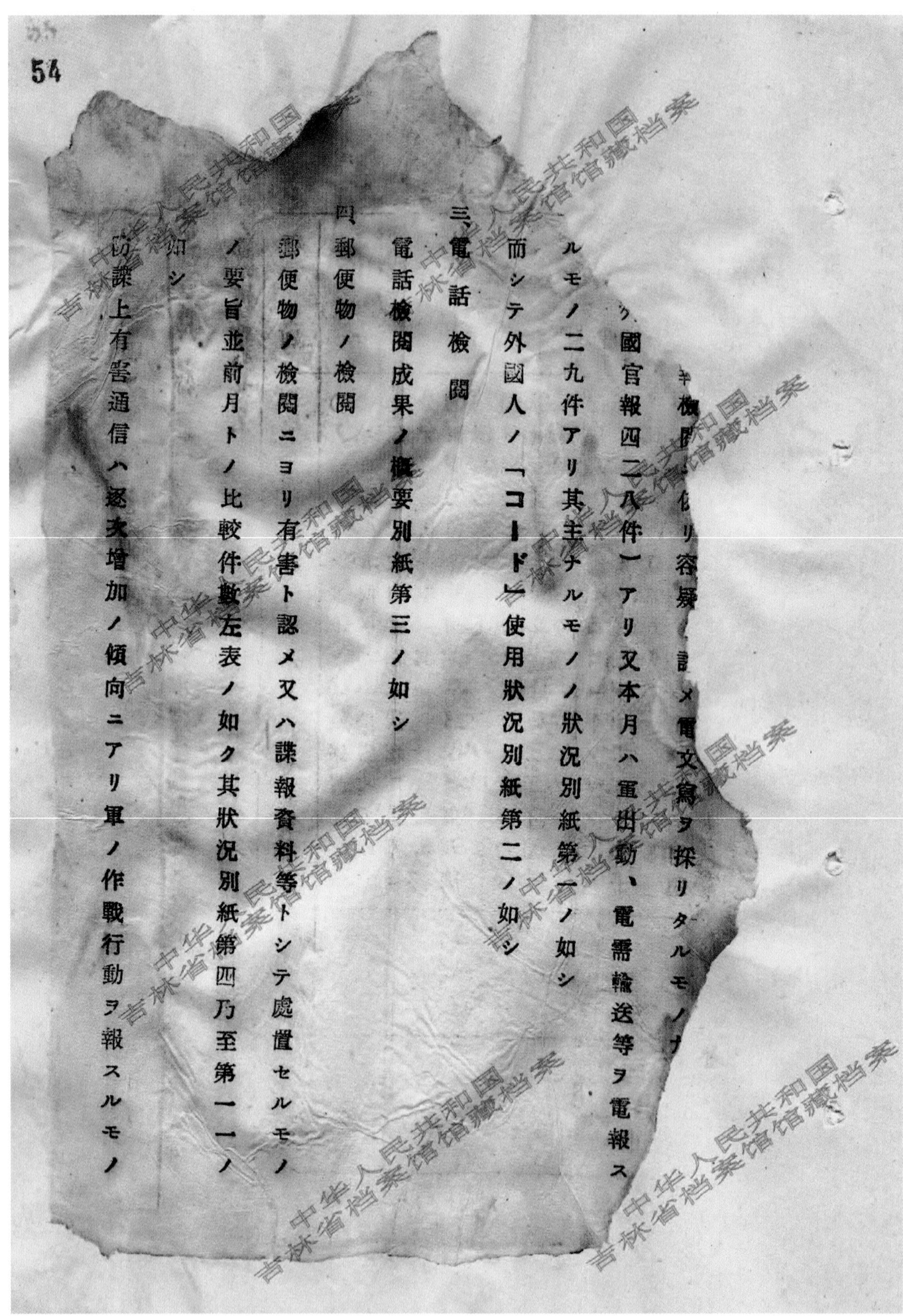
54

キ機關ニ依リ容疑ト認メ電文寫ヲ採リタルモノナ
ク國官報四二八件）アリ又本月ハ軍出動、軍需輸送等ヲ電報ス
ルモノ二九件アリ其主ナルモノノ狀況別紙第一ノ如シ
而シテ外國人ノ「コード」使用狀況別紙第二ノ如シ

三、電話檢閱

電話檢閱成果ノ概要別紙第三ノ如シ

四、郵便物ノ檢閱

郵便物ノ檢閱ニヨリ有害ト認メ又ハ諜報資料等トシテ處置セルモノ
ノ要旨並前月トノ比較件數左表ノ如ク其狀況別紙第四乃至第一一ノ
如シ

防諜上有害通信ハ逐次増加ノ傾向ニアリ軍ノ作戰行動ヲ報スルモノ

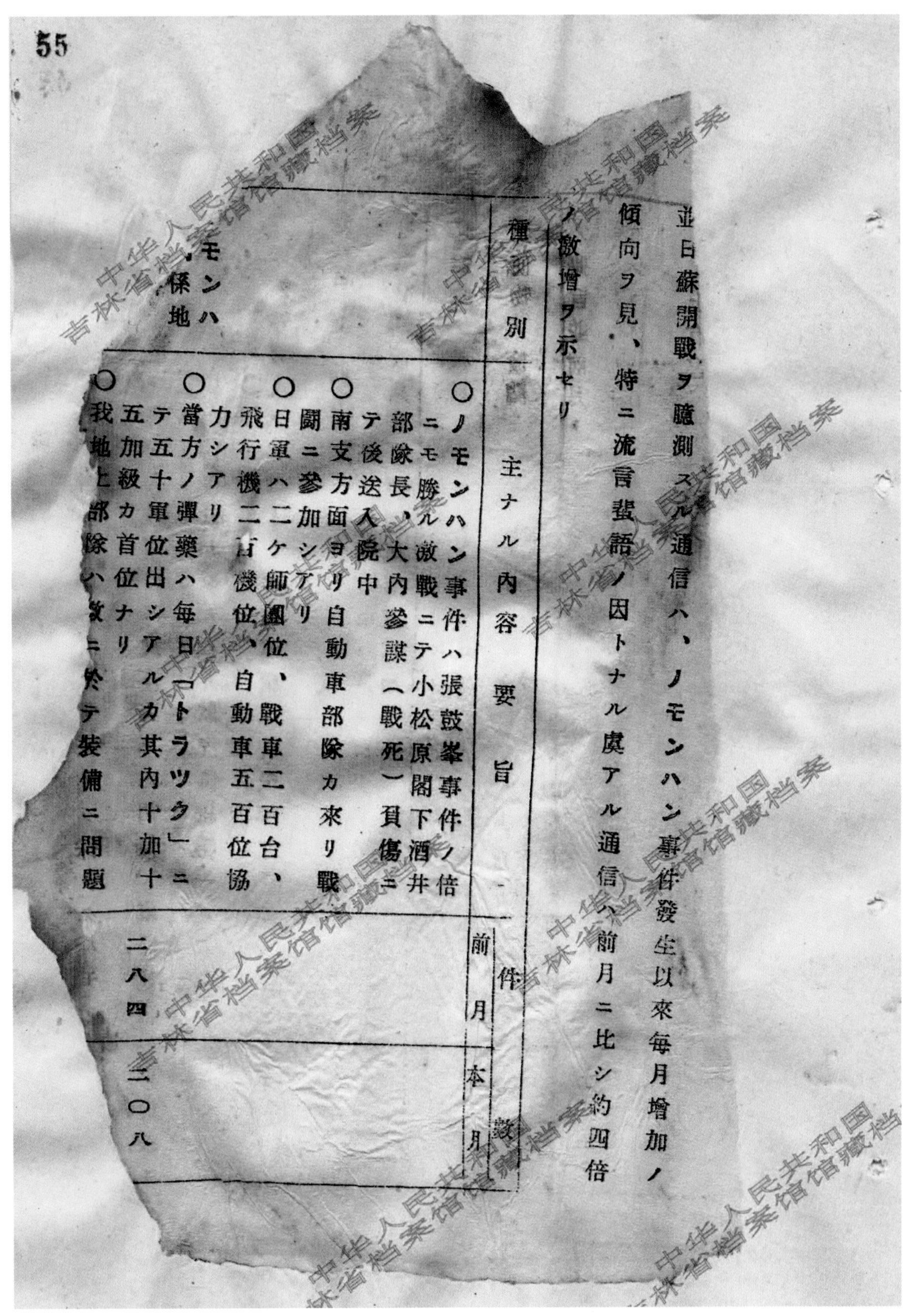

55

並日蘇開戰ヲ臆測スル通信ハ、ノモンハン事件發生以來每月增加ノ傾向ヲ見、特ニ流言蜚語ノ因トナル虞アル通信ハ前月ニ比シ約四倍ノ激增ヲ示セリ

種別	主ナル内容要旨	件数 前月	件数 本月
ノモンハン關係地	○ノモンハン事件ハ張鼓峯事件ノ倍ニモ勝ル激戰ニテ小松原閣下酒井部隊長、大内參謀（戰死）負傷ニテ後送入院中 ○南支方面ヨリ自動車部隊カ來リ戰鬪ニ參加シアリ ○日軍ハ二ケ師團位、戰車二百台、飛行機二百機位、自動車五百位協力シアリ ○當方ノ彈藥ハ毎日「トラツク」ニテ五十軍位出シアルカ其内十加十五加級カ首位ナリ ○我地上部隊ハ數ニ於テ裝備ニ問題	二八四	二〇八

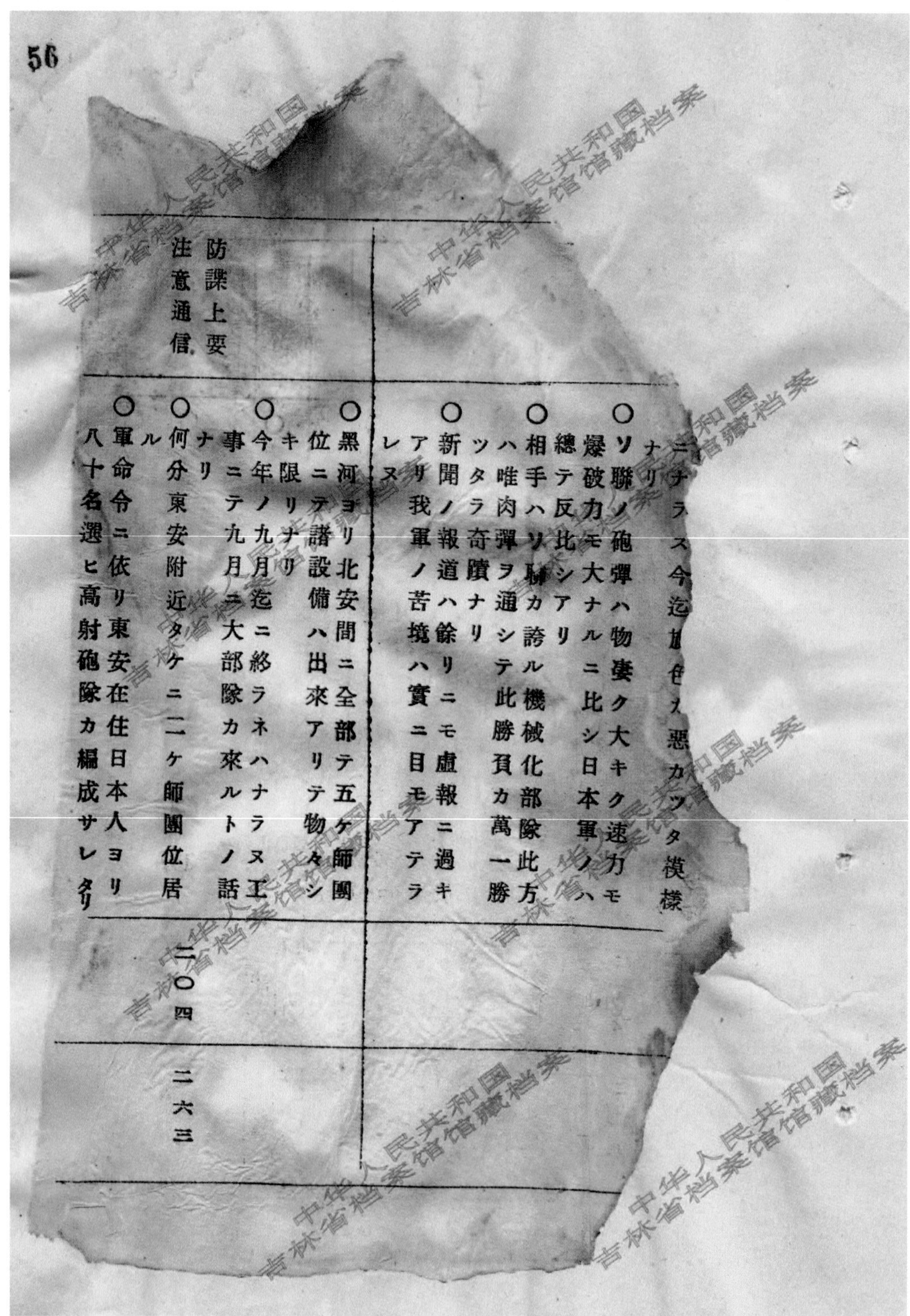

56

防諜上要
注意通信

ニナラス今迄[illegible][illegible][illegible]悪カツタ模様
ナリ
○ソ聯ノ砲彈ハ物凄ク大キク速力モ
爆破力モ大ナルニ比シ日本軍ノハ
總テ反比シアリ
○相手ハソ聯カ誇ル機械化部隊此方
ハ唯肉彈ヲ通シテ此勝負カ萬一勝
ツタラ奇蹟ナリ
○新聞ノ報道ハ餘リニモ虚報ニ過キ
アリ我軍ノ苦境ハ實ニ目モアテラ
レヌ
○黒河ヨリ北安間ニ全部テ五ケ師團
位ニテ諸設備ハ出來アリテ物々シ
キ限リナリ
○今年ノ九月迄ニ終ラネハナラヌ工
事ニテ九月ニ大部隊カ來ルトノ話
ナリ
○何分東安附近タケニ二ケ師團位居
ル
○軍命令ニ依リ東安在住日本人ヨリ
八十名選ヒ高射砲隊カ編成サレタリ

二〇四

二六三

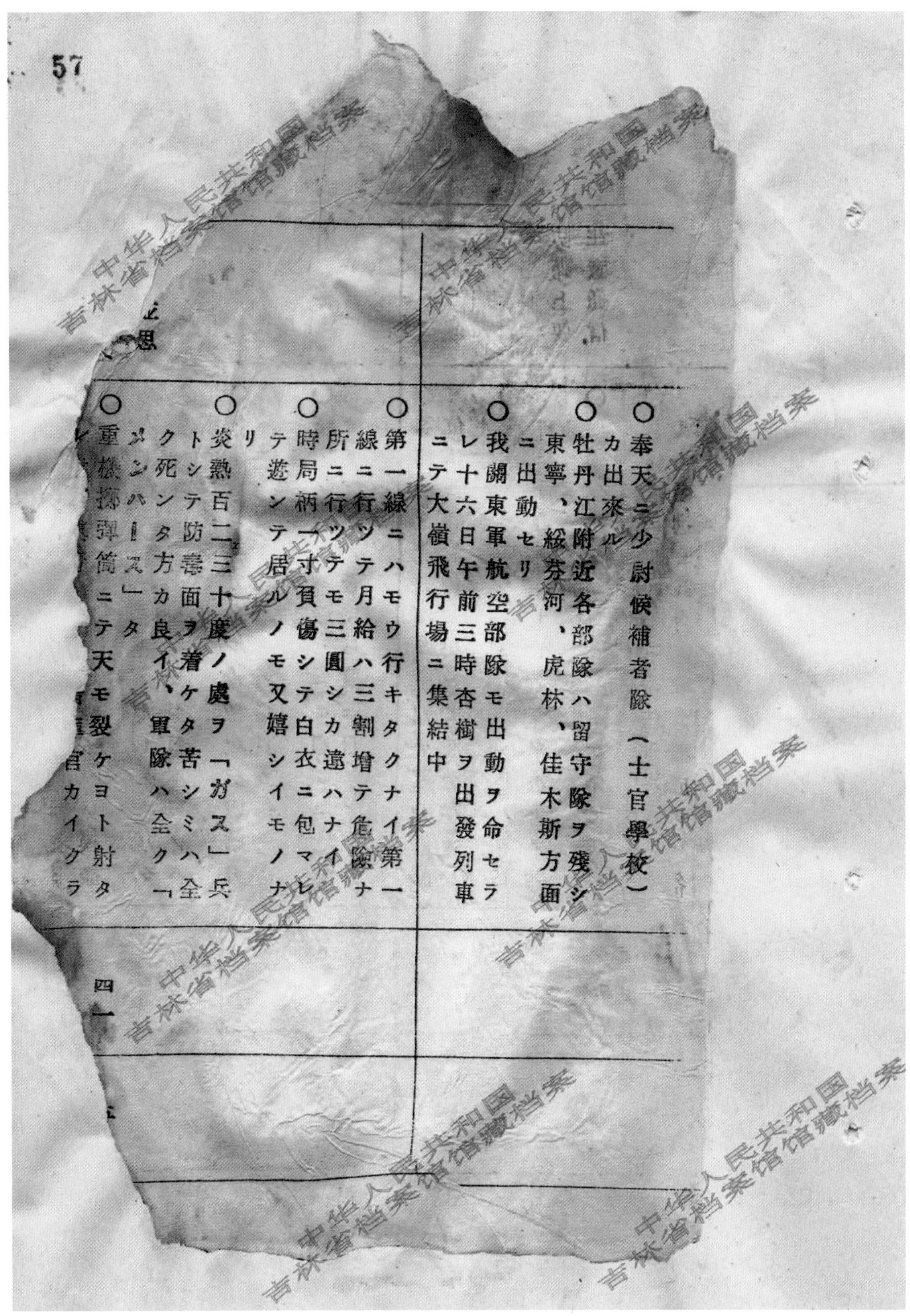

57

思

○奉天ニ少尉候補者隊（士官學校）カ出來ル

○牡丹江附近各部隊ハ留守隊ヲ殘シ東寧、綏芬河、虎林、佳木斯方面ニ出動セリ

○我關東軍航空部隊モ出動ヲ命セラレ十六日午前三時杏樹ヲ出發列車ニテ大嶺飛行場ニ集結中

○第一線ニハモウ行キタクナイ第一線ニ行ツテ月給ハ三割増テ危險ナ所ニ行ツテモ三圓シカ違ハナイ

○時局柄一寸負傷シテ白衣ニ包マレテ遊ンテ居ルノモ又嬉シイモノナリ

○炎熱百二、三十度ノ處ヲ「ガス」兵トシテ防毒面ヲ着ケタ苦シミハ全ク死ンタ方カ良イ、軍隊ハ全ク「メンハース」タ

○重機擲弾筒ニテ天モ裂ケヨト射タレ……官カイクラ

四一

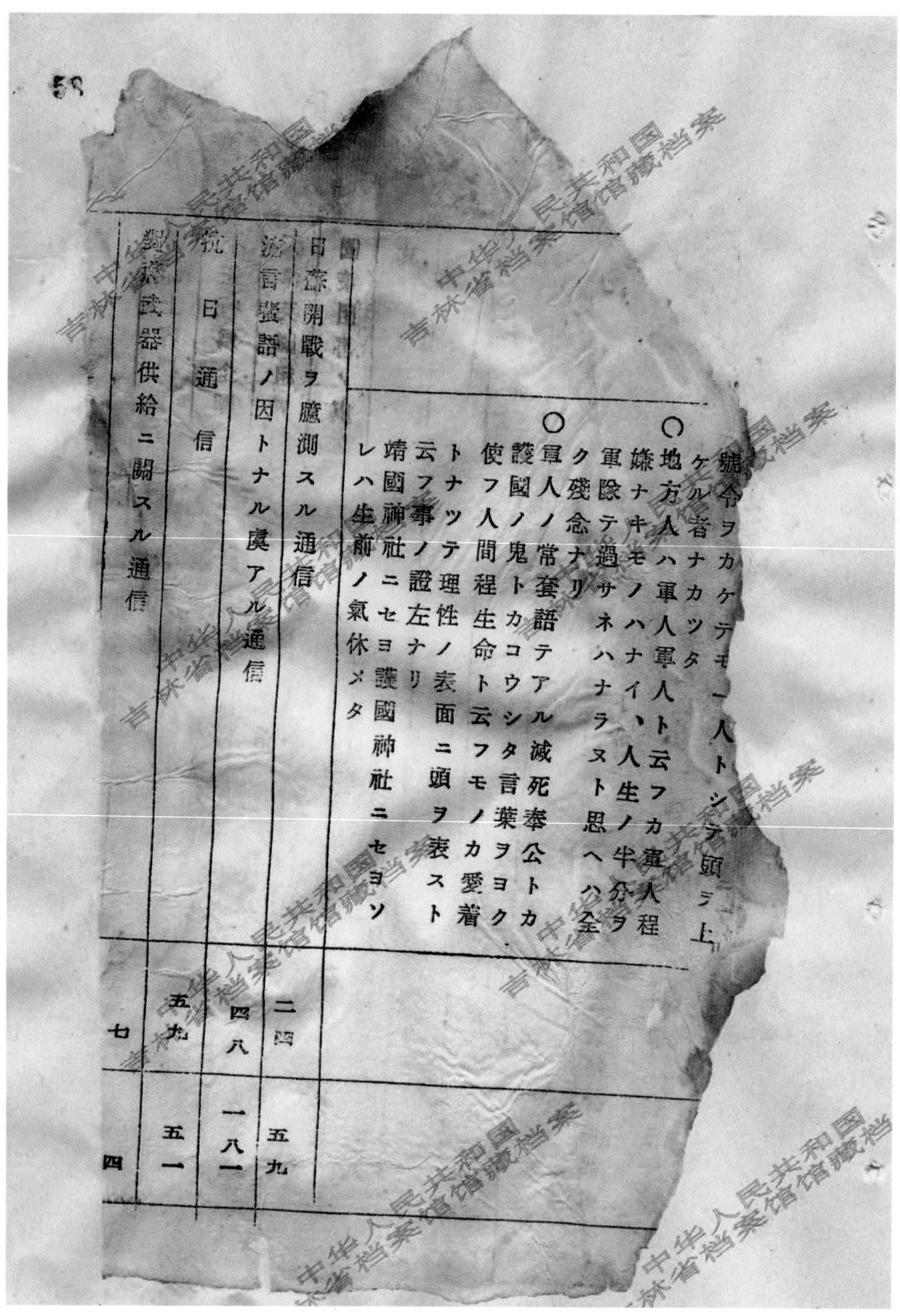

58

號令ヲカケテモ一人トシテ頭ヲ上
ケル者ナカツタ
○地方人ハ軍人軍人ト云フカ軍人程
嫌ナキモノハナイ、人生ノ半分ヲ
軍隊テ過サネハナラヌト思ヘハ全
ク残念ナリ
○軍人ノ常套語テアル滅死奉公トカ
護國ノ鬼トカコウシタ言葉ヲヨク
使フ人間程生命ト云フモノカ愛着
トナツテ理性ノ表面ニ頭ヲ表スト
云フ事ノ證左ナリ
靖國神社ニセヨ護國神社ニセヨソ
レハ生前ノ氣休メタ

日蘇開戰ヲ臆測スル通信	二四	五九
流言蜚語ノ因トナルアル通信	四八	一八一
抗日通信	五九	五一
軍需武器供給ニ關スル通信	七	四

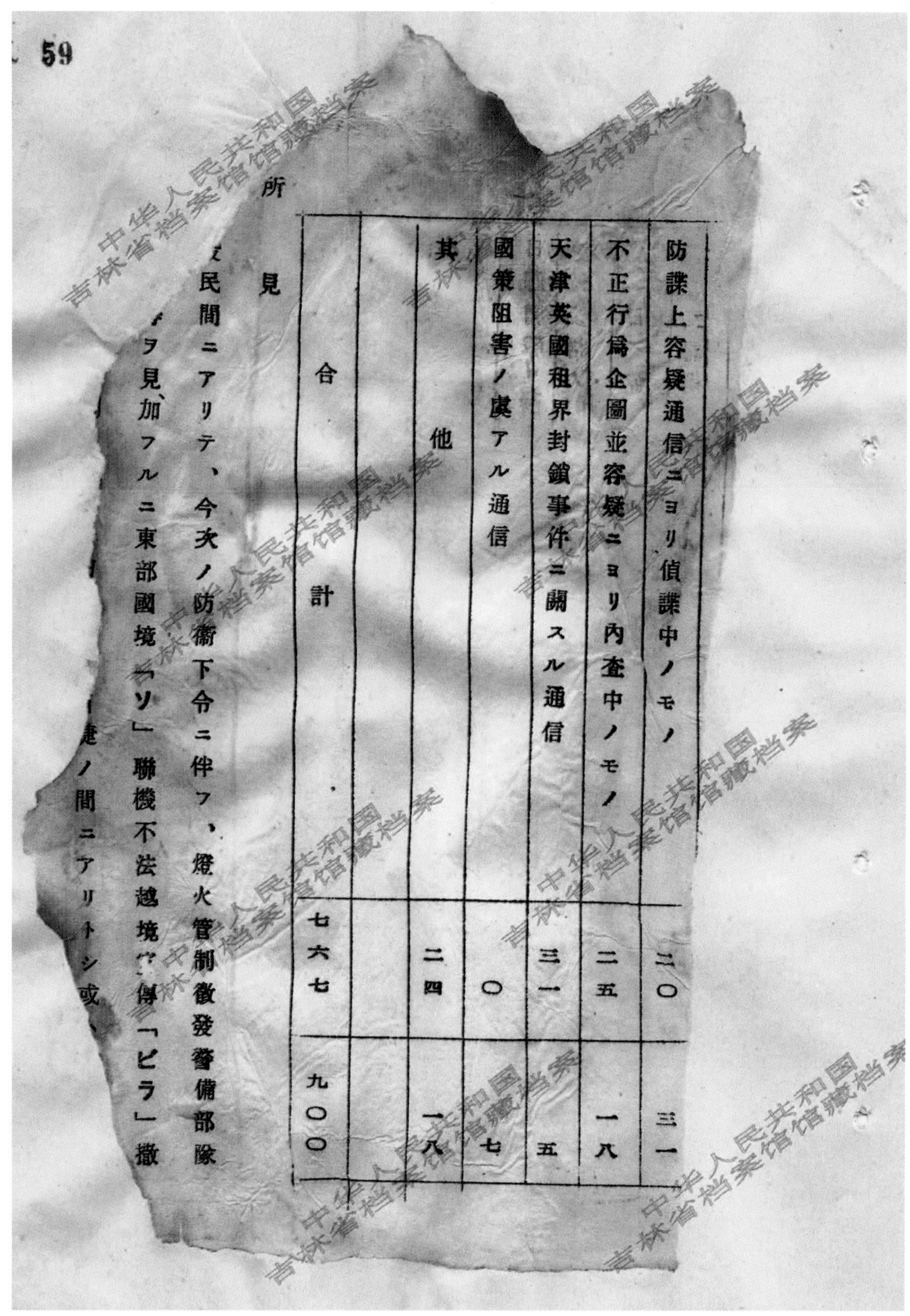

59

防諜上容疑通信ニヨリ偵諜中ノモノ	二〇	三一
不正行爲企圖並容疑ニヨリ内査中ノモノ	二五	一八
天津英國租界封鎖事件ニ關スル通信	三一	五
國策阻害ノ虞アル通信	〇	七
其他	二四	一八
合計	七六七	九〇〇

所見

支民間ニアリテ、今次ノ防衛下令ニ伴フ、燈火管制徵發警備部隊

ヲ見、加フルニ東部國境「ソ」聯機不法越境宣傳「ビラ」撤

建ノ間ニアリトシ或、

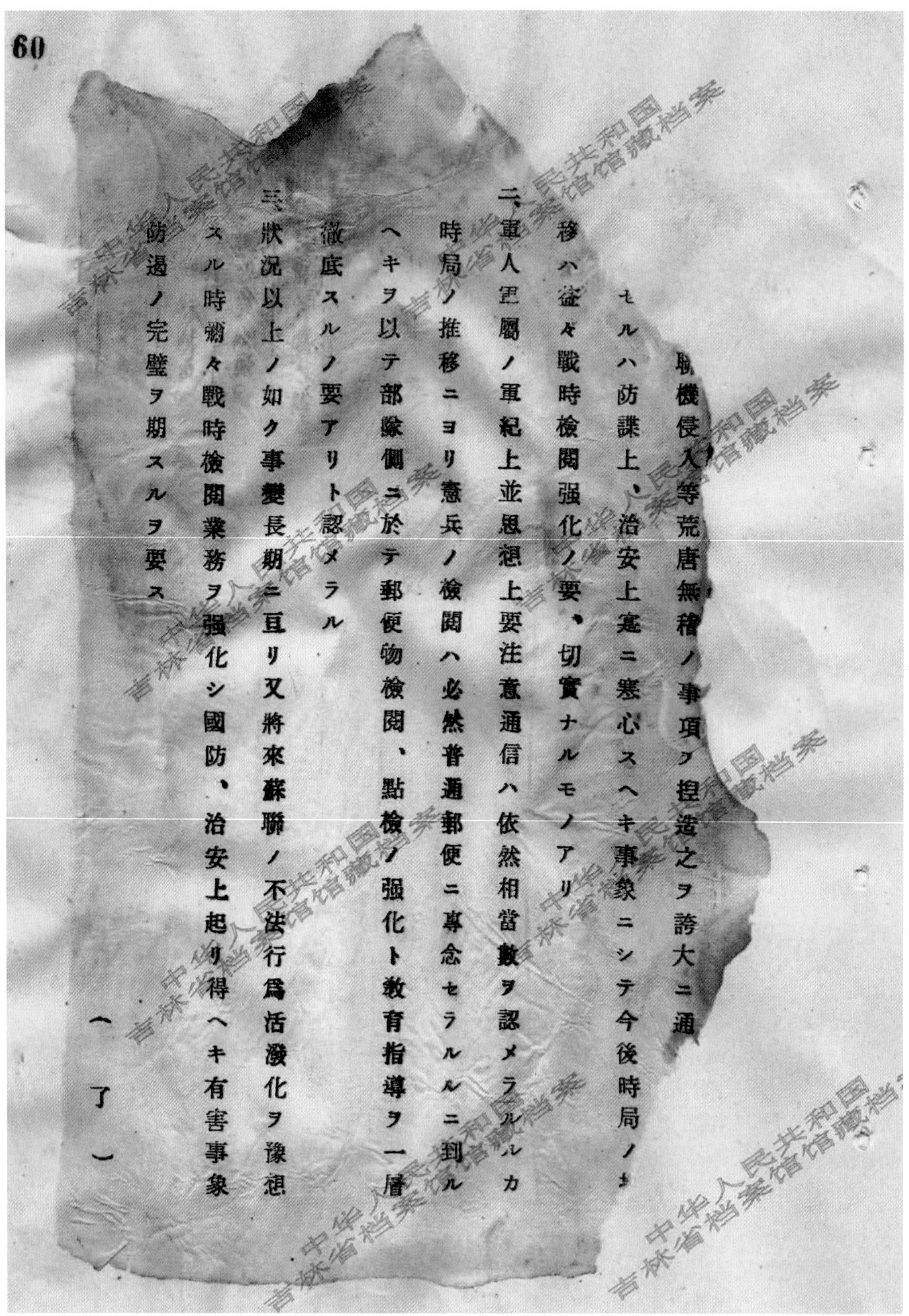
60

聯機侵入等荒唐無稽ノ事項ヲ捏造之ヲ誇大ニ通
セルハ防諜上、治安上寒心スヘキ事象ニシテ今後時局ノ推
移ハ益々戰時檢閱强化ノ要、切實ナルモノアリ
二、軍人軍屬ノ軍紀上並思想上要注意通信ハ依然相當數ヲ認メラルルカ
時局ノ推移ニヨリ憲兵ノ檢閱ハ必然普通郵便ニ專念セラルルニ到ル
ヘキヲ以テ部隊側ニ於テ郵便物檢閱、點檢ノ强化ト教育指導ヲ一層
徹底スルノ要アリト認メラル
三、狀況以上ノ如ク事變長期ニ亘リ又將來蘇聯ノ不法行爲活潑化ヲ豫想
スル時彌々戰時檢閱業務ヲ强化シ國防、治安上起リ得ヘキ有害事象
防遏ノ完璧ヲ期スルヲ要ス

（了）

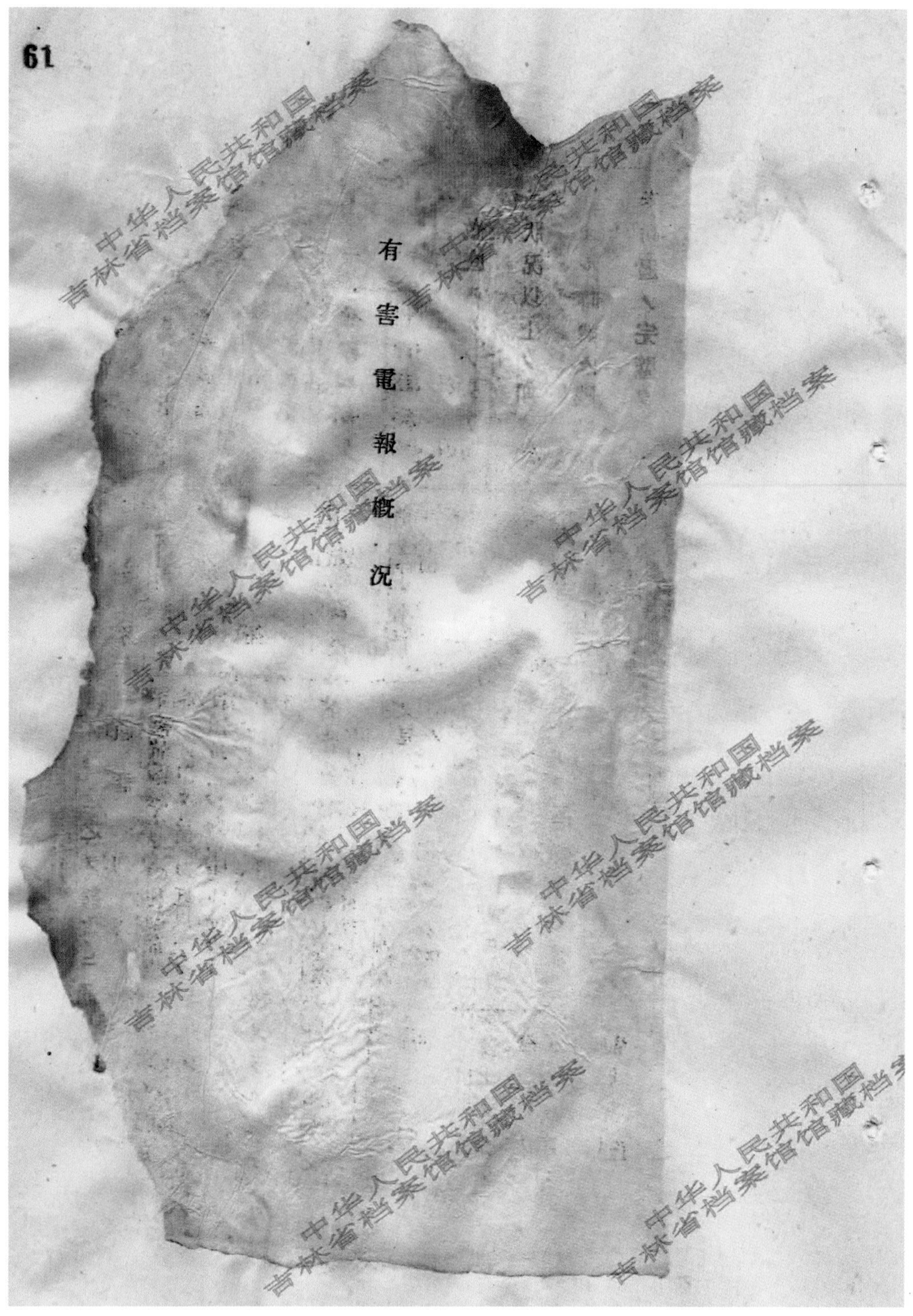

61

有害電報概況

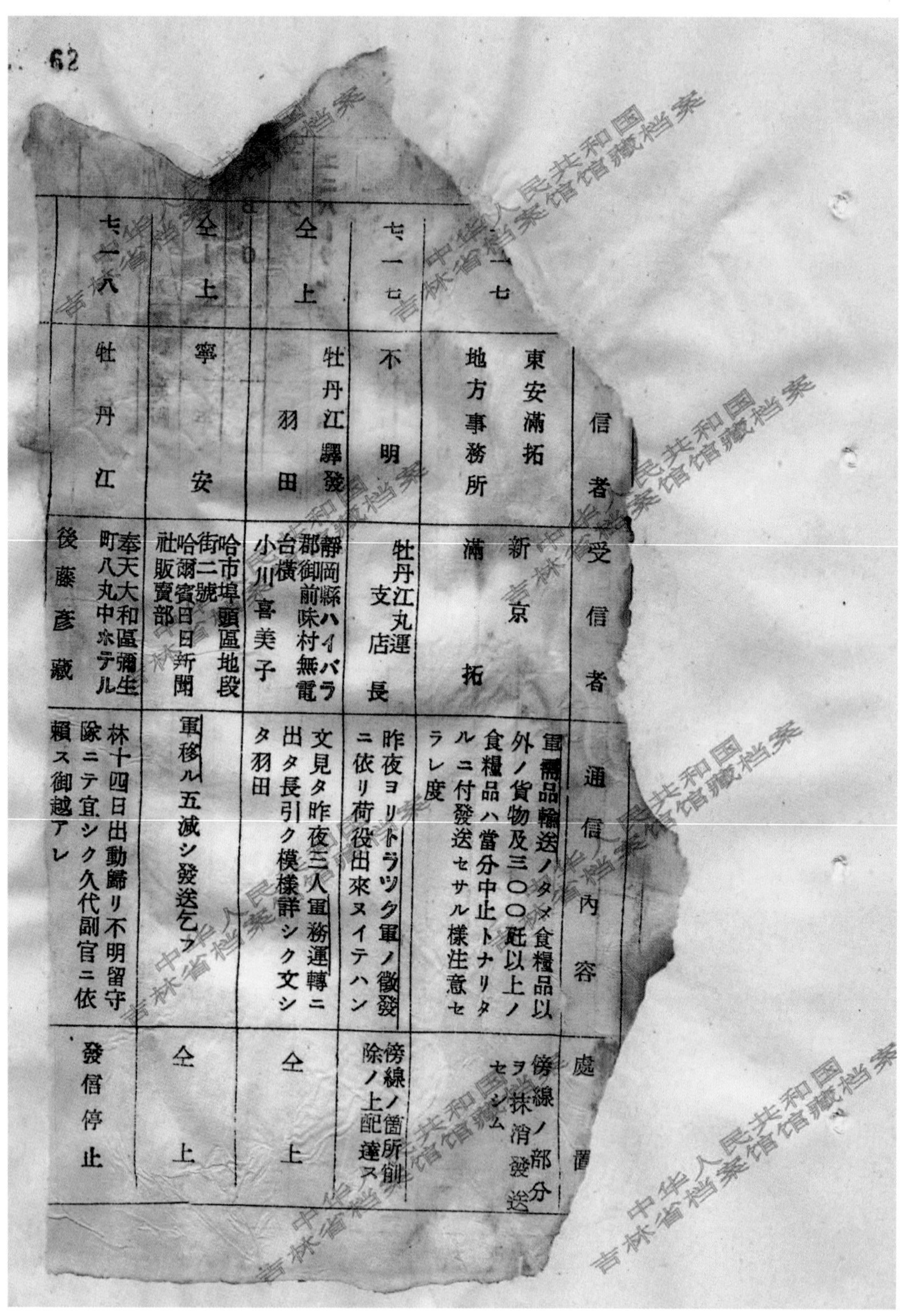

62

	發信者	受信者	通信内容	處置
一七	東安滿拓 地方事務所	新京 滿拓	軍需品輸送ノタメ食糧品以外ノ貨物及三〇〇瓩以上ノ食糧品ハ當分中止トナリタルニ付發送セサル樣注意セラレ度	傍線ノ部分ヲ抹消發送セシム
七、一七	不明 牡丹江驛發	牡丹江丸運支店長	昨夜ヨリトラツク軍ノ徴發ニ依リ荷役出來ヌイテハン	傍線ノ箇所削除ノ上配達ス
仝上	羽田	靜岡縣ハイバラ郡御前味村無電台横 小川喜美子	文見タ昨夜三人軍務運轉ニ出タ長引ク模樣詳シク文シタ羽田	仝上
仝上	寧安	哈市埠頭區地段街二號 哈爾賓日日新聞社販賣部	軍移ル五減シ發送乞フ	仝上
七、一八	牡丹江	奉天大和區彌生町八丸中ホテル 後藤彦藏	林十四日出動歸リ不明留守隊ニテ宜シク久代副官ニ依頼ス御越アレ	發信停止

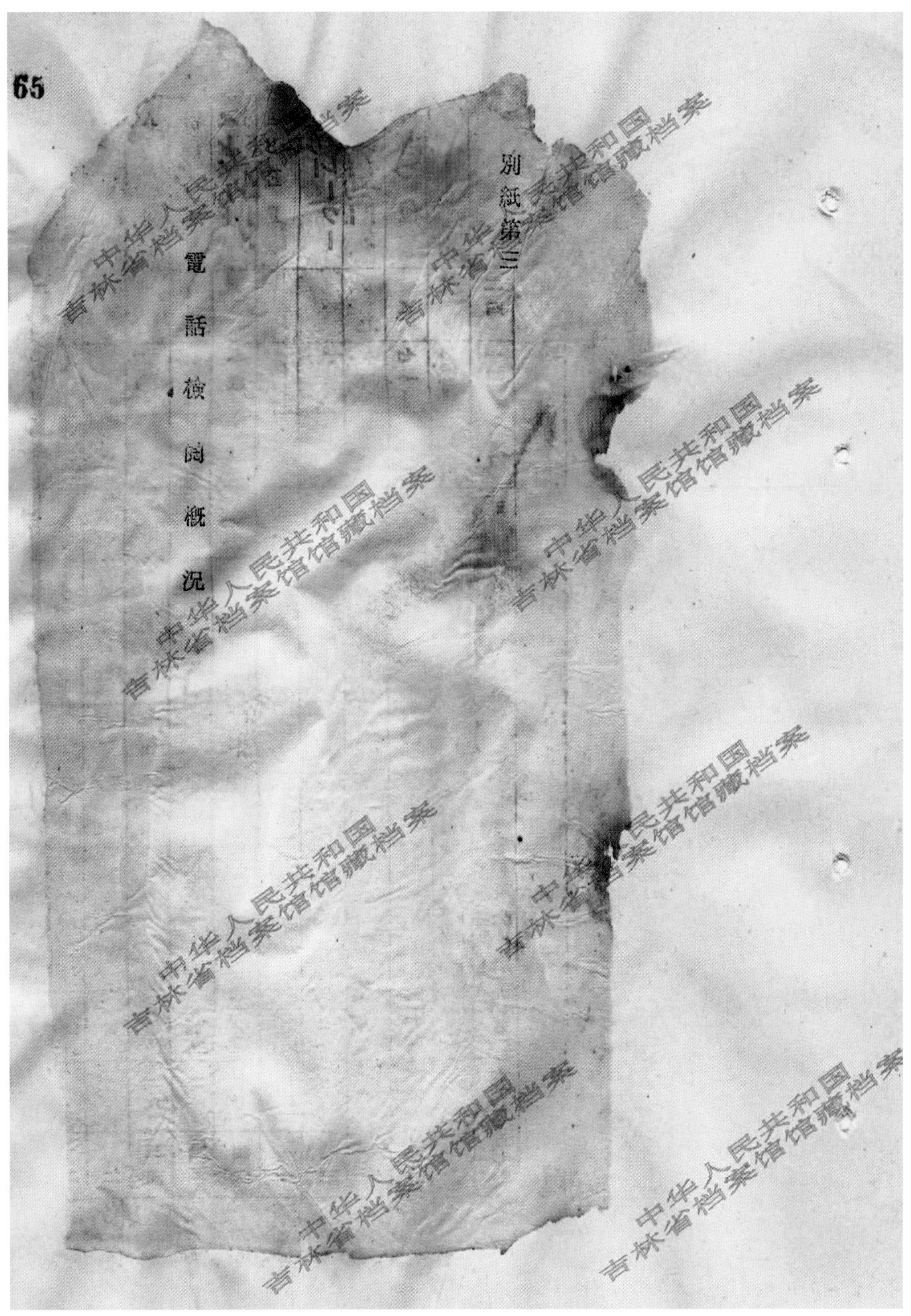
65

別紙第三

電話檢閱概況

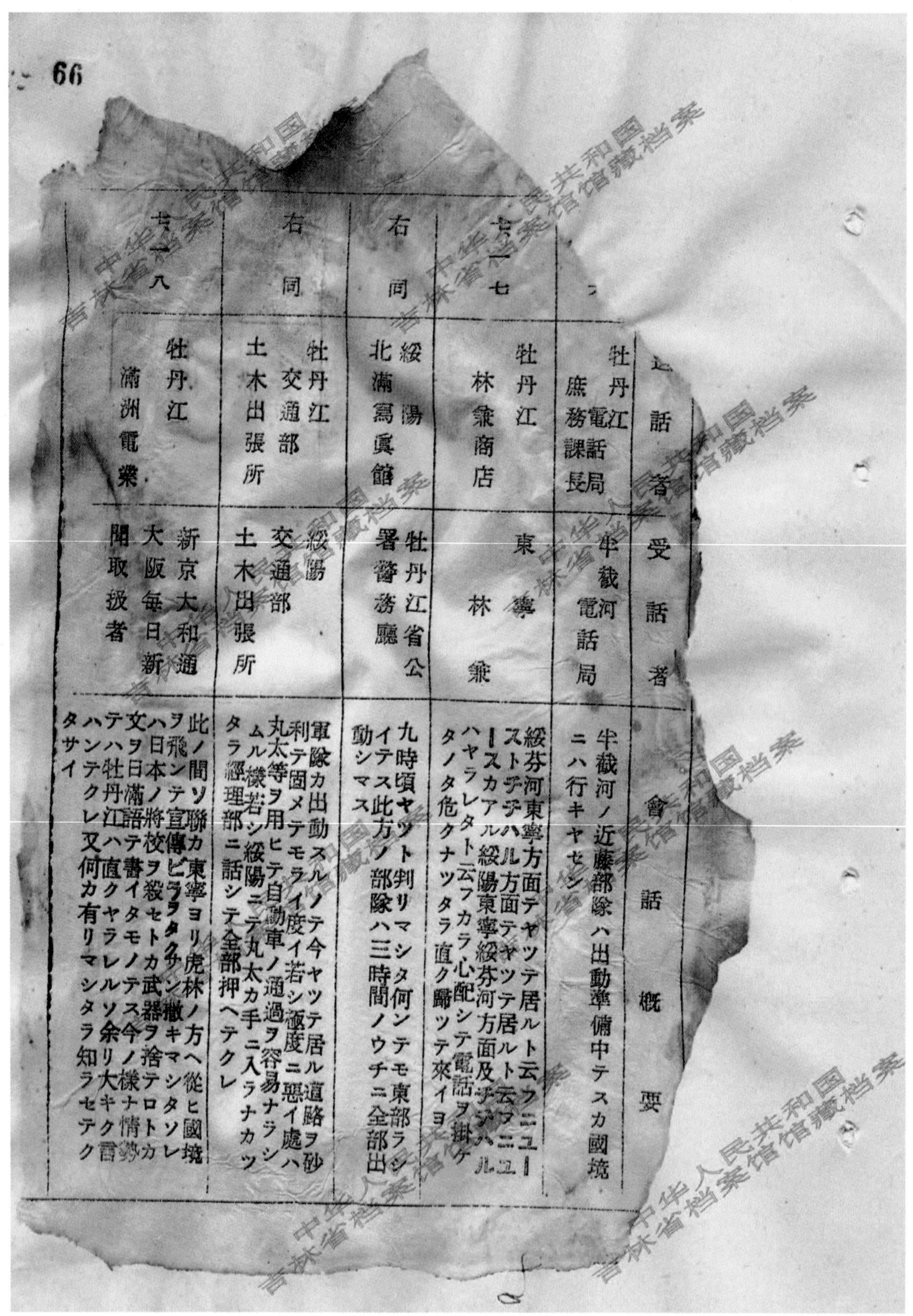

66

	通話者	受話者	會話概要
	牡丹江電話局庶務課長	半截河電話局	半截河ノ近藤部隊ハ出動準備中テスカ國境ニハ行キヤセン
七、一七	牡丹江林彙商店	東寧林彙	綏芬河東寧方面テヤッテ居ルト云フニユーストチチハル方面テヤッテ居ルト云フニユースカアル綏陽東寧綏芬河方面及チチハルハヤラレタト云フカラ心配シテ電話ヲ掛ケタノタ危クナッタラ直ク歸ッテ來イヨ
右同	綏陽北滿寫眞館	牡丹江省公署醫務廳	九時頃ヤット判リマシタ何ンテモ東部ラシイテス此方ノ部隊ハ三時間ノウチニ全部出動シマス
右同	牡丹江交通部土木出張所	綏陽交通部土木出張所	軍隊カ出動スルノテ今ヤッテ居ル道路ヲ砂利テ固メテモライ度イ若シ極度ニ悪イ處ハ丸太等ヲ用ヒテ自動車ノ通過ヲ容易ナラシムル樣若シ綏陽ニテ丸太カ手ニ入ラナカッタラ經理部ニ話シテ全部押ヘテクレ
七、一八	牡丹江滿洲電業	新京大和通大阪毎日新聞取扱者	此ノ間ソ聯カ東寧ヨリ虎林ノ方ヘ從ヒ國境ヲ飛ンテ宣傳ビラヲタクサン撒キマシタソレハ日本ノ將校ヲ殺セトカ武器ヲ捨テロトカ文ヲ日滿語テ書イタモノテス今ノ樣ナ情勢テハ牡丹江ハ直クヤラレルソ余リ大キク言ハンテクレ又何カ有リマシタラ知ラセテクタサイ

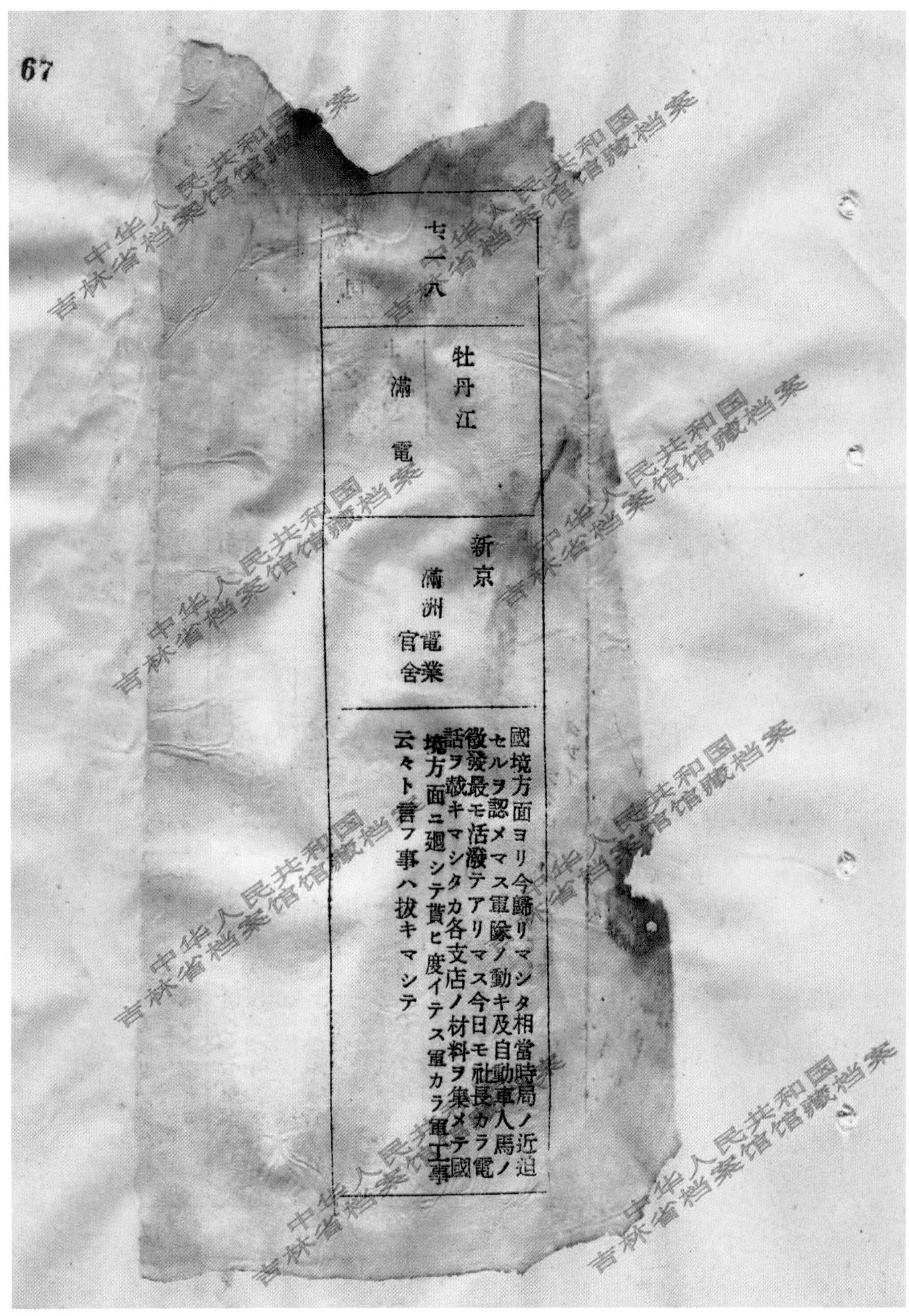

67

七、一八

牡丹江
滿電

新京
滿洲電業
官舍

國境方面ヨリ今歸リマシタ相當時局ノ近迫セルヲ認メマス軍隊ノ動キ及自動車人馬ノ徵發最モ活潑テアリマス今日モ社長カラ電話ヲ戴キマシタカ各支店ノ材料ヲ集メテ國境方面ニ廻シテ貰ヒ度イテス軍カラ軍工事云々ト言フ事ハ拔キマシテ

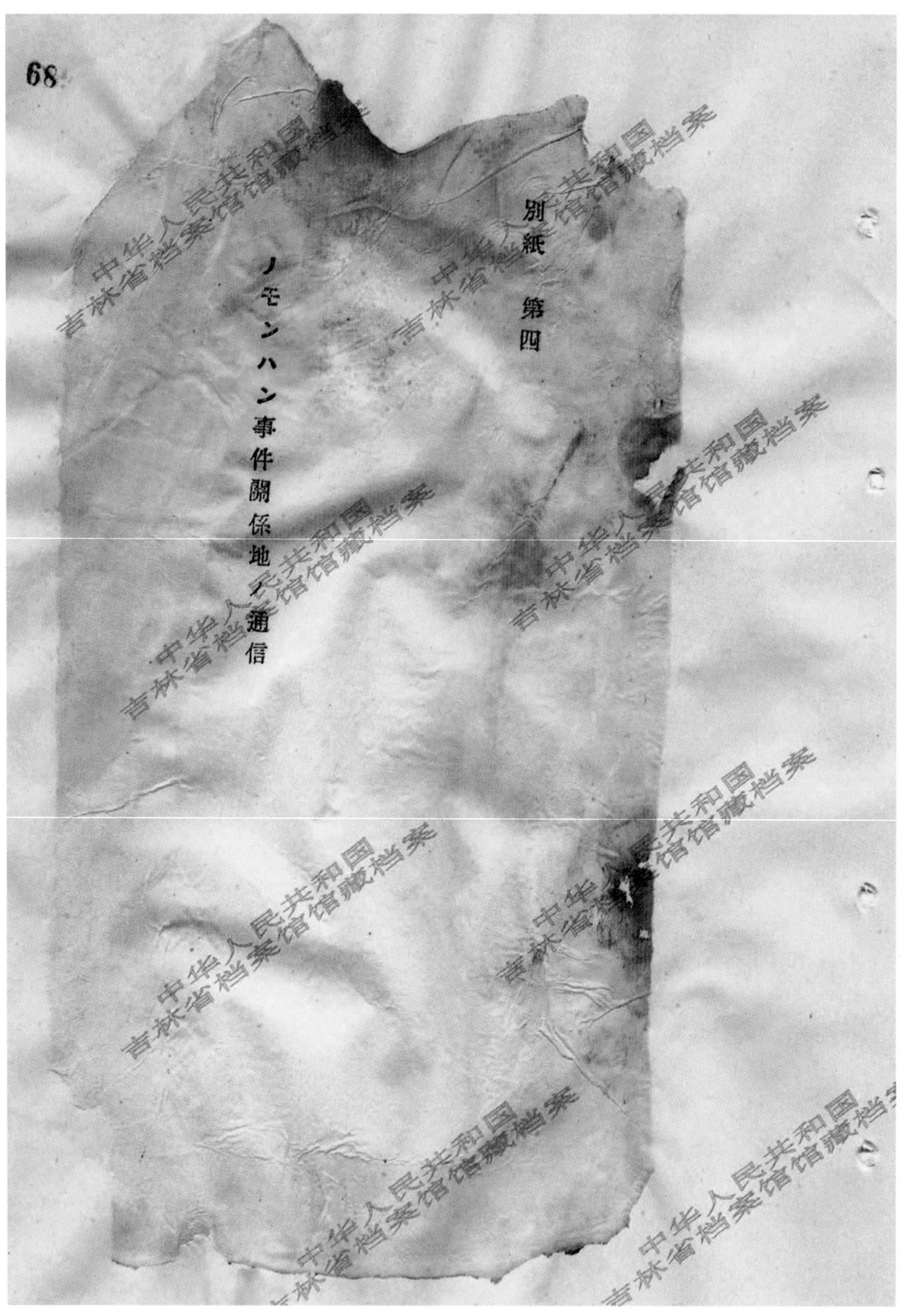
68

別紙 第四

ノモンハン事件關係地ノ通信

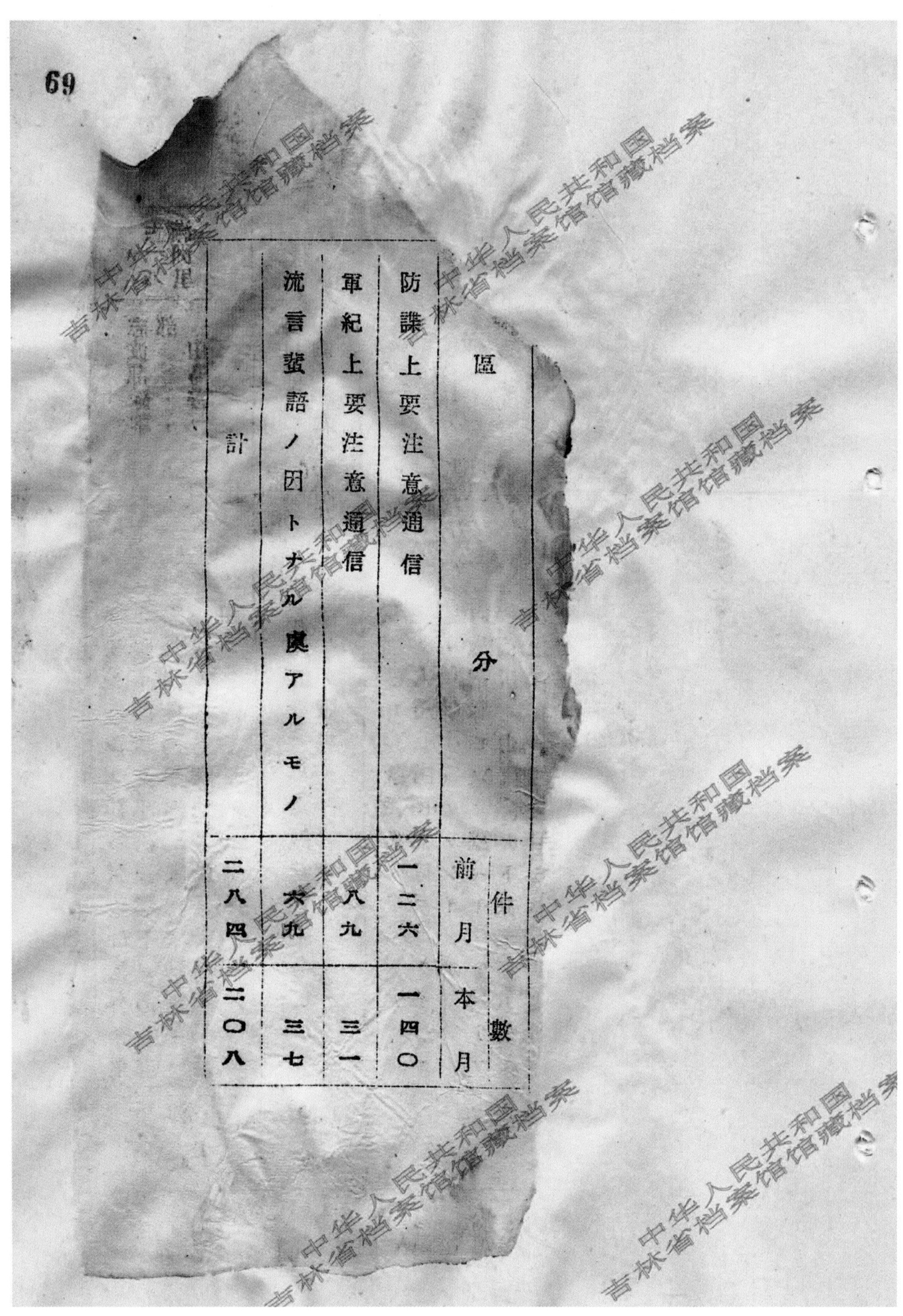

69

區分	件數 前月	件數 本月
防諜上要注意通信	一二六	一四〇
軍紀上要注意通信	八九	三一
流言蜚語ノ因トナル虞アルモノ	六九	三七
計	二八四	二〇八

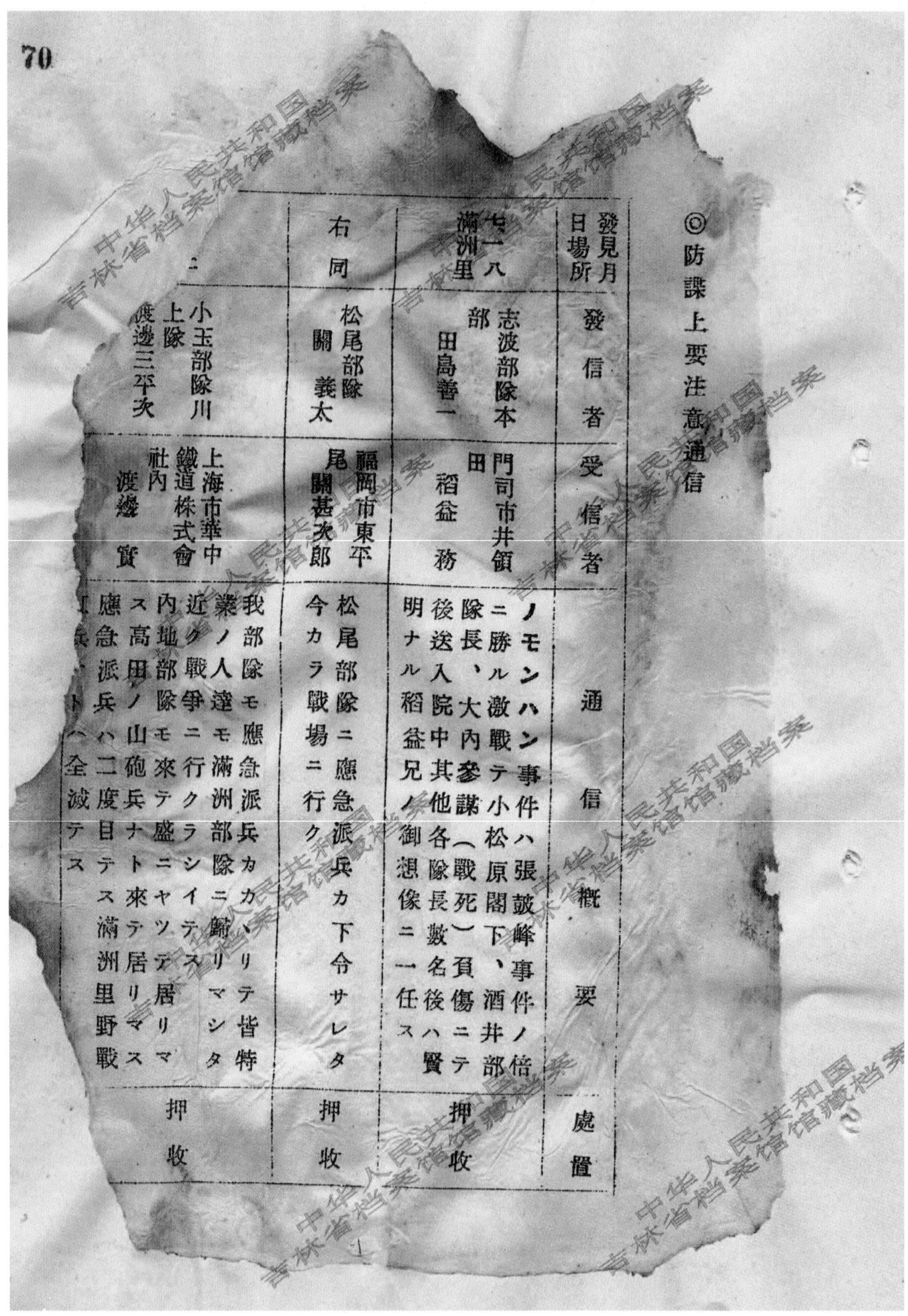
70

◎防諜上要注意通信

發見月日場所	發信者	受信者	通信概要	處置
七一八 滿洲里	志波部隊本部 田島善一	門司市井領田 稻益務	ノモンハン事件ハ張鼓峰事件ノ倍ニ勝ル激戰テ小松原閣下、酒井部隊長、大内參謀（戰死）負傷ニテ後送入院中其他各隊長數名後ハ賢明ナル稻益兄ノ御想像ニ一任ス	押收
右同	松尾部隊 關義太	福岡市東平尾 關甚次郎	松尾部隊ニ應急派兵カ下令サレタ今カラ戰場ニ行ク	押收
〃	小玉部隊川上隊 渡邊三平次	上海市華中鐵道株式會社内 渡邊實	我部隊モ應急派兵カカヽリテ皆特業ノ人達モ滿洲部隊ニ歸リマシタ近ク戰爭ニ行クラシイテス内地部隊モ來テ盛ニヤツテ居リマス高田ノ山砲兵ナト來テ居リマス應急派兵ハ二度目テス滿洲里野戰工兵[illegible]トハ全滅テス	押收

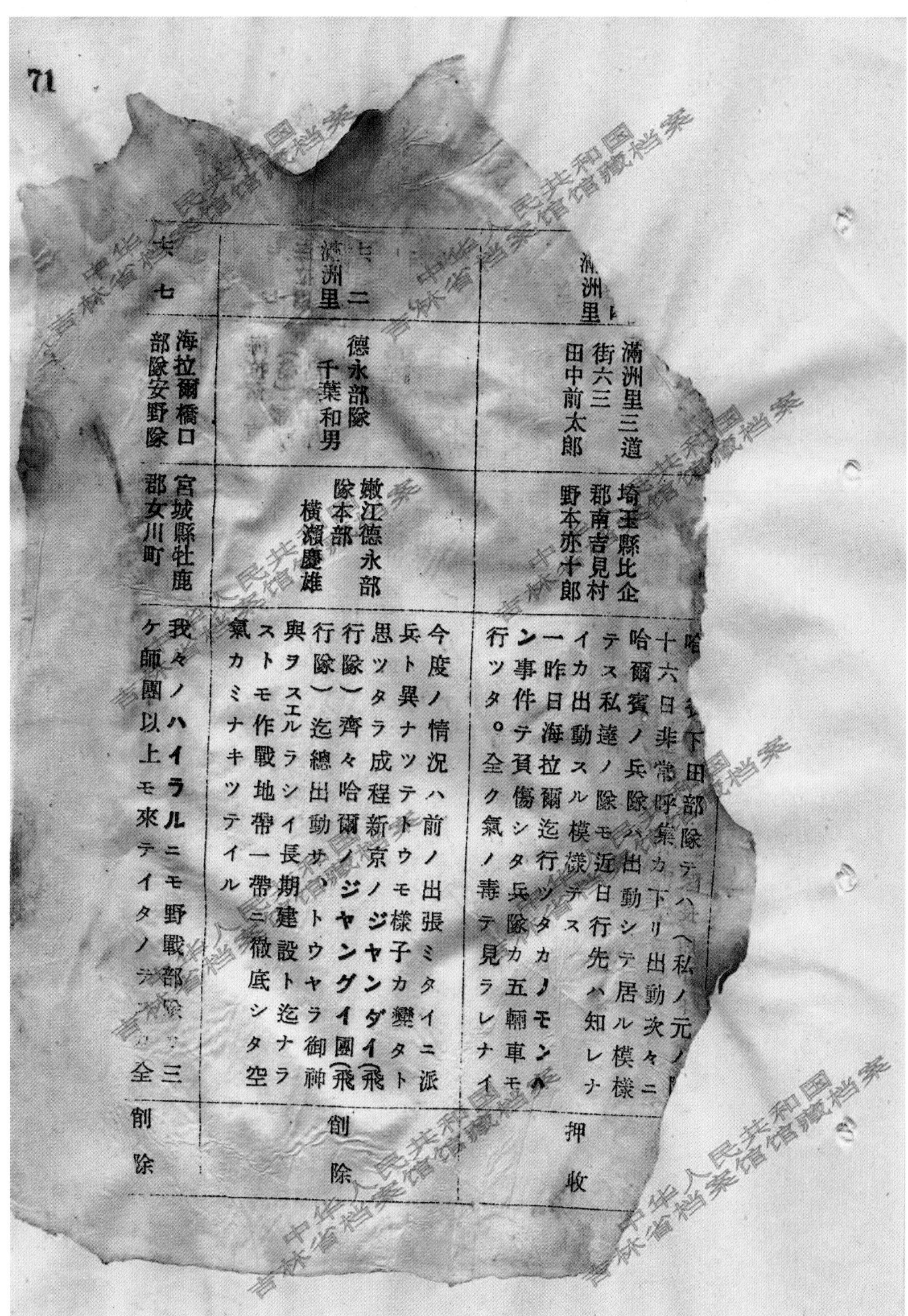

71

滿洲里	滿洲里三道街六三 田中前太郎	埼玉縣比企郡南吉見村 野本亦十郎	哈[illegible]下田部隊デハ（私ノ元ノ[illegible]十六日非常呼集カ下リ出動次々ニ哈爾賓ノ兵隊ハ出動シテ居ル模様テス私達ノ隊モ近日行先ハ知レナイカ出動スル模様デス一昨日海拉爾迄行ッタカノモンハン事件テ負傷シタ兵隊カ五輛車モ行ッタ。全ク氣ノ毒テ見ラレナイ	押收
七二 滿洲里	德永部隊 千葉和男	嫩江德永部隊本部 横瀬慶雄	今度ノ情況ハ前ノ出張ミタイニ派兵ト異ナッテトウモ様子カ變タト思ッタラ成程新京ノジャジャンダイ（飛行隊）齊々哈爾ノジャングイ團（飛行隊）迄總出動サヽトウヤラ御神與ヲスエルラシイ長期建設トナラスモ作戰地帶一帶ニ徹底シタ空氣カミナキッテイル	削除
六七	海拉爾橋口部隊安野隊	宮城縣牡鹿郡女川町	我々ノハイラルニモ野戰部隊[illegible]三ケ師團以上モ來テイタノ[illegible]全	削除

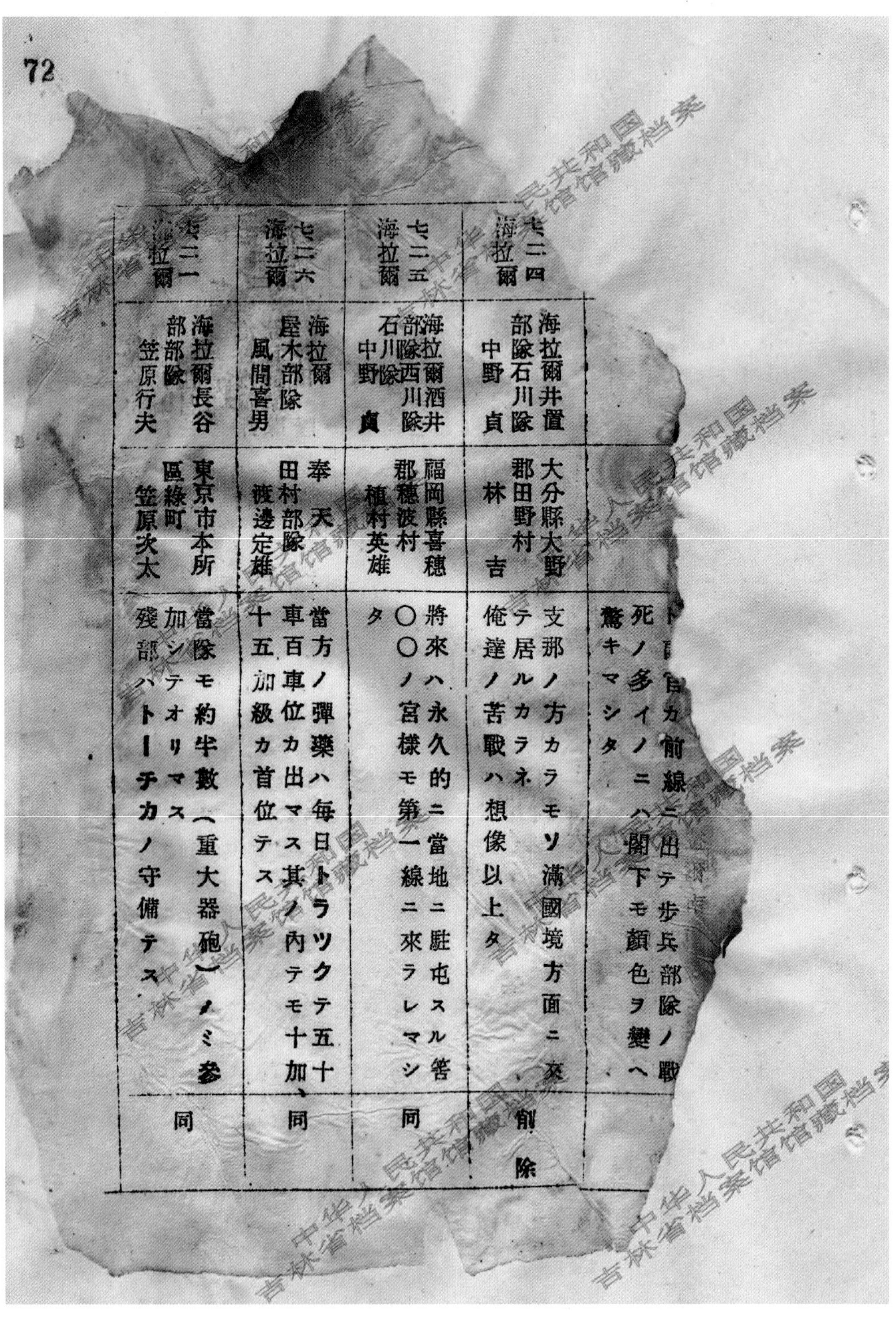

72

番號	發信者	受信者	通信內容	處置
			ト貴官カ前線ニ出テ歩兵部隊ノ戰死ノ多イノニハ閣下モ顔色ヲ變ヘ驚キマシタ	
七二四 海拉爾	海拉爾井置部隊石川隊 中野貞	大分縣大野郡田野村 林吉	支那ノ方カラモソ滿國境方面ニ來テ居ルカラネ、俺達ノ苦戰ハ想像以上タ	削除
七二五 海拉爾	海拉爾酒井部隊西川隊石川隊 中野貞	福岡縣嘉穗郡穗波村 植村英雄	將來ハ永久的ニ當地ニ駐屯スル筈〇〇ノ宮樣モ第一線ニ來ラレマシタ	同
七二六 海拉爾	海拉爾晝木部隊 風間喜男	奉天田村部隊 渡邊定雄	當方ノ彈藥ハ毎日トラツクテ五十車百車位カ出マス其ノ內テモ十加、十五加級カ首位テス	同
七三一 海拉爾	海拉爾長谷部部隊 笠原行夫	東京市本所區綠町 笠原次太	當隊モ約半數（重大器砲）ノミ參加シテオリマス殘部ハトーチカノ守備テス	同

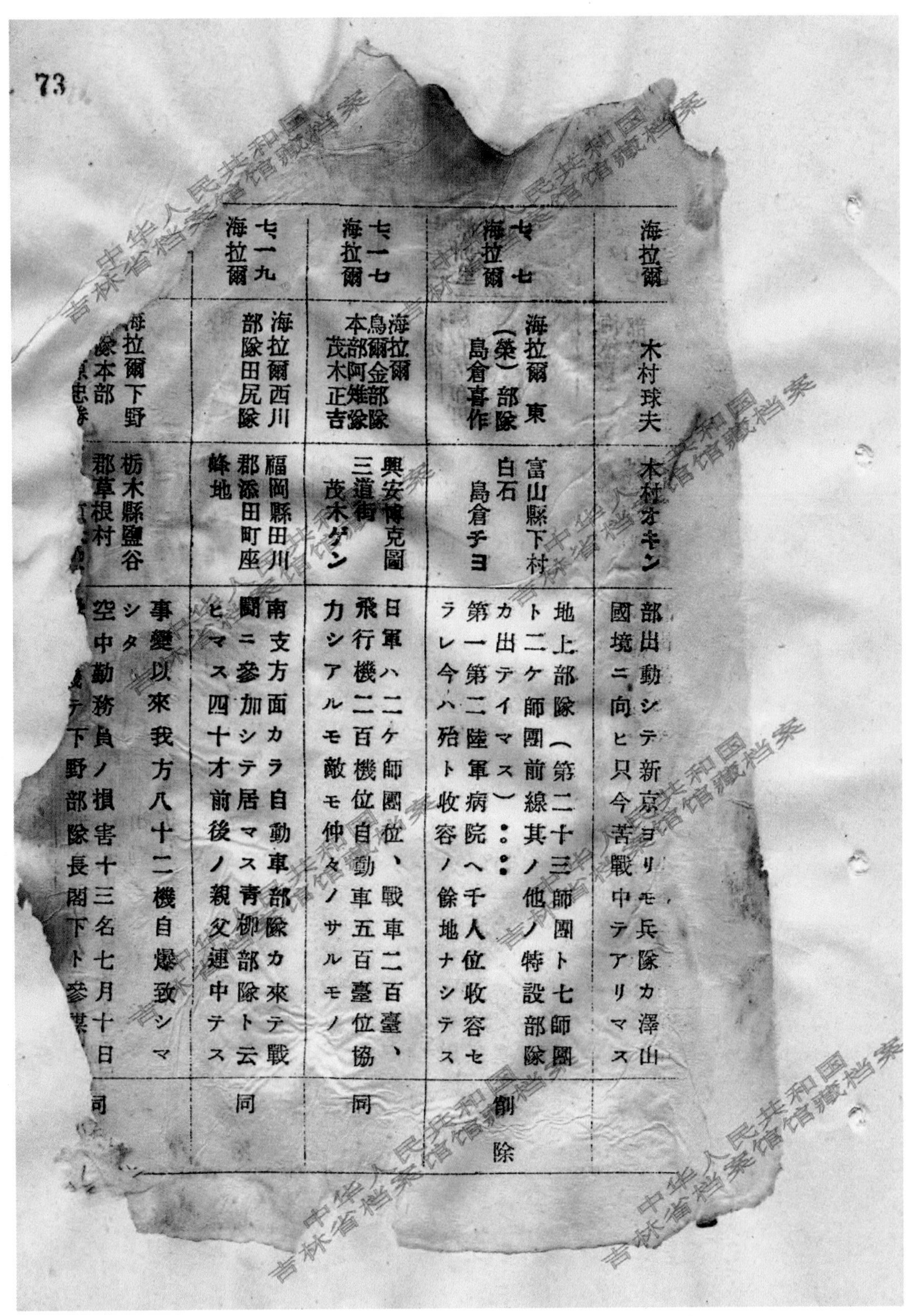

73

海拉爾	木村球夫	木村オキン	部出動シテ新京ヨリモ兵隊カ澤山國境ニ向ヒ只今苦戰中テアリマス	
七、七 海拉爾	海拉爾東(榮)部隊 島倉喜作	富山縣下村白石 島倉チヨ	地上部隊(第二十三師團ト七師團ト二ケ師團前線其ノ他ノ特設部隊カ出テイマス)……第一第二陸軍病院ヘ千人位收容セラレ今ハ殆ト收容ノ餘地ナシテス	削除
七、一七 海拉爾	海拉爾烏爾金部隊本部阿雉隊 茂木正吉	興安博克圖三道街 茂木ゲン	日軍ハ二ケ師團位、戰車二百臺、飛行機二百機位自動車五百臺位協力シアルモ敵モ仲々ノサルモノ	同
七、一九 海拉爾	海拉爾西川部隊田尻隊	福岡縣田川郡添田町座峰地	南支方面カラ自動車部隊カ來テ戰闘ニ參加シテ居マス青柳部隊ト云ヒマス四十才前後ノ親父連中テス	同
[illegible]	海拉爾下野隊本部 [illegible]忠[illegible]	栃木縣鹽谷郡草根村 [illegible]	事變以來我方八十二機自爆致シマシタ空中勤務員ノ損害十三名七月十日[illegible]テ下野部隊長閣下ト參謀	同

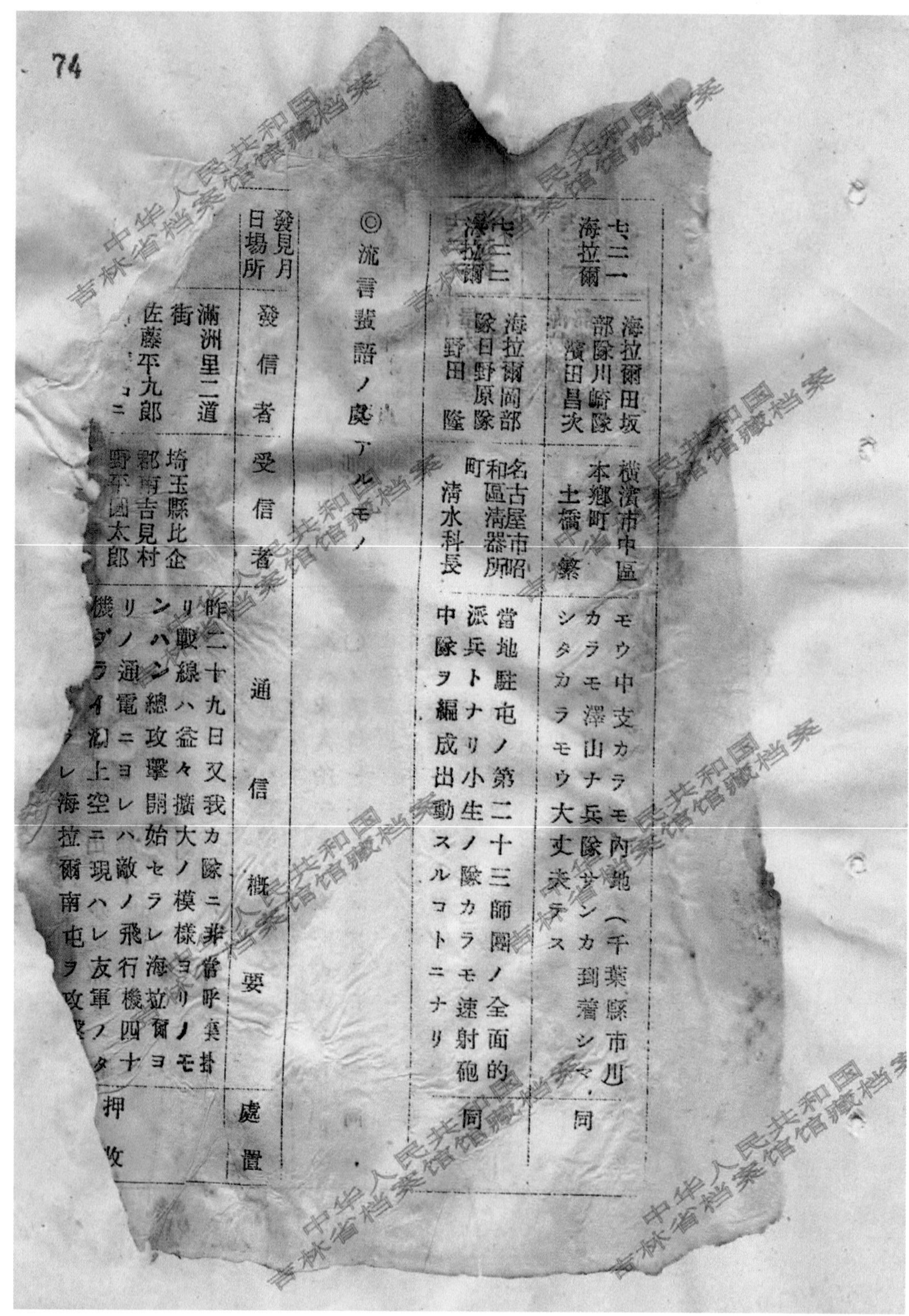

74

七、二一 海拉爾	海拉爾田坂部隊川崎隊 濱田昌次	横濱市中區本鄉町 土橋繁	モウ中支カラモ內地(千葉縣市川)カラモ澤山ナ兵隊サンカ到着シタカラモウ大丈夫デス	同
七、二三 海拉爾	海拉爾岡部隊日野原隊 野田隆	名古屋市昭和區清器所町 清水科長	當地駐屯ノ第二十三師團ノ全面的派兵トナリ小生ノ隊カラモ速射砲中隊ヲ編成出動スルコトニナリ	同

◎流言蜚語ノ虞アルモノ

發見月日場所	發信者	受信者	通信概要	處置
	滿洲里二道街 佐藤平九郎	埼玉縣比企郡南吉見村 野本國太郎	昨二十九日又我カ隊ニ非常呼集掛リ戰線ハ益々擴大ノ模樣ヨリノモンハン總攻擊開始セラレ海拉爾ヨリノ通電ニヨレハ敵ノ飛行機四十機ダライ湖上空ニ現ハレ友軍ノタ[illegible]レ海拉爾南屯ヲ攻擊	押收

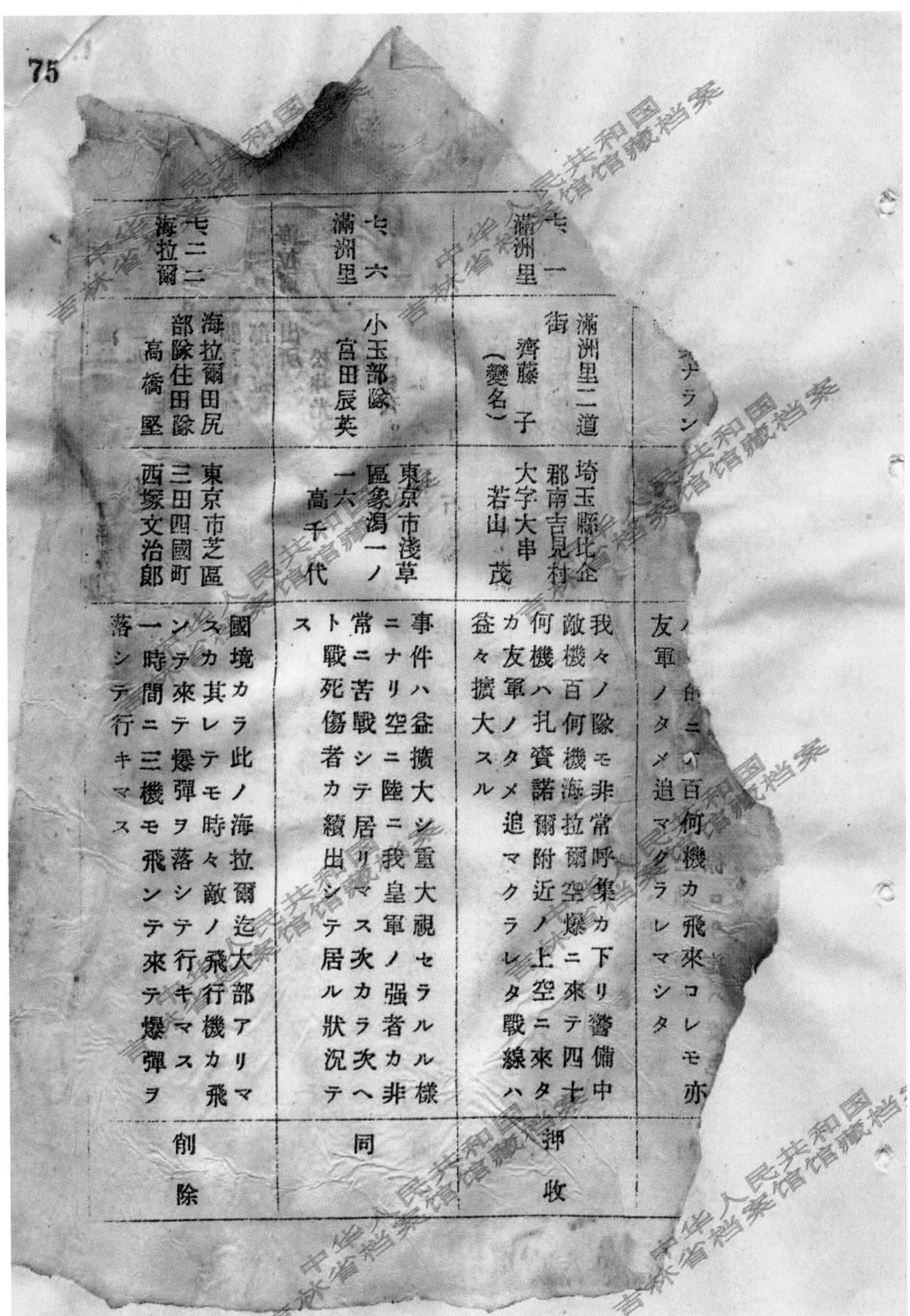

75

	[illegible]ナラン		ハ[illegible]ニ[illegible]百何機カ飛來コレモ亦友軍ノタメ追マクラレマシタ	
七、一 滿洲里	滿洲里二道街 齊藤 子（變名）	埼玉縣比企郡南吉見村大字大串 若山 茂	我々ノ隊モ非常呼集カ下リ警備中敵機百何機海拉爾空爆ニ來テ四十何機ハ扎賚諾爾附近ノ上空ニ來タカ友軍ノタメ追マクラレタ戰線ハ益々擴大スル	押收
七、六 滿洲里	小玉部隊 宮田辰英	東京市淺草區象潟一ノ一六 高千代	事件ハ益擴大シ重大視セラルル様ニナリ空ニ陸ニ我皇軍ノ強者カ非常ニ苦戰シテ居リマス次カラ次ヘト戰死傷者カ續出シテ居ル狀況テスト	同
七、二二 海拉爾	海拉爾田尻部隊住田隊 高橋 堅	東京市芝區三田四國町 西塚文治郎	國境カラ此ノ海拉爾迄大部アリマスカ其レテモ時々敵ノ飛行機カ飛ンテ來テ爆彈ヲ落シテ行キマス一時間ニ三機モ飛ンテ來テ爆彈ヲ落シテ行キマス	削除

76

七、二二 海拉爾	海拉爾官舍二九〇ノ二 田中正子	山口縣嘉川村 長持シス	敵機モ海拉爾ヘ爆彈ヲ有當落シテ居リマス	同
七、二八 海拉爾	關東軍經理部海拉爾派出所 松井光水	靜岡市兩替町三丁目 谷津憲司	海拉爾ニモ敵機カ十四、五回モ來マシタ味方ノ飛行機ト思ツテ居ルトズドント云フ音カスルソノ音ヲ聞イテ自分モ迯ケテ行キマス	同
七、三 海拉爾	海拉爾舊頭道街驅一六 高久喜美子	チチハル寶買胡同北三 石田清子	海拉爾モ愈々風雲急ヲ告ケ家族引揚ニナルラシイ	同
七、六 海拉爾	海拉爾平野部隊宮崎隊 池田美佐男	熊本市北新坪平郡 鈴木照子	我方モ此度ハ千人位ノ犧牲人柱ヲ出ス積ニテ千人前ノ白木ノ箱カ第一線ニ運ハレマシタ	同
[illegible]	海拉爾警察 [illegible]口義[illegible]	北海道釧路市柏木町七	地上部隊ハ數ニ於テ装備ニ問題ニナラスオマケニ敵ハ自分ノ[illegible]司[illegible]勝手知ツタ土地ノ者ナノテ相[illegible]居リ徐ロ今迄ハ旗色	同

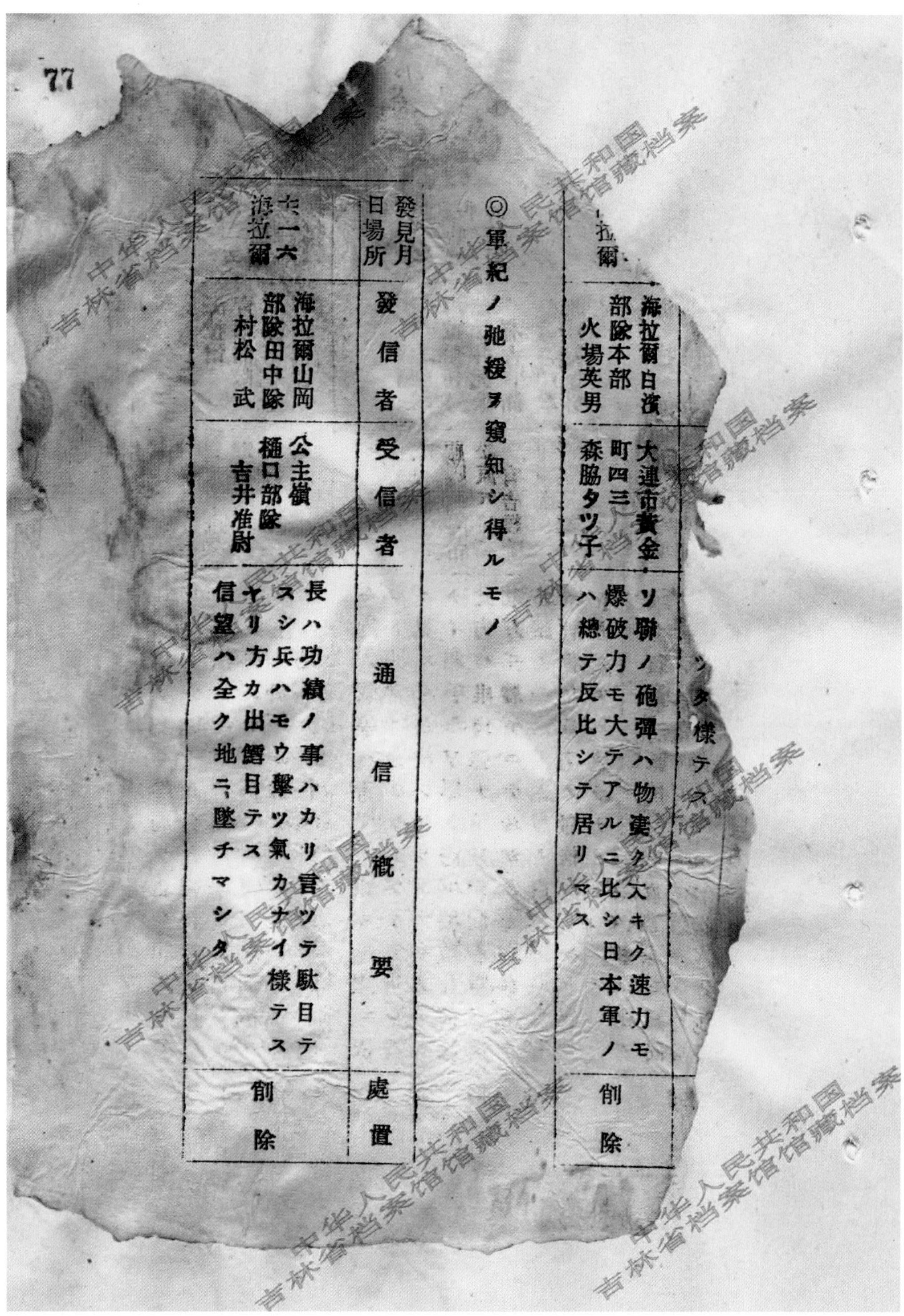

77

ッタ様テス

發見月日場所	發信者	受信者	通信概要	處置
拉爾	海拉爾白濱部隊本部 火場英男	大連市黄金町四三 森脇タツ子	ソ聯ノ砲彈ハ物凄ク大キク速力モ爆破力モ大テアルニ比シ日本軍ノハ總テ反比シテ居リマス	削除

◎軍紀ノ弛緩ヲ窺知シ得ルモノ

發見月日場所	發信者	受信者	通信概要	處置
七、一六 海拉爾	海拉爾山岡部隊田中隊 村松 武	公主嶺樋口部隊 吉井准尉	長ハ功績ノ事ハカリ言ツテ駄目テスシ兵ハモウ擊ツ氣カナイ様テスヤリ方カ出鱈目テス信望ハ全ク地ニ墜チマシタ	削除

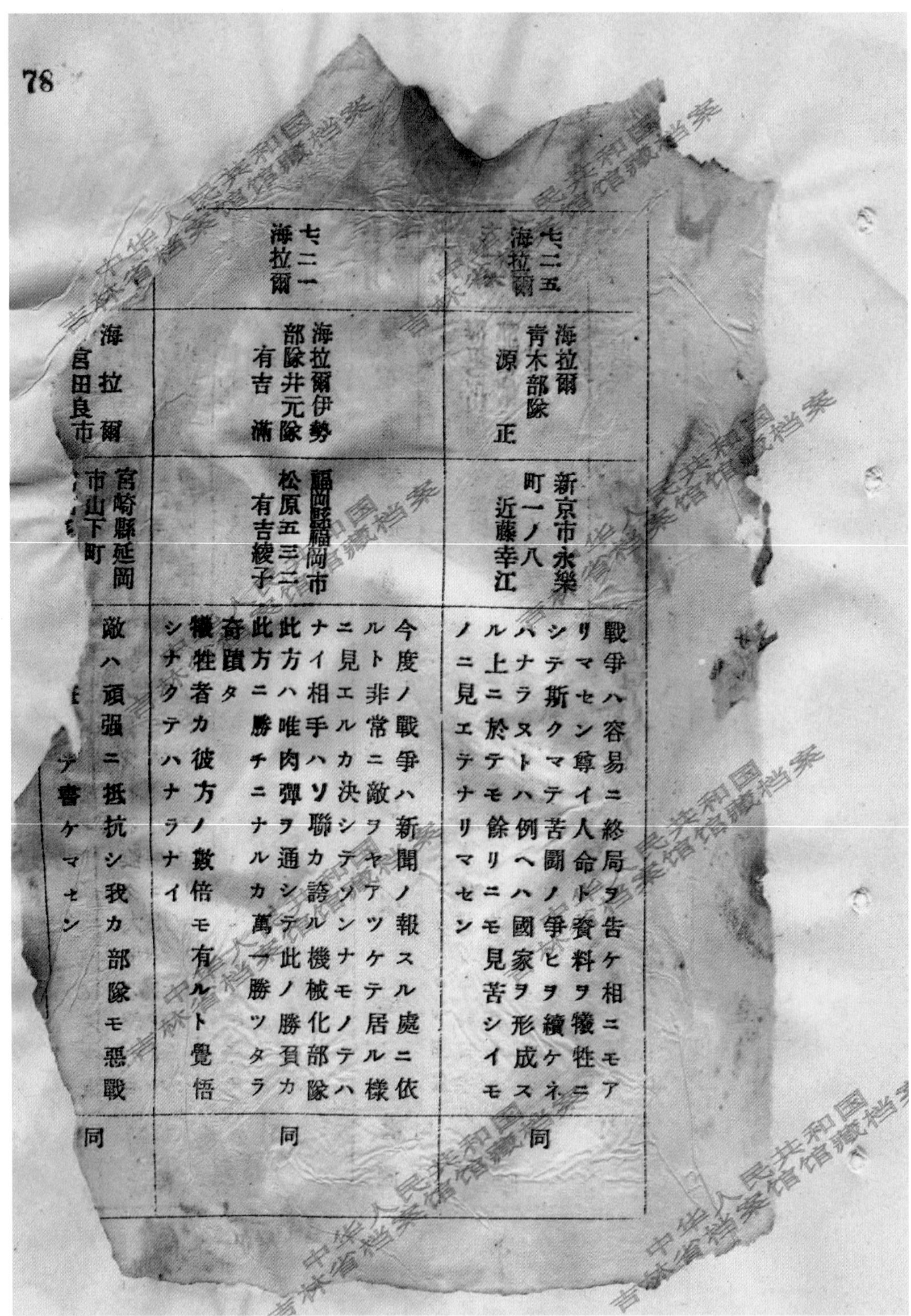

78

七、二五 海拉爾	海拉爾青木部隊 源正	新京市永樂町一ノ八 近藤幸江	戰爭ハ容易ニ終局ヲ告ケ相ニモアリマセン尊イ人命ト資料ヲ犠牲ニシテ斯クマテ苦闘ノ爭ヒヲ續ケネハナラヌトハ例ヘハ國家ヲ形成スル上ニ於テモ餘リニモ見苦シイモノニ見エテナリマセン	同
七、二一 海拉爾	海拉爾伊勢部隊井元隊 有吉滿	福岡縣福岡市松原五三二 有吉綾子	今度ノ戰爭ハ新聞ノ報スル處ニ依ルト非常ニ敵ヲヤアツケテ居ル樣ニ見エルカ決シテソンナモノテハナイ相手ハソ聯カ誇ル機械化部隊此方ハ唯肉彈ヲ通シテ此ノ勝負カ此方ニ勝チニナルカ萬一勝ツタラ奇蹟タ犠牲者カ彼方ノ數倍モ有ルト覺悟シナクテハナラナイ	同
	海拉爾 宮田良市	宮崎縣延岡市山下町	敵ハ頑強ニ抵抗シ我カ部隊モ悪戰 … テ書ケマセン	同

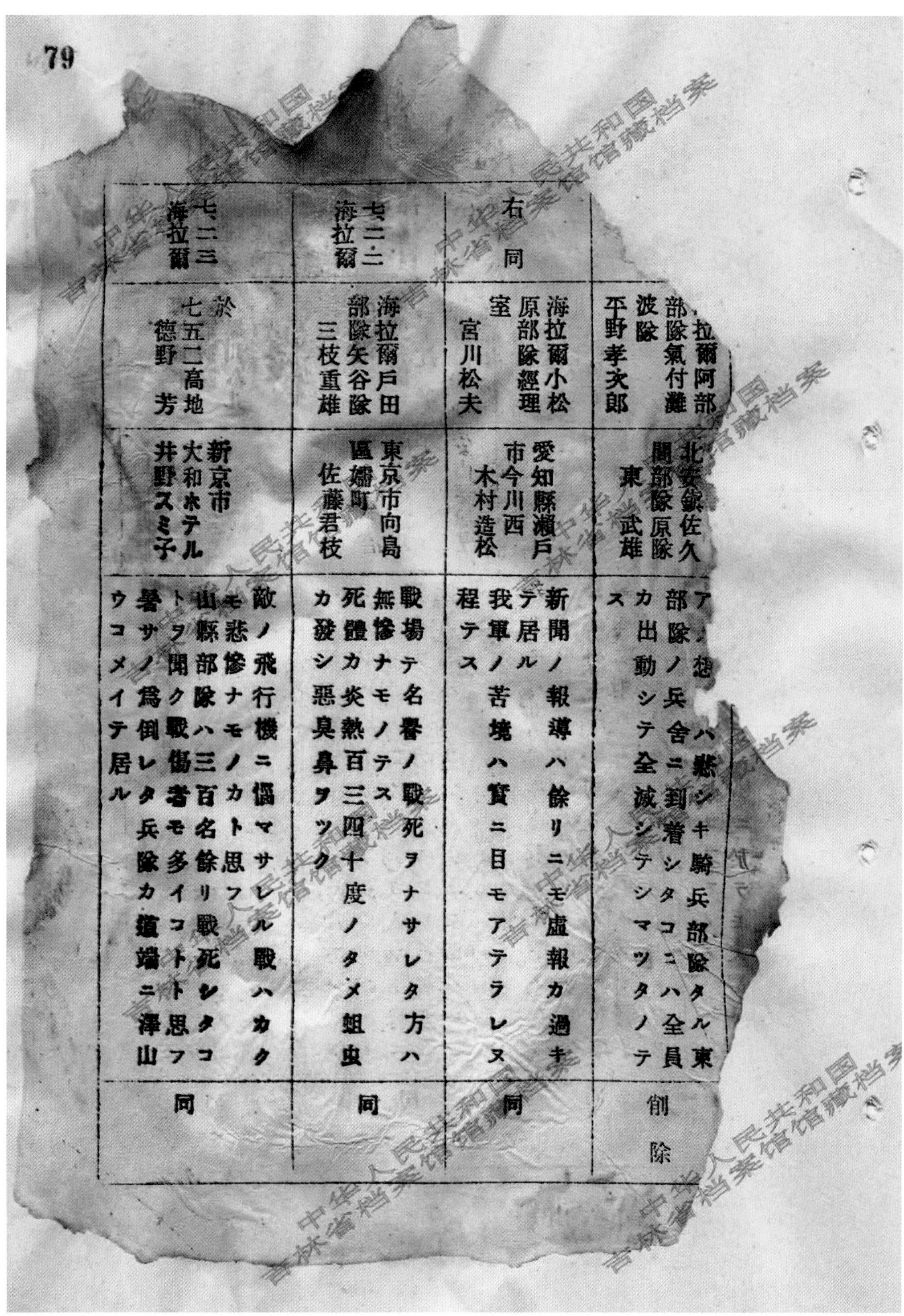

79

日付・地	發信者	受信者	内容	處置
[illegible]	海拉爾阿部部隊氣付灘波隊 平野孝次郎	北安省佐久間部隊原隊 東 武雄	アノ想ハ悲シキ騎兵部隊タル東部隊ノ兵舎ニ到着シタコニハ全員カ出動シテ全滅シテシマツタノテス	削除
右同	海拉爾小松原部隊經理室 宮川松夫	愛知縣瀬戸市今川西 木村造松	新聞ノ報導ハ餘リニモ虚報カ過キテ居ルノ我軍ノ苦境ハ實ニ目モアテラレヌ程テス	同
七、二二 海拉爾	海拉爾戸田部隊矢谷隊 三枝重雄	東京市向島區嬬町 佐藤君枝	戰場テ名誉ノ戰死ヲナサレタ方ハ無慘ナモノテス死體カ炎熱百三四十度ノタメ蛆虫カ發シ悪臭鼻ヲツック	同
七、二三 海拉爾	於七五二高地 徳野 芳	新京市大和ホテル 井野スミ子	敵ノ飛行機ニ惱マサレル戰ハカクモ悲慘ナモノカト思フ山縣部隊ハ三百名餘リ戰死シタコトヲ聞ク戰傷者モ多イコトト思フ暑サノ為倒レタ兵隊カ道端ニ澤山ウコメイテ居ル	同

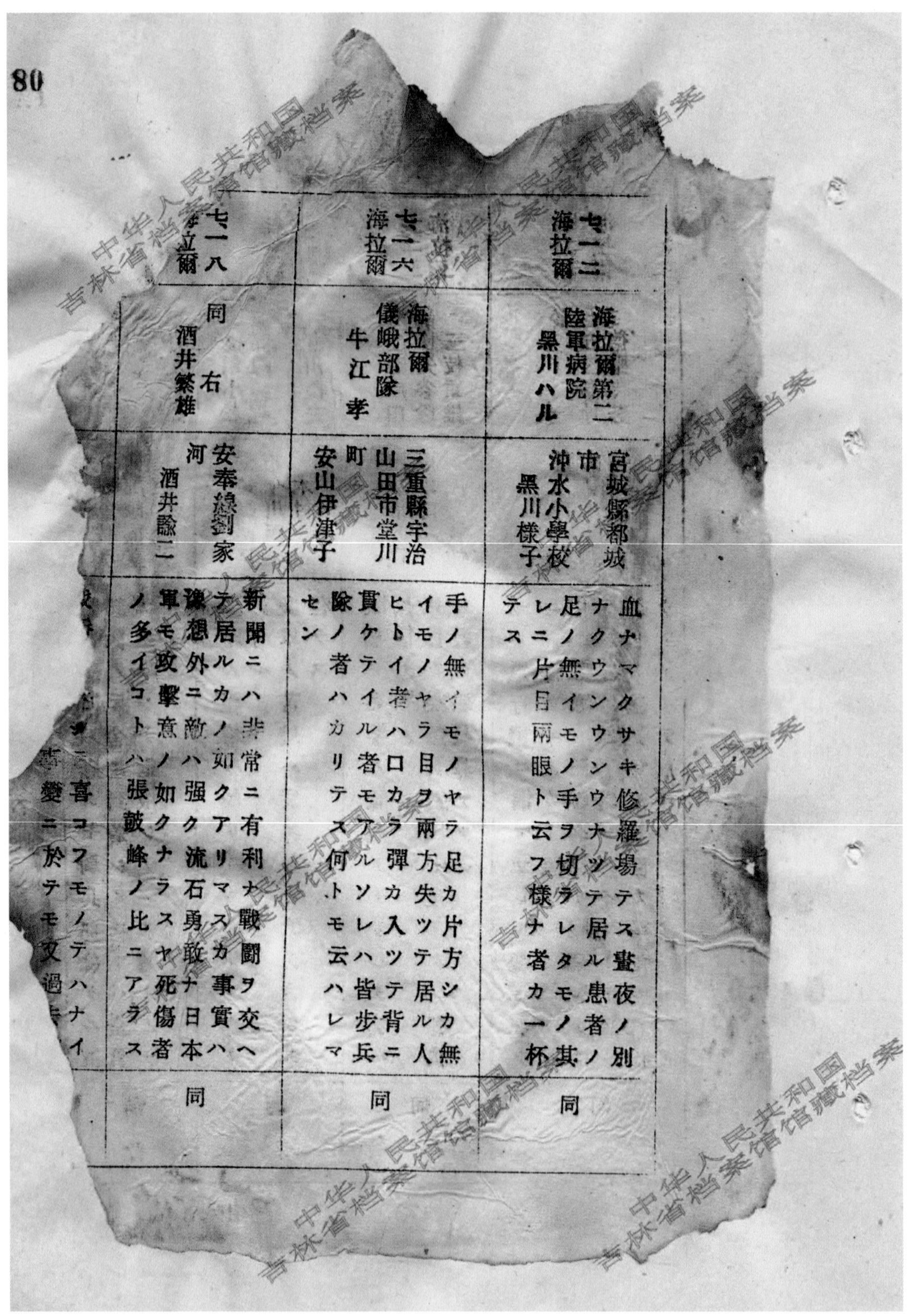

80

七一二 海拉爾	海拉爾第二陸軍病院 黒川ハル	宮城縣都城市 沖水小學校 黒川様子	血ナマクサキ修羅場テス晝夜ノ別ナクウンウンウナツテ居ル患者ノ足ノ無イモノ手ヲ切ラレタモノ其レニ片目兩眼ト云フ様ナ者カ一杯テス	同
七一六 海拉爾	海拉爾儀峨部隊 牛江孝	三重縣宇治山田市堂川町 安山伊津子	手ノ無イモノヤラ足カ片方シカ無イモノヤラ目ヲ兩方失ツテ居ル人ヒトイ者ハ口カラ彈カ入ツテ背ニ貫ケテイル者モアルソレハ皆歩兵除ノ者ハカリテス何トモ云ハレマセン	同
七一八 海拉爾	同右 酒井繁雄	安奉線劉家河 酒井諗二	新聞ニハ非常ニ有利ナ戰鬪ヲ交ヘテ居ルカノ如クアリマスカ事實ハ豫想外ニ敵ハ強ク流石勇敢ナ日本軍モ攻撃意ノ如クナラスヤ死傷者ノ多イコトハ張鼓峰ノ比ニアラス	同

[illegible]ニ喜コフモノテハナイ
[illegible]事變ニ於テモ又過キ[illegible]

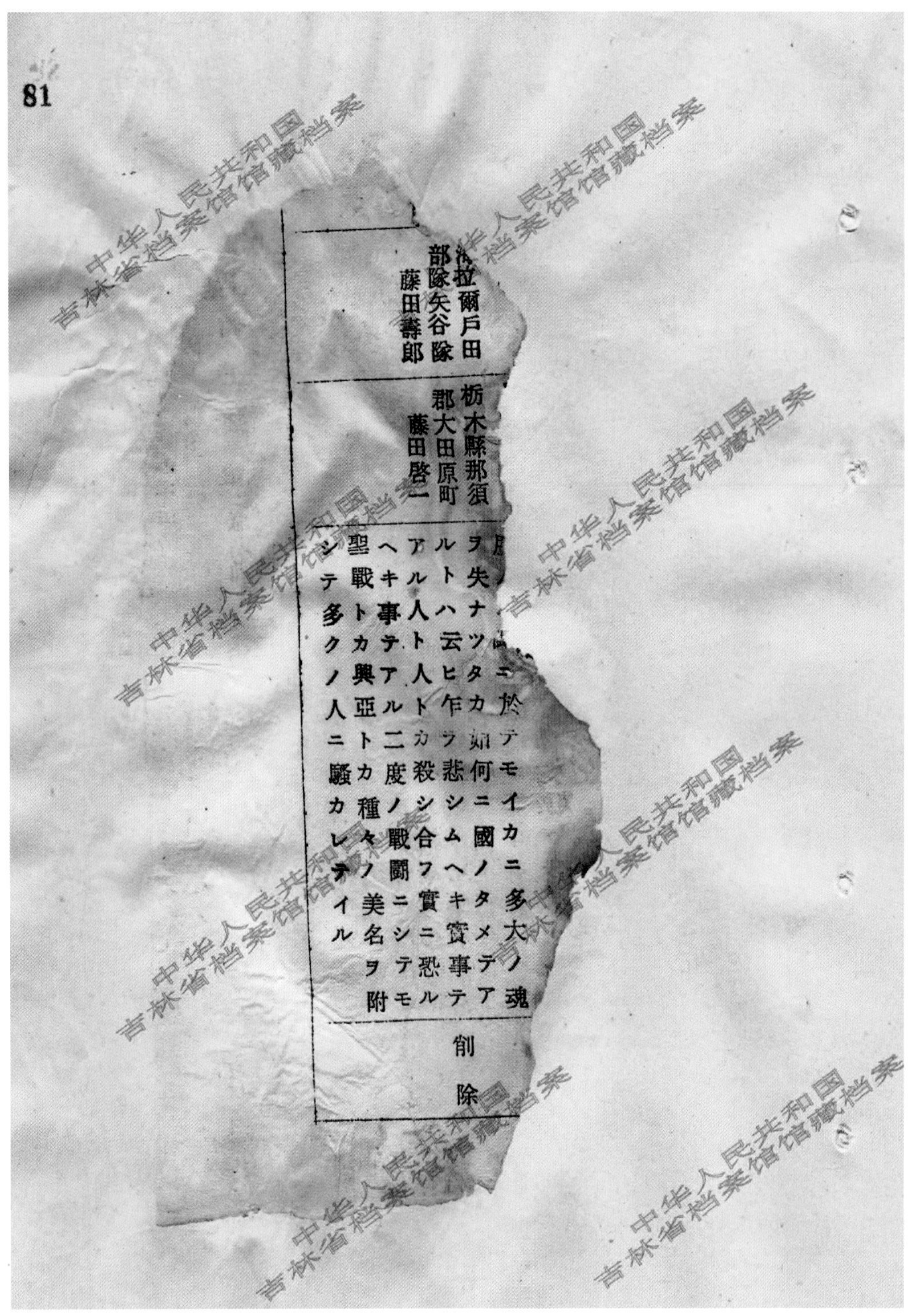

81

海拉爾戸田部隊矢谷隊 藤田壽郎	栃木縣那須郡大田原町 藤田啓一	[illegible]ニ於テモイカニ多大ノ魂ヲ失ナッタカ如何ニ國ノタメテアルトハ云ヒ乍ラ悲シムヘキ實事テアル人ト人トカ殺シ合フ實ニ恐ルヘキ事テアル二度ノ戰闘ニシテモ聖戰トカ興亞トカ種々ノ美名ヲ附シテ多クノ人ニ驅カレテイル
		削除

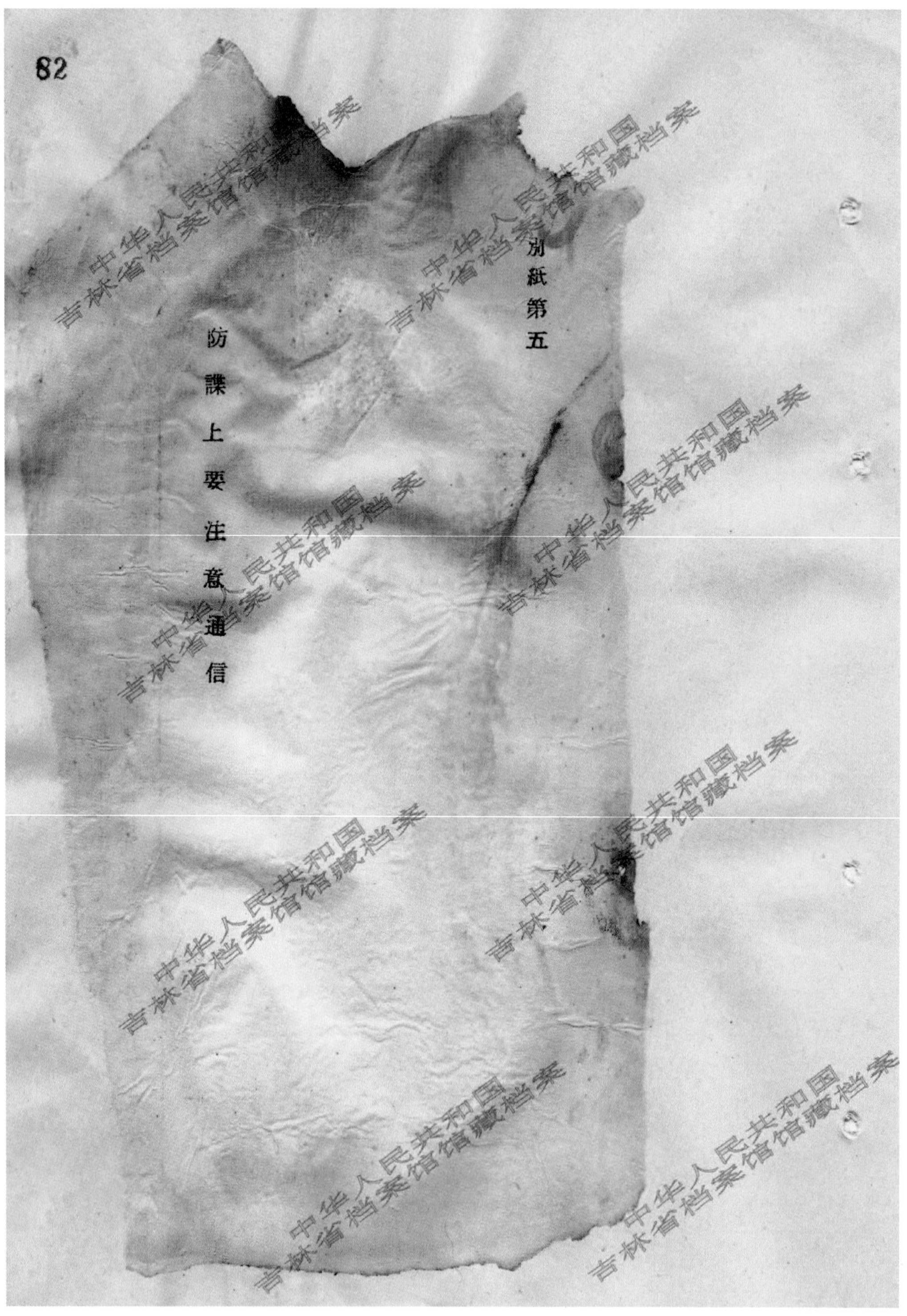
82

別紙第五

防諜上要注意通信

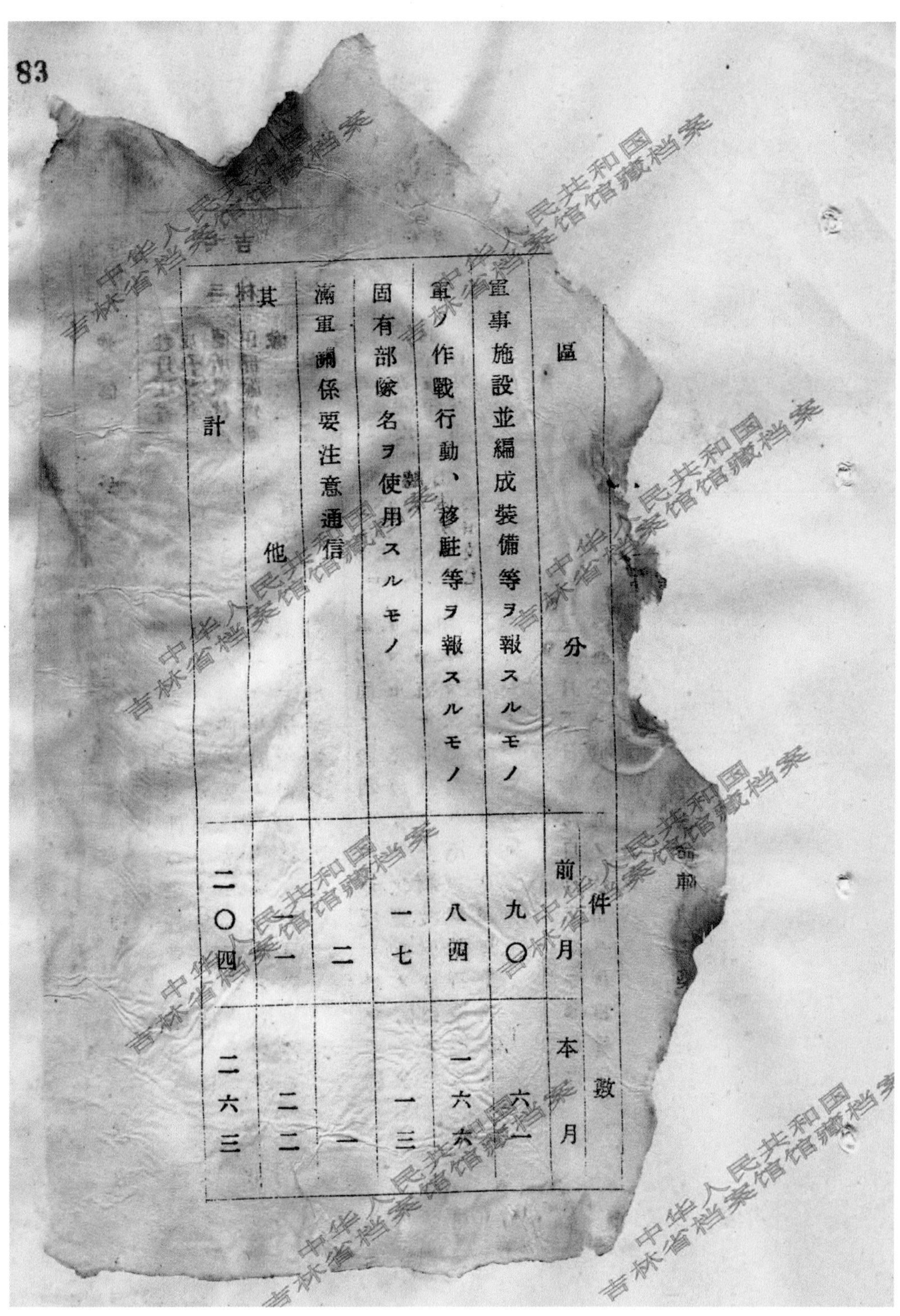

83

區分	件數	
	前月	本月
軍事施設並編成裝備等ヲ報スルモノ	九〇	六一
軍ノ作戰行動、移駐等ヲ報スルモノ	八四	一六六
固有部隊名ヲ使用スルモノ	一七	一三
滿軍關係要注意通信	二	一
其他	一一	二二
計	二〇四	二六三

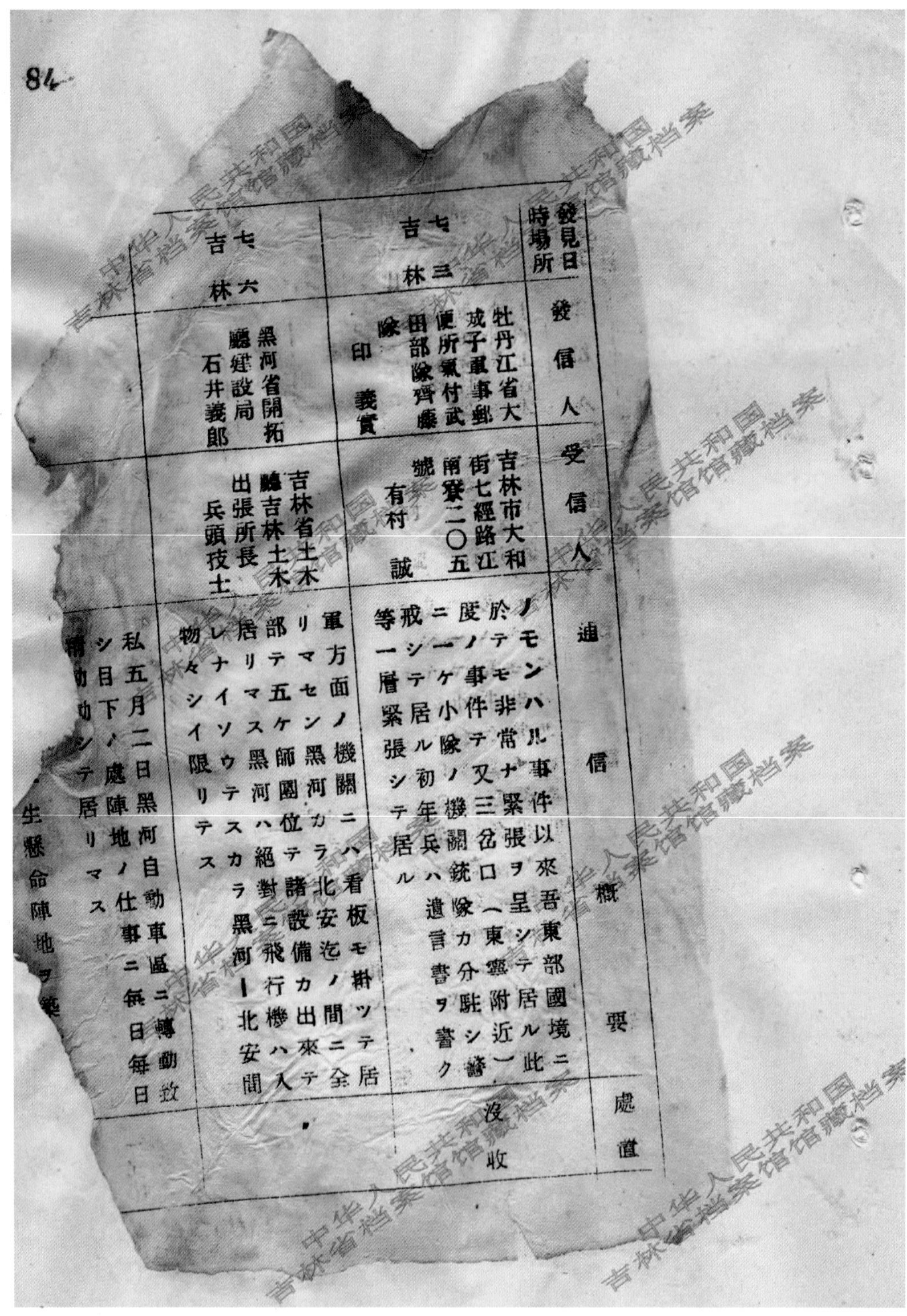

84

發見日時場所	發信人	受信人	通信概要	處置
七 三 吉林	牡丹江省大城子軍事郵便所氣付武田部隊齊藤隊 印義實	吉林市大和街七經路江南發二〇五號 有村誠	ノモンハル事件以來吾東部國境ニ於テモ非常ナ緊張ヲ呈シテ居ル此度ノ事件テ又三岔口（東寧附近）ニ一ケ小隊ノ機關銃隊カ分駐シ警戒シテ居ル初年兵ハ遺言書ヲ書ク、等一層緊張シテ居ル	沒收
七 六 吉林	黑河省開拓廳建設局 石井義郎	吉林省土木廳吉林土木出張所長 兵頭技士	軍方面ノ機關ニハ看板モ掛ツテ居リマセンカラ黑河カラ北安迄ノ間ニ全部テ五ケ師團位テ諸設備カ出來テ居リマス黑河ハ絶對ニ飛行機ハ入レナイソウテスカラ黑河－北安間物々シイ限リテス 私五月二日黑河自動車區ニ轉勤致シ目下ノ處陣地ノ仕事ニ毎日毎日精[illegible]勤シテ居リマス ……生懸命陣地ヲ築	

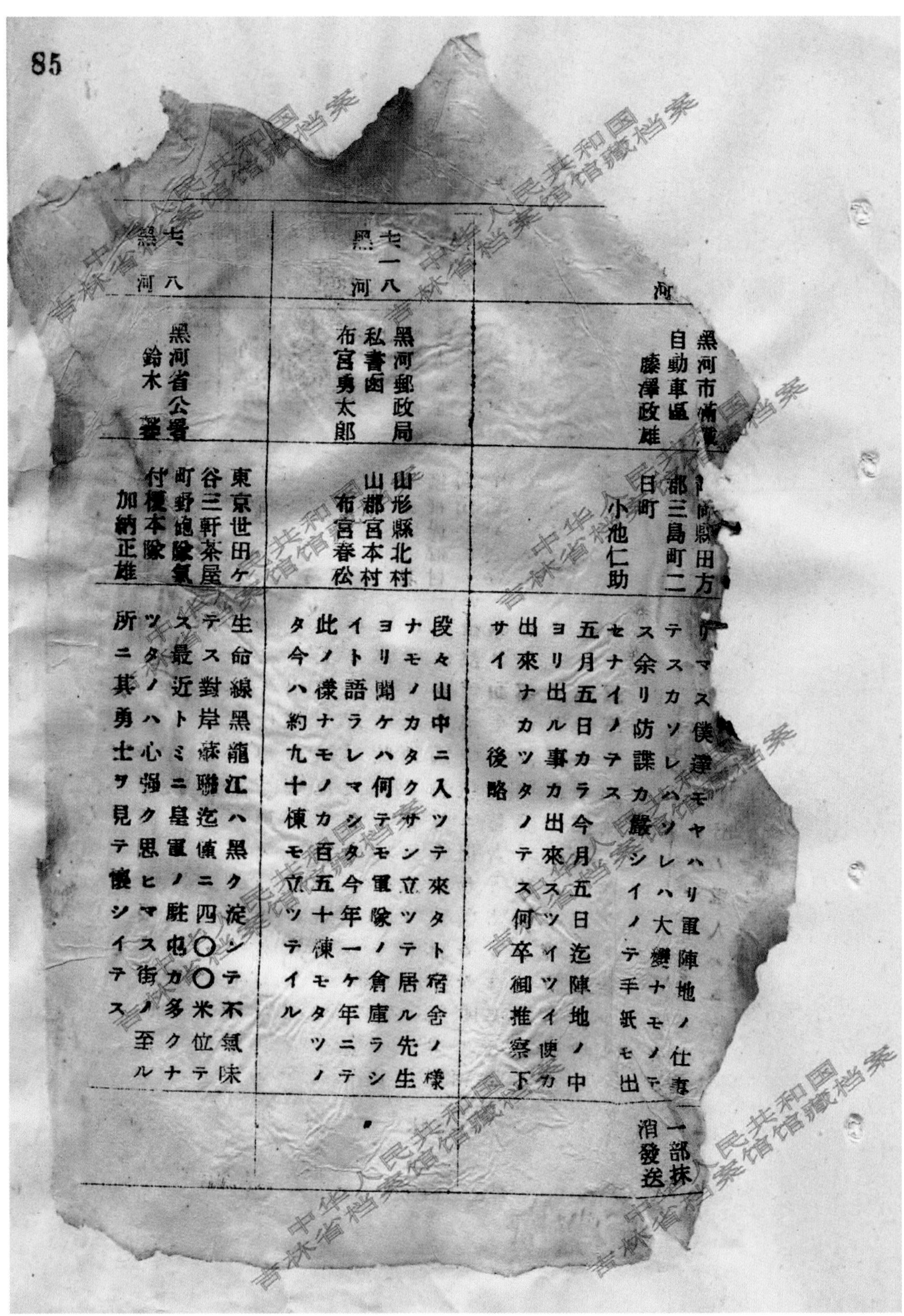

85

河	黒河市滿鐵自動車區 藤澤政雄	[illegible]岡縣田方郡三島町二日町 小池仁助	[illegible]マス僕達モヤハリ軍陣地ノ仕事テスカソレハソレハ大變ナモノテス余リ防諜カ嚴シイノテ手紙モ出セナイノテス 五月五日カラ今月五日迄陣地ノ中ヨリ出ル事カ出來スツイツイ便カ出來ナカツタノテス何卒御推察下サイ 後略	一部抹消發送
七一八 黒河	黒河郵政局私書函 布宮勇太郎	山形縣北村山郡宮本村 布宮春松	段々山中ニ入ツテ來タト宿舍ノ樣ナモノカタクサン立ツテ居ル先生ヨリ聞ケハ何テモ軍隊ノ倉庫ラシイト語ラレマシタ今年一ケ年ニテ此ノ樣ナモノカ百五十棟モタツノタ今ハ約九十棟モ立ツテイル	
七八 黒河	黒河省公署 鈴木[illegible]	東京世田ケ谷三軒茶屋町野砲隊氣付欄本隊 加納正雄	生命線黒龍江ハ黒ク淀ンテ不氣味テス對岸蘇聯迄僅ニ四〇〇米位テスト最近ミニ皇軍ノ駐屯カ多クナツタノハ心強ク思ヒマス街ノ至ル所ニ其勇士ヲ見テ懐シイテス	

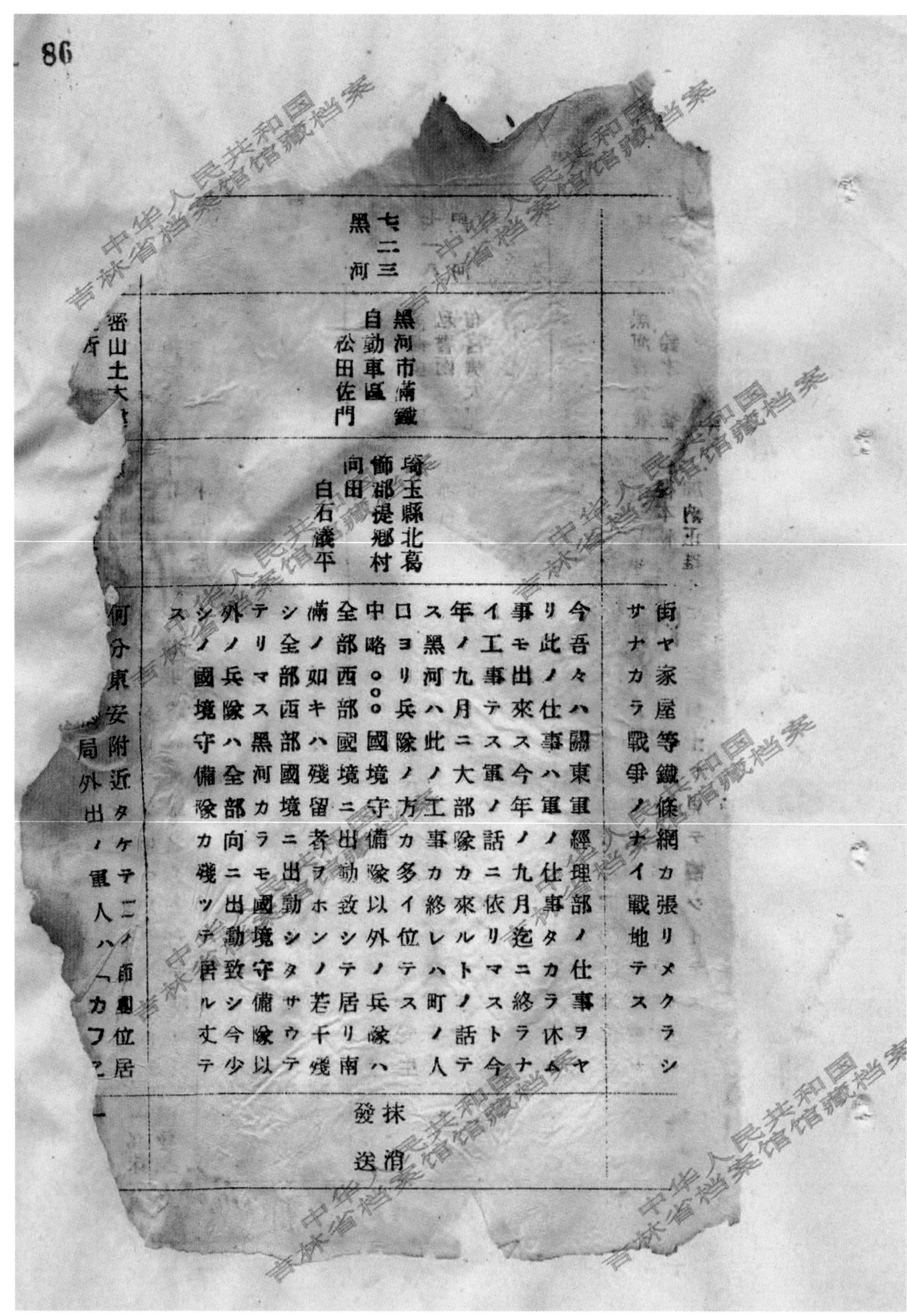

86

街ヤ家屋等鐵條網カ張リメクラシ
サナカラ戰爭ノナイ戰地テス

七二三
黑河

黑河市滿鐵
自動車區
松田佐門

埼玉縣北葛
飾郡提鄉村
向田
白石義平

今吾々ハ關東軍經理部ノ仕事ヲヤ
リ此ノ仕事ハ軍ノ仕事タカラ休ム
事モ出來ス今年ノ九月迄ニ終ラナ
イ工事テス軍ノ話ニ依リマスト今
年ノ九月ニ大部隊カ來ルトノ話テ
ス黑河ハ此ノ工事カ終レハ町ノ人
ロヨリ兵隊ノ方カ多イ位テス
中略。。。國境守備隊以外ノ兵隊ハ
全部西部國境ニ出動致シテ居リ南
滿ノ如キハ殘留者ヲホンノ若干殘
シ全部西部國境ニ出動シタサウテ
テリマス黑河カラモ國境守備隊以
外ノ兵隊ハ全部向ニ出動致シ今少
シノ國境守備隊カ殘ツテ居ル丈テ
ス

抹消
發送

密山土木
所

何分東安附近タケテ二ノ師團位居
局外出ノ軍人ハ一カ

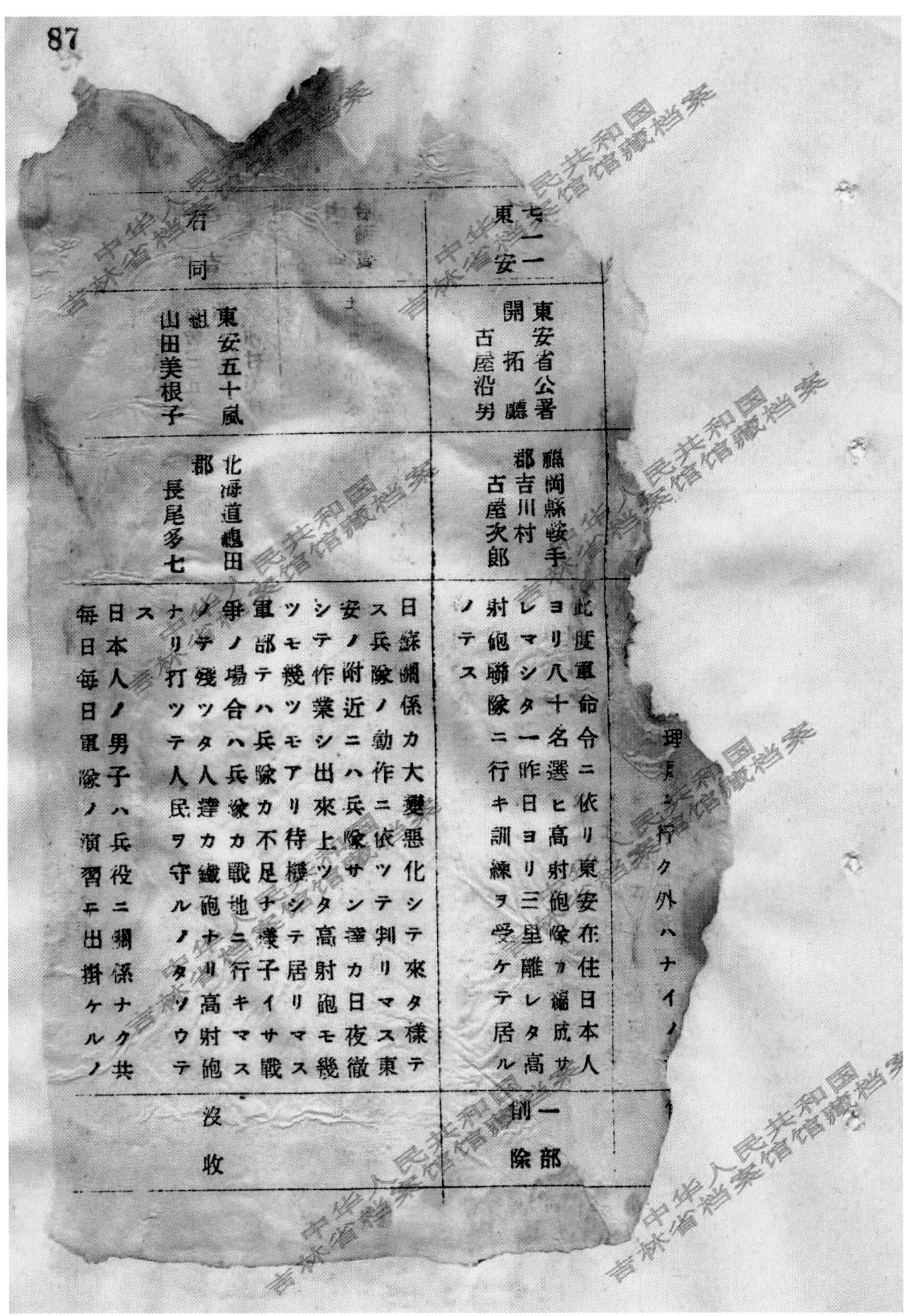

87

七一一 東安	東安省公署 開拓廳 古屋沿男	福岡縣鞍手郡吉川村 古屋次郎	此度軍命令ニ依リ東安在住日本人ヨリ八十名選ヒ高射砲隊カ編成サレマシタ一昨日ヨリ三里離レタ高射砲聯隊ニ行キ訓練ヲ受ケテ居ルノテス	一部削除
右同	東安五十嵐組 山田美根子	北海道龜田郡 長尾多七	日蘇關係カ大變悪化シテ來タ樣テス兵隊ノ動作ニ依ツテ判リマス東安ノ附近ニハ兵隊サン達カ日夜徹シテ作業シ出來上ツタ高射砲モ幾ツモ幾ツモアリ待機シテ居リマス軍部テハ兵隊カ不足ナ樣子イサ戰爭ノ場合ハ兵隊カ戰地ニ行キマスノテ殘ツタ人達カ鐵砲ナリ高射砲ナリ打ツテ人民ヲ守ルノタソウテス日本人ノ男子ハ兵役ニ關係ナク共毎日毎日軍隊ノ演習ニ出掛ケルノ	沒收

理[illegible]行ク外ハナイノ

88

テ家ノ仕事カ出來ナク困ツテ居リマス

七、四 延吉	延吉東車北官舍三五ノ西 西村美技	鞍山九條町五三ノ四 雪本あき	私共ハ今轉勤ノ話テ持切テス奉天ニ少尉候補者隊（士官學校）カ出來マスノテ其處ニ行ク樣ニナレハ良イノテスカ……	押收
七、四 哈爾賓	哈爾賓石井部隊 正崎爲志	千葉縣匝瑳郡八日市場町 石原市太郎	昰儀ハ六月二十二日夜突然ナル命令ニテ目下第一線ニ出動中テス我カ石井部隊ハ特殊秘密部隊故決シテ他言ハシナイテ下サイ隊内ハ各部隊ノ自動車テ一杯召集ヲ受ケテカラ二十四時間二十八分ノ内ハ貨車三百八十二車ノ發送完了自動車ノ數ハトレタケカ不明テ、隊ハ午後九時頃出動命令カ タヨウテ牡丹江附近各部隊ヲ殘シ東寧綏芬河虎林佳木 出動シ[illegible]哈爾賓方面[illegible]	其儘發送

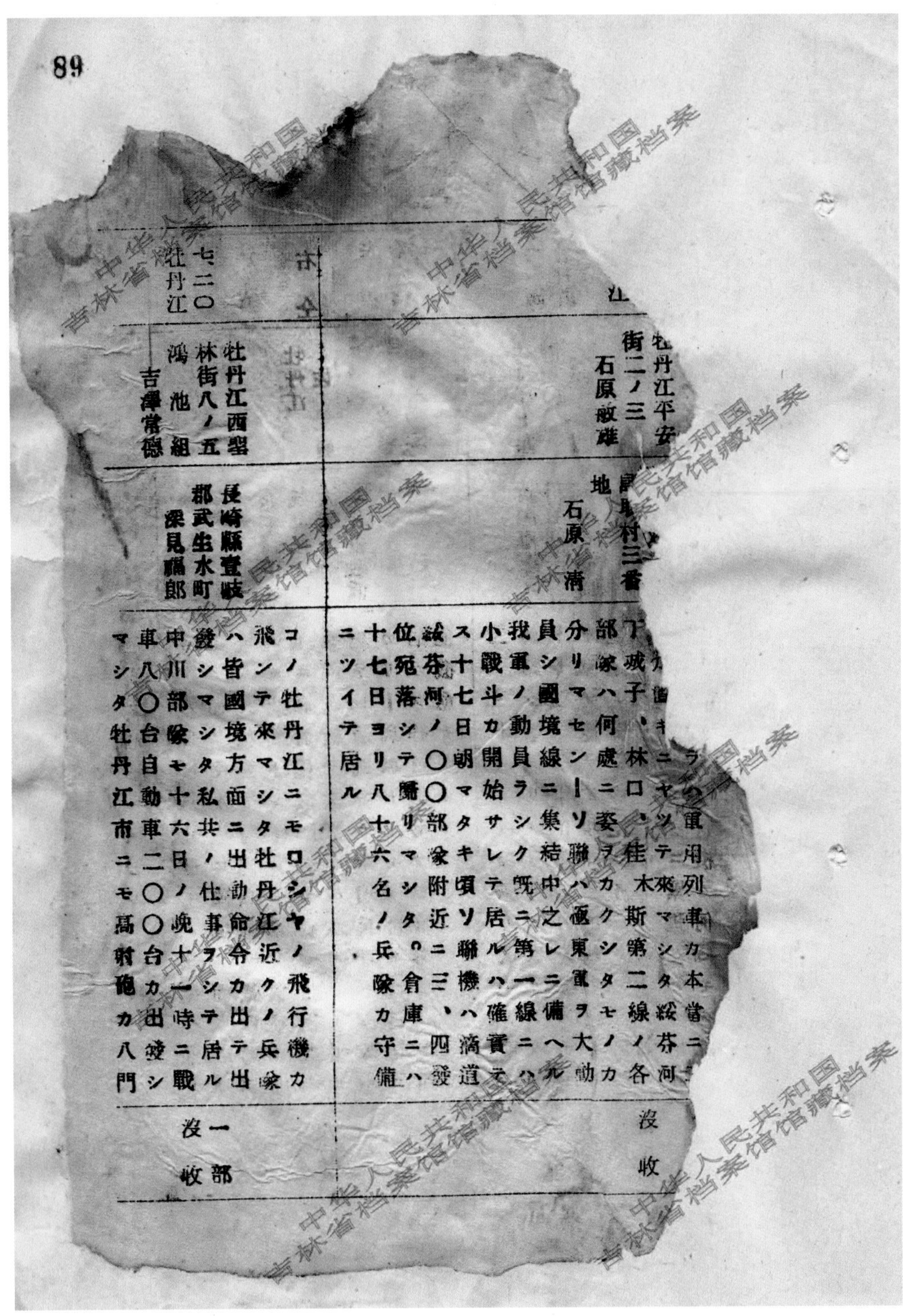

89

…	牡丹江 七二〇
牡丹江平安街二ノ三 石原敏雄	牡丹江西聖林街八ノ五 鴻池組 吉澤常德
…縣…村三番地 石原清	長崎縣壹岐郡武生水町 深見福郎
[illegible]ラハ軍用列車カ本當ニ[illegible]キニヤツテ來マシタ綏芬河下城子、林口、佳木斯第二線ノ各部隊ハ何處ニ姿ヲカクシタセノカ分リマセン｜ソ聯ハ極東軍ヲ大動員シ國境線ニ集結中之レニ備ヘル我軍ノ動員ラシク既ニ第一線ニハ小戰斗カ開始サレテ居ルハ確實テス十七日朝マタキ頃ソ聯機ハ滴道綏芬河ノ〇〇部隊附近ニ三、四發位苑落シテ歸リマシタ。倉庫ニハ十七日ヨリ八十六名ノ兵隊カ守備ニツイテ居ル	コノ牡丹江ニモロシヤノ飛行機カ飛ンテ來マシタ牡丹江近クノ兵隊ハ皆國境方面ニ出動命令カ出テ出發シマシタ私共ノ仕事ヲシテ居ル中川部隊モ十六日ノ晩十一時ニ戰車八〇台自動車二〇〇台カ出發シマシタ牡丹江市ニモ高射砲カ八門
沒收	一部沒收

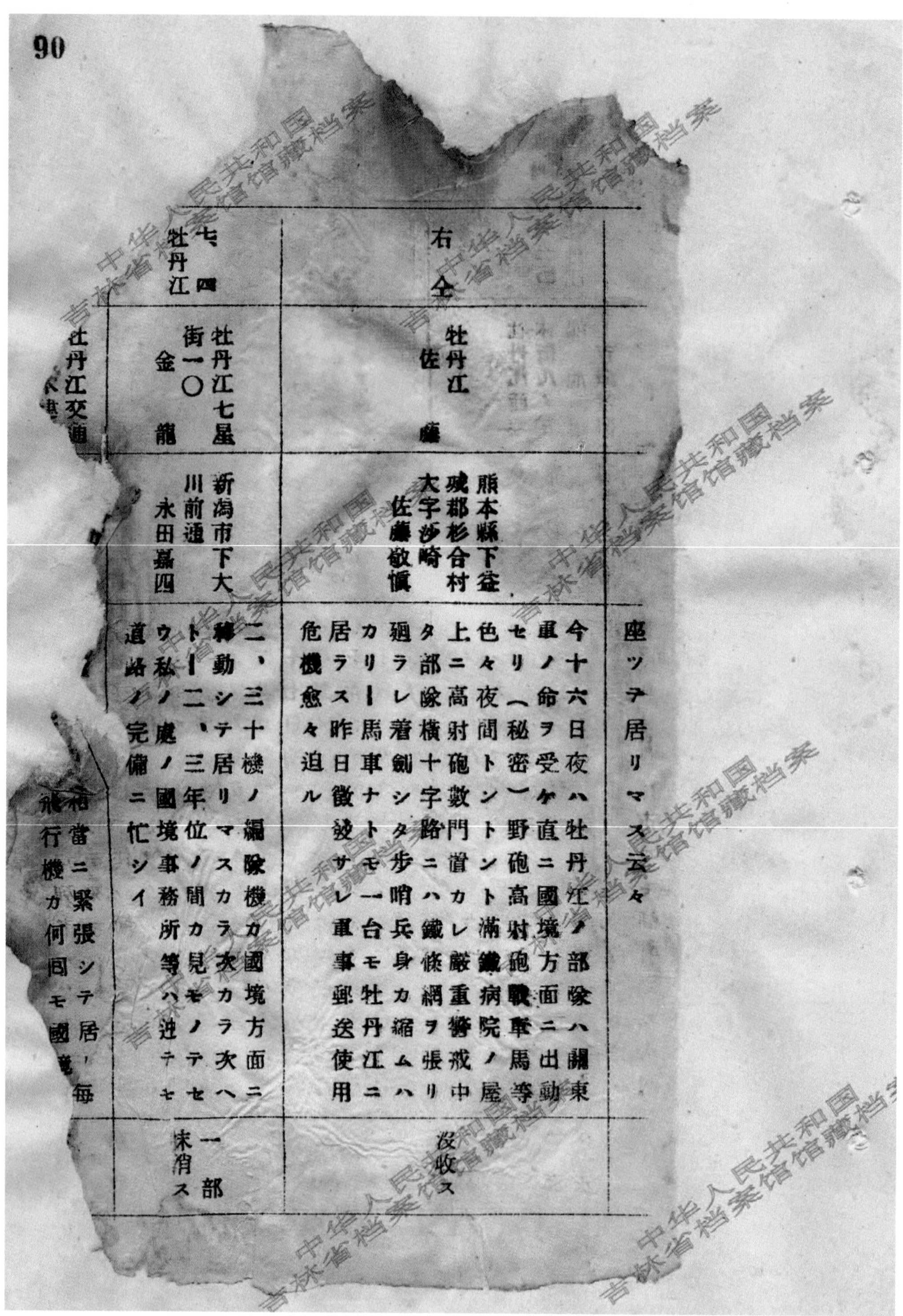

90

座ッテ居リマス云々

右仝	七四 牡丹江	
牡丹江 佐藤	牡丹江七星街一〇 金龍	牡丹江交通
熊本縣下益城郡杉合村大字沙崎 佐藤敬愼	新潟市下大川前通四 永田嘉四	
今十六日夜ハ牡丹江ノ部隊ハ關東軍ノ命ヲ受ケ直ニ國境方面ニ出動セリ（秘密）野砲高射砲戰車馬等色々夜間トントントン滿鐵病院ノ屋上ニ高射砲數門置カレ嚴重警戒中タ部隊横十字路ニハ鐵條網ヲ張リ通ラレ着劍シタ歩哨兵身カ縮ムハカリーー馬車ナトモ一台モ牡丹江ニ居ラス昨日徴發サレ軍事郵送使用危機愈々迫ル	二、三十機ノ編隊機カ國境方面ニ移動シテ居リマスカラ次カラ次ヘトー二、三年位ノ間カ見モノテセウ私ノ處ノ國境事務所等ハ逆テセ道路ノ完備ニ忙シイ	相當ニ緊張シテ居ル、毎飛行機カ何回モ國境
没收ス	一部抹消ス	

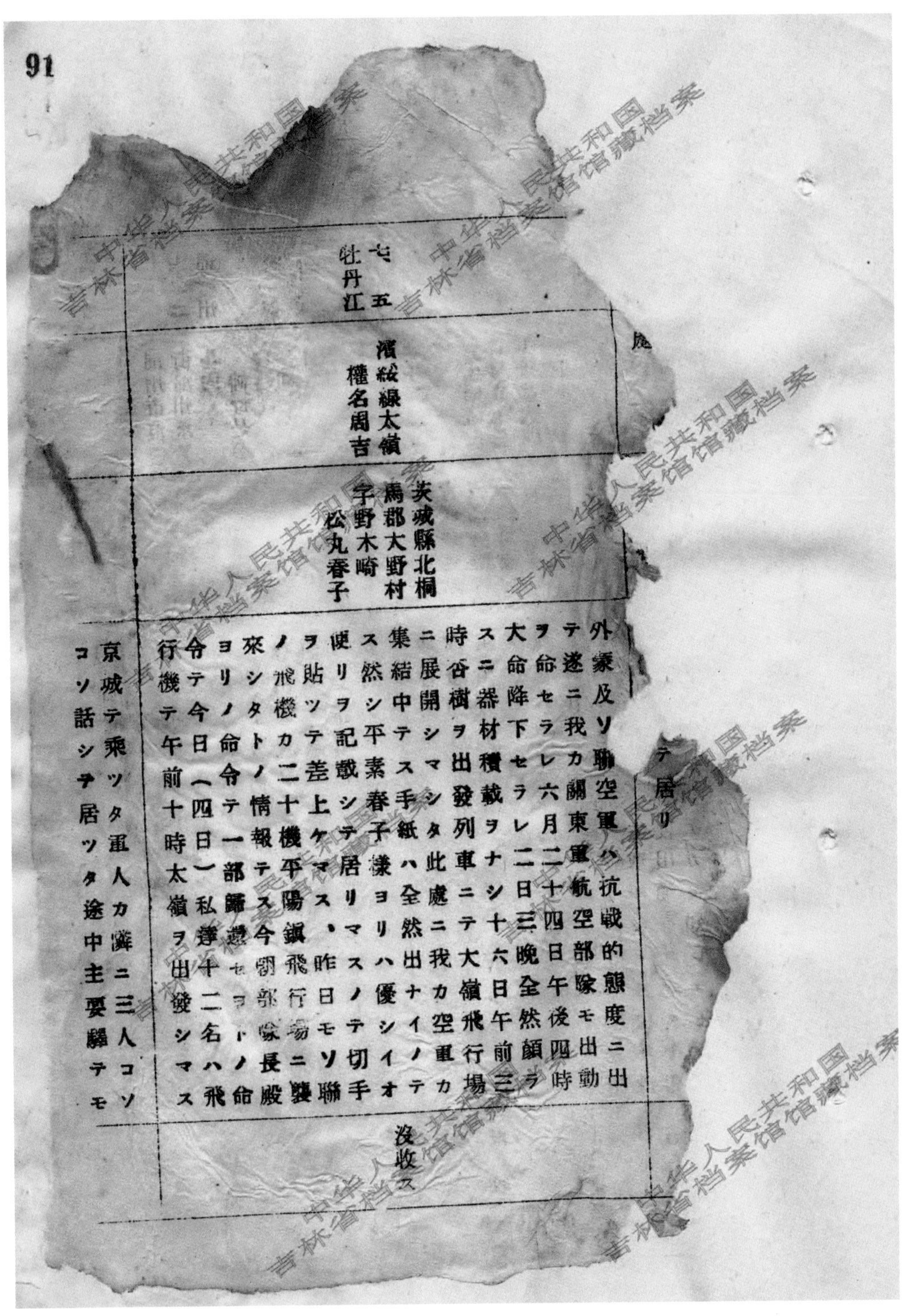

91

七五
牡丹江

濱綏線太嶺
權名周吉

茨城縣北桐馬郡大野村
字野木崎
松丸春子

外蒙及ソ聯空軍ハ抗戰的態度ニ出テ遂ニ我カ關東軍航空部隊モ出動ヲ命セラレ六月二十四日午後四時大命降下セラレ二日三晩全然顔ラスニ器材積載ヲナシ十六日午前三時否樹ヲ出發列車ニテ大嶺飛行場ニ展開シマシタ此處ニ我カ空軍カ集結中テス手紙ハ全然出ナイノテス然シ平素春子樣ヨリハ優シイオ使リヲ記戴シテ居リマスノテ切手ヲ貼ツテ差上ケマス・昨日モソ聯ノ飛機カ二十機平陽鎮飛行場ニ襲來シタトノ情報テス今劉部隊長殿ヨリノ命令テ一部歸還セヲトノ命令テ今日一四日一私達十二名ハ飛行機テ午前十時太嶺ヲ出發シマス

京城テ乘ツタ軍人カ隣ニ三人コソコソ話シテ居ツタ途中主要驛テモ

沒收ス

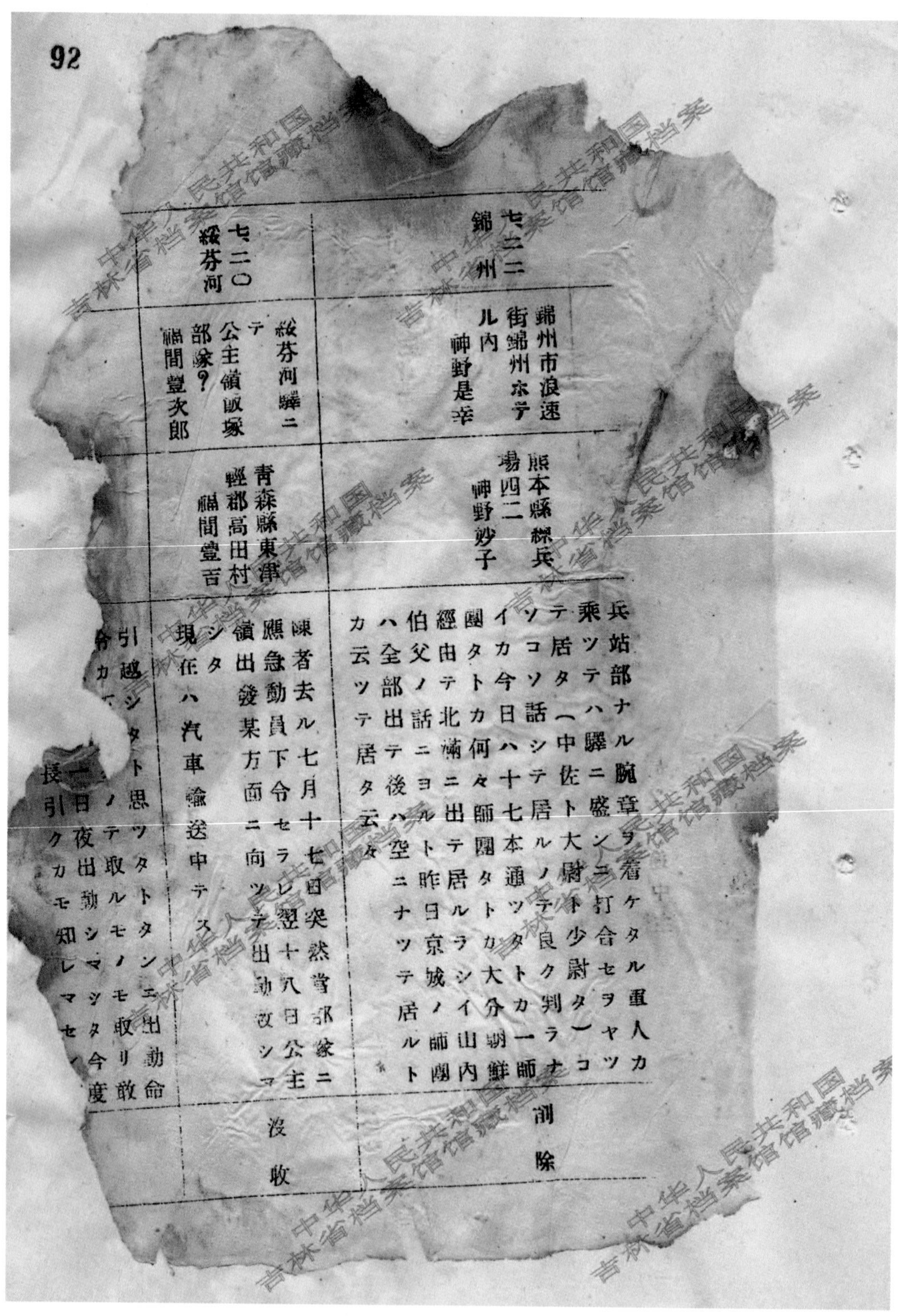

92

七二一 錦州	錦州市浪速街錦州ホテル內 神野是幸	熊本縣練兵場四二 神野妙子	兵站部ナル腕章ヲ着ケタル軍人カ乘ツテハ驛ニ盛ンニ打合セヲヤツテ居タ（中佐ト大尉ト少尉タ）コソコソ話シテ居ルノテ良ク判ラナイカ今日ハ十七本通ツタトカ一師團タトカ何々師團タトカ大分朝鮮經由テ北滿ニ出テ居ルラシイ山內伯父ノ話ニヨルト昨日京城ノ師團ハ全部出テ後ハ空ニナツテ居ルトカ云ツテ居タ云々	削除
七二〇 綏芬河	綏芬河驛ニテ 公主嶺飯塚部隊？ 福間豊次郎	青森縣東津輕郡高田村 福間豊吉	陳者去ル七月十七日突然當部隊ニ應急動員下令セラレ翌十八日公主嶺出發某方面ニ向ツテ出動致シマシタ現在ハ汽車輸送中テス	沒收
[illegible]	[illegible]	[illegible]	引越シタト思ッタトタンニ出動命令カ[illegible]ノテ取ルモノモ取リ敢[illegible]一日夜出動シマシタ今度[illegible]長引クカモ知レマセン	

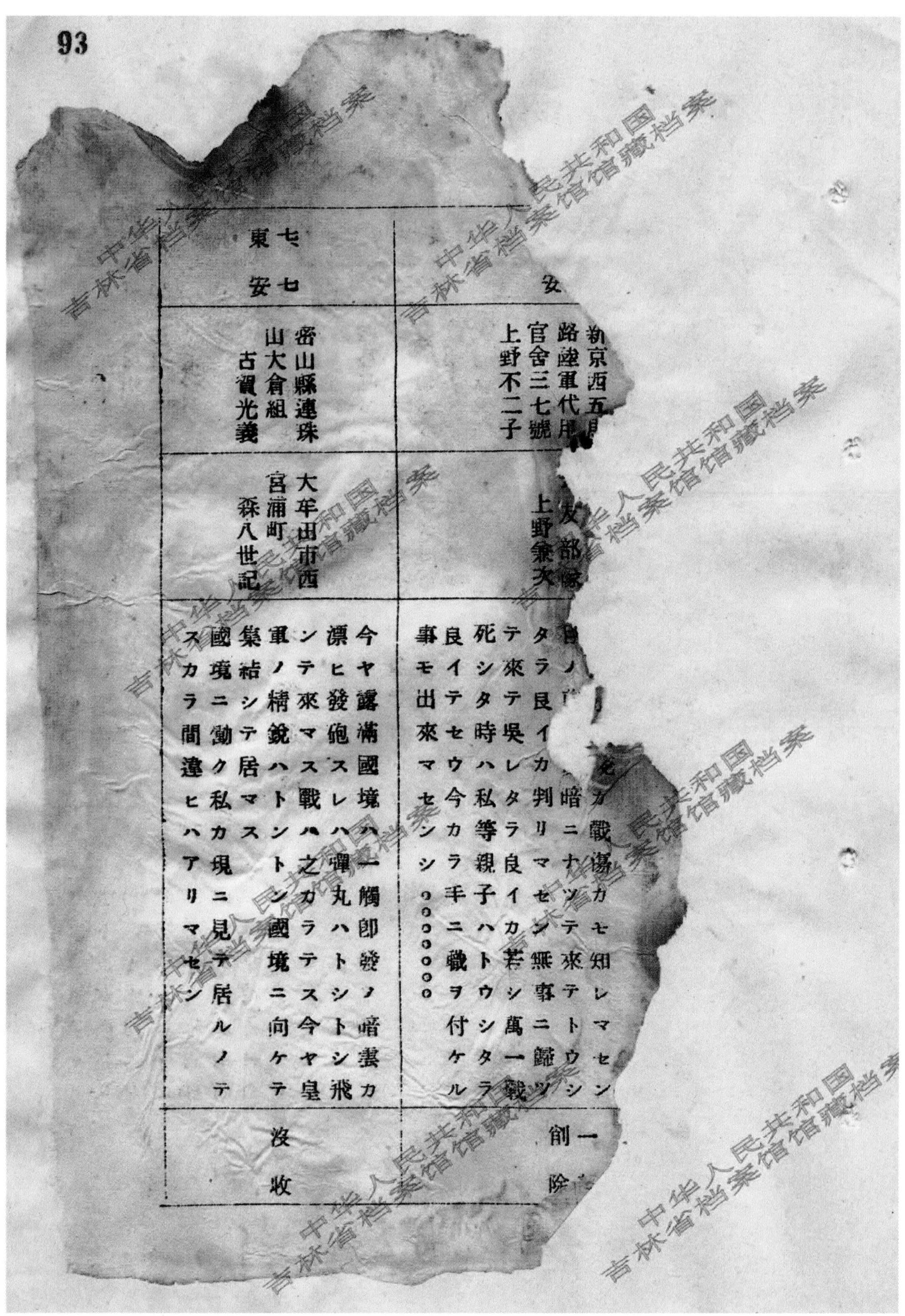

93

安	新京西五[illegible]路陸軍代用官舎三七號 上野不二子	[illegible]友部隊 上野兼次	自ノ[illegible]暗ニナツテ來テトウシタラ良イカ判リマセン無事ニ歸ツテ來テ呉レタラ良イカ若シ萬一戰死シタ時ハ私等親子ハトウシタラ良イテセウ今カラ手ニ職ヲ付ケル事モ出來マセンシ○○○○○○○ [illegible]カ戰場カモ知レマセン	一 削除
七七 東安	密山縣連珠山大倉組 古賀光義	大牟田市西宮浦町 森八世記	今ヤ露滿國境ハ一觸卽發ノ暗雲カ漂ヒ發砲スレハ彈丸ハトシトシ飛ンテ來マス戰ハ之カラテス今ヤ皇軍ノ精鋭ハトントン國境ニ向ケテ集結シテ居マス國境ニ働ク私カ現ニ見テ居ルノテスカラ間違ヒハアリマセン	沒收

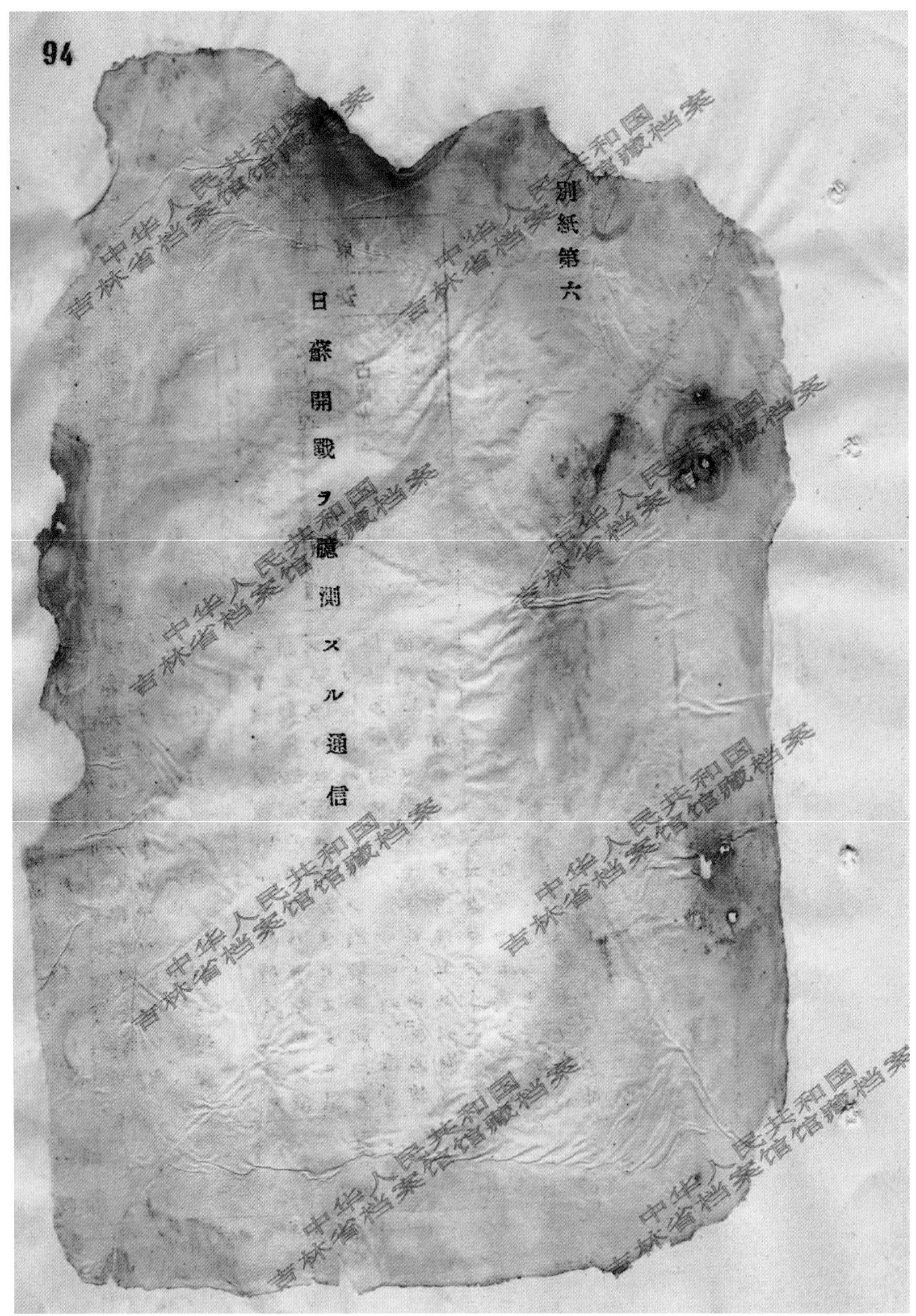
94

別紙第六

日蘇開戰ヲ臆測スル通信

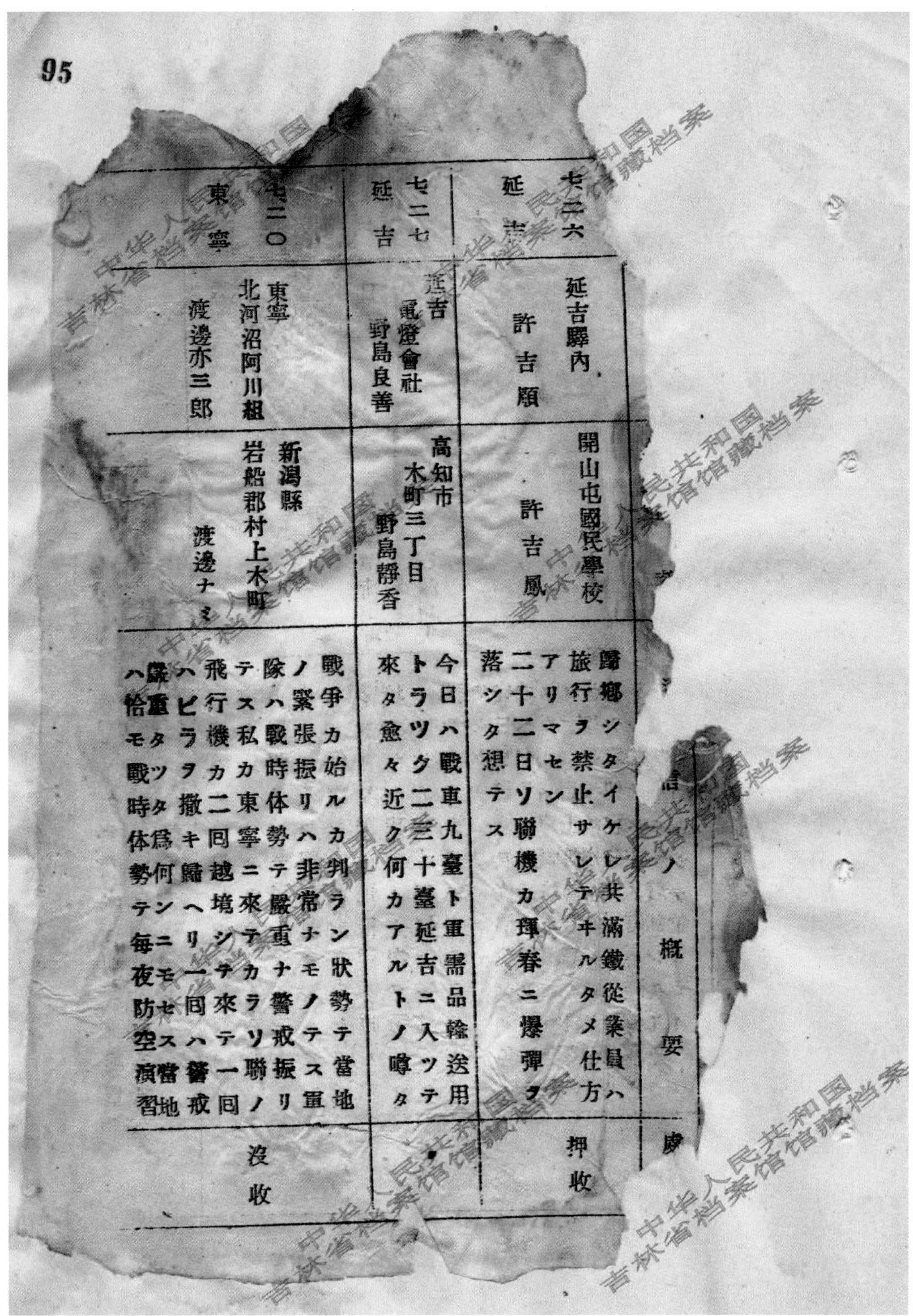

95

			……信ノ概要	處……
七二六 延吉	延吉驛內 許吉順	開山屯國民學校 許吉鳳	歸郷シタイケレ共滿鐵從業員ハ旅行ヲ禁止サレテヰルタメ仕方アリマセン二十二日ソ聯機カ琿春ニ爆彈ヲ落シタ想テス	押收
七二七 延吉	延吉 電燈會社 野島良善	高知市 木町三丁目 野島靜香	今日ハ戰車九臺ト軍需品輸送用トラツク二三十臺延吉ニ入ツテ來タ愈々近ク何カアルトノ噂タ	
七二〇 東寧	東寧 北河沼阿川組 渡邊亦三郎	新潟縣 岩船郡村上木町 渡邊ナミ	戰爭カ始ルカ判ラン狀勢テ當地ノ緊張振リハ非常ナモノテス軍隊ハ戰時体勢ニテ嚴重ナ警戒振リテス私カ東寧ニ來テカラソ聯ノ飛行機カ二回越境シテ來テ一回ハビラヲ撒キ歸ヘリ一回ハ警戒嚴重タツタ爲何ンニモセス當地ハ恰モ戰時体勢テ毎夜防空演習	沒收

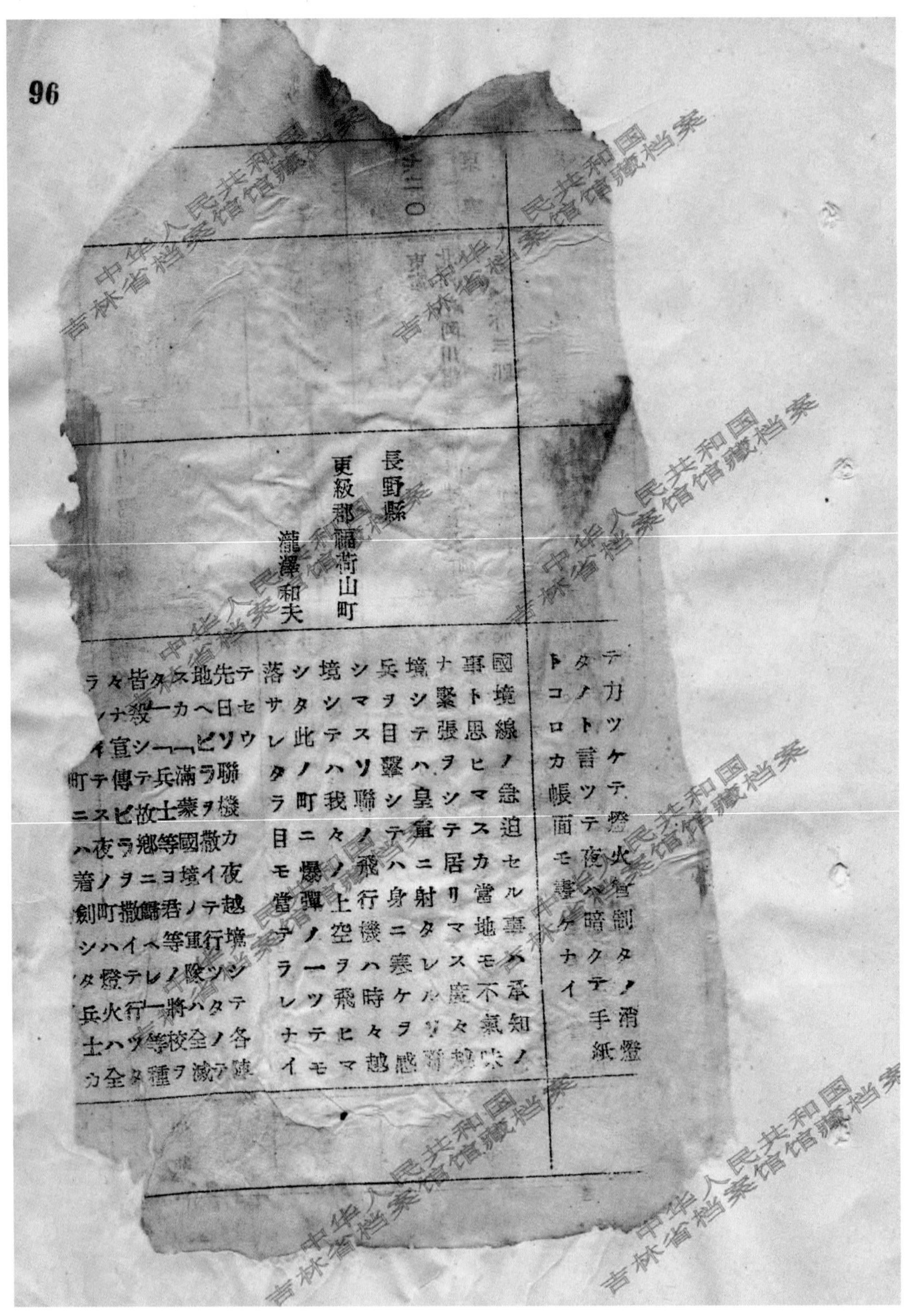
96

長野縣
更級郡稲荷山町
瀧澤和夫

テカツケテ燈火管制タノ消燈
タノト言ツテ夜ハ暗クテ手紙
トコロカ帳面モ書ケナイ

國境線ノ急迫セル事ハ承知ノ
事ト思ヒマスカ當地モ不氣味
ナ緊張ヲシテ居リマス度々越
境シテハ皇軍ニ射タレルソ聯
兵ヲ目撃シテハ身ニ寒ケヲ感
シマスソ聯ノ飛行機ハ時々越
境シテハ我々ノ上空ヲ飛ヒマ
シタ此ノ町ニ爆彈ノ一ツデモ
落サレタラ目モ當テラレナイ

テセウ
先日ソ聯機カ夜越境シテ各
地ヘビラヲ撒イテ行ツタノデ
スカ「滿蒙國境ノ軍隊ハ全滅
タ」「兵士等ヨ君等ノ將校ヲ
皆殺シテ故郷ニ歸ヘレ」等種
々ナ宣傳ビラヲ撒イテ行ツタ
ラシイデス夜ノ町ハ燈火ハ全
町ニハ着劍シタ兵士カ

참고역문

개요

一. 노몬한사건 이후 급박한 만소국경의 형세 하에, 특히는 全滿防衛의 명령이 하달된 후 방첩 및 치안에 유해한 사항에 관한 정찰에 진력하고 있음. 특히 방첩자료의 수집에 적극적으로 임하고 있음.

이번 달 처리한 전보와 우편물 수량은 다음 도표와 같음.

유 형	시간별	취급건수	처리건수
전보	지난 달	796 898	1072
	이번 달	745 806	977
우편물	지난 달	623 361	767
	이번 달	693 860	900

□□□검열을 통해 □□ 혐의가 있는 □전보문영인본(□國官報428건)이며 이달에는 군대출동, 電需輸送등에 관한 전보가 29건임. 주요상황은 별지제1과 같음.

외국인이 "코드"를 사용한 상황은 별지제2와 같음.

三. 전화검열

전화검열성과의 개요는 별지제3과 같음.

四. 우편물검열

우편물에 대한 검열을 통해 유해하다고 판단되거나 첩보자료로 인식되어 처리한 우편물의 개요 및 지난달과의 비교건수는 아래에 제시한 바와 같음. 구체적 상황은 별제제4부터 별지제11까지임. 방첩방면에서 유해하다고 판단되는 통신이 점차 증가세를 보임. 군대의 작전행동을 누설한 편지와 일소전쟁을 억측한 통신은 노몬한사건이후 매달 증가세를 보임. 특히 유언비어의 우려가 있는 통신은 지난달보다 4배가량 증가하였음.

종류 : 노몬한지역

주요내용개요 :

○ 노몬한사건은 장고봉사건보다 몇 배나 치열하다. 이번 격전에서 小松原각하, 酒井部隊長, 大内참모(戰死)가 부상을 입고 병원에 실려 갔다.

○ 남지나 방면에서 자동차부대가 와서 전투에 참가하였다.

○ 일본군은 2개 사단병력과 전차 약 200대, 비행기 약 200대, 자동차 약 500대가 협력하고 있다.

○ 아군의 탄약은 매일 트럭으로 50대 정도 수송하고 있으며 그중 10加級과 15加級이 제일 많다.

○ 아군의 지면부대는 수량이나 장비에서 훨씬 뒤진다. 그래서 현재까지 전세가 좋지 않다.

○ 소련의 포탄은 아주 크다. 속도든 폭파위력이든 아주 크다. 그에 비할 때 일본군의 모든 포탄은 약세이다.

○ 상대는 소련이 자랑하는 기계화부대이다. 하지만 우리는 그냥 폭탄으로 대항할 뿐이다. 만약 이 전투에서 우리가 이기면 그것은 참으로 기적이다.

○ 신문의 보도는 허보가 많다. 아군의 처참한 상황은 눈뜨고 보기 힘들 정도이다.

건수 : 지난달 284 이번 달 208

유형 : 방첩 상에서 요주의 통신

주요내용개요:

○ 흑하와 북안 사이에 약 5개 사단이 있다. 각종 시설이 완공되었다. 진을 치고 만단의 태세를 갖추었다.

○ 이 공사는 반드시 올 9월까지 끝나야 한다. 9월에 대부대가 온다고 한다.

○ 동안 부근에만 2개 사단이 있어야 한다.

○ 군대명령에 의해 동안에 있는 일본인 80명을 차출하여 고사포부대를 편성하였다.

○ 봉천에 少尉候補者隊(사관학교)를 설립하였다.

○ 목단강 부근의 각 부대는 유수대만 남기고 전부 동녕, 수분하, 호림, 가목사 방면으로 출동하였다.

○ 우리 관동군항공부도 명령을 받고 출동하였다. 16일 새벽 세시 杏林에서 출발한 기차를 타고 大嶺비행장에 집결하였다.

건수 : 지난 달 204, 이번 달 263

유형: □□사상

주요내용개요:

○ 더 이상 전선으로 나가고 싶지 않다. 전선에 가면 월급이 3할 인상된다. 하지만

그토록 위험한 곳에 가봐야 기껏해서 3원 차이밖에 나지 않는다.

○ 시국 때문에 부상 입었지만 흰옷에 감싸여 놀아주는 느낌도 퍽 좋다.

○ 120˚F내지 130˚F되는 폭염 속에서 방독면을 쓴 "가스"병사로서 방독면을 쓰고 작업하러 간다. 그 고통은 차라리 사람을 죽고 싶게 만든다. 군대는 참말로 불타는 지옥이다.

○ 중형유탄발사기가 하늘을 찢을 듯이 □□명령이 떨어져도 누구하나 머리를 드는 자가 없다.

○ 민간인들은 입만 벌리면 군인을 하늘처럼 떠받들지만 군인처럼 미움을 받는 사람도 없다. 인생의 절반 시간을 군대에서 보내야 하니 참 유감스럽다.

○ 꺽하면 "군인", "멸사봉공", "호국의 영혼이 되자"와와 같은 말을 입에 달고 사는 사람일수록 목숨을 아끼고 있다. 이는 그들의 이성적인 지혜를 보여주는 것이다. 靖國神社든 護國神社든 살아 있을 때의 위안일 뿐이다.

건수 : 지난 달41 , 이번 달□□

유 형	건 수	
	지난 달	이번 달
일소전쟁을 억측한 통신	24	59
유언비어의 우려가 있는 통신	48	181
항일통신	59	51
장제스에게 무기를 공급한 상황에 관한 통신	7	4
방첩 상 요주의 통신과 그 정찰 중에 있는 통신	20	31
부정행위로 의심되어 내사중에 있는 통신	25	18
천진 조계지봉쇄사건에 관한 통신	31	5
국책을 방해할 우려가 있는 통신	0	7
기타	24	18
합 계	767	900

소견

一. □□□민간에 있어 이번 방위명령이 하달됨에 따라 등화관제징집경비부대□□□. 동부국경에 소련비행기가 불법 월경하여 삐라를 살포하기에 □□□□□□□일부러 소련비행기가 침입하였다는 등 황당무계한 소문을 날조하였으며 이를 과대한 통신□□□□□

방첩방면으로 보나 치안방면으로 보나 참으로 한심한 일이다. 이후 시국의 추이에 따라 전시검열을 보다 가강할 필요가 있다.

二. 군인과 군무원의 군기 및 사상 방면에서 요주의 통신이 아직도 적지 않다. 시국의 추이에 따라 헌병의 검열은 반드시 일반우편물에 주목해야 한다. 부대는 보다 철저하게 우편물에 대한 강제검열, 점검 및 교육지도를 행해야 한다.

三. 상황은 상술한바와 같다. 사변이 장기화 될 조짐을 보이고 장래 소련의 불법행위가 보다 활발하게 진행될 시 전시검열업무를 보다 가강하고 국방과 치안 방면에서 산생되는 유해현상을 방지 및 억제하는데 단호해야 한다.

(完)

유해전보상황

발견 시간: □월 17일
발신자: 동안 만척지방사무소
수신자: 신경 만척
통신개요: 군수품을 수송하기 위해 식료품 이외 화물 및 300킬로그램 이상 되는 식량의 발송을 잠시 중지한다. 발송하지 않도록 반드시 주의를 요한다.
처리: 밑줄 그은 부분을 말소 후 발송

발견 시간: 7월 17일
발신자: 미상
수신자: 목단강 丸運分店長
통신개요: 어제 저녁 트럭부대의 징발 때문에 하역작업을 하지 못하였다.
처리: 밑줄 그은 부분을 말소 후 발송

발견 시간: 7월 17일
발신자: 목단강驛發 羽田
수신자: 静岡縣 榛原郡 御前味村無電台横 小川喜美子
통신개요: 편지는 잘 받았다. 엊저녁 세 사람이 군무운전을 나갔다가 아주 오래 끌었던 것 같다. 상세한 상황은 글을 참조하기 바란다. 羽田
처리: 밑줄 그은 부분을 말소 후 발송

발견 시간 : 7월 17일
발신자 : 寧安
수신자 : 하얼빈시 埠頭區 地段街2號 하얼빈 日日신문사 판매부
통신개요 : 군대가 이동하였다. 절반만 발송하라.
처리 : 위와 같음

발견 시간 : 7월 18일
발신자 : 목단강
수신자 : 봉천 大和區 彌生町 八丸中호텔 后藤彦藏
통신개요 : 林은 14일 출동하였다. 귀환시간은 불명확하다. 유수대는 久代부관이 와서 돌보기 바란다.
처리 : 발송정지

별지제3

전화검열개황

발견 시간 : □□
송화자 : 목단강 전화국 서무과장
수화자 : 半截河전화국
통화개요 : 半截河의 近藤부대가 출동준비 중이다. 국경 쪽으로 가지 않는다.

발견 시간 : 7월 17일
송화자 : 목단강 林兼상점
수화자 : 동녕林兼
통화개요 : 소문에 의하면 수분하 동녕 방면에 전쟁이 일어났다고 한다. 또 다른 소문에 의하면 치치할 방면이라고 한다. 수양, 동녕, 수분하 방면 그리고 치치할 방면에서 전패했기에 걱정되어 전화 한다. 만약 위험하면 인차 돌아오라.

발견 시간 : 7월 17일
송화자 : 수양 북만사진관

수화자: 목단강성 공서경무청
통화개요: 아홉시쯤에야 알았다. 아마 동쪽인 것 같다. 이곳 부대는 3시간 내에 전부 출동한다.

발견 시간: 7월 17일
송화자: 목단강 교통부 토목출장소
수화자: 수양 교통부 토목출장소
통화개요: 군대가 출동하기에 모래로 지금의 도로를 단단하게 다지라. 만약 통행이 몹시 힘든 상황이면 통나무를 이용하여 자동차가 통과할 수 있게 하라. 만약 수양에서 통나무를 얻을 수 없으면 경리부와 연락하여 그들더러 전부 얻어오게 하라.

발견 시간: 7월 18일
송화자: 목단강 滿洲電業
수화자: 신경 大和街 大阪每日新聞 책임자
통화개요: 최근 소련이 동녕으로부터 호림 방향을 따라 국경선을 날아 넘으면서 수많은 삐라를 살포하였다. 삐라에는 일본어와 만주어로 일본장교를 죽이고 무기를 버리라는 내용이 적혀있었다. 지금 형세 같으면 머지않아 목단강에 쳐들어 올 것이다. 절대 소문내지 말라.

발견 시간: 7월 18일
송화자: 목단강 만주전업
수화자: 신경만주전업관사
통화개요: 금방 국경지대에서 돌아왔다. 시국이 몹시 긴박하다. 군대의 이동과 자동차 및 인마의 징발이 가장 활발하다. 오늘 사장의 전화를 받았다. 그대가 각 분점의 재료를 수집하여 국경방면으로 보내라. 군대 및 군사시공에 관한 내용은 생략하라.

별지제4

노몬한사건 관계지역의 통신

유 형	건 수	
	지난 달	이번 달
방첩 상 요주의 통신	126	140
군기 상 요주의 통신	89	31
유언비어의 우려가 있는 통신	69	37
합 계	284	208

◎ 방첩 상 요주의 통신

발견 시간 및 지점 : 7월 18일 만주리

발신자 : 志波부대 본부 田島善一

수신자 : 門司市井領田 稲盆 務

통신개요 : 노몬한사건은 장고봉사건보다 몇 배나 치열합니다. 이번 격전에서 小松原각하, 酒井部隊長, 大內참모(戰死)가 부상을 입고 병원에 실려 갔습니다. 그밖에 몇몇 대장이 부상 입었습니다. 기타 상항은 현명한 稲盆형의 상상에 맡기겠습니다.

처리 : 압류

발견 시간 및 지점 : 7월 18일 만주리

발신자 : 松尾부대 關義太

수신자 : 福岡시 東平尾 關甚次郎

통신개요 : 松尾부대는 응급파병 명령을 받았다. 현재 전장에 출동 중이다.

처리 : 압류

발견 시간 및 지점 : □□□

발신자 : 小玉부대 川上대 渡辺三平次

수신자 : 상해시 화중철도주식회사 社內 渡辺 實

통신개요 : 우리 부대도 응급파병을 명령받았습니다. “특수임무”를 포함한 모든 사람들이 만주부대로 돌아갔습니다. 요즘 아마 전투를 치를 것입니다. 일본 내지의 부대

도 많이 왔습니다. 전투가 치열합니다. 그중 高田의 산포부대도 포함됩니다. 응급파병은 이미 두 번째입니다. 만주리의 야전□병은 이미 전멸되었습니다.

처리: 압류

발견 시간 및 지점: □□ 만주리

발신자: 만주리 삼도가63호 田中前太郎

수신자: 琦玉縣 比企郡 南吉見村 野本亦十郎

통신개요: 하얼빈 下田부대(저의 원 소속부대)는 16일 긴급소집 명령을 받았습니다. 하얼빈의 병사들은 육속 출동했습니다. 아직 목적지는 모르지만 우리 부대도 요 며칠 사이 출동할 것입니다.

그저께 하이라얼에 갔습니다. 노몬한사건에서 부상 입은 병사들은 트럭 다섯대나 됩니다. 참 불쌍합니다.

처리: 압류

발견 시간 및 지점: 7월 2일 만주리

발신자: 德永부대 千葉和男

수신자: 嫩江 德永부대 본부 橫瀨慶雄

통신개요: 이번 상황은 지난번 출장을 떠나는 듯 한 파병과 완전히 다르다. 상황이 하도 수상해서 알고 보니 신경의 江大一(ジャンダイ, 음역)비행단이 치치하얼의 江古一(ジャングイ, 음역)비행단과 함께 출동하였다. 아마 준비가 단단히 된 모양이다. 비록 장기건설을 하지는 않았지만 작전지대에는 긴장한 분위기가 넘치고 있다.

처리: 삭제

발견 시간 및 지점: 7월 7일 □□□

발신자: 하이라얼 橋口부대 安野대

수신자: 宮城현 牡鹿郡 女川町

통신개요: 3개 이상의 야전부대사단이 이곳 하이라얼에 왔기에 全□부관각하도 전선에 와서 보병부대의 전사자가 많은 것에 깜짝 놀라고 말았다.

처리: 삭제

발견 시간 및 지점: 7월 24일 하이라얼
발신자: 하이라얼 井置부대 石川대 中野 貞
수신자: 大分현 大野군 田野촌 林 吉
통신개요: 지나로부터 몽소만국경까지 산 넘고 물을 건너 왔기에 우리가 겪은 고전은 상상을 초월한다.
처리: 삭제

발견 시간 및 지점: 7월 25일 하이라얼
발신자: 하이라얼 酒井부대 西川대 石川대 中野 貞
수신자: 福岡현 喜穗군 穗派촌 植村英雄
통신개요: 앞으로 영원히 당지에 주둔해야 할 것○○의 황족도 제일선에 나와 있다.
처리: 삭제

발견 시간 및 지점: 7월 26일 하이라얼
발신자: 하이라얼 屋木부대 風間喜男
수신자: 봉천 田村부대 渡辺定雄
통신개요: 아군의 탄약은 매일 트럭으로 50대 내지 100대를 수송하고 있으며 그중 10加級과 15加級이 제일 많다.
처리: 삭제

발견 시간 및 지점: 7월 21일 하이라얼
발신자: 하이라얼 長谷部부대 笠原行夫
수신자: 東京시 本所구 綠町 笠原次太
통신개요: 본 부대는 대략 절반(중형병기포탄)이 참가한다. 나머지는 토치카를 수비한다.
처리: 삭제

발견 시간 및 지점: □□ 하이라얼
발신자: □□□ 木村球夫
수신자: □□□ 木村御金
통신개요: □□□□□부가 출동하였고 신경에서도 많은 병사들이 국경지역으로 갔다. 현재 힘든 전투를 진행 중이다.

처리: □□

발견 시간 및 지점: 7월 7일 하이라얼
발신자: 하이라얼 東 (榮)부대 島倉喜作
수신자: 富山현 下村白石 島倉千代
통신개요: 지면부대(제23사단과 7사단 두 개 사단, 그리고 전선에 있는 기타 두 개 특설 부대가 출동하였습니다)......
제1, 제2 육군병원에 1000명 정도의 부상자를 수용하였습니다. 더 이상 수용할 여지가 없습니다.
처리: 삭제

발견 시간 및 지점: 7월 17일 하이라얼
발신자: 하이라얼 鳥爾金부대(烏爾金부대여야 함. 역자 주) 본부 阿雉대 茂木正吉
수신자: 興安 博克圖三道街 茂木元
통신개요: 일본군은 2개 사단 병력, 전차 200대, 비행기 200대, 자동차 500대 정도 출동하여 협력하고 있지만 적도 만만치는 않습니다.
처리: 삭제

발견 시간 및 지점: 7월 19일 하이라얼
발신자: 하이라얼 西川부대 田尻대
수신자: 福岡현 田川郡 添田町 座峰地
통신개요: 화남방면에서 青柳부대라 불리는 자동차부대가 와서 전투에 참가하였다. 참전자는 마흔 정도 되는 아저씨들이다.
처리: 삭제

발견 시간 및 지점: □□ □□
발신자: 하이라얼□대 본부 □原忠勝
수신자: 栃木縣 監谷郡 草根村 □□□□
통신개요: 사변이 발생한 이래 아군 비행기 82대가 자폭하였고 공중근무원 13명을 손실 보았다. 7월 10일 참모□□□
처리: 삭제

발견 시간 및 지점: 7월 21일 하이라얼
발신자: 하이라얼 田坂부대 川崎대 濱田昌次
수신자: 横濱시 中區 本郷町 土橋 繁
통신개요: 中지나에서든 일본(千葉縣市川)에서든 숱한 병사들이 도착했습니다. 그래서 이젠 괜찮은 것 같습니다.
처리: 삭제

발견 시간 및 지점: 7월 22일 하이라얼
발신자: 하이라얼 岡부대 日野原대 野田 隆
수신자: 名古屋시 昭和區 清器所町 清水科長
통신개요: 당지에 주둔한 제23사단이 전면 파병하게 되므로 제가 소속된 부대도 속사포 중대로 편성되어 출동합니다.
처리: 삭제

◎ 유언비어의 우려가 있는 통신

발견 시간 및 지점: □□
발신자: 만주리 二道街 佐藤平九郎□□□□
수신자: 埼玉縣 比企郡 南吉見村 野平圓太郎
통신개요: 어제, 즉 29일에 우리 부대는 비상 소집되었다. 전선이 확대되고 있다. 노몬한 총공격이 시작되었다. 하이라얼의 통전에 따르면 적기 40대가 達賚湖(일명 후룬호, 역자 주) 상공에 출몰하였다. 우군(僞만주군, 역자 주)□□□□□하이라얼 南屯을 공격당하였다. □□□□□□비행기 백 여 대가 날아왔다. 우군에 의해 치명적인 타격을 받았다.
처리: 압류

발견 시간 및 지점: 7월 1일 만주리
발신자: 만주리 二道街 齊藤子(변명)
수신자: 埼玉縣 比企郡 南吉見村 大字大串 若山 茂
통신개요: 우리 부대도 비상소집명령을 받고 경비태세 중이다. 적기가 백 여 대가 날아와 하이라얼을 폭격하였고 40여대는 札賚諾爾 부근에 날아왔다. 우군에 의해 쫓

겨났다. 전선이 점차 확대되고 있다.
처리 : 압류

발견 시간 및 지점 : 7월 6일 만주리
발신자 : 小玉부대 宮田辰英
수신자 : 東京시 淺草구 象潟1-16 高千代
통신개요 : 사태가 점점 확대되고 있어 중시를 받고 있다. 공중이든 지면이든 우리 황군의 강자들이 비상한 고전에 빠졌다. 전사자와 부상자가 속출하고 있다.
처리 : 압류

발견 시간 및 지점 : 7월 22일 하이라얼
발신자 : 하이라얼 田尻부대 住田대 高橋 堅
수신자 : 東京시 芝區 三田四國町 西塚文治郎
통신개요 : 국경으로부터 이곳 하이라얼까지 아주 멀지만 적기가 가끔씩 날아와 폭탄을 투하합니다. 한 시간 당 3대씩 날아와 폭격합니다.
처리 : 삭제

발견 시간 및 지점 : 7월 22일 하이라얼
발신자 : 하이라얼 관사290-2 田中正子
수신자 : 山口縣 嘉川村 長持 淸
통신개요 : 적기도 하이라얼에 폭탄을 투하합니다.
처리 : 삭제

발견 시간 및 지점 : 7월 28일 하이라얼
발신자 : 관동군 경리부 하이라얼파출소 松井光水
수신자 : 靜岡시 兩替町 三丁目 谷津憲司
통신개요 : 적기가 열 네 댓 번 날아왔다. 5번 날아왔다. 원래는 아군의 비행기인줄 알았는데 "꽝" 소리와 함께 폭탄을 투하하였다.
그 소리를 듣고 나도 도망쳤다.
처리 : 삭제

발견 시간 및 지점: 7월 3일 하이라얼
발신자: 하이라얼 舊頭道街 북16 高久喜美子
수신자: 치치할 賣買胡同北三 石田淸子
통신개요: 하이라얼도 위급한 상황이다. 종군가족들도 철수해야 할 것 같다.
처리: 삭제

발견 시간 및 지점: 7월 6일 하이라얼
발신자: 하이라얼 平野부대 宮崎대 池田美佐男
수신자: 熊本시 北新坪平郡 鈴木照子
통신개요: 우리도 이번에 1000명 쯤 희생할 각오를 하고 있다. 유골함 1000개를 제일선에 보냈다.
처리: 삭제

발견 시간 및 지점: □□
발신자: 하이라얼경찰 □口義□
수신자: 北海道 釧路시 柏木町7□□□
통신개요: 지면부대는 수량이든 장비든 큰 차이가 난다. 게다가 적들은 상황을 손금 보듯 알고 있는 현지인들이기에 □□□현재까지 그다지 상황이 좋지 않은 듯하다.
처리: 삭제

발견 시간 및 지점: □□ 하이라얼
발신자: 하이라얼 白濱부대 본부 火場英男
수신자: 大連市 黃金町43 森脇辰子
통신개요: 소련의 포탄은 아주 크다. 속도든 폭파위력이든 아주 크다. 그와 비할 때 일본군의 모든 포탄은 약세이다.
처리: 삭제

◎ 군기해이를 보여준 통신

발견 시간 및 지점: 7월 16일 하이라얼
발신자: 하이라얼 岡부대 田中대 村松武

수신자: 공주령 樋口부대 吉井준위

통신개요: 장관이라는 자들이라야 종일 저들의 공적만 외우고 다니는 바보들이여서 병사들도 이미 전투의욕을 잃었다. 싸움이 시작되면 뒤죽박죽이 되어 신망을 잃었다.

처리: 삭제

발견 시간 및 지점: 7월 25일 하이라얼

발신자: 하이라얼 青木부대 源 正

수신자: 신경시 永樂町1-8 近藤幸江

통신개요: 전쟁이 쉽게 끝날 것 같지 않다. 소중한 생명과 물자를 허비하면서 아득바득 힘든 전투를 진행하려 한다. 이는 국가건설에 있어서도 그다지 떳떳하지 못한 것이다.

처리: 삭제

발견 시간 및 지점: 7월 21일 하이라얼

발신자: 하이라얼 伊勢부대 井元대 有吉 滿

수신자: 福岡현 福岡시 松原532 有吉綾子

통신개요: 신문보도에 의하면 이번 전쟁에서 수많은 적을 소멸하였다고 한다. 하지만 사실은 그렇지 않다. 상대는 소련이 자랑하는 기계화 부대이다. 하지만 우리는 그냥 육탄으로 대항할 뿐이다. 만약 이 전투에서 우리가 이기면 그것은 참으로 기적이다. 우리는 아군의 희생자가 적수의 수배에 달하게 될 것이라 각오하고 있다.

처리: 삭제

발견 시간 및 지점: □□□□

발신자: 하이라얼□宮田良市

수신자: 宮崎縣 延岡市 山下町 □□□

통신개요: 적들은 완강하게 저항하고 있다. 우리 부대도 □□악투를 계속하고 있다. □□형용하기 힘들다.

처리: 위와 같음

발견 시간 및 지점: □□□□

발신자: □라얼 阿部부대 轉 灘波대 平野孝次郎

수신자: 北安鎮 佐久間부대 原隊 東武雄

통신개요: 그런 정서□□비장함에 잠긴 기병부대인 東부대의 병영에 도착하였다. 이 부대는 전원이 출동하였기에 전멸되었다.

처리: 삭제

발견 시간 및 지점: 위와 같음

발신자: 하이라얼 小松原부대 경리실 宮川松夫

수신자: 愛知縣 瀬戸시 今川서 木村造松

통신개요: 신문의 보도는 거짓이다. 아군은 현재 곤경에 빠져 참혹한 지경에 이르렀다.

처리: 삭제

발견 시간 및 지점: 7월 22일 하이라얼

발신자: 하이라얼 戶田부대 矢谷대 三枝重雄

수신자: 東京시 向島구 嬬町 佐藤君枝

통신개요: 전쟁에서 명예를 위해 죽은 사람들은 모두 가엾다. 그들의 시체는 130°F내지 140°F되는 고온에서 구더기가 생기고 악취가 코를 찌른다.

처리: 삭제

발견 시간 및 지점: 7월 23일 하이라얼

발신자: 752고지에서 德野 芳

수신자: 신경시 大和호텔 井野住子

통신개요: 적기에 괴롭힘을 당하는 전투는 몹시 비참하다. 山縣부대는 300여명 병사가 전사하였다고 한다. 부상당한 이들도 많을 것이다. 더위를 먹고 쓰러진 병사들이 길가에서 몸부림치고 있다.

처리: 삭제

발견 시간 및 지점: 7월 12일 하이라얼

발신자: 하이라얼 제2육군병원 黑川 春

수신자: 宮城현 都城시 沖水소학교 黑川様子

통신개요: 이곳은 피비린내 나는 아수라장이다. 불철주야로 신음하는 환자 중에는 다리

없는 자가 있는가 하면 손이 잘려나간 자도 있다. 그리고 한 눈이 멀었거나 두 눈이 다 실명된 자도 많다.

처리 : 삭제

발견 시간 및 지점 : 7월 16일 하이라얼

발신자 : 하이라얼 儀峨부대 牛江 孝

수신자 : 三重현 宇治山田시 堂川町 安山伊津子

통신개요 : 손이 없는 자도 있고 다리가 하나 없는 자도 있다. 두 눈이 실명된 자도 있다. 더 한심한 것은 총알이 입으로 들어갔다가 잔등을 관통한 자도 있다는 것이다. 그들은 모두 보병대의 병사들이다. 참으로 뭐라고 할 말이 없다.

처리 : 삭제

발견 시간 및 지점 : 7월 18일 하이라얼

발신자 : 하이라얼 儀峨부대 酒井繁雄

수신자 : 安奉線 劉家河 酒井諭二

통신개요 : 비록 신문지상에서는 아군에게 유리한 전투만 보도하지만 사실은 적들이 예상 밖으로 강하다. 설사 아무리 용맹한 일본군이라 해도 공격이 수월치가 않다. 사상자가 많기로 張鼓峰전역이 비할 바가 못 된다.

처리 : 삭제

발견 시간 및 지점 : □□

발신자 : 하이라얼 戸田부대 矢谷대 藤田壽郎

수신자 : 栃木縣 那須郡 大田原町 藤田啓一

통신개요 : 전쟁은 결코 즐거운 일이 아니다. □□사변이든 지난 □□이든 전쟁에서 목숨을 잃은 사람이 부지기수이다. 비록 나라를 위한 일이라고는 하지만 괴로운 것은 사람과 사람끼리 살육을 해야 한다는 것이다. 제2차로 진행된 전투에서 우리에게는 성전이니 아시아부흥이니 하는 미명이 붙었지만 많은 이들은 울적해 했다.

처리 : 삭제

별지제5

방첩 상 요주의 통신

유 형	건 수	
	지난 달	이번 달
군사시설 및 장비편성 등 상황에 관한 통신	90	61
군대의 작전, 전이 및 주둔 등 상황에 관한 통신	84	166
고유부대명칭을 사용한 통신	17	13
만주군(경)에 관한 요주의 통신	2	1
기타	11	22
합 계	204	263

발견 시간 및 지점 : 7월 3일　길림

발신자 :　목단강성 大成子 군사우편소 轉 武田부대 齊藤대　印 義實

수신자 :　길림시 大和가 七經路 江南宿舍205號　有村 誠

통신개요 : 노몬한사건이래 우리 동부국경에도 긴장국세가 나타났다. 이번 사건의 영향으로 한 개 기관총소대가 삼차구(동녕 부근)에 주둔하고 있다. 입대 첫해인 병사들은 모두 유서를 써놓고 있어 분위기가 한결 긴장하다.

처리 :　몰수

발견 시간 및 지점 : 7월 6일　길림

발신자 :　흑하성 개척청 건설국　石井義郞

수신자 :　길림성 토목청 길림토목 출장소 소장　兵頭技士

통신개요 : 군대의 기관에는 간판조차 걸지 않고 있다. 흑하와 북안 사이에 모두 5개 사단이 있고 각종 설비도 설치를 마쳤다. 비행기는 절대 흑하에 날아들지 못한다고 한다. 흑하와 북안 사이에 경계가 얼마나 삼엄한지 알 수 있다.

처리 :　몰수

발견 시간 및 지점 : □□흑하

발신자 :　흑하시 만철자동차구역　藤澤政雄

수신자 :　靜岡縣 田方郡 三島町 二日町　小池仁助

통신개요 : 나는 5월 2일 흑하자동차구에 전출되었습니다. 지금 매일 진지의 일에 바삐 돌아치고 있습니다. □□□죽기 살기로 진지를 구축□□우리는 그냥 군대의 진지의 일을 하고 있습니다. 이건 참 힘든 일입니다. 방첩 상 아주 엄격하기에 편지도 보낼 수 없어요. 5월 5일부터 이달 5일까지 진지에서 벗어나지 못했습니다. 그래서 끝내 편지를 부치지 못했어요. 아무쪼록 양해를 구합니다. 후략.

처리 : 일부 말소 후 발송

발견 시간 및 지점 : 7월 18일 흑하

발신자 : 흑하우편국사서함 布宮勇太郎

수신자 : 山形縣 北村山郡 宮本村 布宮春松

통신개요 : 천천히 산에 들어오니 기숙사 모양의 건물들이 아주 많았습니다. 선생님께서는 군대 창고인 것 같다고 하셨습니다. 올해만 이런 건물을 150채 짓는다고 합니다. 이미 약 90채 지었습니다.

처리 : 일부 말소 후 발송

발견 시간 및 지점 : 7월 8일 흑하

발신자 : 黑河省公署 鈴木 馨

수신자 : 東京 世田ヶ谷三軒茶屋町 野砲대 轉 榎本隊 加納正雄

통신개요 : 생명선이라 불리는 흑룡강에 검은 물체가 갈앉아 머리털이 쭈뼛 섭니다. 대안의 소련과는 불과 400미터 정도밖에 안됩니다. 최근 주둔한 황군이 갑자기 많아져 마음이 든든합니다. 거리에 나가면 그 용사들이 그리워집니다. 거리와 가옥마다 모두 철조망을 걸었습니다. 하지만 이곳은 전쟁이 없는 전쟁터입니다.

처리 :

발견 시간 및 지점 : 7월 23일 흑하

발신자 : 흑하시 만철자동차구 松田佐門

수신자 : 崎玉縣 北葛飾郡 提鄉村向田 白石儀平

통신개요 : 현재 우리는 관동군 경리부의 시공을 하고 있습니다. 이런 공사는 모두 군대의 일이기에 휴식을 할 수 없습니다. 올 9월 전에는 이 일이 끝날 것 같지 않습니다. 군대에서 듣자니 9월에 대부대가 온다고 합니다. 만약 흑하의 이 공사가 끝나면 시가지의 사람이 군인보다 적을 것입니다.

중략……국경수비대 이외의 병사들은 전부 출동하여 서부국경에 갔습니다. 남만 각 지역에 남은 사람은 극소수입니다. 기타 사람들은 아마 전부 서부국경에 출동했을 것입니다. 흑하에서 온 국경수비대 이외의 병사들은 전부 서부국경으로 출동하였고 소수의 국경수비대만 남았습니다.

처리 : 말소 발송

발견 시간 및 지점: □□□□

발신자: 밀산토목□□□

수신자: □□□□

통신개요: 동안 부근에만 두 개 사단□□□□외출한 군인□□□□에만 갈 수 있다.

처리: □□

발견 시간 및 지점 : 7월 11일 동안

발신자 : 동안성공서 開拓廳 古屋沿男

수신자 : 福岡縣 鞍手郡 吉川村 古屋次郎

통신개요 : 이번에 군대의 명령에 의해 선출된 동안 거주 일본인이 80명이 됩니다. 그들은 고사포부대로 편성되었습니다. 어제 3리 밖의 고사포연대에 가서 훈련을 받았습니다.

처리 : 일부 삭제

발견 시간 및 지점 : 7월 11일 동안

발신자 : 동안 五十嵐組 山田美根子

수신자 : 北海道 龜田郡 長尾多七

통신개요 : 일소관계가 이미 몹시 악화됐다고 합니다. 병사들의 움직임을 보아도 알 수 있습니다. 동안부근의 병사들은 쉬지 않고 작업하고 있습니다. 만들어낸 고사포도 점점 많아져 사용할 기회만 기다리고 있습니다. 군부에 병사가 부족하여 전쟁이 시작되면 병사들은 진지로 갈 것입니다. 그래서 남은 병사들은 철포 아니면 고사포로 백성을 보호해야 할 것입니다.

내지의 남자들은 병역에 상관없이 매일 군대의 연습에 참가해야 하기에 집일을 돌볼 사람이 없어 골치 아프다고 합니다.

처리 : 몰수

발견 시간 및 지점 : 7월 4일　연길
발신자 :　연길 육군북관사35-西　西村美技
수신자 :　鞍山 九條町53-4　雪本秋
통신개요 : 우리는 줄곧 전근에 관해서 토론하고 있습니다. 봉천에 少尉候補者隊(사관학교)를 설립한다고 하기에 그곳에 가면 얼마나 좋을까 생각하고 있습니다……
처리 :　압류

발견 시간 및 지점 : 7월 4일　하얼빈
발신자 :　하얼빈 石井부대　正崎爲志
수신자 :　千葉縣 匝瑳郡　八日市場町　石原市太郎
통신개요 : 豊儀는 6월 22일 저녁에 갑자기 명령을 받고 현재 최전선으로 출동하고 있습니다. 우리 石井부대는 특수비밀부대이기에 발설치 말아주십시오.
처리 :　원상 발송

발견 시간 및 지점 : □□□□江
발신자 :　목단강 평안가2-3　石原敏雄
수신자 :　鳥取村 삼번지　石原 清
통신개요 : 관할구역 내에 각 부대의 자동차가 가득 정차해 있습니다. 소집 명령을 받은 24시간 28분 내에 貨車 382대에 나누어 전부 운송 완료하였습니다. 아직 자동차의 수량은 도대체 얼마인지 모릅니다. □□대는 저녁 9시 쯤□□□출동명령을 받았습니다. 나머지 □□목단강 부근의 각 부대□□□□동녕, 수분하, 호림, 가목사□□출동하였고 하얼빈 방면은 도문□□□□군용열차□□참으로□□저는 수분하, 下城子, 林口, 가목사 제2선의 각 부대는 어디에 몸을 숨겼는지 모릅니다. 소련은 원동부대를 동원하여 국경선 부근에 집결시켰습니다. 방어를 위해 아군도 동원되었고 이미 제일선에서는 분명히 소규모전투가 벌어졌습니다. 17일 새벽 소련비행기가 滴道와 수분하의 ○○부대부근에 3,4매 폭탄을 투하한 후 회항하였습니다. 17일부터 86명 병사가 창고를 수비하고 있습니다.
처리 :　몰수

발견 시간 및 지점 : 7월 20일　목단강
발신자 :　목단강西 聖林가8-5　鴻池組　吉澤常德

수신자 : 長崎縣 壹岐郡 武生水町 深見福郎

통신개요 : 목단강에도 소련비행기가 날아왔다. 목단강 부근의 병사들은 모두 명령을 받고 국경을 향해 출동하였다. 우리와 같은 일을 하는 中川부대도 16일 저녁 11시에 탱크 80대와 자동차 200대를 파견하였고 목단강시에도 고사포 8문을 포치하였다. 운운

처리 : 일부 몰수

발견 시간 및 지점 : 7월 20일 목단강

발신자 : 목단강 佐藤

수신자 : 熊本현 下益城군 杉合촌 大字莎崎 佐藤敬愼

통신개요 : 오늘 16일 저녁 목단강의 부대는 관동군의 명령을 받고 즉시 국경방면으로 출동하였습니다. (비밀)야포, 고사포, 탱크, 말 등이 밤에 "퉁퉁퉁" 소리 내며 전진하였습니다. 만철병원의 옥상에 고사포 몇 문을 설치하고 삼엄한 경계를 펼치고 있습니다. 부대 옆의 십자로에 철조망을 늘였고 전신무장한 보초병은 몸을 잔뜩 웅크리고 있습니다. 목단강에는 마차의 그림자조차 보이지 않습니다. 모두 어제 징용되었기 때문입니다. 군수물자를 운송하는 위험수위가 점점 박근해오고 있습니다.

처리 : 몰수

발견 시간 및 지점 : 7월 4일 목단강

발신자 : 목단강 七星가10 金龍

수신자 : 新潟시 下大川前通 永田嘉四

통신개요 : 비행기 이삼십대로 편성된 비행기부대가 꼬리에 꼬리를 물고 국경방면으로 전이하였습니다. 이것은 장래 이삼년 동안 주목할 만한 정경이겠지요. 제가 있는 국경사무소는 매일 도로보수에 바삐 보내고 있습니다.

처리 : 일부 말소

발견 시간 및 지점: □□□□

발신자: 목단강교통□□□

수신자: □□□□

통신개요: □□□□몹시 긴장합니다. 매□□□□비행기가 몇 번씩 □□국경□□□□

처리: □□

발견 시간 및 지점 : 7월 5일 목단강
발신자 : 濱綏線 太嶺 權名周吉
수신자 : 茨城縣北 桐馬군 大野촌 字野木崎 松丸春子
통신개요 : 외몽골과 소련의 공군이 항전의 태도를 보여주자 드디어 우리 관동군항공부대도 출동 명령을 받았습니다. 6월 24일 오후 4시, 천황께서 교지를 내리시자 이틀 낮과 사흘 밤을 기재의 적재에 바삐 돌아치다보니 머리 들 사이도 없었어요. 16일의 새벽 3시에 杏樹에서 출발하는 열차를 타고 大嶺비행장에 흩어졌습니다. 이곳에는 우리 공군이 집결하였습니다. 편지는 전혀 보낼 수 가 없습니다. 하지만 평소 하루코씨가 보내는 편지는 전부 부드러운 말만 적고 있어서 우표를 붙여 보냅니다. 어제 들은 정보에 의하면 소련비행기 20대가 平陽鎮비행장을 습격하였다고 합니다. 오늘 아침 부대장각하의 명령을 받았는데 일부분은 돌아가라고 하였습니다. 오늘 아침(4일) 10, 우리 12명 병사는 비행기를 타고 太嶺을 출발하게 됩니다.
처리 : 몰수

발견 시간 및 지점 : 7월 22일 錦州
발신자 : 금주시 浪速街 금주호텔 內 神野是幸
수신자 : 熊本현 練兵場42 神野妙子
통신개요 : 경성에서 차를 탄 군인 3명이 옆에서 귓속말을 하고 있었습니다. 중도의 주요한 역에는 모두 병참부 완장을 찬 군인들이 차에 올랐습니다. 그들은 역에서 열띤 토론을 벌이고 있었습니다.(중좌, 대위 및 소위입니다) 귓속말을 하기에 무슨 내용인지 알아듣지는 못하였습니다. 오늘 또 17개 부대가 지나갔다는 둥 한 개 사단이라는 둥 모모사단이라는 둥 이러루한 내용인 것 같았습니다. 아마 조선을 거쳐 북만으로 가는 듯합니다. 山內백부께서 말씀하시기를 어제 경성의 사단이 전부 출동하여 한사람도 아니 남았다고 합니다. 운운
처리 : 삭제

발견 시간 및 지점 : 7월 20일 수분하
발신자 : 수분하역 公主嶺 飯塚부대? 福間豊次郎

수신자 : 青森縣東 陳輕郡 高田村 福間豊吉

통신개요 : 敬啓 7월 17일 우리 부대는 갑자기 긴급동원령을 받고 이튿날인 18일 공주령에서 출발하여 모 방면으로 출동하였습니다. 현재 아직도 자동차로 이동 중에 있습니다.

처 리: 몰수

발견 시간 및 지점 : □□ □안

발신자 : 新京西 五馬路 육군대용관사37호 上野不二子

수신자 : □□□友부대 上野兼次

통신개요 : 금방 □□□출동명령을 받았어요. 그래서 짐을 챙길 사이도 없이□□ 밤에 출발하였답니다. 이번 □□□늦어질 것 같군요. □□□전투 중에 부상을 입을지도 모르죠. 눈앞이 캄캄해지면서 뜻밖의 일을 당하면 어찌했으면 좋을지 모르겠군요. 만약 무사히 돌아올 수 있다면 물론 좋겠지만 만약 전사하게 된다면 어른 아이 할 것 없이 어떻게 살아갈까요. 지금 일자리 찾기도 쉽지 않은데.

처리 : 일부 삭제

발견 시간 및 지점 : 7월 7일 동안

발신자 : 밀산현 연주산 大倉組 古賀光義

수신자 : 大牟田市西 宮浦町 森八世記

통신개요 : 현재 소만국경에는 일촉즉발의 전쟁먹구름이 드리워져 있습니다. 만약 교전이 시작되면 총알이 쌩쌩 날아오겠지요. 전쟁이 당장 시작될 것입니다. 현재 황군의 최정예병사들이 끊임없이 국경지대로 집결하고 있습니다.

국경지대에서 일하는 제가 목격하고 있는 상황은 사실 이러합니다. 틀림없어요.

처리 : 몰수

별지제6

일소전쟁을 억측한 통신

발견 시간 및 지점 : 7월 26일 연길

발신자 : 연길역내 許吉順

수신자: 開山屯국민학교 許吉鳳

통신개요: 비록 집에 가고 싶지만 만철종업원은 여행을 금지하고 있으므로 갈 수가 없습니다.

듣자하니 22일 소련비행기가 훈춘에 폭탄을 투하했다고 합니다.

처리: 압류

발견 시간 및 지점: 7월 27일 연길

발신자: 연길전등회사 野島良善

수신자: 高知市 木町 三丁目 野島靜香

통신개요: 오늘 전차 9대와 군수품을 실은 트럭 23대가 연길에 들어왔습니다. 소문에는 요즘 무슨 일이 발생한다고 합니다.

처리: 압류

발견 시간 및 지점: 7월 20일 동녕

발신자: 동녕 北河沼阿川組 渡辺亦三郎

수신자: 新瀉縣 喑船郡 村上木町 渡辺ナミ

통신개요: 전쟁이 시작되었는지 모르는 상황에서 이곳 형세는 아주 험악합니다. 전쟁체제에 들어갔으므로 군대는 엄밀한 경비태세를 취하고 있습니다. 제가 동녕에 온 후 소련비행기가 이미 두 번이나 국경을 넘어왔습니다. 한번은 삐라를 살포한 후 돌아갔고 다른 한번은 경계가 삼엄하여 아무것도 하지 않았습니다. 이곳은 전쟁 체제인 듯 매일 밤 방공연습을 실시합니다. 쩍하면 등화관제 때문에 불을 꺼야하기에 밤이면 편지는 고사하고 장부기록도 할 수 없습니다.

처리: 몰수

발견 시간 및 지점:

발신자:

수신자: 長野縣 更級郡 福荷山町 瀧澤和夫

통신개요: 국경선의 긴박한 상황은 이미 알고 계실 줄로 믿습니다. 이곳도 무서운 긴장감이 감돕니다. 저는 여러 번 월경하여 황군의 총에 맞아죽은 소련병사를 보았습니다. 한줄기 냉기가 몸 안에 침입해 들어오는 것 같았습니다. 소련비행기는 가끔 국경을 날아 넘어 우리 머리 위를 맴돕니다. 설사 폭탄 한매라도 떨어지

면 이 도시는 그야말로 아수라장이 될 것입니다.
며칠 전 소련비행기가 밤에 월경하여 여러 진지에 삐라를 뿌렸습니다. "만몽국경의 군대는 전부 소멸될 것이다", "병사들이여, 그대들의 장교를 죽이고 고향으로 돌아가라"와 같은 내용의 삐라들이였어요. 이 도시는 밤에 등불을 모두□□□ 시내에는 착검한 병사들□□□□□

처리 : 몰수

4

1939년

(이 부분은 345~346페이지의 참고역문임)

1939년 9월 25일
中檢第一七〇號

관동헌병대사령부
중앙검열부

통 신 검 열 월 보
(팔월)

발송 : 軍司(三)
복사송달 : 憲司, 朝憲司, 支憲司, 中支憲司
각 지방 검열부, 상관부대
牡, 延, 北, 海, 동녕 각 부대 본부

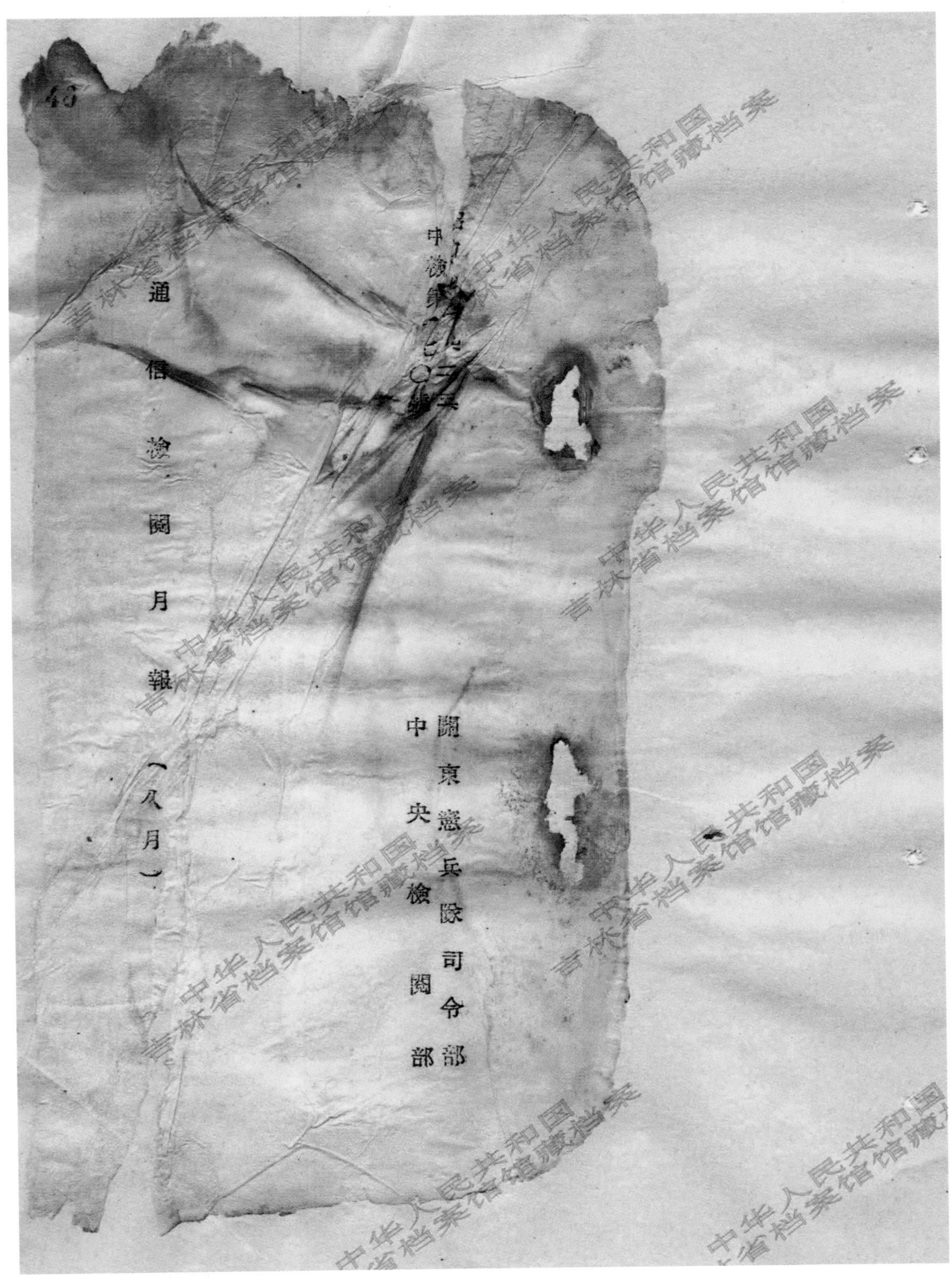
中檢第一七〇號
通信檢閱月報（八月）
關東憲兵隊司令部
中央檢閱部

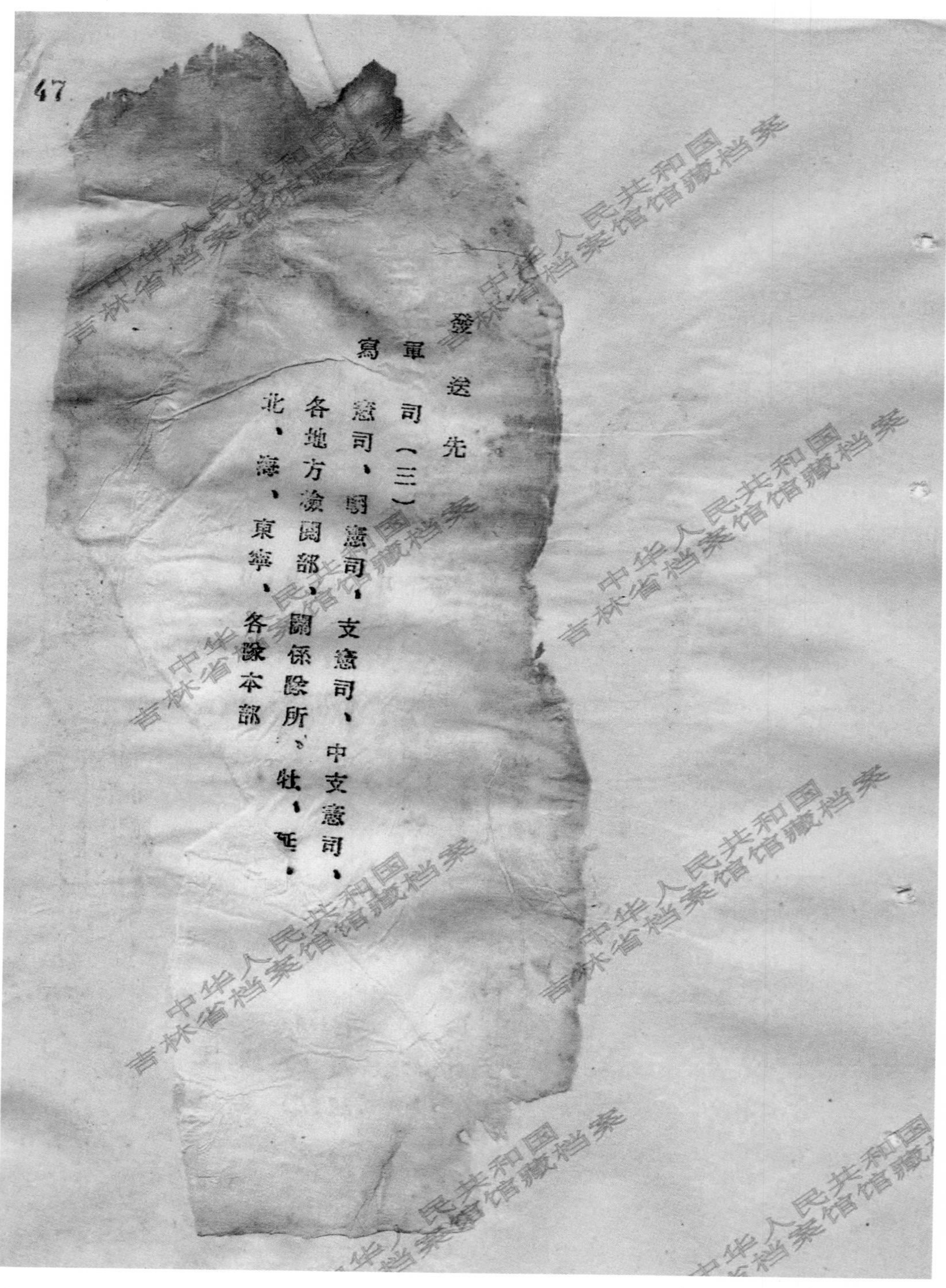

47

發送先

軍司（三）

寫 憲司、關憲司、支憲司、中支憲司、

各地方檢閱部、關係隊所、牡、延、

北、海、東寧、各隊本部

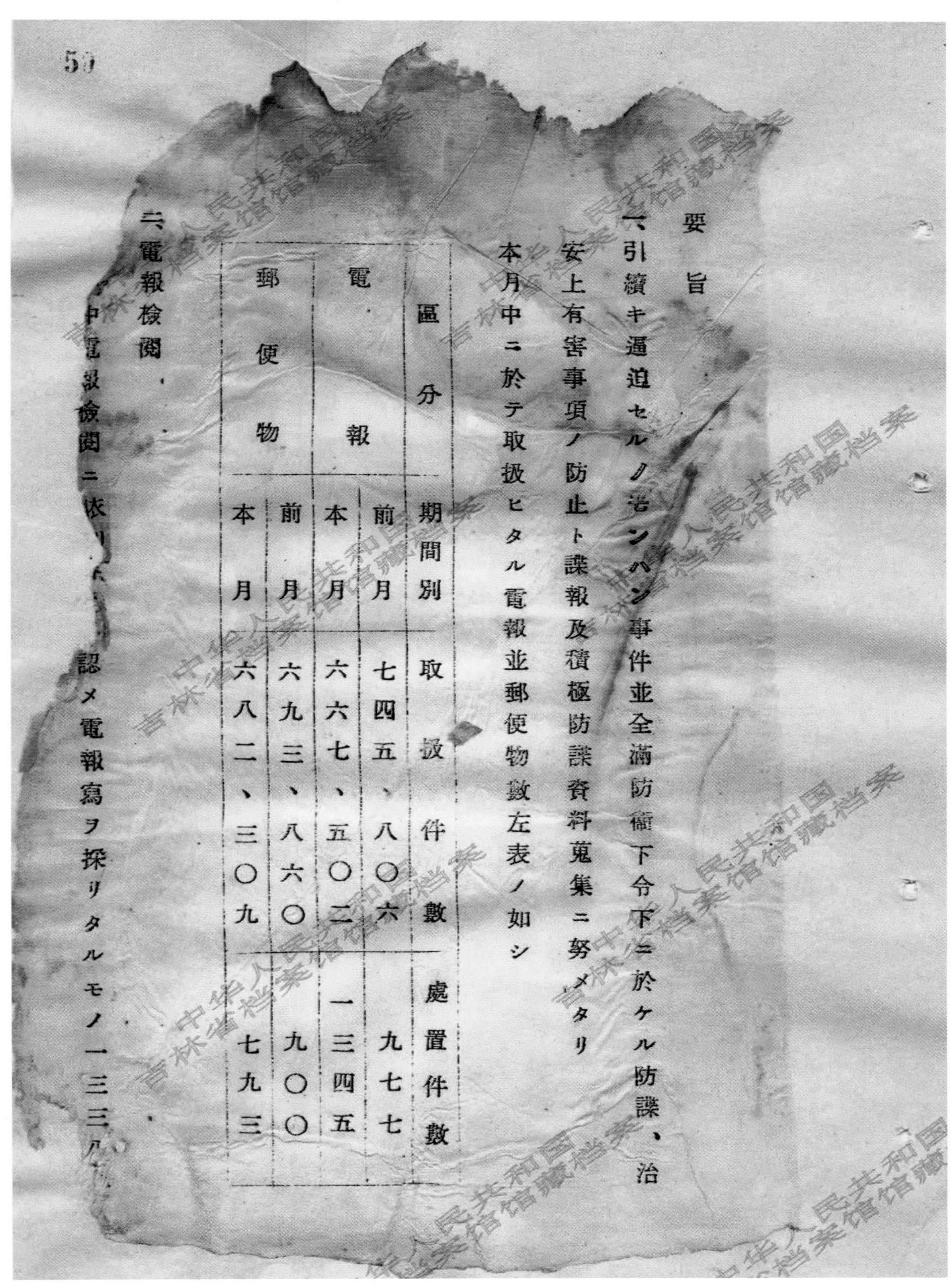

50

要旨

一、引續キ逼迫セルノモンハン事件並全滿防衛下令下ニ於ケル防諜、治安上有害事項ノ防止ト諜報及積極防諜資料蒐集ニ努メタリ

本月中ニ於テ取扱ヒタル電報並郵便物數左表ノ如シ

區分	期間別	取扱件數	處置件數
電報	前月	七四五、八〇六	九七七
	本月	六六七、五〇二	一三四五
郵便物	前月	六九三、八六〇	九〇〇
	本月	六八二、三〇九	七九三

二、電報檢閲

中電報檢閲ニ依リ[illegible]認メ電報寫ヲ採リタルモノ一三三[illegible]

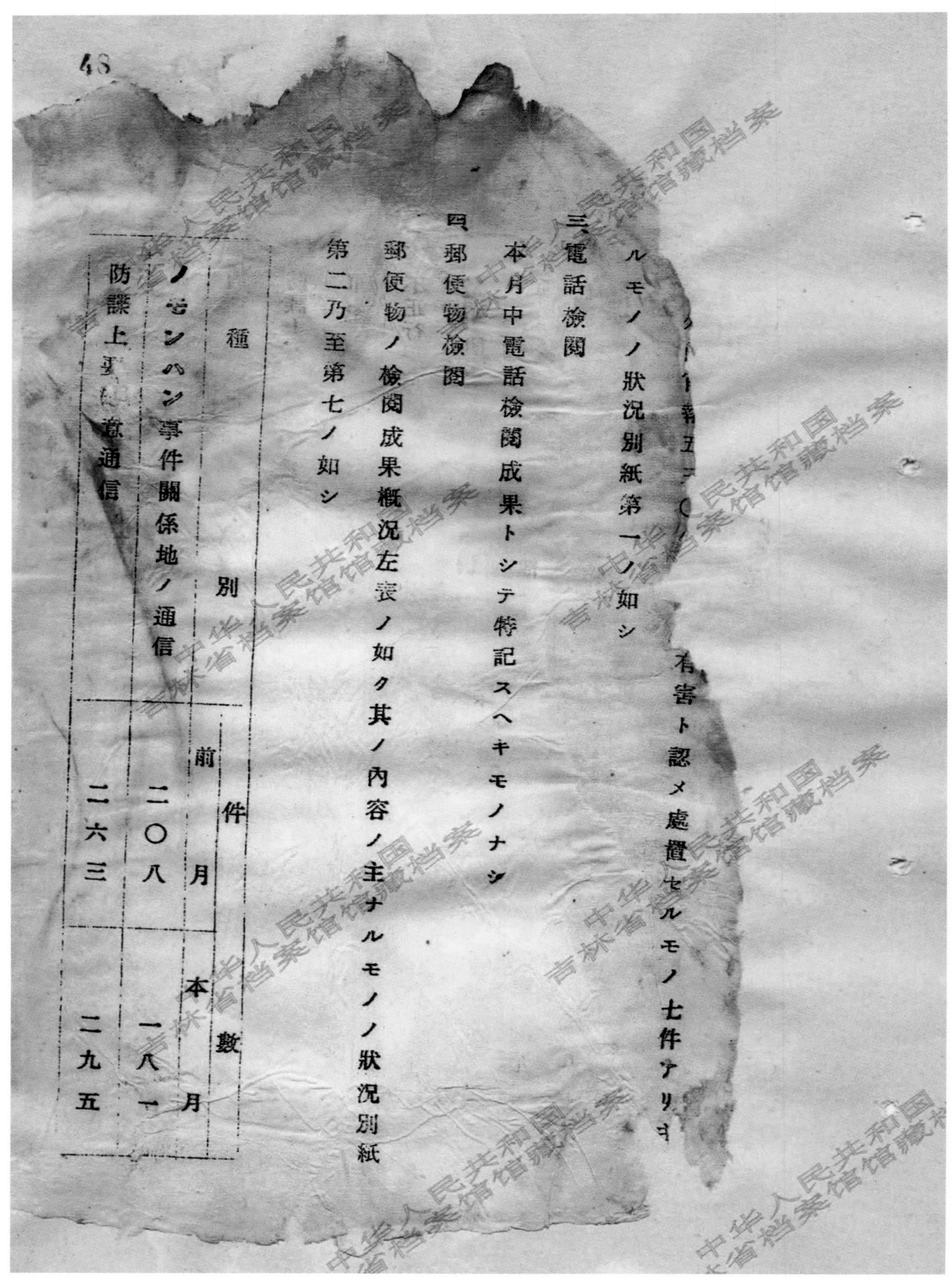

48

[illegible]五三〇ノ[illegible]有害ト認メ處置セルモノ七件ナリキ

ルモノノ狀況別紙第一ノ如シ

三、電話檢閲

本月中電話檢閲成果トシテ特記スヘキモノナシ

四、郵便物檢閲

郵便物ノ檢閲成果概況左表ノ如ク其ノ內容ノ主ナルモノノ狀況別紙第二乃至第七ノ如シ

種別	件數	
	前月	本月
ノモンハン事件關係地ノ通信	二〇八	一八一
防諜上要注意通信	二六三	二九五

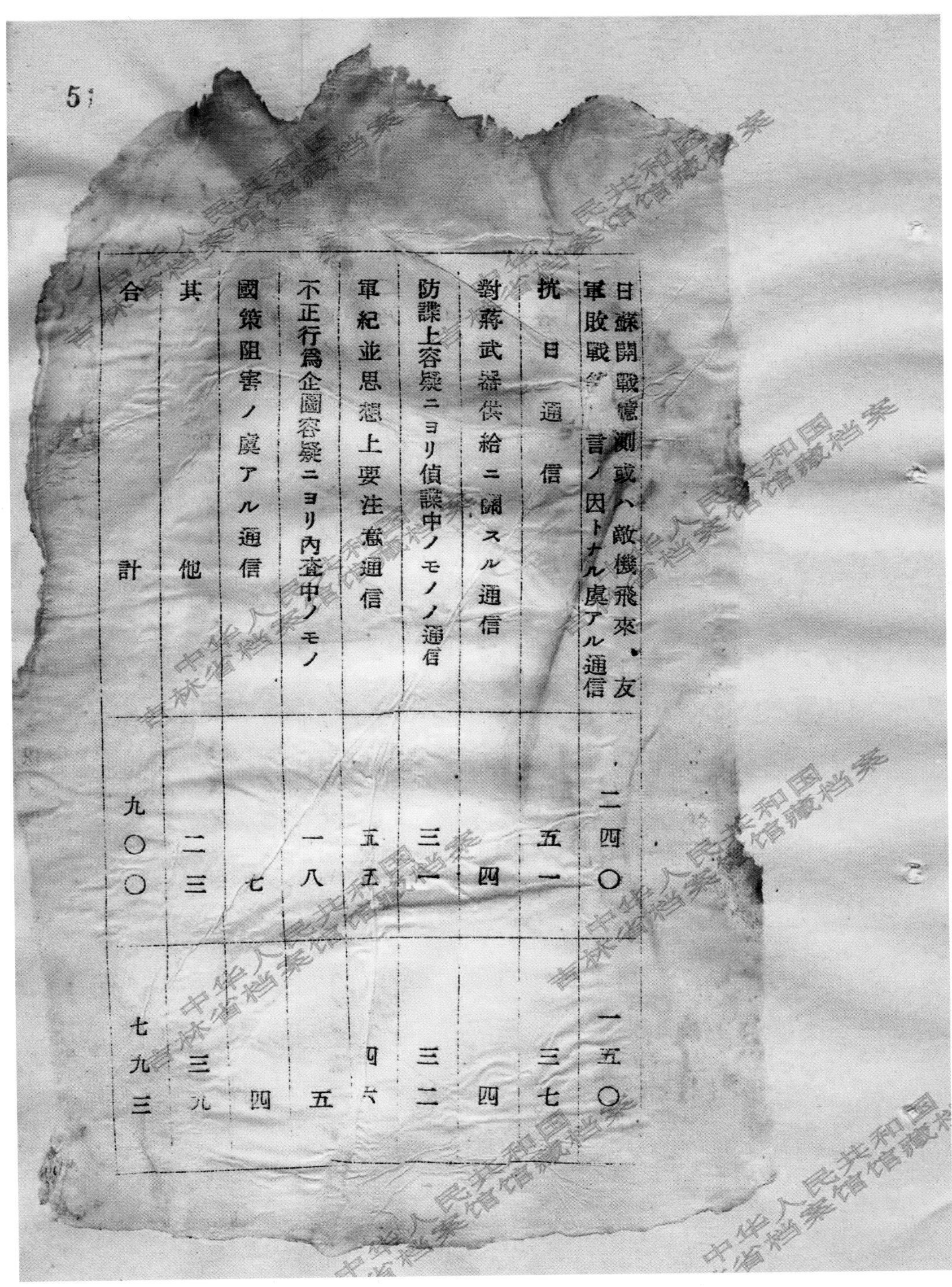

5

日蘇開戰憶測或ハ敵機飛來、友軍敗戰等言ノ因トナル虞アル通信	二四〇	一五〇
抗日通信	五一	三七
對蔣武器供給ニ關スル通信	四	四
防諜上容疑ニヨリ偵諜中ノモノノ通信	三一	三二
軍紀並思想上要注意通信	五五	四六
不正行爲企圖容疑ニヨリ內査中ノモノ	一八	五
國策阻害ノ虞アル通信	七	四
其他	二三	三九
合計	九〇〇	七九三

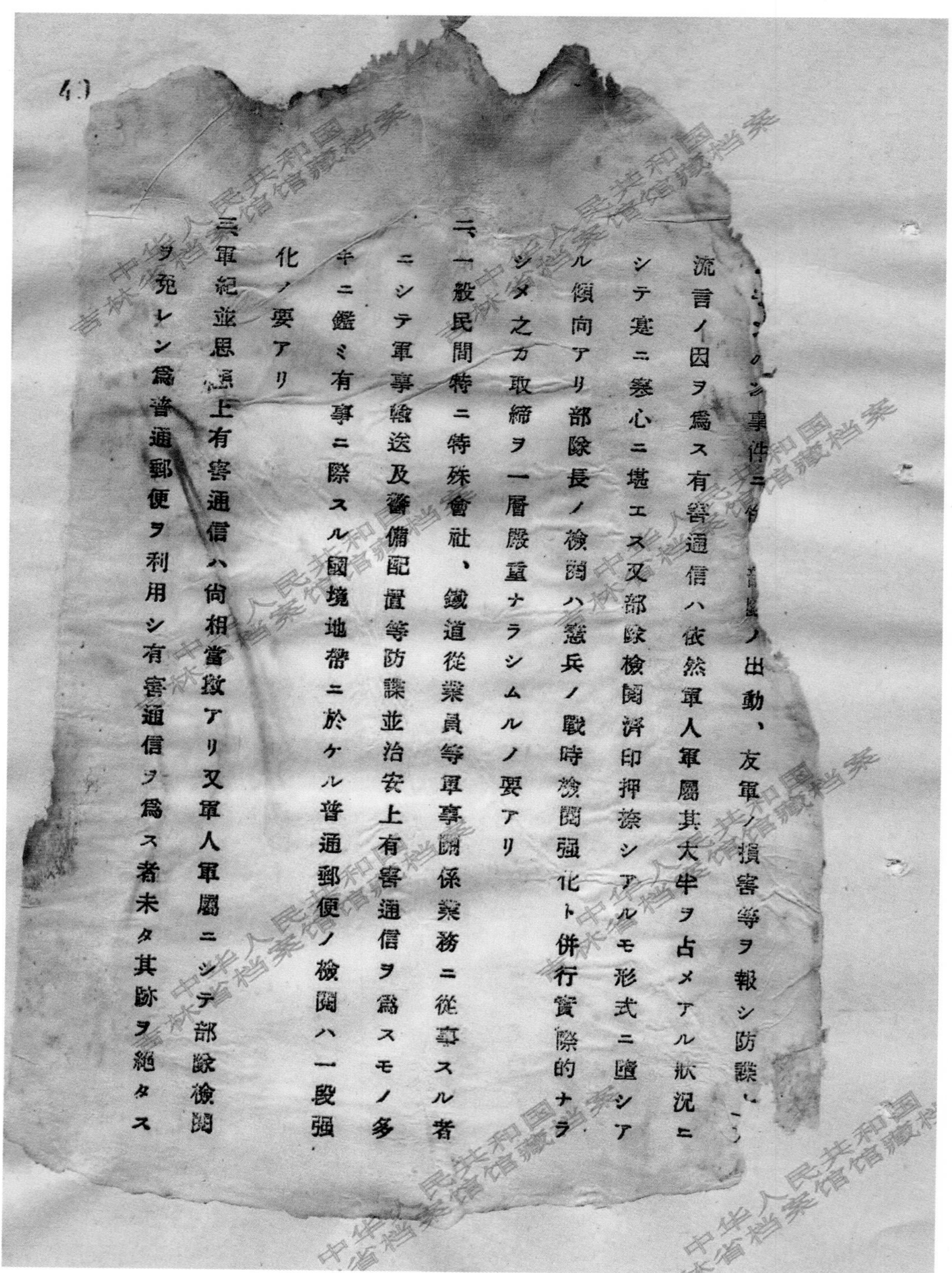
40

[illegible]ン事件ニ伴[illegible]部隊ノ出動、友軍ノ損害等ヲ報シ防諜上
流言ノ因ヲ為ス有害通信ハ依然軍人軍屬其大半ヲ占メアル状況ニ
シテ寔ニ寒心ニ堪エス又部隊検閲済印押捺シアルモ形式ニ堕シア
ル傾向アリ部隊長ノ検閲ハ憲兵ノ戦時検閲強化ト併行實際的ナラ
シメ之カ取締ヲ一層厳重ナラシムルノ要アリ

二、一般民間特ニ特殊會社、鐵道從業員等軍事關係業務ニ從事スル者
ニシテ軍事輸送及警備配置等防諜並治安上有害通信ヲ為スモノ多
キニ鑑ミ有事ニ際スル國境地帯ニ於ケル普通郵便ノ検閲ハ一段強
化ノ要アリ

三、軍紀並思想上有害通信ハ尚相當數アリ又軍人軍屬ニシテ部隊検閲
ヲ免レン為普通郵便ヲ利用シ有害通信ヲ為ス者未タ其跡ヲ絶タス

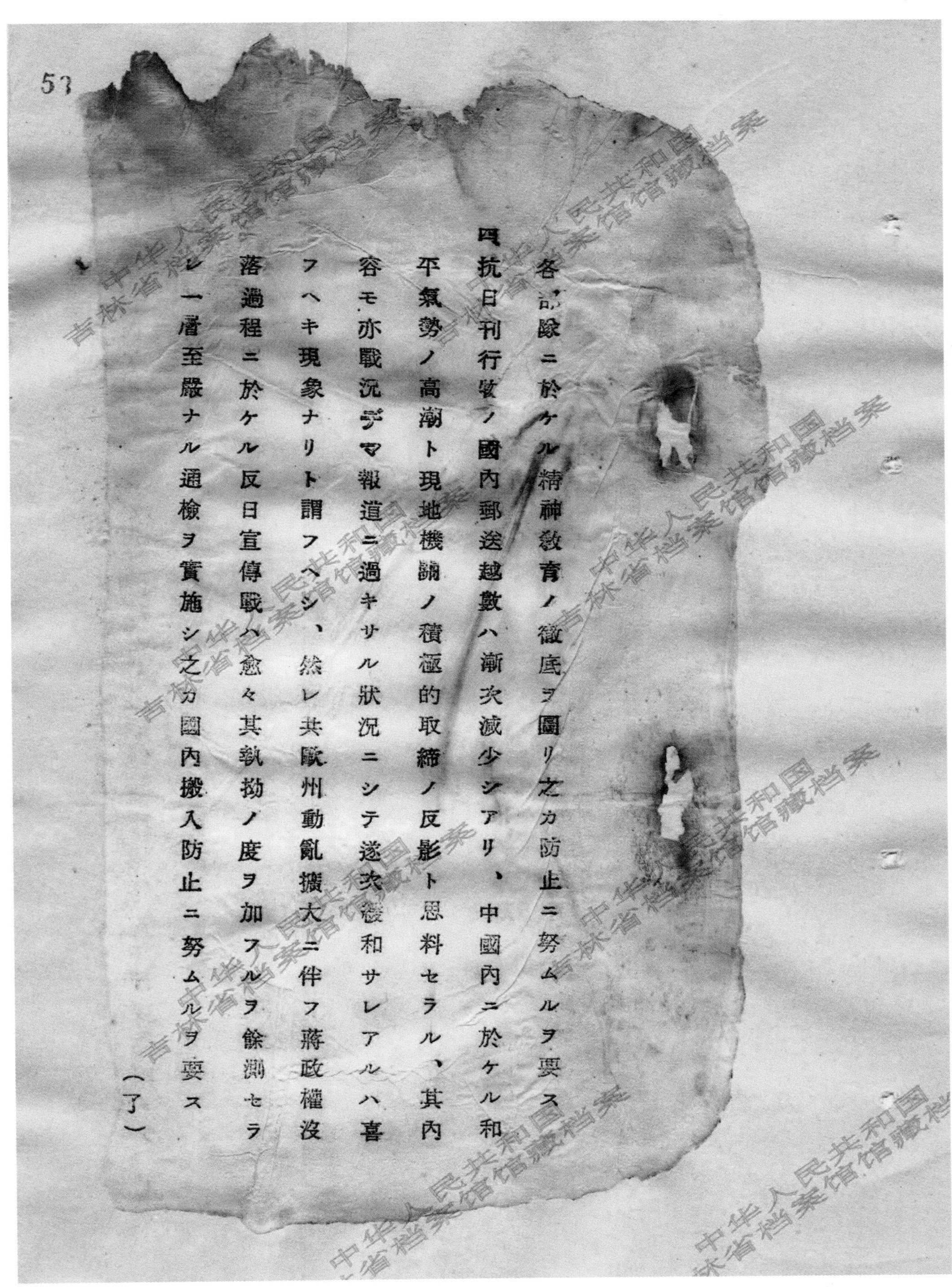
53

各部隊ニ於ケル精神教育ノ徹底ヲ圖リ之カ防止ニ努ムルヲ要ス

四 抗日刊行物ノ國内郵送越數ハ漸次減少シアリ、中國内ニ於ケル和平氣勢ノ高潮ト現地機關ノ積極的取締ノ反影ト思料セラル、其内容モ亦戰況デマ報道ニ過キサル狀況ニシテ逐次緩和サレアルハ喜フヘキ現象ナリト謂フヘシ、然レ共歐州動亂擴大ニ伴フ蔣政權沒落過程ニ於ケル反日宣傳戰ハ愈々其執拗ノ度ヲ加フルヲ餘測セラレ一層至嚴ナル通檢ヲ實施シ之カ國内搬入防止ニ努ムルヲ要ス

（了）

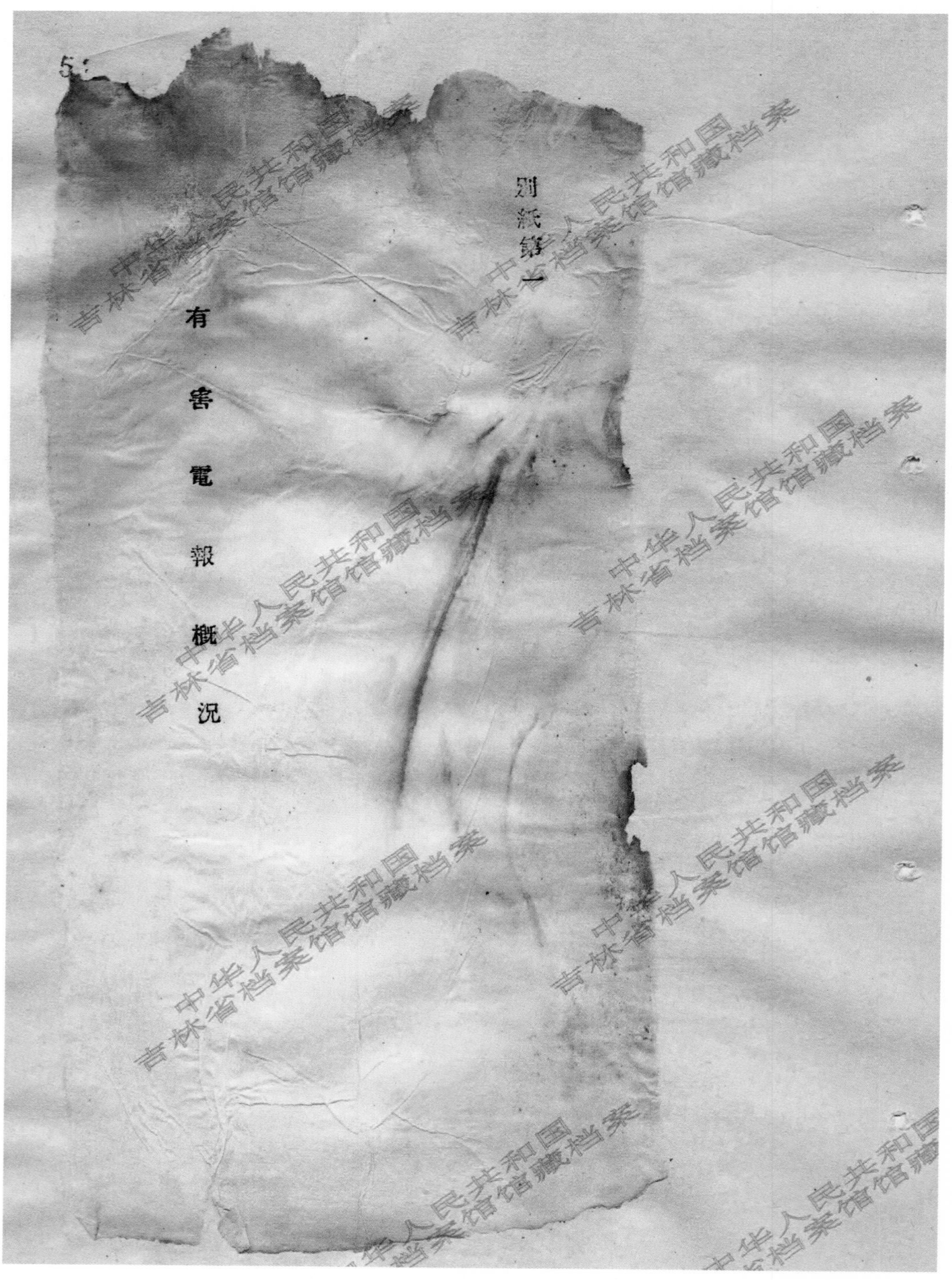
別紙第一

有害電報概況

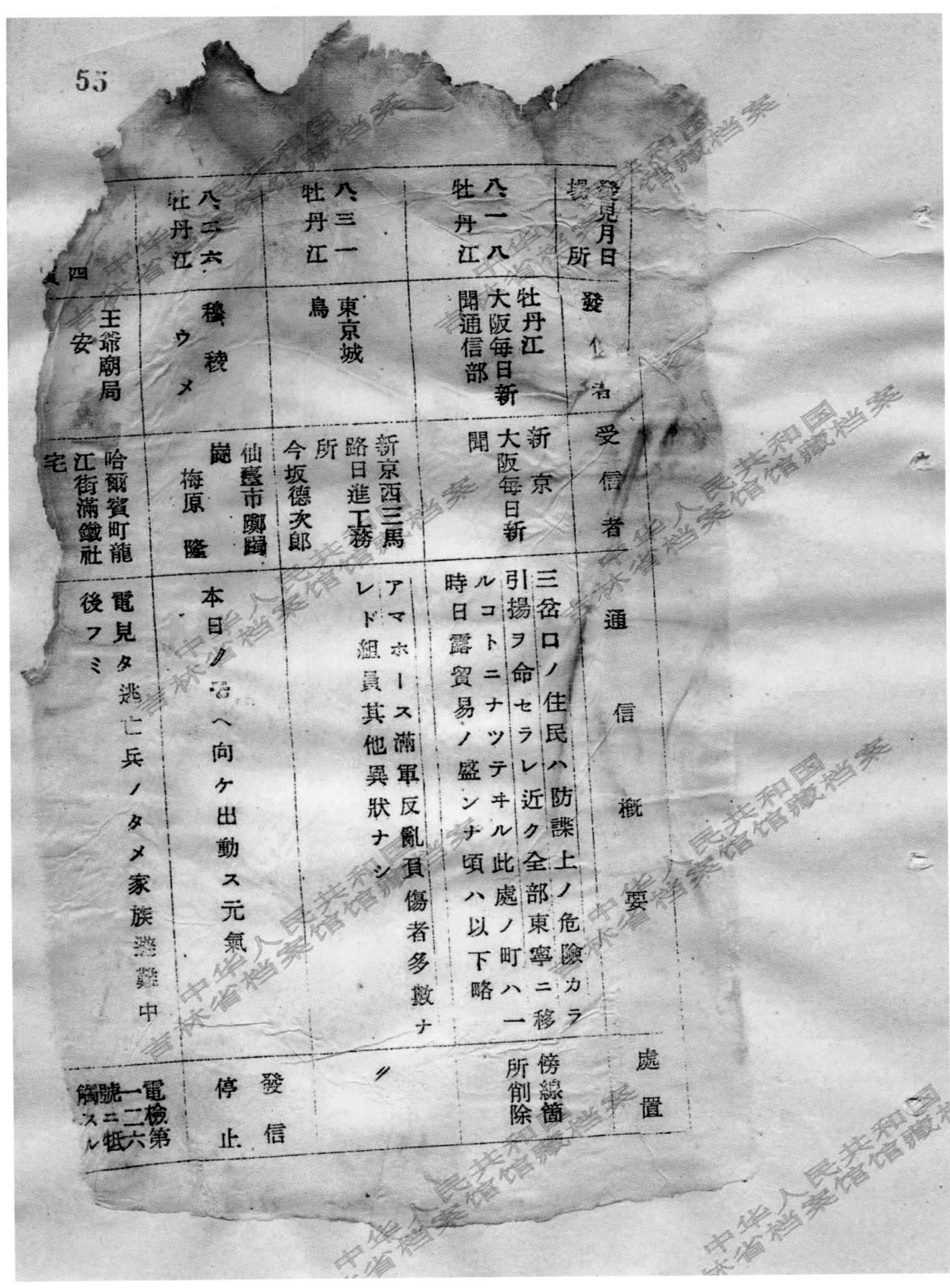

55

發見月日場所	發信者	受信者	通信概要	處置
八一八 牡丹江	牡丹江 大阪每日新聞通信部	新京 大阪每日新聞	三岔口ノ住民ハ防諜上ノ危險カラ引揚ヲ命セラレ近ク全部東寧ニ移ルコトニナツテヰル此處ノ町ハ一時日露貿易ノ盛ンナ頃ハ以下略	傍線箇所削除
八三一 牡丹江	東京城 鳥	新京西三馬路日進工務所 今坂德次郎	アマホース滿軍反亂負傷者多數ナレド組員其他異狀ナシ	〃
八二六 牡丹江	穆稜 ウメ	仙臺市[illegible] 梅原 隆	本日ノ[illegible]へ向ケ出動ス元氣	發信停止
[illegible]四	王爺廟局 安	哈爾賓町龍江街滿鐵社宅	電見タ逃亡兵ノタメ家族[illegible]中 後フミ	電檢第一二六號ニ抵觸スル

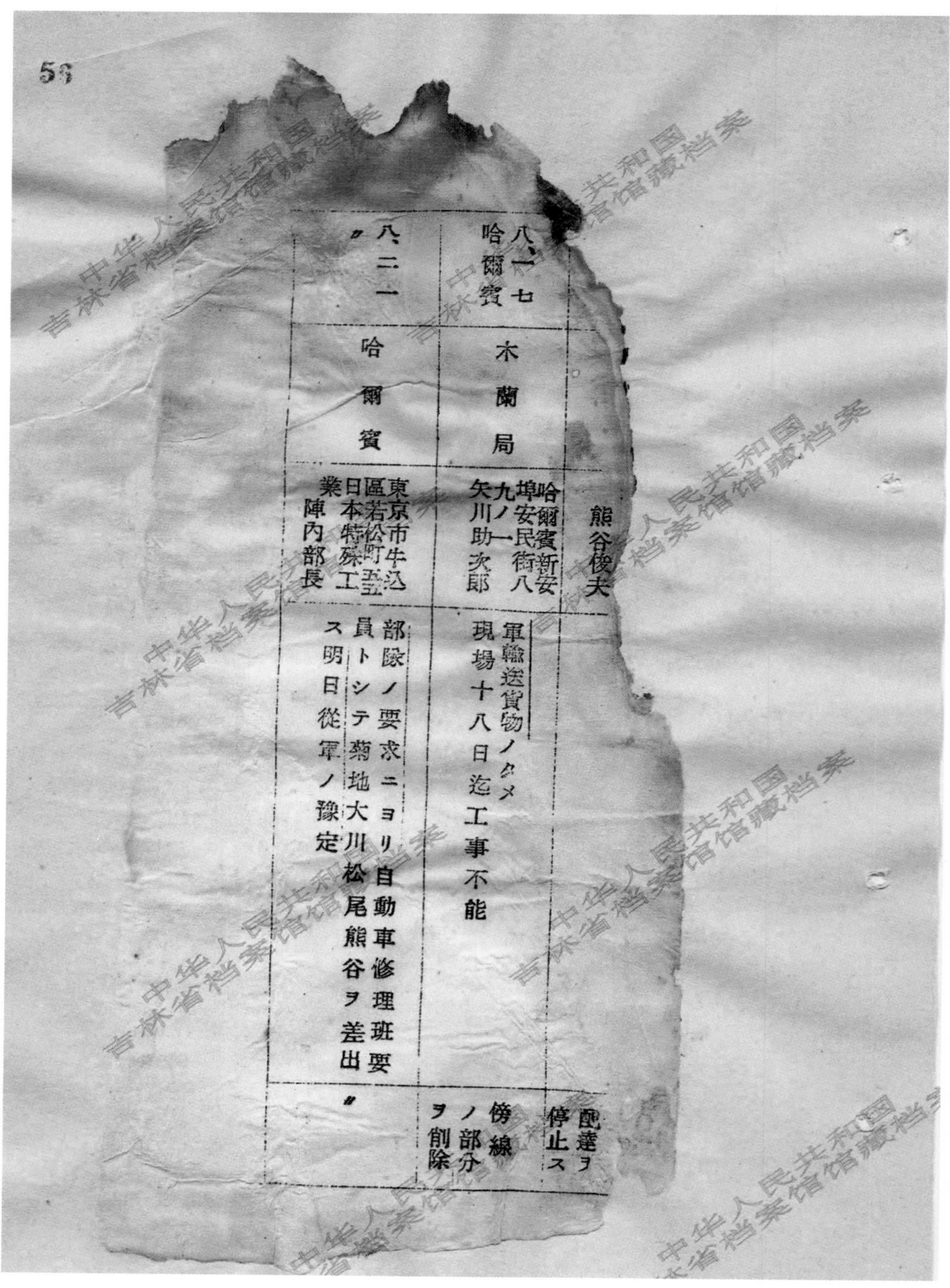

56

八、一七 哈爾賓	木蘭局	哈爾賓埠安民街新安九ノ一八 矢川助次郎	軍輸送貨物ノタメ現場十八日迄工事不能	傍線ノ部分ヲ削除
八、二一 〃	哈爾賓	東京市牛込區若松町五三日本特殊工業陣内部長	部隊ノ要求ニヨリ自動車修理班要員トシテ菊地大川松尾熊谷ヲ差出ス明日従軍ノ豫定	〃

熊谷俊夫 配達ヲ停止ス

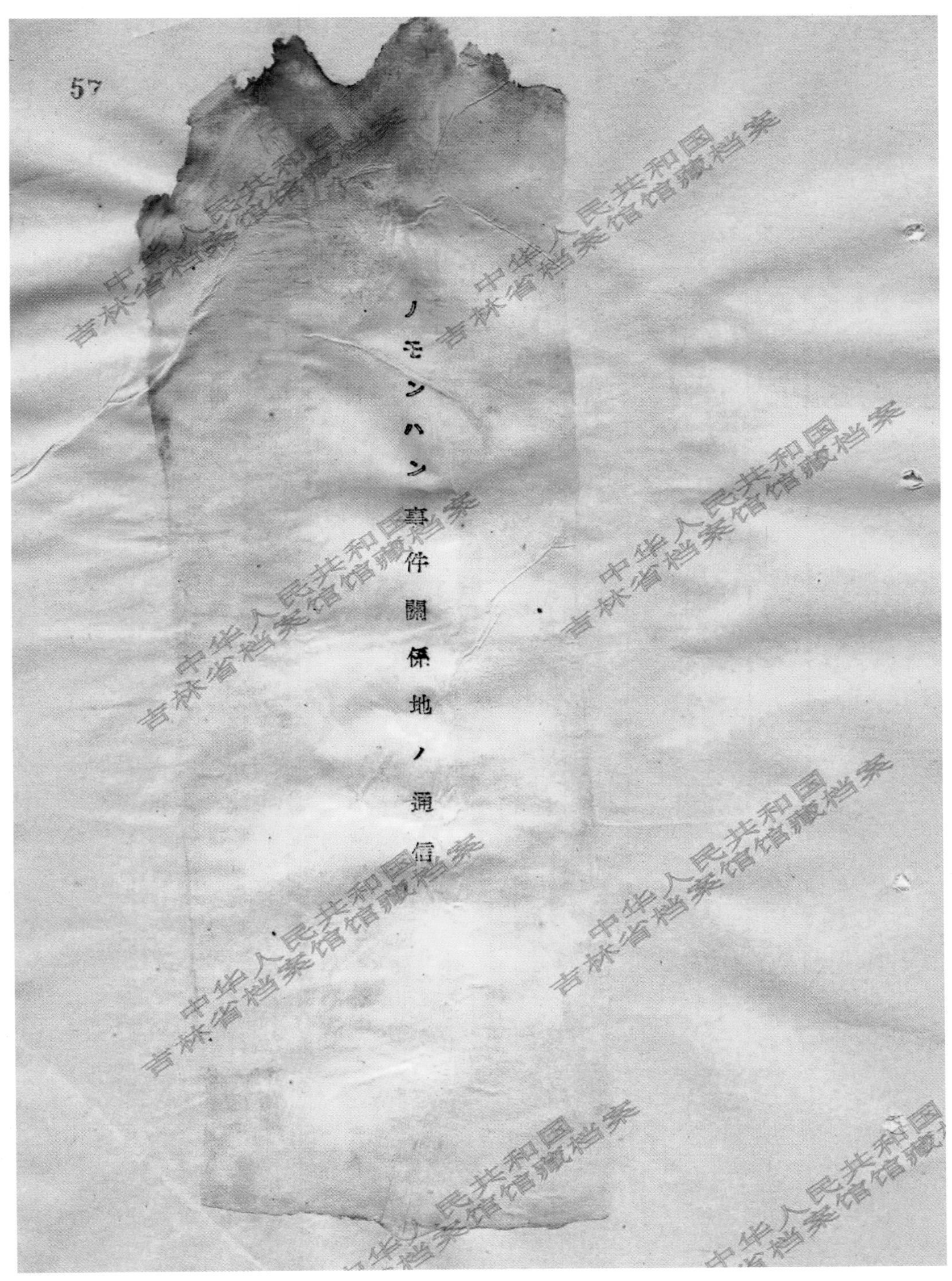

57

ノモンハン事件關係地ノ通信

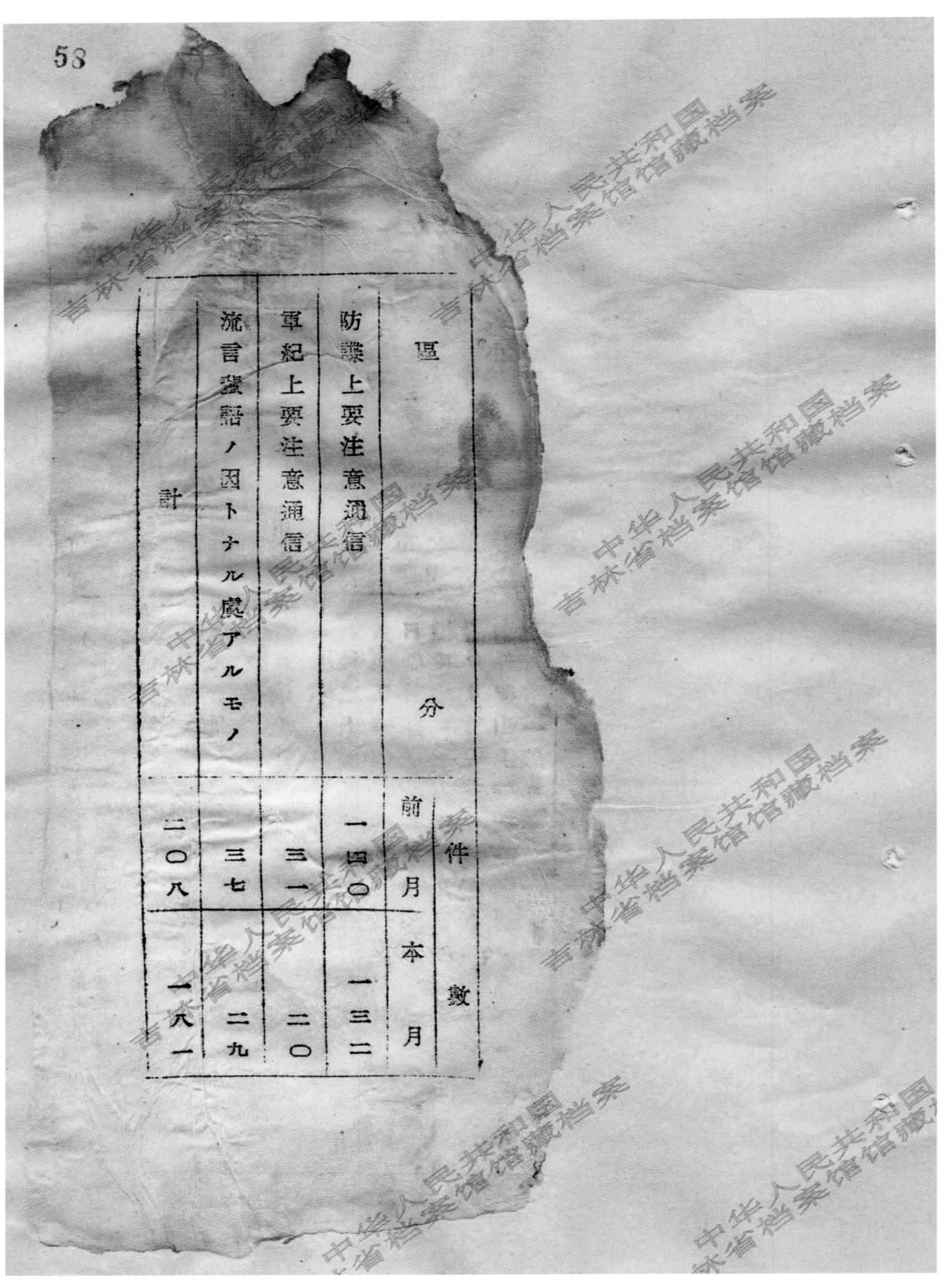

58

區分	件數	
	前月	本月
防諜上要注意通信	一四〇	一三二
軍紀上要注意通信	三一	二〇
流言蜚語ノ因トナル虞アルモノ	三七	二九
計	二〇八	一八一

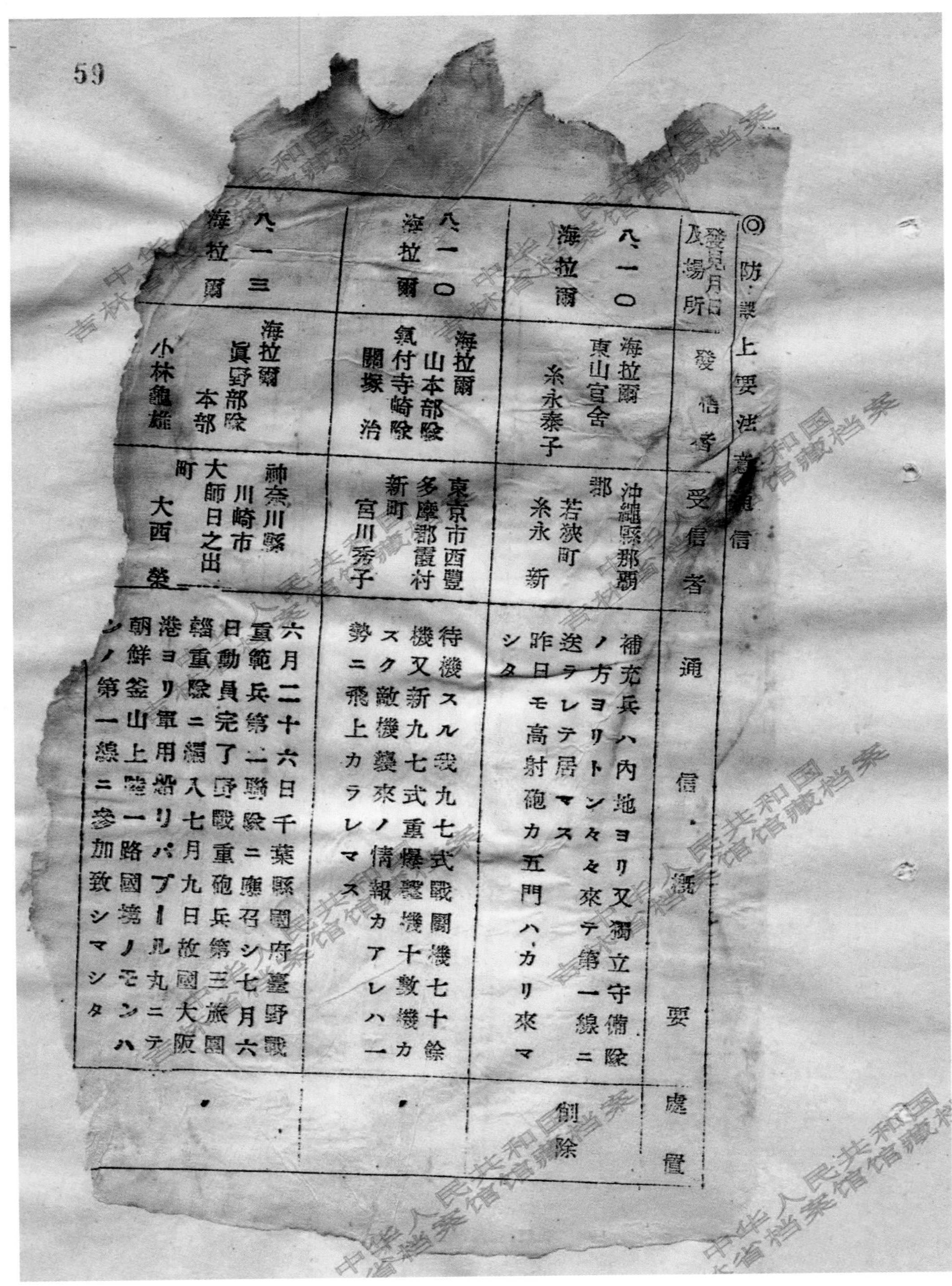

59

◎防諜上要注意通信

發見月日及場所	發信者	受信者	通信要旨	處置
八、一〇 海拉爾	海拉爾 東山官舍 糸永泰子	沖繩縣那覇郡 若狹町 糸永 新	補充兵ハ内地ヨリ又獨立守備隊ノ方ヨリトン々々來テ第一線ニ送ラレテ居マス 昨日モ高射砲カ五門ハカリ來マシタ	削除
八、一〇 海拉爾	海拉爾 山本部隊 氣付寺崎隊 關塚 治	東京市西豐多摩郡霞村 新町 宮川秀子	待機スル我九七式戰鬪機七十餘機又新九七式重爆擊機十數機カスク敵機襲來ノ情報カアレハ一勢ニ飛上カラレマス	
八、一三 海拉爾	海拉爾 眞野部隊 本部 小林龜雄	神奈川縣 川崎市 大師日之出町 大西 榮	六月二十六日千葉縣國府臺野戰重砲兵第二聯隊ニ應召シ七月六日動員完了野戰重砲兵第三旅團輜重隊ニ編入七月九日故國大阪港ヨリ軍用船リバプール丸ニテ朝鮮釜山上陸一路國境ノモンハンノ第一線ニ參加致シマシタ	

60

一四 海拉爾	海拉爾 伊藤部隊 本部 關芳太郎	秋田縣 平鹿郡 增田町 佐藤久子	高射砲戰直等内地ノ方カラトン々々送ラレテ參リマス近日中ニ補充兵カ來ルコトニナッテ居リマス（一万人）	削除
	海拉爾 佐藤部隊 氣付 中野部隊	鹿兒島縣 川内町 宮内 [illegible]	軍ノ方針テハ不擴大主義ヲ取リ愈々陣地ヲノモンハン附近一帶ニ構築スル事ニ決定シマシタノテ作業部隊ハトン々々トラックテ材料運搬ヲ開始致シテオリマス	
	海拉爾 松村部隊 森下隊 菊池正	仙臺市 原ノ町二軒茶屋十二 三上[illegible]雄 トヨ子	新京ノ飛行集團長儀峨中將閣下モ當地ニ來ラレテ指揮シテオラレマス 今當地ニ飛行隊ハ四ヶ部隊居リマスカ其ノ部隊カ交互ニ前線ニ出テ（國境ヨリ四五里ノ處ニアル前進飛行場）ニ出テ警急姿勢ニテ待機シテオリマス	

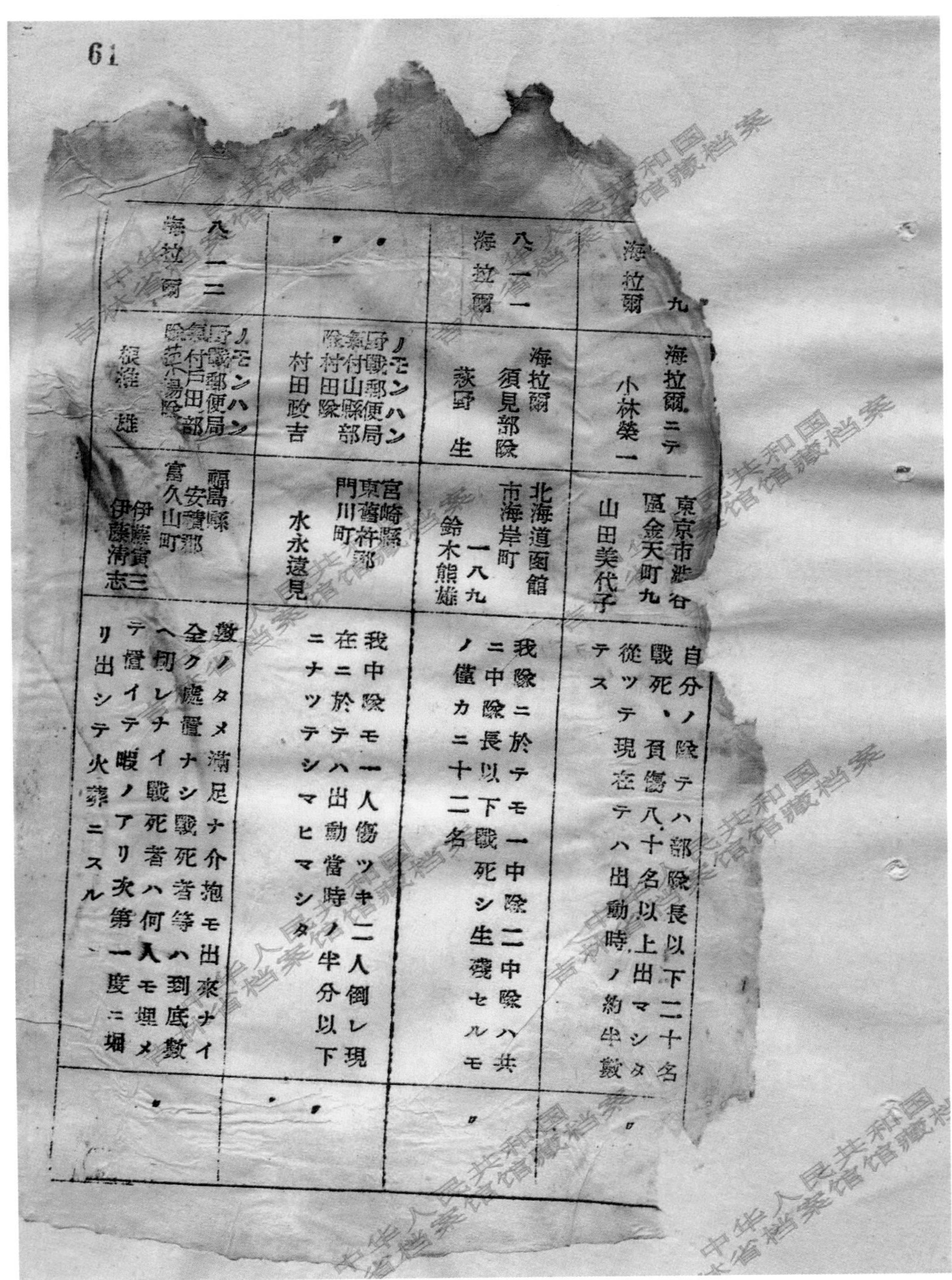

61

月日 發信地	發信者	受信者	通信要旨	
八一一 海拉爾	海拉爾ニテ 小林榮一	東京市澁谷區金天町九 山田美代子	自分ノ隊テハ部隊長以下二十名戰死、負傷八十名以上出マシタ從ツテ現在テハ出動時ノ約半數テス	。
八一一 海拉爾	海拉爾 須見部隊 萩野生	北海道函館市海岸町一八九 鈴木熊雄	我隊ニ於テモ一中隊二中隊ハ共ニ中隊長以下戰死シ生殘セルモノ僅カニ十二名	。
。。	ノモンハン野戰郵便局氣付山縣部隊村田隊 村田政吉	宮崎縣東諸縣郡門川町 水永遠見	我中隊モ一人傷ツキ二人倒レ現在ニ於テハ出動當時ノ半分以下ニナツテシマヒマシタ	。。
八一二 海拉爾	ノモンハン野戰郵便局氣付戸田部隊荒木場隊 根津 雄	福島縣安積郡富久山町 伊藤寅三 伊藤清志	敵ノタメ滿足ナ介抱モ出來ナイ全ク處置ナシ戰死者等ハ到底數ヘ切レナイ戰死者ハ何人モ埋メテ置イテ暇ノアリ次第一度ニ堀リ出シテ火葬ニスル	。

62

八、一七 海拉爾	海拉爾 佐藤部隊鈴村中野部隊 東一又次	大連市芙蓉町一五〇 東時次 東千根子	愈々ノモンハン一帶ニハ永久陣地ヲ構築スルコトニ決定早ヤ工事ニ着手シテオリマス十月初旬頃ニハ完了ノ豫定デス	削除
八、二八 海拉爾	海拉爾 山口精部隊 原 實男	福岡縣築上郡椎田町椎田 小林フジェ	廣イ野原ニハ何所ト云ハス爆擊用ノ爆藥ヲ集積シテイマス物凄イモノデス二五〇キロノ爆彈ノ直徑五〇糎モアッテ至ル所ニ集積シテ毎日ノ樣ニ土ノ中ニ埋メテオリマス必要ニ應シテ堀上ケテ使用スルノデス	
八、七 海拉爾	海拉爾 杉部隊 岩井 仁	千葉縣印幡郡六合村松虫區 岩井健三	二〇〇瓩爆彈ヲ一偏ニ落スノタ或中隊等ハ中食ノ時ヤラレテ全部何處カヘ行ッテシマヒマシタ	
	將軍廟出張所ニテ 丸岡政雄	大連陸軍倉庫支庫 滿淵少尉	飛行基地ヲ爆擊サレ我戰鬪機四機カ無殘ニモ燒打ニサレ安部大尉一名無殘ナ最後ヲ遂ケタ	

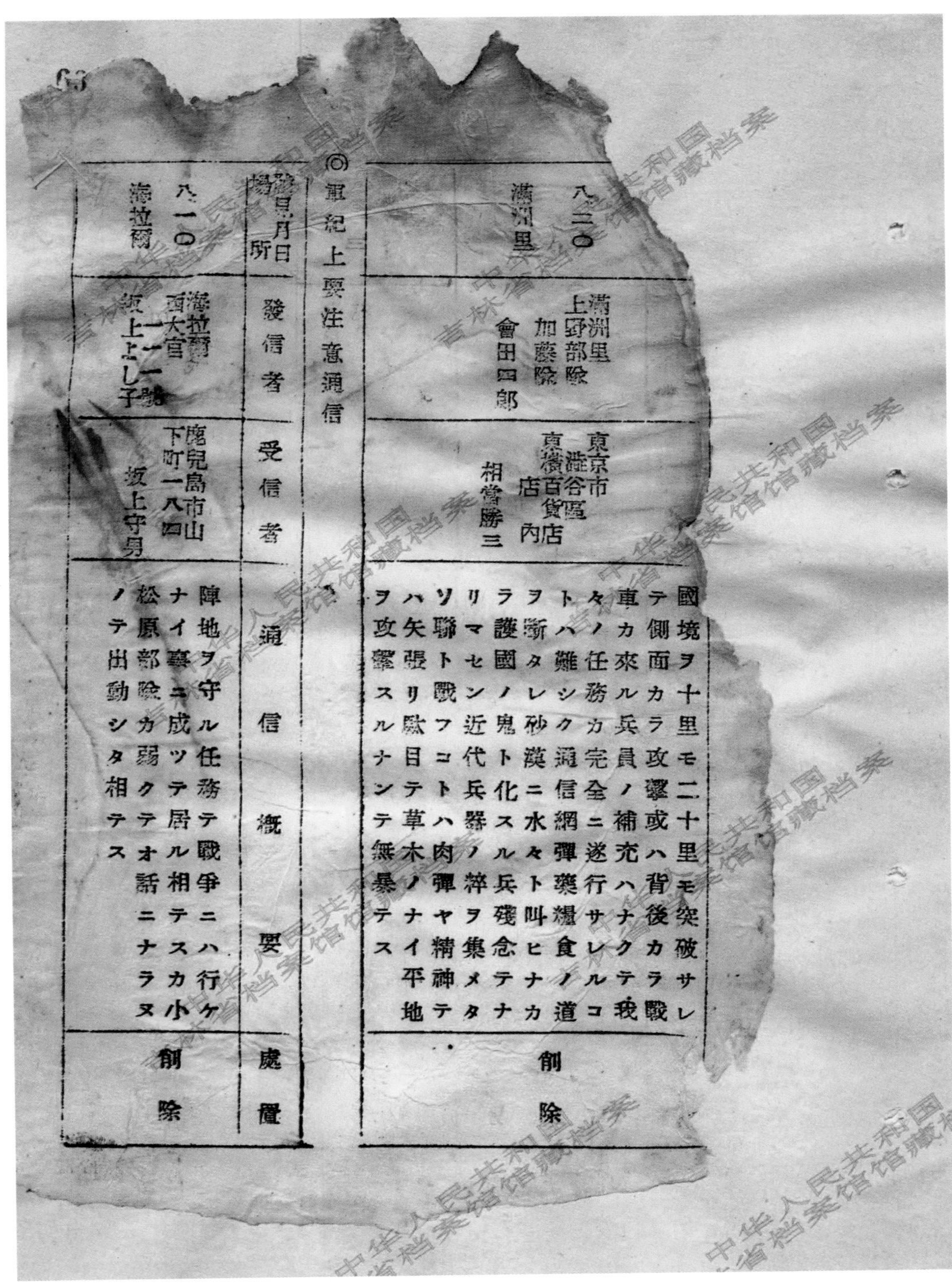

發月日場所	發信者	受信者	通信概要	處置
八・二〇 滿洲里	滿洲里上野部隊加藤隊 會田四郎	東京市澁谷區東横百貨店内 相當勝三	國境ヲ十里モ二十里モ突破サレテ側面カラ攻撃或ハ背後カラ戰車カ來ル兵員ノ補充ハナクテ我々ノ任務カ完全ニ遂行サレルコトハ難シク通信網彈藥糧食ノ道ヲ斷タレ砂漠ニ水々ト叫ヒナカラ護國ノ鬼ト化スル兵殘念テナリマセン近代兵器ノ粹ヲ集メタソ聯ト戰フニハ肉彈ヤ精神テハ矢張リ駄目テ草木ノナイ平地ヲ攻撃スルナンテ無暴テス	削除

◎軍紀上要注意通信

發月日場所	發信者	受信者	通信概要	處置
八・一〇 海拉爾	海拉爾西大官一一一號 坂上とし子	鹿兒島市山下町一八四 坂上守男	障地ヲ守ル任務テ戰爭ニハ行ケナイ事ニ成ツテ居ル相テスカ小松原部隊カ弱クテオ話ニナラヌノテ出動シタ相テス	削除

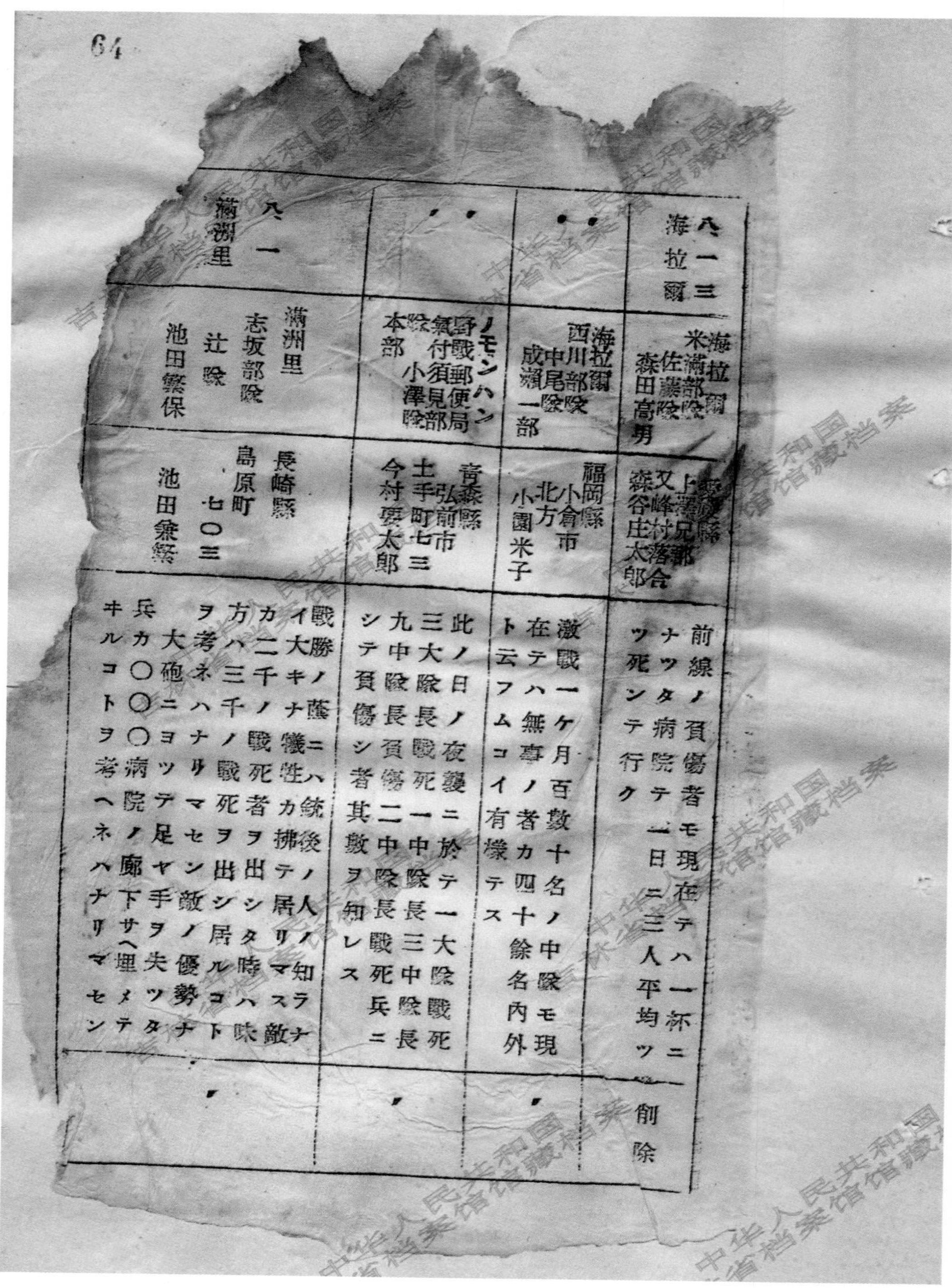
64

日附・發信地	發信者	受信者	内容	處置
八、一三 海拉爾	海拉爾米滿部隊佐藤隊 森田高男	愛媛縣上浮兄郡又峰村落合 森谷庄太郎	前線ノ負傷者モ現在テハ一杯ニナッタ病院テ一日ニ三人平均ッツ死ンテ行ク	削除
〃 〃	海拉爾西川部隊中尾隊 成瀨一部	福岡縣小倉市北方 小園米子	激戰一ケ月百數十名ノ中隊モ現在テハ無事ノ者カ四十餘名内外ト云フムコイ有樣テス	〃
〃 〃	ノモンハン野戰郵便局氣付須見部隊 小澤隊本部	青森縣弘前市土手町七三 今村要太郎	此ノ日ノ夜襲ニ於テ一大隊戰死三大隊長戰死一中隊長三中隊長九中隊長負傷二中隊長戰死兵ニシテ負傷シ者其數ヲ知レス	〃
八、一 滿洲里	滿洲里志坂部隊 辻隊 池田繁保	長崎縣島原町七〇三 池田兼繁	戰勝ノ蔭ニハ銃後ノ人ノ知ラナイ大キナ犧牲カ拂テ居リマス敵カ二千ノ戰死者ヲ出シタ時ハ味方ハ三千ノ戰死ヲ出シ居ルコトヲ考ネハナリマセン敵ノ優勢ナ大砲ニヨッテ足ヤ手ヲ失ッタ兵カ〇〇〇病院ノ廊下サヘ埋メテキルコトヲ考ヘネハナリマセン	〃

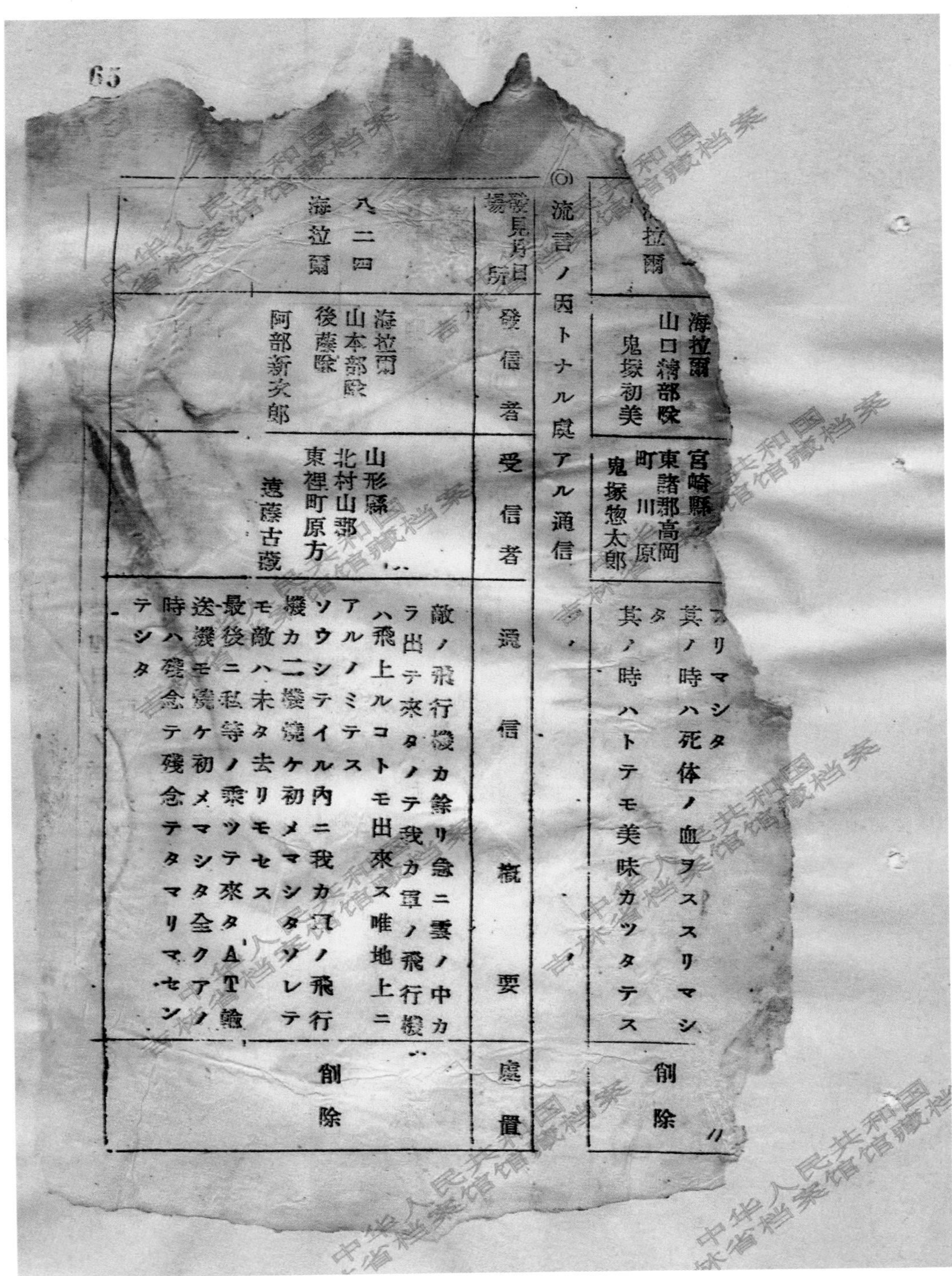

65

發見月日場所	發信者	受信者	通信概要	處置
海拉爾	海拉爾 山口特部隊 鬼塚初美	宮崎縣東諸郡高岡町川原 鬼塚惣太郎	アリマシタ 其ノ時ハ死体ノ血ヲススリマシタ 其ノ時ハトテモ美味カツタテス	削除

◎流言ノ因トナル虞アル通信

發見月日場所	發信者	受信者	通信概要	處置
八二四 海拉爾	海拉爾 山本部隊 後藤隊 阿部新亥郎	山形縣北村山郡東根町原方 遠藤古藏	敵ノ飛行機カ餘リ急ニ雲ノ中カラ出テ來タノテ我カ軍ノ飛行機ハ飛上ルコトモ出來ス唯地上ニアルノミテス ソウシテイル内ニ我カ軍ノ飛行機カ二機燒ケ初メマシタソレテモ敵ハ未タ去リモセス 最後ニ私等ノ乘ツテ來タAT輸送機モ燒ケ初メマシタ全クアノ時ハ殘念テ殘念テタマリマセンテシタ	削除

66

八二六	海拉爾 伊勢部隊氣付 床並隊 齋龜道雄	鹿兒島縣川内町 福昌寺内 齋龜スミ子	三四日前ノ話テスカ敵ノ戰車飛行機、百餘臺カ我カ野砲歩兵騎兵、輕重隊自動車隊ヲ夜襲シ、第一戰ノ野戰病院ハ戰車飛行機ニヤラレテ病人ハ散リ々々ナリ其ノ大部分ハ死ンテシマツタ相テス軍醫ト衞生兵カ自動車ニ乘ツテ逃ケタト云フ事テス	削除
八二二	海拉爾 關東軍陸軍倉庫海拉爾支庫 鶴川早子	熊本縣熊本郡岳凡尋常小學校 田中五美	ケタタマシイサイレンノ響敵機ノ空襲テス本當ニ今只今アツタノテス緊張シタ心皆秋空ヲナカメテオリマス	〃
八二四	海拉爾 小倉部隊 柴尾隊 西 爲雄	朝鮮黃海道沙里院 朝鐵 社宅 吉田英一	海拉爾ノ上空ニモ二三回空襲ニ參リマシタカ友軍機ニ追擊サレテ其ノ都度逃ケテイル様テス新聞テハ我空軍ハ、物凄ク良イ様	〃

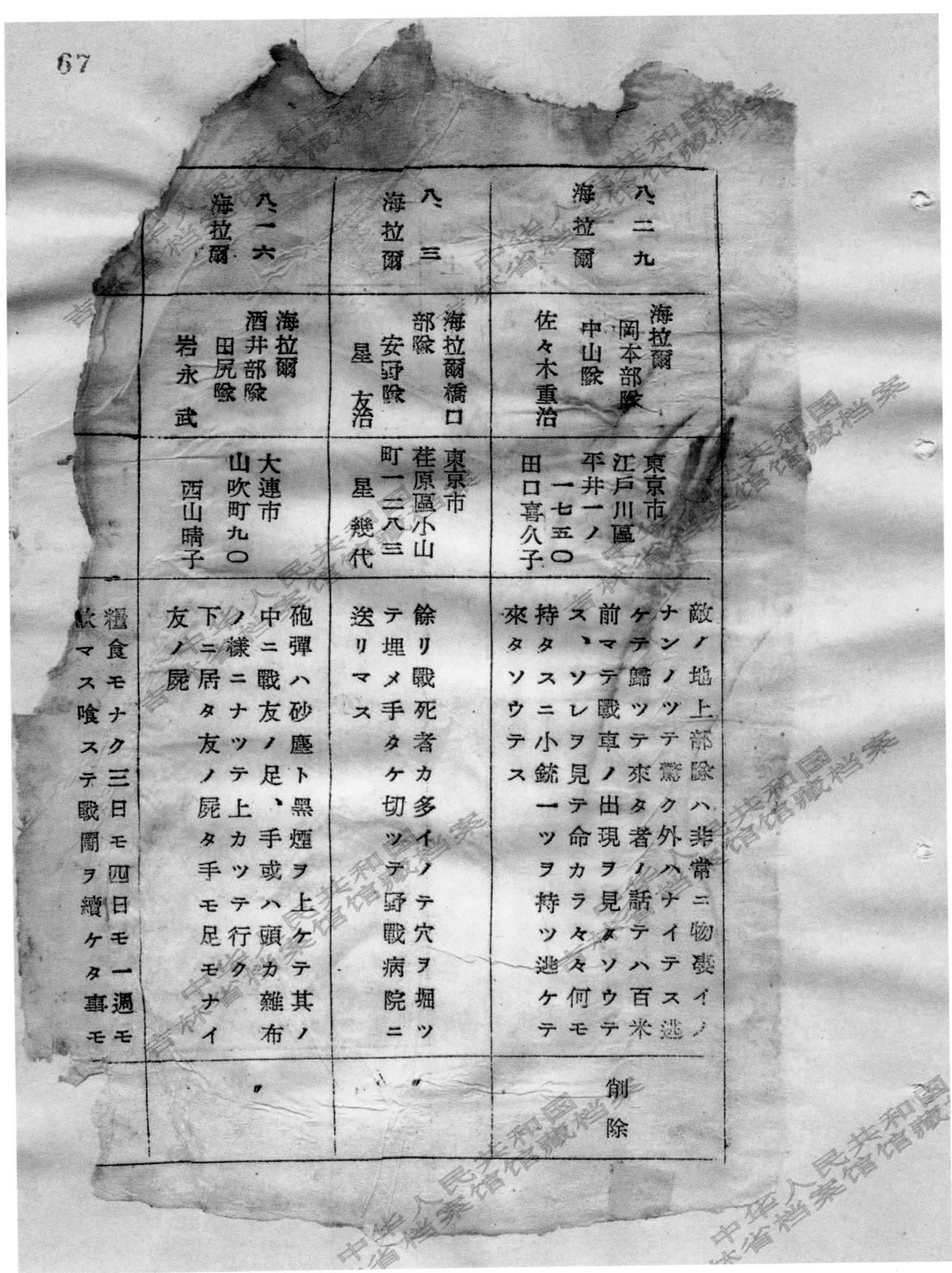

67

月日・發信地	發信者	受信者	通信要旨	處置
八、二九 海拉爾	海拉爾 岡本部隊 中山隊 佐々木重治	東京市江戸川區平井一ノ一七五〇 田口喜久子	敵ノ地上部隊ハ非常ニ物凄イノナンノツテ驚ク外ハナイテス逃ケテ歸ツテ來タ者ノ話テハ百米前マテ戰車ノ出現ヲ見タソウテス、ソレヲ見テ命カラ々々何モ持タスニ小銃一ツヲ持ツ逃ケテ來タソウテス	削除
八、三 海拉爾	海拉爾橋口部隊 安野隊 星友治	東京市荏原區小山町一二八三 星幾代	餘リ戰死者カ多イノテ穴ヲ掘ツテ埋メ手タケ切ツテ野戰病院ニ送リマス	〃
八、一六 海拉爾	海拉爾 酒井部隊 田尻隊 岩永武	大連市山吹町九〇 西山晴子	砲彈ハ砂塵ト黑煙ヲ上ケテ其ノ中ニ戰友ノ足、手或ハ頭カ雑布ノ様ニナツテ上カツテ行ク下ニ居タ友ノ屍タ手モ足モナイ友ノ屍	〃

糧食モナク三日モ四日モ一週モ飲マス喰ステ戰鬪ヲ續ケタ事モ

63

二〇 海拉爾	海拉爾山本部隊氣付石塚部隊 我妻召司	茨木縣稻敷郡生坂村大學大德新田 我妻文治	ニ書イテアリマスカ事實ハ相テナク日本ノ飛行機ハ問題テナク追フ時ハスー卜迯ケラレルヲ追ハレル時ハタチマチ追付カレテシマウ實ニナサケナイ次第テス	削除
八、四 滿洲里	滿洲里 警護隊 齊藤文治	秋田縣平賀郡增田町十文字嚼町 齊藤宇一郎	國境事件ノ眞相ハ全ク慘タルモノテス內地テハ想像モ出來ナイ程猛烈テ日滿軍ノ損害ハ全ク大シタモノテ日本軍ノ勝ツテ居ルノハ飛行機タケテ地上部隊ナトハ全滅的大打擊ヲ受ケテ居リ全ク悲慘ソノモノテス	〃
八、四 滿洲里	滿洲里小玉部隊加藤隊 金子繼夫	宮城縣仙臺市連坊小路二八六 中村明	每夜國境線及滿洲里市街ヲ巡察スルノテアルカ三人一組ニ昨夜三人カ市街ノ眞中テスパイニドカン々々ヤラレタ二人ハ其ノ場ニ倒レ一人ハソノスパイヲ追ツタカ見當ラス急ニヨリ六名スパイヲ追ッテ夜中歩イテ居ルモ	〃

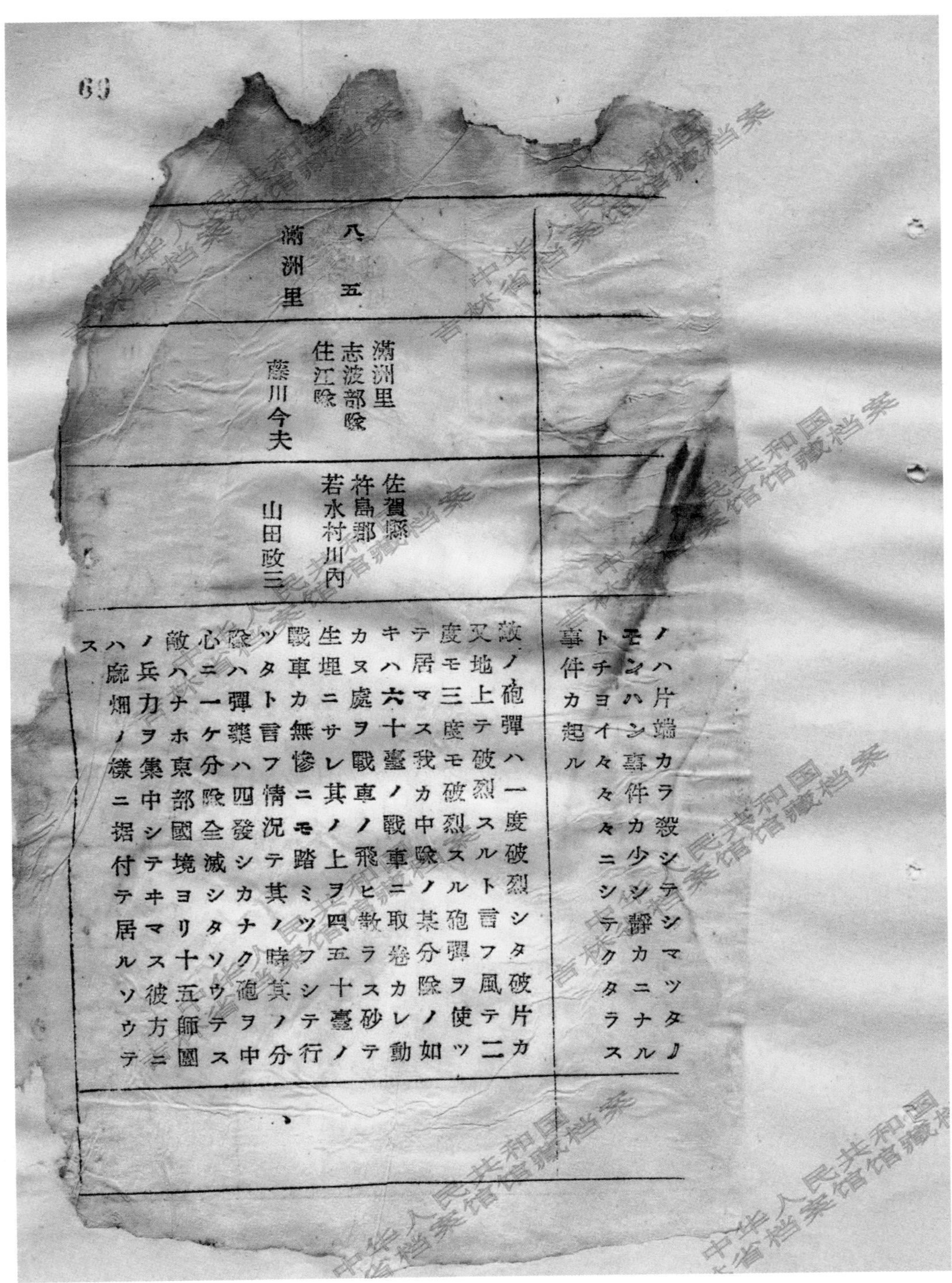

69

ノハ片端カラ殺シテシマツタノ
モンハン事件カ少シ靜カニナル
トチヨイ々々々ニシテクタラス
事件カ起ル

八五	滿洲里
滿洲里 志波部隊 住江隊	藤川今夫
佐賀縣 杵島郡 若水村川內	山田政三

敵ノ砲彈ハ一度破烈シタ破片カ又地上テ破烈スルト言フ風テ二度モ三度モ破烈スル砲彈ヲ使ッテ居マス我カ中隊ノ某分隊ノ如キハ六十臺ノ戰車ニ取巻カレ動カヌ處ヲ戰車ノ飛ヒ散ラス砂テ生埋ニサレ其ノ上ヲ四五十臺ノ戰車カ無慘ニモ踏ミツフシテ行ツタト言フ情況テ其ノ時其ノ分隊ハ彈藥ハ四發シカナク砲ヲ中心ニ一ケ分隊全滅シタソウテス敵ハナホ東部國境ヨリ十五師團ノ兵力ヲ集中シテヰマス彼方ニハ廠畑ノ樣ニ据付テ居ルソウテス

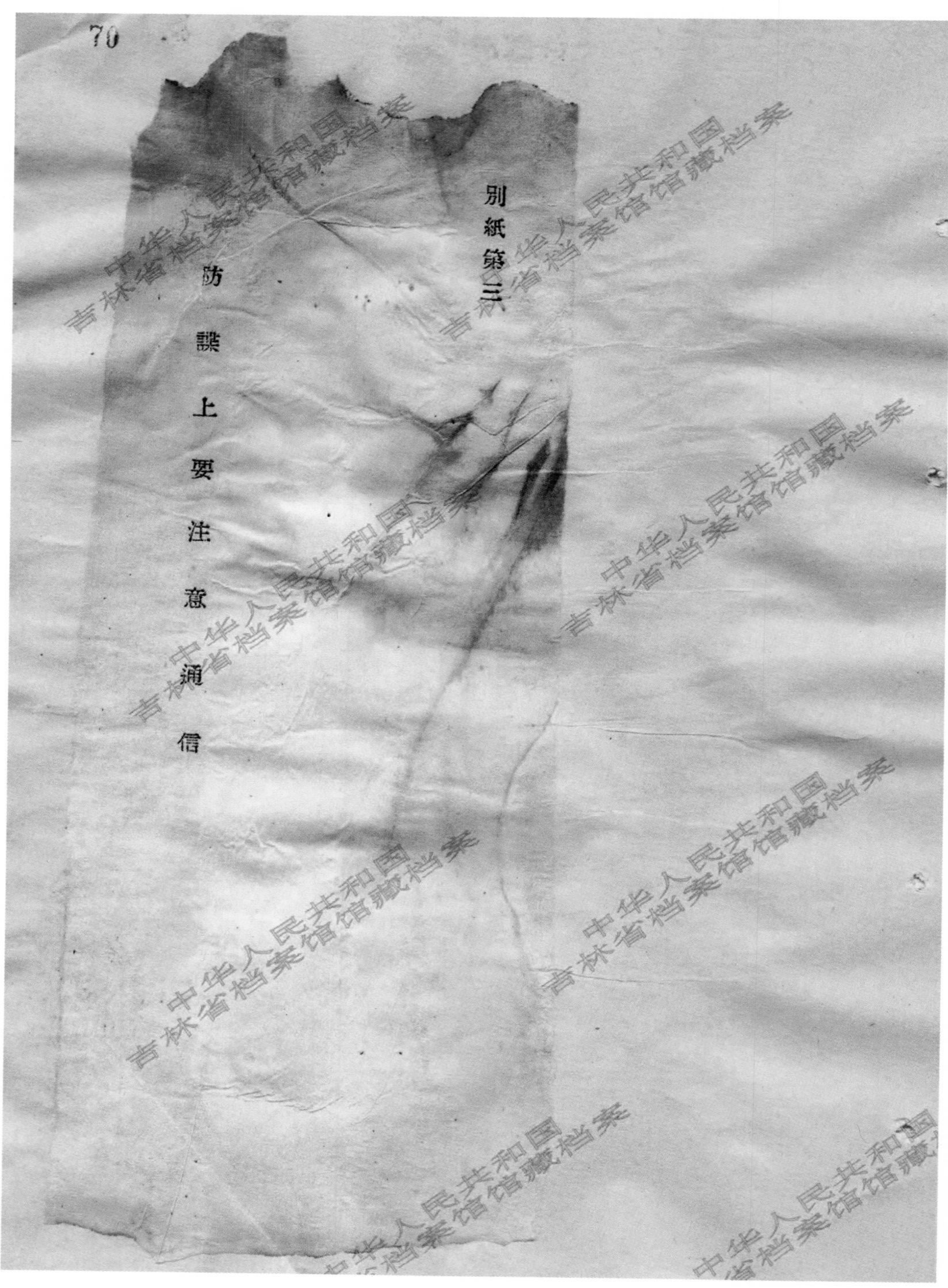
70

別紙第三

防諜上要注意通信

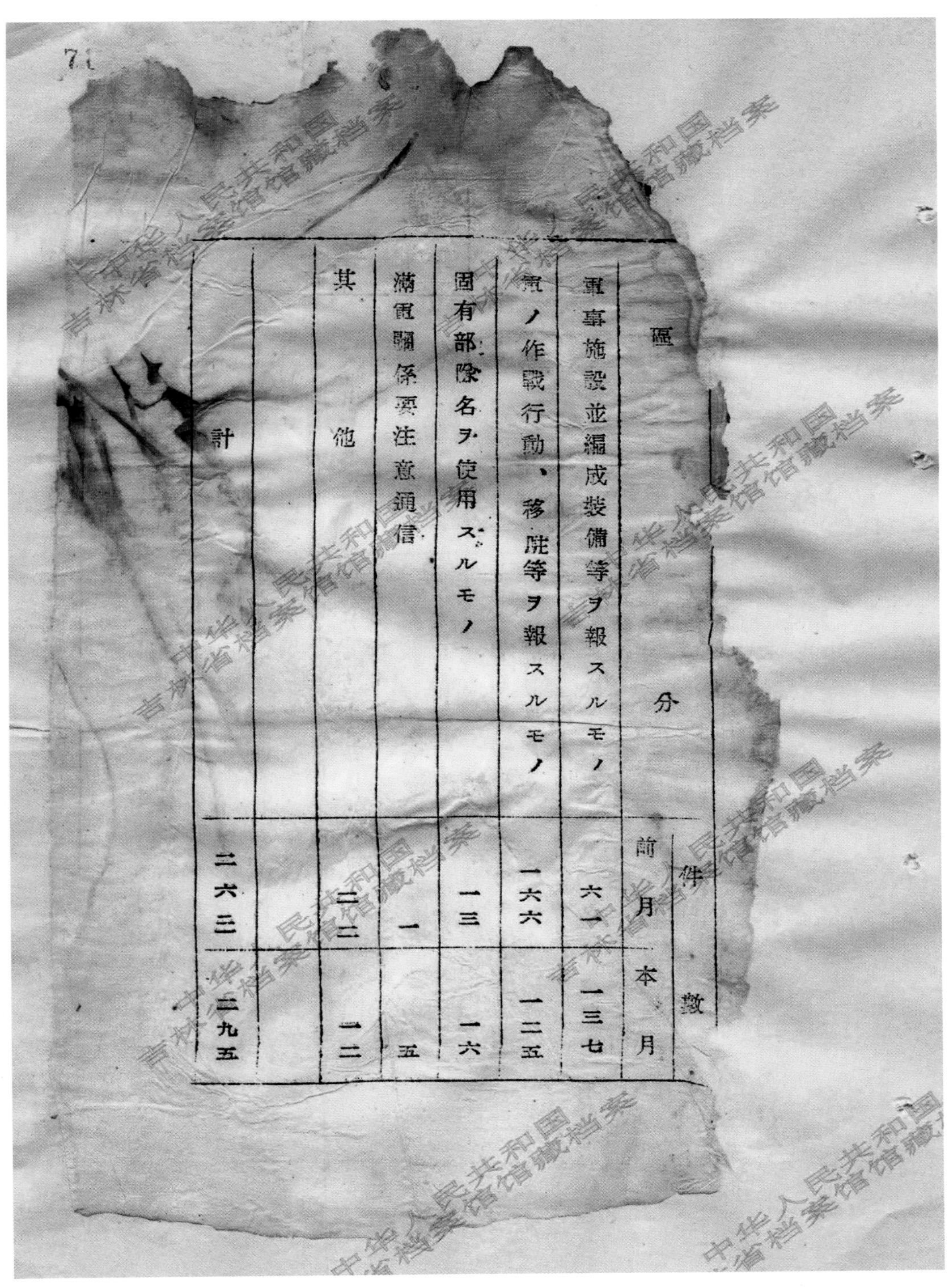

區分	件數 前月	件數 本月
軍事施設並編成裝備等ヲ報スルモノ	六一	一三七
軍ノ作戰行動、移駐等ヲ報スルモノ	一六六	一二五
固有部隊名ヲ使用スルモノ	一三	一六
滿軍關係要注意通信	一	五
其他	二二	一二
計	二六三	二九五

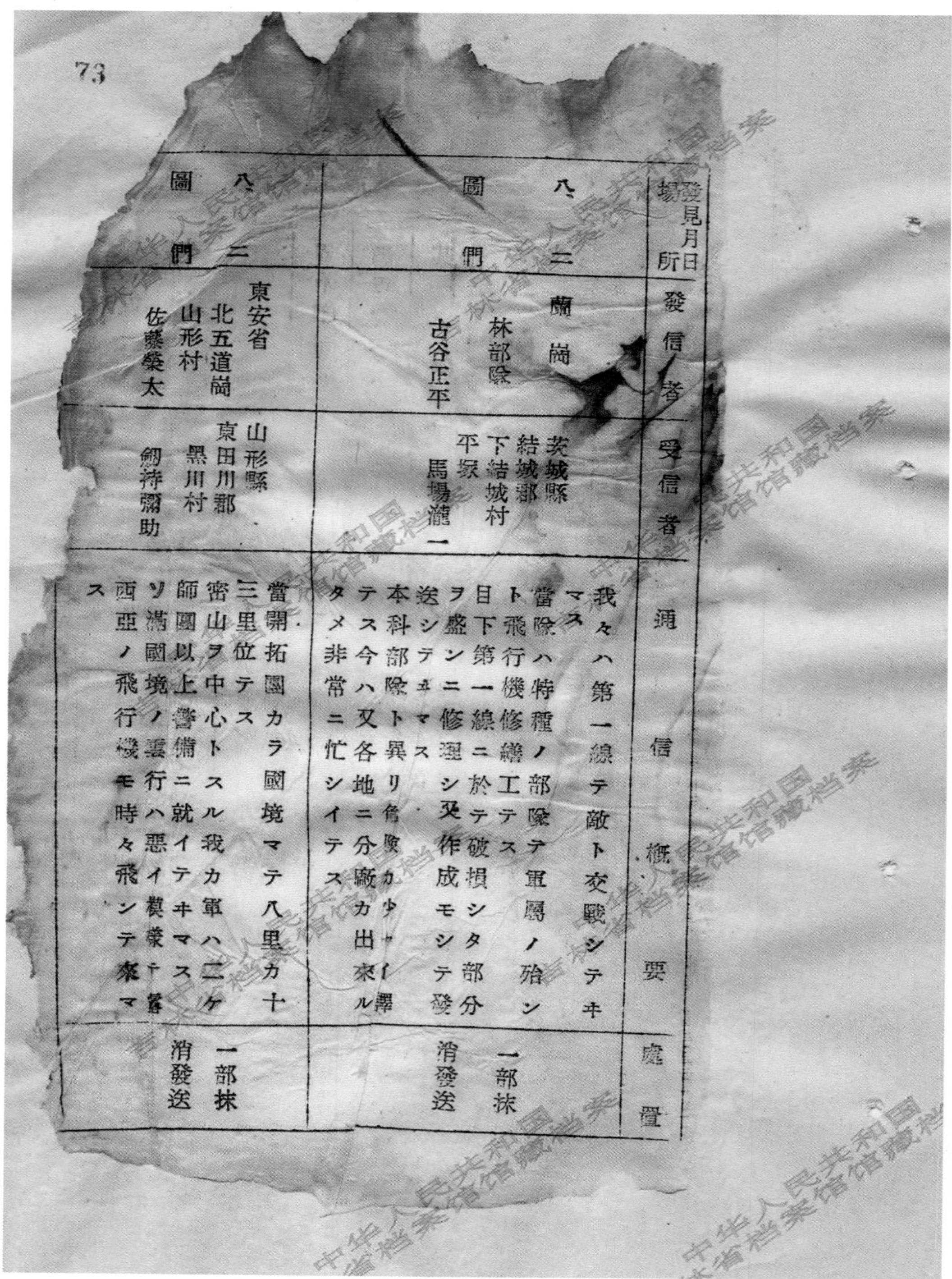
73

發見月日場所	發信者	受信者	通信概要	處置
八、二 圖們	蘭崗 林部隊 古谷正平	茨城縣 結城郡 下結城村 平塚 馬場瀧一	我々ハ第一線テ敵ト交戰シテヰマス當隊ハ特種ノ部隊テ軍屬ノ殆ント飛行機修繕工テス目下第一線ニ於テ破損シタ部分ヲ盛ンニ修理シ又作成モシテ發送シテヰマス本科部隊ト異リ危險カ少イ譯テス今ハ又各地ニ分廠カ出來ルタメ非常ニ忙シイテス	一部抹消發送
八、二 圖們	東安省 北五道崗 山形村 佐藤榮太	山形縣 東田川郡 黑川村 劍持彌助	當開拓團カラ國境マテ八里カ十三里位テス密山ヲ中心トスル我カ軍ハ二ケ師團以上警備ニ就イテヰマスソ滿國境ノ雲行ハ惡イ模樣テ露西亞ノ飛行機モ時々飛ンテ來マス	一部抹消發送

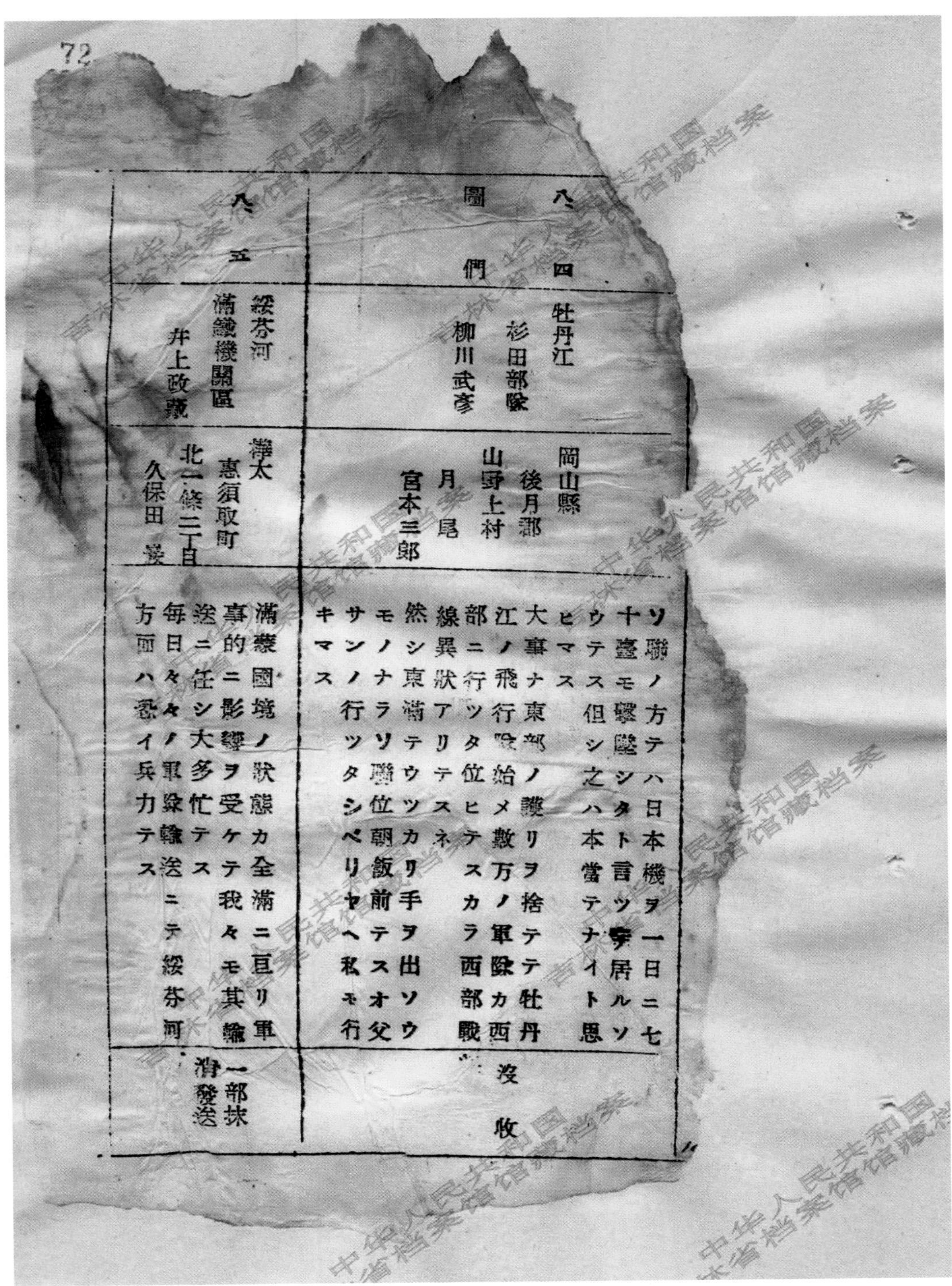

72

番號	發信者	受信者	內容	處置
八四 圖們	牡丹江 杉田部隊 柳川武彦	岡山縣 後月郡 山野上村 月尾 宮本三郎	ソ聯ノ方テハ日本機ヲ一日ニ七十臺モ擊墜シタト言ツテ居ルソウテス但シ之ハ本當テナイト思ヒマス大事ナ東部ノ護リヲ捨テテ牡丹江ノ飛行隊始メ數万ノ軍隊カ西部ニ行ツタ位ヒテスカラ西部戰線異狀アリテスネ然シ東滿テリウツカリ手ヲ出ソウモノナラソ聯位朝飯前テスオ父サンノ行ツタシベリヤヘ私モ行キマス	沒收
八五	綏芬河 滿鐵機關區 井上政藏	樺太 惠須取町 北一條二丁目 久保田 曼	滿蒙國境ノ狀態カ全滿ニ亘リ軍事的ニ影響ヲ受ケテ我々モ其輸送ニ任シ大多忙テス毎日々々ノ軍隊輸送ニテ綏芬河方面ハ恐イ兵力テス	一部抹消發送

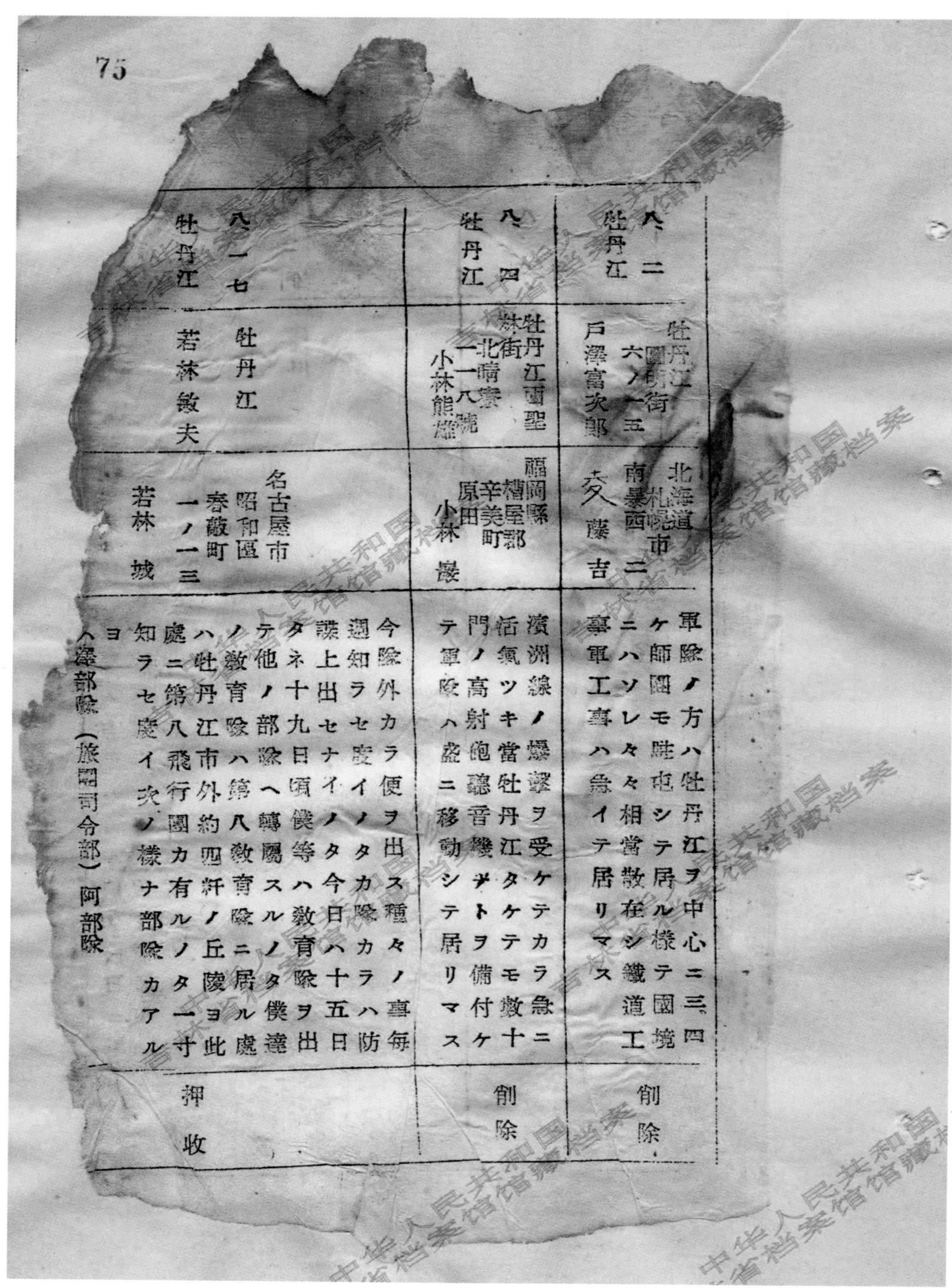

75

八二 牡丹江	牡丹江圓明街六ノ一三 戸澤富次郎	北海道札幌市南暴西二 斉藤吉	軍隊ノ方ハ牡丹江ヲ中心ニ三、四ケ師團モ駐屯シテ居ル樣テ國境ニハソレ々々相當散在シ鐵道工事軍工事ハ急イテ居リマス	削除
八四 牡丹江	牡丹江圓聖林街北崎寮一一八號 小林熊雄	福岡縣糟屋郡辛美町原田 小林巖	濱洲線ノ爆撃ヲ受ケテカラ急ニ活氣ツキ當牡丹江タケテモ數十門ノ高射砲聽音機ナトヲ備付ケテ軍隊ハ盛ニ移動シテ居リマス	削除
八一七 牡丹江	牡丹江 若林敏夫	名古屋市昭和區春蔵町一ノ一三 若林城	今隊外カラ便ヲ出ス種々ノ事毎週知ラセ度イノタカ隊カラハ防諜上出セナイノタ今日ハ十五日タネ十九日頃僕等ハ教育隊ヲ出テ他ノ部隊ヘ轉屬スルノタ僕達ノ教育隊ハ第八教育隊ニ居ル處ハ牡丹江市外約四粁ノ丘陵ヨ此處ニ第八飛行團カ有ルノタ一寸知ラセ度イ次ノ樣ナ部隊カアルヨ ヘ潔部隊（旅團司令部）阿部隊	押收

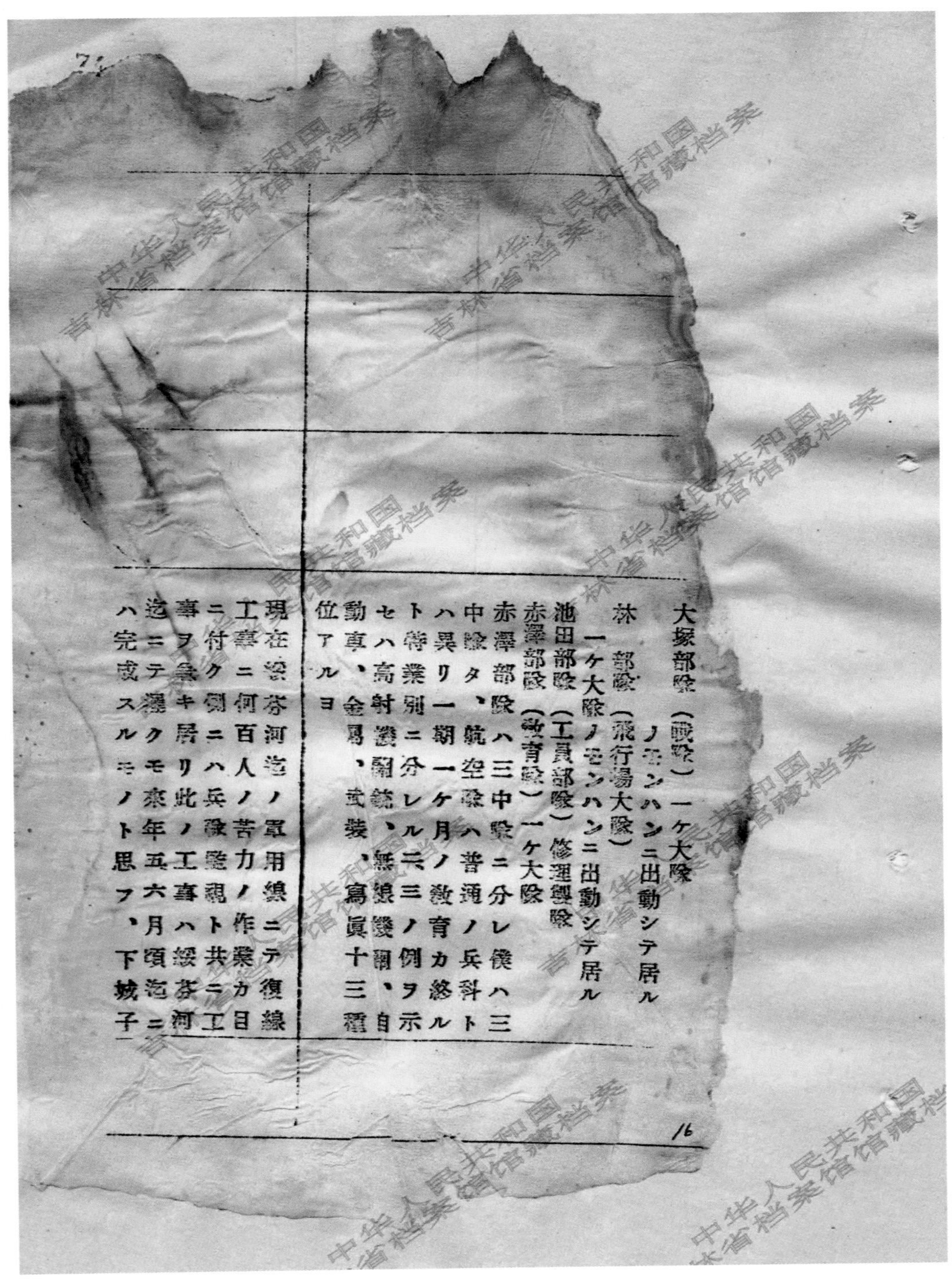

7

大塚部隊（戰隊）一ケ大隊ノモンハンニ出動シテ居ル
林　部隊（飛行場大隊）一ケ大隊ノモンハンニ出動シテ居ル
池田部隊（工員部隊）修理整隊
赤澤部隊（教育隊）一ケ大隊
赤澤部隊ハ三中隊ニ分レ僕ハ三中隊タ、航空隊ハ普通ノ兵科ト異リ一期一ケ月ノ教育カ終ルト特業別ニ分レルニ三ノ例ヲ示セハ高射機關銃、無線機關、自動車、金屬、武裝、寫眞十三種位アルヨ

現在綏芬河迄ノ軍用線ニテ復線工事ニ何百人ノ苦力ノ作業カ目ニ付クニ側ニハ兵隊監視ト共ニ工事ヲ急キ居リ此ノ工事ハ綏芬河迄ニテ遲クモ來年五六月頃迄ニハ完成スルモノト思フ、下城子

16

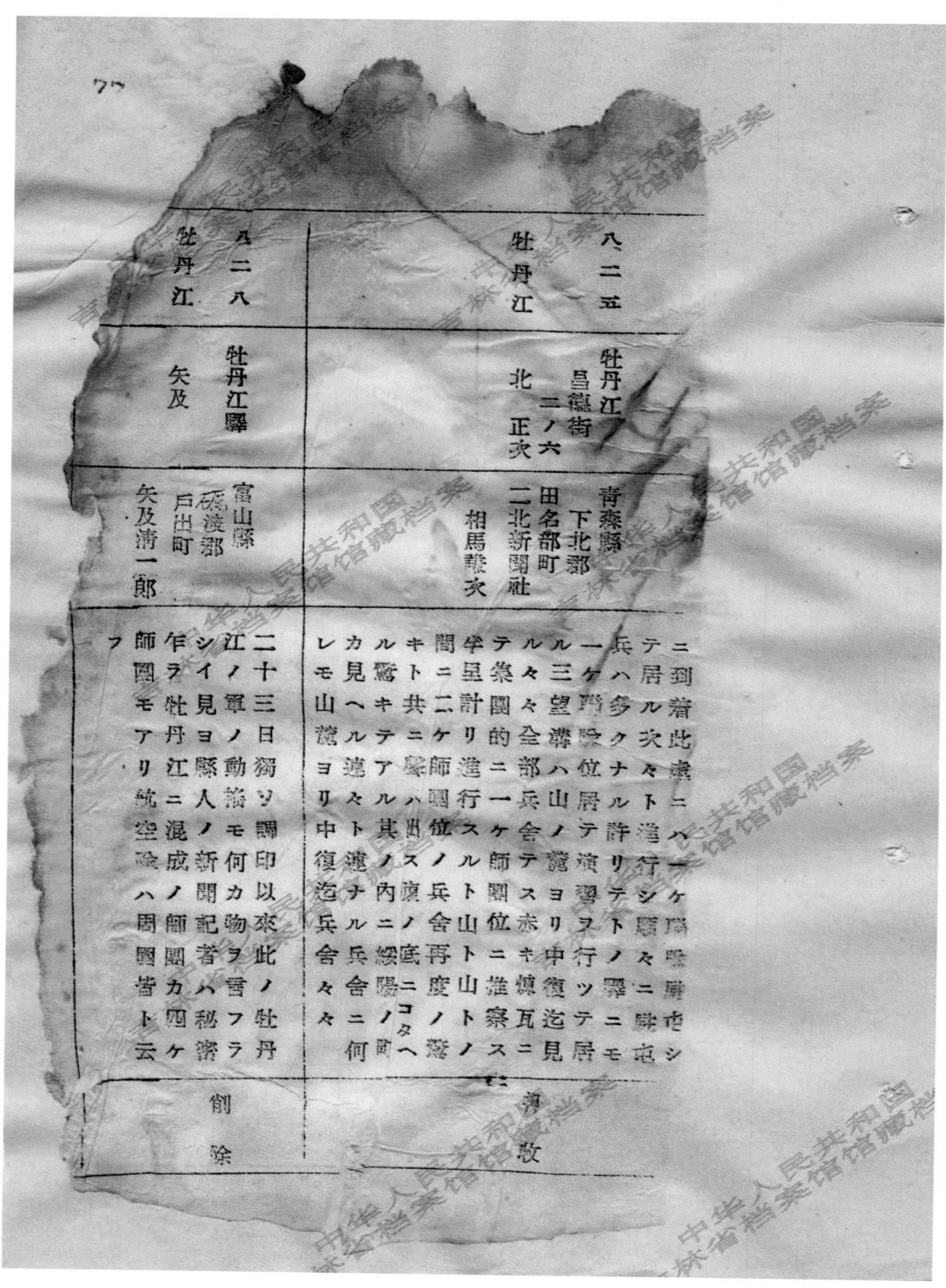
77

八、二五 牡丹江	牡丹江 昌德街 二ノ六 北 正次	青森縣 下北郡 田名部町 二北新聞社 相馬隆次	ニ到着此處ニハ一ケ聯隊駐屯シテ居ル次々ト進行シ順々ニ駐屯兵ハ多クナル許リテトノ驛ニモ一ケ聯隊位居テ演習ヲ行ッテ居ル三望溝ハ山ノ麓ヨリ中腹迄見ル々々全部兵舎テス赤キ煉瓦ニテ集團的ニ一ケ師團位ニ推察ス半里計リ進行スルト山ト山トノ間ニ二ケ師團位ノ兵舎再度ノ驚キト共ニ擊ハ出スノ腹ノ底ニコタヘル驚キテアル其ノ内ニ綏陽ノ町カ見ヘル連々ト連ナル兵舎ニ何レモ山麓ヨリ中腹迄兵舎々々	沒收
八、二八 牡丹江	牡丹江驛 矢及	富山縣 礪波郡 戶出町 矢及清一郎	二十三日獨ソ調印以來此ノ牡丹江ノ軍ノ動搖モ何カ物ヲ言フラシイ見ヨ縣人ノ新聞記者ハ秘密乍ラ牡丹江ニ混成ノ師團カ四ケ師團モアリ航空隊ハ周圍皆ト云フ	削除

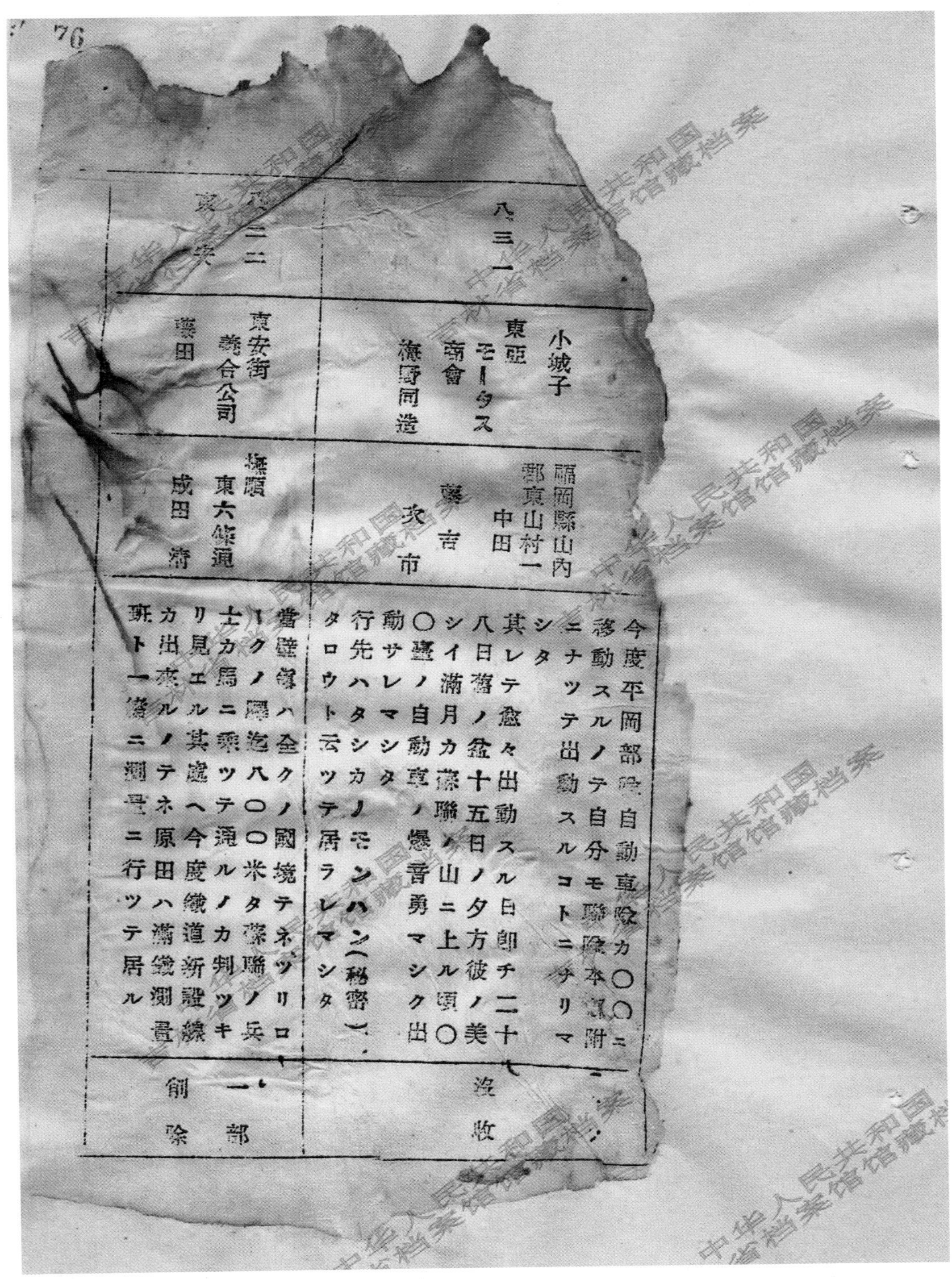

八、三一	小城子 東亞モータス商會 海野同造	福岡縣山内郡東山村一 中田 藤吉 次市	今度平岡部隊自動車隊カ〇〇ニ移動スルノテ自分モ聯隊本部附ニナツテ出動スルコトニナリマシタ其レテ愈々出動スル日即チ二十七八日舊ノ盆十五日ノ夕方彼ノ美シイ滿月カ蘇聯ノ山ニ上ル頃〇〇臺ノ自動車ノ爆音勇マシク出動サレマシタ行先ハタシカノモンハン（秘密）・タロウト云ツテ居ラレマシタ	沒收
八、二二 [illegible]	東安街 義合公司 藤田	撫順東六條通 成田 濟	當壁鎮ハ全クノ國境テネツリロ、トクノ隣迄八〇〇米タ蘇聯ノ兵士カ馬ニ乘ツテ通ルノカ判ツキリ見エル其處ヘ今度鐵道新設線カ出來ルノテネ原田ハ滿鐵測量班ト一緒ニ測量ニ行ツテ居ル	一部削除

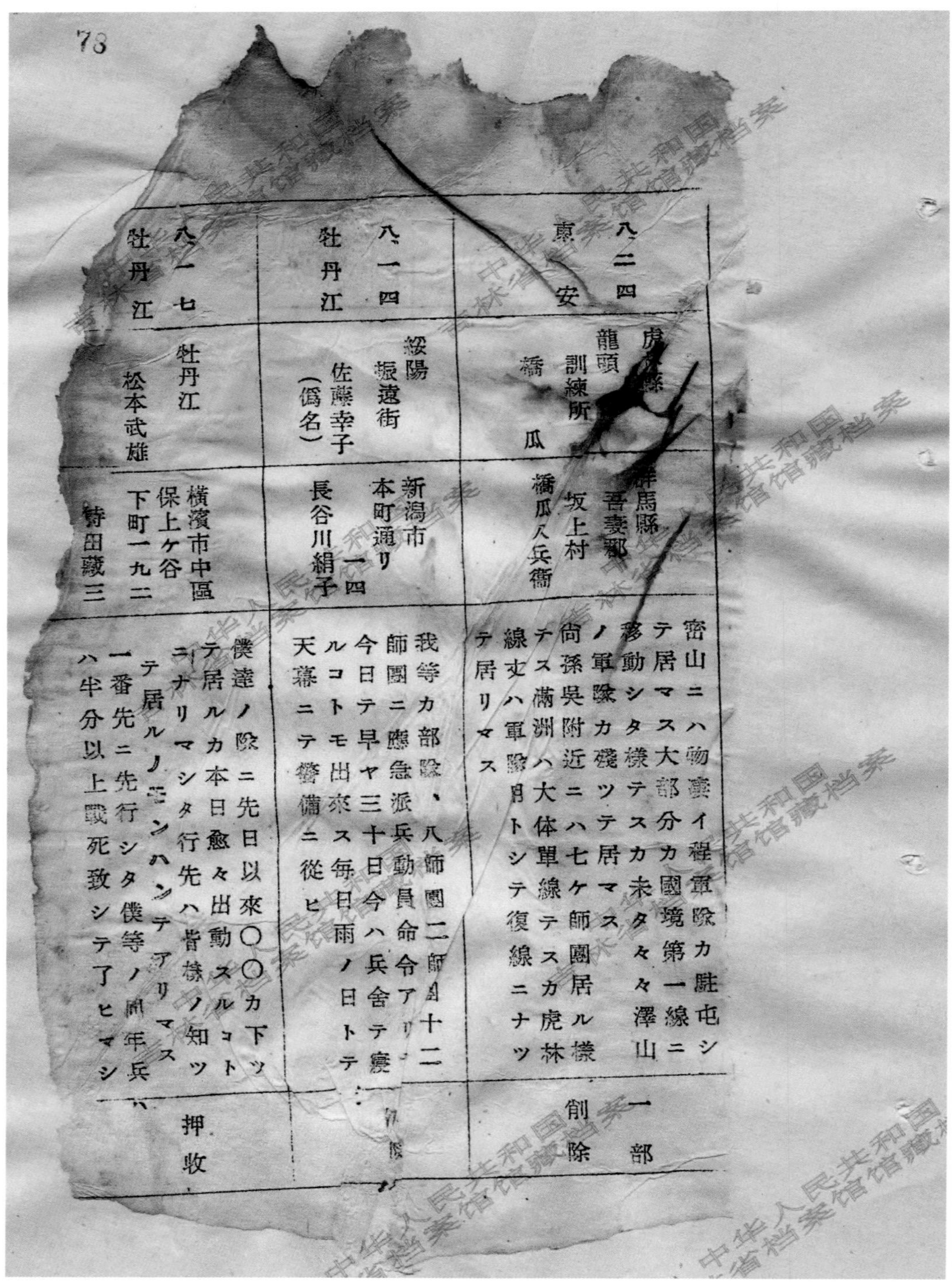

78

八二四 東安	虎林縣 龍頭 訓練所 橋瓜	群馬縣 吾妻郡 坂上村 橋瓜八兵衛	密山ニハ物凄イ程軍隊カ駐屯シテ居マス大部分カ國境第一線ニ移動シタ様テスカ未タ々々澤山ノ軍隊カ殘ッテ居マス向孫呉附近ニハ七ケ師團居ル様テス滿洲ハ大体單線テスカ虎林線丈ハ軍隊自トシテ復線ニナッテ居リマス	一部削除
八一四 牡丹江	綏陽 振遠街 佐藤幸子 （僞名）	新潟市 本町通り一四 長谷川絹子	我等カ部隊、八師團二師團十二師團ニ應急派兵動員命令アリ今日テ早ヤ三十日今ハ兵舍テ寢ルコトモ出來ス毎日雨ノ日トテ天幕ニテ警備ニ從ヒ…	[illegible]
八一七 牡丹江	牡丹江 松本武雄	横濱市中區 保上ケ谷 下町一九二 持田藏三	僕達ノ隊ニ先日以來〇〇カ下ッテ居ルカ本日愈々出動スルコトニナリマシタ行先ハ皆様ノ知ッテ居ルノモンハンテアリマス一番先ニ先行シタ僕等ノ同年兵ハ半分以上戰死致シテ了ヒマシ…	押收

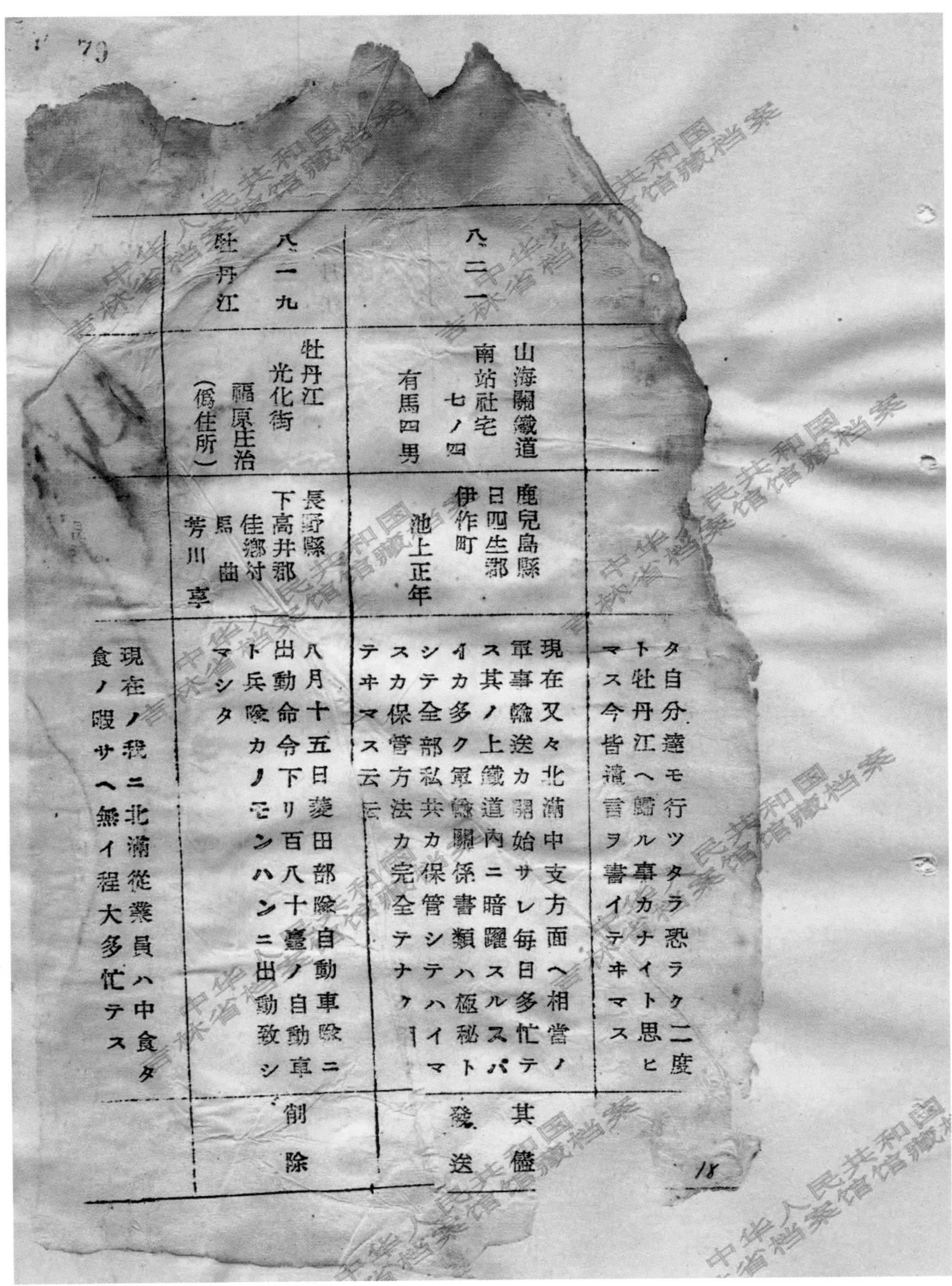

79

			タ自分達モ行ツタラ恐ラク二度ト牡丹江ヘ歸ル事カナイト思ヒマス今皆遺言ヲ書イテヰマス	
八二一	山海關鐵道 南站社宅 七ノ四 有馬四男	鹿兒島縣 日置郡 伊作町 池上正年	現在又々北滿中支方面ヘ相當ノ軍需輸送カ開始サレ毎日多忙テス其ノ上鐵道内ニ暗躍スルスパイカ多ク軍輸關係書類ハ極秘トシテ全部私共カ保管シテハイマスカ保管方法カ完全テナク[illegible]テヰマス云云	其儘發送
八二九 牡丹江	牡丹江 光化街 福原庄治 (僞住所)	長野縣 下高井郡 佳鄉村 馬曲 芳川亭	八月十五日菱田部隊自動車隊ニ出動命令下リ百八十臺ノ自動車ト兵隊カノモンハンニ出動致シマシタ	削除
			現在ノ我ニ北滿從業員ハ中食夕食ノ暇サヘ無イ程大多忙テス	

18

80

八、二九 牡丹江	八、二九 牡丹江	八、二八 東安
牡丹江ニテ 中澤富雄	満洲ニテ 利男	寶清 四手井部隊 松本勇二
群馬縣勢多郡荒砥村東大室 中澤勝	仙臺市 地方裁判所 民事部 新妻幸吉	秋田市 高砂堂 主人
満鐵ノ七割以上ヲ占メル貨物列車ハ全部運休トナリ一〇客車六七ケ列車ノ他全部四〇輸送ノ爲ニ大騒キテス貨物ノ中ノ兵隊サンハ本當ニ可愛相テス	今マテ東部國境警備ニテ細鱗河ニ待期致シテ居リマシタカ突然關東軍ノ命ニ依リ西部ノモンハン方面ニ[illegible]（二十六日）今進行中ノ[illegible]居リマス	突如應急派兵カ下リ現在迄關東軍テアツタノカ國境警備第三軍ニ編成サレ東部國境ニ出動シ國境ニ至ル距離三里半ト言フ平陽鎭ニ駐屯シテ居リマス寶清ヨリ旅團全部來タノテ寶清附近ニ匪賊三百名襲來シタトノ報カアリ一ケ中隊ハ寶清ノ警備
削除	押收	沒收

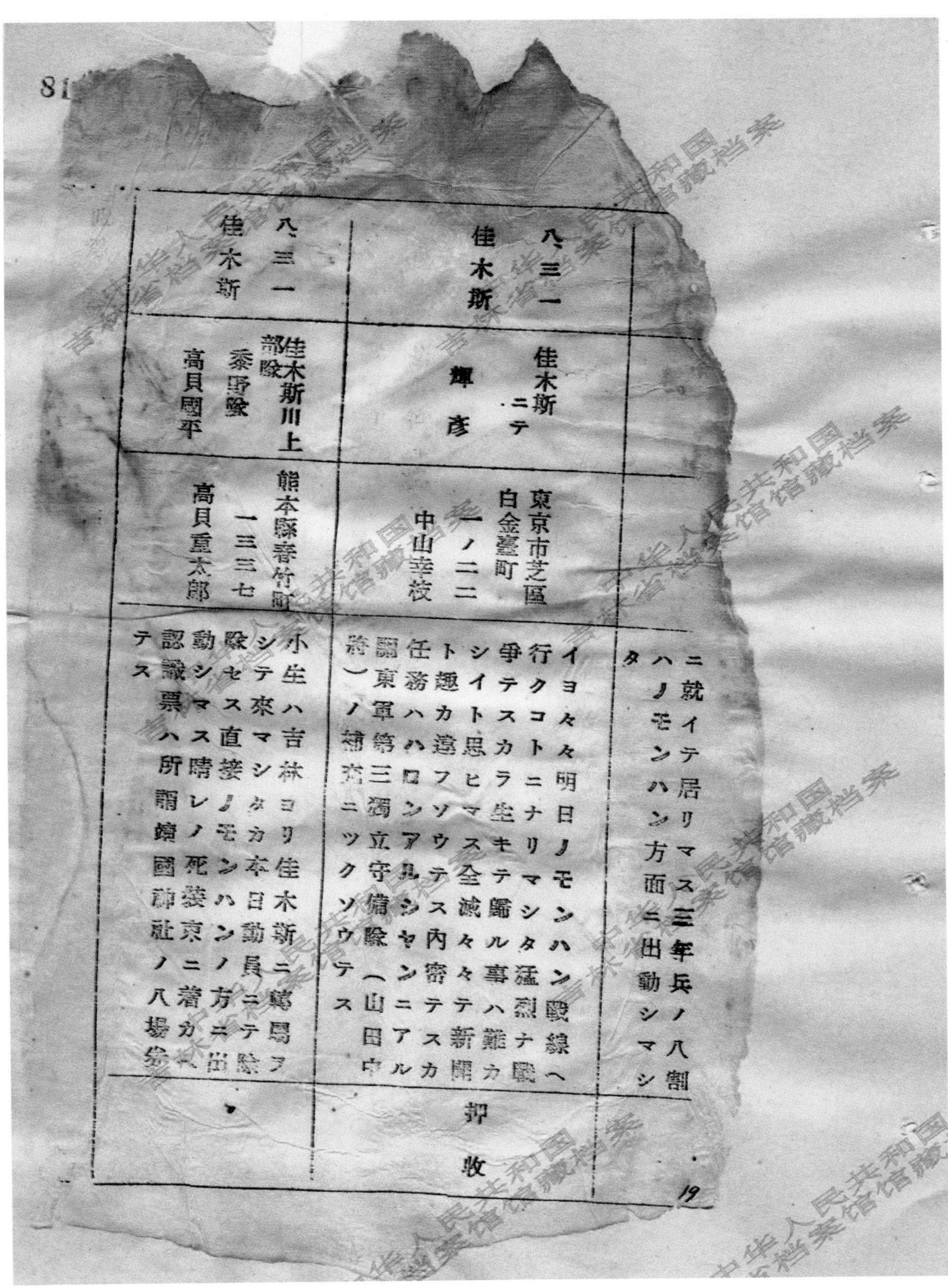

81

	ニ就イテ居リマス三年兵ノ八割ハノモンハン方面ニ出動シマシタ
八、三一 佳木斯	八、三一 佳木斯
佳木斯ニテ 輝彦	佳木斯川上部隊 黍野隊 高貝國平
東京市芝區白金臺町一ノ二二 中山幸枝	熊本縣春竹町一三三七 高貝重太郎
イヨ々々明日ノモンハン戰線へ行クコトニナリマシタ猛烈ナ戰爭テスカラ生キテ歸ル事ハ難カシイト思ヒマス全滅々々テ新聞ト趣カ違フソウテス内密テスカ任務ハハロンアルシャンニアル關東軍第三獨立守備隊（山田中將）ノ補充ニツクソウテス	小生ハ吉林ヨリ佳木斯ニ轉屬ヲシテ來マシタカ本日動員ニテ除隊セス直接ノモンハン方ニ出動シマス晴レノ死装束ニ着カヘ認識票ハ所謂靖國神社ノ八場券テス
押收	・

19

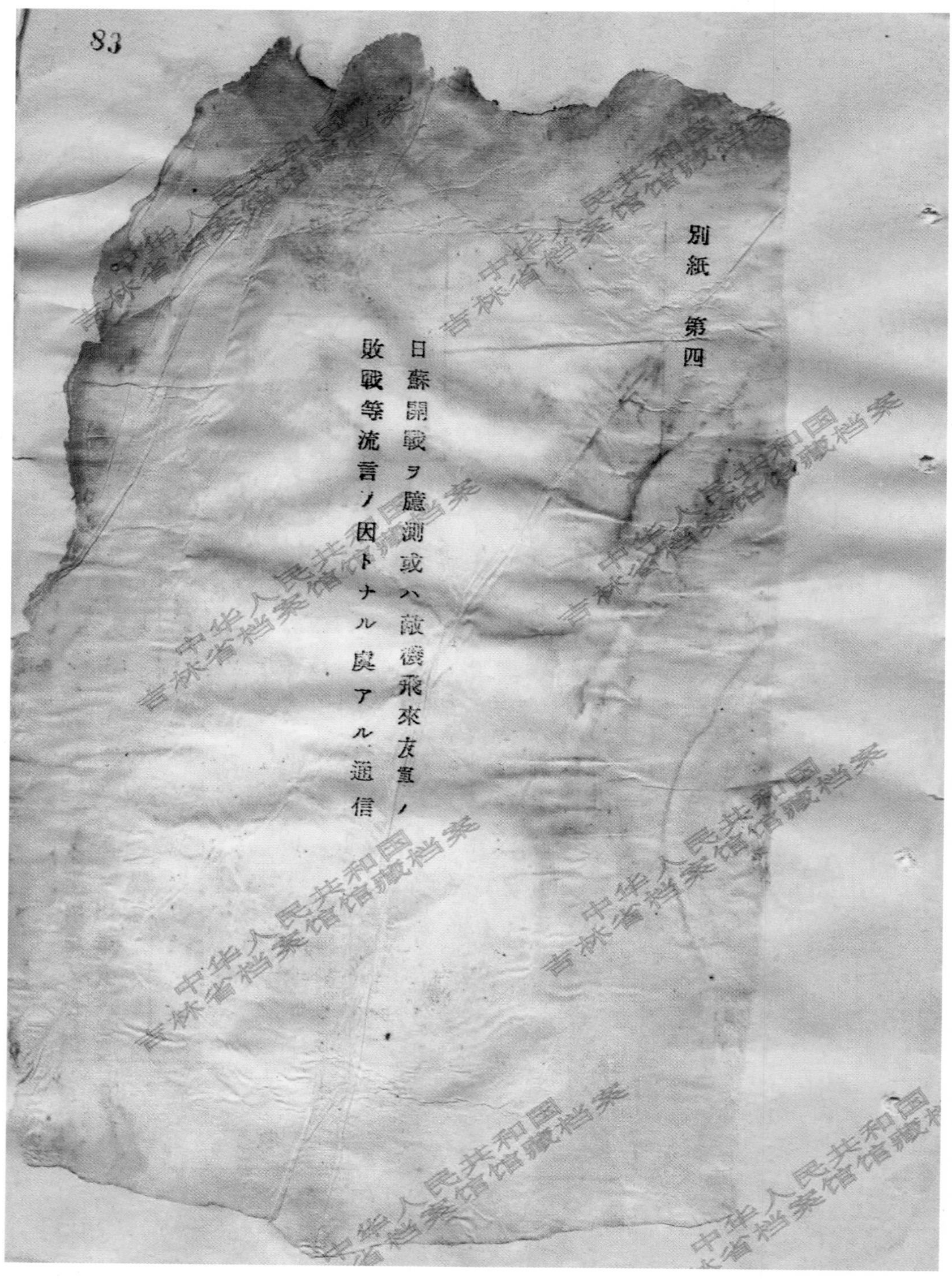
83

別紙 第四

日蘇開戰ヲ臆測或ハ敵機飛來友軍ノ敗戰等流言ノ因トナル虞アル通信

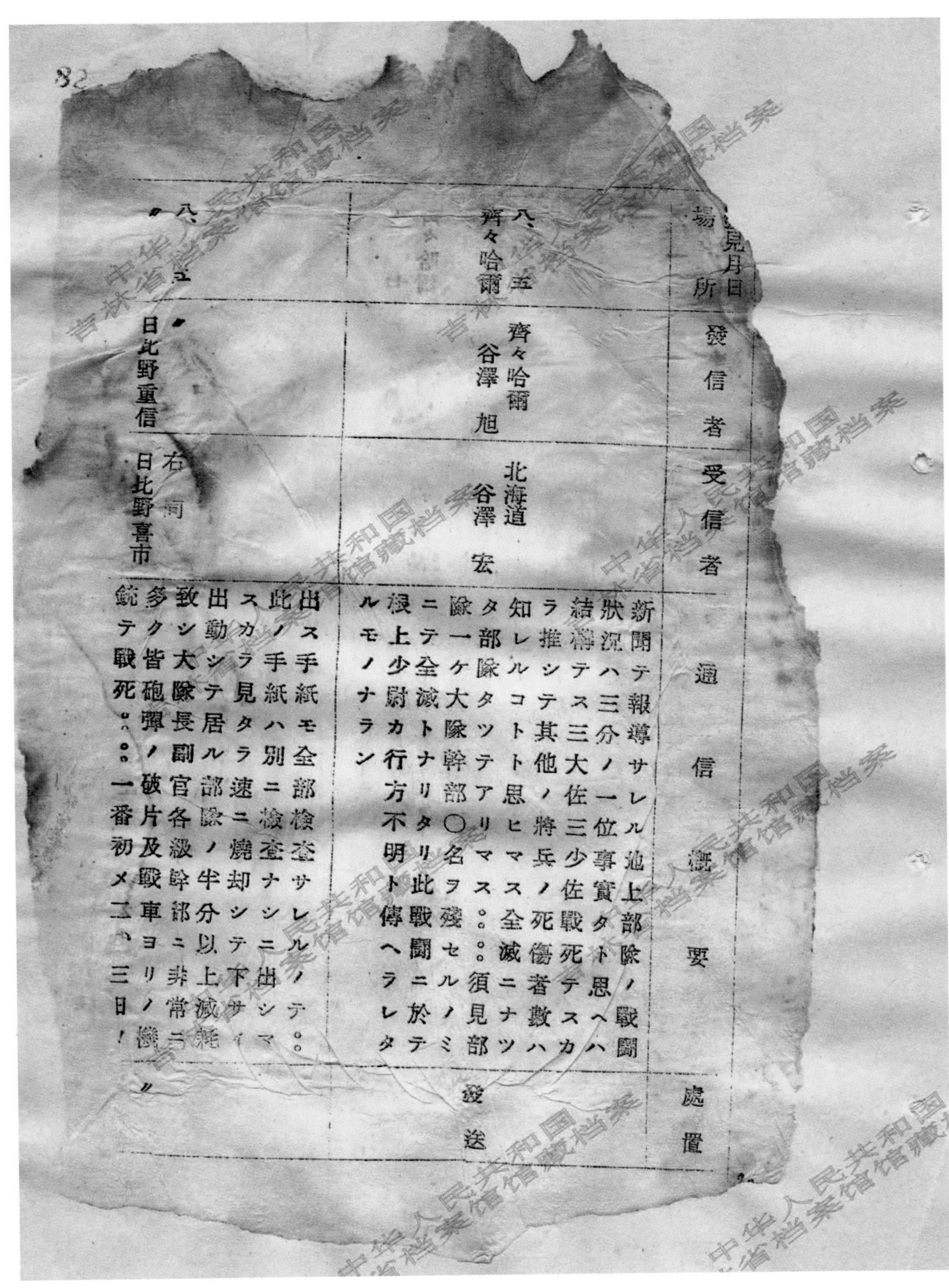
82

發見月日場所	發信者	受信者	通信概要	處置
八、五 齊々哈爾	齊々哈爾 谷澤 旭	北海道 谷澤 宏	新聞テ報導サレル池上部隊ノ戰闘狀況ハ三分ノ一位事實ダト思ヘハ結構デス三大佐三少佐戰死デスカラ推シテ其他ノ將兵ノ死傷者數ハ知レルコトト思ヒマス全滅ニナツタ部隊タツテアリマス。。須見部隊一ケ大隊幹部〇名ヲ殘セルノミニテ全滅トナリタリ此戰闘ニ於テ浸上少尉カ行方不明ト傳ヘラレタルモノナラン	發送
八、五	日比野重信	右同 日比野喜市	出ス手紙モ全部檢査サレルノデ。。此ノ手紙ハ別ニ檢査ナシニ出シマスカラ見タラ速ニ燒却シテ下サイ出動シテ居ル部隊ノ半分以上減耗致シ大隊長副官各級幹部ニ非常ニ多ク皆砲彈ノ破片及戰車ヨリノ機銃テ戰死。、。。一番初メ二、三日！	〃

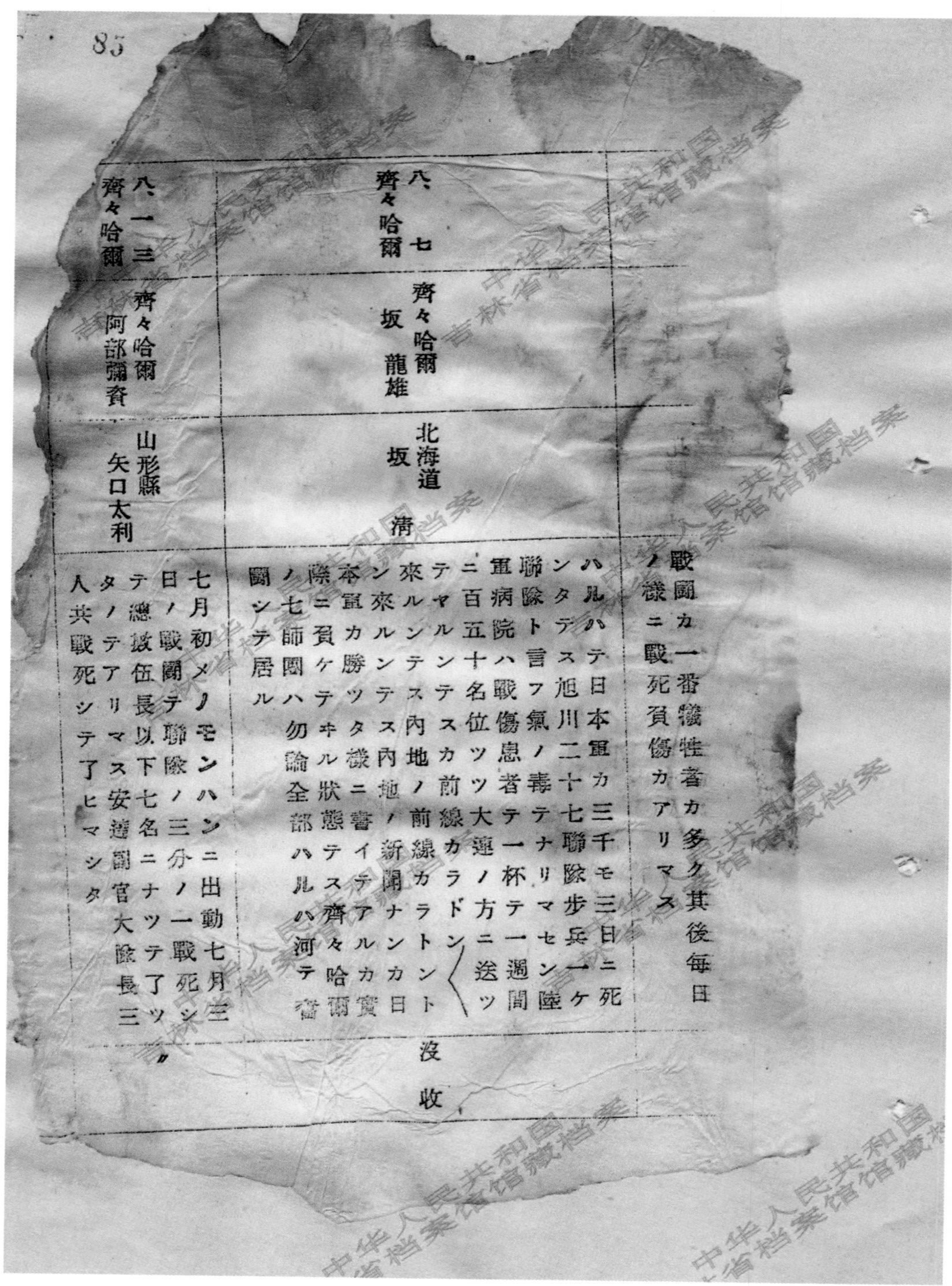

85

			戰鬪カ一番犧牲者カ多ク其後毎日ノ樣ニ戰死負傷カアリマス	
八、七 齊々哈爾	齊々哈爾 坂 龍雄	北海道 坂 清	ハルハテ日本軍カ三千モ三日ニ死ンタテス旭川二十七聯隊歩兵一ケ聯隊ト言フ氣ノ毒テナリマセン陸軍病院ハ戰傷患者テ一杯テ一週間ニ百五十名位ツツ大連ノ方ニ送ッテヤルンテスカ前線カラドン〱來ルンテス內地ノ前線カラトントン來ルンテス內地ノ新聞ナンカ日本軍カ勝ツタ樣ニ書イテアルカ實際ニ負ケテヰル狀態テス齊々哈爾ノ七師團ハ勿論全部ハルハ河テ奮鬪シテ居ル	沒收
八、一三 齊々哈爾	齊々哈爾 阿部彌脊	山形縣 矢口太利	七月初メノモンハンニ出動七月三日ノ戰鬪テ聯隊ノ三分ノ一戰死シテ總被伍長以下七名ニナッテ了ッタノテアリマス安達副官大隊長三人共戰死シテ了ヒマシタ	〃

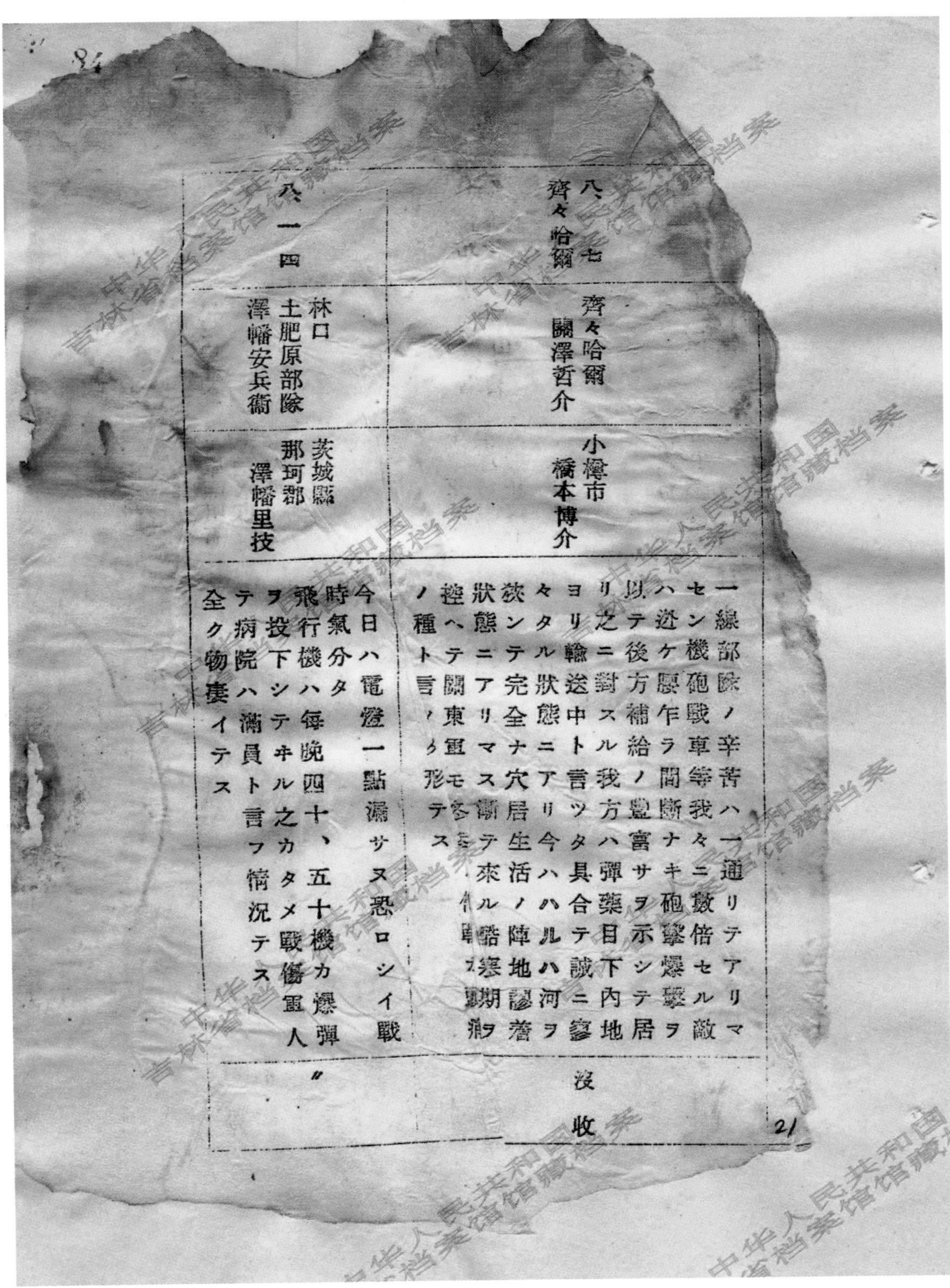

84

八、七 齊々哈爾	齊々哈爾 關澤哲介	小樽市 橋本博介	一線部隊ノ辛苦ハ一通リテアリマセン機砲戰車等我々ニ數倍セル敵ハ迯ケ廻作ラ間斷ナキ砲撃爆撃ヲ以テ後方補給ノ豐富サヲ示シテ居リ之ニ對スル我方ハ彈薬目下内地ヨリ輸送中トハ言ツタ具合テ誠ニ參々タル狀態ニアリ今ハハルハ河ヲ挾ンテ完全ナ穴居生活ノ陣地膠着狀態ニアリマス漸テ來ル酷寒期ヲ控ヘテ關東軍モ冬季[illegible]作戰[illegible]頭痛ノ種ト言ッタ形テス	沒收
八、一四	林口 土肥原部隊 澤幡安兵衛	茨城縣 那珂郡 澤幡里技	今日ハ電燈一點漏サヌ恐ロシイ戰時氣分タ飛行機ハ毎晩四十、五十機カ爆彈ヲ投下シテヰルノカタメ戰傷軍人テ病院ハ滿員ト言フ情況テス全ク物凄イテス	〃

21

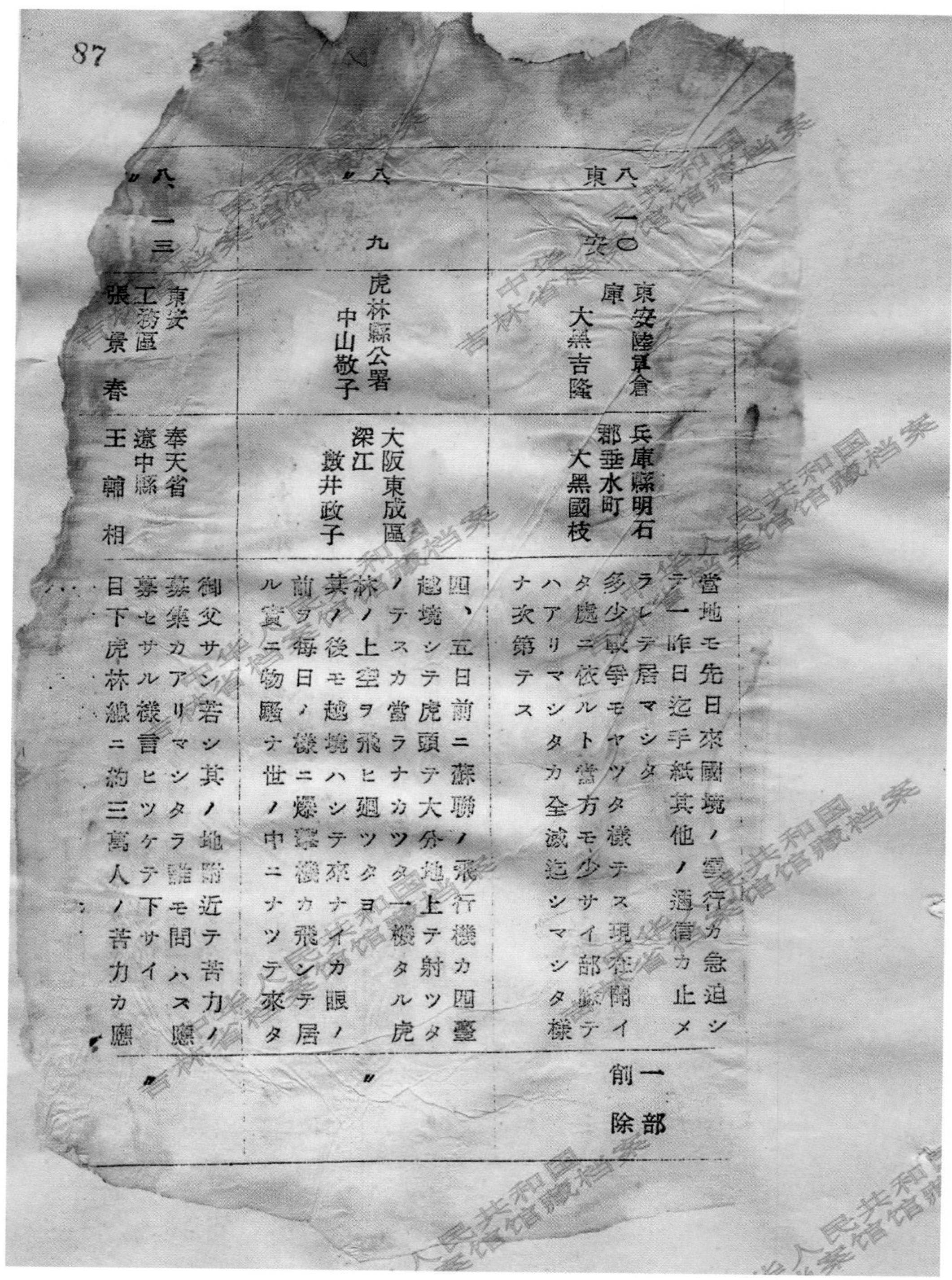
87

八、一〇 東安	東安陸軍倉庫 大黒吉隆	兵庫縣明石郡垂水町 大黒國枝	當地モ先日來國境ノ雲行カ急迫シテ一昨日迄手紙其他ノ通信カ止メラレテ居マシタ多少ノ戰爭モヤツタ様テス現在聞イタ處ニ依ルト當方モ少サイ部隊テハアリマシタカ全滅迄シマシタ様ナ次第テス	一部削除
〃 八、九	虎林縣公署 中山敬子	大阪東成區深江 數井政子	四、五日前ニ蘇聯ノ飛行機カ四臺越境シテ虎頭テ大分地上テ射ツタノテスカ當ラナカツタ一機タル虎林ノ上空ヲ飛ヒ廻ツタヨ其ノ後モ越境ハシテ來ナイカ眼ノ前ヲ毎日ノ様ニ爆撃機カ飛ンテ居ル實ニ物騒ナ世ノ中ニナツテ來タ	〃
〃 八、一三	東安工務區 張景春	奉天省遼中縣 王翰相	御父サン若シ其ノ地附近テ苦力ノ募集カアリマシタラ誰モ聞ハス應募セサル様言ヒツケテ下サイ目下虎林線ニ約三萬人ノ苦力カ應	〃

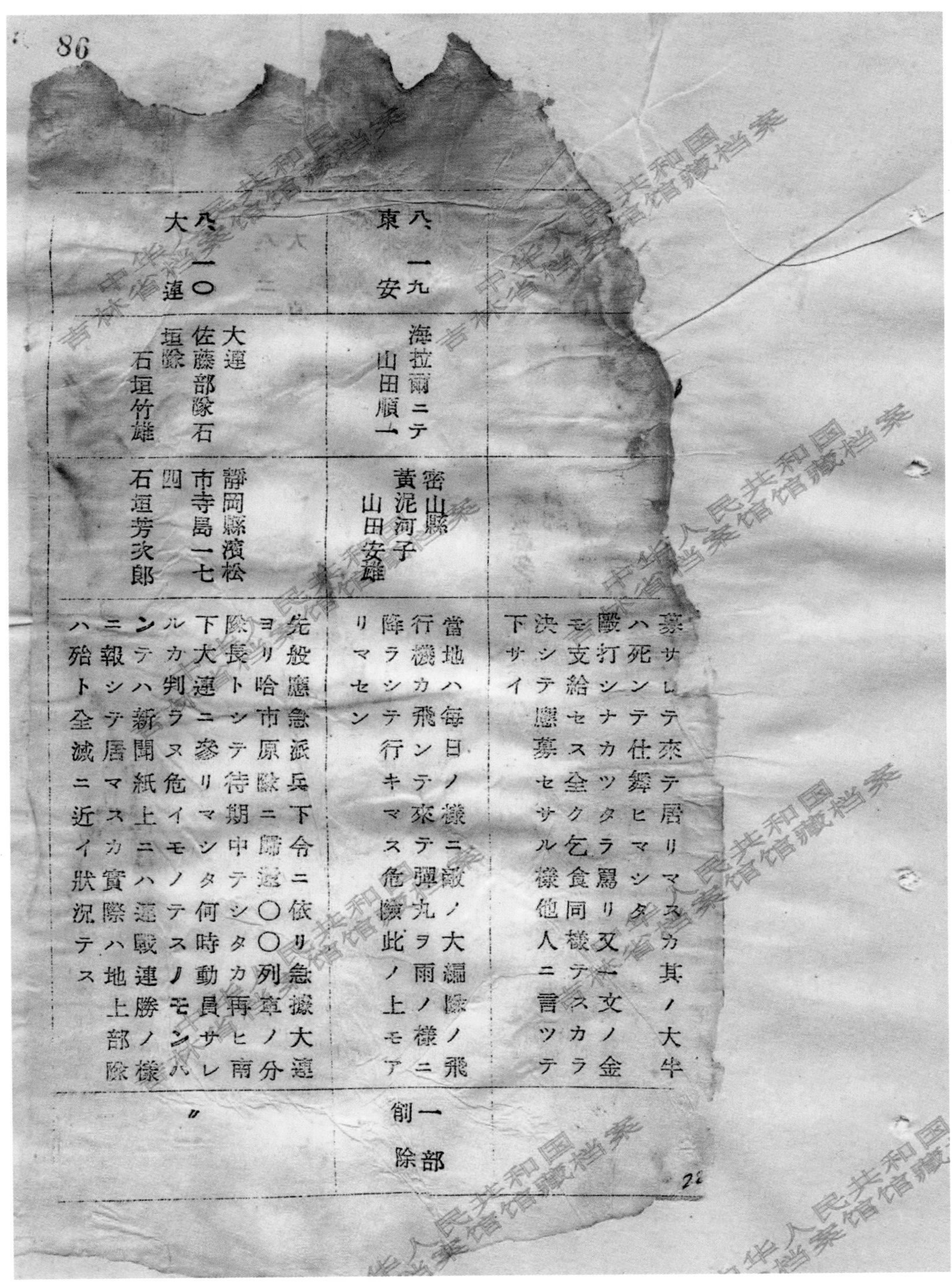

86

日附・發信地	發信者	受信者	通信要旨	處置
			募サレテ來テ居リマスカ其ノ大半ハ死ンテ仕舞ヒマシタ殴打シナカツタラ罵リ又一文ノ金モ支給セス全ク乞食同様テスカラ決シテ應募セサル様他人ニ言ツテ下サイ	
八、一九 東安	海拉爾ニテ 山田順一	密山縣 黃泥河子 山田安雄	當地ハ毎日ノ様ニ敵ノ大編隊ノ飛行機カ飛ンテ來テ彈丸ヲ雨ノ様ニ降ラシテ行キマス危險此ノ上モアリマセン	一部 削除
八、一〇 大連	大連 佐藤部隊石垣隊 石垣竹雄	靜岡縣濱松市寺島一七四 石垣芳次郎	先般應急派兵下令ニ依リ急據大連ヨリ哈市原隊ニ歸還○○列車ノ分隊長トシテ待期中テシタカ再ヒ南下大連ニ參リマシタ何時動員サレルカ判ラヌ危イモノテスノモンハンテハ新聞紙上ニハ連戰連勝ノ様ニ報シテ居マスカ實際ハ地上部隊ハ殆ト全滅ニ近イ狀況テス	〃

22

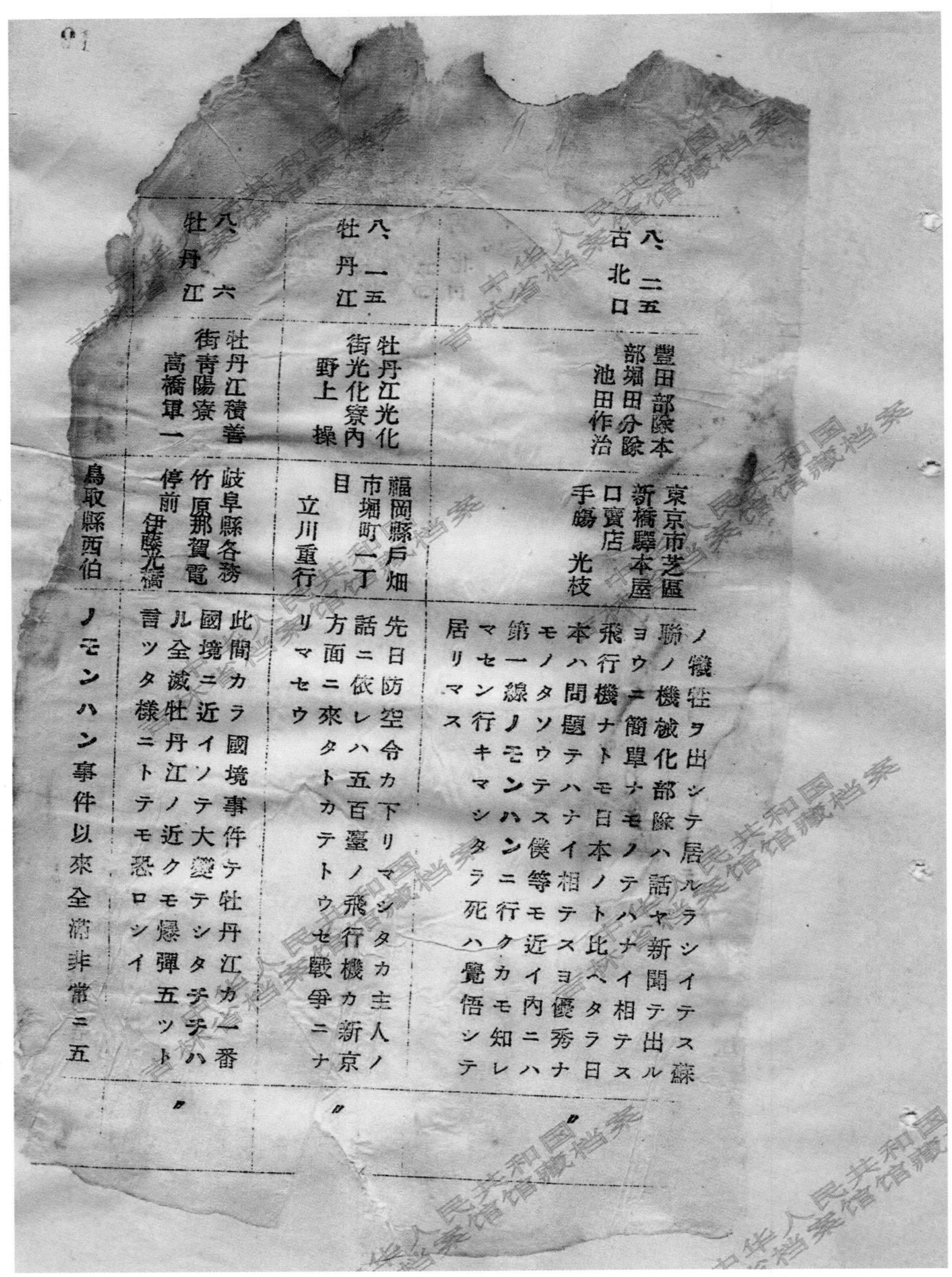

日付・地名	發信者	受信者	內容
八、二五 古北口	豊田部隊本部堀田分隊 池田作治	東京市芝區新橋驛本屋口賣店 手島光枝	ノ犧牲ヲ出シテ居ルラシイテス蘇聯ノ機械化部隊ハ話ヤ新聞テ出ルヨウニ簡單ナモノテハナイ相テス飛行機ナトモ日本ノト比ヘタラ日本ハ問題テハナイ相テスヨ優秀ナモノタソウテス僕等モ近イ内ニハ第一線ノモンハンニ行クカモ知レマセン行キマシタラ死ハ覺悟シテ居リマス
八、一五 牡丹江	牡丹江光化街光化寮內 野上操	福岡縣戸畑市堀町一丁目 立川重行	先日防空令カ下リマシタカ主人ノ話ニ依レハ五百臺ノ飛行機カ新京方面ニ來タトカテトウセ戰爭ニナリマセウ
八、一六 牡丹江	牡丹江積善街青陽寮 高橋軍一	岐阜縣各務竹原那賀電停前 伊藤光儒	此間カラ國境事件テ牡丹江カ一番國境ニ近イソテ大變テシタチチハル全滅牡丹江ノ近クモ爆彈五ツト言ッタ様ニトテモ恐ロシイ
		鳥取縣西伯	ノモンハン事件以來全滿非常ニ五

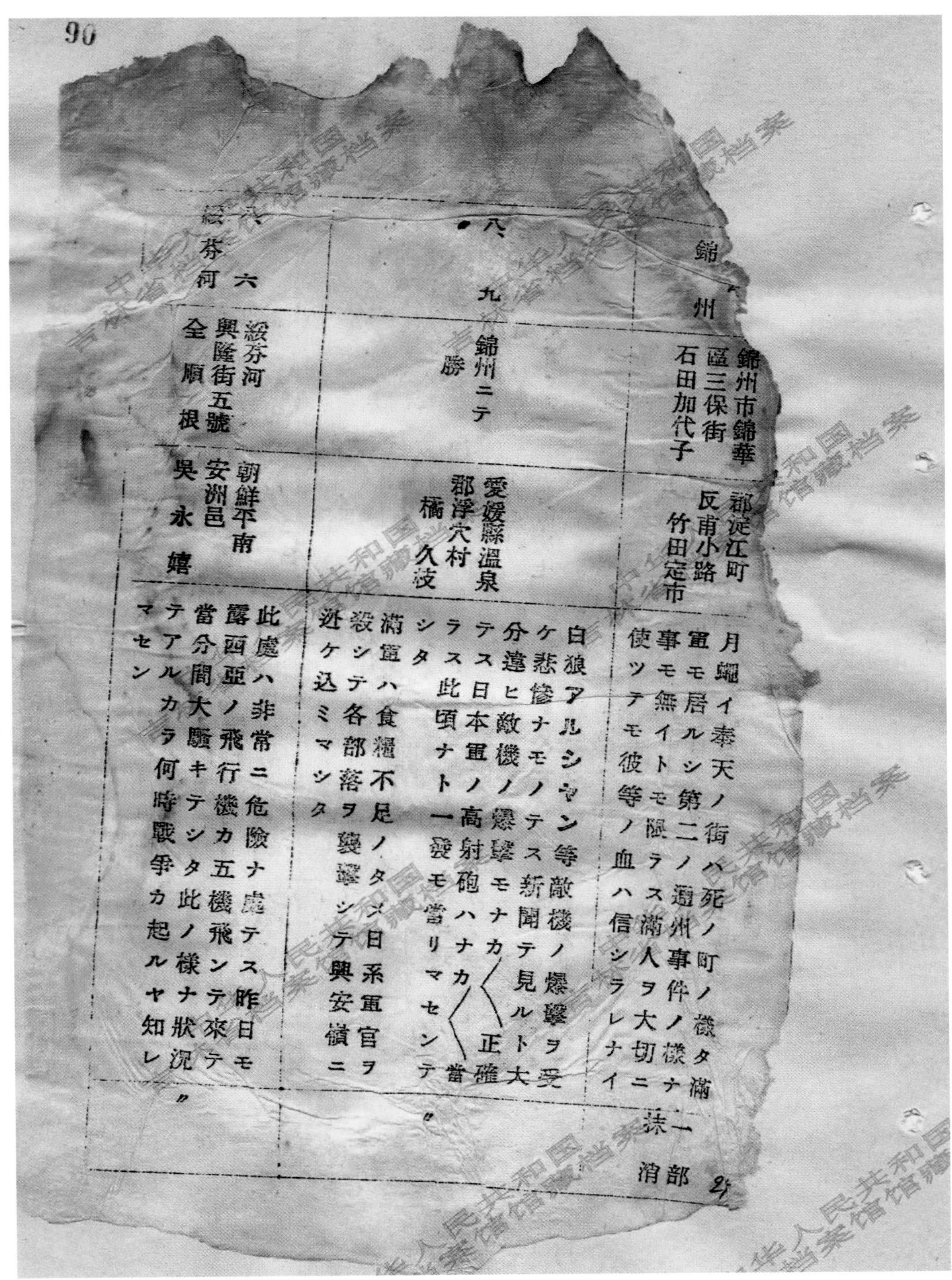

90

月日・發信地	發信人	受信人	通信要旨	處置
錦州	錦州市錦華區三保街 石田加代子	郡淀江町反甫小路 竹田定市	月蠅イ奉天ノ街ハ死ノ町ノ様タ滿軍モ居ルシ第二ノ通州事件ノ様ナ事モ無イトモ限ラス滿人ヲ大切ニ使ツテモ彼等ノ血ハ信シラレナイ	一抹消部
八、九	錦州ニテ 勝	愛媛縣温泉郡浮穴村 橘久枝	白狼アルシャン等敵機ノ爆撃ヲ受ケ悲惨ナモノテス新聞テ見ルト大分違ヒ敵機ノ爆撃モナカ（正確）テス日本軍ノ高射砲ハナカナカ（當）ラス此頃ナト一發モ當リマセンテシタ滿軍ハ食糧不足ノタメ日系軍官ヲ殺シテ各部落ヲ襲撃シテ興安嶺ニ逃ケ込ミマシタ	〃
六、六 綏芬河	綏芬河興隆街五號 全順根	朝鮮平南安洲邑 吳永嬉	此處ハ非常ニ危險ナ處テス昨日モ露西亞ノ飛行機カ五機飛ンテ來テ當分間大騷キテシタ此ノ様ナ状況テアルカラ何時戰爭カ起ルヤ知レマセン	〃

21

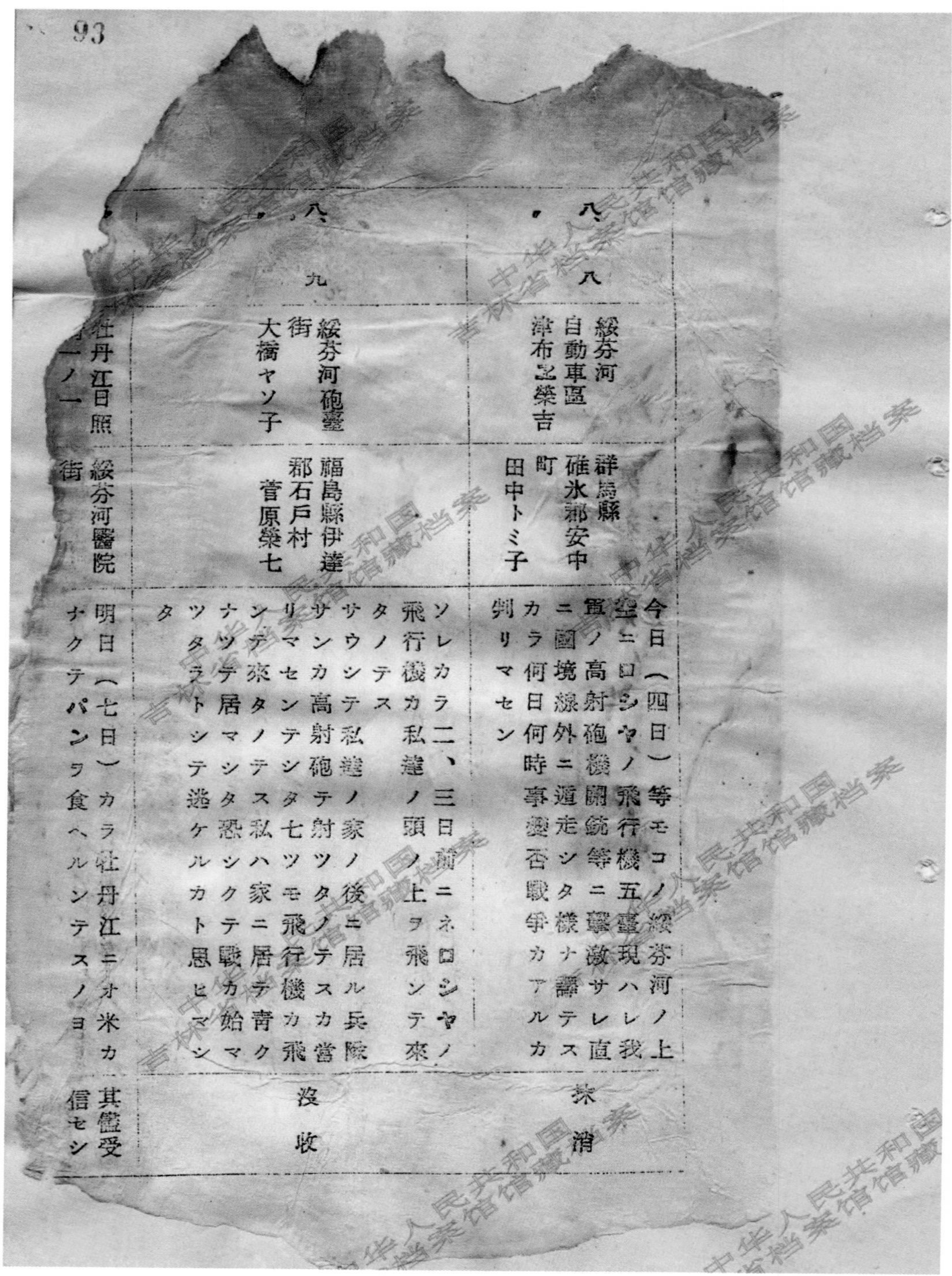

93

八、八	綏芬河自動車區 津布記榮吉	群馬縣碓氷郡安中町 田中トミ子	今日（四日）等モコノ綏芬河ノ上空ニロシヤノ飛行機五臺現ハレ我軍ノ高射砲機關銃等ニ轟激サレ直ニ國境線外ニ遁走シタ様ナ譯テスカラ何日何時事變否戰爭カアルカ判リマセン	抹消
八、九	綏芬河砲臺街 大橋ヤソ子	福島縣伊達郡石戸村 菅原榮七	ソレカラ二、三日前ニネロシヤノ飛行機カ私達ノ頭ノ上ヲ飛ンテ來タノテス サウシテ私達ノ家ノ後ニ居ル兵隊サンカ高射砲テ射ツタノテスカ當リマセンテシタ七ツモ飛行機カ飛ンテ來タノテス私ハ家ニ居テ青クナツテ居マシタ恐シクテ戰カ始マツタラトシテ逃ケルカト思ヒマシタ	没収
[illegible]	牡丹江日照[illegible]一ノ一	綏芬河醫院街	明日（七日）カラ牡丹江ニオ米カナクテパンヲ食ヘルンテスノヨ	其儘受信セシ

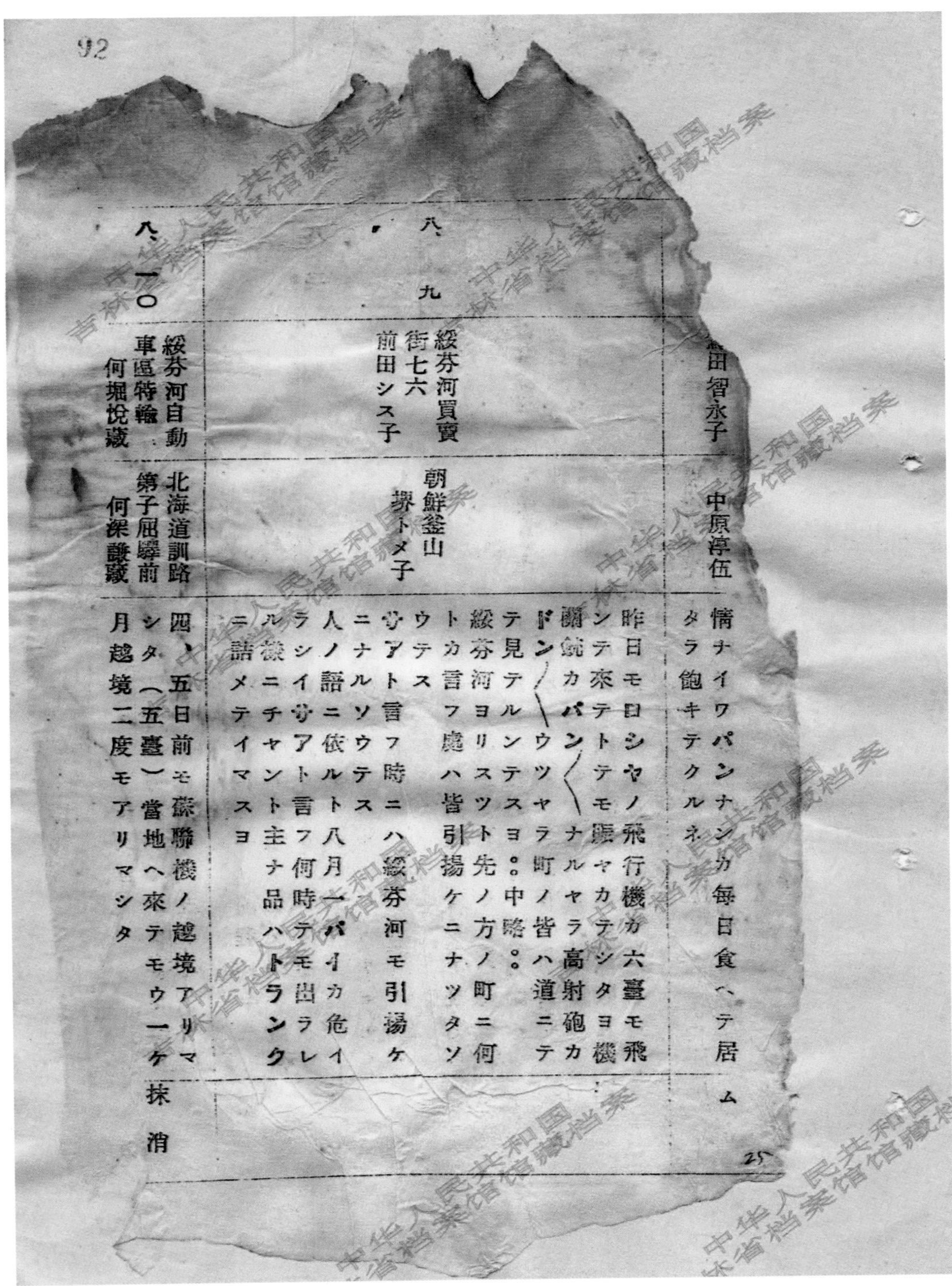

92

	[illegible]田智永子	中原淳伍	情ナイワパンナンカ毎日食ヘテ居 タラ飽キテクルネ	ム
八、九	綏芬河買賣街七六 前田シス子	朝鮮釜山 堺トメ子	昨日モ日シヤノ飛行機カ六臺モ飛ンテ來テトテモ賑ヤカテシタヨ機關銃カパン／＼ナルヤラ高射砲カドン／＼ウツヤラ町ノ皆ハ道ニテテ見テルンテスヨ。。中略。。綏芬河ヨリンスツト先ノ方ノ町ニ何トカ言フ處ハ皆引揚ケニナツタソウテス サアト言フ時ニハ綏芬河モ引揚ケニナルソウテス人ノ語ニ依ルト八月一パイカ危イラシイサアト言フ何時テモ出ラレル様ニチヤント主ナ品ハトランクニ詰メテイマスヨ	
八、一〇	綏芬河自動車區特輪 何堀悅藏	北海道訓路第子屈驛前 何深讓藏	四、五日前モ蘇聯機ノ越境アリマシタ（五臺）當地ヘ來テモウ一ケ月越境二度モアリマシタ	抹消

25

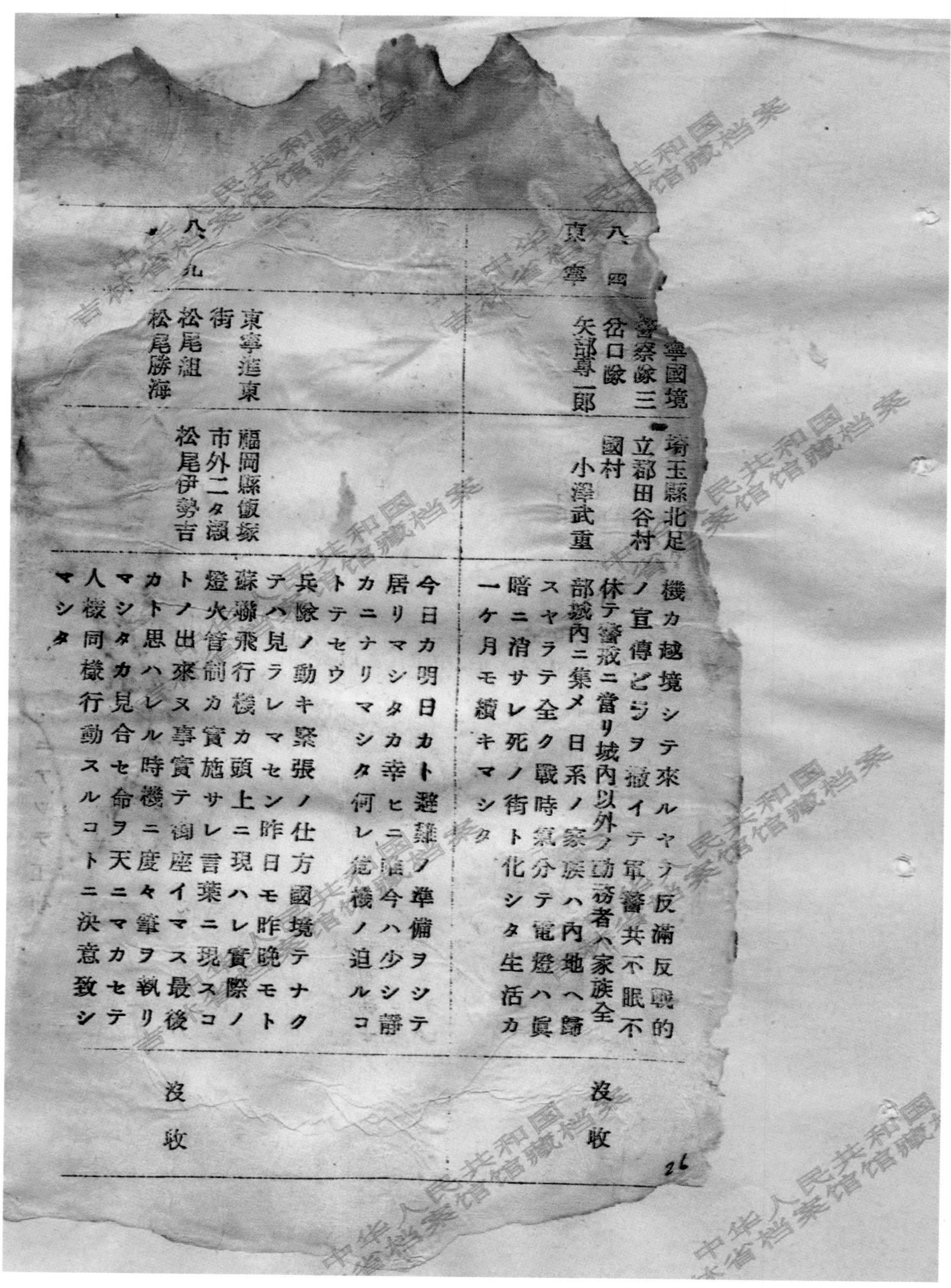

番號	發信者	受信者	內容	處置
八四 東寧	寧國境警察隊三岔口隊 矢部尊一郎	埼玉縣北足立郡田谷村國村 小澤武重	機カ越境シテ來ルヤナ反滿反戰的ノ宣傳ビラヲ撒イテ軍警共不眠不休テ警戒ニ當リ城內以外ノ勤務者ハ家族全部城內ニ集メ日系ノ家族ハ內地ヘ歸スヤラテ全ク戰時氣分テ電燈ハ眞暗ニ消サレ死ノ街ト化シタ生活カ一ケ月モ續キマシタ	沒收
八九	東寧進東街 松尾組 松尾勝海	福岡縣飯塚市外二タ瀬 松尾伊勢吉	今日カ明日カト避難ノ準備ヲシテ居リマシタカ幸ヒニ唯今ハ少シ靜カニナリマシタ何レ危機ノ迫ルコトテセウ兵隊ノ動キ緊張ノ仕方國境テナクテハ見ラレマセン昨日モ昨晩モ蘇聯飛行機カ頭上ニ現ハレ實際ノト燈火管制カ實施テサレ言葉ニ現スコトノ出來ヌ事實御座イマス最後カト思ハレル時機ニ度々筆ヲ執リテマシタカ見合セ命ヲ天ニマカセテ人様同様行動スルコトニ決意致シマシタ	沒收

26

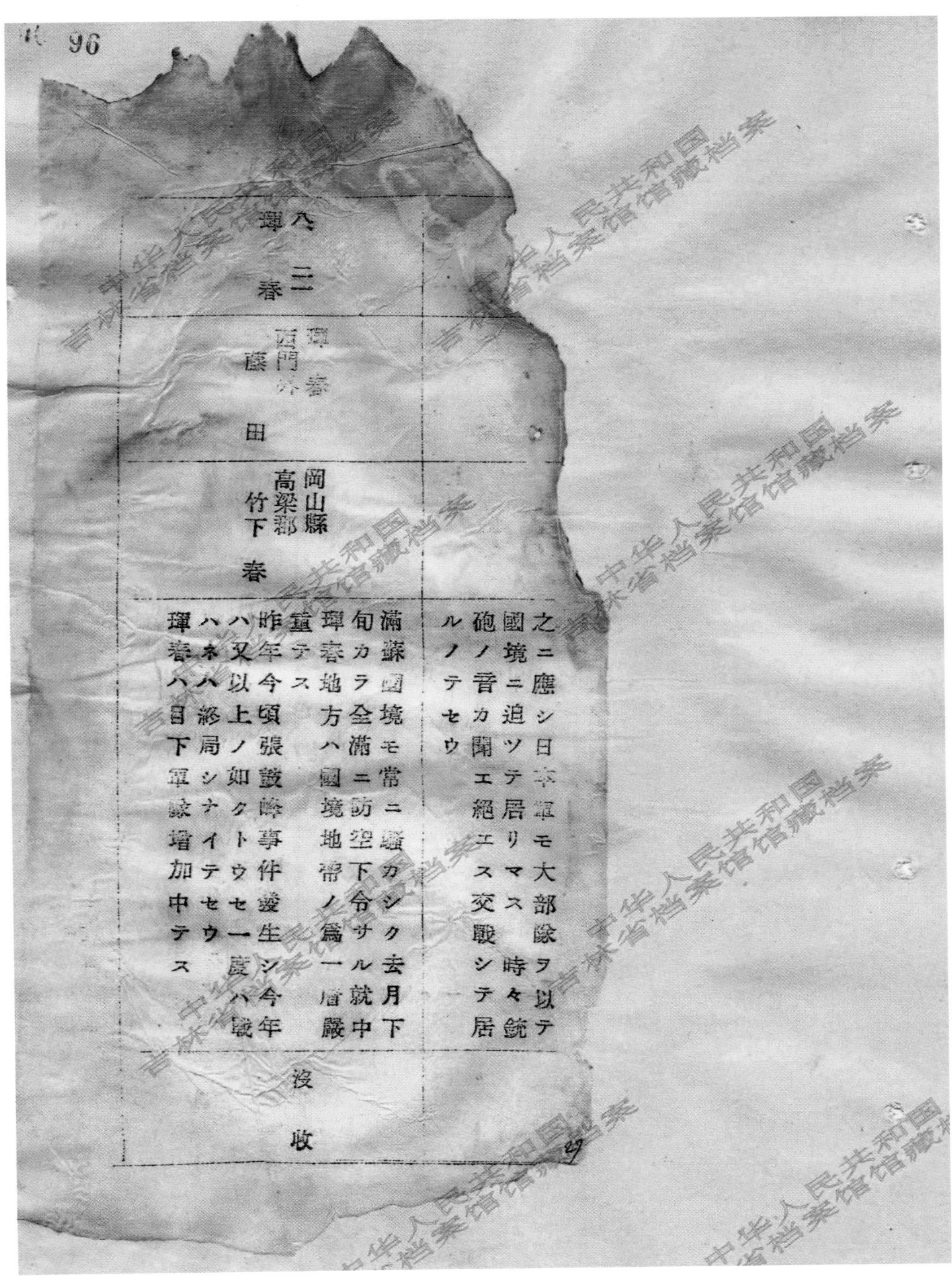
96

八二	琿春
琿春西門外	藤田
岡山縣高梁郡	竹下春
之ニ應シ日本軍モ大部隊ヲ以テ國境ニ迫ツテ居リマス時々銃砲ノ音カ聞エ絶エス交戰シテ居ルノテセウ 滿蘇國境モ常ニ騷カシク去月下旬カラ全滿國ニ防空下令サル就中琿春地方ハ國境地帶ノ爲一層嚴重テス 昨年今頃張鼓峰事件發生シ今年ハ又以上ノ如クトウセ一度ハ戰ハネハ終局シナイテセウ 琿春ハ目下軍隊増加中テス	
沒收	

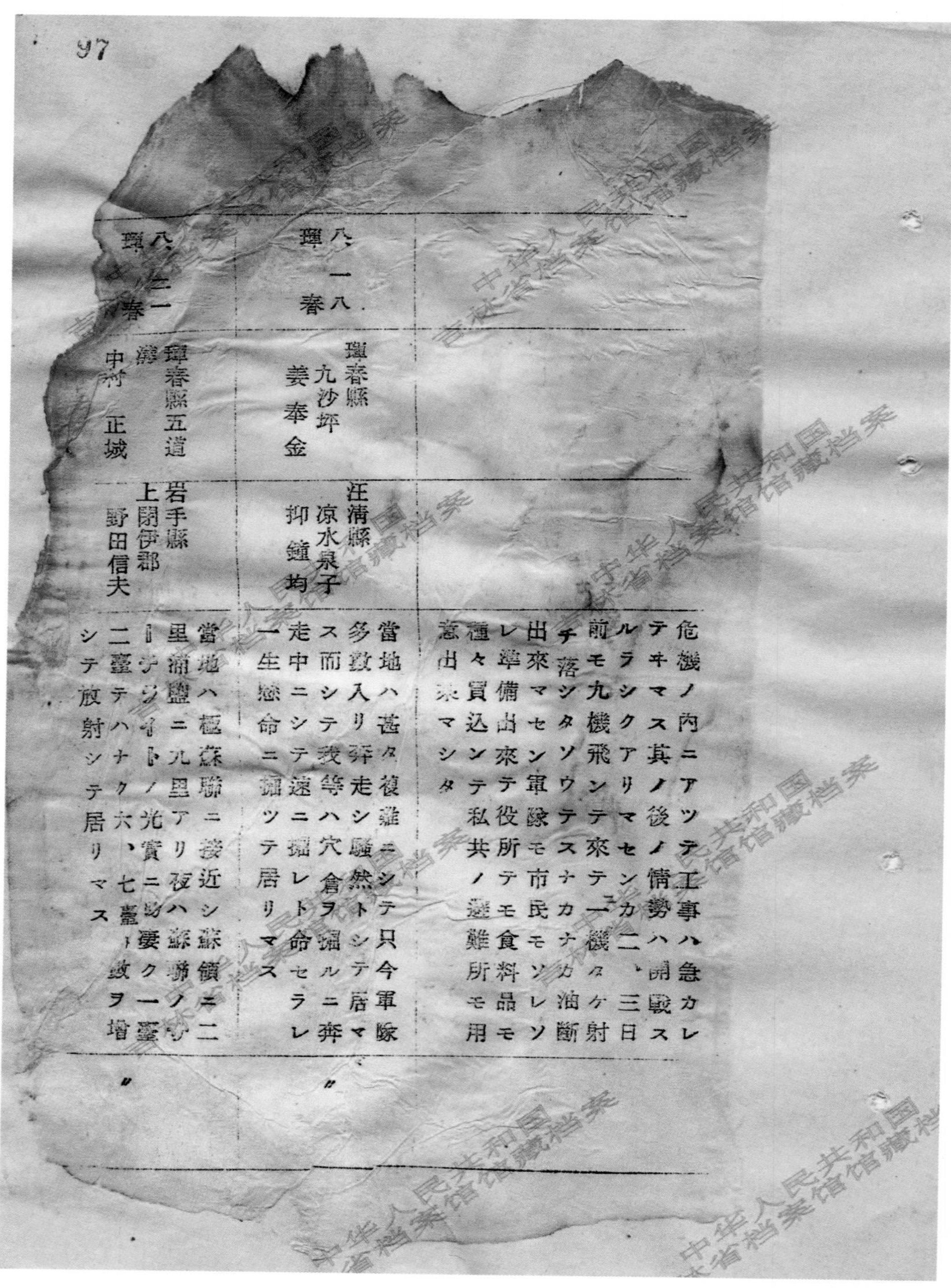

97

月日・局	發信人	受信人	通信内容	處置
			危機ノ内ニアッテ工事ハ急カレテヰマス其ノ後ノ情勢ハ開戰スルラシクアリマセンカ二、三日前モ九機飛ンテ來テ一機ダケ射チ落シタソウテスナカナカ油断出來マセン軍隊モ市民モソレソレ準備出來テ役所テモ食料品モ種々買込ンテ私共ノ避難所モ用意出來マシタ	
八一八 琿春	琿春縣九沙坪 姜奉金	汪清縣涼水泉子 抑鎰均	當地ハ甚々複雜ニシテ只今軍隊多數入リ奔走シ騷然トシテ居マス而シテ我等ハ穴倉ヲ掘セルニ奔走中ニシテ速ニ掘レト命セラレ一生懸命ニ掘ッテ居リマス	〃
八二一 琿春	琿春縣五道溝 中村正城	岩手縣上閉伊郡 野田信夫	當地ハ極蘇聯ニ接近シ蘇領ニ二里滿鹽ニ九里アリ夜ハ蘇聯ノサーチライトノ光ハ實ニ物凄ク一臺二臺テハナク六、七臺ト數ヲ増シテ放射シテ居リマス	〃

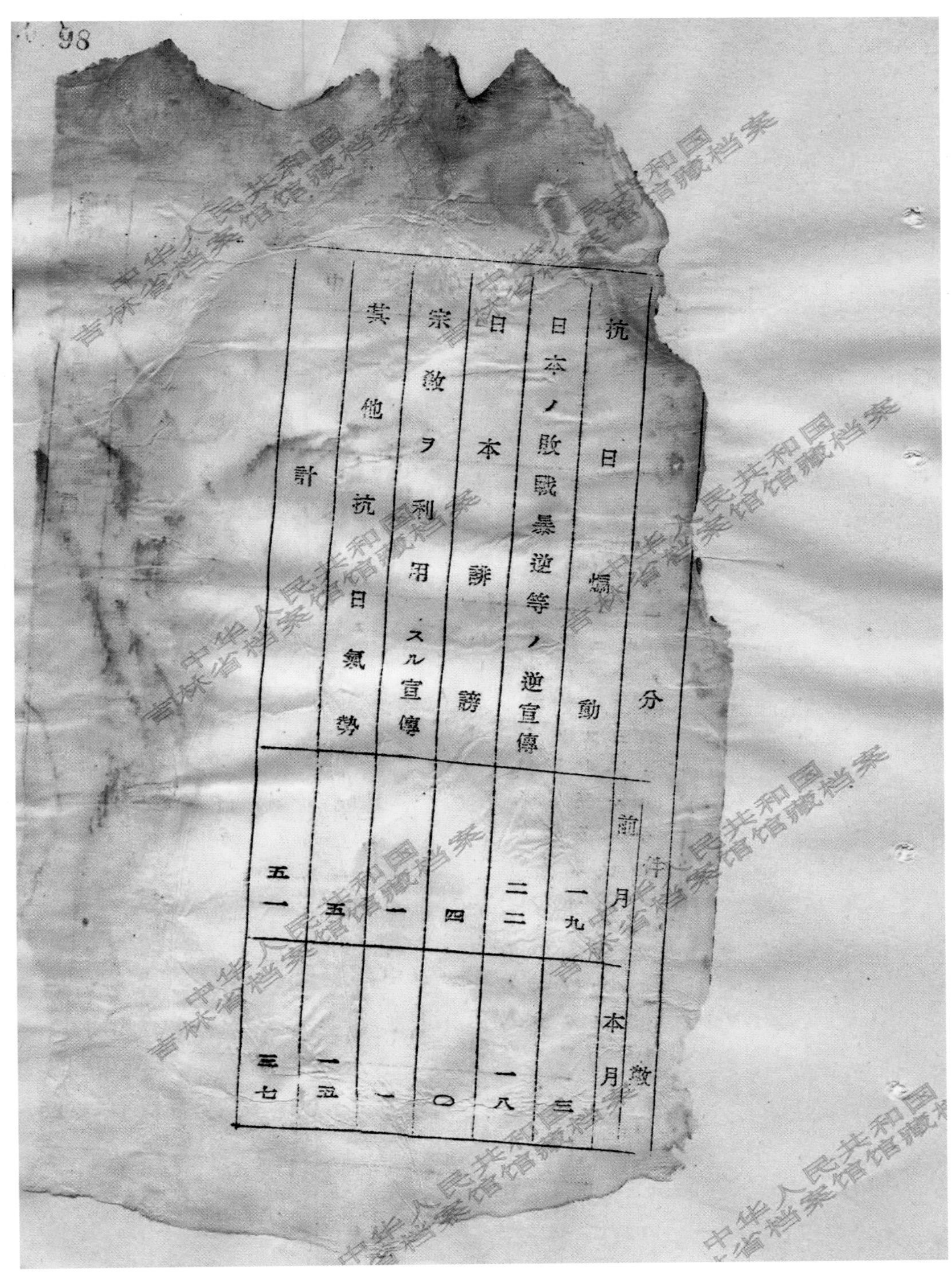

98

區分	件數 前月	件數 本月
抗日煽動	一九	三
日本ノ敗戰暴逆等ノ逆宣傳	二二	一八
日本誹謗	四	〇
宗教ヲ利用スル宣傳	一	一
其他抗日氣勢	五	一五
計	五一	三七

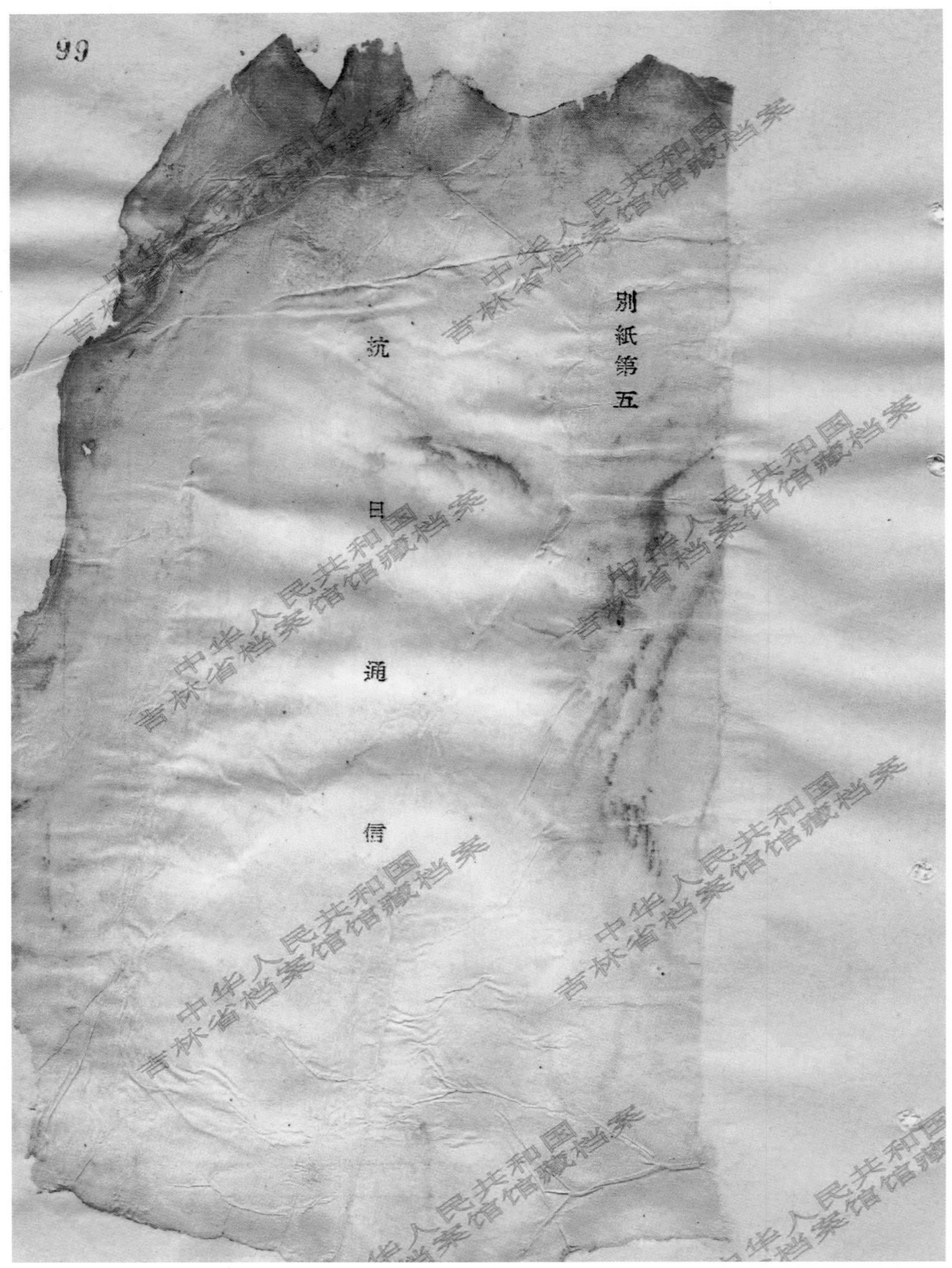
99

別紙第五

抗日通信

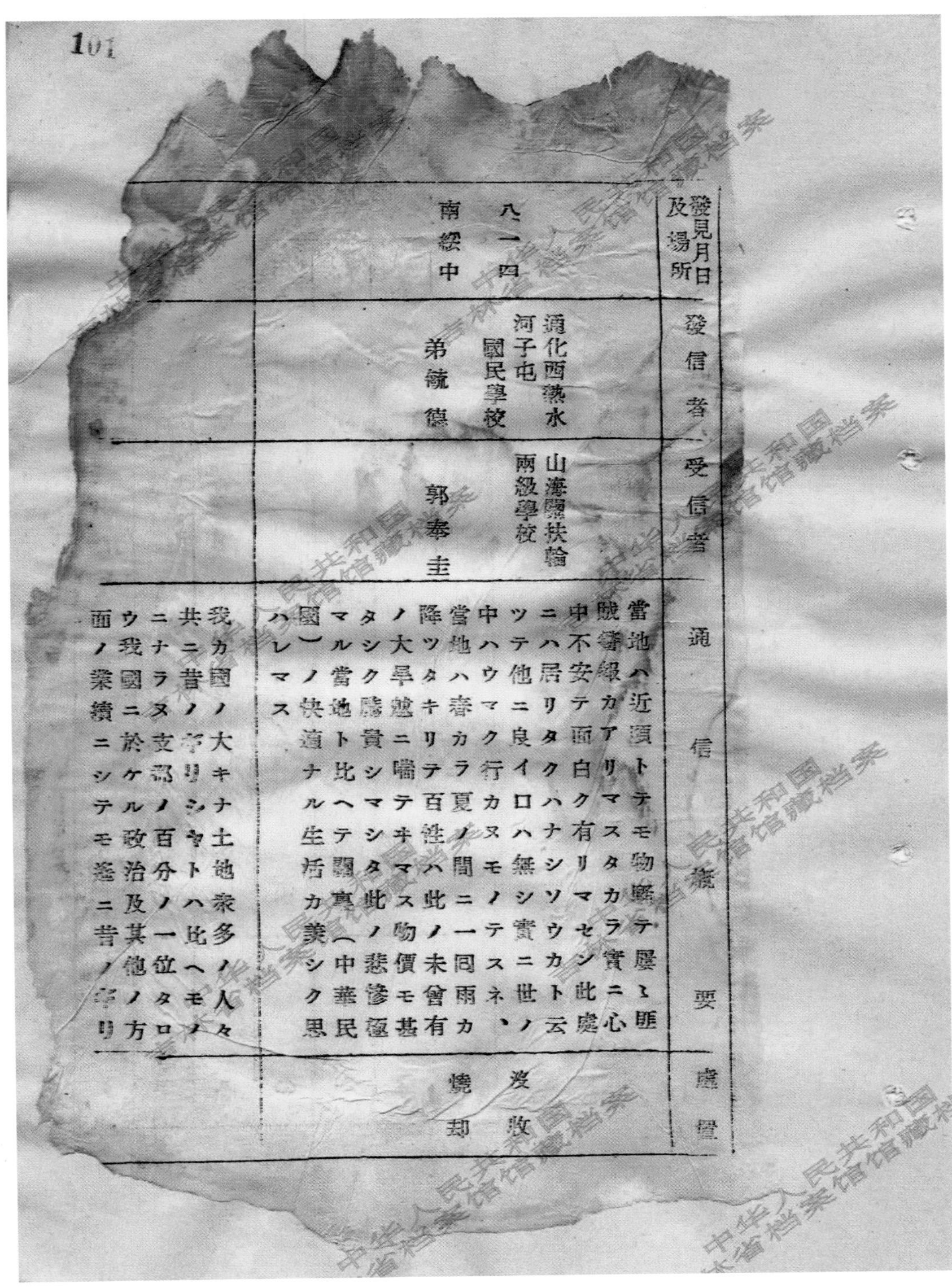

101

發見月日及場所	發信者	受信者	通信概要	處置
八一四 南綏中	通化西熱水河子屯國民學校 弟毓德	山海關扶輪兩級學校 郭奉圭	當地ハ近頃トテモ物騒テ屡ミ匪賊襲撃カアリマスタカラ實ニ心中不安テ面白ク有リマセン此處ニハ居リタクハナシソウカト云ツテ他ニ良イロハ無シ實ニ世ノ中ハウマク行カヌモノテスネ、當地ハ春カラ夏ノ間ニ一同雨カ降ツタキリテ百姓ハ此ノ未曾有ノ大旱魃ニ喘テキマス物價モ甚タシク騰貴シマシタ此ノ悲慘極マル當地ト比ヘテ關東（中華民國）ノ快適ナル生活カ羨シク思ハレマス 我カ國ノ大キナ土地衆多ノ人々共ニ昔ノギリシャトハ比ヘモノニナラヌ支那ノ百分ノ一位タロウ我國ニ於ケル政治及其他ノ方面ノ業績ニシテモ遙ニ昔ノ[illegible]リ	沒收 燒却

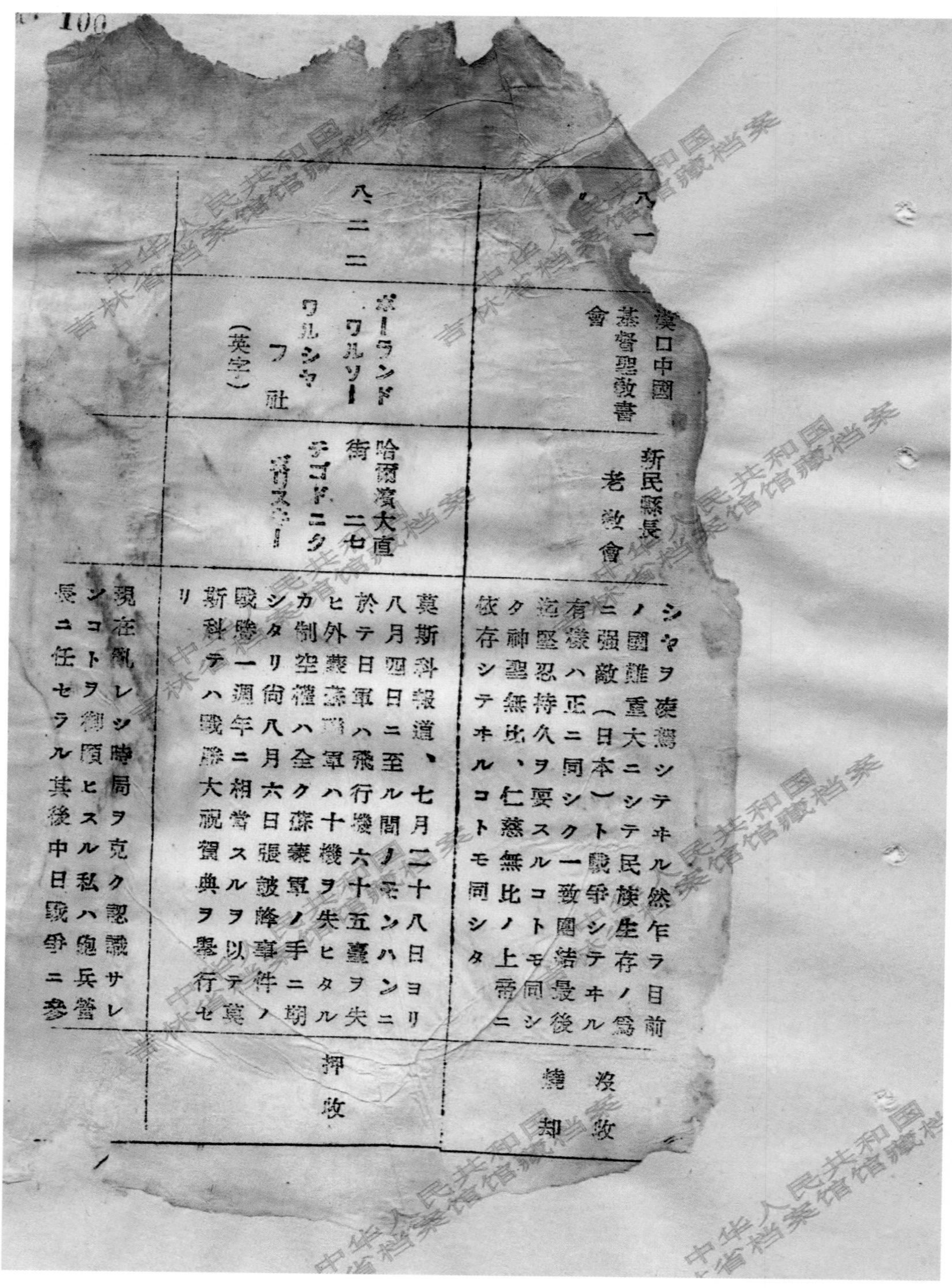

八一	漢口中國基督聖教書會	新民縣長老教會	シヤヲ[illegible]獨シテヰル然乍ラ目前ノ國難重大ニシテ民族生存ノ爲ニ強敵(日本)ト戰爭シテヰル有様ハ正ニ同シク一致團結最後迄堅忍持久ヲ要スルコトモ同シタ神聖無比、仁慈無比ノ上帝ニ依存シテヰルコトモ同シタ	沒收燒却
八二	ポーランドワルソーワルシヤフ社(英字)	哈爾濱大直街ニ七チゴドニタ[illegible]	莫斯科報道、七月二十八日ヨリ八月四日ニ至ル間ノモンハンニ於テ日軍ハ飛行機六十五臺ヲ失ヒ外蒙蘇軍ハ十機ヲ失ヒタルカ制空權ハ全ク蘇蒙軍ノ手ニ歸シタリ尚八月六日張鼓峰事件ノ戰勝一週年ニ相當スルヲ以テ莫斯科テハ戰勝大祝賀典ヲ擧行セリ	押收
			現在亂レシ時局ヲ克ク認識サレンコトヲ御願ヒスル私ハ砲兵營長ニ任セラル其後中日戰爭ニ參	

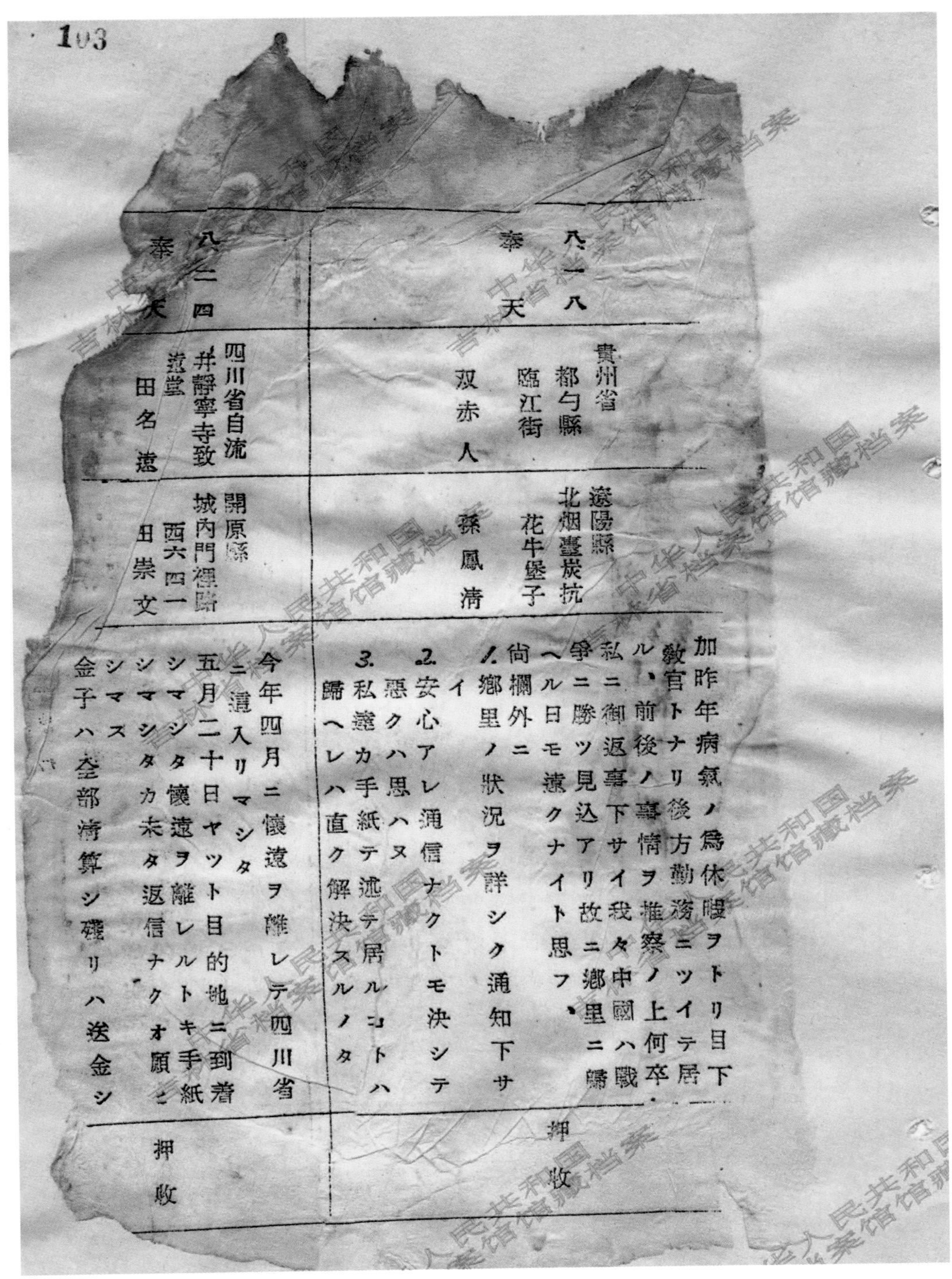

103

八一八 奉天	貴州省 都勻縣 臨江街 双赤人	遼陽縣 北烟臺炭抗 花牛堡子 孫鳳清	加昨年病氣ノ為休暇ヲトリ目下教官トナリ後方勤務ニツイテ居ル、前後ノ事情ヲ推察ノ上何卒・私ニ御返事下サイ我々中國ハ戰爭ニ勝ツ見込アリ故ニ郷里ニ歸ヘル日モ遠クナイト思フ、 尚欄外ニ 1. 郷里ノ状況ヲ詳シク通知下サイ 2. 安心アレ通信ナクトモ決シテ悪クハ思ハヌ 3. 私達カ手紙テ述テ居ルコトハ歸ヘレハ直ク解決スルノタ	押收
八二四 奉天	四川省自流 井靜寧寺致 遠堂 田名遠	開原縣 城内門裡路 西六四一 田崇文	今年四月ニ懐遠ヲ離レテ四川省ニ這入リマシタ 五月二十日ヤツト目的地ニ到着シマシタ懐遠ヲ離レルトキ手紙シマシタカ未タ返信ナクオ願ヒシマス 金子ハ全部清算シ殘リハ送金シ	押收

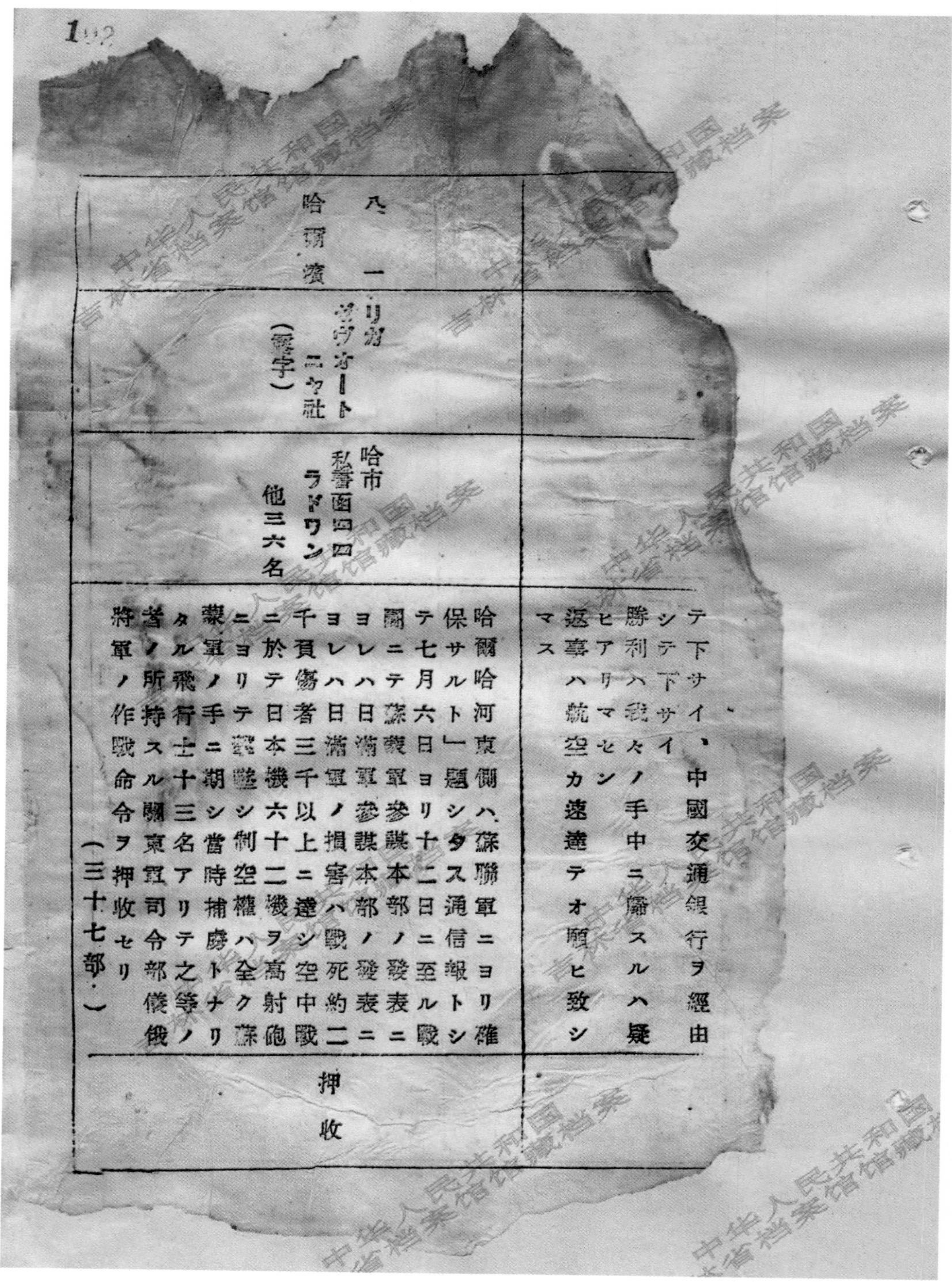

192

テ下サイ、中國交通銀行ヲ經由シテ下サイ勝利ハ我々ノ手中ニ歸スルハ疑ヒアリマセン返事ハ航空カ速達テオ願ヒ致シマス					
	八、一 哈爾濱	リガ ザヴォート ニク社 （露字）	哈市 私書函四四 ラドワン 他三六名	哈爾哈河東側ハ蘇聯軍ニヨリ確保サルト一題シタス通信報トシテ七月六日ヨリ十二日ニ至ル戰爾ニテ蘇蒙軍參謀本部ノ發表ニヨレハ日滿軍參謀本部ノ發表ニヨレハ日滿軍ノ損害ハ戰死約二千負傷者三千以上ニ達シ空中戰ニ於テ日本機六十二機ヲ高射砲ニヨリテ撃墜シ制空權ハ全ク蘇軍ノ手ニ期シ當時捕虜トナリタル飛行士十三名アリテ之等ノ者ノ所持スル關東軍司令部儀俄將軍ノ作戰命令ヲ押收セリ（三十七部・）	押收

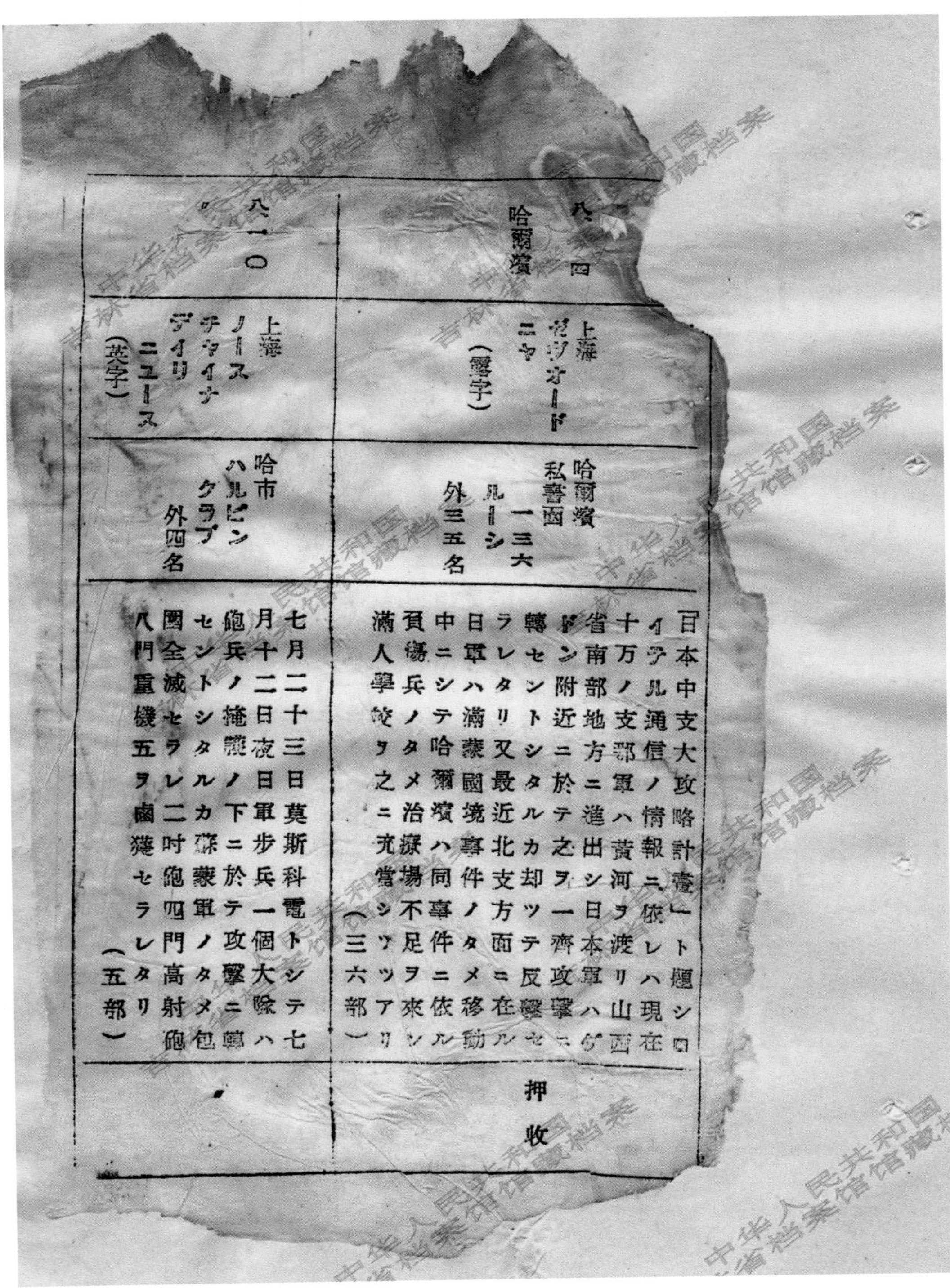

八一四	哈爾濱	上海 ザリオードニヤ （露字）	哈爾濱 私書函一三六 ルーシ 外三五名	「日本中支大攻略計畫」ト題シロイアル通信ノ情報ニ依レハ現在十万ノ支那軍ハ黄河ヲ渡リ山西省南部地方ニ進出シ日本軍ハヴドン附近ニ於テ之ヲ一齊攻撃ニ轉セントシタルカ却ツテ反撃セラレタリ又最近北支方面ニ在ル日軍ハ滿蒙國境事件ノタメ移動中ニシテ哈爾濱ハ同事件ニ依ル負傷兵ノタメ治療場不足ヲ來シ滿人學校ヲ之ニ充當シツツアリ（三六部）	押收
八一〇		上海 ノースチャイナデイリニユース （英字）	哈市 ハルビンクラブ 外四名	七月二十三日莫斯科電トシテ七月十二日夜日軍歩兵一個大隊ハ砲兵ノ掩護ノ下ニ於テ攻撃ニ轉セントシタルカ蒙軍ノタメ包圍全滅セラレ二吋砲四門高射砲八門重機五ヲ鹵獲セラレタリ（五部）	

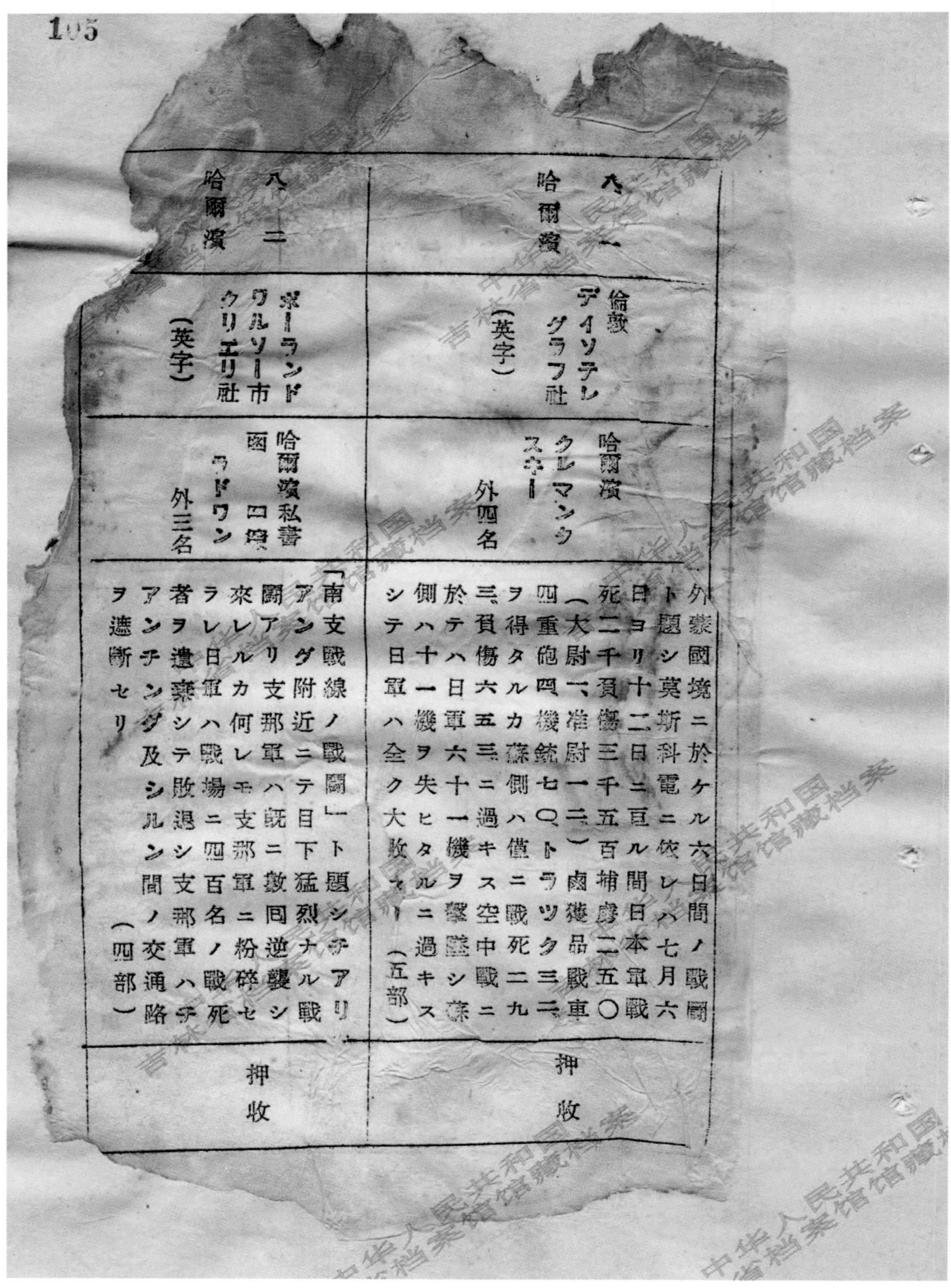
105

八一 哈爾濱	倫敦 デイリテレグラフ社（英字）	哈爾濱 クルマンクスキー 外四名	外蒙國境ニ於ケル六日間ノ戰鬪ト題シ莫斯科電ニ依レハ七月六日ヨリ十二日ニ亘ル間日本軍戰死二千負傷三千五百捕虜二五〇（大尉一、准尉一二）鹵獲品戰車四重砲四機銃七〇トラツク三二ヲ得タルカ蘇側ハ僅ニ戰死二九三、負傷六五三、ニ過キス空中戰ニ於テハ日軍六十一機ヲ擊墜シ蘇側ハ十一機ヲ失ヒタルニ過キスシテ日軍ハ全ク大敗セリ（五部）	押收
八二 哈爾濱	ポーランド ワルソー市 クリエリ社（英字）	哈爾濱私書函 口號 ラドワン 外三名	「南支戰線ノ戰鬪」ト題シテアリアンダ附近ニテ目下猛烈ナル戰鬪アリ支那軍ハ既ニ數回逆襲シ來レルカ何レモ支那軍ニ粉碎セラレ日軍ハ戰場ニ四百名ノ戰死者ヲ遺棄シテ敗退シ支那軍ハチアンチンダ及シルン間ノ交通路ヲ遮斷セリ（四部）	押收

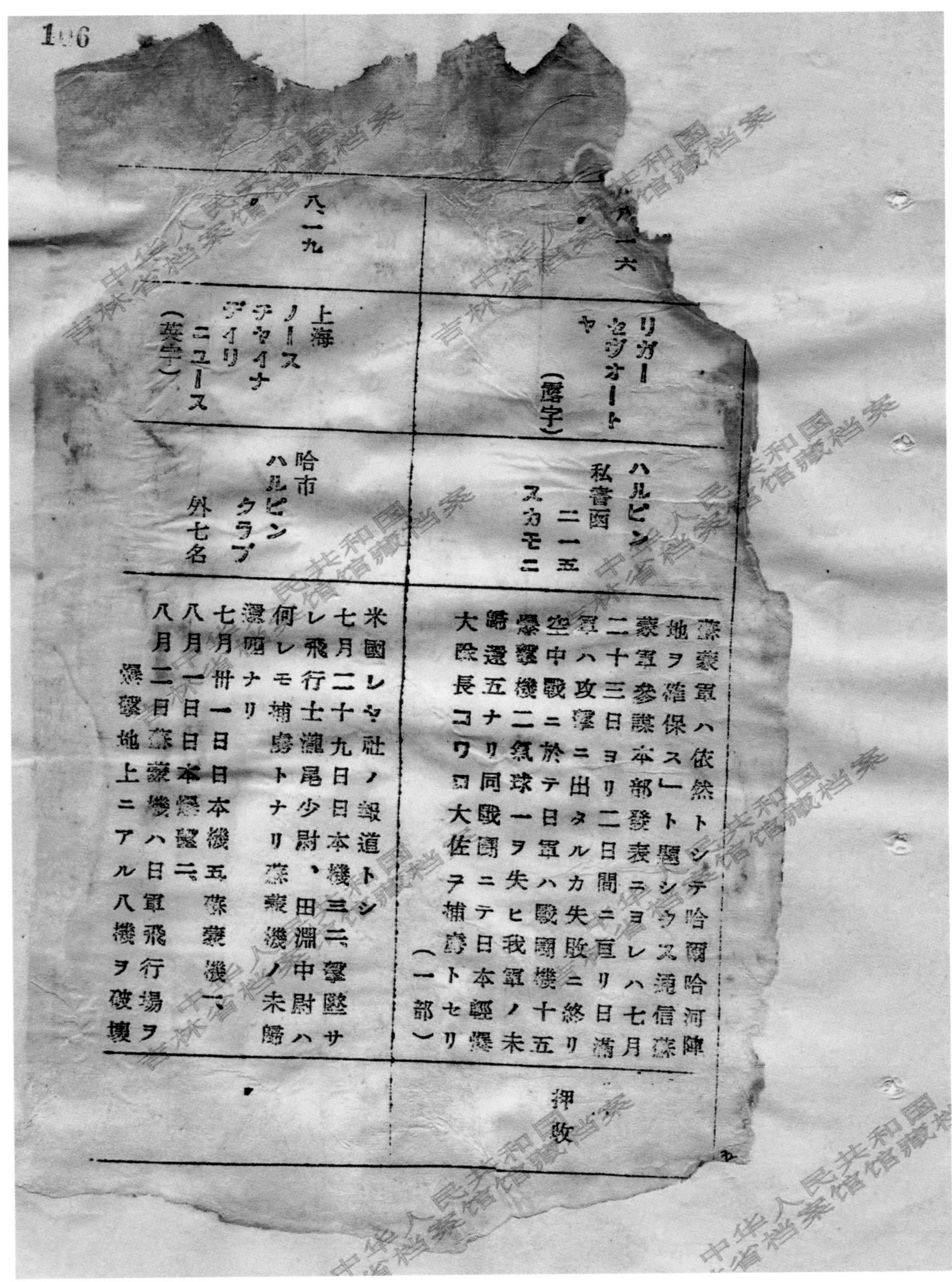

106

八、一六	リガー セヴオート ヤ（露字）	ハルピン 私書函 二一五 スカモニ	蘇蒙軍ハ依然トシテ哈爾哈河陣地ヲ確保ス」ト題シタス通信蘇蒙軍參謀本部發表ニヨレハ七月二十三日ヨリ二日間ニ亘リ日滿軍ハ攻擊ニ出タルカ失敗ニ終リ空中戰ニ於テ日軍ハ戰鬪機十五爆擊機二氣球一ヲ失ヒ我軍ノ未歸還五ナリ同戰鬪ニテ日本輕爆大隊長コワリヨ大佐ヲ捕虜トセリ（一部）	押收
八、一九	上海 ノース チャイナ デイリ ニュース（英字）	哈市 ハルピン クラブ 外七名	米國レヤ社ノ報道トシ七月二十九日日本機三二擊墜サレ飛行士瀧尾少尉、田淵中尉ハ何レモ捕虜トナリ蘇蒙機ノ未歸還四ナリ 七月卅一日日本機五 蘇蒙機一 八月一日日本爆擊二 八月二日蘇蒙機ハ日軍飛行場ヲ爆擊地上ニアル八機ヲ破壞	

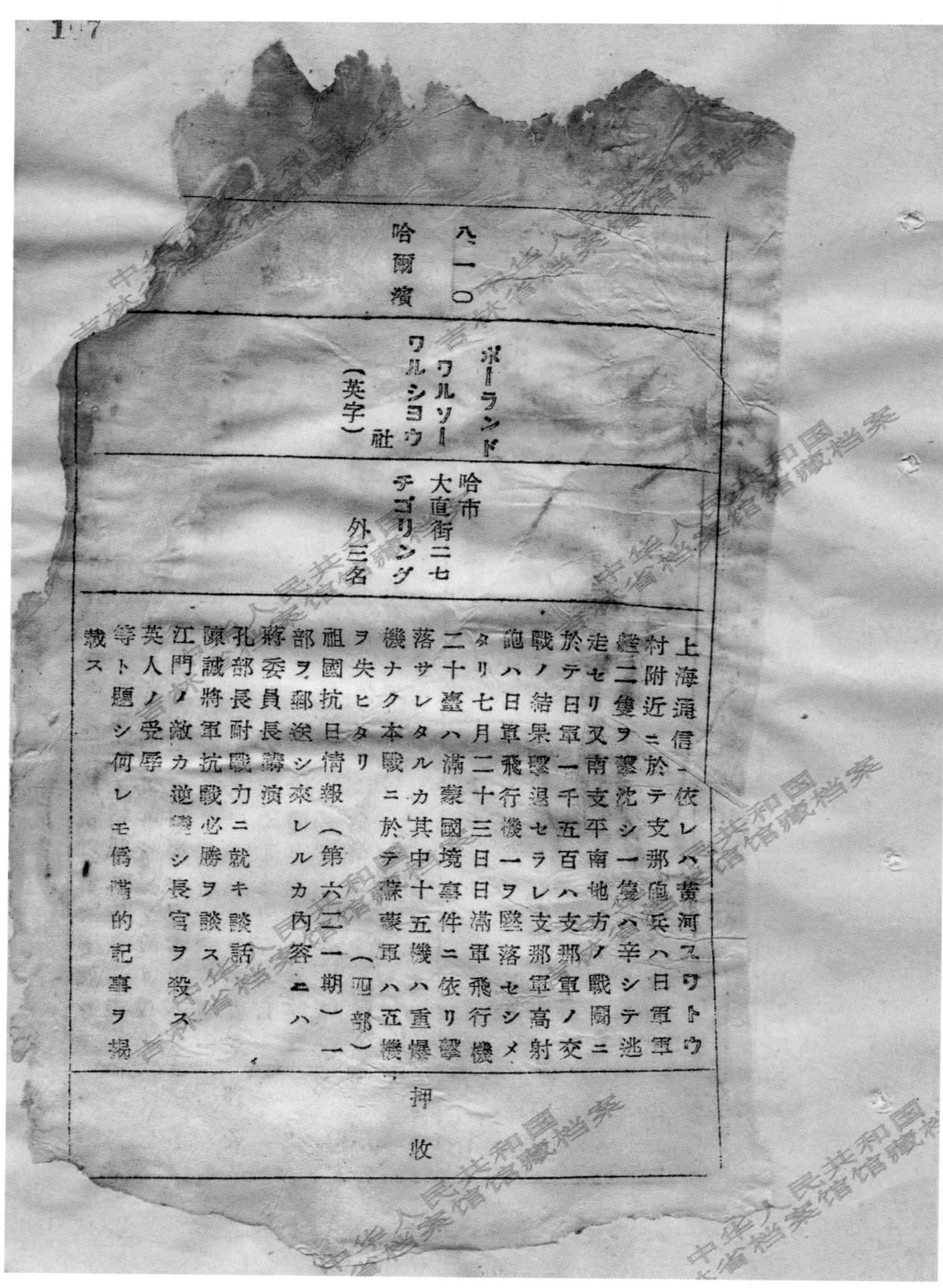

1 7

八二一〇
哈爾濱

ポーランド
ワルソー
ワルショウ 社
(英字)

哈市
大直街二七
チゴリンダ
外三名

上海通信ニ依レハ黄河スワトウ
村附近ニ於テ支那兵ハ日軍
艦二隻ヲ撃沈シ一隻ハ辛シテ逃
走セリ又南支平南地方ノ戰鬪ニ
於テ日軍一千五百ハ支那軍ト交
戰ノ結果撃退セラレ支那軍高射
砲ハ日軍飛行機一ヲ墜落セシメ
タリ七月二十三日日滿軍飛行機
二十臺ハ滿蒙國境事件ニ依リ撃
落サレタルカ其中十五機ハ重爆
機ナク本戰ニ於テ蘇蒙軍ハ五機
ヲ失ヒタリ(四部)
祖國抗日情報(第六二一期)一
部ヲ郵送シ來レルカ内容ニハ
蔣委員長講演
孔部長耐戰力ニ就キ談話
陳誠將軍抗戰必勝ヲ談ス
江門ノ敵カ逆襲シ長官ヲ殺ス
英人ノ受辱
等ト題シ何レモ僑情的記事ヲ掲
載ス

押收

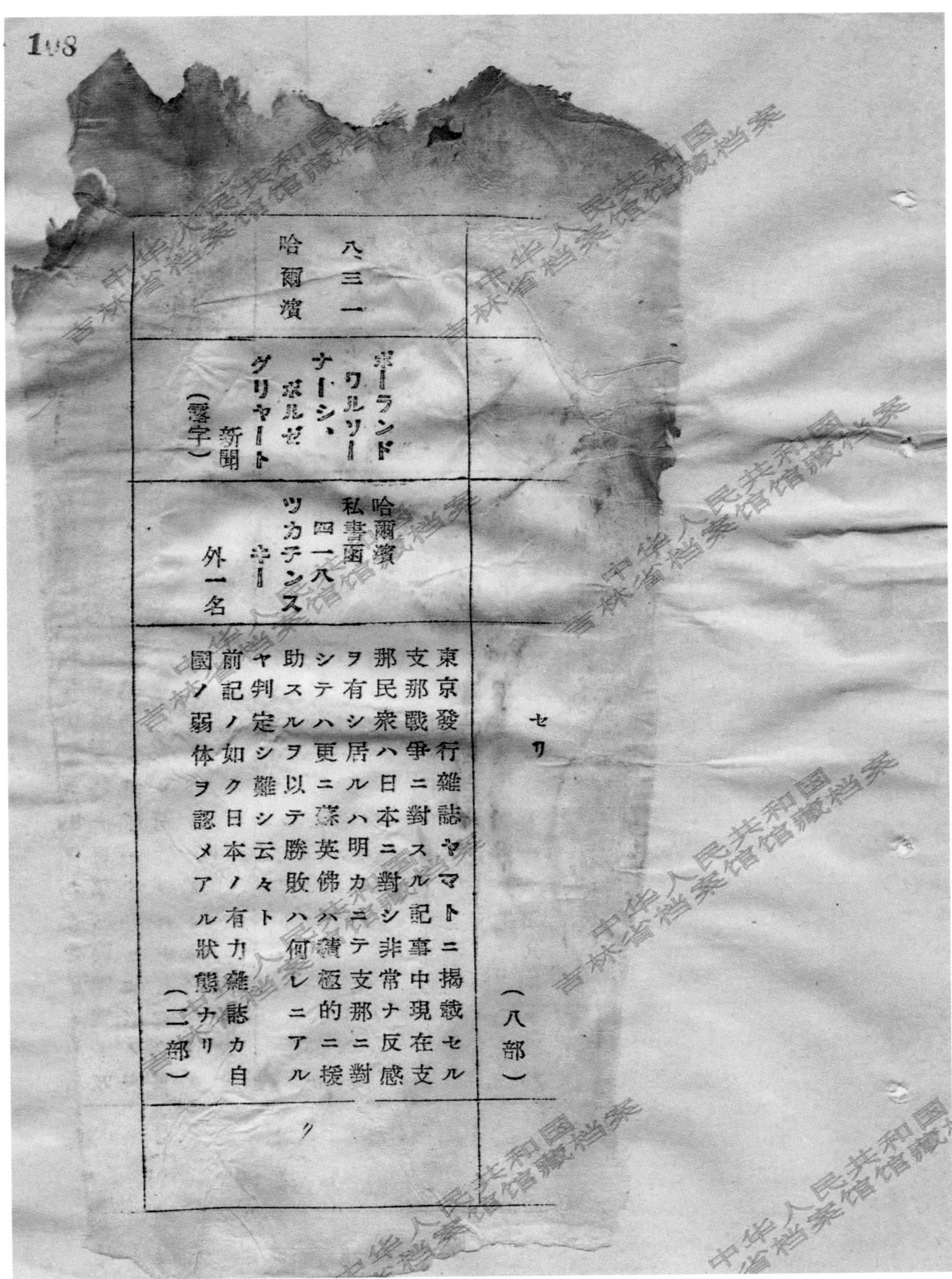

108

セリ

（八部）

八、三一
哈爾濱

ポーランド
ワルソー
ナ・トシ、ボルゼ
グリャート 新聞
（露字）

哈爾濱
私書函 四一八
ツカテンスキー
外一名

東京發行雜誌ヤマトニ掲載セル支那戰爭ニ對スル記事中現在支那民衆ハ日本ニ對シ非常ナ反感ヲ有シ居ルハ明カニテ支那ニ對シテハ更ニ英佛ハ積極的ニ援助スルヲ以テ勝敗ハ何レニアルヤ判定シ難シ云々ト前記ノ如ク日本ノ有力雜誌カ自國ノ弱体ヲ認メアル狀態ナリ

（二部）

〃

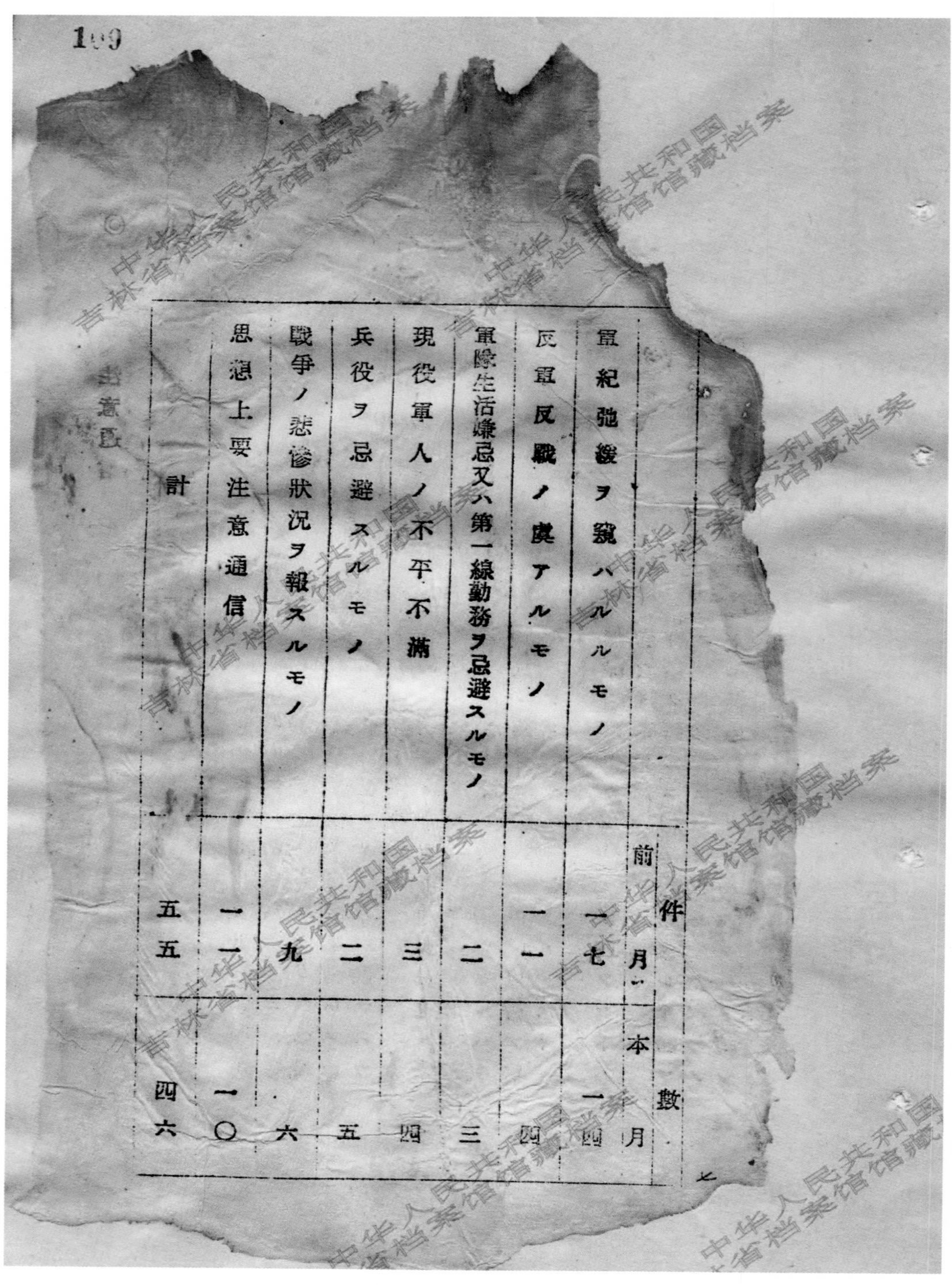
109

	件數 前月	件數 本月
軍紀弛緩ヲ窺ハルルモノ	一七	一四
反軍反戰ノ虞アルモノ	一一	四
軍隊生活嫌忌又ハ第一線勤務ヲ忌避スルモノ	二	三
現役軍人ノ不平不滿	三	四
兵役ヲ忌避スルモノ	二	五
戰爭ノ悲慘狀況ヲ報スルモノ	九	六
思想上要注意通信	一一	一〇
計	五五	四六

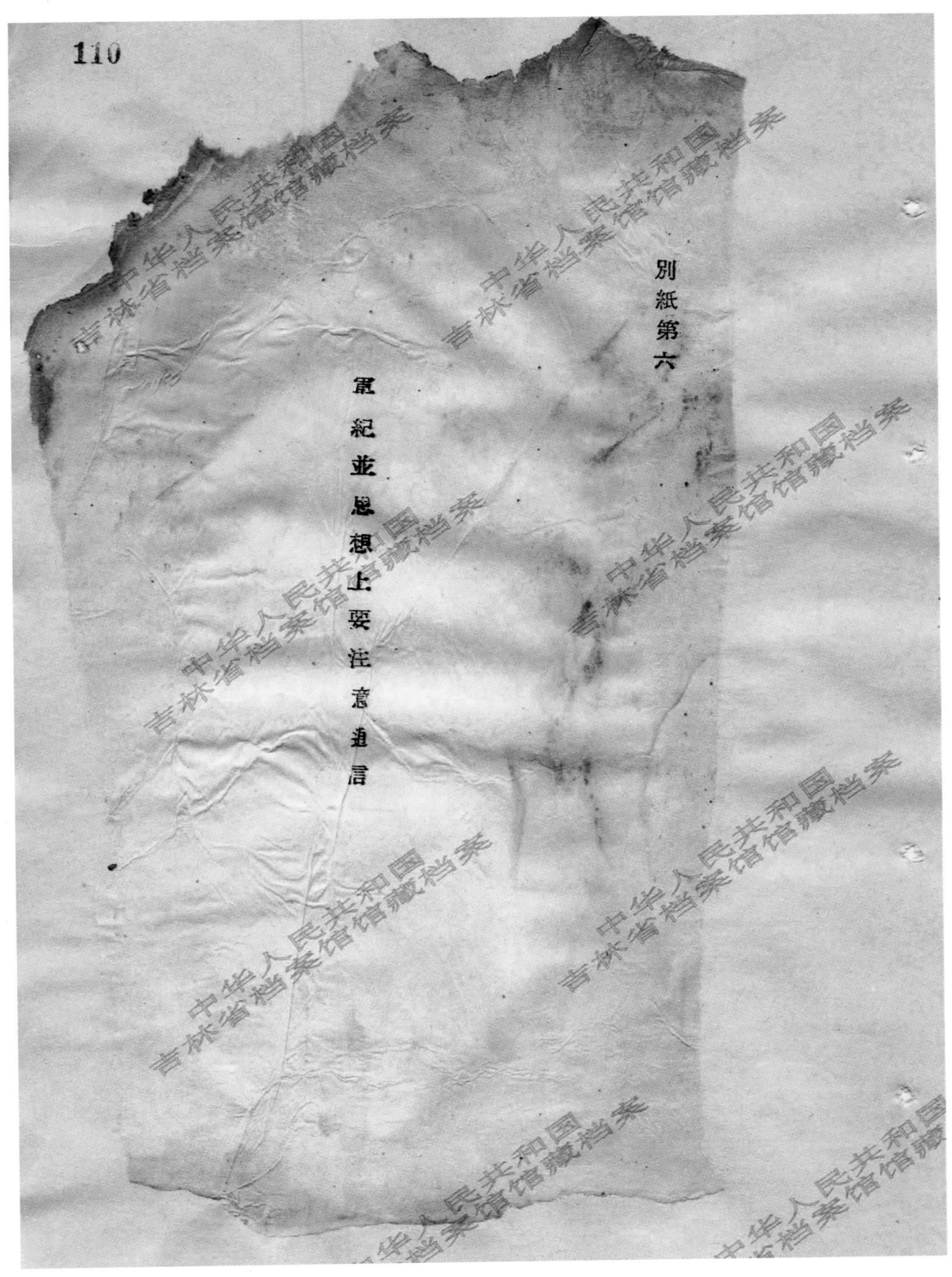

110

別紙第六

軍紀並思想上要注意通信

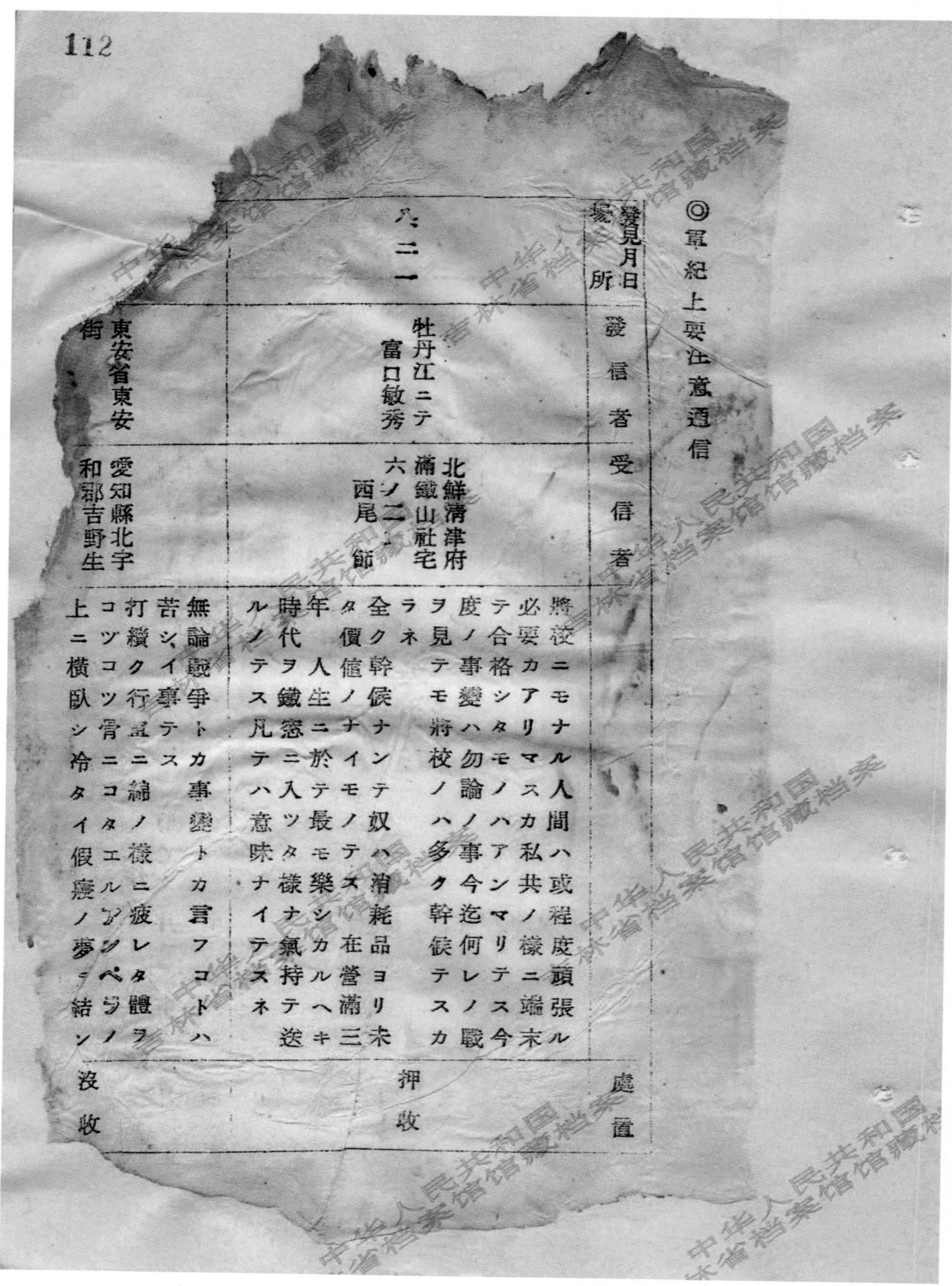

112

◎軍紀上要注意通信

發見月日場所	發信者	受信者		處置
八、二一	牡丹江ニテ 富口敏秀	北鮮清津府 滿鐵山社宅 六ノ二 西尾 節	將校ニモナル人間ハ或程度頑張ル必要カアリマスカ私共ノ樣ニ端末テ合格シタモノハアンマリテス今度ノ事變ハ勿論ノ事今迄何レノ戰ヲ見テモ將校ノハ多ク幹候テレスカラネ 全ク幹候ナンテ奴ハ消耗品ヨリ未タ價値ノナイモノテス在營滿三年人生ニ於テ最モ樂シカルヘキ時代ヲ鐵窓ニ入ツタ樣ナ氣持テ送ルノテス凡テハ意味ナイテスネ	押收
	東安省東安街	愛知縣北字和郡吉野生	無論戰爭トカ事變トカ言フコトハ苦シイ事テス 打續ク行軍ニ綿ノ樣ニ疲レタ體ヲコツコツ骨ニコタエルアンペラノ上ニ横臥シ冷タイ假寢ノ夢ヲ結ン	沒收

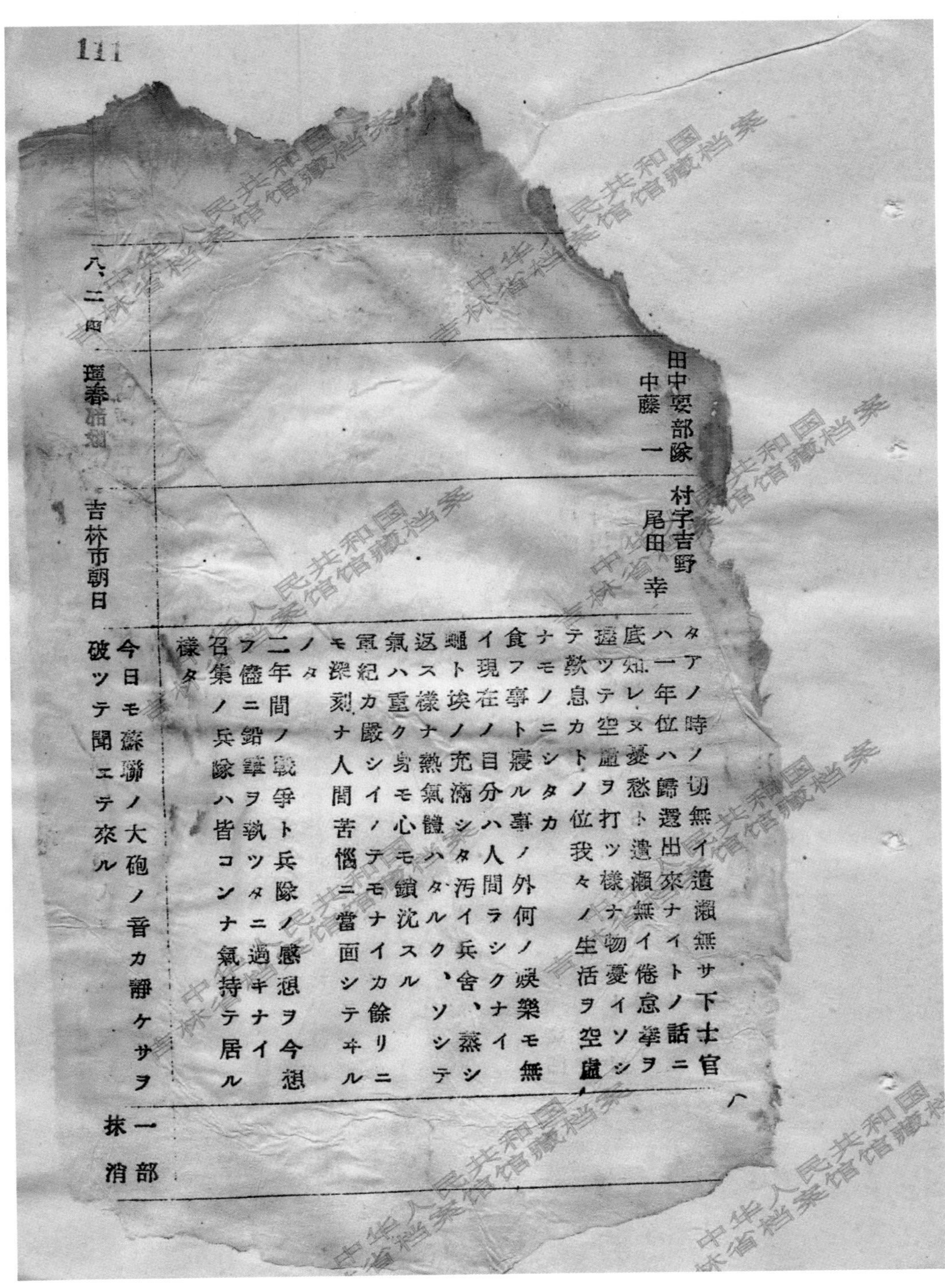
111

八、二四 琿春 [illegible] 吉林市朝日

田中要部隊 中藤 一

村字吉野 尾田 幸

タアノ時ノ切無イ遺瀨無サ下士官
ハ一年位ハ歸還出來ナイトノ話ニ
底知レヌ憂愁ト遣瀨無イ倦怠感ヲ
送ツテ空虚ヲ打ツ樣ナ物憂イソシ
テ歎息カトノ位我々ノ生活ヲ空虚
ナモノニシタカ
食フ事ト寢ル事ノ外何ノ娯樂モ無
イ現在ノ目分ハ人間ラシクナイ
蠅ト埃ノ充滿シタ汚イ兵舍、蒸シ
返ス樣ナ熱氣體ハタルク、ソシテ
氣ハ重ク身モ心モ鎖沈スル
風紀カ嚴シイノテモナイカ餘リニ
モ深刻ナ人間苦惱ニ當面シテヰル
ノタ
二年間ノ戰爭ト兵隊ノ感想ヲ今想
フ儘ニ鉛筆ヲ執ツタニ過キナイ
召集ノ兵隊ハ皆コンナ氣持テ居ル
樣タ

今日モ蘇聯ノ大砲ノ音カ靜ケサヲ
破ツテ聞エテ來ル

一部抹消

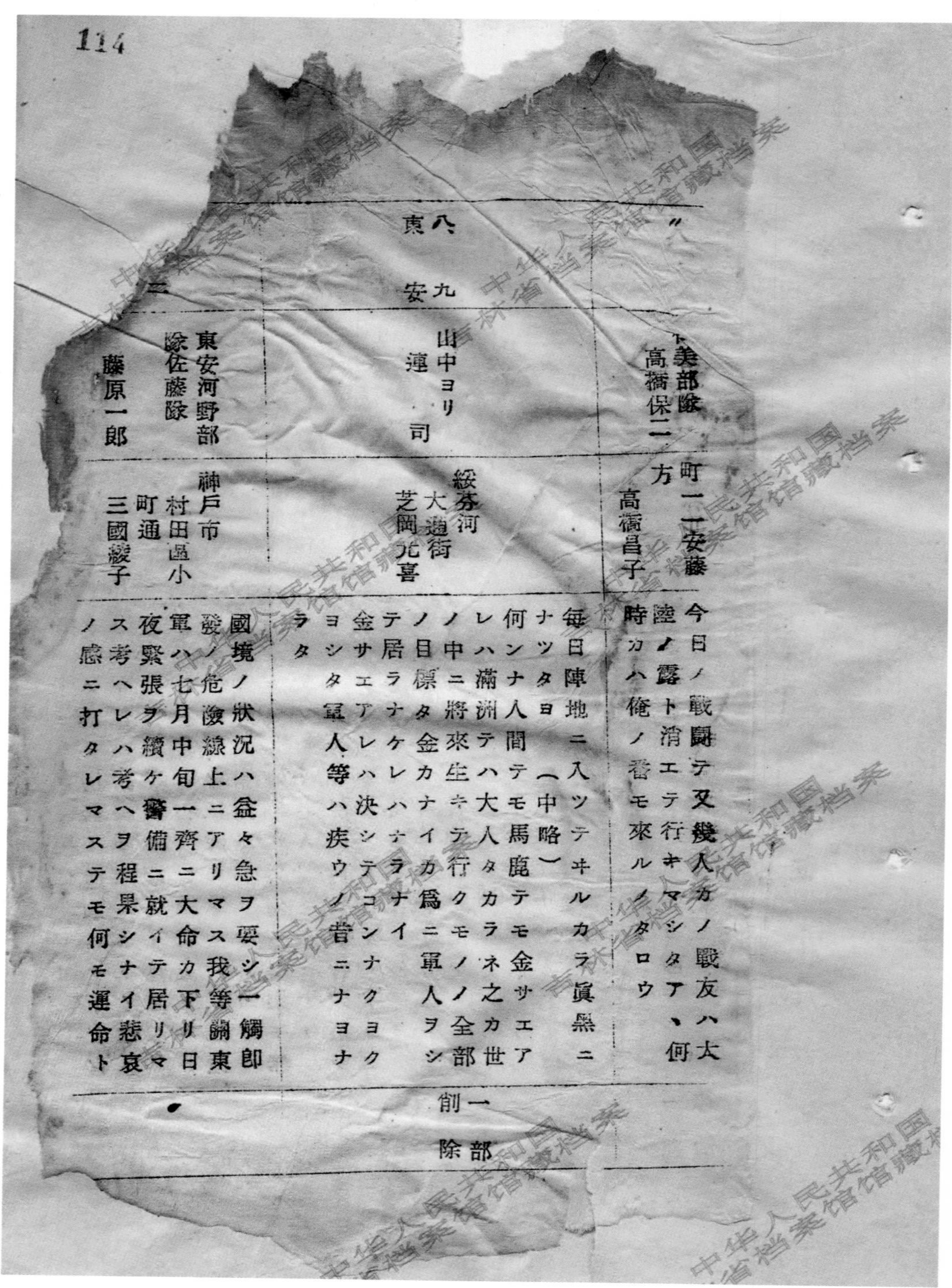
114

〃	…美部隊 高橋保二	町一二安藤方 高橋昌子	今日ノ戰鬪テ又幾人カノ戰友ハ太陸ノ露ト消エテ行キマシタア、何時カハ俺ノ番モ來ルノダロウ	
八九 東安	山中ヨリ 連司	綏芬河大通街 芝岡光喜	毎日陣地ニ入ツテヰルカラ眞黒ニナツタヨ（中略）何ンナ人間テモ馬鹿テモ金サエアレハ滿洲テハ大人タカラネ之カ世ノ中ニ將來生キテ行クモノ全部ノ目標タ金カナイカ爲ニ軍人ヲシテ居ラナケレハナラナイ金サエアレハ決シテコンナクヨクヨシタ軍人等ハ疾ウノ昔ニナヨナラタ	一部削除
二	東安河野部隊佐藤隊 藤原一郎	神戸市村田區小町通 三國綾子	國境ノ狀況ハ益々急ヲ要シ一觸即發ノ危險線上ニアリマス我等關東軍ハ七月中旬一齊ニ大命カ下リ日夜緊張ヲ續ケ警備ニ就イテ居リマス考ヘレハ考ヘヲ程果シナイ悲哀ノ感ニ打タレマステモ何モ運命ト	

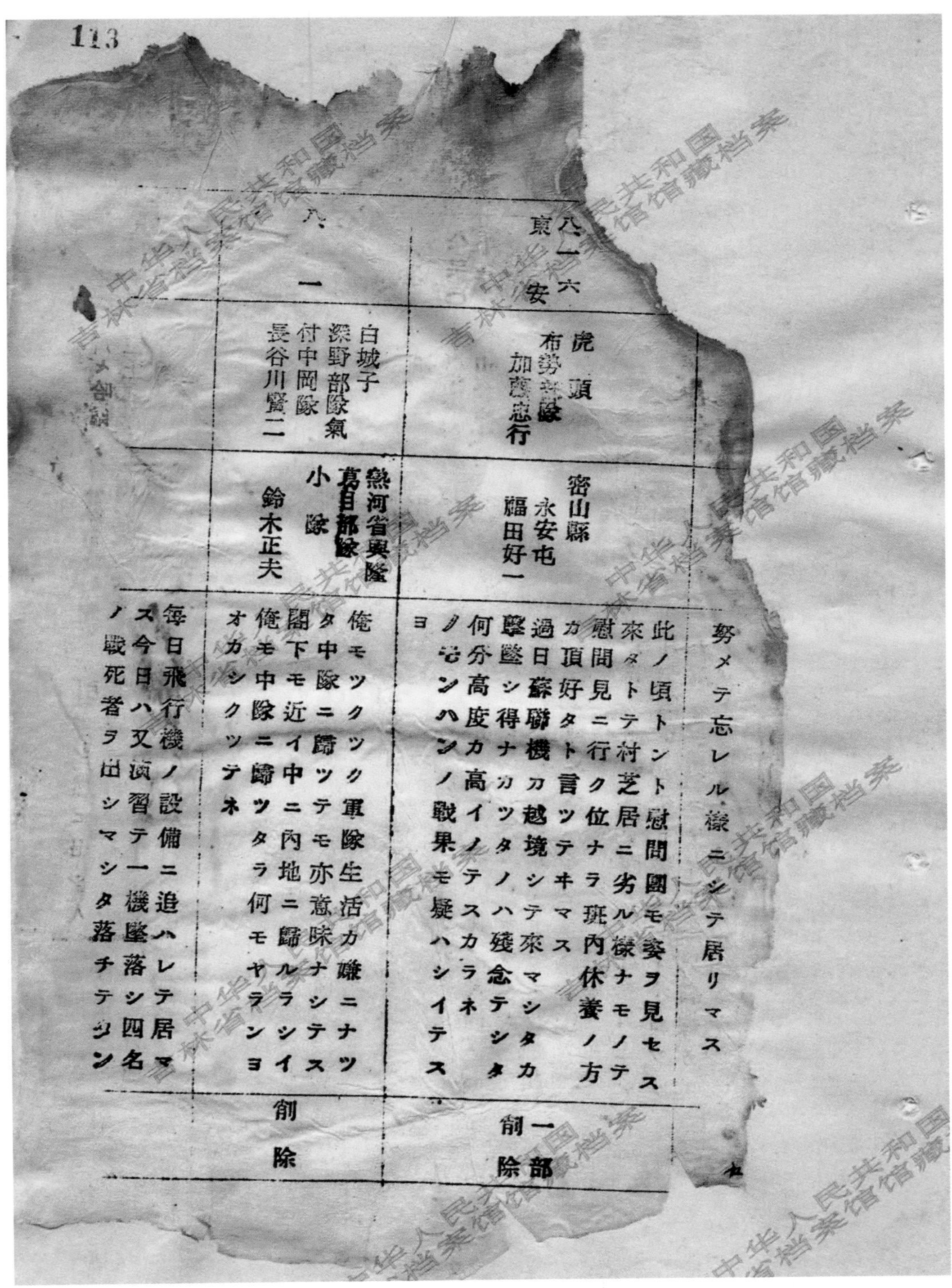

113

日付	発信者	受信者	内容	処置
			努メテ忘レル様ニシテ居リマス	
八一六 東安	虎頭 布勢部隊 加藤忠行	密山縣 永安屯 福田好一	此ノ頃トントト慰問團モ姿ヲ見セス來タトテ村芝居ニ劣ル様ナモノテス慰問見ニ行ク位ナラ斑内休養ノ方カ頂好タト言ツテキマス過日蘇聯機カ越境シテ來マシタカ撃墜シ得ナカツタノハ殘念テシタ何分高度カ高イノテスカラネノモンハンノ戰果モ疑ハシイテスヨ	一部削除
八、一	白城子 深野部隊氣付中岡隊 長谷川賢二	熱河省興隆 葛目部隊 小隊 鈴木正夫	俺モツクツク軍隊生活カ嫌ニナツタ中隊ニ歸ツテモ亦意味ナシテス閣下モ近イ中ニ内地ニ歸ルラシイ俺モ中隊ニ歸ツタラ何モヤランヨオカシクツテネ毎日飛行機ノ設備ニ追ハレテ居マス今日ハ又演習テ一機墜落シ四名ノ戰死者ヲ出シマシタ落チテタン	削除

九

참고역문

개요

一. 긴장이 지속되고 있는 노몬한사건 및 전만방위의 명령하에 방첩, 유해치안사건의 예방, 첩보 및 주동적 방첩자료의 수집에 진력하고 있음. 이번 달에 처리한 전보와 우편물 수량은 다음 표와 같음.

유 형	시간	취급건수	처리건수
전보	지난 달	745 806	977
	이번 달	667 502	1345
우편물	지난 달	693 860	900
	이번 달	682 309	793

二. 전보검열

이번 달의 전보검열상황에 근거하면 그중 □□□로 인정되는 절록한 전보는 1338□□□□□유해하다고 판단되어 처리한 전보는 7건임. 구체적 상황은 별지제1과 같음.

三. 전화검열

이번 달에는 특별히 기재할만한 전화검열상황이 없음.

四. 우편물검열

우편물검열성과개황은 다음 표와 같음. 주요내용은 별지제2 내지 별지제7을 참조바람.

유 형	건 수	
	지난 달	이번 달
노몬한사건 상관지역의 통신	208	181
방첩 상 요주의 통신	263	295
일소전쟁을 억측한 통신유언비어의 우려가 있는 통신	240	150
항일통신	51	37
장제스에게 무기를 공급한 상황에 관한 통신	4	4
방첩 상 의심되어 조사 중에 있는 통신	31	32
군기와 사상 상 요주의 통신	55	46
부당행위의 기도 혐의가 있어 조사 중인 통신	18	5
국책을 방해할 우려가 있는 통신	7	4
기타	23	39
합 계	900	793

□□□□는 □□□노몬한사건 중 □□부대의 출동, 우군의 손실 등에 관한 내용을 보고하였다. 이는 방첩 상 □요언을 유발하는 원인이 될 수 있다. 유해통신 방면에는 군인과 군무원이 태반을 차지한다. 참 한심한 일이다. 그 밖에 부대의 검열 후 도장을 찍는 것도 형식화경향이 존재한다. 부대장의 검열과 헌병의 전시검열을 병행, 실행에 옮기도록 하여 관리를 강화하여야 한다.

二. 일반 민중 특히는 특수회사, 철도종업원 등 군사와 상관되는 업무를 보는 자들 가운데 아직도 군사운송이든가 경비배치 등에 관하여 방첩과 치안에 유해한 통신이 존재한다. 그러므로 긴박한 상황에서는 국경지대에서 일반우편물의 검열도 보다 강화할 필요가 있다.

三. 군기와 사상 상의 유해통신도 상당한 분량을 차지한다. 군인과 군무원은 부대검열을 피하기 위해 민간우편을 통해 유해통신을 부치는 현상이 아직도 근절되지 않고 있다. 각 부대는 철저한 사상교육을 통하여 유사사건이 재발되지 않도록 하여야한다.

四. 국내우편을 통해 항일출판물을 부치는 수량이 점차 감소되고 있다. 이는 중국 국내의 평화분위기가 고양되고 당지 기관에서 적극적으로 감독하였기 때문이다. 그 내용도 기껏해야 전황에 대한 보도 정도이다. 점차 완화되고 있다는 것은 기꺼운 현상이다. 하지만 유럽동란의 확대와 함께 장제스정권의 몰락과정에 반일선전이 점점 기승을 부리고 그 집착이 점점 심해질 것이므로 좀 더 엄격한 통신검열을 통해 사태가 국내로 만연되는 것을 미연에 방지해야 한다.

(完)

별지제1

유해전보개황

발견 시간 및 지점 : 8월 18일 목단강

발신자 : 목단강 大阪每日新聞通信部

수신자 : 신경大阪每日新聞

통신개요 : 삼차구의 주민들이 방첩 상의 위험을 이유로 철수명령을 받고 근일에 전부 동녕으로 이전하게 된다. 일러무역의 성수기에 이 도시는 한동안 □□. 이하 약.

처리 : 줄친 부분 삭제

발견 시간 및 지점 : 8월 31일 목단강

발신자: 東京城 鳥

수신자: 新京西 三馬路 日進工務所 今坂德次郎

통신개요: 아마호스(アマホース, 지명 음역) 만주군 반란에서 부상자 다수 출현, 하지만 組員들은 이상상황이 없다.

처리: 줄친 부분 삭제

발견 시간 및 지점: 8월 26일 목단강

발신자: 穆稜 梅

수신자: 仙台시 躑躅崗 梅原 隆

통신개요: 오늘 노몬한을 향해 출동하였습니다. 변고 없습니다.

처리: 발송정지

발견 시간 및 지점: □□四□□

발신자: 王爺廟局 安

수신자: 하얼빈町 龍江街 滿鐵社宅 熊谷俊夫

통신개요: 전보는 이미 받았습니다. 도주병 때문에 식구들이 모두 피란을 떠났습니다. 다시 편지 할게요.

처리: 電檢第一二六號를 저촉하였기에 발송정지

발견 시간 및 지점: 8월 17일 하얼빈

발신자: 木蘭局

수신자: 하얼빈 新安埠 安民街89-1 矢川助次郎

통신개요: <u>군대화물의 수송을 위해</u> 현장은 18일까지 시공을 할 수 없습니다.

처리: 줄친 부분 삭제

발견 시간 및 지점: 8월 21일 하얼빈

발신자: 하얼빈

수신자: 東京시 牛込區 若松町55 일본특수공업 陣內부장

통신개요: <u>부대의 요구에 근거하여</u> 자동차수리반 요원으로 菊地大川과 松尾熊谷을 차출, <u>내일 종군할 예정</u>.

처리: 줄친 부분 삭제

노몬한사건 상관지역의 통신

유 형	건 수	
	지난 달	이번 달
방첩 상 요주의 통신	140	132
군기 상 요주의 통신	31	20
유언비어의 우려가 있는 통신	37	29
합 계	208	181

◎ 방첩 상 요주의 통신

발견 시간 및 지점 : 8월 10일 하이라얼
발신자 : 하이라얼 東山館舍 系永泰子
수신자 : 沖繩현 那覇군 若狹町 系永 新
통신개요 : 보충병들이 끊임없이 일본 내지와 독립수비대로부터 일선으로 운송되고 있습니다. 어제 또 고사포 5문을 실어왔습니다.
처리 : 삭제

발견 시간 및 지점 : 8월 10일 하이라얼
발신자 : 하이라얼 山本부대 轉 寺崎대 關塚 治
수신자 : 東京市西 豊多摩郡 霞村 新町 宮川秀子
통신개요 : 대기 중인 우리 비행기는 九七式전투기 칠십 여 대와 新九七式 중형폭격기 십여 대가 있습니다. 만약 적기가 습격해 오면 전부 즉시 출동할 수 있습니다.
처리 : 삭제

발견 시간 및 지점 : 8월 13일 하이라얼
발신자 : 하아라얼 眞野부대 본부 小林龜雄
수신자 : 神奈川현 川崎시 大師日之出町 大西 榮
통신개요 : 6월 26일 千葉현 國府臺 야전중포병 제2연대에 징집되어 7월 6일 동원완료 후 야전중포병 제3여단 치중대에 배속되었습니다. 7월 9일 고국 오사카항에서 출발하여 군용선 리버풀호를 타고 조선 부산에 상륙한 후 국경인 노몬한제일선을 향해 진격하였습니다.

처리: 삭제

발견 시간 및 지점: 8월 14일 하이라얼
발신자: 하이라얼 伊藤부대 본부 關芳太郎
수신자: 秋田현 平鹿군 增田町 佐藤久子
통신개요: 고사포, 탱크 등을 끊임없이 일본으로부터 실어오고 있습니다. 요즘 수많은 보충병들이 온다고 합니다. (1만 명)
처리: 삭제

발견 시간 및 지점: 8월 14일 하이라얼
발신자: 하이라얼 佐藤부대 轉 中野부대
수신자: 鹿兒島현 川內정 宮內 麓
통신개요: 군대는 불확대주의를 방침으로 노몬한 부근 일대에 점차 진지를 구축하기로 결정하였습니다. 따라서 시공부대가 끊임없이 트럭으로 재료를 운반하고 있습니다.
처리: 삭제

발견 시간 및 지점: 8월 14일 하이라얼
발신자: 하이라얼 松村부대 森下대 菊地 正
수신자: 仙臺시 原町 2軒 茶屋12 三上義雄 三上豊子
통신개요: 新京飛行集團長 議峨중장각하께서도 현지에 와서 지휘하고 있습니다. 지금 당지의 비행대는 4개인데 각 부대가 윤번으로 전선에 나갑니다.(국경 4,5리(1리≈3.927km,역자 주) 되는 곳에 있는 전진비행장). 긴급경비대기상태입니다.
처리: 삭제

발견 시간 및 지점: □□ 9일 하이라얼
발신자: 하이라얼 小林榮一
수신자: 東京시 澁谷區 金天町9 山田美代子
통신개요: 우리 부대의 부대장 이하 20명이 전사하였고 80명 이상이 부상 입었습니다. 그래서 지금은 출동 시 인수의 절반 쯤 됩니다.
처리: 삭제

발견 시간 및 지점 : 8월 11일　하이라얼
발신자 :　하이라얼 須見부대　萩野 生
수신자 :　北海道 函館시 海岸町189　鈴木熊雄
통신개요 : 우리 대의 1중대와 2중대는 중대장 이하가 전사하고 12명 생존자만 남았습니다.
처리 :　삭제

발견 시간 및 지점 : 8월 11일　하이라얼
발신자 :　노몬한 야전우편국 轉 山縣부대 村田대　村田政吉
수신자 :　宮崎縣東 舊杵郡 門川町　水永遠見
통신개요 : 우리 중대도 부상 1명, 사망 2명인데 지금 인수는 출동 당시의 절반에도 못 미칩니다.
처리 :　삭제

발견 시간 및 지점 : 8월 12일　하이라얼
발신자 :　노몬한 야전우편국 轉 戸田부대 莨場隊　根椎 雄
수신자 :　福島현 安積군 富久山町　伊藤寅三　伊藤清志
통신개요 : 인수가 너무 많아 간호병이 미처 처리할 수 없습니다. 처리하지 못한 전사자가 부지기수입니다. 인차 처리하지 못한 전사자는 묻어두었다가 시간이 나면 다시 파내서 화장합니다.
처리 :　삭제

발견 시간 및 지점 : 8월 17일　하이라얼
발신자 :　하이라얼 佐藤부대 轉 中野부대　東 又次
수신자 :　대련시 芙蓉정150　東 時次 東千根子
통신개요 : 드디어 노몬한 일대에 영구성 진지를 구축하기로 하였습니다. 초기공사는 이미 착수하였고 10월 상순께면 완성될 것 같습니다.
처리 :　삭제

발견 시간 및 지점 : 8월 28일　하이라얼
발신자 :　하이라얼 山口精부대　原 實男

수신자: 福岡현 築上군 梶田정 梶田 小林フジェ

통신개요: 광활한 들판에는 도처에 폭격용 폭탄이 쌓여있습니다. 몹시 무섭습니다. 250킬로그램에 직경이 50센티미터인 폭탄이 사처에 쌓여있습니다. 매일 흙속에 묻어두었다가 필요시에 파내서 사용합니다.

처리: 삭제

발견 시간 및 지점: 8월 7일 하이라얼

발신자: 하이라얼 杉부대 岩井 仁

수신자: 千葉현 印幡군 六合촌 松蟲구 岩井健三

통신개요: 200킬로그램이 되는 포탄이 갑자기 떨어졌습니다. 모 중대는 점심밥을 먹으려다 폭격을 당했는데 사람들이 어디로 사라졌는지 모르겠습니다.

처리: 삭제

발견 시간 및 지점: 8월 7일 하이라얼

발신자: 장군묘출장소 丸崗政雄

수신자: 대련육군창고支庫 満淵소위

통신개요: 비행기지가 습격당하였습니다. 아군의 전투기 4대가 무참히 파괴되었습니다. 安部대좌는 비참하게 죽었습니다.

처리: 삭제

발견 시간 및 지점: 8월 20일 만주리

발신자: 만주리 上野부대 加藤대 會田四郎

수신자: 東京시 澁谷구 東横백화점 점내 相當勝三

통신개요: 국경에서 10리 되는 곳과 20리(1리≈3.927km, 역자 주) 되는 곳이 모두 돌파되었습니다. 측면으로부터 온 공격 혹은 배후에서 온 전차에 의해서입니다. 보충병원이 없기에 우리의 임무를 완수하기 어렵습니다. 통신망, 탄약, 식량의 수송통로도 끊겼습니다. 사막에서 "물, 물…"하고 절규하면서 호국의 영령으로 화한 병사들은 참 불쌍합니다. 최정예 근대화무기로 무장한 소련과 교전 시 육박전이거나 정신력으로는 결코 아니 됩니다. 초목도 자라지 않은 평지에서 공격한다는 것은 참 무지막지한 일입니다.

처리: 삭제

◎군기 상 요주의 통신

발견 시간 및 지점 : 8월 10일　하이라얼
발신자 :　하이라얼서 大官111　坂上良子
수신자 :　鹿兒島현 山下정184　坂上守男
통신개요 : 저는 진지수비임무를 겸해 맡고 있기에 전투에 참가할 수 없습니다. 하지만 小松原부대는 전투력이 약해서 전혀 적들의 상대가 못된다고 하기에 저희도 부득불 출동했습니다.
처리 :　삭제

발견 시간 및 지점 : 8월 13일　하이라얼
발신자 :　하이라얼 米滿부대 佐藤대　森田高男
수신자 :　愛媛현 上澤兄군 又峰촌 落合　森谷庄太郎
통신개요 : 지금 수많은 병사들이 전선에서 작전 시 부상 입었습니다. 병원에서는 매일 평균 3명이 죽어나갑니다.
처리 :　삭제

발견 시간 및 지점 : 8월 13일　하이라얼
발신자 :　하이라얼 西川부대 中尾대　成瀨一部
수신자 :　福岡현 小倉시 北方　小園美子
통신개요 : 중대에는 워낙 백 몇 십 명의 병사가 있었지만 한 달 간의 격전 끝에 현재 40여 명 정도 무사히 남았습니다. 결과는 참담합니다.
처리 :　삭제

발견 시간 및 지점 : 8월 13일　하이라얼
발신자 :　노몬한 야전우편국 轉 須見부대　小澤隊본부
수신자 :　靑森현 弘前시 土手정73　今村要太郞
통신개요 : 오늘 저녁 습격에서 1대대장과 3대대장이 전사하였습니다. 1중대장, 3중대장, 9중대장이 부상입고 2중대장이 전사하였습니다. 병사들은 부상자수를 알 수 없습니다.
처리 :　삭제

발견 시간 및 지점 : 8월 1일 만주리
발신자 : 만주리 志坂부대 辻대 池田繁保
수신자 : 長崎현 島原정703 池田兼繁
통신개요 : 전승의 그늘 뒤에는 후방의 알려지지 않은 커다란 희생이 있습니다. 적들이 2000명이 죽은 상황에서 아군이 3000명 죽은 것을 생각지 않을 수 없습니다. 적들이 우세한 대포를 사용할 때 손과 발을 잃은 병사들이 ○○○병원 복도를 메운 현실을 생각지 않을 수 없습니다.
처리 : 삭제

발견 시간 및 지점 : □월 □일 하이라얼
발신자 : 하이라얼 山口精부대 鬼塚初美
수신자 : 宮崎현 東諸군 高崗정 川原 鬼塚惣太郎
통신개요 : □□□있습니다. 그때 죽은 사람의 피를 마셨습니다. 참 맛있었습니다.
처리 : 삭제

◎ 유언비어의 우려가 있는 통신

발견 시간 및 지점 : 8월 24일 하이라얼
발신자 : 하이라얼 山本부대 后藤대 阿部新次郎
수신자 : 山形현 北村山군 東里정 原方 遠藤古藏
통신개요 : 적기가 구름층에서 잽싸게 덮쳐들기에 아군의 비행기는 비상할 수 없어 그냥 지면에 정지해있을 뿐입니다.
그동안 아군의 비행기 두 대가 불타올랐지만 적기는 물러가지 않았습니다.
마지막에는 우리가 탔던 AT운수기도 불타올랐습니다. 그땐 참으로 아까웠습니다.
처리 : 삭제

발견 시간 및 지점 : 8월 26일 하이라얼
발신자 : 하이라얼 伊勢부대 轉 床並대 寶龜道雄
수신자 : 鹿兒島현 川内정 福昌寺 內 寶龜住子
통신개요 : 이미 사나흘 전의 일입니다. 적의 백 여 대 탱크와 비행기가 아군의 야전보병,

기병, 치중대, 자동차대를 야습하였습니다. 제일선의 야전병원도 탱크와 비행기의 습격을 받아 부상병들이 뿔뿔이 흩어졌습니다. 아마 대부분은 죽었을 것입니다. 듣자니 군의와 위생병들은 차량을 타고 도망쳤다고 합니다.

처리 : 삭제

발견 시간 및 지점 : 8월 22일 하이라얼

발신자 : 하이라얼 관동군 육군창고 하이라얼支庫 鶴川早子

수신자 : 熊本현 熊本군 岳凡尋常소학교 田中五美

통신개요 : 귀청을 찢는 듯 한 사이렌소리가 울립니다. 그것은 적기의 공습을 알리는 것입니다.

금방 발생한 일입니다.

속으로 몹시 긴장됩니다. 모두들 가을하늘을 쳐다보고 있습니다.

처리 : 삭제

발견 시간 및 지점 : 8월 24일 하이라얼

발신자 : 하이라얼 小倉부대 柴尾대 西 爲雄

수신자 : 조선 황해도 사리원 朝鐵사택 吉田英一

통신개요 : 하이라얼 상공에도 서너 번 공습이 있었습니다. 하지만 우군비행기의 추격을 받아 번마다 도망쳤습니다.

처리 : 삭제

발견 시간 및 지점 : 8월 29일 하이라얼

발신자 : 하이라얼 岡本부대 中山대 佐佐木重治

수신자 : 東京시 江戶川구 平井1-1750 田口喜久子

통신개요 : 신문에서는 아군의 공군이 얼마나 대단하며....... 적의 지상부대는 얼마나 대단하다고 하니 나는 깜짝 놀랐습니다. 도망쳐 온 사람의 말에 의하면 100미터 밖에서 적의 탱크를 보았다고 합니다. 목숨을 건지려고 아무것도 안가지고 소총 한 자루만 들고 도망쳐왔다고 합니다.

처리 : 삭제

발견 시간 및 지점 : 8월 3일 하이라얼

발신자: 하이라얼 橋口부대 安野대 星 友治
수신자: 東京시 荏原구 小山町1283 星 幾代
통신개요: 수많은 사람들이 전사하였기에 구덩이를 파서 그들을 묻었습니다. 손만 잘라서 야전병원에 가져갔습니다.
처리: 삭제

발견 시간 및 지점: 8월 16일 하이라얼
발신자: 하이라얼 酒井부대 田尻대 岩永 武
수신자: 대련시 山吹정90 西山晴子
통신개요: 포탄은 모래먼지와 검은 연기를 휘감아 일으켰습니다. 그중에는 전우의 발이며 손이며 머리까지 걸레조각처럼 날리고 있었습니다.
처리: 삭제

발견 시간 및 지점: 8월 20일 하이라얼
발신자: 하이라얼 山本부대 轉 石塚부대 我蛭召司
수신자: 茨木현 稻敷군 生坂춘 大學大德新田 我蛭文治
통신개요: 식량이 떨어졌을 때 우리는 사흘, 나흘, 지어 한주 동안 아무것도 먹지 않고 끊임없이 전투를 하였습니다. 비록 이렇게 썼지만 사실은 이와 다릅니다. 아군의 비행기는 전투력이 약하기 그지없습니다. 적기를 추격할 때에는 눈 깜박할 사이에 적기를 놓치고 적기에 쫓길 때에는 인차 따라잡힙니다. 실로 안타깝습니다.
처리: 삭제

발견 시간 및 지점: 8월 4일 만주리
발신자: 만주리경호대 齊藤文治
수신자: 秋田현 平賀군 增田정 十文字曙町 齊藤宇一郎
통신개요: 국경사건의 진상은 참으로 슬픕니다. 사건의 비참한 정도는 일본 국내에서는 전혀 상상하지 못할 것입니다. 일본과 만주군은 상당한 손실을 입었습니다. 일본군이 승리한 것은 비행기뿐이고 지면부대는 전멸당하여 엄청난 타격을 입었습니다. 완전히 비참한 정경입니다.
처리: 삭제

발견 시간 및 지점 : 8월 4일 만주리
발신자 : 만주리 小玉부대 加藤대 金子盤夫
수신자 : 宮城현 仙臺시 連坊小路286 中村 明
통신개요 : 매일 밤 3명이 한 개 조로 국경선 및 만주리 시내를 순찰합니다. 어제 저녁에는 3명이 시내 중심에서 간첩에게 맹렬한 공격을 받았습니다. 2명이 당장에서 쓰러지고 1명은 간첩을 뒤쫓았지만 잡지 못했습니다. 돌발 상황이라 간첩을 쫓던 야간순찰병도 연이어 길옆에서 피살되었습니다. 노몬한사건이 잠시 평정을 되찾고 있지만 이렇게 무료한 사건이 가끔 발생하곤 합니다.
처리 : 삭제

발견 시간 및 지점 : 8월 5일 만주리
발신자 : 만주리 志波부대 住江대 藤川今夫
수신자 : 佐賀현 杵島군 若水촌 川內 山田政三
통신개요 : 듣자하니 적들의 포탄은 폭발 후 파편이 지면에서 재차 폭발한다고 합니다. 두 번 지어 세 번 폭발할 수 있다고 합니다. 우리중대의 모 분대처럼 탱크 60대에 포위되어 움직일 수 없게 된 일도 있습니다. 마지막에 그 분대는 탱크가 날리는 모래알에 생매장 당하였다고 합니다. 그리고 탱크 사오십대가 잔인하게 그 위를 뭉개고 지나갔다고 합니다. 분대에는 당시 탄알 4발밖에 없었는데 대포를 포함한 한개 분대가 전멸되었습니다. 적들은 또 동부국경에 15개 사단의 병력을 집결하여 깨밭처럼 포진하고 있다고 합니다.
처리 : 삭제

별지제3

방첩 상 요주의 통신

유 형	건 수	
	지난 달	이번 달
군사시설 및 장비편성 등 내용을 언급한 통신	61	137
군대 작전, 이동, 주둔 등 내용을 언급한 통신	166	125
고유부대 명칭을 사용한 통신	13	16
만주군에 관한 요주의 통신	1	5
기타	22	12
합 계	263	295

발견 시간 및 지점 : 8월 2일　도문
발신자 :　蘭崗 林부대　古谷正平
수신자 :　茨城현 結城군 下結城촌 平塚　馬場瀧一
통신개요 : 우리는 제일선에서 적과 교전 중입니다.
우리 부대는 특수부대로서 군무원은 거의 전부다 비행기수리공입니다.
목전 제일선에서 파손된 부분을 수리하고 보완한 후 발송하는 작업에 바삐 보내고 있습니다.
전투부대와 달라 위험성은 비교적 적어요. 또한 각지에 분공장을 세워야 하기에 아주 바쁩니다.
처리 :　일부 말소 후 발송

발견 시간 및 지점 : 8월 2일　도문
발신자 :　동안성 北五道崗 山形촌　佐藤榮太
수신자 :　山形현 東田川군 黑川촌　劒持彌助
통신개요 : 우리 개척단부터 국경까지는 8리 내지 13리(1리≈3.927km, 역자 주) 정도의 거리입니다.
밀산을 중심으로 아군의 2개 사단 이상 병력이 경비를 서고 있습니다.
소만국경의 상황이 별로 안 좋은 듯합니다. 소련비행기가 쩍하면 날아옵니다.
처리 :　일부 말소 후 발송

발견 시간 및 지점 : 8월 4일 도문
발신자 : 목단강 衫田부대 柳川武彦
수신자 : 岡山현 後月군 山野上촌 月尾 宮本三郎
통신개요 : 소련 측의 말에 의하면 일본비행기가 하루에 70대 추락하였다고 합니다. 하지만 저는 거짓말이라고 생각합니다.
아주 중요한 동부에 대한 경비를 포기하고 목단강비행대를 위시로 수 만 명 군대가 서부로 떠났습니다. 이는 서부전선에 이상 있음을 의미합니다.
만약 동만도 쉽게 내놓는다면 소련 같은 나라야 쉽게 이기겠지요. 저도 아버지께서 다녀오신 시베리아에 가보고 싶습니다.
처리 : 몰수

발견 시간 및 지점 : 8월 5일
발신자 : 수분하만철기관구 井上政藏
수신자 : 樺太惠須取町 北一條 二丁目 久保田嚴
통신개요 : 만몽의 국경상황은 이미 전 만주에 만연되고 있습니다. 군사형세의 영향으로 말미암아 우리도 수송대에 배치되어 작업합니다. 아주 바쁩니다.
매일 군대를 운송해야 합니다. 수분하 방면의 병력은 놀랄 지경으로 많습니다.
처리 : 일부 말소 후 발송

발견 시간 및 지점 : 8월 2일 목단강
발신자 : 목단강 圓明가6-15 戸澤富次郎
수신자 : 北海道 札幌시 南暴西 二 奏藤 吉
통신개요 : 군대는 목단강을 중심으로 3,4개 사단이 주둔한 듯합니다. 각자 국경선에 분포되어 철도시공과 군사시공을 급히 진행 중입니다.
처리 : 삭제

발견 시간 및 지점 : 8월 4일 목단강
발신자 : 목단강 西 聖林가 北晴기숙사118 小林熊雄
수신자 : 福岡현 槽屋군 辛美정 原田 小林 嚴
통신개요 : 빈주선이 폭격을 맞은 이래 갑자기 활기로 넘치고 있습니다. 목단강에만 수십 문의 고사포와 청음기 등을 설치하였습니다. 군대의 이동도 그 어느 때보다 빈

번합니다.

처리: 삭제

발견 시간 및 지점: 8월 17일 목단강

발신자: 목단강 若林敏夫

수신자: 名古屋시 昭和구 春蔵정1-13 若林 城

통신개요: 지금은 부대 밖에서 편지를 보냅니다. 매주 편지로 여러 가지 이야기를 하고 싶지만 방첩 상 부대 내에서 편지를 부칠 수 없어요. 오늘은 15일입니다. 19일 즈음이면 우리는 교육대로부터 기타부대로 전속됩니다. 우리 교육대는 제8교육대로 목단강 시외 약 4킬로미터 되는 구릉 위에 있습니다. 이곳에는 제8비행대도 있습니다. 그리고 기타 부대도 있지만 아래에 간략히 알려드립니다.

□□澤부대(여단사령부)	阿部대
大塚부대(전대)	1개 대대 노몬한으로 출격 중
林부대(비행장대대)	1개 대대 노몬한으로 출격 중
池田부대(工員부대)	修理隊
赤澤부대(교육대)	1개 대대

부대는 3개 중대로 나뉘는데 저는 제3중대에 소속되었습니다. 항공대와 일반 병종은 다릅니다. 한 달에 한기로 교육을 받은 후 전공별로 좀 더 세분합니다. 예를 두세 개 들면: 고사기관총, 무전기관, 자동차, 금속, 무장, 촬영 등 13개 종류가 있습니다.

처리: 압류

발견 시간 및 지점: 8월 25일 목단강

발신자: 목단강 창덕가2-6 北正次

수신자: 靑森현 下北군 田名部정 二北신문사 相馬兼次

통신개요: 지금 수분하에 이르는 군용선에 몇 백 명의 인부가 함께 작업하는 복선공사가 눈길을 몹시 끌고 있습니다. 인부들은 옆에 지켜선 병사의 감독 하에 밤낮으로 작업을 다그치고 있습니다. 이 공사는 수분하까지 이어지는데 늦어서 명년 5,6월 전후로 끝마쳐야 할 것 같습니다. 목전 하성자까지 이르렀는데 한 개 연대가 그곳에 주둔하고 있습니다. 주둔지에 병사들이 점점 더 많아지고 있습니다. 역전 내에도 한 개 연대의 병사들이 연습중입니다. 三望溝 내에는 산기슭부터

산등성이까지 눈이 닿는 곳마다 병영입니다. 붉은 기와로 미루어 보아 대략 한 개 사단 쯤 되는 것 같습니다. 0.5리(1리≈3.927km, 역자 주)쯤 더 가면 산과 산 사이에 2개 사단 정도의 병영이 있습니다. 이러한 정경은 또 한 번 사람을 깜짝 놀라게 합니다. 수양의 시가지에는 연이어 병영이 자리 잡고 있는데 산기슭과 산등성이까지 있습니다.

처리: 압류

발견 시간 및 지점: 8월 28일 목단강

발신자: 목단강역 矢及

수신자: 富山현 礪波군 戶出정 矢及淸一郞

통신개요: 23일 소련과 독일이 협정을 체결한 후 이곳 목단강의 군대는 동요하고 있습니다. 현 내 신문기자들의 말에 의하면 비록 비밀스럽긴 하지만 목단강에 4개 혼성사단이 주둔하고 있고 주변에는 전부 항공대가 있다고 합니다.

처리: 삭제

발견 시간 및 지점: 8월 31일

발신자: 小城子 동아모터스(モータス, 상호 음역)상회 梅野同造

수신자: 福岡현 山內군 東山村一 中田 藤吉 次市

통신개요: 이번 平岡부대 자동차대는 ○○으로 이동합니다. 그래서 저도 연대를 따라 출동합니다.

출발한 날은 28일로 음력 15일인 盂蘭盆節 저녁녘이었습니다. 소련의 산에 아름다운 만월이 떠오를 무렵 우르릉 자동차 ○○대의 엔진소리와 함께 떠났습니다.

듣자니 목적지는 아마 노몬한(비밀)이라더군요.

처리: 몰수

발견 시간 및 지점: 8월 22일 동안

발신자: 동안가 義合공사 藤田

수신자: 撫順 東六條가 成田 淸

통신개요: 當壁鎭은 전부 국경입니다. 네츠릴로그(ネツリローク)역에서 800미터 정도 떨어져 있습니다. 소련병사들이 말을 타고 다니는 모습을 똑똑히 볼 수 있습니

다. 요즘 그곳에 철도를 새로 부설하기에 原田과 滿鐵의 측량반이 함께 가서 측량을 합니다.

처리 : 일부 삭제

발견 시간 및 지점 : 8월 24일 동안

발신자 : 虎林현 龍頭훈련소 橋瓜

수신자 : 群馬현 吾妻군 坂上촌 橋瓜八兵衛

통신개요 : 밀산에는 지금 엄청난 수의 군대가 주둔하고 있다. 비록 대부분은 국경제일선으로 이동했겠지만 그래도 적잖은 군대가 남아있다.

그리고 孫吳부근에도 7개 사단이 있는 것 같다. 만주는 비록 대부분이 單線이지만 호림선만이 군용선으로 複線으로 되어있다.

처리 : 일부 삭제

발견 시간 및 지점 : 8월 14일 목단강

발신자 : 綏陽 振遠街 佐藤幸子(假名)

수신자 : 新潟시 本町大街14 長谷川絹子

통신개요 : 우리 부대인 8사단, 그리고 2사단과 12사단에 응급파병동원령이 내려졌다. 오늘까지 어느덧 30일 지났다. 요즘은 병영에서 잠도 자지 못한다. 매일 비가 내려도 천막을 치고 경비를 서야 한다.

처리 : □□

발견 시간 및 지점 : 8월 17일 목단강

발신자 : 목단강 松本武雄

수신자 : 橫濱시 中區保上谷下町192 持田藏三

통신개요 : 요즘 ○○가 우리 부대에 내려왔습니다. 오늘 출동합니다. 목적지는 다들 알고 있는 노몬한입니다.

제일 먼저 떠난 우리 동기들은 이미 반수이상이 전사했습니다. 우리도 가면 다시는 목단강에 돌아오지 못하겠지요. 지금 모두 유언장을 쓰고 있습니다.

처리 : 압류

발견 시간 및 지점 : 8월 21일

발신자: 산해관철도남역 사택7-4 有馬四男

수신자: 鹿兒島현 日四生군 伊作정 池上正年

통신개요: 지금 또 북만과 화중지구에 대량의 군사물자를 수송하고 있어 매일 몹시 바쁩니다. 철도내부에 은밀히 활동하는 첩자들이 아주 많습니다. 비록 상관자료는 전부 극비문건으로 우리가 보관하고 있지만 보관법이 그리 탐탁지 않습니다. 골치 아픕니다.

처리: 원상 발송

발견 시간 및 지점: 8월 19일 목단강

발신자: 목단강 광화가 福原庄治(가짜주소)

수신자: 長野현 下高井군 佳郷존 馬曲 芳川 享

통신개요: 8월 15일 菱田부대 자동차대에 출동명령이 떨어졌습니다. 180대 자동차와 병사들이 노몬한으로 갑니다.

처리: 삭제

발견 시간 및 지점: 8월 29일 목단강

발신자: 목단강 中澤富雄

수신자: 群馬현 勢多군 荒□村東大室 中澤 勝

통신개요: 현재 우리 북만 종업원은 점심저녁식사를 할 시간도 없이 바삐 보냅니다. 만철 7할 이상의 화물열차가 운수중지에 들어갔습니다. 객차 10대, 열차 6, 7대 및 기타 차량 도합 40여대가 수송에 투입되어 아주 혼란합니다. 운수화물 틈바구니에 끼인 병사들은 참 불쌍합니다.

처리: 삭제

발견 시간 및 지점: 8월 29일 목단강

발신자: 만주 利男

수신자: 仙臺시 지방재판소 민사부 新妻幸吉

통신개요: 지금까지 동부국경경비는 전부 細鱗河에서 명령대기중이였습니다만, 갑자기 관동군의 명령을 받고 노몬한지구로 출동하였습니다.(26일) 현재 진행 중의 군□□□□□

처리: 압류

발견 시간 및 지점 : 8월 28일　동안
발신자 :　寶淸 四手井부대　松本勇二
수신자 :　秋田시 高砂堂主人
통신개요 : 갑자기 긴급파견명령이 떨어졌습니다. 예전의 관동군은 국경경비제3군으로 편성되어 동부국경으로 출동하였습니다. 현재 국경에서 3리(1리≈3.927km, 역자 주) 반 떨어진 平陽鎭에 주둔하고 있습니다.
보고에 의하면 전부의 여단이 보청을 떠났기에 그 부근의 비적 300여명이 습격해왔다고 합니다. 목전 1개 중대가 보청에 남아 경비 중입니다. 8할의 삼년병이 노몬한으로 출동하였습니다.
처리 :　몰수

발견 시간 및 지점 : 8월 31일　가목사
발신자 :　가목사　輝彦
수신자 :　동경시 芝區 白金台정1-22　中山幸枝
통신개요 : 내일 드디어 노몬한전선으로 출발합니다. 제 생각에는 아주 치열한 전투가 될 것 같습니다. 살아 돌아오긴 힘들 것 같군요. 신문에서 주장하는 적을 전멸한다는 취지와는 정반대인 것 같군요. 비밀이긴 합니다만 우리의 임무는 하론아루센(ハロンアルシャン, 지명 음역)의 관동군제3독립수비대(山田中將)의 보충으로 되는 것입니다.
처리 :　압류

발견 시간 및 지점 : 8월 31일　가목사
발신자 :　가목사 川上부대 黍野대　高貝國平
수신자 :　熊本현 春竹정1337　高貝重太郎
통신개요 : 저는 길림에서 가목사로 전속되어 왔습니다. 오늘 동원에서 저는 제대하지 않고 직접 노몬한 방향으로 출동하였습니다. 저는 화려한 돌격대복장을 입었습니다. 인식표는 이른바 야스구니진쟈의 입장권입니다.
처리 :　압류

별지제4

일소개전을 억측하거나 적기습격과 아군패전 등 요언을 퍼트릴 우려가 있는 통신

발견 시간 및 지점 : 8월 5일 치치할

발신자 : 치치할 谷澤 旭

수신자 : 北海道 谷澤 宏

통신개요 : 제 보기엔 지면부대의 전투상황에 관한 신문보도의 3분의 1만 사실인 것 같습니다. 三大佐와 三小佐가 전사한 상황으로 미루어 기타 장병들의 사상자 인수를 추측할 수 있습니다. 지어 어떤 부대는 전멸되었습니다......須見부대에는 한개 대대의 간부 ○명만 살아남고 전부 전사하였습니다. 소문에 의하면 이번 전투에서 根上소위가 행방불명이 되었다고 합니다.

처리 : 발송

발견 시간 및 지점 : 8월 5일 치치할

발신자 : 치치할 日比野重新

수신자 : 北海道 日比野喜市

통신개요 : 제가 보낸 편지는 전부 검열을 받을 것입니다. 이 편지는 검열을 받지 않은 것이기에 읽은 다음 인차 소각해버리십시오. 우리 출동한 부대는 절반 이상이 감원되었습니다. 수많은 대대장부관과 각급 간부들이 포탄파편이거나 탱크의 기관총에 맞아 전사하였습니다......전투가 시작된 2,3일 사이에 희생자가 제일 많이 나왔습니다. 그다음 날부터는 전사자도 있고 부상자도 있고 비슷비슷합니다.

처리 : 발송

발견 시간 및 지점 : 8월 7일 치치할

발신자 : 치치할 坂 龍雄

수신자 : 北海道 坂 清

통신개요 : 일본군은 하얼빈에서 사흘사이에 3000명이 전사하였습니다. 旭川27연대의 한개 보병연대라고 합니다. 참 불쌍합니다. 육군병원에는 부상자로 넘칩니다. 매주 150여명의 부상자가 대련으로 호송됩니다. 하지만 이곳 전선과 일본국내의 전선에서 끊임없이 부상자를 보내옵니다. 일본 국내의 신문은 늘 일본군이 승리한 듯한 인상을 주지만 사실 일본군은 전패한 상태입니다. 치치할의 7사단은

당연히 하르하河에서 고전 중입니다.

처리: 삭제

발견 시간 및 지점: 8월 13일 치치할

발신자: 치치할 阿部彌資

수신자: 山形현 矢口太利

통신개요: 7월 초 노몬한으로 출동하여 7월 3일의 전투를 거쳐 이미 3분의 1 이상의 병사들이 전사하였습니다. 오장 이하 7명이 살아남았습니다.
安達부관과 대대장 등 3명도 전사하였습니다.

처리: 몰수

발견 시간 및 지점: 8월 7일 치치할

발신자: 치치할 關澤哲介

수신자: 小樽시 橋本博介

통신개요: 일선부대는 그 고생이 이만저만이 아닙니다. 적들의 기관포탱크는 우리의 수배에 달하고 끊임없이 아군을 향해 포격을 가합니다. 이는 그들의 후방에 탄약이 충족하다는 뜻이겠지요. 우리의 탄약은 비록 일본 내지에서 운송해온다고는 하지만 그 수가 턱없이 적습니다. 지금 아군은 하르하강가에 몰려 혈거생활의 진지교착상태에 빠져 있습니다. 혹한기가 곧 닥쳐올 것이고 관동군도 동계작전에 골머리를 앓고 있습니다.

처리: 몰수

발견 시간 및 지점: 8월 14일

발신자: 林口 土肥原부대 澤幡安兵衛

수신자: 茨城현 那珂군 澤幡里技

통신개요: 오늘은 한줄기 빛도 볼 수 없습니다. 도처에 공포의 전쟁분위기가 감돌고 있습니다.
매일 저녁 사오십대의 비행기가 폭탄을 투하합니다. 병원에는 부상병들이 넘쳐나서 참담하기 그지없습니다.

처리: 몰수

발견 시간 및 지점 : 8월 10일 동안
발신자 : 동안 육군창고 大黑吉隆
수신자 : 兵庫현 明石군 垂水정 大黑國枝
통신개요 : 요즘 들어 현지 국경상황이 아주 삼엄합니다. 그저께까지 모든 편지와 기타 통신행위는 모두 금지되어 있었습니다.
아마 분산적인 전투가 있었던 모양입니다. 지금까지의 소식에 따르면 아군의 수는 아주 적고 전멸할 때까지 전투를 진행할 것입니다.
처리 : 일부 삭제

발견 시간 및 지점 : 8월 9일 동안
발신자 : 虎林현 公署 中山敬子
수신자 : 大阪 東成區 深江 數井政子
통신개요 : 4,5일 전에 소련 비행기 4대가 국경을 날아 넘어 虎頭의 대부분 지면을 소사하였습니다. 하지만 격추하지는 못하였습니다. 비행기 한 대가 호림 상공을 선회하였습니다.
그 후 비록 국경을 날아 넘지는 않았지만 지금까지도 매일 폭격기가 눈앞에서 날아다니고 있습니다. 참 태평스럽지 못한 세월입니다.
처리 : 일부 삭제

발견 시간 및 지점 : 8월 13일 동안
발신자 : 동안工務區 張景春
수신자 : 봉천성 遼中현 王輔相
통신개요 : 아버님, 만약 부근에 인부모집이 있으면 주변에 알려 모집에 응하지 말라고 하십시오.
虎林線에서 3만 명 정도 모집했는데 지금 거의 절반이 죽었습니다.
구타가 아니면 욕설이요 게다가 아무런 보수도 주지 않습니다. 그냥 거지취급을 하고 있습니다. 그래서 주변 사람들한테 절대 모집에 응하지 말라고 하세요.
처리 : 일부 삭제

발견 시간 및 지점 : 8월 19일 동안
발신자 : 하이라얼 山田順一

수신자 : 밀산현 黃泥河子 山田安雄
통신개요 : 현지에는 매일 수많은 적기가 선회하고 있습니다. 총탄이 빗발치고 있어요. 지금보다 더 위험한 때는 없습니다.
처리 : 일부 삭제

발견 시간 및 지점 : 8월 10일 대련
발신자 : 대련 佐藤부대 石垣대 石垣竹雄
수신자 : 靜岡현 濱松시 寺島174 石垣芳次郎
통신개요 : 그전의 응급파병지령에 따라 급히 대련에서 하얼빈 원 부대로 돌아왔습니다. 저는 원래 ○○열차의 분대장으로 대기 중이였지만 다시 남하하여 대련으로 왔습니다. 언제 다시 동원되어 출발할지는 모르지만 아무튼 몹시 위험합니다. 신문에서는 노몬한에서 연일 승리한 소식을 싣고 있지만 사실 지면부대가 거의 전멸한 정도에 이르렀습니다.
처리 : 일부 삭제

발견 시간 및 지점 : 8월 25일 古北口
발신자 : 豊田부대 본부 堀田부대 池田作治
수신자 : 東京시 芝區 新橋역 本屋口賣店 手腸光枝
통신개요 : □□□□□에 수많은 희생자가 나타났습니다. 소련의 기계화부대는 소문과 신문기사처럼 그렇게 쉽게 전승할 상대가 아닙니다. 비행기도 일본에 비하여 상대가 안될 만큼 선진적인 비행기입니다. 우리는 요즘 제일선인 노몬한지역으로 갈 것 같습니다. 그곳에 간다면 죽을 각오를 해야겠지요.
처리 : 일부 삭제

발견 시간 및 지점 : 8월 15일 목단강
발신자 : 목단강 光化가 光化기숙사 내 野上 操
수신자 : 福岡현 戶畑시 堀정 一丁目 立川重行
통신개요 : 며칠 전 방공명령이 떨어졌습니다. 하지만 우리 남편의 말로는 비행기 500대가 신경으로 갔다고 합니다. 아마 전쟁이 벌어지려는 것이겠지요.
처리 : 일부 삭제

발견 시간 및 지점 : 8월 6일　목단강
발신자 :　목단강 積善가 靑陽기숙사　高橋軍一
수신자 :　岐阜현 各務竹原那賀電停前　伊藤光橋
통신개요 : 그사이 국경사건이 발생했습니다. 목단강은 국경과 가장 가까운 지역인지라 상황이 아주 나쁩니다. 치치할은 전멸되었고 목단강 부근에도 폭탄 5개가 떨어졌습니다. 몹시 무섭습니다.
처리 :　일부 삭제

발견 시간 및 지점 : □□□□　錦州
발신자 :　錦州시 錦華구 三保가　石田加代子
수신자 :　鳥取현 西伯郡 淀江町 反甫小路　竹田定市
통신개요 : 노몬한사건 이래 전 만주가 비상이 걸리고 사람들이 오월의 파리 끓듯 시끌벅적하던 봉천 시가지는 쥐죽은 듯 고요합니다. 이곳에는 만주군이 있습니다. 두 번째 通州사건이 발생하지 않는다는 담보도 없습니다. 우호적으로 만주인을 써먹을 수는 있지만 그들을 절대적으로 믿어서는 안 됩니다.
처리 :　일부 삭제

발견 시간 및 지점 : 8월 9일　금주
발신자 :　금주　勝
수신자 :　愛媛현 溫泉군 浮穴촌　橘 久枝
통신개요 : 白狼 아루시안(アルシャン, 비행기명 음역)등 적기의 폭격을 받아 처지가 몹시 비참합니다. 지금 상황은 신문보도와 크게 다릅니다. 적기의 폭격은 아주 정확하고 아군의 고사포는 늘 명중하지 못합니다. 최근에는 한대도 명중하지 못했습니다.
만주군은 식량부족으로 일본계 군관을 살해하고 여러 마을을 습격한 뒤 興安嶺으로 도주하였습니다.
처리 :　일부 삭제

발견 시간 및 지점 : 8월 6일　수분하
발신자 :　수분하 興隆街5號　全順根
수신자 :　조선 평남 안주읍　吳永嬉

통신개요: 이곳은 아주 위험한 지역입니다. 어제 소련비행기 5대가 날아와 큰 혼란을 조성하였습니다. 지금 이러한 상황에서 언제 전쟁이 터질지 모릅니다.

처리: 일부 삭제

발견 시간 및 지점: 8월 8일 수분하

발신자: 수분하자동차구 津布繪榮吉

수신자: 群馬현 碓氷군 安中정 田中富子

통신개요: 오늘(4일) 수분하 상공에도 소련비행기 5대가 나타나 아군의 고사포와 기관총의 맹렬한 사격을 받자 곧 국경선 밖으로 도주하였습니다. 지금 언제 사변이 발생할지 확실하게 말하기는 어렵습니다. 아니죠, 전쟁이 폭발한다고 해야겠지요.

처리: 말소

발견 시간 및 지점: 8월 9일 수분하

발신자: 수분하 砲臺가 大橋八十子

수신자: 福島현 伊達군 石戸촌 菅原榮七

통신개요: 지난 이삼일동안 소련비행기가 우리 상공으로 날아왔습니다.
우리 집 뒤의 병사들이 고사포로 소사하였지만 명중하지 못하였습니다. 비행기 7대가 날아왔어요. 저는 집에 있다가 놀라서 얼굴이 다 새파래졌습니다. 만약 전쟁이 터지면 어디로 도망치면 좋을까요?

처리: 몰수

발견 시간 및 지점: □□□□□

발신자: 목단강 日照□1-1 □田智永子

수신자: 수분하병원가 中原淳伍

통신개요: 래일(7일)부터 목단강에는 입쌀이 떨어집니다. 빵을 먹을 수밖에 없어요. 참 맛없는 빵을 매일 먹으면 인차 질리겠지요.

처리: 원상 발송

발견 시간 및 지점: 8월 9일 □□

발신자: 수분하 買賣街76 前田西寺子

수신자: 조선 부산 堺止子

통신개요: 어제도 러시아에서 비행기 6대가 날아와 소란을 피웠습니다. 기관총이 탕탕탕 소사하고 고사포가 퉁퉁퉁 쏘았습니다. 거리에는 사람들이 구경하고 있었습니다. …중략…
듣자니 수분하에서 아주 먼 어느 진의 사람들도 모두 피란을 떠났다고 합니다. 관건적인 시각이면 수분하에서도 다 철수할 것이라고 합니다.
소문에 의하면 옹근 8월은 아주 위험한 달이라고 합니다. 수시로 떠나기 위해 중요한 물품들을 트렁크에 다 담았습니다.
처리:

발견 시간 및 지점: 8월 10일 □□
발신자: 수분하자동차구 特輸 何堀悦藏
수신자: 北海道 訓路第子屈驛前 何深謙藏
통신개요: 4, 5일 전에도 소련비행기가 국경을 넘어 이곳에 왔습니다.(5대) 이것은 한 달 사이에 두 번째로 국경을 넘는 것입니다.
처리: 말소

발견 시간 및 지점: 8월 4일 동녕
발신자: □녕 국경경찰대 삼차구대 矢部專一郎
수신자: 埼玉현 北足立군 田谷촌 國촌 小澤武重
통신개요: □□□비행기가 국경을 넘어와 反滿反戰의 선전삐라를 살포하였습니다. 목전 군경은 불면불휴의 경계를 서고 있습니다. 성 밖의 근무자들은 가족을 전부 성내로 집결시키고 있습니다. 일본인계는 가족을 내지로 돌려보냈습니다. 완전히 전시분위기입니다. 전등은 전부 꺼서 거리는 쥐 죽은 듯이 고요합니다. 이러한 생활이 이미 한 달 째 지속되고 있습니다.
처리: 몰수

발견 시간 및 지점: 8월 9일 동녕
발신자: 동녕 進東가 松尾組 松尾勝海
수신자: 福岡현 飯塚시 外二瀨 松尾伊勢吉
통신개요: 요즘에는 모두 피란 준비로 바쁩니다. 다행히 현재는 조금 조용해졌습니다. 언젠가는 위기가 코앞에 닥쳐오겠지요.

국경선 병사들의 움직임에는 국경선 특유의 긴장감이 감돌고 있습니다. 어제 낮과 밤에 소련비행기가 상공에서 선회하였습니다. 실제로 등화관제가 실시되었습니다. 이는 말로 표현하기 어려운 일입니다. 저는 마지막시간이라고 생각될 때마다 필을 들게 됩니다. 운명에 몸을 맡겨 다함께 행동해야겠지요.

□□□□□ 와 상응하여 일본군 대부대도 국경선에 당도하였습니다. 총소리가 끊이지 않는 걸 봐서는 교전 중이겠지요?

처리 : 몰수

발견 시간 및 지점 : 8월 21일 琿春

발신자 : 훈춘 서문 외 藤田

수신자 : 岡山현 高粱군 竹下春

통신개요 : 만소국경은 줄곧 몹시 시끌벅적합니다. 지난 달 하순부터 전 만주에 방공령이 하달되었습니다. 그중 훈춘지역은 국경지대이기에 상황이 더 심각합니다.

작년 이맘께 장고봉사건이 발발하였고 올해 또 상기 사건이 발생하였습니다. 아무튼 전쟁이 일어나지 않고서는 사건이 종결되지 않겠지요.

목전 훈춘의 군대는 부단히 증가하고 있습니다.

위기 속에서 공사가 긴박하게 진행되고 있습니다. 비록 인차 전쟁이 시작될 조짐은 아니지만 2,3일전 비행기 9대가 습격해왔다고 합니다. 그중 한 대를 격추하였어요. 그래서 절대 방심하고 있으면 안 됩니다. 군대든 시민이든 각자 준비 중에 있으며 公務署도 각종 식료품을 구입하고 있습니다. 우리 피난소도 모든 준비를 마쳤습니다.

처리 : 몰수

발견 시간 및 지점 : 8월 18일 훈춘

발신자 : 훈춘현 九沙坪 姜奉金

수신자 : 汪淸현 涼水泉子 抑鐘均

통신개요 : 이곳 상황은 몹시 복잡합니다. 지금 많은 군대가 들락날락하면서 소란스럽기 짝이 없습니다. 우리들의 임무는 움막을 파는 것입니다. 명령에 의해 빠른 속도로 움막을 파야 하기에 지금 죽기내기로 일하고 있습니다.

처리 : 몰수

발견 시간 및 지점 : 8월 21일 훈춘
발신자 : 훈춘현 五道溝 中村正城
수신자 : 岩手현 上閉伊군 野田信夫
통신개요 : 이곳은 소련과 특히 가깝습니다. 소련 영토와 2리(1리≈3.927km, 역자 주) 떨어져 있고 浦鹽과는 9리 떨어져 있습니다. 밤에는 소련의 탐조등이 비추는 빛이 아주 무섭습니다. 한두 대 비추는 것이 아니라 6,7대로 늘려 동시에 비춥니다.
처리 : 몰수

유 형	건 수	
	지난 달	이번 달
항일선동	19	3
일본의 전패와 폭행 등에 관한 반동선전	22	18
일본비방	4	0
종교를 이용한 선전	1	1
기타 항일선동	5	15
합 계	51	37

별지제5

항일통신

발견 시간 및 지점 : 8월 14일 南綏中
발신자 : 通化西 熱水河子屯 국민학교 弟 毓德
수신자 : 山海關 扶輪兩級학교 郭奉圭
통신개요 : 이곳은 요즘 아주 불안정합니다. 쩍하면 비적경보가 울립니다. 마음이 불안하고 상황이 좋지 않습니다. 이곳에 있고 싶지 않지만 다른 곳으로 갈 데가 마땅치 않군요. 세상살이가 쉽지 않군요.
이곳에는 봄부터 여름까지 비가 딱 한번 내렸습니다. 백성들은 보기 드문 가뭄 때문에 헐떡이고 있습니다. 물가가 급속도로 오르고 있어요. 극도로 참담한 이곳에 비해 關內(중화민국)의 생활을 더 부러워하고 있습니다.
처리 : 몰수 소각

발견 시간 및 지점 : 8월 1□일 남수중
발신자 : 漢口中國基督聖教書會
수신자 : 新民현 장로교회
통신개요 : 우리나라는 영토가 넓고 인구가 많아 그 옛날의 희랍도 지나의 백분의 일 정도밖에 안되어 전혀 비교가 아니 됩니다. 우리나라의 정치 및 기타 방면의 업적은 모두 고대희랍보다 월등합니다. 하지만 목전 국난이 심중하여 민족생존을 위하여 강적(일본)과 교전을 해야 하니 시종일관 일치단결하여 항전의 최후까지 견지하도록 하여야 합니다. 물론 한없이 신성하고 인자하신 하나님께 의존하여야 합니다.
처리 : 몰수 소각

발견 시간 및 지점 : 8월 22일
발신자 : 폴란드 바르샤바 바르샤바社(영문)
수신자 : 하얼빈 大直街27號 치코토니크포미스키(チゴドニケポリスキ, 음역)
통신개요 : 모스크바의 보도에 의하면 7월 28일부터 8월 4일까지 노몬한에서 일본군은 비행기 65대를 손실 보았고 외몽골의 소련군은 비행기 10대를 손실 보았다. 제공권은 소몽군의 수중에 완전히 장악되어 있다. 그밖에 8월 6일은 장고봉사건 전승 1주년 기념일로 모스크바에서 전승경축행사가 열렸다.
처리 : 압류

발견 시간 및 지점 : 8월 18일 봉천
발신자 : 貴州省 都匀縣 臨江街 双赤人
수신자 : 遼陽현 北煙台炭坑花牛堡子 孫鳳清
통신개요 : 네가 지금의 혼란한 시국에 대해 분명한 인식을 가졌으면 좋겠다. 나는 포병영장으로 임명되었고 중일전쟁에 참전하였다. 작년에 병으로 휴식하고 지금은 교관으로 후방에서 일하고 있다. 사정을 요해한 후 어떻게든 나와 연락을 다오. 나는 중국이 승리한다고 생각한다. 고향으로 돌아갈 날이 멀지 않았다.
그밖에
1. 나의 고향의 상황을 상세히 알려 주길 바란다.
2. 통신이 두절되어도 나쁜 일로 생각지 말고 시름 놓으라.
3. 우리가 편지에서 이야기한 일은 내가 돌아기만 하면 곧 해결될 것이다.

처리: 압류

발견 시간 및 지점: 8월 24일 봉천
발신자: 四川省 自流井 靜寧寺 致遠堂 田名遠
수신자: 開原현 城內 門里路西641 田崇文
통신개요: 올 4월에 懷遠을 떠나 사천으로 갔다.
5월 20일 드디어 목적지에 도착하였다. 회원을 떠날 때 너에게 편지를 썼지만 회답이 없구나. 회신을 해다오.
돈을 정산하고 나머지 금액은 나에게 부쳐주렴. 중국교통은행으로 송금하길 바란다.
승리는 우리의 손에 돌아올 것이다.
회신은 항공편 혹은 특급우편으로 해다오.
처리: 압류

발견 시간 및 지점: 8월 1일 하얼빈
발신자: 리카 제오오도니아社(リガ ゼヴォートニャ, 음역)(러문)
수신자: 하얼빈시사서함44호 라트만(ラドワン, 음역) 및 기타 36명
통신개요: "소련군이 하르하하 동안을 점령하다."는 제목으로 타스통신사가 다음과 같이 보도하였다. 7월 6일부터 12일까지 지속된 전투에 관해 소몽군 참모본부 및 일만군 참모본부가 발표한 수치를 보면 일만군의 손실은 전사자 약 2000명에 부상자가 3000명 이상이었다. 공중전에서 일본전투기 62대가 고사포에 의해 격추되고 제공권은 소몽군에 의해 완전히 장악되었다. 당시 비행사 13명을 생포하였고 그들이 소지한 관동군사령부 儀俄장군의 작전명령을 압수하였다. (37부)
처리: 압류

발견 시간 및 지점: 8월 4일 하얼빈
발신자: 상해 제오오도니아社(ゼヴォードニャ, 음역)(러문)
수신자: 하얼빈사사서함136 루시(ルーシ, 인명 음역) 및 기타 35인
통신개요: "일본화중대공략계획"을 제목으로 한 로이터(ロイテル, 음역, 원문의 로이데루는 로이터로 추측됨. 역자 주)통신의 정보에 따르면 현재 10만 지나군대가 황하를 건너 山西 남부지구에 진입하였다. 일본군은 大同지역 부근에서 일거

에 공격을 발동하려 했지만 반격을 받았다. 그밖에 최근 북지나 지구의 일본군은 만몽국경사건으로 말미암아 이동 중이다. 하얼빈은 해당사건에 의해 수많은 부상병이 나타났으며 치료 장소의 부족으로 만주인의 학교를 치료 장소로 충당하고 있다. (36부)

처리 : 압류

발견 시간 및 지점 : 8월 10일 하얼빈

발신자 : 字林西報 (영문)

수신자 : 하얼빈시 하얼빈 구락부 및 기타 4명

통신개요 : 7월 23일 모스크바 발 전보에 의하면 7월 12일 밤 일본군 보병 1개 대대가 포병의 엄호 하에 공격을 개시, 하지만 소몽군의 포위에 의해 전멸되었다. 2인치 대포 4문, 고사포 8문, 중기관총 5정을 노획하였다.

처리 : 압류

발견 시간 및 지점 : 8월 1일 하얼빈

발신자 : 런던 데이소테루(デイソテル, 음역)화보사 (영문)

수신자 : 하얼빈 클레망타스키(クレマンタスキー, 인명음역) 및 기타 4명

통신개요 : "외몽국경 6일전투"라는 제하의 모스크바 전보에 따르면 7월 6일부터 12일까지 일본군은 2000명이 전사하였고 3500명이 부상 입었으며 250명이 포로(대위 1명, 준위 12명)되었다. 손실 본 군수품으로는 탱크 4대, 중포 4문, 기관총 70정, 트럭 32대이다. 하지만 소련군은 단지 전사자 293명에 부상자 653명만 나왔을 뿐이다. 공중전에서 일본비행기 61대를 격추하였지만 소련군은 11대만 손실 보았다. 일본군은 대패하였다. (5부)

처리 : 압류

발견 시간 및 지점 : 8월 2일 하얼빈

발신자 : 폴란드 바르샤바 크리애리사(クリエリ, 음역) (영문)

수신자 : 하얼빈사서함44 라트만(ラドワン, 음역) 및 기타 3명

통신개요 : "남지나전선의 전투"라는 제하의 보도에 따르면 치아리앙크(チアリアンゲ, 지명 음역) 부근에서 목전 격렬한 전투가 벌어졌다. 일본군대는(원문이 비록 "지나군대"지만 "일본군대"로 사료됨. 역자 주) 이미 수차례 역습을 하였으나

번마다 지나군에 의해 분쇄되었다. 일본군은 전장에 400명의 전사자시체를 버리고 패퇴하였다. 지나군대는 치아리앙크와 시룬(シルン, 지명 음역)사이의 교통을 차단하였다. (4부)

처리: 압류

발견 시간 및 지점: 8월 16일 하얼빈

발신자: 레건・세브오트야(リガーセブオートヤ,인명 음역) (러문)

수신자: 하얼빈사서함215 스카뮤니(スカモニ, 인명음역)

통신개요: 타스통신사의 "소몽군대는 의연히 하르하하진지를 고수하고 있다"는 제목의 보도. 소몽군참모본부의 소식에 의하면 7월 23일부터 이틀간 일만군대는 공격을 진행했지만 결국 실패하고 말았다. 공중전에서 일본군은 전투기 15대와 폭격기 2대 그리고 열기구 하나를 손실 보았다. 아군의 귀환하지 않은 비행기는 5대이고 전투에서 일본의 경폭격대대 대대장 古和郎대좌를 사로잡았다. (1부)

처리: 압류

발견 시간 및 지점: 8월 19일 하얼빈

발신자: 字林西報(ノースチヤイナデイリニュース,음역) (영문)

수신자: 하얼빈시 하얼빈구락부 외 7명

통신개요: 미국 레야사(レヤ, 회사명 음역)의 보도에 따르면 7월 29일 일본전투기 32대가 격추되었고 비행사 瀧尾소위, 田淵중위가 포로로 되었다. 소몽은 비행기 4대가 귀대하지 못하였다.
7월 31일, 일본군은 비행기 5대를 손실 보고 소몽군은 비행기 1대를 손실 보았다. 8월 1일에는 일본이 2차 폭격하였다. 8월 2일에는 소몽비행기가 일본군비행장을 폭격하여 지면의 비행기 8대를 파괴하였다.

처리: 압류

발견 시간 및 지점: 8월 10일 하얼빈

발신자: 폴란드 바르샤바 바르쇼사(ワルショウ, 회사명 음역) (영문)

수신자: 하얼빈시 대직가27호 치코링크(チゴリング, 인명 음역) 외 3명

통신개요: 상해통신의 보도에 따르면 황하 汕頭촌 부근에서 지나포병이 일본군함 2척을 격침하였다. 1척은 겨우 도주하였다. 동시에 남지나 平南지구의 전투에서 일본

군 1500 여 명이 지나군대와의 교전 끝에 격퇴 당하였다. 지나군대의 고사포가 일본군비행기 1대를 격추하였다. 7월 23일 일만군 비행기 20대가 만몽국경사건에서 격추당하였다. 그중 15대는 중형폭격기가 아니다. 그 전투에서 소몽군은 비행기 5대를 손실 보았다. (4부)

조국항일정보(제621기) 한부를 우송함. 그중에는 蔣위원장의 연설, 孔부장의 耐戰力에 관한 담화, 陳誠장군의 항전필승에 관한 담화, 江門의 적들이 반란하여 상관을 살해한 사건, 영국인이 모욕을 당한 사건 등 내용. 전부 거짓기사를 게재. (8부)

처리 : 압류

발견 시간 및 지점 : 8월 31일 하얼빈

발신자 : 폴란드 바르샤바 나시, 포르세 구리야트신문(ナーシ, ボルゼグリヤート, 신문명 음역) (러문)

수신자 : 하얼빈사서함418 츠카덴스키(ツカチンスキー, 인명 음역) 외 1명

통신개요 : 도쿄에서 발행하는 大和잡지의 게재에 따르면 지나전쟁에 관한 보도에서 지나민중이 일본에 강렬한 반감을 가지고 있는 현상을 보아낼 수 있다고 한다. 그리고 소련, 영국, 프랑스가 지나에 적극적인 원조를 주기 때문에 승패가 어떻게 될지는 아직 판단하기 이르다.

앞에서 서술하다시피 일본의 권위적인 잡지도 자국이 약체라고 여기는 실정이다. (2부)

처리 : 압류

유 형	건 수	
	지난 달	이번 달
군기해이를 보여준 통신	17	14
반군과 반전의 우려가 있는 통신	11	4
군생활에 대한 혐오 혹은 제일선활동 대한 기피	2	3
현역군인의 불평불만	3	4
병역혐오 및 기피에 관한 통신	2	5
전쟁의 비참한 상황을 언급한 통신	9	6
사상적으로 요주의 통신	11	10
합 계	55	46

별지제6

군기 및 사상 상 요주의 통신

◎ 군기 상 요주의 통신

발견 시간 및 지점 : 8월 21일

발신자 : 목단강 富口敏秀

수신자 : 北鮮 淸津府 滿鐵山社宅6-2 西尾 節

통신개요 : 장교로 되려면 상당한 노력이 필요하다. 하지만 우리처럼 겨우 급격의 변두리에 있는 사람은 그럴 필요가 없다. 이번 사변도 마찬가지이다. 이왕의 전쟁을 보면 이른바 장교는 기껏해야 간부후보일 뿐이다.

간부후보인 사람은 그냥 소모품일 뿐 다른 가치는 없다. 병영생활 3년은 인생의 가장 즐거운 시절을 철창 속에서 보낸 것 같다. 모든 것이 아무런 의미가 없기 때문이다.

처리 : 압류

발견 시간 및 지점 : □□

발신자 : 길림성 동안가 田中要부대 中藤一

수신자 : 愛知현 北宇和군 吉野生촌 字吉野 尾田 幸

통신개요 : 물론 전쟁이든 사변이든 모두 괴로운 일이다.

연속되는 행군으로 몸이 나른하고 피곤이 골수에 스며든다. 삿자리에 누워 추위 속에서 졸면서 꿈을 꾸었다. 그때의 무력감은 말로 다 표현 할 길 없다. 하사관은 일 년 동안 집에 갈 수 없다. 그로 인한 깊은 우수와 풀리지 않는 권태, 두 주먹을 꼭 쥐고 갑갑함과 탄식을 부수려 한다. 그들은 우리의 삶을 얼마나 공허하게 만들었는가.

먹고 자는 것 외에는 아무런 오락이 없다. 지금 생활은 사람 사는 꼴이 아니다. 파리와 먼지가 들끓는 병영에서 수증기처럼 내뿜는 열기는 사람을 권태롭게 하며 마음이 울적하게 만든다.

군기는 별로 엄격하지 않지만 줄곧 깊은 고통 속에 모대기고 있다.

나는 단지 2년 동안의 전쟁과 부대생활의 감수를 여실히 적었을 뿐이다. 소집된 부대 대부분이 이런 것 같다.

처리: 몰수

발견 시간 및 지점: 8월 24일
발신자: 琿春 □美부대 高橋保二
수신자: 길림시 朝日町11호 安藤 轉 高橋昌子
통신개요: 오늘도 소련대포의 굉음이 적막을 깨트린다. 오늘 전투에서 또 몇몇 전우들이 이슬처럼 대륙에서 소실되었다. 언젠가는 내 차례가 될 것이다.
처리: 일부 삭제

발견 시간 및 지점: 8월 9일 동안
발신자: 山中 連司
수신자: 수분하 大通가 芝岡光喜
통신개요: 매일 진지에 있으니까 사람이 새카맣게 된다. (중략)
누구든지 설마 바보라 해도 돈만 있으면 만주에서는 어른이다. 이는 앞으로 인간세상에서 살아나가는 유일한 목표이다. 돈이 없기에 나도 군인이 될 수밖에 없었다.
돈만 있었다면 나는 언녕 이 바보 같은 군인노릇을 때려치웠을 것이다
처리: 일부 삭제

발견 시간 및 지점: □□2일
발신자: 동안 河野부대 佐藤대 藤原一郎
수신자: 神戶시 村田구 小町通 三國綾子
통신개요: 국경상황이 점점 긴박하여 일촉즉발의 위험한 시점에 이르렀다. 우리 관동군은 7월 중순에 천황의 어명을 받고 불철주야 경비에 임하고 있다. 생각할수록 끝없는 비애가 몰려온다. 나는 잊고자 노력할 것이다. 나는 스스로에게 이것이 운명이라고 알려주었다.
처리: 일부 삭제

발견 시간 및 지점: 8월 16일 동안
발신자: 虎頭 布勢부대 加藤忠行
수신자: 밀산현 永安屯 福田好一

통신개요 : 요즘에는 위문단의 모습이 보이지 않는다. 설사 왔다고 해도 시골의 광대보다 못하다. 그들은 위문공연을 보러 가기보다 반 내에서 휴식을 하는 편이 낫다고들 하였다.
며칠 전 소련비행기가 국경을 날아 넘어왔다. 격추하지 못한 것이 너무 아쉽다. 너무 높이 떠있기 때문이다.
노몬한전역의 전과도 심히 의심스럽다.
처리 : 일부 삭제

발견 시간 및 지점 : 8월 1일
발신자 : 白城子 深野부대 轉 中岡대 長谷川賢二
수신자 : 열하성 興隆 葛目부대 소대 鈴木正夫
통신개요 : 나도 군 생활이 몹시 싫증나기 시작했다. 중대로 돌아가도 아무런 의미가 없다. 넌 요즘 일본으로 돌아간다면서? 나는 중대로 돌아가면 아무것도 하지 않을 것이다. 정상은 아니겠지.
처리 : 삭제

발견 시간 및 지점 : □□
발신자 : □□□□
수신자 : □□□□
통신개요 : 매일 비행기수리로 바삐 돌아치고 있다. 오늘도 연습 중에 비행기 한 대가 추락하였다. 전사자 4명□□□□
처리 :

5

1939년

(이 부분은 449페이지의 참고역문임)

1939년 10월 24일
中檢第一八二號

관동헌병대사령부
중앙검열부

통 신 검 열 월 보
(구월)

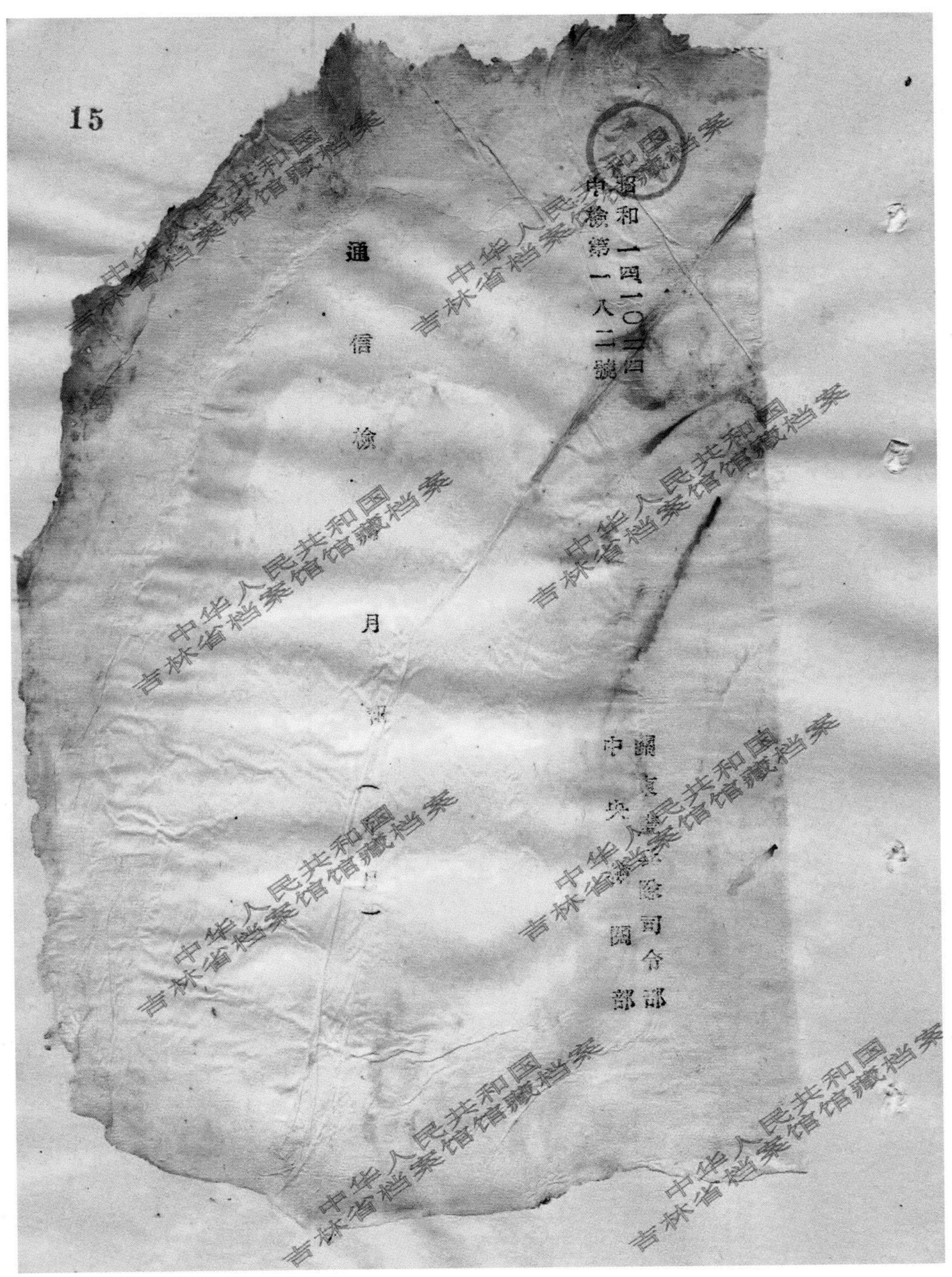
15

昭和一四、一〇、一四
中檢第一一八二號

通信檢閱月報（九月）

關東憲兵隊司令部
中央檢閱部

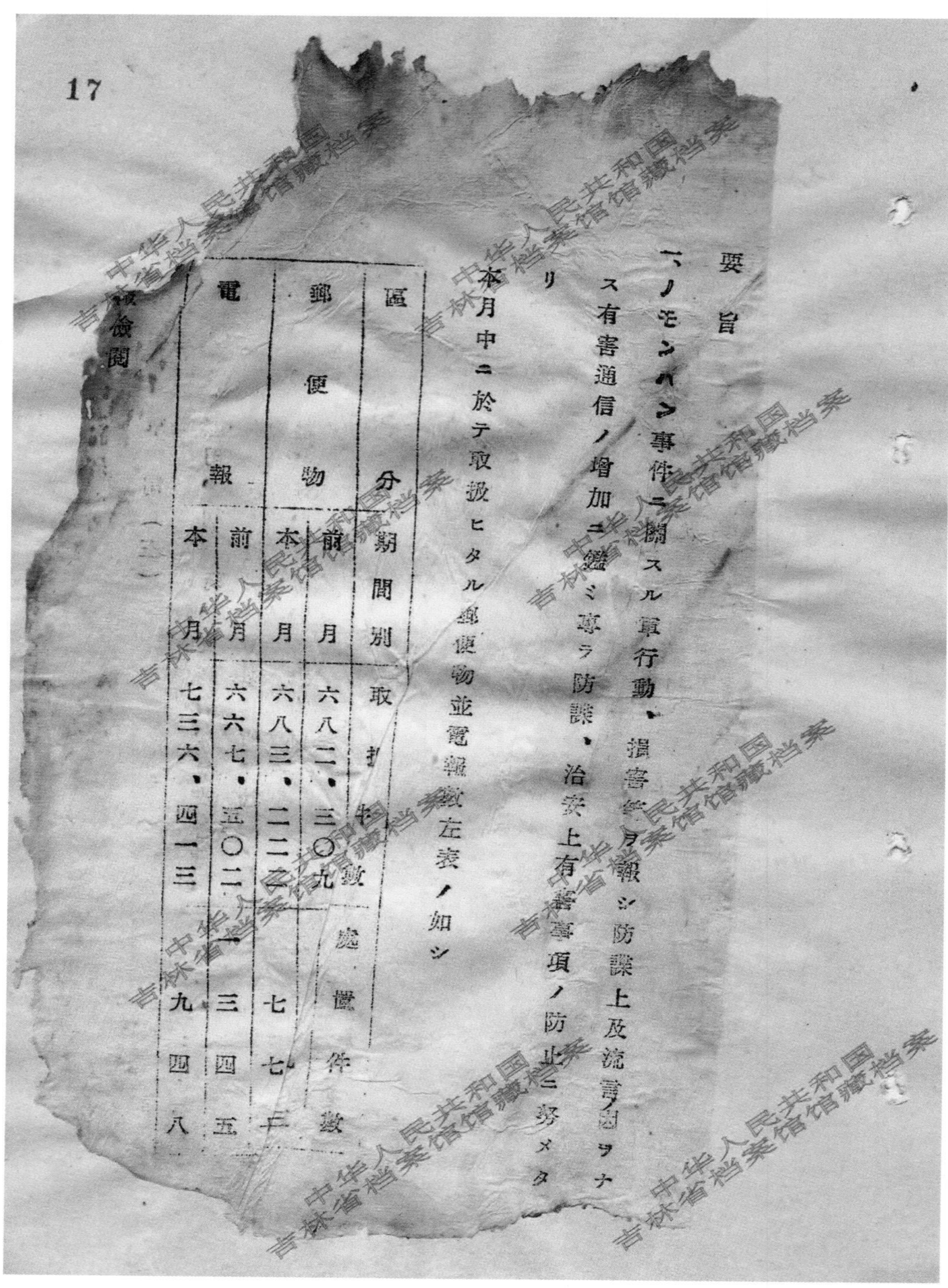
17

要旨

一、ノモンハン事件ニ關スル軍行動、損害等ヲ報シ防諜上及流言ノ因ヲナス有害通信ノ增加ニ鑑ミ專ラ防諜、治安上有害事項ノ防止ニ努メタリ

本月中ニ於テ取扱ヒタル郵便物並電報數左表ノ如シ

區分	期間別	取扱件數	處置件數
郵便物	前月	六八二、三〇九	
	本月	六八三、二二二	七七二
電報	前月	六六七、五〇二	一、三四五
	本月	七三六、四一三	九四八

檢閲

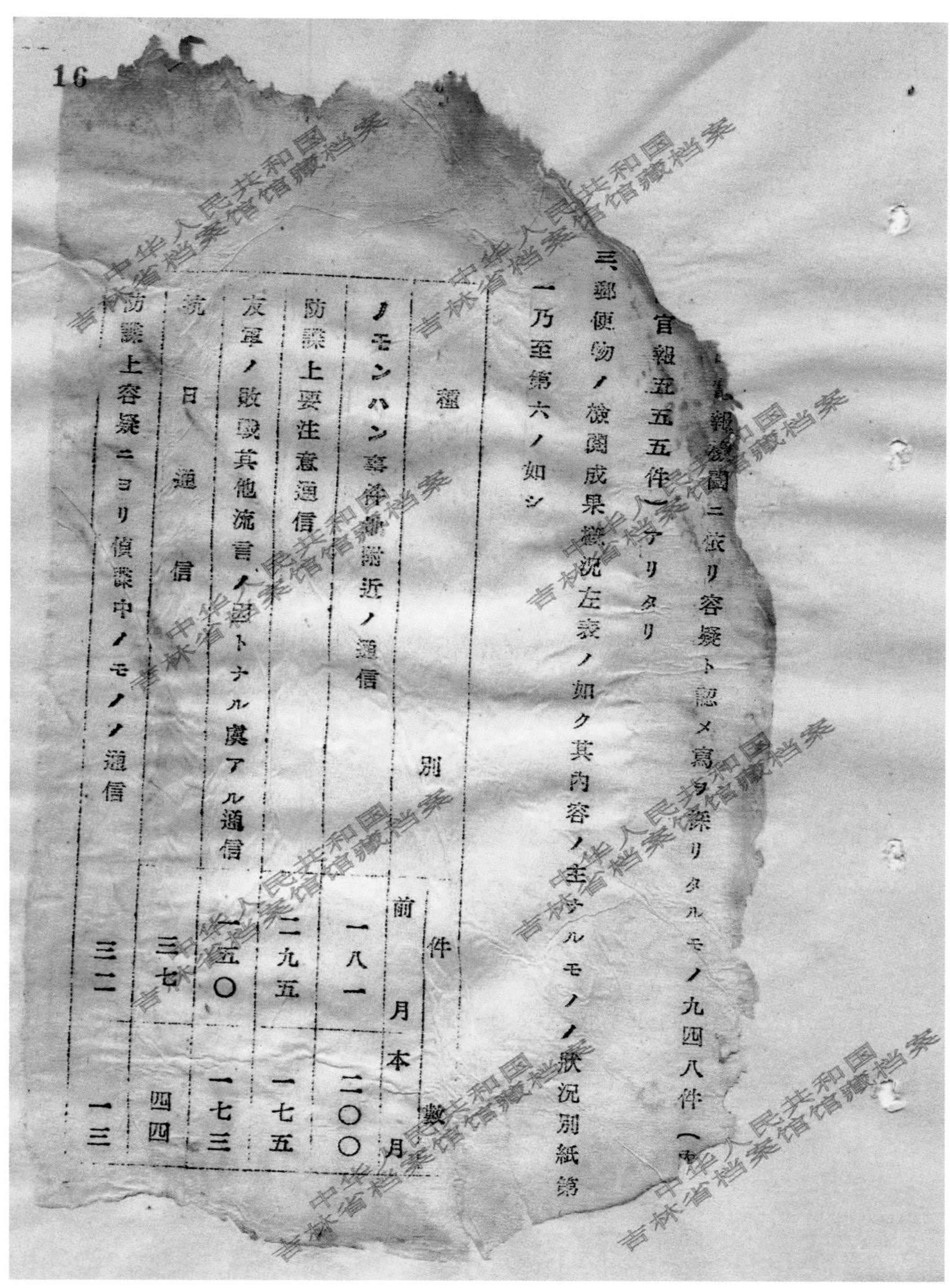

16

[illegible]報機關ニ依リ容疑ト認メ寫ヲ採リタルモノ九四八件（内
官報五五五件）アリタリ

三、郵便物ノ檢閲成果概況左表ノ如ク其内容ノ主タルモノノ状況別紙第
一乃至第六ノ如シ

種別	件數 前月	件數 本月
ノモンハン事件關係附近ノ通信	一八一	二〇〇
防諜上要注意通信	二九五	一七五
友軍ノ敗戰其他流言ノ因トナル虞アル通信	一五〇	一七三
抗日通信	三七	四四
防諜上容疑ニヨリ偵諜中ノモノノ通信	三二	一三

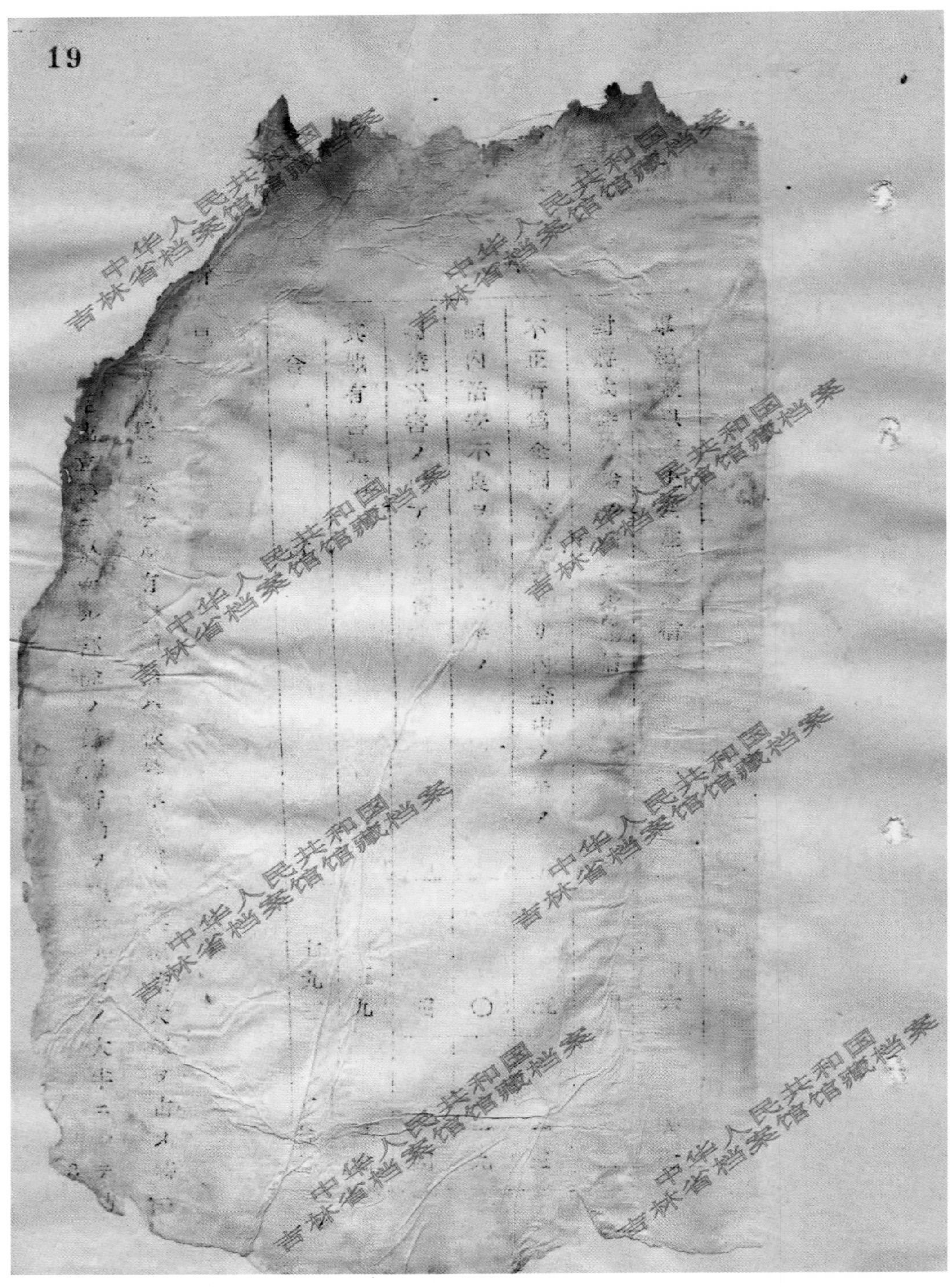

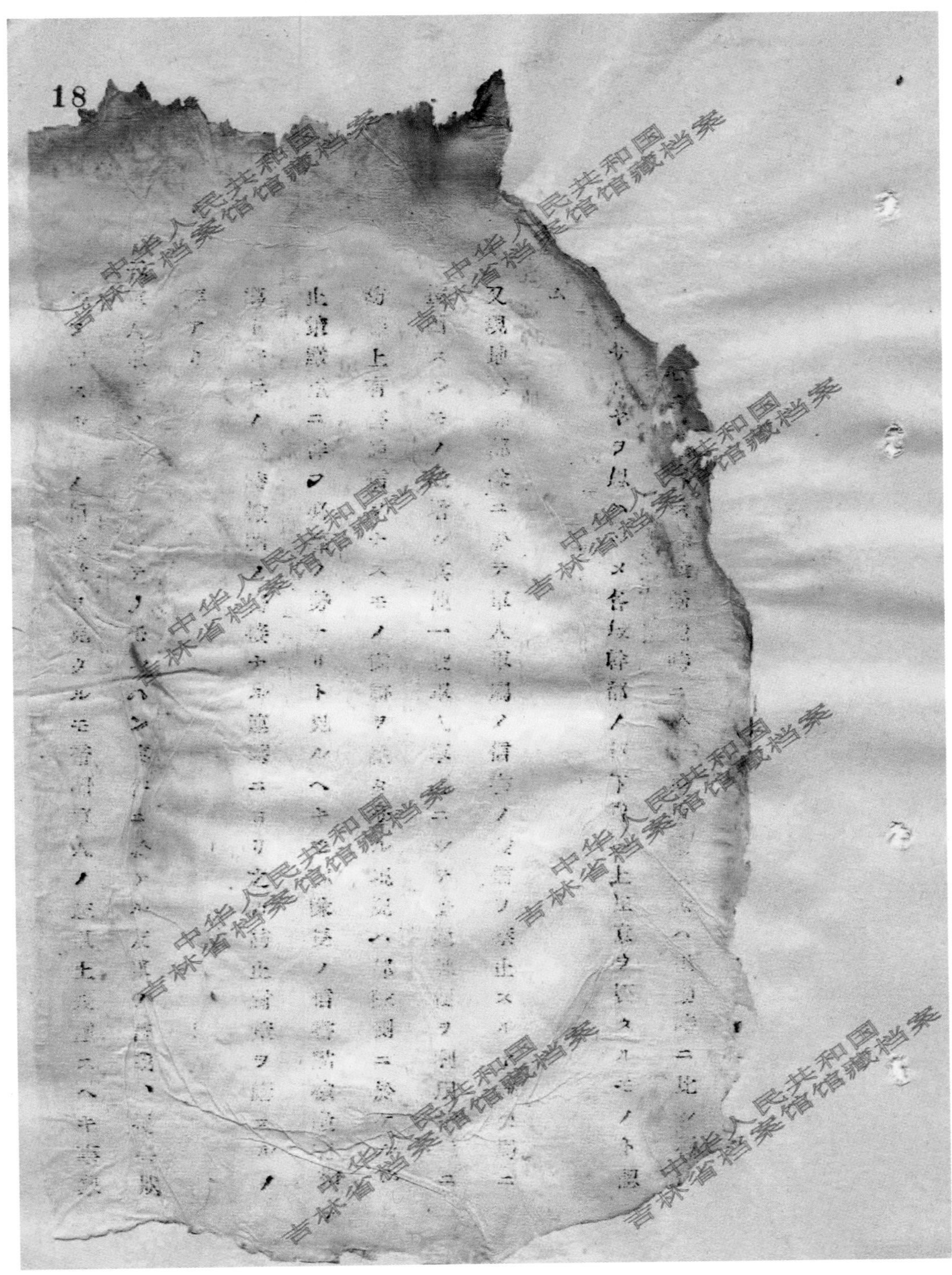

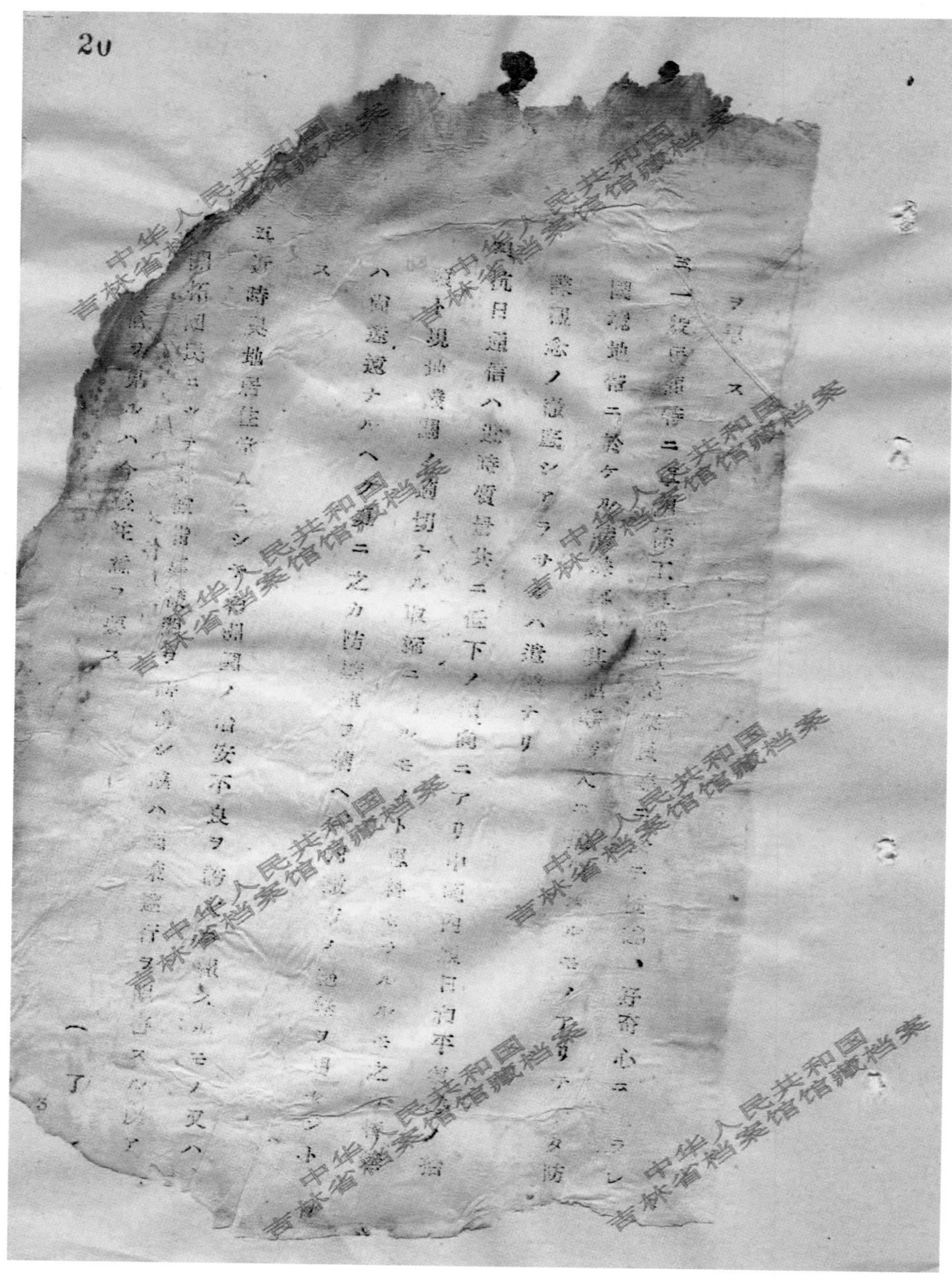

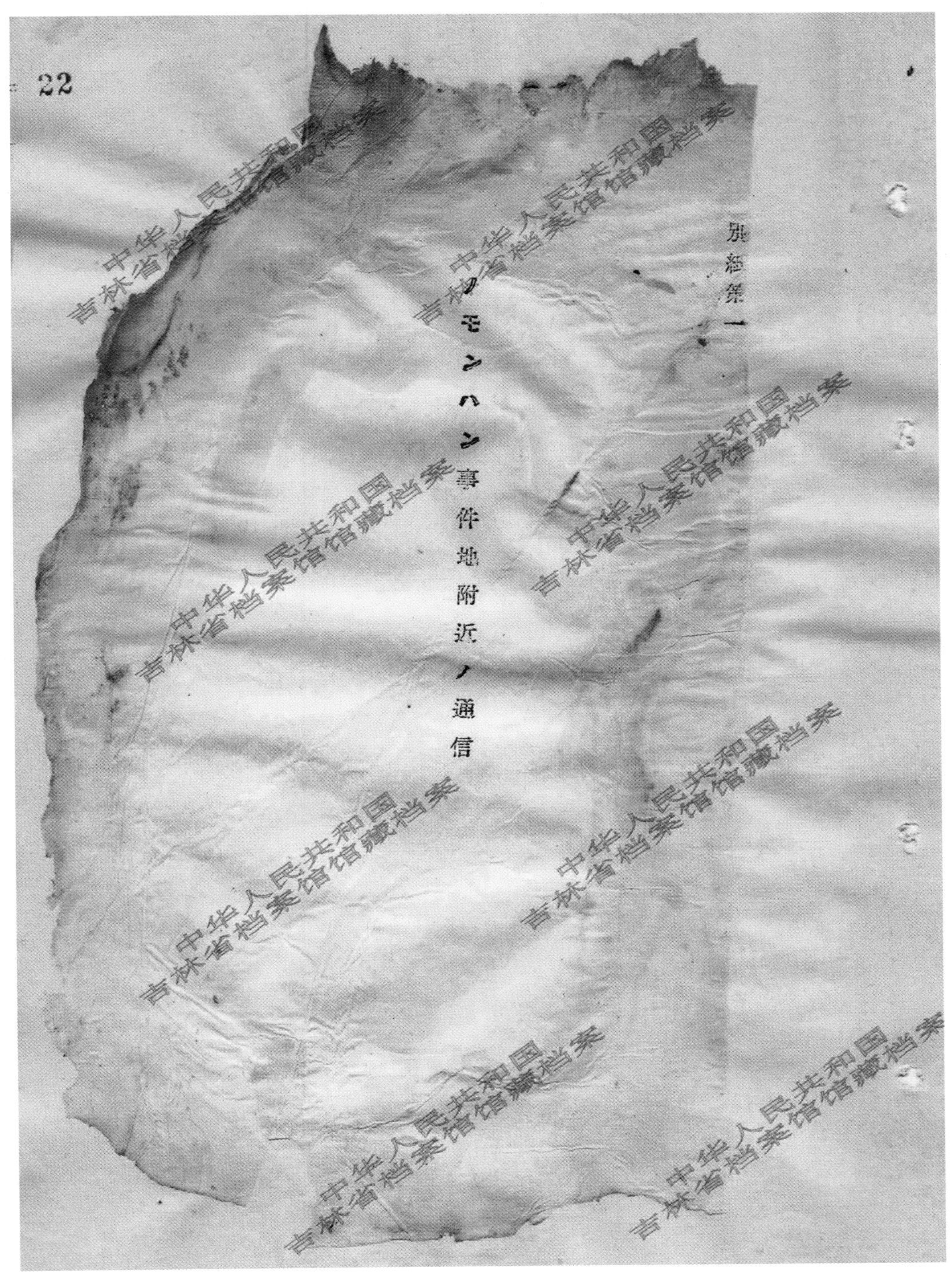
22

別紙第一

ノモンハン事件地附近ノ通信

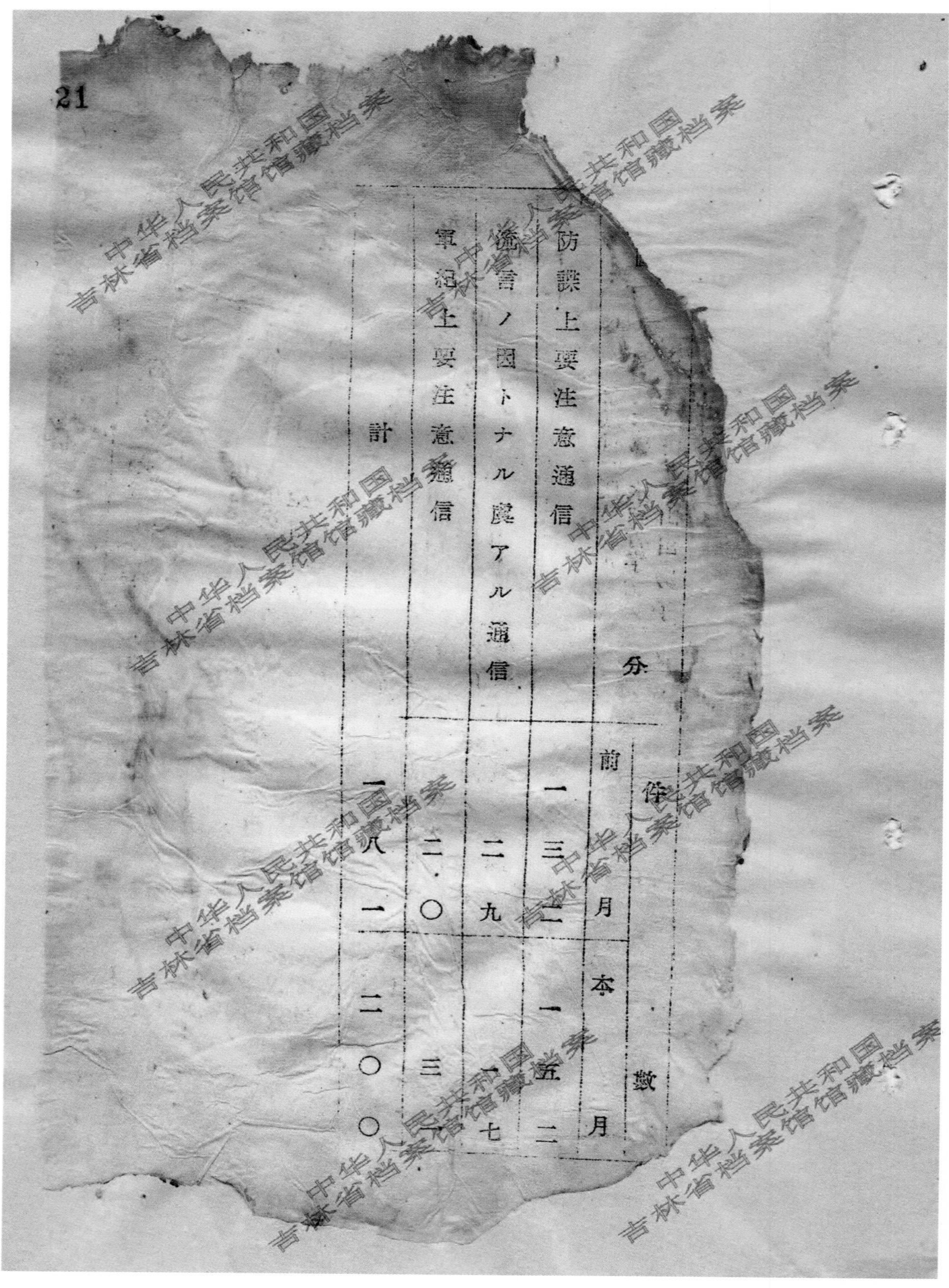
21

区分	件数 前月	件数 本月
防諜上要注意通信	一三二	一五二
流言ノ因トナル虞アル通信	二九	一七
軍紀上要注意通信	二〇	三一
計	一八一	二〇〇

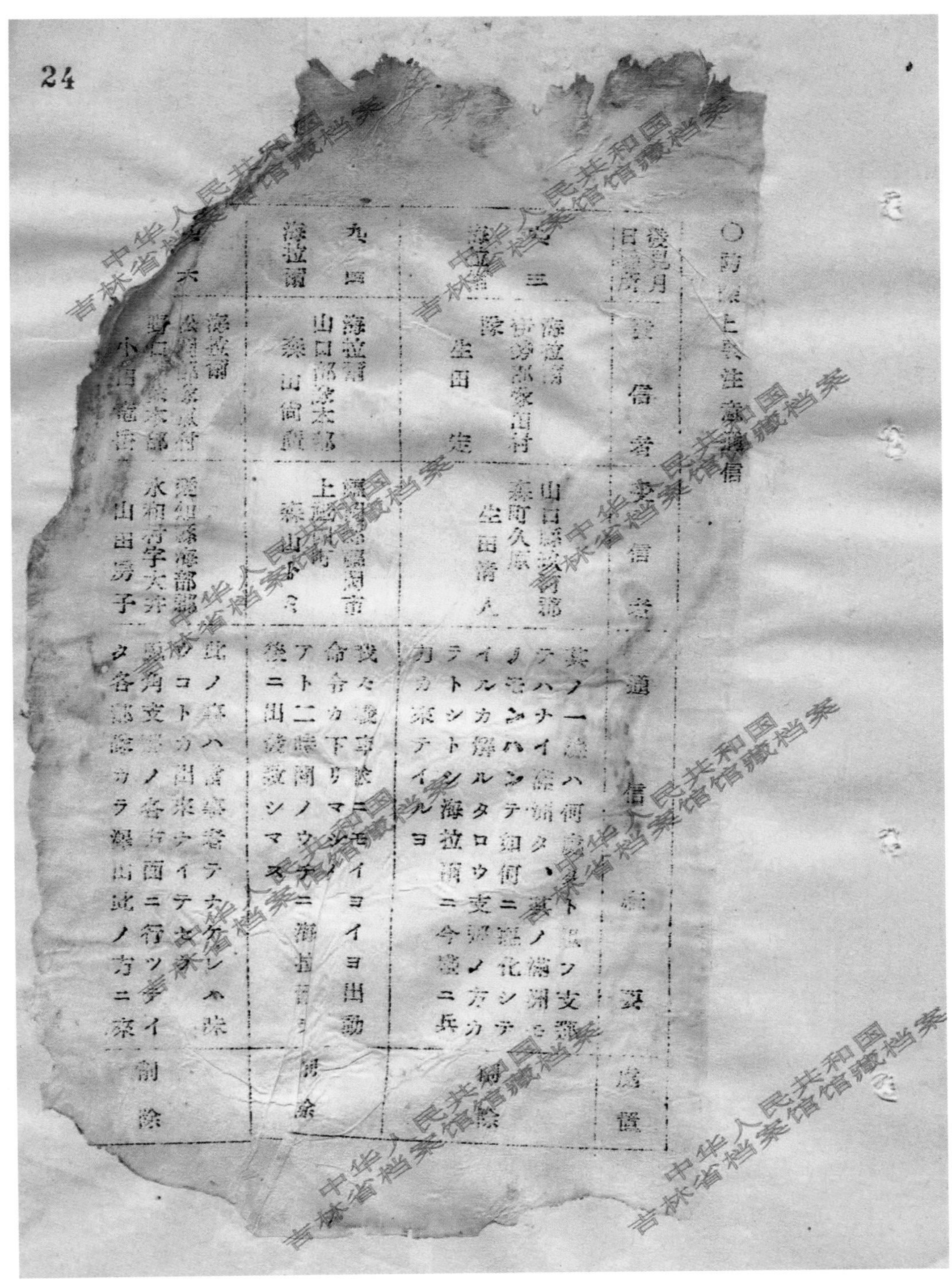

24

○防諜上要注意通信

發見月日 處所	發信者	受信者	通信要旨	處置
一〇・三 海拉爾	海拉爾 伊勢部隊内田村隊 生田定	山口縣[illegible]郡 森町久原 生田清人	其ノ一線ハ何處ト思フ支那テハナイ[illegible]タ、其ノ満洲モノモンハンテ如何ニ強化シテイルカ解ルタロウ支那ノ方カテトシトシ海拉爾ニ今度ニ兵カ來テイルヨ	削除
九・四 海拉爾	海拉爾 山口部隊本部 森山尚[illegible]	福岡縣福岡市 上[illegible]町 森山ミミ	我々[illegible]ニモイヨイヨ出動命令カ下リマシタアト二時間ノウチニ海拉爾ヲ後ニ出發致シマス	削除
九・六 海拉爾	海拉爾 松岡部隊[illegible] 野口[illegible]太郎 小田竜吉	愛知縣海部郡 永和村字大井 山田房子	此ノ度ハ[illegible]テ大ケレル際[illegible]コトカ出來ナイテ[illegible]國境方面ノ各方面ニ行ツテイタ各部隊カラ[illegible]出此ノ方ニ來	削除

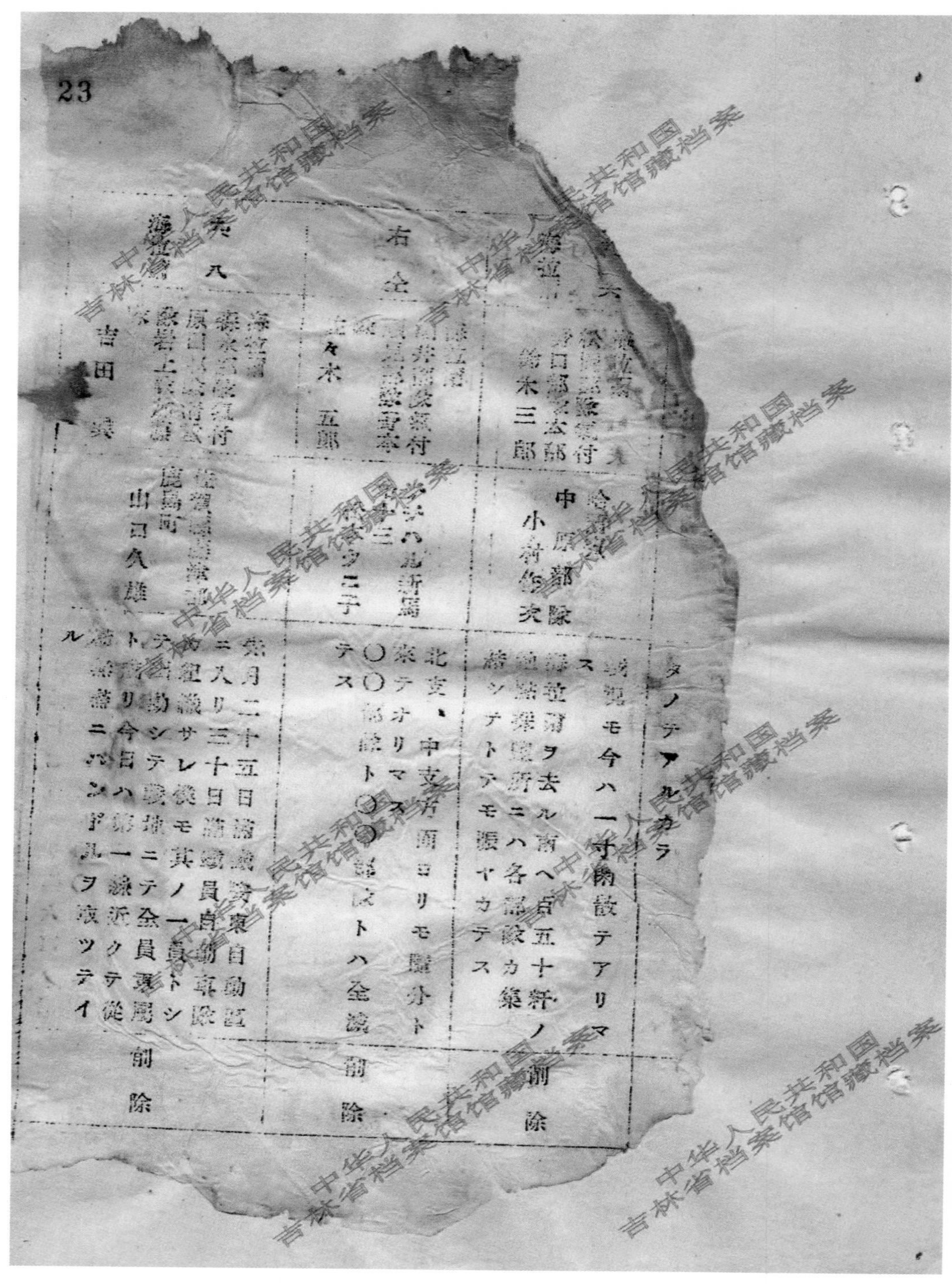
23

	発信者	受信者	内容	処置
六	海拉爾 松[illegible]部隊気付 [illegible]口部[illegible]太郎 鈴木三郎	[illegible] 中原部隊 小村[illegible]次	タノデアルカラ戦況モ今ハ一寸閑散テアリマス 海拉爾ヲ去ル南ヘ百五十粁ノ[illegible]陣地所ニハ各部隊カ集結シテトテモ賑ヤカテス	削除
右仝	海拉爾 [illegible]井部隊気付 [illegible]部隊司令 佐々木五郎	[illegible]ハル新潟 [illegible]三 [illegible]タニ子	北支、中支方面ヨリモ[illegible]外ト来テオリマス〇〇部隊ト〇〇部隊トハ全滅テス	削除
八	海拉爾 海拉爾[illegible]部隊気付 原田[illegible]部隊 [illegible] 吉田[illegible]	佐賀県[illegible]郡 鹿島町 山口久雄	先月二十五日満[illegible]自動車隊ニ入リ三十日満洲自動車隊トシテ組織サレ僕モ其ノ一員トシテ活動シテ戦地ニテ全員[illegible]トナリ今日ハ第一線近クテ従[illegible]ニハンダルヲ攻ツテイル	削除

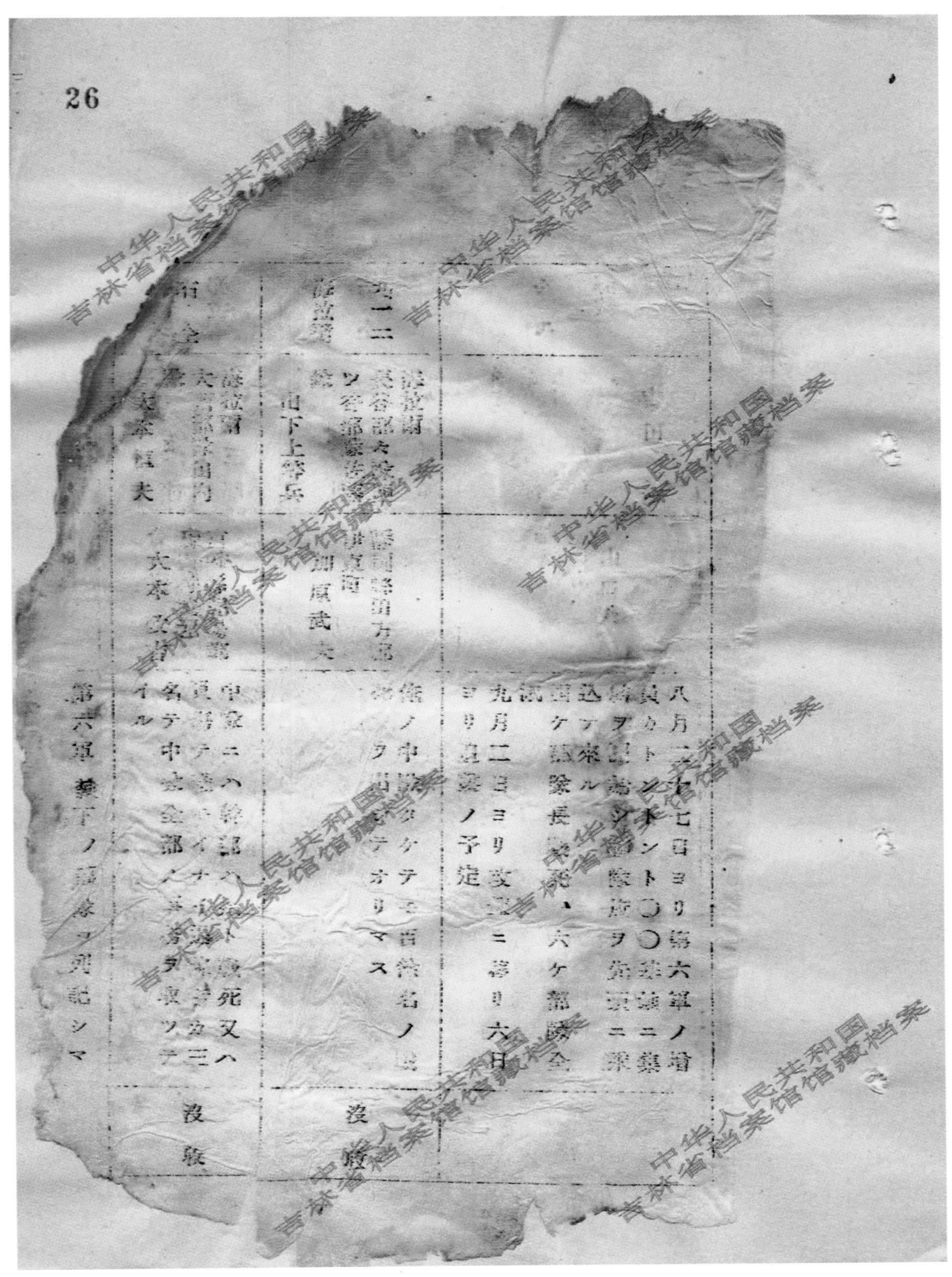

26

差出人	受取人	通信内容	処置
[illegible]	[illegible]	八月二十七日ヨリ第六軍ノ増員ヵトシテントト○○駐屯ニ集結ヲ[illegible]シ[illegible]陣[illegible]ヲ第一線ニ深込テ来ル[illegible]ケ[illegible]隊長戦死、六ケ部隊全[illegible] 九月二日ヨリ交代ニ参リ六日ヨリ[illegible]ノ予定	[illegible]
満洲第一二[illegible]部隊[illegible] 山下上等兵	[illegible]方[illegible] [illegible]原武夫	俺ノ中隊[illegible]ケテモ百余名ノ[illegible]ヲ出シテオリマス	没収
[illegible]大本恒夫	[illegible] 大本[illegible]	中隊ニハ幹部ハ[illegible]戦死又ハ[illegible]員[illegible]テ[illegible]イオ[illegible]ガ三名テ中[illegible]全部ノ[illegible]ヲ[illegible]ツテイル	没収

第六軍[illegible]下ノ[illegible]ヲ列記シマ

25

九七八 [illegible] | ノモンハン事件 [illegible] 部 小林[illegible] | 市[illegible] 町、白[illegible] 株式會社 [illegible] 水 [illegible]尾貞[illegible]

九一三 [illegible] | ノモンハン事件 [illegible] 中尾[illegible] 平 | [illegible]一色町[illegible] 町 [illegible]一[illegible]

ス
小松原部隊 [illegible]
[illegible]部隊　[illegible]（[illegible]二十三師團司令部）
三島部隊　[illegible]部隊　[illegible]見部隊
山[illegible]部隊　[illegible]部隊　酒井部隊
[illegible]部隊　下[illegible]部隊　[illegible]部隊
平野部隊　山下[illegible]部隊　木[illegible]部隊
[illegible]林部隊　平山部隊　[illegible]部隊
[illegible]部隊　[illegible]部隊　長谷[illegible]部隊
宮尾部隊　[illegible]部隊　[illegible]部隊
[illegible]部隊　[illegible]部隊　本[illegible]部隊
川崎部隊　[illegible]部隊　三浦部隊

右ニモ左ニモ死ンダ人間一[illegible]カコンナニ[illegible]ヌナン[illegible]テ支那事變ノ二ケ年[illegible]ノテン[illegible]来タ死者ノ数トコノ[illegible]三ケ[illegible]テ[illegible]ニナッタ全ク[illegible]ナ[illegible]タ　右 仝

ホツホツ[illegible]カ何[illegible]トモナク

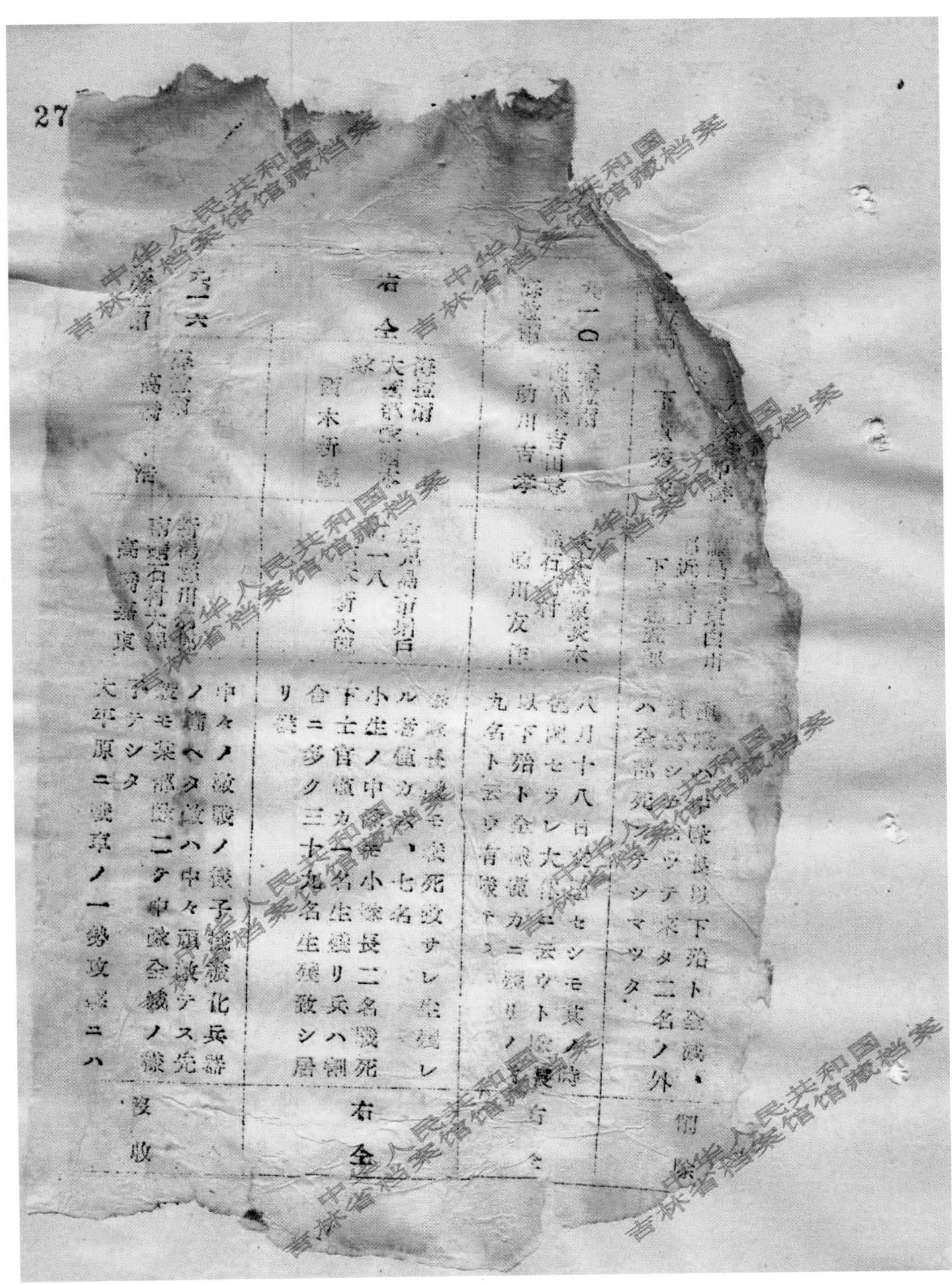

27

[illegible] 下[illegible]務[illegible] [illegible]

[illegible] 下[illegible]

[illegible]部隊長以下殆ト全滅、僅[illegible]シテ来タ二名ノ外ハ全部戦死シテシマッタ。

第一〇 海拉爾 満洲第[illegible]部隊吉田隊 菊川吉孝

[illegible]県[illegible]郡[illegible]村 菊川友治

八月十八日戦死セシモ其ノ時包囲セラレ大部分ニ云ウト隊長以下殆ト全滅僅カニ残リノ者九名ト云フ有様デス

右全 海拉爾 大[illegible]部隊[illegible]隊 西木新[illegible]

鹿児島県[illegible]市[illegible]一八 [illegible]新太郎

[illegible]長以下[illegible]戦死致サレ生残レル者僅カ七名、小生ノ中隊ハ小隊長二名戦死下士官僅カ一名生残リ兵ハ割合ニ多ク三十九名生残致シ居リ候

右全

第一六 海拉爾 [illegible] 高崎[illegible]治

新潟県[illegible]郡[illegible]村大字[illegible] 高崎[illegible]東

中々ノ激戦ノ様子機械化兵器ノ前ヘタ我ハ中々頑張テス兎角モ某部隊二タ中隊全滅ノ様デアシタ大平原ニ戦車ノ一勢攻撃ニハ

没収

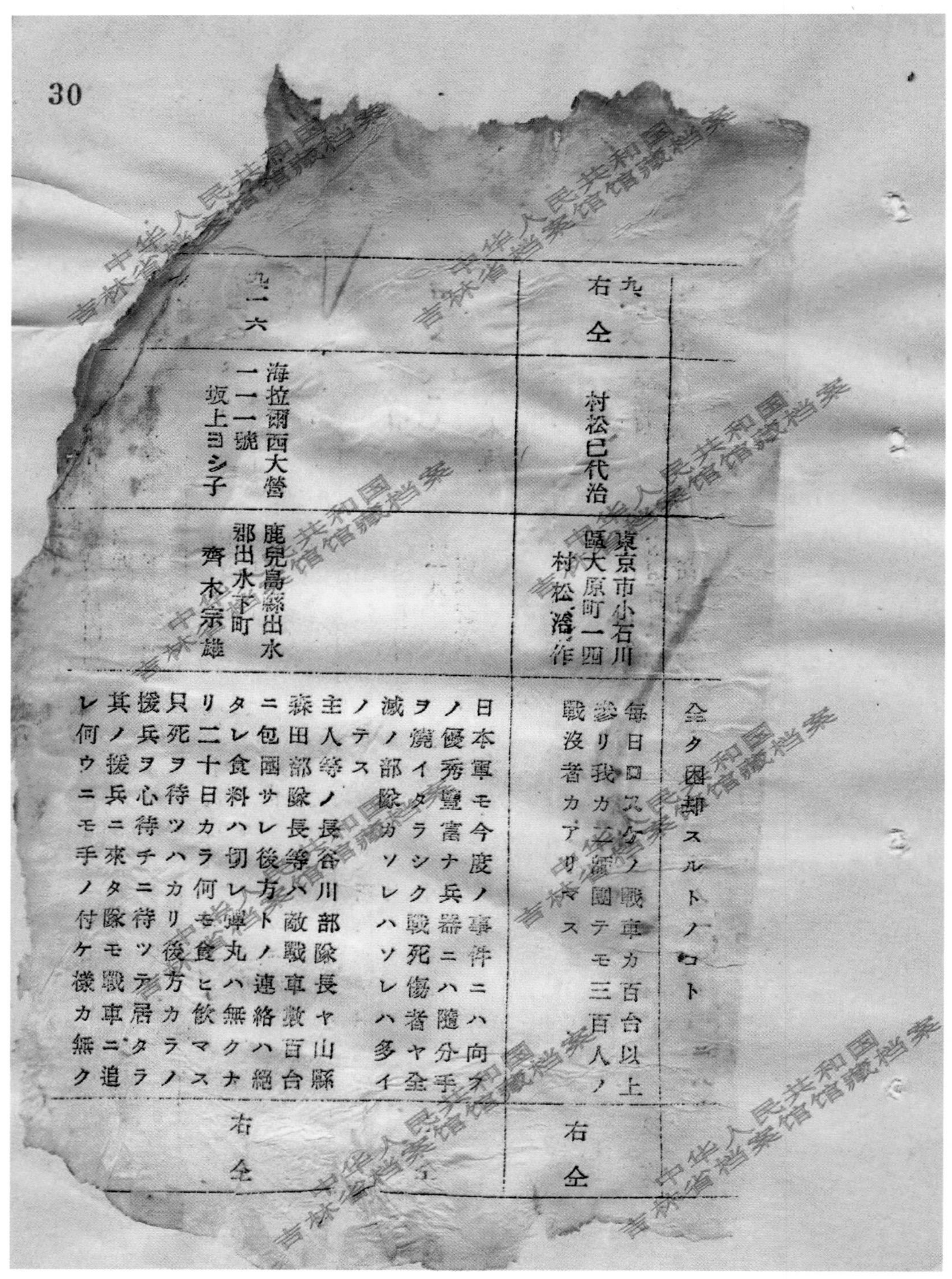

30

			仝ク困却スルトノコト	
九、右仝	村松巳代治	東京市小石川區大原町一四 村松浩作	毎日ロスケノ戰車カ百台以上參リ我カ[illegible]國テモ三百人ノ戰沒者カアリマス	右仝
九、一六	海拉爾西大營一一一號 坂上ヨシ子	鹿兒島縣出水郡出水下町 齊木宗雄	日本軍モ今度ノ事件ニハ向フノ優秀豐富ナ兵器ニハ隨分手ヲ焼イタラシク戰死傷者ヤ全滅ノ部隊カソレハソレハ多イノテス主人等ノ長谷川部隊長ヤ山縣森田部隊長等ハ敵戰車數百台ニ包圍サレ後方トノ連絡ハ絶タレ食料ハ切レ彈丸ハ無クナリ二十日カラ何モ食ヒ飲マスカラ只死ヲ待ツハカリ後方カラノ援兵ヲ心待チニ待ツテ居タラ其ノ援兵ニ來タ部隊モ戰車ニ追レ何ウニモ手ノ付ケ樣カ無ク	右仝

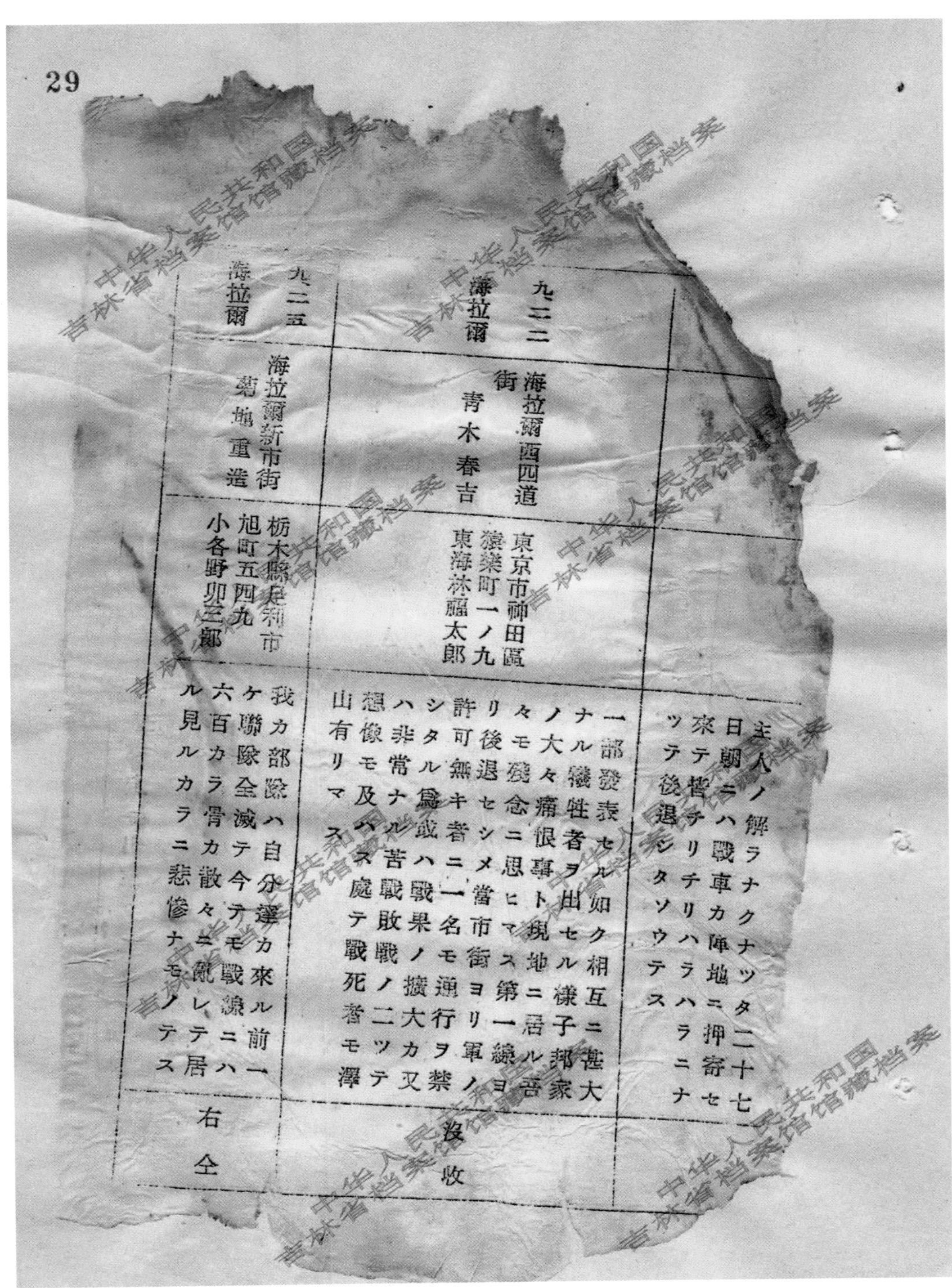

29

			主人ノ解ラナクナツタ二十七日朝ニハ戰車カ陣地ニ押寄セ來テ皆チリチリハラハラニナツテ後退シタソウテス	
九、二二 海拉爾	海拉爾西四道街 青木春吉	東京市神田區猿樂町一ノ九 東海林福太郎	一部發表セル如ク相互ニ甚大ナル犧牲者ヲ出セル樣子邦家ノ大々痛恨事ト現地ニ居ル吾々モ殘念ニ思ヒマス第一線ヨリ後退セシメ當市街ヨリ軍ノ許可無キ者ニ一名モ通行ヲ禁シタル爲或ハ戰果ノ擴大カ又ハ非常ナル苦戰敗戰ノ二ツテ想像モ及ハス處テ戰死者モ澤山有リマス	沒收
九、二五 海拉爾	海拉爾新市街 菊地重造	栃木縣足利市旭町五四九 小各野卯三郎	我カ部隊ハ自分達カ來ル前一ケ聯隊全滅テ今テモ戰線ニハ六百カラ骨カ散々ニ亂レテ居ル見ルカラニ悲慘ナモノテス	右仝

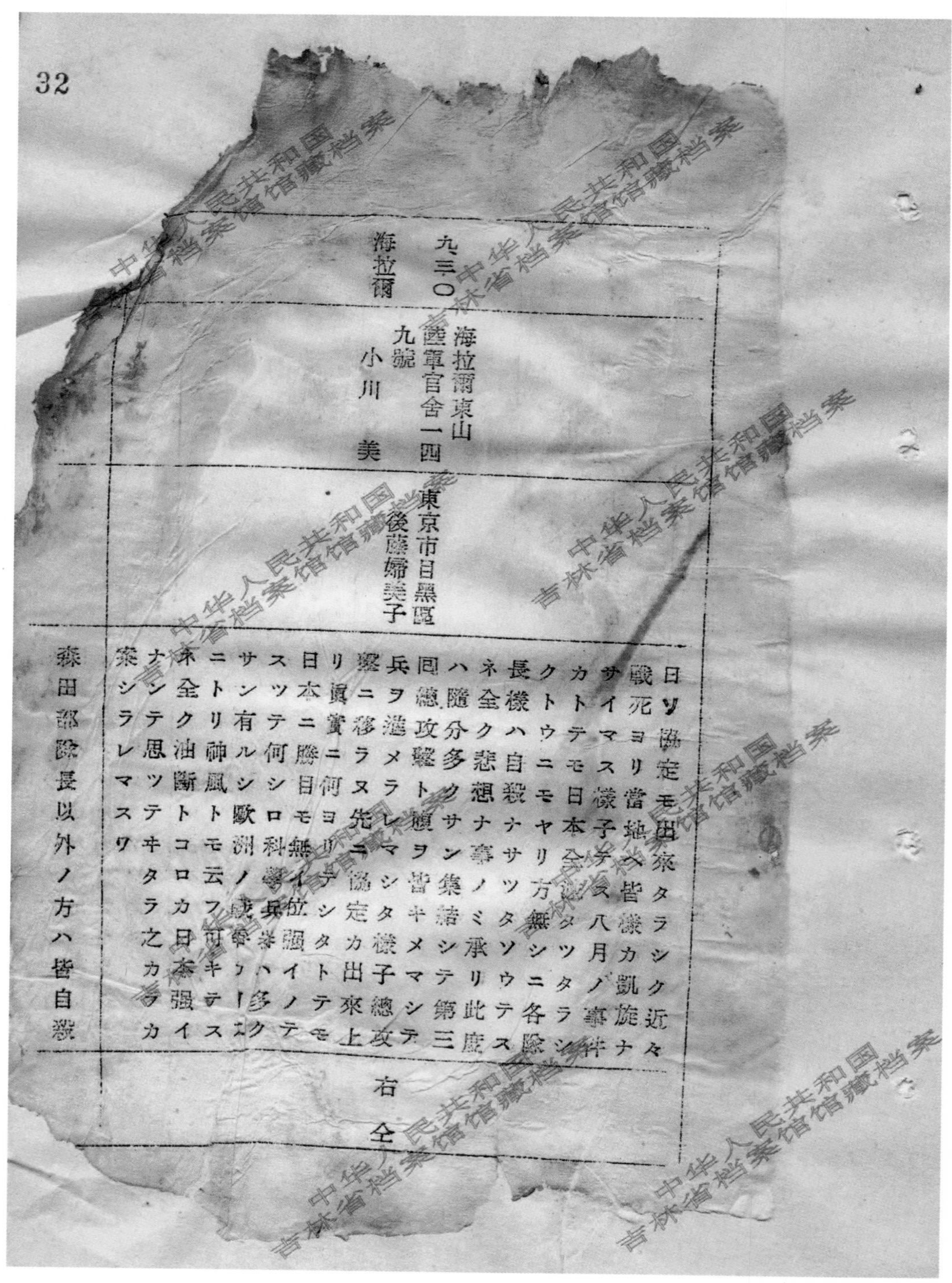

32

九三〇
海拉爾

海拉爾東山
陸軍官舍一四
九號
小川　美

東京市目黑區
後藤婦美子

日ソ協定モ出來タラシク近々
戰死ヨリ當地ヘ皆様カ凱旋ナ
サイマス様子デス八月ノ事件
カトテモ日本全滅タッタラシ
クトウニモヤリ方無シニ各隊
長様ハ自殺ナサッタソウテス
ネ全ク悲想ナ事ノミ承リ此度
ハ隨分多クサン集結シテ第三
回總攻擊ト續ヲ當キメマシテ
兵ヲ進メラレマシタ様子總攻
擊ニ移ラヌ先ニ協定カ出來上
リ貢賞ニ何ヨリテシタトテモ
日本ニ勝目モ無イ位強イノテ
スッテ何シロ科學兵器ハ多ク
サン有ルシ歐洲ノ戰爭ナース
ニトリ神風トモ云フ可キテス
ネ全ク油斷トコロカ日本強イ
ナンテ思ツテキタラ之カラカ
來シラレマスワ

森田部隊長以外ノ方ハ皆自殺

右

全

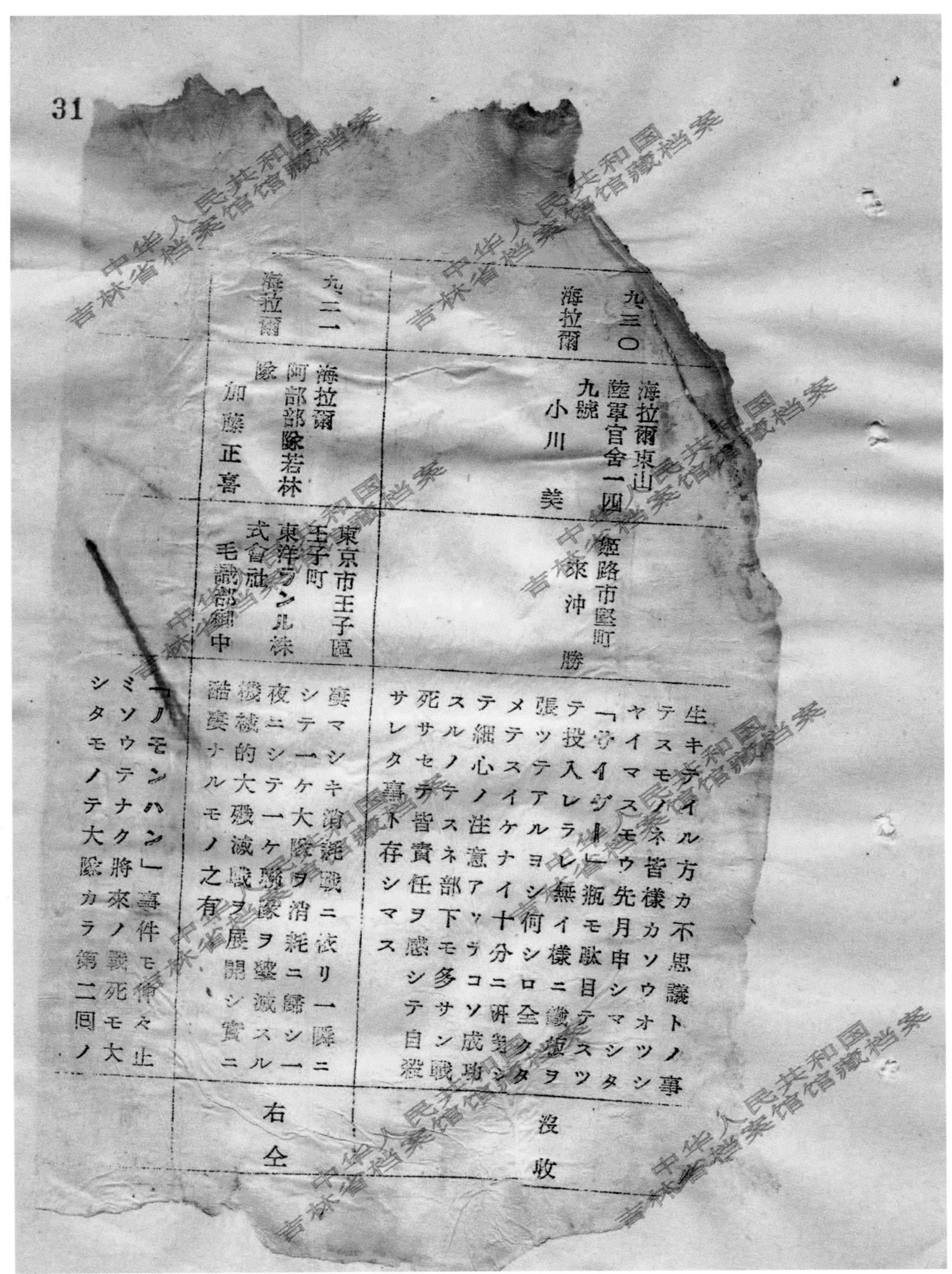

31

九三〇 海拉爾	海拉爾東山陸軍官舍一四九號 小川 美	姫路市堅町 □來沖 勝	生キテイル方カ不思議トノ事テスモノネ皆樣カソウオツシヤイマスモウ先月申シマシタ「サイダー」瓶モ駄目テスツテ投入レラレ無イ樣ニ鐵綫ヲ張ツテアルヨシ何シロ全クタメテスイケナイ十分ニ研究シテ細心ノ注意アッテコソ成功スルノテスネ部下モ多サン戰死サセテ皆責任ヲ感シテ自縊サレタ事ト存シマス	沒收
九三一 海拉爾	海拉爾阿部部隊若林隊 加藤正喜	東京市王子區王子町 東洋ランル株式會社 毛織部御中	奧マシキ消耗戰ニ依リ一瞬ニシテ一ケ大隊ヲ消耗ニ歸シ一夜ニシテ一ケ聯隊ヲ撃滅スル機械的大殲滅戰ヲ展開シ實ニ踏奧ナルモノ之有、「ノモンハン」事件モ漸ク止ミソウテナク將來ノ戰死モ大シタモノテ大隊カラ第二回ノ	右仝

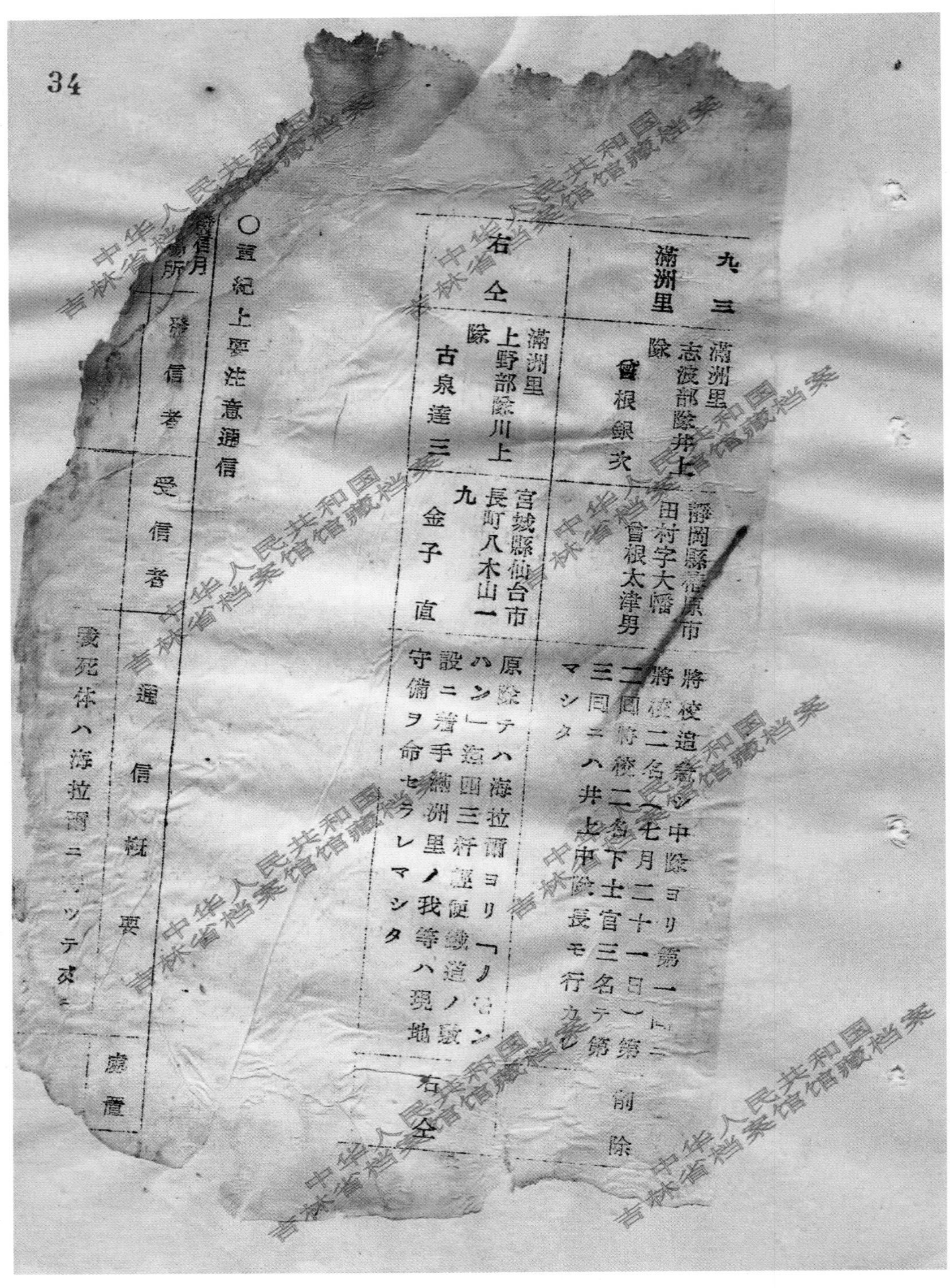

34

發信月日 場所	發信者	受信者	通信概要	處置
九 三 滿洲里	滿洲里 志波部隊井上隊 曾根銀次	靜岡縣富原市田村字大橋 曾根太津男	將校遣ケ中隊ヨリ第一回ニ將校二名（七月二十一日）第二回將校二名下士官三名テ第三回ニハ井上中隊長モ行カレマシタ	削除
右仝	滿洲里 上野部隊川上隊 古泉達三	宮城縣仙台市長町八木山一九 金子直	原隊テハ海拉爾ヨリ「ノモンハン」迄ノ間三軒輕便鐵道ノ敷設ニ着手滿洲里ノ我等ハ現地守備ヲ命セラレマシタ	右仝

○軍紀上要注意通信

發信月日 場所	發信者	受信者	通信概要	處置
			戰死林ハ海拉爾ニ[illegible]ツテ求ミ	

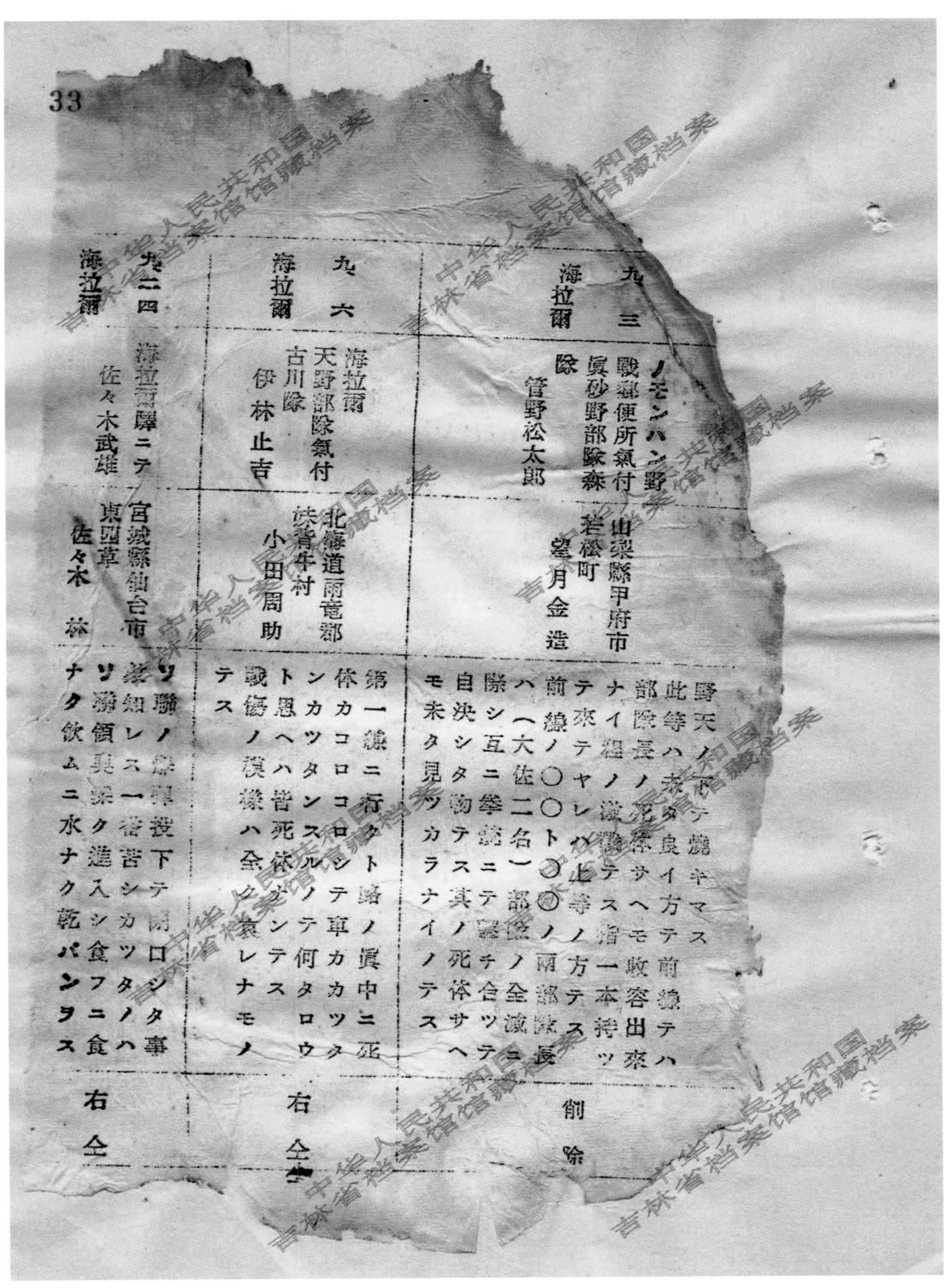

33

九、三 海拉爾	ノモンハン野戰郵便所氣付 眞砂野部隊森隊 菅野松太郎	山梨縣甲府市若松町 望月金造	野天ノ下テ燒キマス 此等ハ未タ良イ方テ前線テハ部隊長ノ死体サヘモ收容出來ナイ程ノ激戰テス 指一本持ッテ來テヤレハ上等ノ方テス 前線ノ○○ト○○ノ兩部隊長ハ（大佐二名）一部隊ノ全滅ニ際シ互ニ拳銃ニテ撃チ合ッテ自決シタ物テス 其ノ死体サヘモ未タ見ツカラナイノテス	削除
九、六 海拉爾	海拉爾 天野部隊氣付 古川隊 伊林止吉	北海道雨竜郡妹背牛村 小田周助	第一線ニ行クト路ノ眞中ニ死体カコロコロシテ草カカッタンカツタンスルノテ何タロウト思ヘハ皆死体ナンテス 戰傷ノ模樣ハ全ク哀レナモノテス	右仝
九、二四 海拉爾	海拉爾驛ニテ 佐々木武雄	宮城縣仙台市東四草 佐々木林	ソ聯ノ機關銃下テ閉口シタ事数知レス 一番苦シカッタノハソ聯領奥深ク進入シ食フニ食ナク飲ムニ水ナク乾パンヲス	右仝

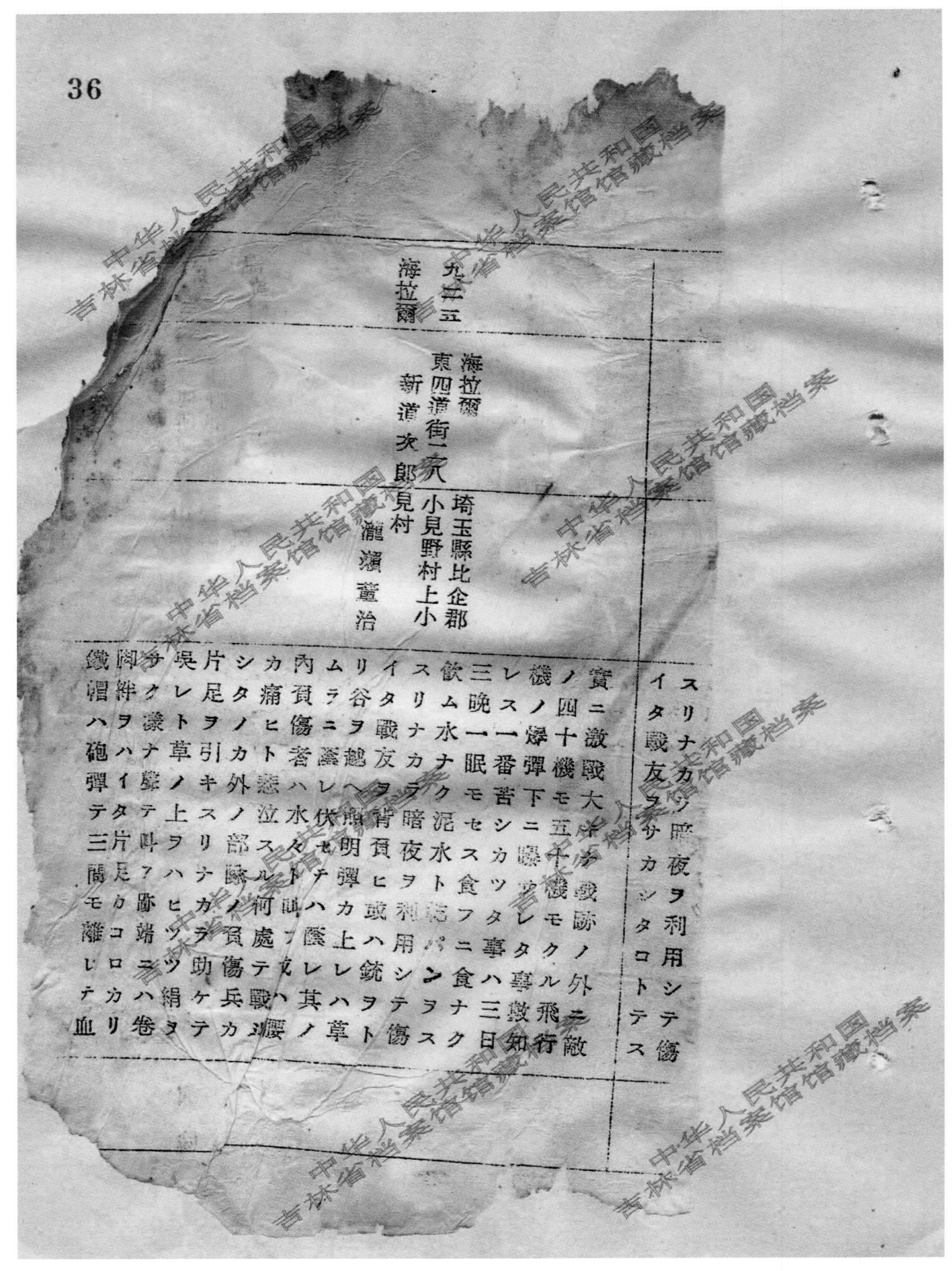

36

九二五
海拉爾

海拉爾東四道街一六八
新道次郎

埼玉縣比企郡小見野村上小見村
瀧瀨竃治

實ニ激戰大小ノ戰跡ノ外ニ敵
ノ四十機モ五十機モクル飛行
機ノ爆彈下ニ曝サレタ事數知
レス一番苦シカツタ事ハ三日
三晩一眠モセス食フニ食ナク
飲ム水ナク泥水ト黴パンヲス
スリナカラ暗夜ヲ利用シテ傷
イタ戰友ヲ背負ヒ或ハ銃ヲト
リ谷ヲ越ヘ照明彈カ上レハ草
ムラニ蓋レ伏セチハ際レ其ノ
內負傷者ハ水々ト呻ナ攻ハ腰
カ痛ヒト慈泣スル河處テ戰ュ
シタノカ外ノ部隊ノ貫傷兵カ
片足ヲ引キスリナカラ助ケテ
吳レト草ノ上ヲハヒツツ絹ヲ
分ク濠ナ壁テ叫ア跡端ニハ巻
鬥絆ヲハイタ片足カコロカリ
鐵帽ハ砲彈テ三間モ離レテ血

スリナカラ暗夜ヲ利用シテ傷
イタ戰友ヲサカシタロトテス

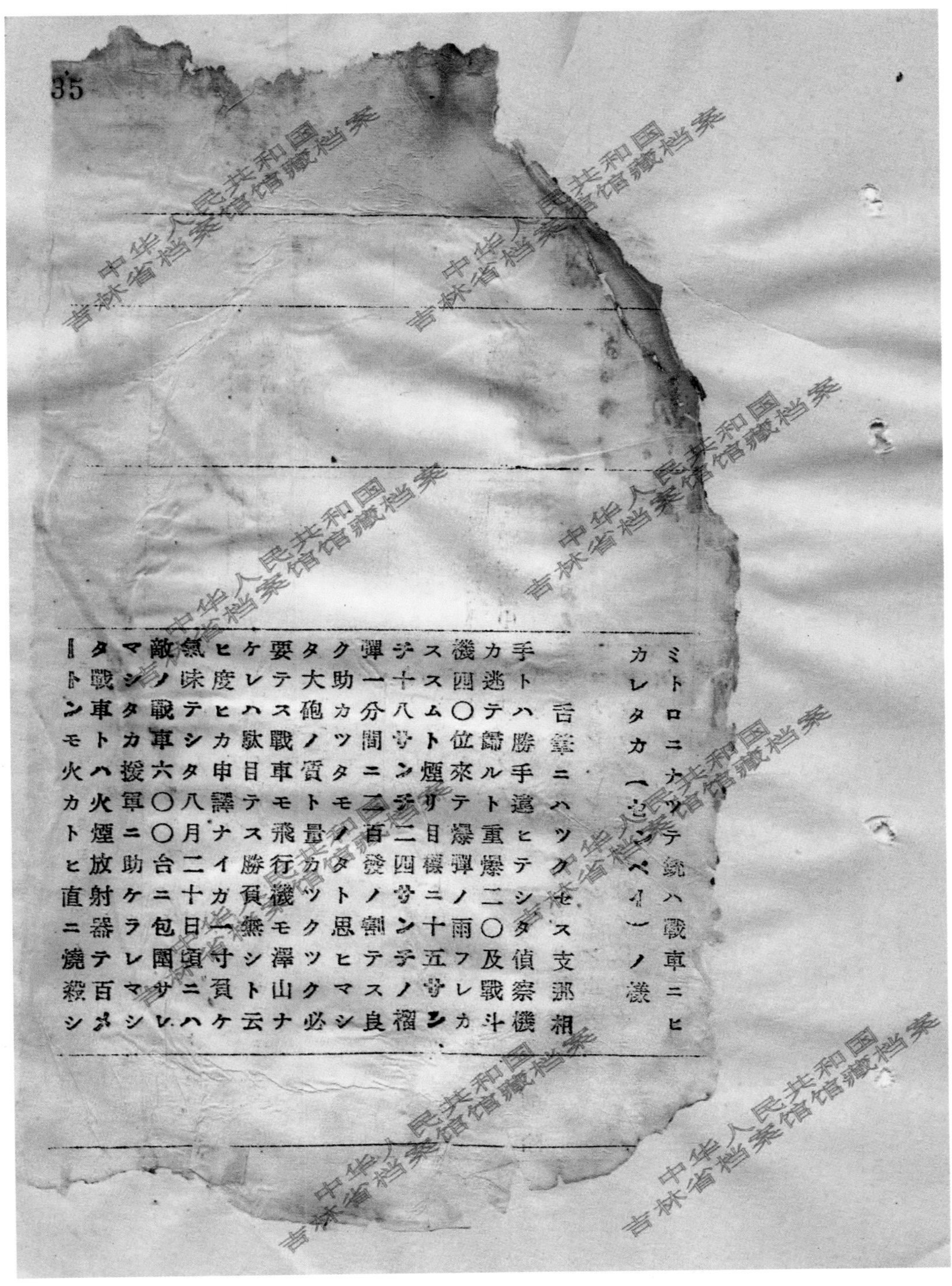

35

ミトロニナツテ銃ハ戰車ニヒカレタカ（[illegible]ンペイ）ノ證

吾筆ニハツクセス支那組手トハ勝手違ヒテシタ偵察機カ逃テ歸ルト重爆二〇及戰斗機四〇位來テ爆彈ノ雨フレカススムト煙リ日標ニ十五サンチ十八サンチ二四サンチノ榴彈一分間ニ二百發ノ割テス良ク助カツタモノタト思ヒマシタ大砲ノ質ト量カツクツク必要テス戰車モ飛行機モ澤山ナケレハ駄目テス勝負無シト云ヒ度ヒカ申譯ナイカ一寸負ケ氣味テシタ八月二十日頃ニハ敵ノ戰車六〇〇台ニ包圍サレマシタカ援軍ニ助ケラレマシタ戰車トハ火煙放射器テ百メートンモ火カトヒ直ニ燒殺シ

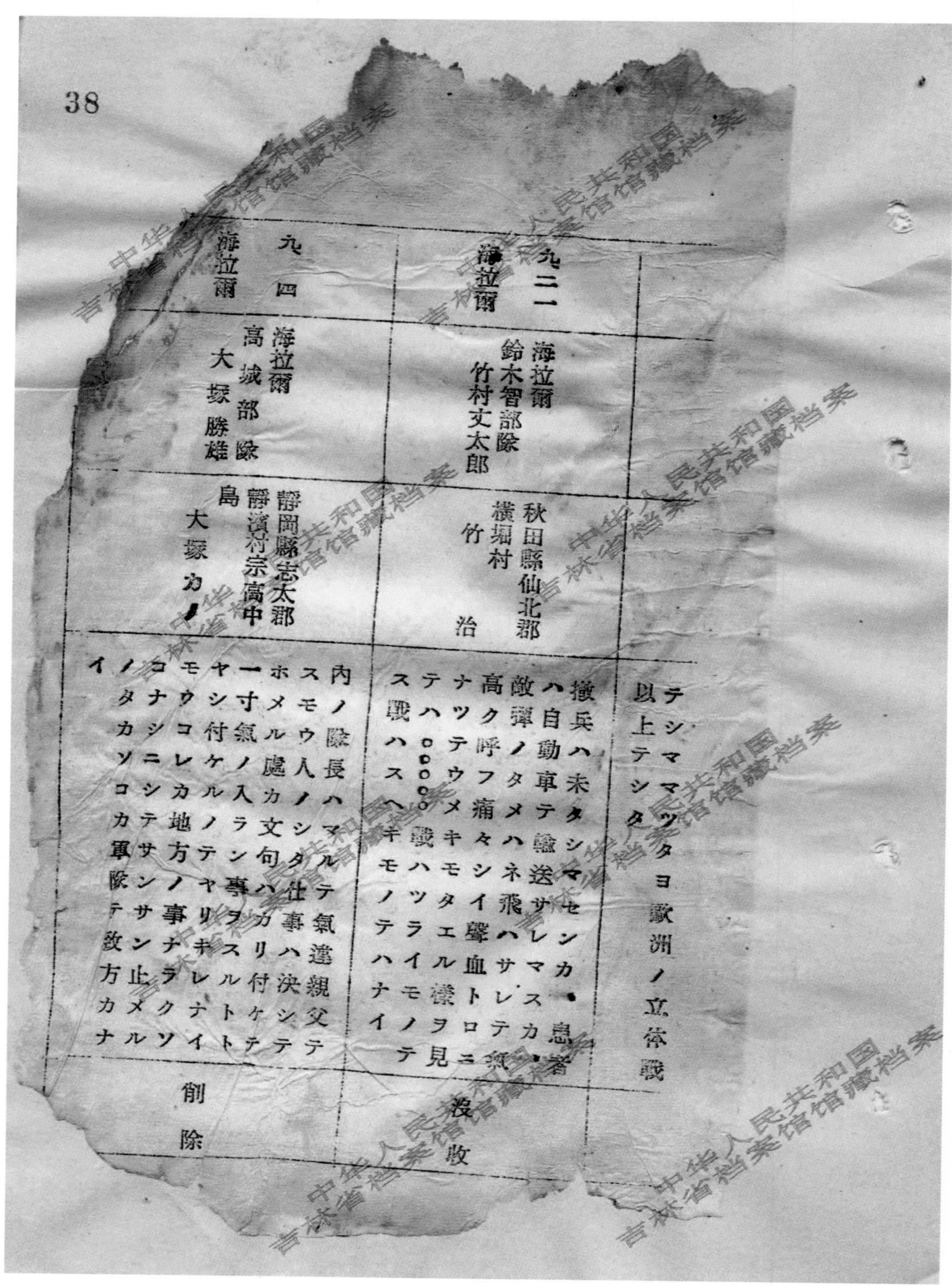

38

			テシママツタヨ歐洲ノ立体戰 以上テシタ	
九二一 海拉爾	海拉爾 鈴木智部隊 竹村丈太郎	秋田縣仙北郡 横堀村 竹治	擁兵ハ未タシマセンカ・息著 ハ自動車テ輸送サレマスカ・ 敵彈ノタメハネ飛ハサレテ氣 高ク呼フ痛々シイ聲血トロニ ナツテウメキモタエル樣ヲ見 テハ○○○○○戰ハツライモノテ ス戰ハスヘキモノテハナイ	沒收
九 四 海拉爾	海拉爾 高城部隊 大塚勝雄	靜岡縣志太郡 靜濱村宗高中 島 大塚カノ	内ノ隊長ハマルテ氣違親父テ スモウ人ノシタ仕事ハ決シテ ホメル處カ文句ハカリ付ケテ 一寸氣ノ入ラン事ヲスルトト ヤシ付ケルノテヤリキレナイ モウコレカ地方ノ事ナラクソ コナシニシテサンサン止メル ノタカソコカ軍隊テ敵方カナ イ	削除

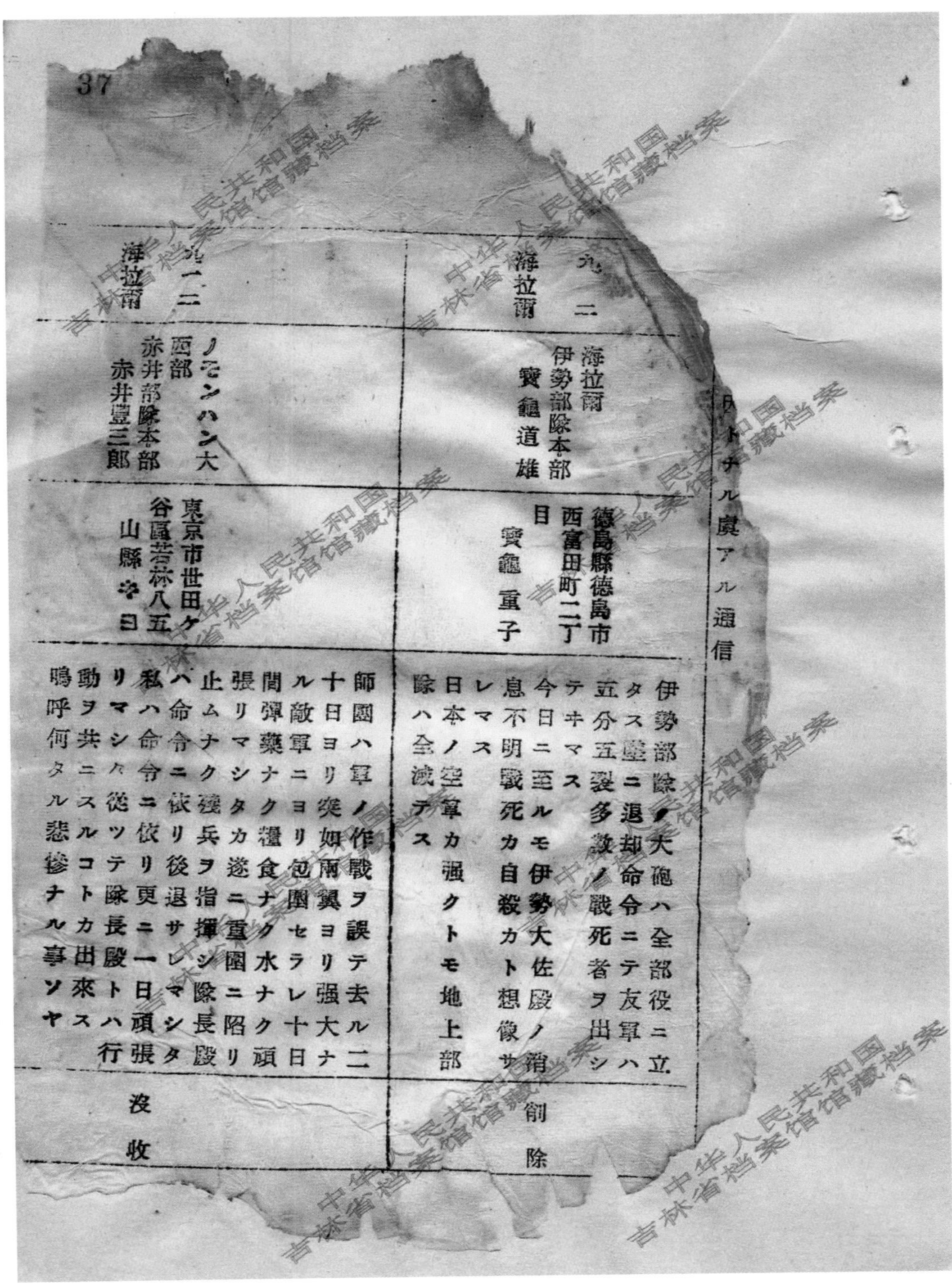

37

反[illegible]トナル虞アル通信

月日	發信地	發信者	受信者	通信要旨	處置
九、二	海拉爾	海拉爾 伊勢部隊本部 寶龜道雄	德島縣德島市西富田町二丁目 寶龜重子	伊勢部隊ノ大砲ハ全部役ニ立タス陸ニ退却命令ニテ友軍ハ五分五裂多數ノ戰死者ヲ出シテキマス今日ニ至ルモ伊勢大佐殿ノ消息不明戰死カ自殺カト想像サレマス日本ノ空軍カ強クトモ地上部隊ハ全滅テス	削除
九、一二	海拉爾	ノモンハン大西部 赤井部隊本部 赤井豊三郎	東京市世田ヶ谷區若林八五 山縣[illegible]ヨ	師團ハ軍ノ作戰ヲ誤テ去ル二十日ヨリ突如兩翼ヨリ強大ナル敵軍ニヨリ包圍セラレ十日間彈藥ナク糧食ナク水ナク頑張リマシタカ遂ニ重圍ニ陷リ止ムナク殘兵ヲ指揮シ隊長殿ハ命令ニ依リ後退サレマシタ私ハ命令ニ依リ更ニ一日頑張リマシタ從ツテ隊長殿トハ行動ヲ共ニスルコトカ出來ス嗚呼何タル悲慘ナル事ソヤ	沒收

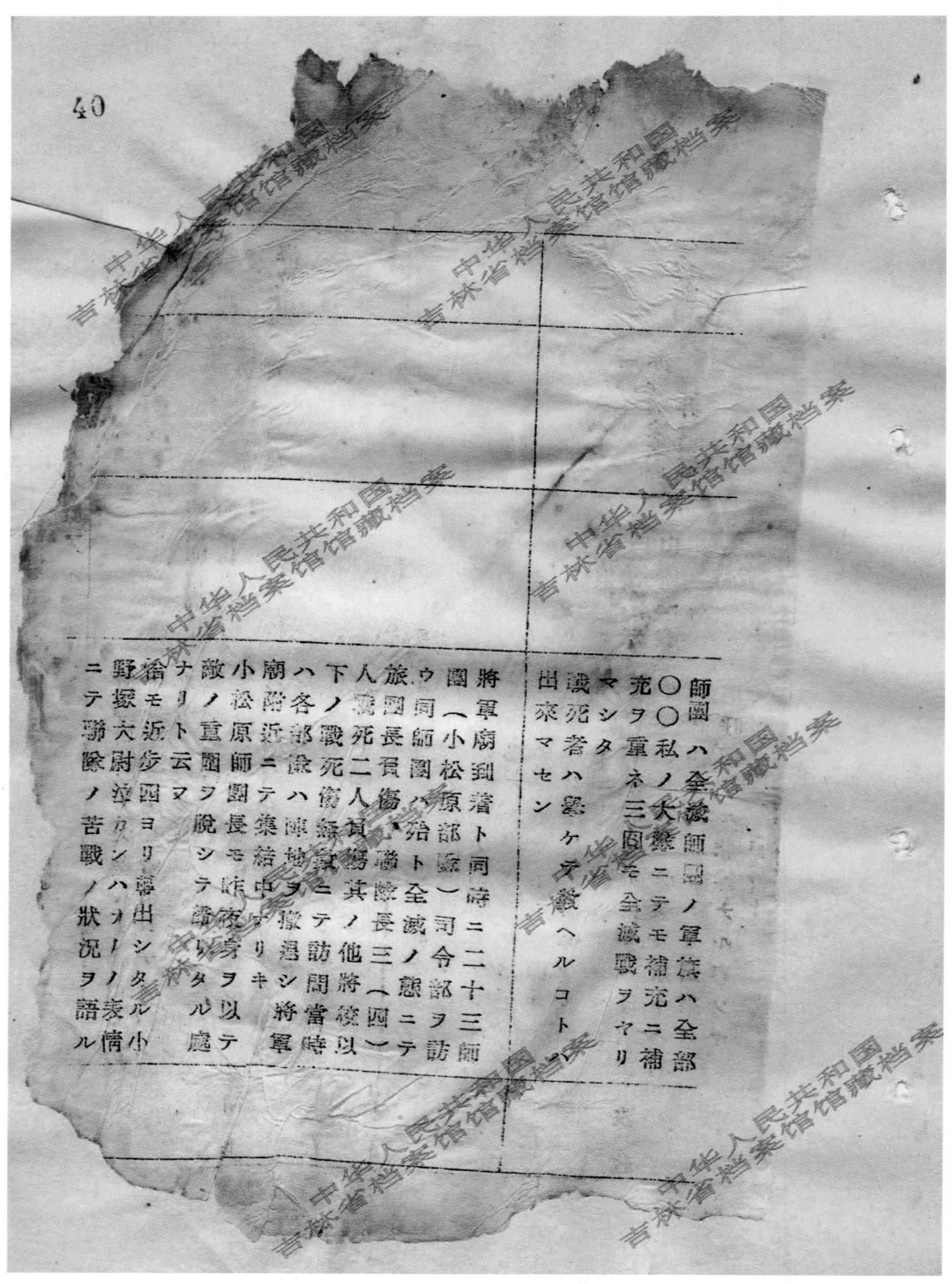

40

將軍廟到着ト同時ニ二十三師團（小松原部隊）司令部ヲ訪ウ同師團ハ殆ト全滅ノ態ニテ旅團長負傷、聯隊長三（四）人戰死二人負傷其ノ他將校以下ノ戰死傷無數ニテ訪問當時ハ各部隊ハ陣地ヲ撤退シ將軍廟附近ニテ集結中ナリキ小松原師團長モ昨夜身ヲ以テ敵ノ重圍ヲ脫シテ歸リタル處ナリト云フ猶モ近歩四ヨリ轉出シタル小野塚大尉泣カンハカリノ表情ニテ聯隊ノ苦戰ノ狀況ヲ語ル

師團ハ全滅師團ノ軍旗ハ全部○○私ノ大隊ニテモ補充ニ補充ヲ重ネ三回モ全滅戰ヲヤリマシタ戰死者ハ多ケテ數ヘルコトハ出來マセン

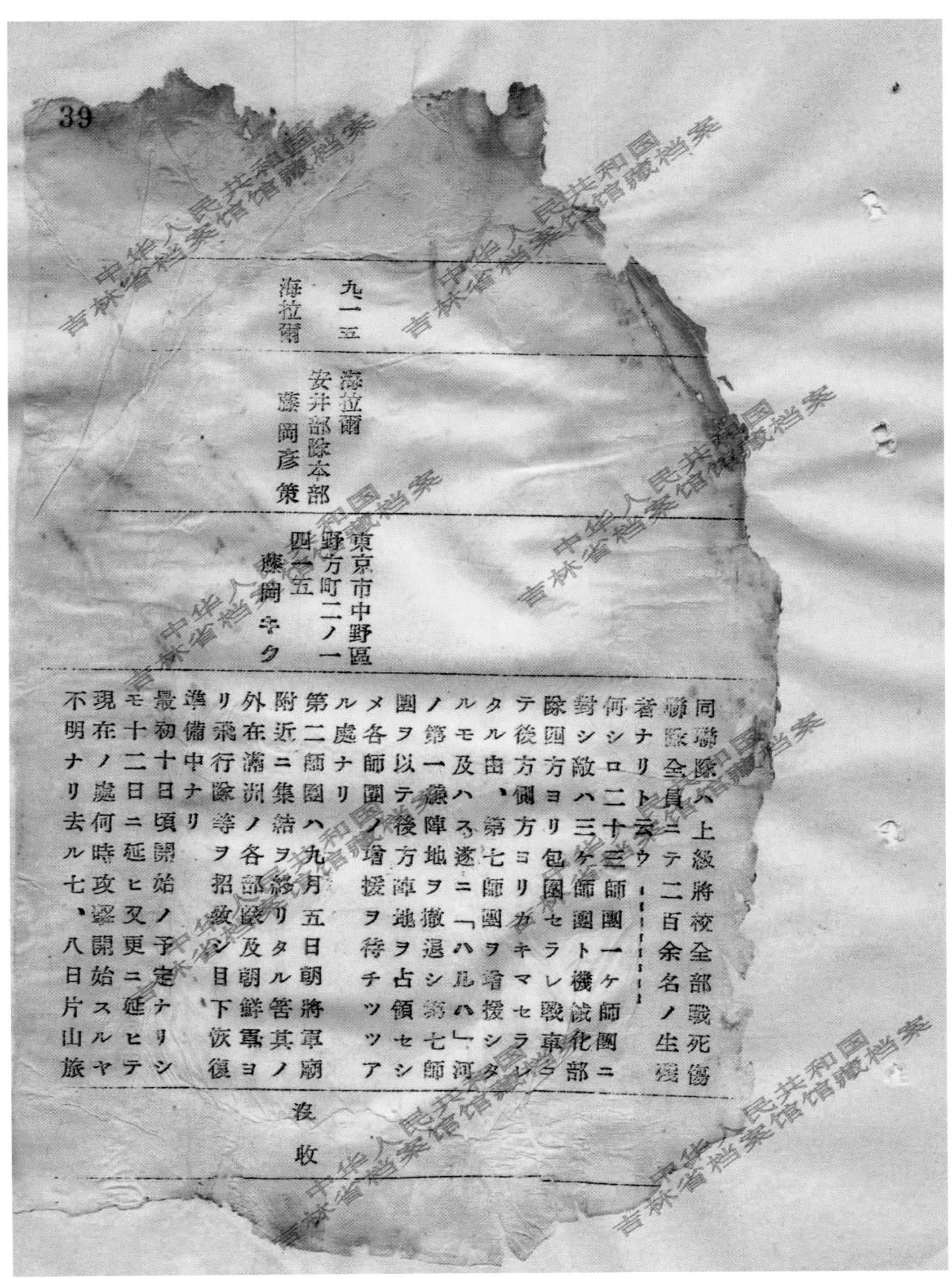

39

九一五
海拉爾

海拉爾
安井部隊本部
藤岡彦策

東京市中野區
野方町二ノ一
四一五
藤岡キク

同聯隊ハ上級將校全部戰死傷聯隊全員ニテ二百余名ノ生殘者ナリト云ウ ---- 何シロ二十三師團一ケ師團ニ對シ敵ハ三ケ師團ト機械化部隊四方ヨリ包圍セラレ戰車ニテ後方側方ヨリカキマセラレタル由、第七師團ヲ增援シタルモ及ハズ遂ニ「ハルハ」河ノ第一線陣地ヲ撤退シ第七師團ヲ以テ後方陣地ヲ占領セシメ各師團ノ增援ヲ待チツツアル處ナリ第二師團ハ九月五日朝將軍廟附近ニ集結ヲ終リタル筈其ノ外在滿洲ノ各部隊及朝鮮軍ヨリ飛行隊等ヲ招致シ目下恢復準備中ナリ最初十日頃開始ノ予定ナリシモ十二日ニ延ヒ又更ニ延ヒテ現在ノ處何時攻擊開始スルヤ不明ナリ去ル七、八日片山旅

沒收

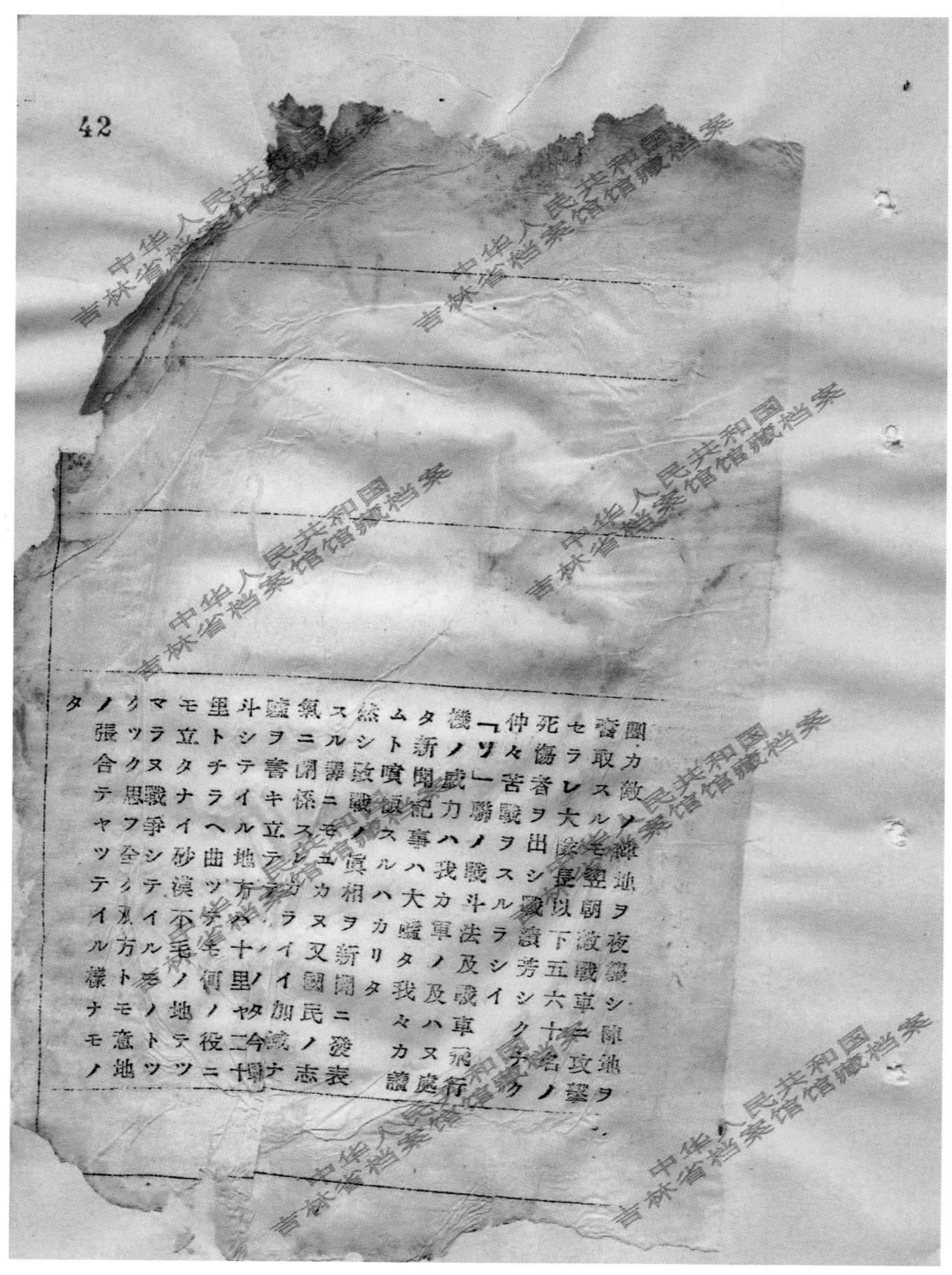
42

團カ敵ノ陣地ヲ夜襲シ陣地ヲ
奪取スルモ翌朝敵戰車ニ攻撃
セラレ大隊長以下五六十名ノ
死傷者ヲ出シ戰績芳シクナク
仲々苦戰ヲスルラシイ
「ソ」聯ノ戰斗法及戰車飛行
機ノ威力ハ我カ軍ノ及ハヌ處
タ新聞紀事ハ大嘘タ我々カ讀
ムト噴飯スルハカリタ
然シ敗戰ノ眞相ヲ新聞ニ發表
スル譯ニモユカヌ又國民ノ志
氣ニ關係スルカライイ加減ナ
嘘ヲ書キ立テテ、ノノタ今奮
斗シテイル地方ハ十里ヤ二十
里トチラヘ曲ツテモ何ノ役ニ
モ立タナイ砂漠不毛ノ地テツ
マラヌ戰爭シテイルモノトツ
クツク思フ全ク双方トモ意地
ノ張合テヤツテイル樣ナモノ
タ

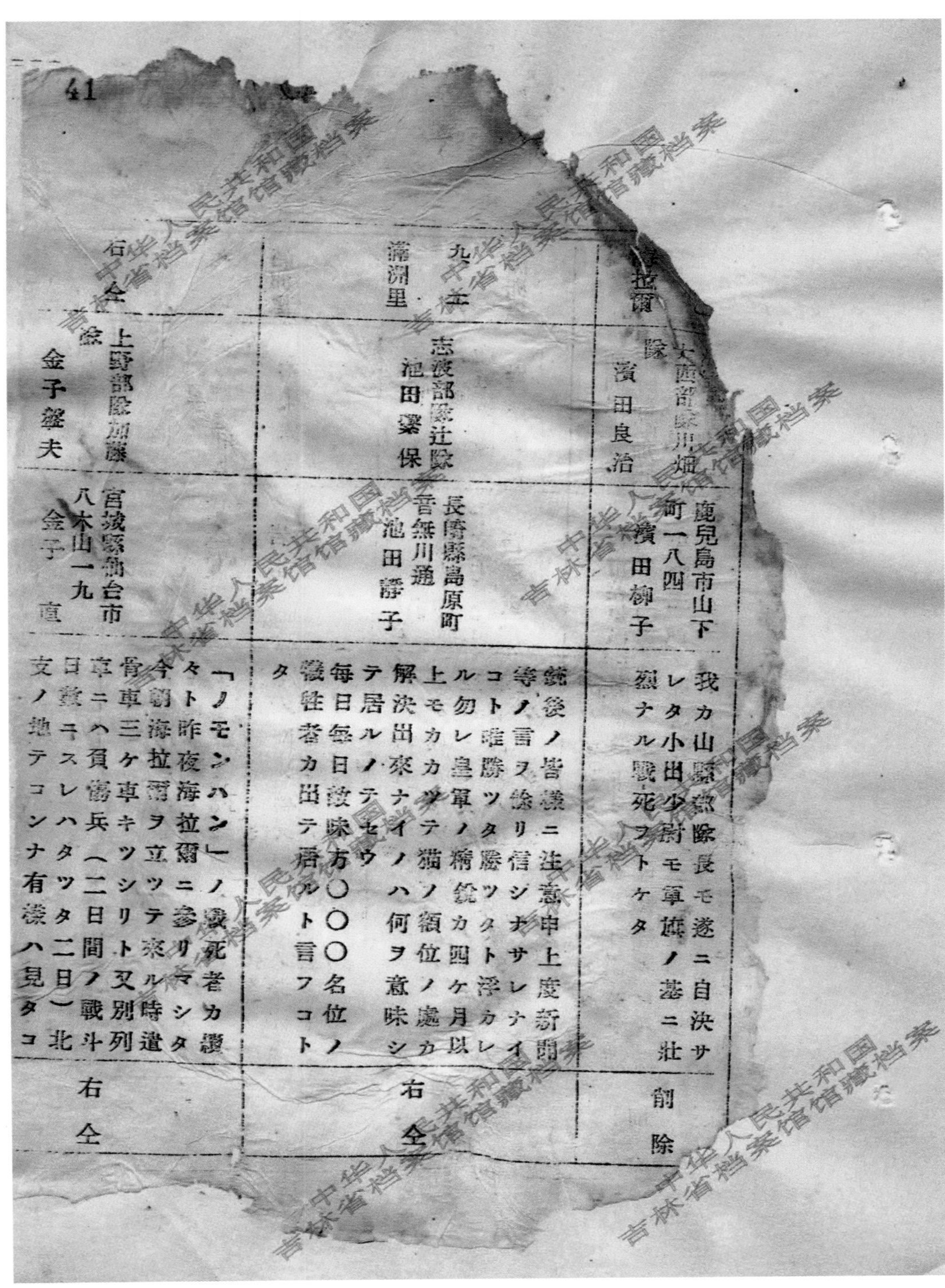
41

發信地	發信者	受信者	通信要旨	處置
海拉爾	大西部隊川畑隊 濱田良治	鹿兒島市山下町一八四 濱田柳子	我カ山縣部隊長モ遂ニ自決サレタ小出少尉モ軍旗ノ爲ニ壮烈ナル戰死ヲトケタ	削除
九、二 滿洲里	志渡部隊辻隊 池田稟保	長崎縣島原町音無川通 池田靜子	銃後ノ皆様ニ注意申上度新聞等ノ言ヲ餘リ信シナサレナイコト唯勝ツタ勝ツタト浮カレイル勿レ皇軍ノ精鋭カ四ケ月以上モカカツテ猫ノ額位ノ處カ解決出來ナイノハ何ヲ意味シテ居ルノテセウ毎日毎日敵味方〇〇〇名位ノ犠牲者カ出テ居ルト言フコトタ	右仝
右仝	上野部隊加藤隊 金子盤夫	宮城縣仙台市八木山一九 金子直	「ノモンハン」ノ戰死者カ續々ト昨夜海拉爾ニ参リマシタ今朝海拉爾ヲ立ツテ來ル時遺骨車三ケ車キツシリト又別列車ニハ負傷兵（二日間ノ戰斗日数ニスレハタツタ二日）北支ノ地テコンナ有様ハ見タコ	右仝

44

トナイ

九六	滿洲里	滿洲里 上野部隊川上隊 野本末次	埼玉縣比企郡南吉見村 岩木茂	友軍モ陣地ノ不利ニ將軍廟マテ後退シタ様ナ形勢タ敵ノ機械化部隊モ次々ニ輸送サレ我軍モ悪戰苦闘テス單ナル國境線ノ越境ノミテナク幾多ノ戰友ノ血ヲ曝ス哈爾濱ノ我カ部隊モ出動シテ鐵道施設ヲヤツテ居ル	右仝
九八	滿洲里	滿洲里 鐵道警護隊 齊藤安治	秋田縣平鹿郡十文字町譜町 齊藤室郎	今回ノ「ノモンハン」事件ハ全ク我カ軍ノ敗北テアリ只々空軍ノミ大勝セルノミニシテ地上部隊ハ殆ト全滅的打撃ヲ受ケマシタ云々	押收
九九	滿洲里	滿洲里 上野部隊加藤隊 金子盛夫	東京市荏原區戸越町五〇二 平野三郎	決シテ友軍ノ勝テハナイ(死傷者ハトシトシ飛行機ニテ運ハレテ居ツタ日數ニスレハ三日遺骨車ニテ三ケ車輛キツシリト)	削除

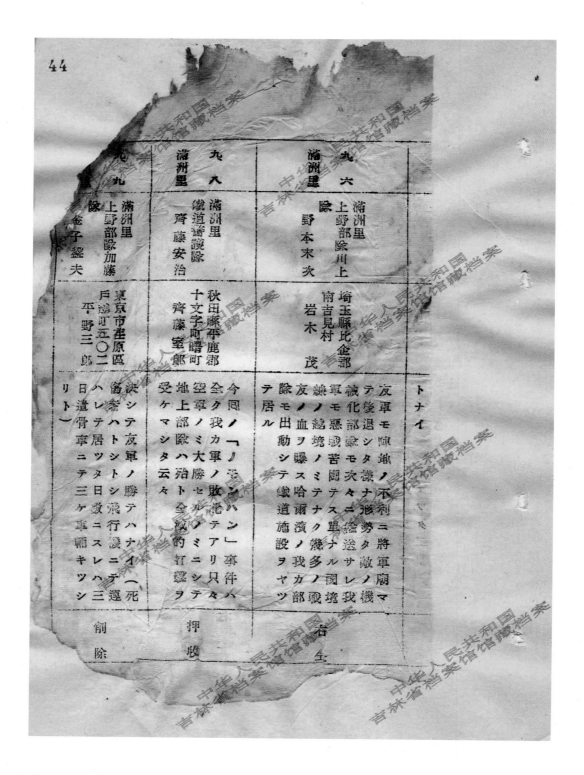

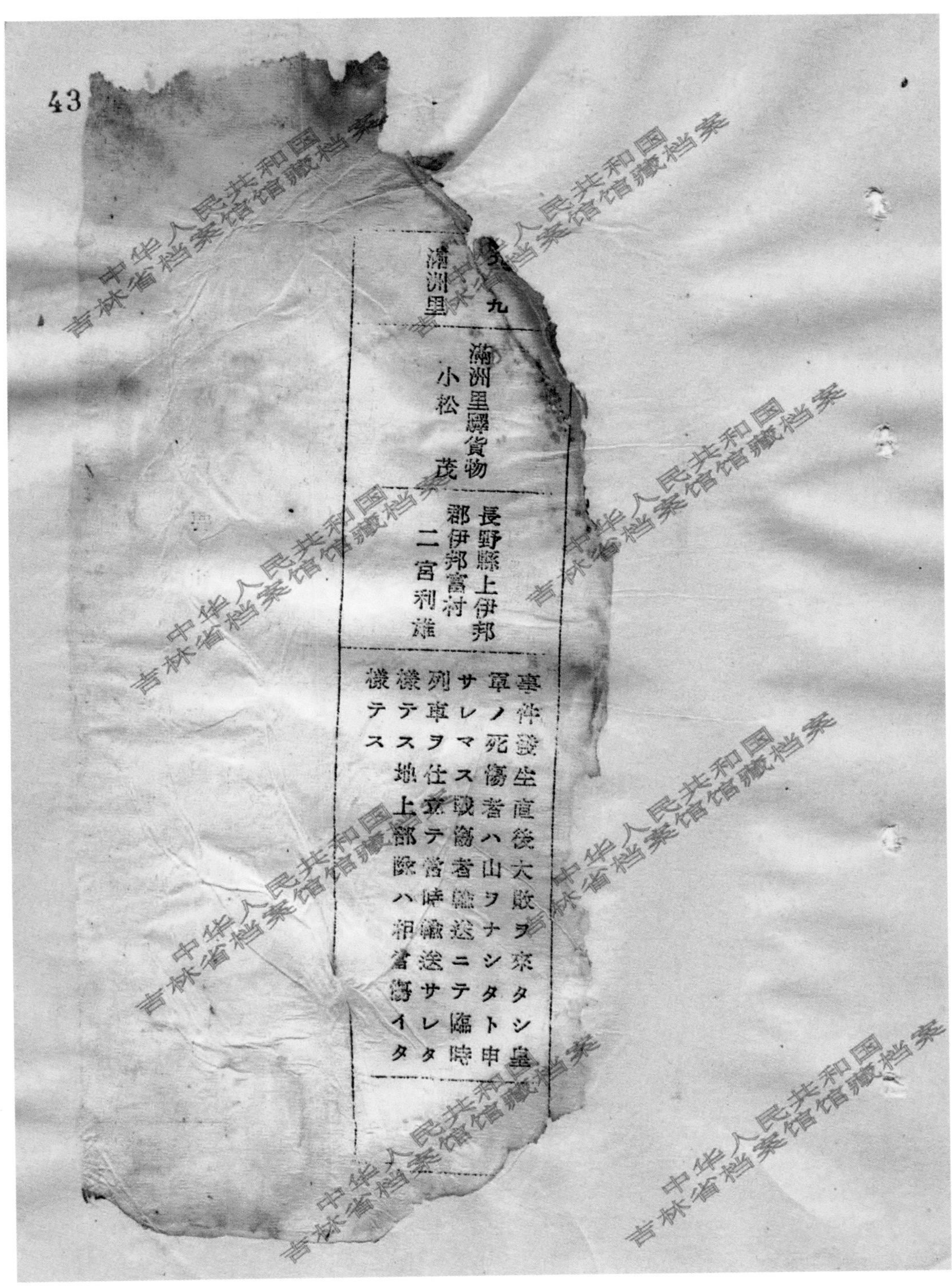
43

九
満洲里

満洲里驛貨物
小松 茂

長野縣上伊那郡伊那富村
二宮利雄

事件發生直後大敗ヲ來タシ皇軍ノ死傷者ハ山ヲナシタト申サレマス戰傷者輸送ニテ臨時列車ヲ仕立テ常時輸送サレタ様テス地上部隊ハ相當參イタ様テス

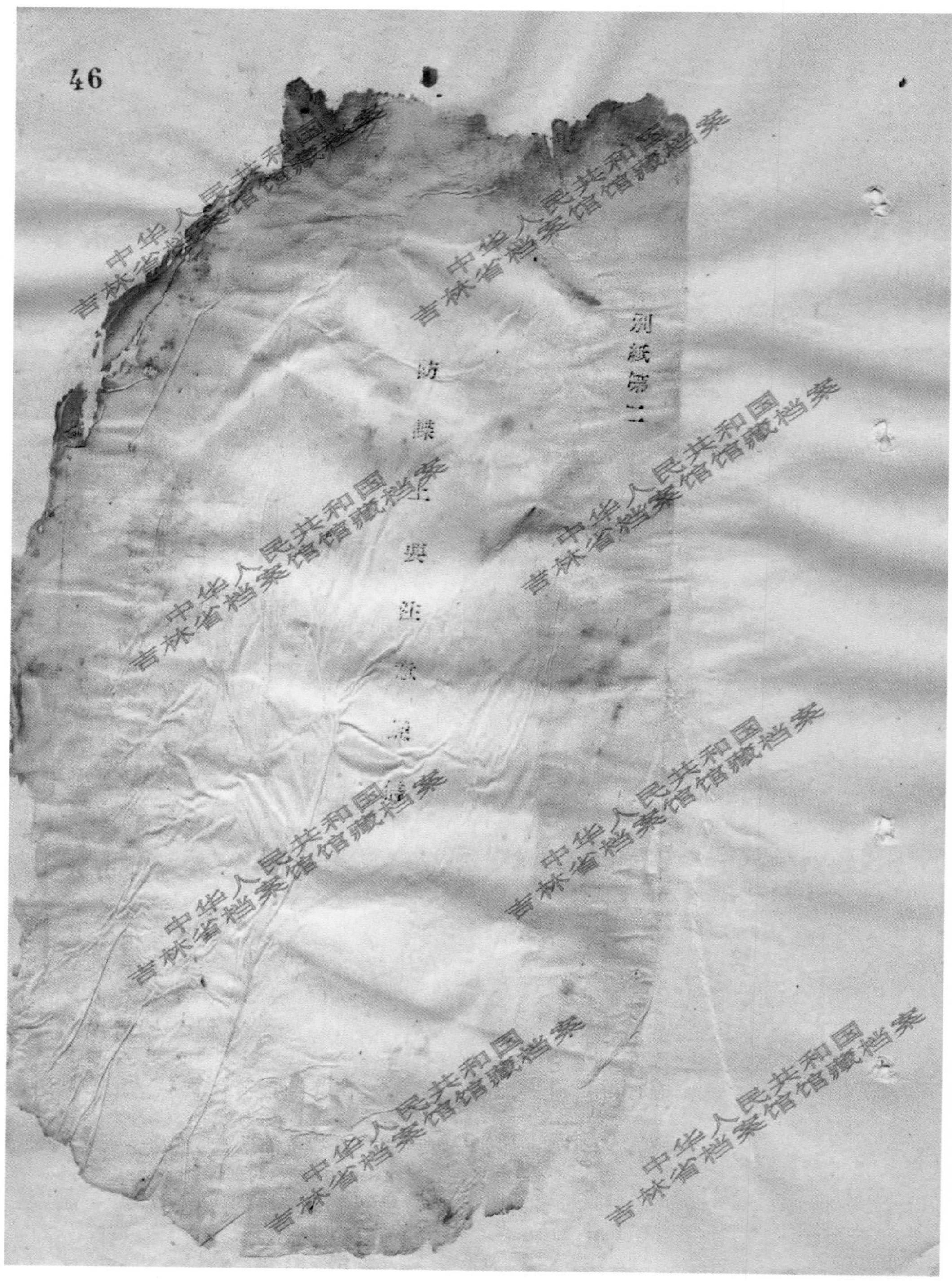

46

別紙第二

防諜上要注意通信

45

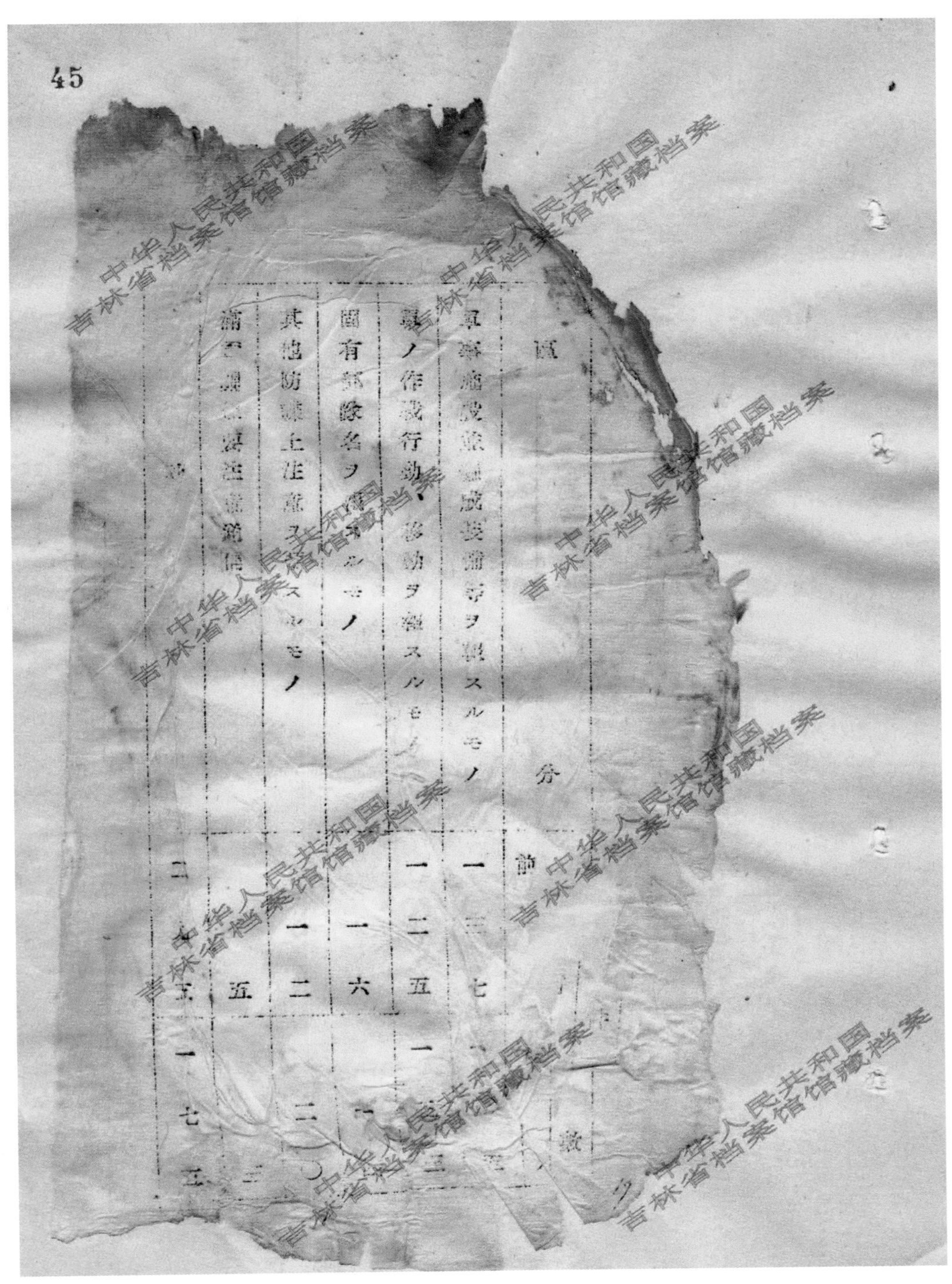

區分	[illegible]	數
軍事施設狀況援滿等ヲ報スルモノ	一三七	[illegible]
匪ノ作戰行動、移動ヲ報スルモノ	一二五	一[illegible]三
固有部隊名ヲ暗示スルモノ	一六	一[illegible]
其他防諜上注意ヲ要スルモノ	一二	二[illegible]
滿[illegible]軍[illegible]漏洩[illegible]通信	五	三
計	二[illegible]五	一七五

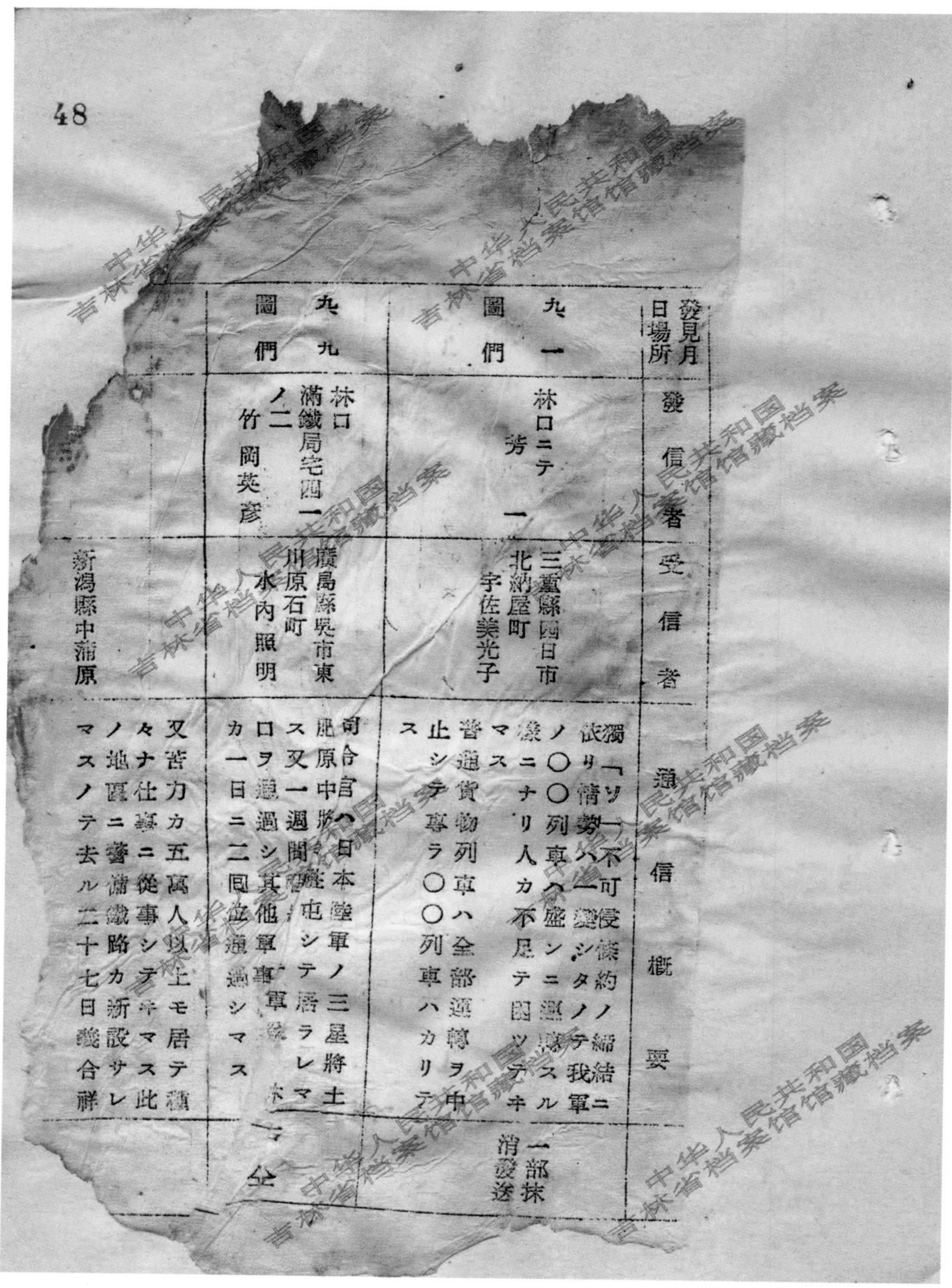

48

發見月日場所	發信者	受信者	通信概要	處置
九、一 圖們	林口ニテ 芳一	三重縣四日市 北納屋町 宇佐美光子	獨「ソ」不可侵條約ノ締結ニ依リ情勢ハ一變シタノテ我軍ノ○○列車ハ盛ンニ運轉スル樣ニナリ人カ不足テ困ツテキマス普通貨物列車ハ全部運轉ヲ中止シテ專ラ○○列車ハカリテス	一部抹消發送
九、九 圖們	林口 滿鐵局宅四ノ二 竹岡英彦	廣島縣呉市東川原石町 水内照明	司令官ハ日本陸軍ノ三星將土肥原中將ガ駐屯シテ居ラレマス又一週間[illegible]ロヲ通過シ其他軍事[illegible]軍隊[illegible]カ一日ニ二回位通過シマス	一全
		新潟縣中蒲原	又苦力カ五萬人以上モ居テ種々ナ仕事ニ從事シテキマス此ノ地區ニ警備鐵路カ新設サレマスノテ去ル二十七日幾合祥	

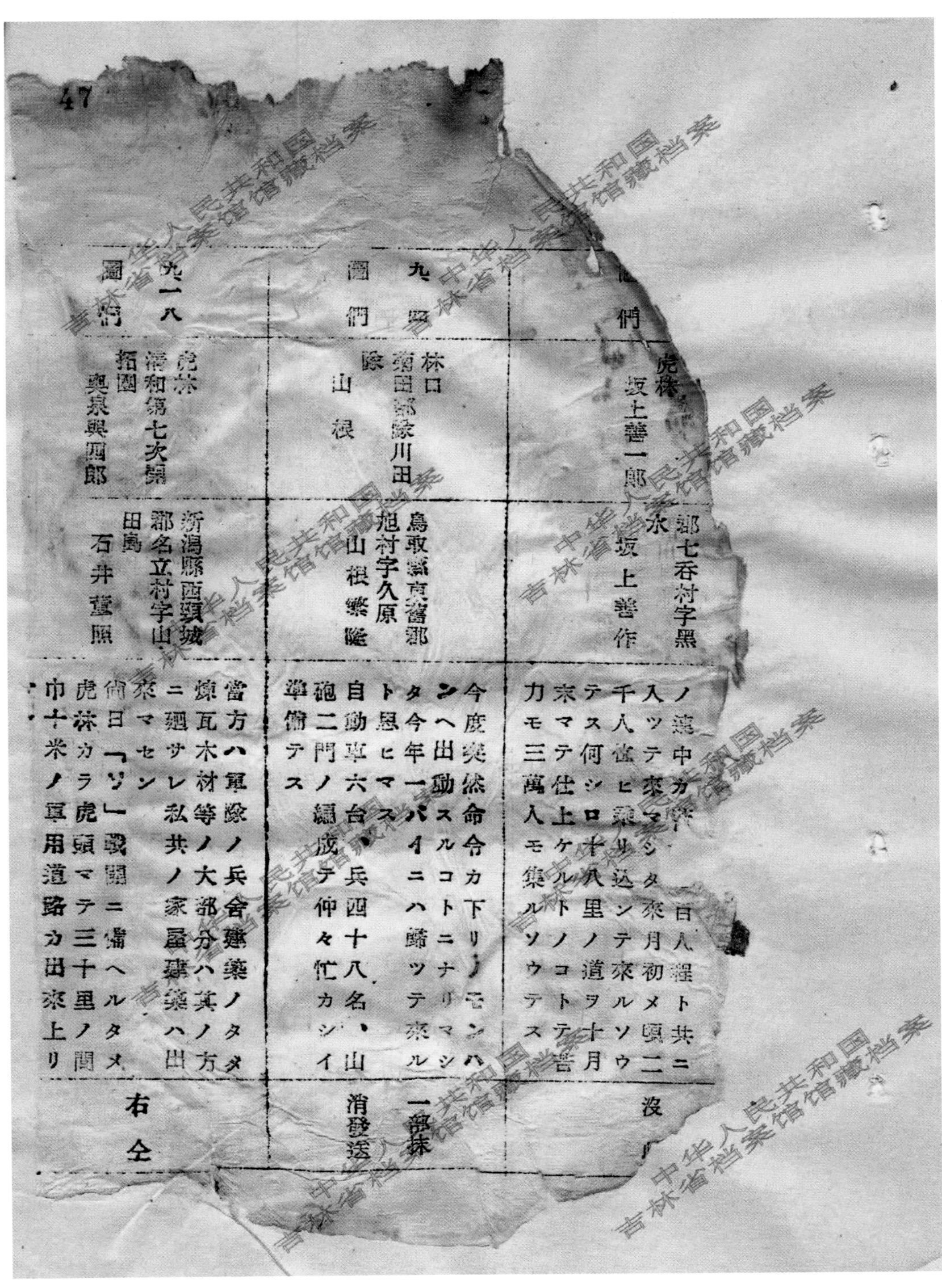
47

九[illegible] 圖們	林口 菊田部隊川田隊 山根	鳥取縣東伯郡 旭村字久原 山根樂隆	今度突然命令カ下リノモンハンヘ出動スルコトニナリマシタ今年一パイニハ歸ッテ來ルトハ思ヒマス自動車六台・兵四十八名・山砲二門ノ編成テ仲々忙カシイ準備テス	一部抹消發送
[illegible]們	虎林 坂上善一郎	郡七呑村字黑水 坂上善作	ノ途中カ[illegible]百人程ト共ニ入ッテ來マシタ來月初メ頃二千八[illegible]ヒ連リ込ンテ來ルソウテス何シロ十八里ノ道ヲ十月末マテ仕上ケルトノコトテ苦力モ三萬人モ集ルソウテス	沒[illegible]
九一八 圖們	虎林 滿和第七次開拓團 奧泉與四郎	新潟縣西頸城郡名立村字山田島 石井董照	當方ハ軍隊ノ兵舍建築ノタメ煉瓦木材等ノ大部分ハ其ノ方ニ廻サレ私共ノ家屋建築ハ出來マセン來日「ソ」戰鬪ニ備ヘルタメ虎林カラ虎頭マテ三十里ノ間巾十米ノ軍用道路カ出來上リ	右全

50

番號	發信地・發信人	受信地・受信人	内容	處置
九二一 圖們	東安省密山縣大倉土木連珠山詰所 横山光一郎	岡山縣吉滿郡九内村原 川嶋正德	驛ノ向フニ兵隊サンカ澤山居リマス東安ヲ中心ニ二ケ師團居リマス又近クニ一ケ聯隊駐屯シテキマス遊フ所カナイノテ三里モアル東安ヘ行クノテス	右仝
九二二 圖們	虎林タチバナ旅館 高橋睦一郎	群馬縣新高尾村大字新保 高橋タツ	日本ハ只今鐵道施設工事ニ一生懸命テス當地ノ工事カ完成スレハ本格的ニ「ソ」聯ト始メルラシイテス虎林ニハ兵舎カ澤山建築サレツツアリ十一月頭ニハ完成シ兵隊カ二・三萬來ルトノス	右仝
九三〇	綏陽縣綏芬河 北 正次	青森縣三石郡川内村大字上市川村池ノ堂	當地ハ要塞地ニテ何人タリトモ入レマセン東部國境ニハ八師團カ這入リ何十萬ノ兵隊カ居リマス「ソ」聯ハ[illegible]滿鮮人ニ對シ	沒

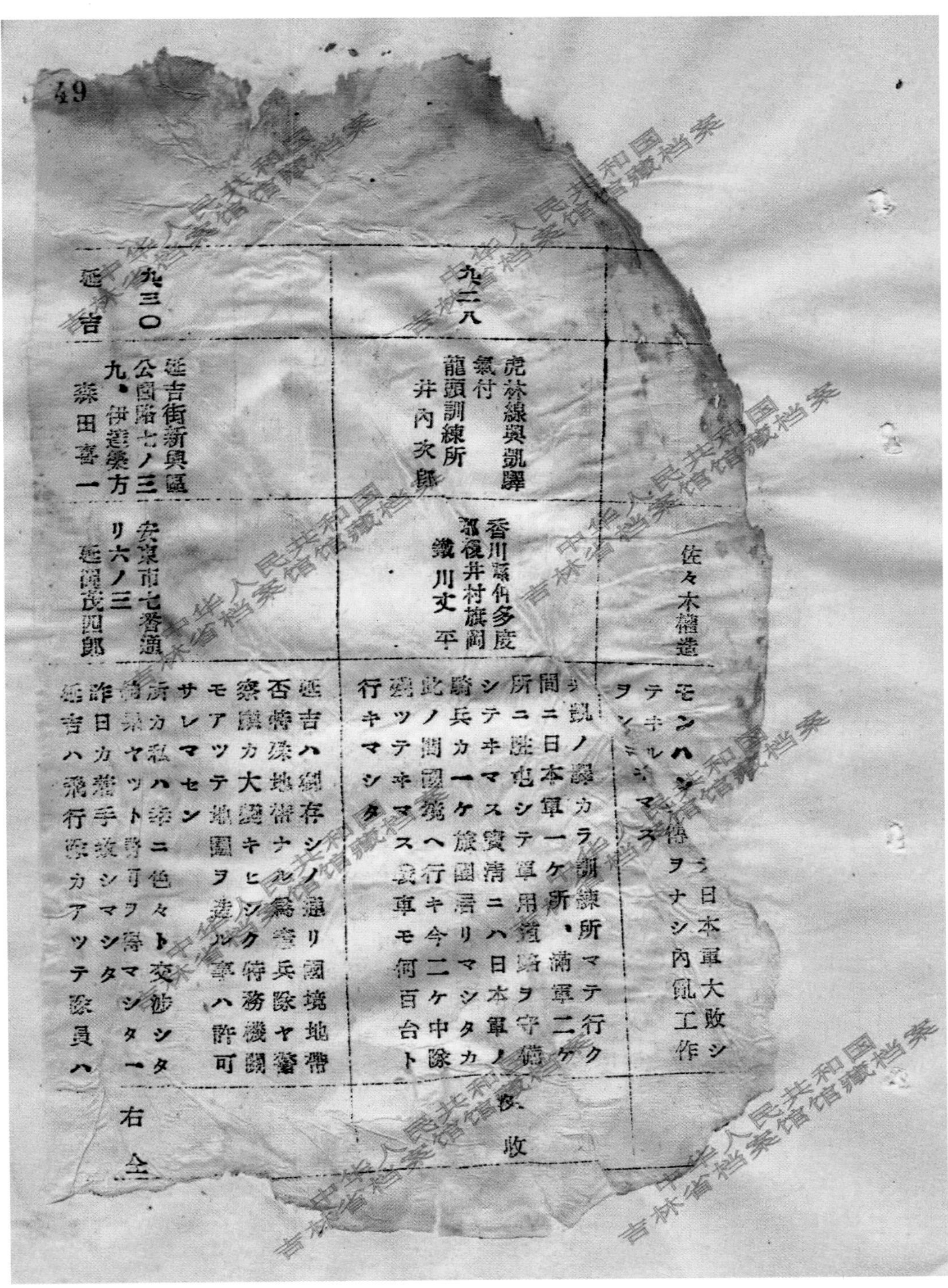

49

[illegible]	九二八	九三〇 延吉
[illegible]	虎林線與凱驛 氣付 龍頭訓練所 井內次郎	延吉街新興區 公園路七ノ三 九・伊達榮方 森田喜一
佐々木權造	香川縣仲多度郡múlti?	安東市七番通リ六ノ三 延陽茂四郎
モンハン[illegible]ラ日本軍大敗シテキ[illegible]傳ヲナシ内亂工作ヲシテ[illegible]マス	凱ノ驛カラ訓練所マテ行ク間ニ日本軍一ヶ所、滿軍二ヶ所ニ駐屯シテ軍用道路ヲ守備シテキマス寶清ニハ日本軍ノ騎兵カ一ケ旅團居リマシタカ此ノ間國境ヘ行キ今二ケ中隊殘ッテキマス戰車モ何百台ト行キマシタ	延吉ハ網存シノ邊リ國境地帶否特殊地帶ナル爲壹兵隊ヤ警察機カ大變キビシク特務機關モアッテ地圖ヲ造ル事ハ許可サレマセン所カ私ハ特ニ色々ト交渉シタ結果ヤット許可ヲ得マシター昨日カ着手致シマシタ延吉ハ飛行隊カアッテ隊員ハ
	沒收	右仝

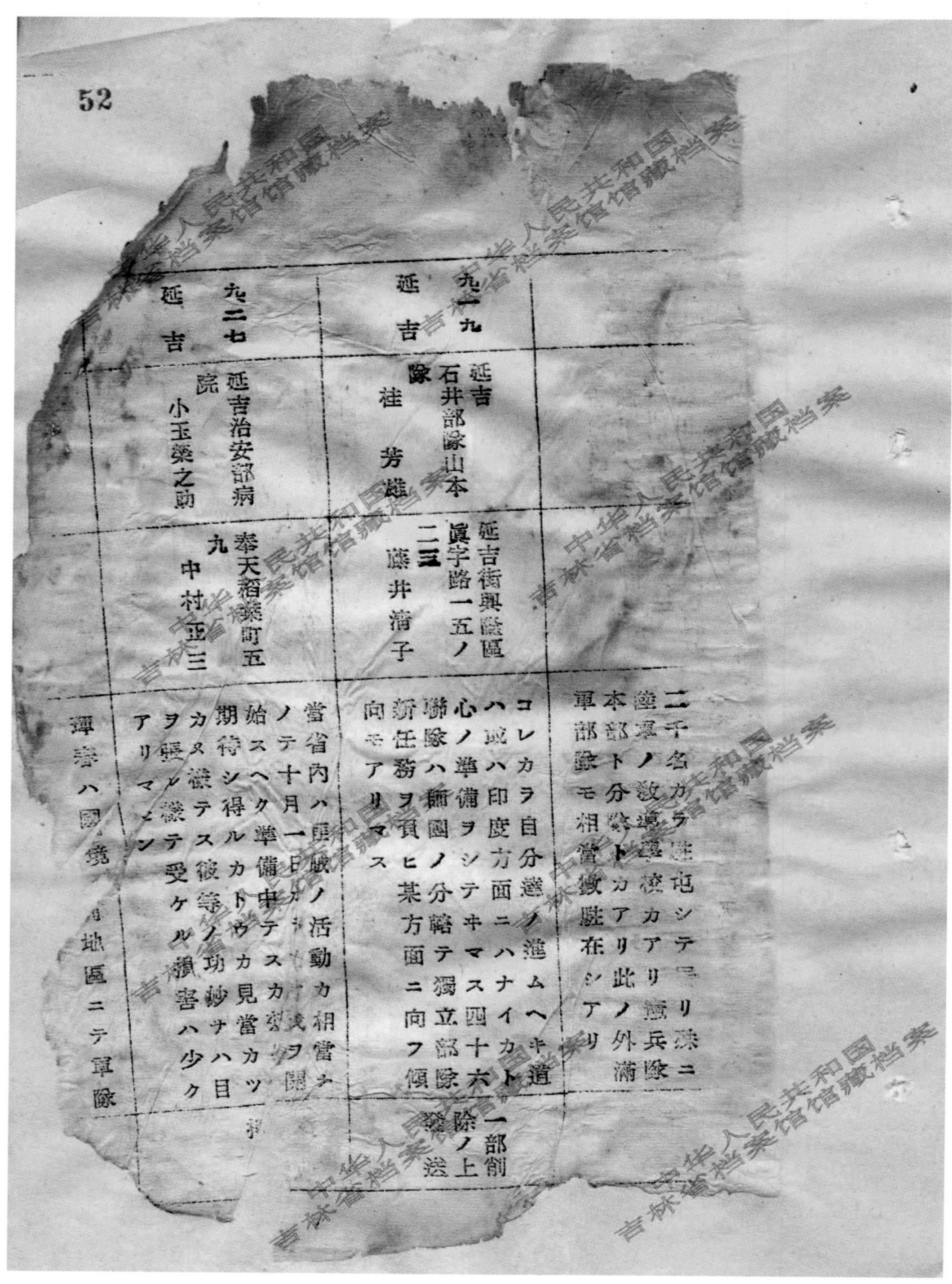

52

	九一九 延吉	九二七 延吉
	延吉石井部隊山本隊 桂芳雄	延吉治安部病院 小玉榮之助
	延吉街興隆區眞字路一五ノ二三 藤井清子	奉天稻葉町五九 中村正三
二千名カラ駐屯シテ居リ殊ニ滿軍ノ教導學校カアリ砲兵隊本部ト分遣隊トカアリ此ノ外滿軍部隊モ相當數駐在シアリ	コレカラ自分達ノ進ムヘキ道ハ或ハ印度方面ニハナイカト心ノ準備ヲシテヰマス四十六聯隊ハ師團ノ分離テ獨立部隊新任務ヲ負ヒ某方面ニ向フ傾向モアリマス	當省內ハ匪賊ノ活動カ相當ナノテ十月一日カラ討伐ヲ開始スヘク準備中テスカ效果ヲ期待シ得ルカトウカ見當カツカヌ樣テス彼等ノ功妙ナハ目ヲ瞠ル樣テ受ケル損害ハ少クアリマセン
	一部削除ノ上發送	押

琿春ハ國境[illegible]地區ニテ軍隊

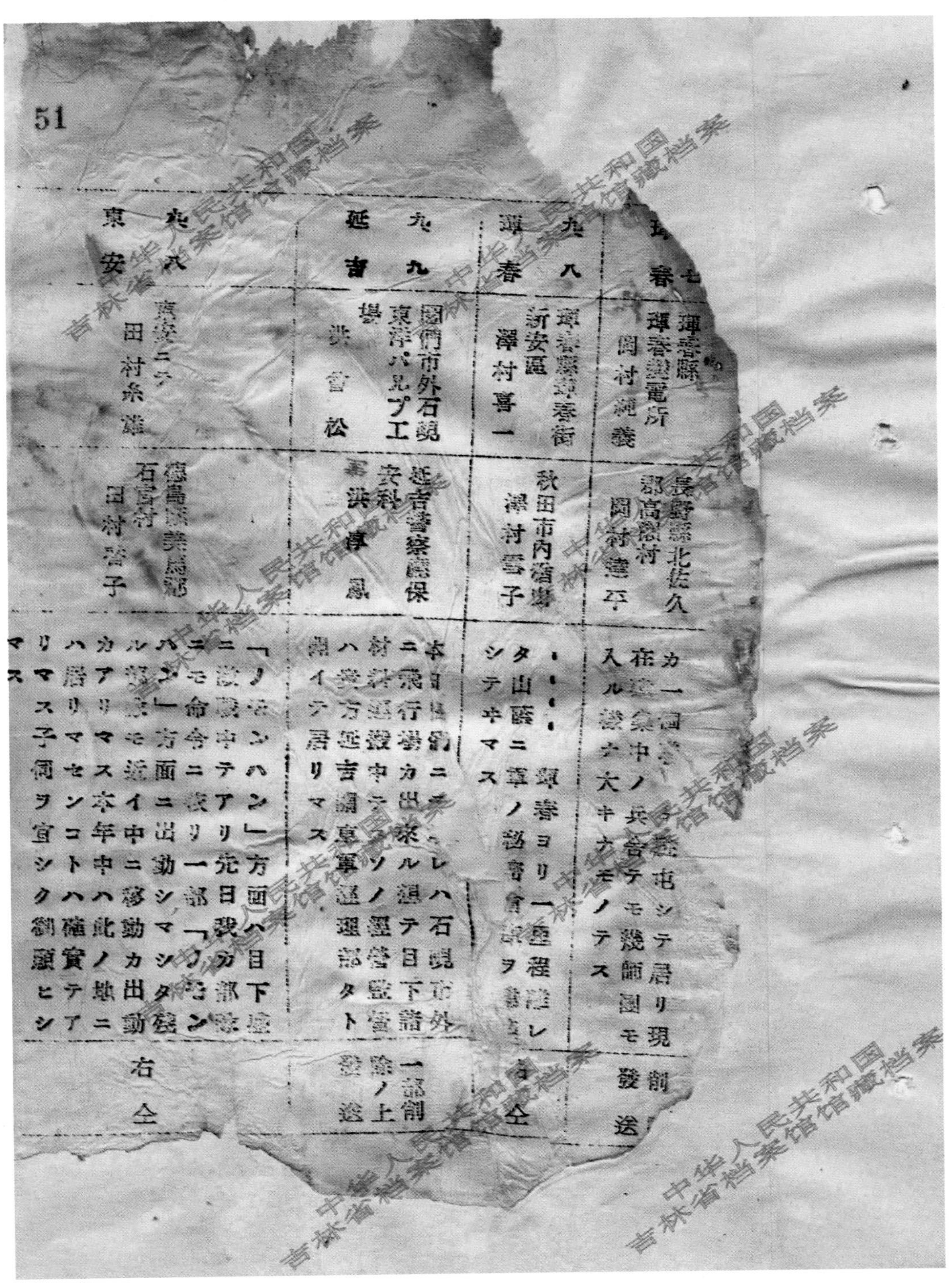

51

番號	局	發信人	受信人	通信内容	處置
[?]七	琿春	琿春縣 琿春發電所 岡村純義	長野縣北佐久郡高瀨村 岡村達平	カ一個[?]ヲ[?]駐屯シテ居リ現在[?]集中ノ兵舎テモ幾師團モ入ル樣ナ大キナモノテス	削除發送
八八	琿春	琿春縣琿春街新安區 澤村喜一	秋田市内[?]場 澤村雪子	・・・・琿春ヨリ一里程離レタ山際ニ軍ノ秘密倉庫ヲ[?]シテキマス	[?]仝
八九	延吉	圖們市外石峴 東洋パルプ工場 洪曾松	延吉警察廳保安科 洪淳鳳	本月[?]初ニ[?]レハ石峴市外ニ飛行場カ出來ル[?]テ目下請村材運搬中テソノ經營監督ハ[?]方延吉關東軍[?]運部タト聞イテ居リマス	一部削除ノ上發送
九[?]	東安	東安ニテ 田村糸雄	德島縣美馬郡石[?]村 田村[?]子	「ノモンハン」方面ハ目下遂ニ激戰中テアリ先日我カ部隊ニモ命令ニ依リ一部「ノモンハン」方面ニ出動シマシタ[?]ルモ近イ中ニ移動カ出動カアリマス本年中ハ此ノ地ニハ居リマセンコトハ確實テアリマス子何ヲ宜シク御願ヒシマス	右仝

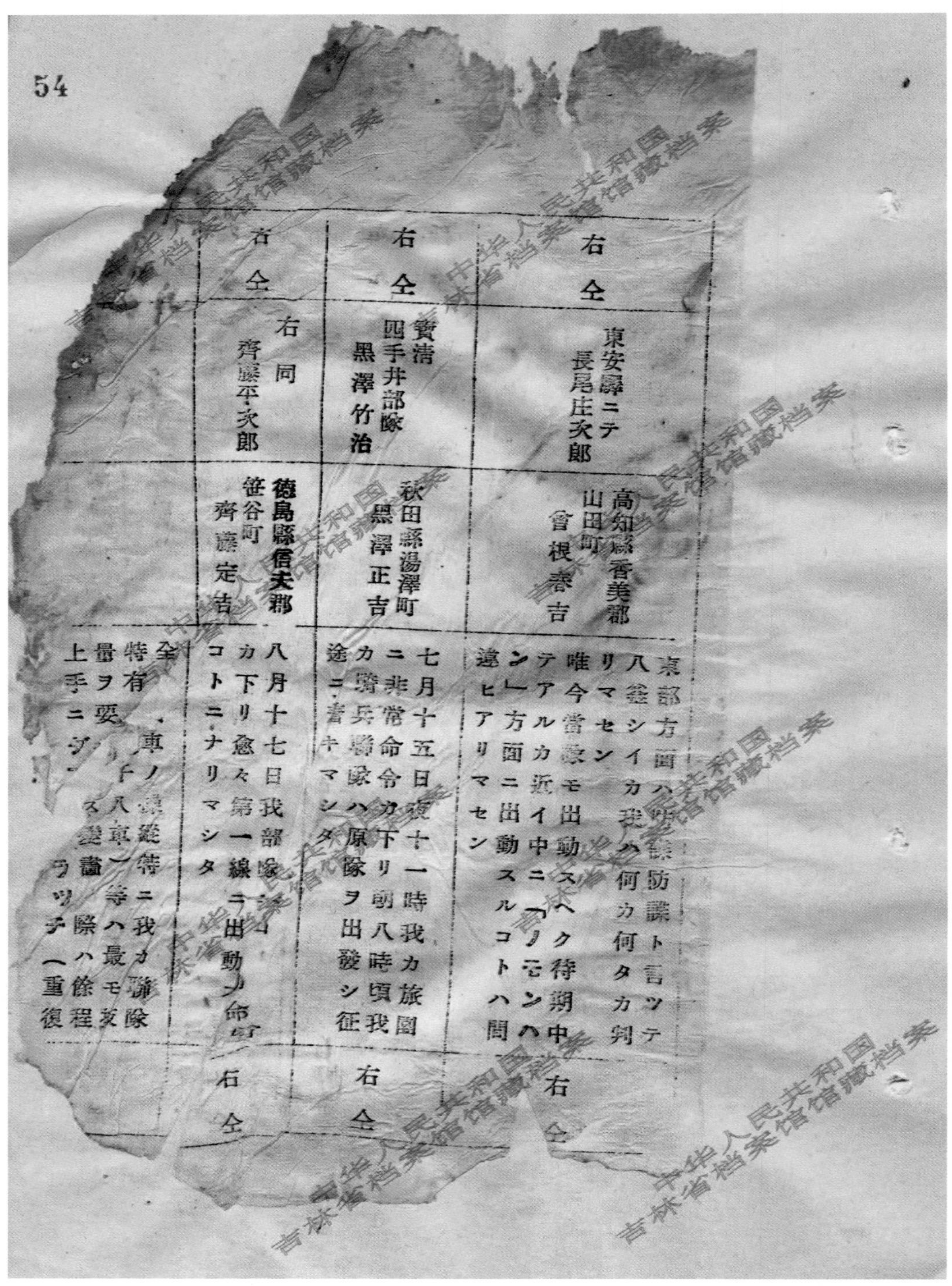

54

右仝	右仝	右仝
東安縣ニテ 長尾庄次郎	賓清 四手井部隊 黒澤竹治	右同 齊藤平次郎
高知縣香美郡山田町 曾根春吉	秋田縣湯澤町 黒澤正吉	徳島縣信夫郡笹谷町 齊藤定吉
東部方面ハ頻繁防諜ト言ッテ八釜シイカ我ハ何カ何タカ判リマセン唯今當隊モ出動スヘク待期中テアルカ近イ中ニ「ノモンハン」方面ニ出動スルコトハ間違ヒアリマセン	七月十五日夜十一時我カ旅團ニ非常命令カ下リ朝八時頃我カ騎兵聯隊ハ原隊ヲ出發シ征途ニ着キマシタ	八月十七日我部隊ニ[illegible]カ下リ愈々第一線ニ出動ノ命[illegible]コトニナリマシタ
右仝	右仝	右仝

仝、東ノ凍結期特ニ我カ聯隊特有ノ[illegible]ト[illegible]八車)等ハ最モ多量ヲ要ス[illegible]ス變讀際ハ餘程上手ニシ[illegible]ラツチ(重復

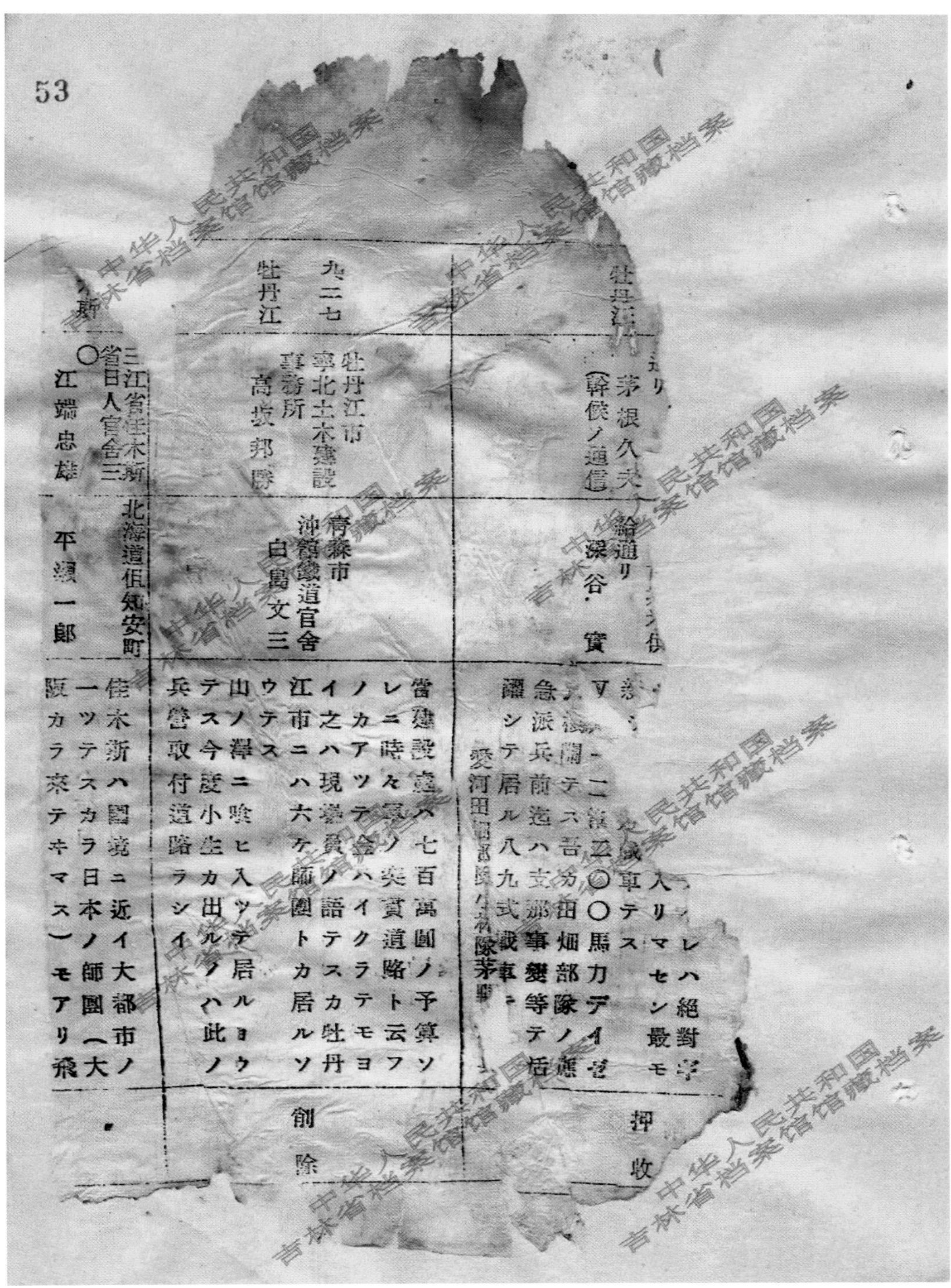

53

發信地・日附	發信者	受信者	通信内容	處置
牡丹江	…茅根久夫 (日系偽ノ通信)	…深谷・實	…レハ絶對… …入リマセン最モ… …戰車テス …◯◯馬力デイゼ… …テス吾等田畑部隊ノ應急派兵前迄ハ支那事變等テ活躍シテ居ル八九式戰車ヲ… 愛河田畑部隊…隊茅根…	押收
九二七 牡丹江	牡丹江市 寧北土木建設事務所 高坂邦勝	青森市 沖舘鐵道官舍 白鳥文三	當建設處ハ七百萬圓ノ予算ソレニ時々軍ノ突貫道路ト云フノカアツテ金ハイクラテモヨイ之ハ現地負ノ語テスカ牡丹江市ニハ六ケ師團トカ居ルソウテス 山ノ澤ニ喰ヒ入ツテ居ルヨウテス今度小生カ出ルノハ此ノ兵營取付道路ラシイ	削除
…斯	三江省佳木斯 省日人官舍三 ○江端忠雄	北海道倶知安町 平瀬一郎	佳木斯ハ國境ニ近イ大都市ノ一ツテスカラ日本ノ師團(一大隊カラ來テキマス)モアリ飛…	

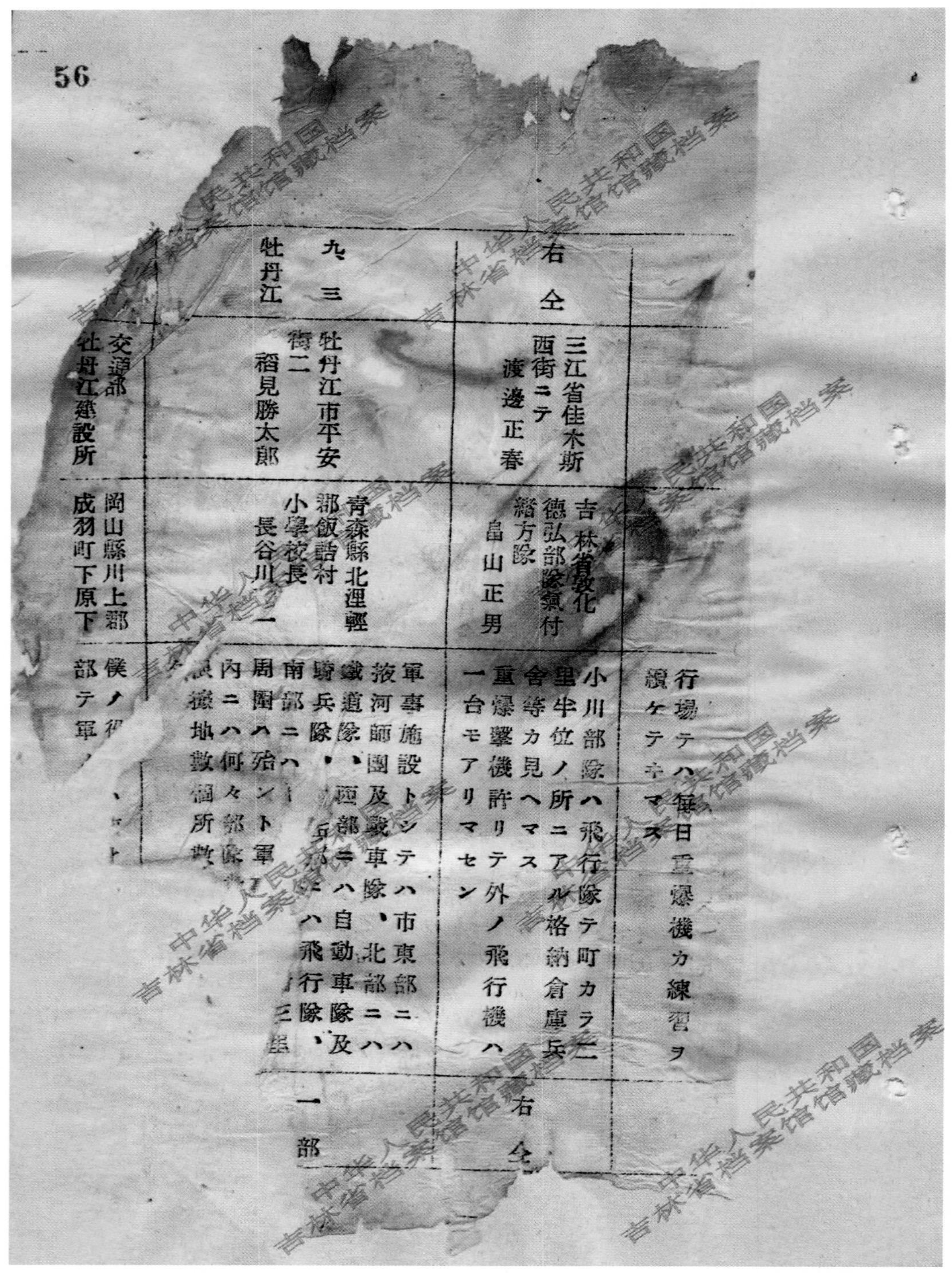

56

			行場テハ毎日重爆機カ練習ヲ續ケテヰマス
右仝	三江省佳木斯西街ニテ 渡邊正春	吉林省敦化徳弘部隊氣付 緒方隊 畠山正男	小川部隊ハ飛行隊テ町カラ二里半位ノ所ニアル格納倉庫兵舎等カ見ヘマス重爆撃機許リテ外ノ飛行機ハ一台モアリマセン
九三 牡丹江	牡丹江市平安街二 稲見勝太郎	青森縣北津輕郡飯詰村小學校長 長谷川一	軍事施設トシテハ市東部ニハ掖河師團及戰車隊、北部ニハ鐵道隊、西部ニハ自動車隊及騎兵隊、[illegible]ニハ飛行隊、南部ニハ[illegible]三星周圍ハ殆ント軍[illegible]内ニハ何々部隊[illegible]陣地數個所數[illegible]
	交通部牡丹江建設所	岡山縣川上郡成羽町下原下	僕ノ役[illegible]部テ軍[illegible]

右仝

一部

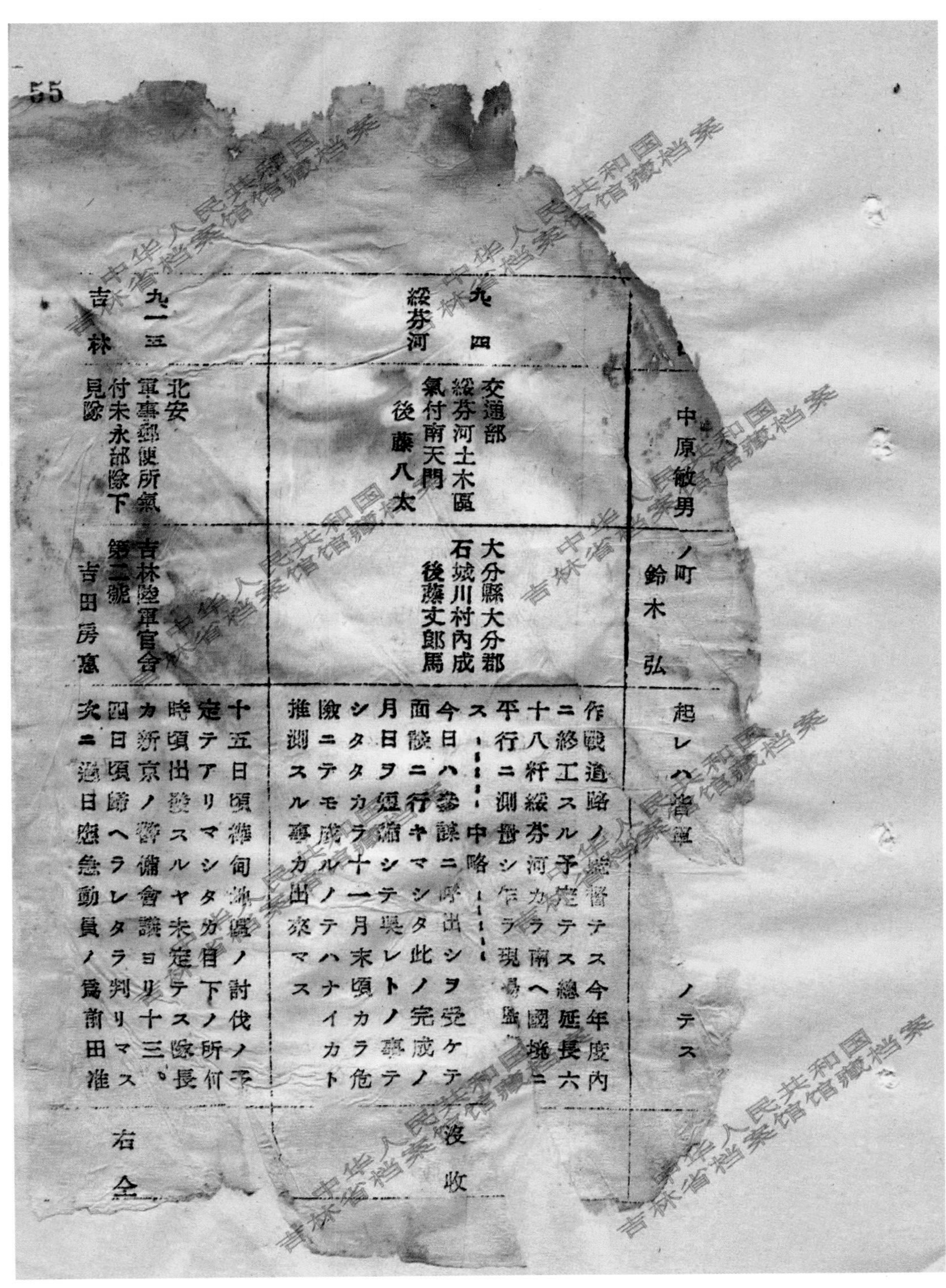

55

	九四 綏芬河	九一三 吉林
中原敏男	交通部綏芬河土木區氣付南天門 後藤八太	北安軍事郵便所氣付末永部隊下見隊
ノ町 鈴木弘	大分縣大分郡石城川村内成 後藤丈郎馬	吉林陸軍官舍第二號 吉田房惠
起レハ沿[illegible]……ノテス	作戰道路ノ總督テス今年度内ニ終工スル予定テス總延長六十八粁綏芬河カラ南ヘ國境ニ平行ニ測量シ乍ラ現場監督ス……中略……今日ハ參謀ニ呼出シヲ受ケテ面談ニ行キマシタ此ノ完成ノ月日ヲ短縮シテ呉レトノ事テシタタカラ十一月末頃カラ危險ニテモ成ルノテハナイカト推測スル事カ出來マス	十五日頃樺甸[illegible]匪ノ討伐ノ予定テアリマシタガ目下ノ所何時頃出發スルヤ未定テス隊長カ新京ノ警備會議ヨリ十三、四日頃歸ヘラレタラ判リマス次ニ過日應急動員ノ爲前田准
	沒收	右全

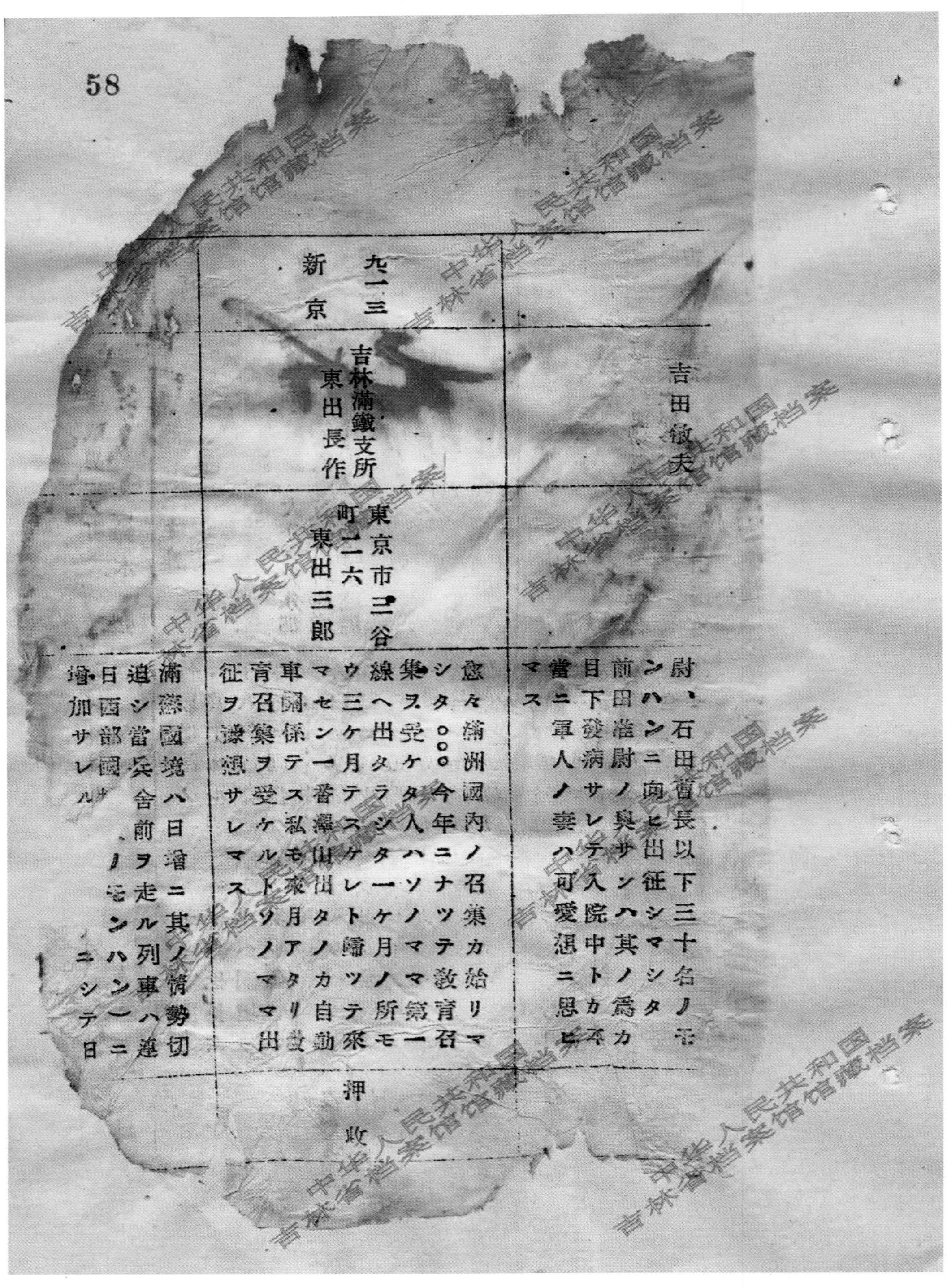
58

九一三
新京

吉林満鐵支所
東出長作

東京市三谷
町二六
東出三郎

吉田徹夫

尉、石田曹長以下三十名ノモンハンニ向ヒ出征シマシタ前田准尉ノ奥サンハ其ノ為カ目下發病サレテ入院中トカ本當ニ軍人ノ妻ハ可愛想ニ思ヒマス

愈々滿洲國内ノ召集カ始リマシタ。。。今年ニナツテ教育召集ヲ受ケタ人ハソノママ第一線ヘ出タラシタ一ケ月ノ所モウ三ケ月テスケレト歸ツテ來マセン一番澤山出タノカ自動車關係テス私モ來月アタリ教育召集ヲ受ケルトソノママ出征ヲ豫想サレマス

滿蘇國境ハ日増ニ其ノ情勢切迫シ當兵舎前ヲ走ル列車ハ連日西部國境ノモンハン一ニ増加サレル……ニシテ日

押收

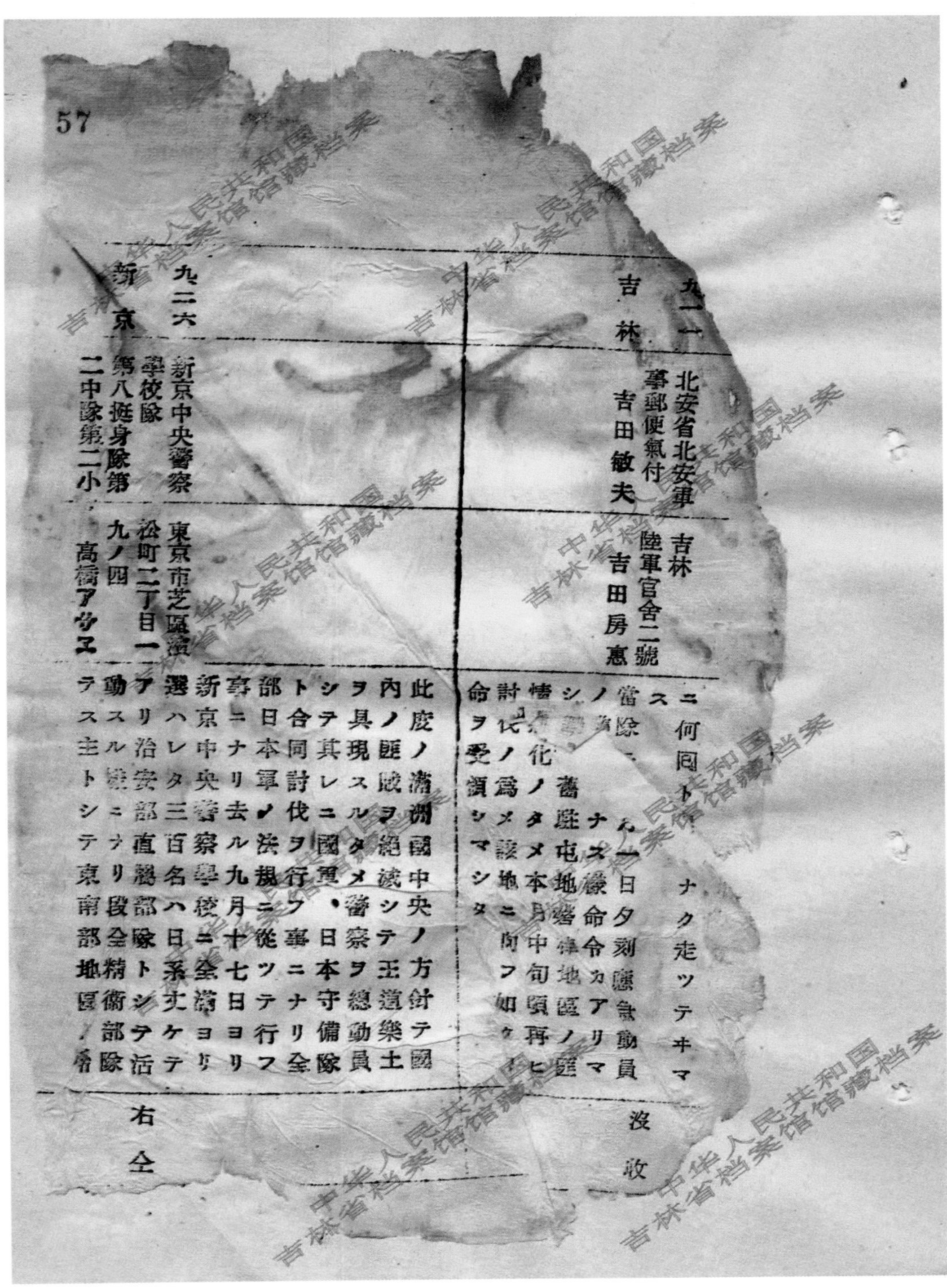

57

番號	發信地	發信者	受信者	內容	處置
九一一	吉林	北安省北安軍事郵便氣付 吉田敏夫	吉林陸軍官舍二號 吉田房惠	ニ何回トナク走ツテキマス當隊ニ[illegible]ル一日夕刻應急動員ノ[illegible]ナヌ緣命令カアリマシ[illegible]舊駐屯地警備地區ノ匪情[illegible]化ノタメ本月中旬頃再ヒ討伐ノ爲メ該地ニ向フ如ク[illegible]命ヲ受領シマシタ	沒收
九二六	新京	新京中央警察學校隊第八挺身隊第二中隊第二小隊	東京市芝區濱松町二丁目一九ノ四 高橋アサヲ	此度ノ滿洲國中央ノ方針テ國內ノ匪賊ヲ絕滅シテ王道樂土ヲ具現スルタメ警察ヲ總動員シテ其レニ國軍・日本守備隊ト合同討伐ヲ行フ事ニナリ全部日本軍ノ法規ニ從ツテ行フ事ニナリ去ル九月十七日ヨリ新京中央警察學校ニ全滿ヨリ選ハレタ三百名ハ日系丈ケテアリ治安部直轄部隊トシテ活動スル樣ニナリ段全精衛部隊テス主トシテ東南部地區ノ[illegible]	右仝

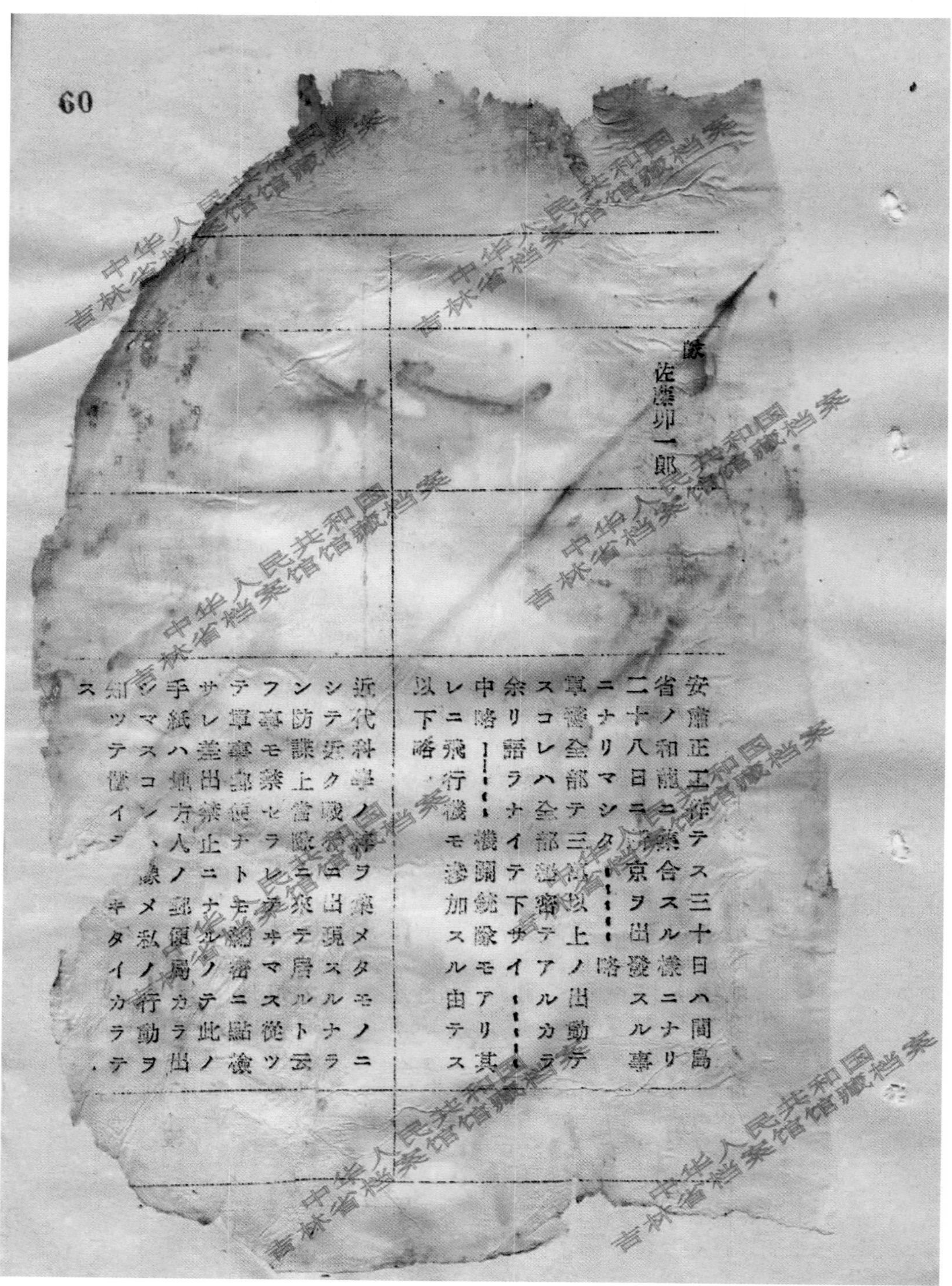

60

隊

佐藤卯一郎

安康正工作テス三十日ハ間島
省ノ和龍ニ集合スル様ニナリ
二十八日ニ新京ヲ出發スル事
ニナリマシタ……略
軍隊全部テ三十以上ノ出動テ
スコレハ全部秘密テアルカラ
余リ語ラナイテ下サイ……
中略……機關銃隊モアリ其
レニ飛行機モ參加スル由テス
以下略

近代科學ノ粹ヲ集メタモノニ
シテ近ク戰線ニ出現スルナラ
ン防諜上當隊ニ來テ居ルト云
フ事モ禁セラレテキマス從ツ
テ軍事郵便ナトモ嚴密ニ點檢
サレ差出禁止ニナルノテ此ノ
手紙ハ地方人ノ郵便局カラ出
シマスコン、爲メ私ノ行動ヲ
知ツテ貰イテ[illegible]キタイカラテ
ス

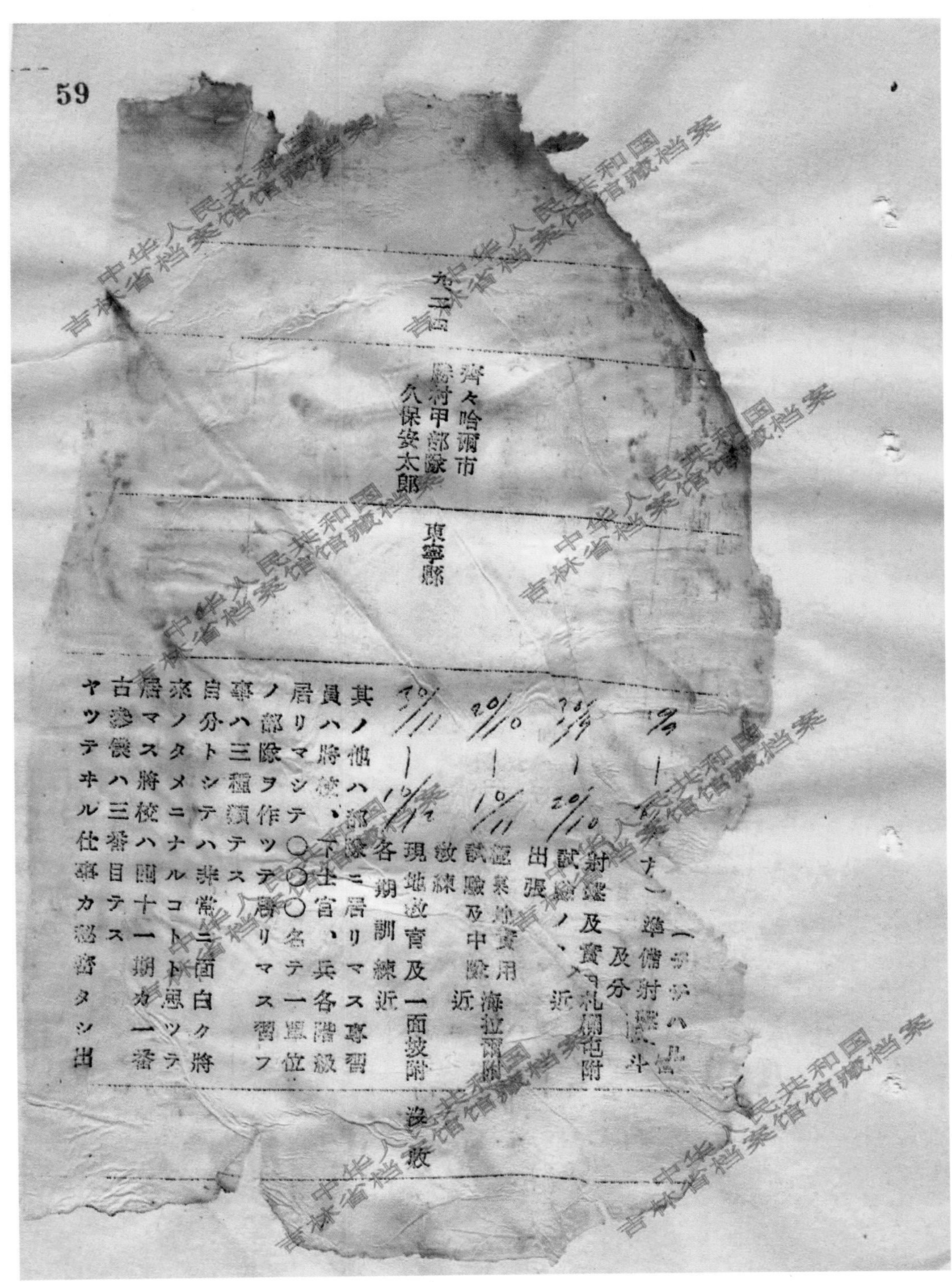
59

九二四

齊々哈爾市
勝村甲部隊
久保安太郎

東寧縣

1/9 — 1?/10 一[illegible]ハ目當
準備射撃斗
及分
23/9 — 20/10 射撃及實[illegible]札蘭屯附近
試験ノ、出張
20/10 — 1?/11 運乗[illegible]演用海拉爾附近
試験及中隊
教練
1?/11 — 1?/12 現地教育及一面坡附近
各期訓練

其ノ他ハ、部隊ニ居リマス專習
員ハ將校、下士官、兵各階級
居リマシテ〇〇〇名テ一單位
ノ部隊ヲ作ツテ居リマス習フ
事ハ三種類テス
自分トシテハ非常ニ面白ク將
來ノタメニナルコトヽ思ツテ
居マス將校ハ四十一期カ一番
古參儀ハ三番目テス
ヤツテキル仕事カ總務タシ出

没收

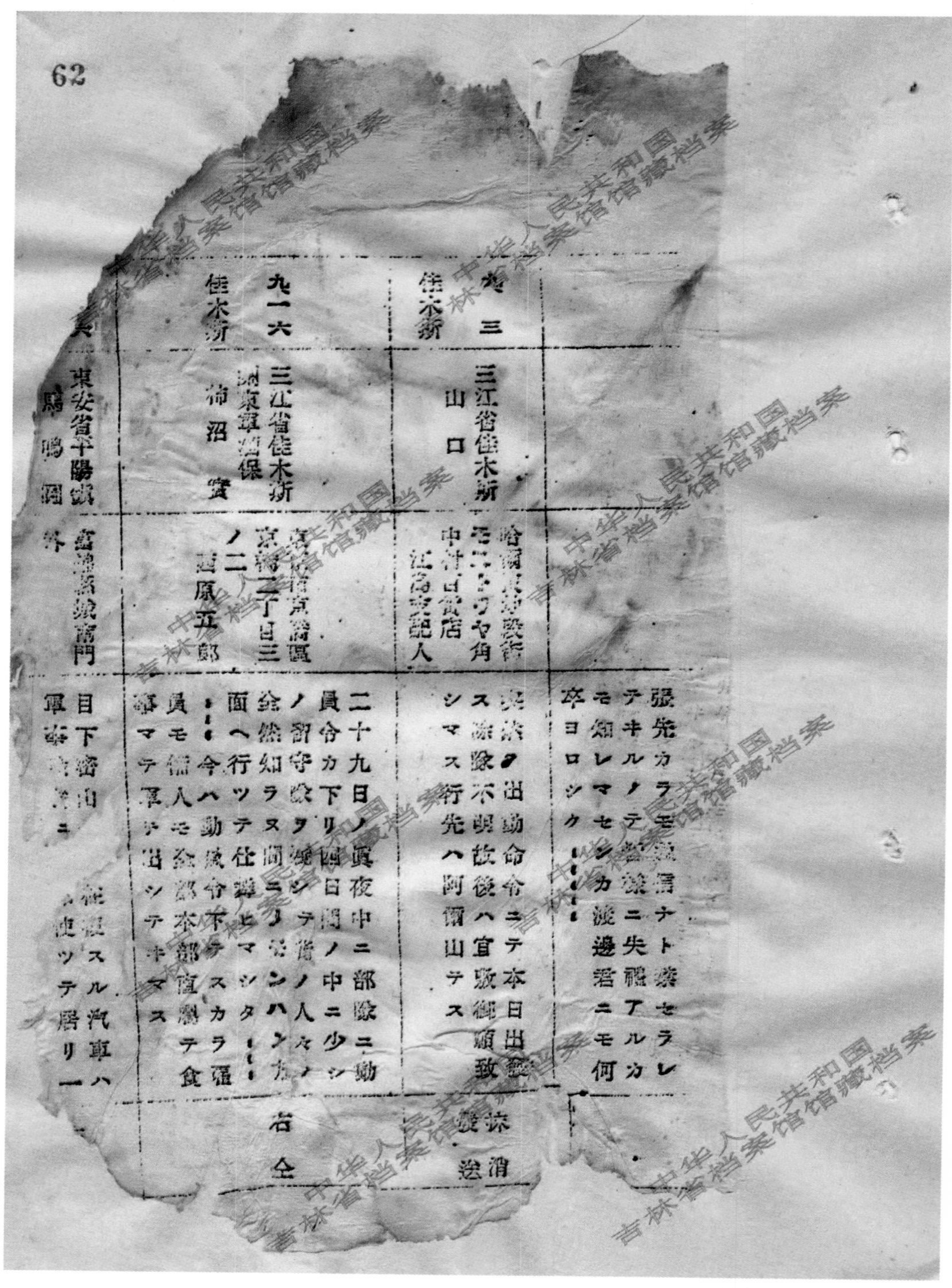

62

番號	差出人	受取人	通信内容	處置
			張先カラ手紙ナド寄セラレテキルノテ[illegible]部隊ニ失禮アルカモ知レマセン……カ渡邊君ニモ何卒ヨロシク……	
九一三 佳木斯	三江省佳木斯 山口	哈爾濱[illegible]モ[illegible]トワヤ角 中村日貨店 江島安能人	[illegible]出動命令ニテ本日出發ス[illegible]部隊不明故後ハ宜敷御願致シマス行先ハ阿爾山テス	抹消 發送
九一六 佳木斯	三江省佳木斯 滿[illegible]東軍[illegible]保 [illegible]沼 實	東京[illegible]京橋區 京橋二丁目三ノ二 西原五郎	二十九日ノ眞夜中ニ部隊ニ動員令カ下リ四日間ノ中ニ少シノ留守隊ヲ殘シテ當ノ人々ハ全然知ラヌ間ニノンハン方面ヘ行ッテ仕舞ヒマシタ……今ハ動員令下テスカラ電員モ備人モ全部本部直屬テ食事マテ軍テ出シテキマス	右仝
[illegible]	東安省平陽鎮 [illegible]鳴洞	盛[illegible]城南門外	目下密山[illegible]ニ往復スル汽車ハ軍事[illegible]ニ使ッテ居リ一	

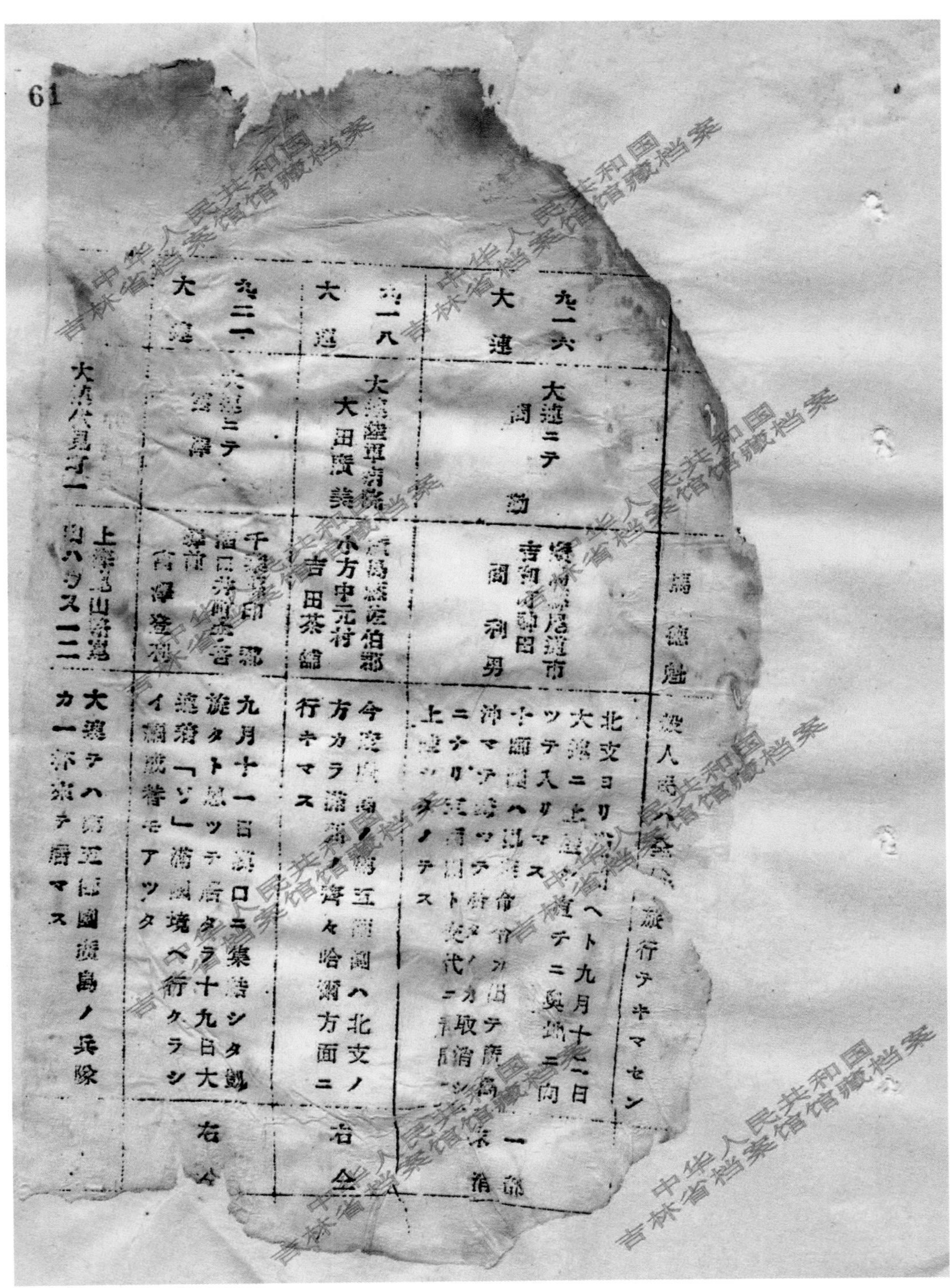

61

		編[illegible]總魁	被人[illegible]ハ[illegible] 旅行デキマセン	
九一六 大連	大連ニテ 岡[illegible]勤	[illegible]尾道市 寺[illegible]町[illegible] 岡[illegible]利男	北支ヨリ[illegible]ヘト九月十[illegible]日大連ニ上陸[illegible]テニ奥地ニ向ッテ入リマス[illegible]命令[illegible]テ鹿島[illegible]沖マデ[illegible]ッテ[illegible]取消[illegible]ニナリ[illegible]ト交代ニ[illegible]上陸[illegible]ノデス	一部抹消
九一八 大連	大[illegible]病院 大田隆美	[illegible]島[illegible]佐伯郡[illegible]方中元村 吉田茶舗	今度[illegible]ノ[illegible]江[illegible]ハ北支ノ方カラ満[illegible]ノ斉々哈爾方面ニ行キマス	右全
九二一 大連	大連ニテ [illegible]澤	千葉[illegible]印[illegible]郡 [illegible]村 [illegible]澤登[illegible]	九月十一日[illegible]口ニ集結シタ[illegible]旋タト思ッテ居タラ十九日大連[illegible]「ソ」満国境ヘ行クラシイ[illegible]着モアッタ	右全
大[illegible]見[illegible]一	上海[illegible]山[illegible] [illegible]ハウス一二		大連デハ[illegible]江[illegible]国[illegible]島ノ兵隊カ一杯来テ居マス	

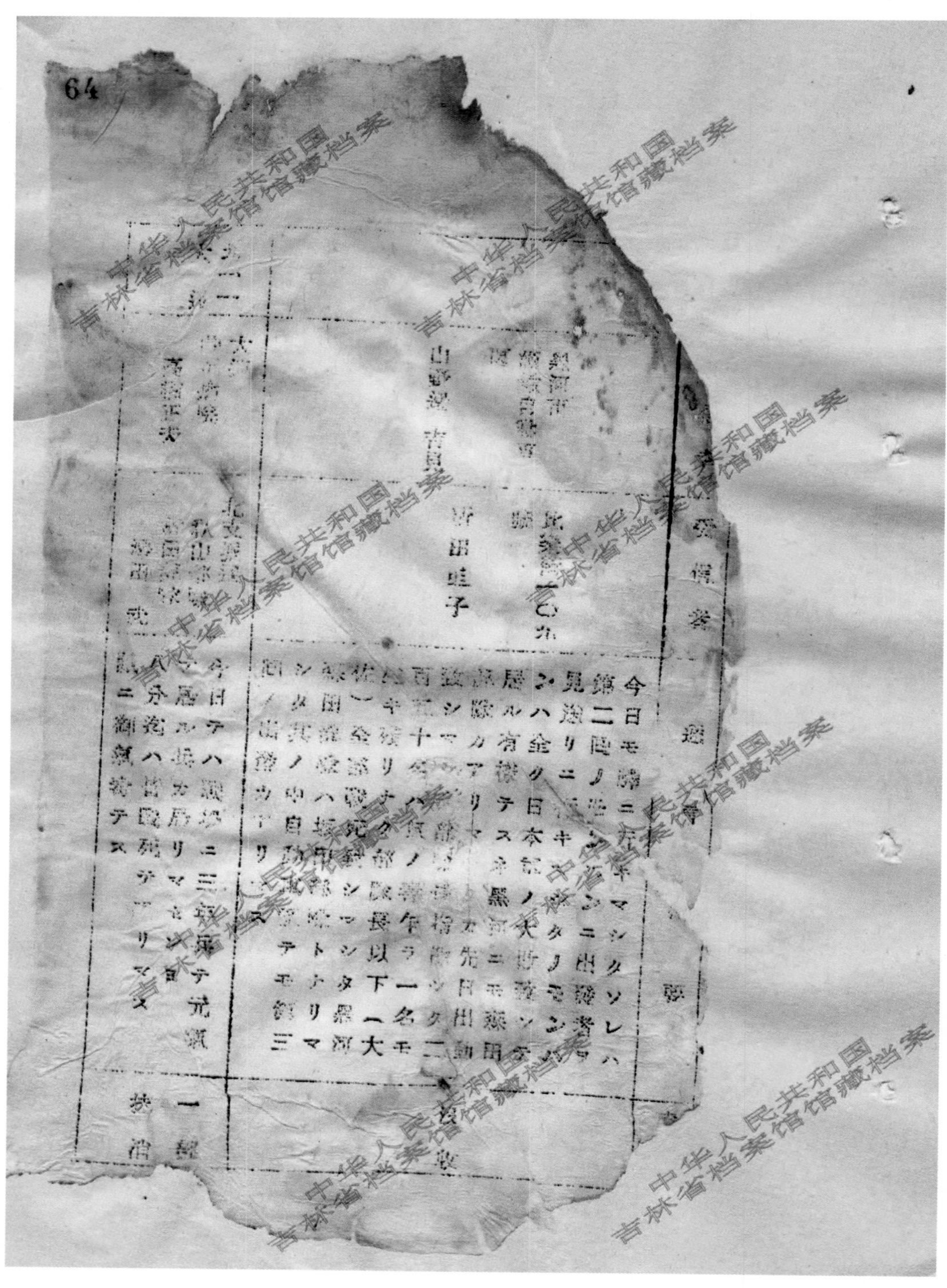

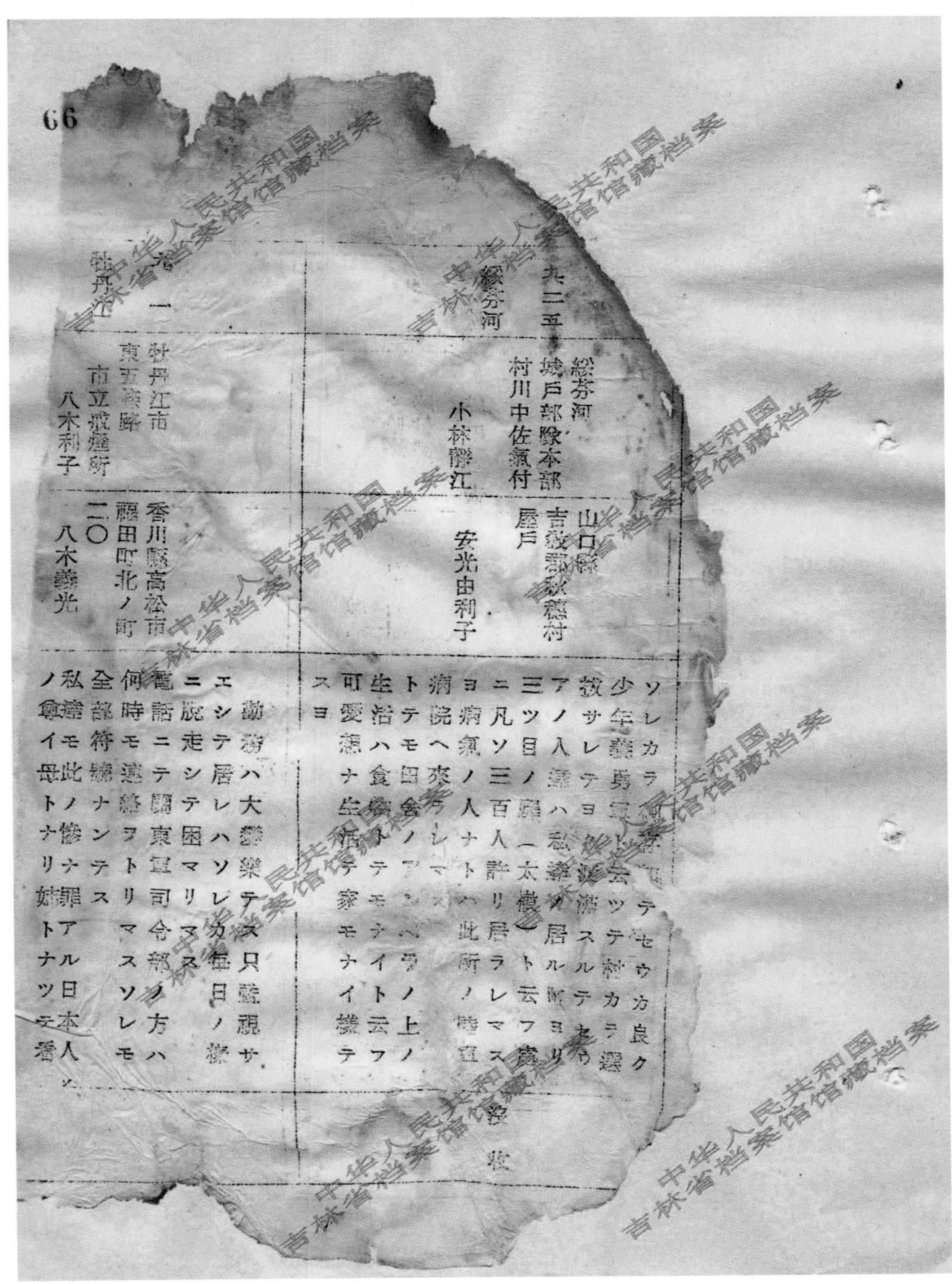

66

番號・地名	發信者	受信者	通信內容	處置
九二五 綏芬河	綏芬河 城戸部隊本部 村川中佐氣付 小林靜江	山口縣 吉敷郡秋穂村 屋戸 安光由利子	ソレカラ[illegible]テセウカ良ク少年義勇軍ト云ツテ村カラ選抜サレテヨ[illegible]スルテセウアノ人達ハ私達ノ居ル所ヨリ三ツ目ノ驛一太嶺ト云フ處ニ凡ソ三百人許リ居ラレマスヨ病氣ノ人ナトハ此所ノ陸軍病院ヘ來ラレマストテモ田舎ノアンペラノ上ノ生活ハ食事トテモナイト云フ可愛想ナ生活テ家モナイ様テスヨ	沒收
九一 牡丹江	牡丹江市東五條路 市立戒煙所 八木利子	香川縣高松市福田町北ノ町 二〇 八木義光	勤務ハ大變樂テス只監視サエシテ居レハソレカ毎日ノ様ニ脱走シテ困マリマス電話ニテ關東軍司令部ノ方ハ何時モ連絡ヲトリマスソレモ全部符號ナンテス私達モ此ノ慘ナ罪アル日本人ノ[illegible]イ母トナリ姉トナツテ看…	

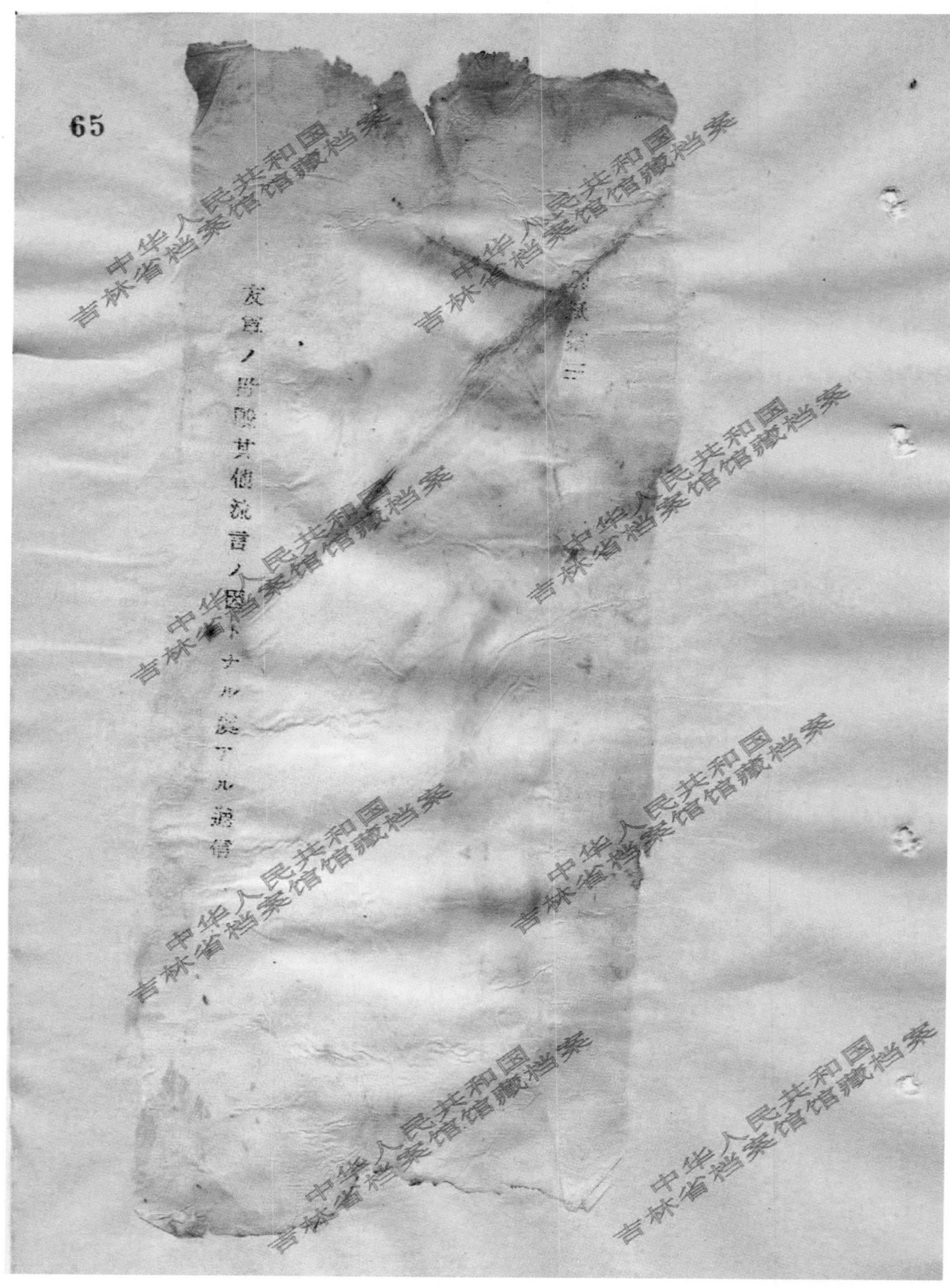

65

友軍ノ間隙其他流言ノ因トナル虞アル通信

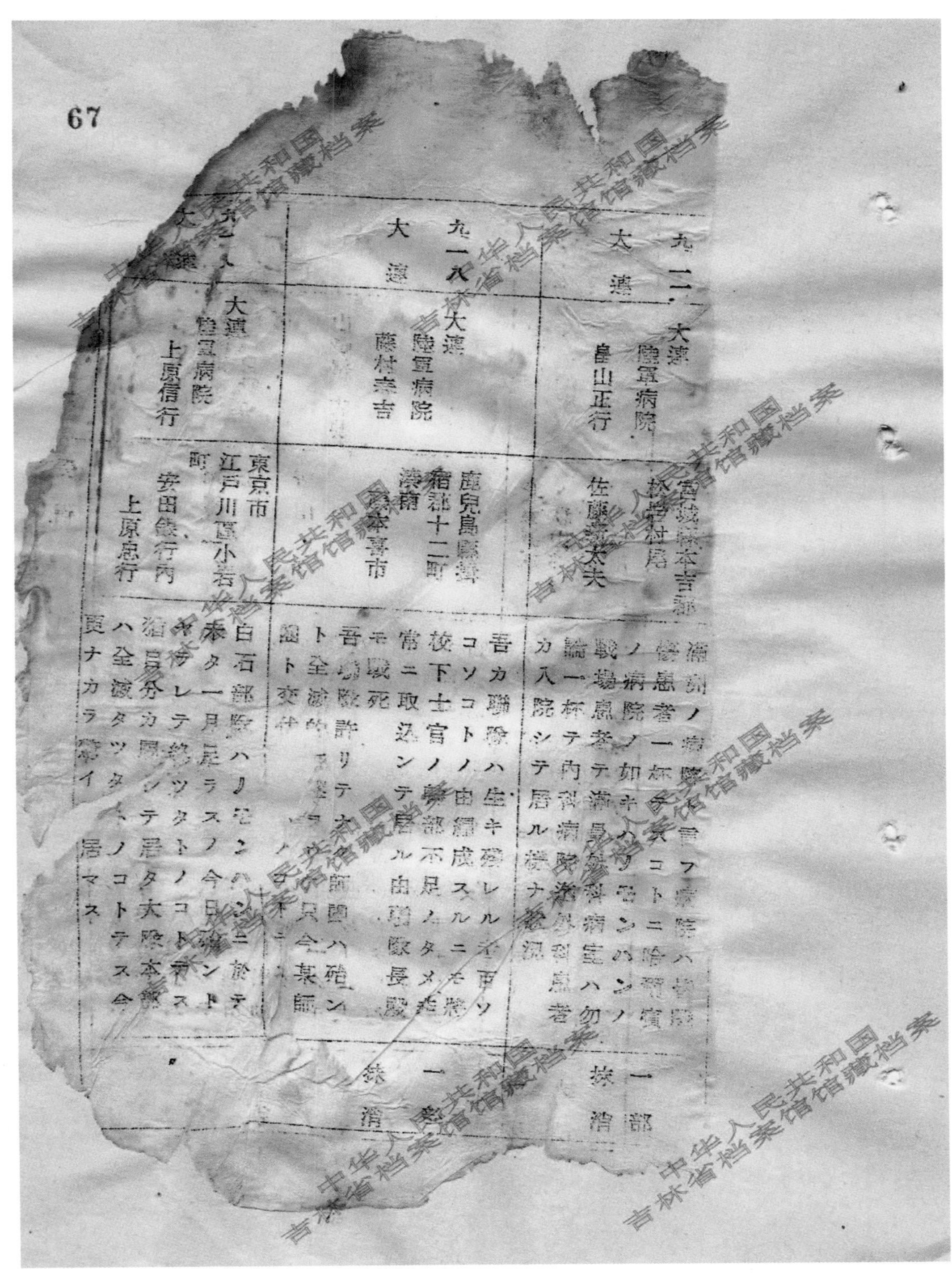

67

日付・地名	發信者	受信者	通信内容	處置
九・二一 大連	大連陸軍病院 畠山正行	宮城縣栗本吉郡(?)松[illegible]村尾 佐藤[illegible]太夫	滿洲ノ病院[illegible]言フ病院ハ[illegible]傷患者一杯デ[illegible]コトニ哈爾賓ノ病院ノ如キハ[illegible]ンハンノ戰場患者テ満員[illegible]科病室ハ勿論一杯テ内科病院[illegible]科患者カ入院シテ居ル様ナ[illegible]	一部抹消
九・一八 大連	大連陸軍病院 藤村壽吉	鹿兒島縣揖宿郡十二町 湊南 [illegible]本壽市	吾カ聯隊ハ生キ殘レル者百ソコソコトノ由編成スルニモ將校下士官ノ幹部不足ノタメ若常ニ取込ンテ居ル由聯隊長殿モ戰死[illegible]吾[illegible]隊[illegible]許リテ[illegible]師團ハ殆ント全滅的[illegible]只今某師團ト交代[illegible]	一部抹消
九・[illegible] 大連	大連陸軍病院 上原信行	東京市江戸川區小岩町 安田銀行内 上原忠行	白石部隊ハノモンハンニ於テ来タ一月足ラスノ今日殆ントヤラレテ終ツタトノコト[illegible]ス猶自分カ屬シテ居タ大隊本部ハ全滅シタツタトノコトテス今更ナカラ驚イテ居マス	

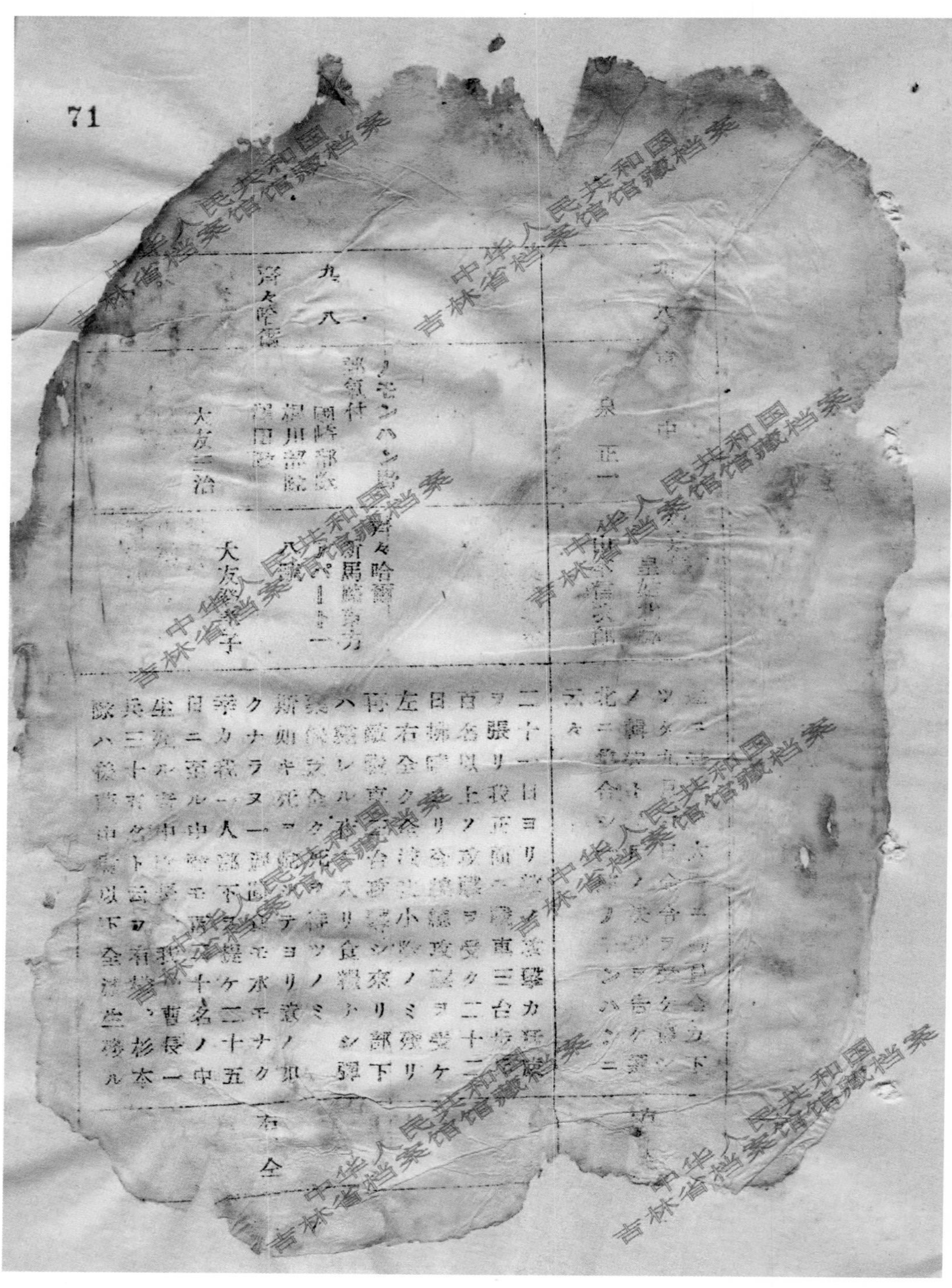

71

九、八、 [illegible] 泉正一 [illegible]

九、八、 齊々哈爾 ノモンハン附近 部隊付 國嶋部隊 湯川部隊 篠田部隊 大友二治 齊々哈爾 新馬路[illegible] 八ッパ[illegible] 大友[illegible]子

二十一日ヨリ[illegible]ノ[illegible]撃カ[illegible] ヲ張リ一日ヨリ[illegible]直三台[illegible] 百名以上我[illegible]ヲ受タ二十二[illegible] 日[illegible]全ク[illegible]ノ[illegible] 左右[illegible]全[illegible]小[illegible]ノミ[illegible] [illegible]ハ[illegible]ル[illegible]リ[illegible]食[illegible] 斯[illegible]死[illegible]テヨリノ[illegible] クナラヌ一人[illegible]モ水モナク [illegible]カ[illegible]ル[illegible]下[illegible]十名ノ[illegible] 日ニ[illegible]中[illegible]モ[illegible]十[illegible] [illegible]三十[illegible]ト[illegible] 隊ハ[illegible]以下全[illegible]

右 全

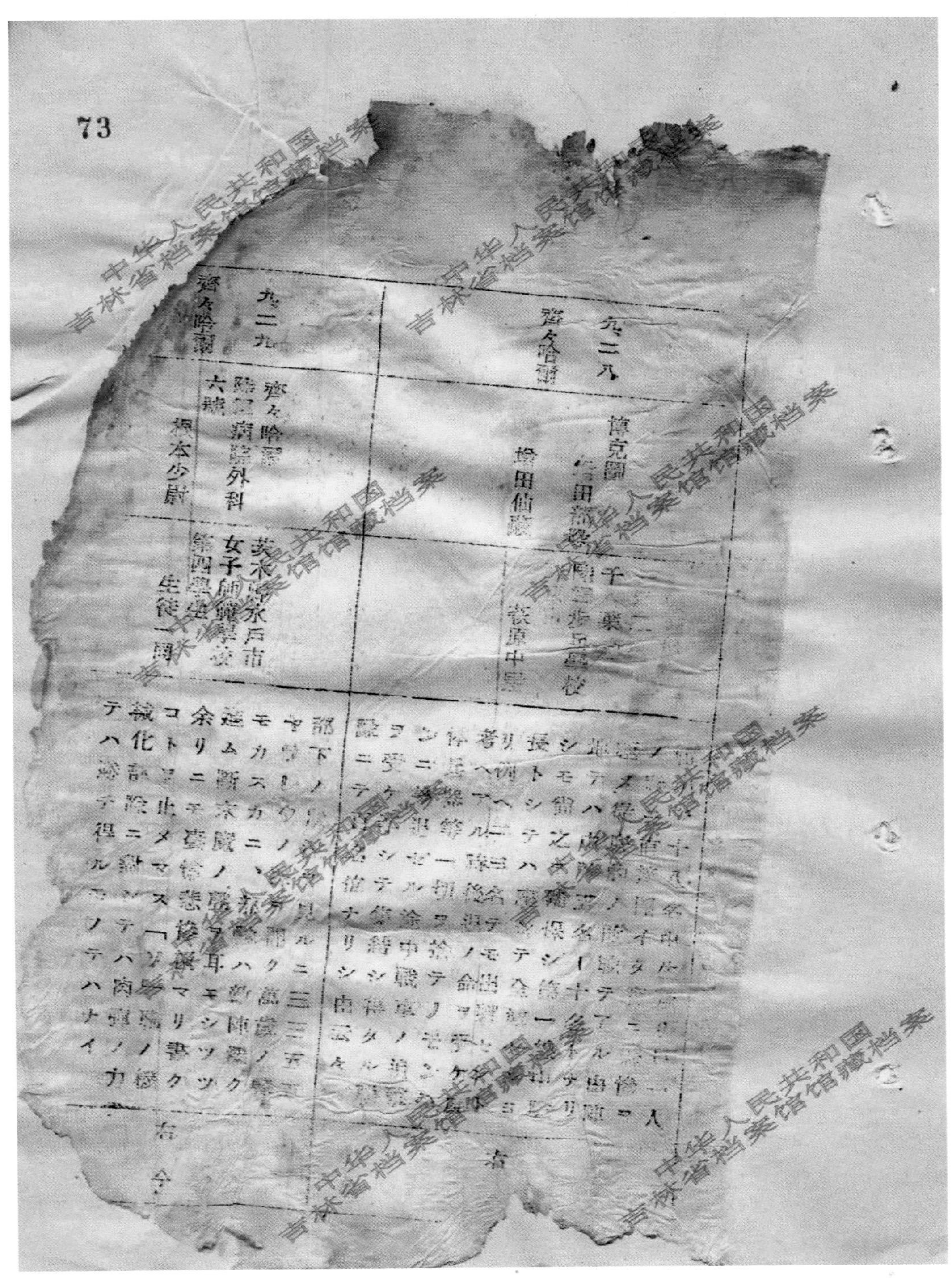

73

九・二八 齊々哈爾	博克圖 [illegible]田部隊 檜田仙藏	千葉[illegible] [illegible]歩兵學校 [illegible]原中尉	[illegible]
九・二九 齊々哈爾	齊々哈爾 陸軍病院外科 六號 根本少尉	茨城縣水戸市 女子師範學校 第四學年 生徒一同	部下ノ[illegible]見ルニ三三五ヤ[illegible]タノ[illegible]ルクニ三[illegible]モカスカニノ[illegible]ハ[illegible]陣[illegible]ク[illegible]遂ムニ斷末魔ノ悲[illegible]耳モシツ[illegible]余リニ[illegible]ノ[illegible]マリ書クコトヲ止メマス「[illegible]ノ[illegible]織化[illegible]除ニ[illegible]テハ肉[illegible]ノ[illegible]テ[illegible]得ルノ[illegible]テハナイカ

右

右

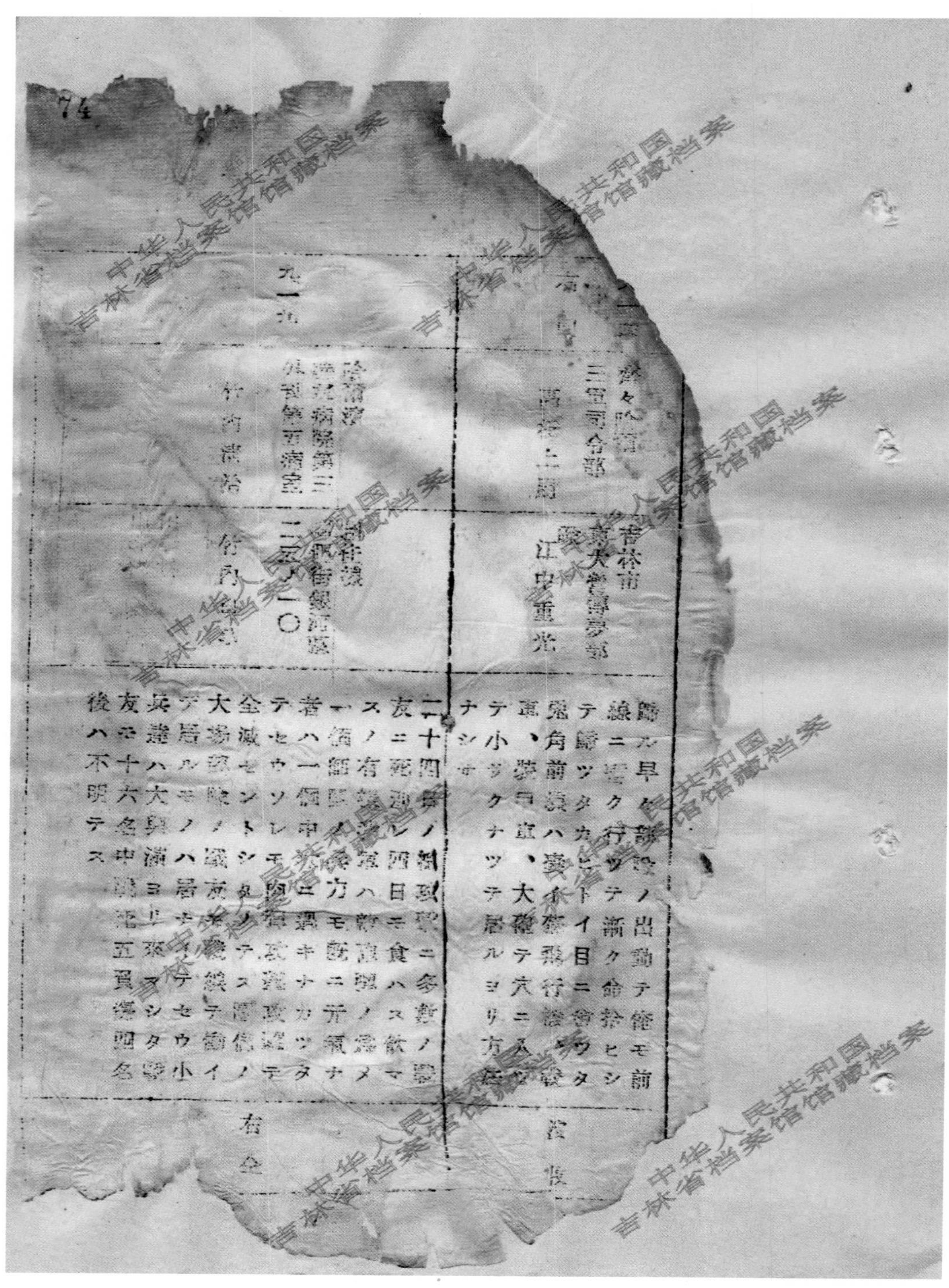

74

齊々哈爾 三[illegible]司令部 西村上[illegible]
吉林市 [illegible] 江[illegible]重光

歸ル早々部隊ノ出動テ館モ前
線ニ出タク行ッテ漸ク命拾ヒシ
テ歸ッタカヒドイ目ニ會ウタ
兎角前線ハ[illegible]飛行機[illegible]
軍、[illegible]、大砲テ穴ニ入[illegible]
テ小サクナッテ居ルヨリ方法
ナシヤ

沒收

九一九 [illegible]病院第三[illegible]病室 竹內[illegible]
[illegible] 竹內[illegible]

二十四日ノ戰鬪ニ多數ノ戰
友ニ死別レ兩日モ食ハズ飲マ
ズノ有[illegible]ハ[illegible]
一個師團[illegible]方モ既ニ元氣ナ
者ハ一個中隊ニ過キナカッタ
テセヤソレモ[illegible]テス[illegible]ノ
全滅セントシタノテス[illegible]
大場[illegible]線テ働イ
テ居ルモノハ居ナイテセウ小
兵達ハ大興滿ヨリ來タシタ[illegible]
友モ十六名中[illegible]五員[illegible]名
後ハ不明テス

右全

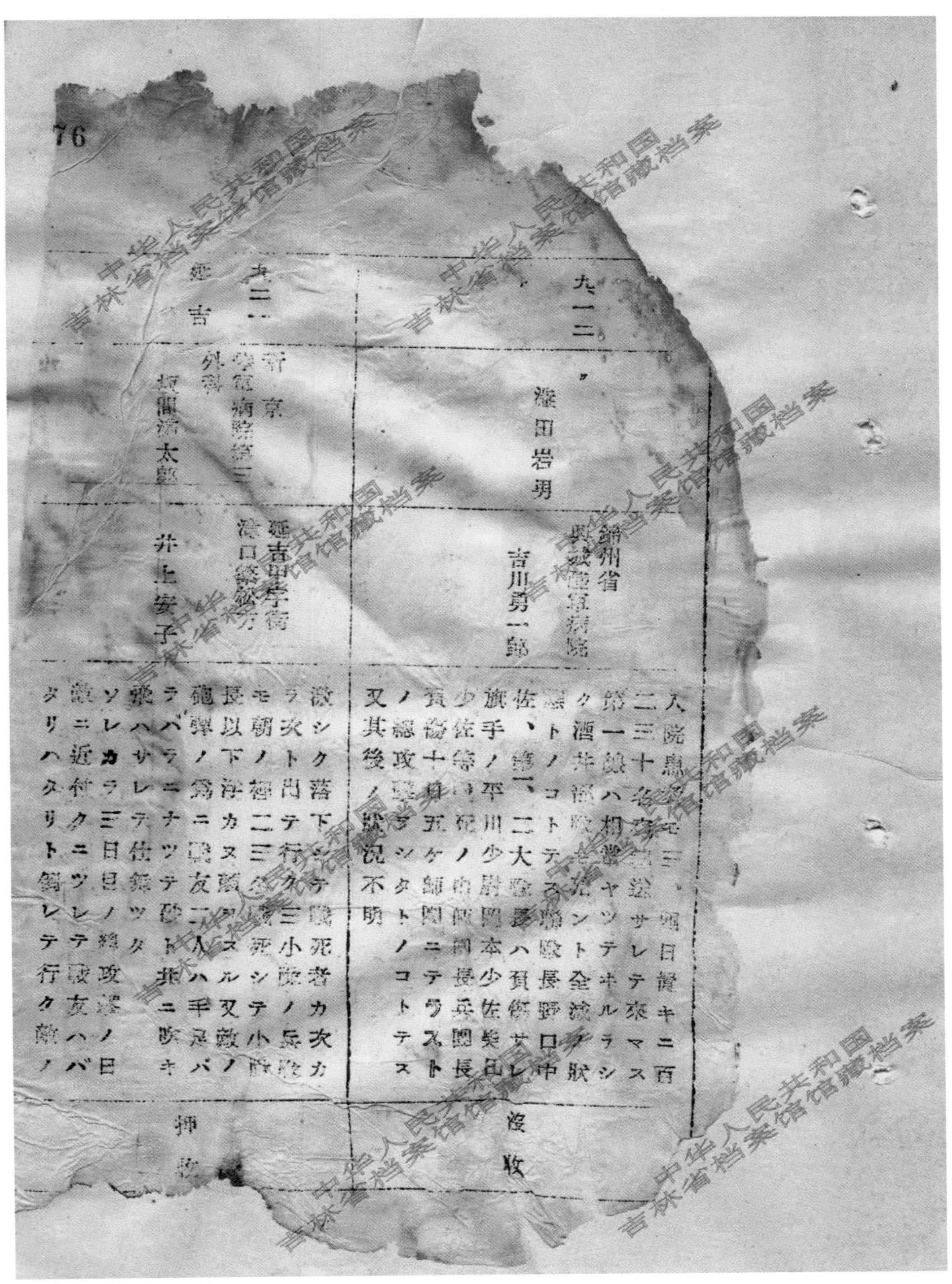

76

九一二	〃	瀧田岩男	錦州省興城陸軍病院 吉川勇一郎	入院患者モ三、四日置キニ百二三十名宛輸送サレテ来マス第一線ハ相當ヤツテヰルラシタ酒井部隊ハ殆ンド全滅ノ状態トノコトデス第一大隊長野口中佐、第二大隊長ハ負傷サレ旗手ノ平川少尉岡本少佐柴田少佐等ハ戦死ノ由師團長兵團長負傷十五ケ師團ニテ[illegible]トノ總攻撃ヲシタトノコトデス又其後ノ状況不明	没收
九二一	延吉	新京陸軍病院第三外科 板倉清太郎	延吉 吉田守衛 濱口縫方 井上安子	激シク落下シテ戦死者カ次カラ次ト出テ行ク三小隊ノ兵隊モ朝ノ内二三人戦死シテ小隊長以下僅カヌ戦死スル又敵ノ砲弾ノ為ニ戦友二人ハ手足バラバラニナツテ砂ト共ニ吹キ飛バサレテ仕舞ツタソレカラ三日目ノ總攻撃ノ日敵ニ近付クニツレテ戦友ハバタリバタリト斃レテ行ク敵ノ	押收

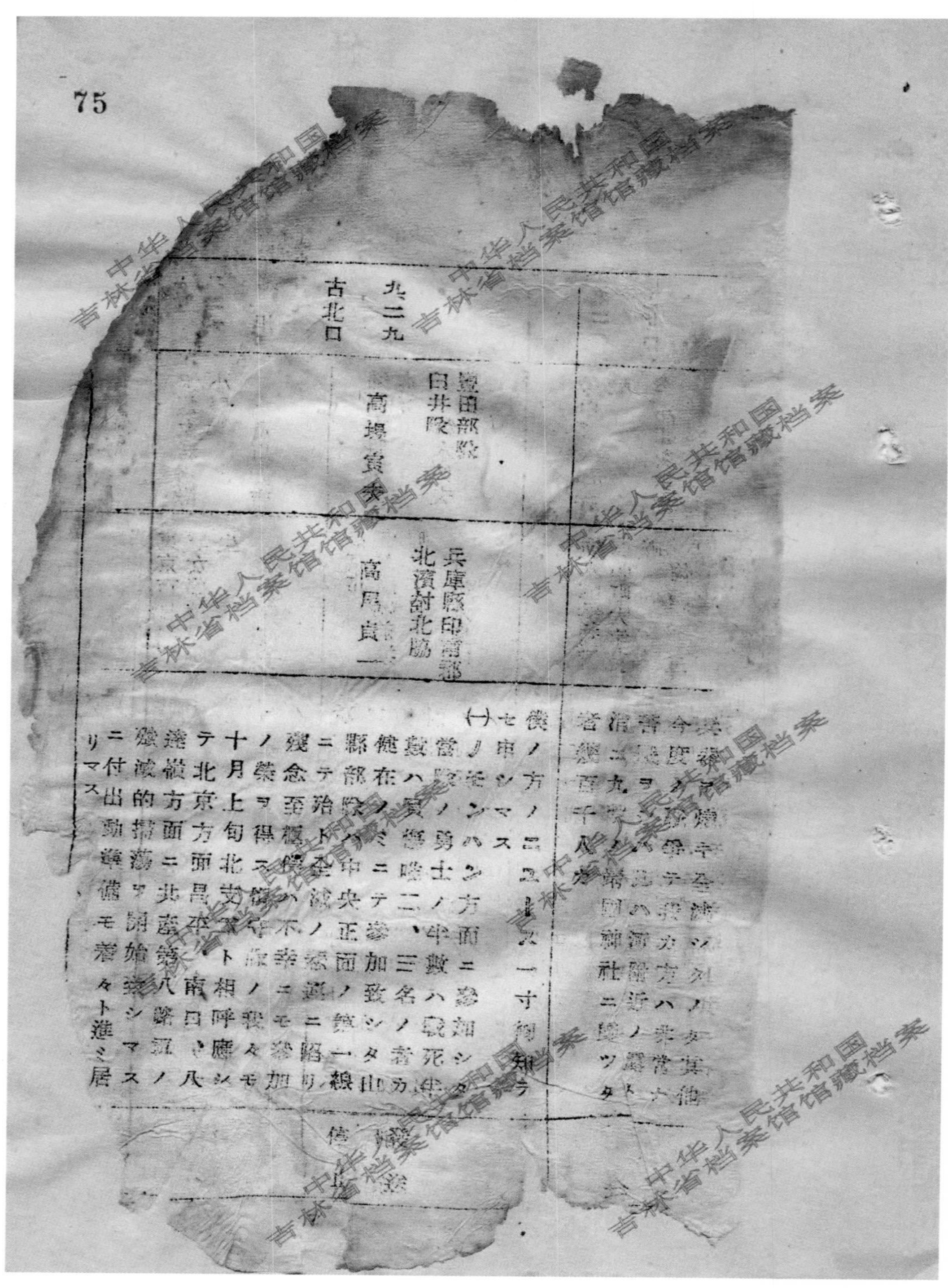
75

九二九 古北口

豊田部隊 臼井隊 高橋貞[illegible]

兵庫縣印南郡 北濱村北脇 高尾貞一

從ノ方ノ[illegible]一寸[illegible]知ラ
セ申シマス
(一)[illegible]方面ニ參加シ[illegible]
當ノ隊[illegible]勇士ノ二、三名ハ[illegible]
[illegible]ハ[illegible]ニテ參加[illegible]
健在[illegible]中央[illegible]
縣部テ[illegible]正面ノ[illegible]
ニテ治[illegible]
殘念ヲ[illegible]
ノ榮[illegible]
十月上旬[illegible]北[illegible]南[illegible]
テ北京方面[illegible]
逃續方面ニ[illegible]
殘滅的掃蕩ヲ開始[illegible]
ニ付出動準備モ着々ト進ミ居
リマス

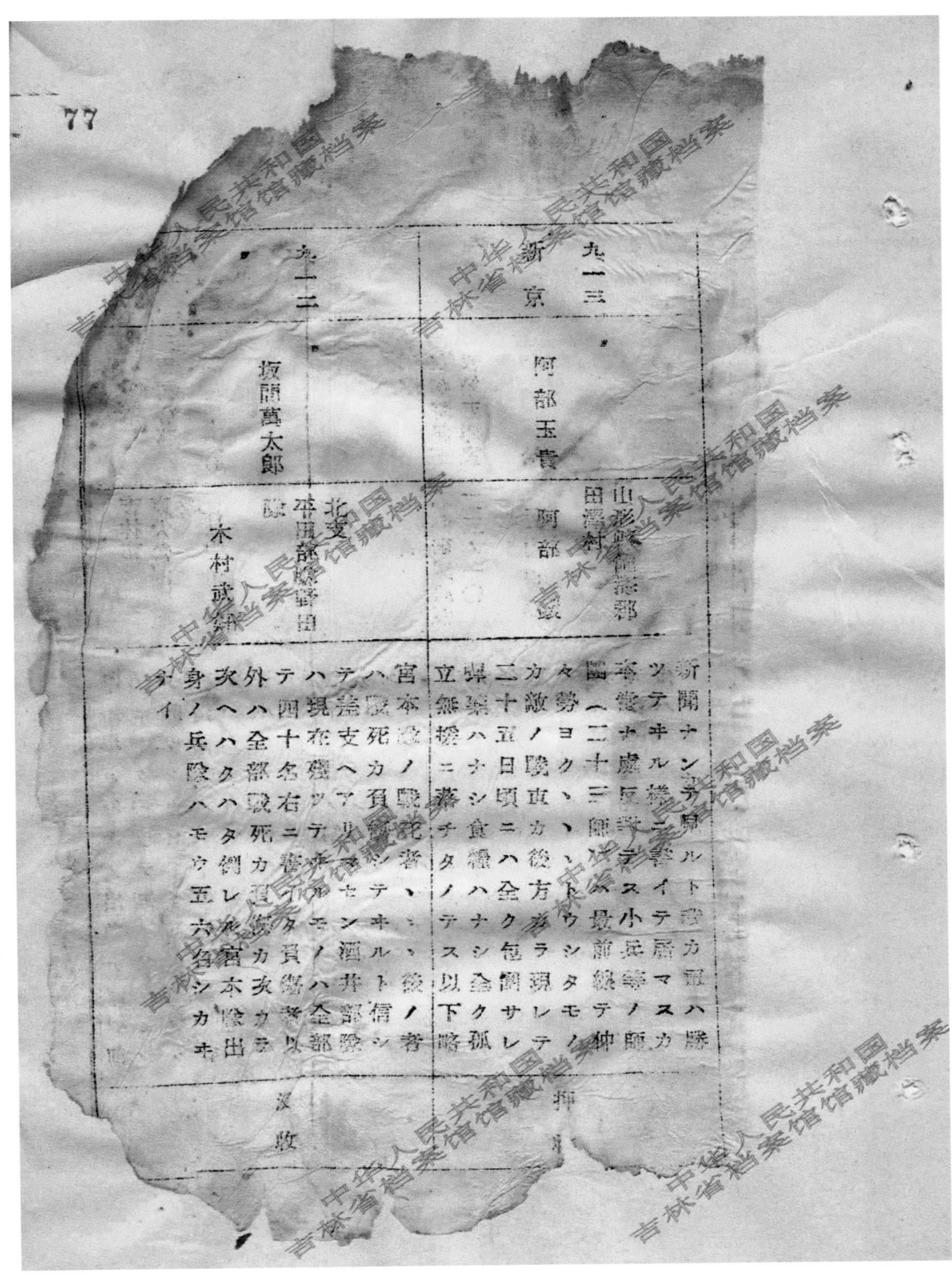

77

九、一三 新京	阿部玉貴	山形縣飽海郡田澤村 阿部[illegible]殿	新聞ナンテ見ルト我カ軍ハ勝ツテヰル様ニ書イテ居マスカ本當ナ處反對デス小兵等ノ師團ハ二十三師團ハ最前線テ仲々勢ヨク、、、トウシタモノカ敵ノ襲撃カ後方カラ現レテ二十五日頃ニハ全ク包圍サレ彈藥ハナシ食糧ハナシ全ク孤立無援ニ落チタノテス以下略	押
九、一二	坂間萬太郎	北支平田部隊野田隊 木村武[illegible]	宮本隊ノ戰死者、、、後ノ者ハ戰死カ負傷シテヰルト信シテ差支ヘアリマセン酒井部隊ハ現在殘ッテヰルモノハ全部テ四十名右ニ書イタ負傷者以外ハ全部戰死カ重傷カ[illegible]カラ次ヘハクハタ倒レ[illegible]宮本隊出身ノ兵隊ハモウ五六名シカヰナイ	沒收

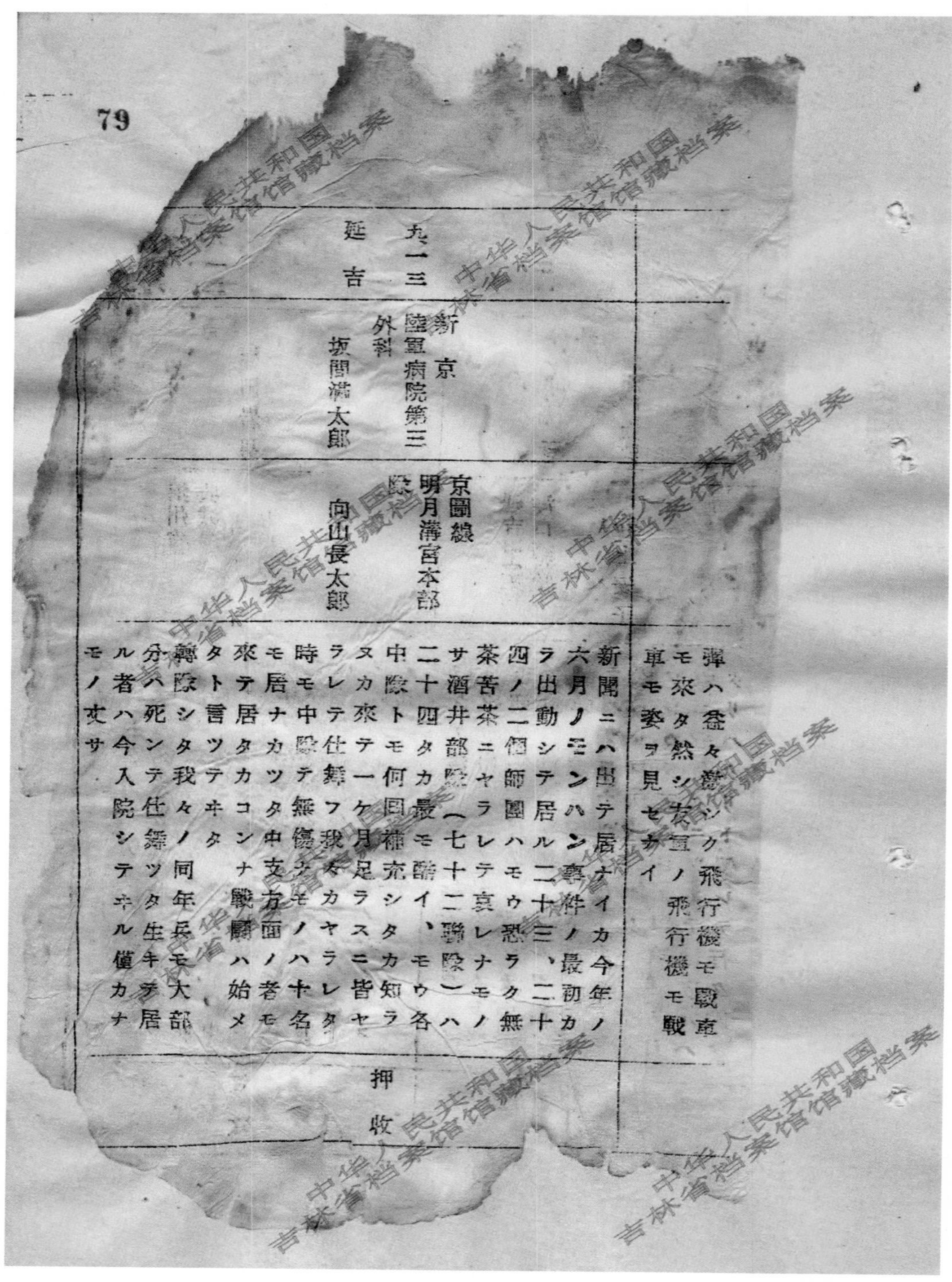
79

九一三	延吉	
新京 陸軍病院第三外科 坂間滿太郎	京圖線明月溝宮本部隊 向山長太郎	
新聞ニハ出テ居ナイカ今年ノ六月ノノモンハン事件ノ最初カラ出動シテ居ル二十三、二十四ノ二個師團ハモウ恐ラク無茶苦茶ニヤラレテ哀レナモノサ酒井部隊（七十二聯隊）ハ二十四タカ最モ酷イ、モウ各中隊トモ何回補充シタカ知ラヌカ來テ一ケ月足ラスニ皆ヤラレテ仕舞フ我々カヤラレタ時モ中隊テ無傷ナモノハ十名モ居ナカツタ中支方面ノ者モ來テ居タカコンナ戰鬪ハ始メタト言ツテヰタ轉隊シタ我々ノ同年兵モ大部分ハ死ンテ仕舞ツタ生キテ居ル者ハ今入院シテヰル僅カナモノ丈サ・	彈ハ益々盛ンク飛行機モ戰車モ來タ然シ友軍ノ飛行機モ戰車モ姿ヲ見セナイ	
押收		

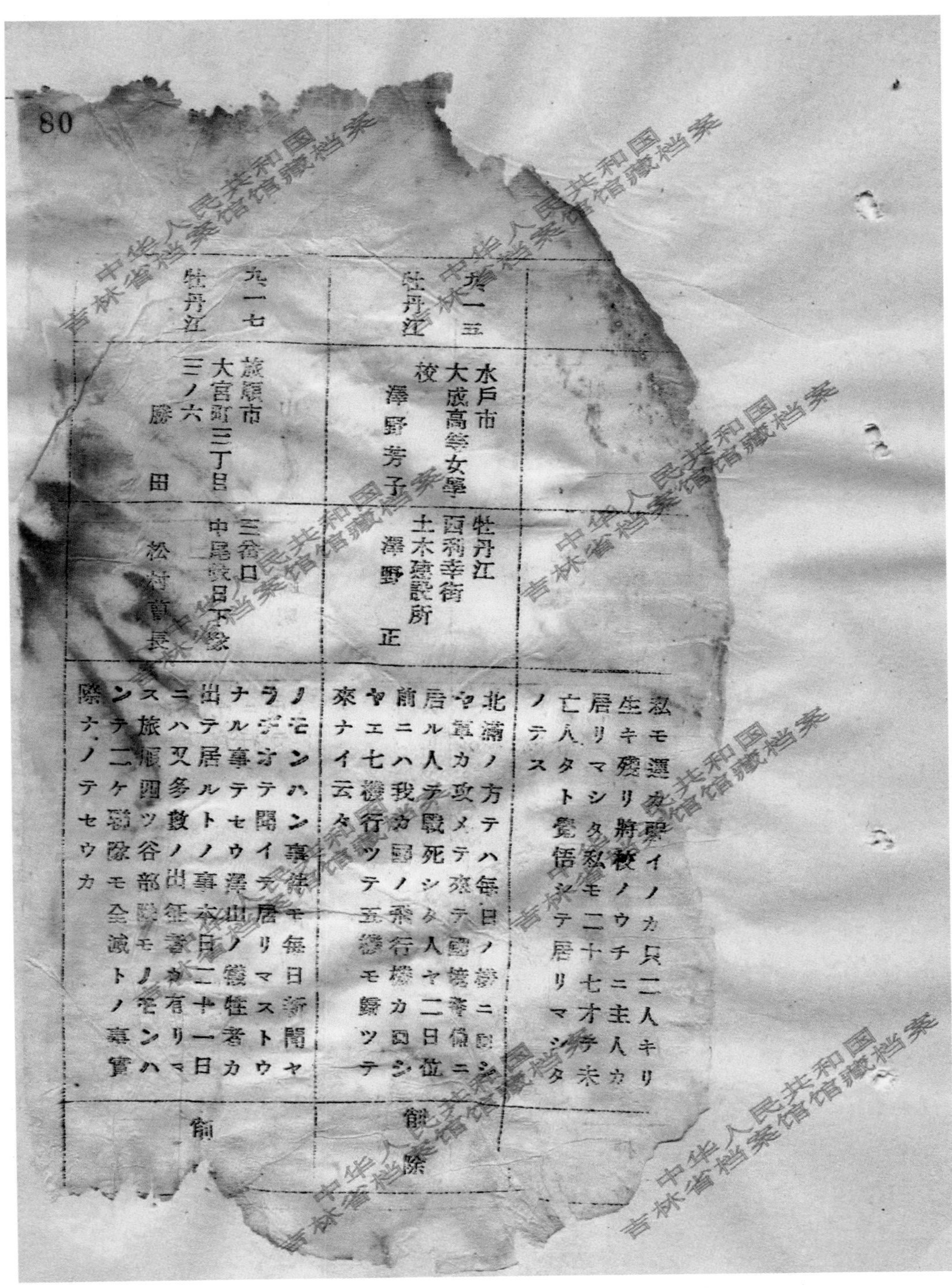

80

			私モ運ガ惡イノカ只二人キリ生キ殘リ將校ノウチニ主人カ居リマシタ私モ二十七オデ未亡人タト覺悟シテ居リマシタノデス	
九一五 牡丹江	水戸市大成高等女學校 澤野芳子	牡丹江西新幸街土木建設所 澤野正	北滿ノ方テハ毎日ノ様ニ[illegible]シヤ軍カ攻メテ來テ國境警備ニ居ル人テ戰死シタ人ヤ二日位前ニハ我カ國ノ飛行機カ[illegible]シテヤエ七機行ツテ五機モ歸ツテ來ナイ云々	削除
九一七 牡丹江	旅順市大宮町三丁目三ノ六 勝田	三岔口中尾部隊日下部隊 松村曹長	ノモンハン事件モ毎日新聞ヤラヂオテ聞イテ居リマストウナル事テセウ澤山ノ犧牲者カ出テ居ルトノ事本日二十一日ニハ又多數ノ出征者カ有リマス旅順四ツ谷部隊モノモンハンテ二ケ聯隊モ全滅トノ事實際ナノテセウカ	削除

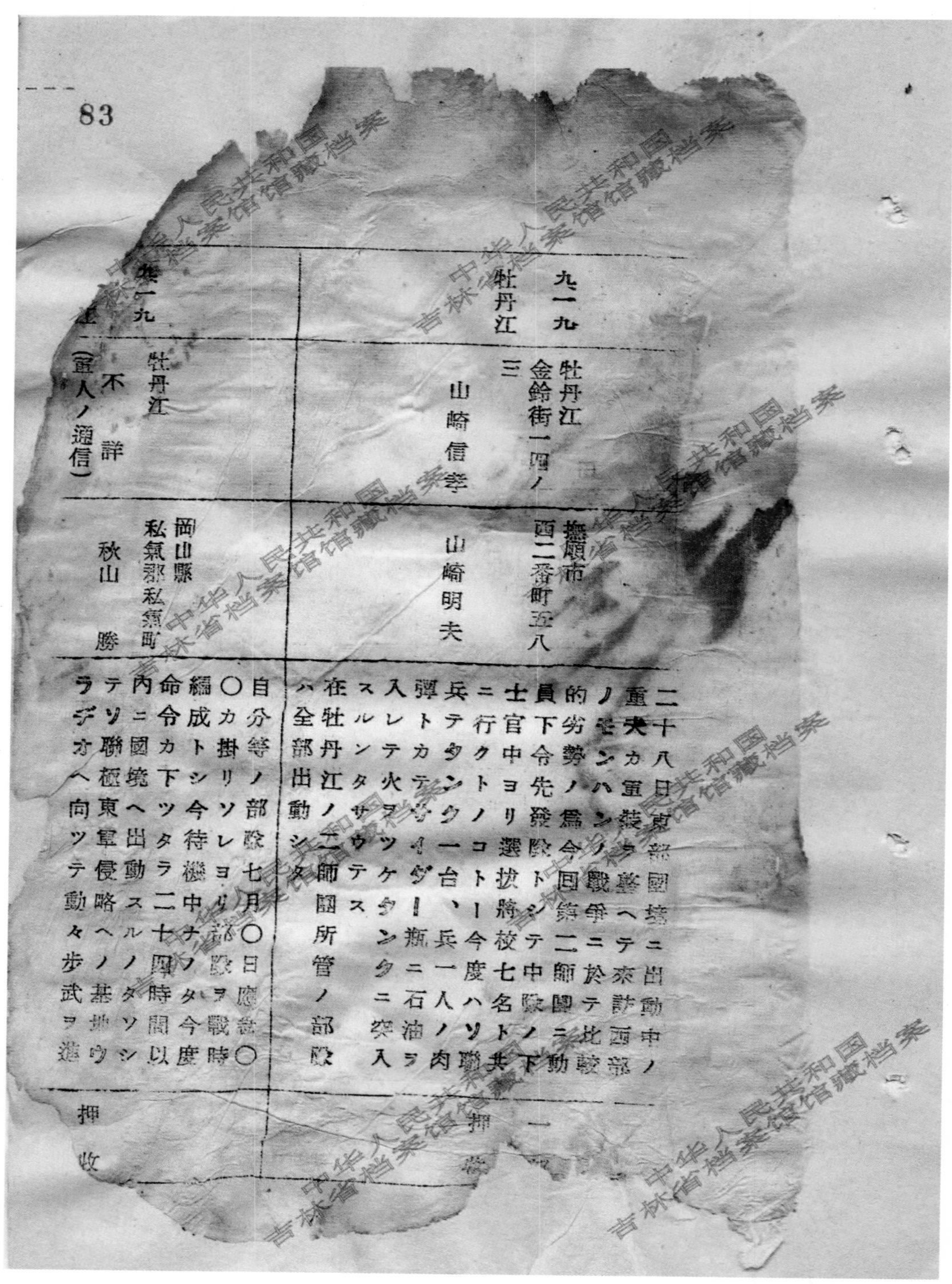
83

九一九 牡丹江	牡丹江 金鈴街一四ノ三 山崎信孝	撫順市 西二番町五八 山崎明夫	二十八日東部國境ニ出動中ノ重大カ軍裝ヲ整ヘテ來訪西部ノノモンハンノ戰爭ニ於テ比較的劣勢ノ爲今回第二師團ニ動員下令先發隊トシテ中隊ノ下士官中ヨリ選拔將校七名ト共ニ行クトノコトー今度ハソ聯兵テタンク一台、兵一人ノ肉彈トカテサイダー瓶ニ石油ヲ入レテ火ヲツケタンクニ突入スルンタサウテス在牡丹江ノ二師團所管ノ部隊ハ全部出動シタ	一 押收
九一九 江	牡丹江 不詳 (軍人ノ通信)	岡山縣 私氣郡私氣町 秋山勝	自分等ノ部隊七月〇日應召〇〇カ掛リソレヨリ部隊ヲ戰時編成トシ今待機中ナノタ今度命令カ下ッタラ二十四時間以内ニ國境ヘ出動スルノタソシテソ聯極東軍侵略ヘノ基地ウラヂオヘ向ッテ動々歩武ヲ進	押收

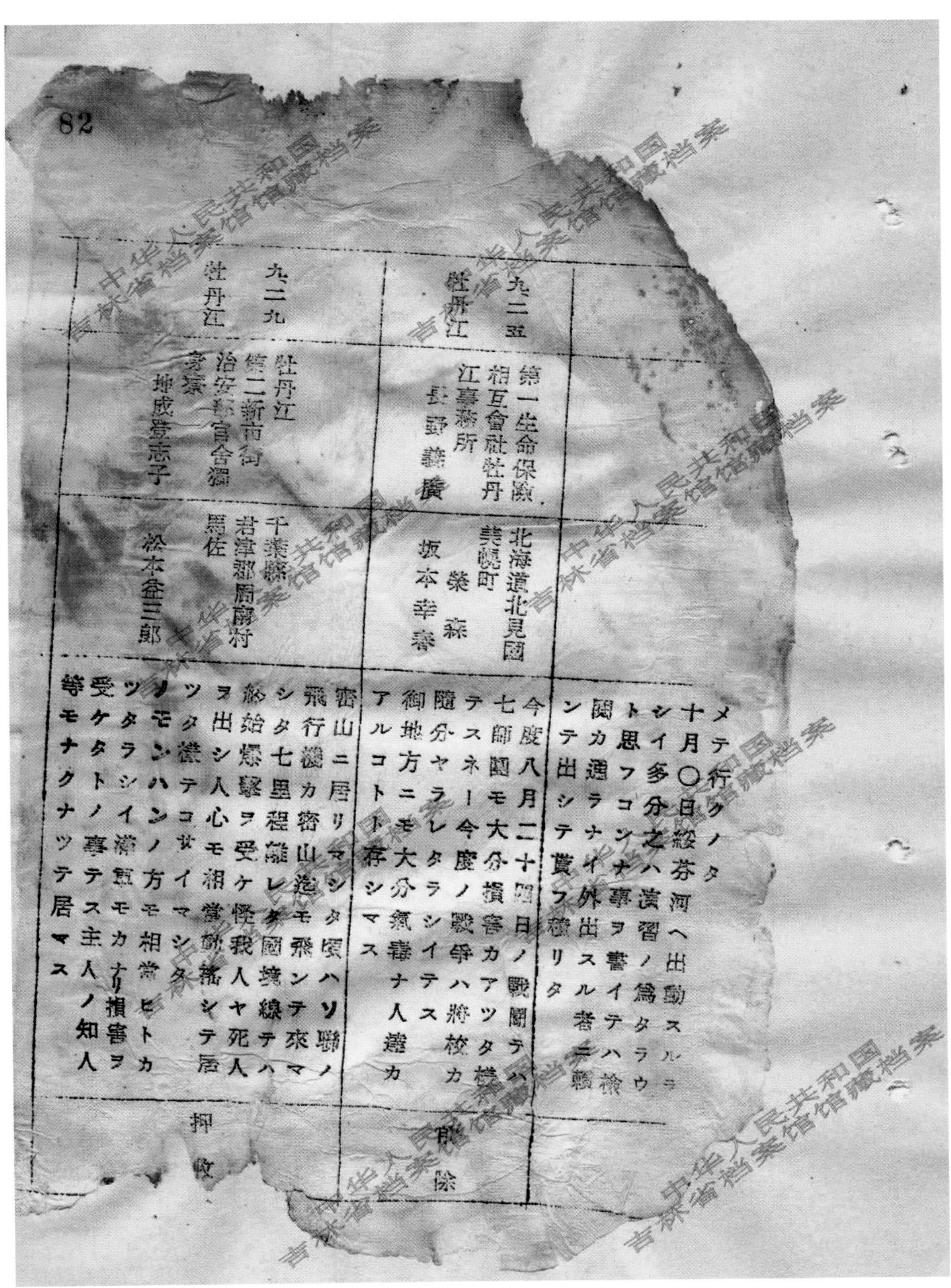

82

日付・発信地	発信者	受信者	内容	処置
			メテ行クノタ 十月〇日綏芬河ヘ出動スルラシイ多分之ハ演習ノ為タラウト思フコンナ事ヲ書イテハ検閲カ通ラナイ外出スル者ニ頼ンテ出シテ貰フ積リタ	
九、二五 牡丹江	第一生命保險相互會社牡丹江事務所 長野謙[illegible]廣	北海道北見國美幌町榮森 坂本幸春	今度八月二十四日ノ戰鬪テハ七師團モ大分損害カアツタ樣テスネ！今度ノ戰爭ハ將校カ隨分ヤラレタラシイテス御地方ニモ大分氣毒ナ人達カアルコトト存シマス	削除
九、二九 牡丹江	牡丹江第二新市街治安部官舍瀏家族 坤成登志子	千葉縣君津郡[illegible]南村馬佐 松本益三郎	密山ニ居リマシタ頃ハソ聯ノ飛行機カ密山迄モ飛ンテ來マシタ七里程離レタ國境線テハ終始爆撃ヲ受ケ怪我人ヤ死人ヲ出シ人心モ相當動搖シテ居ツタ樣テコサイマシタ ノモンハンノ方モ相當ヒトカツタラシイ滿軍モカナリ損害ヲ受ケタトノ事テス主人ノ知人等モナクナツテ居マス	押收

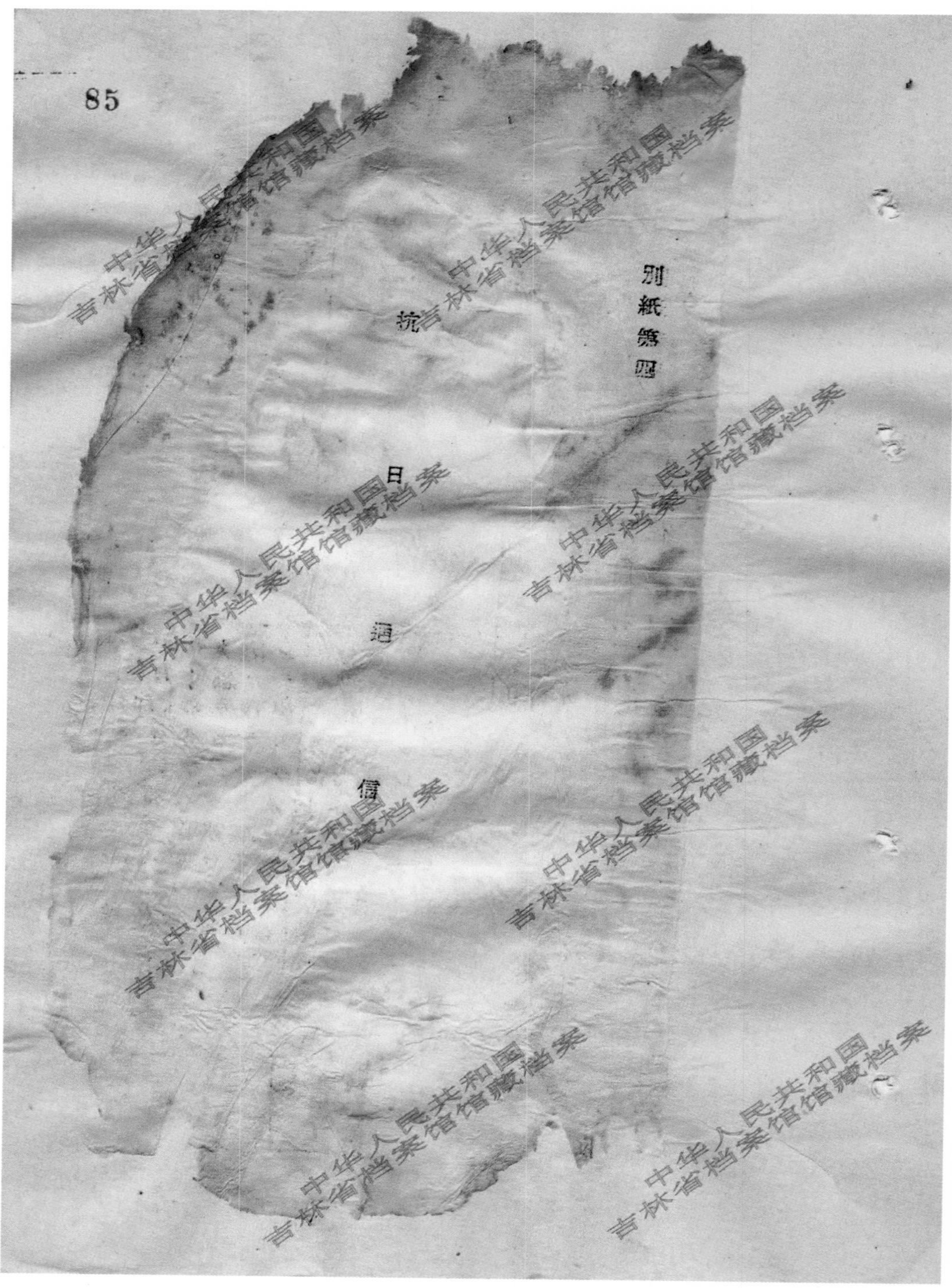

85

別紙第四

抗日通信

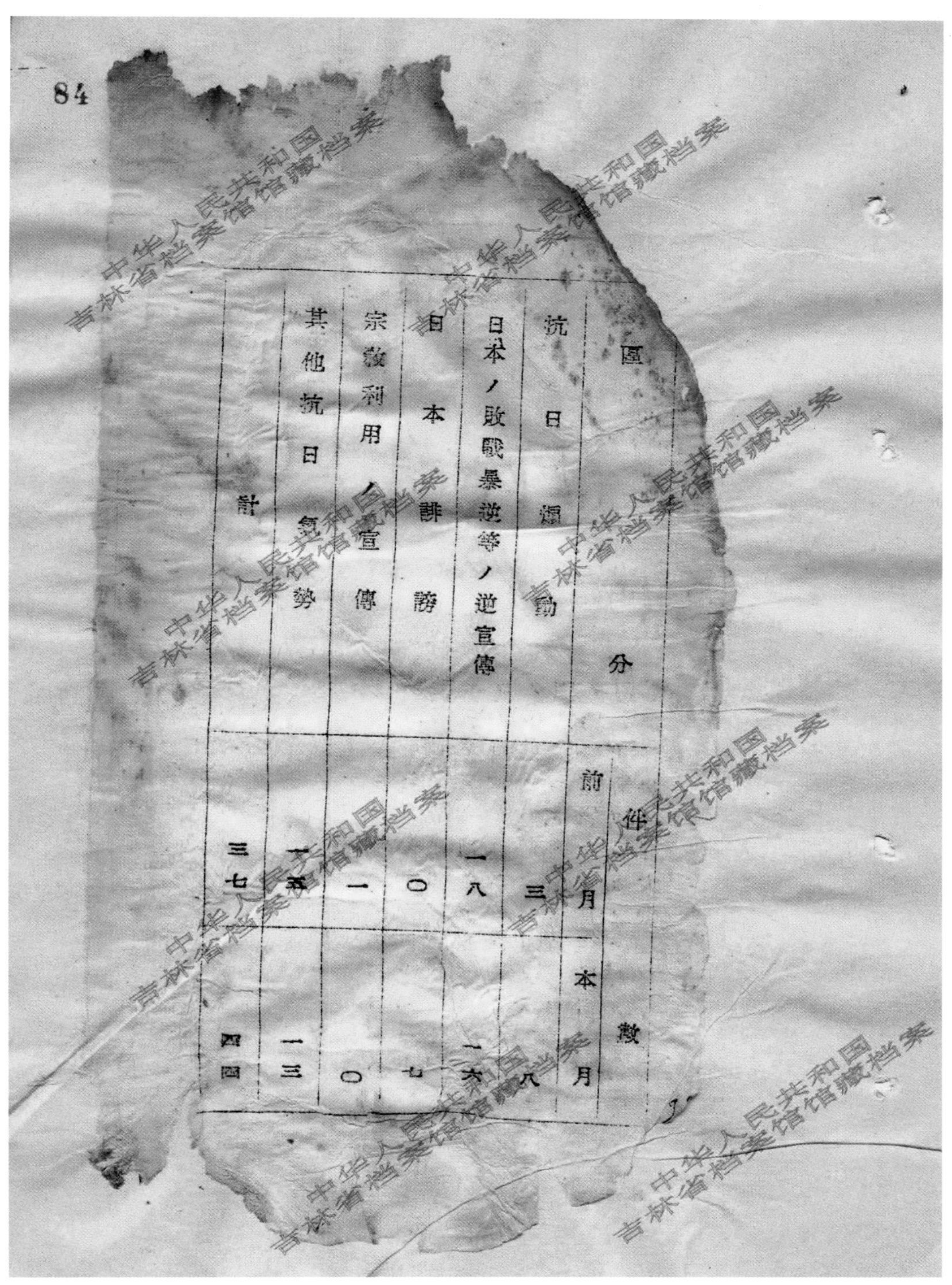

84

區分	件數	
	前月	本月
抗日煽動	三	八
日本ノ敗戰暴逆等ノ逆宣傳	一八	一六
日本誹謗	〇	七
宗教利用ノ宣傳	一	〇
其他抗日氣勢	一五	一三
計	三七	四四

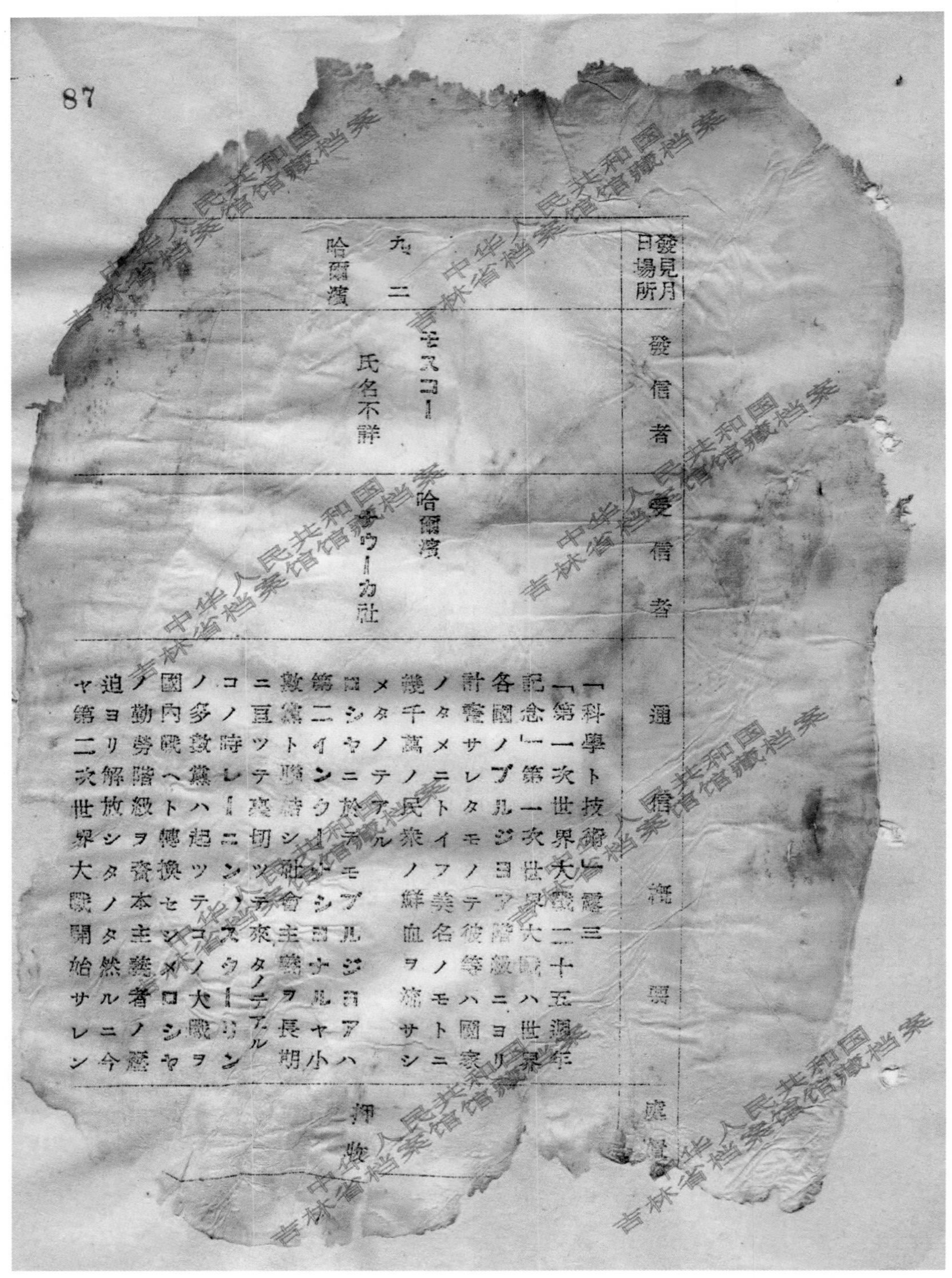

87

發見月日場所	發信者	受信者	通信概要	處置
九、二 哈爾濱	モスコー 氏名不詳	哈爾濱 ナウーカ社	「科學ト技術」露三「第一次世界大戰二十五週年記念」第一次世界大戰ハ世界各國ノブルジヨア階級ニヨリ計畫サレタモノテ彼等ハ國家ノタメニトイフ美名ノモトニ幾千萬ノ民衆ノ鮮血ヲ流サシメタノテアルロシヤニ於テモブルジヨアハ第二インターナシヨナルヤ小數黨ト聯結シ社會主義ヲ長期ニ亘ツテ裏切ツテ來タノテアルコノ時レーニン、スターリンノ多數黨ハ起ツテコノ大戰ヲ國內戰へト轉換セシメロシヤノ勤勞階級ヲ資本主義者ノ壓迫ヨリ解放シタノタ然ルニ今ヤ第二次世界大戰開始サレン	押收

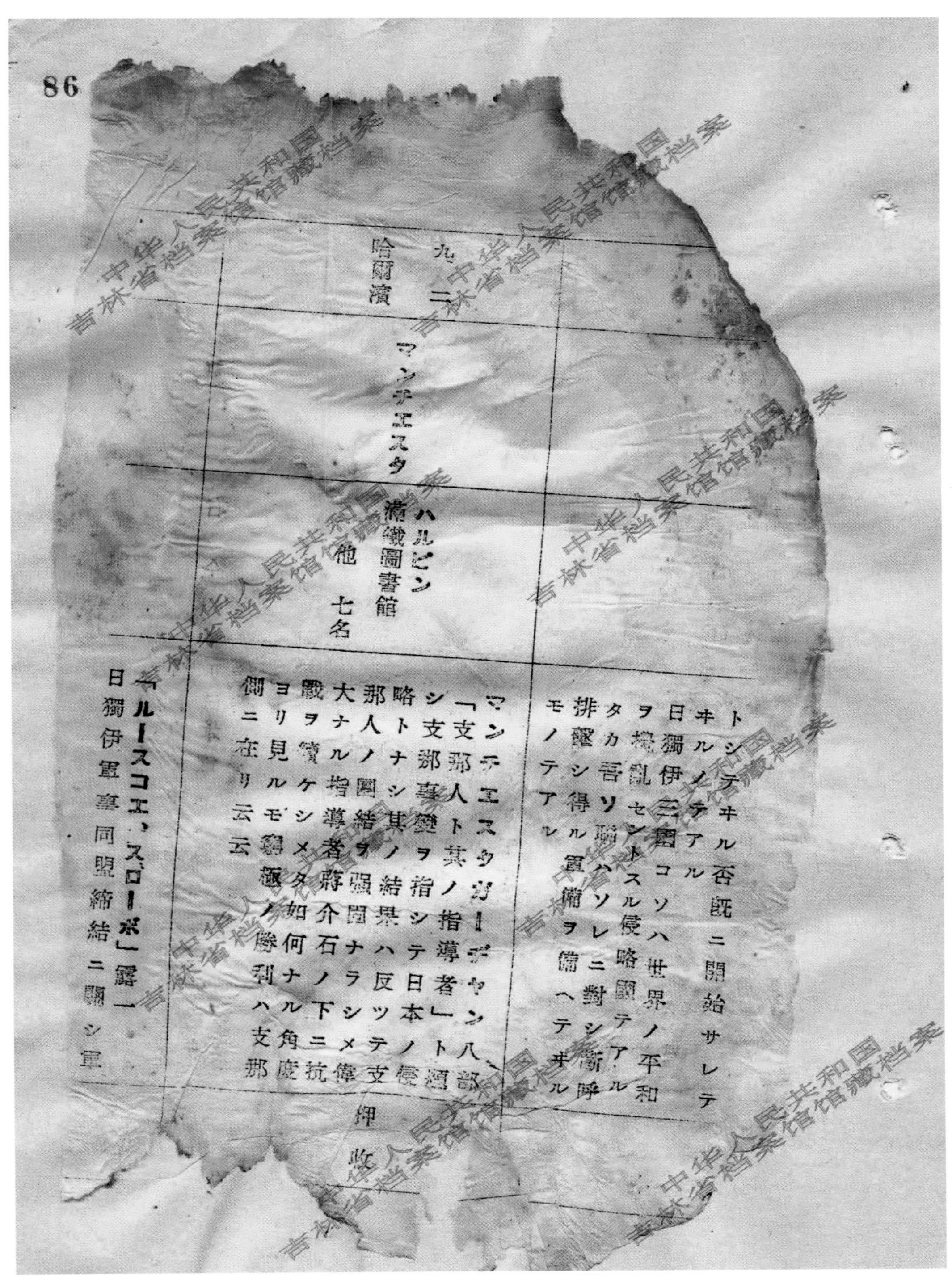

86

九、二 哈爾濱	マンチエスター	ハルビン 滿鐵圖書館 他 七名	マンチエスターガーヂヤン八、部「支那人ト其ノ指導者」ト題シ支那事變ヲ指シテ日本ノ侵略トナシ其ノ結果ハ反ツテ支那人ノ團結ヲ強固ナラシメ偉大ナル指導者蔣介石ノ下ニ抗戰ヲ續ケシメタ如何ナル角度ヨリ見ルモ窮極ノ勝利ハ支那側ニ在リ云云	押收
			「ルースコエ、スローボ」露一日獨伊軍事同盟締結ニ關シ軍 ……… トシテキル否既ニ開始サレテキルノテアル日獨伊三國コソハ世界ノ平和ヲ攪亂セントスル侵略國テアルタカ吾ソ聯ハソレニ對シ斷呼排撃シ得ル軍備ヲ備ヘテヰルモノテアル	

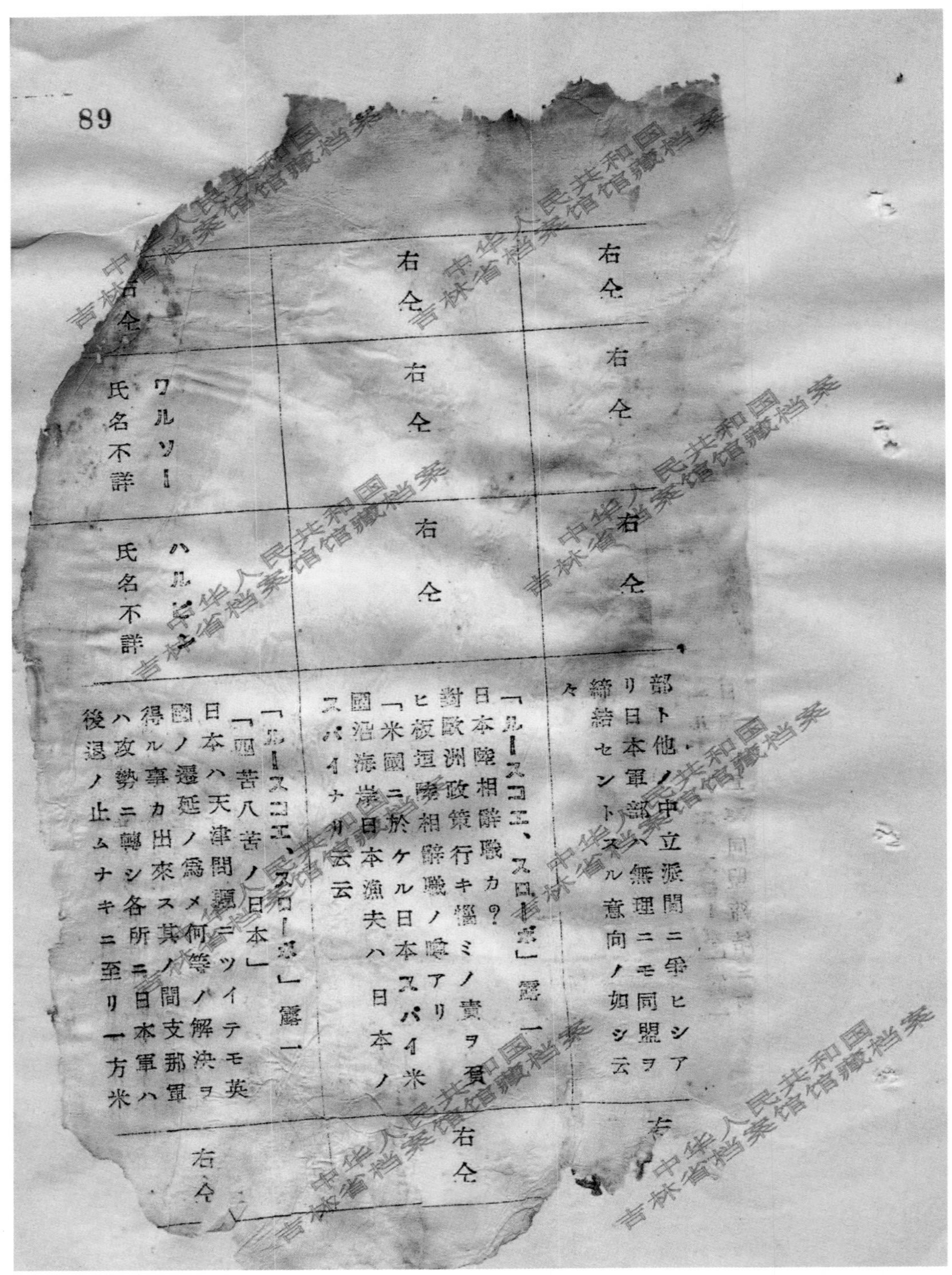
89

右仝	右仝	右仝	部ト他ノ中立派間ニ爭ヒシアリ日本軍部ハ無理ニモ同盟ヲ締結セントスル意向ノ如シ云々	右仝
右仝	右仝	右仝	「ルースコエ、スローボ」露一 日本陸相辭職カ？ 對歐洲政策行キ惱ミノ責ヲ負ヒ板垣陸相辭職ノ噂アリ 「米國ニ於ケル日本スパイ」米國沿海岸日本漁夫ハ日本ノスパイナリ云云	右仝
右仝	ワルソー 氏名不詳	ハルビン 氏名不詳	「ルースコエ、スローボ」露一 「四苦八苦ノ日本」 日本ハ天津問題ニツイテモ英國ノ遷延ノ爲メ何等ノ解決ヲ得ル事カ出來ス其ノ間支那軍ハ攻勢ニ轉シ各所ニ日本軍ハ後退ノ止ムナキニ至リ一方米	右仝

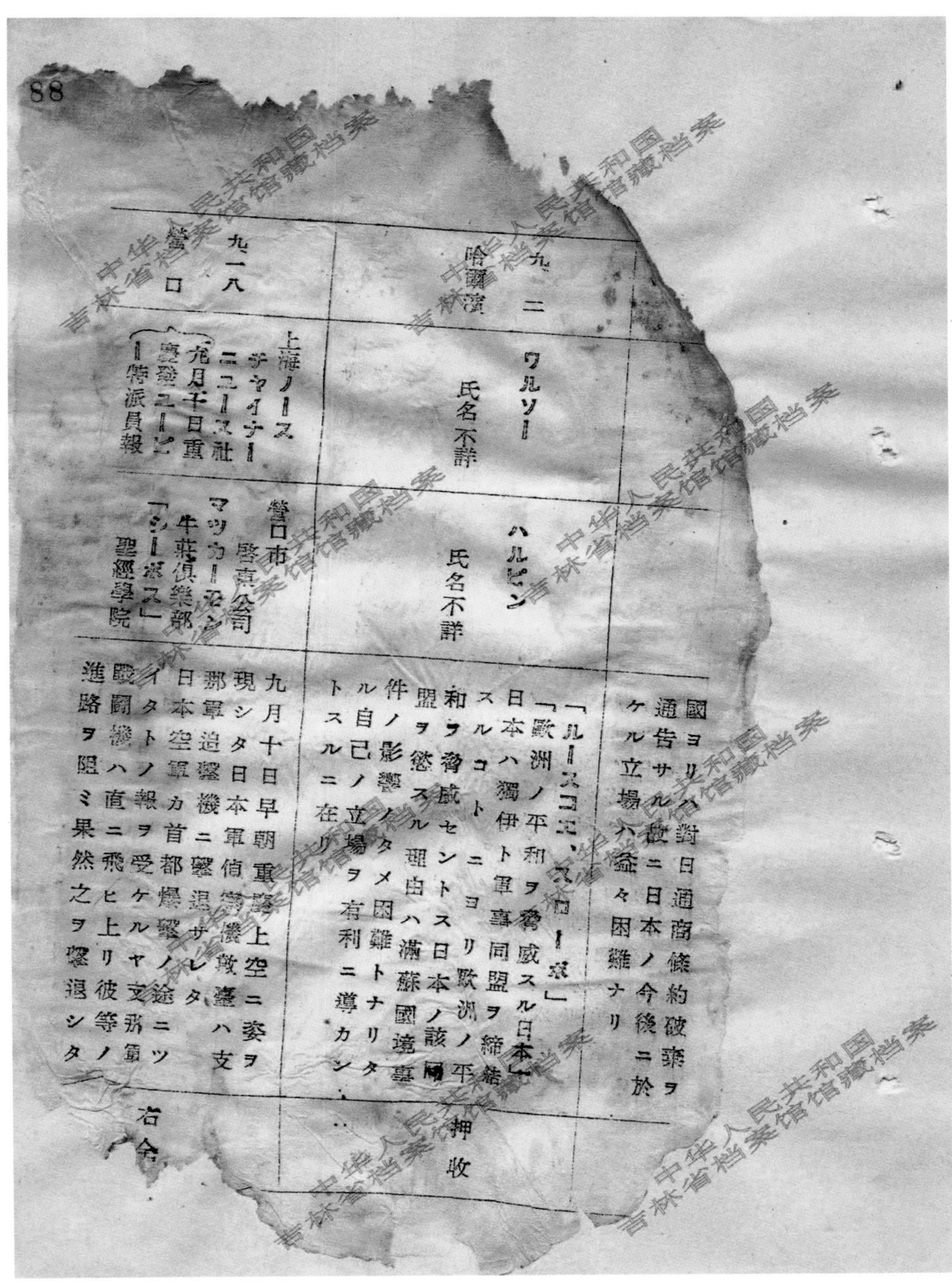

88

月日	地名	發信者	受信者	內容	處置
				國ヨリ對日通商條約破棄ヲ通告サル故ニ日本ノ今後ニ於ケル立場ハ益々困難ナリ	
九二	哈爾濱	ワルソー 氏名不詳	ハルピン 氏名不詳	「ルースコエ、スロボー」「歐洲ノ平和ヲ脅威スル日本」日本ハ獨伊ト軍事同盟ヲ締結スルコトニヨリ歐洲ノ平和ヲ脅威セントス日本ノ該同盟ヲ欲スル理由ハ滿蘇國境事件ノ影響ノタメ困難トナリタル自己ノ立場ヲ有利ニ導カントスルニ在リ	押收
九一八	營口	上海ノース チャイナーニユース社（九月十日重慶發ユーピー特派員報）	營口市 啓東公司 マッカーシー 牛莊倶樂部 「シーボス」 聖經學院	九月十日早朝重慶上空ニ姿ヲ現シタ日本軍偵察機敵機ハ支那軍追撃機ニ撃退サレタ日本空軍カ首都爆撃ノ途ニツイタトノ報ヲ受ケルヤ支那軍ノ戰鬪機ハ直ニ飛ヒ上リ彼等ノ進路ヲ阻ミ果然之ヲ撃退シタ	右仝

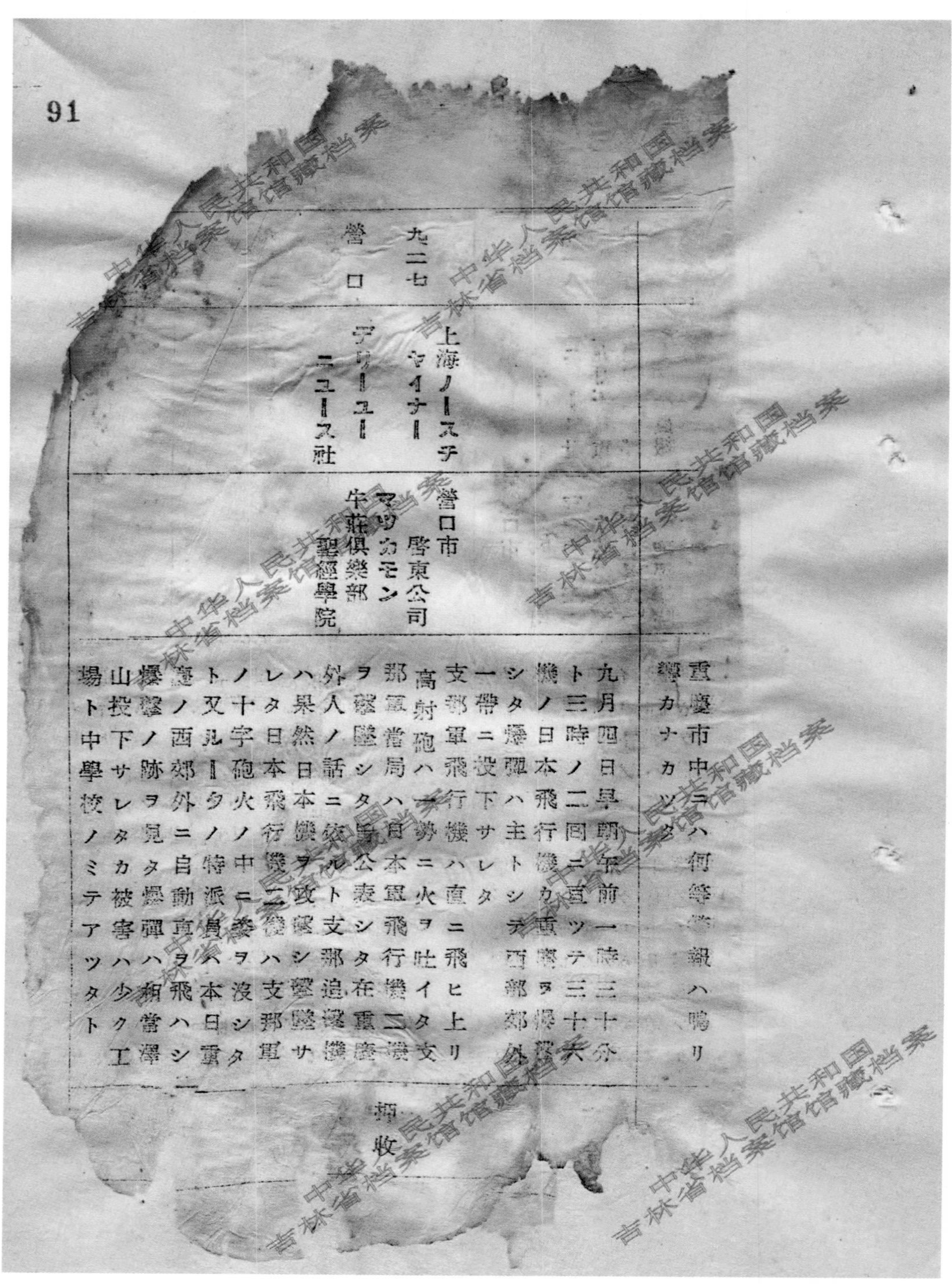
91

九二七 營口	上海ノースチヤイナデーリーニユース社	營口市啓東公司 マツカモン 牛莊倶樂部 聖經學院	九月四日早朝午前一時三十分ト三時ノ二回ニ亘ツテ三十六機ノ日本飛行機カ重慶ヲ爆撃シタ爆彈ハ主トシテ西部郊外一帶ニ投下サレタ 支那軍飛行機ハ直ニ飛ヒ上リ高射砲ハ一勢ニ火ヲ吐イタ支那軍當局ハ日本軍飛行機二機ヲ擊墜シタト公表シタ在重慶外人ノ話ニ依ルト支那追擊機ハ果然日本機ヲ攻擊シ擊墜サレタ日本飛行機二機ハ支那軍ノ十字砲火ノ中ニ姿ヲ没シタト又ルータノ特派員ハ本日重慶ノ西郊外ニ自動車ヲ飛ハシ爆擊ノ跡ヲ見タ爆彈ハ相當澤山投下サレタカ被害ハ少ク工場ト中學校ノミテアツタト	重慶市中ニハ何等警報ハ鳴リ響カナカツタ

押收

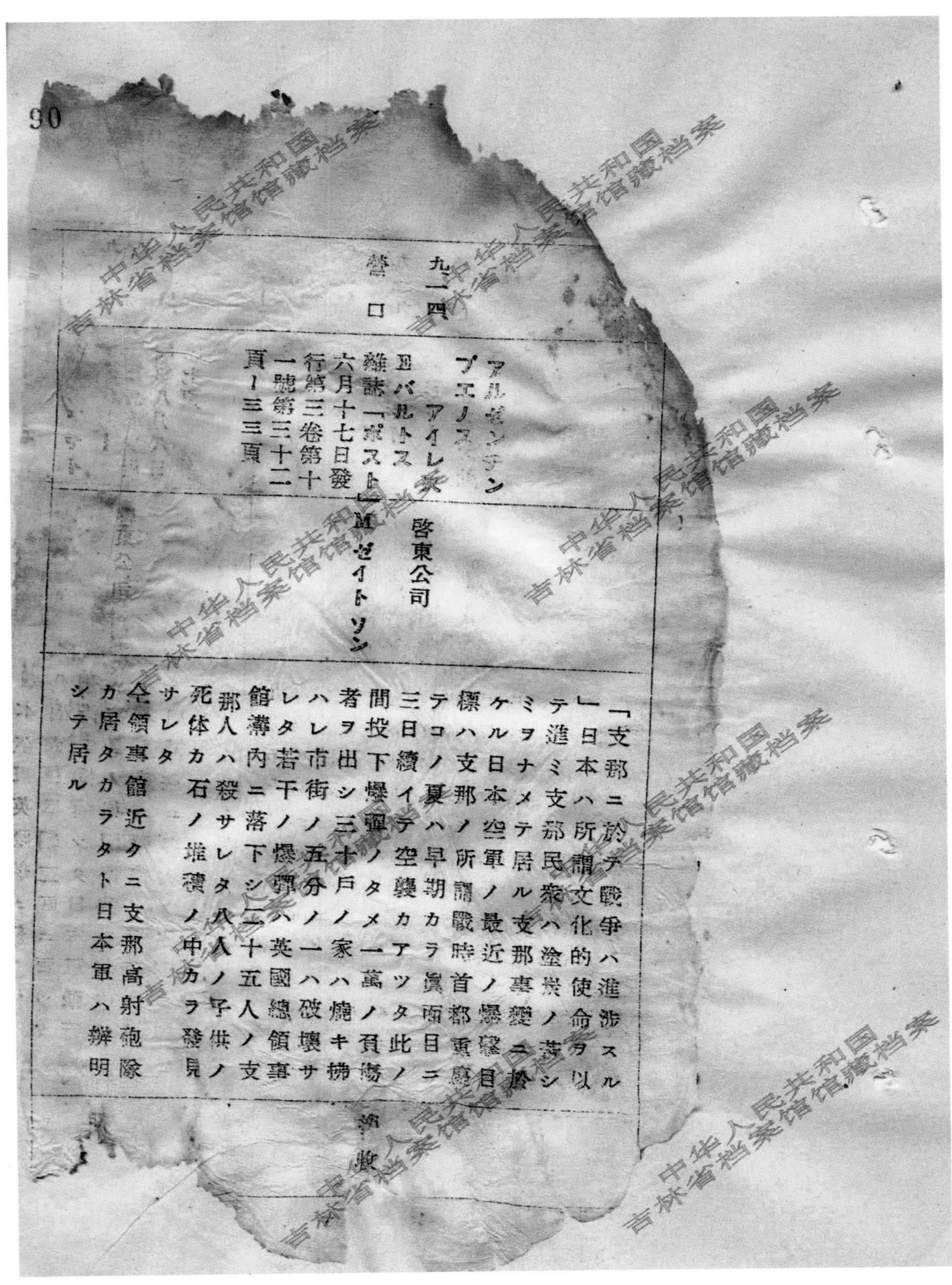

90

九一四	營口
アルゼンチン ブエノスアイレス ヨバルトス 雜誌「ポスト」六月十七日發行第三卷第十一號第三十二頁ー三三頁	啓東公司 Mゼイトソン

「支那ニ於テ戰爭ハ進渉スル」日本ハ所謂文化的使命ヲ以テ進ミ支那民衆ハ塗炭ノ苦シミヲナメテ居ル支那事變ニ於ケル日本空軍ノ最近ノ爆撃目標ハ支那ノ所謂戰時首都重慶テコノ夏ハ早期カラ眞面目ニ三日續イテ空襲カアツタ此ノ間投下爆彈ノタメ一萬ノ負傷者ヲ出シ三十戸ノ家ハ燒キ拂ハレ市街ノ五分ノ一ハ破壞サレタ若干ノ爆彈ハ英國總領事館濠内ニ落下シ二十五人ノ支那人ハ殺サレタ八人ノ子供ノ死体カ石ノ堆積ノ中カラ發見サレタ

全領事館近クニ支那高射砲隊カ居タカラタト日本軍ハ辨明シテ居ル

沒收

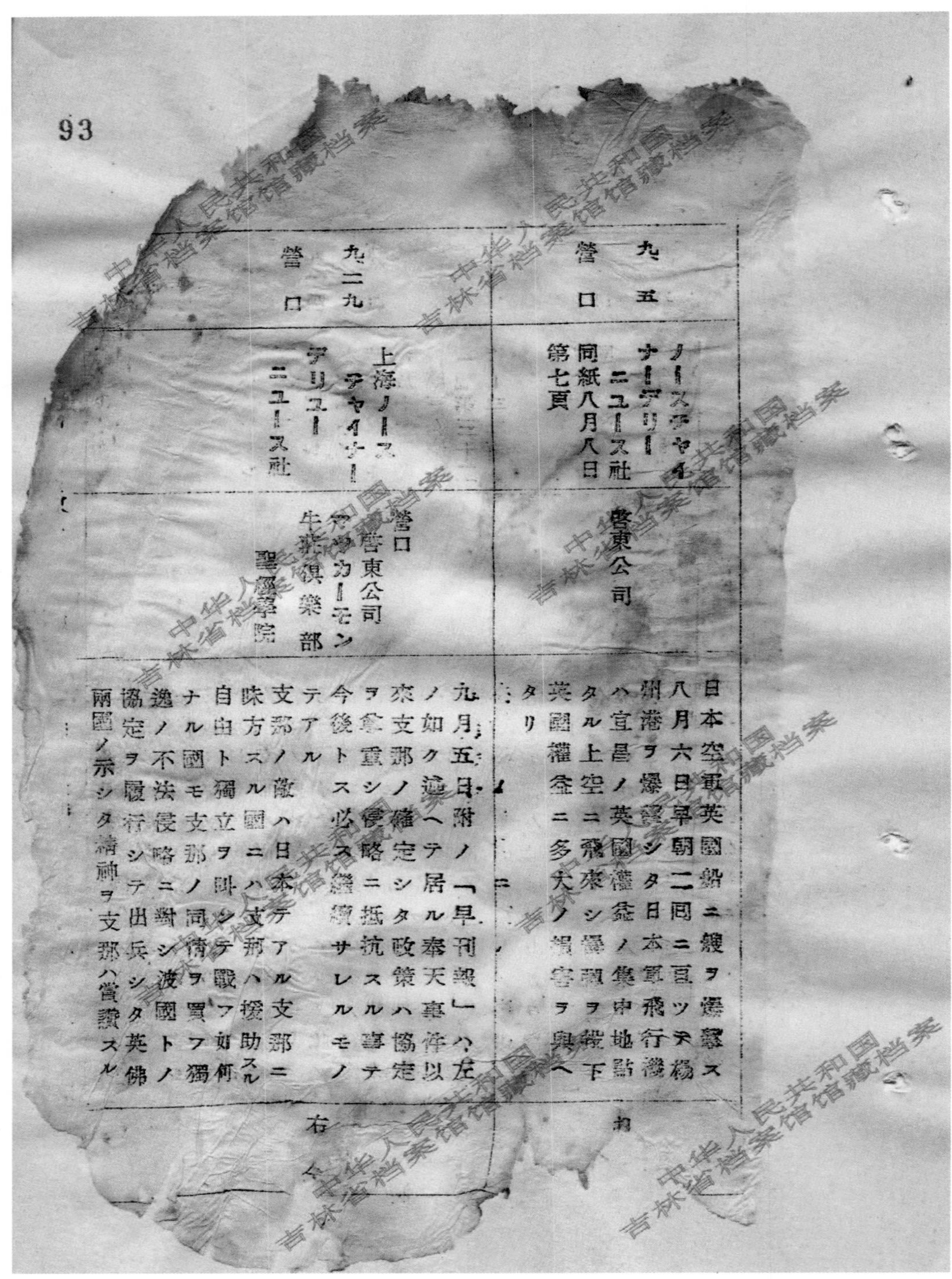

93

九五 營口	ノースチャイナーデリーニュース社 同紙八月八日第七頁	營東公司	日本空軍英國船二艘ヲ爆撃ス 八月六日早朝二回ニ亘ッテ揚州港ヲ爆撃シタ日本軍飛行機ハ宜昌ノ英國權益ノ集中地點タル上空ニ飛來シ爆彈ヲ投下英國權益ニ多大ノ損害ヲ與ヘタリ
九二九 營口	上海ノースチャイナーデリーニュース社	營口 營東公司 ヤマカーモン 牛莊俱楽部 聖經學院	九月五日附ノ「早刊報」ハ左ノ如ク述ヘテ居ル奉天事件以來支那ノ確定シタ政策ハ協定ヲ尊重シ侵略ニ抵抗スル事テ今後トモ必ス繼續サレルモノテアル支那ノ敵ハ日本テアル支那ニ味方スル國ニハ支那ハ援助スル自由ト獨立ヲ叫シテ戰フ如何ナル國モ支那ノ同情ヲ買フ獨逸ノ不法侵略ニ對シ波國ト協定ヲ履行シテ出兵シタ英佛兩國ノ示シタ精神ヲ支那ハ賞讃スル

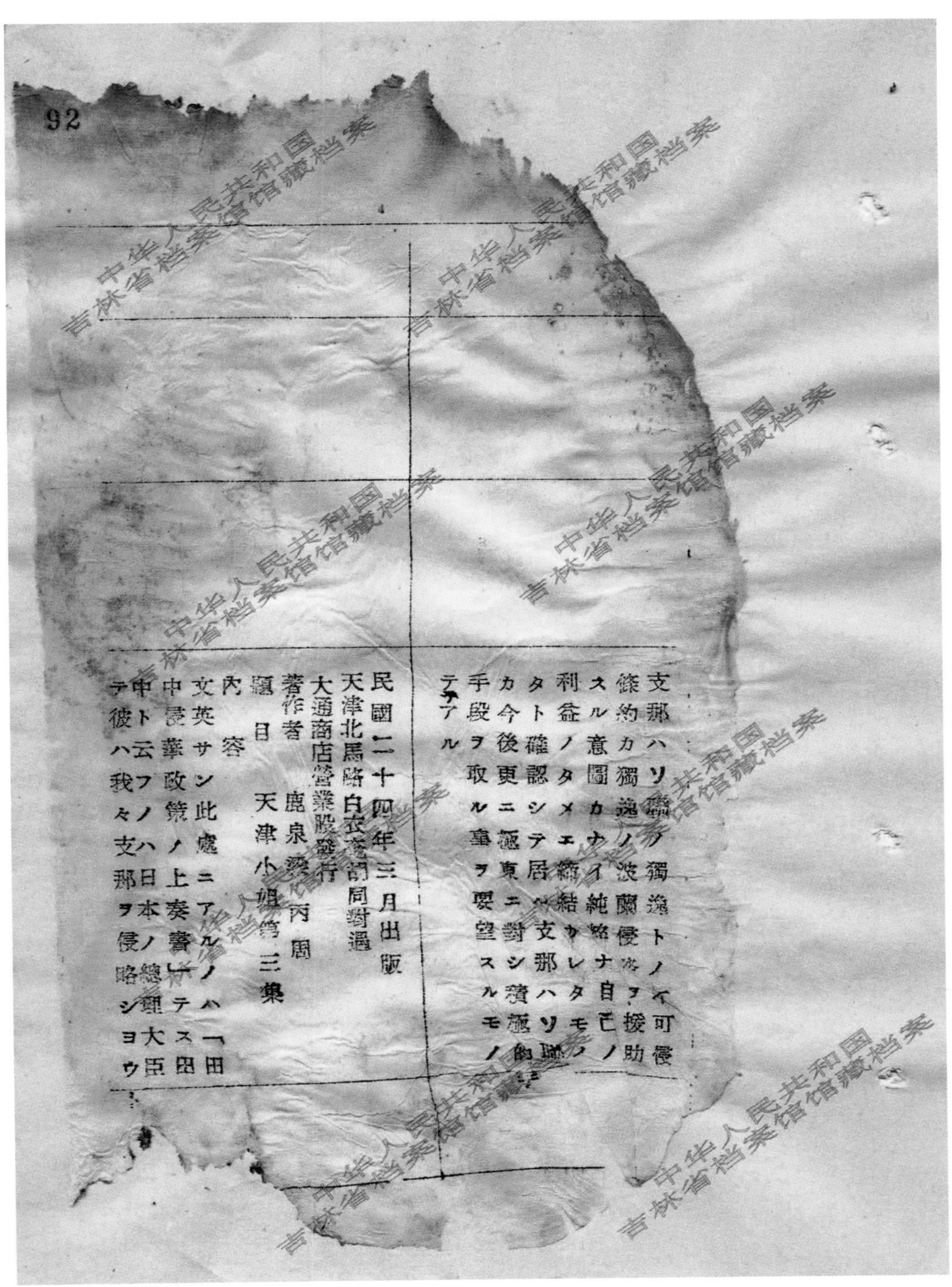

92

支那ハソ聯ノ獨逸トノ不可侵
條約カ獨逸ノ波蘭侵略ヲ援助
スル意圖カナイ純粹ナ自己ノ
利益ノタメニ締結サレタモノ
タト確認シテ居ル支那ハソ聯
カ今後更ニ極東ニ對シ積極的
手段ヲ取ル事ヲ要望スルモノ
テアル

民國二十四年三月出版
天津北馬路白衣庵胡同對過
大通商店營業股發行
著作者　鹿泉齋丙周
題目　天津小姐第三集
内容
文英サン此處ニアルノハ「田
中侵華政策ノ上奏書」テス田
中ト云フノハ日本ノ總理大臣
テ彼ハ我々支那ヲ侵略シヨウ

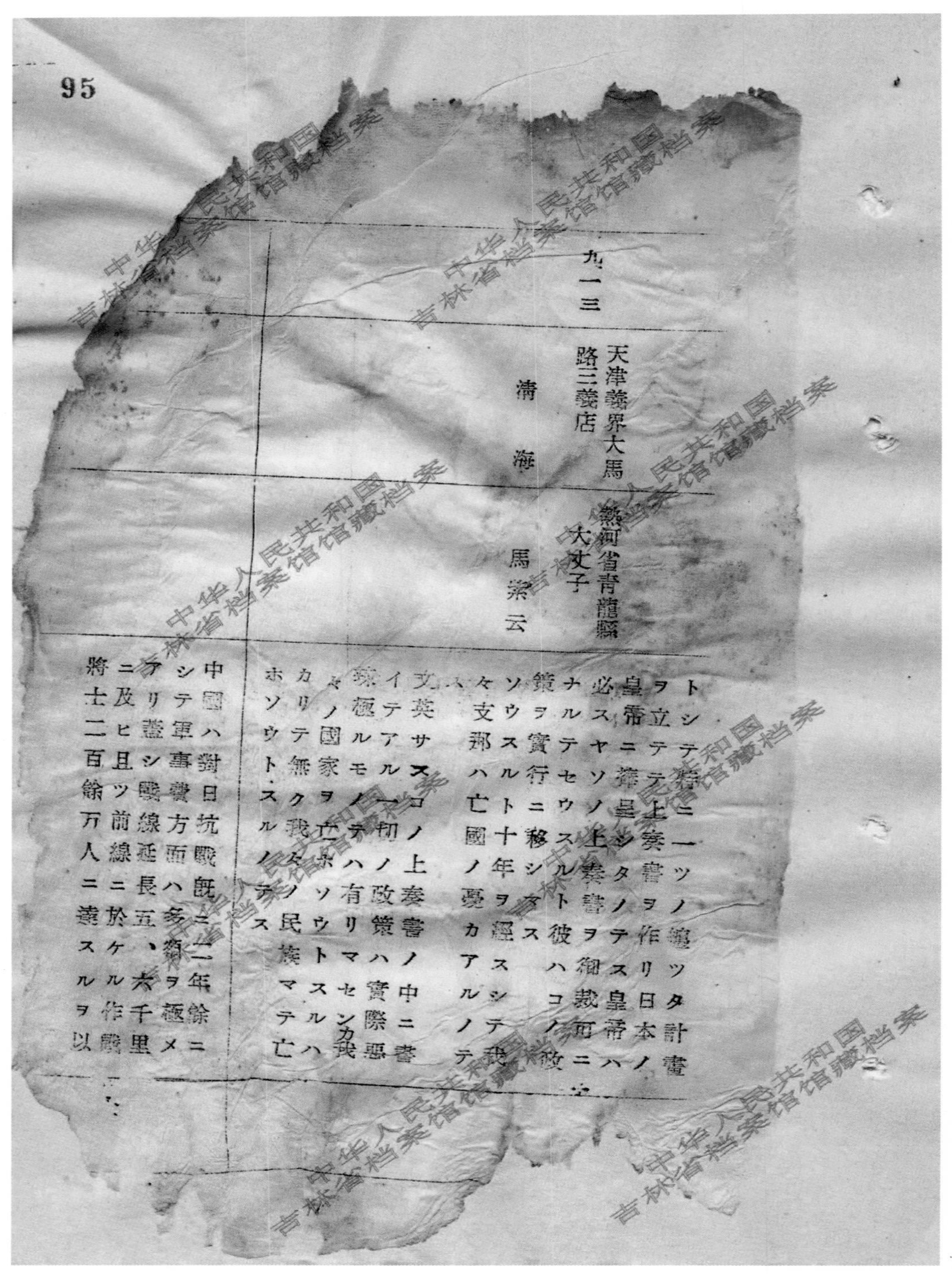
95

九一三	天津義界大馬路三義店 清海	熱河省青龍縣大丈子 馬榮云	トシテ特ニ一ツノ纏ツタ計畫ヲ立テテ上奏書ヲ作リ日本ノ皇帝ニ捧呈シタノテス皇帝ハ必スヤソノ上奏書ヲ御裁可ニナルテセウスト彼ハコノ故鐵ヲ實行ニ移シマスソウスルト十年ヲ經スシテ我々支那ハ亡國ノ憂カアルノテス文英サスコノ上奏書ノ中ニ書イテアル一切ノ政策ハ實際惡辣極ルモノテハ有リマセンカ我々ノ國家ヲ亡ボソウトスルハカリテ無ク我々ノ民族マテ亡ホソウト・スルノテス	中國ハ對日抗戰既ニ二年餘ニシテ軍事費方面ハ多額ヲ極メアリ蓋シ戰線延長五、六千里ニ及ヒ且ツ前線ニ於ケル作戰將士二百餘万人ニ達スルヲ以

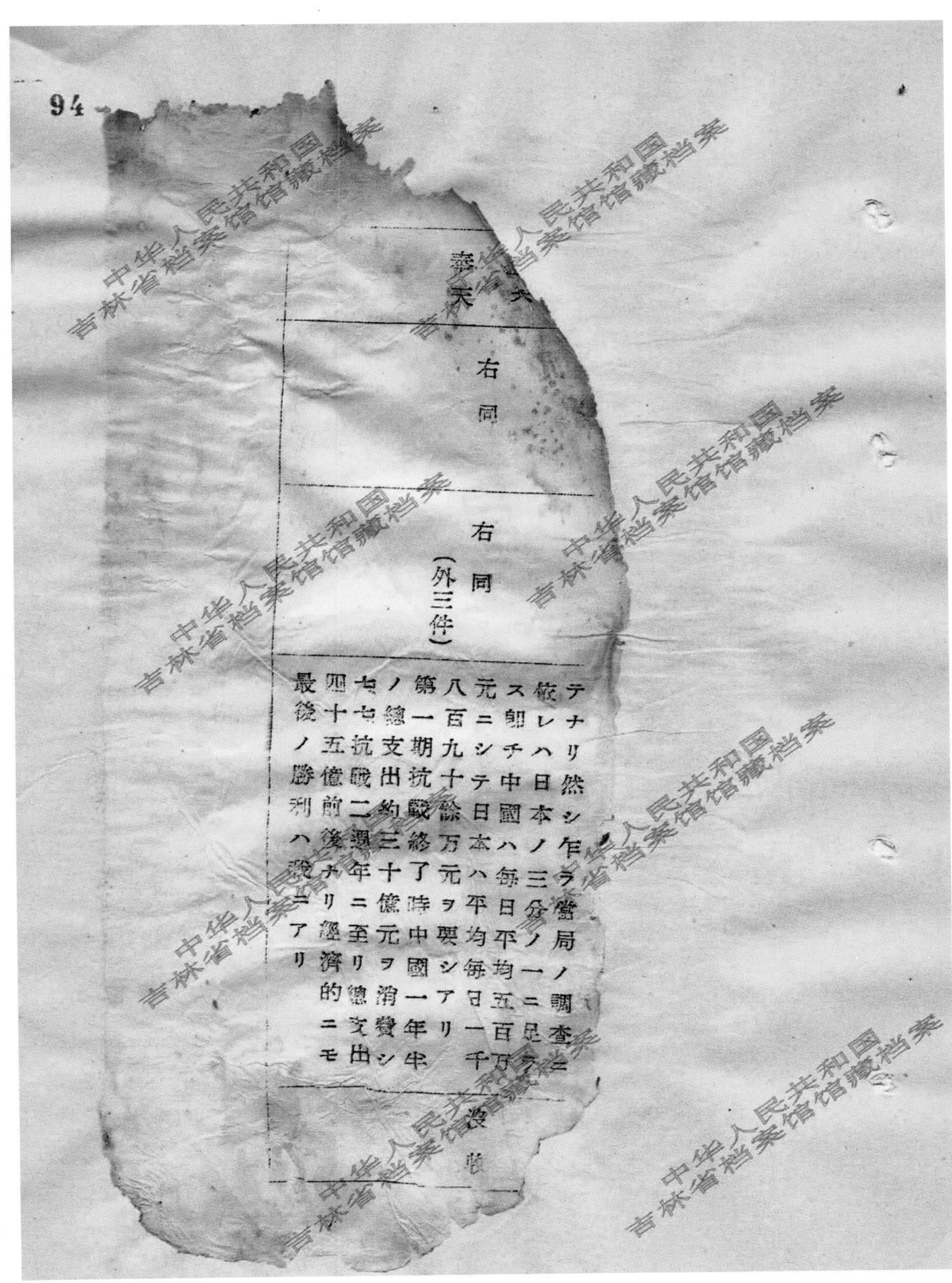

94

奉天

右同

右同
（外三件）

テナリ然シ乍ラ當局ノ調査ニ依レハ日本ハ三分ノ一ニ足ラス即チ中國ハ毎日平均五百万元ニシテ日本ハ平均毎日一千八百九十餘万元ヲ要シアリ第一期抗戰終了時中國一年半ノ總支出約三十億元ヲ消費シ七七抗戰二週年ニ至リ總支出四十五億前後ナリ經濟的ニモ最後ノ勝利ハ我ニアリ

沒收

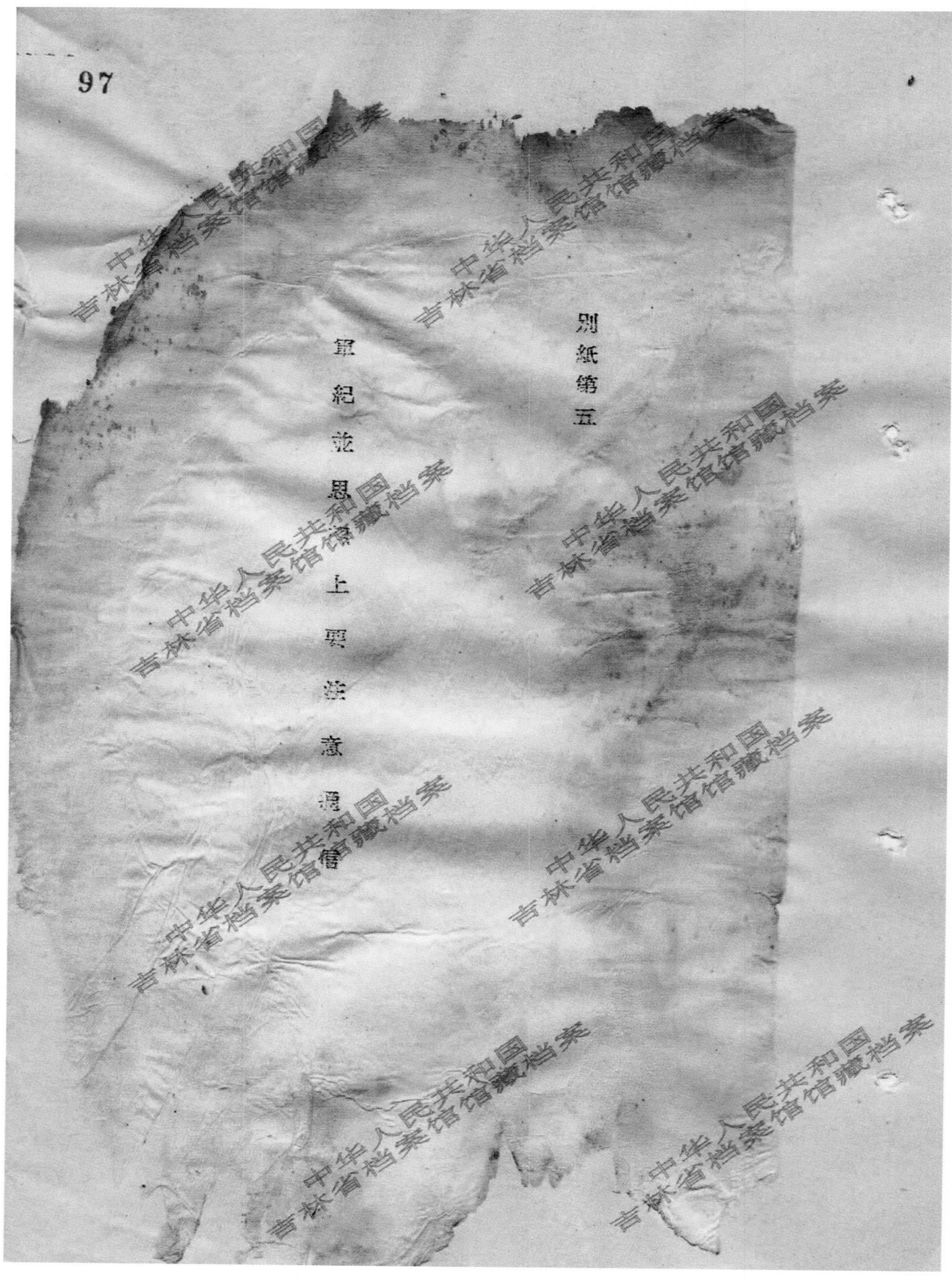
97

別紙第五

軍紀並思想上要注意通信

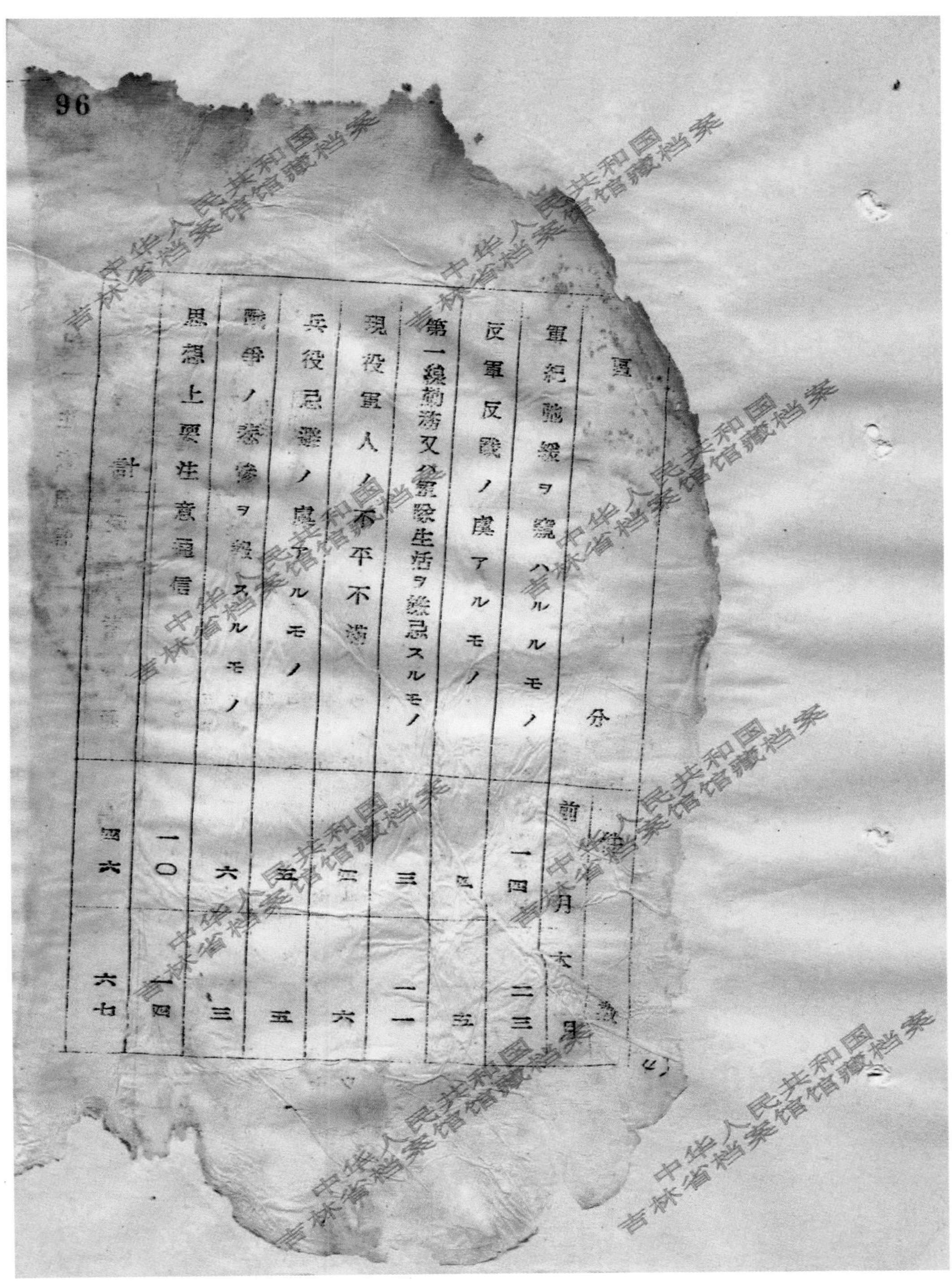

96

区分	件数 前月	件数 本月
軍紀弛緩ヲ窺ハルルモノ	一四	二三
反軍反戦ノ虞アルモノ	四	五
第一線荊渉又ハ軍隊生活ヲ忌避スルモノ	三	一一
現役軍人ノ不平不満	四	六
兵役忌避ノ虞アルモノ	五	五
戦争ノ惨禍ヲ誇張スルモノ	六	三
思想上要注意通信	一〇	一四
計	四六	六七

4)

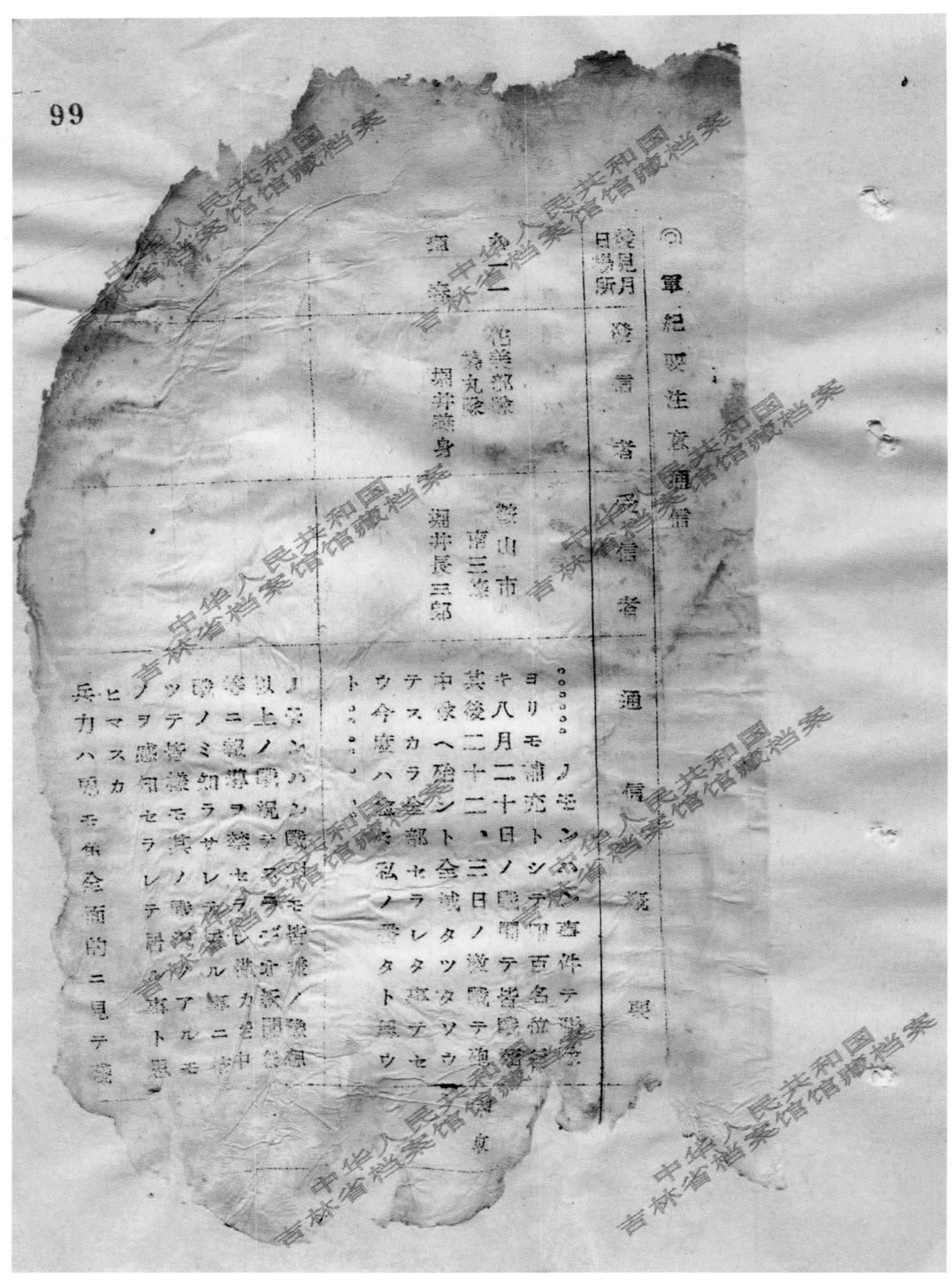

99

㊂ 軍紀要注意通信

發見月日場所	發信者	受信者	通信概要
九、二一 琿春	[illegible]部隊 [illegible]丸隊 堀井[illegible]身	[illegible]山市 南三[illegible] 堀井長三郎	ノモンハン事件テ戦[illegible] ヨリモ補充トシテ[illegible]百名位[illegible] キ八月二十日ノ戦闘テ皆負傷[illegible] 其後二十二、三日ノ激戦テ[illegible] 中隊ヘ殆ント全滅タツタソウ[illegible] テスカラ全部ヤラレタ[illegible]テセ ウ今度ハ全滅[illegible]私ノ番タト思ウ ト。。。。、、 ノモンハン戦闘モ皆様ノ想像 以上ノ戦況ダソウデ新聞紙 等ニ報道ヲ禁セラレ[illegible]カ[illegible]中 [illegible]ノミ知ラサレ[illegible]ルモノニ[illegible] ツテ皆様モ其ノ戦況ノアルモ ノヲ感知セラレテ居ル事ト思 ヒマスカ 兵力ハ[illegible]全面的ニ見テ[illegible]

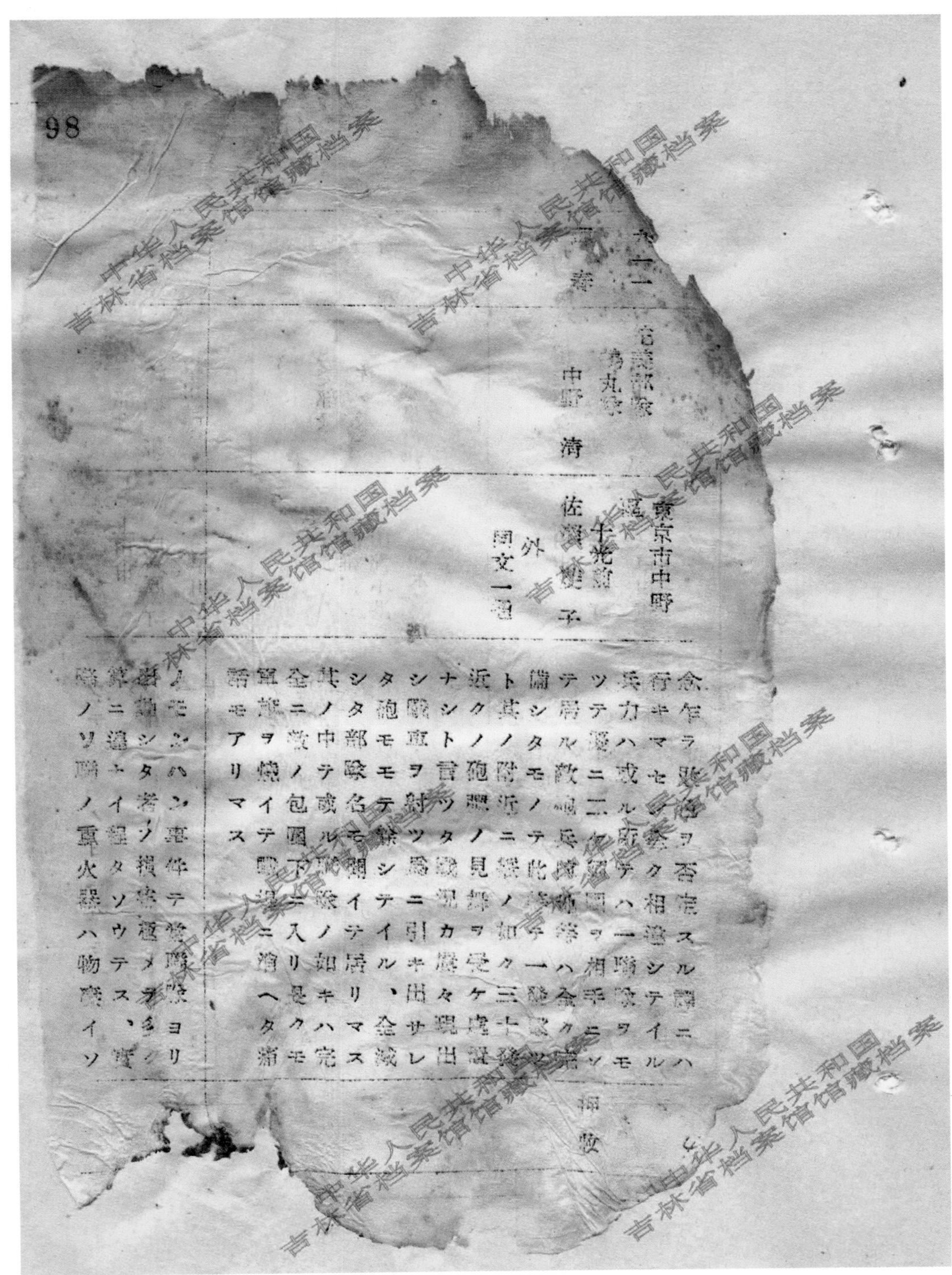

98

九一一

[illegible]春

[illegible]部隊 [illegible]丸隊 中野 清

東京市中野[illegible]千光前 佐藤[illegible]子 外 同文一通

念乍ラ敵[illegible]ヲ否定スル間ニハ
行キマセ[illegible][illegible]ク相違シテイル
兵力ハ或ル所テハ一聯隊ヲモ
ツテ[illegible]ニ二[illegible]師團[illegible]相手ニソ
テ居ル敵[illegible]兵隊[illegible][illegible]ハ全ク[illegible]
備シタモノテ此ノ[illegible][illegible][illegible]一發[illegible][illegible]
ト其ノ陣近ニ[illegible][illegible]ノ如ク三十發
近クノ砲陣ノ見舞ヲ受ケ[illegible][illegible]
ナシト言ツタ[illegible]ヲカ[illegible]々現出
シ敵直ヲ射ツ爲ニ引キ出サレ
タ砲モモテ[illegible]シテイル、全滅
シタ部除名[illegible][illegible]イテ居リマス
其ノ中テ或ル[illegible][illegible]ノ如キハ完
全ニ教ノ包圍下ニ入リ[illegible]クモ
軍部ヲ燒イテ戰退ニ消ヘタ痛
語モアリマス

押收

ノモンハン事件テ[illegible][illegible][illegible]ヨリ
[illegible][illegible]シタ者ノ損害極メテ多[illegible]
[illegible]ニ違ナイ[illegible]タソウテス、[illegible]
[illegible]ノソ聯ノ軍火器ハ物凄イソ

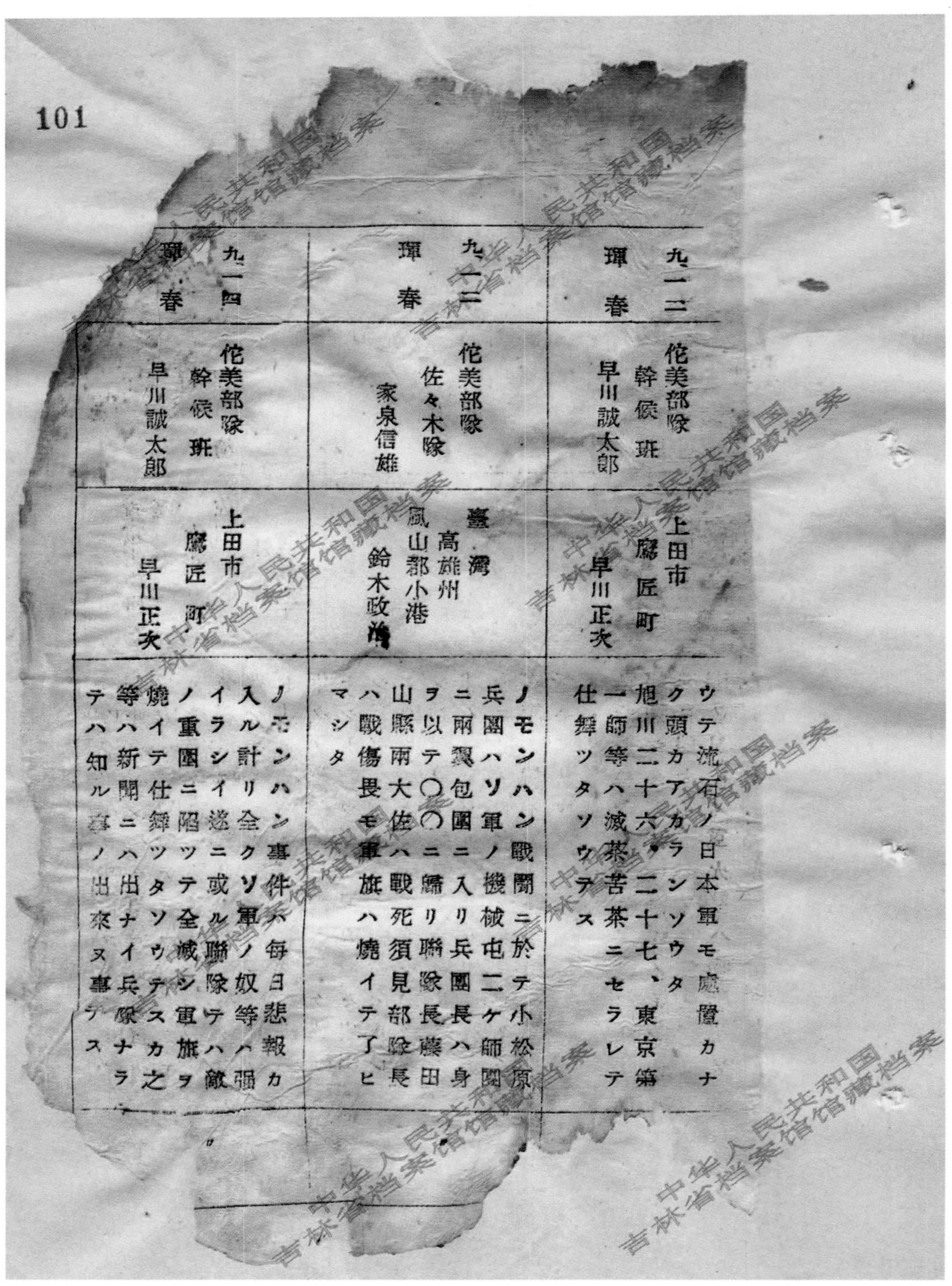

101

番號	發信者	受信者	内容
九一二 琿春	佗美部隊 幹候班 早川誠太郎	上田市 鷹匠町 早川正次	ウテ流石ノ日本軍モ處置カナククク頭カアカランソウタ旭川二十六・二十七、東京第一師等ハ滅茶苦茶ニセラレテ仕舞ッタソウデス
九一三 琿春	佗美部隊 佐々木隊 家泉信雄	臺灣 高雄州 鳳山郡小港 鈴木政治	ノモンハン戰鬪ニ於テ小松原兵團ハソ軍ノ機械化二ケ師團ニ兩翼包圍ニ入リ兵團長ハ身ヲ以テ〇〇ニ歸リ聯隊長藤田山縣兩大佐ハ戰死須見部隊長ハ戰傷畏モ軍旗ハ燒イテ了ヒマシタ
九一四 琿春	佗美部隊 幹候班 早川誠太郎	上田市 鷹匠町 早川正次	ノモンハン事件ハ毎日悲報カ入ル計リ全クソ軍ノ奴等ハ強イラシイ遂ニ或ル聯隊テハ敵ノ重圍ニ陷ッテ全滅シ軍旗ヲ燒イテ仕舞ッタソウテスカ之等ハ新聞ニハ出ナイ兵隊ナラテハ知ル事ノ出來ヌ事テス

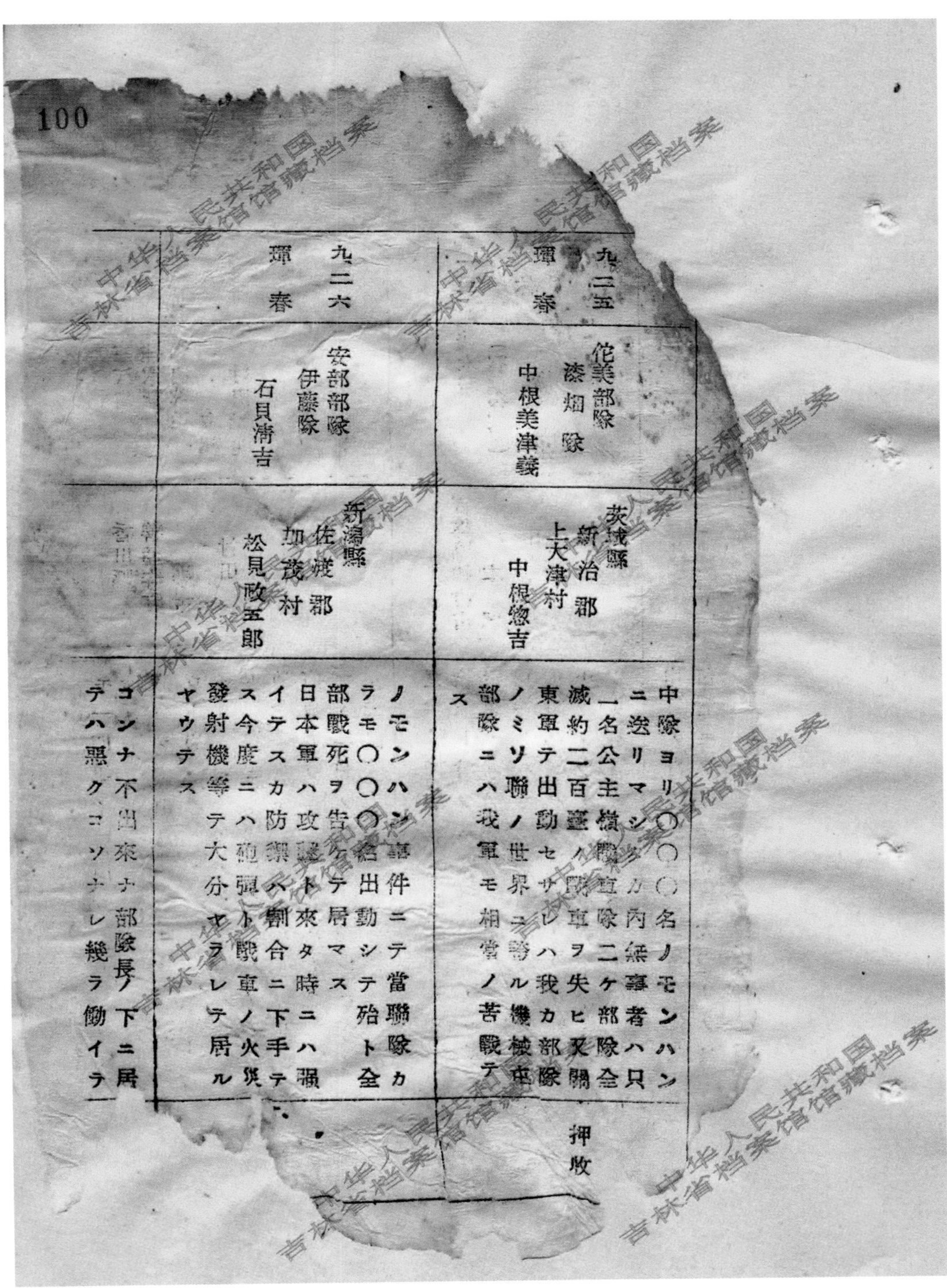

100

九二五	九二六	
琿春	琿春	
佗美部隊 漆畑隊 中根美津義	安部部隊 伊藤隊 石貝清吉	
茨城縣 新治郡 上大津村 中根惣吉	新潟縣 佐渡郡 加茂村 松見敢五郎	
中隊ヨリ〇〇〇名ノモンハンニ送リマシタカ内無事者ハ只一名公主嶺ノ戦車隊二ケ部隊全滅約二百臺ノ戦車ヲ失ヒ又關東軍テ出動セサレハ我カ部隊ノミソ聯ノ世界ニ誇ル機械化部隊ニハ我軍モ相當ノ苦戦テス	ノモンハン事件ニテ當聯隊カラモ〇〇〇名出動シテ殆ト全部戦死ヲ告ケテ居マス日本軍ハ攻撃ト來タ時ニハ彈イテスカ防禦ハ割合ニ下手テス今度ニハ砲彈ト戦車ノ火焰發射機等テ大分ヤラレテ居ルヤウテス	コンナ不出來ナ部隊長ノ下ニ居テハ惡クコソナレ幾ラ働イテ
押收		

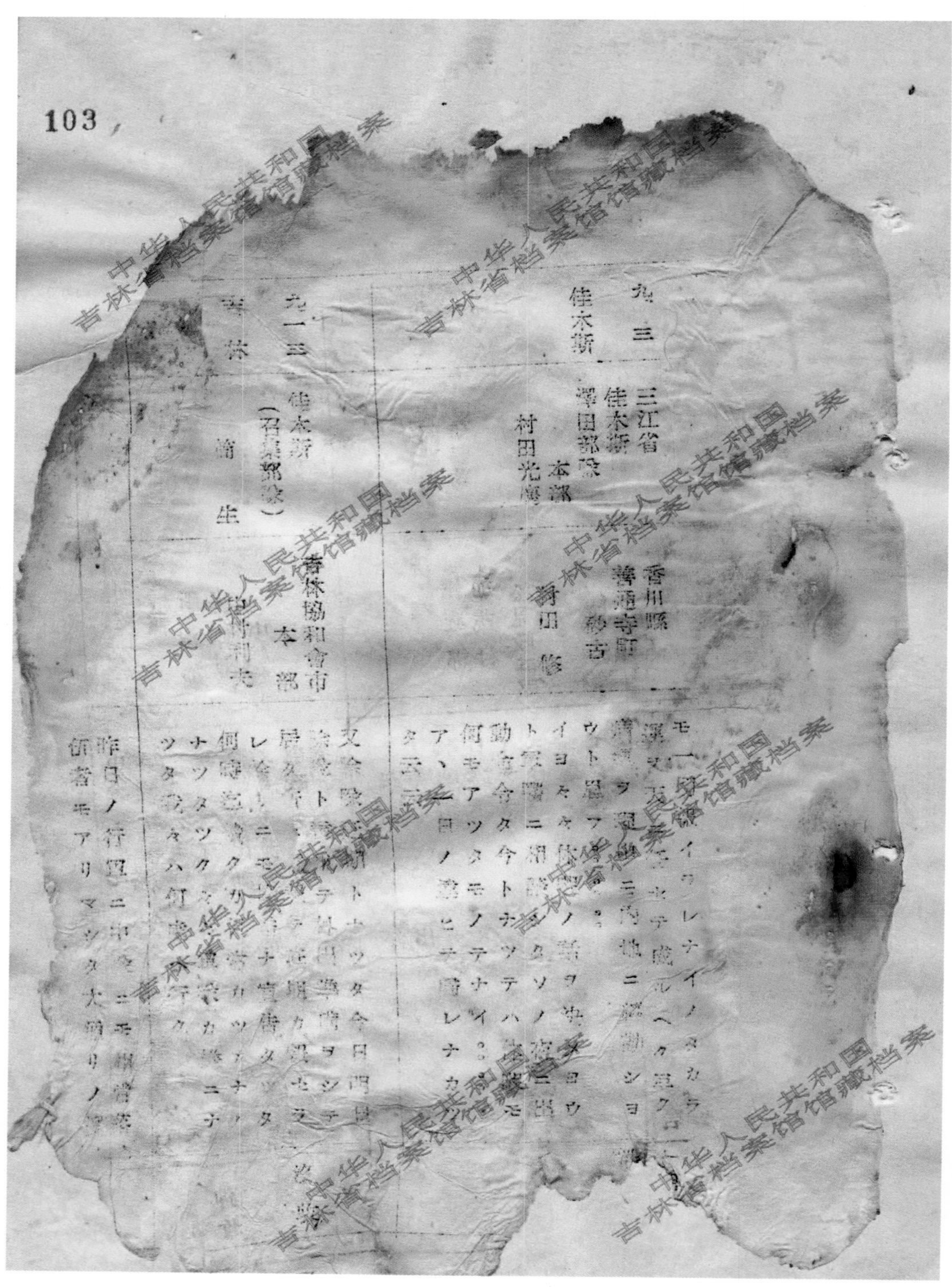

九三	佳木斯	三江省 佳木斯 澤田部隊 本部 村田光應	香川縣 善通寺町 砂古 詩田 修

モ一[illegible]イウレナイノタカラ
[illegible]
イヨイヨ[illegible]
トヲ[illegible]
動[illegible]今タ今トナツテハ[illegible]
何モアツタモノテナイ[illegible]
ア、一日ノ[illegible]レナカ[illegible]
タ云云

九一三	吉林	佳木斯 (石[illegible]部隊) [illegible]生	吉林協和會市本部 [illegible]村利夫

文会[illegible]トナツタ今日門[illegible]
[illegible]
居[illegible]
レ[illegible]
何[illegible]
ナツタツタカ[illegible]
ツタ[illegible]ハ[illegible]
昨日ノ行[illegible]ニ[illegible]
何者モアリマツタ大[illegible]リノ[illegible]

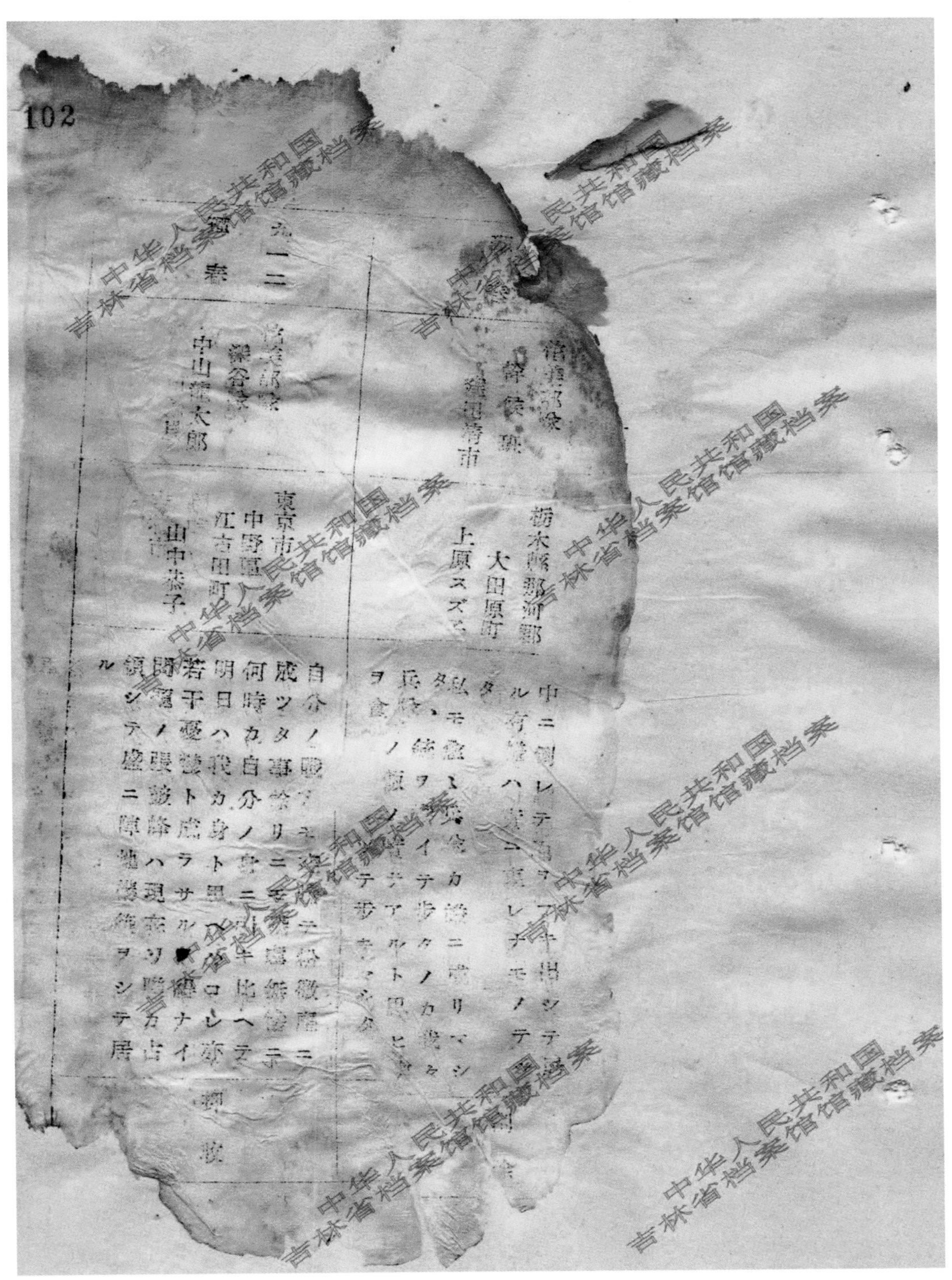

102

九一二	満洲部隊 鎌田清市	栃木縣那須郡大田原町 上原スヾ	中ニ倒レテ…ヲ…出シテ…ル有…ハ…レナモノテ…タ…私モ…ヲ…カ…リマシタ…兵…ヲ…イテ歩タノカ…ヲ食…ノ…アルト…テ歩…
九一二	満洲部隊 鎌倉… 中山…太郎	東京市中野區江古田町 山中…子	自分ノ職…ニ…成ツタ事ヲ…ニ…何時カ自分ノ身ニ…ヘテ明日ハ我カ身ト思…レ…若干ノ…トハ…ナイ…ノ…ハ…カ…領シテ…ヲシテ居…ル

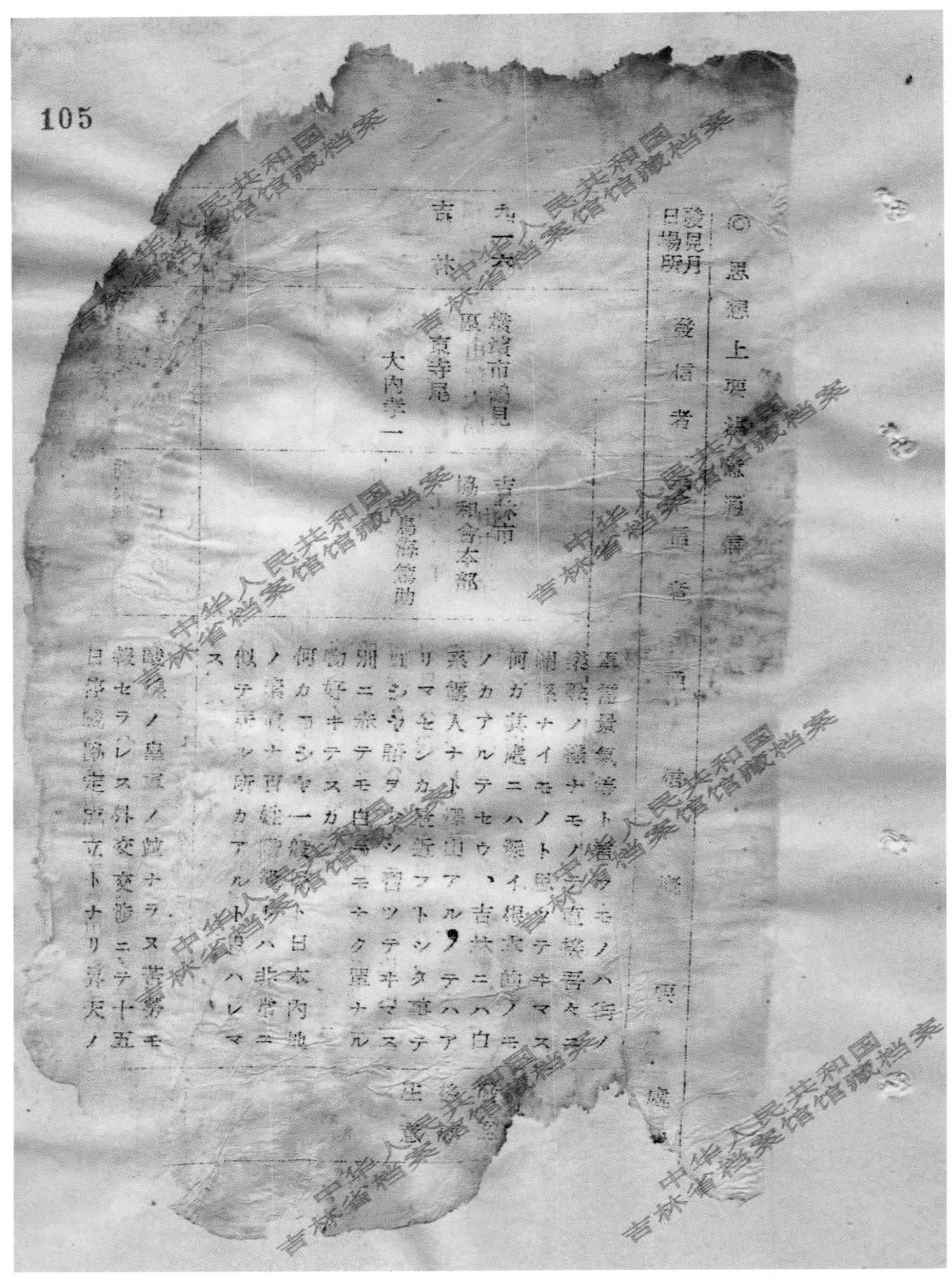
105

◎思想上要注意通信

發見月日場所	發信者	受信者	通信要旨	處置
九一六 吉林	横濱市鶴見區[illegible]東寺尾 大内孝一	吉林市[illegible]協和會本部 [illegible]島海篤助	最[illegible]景氣等ト[illegible]モノハ待ノ経濟ノ[illegible]ナモノ直接吾々ニ關係ナイモノト思[illegible]テキマス何ガ其處ニハ深イ根本的ノモノカアルテセウ、吉林ニハ白系露人ナル[illegible]アル[illegible]テハアリマセンカ[illegible]別ニ赤テモ白テモ[illegible]好キテスカ何カ[illegible]一般[illegible]日本内地ノ[illegible]ハ非常ニ似テ[illegible]所カアルト[illegible]ハレマス [illegible]ノ[illegible]ナラヌ苦勞モ殺セラレス外交交渉ニテ十五日[illegible]協定成立トナリ昇天ノ	

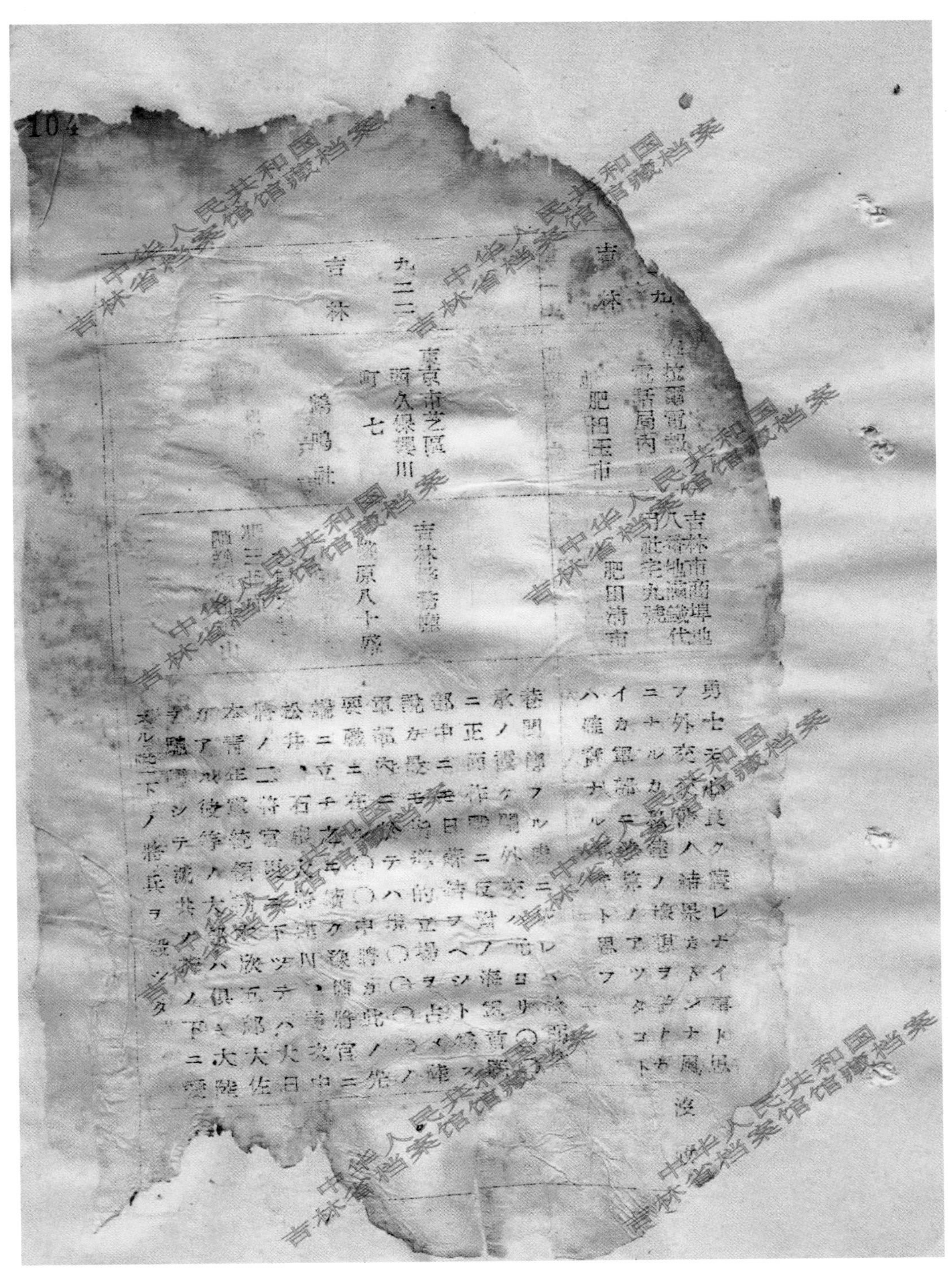

104

吉林

九二二

東京市芝區西久保櫻川町七

篠原八十

吉林市商埠地八經路

肥田清市

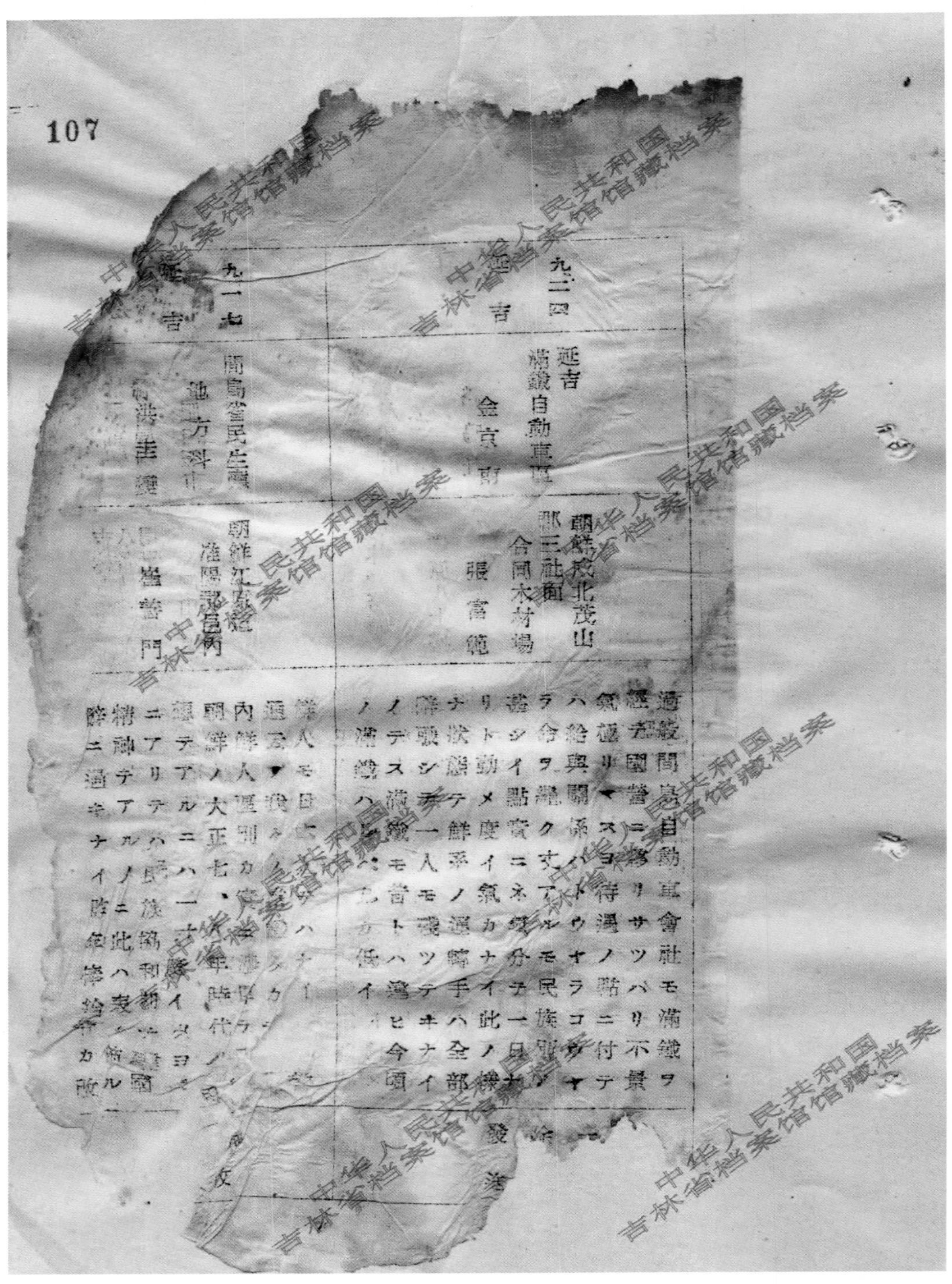
107

九二四
延吉

延吉
滿鐵自動車區
金京雨

朝鮮咸北茂山郡三社面
合同木材場
張富範

適𢇁間島自動車會社モ滿鐵ヲ
經ヌ國營ニ移リサツハリ不景
氣極リ▼スヨリ待遇ノ點ニ付テ
ハ給與關係ノトウオラコタ▼
ラ合タ繼ク丈アルモ民族別ア
ヰシイ點實ニネ分チ一日十
リト勤メ度イ氣カナイ此ノ様
ナ狀態デ鮮系ノ運轉手ハ全部
辭職シ系一人モ殘ツテヰナイ
ノイテス滿鐵モ昔トハ違ヒ今頃
ノ滿鐵ハ[illegible]カ[illegible]係イ

一 給 發 滿

九一七
延吉

間島省民生廳
地方科
[illegible]滿圭鍾

朝鮮江原道
淮陽郡邑內
崔普門

鮮人モ日本人ハナイカ
通信▼役ミ[illegible]ハクカラ
內鮮人區別カ[illegible]ナ
朝鮮ノ大正七、八年時代ノ
運テアルニハ一方鮮イタヨ
ニアリテハ民族協和新國
精神テアルノニ此ハ表ス[illegible]ル
辭ニ過キナイ防年停[illegible]カ敢

一 夜

참고역문

개요

一. 노몬한사건과 상관된 군사행동과 손실 등 문제에 유관된 보고와 방첩 상 유언비어가 산생된 유해통신이 증가하고 있음. 방첩, 치안 등 방면의 유해사항의 발생을 방지하는데 진력함.

이달 취급한 우편물과 전보의 수는 다음과 같음.

유 형	시 간	취급건수	처리건수
전보	지난 달	682 309	793
	이번 달	683 222	777
우편물	지난 달	667 502	1 345
	이번 달	736 413	948

□□검열

□□전보검열을 통해 혐의를 발견하고 확인 및 초록한 건수는 948건.(그중 □□관보가 555건)

三. 우편물의 검열성과는 다음 표와 같음. 그 주요내용은 별지제1부터 별지제6까지와 같음.

유 형	건 수	
	지난 달	이번 달
노몬한사건 발생지 부근의 통신	181	200
방첩 상 요주의 통신	295	175
우군패전과 기타 유언비어의 우려가 있는 통신	150	173
항일통신	37	44
방첩 상 혐의가 있어 정찰 중인 통신	32	13
군기 및 사상 상 요주의 통신	□6	67
만주국에 무기를 공급한 상황에 관한 통신	□4	□2
부정행위로 의심되어 내사 중에 있는 통신	□5	13
국내 치안불량을 적은 통신	□0	19
국책시행을 방해할 우려가 있는 통신	4	4
기타 유해통신	39	57
합 계	793	777

소견

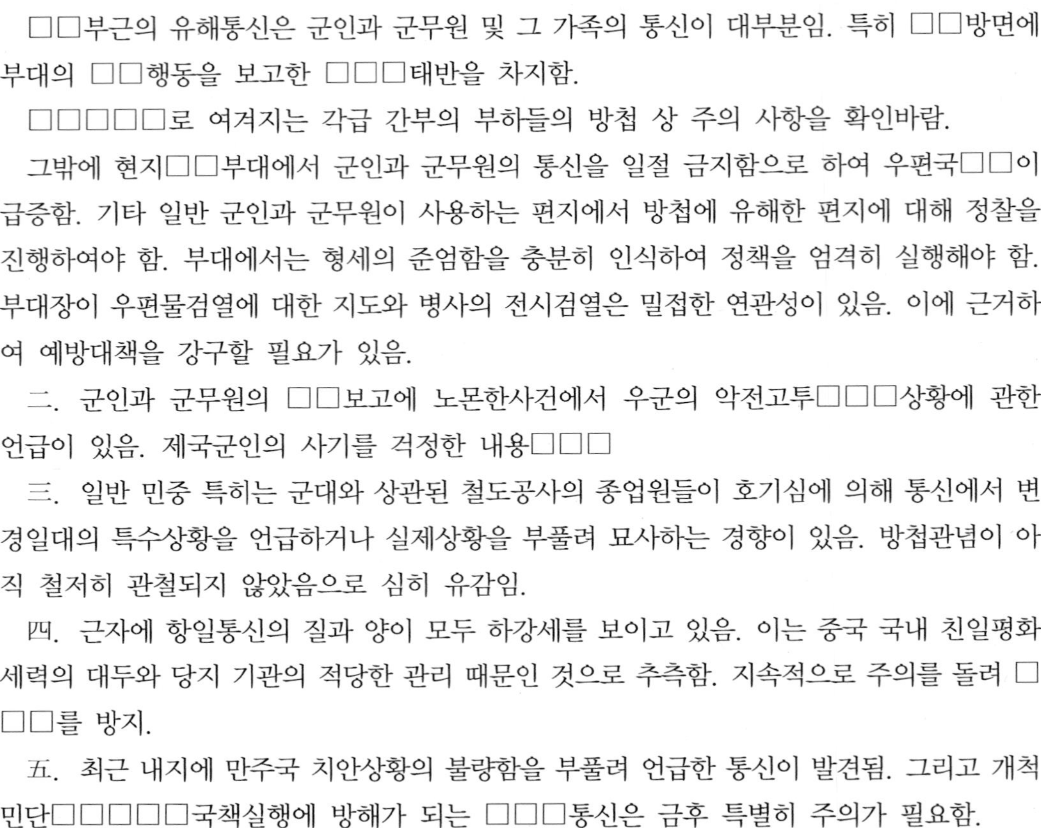

□□부근의 유해통신은 군인과 군무원 및 그 가족의 통신이 대부분임. 특히 □□방면에 부대의 □□행동을 보고한 □□□태반을 차지함.

□□□□□로 여겨지는 각급 간부의 부하들의 방첩 상 주의 사항을 확인바람.

그밖에 현지□□부대에서 군인과 군무원의 통신을 일절 금지함으로 하여 우편국□□이 급증함. 기타 일반 군인과 군무원이 사용하는 편지에서 방첩에 유해한 편지에 대해 정찰을 진행하여야 함. 부대에서는 형세의 준엄함을 충분히 인식하여 정책을 엄격히 실행해야 함. 부대장이 우편물검열에 대한 지도와 병사의 전시검열은 밀접한 연관성이 있음. 이에 근거하여 예방대책을 강구할 필요가 있음.

二. 군인과 군무원의 □□보고에 노몬한사건에서 우군의 악전고투□□□상황에 관한 언급이 있음. 제국군인의 사기를 걱정한 내용□□□

三. 일반 민중 특히는 군대와 상관된 철도공사의 종업원들이 호기심에 의해 통신에서 변경일대의 특수상황을 언급하거나 실제상황을 부풀려 묘사하는 경향이 있음. 방첩관념이 아직 철저히 관철되지 않았음으로 심히 유감임.

四. 근자에 항일통신의 질과 양이 모두 하강세를 보이고 있음. 이는 중국 국내 친일평화세력의 대두와 당지 기관의 적당한 관리 때문인 것으로 추측함. 지속적으로 주의를 돌려 □□□를 방지.

五. 최근 내지에 만주국 치안상황의 불량함을 부풀려 언급한 통신이 발견됨. 그리고 개척민단□□□□□국책실행에 방해가 되는 □□□통신은 금후 특별히 주의가 필요함.

별지제1

노몬한사건 발생지역의 통신

유 형	건 수	
	지난 달	이번 달
방첩 상 요주의 통신	132	152
유언비어의 우려가 있는 통신	29	17
군기 상 요주의 통신	20	31
합 계	181	200

○ 방첩 상 요주의 통신

발견 시간 및 지점 : 9월 3일　하이라얼
발신자 : 하이라얼 伊勢부대 田村대　生田 定
수신자 : 山口현 玖河군 森町久原　生田清人
통신개요 : 당신은 제일선이 어떤 곳인지 아시겠지요. 지나가 아니라 만주입니다. 노몬한 사건 때문에 만주의 형세가 심히 악화되었다는 것은 알고 계시겠지요. 지나 방면으로부터 하이라얼을 향해 끊임없이 병력을 증파하고 있습니다.
처리 : 삭제

발견 시간 및 지점 : 9월 4일　하이라얼
발신자 : 하이라얼 山口부대 본부　森山尙廣
수신자 : 福岡현 福岡시 上祇園정　森山 富
통신개요 : 드디어 우리 탱크부대에 출동명령이 하달되었습니다. 2시간 내에 우리는 하이라얼로 출격합니다.
처리 : 삭제

발견 시간 및 지점 : 9월 6일
발신자 : 하이라얼 松岡부대　轉　野口부대 본부　小田龍岳
수신자 : 愛知현 海部군 水和촌 字大井　山田房子
통신개요 : 이번 사건은 당사자가 아니고서는 그 느낌을 알 수가 없습니다. 아무튼 지나 각 지역의 수많은 부대가 이곳으로 왔습니다.
처리 : 삭제

발견 시간 및 지점 : 9월 6일　위와 같음
발신자 : 하이라얼 松間부대 轉 野口부대 본부　鈴木三郞
수신자 : 하얼빈 中原부대　小村作次
통신개요 : 현재 전황이 다소 평온해졌습니다. 각 부대는 하이라얼 이남 150킬로 되는 □□□所에 집결하였습니다. 몹시 시끌벅적합니다.
처리 : 삭제

발견 시간 및 지점 : 위와 같음

발신자 : 하이라얼 酒井부대 轉 須見부대 野本대 佐佐木五郎

수신자 : 치치할 新馬路13 松本國子

통신개요 : 북지나, 중지나 방면에서 수많은 사람들이 왔습니다. ○○부대와 ○○는 전멸되었습니다.

처리 : 삭제

발견 시간 및 지점 : 9월 8일 하이라얼

발신자 : 하이라얼 森永부대 轉 原田부대 淸□대 岩上대 加藤대 吉田 巽

수신자 : 佐賀현 藤津군 鹿島정 山口久雄

통신개요 : 저는 지난 달 25일에 만철 안동자동차구에 왔습니다. 30일 만철종업원자동차대가 성립되고 저도 그중의 일원이 되어 작전에 참가하였습니다. 전쟁터에서 누구나 다 군무원이 되었습니다. 오늘은 차를 몰고 제일선의 □□지대에 들어갔습니다.

8월 27일부터 제6군의 증파부대가 ○○기지에 집결하기 시작하였습니다. 연대의 깃발이 부대보다 먼저 도착하였어요. 부대장 4명이 전사하였고 6개 부대가 전멸하였습니다. 9월 2일부터 공격을 시작하여 6일부터 추격할 것으로 예정됩니다.

처리 : 삭제

발견 시간 및 지점 : 9월 12일 하이라얼

발신자 : 하이라얼 長谷部부대 四谷부대 佐藤대 山下상등병

수신자 : 靜岡현 田方군 伊東町 加原武夫

통신개요 : 저의 중대에만 100여명이 전사하였습니다.

처리 : 몰수

발견 시간 및 지점 : 위와 같음

발신자 : 하이라얼 大□부대 田內대 大本恒夫

수신자 : 宮城현 兒湯군 □□村城元 大本政吉

통신개요 : 중대의 간부 대부분이 전사하거나 부상 입었습니다. 더는 사람이 없습니다. 제대한 3명이 지금 중대의 모든 사무를 보고 있습니다.

처리 : 몰수

발견 시간 및 지점 : 9월 7일　하이라얼

발신자 :　노몬한야전우편소 轉 眞砂野부대 본부　小林□雄

수신자 :　神奈川현 橫濱시 戶塚구 新橋정　일본주식회사　船越致水　滿尾貞廣

통신개요 : 제6군 예하의 부대를 열거하면:

小松原부대 (제22사단 사령부)

畑부대 (여단 사령부)

三島부대	鷹司부대	須見부대
山縣부대	森田부대	酒井부대
眞砂野부대	山下부대	伊藤부대
平野부대	山下彦부대	木暮부대
若林부대	平山부대	明石부대
蘆塚부대	森田부대	長谷部부대
宮尾부대	東鈴부대	關根부대
順見鶴부대	四谷부대	本間부대
川崎부대	淸水부대	三浦부대

처리 :　몰수

발견 시간 및 지점 : 9월 13일　하이라얼

발신자 :　노몬한야전우편소 轉 中尾부대 본부　伴□平

수신자 :　愛知현 □岡군 一色정 松本島정　渡辺一衛

통신개요 : 옆에는 전부 죽은 사람입니다. 이렇게 많은 사람이 너무 쉽게 죽어나갔습니다. 최근 2, 3달 사이에 죽은 사람이 지나사변 이래 2년 사이에 죽은 사람 수와 비슷합니다. 참으로 큰 희생이지요.

처리 :　위와 같음

발견 시간 및 지점 : □□　하이라얼

발신자 :　□□中鉢대　下重秀雄

수신자 :　福島현東 白川군 近□촌　下重忠五郞

통신개요 : 사기충천한 부대는 어데서도 찾아볼 수 없습니다. 포대는 중대장 이하가 전멸되었습니다. □□□, 2명 이외 전부 죽었습니다.

처리 :　위와 같음

발견 시간 및 지점 : 9월 10일 하이라얼
발신자 : 하이라얼 □부대 吉田대 助川吉孝
수신자 : 茨木현東 茨木군 石崎촌 助川友作
통신개요 : 비록 8월 18일에 서신이 통하였습니다만 그때는 이미 포위된 상태였습니다. 대체적인 상황을 보면 중대장 이하가 거의 전멸되어 9명만 겨우 살아남았습니다.
처리 : 삭제

발견 시간 및 지점 : 위와 같음
발신자 : 하이라얼 大西부대 西本대 西木新藏
수신자 : 鹿兒島시 □戸정18 西木新太郎
통신개요 : 연대장도 전사하였습니다. 살아남은 사람은 겨우 6,7명입니다. 우리 중대에도 소대장 2명이 전사하였습니다. 하급사관은 1명만 살아남았습니다. 병사들의 사망이 특히 많아 겨우 39명이 살아남았습니다.
처리 : 위와 같음

발견 시간 및 지점 : 9월 16일 하이라얼
발신자 : 하이라얼 高橋 浩
수신자 : 新潟현 川羽郡南 鯖石촌 大澤 高橋嘉東
통신개요 : 전투가 상당히 격렬합니다. 기계화무기를 소지한 적들은 아주 완강합니다. 며칠 전 모 부대의 두 개 중대가 전멸되었습니다. 허허벌판에서 탱크의 맹렬한 공격을 받고 전부 곤경에 빠졌습니다.
처리 : 몰수

발견 시간 및 지점 : 9월 위와 같음
발신자 : 村松巳代治
수신자 : 東京시 小石川구 大原정14 村松治作
통신개요 : 매일 100대가 넘는 소련탱크가 습격해옵니다. 우리 2사단은 300명이 전사하였습니다.
처리 : 위와 같음

발견 시간 및 지점 : 9월 16일 □□

발신자: 하이라얼 西大營111 坂上益子

수신자: 鹿兒島현 出水군 出水下정 齊木宗雄

통신개요: 이번 사건에서 일본군은 적의 대량의 선진무기 앞에서 골머리를 앓았습니다. 사상자가 많고 전멸한 부대도 특히 많습니다.

남편이 소속된 長谷川부대장, 山縣 森田부대장 등 장교들이 수 백 대의 적 탱크에 포위되어 후방과의 연락이 끊겼습니다. 탄약과 식량이 떨어져 20일부터 아무것도 못 먹고 죽기를 기다리고 있었습니다. 후방의 원병을 간절히 기다리고 있었지만 구원하러 온 원병도 적 탱크의 습격을 받아 손을 쓸 수 없게 되었습니다. 남편이 실종된 27일 아침 적 탱크가 진지로 습격해와 모두들 당황하여 뿔뿔이 후퇴하였습니다.

처리: 위와 같음

발견 시간 및 지점: 9월 22일 하이라얼

발신자: 하이라얼 西四道가 青木春吉

수신자: 東京시 神田구 猿樂정1-9 東海林福太郎

통신개요: 일부 공개된 바대로 양측 모두 수많은 희생자를 냈습니다. 이곳에 있는 우리들도 이것은 조국의 거대한 슬픔이라고 생각하며 큰 유감입니다. 제일선에서 철수하여 군대통행증이 없으면 누구도 현지 시가지를 지날 수 없기 때문이거나 작전의 확대 때문이거나 아니면 우리의 수차례 패전 때문이거나 아무튼 우리가 상상하지 못하는 곳에 아직 수많은 전사자가 있을 것입니다.

처리: 몰수

발견 시간 및 지점: 9월 25일 하이라얼

발신자: 하이라얼 新市街 菊地重造

수신자: 栃木현 足利시 旭정549 小各野卯三郎

통신개요: 우리 부대가 도착하기 전 한 개 연대가 이미 전멸되었습니다. 아직도 600구의 시체가 전선에 누워있습니다. 아주 비참합니다.

처리: 위와 같음

발견 시간 및 지점: 9월 30일 하이라얼

발신자: 하이라얼 東山육군숙사149 小川 美

수신자: 東京시 目黑구 後藤婦美子

통신개요: 일소협정이 이미 체결되었다고 합니다. 요즘 생존자들이 현지로 돌아올 것이라고 합니다. 8월 발생한 전쟁에서 일본군은 전멸하였고 거의 전투력이 상실되었다고 합니다. 각 부대 부대장들은 자살하였는데 들어보니 참 비참합니다. 이번에 더 많은 병사들을 모집하여 제3차 총공격을 하려고 합니다. 모두들 결심을 굳히고 병사들을 이끌어 진공하려 하였습니다. 총공격을 개시하기 전 협정이 체결되었다고 하는 것은 그 무엇보다 중요합니다. 일본은 어떻게 해도 승산이 없습니다. 상대는 몹시 강합니다. 수많은 선진무기들을 보유한 유럽과의 전쟁은 일본에게 있어 神風이랄수 밖에 없습니다. 절대 방심해서는 안 됩니다. 그리고 일본이 대단한 줄로 아는 것도 앞으로는 큰 걱정입니다.

처리: 위와 같음

발견 시간 및 지점: 9월 30일 하이라얼

발신자: 하이라얼 東山육군숙사149 小川 美

수신자: 姬路市堅町 來沖勝

통신개요: 森田부대장 이외 모든 사람들이 자살하였습니다.
다들 살아남는 것이 참 경이로운 일이라고 합니다. 지난달에 말한 "사이다병"도 안 되겠습니다. 적들이 그 투척을 막기 위해 철판을 깔았다고 합니다. 아무튼 안 될 것 같습니다. 충분히 검토 후 조심스럽게 행해야만 성공할 수 있습니다. 부하들이 수없이 죽어나가니 다들 자신의 책임임을 느끼고 자살로서 사죄하려는 것 같습니다.

처리: 몰수

발견 시간 및 지점: 9월 21일 하이라얼

발신자: 하이라얼 阿部부대 若林대 加藤正喜

수신자: 東京시 王子구 王子정 동양랑루(ランル)주식회사 毛識部 啓

통신개요: 격렬한 소모전은 한순간에 한 개 대대를 소모하고 하룻밤 사이에 한 개 연대를 소멸합니다. 기계화섬멸전은 참으로 잔혹합니다.

처리: 위와 같음

발견 시간 및 지점: 9월 3일 만주리

발신자: 만주리 志波부대 井上대 曾根銀次
수신자: 靜岡현 椿原시 田村 字大幡 曾根太津男
통신개요: "노몬한사건"은 인차 결속될 것 같지 않습니다. 앞으로 전사자가 점점 더 많아질 것입니다. 대대에서 제2차로 장교를 증보하고 중대에서 제1차로 장교 2명을 증보(7월 21일)하고 제2차로 장교 2명과 하사관 3명을 증보하고 제3차로 井上 중대장도 갔습니다.
처리: 삭제

발견 시간 및 지점: 위와 같음
발신자: 만주리 上野부대 川上대 古泉達三
수신자: 宮城현 仙臺시 長정 팔목산19 金子直
통신개요: 원 부대는 하이라얼로부터 "노몬한"에 이르는 43킬로의 경철도 부설작업을 시작했습니다. 만주리에 있는 우리는 명령을 받고 당지의 경비를 맡았습니다.
처리: 위와 같음

○ 군기 상 요주의 통신

발견 시간 및 지점: 9월 3일 하이라얼
발신자: 노몬한 야전우편소 轉 眞砂野부대 森대 管野松太郎
수신자: 山梨현 甲府시 若松촌 望月金造
통신개요: 전사자의 시체를 하이라얼에 들고 와 노천에서 화장하였다. 이쯤이면 약과다. 전선의 전투가 너무 치열해서 부대장의 시체도 수습하지 못하였다. 그냥 손가락 하나를 잘라 갖고 왔는데 그만하면 괜찮은 셈이다. 전선의 ○○와 ○○ 두 부대장(대좌 2명)은 부대가 전멸할 즈음에 서로 사격하여 자살하였다. 아직도 그들의 시체를 찾지 못하였다.
처리: 삭제

발견 시간 및 지점: 9월 6일 하이라얼
발신자: 하이라얼 川野부대 轉 古川대 伊林止吉
수신자: 北海道 雨龍군 妹背牛촌 小田周助
통신개요: 제일선에 나갈 때 길 중간에 시체가 널려있었다. 자동차가 덜컹덜컹하며 흔들

리기에 무엇이지 했더니 그것은 시체였다. 전장은 참혹하기 그지없다.

처리: 위와 같음

발견 시간 및 지점: 9월 24일 하이라얼

발신자: 하이라얼역 佐佐木武雄

수신자: 宮城현 仙臺시 東四草 佐佐木林

통신개요: 소련은 끊임없이 폭탄을 투하한다. 우리가 대처하지 못할 상황이 많고도 많다. 제일 괴로운 것은 소련 영토에 들어간 후 먹을 것도 마실 것도 없는 상황에서 마른 빵을 씹으면서 어둠을 타 부상당한 전우를 찾는 일이다.

처리: 위와 같음

발견 시간 및 지점: 9월 25일 하이라얼

발신자: 하이라얼 東四道가28 新道次郎

수신자: 崎玉현 比企군 小見野촌 上小見촌 瀧瀨董治

통신개요: 사실 격전이 끝난 후 전투흔적 이외에 적들의 사오십대 비행기가 날아다니면서 투하한 폭탄에 폭사한 경우가 부지기수입니다. 제일 고통스러운 것은 사흘 낮 사흘 밤 자지 못한데다 먹고 마시지 못하여 흙탕물에 건빵을 뜯어먹는 일입니다. 게다가 밤도와 부상당한 전우를 업고 총을 든 채 산골짜기를 가로질러야 합니다. 일단 조명탄이 터지면 곧장 풀숲에 숨어야 합니다. 부상병들은 "물… 물…"하며 애원하고 허리는 끊어질 듯 아파 눈물이 납니다. 어데 가서 작전한단 말입니까? 다른 부대의 부상병들은 한 짝 다리를 질질 끌고 "살려줘…"하고 절규합니다. 각반을 찬 한 짝 다리가 그곳에 널부러져 있고 철갑모도 포탄에 날려가 피가 잔뜩 발리었습니다. 총은 전차에 짓뭉개인 것 같았어요.(尖兵) 편폭 상 모든 것을 다 말할 수는 없습니다. 지나의 상황과 달리 정찰기가 도망쳐 오면 그 뒤로 약 20대의 중형폭격기와 40대의 전투기가 곧추 따라와 탄알을 빗발처럼 퍼부어댑니다. 연기가 자욱한 가운데 일분에 200발의 빈도로 목표를 향해 15센티, 18센티, 24센티 구경의 유탄을 발사합니다. 다행히 위험에서 벗어났습니다. 우리가 크게 믿고 있는 대포의 수량과 질량은 반드시 보장해야 합니다. 하지만 탱크와 비행기의 수량도 적어서는 안 됩니다. 비록 승부를 가리지 못했다지만 오히려 패배한 기분입니다. 8월 20일 즘에 600여대의 적 탱크에 의해 포위되었지만 원군의 도움으로 포위를 벗어났습니다. 탱크를 말할진대 그

화염분사기는 100미터나 되는 화염을 내뿜어 사람을 그냥 태워버립니다. 이상의 설명은 곧 유럽의 입체전입니다.

처리 : □□

발견 시간 및 지점 : 9월 21일 하이라얼

발신자 : 하이라얼 鈴木智부대 竹村丈太郎

수신자 : 秋田현 仙北군 横堀촌 竹治

통신개요 : 아직 철수하지 않았습니다. 생존자는 자동차로 운송하고 있는데 적기의 작탄에 맞아 날아갔습니다. 고통으로 신음하고 울부짖는 소리와 피범벅이 된 몰골들도 사라졌습니다. ○○○○○전은 참으로 고통스럽기 짝이 없습니다. 전쟁이 없어야 합니다.

처리 : 몰수

발견 시간 및 지점 : 9월 4일 하이라얼

발신자 : 하이라얼 高城부대 大塚勝雄

수신자 : 靜岡현 志太군 靜濱촌 宗高中島 大塚葛野

통신개요 : 우리 대장은 꼭 정신착란이 온 영감탱이 같습니다. 종래로 우리를 칭찬하는 법이 없이 욕만 해댑니다. 일단 그의 기분을 더럽히면 고스란히 당해야 합니다. 만약 이것이 민간의 경우라면 저는 극력 말리려고 했을 것입니다. 하지만 이곳은 군대이기에 어쩔 도리가 없습니다.

처리 : 삭제

□□의 우려가 있는 통신

발견 시간 및 지점 : 9월 2일 하이라얼

발신자 : 하이라얼 伊勢부대 본부 寶龜道雄

수신자 : 德島현 德島시 西 富田정 二丁目 寶龜重子

통신개요 : 伊勢부대의 대포는 아무런 쓸모가 없습니다. 이미 철수명령을 받았습니다. 우군은 사분오열되어 사상자가 엄청납니다. 지금 伊勢대좌는 실종되었습니다. 아마 전사하였겠지요. 혹은 자살했을지도 모릅니다. 비록 일본의 공중전투력이 막강하다고 하지만 지면부대는 전멸되었습니다.

처리 : 삭제

발견 시간 및 지점 : 9월 12일 하이라얼

발신자 : 노몬한 大西부대 赤井부대 본부 赤井豊三郎

수신자 : 東京시 世田谷구 若林85 山縣吉良

통신개요 : 사단이 작전임무를 헛갈리는 바람에 20일부터 양익이 갑자기 적의 강력한 포위를 당했습니다. 열흘 사이 탄약이 다 떨어지고 먹고 마실 것도 없습니다. 비록 견지하고 있지만 이미 철통같은 포위 속에 들었습니다. 대장은 잔여병력을 이끌고 철수하라는 명령을 받았습니다. 제가 받은 명령은 하루 더 견지하라는 것입니다. 그래서 대장과 함께 행동할 수 없습니다. 오호라, 애재! 이것은 얼마나 슬플 사실입니까!

사단은 전멸되어 군기도 전부○○. 제가 소속된 대대는 선후로 3차 병력을 보충 받아 섬멸전에 참가했습니다. 전사자가 부지기수입니다.

처리 : 몰수

발견 시간 및 지점 : 9월 15일 하이라얼

발신자 : 하이라얼 安井부대 본부 藤岡彦策

수신자 : 東京시 中野구 野方정 2-1415 藤岡 菊

통신개요 : 장군묘에 도착했을 때 23사단(小松原부대)사령부를 예방하였습니다. 그 사단은 거의 전멸되다시피 했습니다. 여단장이 부상 입고 연대장이 3(4)명 전사하고 2명이 부상 입었습니다. 기타 장교 이하 전사자는 부지기수입니다. 예방 당시 각 부대는 이미 진지에서 철수하여 장군묘 부근에 집결하고 있었습니다. 小松原사단장은 어제 밤 적들의 포위를 뚫고 돌아오던 위험한 순간을 직접 겪었습니다. 바로 얼마 전에 만난 근위보병 제4연대에서 차출되어 온 小野塚대위는 거의 울상이었습니다. 전투의 참혹한 상황을 짐작할 수 있었습니다.

그 연대는 고급장교가 전부 전사하거나 부상을 입고 연대 전체에 200여명만 살아 돌아왔습니다. 아무리 뭐라고 해도 그들을 탓할 수는 없습니다. 왜냐면 23사단의 1개 사단이 적의 3개 사단과 기계화부대에 사면으로 포위되었고 적 탱크가 뒤로부터 협공하고 있어 제7사단의 증원이 도착하기도 전에 "하르하"하의 제일선에서 철수하였기 때문입니다. 제7사단이 후방진지를 점령한 후 각 사단의 증원을 기다리고 있습니다.

제2사단은 9월 5일 아침에 장군묘 부근에 집결 할 수 있을 것입니다. 목전 기타 재만부대와 조선부대의 비행기를 소집하여 회복준비를 하는 중입니다.
애초에는 약 10일부터 시작하려 했지만 결과적으로는 12일로 미루었고 현재 또 미루고 있습니다. 언제 시작할지 모릅니다. 지난 7,8일간 片山여단이 적진지를 습격하여 진지를 탈환하려 했습니다. 하지만 이튿날 아침 적 탱크의 공격을 받아 대대장 이하 56명이 전사하거나 부상입어 전적이 좋지 않습니다. 힘든 전투였습니다.
소련의 작전방법과 탱크 및 비행기의 위력은 아군과 비교가 안 됩니다. 신문의 보도는 진실하지 않습니다. 우리는 읽어보고 전부 참 가소롭더군요.
비록 신문에서 전패의 사실을 보도하지 않지만 국민의 사기와 직결되기에 적당히 부풀리는 것은 지탄하기 어렵습니다. 지금 전투가 진행 중입니다. 현재 전투가 벌어지고 있는 지역에서 어느 방향으로 40킬로 혹은 80킬로 피해나가도 아무런 도움이 안됩니다. 이런 불모의 땅에서 전쟁을 한다는 것이 얼마나 무료한 짓인지 깊이 느꼈습니다. 양측 모두 자존심대결을 하는 중입니다.

처리 : 몰수

발견 시간 및 지점 : □□ 하이라얼

발신자 : 하이라얼 大西부대 川畑대 濱田良治

수신자 : 鹿兒島시 山下정184 濱田柳子

통신개요 : 우리 山縣부대장은 이미 자살로 순직하였습니다. 小出소위도 군기아래서 장렬히 희생되었습니다.

처리 : 삭제

발견 시간 및 지점 : 9월 2일 만주리

발신자 : 志渡부대 辻대 池田系保

수신자 : 長崎현 島原정 音無川通 池田靜子

통신개요 : 후방에 있는 여러분들께 신문의 보도를 너무 믿지 말라고 귀띔해 드리고 싶습니다. "우리가 이겼다."는 분위기에 너무 빠져 있지 말기를 바랍니다. 황군의 정예부대는 4개월의 시간을 들여 손바닥만큼의 땅도 점령하지 못하였습니다. 무슨 뜻인지는 잘 아시겠지요.
매일 약 ○○○명의 적아 양측의 희생자들이 발생한다고 합니다.

처리 : 위와 같음

발견 시간 및 지점 : 위와 같음
발신자 : 上野부대 加藤대 金子盤夫
수신자 : 宮城현 仙臺시 八木山19 金子 直
통신개요 : "노몬한"의 전사자들은 어제 밤 육속 하이라얼에 실려 왔습니다. 어제 밤 하이라얼을 떠날 때 시체운반차 3대가 시체를 가득 싣고 있었고 다른 한 기차에는 부상병을 가득 싣고 있었습니다.(불과 이틀의 전투입니다) 북지나에서 이런 상황을 목격한 적이 없습니다.
처리 : 위와 같음

발견 시간 및 지점 : 9월 6일 만주리
발신자 : 만주리 上野부대 川上대 野本末次
수신자 : 崎玉현 比企군 南吉見촌 岩木 茂
통신개요 : 우군의 진지상황이 불리한 상태에 빠져 장군묘로 철수하였습니다. 적의 기계화부대가 끊임없이 증파되어 아군은 간고한 전투를 치르는 중입니다. 국경선 일대뿐만 아니라 수많은 곳에 전우들의 선혈이 뿌려졌습니다. 하얼빈의 아군부대도 출동하였습니다. 현재 철도를 부설 중입니다.
처리 : 위와 같음

발견 시간 및 지점 : 9월 8일 만주리
발신자 : 만주리 철도경위대 齊藤安治
수신자 : 秋田현 平鹿군 十文字정 曙정 齊藤室郎
통신개요 : 이번 노몬한사건에서 아군은 완전히 전패했습니다. 다만 공군이 승리하였고 지면부대는 궤멸적인 타격을 입었습니다.
처리 : 압류

발견 시간 및 지점 : 9월 9일 만주리
발신자 : 만주리 上野부대 加藤대
수신자 : 東京시 荏原구 戶越정502 平野三郎
통신개요 : 절대 아군의 승리가 아닙니다.(사상자가 부단히 증가하고 비행기로 운송하고

있습니다. 시간을 보면 단 3일 내에 시체운반차량 3대가 가득 찼습니다.)
처리 : 삭제

발견 시간 및 지점 : 9월 9일 만주리
발신자 : 만주리역 화물 小松 茂
수신자 : 長野현 上伊那군 伊那富촌 二宮利雄
통신개요 : 사건이 발행 후 황군은 대패하여 사상자가 산처럼 쌓였습니다. 당시 급히 임시 열차를 배치하여 부상자를 운송하였습니다. 지면부대의 부상자가 상당히 많습니다.
처리 :

별지제2

방첩 상 요주의 통신

유 형	건 수	
	지난 달	이번 달
군사시설 및 장비편성 등 상황에 관한 통신	137	105
군대의 작전, 전이 및 주둔 등 상황에 관한 통신	125	133
고유부대명칭을 사용한 통신	16	14
기타 방첩 상 요주의 통신	12	20
만주□□에서 주의해야 할 통신	5	3
합 계	295	175

발견 시간 및 지점 : 9월 1일 도문
발신자 : 林口 芳一
수신자 : 三重현 四日시 北納屋정 宇佐美光子
통신개요 : 독소불가침조약이 체결됨에 따라 상황이 많이 변했습니다. 아군의 ○○열차가 대량 운행하고 있으며 인력부족으로 골머리 앓고 있습니다. 보통화물열차는 전부 운행을 멈추고 ○○열차만 운행하고 있습니다.
처리 : 일부 말소 후 발송

발견 시간 및 지점 : 9월 9일 도문

발신자 : 林口 滿鐵局宅41-2 竹岡英彦

수신자 : 廣島현 吳시 東川原石정 水內照明

통신개요 : 주둔사령관은 일본 육군삼성장군 土肥原중장입니다. 한주일간 군대가 林口를 통과하였고 기타 군사□□□ 하루에 약 두 번 통과합니다.

처리 : 위와 같음

발견 시간 및 지점 : □□ 도문

발신자 : □□호림 坂上善一郎

수신자 : 新潟현 中蒲原郡 七呑村 字黑水 坂上善作

통신개요 : 5만 명이 넘는 쿨리가 각종 작업을 하고 있습니다. 이곳에 경비철도를 새로 부설하기 때문에 27일 義合祥의 패거리와 □□□함께 들어왔습니다. 다음 달 초부터 약 2000명이 온다고 합니다. 아무튼 10월 말 전으로 18리(1리≈3.927km, 역자 주) 되는 철도부설을 완공해야 하기에 3만 명 쿨리를 모집했습니다.

처리 : 몰수

발견 시간 및 지점 : 9월 4일 도문

발신자 : 林口 菊田부대 川田대 山根

수신자 : 鳥取현 東舊군 旭촌 字久原 山根繁隆

통신개요 : 이번에 갑자기 명령을 받고 노몬한으로 진격하였습니다. 올 연말에 돌아올 수 있을 것 같습니다. 자동차 6대, 병사 48명, 산포 2문으로 편성하여 종일 몹시 바쁩니다.

처리 : 일부 말소 후 발송

발견 시간 및 지점 : 9월 18일 도문

발신자 : 호림 淸和第七開拓團 奧原輿四郎

수신자 : 新潟현 西 頸城군 名立촌 字山田島 石井董照

통신개요 : 병사숙소를 지으려고 벽돌이며 기와며 목재들을 대부분 그곳에 실어갔기에 우리가 집을 지을 수 없게 되었습니다.

일소 개전을 대비하여 호림으로부터 호두까지 30리(1리≈3.927km, 역자 주) 길이에 10미터 넓이의 군용도로를 닦아야 합니다.

처리: 위와 같음

발견 시간 및 지점: 9월 21일 도문
발신자: 동안성 밀산현 大倉土木 連珠山守衛室 横山光一郎
수신자: 岡山현 吉滿군 九內村原 川鰭正德
통신개요: 역전 맞은편에 수많은 군대들이 있습니다. 동안을 중심으로 2개 사단이 있고 부근에 1개 연대가 주둔하고 있습니다. 놀 곳이 없기에 3리(1리≈3.927km, 역자 주) 밖의 동안에 갑니다.
처리: 위와 같음

발견 시간 및 지점: 9월 22일 도문
발신자: 호림 立花旅館 高橋陸一郎
수신자: 群馬현 新高尾촌 大字新保 高橋 達
통신개요: 일본은 현재 철도부설을 다그치고 있습니다. 공사가 준공되면 정식으로 소련과 전쟁을 시작할 수 있습니다. 호림에 수많은 병영을 짓고 있습니다. 11월 전후면 완공되어 2,3만 명의 병사가 주둔합니다.
처리: 위와 같음

발견 시간 및 지점: 9월 30일 □□
발신자: 수양현 수분하 北 正次
수신자: 靑森현 三石군 川內촌 大字上市川촌 池堂 佐佐木權造
통신개요: 이곳은 요새지로 누구든 들어가지 못합니다. 8사단의 수십만 병력이 동부 국경지역에 들어갔습니다. 소련은 일만조선인에 대해 노몬한전역에서 □□□일본군이 대패하였다는 선전과 함께 □□□내란공작을 하고 있습니다.
처리: 몰수

발견 시간 및 지점: 9월 28일
발신자: 虎林線 興凱역 轉 龍頭훈련소 井內次郎
수신자: 香川현 仲多度군 榎井촌 旗岡 鐵川丈平
통신개요: 흥개역에서 훈련소에 이르기까지의 일대에 일본군 주둔지 한 곳과 만주군 주둔지 두 곳이 있습니다. 그들은 군용철도를 수비 중입니다. 보청에 일본군 기병

대 1개 여단이 있습니다만 요즘 국경지역에 갔습니다. 지금은 2개 중대만 남았습니다. 탱크도 몇 백 대가 갔습니다.

처리: 몰수

발견 시간 및 지점: 9월 30일 연길

발신자: 연길가 新興구 公園로7-39 伊達榮 轉 森田喜一

수신자: 안동시 七番大街6-3 延岡茂四郎

통신개요: 당신이 아시다시피 연길은 국경지대입니다. 아니, 특수지대라고 해야겠지요. 그래서 헌병대와 경찰청이 주둔해 있고 분위기가 삼엄합니다. 특무기관도 있습니다. 지도제작을 불허하지만 우리의 부단한 교섭 끝에 드디어 허락을 받아 그저께부터 착수하였습니다. 연길에는 비행대가 있어 2000명 대원이 주둔하고 있습니다. 특히 그곳에는 육군교도학교와 헌병대 본부 및 분대가 있고 상당한 수량의 만주군도 주둔하고 있습니다.

처리: 위와 같음

발견 시간 및 지점: 9월 19일 연길

발신자: 연길 石井부대 山本대 桂 芳雄

수신자: 연길가 興隆구 眞字로15-23 藤井淸子

통신개요: 우리의 다음 전진 방향은 아마 인도일 것입니다. 이미 각오가 돼 있습니다. 사단의 분할로 독립부대로서의 새 임무를 받았습니다. 새 임무는 모 방향으로 진군하는 것입니다.

처리: 일부 삭제 후 발송

발견 시간 및 지점: 9월 27일 연길

발신자: 연길치안부병원 小玉榮之助

수신자: 봉천 稻葉町59 中村正三

통신개요: 본 성내의 비적활동이 창궐하기에 10월 1일에 진행할 비적토벌을 위해 준비중입니다. 지금 예상효과를 거둘지는 점치기 어렵습니다. 그놈들은 아주 교활하기에 손실이 만만치 않을 것입니다.

처리: 압류

발견 시간 및 지점: □월 7일 훈춘
발신자: 훈춘현 훈춘변전소 岡村純義
수신자: 長野현 北 佐久군 高瀨촌 岡村達平
통신개요: 훈춘 국경□□지대에 한 개 □□대가 주둔하고 있습니다. 지금 건설 중인 병영의 크기로 보아 몇 개 사단이 진주할 수 있을 것 같습니다.
처리: 삭제 발송

발견 시간 및 지점: 9월 8일 훈춘
발신자: 훈춘현 훈춘가 신안구 澤村喜一
수신자: 秋田시 内猶山 澤村雪子
통신개요: ……훈춘에서 1리(1리≈3.927km, 역자 주) 떨어진 山蔭지대에 비밀창고를 지었습니다.
처리: 위와 같음

발견 시간 및 지점: 9월 9일 연길
발신자: 도문시 외 石峴동양팔프공장 洪曾松
수신자: 연길경찰청보안과 洪淳鳳
통신개요: 제가 보기엔 이번 달 도문□□이면 석현 시외 비행장이 완공될 것 같습니다. 목전 각종 자재들을 운수 중에 있습니다. 듣자니 운영감독은 貴方 연길관동군 회계부가 책임진다고 합니다.
처리: 일부 삭제 후 발송

발견 시간 및 지점: 9월 8일 동안
발신자: 동안 田村系雄
수신자: 德島현 美馬군 石宮촌 田村香子
통신개요: 노몬한 방면에서는 지금 격전이 벌어지고 있습니다. 며칠 전 우리 부대도 명령을 받고 노몬한에 일부 병력을 출동하였습니다. 나머지 부대도 조만간 전이하거나 출동할 것입니다. 좀 더 정확하게 말씀 드리면 올해 내로 전부 이 지역을 떠날 것입니다. 저의 아이는 당신께 부탁드립니다. □□□□□
처리: 몰수

발견 시간 및 지점 : 위와 같음
발신자 : 동안역 長尾庄次郎
수신자 : 高知현 香美군 山田정 曾根春吉
통신개요 : 동부 방면에서는 늘 방첩 방첩 하면서 시끄럽지만 우리는 대체 뭐가 뭔지 판단이 서지 않습니다. 지금 우리 부대는 출동명령을 대기 중입니다. 틀림없이 노몬한으로 출동할 것입니다.
처리 : 위와 같음

발견 시간 및 지점 : 위와 같음
발신자 : 보청 四手井부대 黑澤竹治
수신자 : 秋田현 湯澤정 黑澤正吉
통신개요 : 7월 15일 밤 11시에 우리 여단은 긴급명령을 받았습니다. 아침 8시 경에 우리 기병연대는 원 부대를 떠나 정도에 올랐습니다.
처리 : 위와 같음

발견 시간 및 지점 : 위와 같음
발신자 : 위와 같음 齊藤平次郎
수신자 : 德島현 信夫군 笹谷정 齊藤定吉
통신개요 : 8월 17일 우리 부대는 명령을 받고 바야흐로 제일선으로 나가게 되었습니다.
처리 : 위와 같음

발견 시간 및 지점 : □□ 목단강
발신자 : □□ 茅根久夫(간부후선인의 통신)
수신자 : □□□供給路 深谷實
통신개요 : □□□□□특히는 우리 연대 특유의 □□□□□□□□□□200마력짜리 디젤내연기입니다. 우리 田畑부대의 응급부대가 도착하기 전 지나사변에서 큰 역할을 한 89식탱크□□□愛河田畑부대 小林대 茅野□□
처리 : 압류

발견 시간 및 지점 : 9월 27일 목단강
발신자 : 목단강시 寧北토목건설사무소 高坂邦勝

수신자: 青森市 沖官철도관사 白島文三

통신개요: 해당 건설처 예산은 700만원입니다. 가끔은 군대의 돌격도로건설공사가 있는데 거기에 돈을 아무리 많이 퍼부어도 문제가 되지 않습니다. 현장 직원의 말에 의하면 목단강시에 6개 사단이 있다고 합니다.
현재 산속의 소택지대에 들어선 것 같습니다. 다음에 시공해야 할 것은 병영을 잇는 길입니다.

처리: 삭제

발견 시간 및 지점: □□ 가목사

발신자: 三江성 가목사성 일본인관사30 江端忠雄

수신자: 北海道 但知安정 平瀨一郎

통신개요: 가목사는 국경과 가까운 대도시입니다. 그래서 일본의 사단(오사카에서 온)이 주둔하고 있습니다. 비행장에서는 지속적으로 매일 중형폭격기 연습을 진행하고 있습니다.

처리: 삭제

발견 시간 및 지점: 위와 같음

발신자: 三江성 가목사 西街 渡辺正春

수신자: 길림성 敦化 德弘부대 轉 緖方대 畠山正男

통신개요: 小川부대는 비행대입니다. 시가지에서 약 2.5리2.5리(1리≈3.927km, 역자 주) 떨어진 곳에 주둔하고 있습니다. 그곳에서는 격납고며 병영 따위를 볼 수 있습니다.
중형폭격기를 빼고 다른 비행기는 한 대도 보이질 않습니다.

처리: 위와 같음

발견 시간 및 지점: 9월 3일 목단강

발신자: 목단강시 평안가2 稻見勝太郎

수신자: 青森현 北 浬輕군 飯詰촌 소학교장 長谷川□一

통신개요: 군사시설에 관해서는 시 동부에 頭掖河사단과 탱크부대가 있고 북부에 철도대가 있으며 서부에 자동차대와 기병대가 있고 서남부에 비행대, 남부에 □□□□□□□□있습니다.

처리: 일부 □□

발견 시간 및 지점: 9월 4일 수분하

발신자: 교통부 수분하토목구 轉 南天門 後藤八太

수신자: 大分현 大分군 石城川촌 內成 後藤丈郎馬

통신개요: 저는 작전도로의 감독을 맡고 있습니다. 올해 내로 완공될 것입니다. 총 길이가 68킬로미터 되는 길을 수분하로부터 남쪽을 향해 국경과 평행선으로 측량합니다. 현장감독 □□□……중략……

오늘 참모의 호출을 받고 면담을 하였습니다. 그는 공기를 단축하기를 바랐습니다. 그래서 11월 말부터 위험에 빠지지 않을까 추측하게 됩니다.

처리: 몰수

발견 시간 및 지점: 9월 13일 길림

발신자: 북안군사우편소 轉 未永부대 下見대 吉田敏夫

수신자: 길림육군관사제2호 吉田房惠

통신개요: 15일 경에 樺甸지구를 토벌하기로 예정하였지만 목전 상황으로 봐서는 언제 출발할지 미결입니다. 대장님이 13, 14일 신경에서 경비회의를 마치고 돌아오면 알게 될 것입니다. 며칠 전 응급동원을 받고 前田준위와 石田조장 이하 30명이 노몬한으로 떠났습니다. 그래서인지 몰라도 前田준위의 부인이 병이 나서 입원하였습니다. 군인의 부인들은 참 불쌍합니다.

처리: 위와 같음

발견 시간 및 지점: 9월 13일 신경

발신자: 길림성 만철분소 東出長作

수신자: 東京시 三谷정26 東出三郞

통신개요: 만주국 내의 소집이 이미 시작되었습니다. 올해 교육소집을 받은 사람들은 직접 제일선으로 보내졌습니다. 한 달은 고사하고 석 달이 되어도 돌아올 것 같지 못합니다. 자동차와 관련된 사람들이 제일 많이 파견되었습니다. 다음 달 저도 교육소집을 받게 됩니다만 필시 직접 출정할 것 같습니다.

처리: 압류

발견 시간 및 지점 : 9월 11일 길림
발신자 : 북안성 북안군사우편국 轉 吉田敏夫
수신자 : 길림 육군관사제2호 吉田房惠
통신개요 : 만주국경지대의 형세가 갈수록 준엄해지고 있습니다. 관사 앞으로 지나는 열차가 연일 서부국경을 향해 □□□
우리 부대는 9월 1일 저녁 무렵에 응급동원준비를 하라는 명령을 하달 받았습니다. 옛 주둔지구인 磐□지구에 비적활동이 악화되어 이번 달 중순에 다시 토벌을 해야 합니다. 그래서 해당 지역에 집결하였습니다.
처리 : 몰수

발견 시간 및 지점 : 9월 26일 신경
발신자 : 신경 중앙경찰학교대 第8挺身隊 제2중대 제2소대 佐藤卯一郎
수신자 : 東京시 芝구 濱松정 二丁目19-4 高橋あさえ
통신개요 : 만주국 중앙의 방침에 근거하여 국내의 비적을 섬멸하고 왕도낙토를 구현코자 이번에 경찰대, 국군, 일본수위대가 합동토벌을 진행합니다. 모든 인원은 일본군의 법규를 따라 행동합니다. 지난 9월 17부터 만주 전역에서 선발한 일본인 300명이 신경 중앙경찰학교에 와서 치안부 직속부대로 활약하게 됩니다. 이는 진정한 정예부대입니다. 주로 동남부 지구의 치안肅正공작을 하게 됩니다. 30일 간도성의 和龍에 집합하고자 28일에 신경을 떠납니다……略
군경이 전부 출동하여 수량이 3만이 넘습니다. 이러한 것은 전부 비밀이오니 누설치 말아주십시오.
중략……기관총부대도 있고 비행기도 작전에 참가합니다. 이하 略
처리 : 위와 같음

발견 시간 및 지점 : 9월 24일
발신자 : 치치할시 勝村甲부대 久保安太郎
수신자 : 동녕현
통신개요 : 근대과학의 진수는 짧은 기간 내에 전장에 나타날 수 있습니다. "방첩공작의 수요로 본 부대에 왔다"는 따위의 말도 금지되어 있습니다. 군사우편도 엄격한 검열을 거칩니다. 편지발송이 금지되어 있기에 이 편지는 민간우편국을 통해 부친 것입니다. 저의 행위를 요해하도록 하기 위함입니다.

(치치할)

10/9-□/□　사격야영 준비

30/9-20/10　사격 및 실용시험□□□출장, 札蘭屯 부근

20/10-10/11　극동지구 실용시험 및 중대교련　하이라얼 부근

30/11-10/12　현장교육 및 각 시기 훈련　一面坡 부근

기타 시간에는 부대에 있습니다. 專習員은 장교, 하급사관 각 계급사병입니다. ○○○명을 한 개 단위로 해서 부대를 편성합니다. 학습해야 할 것은 3종류입니다.

스스로도 아주 재미있다고 느껴집니다. 아마 미래에 대한 타산 때문이겠지요. 장교는 제41기로 1등을 하였고 노병인 저는 3등을 하였습니다.

제가 지금 하고 있는 일은 비밀작업으로서 출장지에서는 통신도 금지되어 있습니다. 아마 여러분들께 불편을 끼쳐드리겠지요. 아무쪼록 渡辺군께서 양해해 주십시오.

처리 :　몰수

발견 시간 및 지점 : 9월 3일　가목사

발신자 :　三江성 가목사　山口

수신자 :　하얼빈□段가 모스트야(モストワヤ, 음역) 角中村백화점　江島경리

통신개요 : 갑자기 출동명령을 받고 오늘 출발합니다. 제대에 관해서는 아직 모릅니다. 그래서 홋일은 당신께 부탁드립니다. 목적지는 阿爾山입니다.

처리 :　말소 후 발송

발견 시간 및 지점 : 9월 16일　가목사

발신자 :　삼강성 가목사 관동군商鋪　柿沼 實

수신자 :　東京시 京橋구 京橋 二丁目3-2　西原五郎

통신개요 : 29일 심야에 부대에 동원명령이 떨어졌습니다. 나흘 사이에 소규모 유수부대를 남기고 □□사람들이 전혀 눈치 채지 못한 상황에서 노몬한으로 갔습니다……지금 동원명령이 하달되었기에 군구고용인원과 봉사인원까지도 부대직속으로 되었습니다. 식사까지도 군에서 공급합니다.

처리 :　위와 같음

발견 시간 및 지점 : □월 □6일 □□

발신자 : 동안성 平陽진 馬鳴圖

수신자 : 富錦현 城南門外 馬德魁

통신개요 : 목전 밀산□□기차가 군사□□쓰이고 있습니다. 일반인은 전혀 외출 할 수가 없습니다.

처리 : □□

발견 시간 및 지점 : 9월 16일 대련

발신자 : 대련 間 勤

수신자 : □□현 尾道시 吉和정 神田 間 利男

통신개요 : 북지나로부터 □□9월 12일 대련에 상륙하자마자 내지로 심입하였습니다. 10사단은 □□명령을 내려 히로시마에로의 귀환을 취소하고 □□와 교대하여 靑島에서 상륙합니다.

처리 : 일부 말소

발견 시간 및 지점 : 9월 18일 대련

발신자 : 대련육군병원 大田廣美

수신자 : 廣島현 佐伯군 小方中元촌 吉田茶鋪

통신개요 : 이번 히로시마 제5사단이 북지나로부터 만주 치치할로 향발합니다.

처리 : 위와 같음

발견 시간 및 지점 : 9월 21일 대련

발신자 : 대련 宮澤

수신자 : 千葉현 印郡□ロ井町字□역전 宮澤登利

통신개요 : 9월 11일 漢口에 집결하고 나서 승리하여 돌아가는 줄 알았습니다. 알고 보니 부대를 개편하더군요. 듣자하니 19일에 대련에 도착하여 소만국경으로 진발한다고 합니다.

처리 : 위와 같음

발견 시간 및 지점 : □□

발신자 : 대련 大見町一 □□

수신자 : 上海昆山路昆山주택12 □□
통신개요 : 대련에 제5사단 히로시마부대가 많이 왔습니다.
처리 : □□

발견 시간 및 지점 : □□ □□
발신자 : 흑하시□□자동차구 山野辺吉見
수신자 : 比樂街109號 新田□子
통신개요 : 오늘도 역전에 나갔습니다. 이는 두 번째로 노몬한으로 나가는 전우를 배웅하는 것입니다. 노몬한사건에서 일본군은 대패하였습니다. 비록 흑하에 森田부대가 주둔하고 있지만 며칠 전 이미 출동하였습니다. □□250명이 살아 돌아온 사람은 하나도 없고 부대장(대좌) 이하 전부 전사하였습니다. 흑하 森田부대는 이미 坂田부대로 되었습니다. 자동차대도 이미 세번째로 출동하였습니다.
처리 : 몰수

발견 시간 및 지점 : 9월 11일 대련
발신자 : 대련□□병원 高橋正夫
수신자 : 북지나파견 秋山부대 新田부대 澤田武
통신개요 : 오늘 전장에서 3년병은 무사한자가 한명도 없습니다. 8할의 병사가 전사하였습니다. 참혹하기 그지없습니다.
처리 : 일부 말소

발견 시간 및 지점 : 9월 25일 수분하
발신자 : 수분하 城戶부대 본부 村川중좌 轉 小林靜江
수신자 : 山口현 吉敎군 秋穗촌 屋戶 安光由利子
통신개요 : 그 후의 사정은 잘 알고 계시겠지요. 마을에서 수많은 소년을 뽑아 이른바 "소년의용군"을 만들었습니다. 아마 만주로 들어갔겠지요. 그 소년들은 우리 마을에서 세 개 역 떨어진 太領역에서 300명 집결하였습니다. 병이 난 애들은 이곳 육군병원에 왔습니다. 그들은 시골의 초가에 머물러 있었습니다. 음식도 변변찮고 참 가엾습니다. 집도 없이 말이죠.
처리 : 몰수

발견 시간 및 지점 : 9월 1일 목단강

발신자 : 목단강시 東五條로 市立戒煙所 八木利子

수신자 : 香川현 高松시 福田정 北町20 八木義光

통신개요 : 일이 참 쉽습니다. 매일 감시만 하면 됩니다. 하지만 매일 도망치려고 하는 자들이 있습니다. 참 딱합니다. 수시로 전화로 관동군사령부와 연락을 취할 수 있습니다. 전부 부호 따위입니다.

우리는 이러한 죄를 몸에 지닌 일본인의 어머니, 자매□□□□

처리 :

별지제3

우군전패와 기타 유언비어를 만들 우려가 있는 통신

발견 시간 및 지점 : 9월 11일 대련

발신자 : 대련육군병원 畠山正行

수신자 : 宮城현 本吉군 松岩村尾 佐藤新太夫

통신개요 : 만주 각 병원의 부상자들은 이미 초만원을 이루었습니다. 예하면 하얼빈병원은 노몬한전장의 부상자만으로 이미 만원입니다. 외과병동은 물론이고 내과병동에도 외과환자가 들어가 있습니다.

처리 : 일부 말소

발견 시간 및 지점 : 9월 18일 대련

발신자 : 대련육군병원 藤村春吉

수신자 : 鹿兒島현 揖宿군 十二정 湊南 藤本喜市

통신개요 : 우리 연대의 생존자는 약 100명입니다. 촉박하게 편성된 탓으로 장교와 하급사관 등 간부가 부족합니다. 그래서 형편이 힘들어 연대장까지 전사하였습니다. 우리 연대뿐이 아니라 옹근 사단이 전멸하다시피 했습니다. 지금 모사단과 교대 중□□□

처리 : 일부 말소

발견 시간 및 지점 : 9월 18일 대련

발신자: 대련육군병원 上原信行

수신자: 東京시 江戸川구 小岩정 安田은행 내 上原忠行

통신개요: 白石부대는 노몬한에 도착한지 한 시간도 못되어 거의 전멸하다시피 되었습니다. 지금 제가 소속된 부대도 거의 전멸했습니다. 지금 생각해도 놀랍기 짝이 없습니다.

처리: 위와 같음

발견 시간 및 지점: 9월 8일

발신자: 車中 泉正 一

수신자: □京隊 皇姑北站 山本信次郎

통신개요: 우리 5대대는 9월 6일 동원령을 받고 정든 輯安과 최후의 작별을 하였습니다. 그리고 通北에서 집결하여 노몬한으로 떠났습니다.

처리: 위와 같음

발견 시간 및 지점: 9월 8일 치치할

발신자: 노몬한야전우편국 轉 國崎부대 梶川부대 澤田대 大友三治

수신자: 치치할 新馬路 동방아파트18호 大友登美子

통신개요: 21일부터 적들이 맹렬한 공격을 발동하였습니다. 아군은 정면에서 탱크 3대와 100명 보병의 공격을 받았습니다. 22일 새벽 전면공격을 받아 주변의 부대는 전멸하였고 저의 소분대만 남았습니다. 또 적 탱크 3대의 공격을 받고 부하들이 모두 쓰러지고 저녁에는 탄약도 떨어졌습니다. 죽음을 기다리는 수밖에 없었습니다.

이처럼 죽음의 고비에서 벗어났지만 상황은 더욱 악화되었습니다. 일주일동안 먹지도 마시지도 못하고 있을 때 다행히 한 부하의 도움을 받았습니다. 25일 중대원 120명에서 살아남은 자는 중대장과 저 그리고 조장 및 병사 35명뿐입니다. 杉本대의 後藤중위 이하는 전멸하였고 생존자는 □□□밖에 없습니다.

처리: 위와 같음

발견 시간 및 지점: 9월 28일 치치할

발신자: 버커투(博克圖) 增田부대 增田仙藏

수신자: 千葉육군보병학교 萩原중위

통신개요 : 듣자니 □□18명에서 1명만 살아 돌아왔다고 합니다. 아주 비참합니다. 이것은 철저한 실패입니다. 진지에 5개 내지 10개 중대만 확보할 수 있고 제일선에서 중대장을 포함한 전군이 패멸되었습니다. 2개 혹은 3개 중대가 있어 다시 출격하려고 할 때 철수명령을 받고 모든 무기와 전우의 시체를 버리고 노몬한으로 퇴각하였습니다. 퇴각 도중 적 탱크의 추격을 받아 힘들게 집결하였습니다. 연대에는 100명 정도만 남았습니다.

처리 : 위와 같음

발견 시간 및 지점 : 9월 29일 치치할

발신자 : 치치할육군병원 외과6호 根本소위

수신자 : 茨木현 水戸시 여자사범학교 제4학생 학생일동

통신개요 : 부하의 상황을 보면 삼삼오오 무리를 지어 신음하는 소리며 가냘프게 "만세"를 부르는 소리며 적진지에 돌격하며 죽기 전에 고통스럽게 내뱉는 소리며...이러한 처참하기 짝이 없는 상황을 보며 실로 더 이상 써내려갈 수가 없군요. 소련의 기계화부대를 육탄으로 막고서는 승리를 취득할 수 없습니다.

처리 : 위와 같음

발견 시간 및 지점 : □월 14일 위와 같음

발신자 : 치치할삼군사령부 高橋상위

수신자 : 길림시동대영 傅夢부대 江中重光

통신개요 : 금방 귀대하자 곧 부대를 따라 전선으로 출동했다가 겨우 목숨을 부지하고 갖은 고생을 다 했습니다. 전선의 사나운 소련전투기, 탱크, 장갑차, 대포를 마주하면 작은 동굴에 숨어들 수밖에 없습니다.

처리 : 몰수

발견 시간 및 지점 : 9월 19일

발신자 : 하얼빈육군병원 제3외과 제5병실 竹內淸治

수신자 : 圖佳線 圖們가 銀河구25-10 竹內□□

통신개요 : 24일의 총공격에서 대다수 전우들이 죽어나갔습니다. 나흘 동안 아무 음식도 못 먹고 있었지요. 아군은 적의 포탄공격을 받아 한 개 사단의 병력에서 기력이 남아있는 병사는 1개 중대일 뿐입니다. 육탄공격을 받아 거의 전멸하다시피

했습니다. 도문 大場부대의 전우들은 전선에서 거의 아무런 역할을 하지 못하였습니다. 大興滿에서 온 16명 전우 중 5명이 전사하고 4명이 부상 입었으며 나머지는 행방불명입니다.

처리: 위와 같음

발견 시간 및 지점: 9월 12일

발신자: 澁田岩男

수신자: 錦州省 興城육군병원 吉川勇一郎

통신개요: 사나흘을 사이 두고 백이삼십 명의 환자가 입원하였습니다. 제일선에서 용감하게 싸우고 있는 酒井부대도 거의 전멸하다시피 하였습니다. 연대장 野口중좌, 제1대대장, 제2대대장이 부상 입고 旗手 平川소위, 岡本소좌, 柴田소좌 등이 전사하였습니다. 사단장, 병단장도 부상 입었습니다. 10일 5개 사단이 최후공격을 발동하였습니다만 그 후의 상황은 모릅니다.

처리: 몰수

발견 시간 및 지점: 9월 21일 연길

발신자: 신경육군병원제3외과실 坂間滿太郎

수신자: 연길 甲字가 龍口繁松 轉 井上安子

통신개요: 끊임없이 낙하하고 전사한 이들이 속출하고 있습니다. 제3소대는 오늘 아침 2,3명이 전사하고 소대장 및 부하들이 모두 울상이 되어 있습니다. 2명 전우가 적의 포탄에 맞아 산산조각이 나서 모래와 함께 사라졌습니다. 사흘 후의 총공격에서 적의 끊임없는 박근에 따라 전우들이 하나둘 쓰러졌습니다. 적의 무기를 태워버리고 전멸하였습니다. 이번 전투에서 아군은 참 고전을 치렀습니다. 천 여 명이 하르하강 부근의 아침이슬로 화하였고 九段의 야스구니진자로 돌아갔습니다.

처리: 압류

발견 시간 및 지점: 9월 29일 古北口

발신자: 豊田부대 臼井대 高場寅夫

수신자: 兵庫縣 印南군 北濱촌 北腋 高尾貞一

통신개요: 아군의 일부 소식을 전해드립니다.

(一) 노몬한에 참전한 용사들은 절반이 전사하였고 절반이 부상 입었습니다. 겨우 두 세 명이 살아남았습니다. 전투에 참가한 山縣부대는 중앙의 정면 제일선에서 작전을 펼쳤는데 거의 전멸하였습니다. 아주 비참합니다. 저는 참전의 영광을 누리지 못하였습니다. 우리 유수부대는 10월 상순에 북지나군과 호응하여 북경 방면의 昌平, 南口, 八達嶺 일대에서 공산당의 팔로군에 대한 섬멸 소탕을 벌입니다. 출동준비를 착실히 진행 중입니다.

처리 : 발송정지

발견 시간 및 지점 : 9월 13일 신경

발신자 : 阿部玉貴

수신자 : 山形현 飽海군 田澤촌 阿部 環

통신개요 : 신문에서는 아군이 승리했다고 하지만 사실은 그와 정반대입니다. 우리 사단(23사단)이 전선에서 활약상을 보이고 있다고 합니다……하지만 적군의 탱크가 갑자기 뒤편에서 나타나 25일 경에 전부 포위되고 탄약이 다 떨어진 고립무원의 상태에 빠졌습니다. 후략.

처리 : 압류

발견 시간 및 지점 : 9월 12일 위와 같음

발신자 : 坂間滿太郎

수신자 : 북지나 平田부대 野田대 木村武好

통신개요 : 宮本대의 전사자……그 후의 사람들도 전사하거나 부상 입을 것입니다. 앞에서 썼듯이 酒井부대는 현재 생환자가 겨우 40명에 불과합니다. 부상자 이외는 전부 전사하였고 부상 입은 자는 육속 쓰러지고 있습니다. 원래 宮本부대에 소속되었던 사람은 지금 겨우 5,6명 정도 남았습니다.

처리 : 몰수

발견 시간 및 지점 : 9월 13일 연길

발신자 : 신경 육군병원 제3외과 坂間滿太郎

수신자 : 京圖선 명월구 宮本부대 向山長太郎

통신개요 : 비록 신문에서는 보도하지 않았지만 올 6월 발발한 노몬한사건에서 처음 출동한 제23사단과 제24사단은 아마 전패하여 흩어졌을 것입니다. 酒井부대(72연

대)는 24사단에서 제일 형편이 어려운 부대입니다. 각 중대에서 끊임없이 병력을 보충 받았지만 한 달도 못되어 전멸하였습니다. 우리가 전멸 될 때에는 중대에 부상입지 않은 자가 10명도 안되었습니다. 중지나 방면의 부대도 달려왔습니다. 전투는 이제 막 시작입니다.
다른 부대에서 온 같은 해 입대한 우리 전우들은 대부분 전사하였습니다. 생존자들도 이미 입원하여 겨우 몇 명 남았습니다.

처리 : 압류

발견 시간 및 지점 : □□

발신자 : □□

수신자 : □□

통신개요 : 저는 행운아입니다. 두 사람만 살아남았습니다. 장교 중에는 저의 남편도 있습니다. 저는 올해 27살로 과부가 될 각오를 하고 있습니다.

처리 : □□

발견 시간 및 지점 : 9월 15일 목단강

발신자 : 水戶시 대성고등여자학교 澤野芳子

수신자 : 목단강 西 利幸가 토목건설소 澤野 正

통신개요 : 북만 방면은 매일 러시아군대의 공격을 받고 있습니다. 국경에서 경비를 서는 사람도 죽는 상황입니다. 이틀 전 러시아로 날아간 아군의 비행기 7대 중 5대가 돌아오지 못하였습니다.

처리 : 삭제

발견 시간 및 지점 : 9월 17일 목단강

발신자 : 旅順시 大宮정 三丁目3-6 勝田

수신자 : 삼차구 中尾대 日下대 松村曹長

통신개요 : 매일 신문에서 혹은 라디오에서 노몬한사건의 소식을 듣고 보고 있습니다. 대체 어떻게 되는 건가요? 수많은 사상자가 났더군요. 오늘 21일 또 수많은 병사가 출정하였습니다. 여순의 四谷부대의 두 개 연대가 노몬한에서 전멸한 것은 사실인가요?

처리 : 삭제

발견 시간 및 지점 : 9월 19일 목단강
발신자 : 목단강 金鈴가14-3 山崎信孝
수신자 : 撫順시 西 二番정58 山崎明夫
통신개요 : 28일 동부국경으로 출동 중인 重夫군이 군복차림으로 내방하였습니다. 서부 노몬한사건에서 열세에 처하였기에 이번에 제2사단의 동원령이 하달되어 선발 부대로 중대의 하급사관 중에서 뽑은 7명 장교와 함께 전선으로 나간다고 합니다. 이번 소련군대의 병사 하나가 탱크 한대를 육탄으로 막았다고 합니다. 사이다병에 휘발유를 담아 불을 붙인 후 탱크를 향해 돌진했대요. 목단강에 주둔한 두 개 사단의 부대가 전부 출동하였습니다.
처리 : 일부 압류

발견 시간 및 지점 : 9월 19일 □□□
발신자 : 목단강 미상(군인통신)
수신자 : 岡山현 私氣군 私氣정 秋山 勝
통신개요 : 우리 부대는 7월 ○일 응급부대로 잠시 편성된 부대입니다. 지금 명령 대기 중에 있습니다. 이번에 하달된 명령에 따르면 24시간 내에 국경으로 출동해야 합니다. 뿐더러 소련 극동군의 침략 거점인 블라디보스토크로 진군합니다. 듣자니 10월 ○일 수분하로 출동한다고 합니다만 아마 연습일 것으로 추정됩니다. 이러한 것을 적으면 검열에 걸립니다. 전 외출하는 사람에게 부탁하여 이 편지를 부칠 계획입니다.
처리 : 압류

발견 시간 및 지점 : 9월 25일 목단강
발신자 : 第一生命保險相互會社 목단강사무소 長野義廣
수신자 : 北海道 北見國美幌정 榮 森 坂本幸春
통신개요 : 이번 8월 24일의 전투에서 제7사단의 대부분이 피해를 입었습니다. 이번 전투에서 장교들도 크게 손실 입었습니다. 기타 여러 곳에도 불쌍한 사람들이 많습니다.
처리 : 삭제

발견 시간 및 지점 : 9월 29일 목단강

발신자: 목단강 第2新市街 치안부관사 독신기숙사 地成登志子

수신자: 千葉縣 君津군 周南춘 馬佐 松本益三郎

통신개요: 밀산에 있을 때 소련비행기가 그곳까지 날아왔습니다. 약 7리(1리≈3.927km, 역자 주) 밖에 있는 국경선에서는 매일 폭격을 받아 수많은 사람이 부상입거나 사망하였습니다. 민심이 몹시 동요되었습니다.

노몬한 방면에도 손실이 엄청 큽니다. 만주군도 큰 충격을 입고 손실이 큽니다. 남편의 친구들이 하나둘 죽어나갔습니다.

처리: 압류

별지제4

항일통신

유 형	건 수	
	지난 달	이번 달
항일선동	3	8
일본의 전패 혹은 폭행에 관한 소극선전	18	16
일본비방	0	7
종교를 이용한 선전	1	0
기타 항일세력	15	13
합 계	37	44

발견 시간 및 지점: 9월 2일 하얼빈

발신자: 모스크바 인명미상

수신자: 하얼빈 나우카社

통신개요: "과학과 기술" 러시아3

"제1차세계대전 25주년기념"

제1차세계대전은 세계 각국의 부르주아계급이 획책하고 일으킨 전쟁이다. 그들은 "국가를 위하여"라는 미명 하에 수천만의 민중이 피를 흘리게 하였다.

러시아에서는 자산계급이 제2인터내셔널 및 멘셰비키와 결탁하여 장기간 사회주의를 배신하였다. 당시 레닌과 스탈린을 수반으로 하는 볼셰비키가 굴기하여

대전을 국내전쟁으로 전환하였으며 러시아의 노동계급을 자본가의 압박에서 해방하였다. 하지만 제2차세계대전이 바야흐로 시작되었다.
일본, 독일, 이태리 삼국은 세계평화를 깨트리는 침략국이다. 우리 소련은 이에 견결히 반격할 군사적 준비를 갖추었다.
처리 : 압력

발견 시간 및 지점 : 9월 2일 하얼빈
발신자 : 맨체스터
수신자 : 하얼빈만철도서관 기타 7인
통신개요 : 맨체스터의 카챤(カーチャン, 신문명 음역) 8부는 "지나인과 그 지도자"라는 제목의 보도를 실었다. 보도는 지나사변이 일본의 침략행위임을 지적하였고 그 결과는 오히려 중국인이 단결하여 위대한 지도자 장제스의 영도 하에 항전을 견지하며 어떤 면으로 보나 궁극적 승리는 중국의 것이 라고 적었다.
처리 : 압류

발견 시간 및 지점 : 위와 같음
발신자 : 위와 같음
수신자 : 위와 같음
통신개요 : "루스코에, 스로프"(ルースコエ, スローボ. 신문명 음역) 러시아—
일, 독, 이 삼국이 군사동맹을 체결하는 것에 관하여 군부와 기타 중립파 사이에 충돌이 일었다. 일본 군부는 무리하더라도 군사동맹을 체결하려는 의사를 가지고 있다.
처리 : 위와 같음

발견 시간 및 지점 : 위와 같음
발신자 : 위와 같음
수신자 : 위와 같음
통신개요 : "루스코에, 스로프"(ルースコエ, スローボ. 신문명 음역) 러시아—
일본 육군대신 사직?
소문에 의하면 유럽정책에서의 실책으로 육군대신 板垣씨가 책임을 지고 물러났다고 한다. 그리고 "미국에 있는 일본간첩. 미국 연해에서 어로작업을 하는 어부는 일본의 간첩이다" 운운.

처리: 위와 같음

발견 시간 및 지점: 위와 같음

발신자: 바르샤바 인명미상

수신자: 하얼빈 인명미상

통신개요: "루스코에, 스로프"(ルースコエ, スローボ. 신문명 음역) 러시아—

"고뇌하는 일본"

영국의 지연으로 일본은 천진문제에서 아무런 해결도 보지 못하였다. 그 사이 지나군대는 공세에 진입하였고 각 지역의 일본군대는 후퇴할 수밖에 없었다. 한편으로 미국은 일본과의 통상조약을 폐지한다는 통보를 발표하였다. 따라서 일본은 이후의 처지가 점점 어려워질 것이다.

처리: 위와 같음

발견 시간 및 지점: 9월 2일 하얼빈

발신자: 바르샤바 인명미상

수신자: 하얼빈 인명미상

통신개요: "루스코에, 스로프"(ルースコエ, スローボ. 신문명 음역)

"유럽평화를 위협하는 일본"

일본과 독일 및 이태리가 군사동맹을 결성하고 유럽의 안전을 위협하고 있다. 일본은 이 동맹을 결성함으로써 만소국경사건의 영향에서 벗어나려는 목적을 갖고 있다. 곤궁한 현황에서 벗어나 보다 유리한 위치를 확보하고자 군사동맹을 체결한 것이다.

처리: 압류

발견 시간 및 지점: 9월 18일 영구

발신자: 上海字林西報(ノースチャイナデーリーニュース, 신문명) 9월 10일 중경발. UPI사(ユーピー, 통신사) 특파원 보도

수신자: 영구시 계동공사 마츠카몬(マツカーモン, 구락부명 음역) 牛庄구락부 시포즈(シボース, 학원명 음역)성경학원

통신개요: 9월 10일 아침 중경상공에서 일본정찰기 몇 대를 발견하고 지나군대가 출격하

여 격퇴하였다. 지나군대는 일본공군이 수도를 공습하려다는 정보를 입수한 후 즉시 전투기를 파견하여 일본비행기를 저지하고 격퇴하였다. 중경 시내에서는 아무런 경보가 울리지 않았다.

처리: 위와 같음

발견 시간 및 지점: 9월 27일 영구

발신자: 上海字林西報(ノースチャイナデーリーニュース, 신문명)

수신자: 영구시 계동공사 마츠카몬(マツカモン) 牛庄구락부 성경학원

통신개요: 9월 4일 새벽 1시 30분과 3시에 일본비행기 36대가 두 번에 나누어 중경을 공습하였다. 폭탄은 주로 서부 교외 일대에 투하하였다.

지나군전투기는 즉각 대응에 나섰고 고사포도 사격을 시작하였다. 지나 군당국은 일본비행기 두 대를 격추하였다고 공포하였다. 중경에 있는 외국인의 말에 따르면 지나군전투기는 분명히 일본군비행기를 격추하였다고 한다. 일본군비행기 두 대가 지나군대의 교차포격 속에 잠겨버렸다. 그밖에 로이터통신사의 특파원은 자동차를 몰고 중경 서부교외에 가서 폭격을 받은 흔적을 관찰하였다. 비록 폭탄이 대량 투하되었지만 손실이 크지 않은 것으로 파악되었으며 공장과 중학교가 손실을 입은 것으로 알려졌다.

처리: 압류

발견 시간 및 지점: 9월 14일 영구

발신자: 아르헨티나 부에노스아이레스 E바루트스(バルトス, 잡지명 음역)잡지 우편함 6월 17일 발행 제3권 제11호 제32-33페이지

수신자: 계동공사 M.제트슨(인명음역)

통신개요: "지나의 전쟁은 계속 진행 중에 있다" 일본은 이른바 문화사명의 미명하에 지나인민으로 하여금 도탄 속에 허덕이게 하고 있다. 지나사변에서 일본의 최근 공습목표는 이른바 지나의 전시수도 중경이다. 올 여름에 들어서 연속 사흘 동안의 집중공습을 진행하였다. 그 전에 투하했던 폭탄으로 만 여 명이 부상 입고 가옥 30여 채가 불탔으며 도시구역의 5분의 1이 파괴되었다. 일부 폭탄이 영국 총영사관 구역에 떨어져 지나인 25명이 참사하였다. 폐허 속에서 아이 시체 8구를 발견하였다.

일본군은 해당 영사관 구역에 지나군대의 고사포부대가 있다고 변명하였다.

처리: 압류

발견 시간 및 지점: 9월 5일 영구
발신자: 上海字林西報(ノ—スチャイナデ—リ—ニュ—ス) 8월 8일자 제7페이지
수신자: 계동공사
통신개요: 일본공군이 영국 함선 두 척을 격침시켰다. 8월 6일 아침 揚州港을 두 번 폭격하였다. 일본폭격기는 또 宜昌의 영국 이익이 집중된 지점에 폭탄을 투하, 영국의 국익을 엄중히 침해하였다.
처리: 압류

발견 시간 및 지점: 9월 29일 영구
발신자: 字林西報(ノ—スチャイナデ—リ—ニュ—ス)
수신자: 영구 계동공사 마츠카몬(マツカモン) 牛庄구락부 성경학원
통신개요: 9월 5일의『早刊報』는 다음과 같이 서술하고 있다. 봉천사건 이래 지나의 협정을 존중하고 침략을 저항한다는 정책은 분명하다. 금후에도 이러한 정책을 관철해나갈 것이다.

지나의 적은 일본이다. 지나는 자국의 편에 서 있는 모든 나라를 지지하고 있으며 "자유, 독립"의 구호를 외치면서 싸우고 있는 모든 나라들은 지나의 동정을 받고 있다. 독일의 비법적인 침략에 폴란드와의 협정을 이행하고자 출병한 영국과 프랑스의 정신은 지나의 칭찬을 받고 있다. 지나는 소련이 독일과의 불가침조약 때문에 폴란드의 독일침략에 대한 저항을 지원하지 않은 것은 완전히 자신의 이익을 위해 조약을 체결한 것이라고 보고 있다. 지나는 앞으로 소련이 극동지역에서 보다 적극적인 역할을 하기를 기대하고 있다.
처리: 위와 같음

발견 시간 및 지점: 9월 13일
발신자: 天津 義界 大馬路 三義店 淸海
수신자: 熱河성 青龍현 大丈子 馬紫云
통신개요: 민국 24년 3월 출판
천진 北馬路白衣庵胡同對遇 大通大街商店營業股發行
저작자 鹿泉梁 丙周

제목　천진小姐第三集
내용　文英(인명), 여기 펼쳐진 것은 "田中侵華政策上奏書"입니다. 다나카는 일본의 수상으로 우리 중국을 침략코자 계획을 제정하였고 상주서를 작성하여 일본천황에게 올렸습니다. 그는 천황이 반드시 그 상주서를 인가하리라 믿고 정책을 실행에 옮겼지요.
그렇게 된다면 10년 후 우리 중국은 반드시 망국의 위기에 직면하게 됩니다. 문영, 이 상주서에 나열한 정책은 전부가 악렬한 것은 아니지만 우리나라를 멸망시키고 우리 민족을 멸종하려는 의도가 숨어있습니다.

처리 :　□□

발견 시간 및 지점 : □월 □6일　봉천

발신자 :　위와 같음

수신자 :　위와 같음(외 3건)

통신개요 : 중국의 대일항전은 이미 2년 여 진행하였습니다. 군비지출에서도 엄청 많은 돈을 들였을 것입니다. 전선은 5,6천리나 길게 늘여졌습니다. 그 전선에서 작전 중인 장병은 200만 명이 넘습니다. 하지만 당국의 조사에 따르면 일본의 3분의 1도 안됩니다. 다시 말해서 중국이 매일 평균 500만원을 쓴다면 일본은 매일 평균 1890만원을 쓴다는 것입니다.
제1단계의 항전이 끝날 때 중국이 일 년 반 동안 지출한 돈은 30억 원이 넘습니다. 7 · 7항전 2주년이 되는 때에는 총지출이 45억 원이 될 것입니다. 경제적인 최후승리도 우리의 것입니다.

처리 :　몰수

별지제5

군기와 사상 상 요주의 통신

유 형	건 수	
	지난 달	이번 달
군기해이를 엿볼 수 있는 통신	14	23
반군반전의 우려가 있는 통신	4	5
일선근무기피 및 군대생활 혐오에 관한 통신	3	11
현역군인의 불만정서에 관한 통신	4	6
병역기피에 관한 통신	5	5
전쟁의 비참함을 묘사한 통신	6	3
사상적으로 주목해야 할 통신	10	14
합 계	46	67

◎ 군기 상 요주의 통신

발견 시간 및 지점 : 9월 11일 훈춘

발신자 : 佗美부대 搗丸대 堀井義身

수신자 : 鞍山시 南三條 堀井長三郎

통신개요 : ......노몬한사건에서 우리 연대는 보충병부대로 400명이 전장에 나갔다가 8월 20일의 전투에서 전부 전사하였습니다. 그 후 22일과 23일의 전투에서 포병중대도 거의 전멸되었다고 합니다. 아마 전부 패전한 것 같습니다. 이번엔 우리 차례겠지요......

처리 : 압류

발견 시간 및 지점 : 9월 11일 훈춘

발신자 : 佗美부대 搗丸대 中野 清

수신자 : 東京시 中野구 十光前 佐瀨斐子 외 같은 편지 한통

통신개요 : 노몬한의 전황이 사람들의 예상을 초월합니다. 방송과 신문에서는 유관 소식보도를 금지시키고 있어 사람들은 공중전의 소식만 알 뿐입니다. 이런 소식을 통해 다들 전황이 도대체 어떠한지를 느끼게 될 것입니다. 병력은 차치하더라도 전반 국면으로 보면 유감스럽지만 패세를 마냥 부정할 수는 없는 것입니다. 병

력차이가 현저한 곳에서는 한 개 연대가 두 개 사단을 대적해야 합니다. 적의 포병진지는 아주 완벽하여 아군이 포 한방을 쏘면 부근에서 서른 발의 포탄이 빗발쳐 날아옵니다. 그래서 대응할 수 없는 상황이 수차 발생했습니다. 탱크를 요격하고자 준비한 포탄도 아무런 작용이 없습니다. 저도 전멸한 부대의 이름을 들어 보았습니다. 유감스럽게도 그중 일부 연대는 적들에 의해 겹겹이 포위된 후 불안 속에 모대기다가 군기를 태워버리고 전쟁터에서 사라졌다고 합니다.

처리 : 압류

발견 시간 및 지점 : 9월 12일 훈춘

발신자 : 佗美부대 幹候班 早川誠太郎

수신자 : 上田시 鷹匠정 早川正次

통신개요 : 노몬한사건에서 우리 연대의 출동인원은 상망이 너무 커 집계할 수가 없습니다. 실제로 소련의 중무기들은 아주 강합니다. 강대한 일본군도 그 앞에서는 속수무책으로 골머리를 앓을 뿐입니다. 旭川 26, 27과 東京제1사단이 풍비박산이 났다고 합니다.

처리 : □□

발견 시간 및 지점 : 9월 12일 훈춘

발신자 : 佗美부대 佐佐木대 家泉信雄

수신자 : 臺灣 高雄州 鳳山郡 小港 鈴木政治

통신개요 : 노몬한전투에서 小松原부대는 소련군 기계화부대 2개 사단에 의해 양측으로 포위되었습니다. 병단장이 순국하고 연대장인 藤田, 山縣 두 대좌가 전사하였습니다. 須見부대장은 절망 속에서 군기를 태우고 자결하였습니다.

처리 :

발견 시간 및 지점 : 9월 14일 훈춘

발신자 : 佗美부대 幹候班 早川誠太郎

수신자 : 上田시 鷹匠정 早川正次

통신개요 : 노몬한사건에서 매일 비보가 날아듭니다. 소련군대는 몹시 강대합니다. 일부 연대는 이미 적의 물 샐 틈 없는 포위 속에 들어 전멸하였습니다. 군기도 태웠

습니다. 이러한 사정은 신문에서는 볼 수가 없고 군대에서만 알 수 있습니다.

처리 :

발견 시간 및 지점 : 9월 25일 훈춘

발신자 : 佗美부대 漆畑대 中根美津義

수신자 : 茨城현 新治군 上大津촌 中根惣吉

통신개요 : 중대에서 노몬한에 병사 ○○○명을 수송하였습니다. 그중 무사한 이는 한사람뿐입니다. 公主嶺의 두 개 탱크부대가 전멸하였고 탱크 약 200대를 손실 보았습니다. 만약 관동군이 출동하지 않고 우리 연대만 소련이 자랑거리로 여기는 기계화부대와 대적한다면 무척 힘든 고전에 빠져들 것입니다.

처리 : 압류

발견 시간 및 지점 : 9월 26일 훈춘

발신자 : 安部부대 伊藤대 石貝淸吉

수신자 : 新潟현 佐渡군 加茂촌 松見政五郎

통신개요 : 보고에 따르면 노몬한사건에 보낸 해당 연대의 ○○○명 전사가 전부 전사하였다고 합니다. 일본군이 공격을 발동할 때 비록 기세는 용맹하였지만 방어가 조금 부족하였습니다. 이번 작전에서 포탄과 탱크화염발사기가 크게 손실 입었습니다.

처리 : 압류

발견 시간 및 지점 : 9월 3일 가목사

발신자 : 삼강성 가목사 澤田부대 본부 村田光慶

수신자 : 香川현 善通寺정 砂古 村田 修

통신개요 : 이런 무능한 부대장의 휘하에 있으니 참 갑갑합니다. 아무리 노력하여도 수확이 없습니다. 그래서 하늘에 운명을 맡기기로 했습니다. 전 될수록 빨리 병을 구실로 일본 국내에 돌아가 일하고 싶습니다. 드디어 군의관과 휴가에 관해 얘기가 이루어졌었는데 그만 그날 저녁에 출동명령을 받았습니다. 지금까지도 휴가를 맡을 수가 없습니다. 단 하루 때문에 돌아갈 수 없게 되었죠.

처리 : □□

발견 시간 및 지점 : 9월 13일　길림
발신자 :　가목사(소집부대)　簡生
수신자 :　길림협화회市本部　中村利夫
통신개요 : 제대가 또 지연되었습니다. 말로는 오늘 아니면 내일 제대한다고 하기에 떠날 채비를 다 해두었습니다. □□□□□언제까지 지속될 지는 아직 예견할 수가 없습니다. 점점 더 군대생활에 혐오를 느낍니다. 우린 대체 어디로 가고 있는 걸 까요.
처리 :　몰수

발견 시간 및 지점 : □□　훈춘
발신자 :　佗美부대幹候班　窪田淸市
수신자 :　栃木현 那河군 大田原정　上原鈴子
통신개요 : 어제 행군 도중에 우리 중대에서 숱한 낙오자가 발생했습니다. 아예 길 중간에 쓰러지는 자도 있었습니다. □□를 내뿜는 모습이 몹시 불쌍합니다.
저도 점점 군대 생활에 혐오를 느낍니다□□□
처리 :　삭제

발견 시간 및 지점 : 9월 12일　훈춘
발신자 :　佗美부대 深谷대　中山龍太郎
수신자 :　東京시 中野구 江古田정　山中恭子
통신개요 : 나의 전우가 공습에서 폭탄에 맞아 분신쇄골이 되었습니다. 너무 참혹했습니다. 역지사지로 언젠가 혹은 내일이라도 제가 분신쇄골이 된다고 생각하니 마음이 울적합니다. 문제는 분쟁의 초점이 된 張鼓峰이 현재 소련에 의해 점령당했다는 것입니다. 우리는 지금 적극적으로 진지를 구축하고 있습니다.
처리 :　압류

◎ 사상 상 요주의 통신

발견 시간 및 지점 : 9월 16일　길림
발신자 :　橫濱시 鶴見구 東寺尾　大內孝一
수신자 :　길림시협화회본부　島海篤助

통신개요: 제가 보기엔 군수경제상황에 관한 사무는 거리의 악단 같습니다. 일반적으로 저와는 직접적인 관계가 없습니다. 아무리 생각해도 그중에는 어떤 내재적이고 근본적인 무엇이 있는 것 같습니다. 비록 길림에는 백계 러시아인이 없지만 아주 우연한 기회에 러시아어를 조금씩 배우게 되었습니다. 이는 결코 적색에 경도된 것이 아니고 백색에 경도된 것도 아닙니다. 그냥 단순히 즐겨했을 뿐입니다.

저는 늘 러시아의 평민과 일본 국내의 순박한 백성들이 아주 비슷한 점이 많다고 생각합니다.

처리: 발송 후 주의

발견 시간 및 지점: □□19일 길림

발신자: 하이라얼전보전화국 내 肥田玉市

수신자: 길림시 商埠地 팔번지 滿鐵代用社宅9號 肥田淸市

통신개요: 전선에서 황군이 얼마나 고달픈지를 보도한 기사는 없습니다. 외교교섭을 통해 달성한 15일의 정전협정은 참으로 용사들이 죽어도 눈을 감지 못할 일입니다. 외교교섭의 결과가 어찌됐든 우리의 예상과 □□건가요? 틀림없이 군부가 추측한 대로겠지요.

처리: 몰수

발견 시간 및 지점: 9월 22일 길림

발신자: 東京시 芝구 西久保櫻川정7 鶴鳴社

수신자: 길림경무청 盛原八十盛

통신개요: 거리에서 하는 의론을 들어보면 霞關외교는 연약하고 무능한 전통의 표현입니다. 애초에 해군 수뇌부에서 일부 인사들이 ○○과의 정면충돌을 피하고 일소연합을 주장했습니다. 이런 주장은 주류를 점하였었지요. 육군내부에서는 현재 ○○○요직을 맡고 있는 ○○중장이 우선 일어나고 그 다음 예비역장교 松井石根대장과 建川美次중장이 나섰지요. 그들보다 계급이 훨씬 낮은 이들로는 대일본청년군 수령 橋本欣五郎이 있습니다. 그들 대부분이 대륙에서 종횡무진하면서 멸공의 기치를 들고 천황폐하를 숭앙하는 장병들을 죽음에로 몰고 있습니다.

처리: 몰수

발견 시간 및 지점 : 9월 24일　연길
발신자 : 연길만철자동차구　金京南
수신자 : 조선 함북 무산군 三社면 合同木材場　張富范
통신개요 : 얼마 전 간도자동차회사가 만철로부터 국영으로 넘어갔습니다. 불경기여서 대우가 많이 못하고 급여로는 겨우 생계를 유지할 정도입니다. 민족기시가 심각하여 그런 분위기 속에서 일하면 하루도 버틸 것 같지 못합니다. 이렇다보니 조선인 기사들은 전부 사직하고 하나도 남지 않았습니다. 만철은 예전 같지 않아서 수준이 아주 낮습니다.
처리 : □□후 발송

발견 시간 및 지점 : 9월 17일　연길
발신자 : 간도성 민생청 지방과　洪圭燮
수신자 : 조선 강원도 회양군 읍내　崔善門
통신개요 : 조선인은 일본인이 아닌 □□우리의 상식□□내 조선인에 대한 차별은 아주 심각합니다. 대정 7,8년 조선의 시대적□□은 깜짝 놀랄 지경입니다. 민족화합은 이른바 건국정신일 뿐이요 겉보기에만 그럴듯합니다. 작년 노임정령□□□
처리 : 압류

6

1939년

(이 부분은 581~582페이지의 참고역문임)

1940년 1월 18일
中檢第六號

관동헌병대사령부
중앙검열부

통 신 검 열 월 보
(십이월)

발송 : 軍司(三)
복사송달 : 憲司, 朝憲司, 支憲司, 中支憲司
각 지방 검열부, 상관부대
牡, 延, 北, 海, 동녕 각 부대 본부

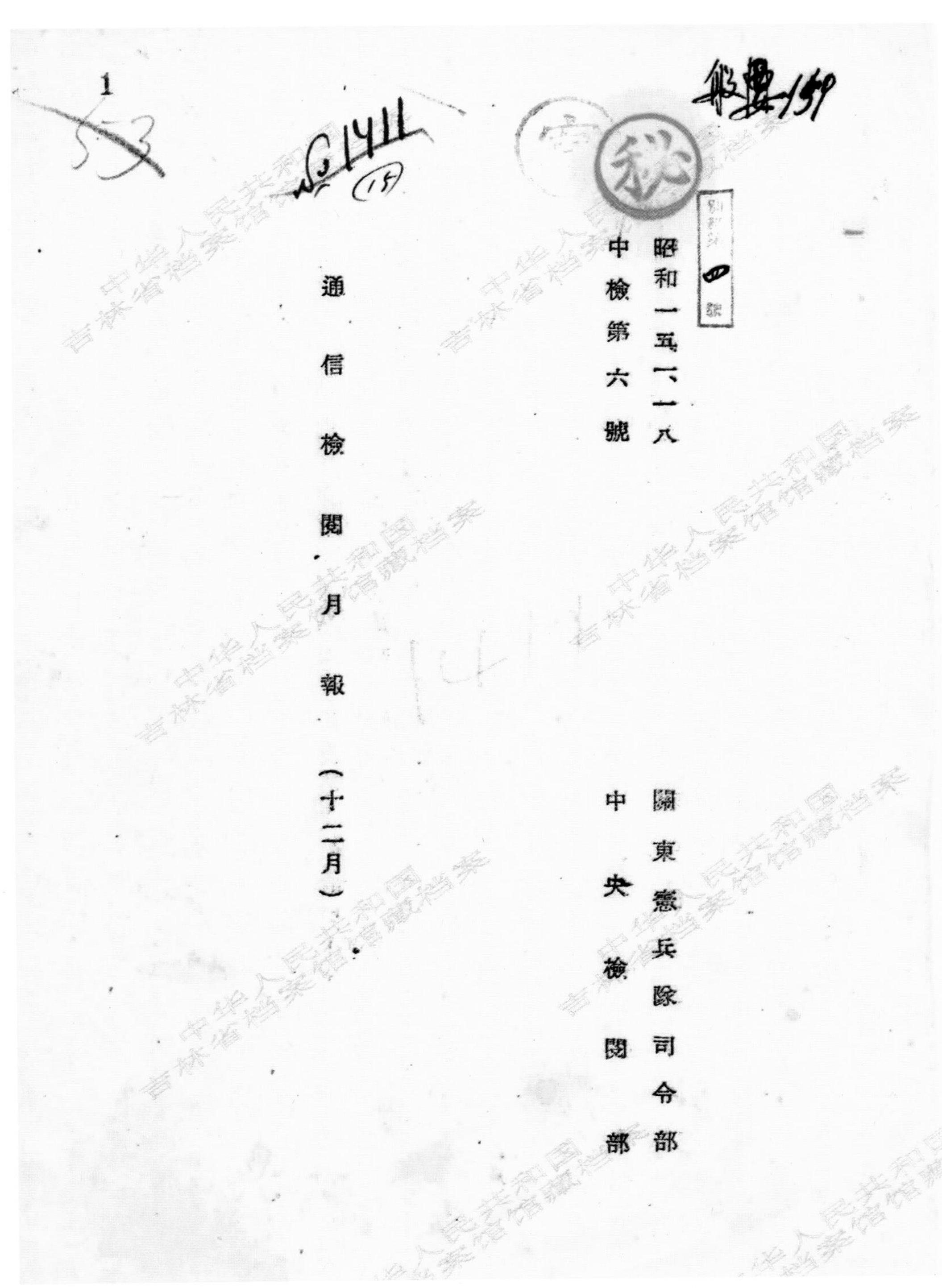
昭和一五、一、一八
中檢第六號

通信檢閲月報（十二月）

關東憲兵隊司令部
中央檢閲部

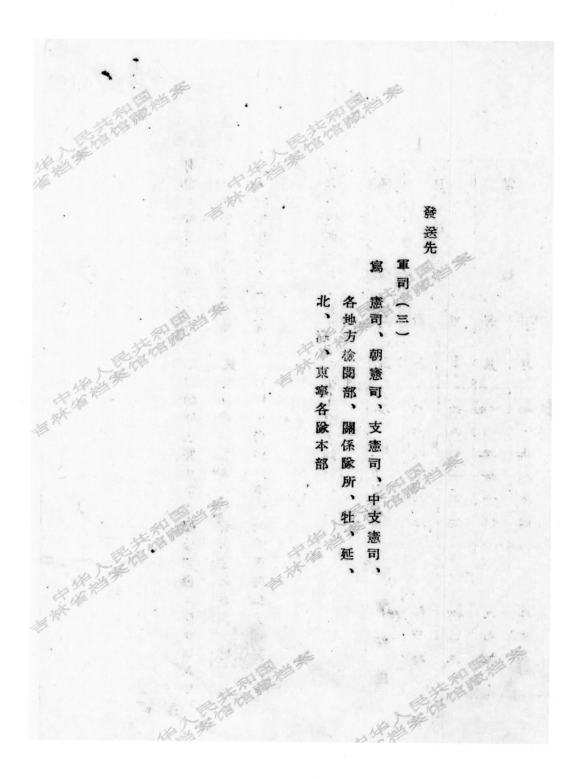

發送先

軍司（三）

寫　憲司、朝憲司、支憲司、中支憲司、

各地方檢閱部、關係隊所、牡、延、

北、濱、東寧各隊本部

2

54

要旨

引續キ軍事、普通ノ有害通信物防止特ニ軍ノ編成移動ニ件フ軍人軍屬ノ防諜上要注意通信、思想防諜容疑者、特殊地帯居住民、開拓民等ノ有害通信ノ案出發見ニ重點ヲ指向シ防諜對策資料蒐集ニ努メタリ

本月中取扱ヒタル郵便、電報左記ノ如シ

區分	期間別	取扱件數	處置件數
郵便物	前月	三六四三二二	九七四
	本月	四九四一五二	六九八
電報	前月	七八九六一〇	八七三
	本月	七一九二三四	九六八

二、電報檢閲ニ依リ容疑ト認メ寫ヲ取リタルモノ九四五件（中外國官報四八九）處置セルモノ二三件ナリ其主ナルモノ別紙第一ノ如シ

三、郵便物ノ檢閲成果概況左記ノ如ク其内容ノ主ナルモノ別紙第二乃至第六ノ如シ

種別	件數	
	前月	本月
防諜上要注意通信	四四九	三二七
流言ノ因トナル虞アル通信	九七	五八
抗日通信	五一	六三
防諜上容疑ニ依リ偵諜中ノ者ノ通信	五五	三一
軍紀並思想上要注意通信	一五一	一〇二

3

55

不正行爲企圖ニ依リ内偵中ノモノ	一六	一四
國内ノ治安不良ヲ報スルモノ	二〇	一六
國策阻害ノ虞アル通信	一八	六
滿軍募兵忌避ヲ報スルモノ	〇	六
其他有害通信	一一七	七五
合計	九七四	六九八

四 所見

(1) 前月ニ比シ取扱件數多數ナルニ拘ハラス處置件數ノ少數ナルハ一般ニ防諜觀念ノ昂揚ト防諜施策ノ適切ナル結果ト認メラルルモ防諜上要注意通信特ニ軍機事項ニ屬スル有害通信物カ其過半數ヲ占

メアルハ軍ノ作戰移駐ニ伴フ倉皇ノ間部隊側ノ取締等閑視時ト認メラル作戰移駐時ニハ特ニ取締ノ徹底ヲ期スルヲ要ス

(2)軍紀、思想上要注意通信ハ前月ニ比シ減少セルモ悪質ナルモノ多ク

○兵隊ノ中ニ徹底シタルタルミ方ヲシテ見セルモノ

○馬鹿ラシキ恩給加算カアルカラ我慢シテ居ルノタ「熱誠以テトカ心服トカハ芝居ノ臺詞タ

○九段ノ華トナルモ軍人ノ本望カモ知レヌカ實際ハソンナモノニ非ス

○騙サレテ軍隊ニ來タ此上ハ自由行動ヲトリ軍法會議ニテモ廻シテ貰ヒ其處テ事ノ次第ヲ述ヘテソレテモ豫備役ニシテ呉レヌナ

4

56

ラ池知中尉ヲ殺シテ私モ死ヌ

○患者ヲ怒鳴リツケ診察シナクトモ月給ハ呉レ文句ハ言ハレヌ何レ口實ヲ作リ退職スル。

等軍紀上憂慮スヘキ事象漸增ノ傾向ニアリ

(3)滿軍ノ募兵ニ對スル壯年者ノ忌避傾向深刻ニシテ當局ニ對スル申告ニ氏名、年齡等詐稱シ或ハ逃避セントスル等國軍建設上憂慮スヘキモノアリ

(4)抗日通信ハ依然上海ヲ中心トスル刊行物及宗敎ヲ利用スルモノ大半ニシテ在滿居住外人及宣敎師ヲ對象トシアリ時局ノ推移ニ伴フ之等外人ノ動向嚴視シ策動ノ餘地ナカラシムルヲ要ス

3

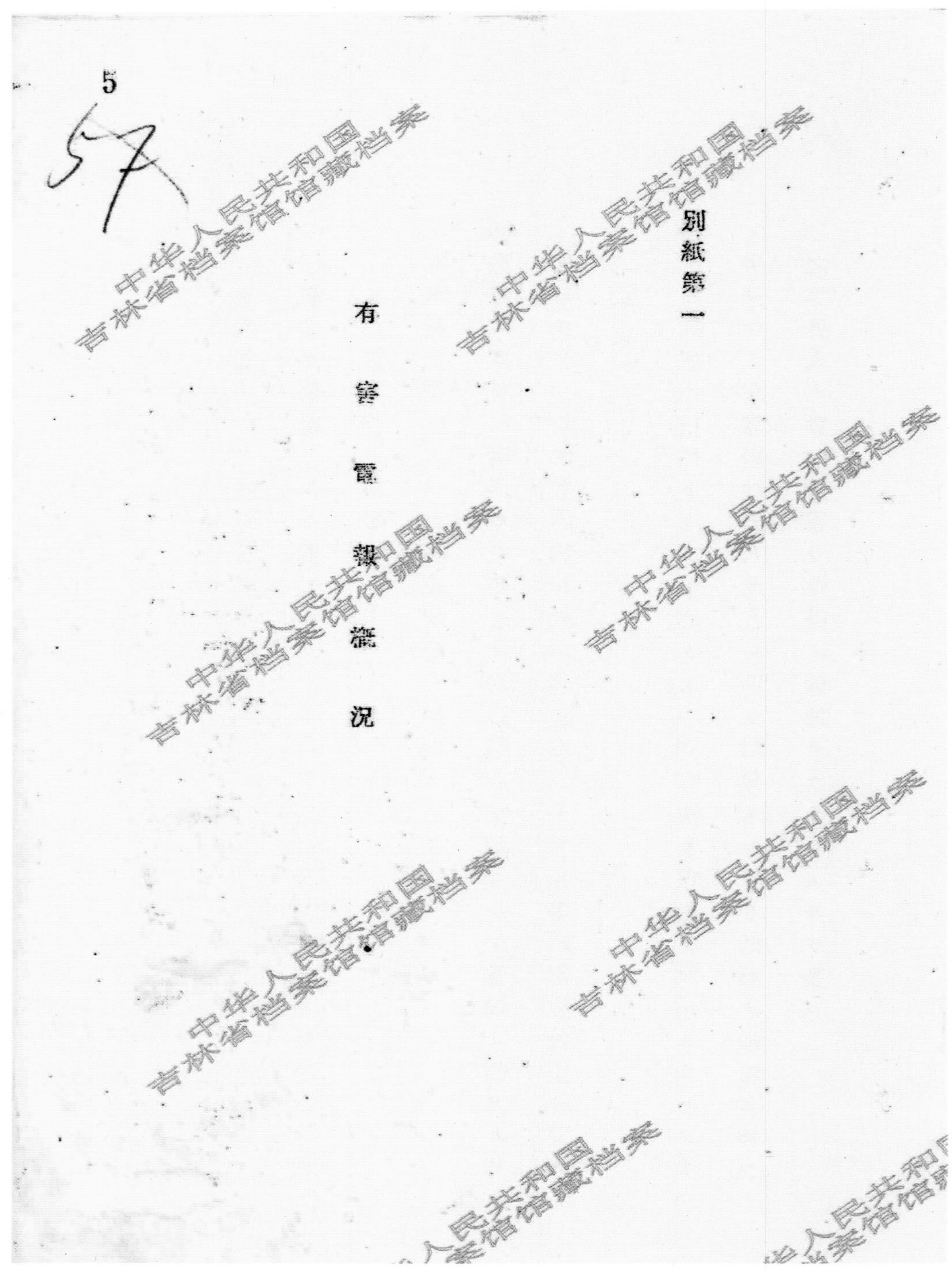

5

57

別紙第一

有害電報概況

發見月日場所	發信者	受信者	通信概況	處置
一二、二 牡丹江	撫河 高木	滋賀縣八日市町一四四ノ二 淺田司	大佐渡邊岩五郎部隊蘭崗ニアリ 以下略	傍線ノ部削除ス
一二、九 牡丹江	新京 國內部長	虎林日之本旅館氣付 保坂事務員 東安勞工協會支部主事	虎頭要塞工事ニ從事シツツアル工人ヲ阜新ニ渡スコトヲ取止メ吉林ダムニ振向ケタシ 以下略	〃

4

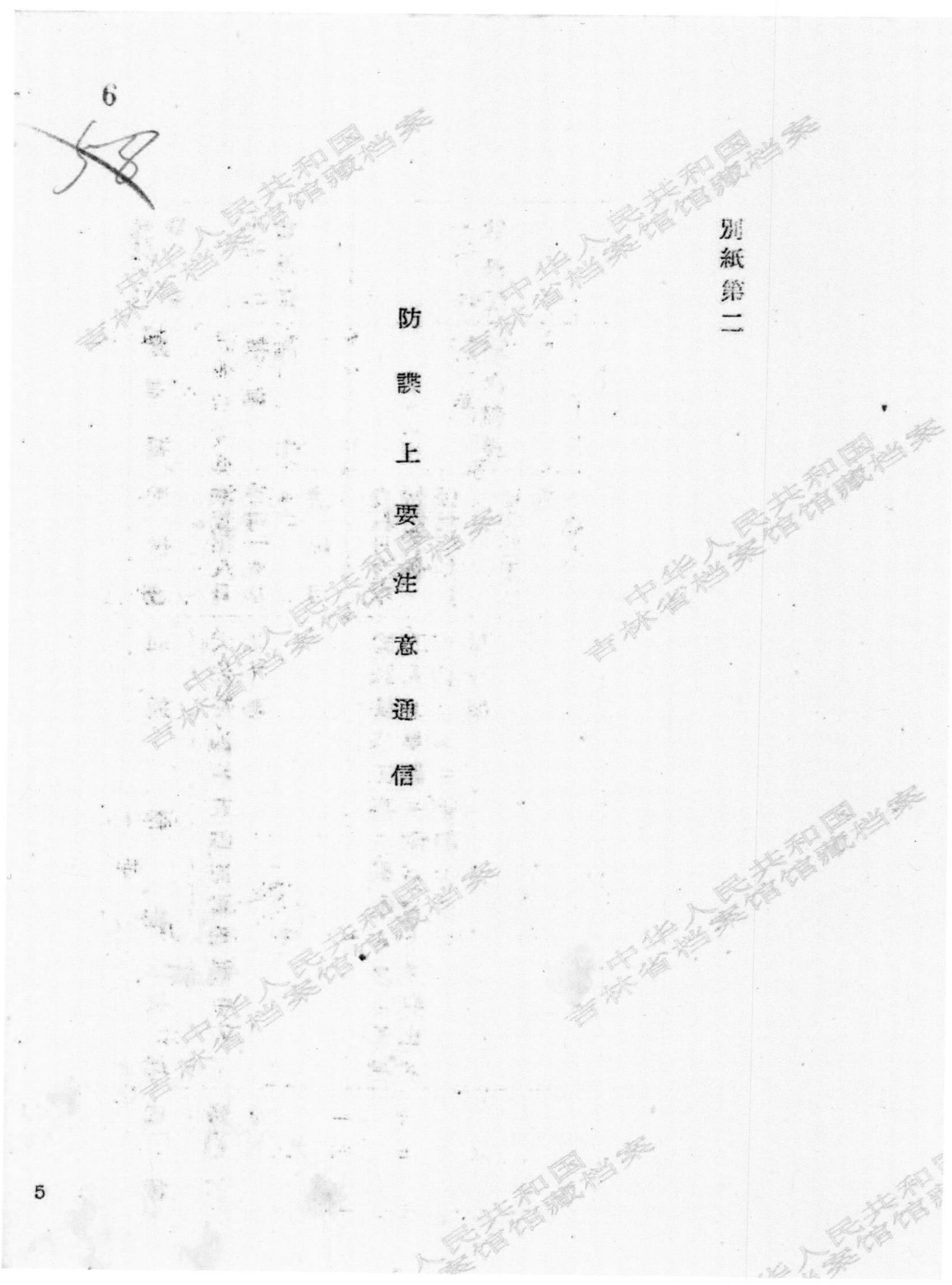
6

別紙第二

防諜上要注意通信

5

區分	件數	
	前月	本月
軍事施設並編成裝備等ヲ報スルモノ	一〇九	七四
軍ノ作戰行動移駐ヲ報スルモノ	一〇九	一三九
固有部隊名ヲ報スルモノ	二〇	一四
其他防諜上注意ヲ要スルモノ	二〇七	九七
滿軍關係要注意通信	四	三
計	四四九	三二七

7

59

發見月日場所	發信者	受信者	通信內容	處置
一二、二〇 海拉爾	海拉爾 大西部隊 原 庄一郎	島根縣松江市 藤枝 勝廣	ホロンバイル方面軍司令部モ設置サレ目下海拉爾ニ駐屯シテ居リマス海拉爾ニハ其他第六師團全部飛行隊、獨立守備隊、國境守備隊、障地守備隊等アリ	削除
一二、二四 佳木斯	勃利 青山堡ニテ 谷津 月夫	東京市小石川區林町九四 江川 圭詳	私等ハ十二月十五日ヨリ〇〇テ杏樹(勃利縣內)ノ奥一五、五粁ノ青山堡ト言フ飛行場ニ來テヰマス今度ノ第七飛行團合同ノモノテ相當大キイ部隊テアリマス	該部削除
一二、九	東安第一陸軍病院 瀧口 生	承德陸軍病院 三宅 實	目下新設部隊ノ移駐ニテ從來當地ニアツタ第十一師團カ虎林ニ去リ二十四師團カ後ニ參リ候	削除
一二、一六 圖們	東安省虎林 清和第七次	新潟縣東頸郡顯聖寺浦	此ノ町ニハ日本軍ノ師團カ二個師團駐屯シテ居リマス	抹消

6

	開拓團 高野長一郎	川原 橋本フシノ		
一二、二〇 承德	鹿兒島 第五中隊第二班 本田吉春	熱河省 警務廳 山本千惠子	小生表記部隊ニ入營シテ二ケ月我部隊モ來年一月二十日ヨリ二十五日迄ノ間ニ中支山西省方面ニ出征ス	抹消
一二、二七 圖們	東安省密山縣東安 鈴木勢吉	岩手縣西盤井郡萩社村 鈴木實	コンナ事ハ全ク軍カラ禁止サレテ居ルノテスカ此黒岩部隊ト言フノハ山形ノ三十二聯隊盛岡ノ騎兵旅團ト弘前ノ歩兵若干ト四國ノ歩兵二十二聯隊トテ今度新シク出來タ第二十四師團ナノテス山形ト秋田ハ第八師團カラ去ツタノテス今度ノ入營兵ハ全部此東安ニ來ルノテス	〃
一二、二一 圖們	穆稜 兼松部隊 林隊 〇〇〇〇	島根縣能義郡安來町 日立製作所 山本敏夫	今回應召ニ際シテハ一方ナラヌ御世話樣ニ相成リ厚ク御禮申上マス今回迄ノ戰爭及事變ニ於テ[illegible]等ノ樣ナ攻城重砲カ全滅ニナツ[illegible]ト言	〃

8
60

			フ事ハ今度カ始メテタソウテス私モ自動車隊附テ八十臺受持ツテ居リマス 此手紙ハ防諜上宜敷御願ヒ致シマス	
一三一八 圖們	東安省鷄西 牡丹江建設 事務所 鷄西倉庫 太田 浩	栃木縣河内郡古里村白澤三〇 太田辰三郎	ノモンハン事變後急ニ外蒙國境ヘノ鐵道建設カ絶對必要トナリ工事ニ着手スル譯テス來年三月迄ニハ牡丹江省建設カラ半數以上ハ轉勤スル筈テス	〃
一三二 圖們	牡丹江省 温春 北川部隊 秋山隊 秋元 重光	神奈川縣 横濱市港區 新羽町 秋元 留吉	科學兵器ヲ有スル航空部隊ハ特ニ防諜規定カ嚴重テス私ノ固有部隊名カ飛行第二十八戰隊ナルコトモ言ハナイ様ニ願ヒマス	〃
			本月二日少尉一下士官一、兵六計八名配屬トナリマシタ 關東軍ノ命テス其内容左ノ如シ	

7

一二五 圖們	三江省追分驛鐵道自警村訓練所 坂東 秀男	德島縣中通町 平川 チカ	一、軍ハ時局ニ鑑ミ義勇隊ヲ訓練强化ス 二、訓練期間十二月二日ヨリ來春四月下旬迄 三、今回ノ訓練ハ主トシテ銃劍術ト射擊成績優秀者及適當ト認ムル者ハ軍ノ對匪及第一線横側面ニ參加セシム 四、射擊優秀ナル者ニハ特ニ輕機射手ヲ訓練ス 五、訓練ニ必要ナル兵器其他ハ軍ヨリ一時貸與ス 右ハ所長宛ノ公文秘親展書ナルカ自分週番ノ際コツソリ見タル一部分テス	沒收
一二七 錦州	興城陸軍病院第十一號室 大出 幸三	東京市淺草區山谷二ノ六 大出 祥	地圖ニ依リ部隊駐屯地並ニ轉送後ニ於ケル陸軍病院ノ所在地ヲ報ス 十二月一日北支駐屯ノ新設二十一	〃

9
61

一二、二五 錦州	金澤步七 七中隊 横川善太郎	滿洲國新義線東梁驛氣付滿洲石油株式會社試掘所 横川仁三郎	師團ノ初年兵ハ一ヶ聯隊入隊シテ參リマシタ明七日三回ニ亘リ征途ニ上リマス十二月十日ニハ第七聯隊ノ初年兵ガ入隊シテ參リマス三月ニハ滿蒙警備ニ出掛ケル有様デス私モ明七日午後十一時二十八分發列車テ初年兵ト戰地ニ向ヒマス新設二十一師團ハ八十三聯隊ニテ私ノ教育シタ兵隊ハモ澤山居リマス今行ケバ永久ニ歸ラヌ部隊（徐州）テス經路ハ大阪着ガ八日二時四十八分テ乘船シ出發シマス	〃
一二、一五 海拉爾	海拉爾白濱部隊 米盛正吉	鹿兒島縣鹿兒島郡 米盛助次郎	今度騎兵野砲ハ皆機械化部隊ニナルトノコトテアル内地ニ還送ニナツタ者ハ逐次補充隊（大分四七聯隊）ニ轉屬ニナル	削除

8

一二、一五 海拉爾	海拉爾 倉本部隊 山田滿	東京市 第一陸軍病院 杉田京一郎	樣テス貴方ハ未タ轉屬ニナラナイノテスカ歩七二ノ一MGニ在籍カ何レ補充隊ニ轉屬カ何レカニナルテセウ歩兵第七十一聯隊第一機關銃中隊編成表同封	沒收
一二、一四 山海關	甘珠部隊 顧問部 陽輪多	北京東馬市大街門一二 通須糧店方 菅喜代子	今年ノ一月關東軍ヨリ滿軍ニ轉籍シテ十日附テ雇員トナリ七月ノモンハン事件出動中飜譯准官ノ命令カ出マシタ仕事ハ關東軍及滿軍ノ連絡及情報ニ使用スル暗號電報ノ組立飜譯、外蒙及蘇聯ノ暗號飜譯仕事ハ實ニ面白クヤツテ居マス顧問部ハ關東軍ヨリ滿軍ニ配屬ニナツテヰル樣ナモノテスカラ全クイバツテヰマス今日司令部ニ出勤スル卜金川中佐殿カラ「近日中興安西省ノ部隊ニ暫ラク應援ニ行ク豫定タカラ心得テ置ク樣」トノ達シアリ、行先ハ興安西省第六團本部附・	〃

10

62

日附・地名	發信者	受信者	通信内容	處置
			軍事機密ヲ書キマシタカラ燒却アリタシ 尙顧問部業務分擔表一部同封シアリ	
一二、二三 安東	錦州省錦縣 遊佐部隊 澤村銀三郎	豐橋市 廣田部隊 第一區第一班 鈴木敏光	次ニ遊佐部隊ノ編成カアリマシタカラ御知ラセ致シマス第一區隊（第一、二、三、四班）第二區隊（第一、二、三班）テス 右ノ様テ班長ハ元ノ豐島曹長殿テス只今僕ハ勤務割ヲシテキマス一ケ班四十七人モ居マス。	削除
一二、一五 新京	中支派遣 芳村部隊 桂松隊 神谷重男	三江省富錦 淺野部隊 中村隊 前原准尉	當芳村部隊ハ淺野部隊ト編成裝備概ネ同様定員モ良ク似テ居リマスカ將校以下全部後備ト補充但シ閣下各部隊長參謀ト今回ノ轉屬下士官四十名以前ノ下士官七、八名現役ノ處（旅團）歩哨警乘ニ服シ、、次ニ現在現役准尉一後備三（定員八）曹長四〃豫後備（定員一一）	沒收

9

			軍曹現四、、、	
一二、四 牡丹江	綏芬河藤本部隊 島津研三	牡丹江第二新市街第一代用官舍 廣瀨渉	扨テ小生等來滿ノ目的ハノモンハン戰闘ニアリマシテ停戰協定以來各地ニ別レ待機服務シテ居リマシタカ任務モ終了致シテ十二月十二日頃牡丹江ニ集結内地凱旋ニナル模樣ニテ目下ソノ方ノ準備モシテ居リマス	沒收
一二、三	東寧義勇隊東寧第一訓練所 久保田明	南支派遣飯田部隊堤部隊 久保田正	ノモンハン事件テ種々操典モ教範モ改正シタラシイテス只今全關東軍カ大討伐ヲヤツテキテ兵隊サンカ澤山ハ居ラナイノテス何處ヘ行ツテモコチラノ東部國境ハ派遣軍ハカリテス除隊々々ト皆言ツテ暮シテ居リマス	削除
一二、一 牡丹江	愛河部隊本部 木村 佐藤三郎	仙臺市石切町三六 佐藤靜子	今度愛河ト言フ處ニ來マシタ近クニ野砲二聯隊カ來テキルノテス	〃

11
653

一二、二 牡丹江	哈爾賓 飯塚部隊 泉國毛郎	牡丹江市 西海林街 石垣貞市	哈爾賓高射砲第十一聯隊ニ入隊致シテ居リマス ソレカラ兵隊ニ幹部全員内地ニ歸還シマシタ今ハ下士官丈テ何タカ淋シイ思ヒカシマス	沒收
一二、一五 牡丹江	綏陽 青木部隊本部 川井吉三郎	牡丹江 圖明街八 佐藤茂	海拉爾ヨリ歸還ノ途中牡丹江市ニ下車シ第三軍司令部ノ方ノ用ヲ濟マセ……	削除
一二、一七 牡丹江	北安 河添部隊 齊藤隊 樋沼茂生	牡丹江 鐵道總局 庶務課内 戸張富久	十二月二十八日ヨリ第二航空地區司令部附ヲ拜命本日原隊ヨリ内命カ有リマシタ申上ケル迄モアリマセンカ伊藤部隊ノ如キ隊ヲ數個統御スル機關テス所在地ハ矢張リ會寧テ、、、、御便リニハ航空地區司令部ノ名稱ハ絶對使用セザルコト軍事機密ニツキ園田部隊ト書カレタシ	沒收

10

月日・發信地	發信人	受信人	内容	處置
一二、六 圖們	東安省密山 五道崗開拓 訓練所 三井 市藏	長野縣 松本ヤスノ	九月末内地カラノ徵發馬カ此處タケテ百五十頭モ來テキマス之ハ秘密テスカラ他言セヌ樣願ヒマス軍隊モ國境方面ニハ二、三ケ師團居ル樣テス	削除
一二、一四 延吉	延吉街大和區 鈴木ミヤノ	宮城縣 仙臺市 佐藤 ツネ	今度延吉ニ飛行隊カ出來マシタ又軍人ノ學校モアリマス	〃
一二、一五 吉林	樺甸縣警務科氣付 第五大隊 鳥畑天兵隊 財津 一夫	拉賓線 馬鞍山森林隊 井西警尉補	二十五日命令ニヨリ本隊ハ四區發別滯ニ移駐スルコトニナリマシタ第五大隊ハ遊擊隊カラ警防隊ニ改編サレ今後ハ濛、輝、樺縣境ノ匪情蒐集ト索敵掃討ニ任スル豫定テス	沒收
一二、一二 海拉爾	海拉爾 倉本部隊 岩下 芳雄	山口縣 美祢郡 岡田 龜一	今日ハ我カ七十二聯隊ノ光輝アル軍旗拜受記念祝典カ催サレマシタ	削除

12

64

日付・地名	受信者	發信者	內容	處置
一三、七 延吉	延吉街 相良 政行	京都 工兵第十六聯隊 近藤 勝次	村津君カラ姫路步兵第三十九聯隊ニ入營直ニ中支方面ニ出動スルトノ來信ニ接シマシタ	〃
一三、一四 東安	斐德 淺野部隊 長田隊 小泉 一	神奈川縣 足柄下郡 能勢 茂	十二月一日附テ野重九ヨリ野重二十ヘ轉屬ヲ命セラレ斐德ト言フ滿蘇國境ニ駐屯スル事ニナリマシタ	〃
一三、一九 琿春	新田部隊 萩田源次郎	金澤市彌生町 藤島 吉郎	本年十月カラ廣軌鐵道ト掛ケ更ヘラレ本年中ニハ琿春カラ土門子ヲ經由東寧ヘ連絡シテ滿鐵買收ノ上國際列車カ運行スル筈テス	沒收
一三、二四 哈爾賓	龍鎭屯 戶塚部隊 楠田隊 原 德市	愛知 丹羽常二郎	私ノ所屬セル部隊ハ今度滿洲ニ移リ新設セル航空部隊トシテ前月南京ヲ出發中ノ處本月始龍鎭ニ到着シタ 管部隊ハ關東軍水上司令部テアリ	削除

11

一二、一四 哈爾賓	坂本部隊 西田 計	三重縣 鹿島保之助	新設部隊ニシテ目下編成準備中ニシテ、、、、松花江ニ對スル輸送上ノ計畫ヲ遂行ス 部隊長ハ坂本大佐	沒收
一二、二〇 東安	東安 山口部隊 野田 月人	熊本縣玉名郡神尾村 野田 秀雄	當隊ハ師團隷下ノ輕裝甲訓練所テス 下士官モ修業下士官テ原隊ニ居ルハ皆班長サンハカリテスカ此處テハ皆兵隊ト同シテス 軍曹計リノ兵隊テス	沒收
一二、一七 東安	東安 尾上部隊 梅田隊 植野 廣	兵庫縣美囊郡三木町 植野字之助	關東軍ノ命令ニ依リ本部隊ハ内地ニ歸還スルコトニナリマシタカ現役下士官五名ハ滿洲新設聯隊トシテ殘ルコトニナリマシタ 聯隊ハ東安高射砲第九聯隊附テス 新設聯隊ノ兵營ハ町ヨリ遠イ山ノ上テ未完成ノ寒イ所テス	沒收

13

65

一三、一一 東安	一三、一 東安	一三、一 吉林
東安ニテ 沼 三郎	東安ニテ 北代 邦男	吉林省討伐第三大隊第二中隊第三小隊四分隊 孟雲生
京都市左京區中之町 神谷良枝	高知縣幡多郡中村町 北代寅吉	六道河驛前六道河村五一號 孟雲生妻
今日カラ寶清ト言フ處ノ飛行場ニ投下爆彈ヲ運搬スル仕事タ二十五六日頃ニハ終ルタロウ	八月二十三日東安出發愈々輸送演習開始哈市新京吉林ニ至リ滿人、滿馬車ヲ各縱列ニ受取リ又再度東安ニ歸リ虎林方面ノ軍用道路ヲ作ル演習（之ハ當時ノモンハン事件ニ鑑ミ急ヲ要スル爲、、、軍事秘密他言ヲ禁ス）	歸リ度テ仕方カナイオ前カラ傳題忠ノ妻ニ依頼シテ彼女ノ弟カラ電報一本打ツ樣ニシテ下サイ文意ハ「母病重シスク歸ヘレ」又ハ「妻病重シスク歸レ」右ノ何レニテモ宜イ此ノ電報カ來レハ隊長ニ見セテスク歸レマス
沒收	〃	〃

12

一二、三 吉林	敦化街 吉林警察隊 第一六隊 商定遠	吉林市 八經路三十七號 商定遠妻	再度討伐應援ノ為出動スヘシトノ命令ヲ受ケタルモ隊員ハ之ニ從ハサルノミ大隊長ニモ抗議ヲ提出シ不滿ヲ抱イテ斷然反對行動ニ出始メタノテ仕方ナク一先兵ヲ敦化ニ遣レ歸リ上司ニ報告ノ結果大隊長ハ遂ニ免職トナツタ	沒收
一二、一二 吉林	明月溝警察署氣付 齊藤隊 緒方武夫	吉林省 土木廳經理 科內 奥五郎	十二月末日終結スヘキ討伐モ大頭目ノ逮捕ニ至ラサル限リ續行スルトノ事テス實ニ驚ク外アリマセン毎日ノ勤務テ困ツタモノテスコウナツテハ我號モ駄目テス	〃

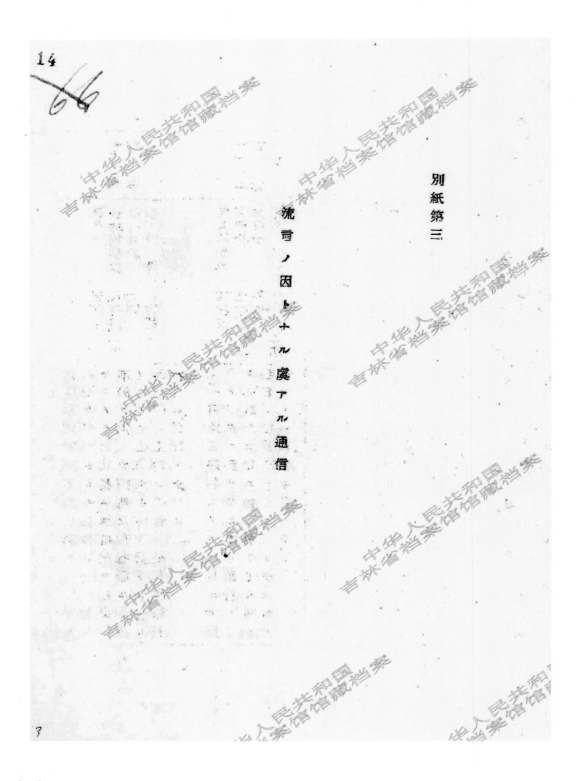
14
66

別紙第三

流言ノ因トナル虞アル通信

3

15

發見月日場所	發信者	受信者	通信概要	處置
一二、七 吉林	吉林 敎化縣公署 王慶家	吉林 名古屋ホテル 梶川幸三郎	敎化方面ノ匪賊ハ毎日ノ様ニ出ナイ日ハアリマセンソシテ住民ノ有力者ハ殆ト縣外ヘ避難シテキマス	沒收
一二、五 吉林	吉林 老金廠村上隊 半澤清	九台縣下九台 岡田志智	戰鬪カ開始サレルト警務隊ハ漸次後退ヲ始メ三十分後ニハ一人モ殘ル者ナク又滿軍モ何レカニ逃ケ只我小隊ノミカ最後マテ頑張リ遂ニ匪賊ヲ逃走セシメマシタカ戰死六名負傷五名ヲ出シ、又蛟河ノ石井小隊ハ隊長以下全滅シマシタ	沒收
一二、一八 佳木斯	東安省饒河 勝瀬部隊 吉田幸男	德島市 吉田爲吉	饒河ハ水質カ惡ク夏ノ如キハ守備兵僅カノ人員テアリナカラ日ニ二六名ニ就キ一名半位ノ割テ病死シテ行ク有様テスヨコレカラハ滿洲特有ノ胸膜ニ罹ル者カヨリ多イテセウ此處テ病氣ニ罹ッタラ最後テ病院ハナシ交通ハ不便テハアルシ病氣ノ事ヲ考ヘルト戰慄ヲ覺エル	沒收

月日 發信地	發信者	受信者	通信內容	處置
一二、一二 齊々哈爾	宮崎部隊 吉崎隊 小野民雄	北海道志國 歌棄郡歌棄村 小野龜吉	二千台ノ戰車ト二ヶ師團ノ兵力ヲ守ッテ居タ敵ノ中ニ入ッタ我部隊ハ丁度蜂ノ巣ヘ入ッタ様ナモノダ此ノ時ノ様子ヲ考ヘテ見テ呉レ勿論戰死者カアレハ負傷カアル重傷者ハ動ケナイ輕イノハ自動車デドン〱運フ重イノハ「頼ムカラ此處デ殺シテ呉レ」ト言ハレル俺ノ考ヘモトウテアッタロウ自分ノ身モ危イ時戰友ハ叫フ此處ニ置テ行ッタナラ必ス敵ノ捕虜トナル男ノ決心ハココニアル、銃劍テ戰友ヲ突キ殺シテ最後ヲシテヤッタ	沒收
一二、一二 新京	敎化東門外 同旅館 曹文徳	北京宣外北 截一九 曹福安	私ハ敎化ニテ軍工事ニ從事シテヰマスカ仲々困難テス關東軍司令部テハ全ク監禁同様ニシテ家ニ歸ラシテ呉レヌノテ實ニ殘念テス、工事モ非常ニ酷テス工事終了ハ來年四月頃ニナルテセウ。。。後略	沒收
			當地テハ蘇聯ノ陣地ヨリ擲彈筒ヲ利用シタ「日本兵士ニ告ク諸君ノ邪魔	

一二、一三	青年義勇隊 東寧第一訓練所三ノ一 高橋幸一	山形縣東置賜郡漆山村池黑 漆山青年團長	ニ成ルノハ將校テシヨウ日本將校ヲ全部殺シテ仕舞ヘ」トカ日本テハ戰フ氣力ハ失テ支那事變モ停戰狀態ニ在ル故諸君モ全部本國ニ歸レ」ト云フ樣ナ意味ノ宣傳ビラヲ撒イテ寄越ス等今尚軍備ト相並ンテ宣撫工作ニ汲々トシテ居ル始末テシタ	沒收
一二、一四	海拉爾 吉富部隊 大上隊 藤野見幸	廣島縣加茂郡早田村 中岡先生	伊勢部隊長以下八百名（部隊全員千八百名）ノ戰死者カアリ馬モ全部テ千五百頭ノ戰死カアリ戰死者カ今尚發見サレス戰死ノ認定出來ナイテ行方不明トナツテキル者カ百二十名モ居マス、馬カ全部死ンタノテ今度ハ自動車テ大砲ヲ引ク事ニナリマシタ	削除
一二、八 滿洲里	興安北省西新巴旗國境警察隊本部 遠藤博	台灣台中市新高町二ノ一七 遠藤進	當地ハ停戰後別ニ異狀ハアリマセン然シ未タ領內ニハ敵カ相當這入ツタ儘ニナツテ居リマス之ハ極メテ極秘テ口外ナサラナイテ下サイ云々	削除

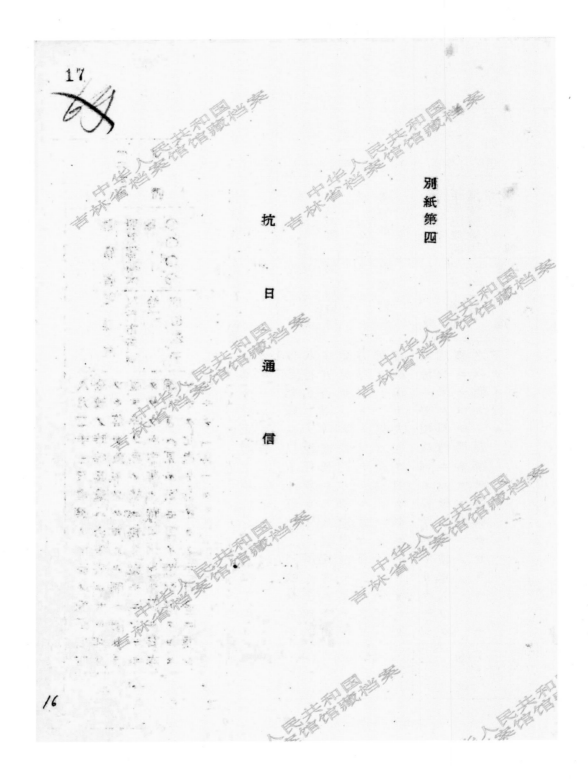
17

別紙第四

抗日通信

16

區分	件數 前月	件數 本月
抗日通信	二四	一八
日本ノ敗戰暴逆等ノ逆宣傳	一一	八
日本誹謗	四	五
宗敎利用ノ宣傳	五	二七
其他抗日氣勢	七	五
計	五一	六三

18

發見月日場所	發信者	受信者	通信概要	處置
一二、三 南綏中 郵政局	上海宣道書 局 郵 箱 四五二號	綏中縣 基督教會 段韓仁 削除	題目 聖維報 出版 民國二十八年第二十八卷 彼等ハモト平和ヲ愛好スル民族 テアルカ今迄屢々人ノ脅威ヲ受ケタ コトカアツテモ皆種々ノ方法ヲ以テ 戰爭ヲ避ケテ來タ、ダガ遂ニ民族生 存ノ爲ニ主權確保ノ爲ニ國家ノ人格 及ヒ光榮ノ爲ニ已ムヲ得ス戰端ヲ開 イタノタモトヨリ彼等ノ武器ハ到底 敵人ニ及ハス彼等ノ生命ノ財産カ極 メテ莫大ナル損失ヲ蒙ルテアラウト ハ豫メ覺悟シテ居タノタ。ソシテ彼 等ハ自己ノ生命財産ハ全然顧ミス唯 奮鬪前進シ全國一致飽迄抗戰ノ撤底 ニ邁進シタノタ、敵ノ大砲、飛行機 及ヒ其ノ他ノ最モ強暴ナル且ツ慘忍 ナル攻擊ニヨツテ、ヨシ中國ノ人民 ハ殺戮スルコトカ出來テモ絕對ニ中 國ノ市ヤ町ハ破壞スルコトカ出來テ モ絕對ニ中國ノ奮勇ノ精神ハ滅ヒテ	處置

一二、二六 營口	シカゴ ライフ社	營口 牛荘倶樂部	亞細亞ニ於ケル日本海軍ノ傲慢不遜ノ行動ハイタク長イ間當地アメリカ民衆ニ憎悪ノ情ヲ抱カシメテ居ルカ日本練習艦隊ノ八雲カ練習生ヲ乘セテ巡航ノ途親善使節ノ意味ニテ同港ニ入ツテ來タソシテ歩哨ヲ梯板ノ上ニ立シメ訪問者ニハ次ノ如キ事ヲ要求シタ 即チ乘艦者ハ必ス手ヲ洗フヘシ又儀禮トシテ歩哨ニ敬禮スヘシト アメリカ合衆國ノ税關吏スタンレウイルスオン氏カ入港ノ喜ヒヲ述ヘテ八雲ノ當番將校ニ會ヒニ行ツタ處敬禮ヲ強要スル歩哨ニ阻歩サレタ・ウイルスオン氏ハ敬禮ヲ拒止シタ歩哨ハアク迄モ乘艦ヲ許サナカツタノテウ氏ハ一人ノ士官ニ陸上ニ來ル樣叫ンテソシテ彼ニ手紙ヲ與ヘ立チ去ツタ	押収
一二、一二 河北		鞍山市	○去ル二十四日正午頃日軍カ我カ村ニ來リ二日間宿營セリ、之カ爲大家、小家ヲ問ハス一家モ殘サス全	

奉天	日東縣 識田 生底	昭和豆腐内 梁富耀	部被害ヲ蒙リマシタ ○日軍ノ行動ハ匪賊以上ニシテ住民ハ皆恐レアリ ○現在某軍隊ハ戸毎ニ兵隊ヲ募集シ傭兵ヲナサシントシアルモ傭フ事ヲ得ス、強制的ニ連レ行キアリ	押收
一二、一八 奉天	上海 中國内地 傳導會	奉天東郊 敎會内 デイーキブソン 外十三件	（湖南省沅州女子孤子院及宣導部） 一、日本ノ飛行機カ當地ニ飛來シ飛行場及市外ヲ爆撃セリ市外ニ避難シ居タル我々ノ家屋モ亦炎上セリ 二、度々ノ空襲、家屋ハ大破壞ソシテ無辜ノ人民ヲ殺シタ然シ乍ラ神ノ事業ハ規則正シク續ケラレアリ	押收
一二、二五	ニユージランド オークランド フアーマース 貿易商會	承德 福音堂 デユーシー	二日前貴殿ヨリ「スタート無事ニシテ一時釋放サル」ノ電報ヲ受ケタリ「イエス」ノ神ニ對シ殘酷ナル行爲ヲナシアル敵國（滿洲國ノ意）ニ勝利カアル筈ナキコトハ明白ナリ	押收

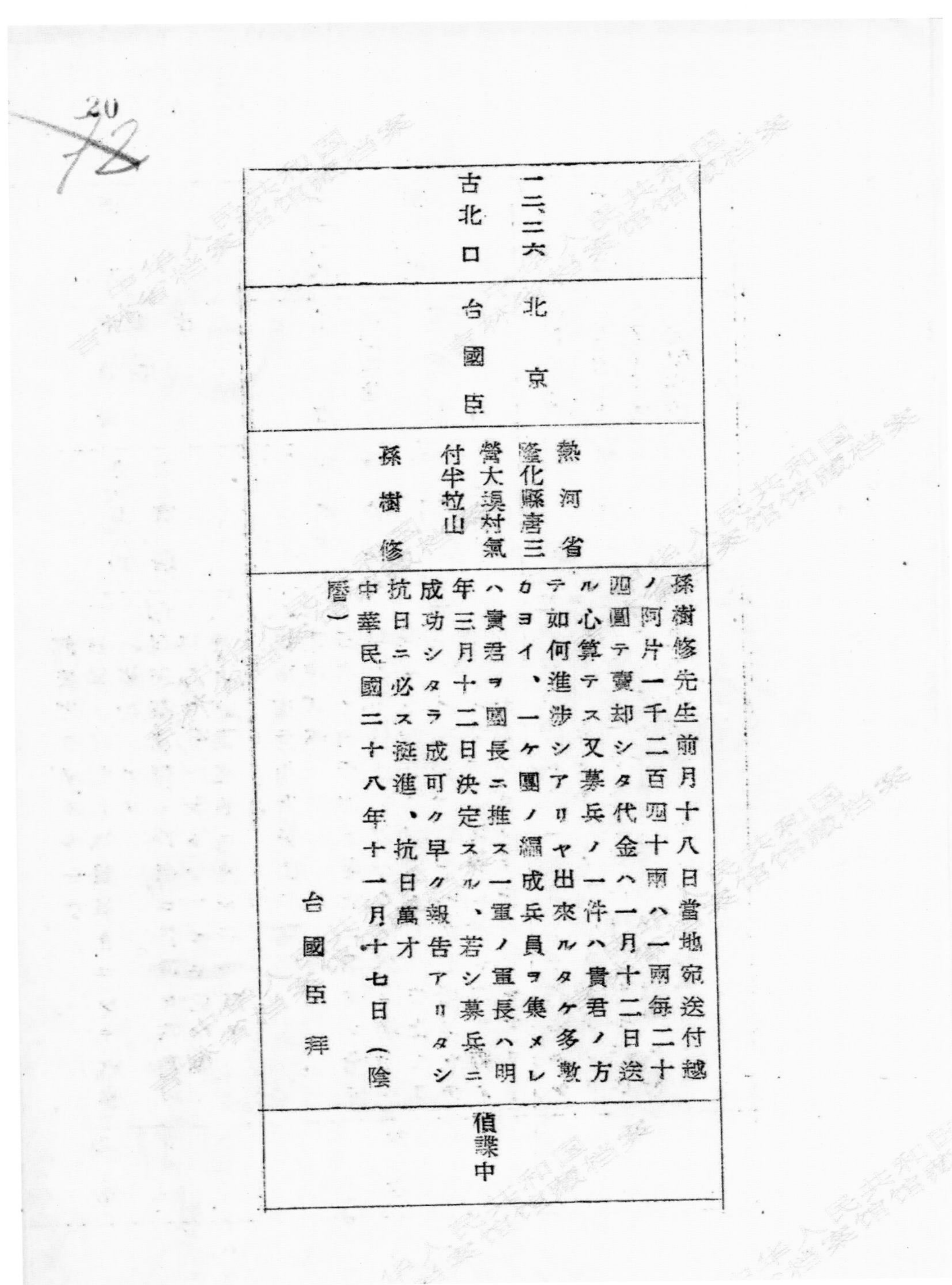

20

12

一二、二六
古北口

北京
台國臣

熱河省
隆化縣唐三氣
營大湨村
付半拉山
孫樹修

孫樹修先生前月十八日當地宛送付越
ノ阿片一千二百四十兩ハ一兩毎二十
四圓テ賣却シタ代金ハ一月十二日送
ル心算テス又募兵ノ一件ハ貴君ノ方
テ如何進捗シアリヤ出來ルタケ多數
カヨイ、一ケ團ノ編成兵員ヲ集メレ
ハ貴君ヲ團長ニ推ス一軍ノ軍長ハ明
年三月十二日決定スル、若シ募兵ニ
成功シタラ成可ク早ク報告アリタシ
抗日ニ必ス挺進、抗日萬才
中華民國二十八年十一月十七日(陰
曆)
台國臣拜

偵諜中

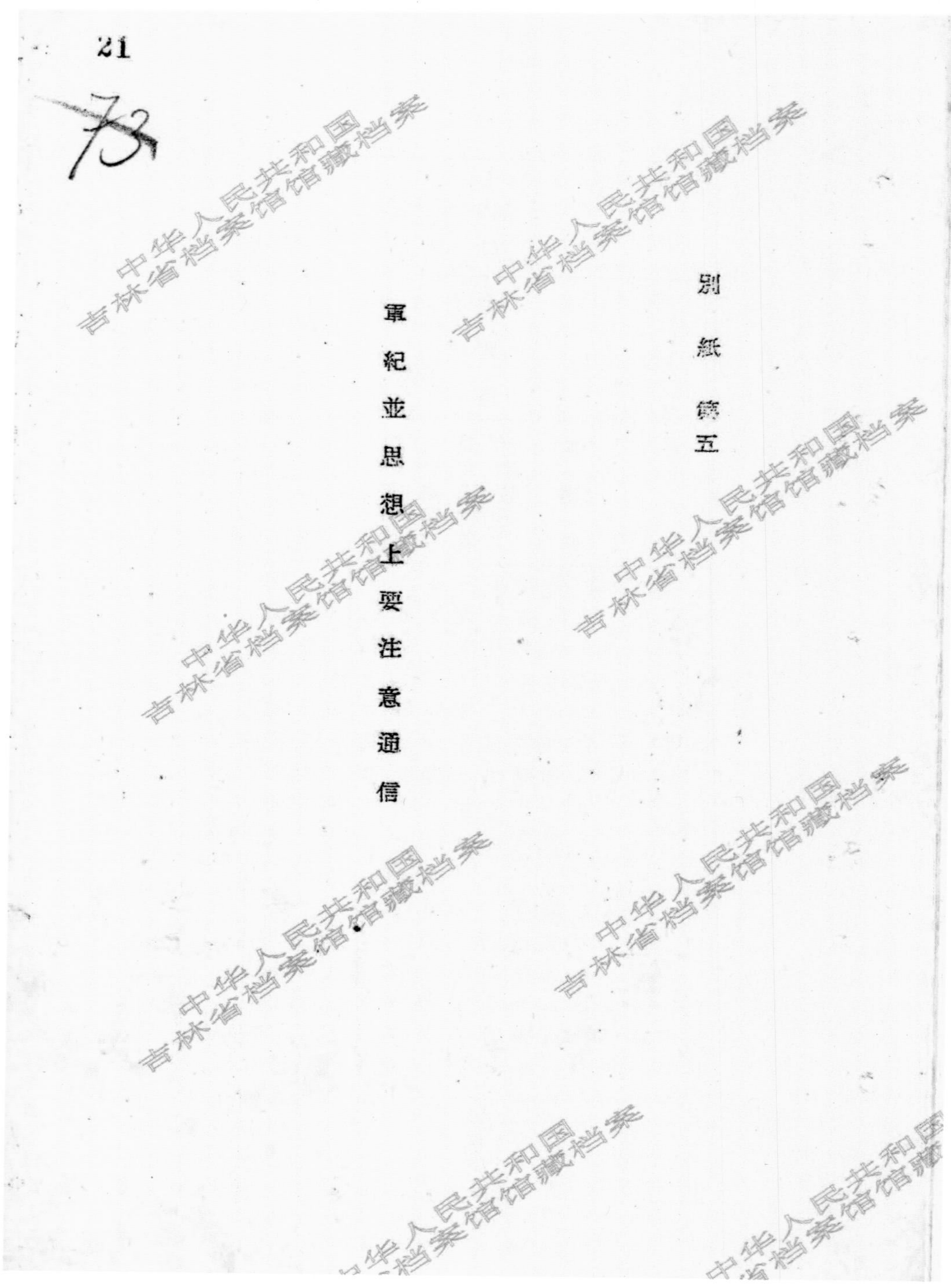

21

73

別紙第五

軍紀並思想上要注意通信

區分	件數	
	前月	本月
上司誹謗	三	二
軍紀弛緩ヲ窺ハルルモノ	四三	二七
反軍反戰ノ處アルモノ	八	一七
第一線勤務又ハ軍隊生活ヲ嫌忌スルモノ	二	二一
現役軍人ノ不平不滿	九	七
兵役忌避ノ處アルモノ	二三	四
戰爭ノ悲慘ヲ報スルモノ	一七	九
思想上要注意通信	四六	一五
計	一五一	一〇二

20

22

發見月日場所	發信者	受信者	通信ノ概要	處置
一二、二四 海拉爾	海拉爾 大西部隊 鬼塚隊 久保正夫	宮崎縣西諸郡眞幸部都城陸軍病院京町臨時分室 佐藤和雄	聯チヤンカヤカマシイ事ト言ツタラロチヤ言ヘナイヨ前ノ山縣大佐トハ天ト地ノ違ヒタ營庭モツウト馳歩タソウタシテ敬禮テモ間違ヘハ何事モ言ハス直ク豚箱入リタ既ニ入ツタ者ハ數知レス 實ニ世ノ中ニモ恐ロシイ人間カ居タモノタト思ツテ居ルヽコンナ事テハ國ノ爲トハ思ヒナカラモ成可ク早ク何處カヘ行カナケレハ危ナイト皆話シ合ツテ居ル	削除
一二、一七 海拉爾	海拉爾 大西部隊 米原庄五郎	鳥取縣 米原菊江	私等ト一緒ニ來タ准尉（現役）カ私ノ隊ノ少尉ト市内「カフエー」テ酒ノ上カラ喧嘩トナリ上官侮辱暴行テ准尉二名ハ懲役三年一名ハ二年半ト言フ判決カアツタ 恩給ハ飛ンテ失フ又一人ノ准尉ハ金鵄勳章ヲ持ツテ居タトノ事トテ勳章	削除

月日・發信地	發信者	受信者	通信内容	處置
			引上ケト云フコトニナルテセウ	2/
一二、二一 錦州	遊佐部隊 和田武雄	綏陽 白銀部隊 千田隊 水井精一郎	軍隊ト云フ異國ニアル爲何事モ出來ナイ、軍隊ヲ人並ニ生活シテ行クニハ物質主義者ニナラナケレハナラヌ兄ハモ其ノ必要ヲ感シテキルタラウ、僕ハ昔ヨリハ惰落シタ僕ハ此ノ頃非常ニ馬鹿ニナッテ自分カ可愛想テナラナイ 馬鹿ニナッテ生活シタ方カ呑氣テモアル周圍カウルサクテ手紙モユックリ書ケナイ	綏陽分隊ヘ内査方通牒 其儘發送
一二、六 圖們	三江省佳木斯 岩佐部隊 平田隊 榎本亮吉	山口縣岩國町敬島沖ノ町 笹野繁雄	滿期除隊モ何時ノ事ヤラ豫備役同様ノ今日尚先五年位ハ此ノ生活ヲ續ケテネハナランカト思ヘハ實際心細クテヤリキレマセン 外出シテモ時間ニ縛ラレテ身ノ辛サヲツクツク感シマス 早ク早クト思ッテキタ除隊ハ何時ノ事ヤラ去ル「ノモンハン」事件ヨリ歸隊後豫備役編入トナリ除隊ハ延期	抹消

23

75

一二、七 圖們	牡丹江省 下城子 本田部隊 谷川隊 鈴木佐一郎	京城市本町 五ノ六三 狐塚吉宗	ト云フコトタタ 全ク籠ノ鳥生活モ僅カト思ッタラ此 ノ始末タ 一旦世間ノ風ニ當ッテ再ヒ召集サレ ルノタッタラ召集兵ノ感シモスルカ現 役下士官同然テ馬鹿々々シイ氣カス ルヨテモ國家ノ爲ト思ヘハコソ頼マ レテスル仕事ナラ眞平タ	抹消
一二、一五 海拉爾	海拉爾 岡部部隊 生目田輝夫	東京市世田ケ谷區 古市君枝	僕ハ一日モ早ク歸リタイト思ヒマス 故國ニ歸リ度イト言フノハ決シテ僕 ノ内地ニ對スル執着ヲ意味スルノテ ハナイ寧ロ僕ハ現在ノ此ノ生活カラ 逃レタイノタ	沒收
一二、一五 海拉爾	海拉爾 吉富部隊 磯崎元市	愛知縣 北宇和郡 山本淺雄	軍隊生活モコンナニ長クナツテハ モウ駄目タポツポツ地金カ出テ來タ ヨ誰カ何ント言ツタツテ働クモノカ 唯毎日兵舍ノ隅ノ方テ南京蟲ノ様ニ 晝ノ演習時間ハ毛布ヲ被ッテ居テタ 方ニナルト騒キ廻ル、コンナ様ナ有	削除

			様テハ一日モ早ク解シタ方カ國家ノ經濟タ	
一二、二三 佳木斯	富錦 淺野部隊 木村隊 中川哲郎	吉林省 敦化線 總谷部隊 岡村 張	殘留組ハ暇カ多イノテ除隊ノ件テ話ニ花ヲ咲カセテ居リマス皆カ除隊夢遊者テス軍隊生活ヲ三年モスルト軍隊ノ悪イ所カ見エテ來ルシ暇カアルカラ悪イコトノミ考ヘテ居リマス軍隊モ悪イ所カ見エテ來ルト悪化サレル様ナ氣分カシテ早ク除隊セナイトイケマセン	沒收
一二、二五 佳木斯	佳木斯 川上部隊 廣田隊 中村義松	大阪市 中村透子	ニユージヤムスト云フカフエーカ出來テ居ルカ軍人ノ出入ハ許サレテヰマセン全員ロシヤ人テ美シイノカ多イノニハーー皆殘念カツテヰマスソノ癖將校達ハ行ツテ不用ナ秘密ヲ話シテヰル勝手ナモノタ……マア仕方ナイ	削除

24

一三、一九 海拉爾	海拉爾 第一陸軍病院 森 勝富	通化 克見部隊 醫務室 丸山 桂	亡國ノ兵ト言ハレルカモ知レナイカソレテ良イノタ俺ハ一生ヲ太ク短クト言フ誠ニ哀レナ思想ノ持主タ俺ハ關東軍ノ劣列者タ兵隊ノ中ニ徹底シタ「タルミ」方ヲシテ見セル氣タ
一三、一四 牡丹江	牡丹江市 小林己之吉	東京日本橋 三井物産 石狩	早ク除隊シタイヨア、歸リタイ君達ノ考ヘテ居ル軍隊トハ大違ヒテスヨ
一三、一二 海拉爾	海拉爾 中尾部隊 柴田嘉利	福岡縣鳥島郡 錦田文代	事件ノ終了ト共ニ私ニ第二ノ人生カ生レテ來タ事件當初ハ單純ナ生死ノ間ニ心迷ウタ戰爭ハ人生テハナカツタ少ナク共人間ニハ不必要ト思ハネハナラヌ輕口ニモ戰爭ヲ口ニスル人ヨ……呪ハレテアレ
一三、一五	牡丹江省 液河	黑河市大興街一四號	全ク兵隊ナンテ苦力同樣テス樂ヲシテ俸給ヲ多ク取リ美味イモノヲ食フ

	諸角部隊 佐藤	佐藤八千代	ノハ將校ハカリテス一日二十七繼テスカラヤリキレマセン	
一二、八 牡丹江	牡丹江稅捐局 森茂牧平	秋田市 相澤金司	兵隊ハトウタツタ兵隊ニ行カナイ事ヲ望ム成リ行キヲ電話テ聞キタイ	削除
一二、一一 延吉	中支派遣軍 甘粕部隊 古田部隊 相羽隊 大西芳夫	延吉街 久保洋行内 大西秀夫	オ前モ間違ナク甲種ト思フ俺カ在營三ケ年ノ体驗カラシテ同シ戰斗スルモ第一線ニ出ルノト第二線ニ居ルノテ格段ノ差カアルコトト思フシ戰斗ニハ變リハナイコトタ第一線ノ歩兵ノ樣ニ戰死シ九段ノ華トナルモ軍人ノ本望カモ知レンカ實際ハソンナモノテハナイト兄ハ考ヘルオ前モ在營生活ヲスルト自然判ル事ト思フ正勇山事件支那事變ノ統計ヲ見ヨ一番戰死ノ多イノハ何ト謂フテモ歩兵タ次ニ工兵騎兵トイフ順タ劑ニ砲兵ニハ戰死率ハ少ナイ砲兵ニシロオ前モ克ク考ヘロ	沒收

25

77

月日・地名	発信人	受信人	内容	処置
一三、三一 牡丹江	牡丹江大路二ノ五 藤川方 脇辰雄	ハロンアルシャン 今堀部隊 辻義男	役ニ立タヌ者カ危イ處ヘ行ツタモノタ鐵砲ノ彈丸カ横タカラ餘リアタラヌ様ニ避ケトレヨ俺ノ戰友タカラ拔目アルマイカマア御身大切ニ避ケラレル丈ケズラカツテ其レテモ又鐵砲ノ彈丸カ追カケテ來タラ「アイヤ」。ズンハ！ズ」ノ一聲忘レルナヨ	沒收。
一三、一九 古北口	豐田部隊 白井隊 星達男	東京市日本橋區本石町 阿部甚一	長城吹下シノ吹雪テ耳モチキレル其ノ中テ日夜奮斗シテ居ル僕ノ境遇モ察シテ呉レ軍務トハ云ヒ浮世ノ辛サ滿期ヲ待ツヨリ仕方モナイ：：可哀想ナ兵隊サンハ金ノ茶碗ニ金ノ箸御様テモアルマイ一膳飯トハ情ナイ	削除
一三、二二 齊々哈爾	齊々哈爾陸軍病院 酒井信[illegible]	富山縣中新川郡滑川町瀬羽町 酒井佐平	嫌タト云ツテ患者ヲ奴鳴リツケ診察シナイテ遊ンテ居テモ月給ハクレ文句ハ云ハレナイカ退メサセテハ呉レマセン一種ノ籠ノ鳥テス普通齒科醫ノ學術年限ハ三年タソウテス一年テモ良イト云フカラ來タノニ實	沒收 内偵中

月日・發信地	發信者	受信者	通信要旨	處置
			ニ馬鹿ヲ見タ併シモウ半年位何モ云ハス我慢シテカラ何トカ退職ノ口實ヲ作リ止メ様ト思ッテ居マス	
一二、一一 大連	佐伯部隊 山本隊 大西美登	愛媛縣新居濱市 中野彦三郎	我等部隊戰友ハ全ク氣カ荒ク不軍紀テス「ノモンハン」ヲ血生臭イ味ヲ体驗シタ爲カ全ク毎日喧嘩ノ絶間カアリマセン二日前モ酩酊シテ日本刀ノ大立廻リヲヤリ大負傷ヲシテ一人入院シタ	削除
一二、一二 哈爾濱	岡部部隊 寶晃	中支派遣 桑名部隊	小生ハ未タ上等兵ニモナレナイコンナ事ナナラ二ケ月モ入院シテ置ケハヨカッタ今ニナッテ後悔シテイルヨ今度嫩江ニ歸ッタラ仕事モセヌコトニ決メタ幾ラ働イテモ駄目ダ[illegible]テ仕樣カナイ早ク滿期タ	發送 視察中
一二、二九 哈爾濱	飯塚部隊 白井小一	宇治山田市 白井嘉市	最近軍人ノ程度低下カ叫ハレテ居ルカ無理モナイコトダ准士官等傍ニ右ノ次第テ凡ソ馬鹿ラシキ恩給加算カ	沒收

24

26

78

			アルカラ我慢シテ居ル状態テ積極的等トハ思モヨラヌ事タ轉役特志ノ中尉中隊長テハ問題ニナラン熱誠以テトカ心服トカハ芝居ノ臺詞タ	
一二、一六 哈爾賓	本間部隊本部 坂井金治	札幌市 中村巖	外カトテモ寒イカラ彈藥係ノ私ハ彈藥庫ニ行クノカ厭ナモノテスカラ兵隊達ヲ使ツテ居ルカ彈藥員數カ判ラナク上司カラ何時モ叱ラレテ許リ居ル此ノ様ナ状態テハ仕事モ厭ニナリ本當ニ風カ飛行機テアツタナラ風ニ乗ツテ脱走シタイ位ナ氣持テス	沒收
一二、一七 東安	東安第一陸軍病院 山中喜芳	門司市 舊門司 稻葉謙三	初メカラ「ロクマク」ト断定スレハ一等症ニナルモノヲ（急性氣管支炎ハ二等症）氣管支カラ新シク病名ヲ變ヘテモ其ノ儘二等症ノ位置ニ居ル何トカ智慧ヲ絞ツテ見ルカ軍醫ト云フ獸物カヤツタ仕事ナンタカラ俺ハ開イタ口カ塞カラヌ一等症ナレハ兵免ニシタ時ハ恩給ヲツケネハナラン	沒收

カラノウ　二等症ニハナイ
實ニヤリ方カ卑劣タラウ軍隊ツテ所
モ外テ思フ程ノモノテナシト言フ事
カ判然判ルタラウ

月日・發信地	發信人	受信人	內容	處置
一、二〇 東安	東安第一陸軍病院外科 弘田福	高知縣吾川郡長濱町南地 弘田友枝	姉サン私ハ池知中尉ニ瞞サレテ殘念テナリマセン、私ハモウ何ヤロウト思ツテモ駄目テスカラ退院スレハ自由行動ヲ取リ事故ヲ起シ軍法會議ヘテモ廻シテ貰ヒマス 此ノ體池知中尉カ元ノ豫備役ニシテ呉レルナラハ良シ呉レナケレハソレマテテス 軍法會議ニ廻ツテ事ノ次第ヲ述ヘソレテモ豫備役ニシテ呉レンテシタラ池知中尉ヲ殺シテ私モ死ニマス 大ノ男カ瞞サレテ本俸僅カ十三圓位貰ツテ行ケルモンカ恩給モツカンニ二年位滿洲テ勤メタラツクノナンノト嘘ヲ言ヒヤカル又其中ニ內地ニ凱旋スルノ何ノト人ヲ喜ハシテ今日迄來タ實ニ殘念テタマラン	沒收ノ上東安分隊ニ移牒

23

27

79

一二、一五 東安	仙臺市長町 二階堂千里	密山縣南五道崗信濃村 佐々木トシ子	非常時ノ折柄内地テハ娘カウロウロシテ居ルト言フ時世テスカラネ青年達ハ後カラ〳〵連レテ行カレルノテス 戰爭モ未亡人ヲ造ラナイ戰爭ナラ良イノテスカ	其ノ儘發送ス
一二、一五 東安	東安 村上部隊 德本隊 賀川清	香川縣綾歌郡川津村 鎌田年次	現在我々ハ滿期ヲ樂シニシテ居ル者許リテ召集兵ノ進級ナンテ問題ニシテ居ナイヨ勿論ソレヲ嫌カツテ居ル有樣タヨ斯ンナ事ヲ言ヘハ笑ハレルカモ知レナイカ事實ナンタヨ若シ進級テモシタナレハ召集解除カ延ヒルカラネ ソレハ滿期後ノ兵役カ長ク且又召集カ特別多數アルタメ實ニ嫌カツテ居ル（中略）馬鹿ラシクテ軍隊生活ナンカノ事ハ考ヘテ居ナイ只御身大切タカラネ	沒收

一二、二〇

奉天

北支派遣
多田部隊氣附
佐々木部隊
綾部部隊
中野部隊
中野一士

通州西海子
東方觀光株式會社
山本光子

一前略一
私カオ山ノ大將テ何ンテモ自由ニ出來マスカラ來テ來レナイコトモアリマセンカ極メテ困難テス然モ單獨テハ來レマセンP屋テモ開ク事ニシテ女テモ遠レテ來ル以外ニハ一寸方法カナイノテス營業ハ私カ許可スルノテスカラ如何テモナリマステ私ハ何ントシテモ貴女ヲ呼ヒタイト思フ一方又ソレ等ノ困難ト長トシテノ私ノ威信上今迄辛シテ慾望ヲ押ヘテ來マシタ貴女ハP屋トシテ此處ニ來ル勇氣カアリマスカソレハ來年ノ陸大試驗期テス私ハ今年ハ駄目テシタ來年モ受ケマス大學ニ入ル爲テナク貴女ニ逢フ爲ニ———今ハ僅カナ私ノ理性モアリマセン長トシテノ威信等トウテモ良イノタ近頃手紙カ非常ニ八釜シクテ位置等詳シク書ケマセン五十音ノ夫々左側ノ字ヲ取ツテ暗號テ次便ニ書キマス

押收

2

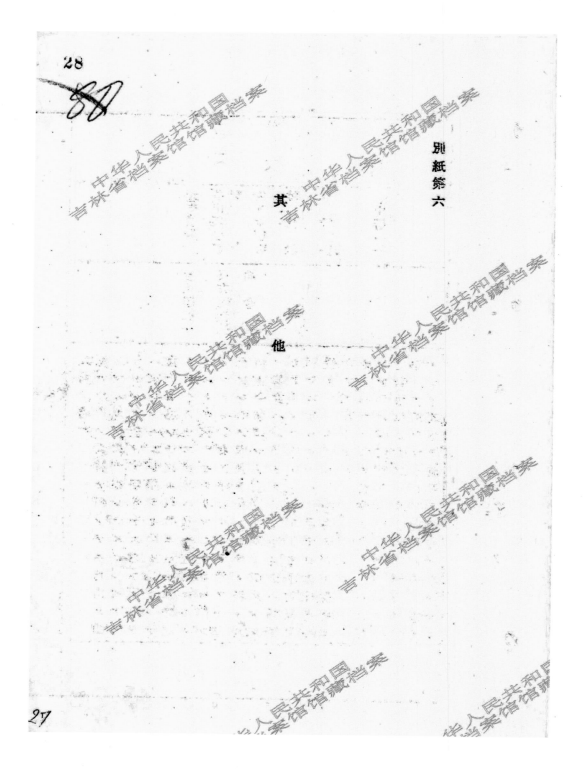
28

88

別紙第六

其

他

27

29

81

◎防諜阻害ノ虞アルモノ

發見月日場所	發信者	受信者	通信內容	處置
一二、二〇 東安	虎林縣興凱 龍頭訓練所 錦井米松	香川縣大川 郡富田村 錦井新吉	義勇軍モ之カラハ駄目テス今頃來ル人モナイタラウト思マスカ中ニハ來ルト云フ人カ有ルカモ判リマセンカ滿洲ヘ來ルノテアレハ北支ニ行ツタ方カ良イト思マス今何處ノ訓練所テモ大事件カ起ツテ居リマス事件ノナイ訓練所ハ龍頭丈テス 先日頭道訓練所ニハ火事カアリマシタ火事カ有ル少シ前ニ生徒カ中隊幹部ヲ傷付ケタソウテス幹部三名動ケナイ程撲ツタ相テス 勃利ノ訓練所テモ所長以下三名ノ幹部カコタコタシテ退所スル事件カアリマス 義勇軍モ出鱈目テス今年ハ防寒手套モ呉レナイ相テス此ノ頃徹練ヲヤツ	沒收

番號·局名	發信者	受信者	内容	處置
			テ居リマス教練ハ日蘇開戦カ始ッテ愈々兵隊カナクナッタ時内地カラ来ルノテハ間ニ合ハナイカラテス軍隊カ教練ヲ終ルト木下部隊長ノ検閲カアリマス	
一三二一 東安	寶清頭道 義勇訓練所 赤瀨普徹	沖繩縣那覇 郡前島町 屋良朝甫	内務検査ノ結果本部ニ呼ハレテ擲ラレマシタ七十人モヤラレマシタ本部ニ行ッタ時ハ竹刀テ頭ヲ十四、五回打タレマシタ七十人皆擲ラレタノテ幹部襲撃タ幹部二人ハ半死半生タ日本刀テ切ルヤラ棒テ擲ルヤラ非常ニ面白カッタ	沒收
一二六 圖們	佳木斯 關東軍倉庫 佳木斯支庫 安田久	金澤市東馬場 小嶋智章	滿洲駄馬ノ如ク滿人ヲ酷使シ亦帽章ノ星輝カセ馬車ニ乘リ云フ事ヲ聞カネハブン殴ルノテス全ク亡國民ノ哀レサヲツクヅク感シサセラレマス吾等ハ青年義勇隊ノ教育モヤッテ居	抹消

28

30

82

一二、一九 圖們	龍井 鈴木部隊 矢嶋 呈	長野市西長野長屋道鋪 矢島三人	ル彼等ノ心境ヲ察スルニナカナカ悲壮ナルモノカアル內地ノ宣傳ト滿洲ノ實際トハ大キナ差カアルツウタ一時ノ宣傳ニ一生ヲ踏ミ送ハヌ様老婆心作ラ注意シテ置ク	抹消
一二、二七 圖們	大岸屋氣付 總道自營村 訓練所 小濱榮治	長野縣下水田郡外林村 瀬戸 小濱喜太郎	義勇軍ノ將來ハ今ニ判然トシテ居リマセン其ノ事ハ中隊長モ又他ノ先生ニモ判ラナイト云フ有様テス又配給品ト云ヘハ今迄配給セスマタ冬ジャツ等ハ渡ツテ居マセン東モ良イ所カ有レハソチラニ居ル様ニシナサイ義勇軍ハ感心シマセン皆ノ者ハ騙サレタト云ツテ居リマス父上様オ便リヲ拜見致シマシタ別ニ小生ハ悪イ事ヲシテ義勇軍ヲ出タノテハアリマセン。。。。。中略。。。。。。	

一二、七 圖們	東京城青年訓練所寧安訓練所 横山邦男	東京市荏原區戸越町 横山光夫	今モ北滿、東滿到ル處ニ討伐戰カ開始サレテキマス今日三百ノ新兵器（ソ聯ヨリ補給）ヲ所持シタ共産匪カ鏡泊湖ニ入ツタノテ本部及各中隊共緊急準備ヲシマシタ各守備隊、派遣隊モ直チニ出動スルテセウ渡滿以來此ノ樣ニ駿々競々トシタ生活ヲ續ケテ居マスヤツハリ苦勞シテモ内地ノ生活ノ方カ良イテスネ	抹消
一二、一五 牡丹江	廣道ニテ 信	東安省東安街長明路 早井菊枝	廣道ノ方面ハ匪賊ノ情報カ切迫シテ十一月ニハ滿人警官カ三十名程此處カラ三里程東南ノ地點テ討伐ニ行ツテ反對ニ約三百名ノ匪賊ノ爲メニ武裝解除サレオマケニ拉致サレテ了ツタトノ事テス 最近匪賊カ出ルノテ厄介ノ極テス寒クナツテ食物カナクナルト每年ノ事ナノタサウテスカ附近ノ部落ヲ襲	沒收

30

84

一二、二八	牡丹江	牡丹江ニテ 菅谷耀德（軍人）	栃木縣宇都宮市寺町三 菊地悦子	ヒ糧食ヲ掠メ人馬ヲ殺ッテ行クノテス其ノ度毎ニ起サレルノテ實ニイマイマシイ限リテス先週ハ二回起サレテ了ヒマシタ一度ハ牛ヲ六頭掠ラレタト云フテ居リマス	抹消

○不正行爲ヲ企圖スルモノ

一二、一一	延吉	間島省延吉 齋沼八重子	チチハル龍順部同一號 堅村方 齋沼重司	其レカラ黒ダイヤノ様ナ寶石類ハ齎澤品ニテ間違ナク十割ノ税金ハカカル想テス（經驗スミ）若シ御持參ナサル場合ハ眼鏡ノ中邊リニ置カレタ方カ好イトノ事テ御座居マス	沒收
一二、一三	延吉	延吉街 山下三郎	牡丹江林部隊本部 牧田冨曹	本月ノ十七日頃御地ヲ通過スルコトニナッテ居マス誠ニ御手數乍其節時計ヲ送ッテ戴キ度イノテス何分物價カ高ク不自由テモ買フトユフ金モナシ若酒保テ買ッテ送ッテ呉レ	發送ノ上內查中
一二、一六	朝陽 ○○○		承德 ○○○	私ハ、「スプリユー」患者（スタート）ニ於テ水中ノ隱岩ヲ發見セラルルヲ恐レテキル	同右

一三、二四 承　德
○○高等檢察廳 ○○○
承德地方檢察廳 ○○○
先達テノ通信受領ス 本日ノ通信左ノ如シ 1. 先般送付セラレタル古切手ハ枚數不足シアルタメ用ヲナサス從テ實行不能ナリ又本切手ハ其場ニ於テ破棄セリ 2. 小生ノ移動ニ關シ今尚何等消息ナシ來月尚消息ナシトスレハ小生ノ身分ハ先ツ安全且ツ移動ナキモノト思料ス 3. 林子鑒カ退職ヲ命セラレタルハ遼陽當時監督至嚴ナリシ爲遂ニ發覺セルモノノ如シ 4. 蘇芷園ノ退職問題ニ關シテハ揚法院長ト共ニ商會ヨリ米一表ヲ收賄シタルヲ發見セラレ法院長ト共ニ退職ヲ命セラレタルモノノ如シ 5. 齋冠英ハ撫[illegible]應動ヲ云々シアルモ未發表ナリ 6. 以上確報ニ非サルモ判明次第續報ス
發送ノ上内査中

3

33

◎積極防諜上利用シアル通信

發見月日場所	發信者	受信者	通信内容	處置
一二、二五 佳木斯	西安縣永興富 ○○○	富錦縣德泰恒 ○○○	先日貴書拜見致シマシタ内容ハ全部判リ富錦ノ現状ヲ知ルコトカ出來マシタ先便ニ依レハ變ツタ物ノ出入カ激シイ樣テスネ弟兄ハ此ノ際思ヒ切ツタ事ヲヤツテ欲シイデスネ何レ赴哈ノ際面會ノ上詳シク話リマセウ	發送 内査中
一二、二〇 哈爾賓	牡丹江ニテ 登科	哈市道外昇平二道街 崇盛東	瑞鄕先生 昨晩哈爾賓ヲ出發途中無事牡丹江ニ到着シマシタ御懸念ナク此處ニ數日滯在ノ豫定シソレカラ琿春ニ向ヒマス現在牡丹江ハ平靜ニシテ兵隊ノ行動ハ哈爾賓ト同樣テス 敬具 登科	發送 爾後通信視察中

一二一	承德	スコツトランド ○○○	承德 ○○○	目下ノ情勢テハ國外ヘノ送金不能ナル為止ムナク銀行ト協定三磅三志ヲ送付スル私ハ何ノ為之ヲ送付スルヤ明記セサルモ貴殿ニ於テハ御存知ノ事ト思フ	發送 內查中
一二〇	海拉爾	雙城堡 ザバイカル カザツク村 エルデーイ ワノフ	海拉爾 露西亞事務局 ウオローキン	ニキローエフノコトニ就テ申上マス彼ハ最近「エミダランド」ノ旅券ヲ貰ヒマシタネ雙城堡テハ憎ムヘキ共産黨員トシテ「ソ」聯ノ仕事ニ従事シテキマシタ彼ハ「ソ」聯ニ歸國シヨウト思ツテ居マシタカ妻ノニコライヴヮカ之ヲ肯セヌノテ彼ハ此處ニ留ルコトニシマシタ滿洲里テ國家（滿洲國）ノ仕事ニ假面ヲ被ツテ從事スルコトニナリ海拉爾ニモ時々行キマシタ寧ロ骨ノ髓マテ共産黨ニナツテキルハ彼ソノ陰謀ニヨリ滿洲里テソノ職ヲ免セラレマシタ人々ハ彼ヲ黨員タト言ツテキマス小學校ノ生徒ニ日本ノ祝祭日ニ年賀ニ	內查中

32

34

86

行クコトヲ嫌シテキマス彼ハ日本人ニ仕ヘ乍ラソシテ「パン」ノ不足テナイノニソシテ営ニ「ソ」聯ノ実例ヲ引イテ「ソ」聯ノ優秀ナルコトヲ力説シテキル

◎滿軍ノ募兵ヲ忌避セントシアルモノ

發見月日場所	一二、二〇 承徳
發信者	遼陽縣西北 孫廊堡 李修錄
受信者	承徳 大佟溝七七 金作民
通信文ノ概要	本年ニ於ケル滿軍ノ募兵ハ至嚴ナリ私ハ到底逃レ得ナイト思フ家庭トシテモ非常ニ困難ナリ私一人トシテハ之ヲ避ケル方法ナキカ故ニ兄上ニテ何等カノ方法ヲ講シラレ度シ
處置	沒收

一三一六 佳木斯	富錦街廣泰東 王李叔	富錦縣新城鎮 王明德	現在當地ニ於テ二十歳ヨリ二十八歳迄ノ男子ヲ全部徴兵シテ居マス私ハ此處ニ來タ時賤ノ名前ヲ附ケ事務ト改稱シ年ハ二十八歳ト警察ニ屆ケマシタカラ兄サンハ心配ハ要リマセン	發送滞意ニ通報
一三二三 佳木斯	哈爾濱北支街同興成 靈士魁	富錦街 一大旅館 靈錫亭	今哈爾濱テハ徴兵ヲ施行シテ居リ私モ徴兵サレテ居リマス先日送ツタ寫眞テ富錦カラ旅行證明書ヲ貰ヒソレト一諸ニ旅費ヲ至急送ツテ下サイソウシタラ富錦ニ避ケマスカラ若シ送ツテ與レナケレハ死ナネハナリマセン	右同
一二一五 古北口	北京東城中央鐵路學院 張王頤(兄)	熱河省圍場縣 金生永方 張王春(弟)	オ前カ云ツテ居ル各事項ハ本當ニ私ヲシテ躊躇サセル若シ本當ニ兵役ヲ避ケヨウトスルノナラハ其處ヲ離レルノミテアル併シ土地ヲ離レレハ結局就職ニ苦	抹消

참고역문

개요

군사우편과 보통우편의 유해통신문 방지에 중점을 두며 특히 부대의 편성, 이동과 함께 군인과 군무원의 방첩 상 요주의 통신 및 사상방첩용의자, 특수지역의 거주민, 개척민 등의 유해통신을 면밀히 살펴야 한다. 그리고 방첩대책자료의 수집에 진력해야 함.

이번 달 처리한 우편물과 전보는 다음과 같음.

유 형	시 간	취급건수	처리건수
전보	지난 달	364 322	974
	이번 달	494 152	698
우편물	지난 달	789 610	873
	이번 달	719 234	968

二. 전보검열에 의해 혐의가 있어 절록한 편지는 도합 945건(그중 외국관보 489건)이며 처리한 편지는 23건임. 주요 내용은 별지제1을 참조바람.

三. 우편물검열성과 개황은 다음과 같음. 그 주요내용은 별지제2 내지 별지제6을 참조바람.

유 형	건 수	
	지난 달	이번 달
방첩 상 요주의 통신	449	327
유언비어의 우려가 있는 통신	97	58
항일통신	51	63
방첩 상 혐의가 있어 정찰 중인 통신	55	31
군기 및 사상 상 요주의 통신	151	102
부정행위로 의심되어 내사 중에 있는 통신	16	14
국내 치안불량을 적은 통신	20	16
국책시행을 방해할 우려가 있는 통신	18	6
만주군 징병을 기피한 내용의 통신	0	6
기타 유해통신	117	75
합 계	974	698

四.소견

(1) 지난달에 비하여 이달 검열한 건수는 증가하였지만 처리한 건수는 감소하였음. 이는 방첩관념의 제고와 적절한 방첩조치가 거둔 결과라고 여겨짐. 방첩 방면에서 요주의 통신 특히는 군사기밀 사항에 속하는 유해통신이 반수 이상을 차지함. 작전移駐에 따라 겨를이 없는 사이 부대 측의 취체등한시가 보이므로 작전이주 기간에는 철저한 관리가 필요함.

(2) 군기와 사상 상 요주의 통신은 지난달에 비해 감소하였지만 악질적인 것이 아주 많음.

○ 당신들에게 군대의 해이한 모습을 보이고 싶습니다.

○ 몇 푼 안 되는 구휼금을 받고자 줄곧 참아오고 있다. "만강의 열정이며 충성심 따위는 그냥 그럴듯한 미사여구에 지나지 않는다."

○ 九段의 명예를 얻는 것은 군인의 숙원이라고는 하지만 사실은 그렇지 않다.

○ 나는 속아서 군대에 온 것이다. 나는 일부러 제멋대로 행동함으로써 그들이 군법회의라도 열어서 사실을 진술할 기회가 있었으면 좋겠다. 만약 그래도 나를 예비역으로 편입하지 않는다면 나는 池知중위를 죽이고 자살할 것이다.

○ 환자와 야단치고 진찰도 잘하지 않으면서 매달 임금을 받고 있다. 그래도 누구하나 원망하는 자가 없다. 나는 조만간에 구실을 만들어 퇴직할 것이다.

이상 군기 상 우려할 사항이 점차 증가세를 보이고 있음.

(3) 만주군의 징병에 대해 청장년들이 기피하는 경향이 심각하다. 당국에 신고할 때 성명, 연령 등을 사칭하거나 병역을 도피하는 등 국군건설에서 우려되는 사항이 존재함.

(4) 항일통신이 의연히 상해를 중심으로 하여 간행물 및 종교를 이용하는 경우가 태반임. 만주에 거주하는 외국인과 선교사들 대상으로 시국의 추이에 따라 그 동향을 엄밀히 감시하여 그들에게 책동의 여지를 주지 말아야 함.

별지제1

유해전보개황

발견 시간 및 지점 : 12월 2일 목단강

발신자 : 掖河 高木

수신자 : 滋賀현 八日市정144-2 淺田司

통신개요 : 大佐渡辺岩五郎部隊 蘭崗에 있음. 이하 略

처리 : 줄 친 부분 삭제

발견 시간 및 지점 : 12월 9일　목단강

발신자 :　신경　國內部長

수신자 :　虎林日之本旅館　轉　保坂사무원 東安勞工협회 支部주임

통신개요 : 지금 虎頭요새를 시공 중에 있는 인부들을 阜新에 보내지 말고 길림의 댐 시공 현장에 보내기 바람. 이하 약.

처리 :　줄 친 부분 삭제

별지제2

방첩 상 요주의 통신

유 형	건 수	
	지난 달	이번 달
군사시설 및 장비편성 등 상황에 관한 통신	109	74
군대의 작전, 전이 및 주둔 등 상황에 관한 통신	109	139
고유부대명칭을 사용한 통신	20	14
기타 방첩 상 요주의 통신	207	97
만주군에 관한 요주의 통신	4	3
합 계	449	327

발견 시간 및 지점 : 12월 20일　하이라얼

발신자 :　하이라얼 大西부대　原庄一郎

수신자 :　島根현 松江시　藤枝勝廣

통신개요 : 후룬베르 방면에도 군 사령부를 설치하였습니다. 목전 저는 하이라얼에 주둔하고 있습니다. 그밖에 하이라얼에는 육사단의 전부 비행대와 독립수비대 그리고 국경수비대 및 진지수비대가 있습니다.

처리 :　삭제

발견 시간 및 지점 : 12월 24일　가목사

발신자 :　勃利 靑山堡　谷津月夫

수신자 :　東京시 小石川구 林정94　江川主計

통신개요 : 우리는 12월 15일 ○○를 타고 杏樹(勃利현 내)에서 15.5킬로 떨어진 청산보

라고 불리는 곳의 비행장에 왔습니다. 이번은 제7비행단과 합동하여 규모가 상당히 큰 부대가 되었습니다.

처리: 해당 부분 삭제

발견 시간 및 지점: 12월 9일

발신자: 동안제일육군병원 瀧口生

수신자: 承德육군병원 三宅實

통신개요: 목전 신설부대가 이주 중에 있습니다. 원래 당지에 주둔했던 제11사단은 호림으로 가고 24사단도 뒤이어 갔습니다.

처리: 삭제

발견 시간 및 지점: 12월 16일 도문

발신자: 동안성 호림 淸和제7차개척단 高野長一郎

수신자: 新潟현 東顯군 顯聖사 浦川原 橋本節野

통신개요: 이 도시에 일본군의 두 개 사단이 주둔하고 있습니다.

처리: 말소

발견 시간 및 지점: 12월 20일 승덕

발신자: 鹿兒島제5중대제2반 本田吉春

수신자: 열하성경무청 山本千惠子

통신개요: 小生이 봉투에 표기된 부대에 입대한지 이미 두 달 넘었습니다. 우리 부대는 명년 1월 20일부터 25일 사이에 중지나 山西省 쪽으로 가게 됩니다.

처리: 말소

발견 시간 및 지점: 12월 27일 도문

발신자: 동안성 밀산현 동안 鈴木勢吉

수신자: 岩手현 西盤井군 荻社촌 鈴木 實

통신개요: 이런 일은 군대에서 철저히 금지된 것입니다. 이 黑岩부대는 山形의 32연대와 盛岡의 기병여단 그리고 弘前의 보병 일부 및 四國의 보병 22연대로 새롭게 편성한 제24사단입니다.

山形과 秋田은 제8사단에서 온 부대입니다.

이번 입영병은 모두 동안에서 왔습니다.

처리 : 위와 같음

발견 시간 및 지점 : 12월 21일 도문

발신자 : 穆棱 兼松부대 林대 ○○○○

수신자 : 島根현 能義군 安來정 日立製作所 山本敏夫

통신개요 : 이번 應召에서 여러 면으로 도움을 받았습니다. 이에 심심한 사의를 표합니다. 지난 번 전쟁과 사변에서 우리와 같은 攻城重砲는 전멸하였습니다. 이는 아마 처음 있는 일인 것 같습니다. 저는 자동차대에서 자동차 80대를 관리하고 있습니다.

이 편지는 방첩 상 조심히 건사했으면 고맙겠습니다.

처리 : 위와 같음

발견 시간 및 지점 : 12월 18일 도문

발신자 : 동안성 鷄西 목단강건설사무소 계서창고 太田 浩

수신자 : 栃木현 河內군 古里촌 白澤30 太田辰三郎

통신개요 : 노몬한사건 이후 외몽골국경으로 통하는 철도부설이 갑자기 시급해졌습니다. 응당 시공에 착수하여야 합니다. 명년 3월 전으로 목단강성건설에서 절반 이상의 인원이 전근해 와야 합니다.

처리 : 위와 같음

발견 시간 및 지점 : 12월 2일 도문

발신자 : 목단강성 溫春 北川부대 秋山대 秋元重光

수신자 : 神奈川현 橫濱시 港구 新羽정 秋元留吉

통신개요 : 과학무기를 지닌 항공부대는 특히 방첩 방면에서 엄격합니다. 저의 고유부대명칭이 비행제28연대임을 발설치 말아주세요.

처리 : 위와 같음

발견 시간 및 지점 : 12월 5일 도문

발신자 : 삼강성 追分역 鐵道自警촌 훈련소 坂東秀男

수신자 : 德島현 中通정 平川知加

통신개요 : 이번 2일 소위 1명, 하사관 1명 및 병사 6명 도합 8명을 분배하였습니다.
이는 관동군의 명령입니다. 구체적 내용은 다음과 같습니다.
一. 군대는 시국의 영향으로 의용대의 훈련을 가강한다.
二. 훈련 기간은 12월 2일부터 명년 봄의 4월 하순까지로 한다.
三. 이번 훈련에서는 주로 총검술 연습을 진행하며 사격성적이 우수한 자 혹은 적합한 자는 군대의 토비숙청 및 제일선의 전투에 참가시킨다.
四. 사격성적이 우수한 자에 대해서는 경기관총 사격수 특별훈련을 시킨다.
五. 훈련 중 필요한 병기 및 기타 물자는 잠시 군대에서 제공한다.
이상은 소장님께 직접 보내진 극비문서로 제가 매주 순라 시 슬그머니 일부를 훔쳐본 내용입니다.

처리 : 몰수

발견 시간 및 지점 : 12월 7일　금주

발신자 : 興城육군병원제11호실　大出幸三

수신자 : 東京시 淺草구 山谷2-6　大出 祥

통신개요 : 지도를 참조하여 부대주둔지와 전송 후의 육군병원 소재지를 보고하라.

처리 : 위와 같음

발견 시간 및 지점 : 12월 25일　금주

발신자 : 金澤步77中隊　橫川善太郎

수신자 : 만주국 新義線 東梁역 전 만주석유주식회사 試掘所　橫川仁三郎

통신개요 : 12월 1일 북지나에 주둔하고 있는 신설 21사단의 초년병들이 한 개 연대로 편성되었습니다. 내일인 7일 육속 세 번 정도에 오릅니다. 12월 10일 제7연대의 초년병들이 입대합니다. 3월에는 만몽에 가서 경비를 서게 되겠지요. 저도 내일인 7일 저녁 11시 28분에 출발하여 기차를 타고 초년병들과 함께 전쟁터로 나갑니다. 신설 21사단의 많은 병사들은 83연대에서 왔고 그중 대부분이 제가 교육한 병사들입니다.
이것은 돌아 올 수 없는 부대입니다.(徐州)
경로는 8일 2시 48분에 오사카에 도착하여 다시 배를 타고 출발합니다.

처리 : 위와 같음

발견 시간 및 지점 : 12월 5일 하이라얼
발신자 : 하이라얼 白濱부대 米盛正吉
수신자 : 鹿兒島현 鹿兒島군 米盛助次郎
통신개요 : 이번의 기병과 야포는 모두 기계화부대입니다.
처리 : 삭제

발견 시간 및 지점 : 12월 5일 하이라얼
발신자 : 하이라얼 倉本부대 山田 滿
수신자 : 東京시 제1육군병원 杉田京一郎
통신개요 : 이미 내지에 환송된 병사들은 곧이어 보충대에 전속되었습니다.(대부분은 47연대). 비록 당신은 아직 전속하지 않았지만 이미 보병72의 기관총중대에 등록이 되었습니다. 그래서 조만간 보충대에 전속 될 것입니다. 편지와 함께 보병제71연대 제1기관총중대편성표를 동봉해 보냅니다.
처리 : 몰수

발견 시간 및 지점 : 12월 14일 산해관
발신자 : 甘珠부대 顧問部 陽 輪 多
수신자 : 北京東馬市大街門一二通須糧店 轉 菅喜代子
통신개요 : 올 1월에 관동군으로부터 만주군에 전입하였습니다. 10일 雇員이 되었습니다. 7월에 노몬한사건에 출동 중 번역준관의 명령이 떨어졌습니다. 하는 일은 관동군 및 만주군의 연락과 정보에 사용하는 암호전보구성을 번역하는 것이었습니다. 외몽골 및 소련의 암호번역작업은 사실 아주 재미있게 하였습니다. 고문부는 아마 관동군에서 만주군으로 分屬된 것 같습니다. 그래서 늘 우쭐댑니다. 오늘 사령부로 출근하여 金川중위의 다음과 같은 지시를 받았습니다. "근자에 興安西省의 부대를 지원하러 갈 예정이니 자네한테 미리 알려주는 걸세." 가야 할 곳은 흥안서성 제6단 본부입니다.
편지에 군사기밀이 들어있기에 읽고 나서 소각해버리십시오.
편지에 고문부 업무분담표 한부가 들어있습니다.
처리 : 위와 같음

발견 시간 및 지점 : 12월 23일 안동

발신자: 錦州성 錦현 遊佐부대 澤村銀三郎

수신자: 豊橋시 廣田부대 第一區 第一班 鈴木敏光

통신개요: 遊佐부대의 편성이 있으므로 당신께 알려드리려고 합니다. 제1구대(제1, 2, 3, 4반) 제2구대(제1, 2, 3반).
이상과 같이 반장은 원래의 豊島曹長입니다. 현재 저는 근무분배를 하고 있습니다. 매 반에 47명 있습니다.

처리: 삭제

발견 시간 및 지점: 12월 15일 신경

발신자: 中支파견 芳村부대 柱松대 神谷重男

수신자: 三江성 富錦 淺野부대 中村대 前原준위

통신개요: 해당 芳村부대와 淺野부대의 편성과 장비는 대략 비슷합니다. 그 인원수 정원도 아주 비슷합니다. 장교 이하는 모두 후비와 보충으로 되어 있습니다. 하지만 각 부대장과 참모 그리고 이번에 전속되어 온 하사관 40명 및 그전의 하사관 7, 8명은 현역부대(여단)에서 보초병과 수행경찰에 복종하여야 합니다. 그리고 현역준위 1명, 후비 3명(정원 8명), 조장 4명=예후비(정원은 11명), 군조 4명……

처리: 몰수

발견 시간 및 지점: 12월 4일 목단강

발신자: 수분하 藤本부대 島津研三

수신자: 목단강 第二新市街 第一代用관사 廣瀨 涉

통신개요: 우리가 만주에 온 목적은 노몬한전투에 참가하기 위해서입니다. 정전협정을 체결한 이래 각 지역에서 명령대기 중입니다. 임무가 끝나면 12월 12일 즈음에 부대를 목단강에 집결할 것입니다. 그리고 승리하여 귀국하겠지요. 목전 그 방면의 일을 하고 있습니다.

처리: 몰수

발견 시간 및 지점: 12월 3일

발신자: 동녕의용대 동녕제일훈련소 久保田明

수신자: 南支派遣 飯田부대 堤부대 久保田正

통신개요: 노몬한사건으로 말미암아 각종 操典(옛 일본육군이 전투요령과 원칙을 규정한 책자)과 教範을 모두 수정하였습니다. 현재 관동군은 대토벌을 진행 중이므로 병사가 많지 않습니다. 어데 가든 이곳 동부국경은 전부 파견군입니다. 다들 제대타령뿐입니다.

처리: 삭제

발견 시간 및 지점: 12월 1일 목단강

발신자: 愛河 木村부대 본부 佐藤三郎

수신자: 仙臺시 石切정36 佐藤峰子

통신개요: 이번에 愛河라고 불리는 이곳에 왔습니다. 부근에는 야전포 2연대도 왔습니다.

처리: 위와 같음

발견 시간 및 지점: 12월 2일 목단강

발신자: 하얼빈 飯塚부대 泉國毛郎

수신자: 목단강시 西 海林가 石垣貞市

통신개요: 저는 하얼빈고사포제11연대에 입대하였습니다. 兵隊의 간부 전원이 내지로 귀환하였기에 현재 하사관만 남았습니다. 아주 외롭군요.

처리: 몰수

발견 시간 및 지점: 12월 15일 목단강

발신자: 綏陽 青木부대 본부 川井吉三郎

수신자: 목단강 圖明街八 佐藤 茂

통신개요: 하이라얼로부터 귀국 도중에 목단강에서 하차하여 제3군사령부의 일을 좀 보았습니다.

처리: 삭제

발견 시간 및 지점: 12월 17일 목단강

발신자: 북안 河添부대 齊藤대 樋沼茂生

수신자: 목단강 철도총국 서무과 내 戸張富久

통신개요: 12월 28일 제2항공사지구사령부의 명령을 받았고 오늘 원 부대의 밀령도 받았

습니다. 물론 그것을 말하지는 않겠습니다만 伊藤부대와 같이 여러 부대의 기관을 통괄합니다. 소재지는 역시 회령에 설치하였습니다……
당신의 편지에서는 절대 항공지구사령부라는 명칭을 사용하지 마십시오.
군사기밀이므로 園田부대라고 적어주십시오.

처리 : 몰수

발견 시간 및 지점 : 12월 6일 도문

발신자 : 동안성 밀산 五道崗 개척훈련소 三井市藏

수신자 : 長野현 松本安野

통신개요 : 9월 말 국내에서 징발되어 온 말들이 이곳에만 150필이 됩니다. 이는 비밀이므로 타인에게 발설치 마세요. 군대는 국경지역에 약 두 세 개 사단이 있습니다.

처리 : 삭제

발견 시간 및 지점 : 12월 14일 연길

발신자 : 연길가 大和구 鈴木宮野

수신자 : 宮城현 仙臺시 佐藤 常

통신개요 : 현재 연길에도 비행대를 설립하였습니다. 그리고 군인학교도 세웠습니다.

처리 : 위와 같음

발견 시간 및 지점 : 12월 5일 길림

발신자 : 樺甸현 경무과 轉 제5대대 鳥畑天兵대 財津一夫

수신자 : 拉賓선 馬鞍山森林隊 井西警尉補

통신개요 : 25일 명령에 따라 우리 부대는 四區 發別溝에 이주하였습니다. 제5대대는 유격대로부터 警防隊로 개편되었습니다. 금후의 임무는 濛, 輝, 樺 각 현 구역내의 비적 동향의 수집일 것으로 사료됩니다. 그리고 적에 대한 수색과 토벌도 벌일 것입니다.

처리 : 몰수

발견 시간 및 지점 : 12월 12일 하이라얼

발신자 : 하이라얼 倉本부대 岩下芳雄

수신자 : 山口현 美錄군 岡田龜一
통신개요 : 오늘 우리 72연대는 영예로운 군기수여기념축전을 열었습니다.
처리 : 삭제

발견 시간 및 지점 : 12월 7일 연길
발신자 : 연길가 相良政行
수신자 : 京都 공병제16연대 近藤勝次
통신개요 : 오늘 村津군의 편지를 받았습니다. 편지에서 村津군은 姬路보병제39연대에 입대한 후 즉시 중지나 지구에 갔다고 했습니다.
처리 : 위와 같음

발견 시간 및 지점 : 12월 14일 동안
발신자 : 斐德 淺野부대 長田대 小泉 一
수신자 : 神奈川현 足柄下군 能勢 茂
통신개요 : 12월 1일의 문건에 따라 명령을 받고 野重九로부터 野重二十으로 전속되어 斐德이라고 불리는 만소국경지역에 주둔하게 됩니다.
처리 : 위와 같음

발견 시간 및 지점 : 12월 19일 훈춘
발신자 : 新田부대 萩田源次郎
수신자 : 金澤시 彌生정 藤島吉郎
통신개요 : 올 10월부터 廣軌철도로 바뀌어 훈춘부터 土門子를 거쳐 동녕과 연결하게 됩니다. 만철을 매수한 기초 위에서 국제열차가 운행 할 것으로 보입니다.
처리 : 몰수

발견 시간 및 지점 : 12월 4일 하얼빈
발신자 : 龍鎭屯 戶塚부대 楠田대 原 德市
수신자 : 愛知 丹羽常二郎
통신개요 : 제가 소속된 부대는 지금 만주로 이주하였습니다. 신설항공부대로 지난 달 남경에서 출발하여 달초에 龍鎭에 도착하였습니다.
처리 : 삭제

발견 시간 및 지점 : 12월 14일 하얼빈
발신자 : 坂本부대 西田 計
수신자 : 三重현 鹿島保之助
통신개요 : 우리 부대는 관동군의 水上사령부입니다. 신설부대로 목전 편정을 준비 중입니다……
송화강에서의 운수를 계획 중입니다.
부대장은 坂本대좌입니다.
처리 : 몰수

발견 시간 및 지점 : 12월 20일 동안
발신자 : 동안 山口부대 野田月人
수신자 : 熊本현 玉名군 神尾촌 野田秀雄
통신개요 : 우리 부대는 사단에 예속된 경장갑훈련소입니다. 하사관도 모두 수업하사관으로 원 부대에서 반장이었지만 이곳에서는 병사와 다름없습니다. 이는 전부 軍曹로 구성된 兵隊입니다.
처리 : 몰수

발견 시간 및 지점 : 12월 7일 동안
발신자 : 동안 尾上부대 梅田대 植野 廣
수신자 : 兵庫현 美囊군 三木정 植野宇之助
통신개요 : 관동군의 명령에 따라 우리 부대는 내지로 귀환할 예정입니다. 현역 하사관 5명이 만주신설연대로 이곳에 계속 남아있게 됩니다.
연대는 동안고사포제9연대의 부속연대입니다. 신설연대의 병영은 시가지에서 조금 멀리 떨어진 산 위에 있습니다. 아직 채 짓지 못하였습니다. 몹시 추운 곳이에요.
처리 : 몰수

발견 시간 및 지점 : 12월 11일 동안
발신자 : 동안 沼三郎
수신자 : 京都시 左京구 中之정 神谷良枝
통신개요 : 오늘부터 보청이라 불리는 곳의 비행장에 투하폭탄을 운반하는 일을 시작하였

습니다. 25, 26일 경에 끝날 것입니다.

처리: 몰수

발견 시간 및 지점: 12월 1일 동안

발신자: 동안 北代邦男

수신자: 高知현 幡多군 中村정 北代寅吉

통신개요: 8월 23일 동안에서 출발하여 드디어 운수연습을 시작하였습니다. 하얼빈, 신경, 길림에 이르는 만주인, 만주마차를 각 縱列로 받아 다시 동안으로 돌아갑니다. 호림 방면에서는 군용도로를 닦는 연습을 합니다. (당시 노몬한사건 때문에 지급 처리를 하였습니다……군사기밀이므로 타인에게 발설치 마세요.)

처리: 몰수

발견 시간 및 지점: 12월 1일 길림

발신자: 길림성 토벌제3대대 제2중대 제3소대 4분대 孟雲生

수신자: 육도하역전 육도하촌51호 맹운생 妻

통신개요: 너무 돌아가고 싶어서 참을 수 없군요. 당신이 傳顯忠의 아내에게 부탁하여 그의 동생더러 전보 한통 하라고 하세요. 내용은 "母親병중속귀" 혹은 "妻병중속귀"라고 하면 돼요. 둘 중의 하나면 됩니다. 이런 전보를 받아 대장에게 보이면 내가 돌아갈 수 있어요.

처리: 위와 같음

발견 시간 및 지점: 12월 3일 길림

발신자: 돈화가 길림경찰대제16대 商定遠

수신자: 길림시 팔경로37호 商定遠 妻

통신개요: 또 한 번 토벌을 증원하기 위해 우리는 출동명령을 받았습니다. 하지만 대원들은 이 명령을 따르지 않으려고 할뿐더러 대장조차 항의를 제출하며 불만을 품고 행동을 절대 반대합니다. 부득불 병사들을 이끌고 돈화로 돌아와 상부에 이 일을 보고하였습니다. 결과적으로 대대장이 면직되었습니다.

처리: 몰수

발견 시간 및 지점: 12월 12일 길림

발신자: 명월구 경찰서 轉 齊藤대 緖方武夫

수신자: 길림성 토목청 경리과 내 奧 五郞

통신개요: 12월 마지막 날에 끝나야 할 토벌이 제일 큰 두목을 잡지 못하였기에 계속 진행 중입니다. 참으로 깜짝 놀랄 일입니다. 매일 해야 할 근무사업도 머리 아플 지경인데 이대로 나가다간 우리가 쓰러질 것입니다.

처리: 위와 같음

별지제3

유언비어의 혐의가 있는 통신

발견 시간 및 지점: 12월 7일 길림

발신자: 돈화현공서 王度家

수신자: 길림名古屋호텔 梶川幸三郞

통신개요: 돈화지구에 비적이 출몰하지 않는 날이 없습니다. 거주민 중의 유력자들은 모두 현 외로 피란을 떠났습니다.

처리: 몰수

발견 시간 및 지점: 12월 5일 길림

발신자: 길림 老金廠 村上대 半澤 淸

수신자: 九台현 下九台 岡田志智

통신개요: 일단 전투가 시작되면 경찰대는 점차 뒤로 후퇴하고 약 30분이 지나면 하나도 남지 않습니다. 그리고 만주군도 마찬가지로 결국 전부 도망쳤습니다. 우리 소대만 마지막까지 견지했어요. 비록 결과적으로는 비적들을 쫓아냈지만 전사자가 6명 부상자가 5명이나 됩니다. 蛟河의 石井소대는 대장 이하 전멸하였습니다.

처리: 몰수

발견 시간 및 지점: 12월 18일 가목사

발신자: 동안성 饒河 勝瀨부대 吉田幸男

수신자: 德島시 吉田爲吉

통신개요 : 饒河의 수질은 너무 나쁩니다. 이번 여름에도 워낙 적은 수비병 중에서 매일 6명당 1.5명이 병사합니다. 앞으로 더 많은 사람들이 만주 특유의 늑막염에 걸릴 것입니다. 이곳에서는 병이 나면 교통이 불편하기 때문에 죽어도 병원으로 갈 수 없을 것입니다. 저는 병에 걸릴 것을 상상하면 등골이 오싹해납니다.

처리 : 몰수

발견 시간 및 지점 : 12월 12일 치치할

발신자 : 宮崎부대 吉崎대 小野民雄

수신자 : 北海道 志團歌棄군 歌棄촌 小野龜吉

통신개요 : 우리는 2000대 전차와 두 개 사단의 병력을 보존하였습니다. 적 내부로 들어간 우리 부대는 마치 벌 둥지에 들어간 것 같았습니다. 당시의 상황을 상상해 보세요. 수많은 사상자가 났고 중상 입은 사람은 움직일 수조차 없었습니다. 경상을 입은 자들은 육속 실려 갔어요. 통탄할 일은 저도 위험에 봉착하고 있는데 전우들이 "제발 부탁인데, 당장 절 죽여주세요."라고 애원하는 것입니다. 그런 말을 듣고 전들 무슨 생각이 들었겠습니까? 그렇게 그들을 내버려 두면 틀림없이 적들에게 잡혀가 포로가 될 것 같았습니다. 그의 결의가 그러한 이상 저는 총검을 들어 전우를 찔렀고 그들의 최후를 도와주었습니다.

처리 : 몰수

발견 시간 및 지점 : 12월 12일 신경

발신자 : 돈화 東門 外 同旅館 曹文德

수신자 : 북경 宣外北截19 曹福安

통신개요 : 저는 지금 돈화에서 군사공사에 종사하고 있습니다. 이것은 참 힘든 작업입니다. 저는 마치 관동군사령부에 갇힌 것처럼 집으로 돌아갈 수도 없고 참 안타깝습니다. 공사도 몹시 힘듭니다.

공사는 명년 4월 즈음이면 끝나겠지요. 후략.

처리 : 몰수

발견 시간 및 지점 : 12월 13일

발신자 : 청년의용대 동녕제1훈련소3-1 高橋幸一

수신자 : 山形현 東 置賜군 漆山촌 池黑 漆山청년단장

통신개요 : 소련진지 쪽에서 擲彈筒을 이용하여 당지에 대량의 선전삐라를 살포하고 있습니다. 그 내용을 보면 "일본병사들에게 고함. 당신들 앞을 가로막고 있는 것은 장교들이다. 그들을 전부 죽이라!" 혹은 "일본은 이미 대세가 기울었다. 지나사변도 정전상태에 들어갔다. 그러니 당신들은 빨리 일본으로 돌아가라." 등입니다. 현재 군비에 못지않게 선전안무공작이 진행되고 있습니다.

처리 : 몰수

발견 시간 및 지점 : 12월 14일

발신자 : 하이라얼 吉富부대 大上대 藤野見幸

수신자 : 廣島현 加茂군 早田촌 中岡선생

통신개요 : 伊勢부대 부대장과 그 휘하의 800명 대원이 전사하였습니다(전원 총 1800명). 전사한 전마는 총 1500필입니다. 아직까지 전사자의 시체를 보지 못하였기에 그 수를 판단하기 어렵습니다만 잠지 실종인수를 120명으로 어림잡고 있습니다. 이번에 전마가 전부 죽었습니다. 그래서 다음번에는 자동차로 대포를 운송하여야 합니다.

처리 : 삭제

발견 시간 및 지점 : 12월 8일 만주리

발신자 : 興安北省 西新巴旗 국경경찰대 본부 遠藤 博

수신자 : 대만 台中시 伸高정217 遠藤 進

통신개요 : 정전 이후 현지에는 아무런 이상이 없습니다. 하지만 영토 내에 아직도 수많은 적들이 침입하고 있습니다. 이는 아주 극비이므로 절대 아무에게도 말하지 마세요.

처리 : 삭제

별지제4

항일통신

유 형	건 수	
	지난 달	이번 달
항일통신	24	18
일본의 전패와 폭행에 관한 반동선전	11	8
일본비방	4	5
종교를 이용한 선전	5	27
기타 항일통신	7	5
합 계	51	63

발견 시간 및 지점: 12월 3일 南綏中郵政局

발신자: 상해宣遞書局우편함452호

수신자: 수중현 기독교회 段輔仁

통신개요: 제목: 聖維報

출판: 民國 二十八년(1939년) 第二十八卷

그들은 워낙 평화를 사랑하는 민족입니다. 오늘날까지 타인의 위협을 받으면서도 각종 방법을 취하여 전쟁을 피해왔습니다. 드디어 그들은 민족의 생존을 위해, 주권의 확보를 위해, 국가의 존엄과 영예를 위해 부득이 항전을 시작하였습니다. 그들의 무기는 적보다 못하기에 이미 생명과 재산의 커다란 손실을 입을 각오가 되어있습니다. 그리고 그들은 개인의 생명과 재산을 개의치 않고 용감하게 전진하여 거국적인 항전을 끝까지 진행할 결심입니다. 적들의 대포와 비행기 및 기타 각종 참혹한 폭력이 무고한 중국인민을 학살하고 중국의 도시와 농촌을 파괴할지라도 그들은 □□□중국인민의 분발하여 항전하려는 정신□□□

처리: 처리

발견 시간 및 지점: 12월 26일 영구

발신자: 시카코 생활사(ライフ社, 회사명)

수신자: 영구 牛庄구락부

통신개요: 일본해군이 아시아에서의 오만불손한 행동은 그곳에 장기거주하고 있는 미국인들의 혐오를 자아내고 있다.
일본연습함대의 八雲함은 연습생을 싣고 순항하면서 연도에 친선사절이라는 명의로 同港에 들어갔다. 그리고 보초병을 갑판계단에 세워놓고 방문자들에게 다음과 같이 요구하였다.
즉, 승선자들은 반드시 먼저 손을 깨끗이 씻어야 하며 의례를 갖추어 보초병에게 경례를 해야 한다.
아메리카합중국의 세관 관리 스탠리 · 윌스(인명, 음역)는 입항을 축하하기 위해 八雲의 당번장교를 만나려 하다가 경례를 강요하는 보초병의 저애를 받았다. 윌슨이 경례를 거부하자 보초병은 끝끝내 그의 승선을 막았다. 그래서 윌슨은 사관 한명을 뭍으로 불러 편지 한통을 전달한 후 그곳을 떠났다.
처리: 압류

발견 시간 및 지점: 12월 12일 봉천
발신자: 河北 日東縣 謙田 生底
수신자: 안산시 昭和豆腐 내 梁富耀
통신개요: ○ 지난 24일 점심 때 일본군이 우리 마을에 왔고 이틀 묵었습니다. 그 때문에 大家든 小家든 모두 손실을 입었습니다.
○ 토비에 비해 일본군의 행동이 주민을 더 공포에 떨게 합니다.
○ 현재 모 군대가 집집마다 돌며 병사를 모집합니다. 비록 그들이 용병을 모집하려 했지만 뜻대로 되지 않아 강제적으로 사람을 끌고 갔습니다.
처리: 압류

발견 시간 및 지점: 12월 18일 봉천
발신자: 상해 중국 내지 傳導會
수신자: 봉천 동교교회 내 데이 · 깁센(인명 음역) 외 13건
통신개요: (湖南省 沅州 여자고아원 및 선전부)
一. 일본비행기가 이곳에 날아와 비행장 및 시외에 무차별 폭격을 퍼부었습니다. 그리고 시교에서 피란 중인 우리의 가옥을 불살랐습니다.
二. 수차의 공습 때문에 가옥이 엄중하게 파손되었습니다. 그들은 무고한 자를 마구 죽입니다. 하지만 신의 사업은 규칙적으로 진행되고 있습니다.

처리: 압류

발견 시간 및 지점: 12월 25일
발신자: 뉴질랜드 오클랜드 농민무역상회
수신자: 承德복음당 듀시(인명 음역)
통신개요: 이틀 전 당신이 보낸 "순조롭게 시작, 잠시 석방"이라는 전보를 받았습니다. 그로부터 저는 "예수님"께 잔혹한 행위를 한 적국(만주국을 가리킴)이 결코 전쟁에서 이길 수 없음을 똑똑히 알게 되었습니다.
처리: 압류

발견 시간 및 지점: 12월 26일 古北口
발신자: 북경 台國臣
수신자: 열하성 隆化현 唐三營 大垻촌 轉 半拉山 孫樹修
통신개요: 孫樹修선생께서 지난 달 18일 당지에 보내온 아편 1240냥을 한 냥에 24원의 가격으로 팔았습니다. 1월 12일 쯤 돈을 보낼 것입니다. 그 밖에 병사를 모집하는 건인데요, 어떻게 실행에 옮기든 인수가 많을수록 좋습니다. 한 개 團의 편성인원만 모집하면 당신을 단장으로 추천할 것입니다. 一軍 군장은 명년 3월 12일에야 결정이 납니다. 만약 모집에 성공하면 빠른 시일 내에 저에게 알려주십시오. 우리는 반드시 항일을 견지해야 합니다. 항일만세.

중화민국 二十八年 십일월 십칠일(음력)
台國臣 拜上

처리: 정찰 중

별지제5

군기 및 사상 상 요주의 통신

유 형	건 수	
	지난 달	이번 달
상사에 대한 비방	3	2
군기해이에 관한 통신	43	27
반군반전의 우려가 있는 통신	8	17
일선근무기피 및 군대생활 혐오에 관한 통신	2	21
현역군인의 불평과 불만에 관한 통신	9	7
병역기피의 혐의가 있는 통신	23	4
전쟁의 비참함을 묘사한 통신	17	9
사상적으로 주목해야 할 통신	46	15
합 계	151	102

발견 시간 및 지점 : 12월 24일 하이라얼

발신자 : 하이라얼 大西부대 鬼塚대 久保正夫

수신자 : 宮崎현 西諸군 眞幸군 都城육군병원 京町 임시분실 佐藤和雄

통신개요 : 연대장의 근엄함은 말로 다할 수 없습니다. 그전의 山縣대좌와 판판 다릅니다. 병영에서도 재빨리 달음박질해야 합니다. 만약 군례를 붙이는 것이 틀렸다면 다짜고짜 유치장에 가둡니다. 이미 들어가 있는 사람들이 부지기수입니다. 제가 보건대 이 세상에는 진짜 그렇게 무서운 사람이 있어요. 사실이 그러하다면 비록 국가의 이익을 위해서라지만 하루빨리 이곳을 떠나 다른 곳으로 가지 않으면 참 위험할 것 같습니다. 다들 서로 토론해보세요.

처리 : 삭제

발견 시간 및 지점 : 12월 17일 하이라얼

발신자 : 하이라얼 大西부대 米原庄五郎

수신자 : 鳥取현 米原菊江

통신개요 : 우리와 함께 온 준위(현역)와 우리 부대의 소위가 시내 카페에서 술을 마시고 말다툼을 벌였습니다. 준위 두 명이 장관을 폭행한 죄로 삼년도형을 받았고 한 명은 이년 반 도형을 받았습니다.

그들의 봉급은 전부 몰수당했고 그중 준위 한명은 긴시(金鵄)훈장을 받았었는데 그 훈장도 몰수당했습니다.

처리: 삭제

발견 시간 및 지점: 12월 21일 금주

발신자: 遊佐부대 和田武雄

수신자: 綏陽 白銀부대 千田대 水井精一郎

통신개요: 군 생활이라고 하면 이국타향에서는 아무것도 할 수 없어요. 군 생활을 일반인처럼 하려면 반드시 물질주의자가 되어야만 합니다. 형님께서도 그중의 필요성을 알고 계시겠지요.

저는 예전보다 더 타락했어요. 요즘 들어 자신이 바보스럽고 가련한 놈이라고 생각되는군요.

아무 궁리도 없이 생활하면 편안하긴 하지만 주변이 너무 시끌벅적해서 편지도 쓸 수 없군요.

처리: 수양분대에 위탁하여 내부조사 후 통첩 발송

발견 시간 및 지점: 12월 6일 도문

발신자: 삼강성 가목사 岩佐부대 平田대 榎木亮吉

수신자: 山口현 岩國정 散畠沖之町 笹野繁雄

통신개요: 만기제대가 언제 될지 모를 일입니다. 지금처럼 예비역 같은 생활이 5년만 지속된다면 스스로도 자신이 없습니다.

설사 외출 하려고 해도 시간제한을 받기에 이런 힘든 생활에 신물이 납니다.

처리: 말소

발견 시간 및 지점: 12월 7일 도문

발신자: 목단강성 下城子 本田부대 谷川대 鈴木佐一郎

수신자: 京城시 本町5-63 狐塚吉宗

통신개요: 하루빨리 제대 날짜가 왔으면 좋겠어요. 하지만 언제 될지 모르겠어요. 지난 노몬한에서 귀대한 후 다시 예비역에 편입되었습니다. 그래서 제대는 또 연기되고 말았어요.

조롱속의 새 같은 생활이 곧 끝날 줄 알았는데 이런 결과라니요.

일단 사회에서 또 징병을 하면 비록 소집병과 같은 느낌이겠지만 현역하사관과 같은 성질의 것으로 황당하기만 할뿐이겠지요. 하지만 국가를 위한 것이라고 생각하기에 응소하겠지만 부탁받은 일이라면 참으로 받들기 어렵습니다.

처리 : 말소

발견 시간 및 지점 : 12월 15일 하이라얼

발신자 : 하이라얼 岡部부대 生目田輝夫

수신자 : 東京시 世田谷區 古市君枝

통신개요 : 하루빨리 귀국하고 싶습니다. 귀국하고 싶은 것은 제가 국내에 대한 집착과 그리움 때문이라기보다는 현재의 생활에서 벗어나고 싶어서입니다.

처리 : 몰수

발견 시간 및 지점 : 12월 15일 하이라얼

발신자 : 하이라얼 吉富부대 磯崎元市

수신자 : 愛知현 北宇和군 山本淺雄

통신개요 : 이렇게 긴 군대생활을 겪고 나니 이젠 붕괴 직전에 이르렀습니다. 점차 본색이 드러나기 시작합니다. 남들이 뭐라고 하든지 낮 연습 때면 병영의 한구석에서 빈대처럼 담요를 뒤집어쓰고 있다가 저녁이면 사처로 쏘다니며 말썽을 피웠습니다. 이럴 바에는 차라리 일찌감치 귀국하여 국가의 돈을 절약하는 편이 낫겠습니다.

처리 : 삭제

발견 시간 및 지점 : 12월 23일 가목사

발신자 : 富錦 淺野부대 木村대 中川哲郎

수신자 : 길림성 敦化線 總谷부대 岡村 疆

통신개요 : 잔류조의 사람들은 한가해서 늘 제대에 관해 이러쿵저러쿵 합니다. 다들 제대를 바라는 몽유병환자들입니다. 3년의 군대생활을 하고나니 이미 부대의 각종 나쁜 면을 보아냈고 또 한가하기에 늘 나쁜 궁리만 하는 것입니다.
부대의 나쁜 일들을 많이 겪다보니 자신도 거기에 동화되는 것 같군요. 그래서 하루빨리 군대에서 벗어나지 않으면 안되겠습니다.

처리 : 몰수

발견 시간 및 지점 : 12월 25일 가목사
발신자 : 가목사 川上부대 廣田대 中村義松
수신자 : 大阪시 中村透子
통신개요 : 뉴가목사라는 카페가 신장개업했습니다. 하지만 군인의 출입을 금합니다. 점원은 모두 러시아인들인데 모두 예쁩니다. 그래서 다들 아쉽게 생각합니다. 그런데 장교들은 그곳에 가서 그다지 중요치 않은 비밀들을 말하곤 합니다. 참 제멋대로입니다……하지만 이것도 별 수 없는 일이지요.
처리 : 삭제

발견 시간 및 지점 : 12월 19일 하이라얼
발신자 : 하이라얼제일육군병원 森 勝富
수신자 : 通化 克貝부대 의무실 丸山 桂
통신개요 : 설사 망국의 병사라는 말을 들어도 상관없습니다. 저는 그냥 놀 때 놀면서 일생을 보내는 것이 최고라는 생각입니다. 이런 생각은 분명 가련한 생각이지요. 이런 생각을 가진 저는 관동군의 낙오자입니다. 당신들에게 군대의 해이한 모습을 보이고 싶습니다.
처리 : 위와 같음

발견 시간 및 지점 : 12월 4일 목단강
발신자 : 목단강시 小林己之吉
수신자 : 東京 日本橋 三井物産 石狩
통신개요 : 하루빨리 제대하고 싶어요. 집이 그립습니다. 이곳은 당신들이 생각하는 군대와 전혀 다릅니다.
처리 : 위와 같음

발견 시간 및 지점 : 12월 2일 하이라얼
발신자 : 하이라얼 中尾부대 柴田嘉利
수신자 : 福岡현 鳥島군 鎌田文代
통신개요 : 사건의 결속과 함께 저는 제2의 인생을 맞이하였습니다. 사건이 금방 발생했을 때 저는 그냥 생사의 변두리에서 방황하고 있었어요. 전쟁은 인생의 전부가 아닙니다. 적어도 인류에게는 불필요한 것이지요.

쉽게 전쟁을 들먹이는 자들이여, 당신들은 저주를 받을 것입니다.
처리 : 위와 같음

발견 시간 및 지점 : 12월 15일
발신자 : 목단강성 液河 諸角부대 佐藤
수신자 : 흑하시 대흥가14號 佐藤八千代
통신개요 : 병사 정도는 쿨리와 마찬가지입니다. 쉽게 높은 봉급을 받으면서 맛있는 음식을 먹을 수 있는 자들은 장교뿐입니다. 우리 병사들은 하루에 겨우 27전만 받지요. 정말 더 이상 못해먹겠습니다.
처리 : 위와 같음

발견 시간 및 지점 : 12월 8일 목단강
발신자 : 목단강稅捐局 森茂牧平
수신자 : 秋田시 相澤金司
통신개요 : 군대가 어떠냐고? 전화로 군대에 가고 싶지 않은 원인을 말해보렴.
처리 : 삭제

발견 시간 및 지점 : 12월 11일 연길
발신자 : 중지파견군 甘粕부대 古田부대 相羽대 大西芳夫
수신자 : 연길가 久保洋行 내 大西秀夫
통신개요 : 너도 틀림없이 甲種이겠지. 삼년간 군대생활을 한 경험으로 미루어보아 같은 전투라 할지라도 제일선에서 작전에 참가하기와 후방에 물러나 있는 것이 큰 차이가 나거든. 하지만 전투는 결코 변하지 않아. 제일선에서 분투하고 있는 보병처럼 전장에서 전사하여 九段의 영예를 얻는 것은 군인들의 숙원지만 이 형은 결코 그렇게 생각지 않는단다. 만약 너도 한동안 병영생활을 해보면 자연스레 알게 될 거야. 正勇山사건과 지나사변의 통계를 보거라. 전사자가 제일 많은 것이 누가 뭐래도 보병이고 그다음 공병과 기병이지. 상대적으로 포병의 사망률이 제일 낮아. 포병이 되여라. 한번 잘 생각해봐.
처리 : 몰수

발견 시간 및 지점 : 12월 21일 목단강

발신자: 목단강 遠山大路2-5 藤川 轉 脇 辰雄

수신자: 파룬아루샹(ハロンアルシャン, 음역) 今堀부대 辻義男

통신개요: 쓸모없는 인간들은 모두 위험한 곳으로 보내졌습니다. 철포의 포탄은 가로 날아오기 때문에 될수록 피해서 달아나야 합니다. 저의 전우인데 못 도망칠 리 없지요. 도망칠 수 있으면 도망쳐야 합니다. 그런데 인차 포탄이 쫓아와서 "아이쿠! 맙소사"하는 소리만 들렸고 그 소리는 결코 잊을 수가 없어요.

처리: 몰수

발견 시간 및 지점: 12월 19일 古北口

발신자: 豊田부대 白井대 星 達男

수신자: 東京시 日本橋구 本石정 阿部甚一

통신개요: 장성으로부터 불어오는 폭풍설에 귀가 얼어 떨어질 지경입니다. 이러한 환경 속에서 밤낮으로 분투하는 저의 처지를 이해해주세요. 비록 의무라고는 하지만 이러한 고달픔은 기한이 되어 제대할 때까지 기다리는 수밖에 없습니다...... 불쌍한 병사들은 금수저를 든 석가모니가 아니라 그냥 밥 한 끼 얻어먹으려는 것뿐인데 말이죠. 참 개탄할 일입니다.

처리: 삭제

발견 시간 및 지점: 12월 22일 치치할

발신자: 치치할육군병원 酒井信義

수신자: 富山현 中新川군 滑川정 瀨羽정 酒井佐平

통신개요: 설마 내가 환자들을 미워하거나 훈계하면서 진찰하지 않고 노닥거려도 매달 임금은 꼬박꼬박 받을 수 있지요. 그 누구도 우리를 원망하거나 부대에서 쫓아내지는 않아요. 우리는 매일 조롱 속에 갇힌 새 같은 생활을 반복하고 있어요. 듣자하니 보통 육군치과의사의 의무연한은 3년이라더군요.

애당초 저에게 일년만 있어도 된다고 하기에 이곳에 왔거든요. 저 참 바보에요. 하지만 저는 이미 묵묵히 반년이라는 시간을 버텼어요. 그래서 될수록 구실을 만들어 그만둘 생각입니다.

처리: 몰수 내부조사 중

발견 시간 및 지점: 12월 11일 대련

발신자: 佐伯부대 山本대 大西美登

수신자: 愛媛현 新居濱시 中野彦三郎

통신개요: 우리부대의 전우들은 모두 성미가 거칠고 군기를 지키지 않아요. 노몬한사건에서 피비린내를 맡아서인지 지금 매일이다시피 싸움질을 하고 있어요. 거의 쉬는 날이 없군요. 이틀 전 대취해서 일본도를 들고 격렬한 박투를 벌였는데 중상을 입어 한사람은 입원까지 했어요.

처리: 삭제

발견 시간 및 지점: 12월 12일 하얼빈

발신자: 岡部부대 寶 晃

수신자: 중지파견 桑名부대

통신개요: 전 아직 상등병이 되지 못했어요. 이럴 줄 알았더라면 둬달 입원하기보다 못해요. 지금 참 후회되네요. 이번에 嫩江에 돌아간 다음에는 아무것도 안하기로 작심했어요. 아무리 일해도 안돼요. 전 몹시 화가 나지만 별 수 없어요. 빨리 만기됐으면 좋겠어요.

처리: 발송 조사 중

발견 시간 및 지점: 12월 29일 하얼빈

발신자: 飯塚부대 白井小一

수신자: 宇治山田市 白井嘉市

통신개요: 최근 군인의 수준이 떨어진다는 말이 돌고 있는데 근거 없는 말이 아니에요. 준사관들은 특히 자질이 낮아 얼마 안 되는 봉급가산때문에 참고 있으면서 전혀 적극적인 자세로 임하지 않아요. 자원전임한 중위중대장도 열성껏 하거나 몹시 信服하는듯 하지만 그것도 사실은 연극일 뿐이에요.

처리: 몰수

발견 시간 및 지점: 12월 16일 하얼빈

발신자: 本間부대 본부 坂井金治

수신자: 札幌시 中村 巖

통신개요: 밖이 몹시 춥기에 탄약계 소속인 저는 탄약고에 가는 것을 몹시 싫어합니다. 번마다 병사들을 보내기에 탄약의 수량을 잘 몰라요. 그래서 늘 상사의 훈계를

듣곤 합니다. 늘 이 모양이면 진짜 이 일이 싫어질 것 같아요. 만약 바람이 비행기라면 바람타고 도망치고 싶군요.

처리 : 몰수

발견 시간 및 지점 : 12월 7일 동안

발신자 : 동안제일육군병원 山中喜芳

수신자 : 門司시 舊門司 稻葉謙三

통신개요 : 애초에 늑막염이라고 진단이 났더라면 1등증상으로 판정되었을 거예요.(급성기관지염은 2등증상입니다) 기관지에 새로운 이름을 붙이면 직접 2등증상이 되네요. 참 머리를 짜서 고심한 결과군요. 이는 짐승보다 못한 군의관이 한 짓입니다. 참 놀랍군요. 만약 1등증상이라면 제대할 때 반드시 恩給을 많이 주어야 하지만 2등증상은 그럴 필요가 없거든요. 참 비열한 수작이지요. 이로부터 군대라는 곳은 밖에서 상상하는 것처럼 좋은 곳이 못 된다는 것을 알 수 있지요.

처리 : 몰수

발견 시간 및 지점 : 12월 10일 동안

발신자 : 동안제일육군병원 외과 弘田 福

수신자 : 高知현 吾川군 長濱정 南地 弘田有枝

통신개요 : 누님, 전 池知중위에게 속았어요. 지금 참 후회막급이네요. 이제와서 무엇을 하든 다 쓸모없어요. 퇴원하는 즉시로 자유행동으로 사고를 내서 군사법정에 나가야겠어요.

만약 池知중위가 그냥 원래의 예비역으로 돌아가게 한다면 괜찮지만 돌려보내지 않으면 운명으로 받아들이겠어요.

만약 군사법정에서 자초지종을 말해도 예비역으로 돌려보내지 않으면 전 池知중위를 죽이고 자살할거에요.

일개 사나이가 이렇게 속아 넘어가다니요. 고작 13원 되는 봉급을 받는다는 것이 말이나 돼요? 중위는 제가 만주에서 2년만 일하면 봉급이 오를 것이라 했거든요. 그리고 승리해서 귀국하면 어떻다는 둥 듣기 좋은 말로 절 구슬렸어요. 이렇게 오랫동안 속았으니 참 후회돼요.

처리 : 몰수 후 동안분대에 移牒

발견 시간 및 지점 : 12월 15일 동안
발신자 : 仙臺시 長정 二階堂千里
수신자 : 밀산현 남 五道崗 信濃村 佐佐木蔵子
통신개요 : 비상시기라 국내에서는 여인들이 하는 일 없이 보내고 있고 청년들은 육속 끌려가고 있어요.
수많은 과부를 만들어내는 이 전쟁이 없으면 얼마나 좋을까요.
처리 : 직접발송

발견 시간 및 지점 : 12월 15일 동안
발신자 : 동안 村上부대 德本대 賀川淸
수신자 : 香川현 綾歌군 川津촌 鐮田年次
통신개요 : 현재 우리는 만기되기만을 간절히 기대하고 있어요. 소집병의 진급 따위는 관심도 없어요. 물론 우리도 이러고 싶지 않아요. 이런 말을 하면 사람들에게 비웃음을 사겠죠. 하지만 이 또한 사실이니까요. 왜냐면 진짜 진급하게 되면 소집해제가 연기되기 때문이죠.
만기 후의 병역도 아주 길어요. 게다가 재소집될 가능성도 많고요. 그래서 참 싫어요.(중략)
전 결코 바보처럼 군대생활에 미련을 두거나 하지는 않아요. 그냥 자신을 잘 지키고 돌보면 그만이에요.
처리 : 몰수

발견 시간 및 지점 : 12월 20일 봉천
발신자 : 북지파견 多田부대 轉 佐佐木부대 綾부대 中野대 中野一士
수신자 : 通州西海子 동방관광주식회사 山本光子
통신개요 : (전략) 내가 山의 大將이기 때문에 모든 것을 아무런 제한도 받지 않고 자유롭게 할 수 있어요. 당신이 오고 싶다면 못 올 것도 없어요. 하지만 진짜 번거롭거든요. 그리고 당신 혼자서는 올 수 없어요. P옥을 열어 여인을 데리고 들어올 수 있는 방법 빼고는 더 이상 방법이 없어요. 내가 영업을 허가할 수 있으니까 어떻게든 방법을 댈 수 있겠지요. 나도 몹시 당신을 불러오고 싶지만 그러한 어려움이 있어요. 그리고 상관으로서의 체면과 위신을 생각하면서 줄곧 욕망을 참으면서 지내왔어요. 당신은 이곳에 와서 P옥을 열 용기가 있나요? 그리

고 또 하나, 내년은 육군대학 시험기간이잖아요. 나는 올해 합격하지 못했으니 명년에 다시 시험 보려고요. 군이 대학을 다니고 싶어서가 아니라 당신을 만나고 싶어서 시험을 보는 것이에요.
지금 난 전혀 냉정하지 못해요. 상관의 체면 따위는 이미 뒷전으로 했어요.
요즘 편지검열이 심해서 현재위치를 상세히 적을 수 없군요. 다음번에는 오십음의 첫 자모를 암호로 삼아 편지를 쓸게요.

처리 : 압류

별지제6

기타

◎ 국책을 방해할 우려가 있는 통신

발견 시간 및 지점 : 12월 20일 동안
발신자 : 호림현 興凱龍頭훈련소 鍋井米松
수신자 : 香川현 大川군 부전촌 鍋井新吉
통신개요 : 의용군은 앞으로 안 될 것 같습니다. 제가 보건대 현재 참가하는 사람이 없는 것 같아요. 그래도 오려는 사람이 간혹 있긴 하겠지만 만주에 오지 말고 되도록 북지나에 가는 것이 낫겠습니다. 현재 각 지역의 훈련소에 모두 큰 사고가 났어요. 아무런 탈도 안 난 훈련소는 용두훈련소밖에 없는 것 같아요.
며칠 전 頭道훈련소에 화재가 발생했어요. 화재가 일어나기 전 학생이 중대간부를 구타한 사건이 발생한 것 같아요. 그중 간부 3명은 맞아서 움직일 수 없을 정도였대요.
勃利의 훈련소에서도 소장 등 간부 3명이 분규가 생겨 퇴소한 사건이 발생했습니다.
의용군도 혼란스럽기 짝이 없어요. 올해에는 방한장갑조차 발급하지 않았어요.
요즘 저는 훈련에 참가하고 있어요. 일소전쟁이 시작되었기에 병력이 부족합니다만 일본 국내에서 파견하면 늦을 것 같군요.
군대의 훈련이 끝난 후 木下부대장의 검열이 있을 것입니다.

처리 : 몰수

발견 시간 및 지점: 12월 21일 동안
발신자: 寶淸 頭道의용훈련소 赤瀨普敬
수신자: 沖繩현 那覇군 前島정 屋良朝甫
통신개요: 내무검사 결과 전 본부에 불려가 한바탕 얻어맞았어요. 모두 70명이 맞았어요. 본부에 도착한 후 죽도에 머리를 열네댓 대 맞았어요. 70명이 모두 맞았기에 간부를 습격했지요. 간부 두 명은 맞아서 반죽음이 되었어요. 누군가는 일본도로 그들을 찍고 또 누구는 몽둥이로 그들을 팼어요. 아주 재미있었어요.
처리: 몰수

발견 시간 및 지점: 12월 6일 도문
발신자: 가목사관동군창고 가목사분고 安田久
수신자: 金澤시 東馬場 小嶋智章
통신개요: 우리는 만주의 말을 부리듯이 만주인을 부려먹어요. 모자위의 모표를 보여주고 마차를 타지요. 만약 말을 듣지 않으면 한바탕 패주거든요.
전 참으로 망국민의 슬픔을 깊이 느꼈어요.
처리: 말소

발견 시간 및 지점: 12월 19일 도문
발신자: 용정 鈴木부대 矢嶋 里
수신자: 長野시 西長野 展里道路 矢嶋三人
통신개요: 우리는 지금 청년의용대의 교육을 진행 중이다.
그들의 심경은 참으로 비장하다. 국내의 선전과 만주의 실제상황이 아주 큰 차이가 있다고 한다.
네가 일시적인 선전에 미혹되어 일생을 망칠까 걱정되어 이토록 노파심으로 충고하는 바이다.
처리: 말소

발견 시간 및 지점: 12월 27일 도문
발신자: 大嶺역 轉 철도자경촌훈련소 小湊菊治
수신자: 長野현 下水田군 外林촌 顔戸 小湊善太郎
통신개요: 의용군의 장래는 지금까지도 불투명하다.

이에 대해서는 중대장 및 기타 선생님들도 모르고 있는듯하다. 그밖에 배급품은 아예 발급하지도 않았고 겨울에 입을 옷도 발급하지 않았다.
아우야, 만약 괜찮은 곳이 있다면 그곳에 그냥 머물러 있으려무나. 의용군은 참으로 시시한 곳이란다.
다들 속았다고 말한단다.

처리 : 위와 같음

발견 시간 및 지점 : □□

발신자 : □□

수신자 : □□

통신개요 : 아버님의 편지는 잘 받았습니다. 저는 결코 무슨 나쁜 짓을 해서 의용군을 떠난 것이 아닙니다.
.......중략......

처리 :

발견 시간 및 지점 : 12월 7일 도문

발신자 : 東京城청년훈련소 寧安훈련소 横山邦男

수신자 : 東京시 荏原구 戸城정 横山光夫

통신개요 : 현재 북만과 동만 도처에서 토벌전을 벌이고 있습니다. 오늘 신식무기 300자루(소련제공)를 든 공산비적이 경박호에 들어왔기에 본부와 각 중대가 긴급준비에 들어갔습니다.
각 수비대와 파견대도 직접 출동했겠지요.
만주국에 온 이래 매일 이렇게 전전긍긍하면서 살고 있습니다. 비록 국내에서도 고생했지만 생활이 그나마 좋았지요.

처리 : 말소

발견 시간 및 지점 : 12월 15일 목단강

발신자 : 鹿道 信

수신자 : 동안성 동안가 長明路 早井菊枝

통신개요 : 鹿道 방면의 비적의 정보가 급박하기에 11월에는 약 30명의 만주인경찰관이 동남방향으로 3리 떨어진 곳에서 토벌을 진행하였습니다. 하지만 오히려 약

300명의 비적들에게 무장해제를 당하고 포로가 되었습니다.

처리: 몰수

발견 시간 및 지점: 12월 28일 목단강

발신자: 목단강 菅谷輝德(군인)

수신자: 栃木현 宇都宮시 寺정3 菊地極子

통신개요: 요즘 비적이 자주 출몰하기에 상황이 아주 나쁩니다.
날씨가 추워지면 먹을 것이 없기에 그들은 거의 해마다 부근의 마을을 습격하여 식량을 약탈하고 인질을 잡아 간다고 합니다. 그때마다 우리들은 잠자리에서 불려나가지요. 참 괘씸해요. 지난주에만 두 번이나 잠자다가 불려나갔어요. 그중 한번은 소 6마리를 뺏어 달아났어요.

처리: 말소

◎ 부정행위의 시도가 있는 통신

발견 시간 및 지점: 12월 11일 연길

발신자: 간도성 연길 藤沼八重子

수신자: 치치할 福順胡同1號 堅村 轉 藤沼重司

통신개요: 카르보나두 비슷한 보석으로 사치품이기에 10할의 세금을 납부해야 할 것입니다.(제가 겪은바 있습니다) 만약 갖고 오려면 될수록 허리띠에 감춰갖고 오세요.

처리: 몰수

발견 시간 및 지점: 12월 13일 연길

발신자: 연길가 山下三郎

수신자: 목단강 林부대 본부 收田軍曹

통신개요: 이달 17일 쯤 제가 당신의 관할구역을 지나게 됩니다. 폐를 끼치게 되었네요. 그때 저에게 손목시계를 한 개 갖다 주세요. 현재 물가가 너무 높아서 사기 쉽지 않네요. 돈도 없고요. 그냥 잡화점에서 한 개 사서 갖고 오세요.

처리: 발송 및 내부조사 중

발견 시간 및 지점: 12월 16일
발신자: 조양 ○○○
수신자: 승덕 ○○○
통신개요: 저는 스프류(スプリュー, 병명 음역) (조기)환자이기 때문에 물속의 자갈을 보면 무서워나요.
처리: 위와 같음

발견 시간 및 지점: 12월 24일 승덕
발신자: ○○고등검찰청 ○○○
수신자: 승덕지방검찰청 ○○○
통신개요: 지난번의 편지를 받았습니다.
오늘의 통신은 다음과 같습니다.
1. 며칠 전 보내온 수표가 부족하여 쓸모없게 되었어요. 그래서 정상적으로 실행에 옮기지 못했습니다. 그리고 이번 수표는 당장에서 폐기하였습니다.
2. 저의 전근에 관하여서는 아직 아무런 소식이 없습니다. 만약 다음 달에도 소식이 없으면 저의 신분은 잠시 안전한 것으로 되며 이동이 불필요한 것으로 되겠지요.
3. 林子峰이 퇴직한 원인은 당시 遼陽의 감시가 아주 삼엄했기 때문에 끝내 발각된 것입니다.
4. 蘇芷園의 퇴직문제를 보면 그와 揚법원장이 상회에서 쌀 한가마니를 수뢰한 사실이 발각되어 함께 면직된 것입니다.
5. 蕭冠英이 무순으로 전근한다는 소문이 있지만 이에 관해서는 아무런 발표가 없습니다.
6. 이상 소식은 확보된 것이 아니기에 판명 후 계속 보고하겠습니다.
처리: 발송 및 내부조사 중

◎ 적극적인 방첩에서 이용할 수 있는 통신

발견 시간 및 지점: 12월 25일 가목사
발신자: 西安현 永興富 ○○○
수신자: 富錦현 德泰恒 ○○○

통신개요: 당신이 며칠 전 보내온 편지를 배독하였습니다. 편지 내용도 다 요해했고요. 그리고 부금의 현황에 대해 알게 되었습니다. 지난 편지에 의하면 수상한 자들의 출입이 갑자기 잦아진 것 같군요. 의형께서는 이번 기회에 당신이 크게 일을 벌이기를 바라고 있습니다. 이에 관해서는 제가 하얼빈에 간 후 상세히 면담하기로 하죠.

처리: 내부조사 중

발견 시간 및 지점: 12월 20일 하얼빈

발신자: 목단강 登科

수신자: 하얼빈시 道外 昇平二道街 崇盛東

통신개요: 瑞鄕선생님:

저는 어제 밤 하얼빈에서 출발하여 도중에 무사히 목단강에 도착하였습니다. 걱정하지 마십시오. 저는 이곳에서 며칠 묵고 다시 훈춘으로 갈 예정입니다. 현재 목단강의 상황은 아주 조용합니다. 군대의 행동도 하얼빈과 같습니다.

敬具

登科

처리: 발송 후 통신관찰 중

발견 시간 및 지점: 12월 1일 승덕

발신자: 스코틀랜드 ○○○

수신자: 승덕 ○○○

통신개요: 목전 형세 하에서는 외국에 송금할 수 없기에 부득불 은행과 협상해서 3파운드 3센티를 보내드립니다. 제가 더 말치 않아도 왜 이 돈을 보내는지 당신은 알겠지요.

처리: 발송 내부조사 중

발견 시간 및 지점: 12월 10일 하이라얼

발신자: 雙城堡 베깔 카자크촌 에루데이와노프(エルテーイワノフ, 인명 음역)

수신자: 하이라얼 露西亞사무소 와룬가(ウォローギン, 인명 음역)

통신개요: 제가 니키로엘브(ニキローエフ, 인명 음역)에 관해 얘기할게요. 그는 요즘 이민여권을 비준 받았었지요. 그는 雙城堡에서 가증스런 공산당원으로 소련을

위해 일했어요. 그는 소련으로 돌아가려 했지만 그의 처 니꼴라냐(ニコライナヤ, 인명 음역)가 동의하지 않았기에 이곳에 머물고 있어요. 만주리에서는 국가(만주국)를 위해 일하는 것처럼 꾸몄지만 가끔 하이라얼에도 가요. 그는 뼛속까지 철두철미한 공산당인으로 그 음모 때문에 만주리에서 면직되었어요. 사람들은 그를 당원이라고 부릅니다. 소학생들이 일본의 축제일에 인사드리러 가지 못하게 합니다. 그는 비록 일본을 위해 일하며 빵을 얻고 있지만 늘 소련의 예를 들어 극력 그 훌륭함을 선전하려고 들지요.

처리: 내부조사 중

◎ 만주군징병을 회피한 내용에 관한 통신

발견 시간 및 지점: 12월 20일 승덕

발신자: 遼遠현 西北 蘇蔴堡 李修鐮

수신자: 승덕 大佟溝77 金作民

통신개요: 올해 만주군의 징병이 몹시 엄격합니다. 제 생각엔 이번엔 빠져나가지 못할 것 같아요. 우리 집은 몹시 가난합니다. 전 혼자서는 빠져나갈 방법을 찾지 못하겠어요. 그래서 형님께서 좀 도와주세요.

처리: 몰수

발견 시간 및 지점: 12월 16일 가목사

발신자: 富錦가 廣泰東 王享□

수신자: 富錦현 新城鎮 王明德

통신개요: 지금 이곳에서는 20세부터 28세 사이의 남자들이 전부 징병되고 있어요. 저는 이곳에 올 때 享淋이라는 가명을 썼고 경찰에게 올해 28살이라고 했기에 형님께서는 걱정할 필요가 없습니다.

처리: 발송 만헌에 통보

발견 시간 및 지점: 12월 23일 가목사

발신자: 하얼빈 北丈가 同興成 霊士魁

수신자: 富錦가 一大여관 霊錫亭

통신개요: 지금 하얼빈에서는 징병 중입니다. 저도 징집되었습니다. 며칠 전 당신에게 보

낸 사진으로 부금에서 여행증명서를 떼십시오. 그리고 그것과 여비를 함께 속히 부쳐오세요.
그러면 저는 부금으로 도피해 갈수 있습니다. 만약 보내오지 못하면 저는 죽게 될 것입니다.

처리: 위와 같음

발견 시간 및 지점: 12월 15일 古北口

발신자: 북경 東城 중앙철로학원 張王暉(兄)

수신자: 열하성 圍場현 金生永 轉 張王春(弟)

통신개요: 네가 말한 여러 사정에 나도 참 주저하게 되는구나. 굳이 병역을 기피하려고 한다면 그곳을 떠날 수박에 없다. 하지만 그곳을 떠나면 일자리 찾는 것이 몹시 힘들어지겠구나. 나는 아직□□최후의 결정을 내리지 못했다.

처리: 말소

불멸의 증거 2 鐵證如山2

초판 인쇄 2016년 5월 10일
초판 발행 2016년 5월 20일

주　필 | 인화이尹懷
번　역 | 이범수李范洙
부 주 필 | 양촨楊川 · 무짠이穆占一 · 장민張敏
집행부주필 | 조우위제趙玉潔 · 선하이토우沈海濤
편집위원 | 왕팡王放 · 왕신훼이王心慧 · 양수성羊書聖 · 류앤劉岩
리슈좬李秀娟 · 고우워이高偉 · 고우잉高瑛
펴 낸 이 | 하운근河雲根
펴 낸 곳 | 學古房

주　소 | 韓国 京畿道 高阳市 德阳区 东山洞 376 Samsong Technovalley A洞 B224号
전　화 | 82-02-353-9908　編輯部 82-02-353-9903
팩　스 | (02)6959-8234
홈페이지 | http://hakgobang.co.kr/
전자우편 | hakgobang@naver.com,　hakgobang@chol.com
등록번호 | 제311-1994-000001호

ISBN　978-89-6071-571-4　94910
978-89-6071-587-5　(세트)

정가 : 85,000원

이 도서의 국립중앙도서관 출판예정도서목록(CIP)은 서지정보유통지원시스템 홈페이지(http://seoji.nl.go.kr)와 국가자료공동목록시스템(http://www.nl.go.kr/kolisnet)에서 이용하실 수 있습니다. (CIP제어번호 : CIP2016007964)